Kommentar zum
Versicherungsgesetz für Angestellte

vom 20. Dezember 1911

von

Professor Dr. Alfred Manes

und

Landrichter Dr. Paul Königsberger

in Berlin

Berlin und Leipzig
G. J. Göschen'sche Verlagshandlung G. m. b. H.
1912

Roßberg'sche Buchdruckerei, Leipzig.

Inhaltsverzeichnis.

Vorwort.

Wenn auch über die Notwendigkeit einer Versicherung für die Bevölkerungsschicht der Angestellten im Deutschen Reiche kaum Meinungsverschiedenheiten bestehen, so gehen bisher und wohl auch fürderhin die Ansichten über viele mit dieser Versicherung zusammenhängende Fragen auseinander. Nachdem nun aber ein Gesetz vorliegt, welches diese Bevölkerungsschicht in die soziale Zwangsversicherung einschließt und damit eine neue Epoche dieser welterobernden Gesetzgebung eröffnet, erwächst der Versicherungswissenschaft die Aufgabe, an der Verbreitung dieses Gesetzes mitzuhelfen und zu seiner Aufklärung und Auslegung beizutragen.

Bei der Bearbeitung dieser Ausgabe ist das Hauptgewicht auf die Gemeinverständlichkeit gelegt worden. In bequemer und praktischer Form will sie eine für das Studium und die Handhabung der neuen Versicherung geeignete Grundlage sein. Sie will ebenso dem Juristen das Wichtigste aller einschlägigen Gesetzesmaterialien und der in Betracht kommenden Rechtsprechung und Literatur bieten, wie den versicherten Angestellten und ihren Arbeitgebern durch gemeinverständliche Erläuterungen (ausführliche Einleitung nebst Vorbemerkungen und Anmerkungen) die Tragweite und den Zusammenhang der gesetzlichen Bestimmungen klar machen, sie will aber auch auf die wirtschaftliche Bedeutung des Gesetzes hinweisen und an dessen Bestimmungen, soweit es angebracht scheint, gelegentlich Kritik üben.

Berlin, Ostern 1912.

Die Verfasser.

Einleitung.

Die Grundgedanken der Angestelltenversicherung.

Die Einführung der Angestellten-Versicherung bedeutet eine neue Epoche innerhalb des großen Gebietes der Sozialversicherung. War diese ursprünglich gedacht als ein Mittel zur Hebung der materiellen Lage des Proletariats, so will die Angestelltenversicherung dazu dienen, dem Mittelstand bessere Existenzmöglichkeiten zu bieten. Während bis vor kurzer Zeit als Sozialversicherung fast ausschließlich die Versicherung der Angehörigen des Lohnarbeiterstandes galt, und man daher mit Recht fast nur von einer Arbeiterversicherung sprach, ist inzwischen eine wesentliche Änderung eingetreten, deren politische, wirtschaftliche, ethische und psychologische Folgen man zu übersehen noch nicht in der Lage ist. Es ist geradezu ein völliger Bruch mit der Tradition, welche ihren Ausgang nahm von den Schöpfern der für das gesamte Ausland mehr oder minder vorbildlichen Versicherungsgesetze, die keinen Zweifel darüber ließen, daß das Ideal sozialer Versicherung in der Erfassung möglichst aller Angehörigen des Lohnarbeiterstandes und wohl nur dieses Standes zu erblicken sei. Gerade diese Klasse wollte man gegen die verschiedenen gefährlichen Eventualitäten des Lebens schützen. Gründe der Politik und der Finanzen waren es, wenn man in Österreich, noch ehe dem Lohnarbeiter eine Versorgung für das

Alter und die Invalidität gewährt worden war, eine solche Versicherung für den gerade in Österreich politisch so außerordentlich einflußreichen Mittelstand geschaffen hat. Das österreichische Gesetz vom 16. Dezember 1906 betreffend die Pensionsversicherung der in privaten Diensten und einiger in öffentlichen Diensten Angestellten ist das erste Gesetz dieser Art, der Ausgangspunkt der neuen Epoche, das Vorbild des neuen deutschen Reichsgesetzes über die Angestelltenversicherung vom 20. Dezember 1911. Sein Werden und Wesen ist die Voraussetzung für unser Gesetz. Wer jenes erfaßt, wird das deutsche umso besser verstehen.

Das österreichische Vorbild.

Das österreichische Gesetz verfolgt (wie Manes in einem Aufsatz über den Gesetzentwurf, betreffend die Angestelltenversicherung in den Annalen für soziale Politik und Gesetzgebung, Berlin 1911, Bd. 1 S. 227, ausführt), ausgesprochenermaßen und offenkundig die Tendenz, der Volksschicht zu Hilfe zu kommen, die in der Regel als Privatbeamtenstand bezeichnet wird, als dessen Charakteristikum in einer österreichischen für die Abänderung des Gesetzes von 1906 plädierenden offiziellen Schrift (Gutachten zur Novellierung des Gesetzes vom 16. September 1906. Zweiter Teil. Denkschrift der Allgemeinen Pensionsanstalt für Angestellte zur Novellierung des Gesetzes. Wien 1911.) gesagt wird, daß er dem Radikalismus abhold ist und daß selbst Bestrebungen, ihn zu organisieren, auf Schwierigkeiten stoßen, daß aber in diesem Stand ein vertrautes Verhältnis zum Chef, weitgehende Solidarität mit ihm, doch auch Vertrauen zum Staate und auf staatliche Hilfe bis heute lebendig geblieben sei.

Bei den eigenartigen politischen Verhältnissen Österreichs sind diese Privatbeamten (nach derselben offiziellen Denkschrift) mit dem Wachstum ihrer Zahl und wirtschaftlichen Bedeutung auch ein Faktor von stetig wachsendem politischen Gewichte geworden und werden es in steigendem Maße werden, so daß man in österreichischen regierungstreuen Kreisen der Auffassung ist, es bestehe „kein Zweifel, daß diese Schicht berufen sein wird, das Zünglein an der Wage zu bilden, wenn einst die Lösung neuer sozialer Probleme von grundlegender Bedeutung auf die Tagesordnung gelangen wird. Unbestritten bildet heute der Stand der privaten Angestellten eine Säule des Staates und seiner bestehenden Ordnung, ebenso wie seiner materiellen Kultur."

Das sind Auffassungen der österreichischen Regierung, die in der Überzeugung, daß dem zum Mittelstand zu rechnenden Teile der Privatangestellten die Gefahr einer Proletarisierung und Radikalisierung drohe, die Hoffnung hatte, durch Schaffung einer eigenen Versicherungsorganisation für jene Bevölkerungskreise diese sich als treue und zufriedene Staatsbürger zu erhalten und zu sichern.

Der deutsche Gesetzgeber hat sich, wie schon gesagt, das österreichische Beispiel in den meisten Beziehungen zum Vorbild genommen und bewegt sich im wesentlichen auch in derselben Gedankenrichtung wie sein Nachbarkollege.

Während also bei der Einführung der deutschen Arbeiterversicherungsgesetze die Erwägung eine Rolle spielte, die Arbeiterrentner und alle die, welche Hoffnung hatten, solche einmal zu werden, der Sozialdemokratie zu entfremden bezw. ihr verfallen zu lassen, ist in Österreich bei der Angestelltenversicherung der Glaube vorherrschend gewesen, man könne durch Versicherung die regierungstreuen Angestellten auch künftig auf demselben politischen Niveau erhalten. Daß jene Hoffnung, wie sie namentlich Bismarck genährt hatte, trügerisch war, wissen wir in Deutschland, ohne daß diese Tatsache den außerordentlich großen volkswirtschaftlichen, sozialen und ethischen Wert unserer Sozialversicherung stark zu beeinträchtigen imstande ist. Daß die an die Angestelltenversicherung in Österreich geknüpften Hoffnungen nicht weniger trügerisch sein werden, muß jeder Sachkundige zugeben. An diesem Resultat wird auch der Umstand nichts ändern, daß man in Österreich den außerordentlich gewagten und in seinen Konsequenzen vielleicht noch niemals genügend gewürdigten Schritt getan hat, jeden Privatangestellten ohne Rücksicht auf die Höhe seines Gehalts der Versicherungspflicht zu unterstellen. Es wurde dort gewissermaßen offiziell beschlossen, daß alle Privatangestellten einen deutlich erkennbaren Stand mit gleichen Interessen und Wünschen bilden. Der Schreiber mit Volksschulbildung aus einer Arbeiterfamilie wurde zum Standesgenossen des Hunderttausende verdienenden akademisch gebildeten und vermögenden Direktors einer großen Aktiengesellschaft proklamiert. Daß man freilich nicht imstande war, diese Verschmelzung der tatsächlichen Erscheinungen des Wirtschaftslebens in eine solche Gesetzesform zu bringen, wie man sie gewollt hatte, versteht sich von selbst; und so ist es weiter nicht überraschend, daß schon sehr kurze Zeit nach dem Inkrafttreten des Gesetzes in der obenerwähnten offiziellen, die Novellierung fordernden Denkschrift dem Gesetz „Unklarheiten und Widersprüche, Schwierigkeiten, Übelstände und Lücken“ vorgeworfen werden.

Inhalt des österreichischen Gesetzes.

Der materielle Inhalt des österreichischen Gesetzes ist in Kürze der folgende:

Versichert sind alle in Privatdiensten Angestellte, vorausgesetzt, daß sie das 18. Lebensjahr vollendet und bei einem und demselben Dienstgeber mindestens 600 Kronen jährlich verdienen; für ihre Entlohnung muß ein Monats- oder Jahresgehalt üblich sein; außerdem sind noch gewisse in öffentlichen Diensten Angestellte versichert. Als Angestellte gelten „alle Bediensteten mit Beamtencharakter sowie überhaupt alle jene bediensteten Personen, die ausschließlich oder doch vorwiegend geistige Dienstleistungen zu verrichten haben.“ Dagegen gelten nicht als Angestellte die der Gemeindeordnung unterstehenden Personen und solche, welche unmittelbar bei der Warenerzeugung oder sonstigen vorwiegend physischen Arbeitsverrichtungen als Arbeiter, Lehrlinge, Diener usw. verwendet werden. Diese Art der Begriffsbestimmung der Versicherungspflichtigen hat sich in keiner Beziehung bewährt. Weite Schichten von Personen, die der österreichische Gesetzgeber als versicherungspflichtig angesehen hat, und die gerade als die am schlechtesten Bezahlten einer Hilfe am meisten bedurft hätten, sind aus der Versicherung herausgefallen.

Die Versicherungspflichtigen werden in sechs Gehaltsklassen eingeteilt; die niedrigste umfaßt die Jahresbezüge von 600—900 Kronen, die höchste die Jahresbezüge von mehr als 3000 Kronen. Den Gegenstand der Versicherung bilden 1. für den Versicherten: Invaliden- und Altersrente, 2. für die Hinterbliebenen: Witwenrenten, Erziehungsbeiträge für die Kinder bezw. eine einmalige Abfertigung der hinterbliebenen Witwe oder Kinder. Zur Erlangung der Rentenansprüche ist eine Wartezeit von 120 Beitragsmonaten zurückzulegen. Was die Invalidenrente betrifft, so besteht diese aus einem Grundbetrag in Höhe von 180—900 Kronen und aus einem Steigerungssatz für je 12 Beitragsmonate in Höhe von 9—45 Kronen, je nach der Gehaltsklasse. Die Rente wird an erwerbsunfähige Versicherte ausbezahlt, das sind solche, die infolge eines körperlichen oder geistigen Gebrechens ihren bisherigen Berufspflichten nicht weiter obzuliegen vermögen. Wer jedoch einen die Invaliditätsrente übersteigenden Betrag von mindestens 600 Kronen verdient, hat keinen Anspruch auf die Rente. Die Altersrente gleicht in ihrer Höhe der Invalidenrente; sie wird nach Ablauf von 480 Beitragsmonaten ohne weiteres gewährt, also im allergünstigsten Falle vom 69. Geburtstage ab. Die Witwenrente beträgt die Hälfte der von dem verstorbenen Ehegatten bezogenen Rente bezw. der bis zum Zeitpunkt seines Ablebens erworbenen Anwartschaft auf eine solche. Die Erziehungsbeiträge bemessen sich für jedes einfach verwaiste Kind auf $^1/_3$, für jedes doppelt verwaiste auf $^2/_3$ vom Grundbetrag des Pensionsanspruchs eines verstorbenen Elternteils. Die einmalige Abfertigung schließlich, auf welche die Witwen bezw. die hinterlassenen Kinder einer versicherten Person, wenn diese vor Ablauf der Wartezeit stirbt, Anspruch haben, beträgt 200 Proz. des Grundbetrages vom Pensionsanspruch, den der Verstorbene nach 120 Beitragsmonaten erworben hätte. Die Auszahlungen erfolgen in monatlichen Raten im voraus.

Neben der Versicherungspflicht besteht ein Recht auf freiwillige Versicherung, und zwar entweder in Form einer Fortsetzung der bisherigen Zwangsversicherung, oder als Zusatzversicherung und in gewissem Umfange auch als freiwilliger Beitritt nichtversicherungspflichtiger Personen.

Die gesamten Leistungen werden aus den festen Prämien bestritten, welche die Angestellten und die Dienstgeber gemeinsam aufzubringen haben. Für jeden Beitragsmonat betragen diese Prämien je nach der Gehaltsklasse zwischen 6 und 30 Kronen. In den ersten vier Gehaltsklassen hat der Dienstgeber $^2/_3$, der Versicherte $^1/_3$ zu zahlen, in den beiden höchsten Klassen zahlen diese je die Hälfte; übersteigen jedoch die zur Prämienberechnung anzugebenden Jahresbezüge des Versicherten 7200 Kronen, so hat er die ganze Prämie selbst zu zahlen. Diese Prämienfestsetzungen gelten zunächst für 20 Jahre.

Träger der gesamten Versicherung ist

die in Wien errichtete Pensionsanstalt, als deren Mitglieder die bei ihr versicherten Angestellten und ihre Dienstgeber gelten. Die Verwaltung wird vom Vorstand und der Generalversammlung besorgt; letztere besteht aus Delegierten, von denen die Hälfte der Gruppe der Dienstgeber, die andere Hälfte der Gruppe der versicherten Angestellten anzugehören hat. An der Spitze des Vorstandes steht der vom Minister des Innern ernannte Präsident. Die übrigen 20 Mitglieder haben je zur Hälfte der Gruppe der Dienstgeber und der Versicherten anzugehören. Sie wählen aus ihrer Mitte den Stellvertreter des Präsidenten und den Verwaltungsausschuß und haben die Disziplinargewalt über die besoldeten Beamten.

Unter der Pensionsanstalt stehen Landesstellen; diesen obliegt der gesamte Verkehr mit ihren Mitgliedern. Ihre Geschäfte werden vom Ausschuß und der Hauptversammlung besorgt. Der Ausschuß besteht aus dem Obmann und zehn Mitgliedern, die je zur Hälfte der Gruppe der Dienstgeber und der Versicherten angehören.

Am Sitze jeder Landesstelle der Pensionsanstalt besteht ein ständiges Schiedsgericht, während Streitigkeiten zwischen der Pensionsanstalt und den Ersatzinstituten durch besondere jeweils zu errichtende Schiedsgerichte erledigt werden. Die Pensionsanstalt und die Landesstellen unterstehen der Aufsicht des Ministers des Innern.

Wer einem zugelassenen Ersatzinstitut angehört oder nachweist, daß für ihn Ersatzverträge vorhanden sind, ist von der Versicherungspflicht bei der Pensionsanstalt befreit.

Die Angestelltenbewegung in Deutschland.

Die Agitatoren für die deutsche Angestelltenversicherung haben mit unleugbarem organisatorischen und taktischen Geschick die Reichsverwaltung und dann auch überraschend schnell alle politischen Parteien von der Annehmbarkeit wesentlicher Teile der oben wiedergegebenen, in Österreich heimatberechtigten Auffassung überzeugt und ein Gesetz erlangt, wie sie sich es ungefähr dachten. Das deutsche Versicherungsgesetz für Angestellte bemüht sich, die Wünsche eines großen Teils der Angestellten möglichst zu erfüllen.

Inhalt des deutschen Gesetzes.

Unverkennbar hat sich der deutsche Gesetzgeber das österreichische Gesetz zum Vorbild genommen; freilich mit einer ganzen Reihe erheblicher Abweichungen. Das gilt zunächst hinsichtlich der Fassung des Textes; das österreichische Gesetz zählt nur 95 Paragraphen, das deutsche dagegen 399. Eine Verbesserung des österreichischen Vorbildes ist die Bestimmung des Kreises der Versicherten und die Normierung der Versicherungsgrenze von 5000 Mark, während Österreich überhaupt keine Grenze nach oben kennt. Zweifelhaft kann man darüber sein, ob das österreichische Vorbild hinsichtlich der Verteilung der Lasten auf Angestellte und Unternehmer dem deutschen nicht vorzuziehen ist; denn in Österreich zahlen in den unteren vier Lohnklassen die Angestellten ein Drittel, die Unternehmer zwei Drittel, und erst in den höheren Lohnklassen findet sich, wie bei uns, die Halbierung. Im Interesse der Vereinheitlichung der gesamten Sozialversicherung ist zu bedauern, daß man dem österreichischen Vorbilde hinsichtlich der Organisation des Versicherungsträgers gefolgt ist. Österreich mußte naturgemäß eine eigene besondere Pensionsanstalt ins Leben rufen, weil es keine Invaliden- und Altersversicherung hatte. Aber man hätte dort wohl niemals dasselbe Verfahren eingeschlagen, wenn man sich der Landesversicherungsanstalten und eines Reichsversicherungsamts zu erfreuen gehabt hätte, wie es bei uns der Fall ist. Die Motive, welche dieses Verfahren rechtfertigen, halten einer näheren Prüfung kaum stand.

Wie in Österreich ist also auch bei uns Hauptträger der Versicherung eine neuzuerrichtende Reichsversicherungsanstalt für Angestellte mit dem Sitz in Groß-Berlin (§ 96). Damit erhalten wir ein drittes höchstes Reichsamt für die Versicherung in Deutschland; es kommt dazu aber noch ein viertes, nämlich das Oberschiedsgericht für die Angestelltenversicherung (§ 162). Die Anstalt selbst hat als Organe ein Direktorium (§§ 98—107), deren Präsident nach dem Vorschlag des Bundesrats auf Lebenszeit ernannt wird, ferner einen Verwaltungsrat, Rentenausschüsse und Vertrauensmänner. Hier wie auch innerhalb des Direktoriums dürfen Angestellte und Arbeitgeber mitwirken. Das unter Aufsicht des Reichskanzlers stehende Direktorium setzt sich aus einem Präsidenten und der erforderlichen Anzahl von beamteten Mitgliedern sowie aus je zwei Vertretern der versicherten Angestellten und ihrer Arbeitgeber (nichtbeamteten Mitgliedern) zusammen. Mindestens je 12 Vertreter der versicherten Angestellten und ihrer Arbeitgeber bilden mit dem Präsidenten des Direktoriums als Vorsitzenden den Verwaltungsrat (§§ 108—121). Dieser hat das Direktorium gutachtlich zu beraten und über den Voranschlag wie über den Rechnungsabschluß und die Bilanzen zu beschließen. Das dritte Organ der Reichsversicherungsanstalt sind die Rentenausschüsse, die nach Bedarf von der Reichsversicherungsanstalt errichtet, deren Sitze und Bezirke vom Bundesrat bestimmt werden (§§ 122 bis 142). Jeder Rentenausschuß besteht aus einem Obmann als ständigen Vorsitzenden, mindestens einem Stellvertreter und aus Beisitzern. Der Obmann und sein Stellvertreter werden vom Reichskanzler ernannt; sie werden diese Stellung meist im

Nebenamt bekleiden, während sie im HauptamtReichs- oder Staatsbeamter sein werden. In den vom Gesetz bestimmten Fällen sind als Beisitzer (§§ 131 bis 140) Versicherungsvertreter heranzuziehen, die zur Hälfte aus Arbeitgebern und versicherten Angestellten übernommen werden und deren Zahl mindestens 20 beträgt. Der Rentenausschuß hat wichtige Funktionen wahrzunehmen, insbesondere die Feststellung, Anweisung, Entziehung und Einstellung von Ruhegeld und Renten, die Annahme von Anträgen auf Einleitung eines Heilverfahrens und Auskunfterteilung. Der Rentenausschuß kann bei Erledigung seiner Geschäfte die Mitwirkung von Vertrauensmännern in Anspruch nehmen (das vierte Organ des regelmäßigen Versicherungsträgers), die ebenfalls je zur Hälfte aus Arbeitgebern und Versicherten, die nicht Arbeitgeber sind, entnommen werden und für den Bezirk einer unteren Verwaltungsbehörde mindestens 6 betragen (§§ 143—155).

Rechtsprechende Behörden in höherer Instanz sind die Schiedsgerichte (§§ 157—161) und das bereits angeführte Oberschiedsgericht (§§ 162—165). Die Schiedsgerichtsbeisitzer — mindestens 12 — werden wieder zur Hälfte aus den Versicherten, die nicht Arbeitgeber sind, und aus den Arbeitgebern der versicherten Angestellten gewählt.

Im Rahmen dieser vollständigen Neuorganisation, bei der das auf dem Gebiete der Sozialversicherung wohlbewährte Reichsversicherungsamt durch Delegierung zweier ständigen Mitglieder zu den Sitzungen des Oberschiedsgerichts mitzuwirken hat (§ 288), soll nun die neue Versicherung zur Ausführung gelangen. Sie wird zwangsweise erstreckt auf Angestellte in leitender Stellung, Betriebsbeamte, Werkmeister und andere Angestellte in einer ähnlich gehobenen oder höheren Stellung, auf Handlungs- und Apothekergehilfen, auf Bühnen- und Orchestermitglieder, Lehrer und Erzieher, sowie auf bestimmte Personen der Schiffsbesatzung (§ 1). Alle diese Leute unterliegen der Versicherungspflicht vom vollendeten 16. Lebensjahr an, vorausgesetzt, daß sie beim Eintritt in die versicherungspflichtige Beschäftigung das Alter von 60 Jahren noch nicht vollendet haben, auch dürfen sie noch nicht berufsunfähig sein und müssen gegen Entgelt als Angestellte beschäftigt werden; ihr Jahresarbeitsverdienst darf aber 5000 Mark nicht übersteigen (§ 1). Gewisse Personen, für die bereits anderweitig ausreichend gesorgt ist, sind — sei es ohne weiteres (§§ 9, 10), sei es auf ihren Antrag (§ 11) — von der Versicherungspflicht befreit, die andererseits durch den Bundesrat eine Ausdehnung auch auf einige Selbständige, Kleinunternehmer, erfahren kann (§ 4). Freiwillig kann man in die Versicherung nur im ersten Jahr nach dem Inkrafttreten des Gesetzes unter gewissen Voraussetzungen (§ 394) neu eintreten, darf sie auch in bestimmtem, engbegrenzten Umfang auf eine höhere Gehaltsklasse als diejenige, der man angehört, durch Zusatzbeiträge erstrecken (§§ 18, 19), darf sie aber, nachdem man ihr mindestens 5 Jahre zwangsweise angehört, freiwillig fortsetzen oder eine erworbene Anwartschaft durch Zahlung einer Anerkennungsgebühr von 3 Mark jährlich erhalten (§ 15).

Das deutsche Gesetz hat neun Gehaltsklassen, von denen die unterste Klasse A alle Gehälter bis zu 550 Mark umfaßt, die oberste Klasse J die Gehälter von 4000—5000 Mark (§ 16).

Gegenstand der Versicherung (§ 20) sind:

1. für den Angestellten selbst Invalidenrente und Altersrente, beide Ruhegeld genannt (§ 21), und

2. für die Angehörigen Hinterbliebenenrenten (§ 22) [Witwenrente, Waisenrente, Witwerrente].

Ruhegeld erhält, wer Berufsunfähigkeit oder

das gesetzliche Alter nachweist, sowie die vorgeschriebene Wartezeit erfüllt und die Anwartschaft aufrecht erhalten hat (§§ 25—27). Hinterbliebenenrenten (§§ 28—35) werden gewährt, wenn der Verstorbene zur Zeit seines Todes die Wartezeit für Ruhegeld erfüllt und die Anwartschaft aufrecht erhalten hat. Ersteres erhält derjenige Versicherte, der das Alter von 65 Jahren vollendet hat und durch körperliche Gebrechen oder Schwäche seiner körperlichen oder geistigen Kräfte zur Ausübung seines Berufs dauernd unfähig ist. Diese Berufsunfähigkeit (§ 25) liegt vor, wenn die Arbeitsfähigkeit des Angestellten auf weniger als die Hälfte eines körperlich und geistig gesunden Versicherten von ähnlicher Ausbildung und gleichwertigen Kenntnissen und Fähigkeiten herabgesunken ist. Auch wer nicht dauernd berufsunfähig ist, aber während 26 Wochen ununterbrochen berufsunfähig war, erhält für die weitere Dauer der Berufsunfähigkeit ein Krankenruhegeld (§ 25 Abs. 2). Witwenrente erhält die Witwe nach dem Tode ihres versicherten Mannes (§ 28). Waisenrente erhalten nach dem Tode des versicherten Vaters seine ehelichen Kinder unter achtzehn Jahren und nach dem Tode einer Versicherten ihre vaterlosen Kinder unter achtzehn Jahren. Als vaterlos gelten auch uneheliche Kinder. Nach dem Tode der versicherten Ehefrau eines erwerbsunfähigen Ehemannes, die den Lebensunterhalt ihrer Familie ganz oder überwiegend aus ihrem Arbeitsverdienste bestritten hat, steht den ehelichen Kindern unter achtzehn Jahren Waisenrente und dem Manne Witwerrente zu, solange er bedürftig ist. Waisenrenten gibt es auch, wenn zur Zeit des Todes der Versicherten die Ehe nicht mehr bestand. Nach dem Tode einer versicherten Ehefrau, deren Ehemann sich ohne gesetzlichen Grund von der häuslichen Gemeinschaft ferngehalten und seiner väterlichen Unterhaltspflicht entzogen hat, steht den ehelichen Kindern unter achtzehn Jahren Waisenrente zu, auch wenn zur Zeit des Todes der Versicherten die Ehe nicht mehr bestand und der Ehemann sich seiner väterlichen Unterhaltspflicht entzogen hat (§§ 29—35).

Zu diesen Geldleistungen hinzu kommen weitere Leistungen, insbesondere das Heilverfahren (§§ 36—43). Es kann nämlich die Reichsversicherungsanstalt ein solches einleiten, um die infolge einer Erkrankung drohende Berufsunfähigkeit eines Versicherten abzuwenden. Angehörige des Erkrankten, deren Unterhalt er ganz oder überwiegend aus seinem Arbeitsverdienst bestritten hat, erhalten während des Heilverfahrens ein Hausgeld: mindestens täglich drei Zwanzigstel des zuletzt gezahlten Monatsbeitrags, d. sd. zwischen 24 und 399 Pfennigen. Das Hausgeld fällt weg, solange und soweit Lohn oder Gehalt auf Grund eines Rechtsanspruchs gezahlt wird (§ 38).

An die Stelle der Geldleistungen können Sachleistungen treten (§§ 44—46). Empfänger von Ruhegeld oder Rente können auf ihren Antrag in einem Invaliden- oder Waisenhaus oder einer ähnlichen Anstalt untergebracht werden. Dazu können die Barbezüge ganz oder teilweise verwendet werden. Trunksüchtigen können ganz oder teilweise Sachleistungen gewährt werden (§§ 45, 46).

Wie erwähnt, ist der Bezug der Renten an die Erfüllung einer Wartezeit geknüpft (§ 48). Die Wartezeit dauert 1. beim Ruhegeld für männliche Versicherte 120 Beitragsmonate, für weibliche Versicherte 60 Beitragsmonate, 2. bei den Hinterbliebenenrenten 120 Beitragsmonate; nur in den ersten 10 Jahren nach dem Inkrafttreten des Gesetzes soll die Wartezeit hier auf 60 Beitragsmonate verkürzt werden (§ 396). Falls weniger als 60 Beitragsmonate nachgewiesen werden, beträgt die Wartezeit beim Ruhegeld für weibliche Versicherte 90, im übrigen 150 Beitragsmonate (§ 48).

Die Anwartschaft erlischt, wenn nicht innerhalb gewisser Perioden eine bestimmte Mindestanzahl von Beitragsmonaten zurückgelegt worden (§ 49) oder die Zahlung der Anerkennungsgebühr unterblieben ist. Die Anwartschaft lebt wieder auf, wenn der Versicherte innerhalb des dem Kalenderjahr der Fälligkeit der Beiträge oder der Anerkennungsgebühr folgenden Kalenderjahrs die rückständigen Beträge nachzahlt (§ 50). Militärische Dienstleistungen, zeitweilige Arbeitsunfähigkeit infolge Krankheit und Besuch einer staatlich anerkannten Lehranstalt zu Fortbildungszwecken gelten als Ersatztatsachen; sie werden einer versicherugspflichtigen Beschäftigung für die Erhaltung der Anwartschaft gleich erachtet (§§ 51—54).

Was die Berechnung der Versicherungsleistungen betrifft, so bestimmt darüber das Gesetz das folgende (§ 55): das Ruhegeld beträgt nach Ablauf von 120 Beitragsmonaten ein Viertel des Wertes der in dieser Zeit entrichteten Beiträge und ein Achtel des Wertes der übrigen Beiträge. Weibliche Versicherte sind hinsichtlich des Ruhegeldes besser gestellt.

Die Witwen- und Witwerrente beträgt zwei Fünftel des Ruhegeldes, das der Ernährer zur Zeit seines Todes bezog oder bei Berufsunfähigkeit bezogen hätte. Ergeben die Renten einen höheren Betrag, so werden sie im Verhältnis ihrer Höhe gekürzt. Beim Ausscheiden eines Hinterbliebenen erhöhen sich die Renten der übrigen bis zum zulässigen Höchstbetrage (§§ 57, 58).

Eine Erstattung der Hälfte der eingezahlten Beiträge (in Kapitalabfindung oder lebenslänglicher Rente) erfolgt bei dem Ableben weiblicher Angestellter nach Erfüllung einer 5 jährigen Wartezeit, sowie beim Ausscheiden solcher Personen aus der versicherungspflichtigen Beschäftigung zufolge Heirat (§§ 60—62). Eine

Besonderheit für weibliche versicherte Angestellte ist die Gewährung von Leibrenten (§ 63). Weiblichen Versicherten, die aus einer versicherungspflichtigen Beschäftigung ausscheiden, kann nämlich auf Antrag an Stelle der freiwilligen Fortsetzung der Versicherung, der Aufrechterhaltung der erworbenen Anwartschaft oder der Erstattung von Beiträgen eine Leibrente gewährt werden, deren Höhe sich nach dem Werte der erworbenen Anwartschaft auf Ruhegeld und nach dem Alter der Antragstellerin richtet und vom Rentenausschuß festgesetzt wird. Die Tarife zur Berechnung des Wertes der Antwartschaft und der Leibrente setzt die Reichsversicherungsanstalt mit Genehmigung des Bundesrats fest (§ 63).

Das Gesetz enthält ferner Bestimmungen über Wegfall der Leistungen (§§ 64—67) [z. B. bei Wiederverheiratung, wo dann die dreifache Jahresrente als Abfindung gezahlt wird] und Entziehung der Leistungen (§§ 68—72) [wenn die Berufsunfähigkeit aufhört], Ruhen der Rente (§§ 73 bis 78) [wenn diese neben Renten auf Grund der RVO. gezahlt wird oder neben Einkommen aus gewinnbringender Beschäftigung und sämtliche Bezüge einen gewissen Betrag überschreiten] und die Beziehung der Leistungen zu anderen Ansprüchen [auf Grund der Armenpflege usw.] (§§ 81 bis 91).

Die Mittel für die Versicherung werden ohne jeglichen Staatszuschuß aufgebracht durch die Arbeitgeber und die Versicherten (§§ 170—171). Diese entrichten für jeden Kalendermonat, in dem eine versicherungspflichtige Beschäftigung stattgefunden hat (Beitragsmonat), laufend Beiträge fast stets zu gleichen Teilen (§§ 172—175). Der versicherungspflichtigen Beschäftigung stehen Krankheitszeiten gleich, in denen die Versicherten das Gehalt fortbezogen haben. Beitragsfrei ist, wer Ruhegeld bezieht. Die Reichsversicherungsanstalt kann längere Zahlungsfristen zulassen (§ 184).

Der Monatsbeitrag ist nach dem Prämiendurchschnittsverfahren für alle Versicheten derselben Gehaltsklasse gleich hoch zu bemessen. Er beträgt bis auf weiteres (§ 172)

in Gehaltsklasse	A		bis	550 M. . .	M. 1,60
„ „	B	550 M.	„	850 „ . . .	„ 3,20
„ „	C	850 „	„	1150 „ . . .	„ 4,80
„ „	D	1150 „	„	1500 „ . . .	„ 6,80
„ „	E	1500 „	„	2000 „ . . .	„ 9,60
„ „	F	2000 „	„	2500 „ . . .	„ 13,20
„ „	G	2500 „	„	3000 „ . . .	„ 16,60
„ „	H	3000 „	„	4000 „ . . .	„ 20,—
„ „	J	4000 „	„	5000 „ . . .	„ 26,60

Die Anerkennungsgebühr zur Aufrechterhaltung der Antwartschaft beläuft sich auf jährlich 3 Mark (§ 172 Abs. 2).

Zur Nachprüfung des Beitrags stellt die Reichsversicherungsanstalt in fünfjährigen Zeitabschnitten, erstmalig für den 31. Dezember 1919, eine versicherungstechnische Bilanz auf. Ergibt die Bilanz einen Fehlbetrag, so sind durch Gesetz die Beiträge zu erhöhen. Ergibt sich ein Überschuß, so können in gleicher Weise die künftig zu gewährenden Leistungen erhöht werden (§§ 173—175).

Der Arbeitgeber, der den Versicherten den Beitragsmonat hindurch beschäftigt, hat für sich und ihn den Beitrag zu entrichten (§§ 176 ff.). Die Versicherungspflichtigen müssen sich bei der Gehaltszahlung die Hälfte der Beiträge vom Gehalt abziehen lassen. Die Arbeitgeber dürfen nur auf diesem Wege den Beitragsteil der Versicherten wieder einziehen.

Die Quittierung über geleistete Beiträge erfolgt in der Regel durch Verwendung von Marken, die in Versicherungskarten eingeklebt werden (§ 185).

Jeder Versicherte hat sich eine solche Karte von der Ausgabestelle ausstellen zu lassen (§§ 188, 194). Ein anderes Zahlungsverfahren und eine andere Quittungsleistung kann zugelassen werden (§ 184).

Was das Verfahren betrifft, so sind Anträge auf Leistungen an den Rentenausschuß zu richten (§§ 229—232). Gegen seinen Bescheid (§ 250) ist Berufung (§§ 270—280) an das Schiedsgericht zulässig, gegen dessen Urteil Revision (§§ 281 bis 296) beim Oberschiedsgericht. Die Revision ist ausgeschlossen, wenn es sich handelt um 1. Höhe, Beginn und Ende von Ruhegeld oder Leibrente, 2. Hinterbliebenenrente, 3. Abfindung oder Erstattung, 4. Kosten des Verfahrens. Auch eine Wiederaufnahme des Verfahrens ist vorgesehen (§§ 297—309).

Die Reichsversicherungsanstalt zahlt auf Anweisung des Rentenausschusses durch die Post (§§ 313—319), und zwar in der Regel durch die Postanstalt, in deren Bezirk der Empfänger zur Zeit des Antrags wohnte. Die Zahlstelle wird ihm vom Rentenausschuß mitgeteilt.

Einer der am meisten erörterten Abschnitte des Gesetzes ist der neunte und letzte, der unter der Überschrift Schluß- und Übergangsbestimmungen insbesondere von den Zuschuß- und Ersatzeinrichtungen handelt (§§ 365—393).

Neben den in ihrer Wirksamkeit beschränkten Zuschußkassen (§§ 365—371) kennt das Gesetz auch wirkliche Ersatzkassen (§§ 372—389). Der Bundesrat kann nämlich bis zum 5. Dezember 1911 bestimmte Versicherungseinrichtungen unter gewissen Bedingungen in der Weise als Ersatzinstitute zulassen, daß die Mitgliedschaft bei ihnen der Versicherung bei der Reichsversicherungsanstalt gleichsteht.

Angestellte, für die bis zum 5. Dezember 1911 bei Lebensversicherungsunternehmungen ein Versicherungsvertrag geschlossen worden ist, können auf ihren Antrag von der Beitragsleistung befreit werden, wenn u. a. der Jahresbetrag der Beiträge für diese Versicherungen beim Inkrafttreten dieses Gesetzes mindestens den ihren Gehaltsverhältnissen zur Zeit des Antrags entsprechenden Beiträgen gleichkommt, die sie nach dem Gesetze zu tragen hätten (Ersatzverträge; §§ 390—393). Der Arbeitgeber ist verpflichtet, den gesetzlich auf ihn entfallenden Beitragsanteil an die Reichsversicherungsanstalt abzuführen; dem Versicherten werden dafür die halben gesetzlichen Leistungen gewährt.

Das Gesetz hat gerade in einer Epoche, in welcher der Ruf nach Vereinfachung der Sozialversicherung durch die Reichsversicherungsordnung vom 19. Juli 1911 wenigstens in dieser Beziehung erfüllt worden ist, eine bedenkliche Komplizierung der Sozialversicherung dadurch geschaffen, daß viele tausend Personen gleichzeitig in der neuen Angestellten- und in der alten Invalidenversicherung versichert sind, da die Angestelltenversicherung als Zusatzversicherung zu jener eingerichtet worden ist. Invalidenversicherte Angestellte — und das ist die überwiegende Mehrzahl derselben — werden also künftig Renten erhalten, wenn sie 70 Jahre alt geworden oder bei ihnen allgemeine Invalitität eintritt. Daneben bekommen sie nach Vollendung des 65. Lebensjahrs oder beim Vorliegen von Berufsinvalidität die Gegenleistung aus der Angestelltenversicherung. Viele Personen unterstehen nicht nur diesen beiden Versicherungen, sondern auch noch der Kranken- und der Unfallversicherung; für jede der vier Versicherungen kommen andere Versicherungsträger in Betracht. Unter diesen und den verschiedenen zuständigen Behörden sich zurechtzufinden, dürfte selbst vielen Richtern und Anwälten nicht leicht möglich und der Volkstümlichkeit der neuen Einrichtung nicht gerade förderlich sein.

Das Entstehen des Gesetzes.

I. Entwicklung nach dem Inhalt der Begründung zum Entwurf.

Die Angestellten haben sich bereits seit dem Jahre 1901 um eine bessere Versorgung bemüht, als sie ihnen und ihren Angehörigen durch die Arbeiterversicherung geboten wird. Um ihren Wünschen mehr Nachdruck geben zu können, haben sie einen Hauptausschuß zur Herbeiführung einer staatlichen Pensions- und Hinterbliebenenversicherung gebildet, in dem ursprüngsich über 700 000 Angestellte vertreten waren. Daneben trat die Berliner Freie Vereinigung ins Leben, zunächst etwa 60 000 Mitglieder umfassend, welche den Ausbau der Invalidenversicherung anstrebte.

Leitsätze des Hauptausschusses.

(Nach dem Berichte des Hauptausschusses über seine Tagung am 21./22. November 1908 in Berlin.)

Versicherungspflicht über alle Privatangestellte (einschließlich der Gehilfen und Lehrlinge in Apotheken), die das 16. Lebensjahr vollendet und beim Eintritt in die Versicherung das 60. Lebensjahr noch nicht überschritten haben.

Grenzgehalt.

Grenzgehalt für Bemessung von Leistungen und Beiträgen 5000 Mark.

Freiwillige Selbstversicherung.

Freiwillige Selbstversicherung ist ausgeschlossen.

Beiträge.

Aufbringung der Mittel durch gleich hohe Beiträge der Arbeitgeber und Angestellten in Prozenten des Gehalts (8 Proz.) nach Maßgabe des Prämiendurchschnittsverfahrens.

Der Hauptausschuß stimmt dem Beitragssatze von 8 Proz. zu mit der Maßgabe, daß für die Gehaltsklassen bis 1800 Mark der Beitrag so abgestuft werden soll, daß er insgesamt, Beitrag zur Invalidenversicherung zuzüglich Beitrag zur Pensionsversicherung, höchstens 10 Proz. beträgt.

Organisation der Versicherung.

Errichtung einer Reichsversicherungsanstalt mit ähnlicher Organisation wie bei den Trägern der Invalidenversicherung.

Die Pflichtversicherung nach dem Invalidenversicherungsgesetze bleibt unverändert bestehen.

Einzahlung der Beiträge durch die Reichsbank oder die Post.

Auszahlung aller Bezüge durch die Post.

Leistungen der Versicherung.

a) An männliche Versicherte:

A. nach Erfüllung einer Wartezeit von 60 Beitragsmonaten im Falle des Todes eine Hinterbliebenenfürsorge (Witwenrente 4 Proz., Waisenrente 0,8 Proz. des versicherten Einkommens);

B. Nach Erfüllung einer Wartezeit von 120 Beitragsmonaten

a) eine Invalidenrente, die beim Eintritt der reichsgesetzlichen Invalidität etwa $^2/_3$ und beim Eintritt der Berufsinvalidität etwa die Hälfte des Durchschnittseinkommens erreicht,

b) im Falle der Erreichung des 65. Lebensjahres bezw. nach vollendeter Wartezeit eine Altersrente in Höhe des erworbenen Anspruchs auf Invalidenrente,

c) im Falle des Todes eine Hinterbliebenenfürsorge (Witwenrente 40 Proz. der Inlidenrente, Waisenrente für einfache 1/5, für Doppelwaisen 1/3 der Witwenrente),

Heilfürsorge für die Versicherten in geeigneten Fällen.

b) An weibliche Versicherte:

A. nach Erfüllung einer Wartezeit von 60 Beitragsmonaten

a) im Falle eingetretener Erwerbsunfähigkeit (Berufsinvalidität) eine feste Invalidenrente von 10 Prozent ihres versicherten Einkommens,

b) im Falle des Todes entweder Waisenrente oder Rückzahlung der von der Versicherten eingezahlten Pflichtbeiträge ohne Zinsen;

B. nach Erfüllung einer Wartezeit von 120 Beitragsmonaten

a) im Falle eingetretener Erwerbsunfähigkeit (Berufsinvalidität) eine Invalidenrente,

b) im Falle der Erreichung des 65. Lebensjahres bezw. nach vollendeter Wartezeit eine Altersrente,

c) im Falle des Todes entweder eine Waisenrente oder Rückzahlung der von der Versicherten eingezahlten Pflichtbeiträge ohne Zinsen,

Heilfürsorge für die Versicherten in geeigneten Fällen.

Die beim Aufhören der versicherungspflichtigen Beschäftigung vorgesehene beitragsfreie Versicherung soll bei den weiblichen Versicherten in eine wahlfreie Zuschußrente umgewandelt werden.

Im Gesetz soll für Witwen, die durch Wiederverheiratung aus dem Rentengenusse scheiden, keine Abfindung, dafür aber event. für die Waisen die Weiterzahlung des Erziehungsgeldes vorgesehen werden.

Invaliditätsbegriff.

Anspruch auf Bezug der Invalidenrente hat derjenige Versicherte, der durch Blindheit, Taubheit oder ein sonstiges körperliches Gebrechen oder wegen Schwäche seiner körperlichen und geistigen Kräfte zu der Ausübung seines Berufes dauernd unfähig ist. Das ist zum mindesten dann anzunehmen, wenn das Maß seiner Arbeitsfähigkeit auf weniger als die Hälfte eines körperlich und geistig gesunden Versicherungsnehmers von ähnlicher Ausbildung oder gleichwertigen Kenntnissen und Fähigkeiten herabgesunken ist.

Die Renten sollen auch für die weitere Dauer der Erwerbsunfähigkeit gewährt werden, wenn der Versicherungsnehmer 26 Wochen an einer mit Erwerbsunfähigkeit verbundenen Krankheit gelitten hat.

Dauer der Versicherung während der Militärdienstzeit.

Die Militärdienstzeit soll als Beitragszeit angerechnet werden, die Kosten trägt wie bei der Invalidenversicherung das Reich.

Ruhen der Leistungen.

Die Leitsungen sollen ruhen, wenn die neuen Bezüge unter Hinzurechnung der im § 48 Abs. 1 Ziffer 1 und 2 des IVG. bezeichneten Bezüge für den Pensionierten höher sind als sein letztes Einkommen vor Eintritt der Erwerbsunfähigkeit.

Als letztes Einkommen soll der vom Ende der Wartezeit bis zum Eintritt der Erwerbsunfähigkeit versichert gewesene Jahresbetrag genommen werden.

Gestaltung des Verhältnisses beim Aufhören der versicherungspflichtigen Beschäftigung.

Aufrecherhaltung der Anwartschaften auf die Leistungen

a) durch Fortentrichtung des vollen Beitrags,
b) nach zurückgelegter Wartezeit durch Umwandlung in eine beitragsfreie Versicherung gegen Zahlung einer Anerkennungsgebühr.

Freiwillige Fortsetzung der Versicherung vor Beendigung der Wartezeit.

Versicherte, die sich innerhalb der Wartezeit nach Ausscheiden aus einem versicherungspflichtigen Arbeitsverhältnisse zur freiwilligen Fortsetzung der Versicherung entschließen, sollen das Recht haben, sich in der gleichen oder in einer niedrigeren Klasse weiter zu versichern.

Rückvergütung von Beiträgen.

Eine Rückvergütung von Beiträgen soll unter keinen Umständen stattfinden.

Zugunsten der versicherten Reichsausländer ist eine Bestimmung zu empfehlen ähnlich dem § 3 des österreichischen Gesetzes. Danach können Ausländer eine gewisse Zeit nach ihrer Rückkehr die selbst gezahlten Beitragsanteile ohne Zinsen zurückerhalten. Wieweit ein Abzug für Verwaltungsspesen in Betracht kommt, wird der Prüfung durch die verbündeten Regierungen anheimgegeben.

Ersatzinstitute.

Vom Zwange in der allgemeinen Staatsversicherung befreit die Zugehörigkeit zu privaten Versicherungseinrichtungen nur, wenn es sich um Kassen handelt, die von öffentlichen Körperschaften (Staat, Gemeinde und dergleichen) eingerichtet und geleitet sind, und die den Versicherten mindestens die gleichen Rechte und Ansprüche gewähren wie die staatliche Einrichtung. (Gemäß § 8 des IVG.)

Stellung des Reichstags und der Regierung.

Der Reichstag hat zu diesen Bestrebungen von Anfang an eine wohlwollende Stellung eingenommen. Bereits in der Sitzung des Reichstages vom 13. Januar 1902 regte der Abgeordnete Dr. Hahn an, „einen Gesetzentwurf vorzulegen, durch welchen zunächst der Teil der Angestellten, der für Aktiengesellschaften arbeitet, vermittelst gesetzlicher Bestimmungen in den Genuß wirklich gesicherter Pensionsbezüge kommt." (Sten. Ber. S. 3345/6). Ihm folgte in der Sitzung des Reichtages vom 31. Januar 1902 der Abgeordnete Sittart (Sten. Ber. S. 3793), der empfahl, dem Beispiel Österreichs zu folgen, sich ernstlich mit der Fürsorge für die Privatbeamten zu beschäftigen und in Erwägung zu ziehen, ob nicht durch Veranstaltung einer Statistik zu einer gesetzlichen Regelung der Weg geebnet werden könne. Eine erneute Anregung desselben Abgeordneten folgte in der Reichstagssitzung vom 14. Februar 1903 (Sten. Ber. S. 7944/5); er sprach die Hoffnung aus, daß recht bald neben der Versicherung der Arbeiter eine neue Versicherung entstehen möchte für die große Bevölkerungszahl, die hinter den Privatbeamten stehe.

Seit dieser Zeit ist im Reichstag alljährlich durch Interpellationen, Anträge und Resolutionen die Regelung der Angestelltenversicherung von allen Parteien gefordert worden.

Die Regierung hat diesen Bestrebungen durch Aufklärung der in Betracht kommenden Verhältnisse Rechnung getragen. Im Frühjahr 1903 fand die erste Besprechung der Angelegenheit mit Vertretern der Organisationen im Reichsamt des Innern statt. Dabei wurde festgestellt, daß Voraussetzungen, Zweck und Ziel der Bestrebungen in den Kreisen der Beteiligten noch nicht genügend aufgeklärt waren. Es erschien geboten, zunächst durch die Organisationen Erhebungen anstellen zu lassen, die über wirtschaftliche Lage und bestehende Versicherungsverhältnisse der Angestellten bessere Aufklärung gäben; dann erst würde man übersehen können, inwieweit ein Bedürfnis nach weiterer Ausgestaltung der Invalidenversicherung vorliege.

Diese Erhebungen haben im Oktober 1903 stattgefunden. Ihnen lag ein Fragebogen zugrunde, der im Einvernehmen mit dem Reichsamt des Innern aufgestellt wurde. Es sind insgesamt an 57 verschiedene Stellen rund 200 000 Fragebogen ausgegeben worden, wovon 157 390 beantwortete Fragebogen zurückgelangt sind.

Dem Vorgehen der Angestellten folgte unterm 4. Dezember 1903 der Antrag aus der konservativen Partei im Reichstag (Nr. 30 der Reichstagsdrucksachen, 11. Legislaturperiode I. Session 1903/04):

„die Vorarbeiten zu einem Gesetzentwurfe, betr. die Pensionsversicherung der Privatbeamten, dermaßen zu fördern, daß derselbe bei Beginn der nächsten Reichstagssession zur Vorlage gelangen kann."

Unterm 8. Dezember 1903 brachten Mitglieder der nationalliberalen Partei einen Antrag ein (Nr. 57 und Nr. 180 der Drucksachen), der die verbündeten Regierungen ersuchte:

1. zur Vorbereitung einer den eigenartigen wirtschaftlichen Verhältnissen der Privatbeamten (Privatangestellten) entsprechenden allgemeinen obligatorischen Alters-, Invaliditäts-, sowie Witwen- und Waisenversicherung durch eine besondere Kommission, zu welcher neben den Vertretern der verbündeten Regierungen auch Vertreter des Reichstags sowie der beteiligten Privatbeamten (Privatangestellten) und Privatbetriebe und der Privatversicherungsanstalten zuzuziehen sind, Erhebungen in die Wege zu leiten und die hierfür nötigen Mittel noch durch einen Nachtragsetat für 1904 anzufordern;
2. bei der im Jahre 1905 erfolgenden Gewerbezählung eine sorgfältige Feststellung der verschiedenen Kategorien der Privatbeamten (Privatangestellten) anzuordnen.

Diesem Antrag schloß sich unterm 10. Dezember

1903 ein Antrag aus der Zentrumspartei (Nr. 92 u. Nr. 165 der Drucksachen) an, durch den die verbündeten Regierungen ersucht wurden,

> in eine Prüfung der am 15. Oktober 1903 von privater Seite veranstalteten und von den Interessenten in weitem Umfang unterstützten Erhebungen über die Lage der Privatbeamten einzutreten und von den Ergebnissen dieser Prüfung dem Reichstag baldmöglichst in geeigneter Form Mitteilung zu machen.

Erste Denkschrift.

Der Staatssekretär des Innern Graf v. Posadowsky sagte im Reichstag am 10. Mai 1904 (Sten. Ber. S. 2823) zu, daß das von den Organisationen der Privatbeamten gesammelte Material im Reichsamt des Innern oder im Kaiserlichen Statistischen Amte aufgearbeitet, und daß, soweit das Material sich hierzu eigne, auch über die Ergebnisse dieser Bearbeitung eine Denkschrift ausgearbeitet werden solle. Im Verfolg dieser Erklärung wurde das Kaiserliche Statistische Amt mit der Vorprüfung des Materials und Aufstellung eines Planes betraut; eine vorläufige Prüfung ergab, daß die Fragebogen ausreichten, um als Grundlage für die weitere Bearbeitung der Angelegenheit zu dienen. Über die weitere statistische Aufarbeitung des Materials wurde am 15. Dezember 1904 unter Teilnahme der Reichstagsabgeordneten Freiherr von Richthofen-Damsdorf, Sittart, Patzig und Dr. Potthoff im Reichsamt des Innern beraten und dabei anerkannt, daß das in den eingereichten Fragebogen gesammelte Material nach seinem äußeren Umfang und, den Stichproben zufolge, auch nach seinem Inhalt ausreichend sei, um aus seiner statistischen Aufarbeitung einen hinlänglichen Überblick über die einschlägigen Verhältnisse der Angestellten zu gewinnen. Infolgedessen wurde das Kaiserliche Statistische Amt unterm 8. Februar 1905 beauftragt, die eingegangenen Fragebogen statistisch zu bearbeiten.

Die Ergebnisse dieser Bearbeitung, ein umfangreiches Tabellenwerk mit Erläuterungsbericht, sind dem Reichsamt des Innern unterm 2. Juni 1906 vorgelegt und von diesem zu einer Denkschrift verwertet worden, die dem Reichstag unterm 14. März 1907 (Drucksachen des Reichstags Nr. 226, 12. Legislaturperiode I. Session 1907) mitgeteilt worden ist. In dieser Denkschrift sind zugleich die Kosten berechnet, welche die Angestelltenversicherung erfordert, wenn die Leistungen in gleicher Höhe wie die den Reichs- und Staatsbeamten zustehenden Fürsorgesätze angenommen werden. Der für diese Versicherung erforderliche Beitrag ist auf 19 vom Hundert des Jahresgehalts der Angestellten berechnet worden. Die Denkschrift gibt Aufschluß

1. über das Alter und den Familienstand der Angestellten sowie über die Zahl und das Alter ihrer Kinder unter 18 Jahren,
2. über die Verteilung des Diensteinkommens nach 10 Einkommensstufen und Nebenbezügen in Verbindung mit dem Alter der Angestellten,
3. über den Umfang, in dem die Angestellten bei der reichsgesetzlichen Invalidenversicherung beteiligt oder anderweit versichert sind, und zwar,
   a) in Verbindung mit dem Alter,
   b) in Verbindung mit dem Diensteinkommen,
4. über die Stellenlosigkeit während der letzten 5 Jahre. In Verbindung mit dem Alter ist nachgewiesen die Zahl der stellenlos gewesenen Angestellten, die Dauer der Stellenlosigkeit und die Zahl der Fälle der Stellenlosigkeit und deren Dauer.

Die Ergebnisse sind sowohl für die Gesamtheit der befragten Personen als auch getrennt nach Geschlechtern und Berufen angegeben.

In der Denkschrift ist das durchschnittliche Jahreseinkommen der befragten Personen

für Männer auf	2 064,51	Mark
„ Frauen „	1 135,58	„

ermittelt und festgestellt, daß der reichsgesetzlichen Invalidenversicherung von den Männern

zwangsweise	58,12	Proz.
freiwillig	10,17	„
zusammen	68,29	Proz.

von den Frauen

zwangsweise	92,44	Proz.
freiwillig	1,13	„
zusammen	93,57	Proz.

angehören und daß

1. bei Versicherungsgesellschaften durch Abschluß von

	Männer Proz.	Frauen Proz.
Lebensversicherungen . .	28,2	4,1
Pensionsversicherungen .	7,9	1,8
Witwenversicherungen . .	7,9	0,0
zusammen	44,0	5,9

2. bei einer von der Firma eingerichteten Pensions- und Witwenkasse

	Männer Proz.	Frauen Proz.
überhaupt	6,1	1,0
u. zwar m. Rechtsanspruch	3,5	0,1

und

3. von der Firma anderweitig

	Männer Proz.	Frauen Proz.
auf Pension	1,8	0,6
u. zwar m. Rechtsanspruch	1,3	0,5

versichert sind. Insgesamt sind hiernach von den befragten Personen bei privaten Versicherungsunternehmungen und Einrichtungen ohne Rücksicht auf etwaige Doppelzählungen

Männer . .	rund 52 Proz.
Frauen . . .	„ 7 „

versichert.

Weiterhin ist ermittelt worden, daß für 34 077 Angestellte insgesamt jährlich 4 641 831 Mark oder im Durchschnitt auf den Kopf 136,22 Mark Beiträge gezahlt werden. Dabei ist für 5290 Personen festgestellt worden, daß die Arbeitgeber an die für ihre Angestellten eingerichteten Pensionskassen an jährlichen Zuschüssen freiwillig 439 740 Mark oder im Durchschnitt auf den Kopf 83,13 Mark zahlen. Da das jährliche Einkommen im Durchschnitt für männliche und weibliche Angestellte sich auf 2035,79 Mark berechnet, so werden hiernach von einer Anzahl Arbeitgeber bereits freiwillig

$$\frac{83{,}13}{2\,035{,}79}\,100 = 4{,}083 \text{ Proz.}$$

des durchschnittlichen Jahresarbeitsverdienstes für die Versicherung ihrer Angestellten aufgewendet. Ferner ist ermittelt worden, daß für 7120 Personen als Jahresbeiträge der Arbeitnehmer 470 923 Mark oder im Durchschnitt auf den Kopf 66,14 Mark für Versicherungszwecke freiwillig aufgebracht worden sind, das sind

3,249 Proz.

des im Durchschnitt auf einen Angestellten entfallenden Jahreseinkommens.

Fast die gleichen Zahlen haben die Erhebungen für die von ihren Firmen nicht in eigenen Kassen, sondern anderweit auf Pension versicherten Angestellten ergeben. Es sind von 2737 Personen Angaben gemacht worden. Hiervon leisten 1917 eigene Beiträge im Betrage von jährlich 127 602 Mark oder im Durchschnitt auf den Kopf 66,56 Mark, während von den Firmen für 2214 Angestellte Beiträge in Höhe von 186 455 Mark oder im Durchschnitt für jeden 84,22 Mark geleistet werden. In Prozenten des im Durchschnitt auf einen Angestellten entfallenden Jahreseinkommens stellen sich die Beträge auf 3,269 Proz. für den Angestellten und 4,137 Proz. für den Arbeitgeber.

In den ersteren Fällen — Versicherung der von den Firmen eingerichteten Kassen — beträgt der gesamte Jahresaufwand vom Hundert des jährlichen Einkommens

$$4{,}083 + 3{,}249 = 7{,}332 \text{ Proz.},$$

in den letzteren Fällen

$$4{,}137 + 3{,}269 = 7{,}406 \text{ Proz.}$$

Kurz vor Mitteilung dieser Denkschrift wurde im Reichstag unterm 20. Februar 1907 (Drucksachen Nr. 51) aus der nationalliberalen Partei an die verbündeten Regierungen die Anfrage gerichtet, ob das Ergebnis der vorgenommenen Bearbeitung nunmehr vorliege und wann die in Aussicht gestellte Denkschrift dem Reichstag zugehen werde.

Dieser Interpellation folgten

1. der Antrag aus der konservativen Partei vom 21. Februar 1907 (Nr. 62 der Drucksachen),

   „die verbündeten Regierungen zu ersuchen, die Vorarbeiten zu einem Gesetzentwurfe, betr. die Pensions- und Hinterbliebenenversicherung der Privatbeamten, so zu fördern, daß derselbe bei Beginn der nächsten Reichstagssession zur Vorlage gelangen kann",

2. der Antrag aus der sozialdemokratischen Partei vom 25. Februar 1907 (Nr. 121 der Drucksachen),

   „die verbündeten Regierungen um Vorlegung eines Gesetzentwurfs zu ersuchen, wodurch die Verhältnisse der Privatbeamten

a) durch Erhebungen des Beirats für Arbeiterstatistik aufgeklärt,
b) im Sinne der Bestimmungen des Handelsgesetzbuchs über die Handelsgehilfen gesetzlich geregelt werden,
c) diese Klassen von Angestellten allgemein der Kranken- und Unfallversicherung unterstellt werden,
d) eine obligatorische Invaliditäts-, Alters- und Reliktenversicherung erhalten,"

3. der Antrag aus der freisinnigen Volkspartei vom 26. Februar 1907 (Nr. 136 der Drucksachen),

„die verbündeten Regierungen um Vorlegung eines Gesetzentwurfs zu ersuchen, durch den die reichsgesetzliche Kranken-, Unfall- und Invalidenversicherungsgesetzgebung für Privatbeamte erweitert wird".

An demselben Tage, am 14. März 1907, an dem die Denkschrift dem Reichstag mitgeteilt wurde, fanden die Verhandlungen des Reichstags über die Interpellation der nationalliberalen Partei statt (Sten. Ber. S. 466 ff.), in denen von allen Parteien die Versicherung der Angestellten einmütig gefordert und deren Notwendigkeit und Dringlichkeit insbesondere auch vom politischen Standpunkt aus begründet wurde. Der Abgeordnete Freiherr Heyl zu Herrnsheim schloß seine Begründung der Interpellation mit den Worten (Sten. Ber. S. 468):

„Sollten die verbündeten Regierungen uns heute durch den Herrn Staatssekretär des Innern die Erklärung abgeben lassen, daß sie etwa nicht geneigt sind, auf unsere Wünsche einzugehen, so habe ich namens meiner Fraktion anzukündigen, daß wir auch für diesen Fall nicht nachlassen werden, die Wünsche der Privatbeamten in der angedeuteten Richtung weiter zu verfolgen."

Von dem Vertreter der verbündeten Regierungen wurde die Notwendigkeit und wirtschaftliche Nützlichkeit einer Versicherung der Angestellten anerkannt, jedoch unter Darlegung der Belastungszahlen der Denkschrift eindringlich gemahnt, die finanzielle Seite der Frage an der Hand der Ausführungen der Denkschrift eingehend zu prüfen (Sten. Ber. S. 469).

Die Denkschrift hat in den beteiligten Kreisen Bedenken hervorgerufen, namentlich wegen der Höhe des Beitrags, der für erforderlich erachtet wurde, um die Wünsche der Angestellten zu befriedigen. Infolgedessen ist auf der einen Seite die Neigung hervorgetreten, das Maß der Versorgung einzuschränken, während auf der anderen Seite die Kostenberechnung der Denkschrift bemängelt und der Nachweis versucht worden ist, daß ein wesentlich niedrigerer Beitrag als der berechnete ausreichen werde, da die statistischen Unterlagen zu ungünstig gewählt und die zu erwartenden Einnahmen zu niedrig verzinst seien. Endlich sind Vorschläge darüber vermißt worden, welche Leistungen bei Annahme niedrigerer Beiträge gewährt werden könnten und wie diese Leistungen etwa zu gestalten wären.

Zu Vorschlägen der letzteren Art lag bei Abfassung der Denkschrift vom 14. März 1907 kein Anlaß vor; sie sollte lediglich die Ergebnisse der von den Angestellten durchgeführten Erhebungen darstellen und die finanziellen Folgerungen aus den in den beteiligten Kreisen erörterten Fürsorgewünschen ziehen. (Zu vergleichen die Leitsätze für die obligatorische staatliche Invaliden-, Alters- und Hinterbliebenenversicherung der Privatangestellten in den Schriften des Deutschen Werkmeisterverbandes Heft I S. 16/17.)

Zweite Denkschrift.

Der Stellvertreter des Reichskanzlers hat hierauf in der Sitzung des Reichstags vom 2. Dezember 1907 (Sten. Ber. S. 1958) eine neue Denkschrift in Aussicht gestellt, welche den Plan einer Angestelltenversicherung technisch erörtern und mit ihrer Veröffentlichung zunächst den Beteiligten die Möglichkeit gewähren sollte, ihrerseits die wirtschaftliche Durchführbarkeit und die wirtschaftlichen Folgen des Unternehmens zu beurteilen.

Dieser Erklärung folgte im Reichstag unterm 6. Dezember 1907 die Einbringung einer Resolution aus der Zentrumspartei (Nr. 519 A Ziffer 6),

> die verbündeten Regierungen um Einführung einer staatlichen Pensions- und Hinterbliebenenversicherung für Privatbeamte zu ersuchen,

und unterm 8. Januar und 12. Februar 1908 die Beratung und einstimmige Annahme des S. 38 erwähnten Antrags der konservativen Partei auf Nr. 62 der Drucksachen (Sten. Ber. S. 2262 bis 2277 und S. 3051 bis 3066). Der konservative Redner schloß die Begründung des Antrags mit den Worten:

> „Ich schließe mit der Hoffnung, daß die Reichsregierung das in sie von uns gesetzte Vertrauen nicht täuschen, sondern baldigst einen Gesetzentwurf veröffentlichen möge, welchem in Kürze die Verabschiedung eines Reichsgesetzes folgen könnte."

In ähnlichem Sinne äußerten sich die Redner der übrigen Parteien.

In der Sitzung des Reichtags vom 3. März 1908 wurde die Frage der Angestelltenversicherung wieder in die Beratung gezogen und von dem Abgeordneten Dr. Stresemann die Veranstaltung einer interparlamentarischen Besprechung verlangt (Sten. Ber. S. 3579, 3580). Der damalige Staatssekretär des Innern, der jetzige Reichskanzler Dr. v. Bethmann-Hollweg, stellte hierauf in der Sitzung vom 4. März 1908 (Sten. Ber. S. 3596) die baldige Veröffentlichung einer zweiten Denkschrift in Aussicht, nach deren Kenntnis man sich weiter entschließen könnte.

Diese zweite Denkschrift ist dem Reichstag unterm 11. Juli 1908 (Nr. 986 der Drucksachen, 12. Legislaturperiode, I. Session 1907/09) mitgeteilt worden. Die Denkschrift nimmt, wie es in dem Anschreiben heißt, zu der wirtschaftlich und politisch gleich bedeutungsvollen Frage, ob, in welcher Form und in welchem Umfang eine reichsgesetzliche Angestelltenversicherung alsbald eingeführt werden soll, keine bindende Stellung.

Die Denkschrift erörtert kritisch die verschiedenen, bisher für die Organisation einer Angestelltenversicherung gemachten Vorschläge und sollte den Beteiligten eine Übersicht über die Gestaltung der Pensionen und Hinterbliebenenbezüge ermöglichen, wenn mit den in der ersten Denkschrift ermittelten Beiträgen von 8 Proz. des Jahresarbeitsverdienstes gerechnet wird, die annähernd schon jetzt aufgebracht werden, soweit Angestellte bei den von ihren Firmen errichteten Pensionskassen oder anderweit mit Zuschüssen der Firmen versichert sind.

In der Kostenberechnung der zweiten Denkschrift ist dargelegt, daß mit einem Gesamtbeitrage der Arbeitgeber und Angestellten in Höhe von 8 vom Hundert des Jahreseinkommens unter Einführung der Berufsinvalidität und Festsetzung der Altersgrenze zum Bezuge der Altersrente auf das 65. Lebensjahr die folgenden Leistungen gewährt werden können:

1. für männliche Angestellte nach Erfüllung der Wartezeit von 120 Beitragsmonaten,
   a) im Falle eingetretener Berufsinvalidität eine Invalidenpension je nach der Dauer der Bei-

tragszeit von 20—50 Proz. des versicherten Jahreseinkommens,

b) vom vollendeten 65. Lebensjahr ab eine Alterspension in Höhe des dann erworbenen Anspruchs auf Invalidenpension,

c) im Falle des Todes eine Hinterbliebenenpension als Teilbetrag des jeweilig erworbenen Anspruchs auf Invalidenpension, und zwar an die Witwe von 40 Proz. und an jede Waise von 8 Proz.

Die Anfangsbezüge dieser Hinterbliebenenpension würden zum halben Betrage schon nach Erfüllung einer Wartezeit von 60 bis 119 Beitragsmonaten gewährt werden;

2. für weibliche Angestellte,

a) nach Erfüllung der Wartezeit von 120 Beitragsmonaten,

Invaliden- und Alterspensionen wie zu 1a und b und im Falle des Todes entweder eine Waisenpension oder Rückzahlung der von der Versicherten eingezahlten Beiträge ohne Zinsen,

b) nach Erfüllung einer Wartezeit von 60 bis 119 Beitragsmonaten,

α) im Falle der Berufsinvalidität eine Invalidenrente in Höhe von 10 Proz. des versicherten Jahreseinkommens,

β) im Falle des Todes entweder Waisenpension oder Rückzahlung der von der Versicherten eingezahlten Pflichtbeiträge ohne Zinsen;

3. für beide Geschlechter Heilfürsorge im Sinne des § 18 des Invalidenversicherungsgesetzes.

Die Denkschrift kommt im übrigen zu dem Ergebnis, daß die Versicherung neben der Invalidenversicherung durch eine besondere Reichsanstalt durchzuführen sei.*

Folgen der zweiten Denkschrift.

Die Ausführungen der Denkschrift haben fast durchweg die Zustimmung der beteiligten Kreise gefunden; insbesondere hat der Hauptausschuß für die Herbeiführung einer staatlichen Pensions- und Hinterbliebenenversicherung sich eingehend mit dieser Denkschrift beschäftigt und einstimmig dem Wunsche Ausdruck gegeben, eine Pensions- und Hinterbliebenenversicherung auf der Grundlage, wie sie die Denkschrift vorsieht, zu erbitten.

Auch der Reichstag hat sich bei den Beratungen des Etats für 1909 mit der Denkschrift beschäftigt. Der Abgeordnete Beck (Heidelberg) erklärte in der

---

* Über die *Form der Versicherung* traten folgende Ansichten zutage:

A. *Erweiterung der Invalidenversicherung* durch *Anfügung neuer Lohnklassen* unter gleichzeitiger tunlichster Annäherung des Begriffs der Invalidität im § 5 Abs. 4 des Invalidenversicherungsgesetzes an Berufsinvalidität und unter Gewährung der Altersrente vom vollendeten 65. Lebensjahre ab;

B. *Befreiung der Privatangestellten von der reichsgesetzlichen Invalidenversicherung und Begründung einer besonderen Pensions- und Hinterbliebenen-Versicherungsanstalt* für Privatangestellte unter Einführung der Berufsinvalidität, des Beginns der Altersrente vom vollendeten 65. Lebensjahre ab und Gewährung eines besonderen Reichszuschusses;

C. *Errichtung einer besonderen Pensions- und Hinterbliebenen-Versicherungsanstalt für Privatangestellte als zusätzliche Kasse* neben der reichsgesetzlichen Invalidenversicherung und der Hinterbliebenenversicherung unter Einführung der Berufsinvalidität und der Gewährung der Altersrente vom vollendeten 65. Lebensjahre ab für diese Zusatzkasse.

D. Übertragung der Versicherung an eine *Vereinigung der Lebensversicherungsunternehmungen.*

Sitzung des Reichstags vom 10. Dezember 1908 (Sten. Ber. S. 6127) u. a.:

„Die Denkschrift, die uns da übergeben worden ist, ist ja im allgemeinen günstig aufgenommen worden. Ich glaube auch, daß sie den Boden abgeben wird, auf dem wir zu einer gesetzlichen Regelung in Bälde werden kommen können usw.“

Der Abgeordnete Trimborn äußerte sich in der Sitzung des Reichtags vom 4. Februar 1909 (Sten. Ber. S. 6667) wie folgt:

„Was die Pensionsversicherung der Privatbeamten angeht, so haben die verbündeten Regierungen einen Entwurf veröffentlicht. Dieser Entwurf hat durchweg die Zustimmung der beteiligten Kreise erfahren. Natürlich hat er auch hier und da scharfe Kritik erfahren; das bleibt ja nicht aus. Es muß aber doch betont werden, daß nach meinem Eindruck die Kritik im großen und ganzen eine zustimmende war usw.“

In ähnlichem Sinne sprachen sich in der Sitzung des Reichstags vom 5. Februar 1909 die Abgeordneten Linz und Schack (Sten. Ber. S. 6704 und S. 6711) und in den Sitzungen vom 6. und 8. Februar die Abgeordneten Dr. Stresemann und Riseberg (Sten. Ber. S. 6745 bis 6746 und S. 6781) aus. In dieser Sitzung wurde von dem damaligen Staatssekretär des Innern folgendes erklärt (Sten. Ber. S. 6712, 6713):

„Die Gutachten zu der letzveröffentlichten Denkschrift über die Privatbeamtenversicherung sind schon ziemlich zahlreich eingelaufen, aber noch durchaus nicht vollständig; es fehlen verschiedene Gutachten, auf die ich glaube mit Bestimmtheit rechnen zu dürfen. Sobald das Material vollständig eingegangen sein wird, wird ein Gesetzentwurf ausgearbeitet und veröffentlicht.“

Beim Wiederzusammentritt des Reichstags im Herbste 1909 wurden von den Abgeordneten Freiherr von Hertling und Genossen sowie von den Abgeordneten Bassermann und Genossen erneut Interpellationen eingebracht (Nr. 27 und Nr. 36 der Drucksachen des Reichstags, 12. Legislaturperiode II. Session 1909/10), die Auskunft über den Stand der Vorarbeiten zur Pensionsversicherung der Privatbeamten bezw. eine Erklärung darüber verlangten, wann ein Gesetzentwurf über die Pensions- und Hinterbliebenenversicherung der Privatbeamten zu erwarten sei. Außerdem wurden ein Antrag der Abgeordneten Dr. Ablaß und Genossen (Nr. 53 der Drucksachen Ziffer 3), der die baldige Einführung einer

> weitergehenden Kranken-, Unfall-, Pensions- und Hinterbliebenenversicherung der Privatangestellten

verlangte, und ein Antrag der Abgeordneten Bassermann und Genossen (Nr. 98 der Drucksachen) eingebracht,

> der die verbündeten Regierungen ersuchte, noch in dieser Session einen Gesetzentwurf über die Einführung der Pensions- und Hinterbliebenenversicherung der Privatbeamten vorzulegen.

Diesen Anträgen folgten die Resolutionen zur zweiten Beratung des Reichshaushalts-Etats für das Rechnungsjahr 1910 der Abgeordneten Bassermann und Genossen vom 10. Februar 1910 auf Nr. 234 der Drucksachen, der Abgeordneten Freiherr von Hertling und Genossen vom 11. Februar 1910 auf Nr. 260 der Drucksachen, der Abgeordneten Dr. Dröscher und Genossen vom 17. Februar 1910 auf Nr. 279 der Drucksachen und der Abgeordneten Albrecht und Genossen vom 19. Februar 1910 auf Nr. 284 der Drucksachen. Die ersteren Resolutionen fordern die Vorlage eines Gesetzentwurfs noch in dieser Session, die letztere verlangt einen Gesetzentwurf über die obligatorische Invaliditäts-, Alters- und Reliktenversicherung der Privatbeamten. Sämtliche Resolutionen wurden angenommen und vom Bundesrate dem Reichskanzler überwiesen.

Mit besonderem Nachdruck sind die Wünsche des Reichstags bei den Verhandlungen über die Interpellationen auf Nr. 27 und Nr. 36 der Drucksachen, die in der Sitzung des Reichstags vom 17. Januar 1910 (Sten. Ber. S. 577—590) stattfanden, zum Ausdruck gekommen.

Die nationalliberale Partei ließ bei der Begründung ihrer Interpellation durch ihren Redner, den Abgeordneten Dr. Stresemann, erklären (Sten. Ber. S. 583):

> „Wir wünschen im Sinne unseres Antrags, daß noch in dieser Session uns ein Gesetzentwurf zugehe auf der Grundlage, die die zweite Denkschrift uns gegeben hat, und auf der Grundlage, die die Mehrheit der deutschen Privatbeamten sich jetzt zu eigen gemacht hat.
>
> . . . .
>
> Ich glaube, daß diejenige Regierung oder derjenige Staatssekretär, der nach dem, was in den letzten Jahren vorgegangen ist, heute zur Ablehnung dieser staatlichen Pensionsversicherung käme, eine Verantwortung auf sich nähme, die meines Erachtens für das Reich nicht zu tragen ist. Das eine dürfen wir doch aussprechen, daß gerade die Privatbeamten in ihrer überwiegenden Mehrheit sich bis jetzt ferngehalten haben von dem staatlichen Pessimismus, daß sie sich nicht haben locken lassen von den Sirenentönen, die sie in das sozialdemokratische Lager hinüberführen wollen. Wenn auch diesen Kreisen gezeigt wird, daß man keine Taten für sie hat, dann werden wir die Folgen davon sehen, dann

wird das Heer der Unzufriedenen, das Heer derjenigen, die auf den Staat keine Hoffnung mehr setzen, um eine Million verstärkt werden. Das sind Gesichtspunkte, die die verbündeten Regierungen veranlassen könnten, hier einmal aus dem Rahmen der Erwägungen herauszutreten und diejenige Tat durch die Gesetzesvorlage uns zu geben, die den einstimmigen Wünschen des gesamten Reichstags entspricht."

Obwohl namens der verbündeten Regierungen in der Beantwortung der Interpellation (Sten. Ber. S. 583) die wirtschaftliche und sittliche Berechtigung der Forderungen der Angestellten anerkannt und erklärt wurde, sobald als möglich werde dem Reichstag ein Gesetzentwurf zugehen, hat sich dann sowohl im Reichstag als auch in den Kreisen der Angestellten eine Beruhigung noch nicht gezeigt.

Die konservative Partei ließ durch den Abgeordneten Dr. Dröscher erklären (Sten. Ber. S. 585):

„Wir wünschen unter allen Umständen eine beschleunigte Erledigung der Aufgabe, weil Reichstag und Reichsregierung sie den Privatangestellten versprochen haben, und damit die endgültige Schaffung einer Pensions- und Hinterbliebenenversicherung für den großen und wirtschaftlich wie sozial wichtigen Stand der Privatangestellten."

Für die fortschrittliche Volkspartei erklärte der Abgeordnete Hormann (Sten. Ber. S. 586):

„Wenn es irgend möglich ist, möchte ich darum bitten, und ich weiß mich einig mit meinen politischen Freunden, daß die Vorlage noch in dieser Session dem Reichstag zugeht, damit endlich von den Privatbeamten der Alp genommen wird, und sie endlich in ihrer wirtschaftlichen Zukunft gesichert sind."

In gleichem Sinne sprach sich für die freikonservative Partei der Abgeordnete Linz aus, der seine Ausführungen mit den Worten schloß (Sten. Ber. S. 588):

> „Ich bin fest überzeugt, nachdem der Herr Staatssekretär aufs neue die Stimmung des Reichstags kennen gelernt hat, wird er nicht zögern, in die Tat umzusetzen, was sein Amtsvorgänger, der gegenwärtige Reichskanzler, am 5. Februar 1909 dem Reichstag zugesichert hat, nach Vervollständigung der bereits zahlreich eingelaufenen Gutachten sofort einen Gesetzentwurf ausarbeiten zu lassen und zu veröffentlichen.
>
> Daß diese Zeit nicht zu fern sein möge, und daß die Geduld der Privatbeamten nicht auf eine zu harte Probe gestellt werden möchte, ist der Wunsch und die dringende Bitte, womit ich meine Ausführungen schließe."

Ähnlich äußerten sich die Abgeordneten Brejski für die Polen, Dr. Burckhardt für die wirtschaftliche Vereinigung und Nacken für die Zentrumspartei. Der letztere schloß seine Rede mit den Worten (Sten. Ber. S. 590):

> „Ich befürchte, daß die heutige Beantwortung unserer Interpellation vom Regierungstisch aus keine Beruhigung in die Privatbeamtenkreise hineintragen wird, sondern ich hege sogar die Furcht, daß die Beunruhigung, die bereits Plaz gegriffen hat, noch größer werden wird. Meine Herren! Wenn die verbündeten Regierungen in dieser Frage wirklich nicht voranmachen, dürfen sie sich auch nicht wundern, wenn sich in den Reihen der Privatbeamten ein Sturm erhebt, der doch auch den Herren von den verbündeten Regierungen am letzten Ende nicht gleichgültig sein kann. Sie brauchen sich dann nicht zu wundern, wenn

man in diesen Kreisen sagen wird, die Antwort, die von seiten des Herrn Staatssekretärs am heutigen Tage erteilt worden ist, läßt alles andere, nur nichts Gutes erwarten. Das große Heer von Privatangestellten, meine Herren — dessen sollen wir uns doch alle, auch die Herren vom Regierungstische, bewußt sein —, ist und bleibt ein sehr wichtiger Faktor in unserem Volks- und Wirtschaftsleben. Dieser Stand bleibt, ja er wächst sogar von Jahr zu Jahr, und die berechtigte Forderung der Privatbeamten nach einer Pensions- und Hinterbliebenenversicherung auf staatlicher Grundlage bleibt auch. Es bleibt ebenfalls der einige Wunsch des gesamten Reichstags in dieser Frage bestehen, und das Heer der Privatangestellten wird seinen berechtigten Wunsch, unterstützt durch den Reichstag, so lange und nachdrücklich erheben, bis er endlich erfüllt sein wird."

Im Reichstag ist die Angestelltenversicherung dann wieder bei der Beratung des Etats des Reichsamts des Innern für das Jahr 1910 in den Sitzungen vom 17., 18., 23., 24., 25. Februar und 2. März 1910, in der die obengenannten Resolutionen 234, 260, 279 und 280 angenommen wurden, sowie in der Sitzung am 4. März und bei der ersten Beratung der Reichsversicherungsordnung in den Sitzungen vom 18. bis 20. April 1910 und endlich bei Erörterung der Interpellation der Abgeordneten Dr. Ablaß und Genossen in der Sitzung vom 26. November 1910 sowie bei der ersten Beratung des Etats für das Jahr 1911 in den Sitzungen vom 9. und 10. Dezember 1910 zur Sprache gekommen, so daß der Reichstag sich im Jahre 1910 bei fünf verschiedenen Gelegenheiten damit befaßt hat. Der Vertreter der verbündeten Regierungen hat bei der Beratung der Reichsversicherungsordnung erklärt (Sten. Ber. S. 2502), daß an dem Entwurf eines Gesetzes im Reichsamt des Innern mit Eifer gearbeitet würde und die Hoffnung bestände, den Entwurf im Herbste des Jahres 1910 fertigzustellen.

Erster Gesetzentwurf.

Bei den Verhandlungen vom 26. November 1910 teilte der Staatssekretär des Innern mit, daß der Gesetzentwurf im Reichsamt des Innern fertiggestellt und dem Preußischen Staatsministerium zur Beschlußfassung vorgelegt sei. Sämtliche Parteien betonten auch bei dieser Gelegenheit ihr lebhaftes Interesse an der baldigen Vorlegung des Entwurfs. Der vom Preußischen Staatsministerium gebilligte erste Gesetzentwurf wurde durch Bekanntgabe im Reichsanzeiger unterm 16. Januar 1911 der öffentlichen Kritik unterbreitet. Die Kritik ist ebenso wie bei der Veröffentlichung der zweiten Denkschrift ausgiebig geübt worden. Die durch den Hauptausschuß vertretene große Mehrheit der Angestellten erblickte in dem Gesetzentwurf eine brauchbare Grundlage für die Lösung der Angestelltenversicherung. In den Kreisen der Arbeitgeber waren die Meinungen geteilt. Ein kleiner Bruchteil war gegen jede Verbesserung der Versicherung für die Angestellten, ein anderer Teil stimmte dem Gesetzentwurf, abgesehen von einzelnen Fragen, im allgemeinen zu; weitere Kreise erblickten eine bessere Lösung in dem Ausbau der Invalidenversicherung. Diese Meinung wurde auch von einer Anzahl von Handelskammern vertreten.

Soweit die Begründung.

II. Entwicklung seit Unterbreitung der Vorlage an den Reichstag.

Zweiter Gesetzentwurf.

Unterm 20. Mai wurde alsdann der gegenüber dem ersten nur wenig veränderte zweite Entwurf dem

Reichstag unterbreitet. Von dem Vorentwurf weist diese Reichstagsvorlage folgende Abweichungen auf: Die Anzahl der Paragraphen ist von 376 auf 389 gestiegen, dadurch daß eine Reihe neuer Bestimmungen über die Ersatzkassen sowie die Abkürzung der Wartezeit eingefügt worden sind. Weggefallen ist lediglich der frühere Paragraph 46, welcher bestimmt hatte, daß Hinterbliebene eines Versicherten, welche sich zur Zeit seines Todes ohne Zustimmung des Rentenausschusses im Ausland aufhalten, keinen Anspruch auf Versicherungsleistung haben. — Hinsichtlich der freiwilligen Versicherung ist die Vorschrift des §15 Abs. 2 neu, daß die Reichsversicherungsanstalt auf Antrag die freiwillige Fortsetzung der Versicherung oder die Erhaltung der Anwartschaft auch dann gestatten kann, wenn die Summe der bis zum Ausscheiden aus der Beschäftigung entrichteten Monatsbeiträge der Summe von mindestens 120 Monatsbeiträgen der Gehaltsklasse A bis zu 550 Mark) gleichkommt. Der § 63, der den früheren § 65 ersetzt, bestimmt hinsichtlich der Leibrenten weiblicher Versicherter neu, daß auf Antrag der Berechtigten die Festsetzung des Beginns und die Höhe der Leibrente für einen späteren Zeitpunkt vorbehalten werden kann. In dem Abschnitt über das Ruhen der Rente regeln die §§ 73—75 (73, 74) an Stelle der bisherigen §§ 75—77 (75, 76) die Höchstpension anders als bisher, indem sie jetzt vom Durchschnitt der Jahresarbeitsverdienste in den letzten 5 Jahren vor Eintritt des Versicherungsfalls sprechen, während der alte Entwurf hier mit dem 150fachen Durchschnittsbetrag der entrichteten Monatsbeiträge rechnete. — Die Zahl der Mitglieder des Verwaltungsrats ist von mindestens je 25 Vertretern der Arbeitgeber und der Angestellten (bisher § 112) auf mindestens je 12 herabgesetzt worden (§ 109). Neu zugefügt im § 110 ist die Berufung des Verwaltungsrats durch den Präsidenten auch auf Verlangen der Mehrheit des Verwaltungsrats oder des Verwaltungsausschusses. Die Befugnisse des Verwaltungsrats sind im § 108 gegenüber dem alten § 110 unbedeutend erweitert; jetzt lautet die Bestimmung, daß der Verwaltungsrat das Direktorium bei Vorbereitung wichtiger Beschlüsse gutachtlich zu beraten hat und seiner Beschlußfassung vorbehalten bleiben muß die Festsetzung des Voranschlags sowie die Abnahme des Rechnungsabschlusses und der Bilanzen. Dagegen sind seine Befugnisse, welche ihm früher nach § 110 Abs. 3 und 4 zustanden, gestrichen worden. Der im § 99 (früher § 101) nicht mehr als Organ genannte Verwaltungsausschuß soll aus der Mitte des Verwaltungsrats auf 3 Jahre (nicht, wie es im alten § 123 hieß, auf 1 Jahr) gewählt werden; so bestimmt § 121. Nach dem jetzigen § 146 (dem alten § 149 entsprechend) darf die oberste Verwaltungsbehörde die Zahl der regelmäßig 6 betragenden Vertrauensmänner bis auf 2 herabsetzen. — Der jetzige § 175 hat gegenüber dem alten § 178 eine Verbesserung insofern gebracht, als eine Herabsetzung der Leistungen, wenn die Bilanz einen Fehlbetrag ergibt, nicht mehr statthaft ist. Die Versicherungskarte soll nach § 192 (früher § 195) Raum für mindestens 48 (früher mindestens 24) Marken bieten. Nach § 218 (früher § 221) darf die Vermögensanlage auch in Pfandbriefen deutscher Hypotheken-Aktienbanken, welche die Reichsbank in Klasse I beleiht, stattfinden. — Sehr wichtig sind die Änderungen im 9. Abschnitt. Neu hinzugekommen ist hier der von Ersatzkassen handelnde Teil, die §§ 367 bis 377. Der Entwurf unterscheidet künftighin zwischen Zuschußkassen und Ersatzkassen. Nur die Beteiligung bei letzteren soll von der Versicherung bei der Reichsversicherungsanstalt befreien. Die für die Zuschußkassen vorgeschlagenen Vorschriften bezwecken eine Art Rückversicherung in der Höhe der reichsgesetzlichen Leistungen bei der Reichsversicherungsanstalt. — Die Zulassung von Pensionseinrichtungen als Ersatzkassen wird auf solche Einrichtungen beschränkt, die bei Verkündung des Gesetzes bereits bestehen. Es kommen bei der Zulassung nur solche Kassen in Frage, die sämtliche nach dem Entwurf Versicherungspflichtigen der Unternehmungen, für die sie errichtet sind, aufnehmen. Ob die Kassen nur für eine Unternehmung oder für mehrere Unternehmungen mit Zwangsbeitritt ihrer sämtlichen Angestellten errichtet sind, fällt nicht ins Gewicht. Kassen von Berufsvereinigungen, die Unternehmungen mit sämtlichen von ihnen beschäftigten versicherungspflichtigen Angestellten in sich aufgenommen haben und gleichzeitig die Versicherung von einzelnen Angestellten betreiben, können als Ersatzkassen nur insoweit sich betätigen und von der gesetzlichen Pflichtversicherung bei der Reichsversicherungsanstalt befreien, als es sich um die Versicherung von Unternehmungen mit ihren sämtlichen Angestellten handelt. Die Entscheidung der Frage, ob die gesetzlichen Bedingungen für die Zulassung einer Ersatzkasse erfüllt sind, wird in die Hände des Bundesrats gelegt. Für die Zulassung von Ersatzkassen werden folgende weitere Bedingungen gestellt: 1. die Kassenleistungen müssen den reichsgesetzlichen Leistungen mindestens gleichwertig und in dieser Höhe gewährleistet sein; 2. die Beiträge der Arbeitgeber zu den Kassen müssen den reichsgesetzlichen mindestens gleichkommen; 3. den Versicherten muß bei der Verwaltung der Kasse und bei der Entscheidung über die Gewährung von Kassenleistungen eine den Vorschriften dieses Gesetzes entsprechende Mitwirkung eingeräumt sein; 4. die volle Freizügigkeit muß dadurch gewährt werden, daß die bei Ersatzkassen zurückgelegte Beitragszeit mindestens die gleichen Ansprüche begründet, als wenn die Beitragszeit bei der Reichsversicherungsanstalt zurückgelegt wäre. Für Gewährleistung der Freizügigkeit ist umfassend Sorge getragen. — Die gleichen Vorschriften, die für private Kassen und Einrichtungen gelten, sind auch für öffentlich-rechtliche oder nach Ortsstatut eingerichtete Kassen anzuwenden. — Hinsichtlich der Lebensversicherungsverträge als Ersatz für die Angestelltenversicherung ist nichts gegenüber dem Entwurf vom Januar geändert worden. Nur sind die öffentlichen Lebensversicherungsunternehmungen im § 381 neben den privaten mit erwähnt worden. Schließlich ist hinzuweisen auf die §§ 387 und 388, welche eine Befreiung von der Versicherungspflicht für Angestellte anordnen, die bei Inkrafttreten des Gesetzes das 55. Lebensjahr bereits vollendet haben, bzw. für die Hälfte der Beiträge eine Rückerstattung normieren, wenn der Versicherungsfall innerhalb der ersten 10 Jahre seit Erscheinen des Gesetzes eintritt.

Auch an den neuen Entwurf schloß sich, wie nicht anders zu erwarten war, eine lebhafte Kritik an. Nun nahmen insbesondere Unternehmerverbände und Organisationen der Lebensversicherungsunternehmungen zu der bevorstehenden Gesetzgebung intensiv Stellung. In der im Sommer 1911 ins Leben gerufenen Arbeitszentrale für Privatbeamtenversicherung vereinigte sich diese mit einer ganzen Reihe von Angestelltenverbänden und Vertretern der Wissenschaft, um zu bewirken, daß die Angestelltenversicherung auf einer ihrer Überzeugung nach besseren Grundlage zustande käme. Unter Aufbietung eines beachtenswerten Materials haben zwei Kommissionen dieser Arbeitszentrale in kürzester Zeit die Grundzüge für die Angestelltenversicherung veröffentlicht, und zwar sowohl in Form des Ausbaus der Invalidenversicherung als auch mittels der Lebensversicherungsunternehmungen als Versicherungsträger. Diese Arbeiten der Zentrale konnten besonders wegen der vorgeschrittenen Legislaturperiode weder bei der Reichsverwaltung noch im Reichstag erhebliche Berücksichtigung finden.

Erste Lesung im Reichstagsplenum.

Der Entwurf gelangte im Reichstagsplenum am 19. und 20. Oktober zur ersten Beratung. Staatssekretär Dr. Delbrück leitete die erste Lesung des Gesetzentwurfes mit folgenden Worten ein:

„Wenn wir den in wirtschaftlicher und sozialpolitischer Hinsicht gleich bedeutsamen Entwurf eines Privatbeamtenversicherungsgesetzes noch kurz vor dem Ende einer an großen gesetzgeberischen Arbeiten überreichen Legislaturperiode vorgelegt haben, so entspricht das Ihren wiederholten einhellig ausgesprochenen Wünschen. Die Verbündeten Regierungen haben geglaubt, diesen Wünschen entsprechen zu sollen, weil sie mit Ihnen die Hoffnung teilen, daß es möglich sein wird, diesen wichtigen Entwurf in der kurzen noch zur Verfügung stehenden Zeit glücklich zur Verabschiedung zu bringen, denn der Entwurf bietet nichts Neues, er bringt keine Überraschungen. Er beruht in seinen Grundlagen auf den beiden Denkschriften, die ihm das Reichsamt des Innern 1907 und 1908 vorgelegt hat und deren Ergebnisse hier im Hause wie auch draußen in weiten Kreisen der Interessenten Billigung fanden. Der Entwurf ist dann, bevor er den Bundesrat verließ, bereits der Öffentlichkeit übergeben worden. Die in der Öffentlichkeit geübte Kritik ist bei den Arbeiten des Bundesrats gewürdigt und berücksichtigt worden, soweit das angezeigt war. Eine Reihe von Bestimmungen konnten auch aus der Reichsversicherungsordnung übernommen werden. Die Angliederung der Privatbeamtenversicherung an die Invaliditäts- und Altersversicherung der Arbeiter ist verneint worden. In der Kommission wird Gelegenheit sein, den Nachweis zu erbringen, daß unsere Vorschläge die einzig gangbaren Wege zur Lösung der Frage sind. Wir wollen mit diesem Entwurf Gruppen der werktätigen Bevölkerung der Versicherungspflicht unterwerfen, die bisher von unserer sozialen Gesetzgebung grundsätzlich freigelassen wurden. Diese ist in erster Linie gedacht für die Verhältnisse der Lohnarbeiter; soweit andere Gruppen einbezogen wurden, handelt es sich um solche, die in ihrem Einkommen den Arbeitern etwa gleichzustellen sind. Dieser Entwurf aber wird einbeziehen Gruppen, die sozial und wirtschaftlich in einer gegenüber den Arbeitern gehobenen Stellung sind, die zwischen Prinzipal und Arbeiter stehen, die berufen sind, den Prinzipal in der Leitung zu unterstützen und die Arbeiter zu beraten und zu führen, um Personen, die durch besondere Kenntnisse, durch besondere Vertrauenswürdigkeit für den betreffenden Betrieb von besonderer Bedeutung sind, die durch ihre Stellung, ihre Vorbildung, den Arbeitsvertrag beamtenähnliche Stellungen haben und ja deshalb kurz als Privatbeamte bezeichnet werden. Diese bilden aber keine fest abgeschlossene Klasse, die Grenzen nach oben und unten sind flüssig. Ein großer Teil ergänzt sich in der Hauptsache durch Aufsteigen aus den arbeitenden Klassen; es ist das überaus wertvoll für den einzelnen Betriebsleiter, den Prinzipal, wie für die Gesamtheit, die auch ein großes wirtschaftliches und politisches Interesse daran hat, daß diese aufsteigenden Elemente des Volkes durch diesen neu geschaffenen Mittelstand in höhere, sozial besser gestellte Kategorien kommen, daß das gefördert wird und im Flusse bleibt. Da kommt es aber darauf an, sie wirtschaftlich widerstandsfähig zu machen und sie später, sie und ihre Familien, nicht zu zwingen, die Sphäre wieder zu verlassen, in die sie die Intelligenz und der Fleiß ihres Ernährers gehoben hat.

Nun fragt es sich, wie der Personenkreis abzugrenzen ist. Die Verbündeten Regierungen halten eine Zwangsversicherung für nötig, weil die Aussicht, wirtschaftlich selbständig zu werden, sich eine eigene Existenz zu gründen, die auch eine gewisse Möglichkeit bietet, für die Zukunft der Familie zu sorgen, sehr gering ist. Die Statistik zeigt, daß die Zahl der selbständigen Privatangestellten eine abnehmende Tendenz hat. Von 1882 bis 1907 ist auf 1000 Personen der Gesamtbevölkerung die Zahl der selbständigen von 115 auf 89 gefallen, dagegen die Zahl der Angestellten von 11 auf 30 gestiegen. Die Zahl derjenigen Angestellten, die dauernd zu den unselbständigen Erwerbsfähigen gehören, bildet also zweifellos die überwiegende Mehrheit. Deshalb ist die Zwangsversicherung nicht zu umgehen. Ein weiterer Grund liegt darin, daß die private Versicherung nur in sehr geringem Umfange von den jüngeren Lebensaltern in Anspruch genommen wird. Dann die Frage, ob die schon bisher versicherungspflichtigen Leute bis zu 2000 Mark Einkommen aus der Arbeiterversicherung heraus und in die neue Versicherung übernommen werden sollen. Dafür sprechen die andersgeartete soziale Stellung, die Lebensverhältnisse, die Art der Beschäftigung, die häufig zu frühem Verbrauch der geistigen Fähigkeiten führt, und vor allem die Rücksicht darauf, daß die Frauen der Angestellten meist unfähig sind, nach dem Tode ihrer Männer in erheblichem Umfange durch ihrer Hände Arbeit die Unterhaltungsmittel für ihre Familie zu gewinnen. Dazu kommt, daß in diesen Kreisen der Angestellten vielfach höhere Ansprüche an die Erziehung ihrer Kinder gestellt werden, und das würde sonst bei Beendigung der Anstellung aufhören. Natürlich folgt aber daraus auch, daß die Leistungen der Leute höhere sein müssen als bei der Arbeiterversicherung, daß sie über das Existenzminimum hinausgehen müssen. Und daraus folgt, daß das Reich an der Aufbringung der Kosten sich nicht beteiligen darf.

Die Angestellten über 5000 Mark werden im allgemeinen in der Lage sein, aus eigenen Mitteln genügend Vorsorge zu treffen. Sind wir uns darüber einig, daß eine Zwangsversicherung für die angedeuteten Kreise notwendig ist, so entsteht die jetzt noch draußen lebhaft erörterte Frage, ob man die Zwangsversicherung der Angestellten privaten Versicherungsunternehmungen übertragen soll. Nach eingehender Prüfung sind wir zu dem Ergebnis gekommen, daß dies unter allen Umständen zu verneinen ist. Es ist die Frage aufgeworfen worden, ob die sämtlichen Versicherungsanstalten eine gemeinschaftliche Anstalt für die Versicherungen der Angestellten bilden sollen. Wenn aber der Staat die Verpflichtung zur Versicherung für eine große Kategorie von Personen ausspricht, hat er auch die Pflicht, dafür zu sorgen, daß die Versicherten zu dem Ihrigen kommen. Es würde also eine Versicherung bei privaten Gesellschaften gar nicht denkbar sein, ohne daß das Reich einen starken Einfluß auf die Verwaltung der Versicherung hat. Weiter kommt hinzu, daß bei einer Zwangsversicherung es selbstverständlich ist, daß den Versicherten eine gewisse Mitwirkung bei der Verwaltung der durch ihre Beiträge geschaffenen Fonds und bei der Festsetzung der ihnen zu gewährenden Leistungen sichergestellt werden muß, wie das auch bei den übrigen Versicherungsgesetzen der Fall ist. Ob das bei den privaten Versicherungsgesellschaften so ohne weiteres möglich ist, ist doch sehr die Frage. Die zahllosen Streitfälle, die naturgemäß bei jeder Versicherung entstehen, und hier in erheblichem Umfange mit Rücksicht darauf, daß der Begriff der Berufsunfähigkeit neu eingeführt wird, werden sich nur dadurch vermindern lassen, daß den Beteiligten durch eine angemessene Selbstverwaltung auch ein weitgehender Einfluß auf die Versicherung gewährleistet wird. Die Kosten der Reichsanstalt werden erheblich geringer sein, als wenn sich die Privatanstalten für Angestelltenversicherung zusammentun würden. Richtig ist es, daß wir dem Grundsatz der öffentlichen Zwangsversicherung treu bleiben, wir können von ihm sagen, daß er sich im deutschen Vaterlande bisher bewährt hat. Wenn wir eine besondere Reichsanstalt einführen, so wird auch die Zahl der Organe viel weniger zahlreich sein, als wenn wir die neue Versicherungseinrichtung auf die Träger der Invalidenversicherung übertragen würden. Durch die Übertragung der neuen Versicherung auf die Träger der Invalidenversicherung würden auch die Kosten außerordentlich hohe werden, da die Zahl der Vertrauensleute, die zu jeder Sitzung fahren müssen, ungleich größer sein würde als bei der Organisation, die in der Vorlage vorgeschlagen wird. Die Reichsversicherungsanstalt soll in ihrer Zentrale durch Reichsbeamte verwaltet werden, im übrigen aber soll die Verwaltung auf breitester Grundlage und auf ehrenamtlicher Tätigkeit der Arbeitgeber und Arbeitnehmer aufgebaut werden. Durch die Einberufung von Vertrauensleuten und die Errichtung von Rentenausschüssen wird weiten Kreisen Gelegenheit zur befriedigenden Lösung von Differenzen gegeben. Von dieser Tätigkeit erwarte ich nicht bloß eine korrekte Abwicklung der Geschäfte und nicht nur eine nützliche Wirkung auf die Versicherung selbst, sondern auch eine Förderung des Gedankens der sozialen Versöhnung.

Wir glauben, daß der in der Vorlage festgesetzte Beitrag von 8 v. H., wovon 4 v. H. auf den Arbeitgeber und 4 v. H. auf den Arbeitnehmer entfallen, das Äußerste ist, was nach der Lage der Dinge den Versicherten auferlegt werden kann.

Wenn die Leistungen der Versicherung vorläufig nicht höher sind, so hat das seinen Grund darin, daß wir vor allen Dingen Vorsorge treffen müssen, daß die in Aussicht genommenen Leistungen auch garantiert werden. Das ist aber kein Grund dagegen, die Leistungen später, wenn möglich, zu erhöhen. In der Öffentlichkeit ist im weitesten Maße von einer großen Anzahl von Firmen, Firmenvereinigungen, Angestelltenkassen usw. die Frage des Weiterbestehens solcher

Versicherungsanstalten besprochen worden, die höhere Leistungen als die Reichsversicherung gewähren und zum Teil auch einen Rechtsanspruch auf die Leistungen zuerkennen. Diese Kassen sind nicht ohne weiteres zu beseitigen. Auf der anderen Seite muß man sich klar sein, daß wir durch völlige Zulassung aller Ersatzkassen nur die schlechten Risiken für die allgemeine Versicherung behalten würden, und dadurch würde es möglich sein, daß wir auch diejenigen Leistungen nicht mehr garantieren könnten, die wir bei der jetzt in Aussicht genommenen Einrichtung glauben in Aussicht stellen zu können. Wir haben auf der mittleren Linie eine Möglichkeit gesucht, die erworbenen Rechte sicherzustellen, aber auch Vorsorge zu treffen, daß für die öffentliche Versicherung nicht nur die schlechten Risiken übrig bleiben.

Nun kann man noch fragen, ob unsere wirtschaftlichen Verhältnisse es uns gestatten, derartige L a s t e n d e n A r b e i t n e h m e r n u n d A r b e i t g e b e r n aufzuerlegen, obgleich die Reichsversicherungsordnung jetzt in Kraft tritt und ebenfalls erhebliche Mehraufwendungen erfordert. Sie haben die Frage kurzerhand bejaht. Wir können die Lasten tragen, und wir müssen sie tragen. Ich hoffe, daß wir uns in der Kommission über den Gesetzentwurf einigen werden, noch ehe dieser Reichstag auseinandergeht."

In der anschließenden D e b a t t e, welche am 20. Oktober stattfand, sprachen die A b g e o r d n e t e n Trimborn (Zentrum), von Richthofen (Konservativ), Schmidt (Sozialdemokrat), Stresemann (Nationalliberal), Mugdan (Volkspartei), Linz (Reichspartei), Korfanty (Pole) und Raab (Wirtschaftliche Vereinigung).

Fast sämtliche Redner befürworteten die Annahme des Gesetzes, wenn sie auch in bezug auf Einzelheiten Abänderungswünsche vorbrachten. Nur ein einziger Redner, der Abgeordnete Dr. Mugdan, sah sich veranlaßt, die von den verschiedensten Seiten außerhalb des Reichstags an den Grundlagen des Entwurfs geübte Kritik zur Sprache zu bringen, indem er ausführte:

„Die Aufgabe, die uns die Arbeitszentrale für Privatbeamtenversicherung stellt, würde eine viel längere Zeit erfordern, als diese im Reichstag noch zu Gebote steht. Ließen wir uns bei der Gestaltung des Gesetzes darauf ein, so würde das mit dem Scheitern der Vorlage geradezu identisch sein. Das schließt nicht aus, daß man in der Kommission von den zum Teil vorzüglichen Ausführungen der Denkschrift ergiebigen Gebrauch macht."

Beratung der Reichstagskommission.

Der Entwurf wurde am 20. Oktober 1911 auf Antrag des Abgeordneten Trimborn, der bereits mit der Beratung des Entwurfs zur RVO. betraut gewesenen 16. Kommission des Reichstags (Schultz [Vorsitzender], Sittart [Berichterstatter], Becker, Graf von Carmer, Dr. Dröscher, Dr. Fleischer, Hausmann, Dr. Hitze, Hoch, Hormann, Irl, Dr. Kolbe, Korfanty, Molkenbuhr, Mommsen, Dr. Mugdan, Nacken, Dr. Potthoff, Raab, Ritter, Schickert, Schirmer, Schmidt, Schwabach, Sielermann, Dr. Stresemann, Trimborn, Vogel) überwiesen. Diese trat am 25. Oktober in die Beratung des Entwurfs ein und ernannte zum Berichterstatter den Abgeordneten Sittart.

Seitens der verbündeten Regierungen nahmen an den Beratungen der Kommission teil: a) als Bevollmächtigte zum Bundesrat: Staatssekretär des Innern Dr. Delbrück, Direktor im Reichsamt des Innern Dr. Caspar, Bayerischer Staatsrat Ritter v. Treutlein-Moerdes, Bayerischer Ministerialdirektor Ritter v. Stößenreuther, Königlich Sächsischer Geheimer Rat Dr. Hallbauer, Württembergischer Ministerialdirektor Dr. v. Köhler, Badischer Ministerialdirektor Dr. Nieser, Großherzoglich Sächsischer Ministerialdirektor Dr. Nebe, Oldenburgischer Wirkl. Geheimer Rat Dr. v. Eucken-Addenhausen, Braunschweig-Lüneburgischer Wirklicher Geheimer Legationsrat Boden, Kaiserlicher Geheimer Ober-Regierungsrat Dr. Sieveking, 2. als besondere Kommissare: a) vom Reichsamt des Innern: die Geheimen Ober-Regierungsräte Dombois, Koch und Dr. Beckmann, der Regierungsrat Dr. Aurin und der Regierungsassesor Horning, b) vom Reichsjustizamt: Geheimer Regierungsrat Dr. Bumke, c) vom Reichsversicherungsamt: Senatsvorsitzender Professor Dr. Laß, d) im übrigen: Geheimer Ober-Postrat Aschenborn, Preußischer Geheimer Ober-Bergrat Reuß, Preußischer Bergwerksdirektor Dr. Hense, Preußischer Geheimer Ober-Justizrat Dr. Steuber, Preußischer Geheimer Ober-Finanzrat Hergt, Preußischer Geheimer Ober-Regierungsrat Altmann, Preußischer Geheimer Regierungsrat Dr. Leese, Preußischer Geheimer Regierungsrat Eggert, Preußischer Landrat Dr. Meister und Kaiserlicher Postrat Ernst.

Die Kommission einigte sich dahin, zwei Lesungen des Entwurfs vorzunehmen, von einer Generaldebatte indes abzusehen; doch entsprach es dem Wunsche der großen Mehrheit, daß für die Beratung des § 1 eine gewisse Bewegungsfreiheit in der Debatte gelassen werde, damit einzelne grundlegende Fragen vorweg erörtert werden könnten. Diesem Wunsche wurde denn auch ohne lange Debatte stattgegeben.

Der erste Redner aus der Kommission wies auf die freundliche Aufnahme hin, welche der Entwurf bei allen Parteien des Reichstags gefunden und welche ihn bis zur Beratung im Plenum begleitet habe. „Die allgemeine Sympathie erkläre sich durch die vorwiegend günstige Kritik, welche die Vorlage gefunden habe. Freilich sei nicht zu verkennen, daß diese Kritik insofern einseitig geblieben sei, als sich vornehmlich die

Angestellten selbst zu der Vorlage geäußert hätten und diese zu etwa neun Zehntel zustimmend, daß aber die Gegner sich der Kritik lange entweder enthalten oder aber mit der Kritik sehr zurückhaltend gewesen seien. Diese Tatsache werde jetzt auch von den Gegnern der Vorlage selbst anerkannt. So habe in der am 15. Februar 1911 im Reichstagsgebäude stattgefundenen Sitzung des Deutschen Vereins für Versicherungswissenschaft, welche zum Zwecke der Kritik des vorliegenden Entwurfs anberaumt worden ist, der erste Diskussionsredner, Dr. Otto Meltzing (München) zugegeben, daß die Kritik „verhältnismäßig am wenigsten aus dem Lager der Arbeitgeber“ erfolgt sei, und zwar hätten diese sich teilweise erst so spät an derselben beteiligt, „daß sie ernstlich auf Berücksichtigung ihrer Wünsche kaum rechnen könnten“. Trotzdem sehe die Kommission es als ihre Pflicht an, in die Prüfung der teilweise im letzten Augenblick erst einsetzenden Kritik einzutreten. Diese Kritik greife an das Fundament der Vorlage. Soweit das Verlangen erneuert werde, die Frage der Pensionsversicherung der Angestellten durch Ausbau der allgemeinen Invalidenversicherung zu regeln, gehe er nicht darauf ein; denn diese Frage sei durch die bisherige Stellungnahme des Reichstags endgültig erledigt. Anders aber liege es mit dem Vorschlage der neugebildeten Arbeitszentrale, welche unter Mitwirkung deutscher Lebensversicherungsgesellschaften eine reichsgesetzliche Angestelltenversicherung zu schaffen verspreche. Die von dieser Seite einsetzende Agitation suche nun ihr Ziel zu erreichen einerseits durch eine äußerst ungünstige Beurteilung der Vorlage und ihres Inhalts und anderseits durch rosige Ausmalung dessen, was auf dem von der Arbeitszentrale gezeigten Wege erreicht werden soll. Diese Darstellung sei derartig, daß man wohl die Frage stellen könne, ob nicht eine Änderung der Stellungnahme des Reichstags geboten sei. Deshalb möge die Regierung sich dazu äußern, ob die rechnerischen Grundlagen auch jetzt noch als richtig anerkannt würden und ob sie gegenüber den Berechnungen von seiten der Arbeitszentrale standhalten könnten. Insbesondere werde von den Gegnern der Vorlage behauptet, daß die Kosten der Versicherung die von der Vorlage berechnete Summe um mindestens einhundert Millionen Mark übersteigen würden, daß für die Renten so wenig übrig bleiben werde, daß nach zehn Jahren, wenn einmal die Renten bezahlt werden müßten, die Privatbeamten recht traurige Gesichter machen würden.

Angesichts der mit großem Aufwand an Material auftretenden Gegenbewegung, welche geeignet sei, in die Reihen der Freunde der Privatbeamtenversicherung ein Schwanken hineinzutragen, möge die Regierung erneut sich über die Grundlage, auf der das Versicherungswerk sich ausbauen soll, äußern." (Kom.-Ber. S. 2f.)

Von einem Vertreter der verbündeten Regierungen wurde auf die vorstehenden zwei Fragen des Vorredners folgendes erwidert:

„Gegen die Schätzung der Gesamtkosten der Privatangestelltenversicherung werde eingewendet, daß

1. die Zunahme der Zahl der Angestellten seit der letzten Berufzählung nicht berücksichtigt sei und
2. die Gehaltssteigerung nicht gebührend Beachtung gefunden hätte.

Daraus würde gefolgert, daß die jährliche Belastung um 100 Millionen Mark zu niedrig veranschlagt sei. Das sei unrichtig.

Bei der Veranschlagung der Kosten in der Begründung sei die mutmaßlich zu versichernde Personenzahl sehr hoch gegriffen. Es wären damals die Ergebnisse der besonderen Erhebungen über Angestellte vom 12. Juni 1907 noch nicht bekannt gewesen und man hätte deshalb die benötigten Zahlen aus den allgemeinen Erhebungen über Alter und Berufsgliederung der

Reichsbevölkerung nach Band 203,[1] Abteilung II Heft 1 der Statistik des Deutschen Reichs entnehmen müssen. Diese Zahlen seien indessen um deswillen wesentlich zu groß, als sie auch eine große Anzahl Personen enthalten, die zwar nach der Berufsstatistik als Angestellte gezählt worden seien, die aber zum Teil wegen Pensionsberechtigung, zum Teil wegen der Art der Dienstleistungen nicht versicherungspflichtig seien (Beamte des öffentlichen Dienstes, Schreiber in Gewerbe- und Handelsbetrieben, Kanzlisten, Konzipienten, Kontoristen, Bureaugehilfen, kaufmännische Lehrlinge usw.). Die jetzt vorliegenden besonderen Erhebungen über Angestellte bestätigten, daß auch zurzeit die Zahl der versicherungspflichtigen Angestellten nicht höher sein könne als die in der Begründung angenommene Zahl der Versicherungspflichtigen. Die Schätzung der Zahl der versicherungspflichtigen Angestellten an der Hand der besonderen Erhebungen über Angestellte nach Band 203,[2] der Statistik des Deutschen Reichs, bei welcher angenommen sei, daß die Hälfte der im öffentlichen Dienste stehenden Beamten, die Geistlichen, die Kirchendiener, die niederen Hof- und standesherrlichen Beamten usw., sowie $^4/_5$ der Schreiber in Gewerbe- und Handelsbetrieben usw. und kaufmännischen Lehrlinge nicht versicherungspflichtig seien, führe dazu, daß nach der Zählung vom 12. Juni 1907 nach Absetzung der in der Begründung ermittelten Zahl der Angestellten mit einem Gehalt von mehr als 5000 Mark angenommen werden könne, daß

	1 082 680	männliche und
	330 143	weibliche
zusammen	1 412 823	versicherungspflichtige

Angestellte vorhanden waren. Die Vermehrung der Zahl der männlichen Angestellten habe in den Jahren 1895 bis 1907 durchschnittlich jährlich 5,017 Proz., die der weiblichen 8,795 Proz. betragen. Nehme man die gleiche Vermehrung für die folgenden Jahre an, so ergebe sich für den 1. Januar 1912 als Zahl

der versicherungspflichtigen männlichen Angestellten	1 349 825	und
der versicherungspflichtigen weiblichen Angestellten	482 880	
zusammen .	1 832 705.	

In der Begründung sei mit einer Zahl von 1 811 924 versicherungspflichtigen Angestellten gerechnet. Es sei deshalb richtig gewesen, daß man für die Schätzung der Gesamtbelastung nicht von höheren Zahlen ausgegangen wäre. Wahrscheinlich seien auch die Zahlen der Begründung noch zu hoch. Auf gegnerischer Seite rechne man für den 1. Januar 1912 mit 2 345 000 versicherungspflichtigen Angestellten.

Sodann werde die Nichtberücksichtigung der Gehaltssteigerungen bemängelt. Auch hier gehe man auf gegnerischer Seite zu weit. Zunächst falle doch sehr ins Gewicht, daß die starke Zunahme der Angestellten sich vorwiegend auf die jüngeren Altersjahre mit niederen Gehaltssätzen verteile, und daß eine Vermehrung der Zahl der Personen mit niederen Gehaltssätzen nicht zu einer Steigerung des Durchschnittsgehalts, sondern zu einer Minderung desselben führe. Sodann komme in Betracht, daß die Zahl der weiblichen Versicherten 1895—1907 und vermutlich auch für die Folgezeit sich ungleich stärker vermehrt habe als die der männlichen, und daß bei dem großen Abstand der Gehälter der männlichen und weiblichen Angestellten — nach den Erhebungen vom Oktober 1903 wie 2065 zu 1136 Mark — diese stärkere Zunahme der Zahl der weiblichen Angestellten gleichfalls herabdrückend auf das Durchschnittsgehalt der Gesamtheit der versicherungspflichtigen Angestellten wirke. Man müsse deshalb zu einer wesentlichen Überschätzung der Belastung kommen, wenn man Gehaltssteigerungen in Ansatz bringe, die man bei Personengruppen festgestellt habe, die verhältnismäßig wenig Veränderungen in ihrem Bestande zeigten. Würde man es gleichwohl für nötig halten, eine Gehaltssteigerung annehmen zu müssen, so dürfe man sie kaum höher bewerten, als sie bei den anrechnungsfähigen Löhnen für die Unfallentschädigungen der gewerblichen Berufsgenossenschaften eingetreten sei. Diese Löhne seien von 1907 bis 1909 von 932,56 Mark auf 953,77 Mark auf den Kopf der Versicherten gestiegen, so daß bei Fortsetzung dieser Steigerung sich für 1912 ein durchschnittlicher Lohnsatz von 985,60 Mark ergebe. Die Steigerung von 1907 auf 1912 betrage hiernach 5,688 Proz.

Die Berücksichtigung einer Gehaltssteigerung könne aber auch nur vom Jahre 1907 ab gerechnet werden. Denn die Verteilung der mutmaßlich versicherungspflichtigen Angestellten in der Begründung sei für $^6/_7$ der in Frage kommenden Personen nach gehaltsstatistischen Erhebungen bewirkt, die als Stichtage den 5. Mai 1907 und 22. März 1908 hätten, und nur für $^1/_7$ wäre auf die Erhebungen der Angestellten vom Oktober 1903 zurückgegriffen. Man dürfe also höchstens eine Gehaltssteigerung vom Jahre 1907 und nicht, wie von gegnerischer Seite geschehen, vom Jahre 1903, in dem die Erhebungen über die Lage der Privatangestellten aufgenommen seien, annehmen.

Hiernach ergebe sich für die bis zum 1. Januar 1912 vermehrte Zahl der mutmaßlich versicherungspflichtigen Angestellten nach der Gehaltsklassenverteilung der Begründung eine jährliche Belastung von

202,6 Millionen Mark

und unter Berücksichtigung der Gehaltssteigerungen seit 1907 nach den Lohnsteigerungen der Berufsgenossenschaften von

214,1 Millionen Mark,

während die gegnerische Seite zu einer Jahresbelastung von 310,9 Millionen Mark komme.

Nun sei aber nicht außer Betracht zu lassen, daß nach den Erhebungen der Privatangestellten vom Oktober 1903 bereits 52 Proz. der männlichen und 7 Proz. der weiblichen Angestellten versichert seien und daß dieser Prozentsatz insbesondere in den letzten beiden Jahren nicht unwesentlich höher geworden sei. Diese Versicherungen brächten jedoch keine neue Belastung für die deutsche Volkswirtschaft, da deren Befreiung von der Beitragsleistung nach dem Entwurf vorgesehen sei. Rechne man nach der Begründung nur mit den Beitragsleistungen zu privaten Versicherungen nach dem Stande von 1903 mit rund 89,5 Millionen Mark, so betrage die neue, für die deutsche Volkswirtschaft zurzeit in Frage kommende Belastung durch die Angestelltenversicherung

214,1 — 89,5 = 124,6 Millionen Mark.

Da es indessen ganz unmöglich sei, den Umfang der Befreiung von der Beitragspflicht nach dem Entwurf auch nur annähernd feststellen zu können, sei die neue Belastung des deutschen Wirtschaftslebens in der Begründung auf rund 150 Millionen Mark angenommen worden. Dem objektiven Beurteiler könne es nicht schwer fallen, zu entscheiden, welche Kostenberechnung hiernach die sich der Wirklichkeit am meisten nähernde sei.

Was den zweiten von dem Abgeordneten angeregten Punkt betreffe, so seien die für den vorliegenden Entwurf angestellten Berechnungen mit der gleichen Vorsicht aufgestellt wie alle bisherigen Berechnungen für die Arbeiterversicherung, deren Ergebnisse durch die Erfahrungen bestätigt worden seien. Die Unterlagen für die Berechnung seien zwar als nicht ausreichend hingestellt worden, namentlich seien Einwendungen gegen die Invaliditätstafel, die Sterblichkeitstafel für die Witwen und gegen den Zinsfuß erhoben worden. Neuere Berechnungen, bei welchen insbesondere umfangreiche Sterblichkeitserfahrungen bei Witwen aus den versicherten Kreisen zugrunde gelegt seien und die Zahlen über die verheirateten Privatangestellten und über die Verteilung derselben auf die einzelnen Altersklassen nach der Berufszählung vom 12. Juni 1907 hätten Berücksichtigung finden können, führten zu den gleichen Beiträgen. Daß die Invaliditätstafel und der Zinsfuß genügend sicher gewählt seien, ergebe sich aus der Tatsache, daß auch die Arbeitszentrale für die Durchführung der Versicherung der Angestellten durch die privaten Lebensversicherungsgesellschaften die gleiche Invaliditätstafel und denselben Zinsfuß gewählt habe und dabei noch einen Überschuß, von dem 10 Proz. den beteiligten Gesellschaften zugeführt werden sollten, erwarte. Die Beiträge des Entwurfs seien sehr vorsichtig bemessen und würden nach menschlicher Voraussicht ausreichen, die Leistungen reichlich zu decken. Diese Vorsicht außer Betracht zu lassen, sei nicht anzuraten, da man die Wirkung des neuen Invaliditätsbegriffs hinsichtlich der Zahl der Invaliden noch nicht übersehen könne." (Kom.-Ber. S. 3ff.)

Diese Darlegung des Regierungsvertreters hatte den Erfolg, daß die Grundlagen der Versicherung nicht weiter zum Gegenstand der Erörterung gemacht wurden.*

Nach einer mit außergewöhnlicher Schnelligkeit vorgenommenen Beratung schloß die Kommission ihre Sitzungen am 18. Nov. 1911 und überreichte als Drucksache Nr. 1198 den vom gleichen Tage datierten Kommissionsbericht, dessen wesentlicher Inhalt in dieser Ausgabe wiedergegeben ist.

Änderungen durch die Reichstagskommission.

Was die Änderungen betrifft, welche in der Kommission vorgenommen worden sind, so

* Es muß hervorgehoben werden, daß die Einwendungen gegen die Grundlagen des Gesetzes, wie sie namentlich von Schönwiese und Jacobssohn erhoben worden sind, keineswegs alle widerlegt worden sind.

verdienen die folgenden hier besonders hervorgehoben zu werden:

Der Versicherungspflicht unterstellt wurden ausdrücklich Bureauangestellte, soweit sie nicht mit niederen oder lediglich mechanischen Dienstleistungen beschäftigt werden (§ 1). Versicherungsfrei erklärt wurden auch Ärzte, Zahnärzte und Tierärzte in ihrer beruflichen Tätigkeit (§ 10). Für die freiwillige Fortsetzung der Versicherung wurden statt 60 sechs Beitragsmonate als Voraussetzung beschlossen (§ 15). Im § 18 wurde die Bestimmung, wonach eine freiwillige Versicherung höchstens in derjenigen Gehaltsklasse zulässig ist, die dem Durchschnitt der letzten zwölf Pflichtbeiträge entspricht oder am nächsten kommt, dahin geändert, daß anstatt zwölf Pflichtbeiträge sechs gesetzt werden. Neu hinzugefügt wurde als § 18a die Bestimmung, daß ein Versicherter bis zum vollendeten 25. Lebensjahr in eine höhere Gehaltsklasse als die, welche der Höhe seines Jahresarbeitsverdienstes entspricht, übertreten darf. Im § 29 wurde für den Fall des Todes der versicherten Ehefrau eines erwerbsunfähigen Ehemannes für die Waisenrenten die Voraussetzung der Bedürftigkeit gestrichen. Hinsichtlich der Wartezeit wurde in § 47 zusätzlich angegeordnet: sind weniger als 60 Beitragsmonate auf Grund der Versicherungspflicht nachgewiesen, so erhöht sich die Wartezeit beim Ruhegeld und den Hinterbliebenenrenten auf 150 Beitragsmonate. Gestrichen wurde die Bestimmung des § 62 betreffend Beitragserstattung an ehemalige versicherte Angestellte, die Kleinunternehmer werden. Über das Ruhen der Rente neben Renten der reichsgesetzlichen Arbeiterversicherung sowie neben Gehalt, Lohn oder sonstigem Einkommen aus gewinnbringender Beschäftigung wurden andere Berechnungsvorschriften gegeben (§ 73, 74). Nicht der Durchschnitt der Jahresarbeitsverdienste in den letzten fünf Jahren vor Eintritt des Versicherungsfalls, sondern der Durchschnitt der 60 höchsten Monatsbeiträge gilt als Bedingung für das Ruhen der Rente aus der Angestelltenversicherung. Dagegen wurde das Ruhen der Witwenrenten beseitigt (§ 75). Wichtig ist der Zusatz zum § 92, daß ein ordentliches Gericht an die auf Grund des Versicherungsgesetzes ergangene Entscheidung gebunden ist, wenn es über einen auf die Reichsversicherungsanstalt übergegangenen Anspruch zu erkennen hat, welchen Versicherte oder Hinterbliebene Dritten gegenüber haben. — In dem Abschnitt über die Träger der Versicherung ist von Bedeutung die Änderung hinsichtlich der Zusammensetzung des Direktoriums. Dieses soll nach den Kommissionsbeschlüssen bestehen aus einem Präsidenten und der erforderlichen Anzahl von beamteten Mitarbeitern, sowie aus je 2 Vertretern der versicherten Angestellten und ihrer Arbeitgeber als nichtbeamtete Mitglieder (§ 101). Die sich hieran anschließenden Paragraphen sind zum Teil entsprechend umgeändert, zum Teil neu hinzugefügt worden (§ 102—103 b). Der Rechnungsabschluß und der Bericht der Reichsversicherungsanstalt soll nach dem Kommissionsbeschluß dem Reichstag vorgelegt werden (§ 104). Der Zeitpunkt für die erstmalige Vorlage einer versicherungstechnischen Bilanz wurde, um ein sicheres Bild zu bekommen, um zwei Jahre hinausgeschoben, auf den 31. Dezbr. 1919 (§ 173). Gestrichen wurde der Verwaltungsausschuß (§§ 107, 122). Neu hinzugefügt wurden in dem Abschnitt über die Schiedsgerichte und Oberschiedsgerichte Bestimmungen über die Ernennung des Vorsitzenden (§§ 162, 165). — Von den Änderungen, welche der 5. Abschnitt über die Deckung der Leistungen aufweist, ist hervorzuheben die Anordnung, daß die Reichsversicherungsanstalt mit Genehmigung des Reichskanzlers andere Quittungsleistungen zulassen darf (§ 183). Neu hinzugefügt wurde § 206 a mit folgendem Inhalt: Hat die Reichsversicherungsanstalt nicht innerhalb eines Jahres nach der Einzahlung der Beiträge die Versicherungspflicht oder das Recht zu freiwilliger Versicherung beanstandet, so kann der Rentenanspruch nicht mit der Begründung abgelehnt werden, daß die Beiträge zu Unrecht entrichtet sind. Hinsichtlich der Beitragsstreitigkeiten (§ 208) wurde zweckmäßige Fürsorge getroffen, um eine Kollision der Entscheidungen zwischen diesem Gesetze und der RVO. zu vermeiden, indem die endgültige Entscheidung auf Grund des einen Gesetzes für das Verfahren nach dem anderen Gesetze bindend ist. — Während die Abschnitte über das Verfahren, die Auszahlungen der Leistungen und sonstige Vorschriften nur sehr wenige und, abgesehen von der bereits oben S. 18 erwähnten Zuziehung zweier ständigen Mitglieder des RVA. zu der mündlichen Verhandlung des Oberschiedsgerichts, kaum wesentliche Änderungen aufweisen, ist der 9. Abschnitt umfassenden Änderungen unterzogen worden. Hinsichtlich der Ersatzkassen ist u. a. vorgeschlagen worden, daß als solche nur Versicherungseinrichtungen Anerkennung finden, welche schon vor dem 15. Okt. 1911 bestanden haben (§ 367). Sehr bedeutungsvoll ist, daß diese Ersatzkassen auch gleichwertige Leistungen in bezug auf das Heilverfahren aufweisen müssen (§ 369). Weiterhin ist die Anordnung hervorzuheben, daß der Zwang zur Anlegung eines Viertels des Vermögens in Anleihen des Reichs oder der Bundesstaaten auch auf die Ersatzkassen ausgedehnt worden ist (§ 372 a). Hinsichtlich der öffentlichrechtlichen Pensionskassen wurde namentlich die Vorschrift über die Knappschaftskassen ausführlicher gestaltet (§§ 379, 380). Als Ersatzverträge sollen nach dem Kommissionsbeschluß nur solche Versicherungsverträge, die vor dem 15. Oktober 1911 geschlossen sind, Anerkennung finden. Zugelassen wurden solche Ersatzverträge auch für Angestellte, die beim Eintreten in die versicherungspflichtige Beschäftigung das

30. Lebensjahr überschritten haben und seit mindestens 3 Jahren in einer näher vorgeschriebenen Weise bei Lebensversicherungsunternehmungen versichert sind (§ 381). Schließlich wurde als § 384 a eine neue Bestimmung über freiwillige Versicherung im ersten Jahr nach dem Inkrafttreten des Gesetzes für Angestellte mit 5000 bis 10 000 Mark Jahresarbeitsverdienst unter gewissen Umständen gestattet. — Auf die übrigen zum großen Teil nur redaktionellen oder nicht wichtigen Änderungen braucht an dieser Stelle nicht eingegangen zu werden. Ein großer Teil dieser Änderungen erklärt sich daraus, daß eine Übereinstimmung mit dem Wortlaut der entsprechenden Paragraphen der Reichsversicherungsordnung herbeigeführt worden ist.

Zweite und dritte Lesung im Reichstagsplenum.

Der Kommissionsbericht fand in der Presse auffallend wenig Beachtung. Nur wenige Tage nach seinem Erscheinen beschäftigte sich das Reichstagsplenum in zweiter Lesung mit dem Entwurfe. Ihr waren die Sitzungen vom 30. November bis 2. Dezember 1911 wenigstens zum Teil gewidmet. Die Verhandlungen hatten eine verhältnismäßig geringe Bedeutung, insofern an den wichtigeren Bestimmungen beinahe nichts geändert wurde. Es sprachen zu einzelnen Punkten die Abgeordneten Behrens, Cuno, Erzberger, Fleischer, Hausmann, Hormann, Hue, Arl, Lattmann, Linz, Molkenbuhr, Mommsen, Potthoff, Roth, Sachse, Schickert, Schmidt, Schultz, Stresemann, Sittart, Werner. Manche hierbei gemachten Ausführungen verdienen für die Auslegung Beachtung.

Von seiten der Regierung beteiligten sich an den Debatten der Direktor im Reichsamt des Innern Dr. Caspar, und der Geheime Ober-Regierungsrat Dr. Beckmann von derselben Behörde, welcher wohl als Verfasser des versicherungs-technischen Teils des Gesetzes anzusehen ist.

In dritter Lesung kam der Entwurf am 5. Dezember vor das Reichstagsplenum und wurde hier am gleichen Tage einstimmig angenommen. Eine größere Anzahl redaktioneller Änderungen erfolgte noch in dieser Lesung, ferner wurde hier u. a. beschlossen, statt des 15. Oktober den 5. Dezember 1911 als Termin zu bezeichnen, bis zu dem Ersatzkassen und Ersatzverträge vorhanden gewesen sein müssen, um Anerkennung zu finden. Es sprachen außer Geheimrat Dr. Beckmann, der wichtige Auslegungen mitteilte, noch die Abgeordneten Cuno, Fleischer, Hoch, Hue, Irl, Mommsen, Potthoff, Raab, Schickert und Schultz. Der Bundesrat erteilte seine Zustimmung unmittelbar darauf.

Das Gesetz wurde vom Kaiser unterm 20. Dezember unterzeichnet und im RGBl. Nr. 68 vom 28. Dezember 1911, S. 989 veröffentlicht.

Die Geschichte des Gesetzes, zugleich die Entwicklung der ganzen Bewegung in Österreich und in Deutschland ist im folgenden in einer Tabelle übersichtlich dargestellt.

A) Österreich.

1888	Beginn der Privatbeamtenbewegung. Petition von Beamtenvereinen an beide Häuser des Reichsrats.
1892	Der größte Teil der Handelskammern spricht sich für eine Privatbeamtenversicherung aus.
1893	Antrag des Abgeordnetenhauses auf Ausarbeitung einer Gesetzesvorlage.
1896. Mai	Das Abgeordnetenhaus stellt einen Spezialkredit zwecks Veranstaltung einer Enquete zur Untersuchung beamten zur Verfügung.
1896. Juli	Durch Erlasse des Ministeriums des der Standesverhältnisse der Privat-Innern wird eine Enquete betr. die

	Verhältnisse der Privatbeamten angeordnet.
1908	Veröffentlichung der Resultate der Enquete.
1901. Mai	Vorlage eines Gesetzentwurfs.
1901—1905	Parlamentarische Bearbeitung der Vorlage.
1905. Dezember . .	Vorlage des zweimal umgearbeiteten Kommissionsberichts an das Plenum des Abgeordnetenhauses.
1906	Hin- und Herschieben der Vorlage zwischen beiden Häusern des Reichsrates.
1906. Oktober . . .	Einigung beider Häuser.
1906. 16. Dezember .	Sanktionierung des Gesetzes betr. die Pensionsversicherung der in privaten Diensten und einiger in öffentlichen Diensten Angestellten.
1907. Januar . . .	Veröffentlichung des Gesetzes im Reichsgesetzblatt.
1908. Februar . . .	Veröffentlichung der Vollzugsvorschriften des Gesetzes.
1908. Jan.—Dez. . .	Opposition gegen das Gesetz von seiten zahlreicher Angestelltenverbände, Arbeitgeber, Fachzeitschriften usw. Petitionen Demonstrationen usw.
1908. Mai	Anträge im Abgeordnetenhause, eine Novellierung des Gesetzes herbeizuführen.
1908. Juni—Dez. . .	Ein Unterausschuß des sozialpolitischen Ausschusses beschäftigt sich mit den Anträgen auf Novellierung.
1908. Dezember . .	Der sozialpolitische Ausschuß prüft die Vorschläge d. Unterausschusses.
1909. 1. Januar . .	Inkrafttreten des Gesetzes.
1909. Januar . . .	Neuer Antrag auf Novellierung im Abgeordnetenhaus.
1909. November . .	Beschluß des Verwaltungsausschusses der Pensionsanstalt, eine schriftliche Enquete über die Novellierung zu veranstalten.
1910. November . .	Erscheinen der eingeforderten Gutachten.
1911. Januar . . .	Denkschrift der Pensionsanstalt auf Grund der Gutachten.
1911. Februar—Dez.	Vorbereitung der Novellierung.

B) Deutschland.

1895	Der Verband kaufmännischer Vereine von Rheinland und Westfalen fordert die Schaffung einer besonderen Alters- und Invalidenversicherung der Handlungsgehilfen.
1898	Der vom Deutschnationalen Handlungsgehilfenverband zu Leipzig veranstaltete Handlungsgehilfentag nimmt eine Resolution zugunsten des Ausbaues der Invalidenversicherung an.
1899. Februar . . .	Der Verband reisender Kaufleute fordert in einem an die Handelskammern usw. gesandten Rundschreiben die Schaffung einer Privatangestelltenversicherung.
1899	Der Verband der deutschen Gruben- und Fabrikbeamten tritt für Begründung einer besonderen Versicherung der Privatbeamten ein.
1901. Februar . . .	Im Reichstag weist der Abgeordnete Sittart auf die Notwendigkeit einer Privatbeamtenversicherung hin.
1901. Juni	Unmittelbar nach Erscheinen des entsprechenden österreichischen Gesetzentwurfs beginnt eine lebhafte Agitation unter den deutschen Privatbeamten zugunsten einer Privatangestelltenversicherung.
1901. 1. Dezember .	Auf Einladung des Verbandes der deutschen Gruben- und Fabrikbeamten vereinigen sich die Vertreter des deutsch-nationalen Handlungsgehilfenverbandes, des Vereins für Handlungskommis von 1858, Verbandes deutscher Handlungsgehilfen, Verbandes katholischer kaufmännischer Vereinigungen, deutschen Privatbeamtenvereins, deutschen Bankbeamtenvereins, deutschen Technikerverbandes, Verbandes technischer Grubenbeamtenvereine im Oberbergamtsbezirk Dortmund zu Hannover zum Hauptausschuß für die Pensionsversicherung der Pri-

	vatbeamten. Es wird ein aus fünf Personen bestehender Ausschuß eingesetzt, der beauftragt wird, die Pensionsfrage weiter zu verfolgen.
1902. Januar . . .	Rede des Abg. Sittart zugunsten einer Privatbeamtenversicherung. In der Sitzung des Hauptausschusses in Berlin wird beschlossen, alle Privatbeamtenverbände zum Beitritt aufzufordern. Entstehung zahlreicher lokaler Kommissionen aus Vertretern von Privatbeamtengruppen aller Art, z. B. in Aachen, Köln, Düsseldorf, Kalk, Quedlinburg u. a. Förderung der Agitation.
1903. Anfang . . .	Entstehung ähnlicher Agitationszentren in Hagen und Halberstadt.
1903. Januar . . .	Im Reichstag wird auf die Notwendigkeit einer Privatbeamtenfürsorge hingewiesen.
1903. 3. Februar . .	Erste Interpellation wegen einer Privatbeamtenversicherung.
1903. 9. „ . . .	Der Staatssekretär des Innern, Graf v. Posadowsky, lehnt ein Eingreifen des Staates zugunsten der Privatbeamten ab.
1903. 28. „ . . .	Eine Abordnung der organisierten Privatbeamten wird im Reichsamt des Innern empfangen.
1903. 1. März . . .	Auf einer von 18 Verbänden mit etwa 300 000 Mitgliedern beschickten Vertreterversammlung von Privatangestellten wird beschlossen, Erhebungen über die wirtschaftliche Lage der Privatbeamten anzustellen.
1903. 15. Oktober . .	Private Enquete der Privatbeamten. An 57 Stellen werden 200 000 Fragebogen ausgegeben.
1903. Dezember . .	Verschiedene Parteien fordern im Reichstag die Regierung auf, zu Beginn der nächsten Session einen Gesetzentwurf betr. die Privatbeamtenversicherung vorzulegen.
1904. Januar . . .	Verhandlungen im Reichstag über die Privatbeamtenversicherung.
1904. „ . . .	Der Hauptausschuß fordert in Leit-

		sätzen eine besondere Kasseneinrichtung für die Privatbeamten und Renten ähnlich denen der Stattsbeamten.
1904.	Februar . . .	Verhandlungen im Reichstag über die Privatbeamtenversicherung.
1904.	Mai	Graf v. Posadowsky verspricht im Reichstag die Fragebogen statistisch bearbeiten zu lassen.
1907.	März	Verhandlungen im Reichstag über die Privatbeamtenversicherung.
1907.	„	Erscheinen der ersten amtlichen Denkschrift zur Privatbeamtenversicherung. Die von den Angestellten gewünschten Renten in Höhe der Staatsbeamtenpensionen setzen Beiträge im Betrage von bis zu 20 Proz. des Einkommens voraus. Große Enttäuschung unter den Privatbeamten.
1907.	November . .	Der Privatbeamtentag in Frankfurt a. M. nimmt mit erheblicher Majorität 24 Leitsätze an, denen zufolge er eine Sonderversicherung für alle Privatbeamten verlangt.
1908.	Januar—März.	Verhandlungen des Reichstags über die Privatbeamtenversicherung.
1908.	Juli	Erscheinen der zweiten amtlichen Denkschrift zur Privatbeamtenversicherung. Regierungsvorschlag einer Sonderversicherung als Zusatzversicherung neben der Reichsinvalidenversicherung mit Beiträgen in Höhe von 8 Proz. des Einkommens.
1908.	November . .	Der Hauptausschuß stellt sich mit großer Majorität auf den Standpunkt der zweiten Denkschrift.
1910.	Jan., Febr.. .	Der Staatssekretär des Innern Dr. Delbrück erklärt auf eine Interpellation wegen der Privatbeamtenversicherung, daß ein entsprechender Gesetzentwurf erst nach Verabschiedung der Reichsversicherungsordnung vorgelegt werden würde.
1910.	März	Kundgebungen der Privatbeamtenvereine, mit dem Zweck, die Pensionsversicherung gleichzeitig bei Er-

ledigung der Reichsversicherungsordnung durchzusetzen.

1911. Januar . . . Erscheinen des (ersten) Gesetzentwurfs betr. Angestelltenversicherung.

1911. Febr.—April . Kritik und Beratung des Entwurfs im Bundesrat.

1911. 20. Mai . . . Der (zweite) Gesetzentwurf gelangt an den Reichstag.

1911. 30. Juni . . . Gründung der Arbeitszentrale für die Privatbeamtenversicherung.

1911. 18. Sept.. . . Die Arbeitszentrale formuliert ihre Gegenvorschläge und teilt diese der Regierung mit.

1911. 19./20. Okt.. . Erste Lesung im Reichstagsplenum. Einsetzung einer Kommission.

1911. 18. Nov. . . , Fertigstellung des Kommissionsberichts nach zwei Lesungen.

1911. 30. Nov./2. Dez. Zweite Lesung im Reichstagsplenum. Annahme des Gesetzes.

1911. 5. Dezember . Dritte Lesung im Reichstagsplenum. Annahme des Gesetzes.

1911. —. „ . Zustimmung des Bundesats.

1911. 20. „ . Vollzug des Gesetzes durch den Kaiser.

1911. 28. „ . Veröffentlichung des Gesetzes im Reichsanzeiger.

Gegenüberstellung

der Paragraphen des Entwurfs in der Fassung der Reichstagskommission (E) und des Gesetzes (G).

E.	G.	E.	G.	E.	G.	E.	G.	E.	G.	E.	G.	E.	G.
1	1	15	15	28	29	42	43	56	57	70	70	84	83
2	2	16	16	29	30	43	44	57	58	71	71	85	84
3	3	17	17	30	31	44	45	58	59	72	72	86	85
4	4	18	18	31	32	45	46	59	60	73	73	87	86
5	5	18a	19	32	33	46	47	60	61	74	74	88	87
6	6	19	20	33	34	47	48	61	62	75	—	89	88
7	7	20	21	34	35	48	49	62	—	76	75	90	89
8	8	21	22	35	36	49	50	63	63	77	76	91	90
9	9	22	23	36	37	50	51	64	64	78	77	92	91
10	10	23	24	37	38	51	52	65	65	79	78	93	92
11	11	24	25	38	39	52	53	66	66	80	79	94	93
12	12	25	26	39	40	53	54	67	67	81	80	95	94
13	13	26	27	40	41	54	55	68	68	82	81	96	95
14	14	27	28	41	42	55	56	69	69	83	82	97	96

E.	G.	E.	G.	E.	G.	E.	G.	E.	G.	E.	G.	E.	G.
98	97	140	139	183 {	183	225	227	269	271	311	314	355	358
99	98	141	140		184	226	228	270	272	312	315	356	359
100	99	142	141	184	185	227	229	271	273	313	316	357	360
101	100	143	142	185	186	228	230	272	274	314	317	358	361
102	101	144	143	186	187	229	231	273	275	315	318	359	362
103	102	145	144	187	188	230	232	274	276	316	319	360	363
103a	103	146	145	188	189	231	233	274a	277	317	320	361	364
103b	104	147	146	189	190	232	234	275	278	318	321	362	365
104	105	148	147	190	191	233	235	276	279	319	322	363	366
105	106	149	148	191	192	234	236	277	280	320	323	364	367
106	107	150	149	192	193	235	237	278	281	321	324	365	368
107	—	151	150	193	194	236	238	279	282	322	325	366	369
108	108	152	151	194	195	237	239	280	283	323	326	366a	370
109	109	153	152	195	196	238	240	281	284	324	327	366b	371
110	110	154	153	196	197	239	241	282	285	325	328	367	372
111	111	155	154	197	198	240	242	283	286	326	329	367a	373
112	112	156	155	198	199	241	243	284	—	327	330	368	374
113	113	157	156	199	200	242	244	285	287	328	331	369	375
114	114	158	157	200	201	243	245	286	288	329	332	369a	376
115	115	159	158	201	202	244	246	286a	289	330	333	370	377
116	116	160	159	202	203	245	247	287	290	331	334	371	378
117	117	161	160	203	204	246	248	288	291	332	335	371a	379
118	118	162	161	204	205	247	249	289	292	333	336	372	380
119	119	163	162	205	206	248	250	290	293	334	337	372a	381
120	120	164	163	206	207	249	251	291	294	353	338	373	382
121	121	165	164	206a	208	250	252	292	295	336	339	374	383
122	—	166	165	207	209	251	253	293	296	337	340	375	384
123	122	167	166	208	210	252	254	294	297	338	341	376	385
124	123	168	167	209	211	253	255	295	298	239	342	377	386
125	124	169	168	210	212	254	256	296	299	340	343	378 }	387
126	125	170	169	211	213	255	257	297	300	341	344	379 }	
127	126	171	170	212	214	256	258	298	301	342	345	380	388
128	127	171	171	213	215	257	259	299	302	343	346	380a	389
129	128	172a	172	214	216	258	260	300	303	344	347	381	390
130	129	173	173	215	217	259	261	301	304	345	348	382	391
131	130	174	174	216	218	260	262	302	305	346	349	383	392
132	131	175	175	217	219	261	263	303	306	347	350	384	393
133	132	176	176	218	220	262	264	304	307	348	351	384a	394
134	133	177	177	219	221	263	265	305	308	349	352	385	395
135	134	178	178	220	222	264	266	306	309	350	353	386	396
136	135	179	179	221	223	265	267	307	310	351	354	387	397
137	136	180	180	222	224	266	268	308	311	352	355	388	398
138	137	181	181	223	225	267	269	309	312	353	356	389	399
139	138	182	182	224	226	268	270	310	313	354	357		

Statistische und wirtschaftliche Grundlagen des Gesetzes.

[Fast unveränderter Abdruck nach der Begründung.]

Der Kreis der Angestellten.

Das Gesetz will den Angestellten, insbesondere den Werkmeistern, Technikern, Betriebsbeamten und anderen, in einer gehobenen Tätigkeit berufsmäßig Beschäftigten sowie den Handlungsgehilfen einen Anspruch auf ein höheres Maß staatlicher Fürsorge sichern, als es ihnen durch die Arbeiterversicherung geboten werden kann. Ein großer Teil dieser Personen ist der reichsgesetzlichen Invaliden- und Hinterbliebenenversicherung überhaupt nicht unterstellt; für ihn besteht keine gesetzliche Fürsorge. Die Invaliden- und Hinterbliebenenversicherung umfaßt bekanntlich alle Arbeiter, Gehilfen, Gesellen, Lehrlinge und Dienstboten, die Schiffsbesatzung deutscher Seefahrzeuge sowie die Besatzung von Fahrzeugen der Binnenschiffahrt mit Ausnahme der Schiffer, auch wenn sie mehr als zweitausend Mark Jahresarbeitsverdienst haben; Betriebsbeamte, Werkmeister und andere Angestellte in einer ähnlich gehobenen Stellung sind dagegen nur versicherungspflichtig, wenn die dienstliche Beschäftigung ihren Hauptberuf bildet und ihr regelmäßiger Jahresarbeitsverdienst zweitausend Mark an Entgelt nicht übersteigt. Dasselbe gilt von Handlungsgehilfen und -lehrlingen, Gehilfen und Lehrlingen* in Apotheken, Bühnen- und Orchestermitgliedern ohne Rücksicht auf den Kunstwert ihrer Leistungen sowie von Lehrern und Erziehern. Bei Aufnahme der Berufsstatistik vom 12. Juni 1907 ist festgestellt worden, daß an diesem Tage insgesamt 14 566 970 Personen vorhanden waren,

* Lehrlinge fallen entgegen den Entwürfen und der Begründung nicht unter das Gesetz (vgl. § 1 Anm. 19).

für die Beiträge zur Invalidenversicherung entrichtet wurden. Hierunter befanden sich mit Einschluß von 73 838 Hausgewerbetreibenden 628 832 selbständige Personen, so daß die Zahl der versicherten unselbständigen Personen auf 13 938 138 und die Zahl der versicherten selbständigen Personen auf 628 832 anzunehmen ist. Auf die einzelnen Berufsabteilungen verteilen sich diese Zahlen wie folgt:

Berufsabteilung*	Anzahl der Versicherten überhaupt	Davon sind selbständig (a-Personen)		Auf die Berufsabteilungen (Spalte 1) entfallen von		
		Anzahl	% der Selbständigen überhaupt	den Dienenden (G-Personen)	den Angehörigen (H-Personen)	der Gesamtzahl der Versicherten
1	2	3	4	5	6	7
A	3142746	303084	12,1	116942	94885	3354573
B	7988170	265575	13,4	263503	163860	8415533
C	1412224	60173	5,9	276063	31967	1720254
D	356133	—	—	4711	6644	367488
E	255766	—	—	193198	11575	460539
F	53970	—	—	172706	21907	248583
G	1027123	—	—	—	—	—
H	330838	—	—	—	—	—
	14566970	628832	—	1027123	330838	14566970

* Es bedeuten:
A: Landwirtschaft, Gärtnerei und Tierzucht, Forstwirtschaft und Fischerei;
B: Industrie, einschließlich Bergbau und Bauwesen;
C: Handel und Verkehr, einschließlich Gast- und Schankwirtschaft;
D: Häusliche Dienste (einschließlich persönliche Bedienung), auch Lohnarbeit wechselnder Art;
E: Militär-, Hof-, bürgerlicher und kirchlicher Dienst, auch sogenannte freie Berufsarten;
F: Ohne Beruf und Berufsangabe;
G: Dienende für häusliche Dienste, im Haushalt ihrer Herrschaft lebend;
H: Haushaltungsangehörige, welche überhaupt nicht oder nur nebenberuflich erwerbend tätig sind.

Die Zahl der in Spalte 2 mitgezählten Angestellten* beträgt nach Ermittlungen des Kaiserlichen Statistischen Amtes 721 011, während die Gesamtzahl der Angestellten durch die Berufszählung vom 12. Juni 1907 auf 1 290 728 festgestellt worden ist. Hiervon würden die nicht versicherungspflichtigen Post-, Telegraphen- und Eisenbahnbeamten in Abzug zu bringen sein. Von den Angestellten verbleiben danach rund 418 000 Personen oder rund 37 Proz., die der reichsgesetzlichen Invaliden- und Hinterbliebenenversicherung nicht unterstellt sind. Hierzu treten die übrigen, in der Berufsstatistik nicht als b - Personen Gezählten (Handlungsgehilfen usw.), die wegen ihres zweitausend Mark übersteigenden Jahresarbeitsverdienstes nicht versicherungspflichtig sind, nach ihrer Tätigkeit aber zum Kreise der Versicherungspflichtigen gehören, sowie diejenigen Personen, welche in der Berufsstatistik vom 12. Juni 1907 unter a 3 als leitende Beamte und sonstige Betriebs- und Geschäftsleiter aufgeführt sind. Der gesamte, durch das Gesetz zu erfassende Personenkreis, mit Einschluß der aus ihm der Invaliden- und Hinterbliebenenversicherung unterstellten Personen, würde nach den in der Berufsstatistik vom 12. Juni 1907** gegebenen Bezeichnungen wie folgt abzugrenzen sein:

Es kommen in Betracht

I. die unter a 3 (leitende Beamte und sonstige Betriebs- und Geschäftsleiter) nachgewiesenen Personen. Es sind

	127 008	männliche und
	13 168	weibliche,
zusammen	140 176	Personen;***

* Die Angestellten sind in der Berufsstatistik unter der Bezeichnung »b« nachgewiesen. Vgl. oben unter II.

** Statistik des Deutschen Reichs, Band 203, 1. Abteilung II Heft 1.

*** Die Zahl der hier nicht eingeschlossenen, unter A 4a

II. die unter b nachgewiesenen Personen (nicht leitende Beamte, überhaupt das wissenschaftlich, technisch oder kaufmännisch gebildete Verwaltungs- und Aufsichts-, sowie das Rechnungs- und Bureaupersonal). Im einzelnen gliedern sich diese Personen:
1. bei der Berufsart A 1 (Landwirtschaft, Zucht landwirtschaftlicher Nutztiere, Milchwirtschaft, Molkerei, landwirtschaftlich betriebener Wein-, Obst-, Gemüse-, Tabak- usw. Bau) in
   b 1) Wirtschaftsbeamte (Gutsverwalter, Inspektoren usw.), auch Volontäre und Lehrlinge;
   b 2) Aufsichtspersonal (Gutsaufseher, Hofmeister, Vögte usw.);
   b 3) Rechnungs- und Bureaupersonal (Rechnungsführer, Buchhalter usw.);
2. bei den Berufsarten A 2, A 3 (Gärtnerei und Tierzucht), A 5, A 6 (Fischerei), sowie bei den Berufsarten B 1 bis B 165 (Industrie einschließlich Bergbau und Baugewerbe) in
   b 1) technisch gebildete Betriebsbeamte (Betriebsinspektoren, Ingenieure, Chemiker usw.), auch Volontäre;
   b 2) Aufsichtspersonal (Aufseher, Werkmeister, Obersteiger und Steiger usw.);
   b 3) kaufmännisch gebildetes Verwaltungspersonal, sowie Bureau- und Rechnungspersonal (Prokuristen, Disponenten, Justitiare, Buchhalter, Korrespondenten,

nachgewiesenen Oberförster usw. in privaten Diensten läßt sich nicht feststellen. Sie dürfte dadurch genügend ausgeglichen werden, daß die Zahl aller unter A 4 b nachgewiesenen, im Alter von 16 bis unter 60 Jahren stehenden Personen (Verwaltungs- und Aufsichts- sowie Rechnungs- und Bureaupersonal, insbesondere auch Revierförster) in der unter II ermittelten Zahl enthalten ist.

Rechner usw.), auch Volontäre und Lehrlinge;

3. bei den Berufsarten A 4 (Forstwirtschaft und Jagd), C (Handel und Verkehr, einschließlich Gast- und Schankwirtschaft) in
   b) (nicht leitende Beamte, überhaupt das wissenschaftlich, technisch oder kaufmännisch gebildete Verwaltungs- und Aufsichts-, sowie das Rechnungs- und Bureaupersonal).

Unter Ausschluß der anderweitig versorgten Post-, Telegraphen- und Eisenbahnbeamten (Berufsarten C 12 und C 13) beziffert sich diese Personengruppe in den Berufsabteilungen A bis C (Landwirtschaft, Industrie und Handel) auf

	1 001 682	männliche und
	136 971	weibliche
zusammen	1 138 653	Personen;

III. die unter c 2 nachgewiesenen Personen

1. bei den Berufsarten C 1 bis 11, 14 bis 26 (Handels-, Versicherungs-, Verkehrsgewerbe ohne Post-, Telegraphen- und Eisenbahnbetriebe — C 12 und 13 —): Handlungsgehilfen und Kommis in Ladengeschäften, Verkäufer, Ladenmädchen und Lehrlinge;
2. bei der Berufsart B 56 (Apotheker) Gehilfen und Lehrlinge in Apotheken.

Insgesamt umfaßt diese Gruppe

	313 628	männliche und
	173 812	weibliche,
zusammen	487 440	Personen.

Neben den vorstehend aufgeführten Personen kommen noch in Frage:

IV. die in der See-, Küsten- und Binnenschiffahrt — Berufsarten C 19 und C 20 — unter a 1 und a 2 aufgeführten, als Schiffer usw. tätigen Personen.

Es sind dies

	11 597	männliche und
	263	weibliche,
zusammen	11 860	Personen;

V. ein Teil der bei den Berufsarten E (sogenannten freien Berufsarten) nachgewiesenen Personen, und zwar etwa:

	131 823	männliche und
	97 478	weibliche,
zusammen	229 301	Personen.

Eine Übersicht dieser Personenzahlen nach Altersklassen und Berufsabteilungen findet sich in der Anlage A zur Begründung (vgl. S. —). Hiernach kommen ohne Rücksicht auf die Altersgrenze und den Jahresarbeitsverdienst in Frage bei der Berufsabteilung

A:	99284	männl.	u.	18758	weibl.,	zus.	118042	Pers.
B:	683719	„	„	66607	„	„	750326	„
C:	670912	„	„	238849	„	„	909761	„
E:	131823	„	„	97478	„	„	229301	„
Sa.:	1585738	männl.	u.	421692	weibl.,	zus.	2007430	Pers.

Notwendigkeit einer höheren Fürsorge für Angestellte.

Die Aussicht für diese Personen, jemals selbständig zu werden und eine Erwerbsquelle im eigenen Unternehmen zu begründen, das über die Zeit der Arbeitsfähigkeit hinaus den Unterhalt der Familie sichert, ist, wie die Ergebnisse der berufsstatistischen Erhebungen von 1882, 1895 und 1907 über die Zusammensetzung der Bevölkerung schließen lassen, gering. Die Ergebnisse zeigen zunächst, wie der nachfolgenden Übersicht zu entnehmen ist, daß die Zunahme der Zahl der Selbständigen keine steigende, sondern eine abnehmende Tendenz aufweist und weit geringer ist als die Zunahme der Angestellten.

Berufsabteilung	Anzahl der Selbständigen* nach der Berufszählung im Jahre			Zunahme = +, Abnahme = – in der Zeit			
				1882/1895		1895/1907	
	1882	1895	1907	Anzahl	%	Anzahl	%
1	2	3	4	5	6	7	8
A	2288033	2568725	2500974	+280692	+11,2	– 67751	– 2,6
B	2201146	2061764	1977122	–139382	– 6,3	– 84642	– 4,1
C	701508	843557	1012192	+142049	+20,2	+168635	+20,0
Summe	5190687	5474046	5490288	+283359	+ 5,5	+ 16242	+ 0,3

Während die Zunahme der Zahl der Selbständigen von 1882 auf 1895 noch 283 359 oder 5,5 Proz. der 1882 Gezählten betrug, ging die Zunahme in der Zeit von 1895 bis 1907 auf 16 242 oder 0,3 Proz. der im Jahre 1895 gezählten Selbständigen zurück, obwohl die Zunahme der Bevölkerung von 1882 auf 1895 insgesamt 14,5 Proz. und von 1895 auf 1907 insgesamt 19,2 Proz. betragen hat. Nur in der Berufsabteilung C entspricht die Zunahme der Zahl der Selbständigen der Bevölkerungsvermehrung, während in den beiden anderen Berufsabteilungen eine Abnahme zu verzeichnen ist. Würde die Zunahme der Gesamtzahl der Selbständigen mit der Zunahme der Bevölkerung Schritt gehalten haben, so hätte die Zahl der Selbständigen nach dem Stande vom Jahre 1882 im Jahre 1907 betragen müssen

$$\frac{5\,190\,687}{45\,222\,113} \cdot 61\,720\,529 = 7\,084\,400.$$

Die wirkliche Zahl bleibt um rund 1 594 100 hinter dieser Zahl zurück. Es ist hiernach eine große Veränderung in dem Aufbau der Bevölkerung eingetreten. Die kleineren Unternehmungen werden mit Ausnahme

* Zu den Selbständigen sind bei den Zählungen 1882 und 1895 auch die am 12. Juni 1907 besonders unter a3 nachgewiesenen Personen (leitende Beamte und sonstige Betriebs- und Geschäftsleiter) gezählt.

der Berufsabteilung C auf vielen Gebieten in bedeutendem Umfang von großen Unternehmungen aufgesaugt und die früher selbständig werdenden Personen in die unselbständige Angestellten- und Beamtentätigkeit hineingedrängt. Die Zahl der Angestellten hat infolgedessen eine beträchtliche Zunahme erfahren. Es sind nämlich als Angestellte gezählt worden

im Jahre	1882	307 268
„ „	1895	621 825
„ „	1907	1 290 728.

Die Zunahme beträgt somit von 1882 auf 1895 insgesamt 314 557 oder 102,4 Proz. der 1882 gezählten und von 1895 auf 1907 insgesamt 668 903 oder 107,6 Proz. der 1895 gezählten Angestellten. Mit Einschluß der Handlungsgehilfen und der im Handelsgewerbe mittätigen Familienangehörigen erhöhen sich die vorstehenden Zahlen

für 1882 auf	495 919*,						
„ 1895 „	942 894,	gegen 1882 mehr	446 975	oder	90,1	Proz.
„ 1907 „	1 831 935,	„ 1895 „	889 041	„	94,3	„

Nach dem Stande von 1882 hätten der vermehrten Bevölkerung entsprechend die vorstehenden Personenkreise im Jahre 1907 insgesamt nur

$$\frac{495\,919}{45\,222\,113} \cdot 61\,720\,529 = 676\,845 \text{ erwerbstätige Personen}$$

aufweisen müssen, so daß über die der Bevölkerungszunahme entsprechende Vermehrung hinaus eine Vermehrung um

$$1\,831\,935 - 676\,845 = 1\,155\,090 \text{ Personen}$$

eingetreten ist.

---

* Für 1882 hat eine Trennung der in der Berufsabteilung C nachgewiesenen Handlungsgehilfen, Arbeiter usw. (= c Personen) nicht stattgefunden. Da für 1895 und 1907 das Verhältnis der von den c Personen auf Handlungsgehilfen und auf mittätige Familienangehörige entfallenden Personen dasselbe ist, sind für 1882 die Zahlen nach dem Durchschnitt beider Zählungen geteilt worden.

Weiterhin kommt die Zunahme der in der Berufsabteilung E erwerbstätigen Personen in Betracht. Nach dem Stande von 1882 hätte die Zahl dieser Personen entsprechend der Bevölkerungszunahme im Jahre 1907 insgesamt 1 407 340 betragen müssen, während tatsächlich 1 738 530 Personen gezählt worden sind. Es ergibt sich also auch hier ein Überschuß von 331 190, der mit dem oben festgestellten Überschusse von 1 155 090, das sind zusammen 1 486 280 bis auf 107 820 (oder 6,8 Proz.) den Verlust an Selbständigen erklärt.

Der gesamte Aufbau der Bevölkerung nach den drei Berufszählungen ergibt sich aus folgenden Zahlen.

Auf 1 000 Personen der Gesamtbevölkerung kamen

im Jahre	Selbständige	Angest. usw:	freie Berufe	Arbeiter	sonstige Personen	Zusammen
1882	114,8	11,0	22,8	232,6	618,8	1 000
1895	105,7	18,2	27,5	241,4	607,2	1 000
1907	89,0	29,7	28,2	280,2	572,9	1 000

Die vorstehenden Darlegungen lassen erkennen, daß die Zahl derjenigen Angestellten, welche dauernd zu den unselbständig Erwerbstätigen gehören, die überwiegende Mehrheit bildet. Aus der fortdauernden Unselbständigkeit der überwiegenden Mehrheit der Angestellten ergibt sich ebenso wie bei den der reichsgesetzlichen Arbeiterversicherung unterstellten Personen die Notwendigkeit, durch Versicherungen die wirtschaftliche Notlage zu beseitigen, die der Familie für den Fall der Berufsunfähigkeit oder des frühzeitigen Todes des Angestellten droht. Die reichsgesetzliche Invalidenversicherung gewährt einem Teile dieser Personen beim Eintritt der allgemeinen Invalidität Invalidenrenten, deren Höhe über das allgemeine Existenzminimum, das nur die Möglichkeit einer bescheidenen Lebenshaltung an billigen Orten bietet, nicht hinausgeht. Diese Renten können schon aus dem Grunde nicht von einem früheren Zeitpunkt oder in höherem Betrage gewährt werden, weil das Reich namhafte Zuschüsse zu den Renten aus öffentlichen Mitteln leistet, die nicht zu rechtfertigen wären, sobald die Bezüge über das allgemeine Existenzminimum hinausgehen würden. Auch die Hinterbliebenenbezüge müssen aus dem gleichen Grunde niedrig gehalten und für die Witwen auf invalide Witwen beschränkt werden. Der Bildungsgang, die Lebensverhältnisse und die soziale Stellung bedingen indessen bei der Mehrheit der Angestellten eine weitergehende Fürsorge. Dies gilt sowohl wegen des frühzeitigeren Verbrauchs der geistigen Fähigkeiten für die Gewährung von Bezügen im Falle der Berufsunfähigkeit als auch für die Gewährung von Hinterbliebenenbezügen, um so mehr, als die Frauen der Angestellten vielfach nicht erwerbstätig sind, auch wegen mangelnder Ausbildung nach dem Tode des Mannes in vielen Fällen schwer eine geeignete Berufstätigkeit finden oder sich beliebigen Erwerbsformen nicht so leicht anpassen können wie Arbeiterwitwen. Hierzu kommt, daß die höheren Aufwendungen für die Ausbildung und Erziehung der Kinder gegenüber dem Arbeiterstande die Notlage der Familie noch verschlimmern. Das praktische Leben bietet täglich solche Fälle in großer Anzahl. Man kann deshalb nicht bestreiten, daß ein ernstes und allgemeines sozialpolitisches Bedürfnis vorliegt, das völlig und sicher nur befriedigt werden kann, wenn die Versicherung nicht dem freien Willen des Beteiligten überlassen bleibt.

Notwendigkeit des Versicherungszwanges.

Dieselben Gründe, welche für die bestehende Arbeiterversicherung den gesetzlichen Zwang haben unabweisbar erscheinen lassen, treffen auch hier zu. Stellt man die Versicherung in das Belieben der einzelnen Angestellten oder ihrer Arbeitgeber, so kann das Ziel, daß die zu schaffende Fürsorge allen Beteiligten zugute kommen soll, nicht erreicht werden. Denn es werden namentlich die jüngeren sowie die sich in ihrer Vollkraft fühlenden Angestellten zunächst der Versicherung fern bleiben und sich ihr freiwillig erst dann anschließen, wenn sie in vorgerückteren Jahren stehen oder in den Ehestand treten. Je älter die Versicherten beim Eintritt in die Versicherung sind und je größer das Prozentverhältnis der Verheirateten ist, desto höher werden die Beiträge. Denn einerseits ist die Versicherungsdauer, in der die Mittel zur Deckung der Leistungen aufgebracht werden müssen, beim späten Eintritt in die Versicherung nur kurz und andererseits wächst das Risiko infolge der vermehrten Zahl der Versicherungsfälle. Gerade in den jüngeren Jahren müssen die Angestellten der Versicherung zugeführt werden; es steht ihnen dann nicht nur die weit längere Beitragszeit zur Aufbringung der Mittel und zur Steigerung der Leistungen bevor, sondern sie sind auch viel eher in der Lage, diese weit niedrigeren Beiträge zu ersparen als später, wenn sie beim Eintritt im vorgerückteren Alter aus dem Jahresarbeitsverdienste nicht nur die bedeutend höheren Beiträge und die eigenen Lebensbedürfnisse, sondern auch die Aufwendungen für die Familie bestreiten müssen. Daß die jüngeren Versicherten nur in verhältnismäßig geringer Anzahl freiwillig Versicherungen abschließen, das lehrt die Erfahrung auf dem Gebiete des privaten Versicherungswesens. Bespielsweise entfielen von den beim Preußischen Beamtenverein in Hannover im Jahre 1909 neu abgeschlossenen Versicherungen nur 4,6 Proz. auf Personen der Altersjahre bis zu 22 und 18,5 Proz. auf Personen der Altersjahre 23 bis 27, während der Rest von 76,9 Proz. auf Personen höherer Altersjahre kam. Die Verteilung der in Frage kommenden Personenkreise über die Altersjahre zeigt dagegen das umgekehrte Zahlenverhältnis. Auch die von den Privatangestellten im Oktober 1903 veranstalteten Erhebungen über ihre wirtschaftliche Lage bestätigt dies. Von den dort gezählten 33 801 Personen, die Versicherungsbeiträge zu privaten Versicherungseinrichtungen zahlten, standen 8 872 oder 26 Proz. der Gesamtzahl im Alter bis zu 30 Jahren, der Rest von 74 Proz. stand in höheren Altersjahren.

Beschränkung des Versicherungszwanges.

Eine gesetzliche Beschränkung des Versicherungszwanges der genannten Personenkreise ist jedoch nach zwei Richtungen hin erforderlich. In Übereinstimmung mit dem auf ähnlichen Gebieten beobachteten Vorgehen dürfte auch hier kein Bedürfnis vorliegen, die gesetzliche Fürsorgepflicht über eine gewisse Gehaltsgrenze auszudehnen. Für Personen mit Gehaltsbezügen von über 5000 Mark ist die Pflichtversicherung nicht mehr gerechtfertigt. Die Angestellten mit solchen Gehaltsbezügen sind in der Lage, sich die eigene und die Versorgung ihrer Angehörigen aus eigenen Mitteln zu sichern, und den wirtschaftlichen Notlagen, in die sie und ihre Angehörigen beim frühzeitigen Eintritt der Berufsunfähigkeit oder des Todes geraten können, durch anderweiten Abschluß von Versicherungen möglichst vorzubeugen. Hierzu bieten die privaten Versicherungsgesellschaften ausreichende Gelegenheit.

Sodann wird es nötig sein, den Kreis der zum Eintreten in die neue Angestelltenversicherung verpflichteten Personen in bezug auf die höheren Altersjahre einzuschränken. Zur Feststellung dieser Altersgrenze ist zu prüfen, ob die in die Pflichtversicherung eintretenden älteren Personen wegen der Wartezeit im Durchschnitt noch einen Anspruch erwerben können, der für ihre voraussichtliche Beitragsleistung eine genügende Gegenleistung bietet. Das Gesetz sieht die Erhebung eines Beitrages von 8 Proz. des versicherten Einkommens vor. Nach den angestellten Berechnungen würde die Anwartschaft auf die Leistungen des

Gesetzes mit Einschluß der vorgesehenen Leistungen während der zehnjährigen Wartezeit, für einen 59jährigen männlichen Angestellten durch einen Jahresbeitrag von 8,13 Proz. des versicherten Einkommens gedeckt werden, so daß Angestellten dieser Altersjahre im Durchschnitt noch mindestens ein ihren durchschnittlichen Beitragsleistungen entsprechender Anspruch erwächst. Hiernach empfiehlt es sich, diejenigen Angestellten, welche beim Inkrafttreten des Gesetzes das 60. Lebensjahr bereits vollendet haben oder nach diesem Zeitpunkt im Alter von 60 oder mehr Jahren in eine die Versicherungspflicht an sich begründende Beschäftigung eintreten, von der Versicherungspflicht zu befreien. Die beim Inkrafttreten der neuen Versicherung im Alter von 56, 57 usw. vollendeten Jahren stehenden Personen würden hiernach das Ruhegeld ohne Nachweis der Berufsunfähigkeit bei regelmäßiger Beitragsentrichtung nach Ablauf von 10 Jahren, d. i. vom Alter von 66, 67, 68 usw. Jahren ab erhalten. Dagegen empfiehlt es sich nicht, die Altersgrenze für die Pflichtversicherten weiter herabzusetzen. Es würde als eine Härte von den Beteiligten empfunden werden und die Wirkung des neuen Gesetzes wesentlich einschränken, wollte man die Altersklassen unter 60 Jahren vom Eintritt in die Versicherung ausschließen.

Wie bei der Invaliden- und Hinterbliebenenversicherung so ist auch hier der Versicherungszwang nicht auf diejenigen Personen auszudehnen, welchen eine Anwartschaft auf Ruhegeld oder Hinterbliebenenbezüge anderweitig durch das Reich, die Bundesstaaten, Gemeinden usw. gewährleistet ist oder welche in der Vorbereitung für ihren künftigen Beruf begriffen sind.

Durchführung des Versicherungszwanges.

Des weiteren bleibt zu erörtern, ob die Durchführung des Versicherungszwanges privaten Versicherungsunternehmungen oder zweckmäßiger öffentlichen Versicherungseinrichtungen zu übertragen ist. Die Durchführung der neuen Versicherung durch private Versicherungsunternehmungen würde notgedrungen zu einer Auswahl von Risiken und zu einer Prämienabstufung nach den verschiedensten Richtungen führen. Die Versicherung von älteren oder weniger gesunden oder von verheirateten Personen, die Versicherung von kinderreichen Familienvätern oder von Personen, deren Beruf eine besondere Gefahr für Leben und Gesundheit bietet, würde wegen der unerschwinglichen Beiträge unmöglich sein; auch würden die verschieden hohen Prämien zu einer bedenklichen Verschiebung des Arbeitsmarkts für die von den hohen Beiträgen betroffenen Angestellten führen. Hierzu kommt die Belästigung der Arbeitgeber, die bei größerem Wechsel des Personals zu den verschiedensten Versicherungsunternehmungen Beiträge zu entrichten haben würden. Diese Art der Regelung würde nicht nur nicht befriedigen, sondern auch wegen der Schwierigkeit und der hohen Kosten der Kontrolle dazu führen, daß eine große Anzahl von Angestellten sich der Versicherung mit Erfolg dauernd entziehen würde. Die Absicht des Gesetzentwurfs, für alle Angestellten eine Fürsorge zu schaffen, würde dadurch vielfach vereitelt werden.

Gegen die Durchführung der neuen Versicherung durch private Versicherungsunternehmungen spricht aber auch die Verteuerung der Versicherung. Nach dem Ehrenzweigschen Assekuranz-Jahrbuch für 1911 Seite 193 haben die gesamten Unkosten der deutschen Lebensversicherungsunternehmungen im Jahre 1909 auf 557 956 000 Mark Prämieneinnahme 92 327 817 Mk. oder 16,5 Proz. betragen. Auf 1 Police umgerechnet, sind aufgewendet worden 8,80 Mark. Die hohen Aufwendungen sind erklärlich, wenn man sich den scharfen Wettbewerb der zahlreichen Unternehmungen auf dem Gebiete der Lebensversicherung vergegenwärtigt, der die gleichen kostspieligen Organisationen für alle in Frage kommenden Unternehmungen in den verschiedenen Bezirken des Reiches erfordert. Hierzu kommen die Gehälter, Tantiemen usw. der Direktionen und Aufsichtsräte, die Dividenden der Aktionäre, die Kosten der vielen Geschäftshäuser und dergleichen mehr. Die für die Invalidenversicherung eingerichteten Landesversicherungsanstalten weisen einen verhältnismäßig wesentlich geringeren Kostenaufwand auf. Sie umfassen alle Versicherungspflichtigen des Bezirkes, für den sie errichtet sind, und brauchen nicht in einen gegenseitigen Wettbewerb einzutreten und hierfür Kosten aufzuwenden. Vergleicht man ihre Aufwendungen mit der Zahl der Personen, für die nach der Berufsstatistik vom 12. Juni 1907 Beiträge zur Invalidenversicherung entrichtet wurden, so ergibt sich für dieses Jahr auf den Kopf der Versicherten ein Kostenaufwand von

$$\frac{16\,901\,605{,}58}{14\,566\,970} = 1{,}16 \text{ Mark.}$$

Hiervon entfallen:

		oder auf den Kopf
Kosten der allgemeinen Verwaltung .	9969260,53 M.	0,68 M.
Kosten der Erhebungen bei Gewährung oder Entziehung von Renten usw.	1760457,26 „	0,13 „
Rentenstellen	68000,41 „	
Schiedsgerichtskosten	689825,67 „	0,05 „
Beitragserhebung und Kontrolle . .	4411044,21 „	0,30 „
Rechtshilfe (§ 172 Abs. 2 IVG.) . . .	2012,33 „	
Andere nicht vorgesehene Ausgaben	1005,17 „	
zusammen	16901605,58 M.	1,16 M.

Sie sind bei Aufstellung der Voranschläge im Jahre 1888 auf 1 Mark angenommen worden und betrugen bis zum Jahre 1904 weniger als 1 Mark.

Für die Durchführung der Invalidenversicherung kommen 41 Versicherungsträger mit ihren besonderen Einrichtungen in Frage. Es ist nicht anzunehmen, daß die Kosten der neuen Versicherung im Durchschnitt auf den Kopf des Versicherten höher ausfallen werden als bei der Invalidenversicherung. Die II. Denkschrift (Reichstagsdrucksachen 12. Legislaturperiode 1. Session 1907/1909 Nr. 986) sieht als Verwaltungskosten 2,1 Proz. der Prämieneinnahmen vor. Das würde bei der für die erste Zeit veranschlagten Prämieneinnahme von rund 150 Millionen Mark jährlich 3 150 000 Mark oder, auf die über den Umfang der Versicherung ermittelte Zahl von 1 811 924 versicherungspflichtigen Angestellten verteilt, auf den Kopf

1,74 Mark

sein. Selbst bei diesem Ansatz von Verwaltungskosten würde eine Ersparnis und somit Verbilligung der Versicherung von jährlich

(8,80 — 1,74) . 1 811 924 = rund 12,8 Millionen Mark

eintreten gegenüber den Kosten, die voraussichtlich die Durchführung der Versicherung durch die privaten Versicherungsunternehmungen erfordern würde.

Ein gewichtiger Grund gegen die Übertragung der Versicherung auf private Versicherungsunternehmungen ist endlich der, daß den Angestellten und ihren Arbeitgebern eine ausschlaggebende Mitwirkung bei der Verwaltung und Rechtsprechung, insbesondere bei Bewilligung der Versicherungsleistungen, zu sichern ist. Es muß vermieden werden, daß jene zahlreichen Prozesse, wie sie nach Erlaß des Haftpflichtgesetzes vom 7. Juni 1871 (RGBl. S. 207) infolge Übernahme des Haftpflichtrisikos aus diesem Gesetze durch private Versicherungsunternehmungen entstanden sind, erneut entstehen. Es gibt aber wohl kaum einen Versicherungsfall, dessen Feststellung so sehr geeignet ist, Streit zu erregen, als die Feststellung der Berufsunfähigkeit. Die Streitfälle lassen sich jedoch auf eine Mindestzahl herabdrücken, wenn die Ansprüche durch die Versicherten und deren Arbeitgeber selbst geprüft und entschieden werden. Aus all diesen Gründen kann die Durchführung der

Zwangsversicherung der Angestellten nicht privaten Versicherungsunternehmungen übertragen werden.

Ausbau der Invaliden- und Hinterbliebenenversicherung.

Von vielen Seiten wird befürwortet, den Angestellten ein höheres Maß staatlicher Fürsorge durch den Ausbau der reichsgesetzlichen Invalidenversicherung zuzuwenden. Will man den als berechtigt anerkannten Wünschen der Angestellten einigermaßen entgegenkommen, so könnte der Ausbau der Invaliden- und Hinterbliebenenversicherung nur in der Richtung stattfinden, daß

1. den bisherigen fünf Lohnklassen weitere höhere Lohnklassen hinzugefügt würden;
2. die Begriffsbestimmung der Invalidität durch die der Berufsunfähigkeit ersetzt, die Altersgrenze für den Bezug der Altersrente von 70 auf 65 Jahre herabgesetzt und an Stelle der Rente für die invalide Witwe die allgemeine Witwenrente gewährt würde.

Zu 1. Die finanziellen Bedenken, die gegen die Vermehrung der Lohnklassen bei der Invalidenversicherung wegen der Zulässigkeit der Versicherung in höherer Lohnklasse und der Berechnung des Grundbetrags nach den fünfhundert höchsten Lohnklassenbeiträgen geltend zu machen sind, sind eingehend im allgemeinen Teil der Begründung zum Vierten Buche des Entwurfs der Reichsversicherungsordnung dargelegt worden.

Es kommen aber auch die folgenden, sowohl die Belastung des Reichs als auch die der Arbeitgeber und Arbeitnehmer treffenden Bedenken in Betracht.

Die Ergebnisse der Invalidenversicherung über die Zahlen der in den einzelnen Lohnklassen vereinnahmten Beiträge zeigen ein sehr großes Anwachsen der Beiträge in der höchsten Lohnklasse. Es kamen von 100 überhaupt vereinnahmten Beiträgen

		im Jahre 1900	im Jahre 1909
in Lohnklasse	I . .	17,79	9,78
„ „	II . .	32,34	23,34
„ „	III . .	24,29	24,71
„ „	IV . .	16,09	18,53
„ „	V . .	9,49	23,64
	Summe	100,00	100,00

In der V. Lohnklasse ist somit die Relativzahl auf das

$$\frac{23,64}{9,49} = 2,491 \text{ fache}$$

gestiegen, die wirkliche Zahl erhöhte sich von 53 089 328 auf 171 683 879 Beiträge oder auf das 3,2 fache. Eine weitere Steigerung muß bei dem bisherigen Verlaufe der Zahlen auch für die Zukunft erwartet werden. Es wird damit zu rechnen sein, daß der prozentuale Anteil der Versicherten, die in Lohnklasse V versichert sind, unter Berücksichtigung der Vermehrung der Zahl der Versicherten im Laufe der nächsten zehn Jahre auf rund 8,6 Millionen anwachsen kann. Nach einer Zusammenstellung der Löhne bei der Firma Krupp für das Jahr 1907 (vgl. „Der Kampf gegen die Wohlfahrtseinrichtungen in Großbetrieben" von Dr. Jacobsohn, Leipzig, Verlag von C. L. Hirschfeld, 1910) würde bei Übertragung der dort gewonnenen Erfahrungen anzunehmen sein, daß von diesen 8,6 Millionen Versicherten

2 502 400	ein Einkommen	bis	1 500 Mark,
3 071 700	„ „	von über	1 500—1 800 Mark,
2 154 700	„ „	„ „	1 800—2 100 „
719 400	„ „	„ „	2 100—2 400 „
151 800	„ „	„ „	2 400 Mark

haben. Würden 4 neue Lohnklassen VI bis IX nach der vorstehenden Gruppierung angefügt werden, und würde hierfür der Beitrag zur Invaliden- und Hinterbliebenenversicherung auf nur 2 Prozent des durchschnittlichen Einkommensatzes der vorstehenden Klassen festgesetzt werden, so würde die jährliche Mehrbelastung der Arbeitgeber und Arbeitnehmer

79 171 800 Mark

betragen gegenüber der Belastung nach den Beitragssätzen in der Reichsversicherungsordnung. Hierzu würde noch die Belastung durch rund 500 000 Angestellte mit etwa 24 Millionen Mark jährlich kommen, die der Invalidenversicherung nicht angehören. Die Mehrbelastung würde sich somit auf rund

103,2 Millionen Mark

jährlich stellen. Diese Schätzung hat nur dann Wert, wenn angenommen werden darf, daß die Invaliden- und Hinterbliebenenversicherung in ihren Grundlagen nicht erschüttert wird. Das dürfte aber der Fall sein, sobald durch höhere Lohnklassen die Möglichkeit geboten wird, höhere Renten versichern zu können. Denn es ist anzunehmen, daß ein großer Teil der Personen, die aus dem Versicherungsverhältnisse jetzt ausscheiden, die Versicherung demnächst wegen der gebotenen höheren Leistungen freiwillig fortsetzen würde. Ebenso darf erwartet werden, daß sehr viele von den bereits Ausgeschiedenen die Versicherung erneuern würden. Dadurch fällt aber für die dauernd Pflichtversicherten die große Ersparnis weg, die ihnen aus dem Verfalle der Anwartschaften der Ausgeschiedenen bisher erwachsen ist und die niedrigen Beiträge der Invalidenversicherung rechtfertigt. Fällt aber die Ersparnis ganz oder zum Teil weg, so muß eine entsprechende Beitragserhöhung eintreten.

Die hierüber angestellten Berechnungen haben ergeben, daß je nach dem Umfang der freiwilligen Versicherung die Beitragserhöhung bis auf das 1,8 fache der Beiträge, wie sie sich nach den Anschlüssen der Reichstagskommission für die Beratung der Reichsversicherungsordnung in zweiter Lesung stellen, steigen kann. Auf die Beitragszahlen des Jahres 1909 übertragen, würde dies eine jährliche Mehrbelastung von rund 196,6 Millionen Mark ausmachen, die sich bei Anfügung der gedachten neuen Lohnklassen auf jährlich rund 382,3 Millionen Mark steigern könnte. Den Wünschen der Angestellten wäre trotz dieser großen neuen Opfer auch nicht annähernd genügt.

In ähnlichem Verhältnis würde sich die Reichsbelastung erhöhen, wenn die aus dem Versicherungsverhältnisse künftig Ausscheidenden die Versicherung freiwillig fortsetzen würden. Setzten alle Ausscheidenden die Versicherung freiwillig fort, so würde sich die Reichsbelastung allmählich um jährlich 80 Proz. der nach der jetzigen Gesetzeslage zu zahlenden Reichszuschüsse erhöhen. Hierzu käme noch die Mehrbelastung aus dem Zugang von rund 500 000 der Invalidenversicherung nicht unterstellten Angestellten und aus der Erneuerung der bereits verfallenen Versicherungen, deren Anzahl 3 Millionen erheblich übersteigt. Statt mit 15 Millionen Versicherten, für welche der Reichszuschuß im Versicherungsfall in Frage kommt, würde mit etwa 18,5 Millionen Versicherten zu rechnen sein, was eine weitere Erhöhung der Reichsbelastung um rund 23 Proz. bedeuten würde.

Die Arbeitgeber würden hiernach weit mehr als das Doppelte derjenigen Belastung zu tragen haben, welche ihnen durch die neue Versicherung zugemutet wird; das Reich hätte Zuschüsse zu leisten, deren Deckung nur durch Einführung neuer Steuern ermöglicht werden könnte.

Die Gewährung höherer Bezüge durch Vermehrung der Lohnklassen der Invalidenversicherung würde auch den Interessen der Angestellten durchaus nicht entsprechen und deshalb wenig befriedigen können. Denn die versicherungstechnischen Grundlagen, die für die Höhe der Belastung bestimmend sind, sind für den Kreis der Angestellten wesentlich günstiger als für die

Pflichtversicherten der Arbeiterversicherung, weil die Arbeitskraft der Angestellten infolge der besseren Lebenshaltung und der verhältnismäßig geringeren körperlichen Anstrengung von längerer Dauer ist, wodurch der Versicherungsaufwand erheblich vermindert wird. Man würde also durch die neuen Lohnklassen den Angestellten keine Wohltaten zuweisen, sondern die Leistungen der Arbeiterversicherung auf Kosten der Angestellten erhöhen. Bei der Versicherung des Existenzminimums der Invalidenversicherung unter Leistung von Reichszuschüssen kann dies im Interesse der Vereinfachung der Durchführung des Gesetzes mit in den Kauf genommen werden. Anders liegt die Sache bei Einführung höherer Leistungen durch Anfügung höherer Lohnklassen, die über das durch die allgemeine Arbeiterversicherung zu befriedigende Bedürfnis hinausgehen. Hier muß eine von der Invalidenversicherung völlig getrennte Gefahrengemeinschaft der Angestellten eintreten und die Versicherung der letzteren deshalb besonders durchgeführt werden.

Zu 2. Gleich schwerwiegend sind die Bedenken, die dagegen geltend zu machen sind, die allgemeine Invalidität des Invalidenversicherungsgesetzes in Berufsunfähigkeit umzuwandeln. Dies verbietet sich, wie die nachstehenden Ausführungen zeigen, schon aus dem Grunde, weil die daraus folgende Belastung zu hoch wird.

Allerdings wird von manchen Seiten die Ansicht vertreten, daß die Bedeutung, die § 5 Abs 4 IVG. dem Begriff der Erwerbsunfähigkeit beilegt, sich im allgemeinen mit dem Begriffe der Berufsunfähigkeit decke oder doch die Möglichkeit biete, sie im Interesse der Angestellten dahin auszulegen, daß die Berufsunfähigkeit zur Erlangung von Rente genüge. (Vgl. die Ausführungen von Regierungsrat Dr. Dietz, Vorsitzendem des Vorstandes der Landesversicherungsanstalt Großherzogtum Hessen, in den Schriften des Deutschen Werkmeisterverbandes Heft V S. 22.) Geheimer Regierungsrat Düttmann, Vorsitzender der Landesversicherungsanstalt Oldenburg, sagt in derselben Schrift Seite 29: „Die Umschreibung des Begriffs Invalidität im § 5 Abs. 4 a. a. O. nähert sich insbesondere für höher gelohnte Versicherte, wenn auch nicht dem Wortlaut nach, so doch tatsächlich dem Begriffe der Berufsinvalidität so weit, daß ein Bedürfnis für eine Änderung derselben für die Angestellten als solche nicht vorliegen wird.“ Sowohl die Motive zu dem Entwurfe des Invalidenversicherungsgesetzes (Drucksachen des Reichstages 10. Legislaturperiode I. Session 1898/99 Nr. 93) als auch die Ausführungen des Reichsversicherungsamtes in seinem Geschäftsberichte für das Jahr 1905 über die aus Anlaß der unerwarteten Steigerung der Zahl der neu bewilligten Invalidenrenten nach Inkrafttreten des Invalidenversicherungsgesetzes vom 13. Juli 1899 angestellten örtlichen Erhebungen lassen keinen Zweifel darüber, daß die Bestimmungen im § 5 Abs. 4 a. a. O. so nicht ausgelegt werden dürfen. In den Motiven heißt es zu den §§ 4, 9 (jetzt 5, 6) u. a. ausdrücklich:

> „Die Erweiterung des Gesetzes zu einer Versicherung gegen Berufsinvalidität kann aus den schon bei den Verhandlungen über das geltende Gesetz wiederholt hervorgehobenen, auch jetzt noch durchschlagenden Gründen nicht in Aussicht genommen werden.“

Das Ergebnis seiner Erhebungen über das unerwartete Ansteigen der Zahl der neubewilligten Renten faßt das Reichsversicherungsamt in dem erwähnten Geschäftsberichte dahin zusammen, daß nur vereinzelt örtliche Gründe festgestellt werden konnten, daß dagegen Rentenbewilligungen in erheblicher Zahl wegen nicht genügender Aufklärung der tatsächlichen Verhältnisse und wegen Verwischung der Grenzen zwischen Berufsinvalidität und reichsgesetzlicher Erwerbsunfähigkeit, insbesondere aber auch in zahlreichen Fällen wegen zu milder oder unzutreffender ärztlicher Beurteilung, bemängelt werden mußten.

Die neue Bestimmung im § 5 Abs. 4 a. a. O. hat nicht den Begriff der Berufsinvalidität einführen, sondern, wie es in den Motiven heißt: die komplizierte und infolgedessen schwer verständliche Berechnung im § 9 Abs. 3 des Invaliditäts- und Altersversicherungsgesetzes über die Verdienstgrenze beim Eintritt der Erwerbsunfähigkeit beseitigen wollen.

Ohne ausdrückliche Änderung des § 5 Abs. 4 a. a. O. würden also die Wünsche der Privatangestellten auf Einführung der Berufsinvalidität nicht erfüllt werden.

Die Einführung der Berufsinvalidität an Stelle der allgemeinen Erwerbsunfähigkeit im § 5 Abs. 4 a. a. O. kann aber nicht in Aussicht genommen werden wegen der Höhe der Kosten, welche alsdann die Invalidenversicherung der Arbeiter erfordern würde.

Schon die nach Inkraftsetzung des § 5 Abs. 4 eingetretene „Verwischung der Grenzen zwischen Berufsinvalidität und reichsgesetzlicher Invalidität" hat, wie bemerkt, zu einer sehr erheblichen, den früheren Erfahrungen widersprechenden Steigerung der Zahl der neu bewilligten Renten geführt. Diese Zahl stieg von 96 665 im Jahre 1899

auf	125 717	im	Jahre	1900
„	130 482	„	„	1901
„	142 789	„	„	1902
„	152 882	„	„	1903

und ging dann infolge der Wiederherstellung einer den Absichten des Gesetzgebers entsprechenden Handhabung des Gesetzes zurück

auf	140 092	im	Jahre	1904
„	122 868	„	„	1905

auf	110 969	im Jahre	1906
„	112 220	„ „	1907
„	116 852	„ „	1908
„	115 264	„ „	1909
„	114 679	„ „	1910.

Erwartungsmäßig hätte die Zahl der Neubewilligungen im Jahre 1903 nur 101 834 betragen dürfen, so daß die Erhöhung gegen die Erfahrungen vor 1900 im Jahre 1903 51 048
oder 50,1 Prozent des Voranschlags betrug. Wenn auch diese Erhöhung der Invalidenrentenzahl durch einen Rückgang der Zahl der Altersrenten zu einem kleinen Teile wieder ausgeglichen wurde, so war die Steigerung doch noch so bedeutend, daß eine erhebliche Beitragserhöhung hätte eintreten müssen, wenn jene hohe Zahl den tatsächlichen Verhältnissen entsprochen hätte und dauernd zu erwarten gewesen wäre. Denn mit Einschluß der Zahl der neubewilligten Altersrenten betrug die Zahl der im Jahre 1903 wirklich bewilligten Renten

165 312,

während rechnungsmäßig nur

129 640

Renten zu erwarten waren. Diese Vermehrung beträgt

35 672

oder 27,5 Prozent der rechnungsmäßigen Zahl. Auf die Beitragseinnahmen von 1909 in Höhe von

188 438 472,75 Mark

übertragen, würde diese Erhöhung der Rentenzahl eine Mehrbelastung für dieses Jahr von

51,8 Millionen Mark

ergeben haben.

Mit noch viel höheren Zahlen müßte gerechnet werden, wenn gar der Begriff der Berufsinvalidität für die Invalidenversicherung der Arbeiter allgemein eingeführt werden sollte. Einen ungefähren Anhalt geben die Erfahrungen des Saarbrücker Knappschaftsvereins,

welcher als zugelassene Kasseneinrichtung zur selbständigen Durchführung der Invalidenversicherung neben reichsgesetzlichen Renten seinen Mitgliedern beim Eintreten der Berufsinvalidität Pensionen bewilligt. Aus den Aufzeichnungen lassen sich nach fünfjährigen Altersklassen die mittleren jährlichen Pensionierungsziffern und die reichsgesetzlichen Invalidenziffern ermitteln. Die Zahl der Berufsinvaliden beträgt:
für die Altersjahre

21—25	das	2,5128	fache	der	reichgesetzlichen	Ziffer
26—30	„	2,7000	„	„	„	„
31—35	„	3,0488	„	„	„	„
36—40	„	3,9038	„	„	„	„
41—45	„	3,2125	„	„	„	„
46—50	„	2,5515	„	„	„	„
51—55	„	1,8336	„	„	„	„
56—60	„	2,6846	„	„	„	„
61—65	„	2,3611	„	„	„	„
66 u. folg.	„	3,1000	„	„	„	„

Da in beiden Zahlenreihen die besondere größere Invaliditätsgefahr der Bergleute zur Geltung kommt, so erscheint es, selbst wenn man nicht annehmen will, daß in allen Berufen der Unterschied zwischen Berufsinvalidität und reichsgesetzlicher Invalidität ebenso groß ist wie bei den Bergleuten, zulässig, die vorstehenden Zahlen verhältnismäßig zu übertragen und danach sich ein Bild davon zu machen, welche Erhöhung die bisherigen reichsgesetzlichen Invalidenziffern erfahren würden, wenn allgemein die Berufsinvalidität eingeführt werden sollte. Multipliziert man demgemäß die vorstehenden Zahlen mit den den Beitragsberechnungen des Gesetzes zugrunde liegenden Invalidenzahlen der gleichen Altersklassen, so ergibt sich als rechnungsmäßig zu erwartende Invalidenzahl auf 1 000 Versicherte statt 7,2976 die Ziffer 20,4333. Unter Zugrundelegung der Zahl der versicherungspflichtigen

Personen nach der Berufsstatistik vom 12. Juni 1907 und dem aus dieser und der bei der Berufsstatistik von 1895 festgestellten Zahl der Versicherungspflichtigen abgeleiteten Vermehrungsfaktor von

$$\sqrt[12]{\frac{14\,958\,118}{12\,144\,530}} = 1{,}0175163$$

würde sich hiernach die Zahl der Invaliden

für 1903 auf 285 135
„ 1907 „ 305 644
„ 1909 „ 316 445

berechnen, während tatsächlich bewilligt worden sind im Jahre 1903 trotz der „Verwischung der Grenzen zwischen Berufs- und reichsgesetzlicher Invalidität“ nur 152 882, im Jahre 1907 nur 112 220 und im Jahre 1909 nur 115 264. Nimmt man an, daß in den Jahren 1906 bis 1909 eine normale, der Begriffsbestimmung im § 5 Abs. 4 a. a. O. entsprechende Anzahl von Renten bewilligt worden ist, so stände dem gegenwärtigen Neuzugang von

7,5425

Renten auf 1 000 Versicherte ein Neuzugang von

20,4333

Renten auf 1 000 Versicherte gegenüber. Die Belastung aus Renten würde sich hiernach auf das

$$\frac{20{,}4333}{7{,}5425} = 2{,}709 \text{ fache}$$

der gegenwärtigen Rentenbelastung erhöhen.

Der Kapitalwert jeder neu zugehenden Rente berechnet sich für 1909 im Durchschnitt auf das 7,4189 fache des Jahresbetrags. Läßt man ganz außer Betracht, daß auch die Rentenbezugsdauer und infolge hiervon der durchschnittliche Kapitalwert jeder neuen Rente bei Einführung der Berufsinvalidität sich wesentlich erhöht, so würde das Reich infolge des stärkeren

Neuzuganges von Renten mit einer jährlichen Mehrbelastung auf den Kopf der Versicherten von

$$\frac{50\ (20{,}4333 - 7{,}5425)\ 7{,}4189}{1000} = 4{,}7817778 \text{ Mark}$$

zu rechnen haben. Die mutmaßliche Zahl der Versicherten mit Einschluß der freiwillig Versicherten berechnet sich für 1910 auf

15 757 999,

die Mehrbelastung des Reichs für dieses Jahr würde sich somit auf 75 351 250 Mark

berechnen. Der Mehrbetrag würde sich in den folgenden Jahren um etwa 1,75136 Proz. des Vorjahrs erhöhen, also etwa betragen

im Jahre 1911	76 671 125	Mark
„ „ 1912	78 014 119	„ usw.

Für die Versicherungsträger würde die Belastung sich auf mehr als das Doppelte der durch die Invaliden- und Hinterbliebenenversicherung nach den Beschlüssen der Reichstagskommission zu erwartenden Belastung erhöhen. Diese Belastung beträgt im Durchschnitt jährlich auf den Kopf der Versicherten 15,2679 Mark. Sie würde sich erhöhen auf 30,8818 Mark oder um 15,6139 Mark = rund 102 Proz. der Belastung nach dem jetzigen Stande der Invaliden- und Hinterbliebenenversicherung. Da sich diese an der Hand der Beitragszahlen für 1909 bei Zugrundelegung der neuen Beiträge von 16, 24, 32, 40 und 48 Pfennig auf jährlich 245,7 Millionen Mark berechnet, so würde die Mehrbelastung nach Einführung der Berufsinvalidität auf jährlich 250,6 Millionen Mark zu veranschlagen sein.

Eine weitere Mehrbelastung würde infolge der gewünschten Herabsetzung der Altersgrenze für den Bezug der Altersrente auf das 65. Lebensjahr eintreten. (Vgl. die Begründung zur Reichsversicherungsordnung S. 361, 362.)

Auch aus der Gewährung von Witwenrenten für alle Witwen würde eine sehr große Mehrbelastung erwachsen. Das Verhältnis der Belastung auf den Kopf der Versicherten der Witweninvalidenversicherung mit Einschluß des Witwengeldes zur allgemeinen Witwenversicherung stellt sich überschläglich ermittelt wie

$$123 : 566,$$

so daß die letztere das

$$\frac{566}{123} = 4{,}6 \text{ fache}$$

der Belastung durch die Witweninvalidenversicherung ausmachen würde. In demselben Verhältnis erhöhen sich die Belastungen für das Reich, die Arbeitgeber und Arbeitnehmer beim Übergange zur allgemeinen Witwenversicherung gegenüber der in der Reichsversicherungsordnung vorgesehenen Witweninvalidenversicherung.

Beim Rückblick auf die besprochenen Steigerungen der Kosten für die Invalidenversicherung kann nicht verkannt werden, daß eine Umgestaltung des Invalidenversicherungsgesetzes im Sinne der Wünsche der Angestellten schwerwiegenden Bedenken begegnet.

Einführung besonderer Zusatzbeiträge.

Um diese Bedenken zu beseitigen, wird von verschiedenen Seiten geltend gemacht, daß es möglich sei, die bestehende Invalidenversicherung unberührt zu lassen und die durch Einführung der Berufsunfähigkeit und Herabsetzung der Altersgrenze entstehenden Mehrkosten durch besondere Zusatzbeiträge zu decken. Indessen sprechen auch gegen diese Lösung gewichtige Gründe.

Große Gruppen der Angestellten werden auch künftig im Anfang ihrer Berufstätigkeit lediglich als Arbeiter usw. gegen die im Invalidenversicherungsgesetze vorgesehenen Beiträge versichert sein. Rückt ein solcher Versicherter in die Stellung als Angestellter auf und in die für den Ausbau der Invalidenversicherung geforderten neuen Lohnklassen ein und wird er später Berufsinvalide, so entsteht die Schwierigkeit, wie die Rente für diejenige Zeit bemessen werden soll, in welcher die Beiträge nach dem geltenden Invalidenversicherungsgesetz entrichtet worden sind. Die volle Anrechnung dieser Beiträge ist ausgeschlossen, da durch sie ein ganz anderes Risiko, die allgemeine Erwerbsunfähigkeit, versichert worden ist. Der Versicherte ist auch im Sinne der Invalidenversicherung noch nicht erwerbsunfähig, so daß ihm eine Rente auf Grund dieser Beitragsleistung nicht gewährt werden kann. Dasselbe gilt vom Reichszuschuß, dessen Bewilligung gleichfalls vom Eintritt der allgemeinen Erwerbsunfähigkeit abhängig gemacht ist. Die gleichen Schwierigkeiten ergeben sich für die Festsetzung der Altersrenten. Die Zusatzbeiträge sollen zum Bezuge der Altersrente vom 65. Lebensjahre, die übrigen Beiträge zum Bezuge der Altersrente vom 70. Lebensjahre ab berechtigen. Noch verwickelter wird der Fall, wenn ein Versicherter im weiteren Verlaufe wieder nach dem gegenwärtig geltenden Invalidenversicherungsgesetz und nicht mehr als Angestellter versichert wird oder auch den nicht invaliden Witwen von Angestellten Renten gewährt werden sollen. Eine einwandfreie Lösung all dieser Fälle ist kaum zu finden. Entweder werden die Pflichtversicherten des Invalidenversicherungsgesetzes benachteiligt oder die Angestellten. Hierzu kommen die kaum zu überwindenden Schwierigkeiten der Rentenverteilung auf die verschiedenen Versicherungsträger, denen die Beiträge zugeflossen sind.

Eine weitere Schwierigkeit bietet die Bemessung von Zusatzbeiträgen dieser Art. Werden sie, wie es bei einer sozialen Versicherung in der Regel notwendig ist, für die Rentenbemessung als gleichwertig angesehen, so stehen im einzelnen Leistung des Versicherten und Gegenleistung des Versicherungsträgers nicht im Einklang. Der versicherungstechnische Wert einer Einzahlung ist je nach dem Alter, in dem sie erfolgt, verschieden. So können z. B. für eine einmalige Einzahlung von 100 Mark nach einjähriger Wartezeit gewährt werden, vom Eintritt der Invalidität, spätestens vom vollendeten 65. Lebensjahr eine Jahresrente und im Falle des Todes die entsprechenden Hinterbliebenenbezüge von

42,26 M., wenn die Einzhlg. im Alter von 16 Jahren erfolgte,
35,42 „ „ „ „ „ „ „ 20 „ „ ,
24,24 „ „ „ „ „ „ „ 30 „ „ ,
18,35 „ „ „ „ „ „ „ 40 „ „ ,
14,65 „ „ „ „ „ „ „ 50 „ „ ,

Die Einzahlung von 100 Mark im Alter von 50 Jahren hat hiernach, wenn durch eine entsprechende Rentensteigerung keine Korrektur herbeigeführt wird, nur rund $^1/_3$ des Wertes der Einzahlung im Alter von 16 Jahren. Eine zutreffende Bemessung der Zusatzbeiträge bei gleichen Rentensätzen wäre hiernach nur möglich, wenn man für jeden Versicherten von vornherein feststellen könnte, welchen Gehaltsklassen er in den einzelnen Altersjahren angehören wird und wie viele Beiträge in diesen Lohnklassen voraussichtlich zu erwarten sind. Rechnungsunterlagen, die über die Zugehörigkeit zu den Gehaltsklassen in den einzelnen Altersjahren Aufschluß geben, sind nicht vorhanden; sie werden auch künftig kaum aufgestellt werden können. Die Versicherung der Angestellten durch gleichwertige Zusatzbeiträge wäre sonach ohne schwere Schädigung des Versicherungsträgers und damit der nach dem IVG. Versicherungspflichtigen nicht möglich.

Werden aber die Zusatzbeiträge so bemessen, daß Leistung und Gegenleistung einander im einzelnen entsprechen, wird z. B. ein Tarif aufgestellt, der für jede in den einzelnen Altersjahren geleistete Einzahlung die im Falle der Invalidität, der Erreichung der festgesetzten Altersgrenze oder des Todes zu gewährenden Renten darstellt, so erfolgt die Versicherung abseits von der bestehenden Invalidenversicherung in einer besonderen Versicherungseinrichtung. Ebensowenig erscheint es bei der jetzigen Organisation der Invalidenversicherung zweckmäßig, jedem Versicherungsträger eine besondere Versicherungsabteilung für die nach Zusatzbeiträgen versicherten Angestellten anzugliedern.

Leistungsfähigkeit des deutschen Geschäftslebens.

Die neue Angestelltenversicherung verlangt von den Arbeitgebern und ihren Angestellten neue Opfer. Von vielen Seiten wird die berechtigte Frage aufgeworfen, ob die deutsche Volkswirtschaft diese neue Last überhaupt tragen kann. Diese Frage muß bejaht werden. Zunächst kann festgestellt werden, daß ein Teil der deutschen Arbeitgeber bisher schon freiwillig sich der Aufgabe unterzogen hat, für die Angestellten in höherem Maße zu sorgen, als das durch die Arbeiterversicherung geschehen kann. Nach den von den Organisationen der Angestellten im Oktober 1903 angestellten Erhebungen zahlen viele Arbeitgeber Zuschüsse zu den von ihnen eingerichteten Pensionskassen oder zu den für ihre Angestellten anderweitig abgeschlossenen Versicherungen, die im Durchschnitt die im Entwurfe vorgesehenen Beiträge nicht unerheblich übersteigen. Sie betragen durchschnittlich mehr als 4 Proz. des wirklichen Jahresarbeitsverdienstes der Angestellten. Die Angestellten zahlen im Durchschnitt etwas niedrigere Beiträge. Es erscheint an sich nicht unbillig, wie auch von der Mehrheit der Arbeitgeber anerkannt wird, allen Arbeitgebern Aufwendungen für ein höheres Maß der Fürsorge für ihre Angestellten zuzumuten; nur über deren Höhe bestehen Meinungsverschiedenheiten. Den Angestellten, insbesondere den technischen und kaufmännischen Beamten, ist in gewissem Sinne die Führung der deutschen Arbeiter anvertraut, und von ihrer Mitarbeit hängt vermöge ihrer Vorbildung und ihrer Fähigkeiten der Erfolg der produktiven Tätigkeit des deutschen Volkes, die gesamte deutsche Volkswirtschaft, wesentlich ab. Die Befreiung von ihren Zukunftssorgen um das Wohl ihrer Familien erhält ihre Zufriedenheit, sichert die freudige Einsetzung ihrer vollen Arbeitskraft und ihren für Staat und Gesellschaft in wirtschaftlicher und politischer Hinsicht gleich wichtigen Bestand.

Die Kosten der bestehenden sozialen Versicherung haben im Jahre 1909 betragen zu Lasten

des Reichs	51,5	Millionen Mark
der Arbeitgeber . . .	415,6	„ „
„ Arbeitnehmer . .	343,6	„ „
zusammen:	810,7	Millionen Mark

Wenn die Hinterbliebenenversicherung und die Erweiterung der Krankenversicherung in Wirksamkeit treten, außerdem die Angestelltenversicherung nach dem vorliegenden Gesetz eingeführt wird, erhöhen sich die vorstehend aufgeführten Kosten

für das Reich	um 27,0 Mill. M.	auf . .	78,5 Mill. M.
„ die Arbeitgeber	um 118,5 Mill. M.	auf	534,1 „ „
„ „ Arbeitnehmer	„ 138,5 „ „	„	482,1 „ „
zusammen	um 284,0 Mill. M.	auf	1094,7 Mill. M.

oder

für das Reich um	52,4	Proz.
„ die Arbeitgeber um . .	28,5	„
„ „ Arbeitnehmer „ . .	40,3	„
im Durchschnitt um	35,0	Proz.

Die deutsche Volkswirtschaft hat die bisherigen Lasten der sozialen Versicherung getragen, ohne in ihrer Entwicklung gegen die anderer Staaten zurückzubleiben. Die Kosten der sozialen Versicherung sind dabei einmal infolge des Umlageverfahrens bei der Unfallversicherung und sodann wegen der Bevölkerungszunahme und allgemeinen Steigerung der Lohnverhältnisse fortgesetzt gestiegen. Die Bevölkerung stieg von 49,2 Millionen Personen im Jahre 1890 auf 63,9 Millionen im Jahre 1909 oder um rund 30 Proz.; die von den gewerblichen Berufsgenossenschaften für die Unfallversicherung nachgewiesenen Lohnsummen haben sich im Durchschnitt auf den Kopf von 646,24 Mark im Jahre 1890 auf 953,77 Mark im Jahre 1909 oder um 47,6 Proz. erhöht. Die Kosten der sozialen Versicherung sind in demselben Zeitraum von 139,1 Millionen Mark im Jahre 1890 auf 810,7 Millionen Mark im Jahre 1909 oder um 483 Proz. gestiegen. Die deutsche Volkswirtschaft zeigt in dieser Zeit ein stetes Ansteigen und eine lebhafte Geschäftstätigkeit auf den Hauptgebieten unseres Wirtschaftslebens. Trotz des immer heftiger werdenden Wettbewerbes auf dem Weltmarkt hat Deutschland seine Stellung innerhalb der Weltwirtschaft gewahrt und gekräftigt. Diese Stellung wird auch durch die Belastung, die aus der Angestelltenversicherung entsteht, nicht erschüttert werden. Die Nützlichkeit der Versicherung, ihr hohes Ziel und ihre politische Bedeutung können nicht wohl bestritten werden und müssen etwaige noch bestehende volkswirtschaftliche Bedenken überwiegen. Die Angestelltenversicherung befreit den Arbeitgeber nicht nur von der Pflicht, alternde, größtenteils berufsunfähige Angestellte wegen langjähriger treuer Dienstleistungen gegen ihre bisherigen Gehaltsbezüge weiter zu beschäftigen, sie erleichtert ihm auch die Verjüngung seines Personals. Die neuen Opfer werden dem eigenen Unternehmen förderlich und zweckdienlich sein, seine Leistungsfähigkeit heben und für die weitere Entwickelung der deutschen Volkswirtschaft von weittragender Bedeutung sein.

Literaturverzeichnis.

(Die vorzugsweise benutzten Werke sind mit einem * versehen.)

Eine große Anzahl einschlägiger Aufsätze finden sich in den letzten Jahrgängen nachfolgender Zeitschriften:

*_Amtliche Nachrichten des Reichsversicherungsamts_, Berlin, 27 Jge.

Die Arbeiterversorgung, herausgegeben von Dr. Troschel, Berlin-Lichterfelde, 28 Jge.

Zeitschrift für die gesamte Versicherungs-Wissenschaft, herausgegeben vom Deutschen Verein für Versicherungs-Wissenschaft, Berlin, 11 Jge. Red. Manes.

*_Zentralblatt der Reichsversicherung_ (früher Reformblatt für Arbeiterversicherung), Frankfurt a. M., herausgegeben von Stier-Somlo.

Auch die folgenden Nachschlagewerke enthalten Artikel über die Angestelltenversicherung:

Handwörterbuch der Staatswissenschaften, herausgegeben von Conrad, Elster, Lexis, Löning. 3. Aufl. Jena 1909 bis 1911.

Wörterbuch der Volkswirtschaft, 3. Aufl., Jena 1911, herausgegeben von Elster.

Versicherungslexikon, Tübingen, 1909, herausgegeben von Manes.

Reiches Material für die Auslegung des Gesetzes, verwandte Rechtssprechung usw. findet sich in den bekannten Kommentaren zum alten Invalidenversicherungsgesetz. Von diesen sind zu nennen:

Freund, Das Invalidenversicherungsgesetz vom 13. Juil 1899, Handausgabe mit Anmerkungen nebst Ausführungsverordnungen, Berlin 1906.

Gebhard - Lutz, Das Reichsinvalidenversicherungsgesetz vom 13. Juli 1899. Berlin 1900.

*_Isenbart und Spielhagen_, Das Invalidenversicherungsgesetz vom 13. Juli 1899. 2. Aufl. Berlin 1903.

*_Landmann und Rasp_, Kommentar zum Invalidenversicherungsgesetz. München 1900/1901. Zweite Aufl. 1901, bearbeitet von Graßmann.

*_Piloty_, Das Invalidenversicherungsgesetz. 2. Aufl. München 1900.

Weymann, Das Invalidenversicherungsgesetz vom 13. Juli

1899 und die Reichsausführungsbestimmungen. Berlin 1902.
v. Woedtke-Follmann, Invalidenversicherungsgesetz vom 13. Juli 1899 mit Ausführungsbestimmungen. Berlin 1906.

Wegen der häufig übereinstimmenden Paragraphen des Angestelltenversicherungsgesetzes und der Reichsversicherungsordnung sind die Kommentare zu dieser zu empfehlen, sämtlich 1911 erschienen, insbesondere von

Hanow, Hoffmann, Lehmann, Moesle und Rabeling, vorläufig Bd. I und IV erschienen. Berlin.
Düttmann u. Gen., vorläufig nur Lieferungen. Altenburg.
Manes, Mentzel und Schulz, Bd. I—IV. Berlin.
Stier-Somlo, vorläufig nur Lieferungen. Berlin.

Von maßgebender Bedeutung bleiben wird das systematische Werk:

Rosin, Das Recht der Arbeiterversicherung. I. Bd.: Das Recht der Krankenversicherung. II. Bd.: Das Recht der Invaliden- und Altersversicherung. Berlin 1893 und 1905. Sehr viel Material bietet
Stier-Somlo, Sozialgesetzgebung. Geschichtliche Grundlagen und Krankenversicherungsrecht. Jena 1906.

An Kommentaren und Sammelwerken des materiellen und formellen bürgerlichen und Strafrechts kommen namentlich in Betracht:

Staudinger, Kommentar zum Bürgerlichen Gesetzbuch, 5./6. Aufl. München und Berlin 1910/1911.
Neumann, Handausgabe des Bürgerlichen Gesetzbuchs, 4. Aufl. Berlin 1905.
Planck, Bürgerliches Gesetzbuch nebst Einführungsgesetz, 3. Aufl. Berlin 1904.
Warneyer, Das Bürgerliche Gesetzbuch, 3. Aufl. Leipzig 1911.
Gaupp-Stein, Die Zivilprozeßordnung für das Deutsche Reich, 8./9. Aufl. Tübingen 1908, 10. Aufl. (Heft 1—3) Tübingen 1910.
Sydow-Busch, Zivilprozeßordnung und Gerichtsverfassungsgesetz, 12. Aufl. Berlin 1910.
Warneyer, Die Zivilprozeßordnung, 3. Aufl. Leipzig 1910.
Olshausen, Kommentar zum Strafgesetzbuch, 7. Aufl. Berlin 1905.
Stenglein, Die strafrechtlichen Nebengesetze des Deutschen Reichs, 3. Aufl. Berlin 1903, 4. Aufl., Bd. I Berlin 1911.
Dalcke, Strafrecht und Strafprozeß, 11. Aufl. Berlin 1908.

Loewe, Die Strafprozeßordnung, 12. Aufl. Berlin 1907.
**Entscheidungen des Reichsgerichts in Zivil- und Strafsachen.*
Rechtsprechung des Reichsgerichts in Strafsachen.
Die Rechtsprechung der Oberlandesgerichte, herausgegeben von Mugdan und Falkmann.
Gruchots Beiträge zur Erläuterung des Deutschen Rechts.
Jahrbuch der Entscheidungen des Kammergerichts in Sachen der nichtstreitigen Gerichtsbarkeit und in Strafsachen.
**Juristische Wochenschrift*, Organ des Deutschen Anwaltsvereins, herausgegeben von Neumann und Dittenberger.
Deutsche Juristenzeitung (Berlin).

Folgende Spezialschriften (Bücher, Broschüren, Aufsätze) sind vor Erlaß des Gesetzes erschienen:

Arbeitszentrale für die Privatbeamtenversicherung. Referatenband I, Gutachten der Ausbaukommission. Erstattet von Ehlers, Jacobsohn, Moldenhauer, Schönwiese, Viereck. Mit einer Denkschrift. Referatenband II. Gutachten der Lebensversicherungskommission. Erstattet von Schmigalla, Engelbrecht, Kuny, Sucro, Lyncker. Mit einer Denkschrift. 1911.
Arens, W., Die staatliche Pensionsversicherung der Privatbeamten. Berlin 1904.
Bechly, H., Die staatliche Pensionsversicherung für Privatangestellte. Vortrag. In Schriften des Deutschnationalen Handlungsgehilfenverbandes, Band 35. Hamburg 1907.
Bericht der Allgemeinen Pensionsanstalt für Angestellte über die II. Gebarungsperiode (1. Januar bis 31. Dezember). Erstattet Wien 1911.
Besprechung des Entwurfs eines Versicherungsgesetzes für Angestellte am 4. März 1911. Berlin 1911. Verhandlungen, Mitteilungen und Berichte des Zentralverbandes Deutscher Industrieller, Nr. 121. März 1911. Berlin 1911.
Blank, H., Die Pensionsversicherung der Privatbeamten in Österreich. Prag 1908.
Clauß, Die Angestelltenversicherung. Vortrag, gehalten auf dem 12. Deutschen Handlungsgehilfentag 1911. Hamburg 1911.
(I). Denkschrift, betreffend die von den Organisationen der Privatangestellten im Oktober 1903 angestellten Erhebungen über ihre wirtschaftliche Lage und Berechnung der Kosten einer Pensions- und Hinterbliebenenfürsorge dieser Berufskreise. Nr. 226 der Reichsdrucksachen. Legislaturperiode 1907.
(II.) Denkschrift, betreffend die Pensions- und Hinterblie-

benenversicherung der Privatangestellten in Deutschland. Nr. 986 der Reichstagsdrucksachen. 12. Legislaturperiode, I. Session 1907/1909. Berlin.

Dilloo, W., Pensionseinrichtungen für Privatbeamte. In: Schriften der Zentralstelle für Arbeiter-Wohlfahrtseinrichtungen, Nr. 32. Berlin, Heymann 1907.

Dilloo, W., Die Vorschläge des Hauptausschusses zur gesetzlichen Pensionsversicherung der Privatbeamten. Aus der „Concordia". Berlin 1908.

Engel, A., Das neue Pensionsgesetz für die Angestellten, Erläuterungen und Kritik. Wien 1908.

Geller, L., Gesetz betreffend die Pensionsversicherung der in privaten Diensten und einiger in öffentlichen Diensten Angestellten. 1. und 3. Aufl. Wien 1907, 1908.

Grundfragen der Privatangestelltenversicherung. S.-A. aus „Die Grenzboten" Jg. 1911. Berlin 1911.

Hahn, E., Populäre Darstellung der Pensionsversicherung der privaten Angestellten. Wien 1908.

Jacobsohn, Das Hauptproblem der reichsgesetzlichen Angestelltenversicherung: Sonderkasse oder Ausbau der Arbeiterversicherung. S.-A. aus den Jahrbüchern für Nationalökonomie und Statistik. Dritte Folge, 42. Band. Jena 1911.

Kaufmannschaft, Die selbständige, und die Privatbeamtenversicherung. Nr. 2 der Veröffentlichungen des „Zentralausschusses der Prinzipalverbände in Sachen der Pensionsversicherung der Privatangestellten". Hamburg 1910.

Kritik des Entwurfs eines Versicherungsgesetzes für Angestellte. Veröffentlichungen des Deutschen Vereins für Versicherungs-Wissenschaft. Heft 23. Berlin 1911.

v. Loeper, Die Versicherung der Arbeiter-Witwen und Waisen. Berlin 1907.

Ludwig, W., Die Abänderungsbedürftigkeit des österreichischen Privatangestelltenversicherungsgesetzes in technischer Beziehung; Publikationen der Export-Akademie. Wien 1911.

Staatszwang zur Selbsthilfe. Ein Beitrag zur Frage der Privatbeamten-, Alters- und Familien-Versorgung. Wien. 1899.

Zeine, P., Die staatliche Pensions- und Hinterbliebenenversicherung der Privatangestellten. Jena 1910.

von Zwiedineck-Südenhorst, O., Das Projekt einer Zwangs-Pensionsversicherung für Angestellte in Österreich. S.-A. aus Schmollers Jahrbuch. Jahrgang 25, Heft 4. Leipzig.

Manes, Die geplante Angestelltenversicherung in kritischer Beleuchtung. S.-A. aus der „Zeitschrift für angewandte Chemie", XXIV. Jg., Heft 17. Leipzig 1911.

Manes, Der Gesetzentwurf, betreffend die Angestelltenversicherung. S.-A. aus „Annalen für Soziale Politik und Gesetzgebung", 1. Band, Heft 2 und 3. Berlin 1911.

Marschner, R., Die rechtlichen Beziehungen der Dienstgeber und Dienstnehmer zu den Landesstellen des Pensionsversicherungsgesetzes. Wien 1908.

Möller, F., Bedenken gegen die zweite Denkschrift über die Pensions- und Hinterbliebenenversicherung der Privatangestellten. Hamburg 1908.

Moldenhauer, P., Die Pensionsversicherung der Privatbeamten. Vortrag. Mainz 1909. — Derselbe in DJZ. 1911, S. 1405 ff.

Neukamp, Der Entwurf eines Versicherungsgesetzes für Angestellte, DJZ. 1911, S. 609 ff.

Potthoff, Die staatliche Versicherung der Privatangestellten in Deutschland. S.-A. aus der „Österreichischen Zeitschrift für öffentliche und private Versicherung". Wien 1910.

Potthoff, H., Die Aufgaben der kaufmännischen Angestellten in der sozialen Bewegung der Privatbeamten. Vortrag. (Schriften des Deutschen Bankbeamten-Vereins), Heft 1. Berlin.

Rauchberg, Die Pensionsversicherung der Privatangestellten als Maßnahme der Mittelstandspolitik. Wien 1910.

Raymond, Beiträge zu den Untersuchungen über die wirtschaftliche Lage der Privatangestellten (Dissertation). Göttingen 1909.

Schmelzer, F., Die Anerkennung privater Versicherungsanstalten als Ersatzinstitute für eine staatliche Pensionskasse der Privatbeamten. Magdeburg 1908.

Schmelzer, Durch Staatshilfe zur Selbsthilfe. Leipzig 1906.

Schräer, J. F., Die Pensions- und Hinterbliebenenversicherung der Privatangestellten im Deutschen Reich. Vortrag. Kempten 1909.

Schreyvogel, A., Zum Privatbeamten-Versicherungsgesetz. Stuttgart 1911.

Schumacher, H., Zur Frage der Pensionsversicherung der Privatbeamten. Vortrag. Köln 1902.

Silbermann, Ennesch, Eichler, Die Privatbeamten und die Versicherungsgesetzgebung. (Schriften der Gesellschaft für Soz. Reform. 3. Band, Heft 1.) Jena 1908.

Simmenroth, W., Zur Kritik der Forderung einer staatlichen Pensions- und Hinterbliebenenversicherung der Privatbeamten. Kassel 1909.

Anlage

Altersklassen	Männliche Privatangestellte der Berufsabteilungen*					Weil der B
	A	B	C	E	zusammen (Spalte 2 bis 5)	A
1	2	3	4	5	6	7
unter 16 Jahren . . .	526	16774	48191	5280	70771	134
16 bis unter 18 Jahren	2436	23894	62813	7479	96622	1023
18 „ „ 20 „	3967	32915	64428	6268	107578	1596
20 „ „ 25 „	8637	86616	117931	11157	224341	3634
25 „ „ 30 „	13756	116238	106523	18620	255137	2360
30 „ „ 40 „	24380	195749	138075	33692	391896	3601
40 „ „ 50 „	22994	124880	75982	24656	248512	2791
50 „ „ 60 „	14216	62219	38467	14559	129461	2030
16 bis unter 60 Jahren	90386	642511	604219	116431	**1453547**	17035
60 bis unter 70 Jahren	6919	21013	14903	7649	50484	1139
70 Jahre und darüber	1447	3328	3328	2397	10500	449
unbekannten Alters .	6	93	271	66	436	1
zusammen .	99284	683719	670912	131823	1585738	18758

* Es umfassen

die Berufsabteilung A: Landwirtschaft, Gärtnerei und Tierzucht, Fo wirtschaft und Fischerei;

„ „ B: Industrie, einschließlich Bergbau und E gewerbe;

r Begründung.

tangestellte lungen			Privatangestellte überhaupt der Berufsabteilungen				
	E	zusammen (Spalte 7 bis 10)	A	B	C	E	zusammen (Spalte 12 bis 15)
	10	11	12	13	14	15	16
9	1610	30312	660	20093	73440	6890	101083
5	2714	50761	3459	32523	101208	10193	147383
58	4959	54430	5563	42832	102386	11297	162008
27	17251	107400	12271	105904	185158	28408	331741
08	18373	63687	16116	126784	138931	36993	318824
13	23799	60122	27981	205058	161488	57491	452018
19	15106	30236	25785	128700	84501	39762	278748
63	8689	16053	16246	63590	42430	23248	145514
83	90891	**382689**	107421	705391	816102	207322	**1836236**
70	3916	6772	8058	21360	16273	11565	57256
41	1039	1890	1896	3389	3669	3436	12390
6	22	29	7	93	277	88	465
49	97478	421692	118042	750326	909761	229301	2007430

Berufsabteilung C: Handel und Verkehr, einschließlich Gast- und Schankwirtschaft;

" E: Militär-, Hof-, bürgerlicher und kirchlicher Dienst, auch sogenannte freie Berufsarten.

Abkürzungen:

a. a. O.	= am angeführten Ort.
Abs.	= Absatz.
a. E.	= am Ende.
A. N.	= Amtliche Nachrichten des Reichsversicherungsamts.
Anl.	= Anleitung des RVA. betreffend den Kreis der versicherten Personen.
Anm.	= Anmerkung.
APV.	= Veröffentlichungen des Kaiserlichen Aufsichtsamts für Privatversicherung.
Art.	= Artikel.
Ausf.-Ges.	= Ausführungsgesetz.
AVG.	= Angestelltenversicherungsgesetz.
Bd.	= Band.
Begr.*	= Begründung des Entwurfs zum AVG.
Begr. z. RVO.*	= Begründung des Entwurfs zur Reichsversicherungsordnung.
Bek.	= Bekanntmachung.
Besch.	= Bescheid oder Beschluß.
betr.	= betreffend.
BGB.	= Bürgerliches Gesetzbuch.
BUVG.	= Bauunfallversicherungsgesetz v. 30. 6. 1900.
DJZ.	= Deutsche Juristen-Zeitung.
Einf.-Ges.	= Einführungsgesetz.
Entsch.	= Entscheidung.
FGG.	= Reichsgesetz über die Angelegenheiten der freiwilligen Gerichtsbarkeit.
G. oder Ges.	= Gesetz.
GS. S.	= Gesetzsammlung Seite.
Gew. O.	= Gewerbe-Ordnung.
GVG.	= Gerichtsverfassungsgesetz.
HGB.	= Handelsgesetzbuch.
IuAVG.	= Invaliditäts- und Altersversicherungsgesetz v. 22. 7. 1889.
JMBl.	= Justizministerialblatt.
IVG.	= Invalidenversicherungsgesetz v. 13. 7. 1899.
JW.	= Juristische Wochenschrift.

Kom.-Ber.*	=	Bericht der 16. Kommission über den Entwurf zum AVG.
KGJ.	=	Jahrbuch der Entscheidungen des Kammergerichts.
KVG.	=	Krankenversicherungsgesetz v. 16. 6. 1883, 10. 4. 1892, 30. 6. 1900, 25. 5. 1903.
LUVG.	=	Landwirtschaftl. Unfallversicherungsgesetz v. 30. 6. 1900.
Nr.	=	Nummer.
OLG.	=	Rechtsprechung der Oberlandesgerichte.
OVG.	=	Oberverwaltungsgericht.
R. Anz.	=	Reichsanzeiger.
RG.	=	Reichsgericht.
Rechtspr. RG.	=	Rechtsprechung des Reichsgerichts in Strafsachen.
Rek.-Entsch.	=	Rekursentscheidung des RVA.
Rev.-Entsch.	=	Revisionsentscheidung des RVA.
RGBl.	=	Reichsgesetzblatt.
RVA.	=	Reichsversicherungsamt.
RVO.	=	Reichsversicherungsordnung.
S.	=	Seite.
Sten. Ber.*	=	Stenographischer Bericht über die Verhandlungen des Reichstags 12. Legislatur-Periode II. Session 1909/1911.
StGB.	=	Strafgesetzbuch.
StPO.	=	Strafprozeßordnung.
SUVG.	=	Seeunfallversicherungsgesetz v. 30. 6. 1900.
u.	=	und.
usw.	=	und so weiter.
UVG.	=	Unfallversicherungsgesetz v. 7. 6. 1884.
v.	=	vom.
vgl.	=	vergleiche.
Z.	=	Ziffer.
z. B.	=	zum Beispiel.
Z. B.	=	Zentralblatt für das Deutsche Reich.
ZPO.	=	Zivilprozeßordnung.

* Wo keine Seitenzahl bei Zitaten aus der Begr., der Begr. z. RVO., dem Kom.-Ber. und dem Sten. Bericht angegeben ist, findet sich die in Bezug genommene oder wiedergegebene Stelle bei den entsprechenden Paragraphen der Gesetze oder Gesetzentwürfe.

Das Versicherungsgesetz für Angestellte

vom 20. Dezember 1911.

(RGBl. Nr. 68 vom 28. Dezember 1911 S. 989 ff).

Erster Abschnitt.

Umfang der Versicherung.

Allgemeines.

Ebenso wie es in der Rechtswissenschaft bestritten ist, ob die Ansprüche auf Grund der bestehenden sozialen Versicherungsgesetze als Rechte aus einer Versicherung zu gelten haben oder ob sie sich auf einer anderen rechtlichen Grundlage aufbauen, gehen auch über den Rechtscharakter der Angestelltenversicherung die Meinungen auseinander. Es dürfte jedoch hier wie bei den übrigen Sozialversicherungszweigen wenig angebracht sein, daß die juristische Theorie sich in offenen Widerspruch sowohl zu dem allgemeinen Sprachgebrauch wie zu dem deutlichen Wortlaut des Gesetzes und dem Willen des Gesetzgebers setzt und die volkswirtschaftliche Auffassung, nach welcher die gesamte Sozialversicherung echte Versicherung ist, nicht anerkennt.

Wenn danach die Sozialversicherung als echte Versicherung im juristischen Sinne anzusehen ist, so ist hiermit selbstverständlich nicht gesagt, daß das soziale Versicherungsrecht dem privaten, nicht aber dem öffentlichen Recht angehört; das Versicherungsverhältnis ist nicht als ein durch Gesetz vorgeschriebener Vertrag anzusehen. Der Versicherte erkauft nicht etwa durch Eintritt in die Versicherung mittels Zahlung der Versicherungsprämie Anspruch auf Rente, während gleichzeitig für die Versicherungsanstalt die Pflicht zur Gewährung einer Rente entsteht. Es ist vielmehr davon auszugehen, daß sowohl die Verpflichtung zur Beitragsleistung als auch der Anspruch auf Renten kraft Gesetzes für jede Person entstehen, sobald gewisse tatsächliche Voraussetzungen gegeben sind. Diese Rechte und Pflichten haben, ohne voneinander in ihrem Wesen abhängig zu sein, lediglich das öffentliche Recht als Grundlage. A. N. 1895, S. 135.

I. Versicherungspflicht.

Vorbemerkung.

Das Gesetz umfaßt alle männlichen und weiblichen Angestellten, die gegen Entgelt im Jahresbetrage von nicht mehr als 5000 Mark beschäftigt werden, das 16. Lebensjahr vollendet haben und vor vollendetem 60. Lebensjahr in eine versicherungspflichtige Beschäftigung eingetreten sind, soweit sie nicht bereits berufsunfähig im Sinne des Gesetzes oder aus anderen Gründen zu befreien sind.

Die Anzahl der für die neue Angestelltenversicherung ohne Rücksicht auf die Gehaltsbezüge und das Alter in Frage kommenden Personen ist auf 2 007 430 geschätzt worden.

Eine Übersicht dieser Personenzahlen nach Altersklassen und Berufsabteilungen findet sich S. 120/121. Hiernach beträgt die Zahl der Angestellten, die das 16. Lebensjahr vollendet und das 60. Lebensjahr noch nicht überschritten haben, in der Berufsabteilung

A:	90 386	männl. u.	17 035	weibl., zus.	107 421	Pers.
B:	642 511	„ „	62 880	„ „	705 391	„
C:	604 219	„ „	211 883	„ „	816 102	„
E:	116 431	„ „	90 891	„ „	207 322	„
Sa.:	1 453 547	männl. u.	382 689	weibl., zus.	1 836 236	Pers.

Zur Gruppierung dieser Personenzahlen nach Gehaltsbezügen liegen vor: die Erhebungen vom Oktober 1903, die Statistik über die Lage der technischen Privatbeamten in Groß-Berlin (Verlag von Gustav Fischer in Jena 1908) und die statistischen Erhebungen des Deutsch-nationalen Handlungsgehilfenverbandes über die wirtschaftliche Lage der deutschen Handlungsgehilfen im Jahre 1908 (Hamburg 1910, Verlag der Buchhandlung des DHV. in Hamburg).

An der Hand dieser Erhebungen ist die Zahl der im versicherungspflichtigen Alter stehenden Angestellten nach Gehaltsklassen abgeschätzt. Es haben sich danach folgende Zahlen ergeben:

Gehaltsklassen Jahreseinkommen in Mark	Von den männlichen Angestellten im Alter von 16 bis 60 Jahren gehören den nebenbezeichneten Gehaltsklassen an aus der Berufsabteilung				
	A. Land- und Forstwirtschaft	B. Industrie, Bergbau und Bauwesen	C. Handel und Verkehr	E. Freie Berufsarten	A, B, C, E zusammen
1	2	3	4	5	6
Bis zu 550	—	—	—	—	19293
mehr als 550 bis zu 850	—	—	—	—	66618
„ „ 850 „ „ 1150	—	—	—	—	204107
„ „ 1150 „ „ 1500	—	—	—	—	209450
„ „ 1500 „ „ 2000	—	—	—	—	418910
Summe bis zu 2000	56 669	336 725	453 741	71 243	918378
mehr als 2000 bis zu 2500	15 385	119 093	88 729	26 297	249504
„ „ 2500 „ „ 3000	8 134	71 414	35 414	12 220	127182
„ „ 3000 „ „ 4000	4 398	76 499	19 451	5 651	105999
„ „ 4000 „ „ 5000	2 380	20 343	4 429	1 020	28172
Summe bis zu 5000	86 966	624 074	601 764	116 431	1 429235

Für die weiblichen Angestellten hat die Abschätzung zu folgenden Zahlen geführt:

Gehaltsklasse							Zahl der weibl. Angestellten
			bis	zu	550	Mark	35 791
von mehr als		550	„	„	850	„	79 032
„	„ „	850	„	„	1 150	„	115 633
„	„ „	1 150	„	„	1 500	„	87 484
„	„ „	1 500	„	„	2 000	„	40 376
„	„ „	2 000	„	„	2 500	„	18 624
„	„ „	2 500	„	„	3 000	„	4 049
„	„ „	3 000	„	„	4 000	„	1 619
„	„ „	4 000	„	„	5 000	„	81
				zusammen			381 689 (Begr.).

Kreis der Versicherungspflichtigen.

§ 1.[1] *Für den Fall der Berufsunfähigkeit*[2] *(§ 25) und des Alters*[3] *sowie zu Gunsten der Hinterbliebenen*[4] *werden vom vollendeten sechzehnten Lebensjahr an*[5] *nach den Vorschriften dieses Gesetzes*[6] *versichert*[6a]

1. *Angestellte*[7] *in leitender Stellung,*[8] *wenn diese Beschäftigung ihren Hauptberuf bildet,*[9]
2. *Betriebsbeamte,*[10] *Werkmeister*[11] *und andere Angestellte in einer ähnlich gehobenen oder höheren Stellung*[12] *ohne Rücksicht auf ihre Vorbildung,*[13] *Bureauangestellte,*[14] *soweit sie nicht mit niederen oder*[15] *lediglich mechanischen Dienstleistungen beschäftigt werden, sämtlich, wenn diese Beschäftigung ihren Hauptberuf bildet,*[16]
3. *Handlungsgehilfen*[17] *und Gehilfen in Apotheken,*[18 19]
4. *Bühnen- und Orchestermitglieder ohne Rücksicht auf den Kunstwert der Leistungen,*[20]
5. *Lehrer und Erzieher,*[21]
6. *aus der Schiffsbesatzung*[22] *deutscher Seefahrzeuge*[23] *und aus der Besatzung von Fahrzeugen*

der Binnenschiffahrt[24] *Kapitäne, Offiziere des Deck- und Mischinendienstes, Verwalter und Verwaltungsassistenten sowie die in einer ähnlich gehobenen oder höheren Stellung befindlichen Angestellten*[25] *ohne Rücksicht auf ihre Vorbildung,*[26] *sämtlich, wenn diese Beschäftigung ihren Hauptberuf bildet.*[27]

Als deutsches Seefahrzeug[28] *gilt jedes Fahrzeug, das unter deutscher Flagge fährt*[29] *und ausschließlich oder vorzugsweise zur Seefahrt benutzt wird.*

Voraussetzung[30] *der Versicherung ist für alle diese Personen, daß sie nicht berufsunfähig (§ 25) sind, daß sie gegen Entgelt (§ 2) als Angestellte*[31] *beschäftigt*[32] *werden, daß ihr Jahresarbeitsverdienst*[33] *fünftausend*[34] *Mark nicht übersteigt*[35] *und daß sie beim Eintritt in die versicherungspflichtige Beschäftigung*[36] *das Alter von sechzig Jahren noch nicht vollendet haben.*[37] [38]

E. I. § 1.
E. II. § 1.
RVO. § 1226 (1212).

1. Das AVG. führt in seinem § 1 nach dem Muster der bisherigen sozialen Versicherungszweige den Versicherungszwang ein, so daß die freie Entschließung der Beteiligten im allgemeinen ausgeschlossen ist. Der Zwang erstreckt sich sowohl auf einen bestimmten Personenkreis wie auf die Art der Versicherung, nämlich die im Falle des Alters, der Berufsunfähigkeit und des Todes unter Hinterlassung von gewissen Hinterbliebenen. Im Gegensatz zum Versicherungszwang stehen die im § 15 geregelte Versicherungsberechtigung, welche jedoch lediglich als eine freiwillige Fortsetzung einer bisherigen Zwangsversicherung in Betracht kommt, und der für das erste Jahr nach Inkrafttreten des Gesetzes gestattete freiwillige Eintritt gemäß § 394.

Es hat nach einer von der Regierung bei der 2. Lesung des Gesetzes im Reichstag abgegebenen Erklärung nicht an Bemühungen gefehlt, für die Umschreibung des Kreises der Personen, die unter das Gesetz fallen sollen, eine jeden Zweifel ausschließende Fassung zu finden. Diese Bemühungen haben nicht nur bei der Vorbereitung des Gesetzentwurfs und bei den verbündeten Regierungen während der Vorarbeiten obgewaltet, sondern auch der Reichstag hat redlich versucht, in seiner Kommission eine andere schärfere und zweifelsfreie Fassung zu finden. Man hat aber davon Abstand nehmen müssen, weil sich in der Tat eine erschöpfende und jeden Zweifel ausschließende Fassung nicht finden läßt, und hat sich deshalb auf den Standpunkt gestellt, daß es das beste ist, sich in dieser Beziehung an das Vorhandene anzuschließen (vgl. Sten. Ber.).

Der Personenkreis ist demnach im § 1 im wesentlichen in Anlehnung an § 1226 Z. 2—6 RVO. abgegrenzt worden. Man hat sich dazu umso leichter entschließen können, als die praktische Abgrenzung dieses Personenkreises durch die langjährige Rechtsprechung des Reichsversicherungsamts annähernd klar gestellt ist (vgl. die Anleitung betreffend den Kreis der nach dem IVG. versicherten Personen vom 6. Dezember 1905 Z. 19 ff., A. N. 1905, S. 613 ff.). Die Abweichungen der Fassung der RVO. und des AVG. gehen aus folgender synoptischer Gegenüberstellung hervor:

RVO. § 1226. Für den Fall der *Invalidität* und des Alters sowie zugunsten der Hinterbliebenen sind vom vollendeten sechzehnten Lebensjahr an versichert	AVG. § 1. Für den Fall der [*Berufsunfähigkeit* (§ 24)] und des Alters, sowie zugunsten] der Hinterbliebenen werden vom vollendeten sechzehnten Lebensjahr an nach den Vorschriften dieses Gesetzes versichert
1. [Arbeiter, Gehilfen, Gesellen, Lehrlinge, Dienstboten],	1. *Angestellte in leitender Stellung, wenn diese Beschäftigung ihren Hauptberuf bildet,*
2. Betriebsbeamte, Werkmeister und andere in ähnlich gehobener Stellung befindliche Angestellte, sämtlich, wenn diese Beschäftigung ihren Hauptberuf bildet,	2. Betriebsbeamte, Werkmeister und andere Angestellte in einer ähnlich gehobenen *oder höheren* Stellung *ohne Rücksicht auf ihre Vorbildung, Bureauangestellte, soweit sie nicht mit niederen oder lediglich mechanischen Dienstleistungen beschäftigt werden,* sämtlich, wenn diese Beschäftigung ihren Hauptberuf bildet,
3. Handlungsgehilfen und *[Lehrlinge]*, Gehilfen *[und Lehrlinge]* in Apotheken,	3. Handlungsgehilfen und Gehilfen in Apotheken,
4. Bühnen- und Orchestermitglieder ohne Rücksicht auf den Kunstwert ihrer Leistungen,	4. Bühnen- und Orchestermitglieder ohne Rücksicht auf den Kunstwert der Leistungen,
5. Lehrer und Erzieher,	5. Lehrer und Erzieher,
6. die Schiffsbesatzung deutscher Seefahrzeuge und die Besatzung von Fahrzeugen der Binnenschiffahrt.	6. *aus der* Schiffsbesatzung deutscher Seefahrzeuge und aus der Besatzung von Fahrzeugen der Binnenschiffahrt [Kapitäne, Offiziere des Deck- und Maschinendienstes, Verwalter und Verwaltungsassistenten, sowie die in einer ähnlich gehobenen oder höheren Stellung befindlichen Angestellten ohne Rück-

Voraussetzung der Versicherung ist für alle diese Personen, daß sie gegen Entgelt (§ 160) beschäftigt werden, für die unter Nr. 2 bis 5 Bezeichneten sowie für Schiffer außerdem, daß nicht ihr *[regelmäßiger]* Jahresarbeitsverdienst zweitausend Mark an Entgelt übersteigt.

sicht auf ihre Vorbildung, sämtlich, wenn diese Beschäftigung ihren Hauptberuf bildet].

[Als deutsches Seefahrzeug gilt jedes Fahrzeug, das unter deutscher Flagge fährt und ausschließlich oder vorzugsweise zur Seefahrt benutzt wird.]

Voraussetzung der Versicherung ist für alle diese Personen *[daß sie nicht berufsunfähig (§ 24) sind]*, daß sie gegen Entgelt (§ 2) *als Angestellte* beschäftigt werden, daß ihr Jahresarbeitsverdienst *fünftausend* Mark nicht übersteigt [und daß sie beim Eintritt in die versicherungspflichtige Beschäftigung das Alter von sechzig Jahren noch nicht vollendet haben].

Ohne Bedeutung für die Versicherungspflicht ist das Geschlecht und die Staatsangehörigkeit. Belanglos für die Versicherungspflicht ist auch der Familienstand, abgesehen von einem Anstellungsverhältnis unter Ehegatten (vgl. § 6). Das Alter spielt insofern eine Rolle, als die Versicherungspflicht mit dem ersten Tag des 16. Lebensjahres beginnt (§ 1 Abs. 1) und die Vollendung von 60 Jahren bei Eintritt in die versicherungspflichtige Beschäftigung die Versicherungspflicht ausschließt (§ 1 Abs. 1). Die Altersrente (Ruhegeld) beginnt mit Vollendung des 65. Lebensjahres, die Waisenrenten werden bis zum 18. Lebensjahre gewährt (§ 29).

Über die örtlichen Grenzen der Versicherung vgl. § 3.

Die Ausdehnung der Versicherung auf Selbständige ist in § 4 behandelt.

Die Versicherungsfreiheit vorübergehender Dienstleistungen betrifft § 8.

Über Versicherungsfreiheit im übrigen s. §§ 9ff.

2. Als Berufsunfähigkeit bezeichnet § 25 einen Zustand, der dann anzunehmen ist, wenn die Arbeitsfähigkeit eines Versicherten auf weniger als die Hälfte derjenigen eines körperlich und geistig gesunden Versicherten von ähnlicher Ausbildung und gleichwertigen Kenntnissen und Fähigkeiten herabgesunken ist. Dieser Begriff ist nicht zu verwechseln mit den verwandten Begriffen der RVO. In den bisher gesetzlich geregelten drei Zweigen der Sozialversicherung war einfach die Rede von Erwerbsunfähigkeit; dabei bedeutete diese in jedem Zweige etwas anderes. Nach der RVO. ist Voraussetzung für den Bezug der Leistungen in der Krankenversicherung Arbeitsunfähig-

keit, in der Unfallversicherung Erwerbsunfähigkeit, in der Invaliden- und Hinterbliebenenversicherung Invalidität. Dazu kommt jetzt als vierter verwandter Begriff die Berufsunfähigkeit des AVG. — Mit Arbeitsunfähigkeit in der Krankenversicherung wird ein Zustand bezeichnet, welcher den erkrankten Versicherten an der Leistung seiner bisherigen Arbeit hindert. Ob der erkrankte Versicherte durch diesen Zustand eine tatsächliche Beschränkung seines Erwerbs erleidet oder in seiner Erwerbsfähigkeit gehindert wird, ist gleichgültig; es kommt einzig und allein auf den körperlichen Zustand an. Dabei ist lediglich zu beachten, ob der Erkrankte seine bisherige Arbeit zu leisten gehindert ist; irgendwelche anderen Ersatzarbeiten können ihm nicht zugemutet werden; unterzieht er sich diesen, so ist zwar nichts dagegen einzuwenden, aber seine Ansprüche gegen die Krankenkasse werden dadurch nicht berührt. Man kann hier von Stellungsinvalidität sprechen. Etwas ganz anderes ist die in der Unfallversicherung als Vorbedingung für den Bezug einer Unfallrente erforderliche Erwerbsunfähigkeit. Zunächst kommt hier nur eine solche in Frage, welche durch Eintritt eines Betriebsunfalls hervorgerufen ist, dann aber ist der Ausdruck insofern ungenau, als eine Unfallrente nicht nur erhält, wer völlig erwerbsunfähig, sondern auch, wer nur beschränkt erwerbsfähig ist. Während bei der Krankenversicherung das wirtschaftliche Element hinter dem körperlichen Zustand vollständig zurücktritt, ist es bei der Unfallversicherung umgekehrt. Dem unfallverletzten Versicherten können also im schroffen Gegensatz zum Krankenversicherten Ersatzarbeiten zugemutet und in Anrechnung gebracht werden. Hier handelt es sich daher um Versicherung der Erwerbsunfähigkeit im weitesten Sinne, keineswegs aber um eine Stellungsinvalidität, auch nicht um eine Berufsinvalidität, vielmehr kann nur von einer Standesinvalidität die Rede sein. Eine solche kommt auch bei der Invaliden- und Hinterbliebenenversicherung in Frage, wo das Gesetz das Wort Invalidität gebraucht; aber freilich ist diese Standesinvalidität von ganz anderen Voraussetzungen wie bei der Unfallinvalidität abhängig und ganz anders bemessen. Hier sagt § 1255 Abs. 2 RVO. ausdrücklich, daß als Invalide gilt, wer nicht imstande ist, durch eine Tätigkeit, die seinen Kräften und Fähigkeiten entspricht und ihm unter billiger Berücksichtigung seiner Ausbildung und seines bisherigen Berufs zugemutet werden kann, ein Drittel dessen zu erwerben, was körperlich und geistig gesunde Personen derselben Art mit ähnlicher Ausbildung in derselben Gegend durch Arbeit zu verdienen pflegen. Und nun kommt noch zu diesen drei nicht leicht voneinander zu unterscheidenden Begriffen als vierter der besondere Invaliditätsbegriff der Angestelltenversicherung. Im AVG. wird ausdrücklich von einer Berufsunfähigkeit gesprochen, und diese im § 25 wie oben angegeben definiert. Es dürfte nahezu ausgeschlossen sein, auf Grund solcher Begriffsbestimmungen zu wirklich befriedigenden Ergebnissen zu kommen; in der Beibehaltung bzw. Einführung dieser verschiedenen und doch so ähnlichen verwandten Begriffe wird vielmehr ein erhebliches Hindernis für die Popularität unserer gesamten Sozialversicherung zu erblicken sein und eine künftige Reform deshalb ihr Hauptaugenmerk darauf zu richten haben, eine Übereinstimmung der Begriffe herbeizuführen.

3. Der Fall des Alters im Sinne des Gesetzes liegt vor bei Vollendung von 65 Jahren; vgl. § 25. Bei der Invaliden- und Hinterbliebenenversicherung ist die Vollendung des 70. Lebensjahres vorgeschrieben (§ 1257 RVO.).

4. Als Hinterbliebene sind nach § 28ff. anzusehen: Witwen, gewisse Witwer und Waisen.

5. Vom vollendeten sechzehnten Lebensjahr bedeutet vom siebzehnten Geburtstag an, da nach BGB. § 187 Abs. 2 der Tag der Geburt mitgerechnet wird. Die Stufe für den Beginn der Versicherung, die Vollendung des 16. Lebensjahres, findet ihre Analogie in der Invalidenversicherung (RVO. § 1226), während bei der Kranken- und Unfallversicherung ein Mindestalter nicht vorgesehen ist. Der Zwang ist entbehrlich für jugendliche Personen, welche das 16. Lebensjahr noch nicht vollendet haben, weil im jugendlichen Alter die Invaliditätsgefahr nur gering ist und eine Beitragsleistung schon aus diesem Grunde den in der Regel geringen Arbeitslohn der jugendlichen Angestellten über Gebühr belasten würde. (Begr. Alters- und Invaliditätsversicherungsgesetz 1889.)

6. Gegensatz: andere Gesetze, insbesondere RVO. Eine der Schattenseiten des AVG. ist die Doppelversicherung der Angestellten, welche gleichzeitig der Invaliden-, Alters- und Hinterbliebenenversicherung auf Grund der RVO. unterstehen. Auch die landesrechtlichen Knappschaftsgesetze können in Frage kommen (vgl. Vorbem. vor § 387).

6a. Die Tatsache des Versichertseins ist Voraussetzung für die Erlangung der aus dem AVG. entspringenden Leistungen; Hanow IV S. 24. Grundlage ist das Ausüben einer versicherungspflichtigen Beschäftigung, während die Beitragsleistung keine formalrechtliche Bedeutung hat; Rosin II S. 638. A. N. 1896, S. 152.

7. Das Gesetz nimmt davon Abstand, den Begriff des Angestellten zu definieren. Es grenzt den Kreis der Versicherungspflichtigen dadurch ab, daß nach unten hin alle der handarbeitenden Bevölkerungsklasse angehörenden Personen (Arbeiter, Gehilfen, Gesellen, Lehrlinge, Dienstboten usw.) und nach oben hin die Selbständigen von der Versicherung ausgeschlossen werden (Ausnahme für letztere: §§ 4 und 394 Abs. 2). Einbezogen sind deshalb in Abweichung von der RVO. (§ 1226) und der zum IVG. ergangenen Rechtsprechung des Reichsversicherungsamts auch Personen in einer über das Maß der Betriebsbeamten und Werkmeister hinaus höher gehobenen Stellung, insbesondere auch solche mit Hochschulbildung. Diese allgemeine Abgrenzung des Kreises der Versicherungspflichtigen verhütet eine Umgehung des Gesetzes, wie sie nach den in Österreich gemachten Erfahrungen bei einer mehr ins einzelne gehenden Begriffsbestimmung eintreten kann.

Zu dem obenbezeichneten Personenkreise treten noch alle Angestellten, die nach der Art ihrer Stellung nicht zu ausführender, sondern zu selbständiger Tätigkeit berufen sind, sich also in leitender Stellung befinden. Hierzu zählen insbesondere die in der Berufsstatistik vom 12. Juni 1907 (vergleiche oben) unter „a 3" aufgeführten Personen (leitende Beamte und sonstige Betriebs- und Geschäftsleiter). Ihre Einbeziehung ist in zahlreichen Fällen ebenso ein Bedürfnis, wie die Versicherung der übrigen Angestellten, deren wirtschaftliche Lage häufig erheblich besser ist. (Begr.)

Klarheit über den Begriff des Angestellten wird sich erst durch langjährige Praxis ergeben.

Man wird sich darauf verlassen müssen — so meinte ein Regierungsvertreter bei der 2. Lesung des Gesetzes im Reichstagsplenum — daß die Verhältnisse nachher in einem geordneten Verfahren, an dem Prinzipale und Angestellte teilnehmen, erörtert werden. Dadurch wird sich in nicht zu ferner Zeit eine Klärung darüber einstellen, wie die Verhältnisse zu beurteilen sind. Besondere Nachteile können daraus auch in keinem Falle entstehen; denn durch die Vorschriften des Gesetzes ist dafür gesorgt, daß in jedem Falle von vornherein klargestellt wird: fällt der Betreffende unter die Versicherung oder nicht? Wird er zur Beitragszahlung zugelassen, so kann er darauf rechnen, daß er später auch im Versicherungsfalle seine Rente, sein Ruhegeld bekommt. Fällt er nicht darunter und wird dies in dem Verfahren über die Beitragsleistung festgestellt, so hat er natürlich nachher auch keine Ansprüche geltend zu machen.

Das (wenigstens teilweise einen gewissen Anhalt gewährende) österreichische Gesetz bezeichnet als Angestellte folgende Personen:

„(§ 1). Versicherungspflichtig und versichert im Sinne dieses Gesetzes sind mit den im § 2 bezeichneten Ausnahmen vom vollendeten 18. Lebensjahre angefangen alle in privaten Diensten Angestellte, für deren Entlohnung ein Monats- oder Jahresgehalt üblich ist und deren Bezüge (§ 3) bei einem und demselben Dienstgeber mindestens 600 K jährlich erreichen; dann auch solche in öffentlichen Diensten Angestellte, sofern sie keine normalmäßigen Ansprüche auf Invaliden- und Alterspension sowie auf Pensionen zugunsten ihrer Hinterbliebenen haben, jedoch mit Ausschluß der im Hofdienste, im Dienste des Staates oder einer staatlichen Anstalt Angestellten.

Als Angestellte im Sinne des vorhergehenden Absatzes gelten alle Bediensteten mit Beamtencharakter sowie überhaupt alle jene bediensteten Personen, die ausschließlich oder doch vorwiegend geistige Dienstleistungen zu verrichten haben.

Als Angestellte gelten insbesondere nicht jene Bediensteten: a) welche unmittelbar bei der Warenerzeugung und sonstigen vorwiegend physischen Arbeitsverrichtungen als gewerbliche (im weiteren Sinne), bergbauliche, land- und forstwirtschaftliche Arbeiter bzw. Lehrlinge und Diener verwendet werden; b) auf welche die Gesindeordnungen Anwendung finden oder welche ausschließlich oder doch vorwiegend Gesindedienste verrichten.

Im Zweifel ist der Umstand, ob jemand als versicherungspflichtiger Angestellter zu betrachten ist, in erster Instanz von der politischen Bezirksbehörde, in deren Sprengel der Dienstort des Bediensteten gelegen ist, zu entscheiden (§ 75).

Die nach dem ersten Absatze dieses Paragraphen versicherungspflichtigen Mitglieder der Provisionskasse einer Bergwerksbruderlade sind nach den Bestimmungen der §§ 91 und 92 zu behandeln. Der Minister des Innern ist ermächtigt, im Einvernehmen mit den beteiligten Ministern einzelne Gruppen von Angestellten, welche nach dem ersten Absatze dieses Paragraphen versicherungspflichtig sind, von der Versicherungspflicht zu befreien.“

8. In leitender Stellung müssen sich die Angestellten befinden. Es fallen mithin nicht unter Z. 1 des § 1: Arbeiter, Dienstboten u. dergl.

9. Durch die Beifügung der Worte „wenn diese Beschäftigung ihren Hauptberuf bildet“, die sich nicht nur auf andere Angestellte, sondern auch auf „Be-

triebsbeamte, Werkmeister“ usw. beziehen, soll die Anwendung des Gesetzes für solche Angestellte ausgeschlossen werden, die ihre Stellung nur nebenamtlich versehen (z. B. Gewerbetreibende, die nebenbei die Geschäfte eines Gemeindeschreibers, eines Postagenten wahrnehmen). Der Hauptberuf bestimmt sich bei mehreren Erwerbstätigkeiten nach dem Verhältnis der auf sie verwendeten Arbeitszeit und des dafür gewährten Entgelts. Wenn neben einer Angestelltentätigkeit keine andere Erwerbstätigkeit ausgeübt, vielmehr der Lebensunterhalt im übrigen aus Vermögensbesitz bestritten wird, so bildet darum der Angestelltendienst nicht notwendig den Hauptberuf. Es kommt auch darauf an, ob die Beschäftigung, sei es, weil sie die Arbeitskraft hauptsächlich in Anspruch nimmt, sei es, weil sie den Beschäftigten einem bestimmten Gesellschaftskreise zuweist, für die Lebensstellung tatsächlich oder nach seiner Ansicht maßgebend ist, dabei wird auf die Höhe und Sicherheit des Arbeitsentgelts Wert zu legen sein (A. N. 1901, S. 630, Hauptberuf bei Postagenten). Werden mehrere Tätigkeiten ausgeübt, deren jede den Beschäftigten zum Angestellten macht, so ist zu berücksichtigen, ob die Gesamtheit dieser Beschäftigungen gegenüber der sonstigen, nicht versicherungspflichtigen Tätigkeit den Hauptberuf bildet (A. N. 1902, S. 394). Dasselbe gilt, wenn neben der Angestelltentätigkeit noch die Tätigkeit eines Betriebsbeamten oder eine andere Beschäftigung der im § 1 Z. 2 bezeichneten Art ausgeübt wird (A. N. 1902, S. 550, 1905, S. 438). Darüber, inwieweit bei Angestellten, die Beamte sind, durch Ruhegehaltsanwartschaft die Versicherungspflicht beseitigt wird, s. § 9. (Begr.)

10. Der Begriff des Betriebsbeamten erfordert (nach Anleitung des RVA., Z. 20) das Vorhandensein eines Betriebsbeamten-Betriebs und eine gewisse Stellung innerhalb dieses Betriebs.

Ein Betrieb ist ein Inbegriff fortdauernder wirtschaftlicher Tätigkeiten; unter wirtschaftlichen sind dabei die auf Erwerb, d. h. die Erzeugung von Gütern gerichteten Tätigkeiten zu verstehen (A. N. 1891, S. 169, 1892, S. 15). Der Verwendungszweck des erzielten Gewinns ist grundsätzlich ohne Belang, auch schließt die Gemeinnützigkeit des Unternehmens den Betriebsbegriff nicht aus (A. N. 1902, S. 389). Der Stellung des Betriebsbeamten im Betrieb ist eigentümlich ein Zurücktreten der persönlichen Mitwirkung bei den Herstellungs- und Gewinnungsvorgängen, eine gewisse Beteiligung bei der Leitung, eine Aufsichtsstellung gegenüber den nur ausführenden Arbeitern, Gesellen und Gehilfen; ein

Betriebsbeamter ist demnach eine in dem Betriebe mit einer über die Tätigkeit des Arbeiters oder Gehilfen hinausgehenden, leitenden oder beaufsichtigenden Stellung betraute Person (A. N. 1892, S. 20, 139, 1894, S. 37, 1897, S. 352).

Beispiele:

a) Als Betriebe sind angesehen worden die Geschäfte eines Rechtsanwaltsbureaus (A. N. 1892, S. 15), einer Privatsparkasse (A. N. 1892, S. 193), und eingetragenen Genossenschaften, insbesondere soweit sie als Vorschußvereine, Darlehnskassen, Volksbanken dem Geld- und Kreditverkehr gewidmet sind (A. N. 1899, S. 649). Dagegen bilden die Geschäfte eines Einzelhaushalts keinen Betrieb, auch nicht die Bewirtschaftung eines Haus- oder Ziergartens (A. N. 1896, S. 397). Wohl aber kann die Wirtschaftsführung eines Pensionats und ähnlicher Anstalten den Betriebsbegriff erfüllen (A. N. 1898, S. 167). Dasselbe gilt, wenn mit der Hauswirtschaft ein gewerbliches Unternehmen, Landwirtschaft verbunden ist (A. N. 1892, S. 22, 1894, S. 154, vgl. auch A. N. 1897, S. 462).

b) Um wirtschaftliche Tätigkeiten handelt es sich nicht bei der Ausübung obrigkeitlicher Befugnisse. Demgemäß sind die lediglich bei den sogenannten regiminellen Aufgaben der Kommunalverwaltung beschäftigten Personen nicht Betriebsbeamte (A. N. 1891, S. 169, 1892, S. 20, 83, 1893, S. 88, 1897, S. 271), und zwar auch dann nicht, wenn sich ihrer eigentlichen Amtsverwaltung als deren untrennbares Zubehör eine wirtschaftliche Tätigkeit, z. B. auf dem Gebiete der Land- oder Forstwirtschaft oder des Bauwesens, hinzugesellt (A. N. 1893, S. 87). Ein Betrieb kommt ferner nicht in Frage bei den Verwaltungen der durch die sozialpolitische Gesetzgebung geschaffenen Verbände, Berufsgenossenschaften, Versicherungsanstalten, Krankenkassen. Soweit aber der Staat oder die Kommunalverbände Träger eines besonderen auf Erwerb gerichteten Unternehmens sind, wie bei staatlichen Fabriken, Berg- und Hüttenwerken, einem Gemeindeschlachthaus, einer städtischen Brauerei, Gasanstalt, bei Gemeindeforsten usw., ist auch ein Betrieb im Sinne des Gesetzes gegeben. Unter diesem Gesichtspunkt ist u. a. der Rendant, Kontrolleur oder Rechnungsführer einer städtischen Sparkasse als Betriebsbeamter anzusehen (A. N. 1892, S. 81, 1894, S. 37).

c) Hinsichtlich der Frage, ob die für den Betriebsbeamtenbegriff wesentliche Stellung innerhalb des Betriebs gegeben sei, ist zu verweisen einerseits auf A. N. 1894, S. 37 (Verwalter eines Landguts), A. N. 1896, S. 427 (Leiter einer zu einem Bergbaubetriebe gehörigen Bergkapelle), A. N. 1897, S. 352 (Kolorit einer Kattunfabrik, der Aufsichtsbefugnisse gegenüber dem Farbkochmeister und dessen nicht unbedeutendem Personal sowie auch anderen Arbeiten ausübt), A. N. 1898, S. 396 (Privatförster), A. N. 1899, S. 649 (Kassierer und Vorstandsmitglied einer Volksbank), A. N. 1902, S. 389 (Rendant einer Landeskulturzwecken dienenden sogenannten Fehngesellschaft), und A. N. 1902, S. 546 (Inspektor einer Versicherungsgesellschaft), andererseits auf A. N. 1896, S. 397 (Gutsschmied, der meist allein arbeitet und keine leitende Stellung hat, nicht Betriebsbeamter, sondern Gehilfe), A. N. 1901, S. 630 (Postagenten nicht Betriebsbeamte, sondern Angestellte), A. N. 1902, S. 394 (Forstgelduntereinnehmer) und A. N. 1905, S. 439 (Oberschweizer nicht Betriebsbeamte, sondern Facharbeiter). Hinsichtlich der Betriebsleiter mit selbständiger Verantwortlichkeit s. Z. 25 der Anl.

11. Nach der allgemeinen Auffassung bilden die Werkmeister eine Mittelstufe zwischen den Betriebsbeamten und den Gewerbegehilfen (Vorarbeiter, Arbeiter), in der die betriebsleitende und die auf körperlicher Mitwirkung beruhende Tätigkeit ungefähr von gleicher Bedeutung sind. Dahin gehören z. B. die in größeren Herrengarderobegeschäften tätigen Zuschneider (A. N. 1900, S. 832) und die mit einer gewissen Selbständigkeit ausgestatteten Monteure größerer Bauunternehmungen (A. N. 1903, S. 364); vgl. Anl.

Die Art der Kündigungsfrist ist auf die Beurteilung des Verhältnisses ohne Einfluß, so daß auch Werkmeister mit kurzer Kündigungsfrist als Privatangestellte im Sinne dieses Gesetzes anzusehen sein werden. (Sten. Ber.)

Ein Vertreter der verbündeten Regierungen führte aus, daß Abteilungsmeister zu den versicherungspflichtigen Personen zu rechnen seien. Es empfehle sich aber nicht, diese Personen besonders im Gesetze zu erwähnen. Jede Durchbrechung der Fassung der Reichversicherungsordnung erschwere die Verwertung der durch langjährige Rechtsprechung des Reichsversicherungsamts, gezogenen Abgrenzung (Kom.-Ber.).

12. In die Gruppe der anderen Angestellten gehören hauptsächlich die Beamten mittlerer Stufe in öffentlichen oder privaten Verwaltungen und Geschäftsbetrieben jeder Art sowie im Haushalt, also in ersterer Beziehung das eigentliche Bureaupersonal (Expedienten, Registratoren, Kalkulatoren), die Gemeindeschreiber (A. N. 1902, S. 481, 547),

die Gemeinderechner, Kirchenrechner, Küster (A. N. 1900, S. 833), Kassenbeamten, Erheber, Fleischbeschauer in einem städtischen Fleischschauamte, die Postagenten (A. N. 1901, S. 630), die Sekretäre usw. der Berufsgenossenschaften, Krankenkassen, Versicherungsanstalten, der Rechsanwälte und der Notare (A. N. 1903, S. 366), Verwalter bei gemeinnützigen Stiftungen, Hausväter von Wohltätigkeitsanstalten, Rettungshäusern usw., in letzerer Beziehung Privatsekretäre, Gesellschafterinnen, Repräsentantinnen, Hausdamen.

Was die Haushälterinnen betrifft so werden sie im allgemeinen als Angestellte nicht angesehen werden können, wenn es Personen sind, die eigentlich dem Dienstbotenstand angehören und vorübergehend nur eine etwas selbständigere Stellung, weil beispielsweise im Haushalt keine Hausfrau vorhanden ist usw., einnehmen. Es kann auch Fälle geben, in denen die Beurteilung eine andere sein muß, z. B. wird man wohl die Leiterin eines Haushalts in einem großen Hotel als Angestellte ansehen (Sten. Ber.).

Auf eine Anfrage betreffend die Agenten wurde in der Reichstagskommission vom Regierungstische erwidert, daß im allgemeinen die Agenten der Lebensversicherungsgesellschaften nicht unter das Gesetz fielen. Doch sei es mit Rücksicht auf die Art der mit den Agenten abgeschlossenen Verträge nicht ausgeschlossen, daß in Einzelfällen solche Agenten doch als Angestellte im Sinne dieses Gesetzes aufzufassen seien. Durch das Beitragsverfahren würden die zweifelhaften Fälle aufgeklärt werden.

Die von einem Kommissionsmitglied angeregte Frage, ob ein „Flieger" versicherungspflichtig sei, wurde von einem Regierungsvertreter dahin beantwortet, daß dies von Fall zu Fall entschieden werden müßte. Im allgemeinen könne man sagen, daß der Flieger als Chauffeur zu betrachten sei, der einen Motor bediene; als solcher falle er deshalb nicht unter das Gesetz. (Kom.-Ber.)

Auch die Techniker sind zu den Angestellten zu rechnen. Die Versicherungspflicht dieser Personen ist von der oft schwierigen Unterscheidung abhängig, ob die Art ihrer Tätigkeit und ihre Lebensstellung eine geringere oder höhere ist. Als Techniker sind angesehen worden die Assistenten einer Privatanstalt für chemische Untersuchungen (A. N. 1901, S. 632) und ein Zahntechniker, dessen Tätigkeit in der Anfertigung künstlicher Gebisse und in der Vornahme operativer Behandlungen bestand (A. N. 1904, S. 530).

Die einfachen Korrektoren, die in einem kleinen Druckereibetriebe tätig sind, werden nicht als Angestellte anzusehen sein; dagegen wird z. B. ein akademisch gebildeter Mann, der fremdsprachige Korrekturen liest, als Angestellter anzusehen sein. (Erklärung des Regierungsvertreters im Reichstag; vgl. Sten. Ber.).

Die Zeichner gehören nach Ansicht der verbündeten Regierungen zu den Angestellten im Sinne dieses Gesetzes; es empfiehlt sich nicht, eine weitere Spezialisierung im Wortlaut des Gesetzes vorzunehmen, weil dadurch die Sache nur unübersichtlicher und zweifelhafter werden würde, als sie jetzt ist, wo man sich an die Fassung der Invalidenversicherung angelehnt hat (vgl. Sten. Ber.).

Es besteht kein Zweifel, daß man einen Ökonomiebaumeister oder Großknecht, der überdies später im Betriebe auch als gewöhnlicher Knecht tätig sein kann, nicht als Angestellten ansehen wird. — Was die Gärtner betrifft, so wird die Entscheidung verschieden ausfallen. Die Gärtner, die Personal unter sich haben, wird man als Angestellte ansehen können; nach unten stuft sich das weiter ab, und der Gärtner, der allein beschäftigt ist, wird wahrscheinlich nicht als Angestellter anzusehen sein. (Erklärungen des Regierungsvertreters im Reichstag bei der 2. Lesung; vgl. Sten. Ber.).

13. Ein Unterschied zwischen Angestellten auf Grund ihrer Vorbildung, insbesondere Technikern mit und ohne Hochschulbildung oder zwischen solchen, die eine bestimmte Prüfung (Diplomprüfung, Prüfung zur Erlangung der Würde als Doktor oder Doktor-Ingenieur) abgelegt haben, und den übrigen ist nicht zu machen. Mit dieser Maßgabe gehören zu den Technikern beispielsweise Zeichner, namentlich Bauzeichner, Architekten in Baubetrieben, Ingenieure, Konstrukteure, Elektriker, Chemiker usw. Nur die in abhängiger Stellung beschäftigten Techniker sind aber versicherungspflichtig, nicht auch solche, die als selbständige Gewerbetreibende für einen nicht geschlossenen Kreis von Auftraggebern je nach Angebot und freiem Ermessen tätig sind. Vgl. hierzu auch Anm. 12.

14. Die Bureauangestellten sind erst in der Reichstags-Kommissionsberatung ausdrücklich in das Gesetz einbezogen worden, da Unklarheit darüber bestand, ob Bureauangestellte unter die Versicherungspflicht fielen.

Ein Vertreter der verbündeten Regierungen führte aus, daß „niedere" Bedienstete, die nur unter fremder Leitung arbeiteten, Schreiber, Kanzlisten usw. von dem Gesetze auszunehmen, die preußische Verwaltung durchaus einverstanden sei. In den staatlichen Kanzleien würden beispielsweise eine große Anzahl von Militäranwärtern mit

Kanzleiarbeiten gegen Schreiblohn beschäftigt, die aus dem Militärverhältnis ausgeschieden seien und sich für irgend eine Beamtenstelle hätten vormerken lassen, dort aber noch nicht sofort ankommen könnten und nun in der Zwischenzeit, mitunter jahrelang, durch Schreiben ihren Unterhalt verdienten. Wenn diese Personen während der erwähnten Zwischenzeit versichert werden müßten, so würde das für sie völlig wertlos sein, da sie ja später Beamte werden. In den Kanzleien befänden sich auch vielfach gegen Schreiblohn beschäftigte Personen, die es wegen körperlicher Eigenschaften oder aus sonstigen Gründen nicht weiter bringen könnten und dauernd in dem Schreiblohnverhältnis verblieben. Auch bei diesen Personen liege nicht der geringste Grund zur Versicherung vor. Vom Standpunkt der preußischen Verwaltung aus müsse also unbedingt Wert darauf gelegt werden, daß an der Befreiung der Schreiber usw. von der Versicherungspflicht festgehalten würde.

Einig war man in der Kommission, daß Leute, welche lediglich niedere Dienste verrichten, wie das Reinigen der Zimmer usw., und diejenigen Personen, welche lediglich Kopierarbeiten anfertigen, nicht von dem Gesetz erfaßt werden sollen. Bei den Rechtsanwälten kämen solche rein mechanisch beschäftigten Angestellten kaum vor; dort handele es sich um Lehrlinge, die sich weiter bilden und bis zum Vorsteher aufrücken, aber sie verrichteten keine rein mechanische Kopierarbeit. Anders liegt es in der Regel bei Notaren; es gibt da neben den Angestellten mit qualifizierten Arbeiten andere Personen, welche rein mechanische Kopierarbeit leisteten. Im einzelnen war man sich aber auch in der Kommission über die Tragweite der Bestimmungen keineswegs im klaren. Ein Mitglied hob hervor, es sei nicht die Absicht, die Personen, welche niedere, mechanische Dienste verrichten, diesem Gesetz zu unterstellen; die einfache mechanische Arbeit mit der Feder dürfe nicht über andere Handarbeit gestellt werden, da diese nicht nur einen höheren wirtschaftlichen Wert haben könne, sondern häufig eine viel größere Fähigkeit und Kunstfertigkeit voraussetze (man denke an Optiker, Feinmechaniker u. dgl.). Demgegenüber erklärte ein anderes Mitglied der Kommission, man könne es dem Anfänger, dem Lehrling nicht ansehen, welchen Weg er später gehen werde, ob er nicht schon bald in eine leitende Stellung einrücke; weshalb sollten ihm dann aber die früheren, versicherungs-technisch wertvollen Jahre verloren gehen! Insbesondere müsse anerkannt werden, daß die Arbeit der Stenographinnen und Maschinenschreiberinnen doch nicht eine einfach mechanische sei. Auch die Stellung eines Kassenboten sei nicht als eine einfach mechanische anzusehen, da eine schwere Verantwortung auf ihm laste! (Kom.-Ber.)

15. Nach dem Worte „niederen“ das Wort „oder“ einzufügen, schien dem Regierungsvertreter in der Kommissionsberatung sehr empfehlenswert; denn auf viele von den Personen, die durch die Ausnahme betroffen werden sollen, dürfte doch der Ausdruck „niedere Hilfsarbeiter“ nicht recht passen. Sie könnten auch selbst die Bezeichnung als „niedere“ Hilfsarbeiter wohl wenig angenehm empfinden. Insofern erscheine die Erweiterung durch den Zusatz „oder“ erwünscht.

16. Über Hauptberuf vgl. oben Anm. 9.

17. Handlungsgehilfen sind nach § 59 HGB. Personen, die „in einem Handelsgewerbe zur Leistung kaufmännischer Dienste gegen Entgelt angestellt“ sind. Zu den Handlungsgehilfen gehören hiernach weder die in gesindeähnlicher Stellung beschäftigten Hilfspersonen, wie Hausdiener, Austräger, Wächter, noch auch die bei den gewerblich-technischen Aufgaben eines Betriebes mitwirkenden Arbeitskräfte, wie Gesellen, Fabrikarbeiter, Packer, Rollkutscher, Koch oder Kellner eines Gastwirts, Zuschneider, wohl aber z. B. Verkäufer, Kassierer, Reisende, Korrespondenten, Buchhalter (vgl. A. N. 1893, S. 151, Expeditionsgehilfe einer Zeitung). Was als „Handelsgewerbe“ anzusehen sei, bestimmt sich nach den Vorschriften der §§ 1—3 HGB. Als Handlungsgehilfe, nicht etwa „Angestellter“ ist z. B. der Geschäftsführer und Buchhalter einer Molkereigenossenschaft behandelt worden, der im Hauptberufe Gastwirt und selbständiger Kaufmann war (A. N. 1900, S. 833).

18. Gehilfen in Apotheken. Diese Berufsgruppe unterstand vor Inkrafttreten der RVO. nicht der Sozialversicherung. Ihre besondere Aufzählung ist dadurch erforderlich geworden, daß die Apothekergehilfen weder Handlungs- noch Gewerbegehilfen sind. Die ihnen nahestehenden Gehilfen in verwandten Erwerbszweigen, wie in Drogengeschäften, in Mineralwasserfabriken usw. dürften in der Regel unter Z. 2 fallen oder als Handlungsgehilfen versicherungspflichtig sein.

19. Lehrlinge fallen entgegen dem Entwurf nicht unter das Gesetz. Der Lehrlingsbegriff ist nur im Gebiete des Gewerbes, einschließlich des Handelsgewerbes, sowie etwa noch bei der Landwirtschaft anwendbar. Als Lehrling wird derjenige bezeichnet, der zum Zwecke seiner Fachausbildung in ein Arbeitsverhältnis getreten ist. Wer sich

also beispielsweise im niederen Bureaudienst ausbildet, ist nicht Lehrling im gesetzlichen Sinne. Die Ausschließung der Lehrlinge von der Versicherungspflicht ist unbedenklich, da die Lehrzeit versicherungstechnisch fast nichts ausmacht und im übrigen diejenigen Lehrlinge, welche nur ein sogenanntes „Taschengeld" erhalten, mit Rücksicht darauf, daß das Taschengeld nicht als Einkommen anzusehen ist, versicherungsfrei sein würden.

20. Der Zusatz „ohne Rücksicht auf den Kunstwert der Leistungen" ist daraus zu erklären, daß vor Inkrafttreten der RVO. der Versicherungspflicht im allgemeinen entzogen war, wer eine künstlerische Tätigkeit entfaltete.

Für die Beurteilung, ob Bühnen- oder Orchestermitglieder eine solche höhere künstlerische Tätigkeit ausübten, wurde bis zur RVO. zwischen Vorstellungen, bei denen ein höheres Interesse der Kunst obwaltet, und der rein gewerblichen Berufsausübung unterschieden und das gesamte Gepräge des Unternehmens für maßgebend erklärt. Dadurch fiel eine große Anzahl von Leuten, die, wie Chorsänger, Souffleure, regelmäßig der Versicherung bedürftig sind, aus dieser heraus. Damit war auch der Übelstand verknüpft, daß dieselbe Person je nach dem Zufall ihrer an sich gleichartigen und gleichgelohnten Beschäftigung bei dem einen oder anderen Unternehmen bald versicherungspflichtig war, bald nicht. Es erfordert aber die Lage der mindergelohnten Bühnenangehörigen und Musiker dringend, sie unterschiedslos in die Versicherungspflicht einzubeziehen. Die Geltung des Grundsatzes, daß eine höhere geistige oder künstlerische Tätigkeit die Versicherungspflicht nicht begründet, ist daher, ebenso wie bei den Technikern, Lehrern und Erziehern, für die als Schauspieler, Sänger, Choristen, Souffleure, Musiker beschäftigten Bühnen- und Orchestermitglieder nach dem Vorbild der RVO. auch in dem AVG. nicht anerkannt. Dabei soll die Versicherungspflicht dieser Personen, abgesehen von dem allgemeinen Erfordernisse der persönlichen Abhängigkeit von einem Arbeitgeber, zur Voraussetzung haben, daß ihr Jahresarbeitsverdienst 5000 Mark nicht übersteigt. Sänger, Schauspieler und Musiker, die ihren Beruf nicht als Mitglieder einer Bühne oder eines Orchesters ausüben, werden regelmäßig als selbständig erwerbstätige Personen versicherungsfrei sein. Diese Regelung erfüllt die wiederholten Wünsche der beteiligten Kreise (vgl. Begr. z. RVO.).

21. „Lehrer und Erzieher". Es soll hiermit nicht jede irgendwie geartete Lehrtätigkeit in die Versicherung

einbezogen werden, sondern in erster Linie nur die Erteilung eines der geistigen Entwicklung auf dem Gebiete der Wissenschaften und schönen Künste dienenden Unterrichts, sowie die auf Bildung des Charakters und des Gemüts gerichtete Erziehertätigkeit. Begrifflich ist also die Tätigkeit des Lehrers eine höhere, mehr geistige Arbeit, die ein gewisses Maß von Bildung und Kenntnissen voraussetzt. Dahin muß in gewissem Umfang auch die Unterweisung in mancherlei körperlichen Übungen und Fertigkeiten (Turnen, Schwimmen, Reiten, Zeichnen, Handarbeiten, Kochen usw.) gerechnet werden, soweit sie dem Erziehungszwecke dient. Dies ist regelmäßig da anzunehmen, wo dergleichen Unterrichtsgegenstände in den Lehrplan einer Erziehungsanstalt aufgenommen worden sind (A. N. 1904, S. 523, württembergische Arbeitslehrerin).

Dagegen gehört der von dem Erziehungszwecke losgelöste und überwiegend nach gewerblichen Gesichtspunkten betriebene Unterricht in allerhand körperlichen und mechanischen Fertigkeiten nicht hierher. Einen gesetzlichen Anhalt für diese — freilich im einzelnen schwierige — Unterscheidung bietet die Gewerbeordnung, indem sie im § 6 „die Erziehung von Kindern gegen Entgelt und das Unterrichtswesen" dem Geltungsbereiche des Gewerberechts entzieht, im § 35 aber „die Erteilung von Tanz-, Turn- und Schwimmunterricht als Gewerbe" regelt. Zu den in das rein gewerbliche Gebiet fallenden Unterrichtszweigen werden ebenso z. B. der als Gewerbe betriebene Reit-, Fecht-, Radfahrunterricht und ähnliches gerechnet werden müssen, ferner aber auch der von einer Schneiderin erteilte Schneider- oder von einem Traiteur erteilte Kochunterricht u. dgl. mehr.

Hiernach unterliegt eine an einer Schule oder Lehranstalt mit der Erteilung des Turn- oder Schwimm- oder Tanz- usw. Unterrichts beschäftigte Person als Lehrer oder Erzieher der Versicherungspflicht, während ein selbständiger Tanzlehrer überhaupt nicht, der Schwimmlehrer einer Badeanstalt, der Stallmeister einer Reitschule nur als Gehilfe oder vielleicht als „Angestellter" versicherungspflichtig sein würden. Die Erteilung von Handarbeitsunterricht besonders an niederen Schulen erfordert unter Umständen ein so geringes Maß von Bildung und Kenntnissen, und der Erziehungszweck tritt dabei so in den Hintergrund, daß die unterrichtenden Personen deshalb und in Anbetracht ihrer ganzen Lebensstellung nicht zu den Lehrern gerechnet werden können. So ist z. B. eine Handarbeitslehrerin (Industrielehrerin), die Unterricht im Stricken und in den einfachsten Näharbeiten gab und außerdem die Reinigung und Heizung der Schulstuben zu besorgen hatte, nicht als Lehrerin, sondern als Gehilfin angesehen worden.

Im übrigen tritt die Versicherungspflicht für Lehrer und Erzieher in gleicher Weise ein, ob sie Unerwachsene oder Erwachsene unterrichten, ob sie Lehrgegenstände der allgemeinen Bildung oder der Fachbildung behandeln (Lehrer an einer Handelsschule, Baugewerkschule, Ackerbauschule, an einem Militärpädagogium, Technikum usw.), sowie ohne Unterschied hinsichtlich des Umfanges ihrer wirtschaftlichen und sonstigen Vorbildung und Befähigung. Endlich ergreift der Versicherungszwang nicht nur angestellte Lehrer an öffentlichen oder privaten Schulen usw. oder Hauslehrer, sondern auch solche Personen, die aus dem Stundengeben bei wechselnden Auftraggebern ein Gewerbe machen (selbständige Musiklehrer, Sprachlehrer usw.), und zwar nicht nur dann, wenn sie in die Häuser gehen, sondern auch soweit sie den Unterricht in der eigenen Wohnung erteilen. Das Gesetz will in diesen Fällen das sogenannte Honorar als Lohn und denjenigen, der die Leistungen des Lehrers in Anspruch nimmt, als den Arbeitgeber behandelt wissen, wenn auch theoretisch ein solcher Lehrer als selbständig erwerbstätig zu erachten sein mag.

Dagegen schließt die im letzten Absatz des § 1 des Gesetzes enthaltene Beschränkung, solche Lehrer und Erzieher, die Inhaber einer Lehranstalt sind (Privatschulvorsteher), bezüglich des an ihrer eigenen Anstalt erteilten Unterrichts vom Versicherungszwang aus. Der für sie von dem erhobenen Schulgeld nach Abzug aller Unkosten verbleibende Betrag läßt sich nicht als Entgelt bezeichnen.

Durch die Sondervorschriften des § 10 Z. 1 und 4 sind von der Versicherung ausgenommen Personen, die an öffentlichen Schulen oder Anstalten lediglich zur Ausbildung für ihren zukünftigen Beruf als Lehrer oder Erzieher beschäftigt werden, oder die während der wissenschaftlichen Ausbildung für ihren künftigen Lebensberuf Unterricht erteilen, also insbesondere Studierende aller Fächer, nicht nur des Lehrfaches. Inwieweit der Besitz einer Ruhegeldsanwartschaft die Befreiung begründet, schreiben §§ 9 ff. vor (vgl. Begr. z. RVO.).

22. Bei Seeschiffen gehören nach dem Gesetze, betr. Abänderung seerechtlicher Vorschriften des Handelsgesetzbuchs, v. 2. Juni 1902 (RGBl. S. 218—221) Art. 1 § 481 zur Schiffsbesatzung der Schiffer, die Schiffsoffiziere, die Schiffsmannschaft, sowie alle übrigen auf dem Schiffe angestellten Personen. Die Seemannsordnung v. 2. Juni 1902 (RGBl. S. 175—211) schreibt im § 2 vor: „Kapitän im Sinne dieses Gesetzes ist der Führer des Schiffes

(Schiffer) . . . Schiffsoffiziere im Sinne dieses Gesetzes sind diejenigen zur Unterstützung des Kapitäns in der Führung des Schiffes bestimmten Angestellten, welche zur Ausübung ihres Dienstes eines staatlichen Befähigungsnachweises bedürfen. Außerdem gelten als Schiffsoffiziere die Ärzte, Proviant- und Zahlmeister. Schiffsmann im Sinne dieses Gesetzes ist jede sonstige zum Dienste auf dem Schiffe während der Fahrt für Rechnung des Reeders angestellte Person . . . Die Gesamtheit der Schiffsleute bildet die Schiffsmannschaft." Hiernach ist der Begriff „Schiffsbesatzung" erheblich umfassender als „Schiffsmannschaft", da letztere lediglich durch den seemännischen Teil der Besatzung mit Ausnahme des Schiffers gebildet wird. Personen, die, ohne für den Schiffsdienst verpflichtet zu sein, nur zu vorübergehenden Verrichtungen an Bord gehen, gehören nicht zur Schiffsbesatzung (vgl. A. N. 1897, S. 380, Handwerker, der zur Vornahme einer Ausbesserung auf ein im Hafen liegendes Schiff gerufen wird, A. N. 1899, S. 226).

23. Siehe unten Anm. 28.

24. Bei Binnenschiffen werden nach § 3 Abs. 2 des Reichsgesetzes, betr. die privatrechtlichen Verhältnisse der Binnenschiffahrt, v. 15. Juni 1895/20. Mai 1898 (RGBl. S. 301/868 zur Schiffsbesatzung gerechnet der Schiffer, die Schiffsmannschaft und alle übrigen auf dem Schiffe angestellten Personen mit Ausnahme der Zwangslotsen. Die Schiffsmannschaft der Binnenschiffe setzt sich nach § 21 a. a. O. aus den zum Schiffahrtsdienst auf dem Schiff angestellten Personen der Schiffsbesatzung, mit Ausnahme des Schiffers, zusammen, insbesondere gehören dazu Steuerleute, Bootsleute, Matrosen, Schiffsknechte, Schiffsjungen, Maschinisten und Heizer.

25. Vgl. oben Anm. 12.

26. Vgl. oben Anm. 13.

27. Vgl. oben Anm. 9.

28. Nach der in diesem Absatz gegebenen Begriffsbestimmung des Ausdrucks „deutsches Seefahrzeug" ist nicht erforderlich die Bestimmung des Schiffs zum Erwerb durch die Seefahrt, wie dies im HGB. und (mit Ausnahmen) im Gesetz betr. das Flaggenrecht der Kauffahrteischiffe v. 22. Juni 1899 (RGBl. S. 319) sowie in der Seemannsordnung verlangt wird. Es fallen mithin unter § 1 Abs. 2 AVG. auch Privatfahrzeuge, die der Seemannsordnung nicht unterstehen, sowie die Schiffe der Reichs- und Staatsverwaltungen. In § 163 RVO. ist der Definition noch zugefügt: „Dadurch, daß Eingeborene der Schutzgebiete die Reichsflagge führen (§ 10 des Schutzgebietgesetzes, RGBl. 1900,

S. 812), wird das Schiff nicht zu einem deutschen Seefahrzeuge im Sinne dieses Gesetzes."

29. Der Begriff der Seefahrt bestimmt sich nach § 1 der zur Ausführung des in Anm. 28 erwähnten sog. Flaggengesetzes erlassenen Bundesratsverordnung v. 10. November 1899 (Z. B. S. 380).

Die Voraussetzungen für die Befugnis zur Führung der deutschen Flagge sind in §§ 2 ff. des Flaggengesetzes enthalten.

30. Abs. 3 faßt die vier Voraussetzungen für die Versicherungspflicht zusammen, und zwar wird erfordert:

1. daß die im § 1 benannten Personen nicht berufsunfähig sind; über diesen Begriff s. oben Anm. 2;
2. daß sie als Angestellte gegen Entgelt beschäftigt werden; vgl. hierzu Anm. 1—7 zu § 2;
3. daß ihr Jahresarbeitsverdienst 5000 Mark nicht übersteigt; über die Berechnung des Jahresarbeitsverdienstes s. unten Anm. 33 zu § 1 und ferner Anm. 1 zu § 16;
4. daß sie das Alter von 60 Jahren beim Eintritt in die versicherungspflichtige Beschäftigung noch nicht vollendet haben.

Aus Abs. 3 folgt, daß alle vier Voraussetzungen vorliegen müssen. Es genügt mithin nicht, daß nur ein Teil dieser Voraussetzungen zutrifft.

31. Angestellte. Vgl. oben Anm. 7.

32. Beschäftigt ist im Sinne des Gesetzes, wer einem anderen auf dessen Willen hin Arbeit leistet (Rosin, I, S. 147). Kein versicherungspflichtiges Beschäftigungsverhältnis liegt mithin vor, wenn jemand für sich selbst oder nicht auf fremden, sondern auf eigenen Antrieb arbeitet. Zwischen der beschäftigten Person und jenem anderen, dem Arbeitgeber, dem Unternehmer, muß ein vertragsmäßiges Arbeitsverhältnis bestehen. Die Zwangsarbeit des Strafgefangenen ist kein Arbeits-, kein Angestelltenverhältnis. „Beschäftigt werden" bedeutet, daß der Beschäftigte im Gegensatz zu seinem Auftraggeber wirtschaftlich unselbständig ist. Der Angestellte beginnt beschäftigt zu werden mit dem Eintritt der tatsächlichen Verfügungsmacht des Arbeitgebers über die Arbeitskraft des Angestellten; er hört auf, beschäftigt zu sein mit der Beendigung jener Macht. Die Beschäftigung währt solange, als die tatsächliche Verfügungsmacht andauert, „begründet in der Willensübereinstimmung des Arbeitgebers, welcher die Arbeitskraft in bestimmtem Maße und bestimmter Art für sich haben und halten, und des Angestellten, der sie dem Arbeitgeber entsprechend bewahren will." (Rosin, I, S. 177.) Beschäftigt ist

man daher auch ebensowohl während einer Arbeitspause, wie während eines Urlaubs oder während einer Krankheit, sofern keine Kündigung erfolgt ist.

33. Wenngleich im Gegensatz zu § 1226 RVO. hier nicht vom „regelmäßigen" Jahresarbeitsverdienst gesprochen wird, so dürfte man kaum fehlgehen, wenn man auch hier die Anl. beachtet, in der es heißt: Nicht nach den schwankenden Bezügen eines einzelnen Jahres, sondern möglichst nur nach dem ständigen oder Durchschnittsbetrage soll sich entscheiden, ob Versicherungspflicht vorliegt (A. N. 1896, S. 174). Selbstverständlich können dabei, wenn die Versicherungspflicht für einen bestimmten Zeitpunkt geprüft wird, nur die von diesem Zeitpunkt aus in der Vergangenheit liegenden Umstände in Betracht gezogen werden. Dies ist folgerichtig auch dann entsprechend zu beachten, wenn es sich um die Versicherungspflicht in zurückliegenden Zeiträumen handelt.

Einkünfte aus anderen Quellen als der Lohnarbeit bleiben bei der Berechnung des Jahresarbeitsverdienstes außer Betracht (ein Werkmeister mit 1800 Mark Arbeits- und 300 Mark Zinseinkommen ist nach der RVO. versicherungspflichtig). Wohl aber ist eine Zusammenrechnung geboten, wenn dieselbe Person mehrere unter § 1 fallende Stellungen versieht. Andererseits ist abzurechnen, was als Vergütung auf die Arbeitsleistung einer anderen Person, z. B. der Ehefrau, entfällt (vgl. Begr. z. RVO.).

34. Über die Gehaltsgrenze (Höchstgehalt) herrschte bei der Vorbereitung des Gesetzes große Meinungsverschiedenheit. Das österreichische Gesetz kennt ein Höchstgehalt als Grenze für den Eintritt der Versicherungspflicht überhaupt nicht. Dementsprechend wünschten weite Kreise der deutschen Angestellten ebenfalls eine gleiche Ausdehnung des Gesetzes, und die 2. Denkschrift schloß sich dem an; andere wollten sich mit 10 000 Mark, 6000 Mark usw. begnügen, während in Unternehmerkreisen häufig 3000 Mark oder 4000 Mark als Maximum verlangt wurde. Mit der 5000 Mark-Grenze dürfte der Gesetzgeber das richtige Maß innegehalten haben. Vgl. Manes, Grenzen der Sozialversicherung, in der Internat. Wochenschrift, Berlin 1910.

35. An einen Mindestbetrag des Einkommens ist die Versicherungspflicht dagegen nicht gebunden. Zunächst wird im Interesse der Angestellten bei Einbeziehung aller Gehaltsklassen vermieden, daß Fälle eintreten, in denen Gehaltszulagen im Interesse der Beitragsersparnis hinausgeschoben werden. Sodann würden Nachteile für die Beteiligten dadurch eintreten, daß durch eine Verschiebung

des Eintritts in die Versicherung allgemein die Versicherungsdauer und somit auch der Anspruch auf die Leistungen verkürzt werden würde. Ruhegeld und Hinterbliebenenrenten werden sich aus einem Anfangsbetrag und aus Steigerungssätzen zusammensetzen. Wird die Versicherungsdauer durch Hinausschieben des Eintritts in die Versicherung um einige Jahre verkürzt, so vermindert sich auch die für die Steigerungssätze maßgebende Zahl der fällig werdenden Beiträge und somit die Höhe des bei früherem Eintritt in die Versicherung erreichbaren Anspruchs. Ein weiterer Grund gegen die Befreiung ist die enge Anlehnung der Gehaltsklasseneinteilung an die Bestimmungen des Invalidenversicherungsgesetzes, wodurch viele Schwierigkeiten in der Durchführung der Angestelltenversicherung vermieden werden. Endlich sprechen auch versicherungstechnische Gründe gegen die Befreiung der minder besoldeten Angestellten, weil die in jüngeren Jahren entrichteten Beiträge von ungleich höherem versicherungstechnischen Werte sind als die in höheren Jahren entrichteten und somit zur Minderung des zu erhebenden Durchschnittsbeitrags dienen. In dem österreichischen Gesetz über die Regelung der Privatangestelltenfürsorge sind Personen mit einem geringeren Gehalt als 600 Kronen jährlich ausgeschlossen. Der Ausschluß wird damit begründet, daß die Zahl der in Frage kommenden Personen eine äußerst geringe sei. Dieser Grund trifft für die Verhältnisse des Deutschen Reichs nicht zu, da nach den Erhebungen aus dem Jahre 1903 von den der Invalidenversicherung unterstellten männlichen Angestellten 2,35 Proz. und von den weiblichen Angestellten 9,94 Proz. in den Lohnklassen I und II versichert sind, somit ein Jahreseinkommen bis 550 Mark haben. (Begr.)

36. Was versicherungspflichtige Beschäftigung ist, geht aus den Abs. 1 und 2 dieses § 1 hervor.

37. Der Grund für den Ausschluß der über 60 Jahre alten Personen ist ein versicherungstechnisch-finanzieller.

38. Gegenüber der geltend gemachten Befürchtung, daß manche Personen in dem Glauben, sie gehörten zu den versicherungspflichtigen Personen, vielleicht jahrelang Beiträge entrichteten, die dann wertlos würden, weil es sich später herausstellen würde, daß sie ja gar nicht zu den Versicherungspflichtigen gehörten, machte in der Reichstags-Kommissionsberatung ein Vertreter der verbündeten Regierungen geltend, daß ein Streit darüber, ob einer zu den versicherungspflichtigen Personen gehöre, gleich zu Anfang im Beitragsverfahren entschieden würde. Im übri-

gen schütze auch der § 208 die Personen vor Schaden, die in irrtümlicher Annahme der Versicherungspflicht Beiträge zu Unrecht entrichtet hätten (Kom.-Ber.).

Begriff von Entgelt.

§ 2.[1] *Zum Entgelt*[2] *im Sinne dieses Gesetzes gehören neben Gehalt*[3] *oder Lohn*[4] *auch Gewinnanteile,*[5] *Sach-*[6] *und andere Bezüge,*[7] *die der Versicherte, wenn auch nur gewohnheitsmäßig,*[8] *statt des Gehalts oder Lohnes oder neben ihm von dem Arbeitgeber oder einem Dritten*[9] *erhält.*

Der Wert der Sachbezüge wird nach Ortspreisen berechnet, welche die untere Verwaltungsbehörde[10] *festsetzt.*[11]

E. I. § 2.
E. II. § 2.
RVO. § 160 (172).

1. Die Voraussetzung der Versicherungspflicht nach dem AVG., daß eine Beschäftigung gegen Entgelt stattfindet, hat ihre Parallele bei der Invaliden-, Hinterbliebenen- und Krankenversicherung (letztere mit Ausnahme der Lehrlinge), während die Unfallversicherung ohne Rücksicht auf eine Gewährung von Entgelt an den Angestellten eintritt, ebenso wie die Krankenversicherung der Lehrlinge.

2. Die Vorschrift des AVG. stimmt wörtlich mit § 160 RVO. überein. In der RVO. wie hier wird die Bezeichnung Entgelt als einheitlicher Oberbegriff gewählt für Gehalt, Lohn, Arbeitsverdienst, Gewinnbeteiligung usw.; es sind unter Entgelt neben den Sachbezügen auch andere Bezüge wie Krankengelder usw. zu verstehen. Auch Weihnachtsgratifikationen sind zum Entgelt zu rechnen.

3. Gehalt ist eine auf längere Zeit bemessene feste Vergütung.

4. Lohn ist eine auf kürzere Zeit oder nach dem Arbeitsergebnis bemessene Vergütung, die sich darstellen kann als Zeitlohn (Stunden- oder Tagelohn, Wochen- oder Monatslohn usw.), als Stücklohn oder als Akkordlohn.

5. Gewinnanteil (siehe A. N. 1891, S. 148, 1893, S. 66, 1896, S. 428 und Anl., Z. 14) oder Tantieme bezeichnet im weiteren Sinne jeden Anteil am Arbeitsertrag, im engeren Sinne einen nach festem Satz zu berechnenden Anteil am Reingewinn eines Geschäftsbetriebs.

6. Sachbezüge sind alle Bezüge, die für den menschlichen Gebrauch oder Verbrauch verwendet oder verwertet werden können, mithin Nahrungsmittel, Kleidungsstücke, Wohnung, freie ärztliche Behandlung usw.

7. Andere Bezüge sind u. a. fest zugesagte Weihnachsgeschenke und sonstige bestimmt vereinbarte Gratifikationen (A. N. 1896, S. 482, 1901, S. 202, 1902, S. 546).

8. Erforderlich ist mindestens eine gewohnheitsmäßige Gewährung. Das Entgelt muß sich als eine Vergütung für die Arbeit darstellen. Worin es besteht, ist jedoch gleichgültig.

Nicht als Entgelt anzusehen sind an sich Geschenke (A. N. 1893, S. 160). Ebensowenig Beträge, die lediglich als Ersatz barer Auslagen gewährt werden (A. N. 1908, S. 492, 1910, S. 545); auch Spesen und Provision, soweit sie zugunsten der Kundschaft verwendet werden, gehören nicht zum Entgelt.

9. Das Entgelt kann nur vom Arbeitgeber oder nur von einem Dritten oder von beiden gewährt werden. Eine unmittelbare Auszahlung des Entgelts an den Angestellten ist nicht erforderlich; es genügt, daß er es auf dem Umwege über eine Mittelsperson erhält (A. N. 1904, S. 504).

10. Über untere Verwaltungsbehörde vgl. Anm. 4 bei § 321.

11. Die Festsetzung, welche nur für die Sachbezüge, nicht für andere Bezüge zulässig ist, dürfte nicht für die Zeit vor Inkrafttreten des Gesetzes statthaft sein (A. N. 1891, S. 157, 1892, S. 118); sie erfolgt nach Bedarf.

Auslandsbeschäftigung als versicherungspflichtige Ausnahme.

§ 3.[1] *Versichert sind auch Deutsche,[2] die bei einer amtlichen Vertretung[3] des Reichs oder eines Bundesstaats im Ausland[4] oder bei deren Leitern oder Mitgliedern[5] beschäftigt sind.[6]*

E. I. § 3.
E. II. § 3.
RVO. § 1228 (1214).

1. Der § 3 geht davon aus, daß allgemein diejenigen Angestellten von der Versicherung frei sind, welche im Ausland beschäftigt werden. Eine Ausnahme hiervon sollen indessen — neben den unter anderen Gesichtspunkten zu beurteilenden Angestellten deutscher Betriebe, die ihre Betriebstätigkeit im Ausland ausüben (vgl. hierzu § 362 Abs. 1) — die deutschen Bediensteten derjenigen Be-

hörden, ihrer Leiter und Mitglieder, die zur Vertretung des Reichs im völkerrechtlichen Sinne im Ausland berufen sind, bilden. Weiterzugehen und die deutschen Bediensteten aller Offiziere und Beamten des Reichs im Ausland zu versichern, liegt ebensowenig Anlaß vor, wie die deutschen Bediensteten anderer im Ausland lebender Deutschen der Versicherungspflicht zu unterwerfen (Begr.).

2. Deutsche bedeutet deutsche Reichsangehörige. Es genügt nicht, daß diese Personen sich auch noch so lange Zeit in Deutschland aufgehalten haben, ohne Staatsbürgerrechte erworben zu haben. Dagegen ist nicht erforderlich, daß diese Personen etwa die deutsche Sprache beherrschen (vgl. auch Anm. 3 zu § 112).

3. Als amtliche Vertretungen werden zu gelten haben die Botschaften, Gesandtschaften, Ministerresidentschaften, Generalkonsulate und Berufskonsulate, dagegen wohl nicht die Wahlkonsulate. Ebenso Düttmann IV S. 10, anderer Meinung betr. alle Konsulate Hanow IV S. 30/31, gestützt u. a. auf v. Stengel, Wörterbuch des deutschen Staats- und Verwaltungsrechts, II. Aufl. 1911 unter „Gesandte, Konsuln".

4. Als Ausland sind nicht anzusehen die deutschen Schutzgebiete, weil das Reich oder ein Bundesstaat in ihnen keine amtliche (diplomatische oder konsularische) Vertretung hat; vgl. über den Inlandsbegriff der Schutzgebiete auch §§ 24 und 78.

5. Als Mitglieder dürften nicht etwa alle Beamte usw., welche bei der Vertretung beschäftigt sind, zu gelten haben, sondern nur die höheren, wie Botschafts- und Legationsräte, Attachés, Dolmetscher, aber auch die Subalternbeamten, wie Kanzlei- und Rechnungsbeamte. Ebenso Düttmann IV S. 10.

6. Wenn auch an dem Grundsatz festgehalten wird, daß der Versicherungszwang begrifflich an den Grenzen der inländischen Staatsgewalt endet und im Ausland Beschäftigte der Versicherungspflicht nicht unterliegen, ohne Unterschied, ob sie selbst Inländer oder Ausländer oder bei Inländern oder bei Ausländern bedienstet sind, so ergeben sich doch Einschränkungen aus der Natur der Sache, insbesondere bei einer Tätigkeit im Ausland als Teil, Zubehör oder Ausstrahlung eines inländischen Betriebes (vgl. § 362 Abs. 1).

In der Beratung der Reichstagskommission erklärte ein Vertreter der verbündeten Regierungen auf eine Anfrage, daß diejenigen Angestellten, welche in einem unmittelbaren Vertragsverhältnis zu einer inländischen Firma ständen, auch dann versicherungspflichtig seien, wenn sie im Ausland beschäftigt seien ... Die Frage der im Ausland beschäftigten Angestellten sei entsprechend der RVO. geregelt; nur inländische Betriebe sollten von der Versicherung erfaßt werden; was als solche anzusehen sei, ließe sich von vornherein nicht bestimmt sagen; das müsse vielmehr von Fall zu Fall entschieden werden. Ein Monteur einer inländischen Firma, der zur Ausführung bestimmter Arbeiten im Ausland beschäftigt würde, sei z. B. zweifellos versicherungspflichtig. Das Gesetz gestatte im übrigen allen Deutschen, die als Angestellte im Ausland tätig seien, nach § 15 Abs. 2 die Versicherung freiwillig fortzusetzen oder aufrechtzuerhalten. — Mehrere Kommissionsmitglieder erklärten sich mit dieser Stellungnahme der verbündeten Regierungen nicht einverstanden. Sie bedeute einen Eingriff in die heutige wirtschaftliche Entwicklung. Der Beamte in der Filiale sei Beamter des Hauptgeschäfts und ein kaufmännischer Betrieb, der als eine Einheit dastehe, müsse auch bezüglich der gesetzlichen Behandlung der Angestellten einheitlich behandelt werden. (Kom.-Ber.)

Ausdehnung der Versicherungspflicht auf Kleinunternehmer.

§ 4.[1] *Der Bundesrat kann allgemein*[2] *die Versicherungspflicht auf solche Personen erstrecken, welche eine ähnliche Tätigkeit wie die im § 1 genannten auf eigene Rechnung*[3] *ausüben, ohne in ihrem Betriebe Angestellte zu beschäftigen.*[4] [5]

E. I. § 4.
E. II. § 4.
RVO. § 1229 (1215).

1. Wie bei der Invaliden- und Hinterbliebenenversicherung, so hat der Gesetzgeber auch bei der Angestelltenversicherung dem Bundesrate besondere Befugnisse hinsichtlich der Erstreckung der Versicherungspflicht eingeräumt. Bei Erstreckung der Versicherungspflicht auf solche Personen, welche eine ähnliche Tätigkeit wie die im § 1 genannten auf eigene Rechnung ausüben, können nur ganz vereinzelte Personengruppen in Frage kommen, für die ein besonderes dringendes Bedürfnis nach einer auf Zwang beruhenden Fürsorge vorliegt. In Frage kommen könnten beispielsweise die selbständigen Krankenpfleger und -pflegerinnen und Personenkreise, deren wirtschaftliche Lage im allgemeinen die gleiche ist wie die Lage der nach diesem Gesetze Versicherungspflichtigen. Man würde von dieser Befugnis des Bundesrats absehen können, wenn es möglich wäre, für

diese Personen den freiwilligen Eintritt in die Versicherung zuzulassen. Hiergegen bestehen aber wesentliche Bedenken. Vgl. Vorbemerkung vor § 15 S. 173 ff.

Macht der Bundesrat von der Erstreckung der Versicherungspflicht Gebrauch, so wird zugleich zu bestimmen sein, wie die Beiträge für diese Personen zu erheben sind (§ 200), für die jedenfalls eine umfangreiche Kontrolltätigkeit und ein besonderes Beitragsverfahren nicht entbehrt werden können. Schon die hiermit verbundene Steigerung der Verwaltungsausgaben wird dem Bundesrat Anlaß geben, nur in den dringendsten Bedürfnisfällen von der Befugnis des § 4 Gebrauch zu machen. (Begr.)

In der Reichstagskommission wurde auf die Tragweite des § 4 hingewiesen, welcher dem Bundesrate die Befugnis gebe, alle Selbständigen unter die Versicherung zu bringen; zwar sei in der Begründung (s. oben) dem Bundesrate die Grenze gezogen, aber nicht die Begründung sei maßgebend, sondern der Text des Gesetzes. Die Anschauungen änderten sich auch im Bundesrate mit den Personen, und es sei wohl möglich, daß in einem späteren Stadium z. B. die Ärzte wieder dem Gesetz unterstellt werden würden (vgl. § 10 Anm. 10). Der Vertreter der verbündeten Regierungen erwiderte demgegenüber im wesentlichen unter Wiederholung des in der Begründung (s. oben) vertretenen Standpunkts, daß von einer Erstreckung der Versicherungspflicht auf große Kreise der kleinen Gewerbetreibenden keine Rede sein könne (vgl. Kom.-Ber.).

2. In einem Einzelfall die Versicherungspflicht auf einen Kleinunternehmer auszudehnen, ist der Bundesrat mithin nicht in der Lage; er kann vielmehr die Versicherungspflicht nur auf ganze Gruppen solcher Personen erstrecken.

3. Ausübung auf eigene Rechnung steht im Gegensatz zur Ausübung als Angestellter, mithin wird eine Tätigkeit auf fremde Rechnung ausgeübt, auch wenn nur eine Gewinnbeteiligung vorliegt. Hausgewerbetreibende sind zwar selbständige Gewerbetreibende, sie fertigen oder bearbeiten aber gewerbliche Erzeugnisse im Auftrage und für Rechnung anderer; sie fallen nicht unter den obigen Paragraphen und unterstehen dem AVG. überhaupt nicht.

4. Daß die Beschäftigung Angestellter nicht gestattet ist, wurde in der Reichstagskommission eingefügt.

5. Der Personenkreis des § 4 umfaßt die kleinen Betriebsunternehmer, insbesondere also die Kleingewerbetreibenden, Kleinhändler und Handwerker, welchen

das wirtschaftliche Ergebnis des allein mit ihrer Hände Arbeit geführten Betriebes zum unmittelbaren Vorteil oder Nachteil gereicht und welche meist auch als Minderkaufleute im Sinne des § 4 HGB. gelten (vgl. über letztere die Zusammenstellung bei Königsberger, Die Kaufmannseigenschaft des Handwerkers, Berlin 1894, S. 33 ff.). Ein Recht auf freiwillige Versicherung im ersten Jahre nach dem Inkrafttreten des Gesetzes gewährt einem ähnlichen Personenkreis § 394 Abs. 2.

Versicherungspflichtige im Dienste von ausländischen Staaten und von Exterritorialen.

§ 5. *Der Bundesrat kann bestimmen, wieweit die deutschen Bediensteten ausländischer Staaten und solcher Personen, welche nicht der inländischen Gerichtsbarkeit unterstehen,*[1] *die Pflichten der Arbeitgeber zu erfüllen haben.*[2]

E. I. § 5.
E. II. § 5.
RVO. § 1231 (1217).

1. Diese Personen sind Exterritoriale; darunter sind fremde Staatsoberhäupter zu verstehen, ferner insbebesondere die Chefs der Botschaften, Gesandtschaften, auf Grund besonderer Staatsverträge auch die Konsuln der ausländischen Staaten in Deutschland, zugleich deren Familienmitglieder und das Geschäftspersonal, das Dienstpersonal dagegen nur, soweit dieses nicht die deutsche Staatsangehörigkeit besitzt. Stengel-Fleischmann, „Wörterbuch des deutschen Staats- und Verwaltungsrechts", 2. Aufl. 1911, S. 748.

2. Der § 5 entspricht dem § 1231 RVO., der in die Sozialversicherungsgesetzgebung neu aufgenommen worden ist wegen der Zweifel, wieweit die Arbeitgeber der inländischen Bediensteten ausländischer Staaten und solcher Personen, die von der inländischen Gerichtsbarkeit befreit sind, die den Arbeitgebern auferlegten Verpflichtungen zu erfüllen haben.

Ein entsprechender Bundesratsbeschluß ist jedoch auch für die RVO. noch nicht ergangen.

Ausschluß von der Versicherungspflicht.

§ 6.[1] *Die Beschäftigung eines Ehegatten durch den anderen*[2] *begründet keine Versicherungspflicht.*[3]

E. I. § 6.
E. II. § 6.
RVO. § 159 (171).

1. Die Beschäftigung eines Ehegatten durch den anderen soll ebenso wie bei der Invaliden- und Hinterbliebenenversicherung die Versicherungspflicht ausschließen. Die Gründe hierfür sind dieselben, wie sie zu § 159 RVO. angeführt sind. Dort ist der bisher strittige Fall der Beschäftigung eines Ehegatten durch den andern dahin bestimmt, daß diese nach dem Wesen der Ehe kein versicherungspflichtiges Verhältnis begründet. Für die Gebiete der Unfallversicherung und der Invalidenversicherung war dies bisher schon durch mehrere Entscheidungen des RVA. festgelegt, an denen das RVA. gegenüber der abweichenden Entscheidung des Preußischen Oberverwaltungsgerichts (Entscheidung des OVG. Bd. 42, S. 297, v. 25. Sept. 1902) ausdrücklich mit zutreffenden Gründen festgehalten hat; für das Gebiet der Invalidenversicherung vgl. A. N. 1903, S. 571 und für das Gebiet der Unfallversicherung vgl. A. N. 1905, S. 406.

2. Wie in § 1 Anm. 1 hervorgehoben ist, ist der Familienstand ohne Bedeutung für die Versicherungspflicht; das verwandtschaftliche Verhältnis zwischen Arbeitgeber und Angestellten ist belanglos. Besteht zwischen beiden eine Verwandtschaft, so schließt eine solche ein Arbeitsverhältnis zwischen ihnen nicht aus. Es ist jedoch im Einzelfalle zu prüfen, ob es sich nicht um ein familienhaftes Gemeinschaftsleben handelt und das Beschäftigungsverhältnis lediglich nach außen hin vorgetäuscht wird, um die Versicherung herbeizuführen. Der Wille der Beteiligten muß wirklich auf die Gewährung von Leistung und Gegenleistung gerichtet sein. Die bisherige Judikatur des RVA. dürfte auch für die Angestelltenversicherung maßgebend sein (vgl. insbesondere A. N. 1909, S. 473; 1910, S. 659, 532, 647, 558; 1911, S. 398, 502).

3. Ein Ehegatte kann unter Umständen im Betriebe des anderen als Mitunternehmer beschäftigt sein (A. N. 1901, S. 632, 1906, S. 641).

Ehegatten können auch als Mitarbeiter in Frage kommen, beispielsweise bei Beteiligung der Frau an der Ausführung der dem Manne übertragenen Arbeiten, so daß sie gleich ihm in ein Arbeitsverhältnis zum Auftraggeber tritt (A. N. 1899, S. 625; 1900, S. 830; 1901, S. 637; 1904, S. 504; 1906, S. 486).

Freier Unterhalt als Entgelt.

§ 7.[1] *Eine Beschäftigung, für die als Entgelt nur freier Unterhalt*[2] [3] *gewährt wird, ist versicherungsfrei.*[4]

E. I. § 7.
E. II. § 7.
RVO. § 1227 (1213).

1. Zweck der mit § 1227 RVO. wörtlich übereinstimmenden und auf § 3 Abs. 2 IVG. zurückzuführenden Bestimmung war — wenigstens bei ihrer Aufnahme in die RVO. — dem Mißstand zu steuern, daß für ältere in die häusliche Gemeinschaft verwandter Familien aufgenommene Personen, welche hier verpflegt werden und hier auch Beschäftigung finden, ein versicherungspflichtiges Arbeitsverhältnis konstruiert wird.

2. Ob und inwieweit eine neben dem vollständigen oder freien Unterhalte gewährte unerhebliche Geldentschädigung (Taschengeld usw.) geeignet ist, die Versicherungsbefreiung zu beseitigen, muß von Fall zu Fall entschieden werden. Die bisherige Rechtsprechung des RVA. zu § 3 Abs. 2 IVG. bietet zur praktischen Handhabung dieser Vorschrift geeignete Unterlagen. Vgl. Düttmann IV, S. 9.

3. Freier Unterhalt sind Gebrauchs- oder Verbrauchsgegenstände, also Naturalbezüge. Aber nicht alle Naturalbezüge sind Unterhaltsgegenstände. Die Entlohnung lediglich mit Naturalbezügen, welche aber über den Unterhalt hinausgehen, schließen die Versicherungspflicht nicht aus. Rosin, Bd. II, S. 60—61. Nach der Judikatur des RVA. ist als freier Unterhalt anzusehen dasjenige Maß wirtschaftlicher Güter, welches zur unmittelbaren Befriedigung der Lebensbedürfnisse des Versicherten erforderlich ist (A. N. 1891, S. 178 ff., 1892, S. 139). Wichtig sind ferner die Entscheidungen A. N. 1892, S. 120, 1893, S. 91, 1896, S. 271, 1904, S. 528, 624.

Als Unterhalt haben die zur Erhaltung des eigenen Körpers der beschäftigten Person unmittelbar dienenden und erforderlichen Gebrauchs- und Verbrauchsgegenstände zu gelten (A. N. 1891, S. 179).

4. Versicherungsfrei bedeutet: nicht versicherungspflichtig. Über das Recht der freiwilligen Versicherung vgl. jedoch § 15 und § 394.

Vorübergehende Dienstleistungen.

§ 8.[1] *Der Bundesrat*[2] *bestimmt, wieweit vorübergehende Dienstleistungen*[3] *versicherungsfrei bleiben.*

E. I. § 8.
E. II. § 8.
RVO. § 1232 (1218).

1. Ähnlich wie für das Gebiet der Invaliden- und Hinterbliebenenversicherung liegt auch für die Angestelltenver-

sicherung ein Bedürfnis vor, dem Bundesrate die Bestimmung zu überlassen, wieweit vorübergehende Dienstleistungen versicherungsfrei bleiben sollen. Es ist jedoch hier ein anderer Maßstab anzulegen als dort, da es sich um bedeutend höhere Beiträge handelt. Durch die Anordnung der Versicherungsfreiheit in diesem Falle soll vermieden werden, daß Personen unter das Gesetz fallen, welche voraussichtlich die Wartezeit zu erfüllen nicht in der Lage sind. Es wird mithin durch diese Bestimmung ihnen wie den Arbeitgebern, von welchen sie beschäftigt werden, Mühe und Geld erspart. Ein Oberbuchhalter z. B., der aus einer dauernden Stellung ausgeschieden ist und für einige Zeit die Führung von Büchern bei einem Kaufmann übernimmt, ist für diese Zeit versicherungspflichtig (Kom.-Ber.).

2. Es ist anzunehmen, daß der Bundesrat bei der ihm obliegenden Bestimmung sich an seinen Beschluß v. 27. Dez. 1899 anschließen wird (vgl. A. N. 1900, S. 181).

Vorübergehende Dienstleistungen sind danach als eine die Versicherungspflicht begründende Beschäftigung dann nicht anzusehen,

1. wenn sie von solchen Personen, die berufsmäßig Lohnarbeit überhaupt nicht verrichten,
   a) nur gelegentlich, insbesondere zu gelegentlicher Aushilfe,
   b) zwar in regelmäßiger Wiederkehr, aber nur nebenher und gegen ein geringfügiges Entgelt, welches für die Dauer der Beschäftigung zum Lebensunterhalt nicht ausreicht und zu den für diese Zeit zu zahlenden Versicherungsbeiträgen nicht in entsprechendem Verhältnisse steht, verrichtet werden;
2. wenn sie von solchen Berufsarbeitern, die in einem regelmäßigen, die Versicherungspflicht begründenden Arbeits- oder Dienstverhältnisse zu einem bestimmten Arbeitgeber stehen, ohne Unterbrechung dieses Verhältnisses bei anderen Arbeitgebern nebenher, sei es nur gelegentlich zur Aushilfe, sei es regelmäßig verrichtet werden.

   Dasselbe gilt:
3. für Dienstleistungen zur schleunigen Hilfe bei Unglücksfällen oder Verheerungen durch Naturereignisse oder zur schleunigen Beseitigung von Verkehrs- oder Betriebsstörungen, sofern diese Dienstleistungen nach ihrer Art die Dauer von zwei Arbeitstagen voraussichtlich nicht übersteigen werden;
4. für Dienstleistungen in Verpflegungsstationen oder ähnlichen Einrichtungen, wenn sie gegen eine Geldentschädigung verrichtet werden, welche nicht als Entgelt für

die gelieferte Arbeit, sondern als eine Unterstützung zum Zwecke des besseren Fortkommens gewährt wird;

5. für Dienstleistungen von Bediensteten ausländischer Eisenbahnverwaltungen in Eisenbahnbetrieben des Inlandes, soweit diese Bediensteten in letzteren vorübergehend beschäftigt werden;
6. für Dienstleistungen im Inlande von Bediensteten ausländischer Betriebe, soweit diese mit einzelnen Betriebshandlungen vorübergehend in das Inland hinübergreifen;
7. für Dienstleistungen des Personals ausländischer Schiffe, die im Binnenschiffahrtsverkehre deutsche Wasserstraßen befahren, sofern nicht diese Schiffe nach der Entscheidung der unteren Verwaltungsbehörde des Beschäftigungsorts (§ 65 Abs. 4 IVG.) im Inland einen regelmäßigen Verkehr von erheblicher Dauer unterhalten;
8. für Dienstleistungen auf Seeschiffen im Auslande, wenn sie von solchen Personen verrichtet werden, die nicht zur Schiffsbesatzung gehören;
9. für Dienstleistungen von Indiern, Japanern, Chinesen, Malaien, Sansibariten, Negern und anderen farbigen Seeleuten auf deutschen Seeschiffen bei der Küstenschiffahrt in asiatischen, australischen, ost- oder westafrikanischen Gewässern sowie in dem Verkehre zwischen asiatischen, australischen, ost- und westafrikanischen Häfen oder zwischen diesen und europäischen Häfen, in letzterem Verkehre jedoch nur, wenn es sich um den Dienst in den Kohlen- und Kesselräumen der Dampfschiffe handelt und wenn bei der Anmusterung im Auslande zugleich die Rückfahrt ausbedungen ist.

3. Dienstleistungen dürften mit dem in den vorgehenden Paragraphen gebrauchten Ausdruck „Beschäftigung" gleichbedeutend sein; vgl. § 1 Anm. 32.

Versicherungsfreiheit im Dienst öffentlicher Körperschaften Beschäftigter.

§ 9.[1] *Versicherungsfrei sind die in Betrieben*[2] *oder im Dienste*[3] *des Reichs, eines Bundesstaats, eines Gemeindeverbandes,*[4] *einer Gemeinde oder eines Trägers der reichsgesetzlichen Arbeiter- oder Angestelltenversicherung Beschäftigten,*[5] *wenn ihnen Anwartschaft auf Ruhegeld und Hinterbliebenenrenten im Mindestbetrage nach den Sätzen einer vom Bundesrat festzusetzenden Gehaltsklasse*[6] *(§ 16) gewährleistet*[7] *ist; dabei ist das Durchschnittseinkommen der betreffenden Beamtenklassen zu berücksichtigen.*[8]

Das Gleiche gilt für die Geistlichen [9] *der als öffentlich-rechtliche Korporationen anerkannten Religionsgesellschaften sowie für Lehrer und Erzieher* [10] *an öffentlichen Schulen oder Anstalten.*[11]

Ob eine Anwartschaft [12] *als gewährleistet anzusehen ist, entscheidet für die Beschäftigten in Betrieben oder im Dienste des Reichs oder eines vom Reiche beaufsichtigten Trägers der reichsgesetzlichen Arbeiter- oder Angestelltenversicherung der Reichskanzler;*[13] *im übrigen entscheidet die oberste Verwaltungsbehörde* [14] *desjenigen Bundesstaats, in dessen Betrieben oder Dienst die Beschäftigung stattfindet*[15] *oder in dessen Gebiet der Gemeindeverband oder die Gemeinde liegt oder der Träger der reichsgesetzlichen Arbeiterversicherung seinen Sitz*[16] *hat. In den Fällen des Abs. 2 entscheidet die oberste Verwaltungsbehörde desjenigen Bundesstaates, in dessen Gebiet die Korporation oder die öffentliche Schule oder Anstalt ihren Sitz hat.*

E. I. § 9.
E. II. § 9.
RVO. § 1234 (1220).

1. Die Ausnahmen von der Versicherungspflicht beruhen auf der Erwägung, daß Reichs- und Staatsbeamte, sowie in ähnlicher Weise durch die Bestimmungen von Pensionsgesetzen usw. ausreichend sichergestellte Personen nicht einer doppelten Fürsorge bedürfen. Die Versicherungsfreiheit tritt kraft Gesetzes ein.

2. Betrieb ist ein Inbegriff fortdauernder wirtschaftlicher Tätigkeit. S. oben bei § 1 Anm. 10.

3. Es ist nicht die Beamteneigenschaft als eine Voraussetzung für die Befreiung von der Versicherungspflicht bezeichnet. Auch die in Betrieben des Reichs, der Bundesstaaten usw. nichtbeamteten Beschäftigten sollen an sich der Befreiung teilhaft werden. Wenn die Sicherheit für eine gleichwertige Fürsorge vorliegt, ist es für die Frage der Befreiung gleichgültig, ob die Beschäftigung auf Grund eines öffentlichen oder eines privatrechtlichen Verhältnisses stattfindet.

Aus den Verhandlungen des Reichstags 2. u. 3. Lesung über die Versicherungsfreiheit öffentlicher Beamten verdienen folgende Ausführungen einer Hervorhebung:

Der Vertreter der verbündeten Regierungen erklärte, daß das Gesetz für die öffentlichen Beamten im allgemeinen nicht gemacht wird, es ist auch hinreichend dafür gesorgt, daß solche Beamte nicht darunter fallen, sofern sie mit Pensionsberechtigung angestellt sind. Im übrigen fällt die Tätigkeit dieser Beamten wie nach dem IVG. an sich vielfach unter die Begriffsbestimmung des § 1. Deshalb ist sowohl in der RVO. als auch in dem AVG. vorgesehen, daß Reichs- und Staatsbeamte, die mit Pensionsberechtigung angestellt sind, nicht für versicherungspflichtig erklärt werden, wenn auch ihre Beschäftigung an sich unter § 1 Abs. 1 fallen würde.

Hieraus zog ein Mitglied des Reichstags die berechtigte Schlußfolgerung: Es steht also fest, daß angestellte Beamte des Reichs, des Staats, der Gemeinden unter das Gesetz fallen können, nämlich insoweit, als ihnen nicht Anwartschaft auf Hinterbliebenenversorgung und Ruhegeld gewährleistet ist. Da nun nach Reichs- und Landesgesetz den weiblichen Beamten dieser Anspruch nicht gewährleistet ist, fallen sie sämtlich unter das Gesetz, wenn nicht durch einen besonderen Dienstvertrag besondere Zusicherungen jeder einzelnen gemacht werden. Die Gemeinden, der Staat, das Reich werden also durch dieses Gesetz gezwungen werden, Privatabreden mit ihren angestellten Beamtinnen, Volksschullehrerinnen, Lehrerinnen an den höheren Schulen zu treffen. Sollte das etwa vergessen werden, dann ist eine solche Beamtin oder Lehrerin einfach verpflichtet, sich nach diesem Gesetz zu versichern, die Gemeinde muß sie versichern. (Sten. Ber.)

4. Unter Gemeindeverband versteht das Gesetz stets einen Verband von Gemeinden, z. B. in Preußen den Kreis; eine einzelne Gemeinde gilt als Gemeindeverband nur, wenn die oberste Verwaltungsbehörde es bestimmt (vgl. § 321 Nr. 2). Steht aber eine einzelne Gemeinde schon nach den Landesgesetzen jenen Gemeindeverbänden gleich, also z. B. in Preußen die kreisfreien Städte, so bedarf es einer besonderen Bestimmung der obersten Verwaltungsbehörde nicht.

5. In den Kreis der von der Versicherungspflicht Befreiten sind die mit Pensionsanwartschaft Angestellten der Versicherungsträger schlechthin einbezogen, also auf Grund der RVO. die Beamten der Versicherungsanstalten, der Sonderanstalten, der Berufsgenossenschaften und der Krankenkassen, sowie nach Maßgabe des AVG. die Beamten der Reichsversicherungsanstalt (§§ 97 ff.), der Zuschuß- oder Ersatzkassen (§§ 365 ff., 372 ff.) und der öffentlich-rechtlichen Pensionskassen (§§ 387 ff.).

6. Der Entwurf hatte die Bestimmung enthalten, daß die

Sätze der Gehaltsklasse A (vgl. § 16) gewährleistet sein müßten. Erst in der Reichstagskommission wurde die jetzige Fassung beschlossen mit Rücksicht darauf, daß sonst manche Gemeinden, die noch keine Pensionsfürsorge für ihre Beamten eingerichtet hätten, dazu veranlaßt würden, ihren Beamten eine möglichst niedrige Pension zu gewährleisten, nur um nicht die Beiträge nach dem AVG. entrichten zu müssen. Die Sätze der Gehaltsklasse A des Entwurfs seien deshalb für diese Personen zu niedrig bemessen; es müsse vielmehr ihrer Versicherung der ihnen tatsächlich gezahlte Entgelt zugrunde gelegt werden. Auch sei es zweifelhaft, unter welchen Voraussetzungen der Bundesrat eine Anwartschaft auf Ruhegeld usw. als gewährleistet ansehe (Kom.-Ber.).

7. Bei der Prüfung der Gleichwertigkeit der Fürsorge im Sinne des § 9 Abs. 1 werden nicht notwendig die einzelnen Leistungen getrennt verglichen werden müssen. Vielmehr wird der Wert der den Angestellten zugesicherten Leistungen dem Werte der gesetzlichen Leistungen im Mindestbetrage nach den Sätzen einer vom Bundesrat festzusetzenden Gehaltsklasse gegenüberzustellen sein. Um dafür zu sorgen, daß die Frage einheitlich und sachgemäß beurteilt wird, ob eine Anwartschaft auf Ruhegeld und Hinterbliebenenrenten ausreicht und hinreichend sicher gestellt ist, um die Befreiung von der reichsgesetzlichen Angestelltenversicherung zu begründen, ist dem § 9 in Abweichung von dem § 1234 RVO. ein besonderer Abs. 3 hinzugefügt (Begr.).

8. Das Durchschnittseinkommen der Beschäftigten festzustellen, dürfte sehr schwierig sein, zumal es sich nicht nur um in Betrieben und Diensten des Reichs usw. Angestellte, sondern auch um Angestellte in Betrieben der Gemeinden handelt.

9. Versicherungsfrei sollen auch die Geistlichen der als öffentlich-rechtliche Korporationen anerkannten Religionsgesellschaften sein, wenn ihnen die Anwartschaft des § 9 Abs. 1 gewährleistet ist. Der Begriff der als öffentlich-rechtliche Korporationen anerkannten Religionsgesellschaften bestimmt sich ebenso wie im § 166 StGB. nach Maßgabe des Staats- und Kirchenrechts der einzelnen Bundesstaaten. Zu diesen Religionsgesellschaften gehört namentlich die jüdische, weil nach der Gesetzgebung einzelner Bundesstaaten, z. B. Preußen, den einzelnen Synagogengemeinden Korporationsrechte verliehen sind und dadurch die jüdische Religionsgesellschaft, auch in ihrer Gesamtheit verstanden, in Deutschland mit Korporationsrechten besteht (vgl. Olshausen, Komm. z. StGB. 7. Aufl., Bd. I, zu § 166, S. 619, Anm. 9).

10. Lehrer und Erzieher. Vgl. § 1 Anm. 21.

11. Welche Schulen oder Anstalten als öffentliche anzusehen sind, entscheidet nach dem in der 2. Lesung des Reichstags zugefügten Schlußsatz des Abs. 3 die oberste Verwaltungsbehörde.

12. Die Begriffe „Anwartschaft" auf Ruhegeld und Witwenrente und „gewährleistet" werden in dem weiteren Sinne aufzufassen sein, den ihnen das RVA. in seiner Rechtsprechung und Verwaltung beigelegt hat. So ist beispielsweise befreit nicht nur ein Beamter, der im Falle seiner Dienstuntauglichkeit sofort ein Ruhegeld oder dessen Witwe sofort eine Witwenrente zu fordern haben würde, der also allen sonstigen Anforderungen namentlich hinsichtlich der vorgeschriebenen Dienstzeit bereits genügt hat, sondern jedenfalls auch ein Beamter, der in eine an sich mit den bezeichneten Ansprüchen ausgestattete Stelle eingerückt ist, wenngleich er die gesicherten Ansprüche erst durch Zurücklegung einer längeren Dienstzeit erwerben muß. Aber auch vor der Erlangung einer solchen, also im allgemeinen einer etatsmäßigen Stelle wird ein Beamter eine Anwartschaft im Sinne des Gesetzes regelmäßig dann schon besitzen, wenn ihm nach dem Abschluß seiner Ausbildung eine Stelle übertragen wird, die nach den bestehenden Verwaltungsgrundsätzen den allgemein üblichen Übergang zu einer Anstellung mit späterer Ruhegehaltsberechtigung bildet. (Begr. z. RVO.)

13. Hinter dem Worte Reichskanzler befand sich in dem Entw. der Zusatz „Reichsamt des Innern". Die Reichstagskommission hat diesen Zusatz, welcher auch in die RVO. keine Aufnahme gefunden hat, als überflüssig gestrichen. Der Wegfall des Zusatzes hat keine materielle Bedeutung, da es selbstverständlich ist, daß der Reichskanzler in den zum Geschäftsbereich des Reichsamts des Innern gehörenden Angelegenheiten durch dieses vertreten wird.

14. Oberste Verwaltungsbehörde ist die Landeszentralbehörde (Ministerium) des in Betracht kommenden Bundesstaats.

15. Über den Beschäftigungsort vgl. auch § 135 Anm. 4.

16. Als Sitz gilt, wenn nicht ein anderes erhellt, entsprechend § 17 Abs. 1 ZPO. der Ort, wo die Verwaltung geführt wird.

Versicherungsfreiheit der Beamten usw.

§ 10.[1a] *Versicherungsfrei sind*

1. Beamte[1] *des Reichs, der Bundesstaaten, der Ge-*

meindeverbände[2] *und der Gemeinden, Geistliche*[3] *der als öffentlich-rechtliche Korporationen anerkannten Religionsgesellschaften, Lehrer und Erzieher*[4] *an öffentlichen Schulen oder Anstalten, solange sie lediglich für ihren Beruf ausgebildet werden, sowie die im Reichs- oder Staatsdienst vorläufig beschäftigten Beamten*[5] *und vorläufig beschäftigten Geistlichen der als öffentlich-rechtliche Korporationen anerkannten Religionsgesellschaften,*[6]

2. *Angestellte in Eisenbahn-, Post- und Telegraphenbetrieben*[7] *des Reichs oder der Bundesstaaten, die Aussicht auf Übernahme in das Beamtenverhältnis und Anwartschaft auf eine ausreichende Invaliden- und Hinterbliebenenfürsorge haben,*
3. *Personen des Soldatenstandes,*[8] *die eine der im § 1 bezeichneten Tätigkeiten im Dienste oder während der Vorbereitung zu einer bürgerlichen Beschäftigung ausüben, auf die § 9 anzuwenden ist,*
4. *Personen, die während der wissenschaftlichen Ausbildung für ihren zukünftigen Beruf gegen Entgelt unterrichten,*[9]
5. *Ärzte, Zahnärzte und Tierärzte in ihrer beruflichen Tätigkeit.*[10] [11]

Ob die Voraussetzungen der Nrn. 1, 2 vorliegen, entscheiden die nach § 9 Abs. 3 zuständigen Stellen.

E. I. § 10.
E. II. § 10.
RVO. § 1235 (1221).

1a. Die **Versicherungsfreiheit** tritt **kraft Gesetzes** ein. Wenn das Gesetz die Tendenz zeigt, möglichst viele Personen, die im Reiche, in den Einzelstaaten und anderen öffentlich-rechtlichen Verbänden beschäftigt werden, von der Versicherungspflicht auszuschließen, und dadurch im Kreise der kleinen Gewerbetreibenden, die jeden Angestellten versichern müssen, eine gewisse Unzufriedenheit erregt werden kann, dieses

Prinzip auch für diejenigen Personen eine gewisse Gefahr in sich birgt, die nur vorläufig beschäftigt sind oder nur eine Aussicht auf Übernahme in den Dienst der im § 10 genannten öffentlich-rechtlichen Verbände haben, so ist demgegenüber zu beachten, daß das Gesetz grundsätzlich nur Privatangestellte in die Versicherung einbeziehen will, diejenigen Personen aber, die in den Staatsdienst treten und hier Aussicht auf eine angemessene Versorgung haben, aus dem Rahmen der versicherungspflichtigen Personen ausscheidet. Dazu kommt, daß die Personen, die nur vorläufig bei den in § 10 genannten öffentlich-rechtlichen Verbänden beschäftigt werden, in der Regel auch in eine definitive Stellung einrücken. Der Fall, daß solche Personen vorzeitig entlassen werden, kommt äußerst selten vor (vgl. Kom.-Ber.).

1. Wer als Beamter zu gelten hat, richtet sich nach dem allgemeinen Staatsrecht und den dieses ergänzenden pragmatischen Bestimmungen, d. h. nach den landesrechtlichen Anordnungen oder den von Fall zu Fall von den zuständigen Ministerien usw. getroffenen Bestimmungen (A. N. 1891, S. 159, 1895, S. 285, 1899, S. 433 ff., 586 ff.).

2. Gemeindeverbände, über den Begriff s. § 9 Anm. 4.

3. Für die Befreiung der Geistlichen ist es nicht erforderlich, daß sie ein geistliches Amt in der betr. Religionsgesellschaft bekleiden; es genügt, daß sie an den für die Geistlichen ihrer Religionsgesellschaften bestehenden Pensionseinrichtungen teilnehmen. (Begr.)

4. Lehrer und Erzieher. Vgl. oben § 1 Anm. 21.

5. Es soll durch diese im entsprechenden § 1235 RVO. nicht enthaltene Bestimmung jeder Zweifel darüber ausgeschlossen werden, daß auch die im Reichs- oder Staatsdienst vorläufig beschäftigten Beamten versicherungsfrei sind.

6. In Nr. 1 sind die Versicherungsträger nicht aufgenommen, weil für die bei diesen tätigen Beamten, solange sie lediglich für ihren Beruf ausgebildet oder vorläufig beschäftigt werden, bei weitem nicht die Aussicht besteht, in eine pensionsberechtigte Stellung einzurücken, die nach § 9 versicherungsfrei machen würde (vgl. Begr.).

7. Abweichend von der RVO. bestimmt § 10 Nr. 2, daß Angestellte in Eisenbahn-, Post- und Telegraphenbetrieben des Reichs oder der Bundesstaaten, die Aussicht auf Übernahme in das Beamtenverhältnis und Anwartschaft auf eine ausreichende Invaliden- und Hinterbliebenenfürsorge haben, versicherungsfrei sind. Es han-

delt sich z. B. um Hilfsbeamte, die aus dem Stande der Eisenbahnarbeiter hervorgegangen sind und später nach Maßgabe der vorhandenen Stellen in das Beamtenverhältnis übernommen werden. Diese Personen haben nicht nur Anwartschaft auf die reichsgesetzlichen Leistungen der Invaliden- und Hinterbliebenenversicherung, sondern es stehen ihnen auch die Leistungen der für fast alle staatlichen Eisenbahnverwaltungen bestehenden Eisenbahnpensionskassen, Abteilung B, zu, die u. a. auch Renten an alle Witwen vorsehen.

Die Entscheidung darüber, ob die Voraussetzungen, unter denen die Befreiung erfolgen kann, vorliegen, soll von denselben Stellen getroffen werden, die nach § 9 Abs. 3 darüber zu entscheiden haben, ob die Anwartschaft (§ 9 Abs. 1) gewährleistet ist. (Begr.)

8. Personen des Soldatenstandes sind nach der Anlage zum Militärstrafgesetzbuch v. 20. Juni 1872 (RGBl., S. 204) die Offiziere, Unteroffiziere und Gemeinen des Heeres und der Marine einschließlich der Mitglieder des Sanitäts- und Maschineningenieurkorps. Ferner gehören hierher Köche und Kellner auf Kriegsschiffen, sofern die Voraussetzungen der Marineordnung v. 12. November 1894, § 37 Abs. 2 erfüllt sind, d. h. sofern diese Personen von den Vorständen der Kommandantur-, Offiziers- usw. Messen angestellt sind.

Militärbeamte sind dagegen Beamte im Sinne der Z. 1 des § 10.

Nr. 3 stellt klar, daß auch die außerdienstliche Beschäftigung von Personen des Soldatenstandes während der Zeit der Vorbereitung auf eine Beschäftigung versicherungsfrei ist. Für die außerdienstlich bei Zivilbehörden usw. probeweise beschäftigten Militäranwärter ist die Versicherung regelmäßig zwecklos. Die Beschäftigung dauert nur kurze Zeit, etwa sechs Monate; danach treten die Militäranwärter entweder zur Truppe zurück oder sie erhalten bei der Zivilbehörde eine Anstellung, in der sie nicht versicherungspflichtig sind. Die kurze Probebeschäftigung reicht aber zur Erlangung eines Anspruchs auf Ruhegeld oder Hinterbliebenenrente nicht aus. Daß der Anspruch etwa begründet werden könnte mit Hilfe einer vor dem Militärdienste liegenden versicherungspflichtigen Beschäftigung und der anrechnungsfähigen Wehrpflichtzeit, dürfte selten vorkommen, da regelmäßig die Anwartschaft aus einer solchen Versicherung nach § 49 des Gesetzes erloschen sein wird. Im allgemeinen wird auch die frühere Versicherung nicht hinreichen, um die Wartezeit (§ 48) zu erfüllen. Unter diesen Umständen wird die Versicherung während der Probebeschäftigung wegfallen können.

In Nr. 3 werden nur „Personen des Soldatenstandes" für versicherungsfrei erklärt. Unter die Vorschrift fallen also nicht solche Militäranwärter, die dem Soldatenstande nicht mehr angehören. Für diese wäre die Befreiung bedenklich, weil ihre Anwartschaft sich verringern würde, wenn sie demnächst keine Beschäftigung erlangten, auf die § 9 anzuwenden ist (vgl. Begr. z. RVO.).

9. Z. 4 bezieht sich hauptsächlich auf Studenten, welche Aushilfsstunden geben, um sich die Mittel zu ihrem Studium zu verschaffen; auch Schüler höherer Klassen dürften hier in Frage kommen.

10. Nach den Regierungsentwürfen waren die Ärzte versicherungspflichtig, soweit sie in einem Angestelltenverhältnis stehen: Assistenzärzte, Schiffsärzte, Ärzte von Krankenkassen. Bei einigen dieser Kategorien ist die Stellung, in welcher sie versicherungspflichtig sind, nur von kurzer Dauer, so bei den Assistenzärzten, so daß sie mangels Erfüllung der Wartezeit gar nicht in den Genuß der Wohltaten des Gesetzes kämen; die gezahlten Beiträge wären somit verloren. Bei den von Krankenkassen usw. angestellten Ärzten darf man nicht außer acht lassen, daß diese Beschäftigung im allgemeinen sie nicht voll in Anspruch nimmt; daneben üben sie noch eine freie ärztliche Praxis aus. Auch die Standesvertretungen haben sich fast einmütig gegen die Aufnahme der Ärzte in das Gesetz ausgesprochen. Dasselbe gilt von den Tierärzten. Angesichts des fast einstimmigen Wunsches der Ärzte legte die Regierung keinen besonderen Wert auf die Einbeziehung der Ärzte usw. in die Versicherungspflicht. Es wurde deshalb in der Reichstagskommission dem § 10 die Nr. 5 hinzugefügt (vgl. Kom.-Ber.).

11. Abgelehnt wurde die in der 2. Lesung des Reichstags beantragte Befreiung von Rechtsanwälten. Das Gesetz geht nämlich davon aus, daß Rechtsanwälte, d. h. Personen, welche die Fähigkeit zum Richteramt durch Ablegung der vorgeschriebenen Prüfungen erlangt haben, zur Rechtsanwaltschaft in einem Bundesstaate zugelassen und in die Rechtsanwaltliste eingetragen sind (§§ 1 ff. der Rechtsanwaltsordnung v. 1. Juni 1878, RGBl. S. 177), unter keinen Umständen Angestellte im Sinne dieses Gesetzes sind, soweit sie in einem Verhältnis zu einem anderen Rechtsanwalt stehen. Jeder von beiden ist vollkommen selbständig in disziplinarer und strafrechtlicher Beziehung, jeder von beiden ist selbständiger Rechtsanwalt und als solcher nicht Angestellter eines anderen Rechtsanwalts, mit dem er ein Sozietätsverhältnis etwa eingegangen ist. Wie das Verhältnis zwischen den beiden Anwälten geregelt ist, kommt dabei nicht in Betracht. Angestellter im Sinne dieses

Gesetzes würde der Rechtsanwalt niemals sein, auch dann nicht, wenn er ein Fixum bezieht; das ist ein Internum der Verabredung zwischen den beiden Rechtsanwälten, zwischen dem Chef des Bureaus und seinem jüngeren Sozius (vgl. Sten. Ber.).

Befreiung von Pensionären auf Antrag.

§ 11.[1] *Auf seinen Antrag*[2] *wird von der Versicherungspflicht*[3] *befreit,*[4]

wem von dem Reiche, einem Bundesstaat, einem Gemeindeverband,[5] *einer Gemeinde oder einem Versicherungsträger*[6] *der reichsgesetzlichen Arbeiterversicherung, oder*

wem auf Grund früherer Beschäftigung als Lehrer oder Erzieher[7] *an öffentlichen Schulen oder Anstalten*

Ruhegeld, Wartegeld oder ähnliche Bezüge[8] *im Mindestbetrage nach den Sätzen der Gehaltsklasse A*[9] *bewilligt*[10] *sind und daneben Anwartschaft auf Hinterbliebenenfürsorge*[11] *(§ 9) gewährleistet*[12] *ist.*

E. I. § 11.
E. II. § 11.
RVO. § 1237 (1223).

1. Während § 9 bestimmte Gruppen von Beschäftigten, deren Angehörige und Hinterbliebenen im Falle der Invalidität, des Alters oder des Todes anderweit sichergestellt sind, ohne weiteres kraft Gesetzes von der Versicherungspflicht ausschließt, läßt § 11 auf Antrag die Befreiung einzelner durch verwirklichte Pensions- usw. Bezüge sichergestellter Personen von der Versicherungspflicht unter bestimmten Voraussetzungen zu. Daneben gewährt § 397 eine Befreiung wegen vorgerückten Alters beim Inkrafttreten des Gesetzes.

2. Der Kreis der Personen, die einen Befreiungsantrag stellen dürfen, ist recht beschränkt. Der Antrag kann widerrufen werden, da der Widerruf im Gesetz nicht ausgeschlossen ist.

Erwähnenswert ist die von einem Mitgliede der Reichstagskommission ausgesprochene Befürchtung, daß pensionierte Beamte, Offiziere, Bürgermeister usw., die sich bei Eintritt in eine Privatstellung auf Grund dieses Paragraphen von der Versicherungspflicht befreien dürfen, den anderen Angestellten mit Erfolg Konkurrenz machen können (vgl. Kom.-Ber.).

3. Über die Versicherungspflicht vgl. §§ 1 ff.

4. Die Befreiungsbefugnis steht zunächst Personen zu, denen das Reich, ein Bundesstaat, ein Gemeindeverband, eine Gemeinde, ein Versicherungsträger der RVO. Ruhegeld, Wartegeld oder ähnliche Bezüge im Mindestbetrage nach den Sätzen der Gehaltsklasse A gewährt, sodann Personen, denen auf Grund früherer Beschäftigung als Lehrer oder Erzieher an öffentlichen Schulen oder Anstalten solche Bezüge zustehen. Ihre Befreiung von der Versicherungspflicht ist aber weiter davon abhängig gemacht, daß auch ihren Hinterbliebenen auf Grund des früheren Dienstverhältnisses eine Hinterbliebenenfürsorge gewährleistet ist.

5. Gemeindeverband s. § 9 Anm. 4.

6. Versicherungsträger der reichsgesetzlichen Arbeiterversicherung sind in der Regel für die Krankenversicherung die Krankenkassen, für die Unfallversicherung die Berufsgenossenschaften und für die Invaliden- und Hinterbliebenenversicherung die Versicherungsanstalten (§ 3 RVO.). Die Versicherungsträger der Angestelltenversicherung sind hier abweichend von § 9 Abs. 1 nicht genannt.

7. Lehrer oder Erzieher s. § 1 Anm. 21.

8. Ähnliche Bezüge s. A. N. 1904, S. 358, 1907, S. 412. Vgl. auch die Kasuistik bei Düttmann IV, S. 23 sowie bei Hanow IV, S. 59.

9. Die Gehaltsklasse A umfaßt nach § 16 den Jahresarbeitsverdienst bis zu 550 Mark.

10. Bewilligt müssen die Bezüge lediglich sein. Ruht der Bezug aus irgend einem Grunde, nachdem er einmal bewilligt war, so entfällt damit nicht die Befreiungsmöglichkeit der Versicherten (s. A. N. 1893, S. 163, 1896, S. 429, 1903, S. 374, 1911, S. 434).

11. Der Kreis der fürsorgeberechtigten Angehörigen des Pensionärs ist nach den Verhältnissen bei Erhebung des Befreiungsantrags zu bestimmen. Die Befreiung wird deshalb wieder aufhören müssen, wenn sich diese Verhältnisse ändern und neue, bisher nicht gedeckte Fürsorgeansprüche in Frage kommen. Demnach wird ein männlicher oder weiblicher Beamter, wenn er nach seiner Versetzung in den Ruhestand eine Ehe eingeht, von der Versicherungspflicht nicht befreit werden können, seine etwa vorher ausgesprochene Befreiung wird wegfallen müssen. Denn durch die staatliche usw. Fürsorge sind nur die Witwe und die Waisen aus einer vor Ablauf der Dienstzeit geschlossenen Ehe sichergestellt. (Begr. z. RVO.)

12. Über Gewährleistung der Anwartschaft vgl. oben § 9 Anm. 7 u. 12.

Entscheidung über den Befreiungsantrag.

§ 12. *Über den Antrag*[1] *entscheidet der für den Wohnsitz des Antragstellers zuständige Rentenausschuß*[2] *(§ 98). Hat der Antragsteller im Inland keinen Wohnsitz,*[3] *so entscheidet der Rentenausschuß seines dauernden Aufenthalts.*[4] *Auf Beschwerde*[5] *entscheidet das Schiedsgericht (§ 156) endgültig.*

Die Befreiung wirkt vom Eingang des Antrags an.[6 7 8]

E. I. § 12.
E. II. § 12.
RVO. § 1240 (1225).

1. Gemeint ist der Antrag auf Befreiung von der Versicherungspflicht nach § 11. Bei Vorliegen der Voraussetzungen muß die Befreiung ausgesprochen werden. Der Antrag ist an keine Form gebunden und kann rechtswirksam auch bei einem anderen Organ der Reichsversicherungsanstalt als dem zuständigen Rentenausschuß oder bei einer anderen inländischen Behörde gestellt werden (vgl. § 229 Anm. 1 und Abs. 2).

2. Über den zuständigen Rentenausschuß vgl. §§ 230—232.

3. Als Wohnsitz ist der Ort der ständigen Niederlassung anzusehen (BGB. § 7); vgl. hierzu auch Anm. 5 zu § 133.

4. Dauernder Aufenthalt steht im Gegensatz einerseits zu Wohnsitz, andererseits zu vorübergehendem Aufenthalt; vgl. über den Begriff „Aufenthaltsort" Anm. 5 zu § 133.

5. Die Beschwerde kann nur vom Antragsteller oder in seinem Auftrage eingereicht werden, nicht von der Behörde oder vom Arbeitgeber; die Frist zur Einlegung beträgt, da die Beschwerde ein Rechtsmittel ist, in der Regel einen Monat und läuft von der Zustellung der angefochtenen Entscheidung ab (§ 328).

6. Vom Eingang des Antrags an, also nicht vorher besteht eine Befreiung (A. N. 1903, S. 374). Über den Eingang vgl. auch §§ 229 Abs. 2 und 329 Abs. 2.

7. Eine Zurücknahme des Antrags dürfte statthaft sein mit der Wirkung, daß für die betreffenden Personen hierdurch die Versicherungspflicht von neuem begründet wird.

Zum Nachweis der erfolgten Befreiung auf Grund der bisherigen Versicherungsgesetze dürften Versicherungsfreikarten ausgestellt werden (A. N. 1900, S. 129).

8. Die Befreiung ist widerruflich (§ 13).

Widerruf der Befreiung; Verzicht auf sie.

§ 13. *Der Rentenausschuß* [1a] *widerruft die Befreiung,*[1] *sobald ihre Voraussetzungen*[2] *nicht mehr vorliegen.*[3] *Auf Beschwerde*[4] *entscheidet das Schiedsgericht endgültig.*

Bei Verzicht auf die Befreiung und bei ihrem endgültigen Widerrufe tritt die Versicherungspflicht wieder in Kraft.[5] [6]

E. I. § 13.
E. II. § 13.
RVO. § 1241 (1226).

1a. Der Rentenausschuß ist zu dem Widerruf zuständig, da ihm nach § 12 die Entscheidung über den Befreiungsantrag zusteht.

1. Der Widerruf der Befreiung kann entweder auf Antrag oder von Amtswegen stattfinden.

2. Über die Voraussetzungen vgl. § 11.

3. Auch wenn die Voraussetzungen niemals vorgelegen haben, dürfte der Widerruf erforderlich sein.

4. Die Beschwerde einlegen kann der Antragsteller, als welcher ein Versicherter wie auch die Behörde in Betracht kommt.

5. Der Verzicht wird im Gegensatz zu dem von der Behörde ausgesprochenen Widerruf ebenso wie der Antrag nach § 12 gegenüber dem für den Wohnsitz zuständigen Rentenausschuß zu erklären sein.

6. Die Versicherungspflicht tritt wieder in Kraft mit dem Tage des Eingangs der Verzichterklärung bei der Behörde oder der Rechtskraft des Widerrufs, eine rückwirkende Kraft kommt ihr nicht zu.

Ausdehnung der Befreiung durch den Bundesrat.

§ 14. *Der Bundesrat kann auf Antrag*[1] *des Arbeitgebers bestimmen,*[2] *wieweit die § 9, § 10 Nr. 1, 2, §§ 11 bis 13 gelten für*

1. die in Betrieben oder im Dienste anderer öffent-

licher Verbände oder von Körperschaften oder von Eisenbahnen des öffentlichen Verkehrs[3] *oder als Lehrer und Erzieher an nicht öffentlichen Schulen oder Anstalten Beschäftigten, wenn ihnen mindestens die im § 9 bezeichneten Anwartschaften gewährleistet*[4] *sind, oder sie lediglich für ihren Beruf ausgebildet werden,*[5]

2. *Personen, denen auf Grund früherer Beschäftigung bei solchen Verbänden oder Körperschaften oder Eisenbahnen, Schulen oder Anstalten Ruhegeld, Wartegeld oder ähnliche Bezüge im Mindestbetrage nach den Sätzen der vom Bundesrat festgesetzten Gehaltsklasse*[6] *(§ 9) bewilligt sind und daneben eine Anwartschaft auf Hinterbliebenenfürsorge (§ 9) gewährleistet*[4] *ist,*
3. *Beamte*[7] *und Bedienstete der landesherrlichen Hof-, Domanial-, Kameral-, Forst- und ähnlichen Verwaltungen, der Herzoglich Braunschweigischen Landschaft, der Fürstlich Hohenzollernschen Fideikommißverwaltung und der standesherrlichen Verwaltungen sowie Angestellte in Betrieben, für die eine besondere Invaliden- und Hinterbliebenenversorgung bereits durch reichs- oder landesrechtliche Vorschriften geregelt ist.*[8] [9]

E. I. § 14.
E. II. § 14.
RVO. § 1242 (1227).

1. Zur Stellung des Antrags berechtigt sind die Vertreter der nachstehend genannten Verbände und Körperschaften hinsichtlich ihrer Beamten, im übrigen die einzelnen Versicherten der bezeichneten Art.

2. Der Bundesrat hat freie Entscheidung, es versteht sich aber wohl von selbst, daß von der Befugnis nur Gebrauch gemacht wird, wenn nach den anzustellenden Ermittelungen die betreffenden Einrichtungen die erforderliche Gewähr für dauernde Leistungsfähigkeit insbesondere für die dauernde Erfüllbarkeit der den Angestellten zustehenden Leistungen und unter der Voraussetzung einer hinreichenden Sicherstellung der Hinterbliebenen bieten.

3. Nr. 1 erweitert die Bestimmungen der RVO. insofern,

als auf Antrag auch die in Betrieben oder im Dienste von Eisenbahnen des öffentlichen Verkehrs Beschäftigten von der Versicherungspflicht befreit werden können, wenn ihnen die im § 9 bezeichneten Anwartschaften gewährleistet sind.

4. Gewährleistung der Anwartschaft s. oben § 9 Anm. 7 und 12.

5. Der Begriff der Zeit, während deren ein Beschäftigter für den Beruf ausgebildet wird, wird nicht zu eng zu fassen sein. Es kann darunter unbedenklich auch noch die Zeit verstanden werden, während deren die Ausbildung im engeren Sinne abgeschlossen ist und Probedienste geleistet werden, die zu einer Anstellung mit Ruhegehaltsrecht zu führen pflegen (Begr. z. RVO.).

6. Die Gehaltsklassen enthält § 16.

7. Beamte. Wer als solcher anzusehen ist, ist oben bei § 10 Anm. 1 ausgeführt.

8. Nach Nr. 3 können die bei landesherrlichen und standesherrlichen Privatverwaltungen Angestellten von der Versicherungspflicht befreit werden. Für diese Angestellten besteht schon eine gesicherte und weitergehende Fürsorge, als das Gesetz sie bieten kann. Ferner sieht Nr. 3 die Befreiung von Angestellten in Betrieben vor, für die eine besondere Invaliden- und Hinterbliebenenversicherung bereits durch reichs- oder landesrechtliche Vorschriften geregelt ist. Diese Befreiung ist in die RVO. und dementsprechend in das AVG. neu aufgenommen (vgl. den Beschluß des Bundesrats vom 18. Dezember 1890). Die Aufzählung der Beamten und Bediensteten soll natürlich nicht ausschließen, daß weitere Befreiungen auf Grund der Nr. 1 dieses Paragraphen ausgesprochen werden (vgl. Begr. z. AVG. u. z. RVO.).

9. Ob und inwieweit darüber hinaus Angestellte, für welche anderweit bereits eine Fürsorge besteht, zu befreien sind, ist später bei den Übergangsbestimmungen erörtert. Vgl. §§ 365 ff., 372 ff., 387 ff., 390 ff.

II. Freiwillige Versicherung.

Vorbemerkung.

Von vielen Seiten wurde eine möglichst weitgehende Zulassung der freiwilligen Versicherung gewünscht. Es wurde gefordert, daß hierzu befugt sein sollen, solange sie das 40. Lebensjahr nicht vollendet haben,

a) kaufmännische Agenten, Kommissionäre, Bücherrevisoren und nicht festangestellte Buchhalter;
b) Lehrer, die ohne fest angestellt zu sein, wissenschaftlichen Unterricht erteilen, Musiklehrer, Sprachlehrer, Repetitoren, Lehrer in gewerblichen und technischen Fertigkeiten und anderen Unterweisungen;
c) Privatgelehrte, Schriftsteller, Korrektoren, Personen, die freie Künste ausüben (Schauspieler, Pianisten usw.), ohne sich in fester Stellung zu befinden.

Soweit diese Personen unselbständig sind und gegen Entgelt beschäftigt werden, sind sie versicherungspflichtig. Hinsichtlich der übrigen nimmt das Gesetz, soweit es nicht im § 394 Ausnahmen zuläßt, von der freiwilligen Versicherung Abstand, weil gegen sie ernste Bedenken bestehen. Bei Berechnung des zur Erhebung kommenden Durchschnittsbeitrags wird von der Voraussetzung ausgegangen, daß ein großer Teil der Versicherungspflichtigen weder verheiratet ist, noch Kinder unter 18 Jahren hat. Dadurch wird der Durchschnittsbeitrag herabgemindert. Von dieser Voraussetzung darf unbedenklich ausgegangen werden, solange es sich um eine Pflichtversicherung handelt, bei welcher jeder, mag er verheiratet sein oder nicht, der Versicherungspflicht unterstellt ist. Anders liegt die Sache bei der freiwilligen Versicherung. Unverheiratete und kinderlose Personen werden von der freiwilligen Versicherung höchstens in Ausnahmefällen Gebrauch machen, weil sie für die gleiche Prämienleistung bei privaten Versicherungsgesellschaften unter Umständen für sich höhere Ruhegeldansprüche erwerben können, als ihnen eine reichsgesetzliche Angestelltenversicherung gewährt. Denn im ersteren Falle können die für die Versicherung der Hinterbliebenen dienenden Beitragsteile im eigenen Interesse zur Erhöhung des Ruhegeldanspruchs verwendet werden, während sie im letzteren

Falle zur Deckung der Hinterbliebenenlasten bereitgehalten werden müssen. Von dem durchschnittlichen Nettobeitrage werden zur Deckung der Leistungen nach Ablauf der 10jährigen Wartezeit verbraucht:

zur Deckung des Ruhegeldes .	3,6175	Proz.,
„ „ der Altersrente .	1,0239	„
„ „ „ Witwenrenten	1,7970	„
„ „ „ Waisenrenten	0,2048	„
Summe	6,6432	Proz.

Für die Deckung der eigenen Ruhegeld- und Altersrentenansprüche nach 10jähriger Wartezeit sind somit nur $3{,}6175 + 1{,}0239 = 4{,}6414$ Proz. erforderlich, so daß der Nichtverheiratete anderweitig für den Gesamtbeitrag von 6,6432 Proz. beim Fortfall der Witwen- und Waisenfürsorge durchschnittlich einen Ruhegeldanspruch von

$$\frac{6{,}6432}{4{,}6414} = \text{dem } 1{,}43 \text{ fachen}$$

des von der Angestelltenversicherung zu gewährenden Ruhegeldanspruchs erwerben könnte. Es müßte also damit gerechnet werden, daß nur solche Personen sich freiwillig versichern, denen die Versicherung auch für den Todesfall von Nutzen ist, die also verheiratet sind und anspruchsberechtigte Kinder haben. Dadurch würde aber das durchschnittliche Risiko zu ungunsten der Pflichtversicherten erhöht. Man würde damit rechnen müssen, daß die freiwillig Versicherten durch ihre Beiträge durchschnittlich etwa nur rund 77 Proz. der durch sie herbeigeführten Belastung decken werden, wobei sogar noch zugunsten dieser Versicherten angenommen wird, daß der durchschnittliche Gesundheitsstand derselbe ist wie bei den Pflichtversicherten, während erfahrungsgemäß die schwächlicheren und schlechteren Risiken vorzugsweise freiwillige Versicherungen eingehen werden. Die unvermeidliche Folge der Zulassung der freiwilligen Selbstversicherung würde eine Beitragserhöhung für die Pflichtversicherten sein, um Deckung der Mehrbelastung aus der freiwilligen Versicherung zu erhalten. (Begr.) Über die Zulassung der freiwilligen Versicherung im ersten Jahr nach dem Inkrafttreten des Gesetzes vgl. § 394.

Gegen die Zulassung der freiwilligen Fortsetzung der Versicherung beim Ausscheiden aus der versicherungspflichtigen Beschäftigung treffen die gegen den freiwilligen Eintritt in die Versicherung geltend gemachten Bedenken zum Teil zu; deshalb kann auch sie nicht in vollem Umfang, sondern nur unter gewissen Voraussetzungen zugelassen werden. Es kommt hier zunächst in Betracht, die freiwillige Fortsetzung der Versicherung in denjenigen Fällen tunlichst auszuschließen, in welchen Personen in eine versicherungspflichtige Beschäftigung etwa vorübergehend eintreten, um sich und ihren Hinterbliebenen die Leistungen des Gesetzes zuzuwenden. Die zehnjährige Wartezeit für den ev. Bezug von Ruhegeld sowie die während der Übergangszeit (§ 396) vorgesehene fünfjährige für Hinterbliebenenrente reicht allein nicht aus, um die nachteiligen Folgen solcher Versicherungsverhältnisse zu beseitigen, vielmehr kann eine freiwillige Fortsetzung der Versicherung nur dann zugelassen werden, wenn außerdem eine Pflichtversicherung von längerer Dauer vorausgegangen ist. Wird dieser Grundsatz durchgeführt, so wird dadurch zunächst ausgeschlossen, daß jemand eine versicherungspflichtige Beschäftigung vortäuscht; denn eine solche Täuschung wird nicht eine Reihe von Jahren hindurch aufrecht erhalten werden können. Aber auch dann, wenn ein wirkliches Verhältnis der Pflichtversicherung bestanden hat, muß an diesem Grundsatz festgehalten werden. Würde man hiervon Abstand nehmen, so würden im allgemeinen wegen des größeren Fürsorgebedürfnisses für die Angehörigen nur die Verheirateten die Versicherung freiwillig fortsetzen. Die Unverheirateten würden dies in der Regel in all denjenigen Fällen unterlassen, in welchen ihnen bei kürzerer Beitragsdauer nur ein verhältnismäßig geringer Verlust von Beiträgen erwächst. Das Risiko aus der freiwilligen Versicherung würde dadurch zuungunsten der Pflichtversicherten erheblich verschoben werden. Das Interesse der Nichtverheirateten an der freiwilligen Fortsetzung ihrer Versicherung wird aber wachsen, je größer der Verlust aus den eingezahlten Beiträgen, der mit der Versicherungsdauer zunimmt, beim Ausscheiden aus der versicherungspflichtigen Beschäftigung ist. Man wird somit die etwaigen Nachteile, die für die Pflichtversicherten aus der freiwilligen Fortsetzung der Versicherung erwachsen, nach Möglichkeit einschränken, wenn diese Fortsetzung nur nach längerer Versicherungsdauer zugelassen wird. Das Gesetz sieht hierfür eine Beitragsleistung von 60 Monatsbeiträgen vor. Hierdurch dürfte ein genügendes Interesse zur Fortsetzung der Versicherung bei den Nichtverheirateten gesichert werden.

Die Aufrechterhaltung der erworbenen Anwartschaft (Umwandlung in eine beitragsfreie Versicherung) kann dagegen erst nach 120 Beitragsmonaten zugestanden werden, weil nach Ablauf dieser Wartezeit die vollen Bezüge überhaupt erst gewährt werden können. Auch sprechen (wie aus den Erörterungen über Erstattungsansprüche § 62 Anm. 5 hervorgeht) finanzielle Bedenken dagegen, die Aufrechterhaltung der Anwartschaft nach kürzerer Beitragsdauer zuzulassen. Die vor Leistung von 120 Monatsbeiträgen Ausscheidenden haben es in der Hand, sich vor Verlust ihrer Einzahlungen dadurch zu bewahren, daß sie die Beiträge so lange weiter entrichten, bis die Beitragszeit von 120 Monaten erreicht ist. Das Gesetz sieht deshalb vor, daß die freiwillige Fortsetzung der Versicherung ohne weiteres nur dann zulässig sein soll, wenn mindestens 6 Monatsbeiträge entrichtet worden sind, und daß die Aufrechterhaltung der Anwartschaft nur nach Ablauf der Wartezeit von 120 Beitragsmonaten gewährleistet werden soll. Im letzteren Falle wird jedoch dieses Recht nur gegen Zahlung einer fortlaufenden jährlichen Anerkennungsgebühr (§ 172 Abs. 2) von jährlich 3 Mark eingeräumt, damit die Verwaltung der Reichsversicherungsanstalt bei Aufstellung ihrer Bilanzen (§§ 106, 173) übersehen kann, welche Versicherungen noch in Kraft sind.

Mit den vorgesehenen Einschränkungen wird nach § 15 Abs. 2 auch die freiwillige Fortsetzung der Versicherung während des Aufenthalts eines Versicherten im Ausland zugelassen (Begr.).

Weiterversicherung; Erhaltung der Anwartschaft.

§ 15. *Wer aus einer versicherungspflichtigen Beschäftigung*[1] *ausscheidet*[2] *und mindestens sechs*[3] *Beitragsmonate*[4] *auf Grund der Versicherungspflicht zurückgelegt hat, kann die Versicherung freiwillig fortsetzen.*[5] *Hat er einhundertzwanzig Beitragsmonate zurückgelegt, so kann er sich die bis dahin erworbene Anwartschaft*[6] *durch Zahlung einer Anerkennungsgebühr*[7] *(§ 172 Abs. 2) erhalten.*

Unter den gleichen Voraussetzungen[8] *kann die Versicherung auch während des Aufenthalts des Versicherten im Ausland*[9] *freiwillig fortgesetzt oder aufrecht erhalten werden.*[10]

E. I. § 15.
E. II. § 15.
RVO. § 1244 (1229).

1. Über den Begriff der versicherungspflichtigen Beschäftigung vgl. § 1.

2. Das Ausscheiden kann sich darstellen als das Aufhören einer Beschäftigung, welche bisher die zwangsweise Versicherung begründet hat, oder als Änderung in der Beschäftigungsart, z. B. Eintritt in den Staatsdienst oder schließlich als Aufhebung der Versicherungspflicht für eine Gruppe von Personen, zu welchen der bisher Versicherungspflichtige zählt (§ 14). Beim Eintritt einer solchen Tat-

sache endigt die Versicherung ohne weiteres. Die in Betracht kommenden Personen können sich dann freiwillig weiterversichern.

3. Gegenüber dem in den Regierungsentwürfen aufgestellten Erfordernis der Entrichtung von 60 Monatsbeiträgen (an deren Stelle das Gesetz 6 Beitragsmonate eingeführt hat) wurde in der Reichstagskommission geltend gemacht, die Bedingungen für die Weiterversicherung seien zu streng. Das werde ganz besonders in der ersten Zeit schwer empfunden werden. Es wurde u. a. darauf hingewiesen, daß Bühnenmitglieder, die jährlich sieben Monate spielen, niemals das Recht der freiwilligen Weiterversicherung erwerben würden. Sie müßten aber Jahr für Jahr während der sieben Monate die Beiträge zur Versicherung bezahlen, ohne jemals einen Rechtsanspruch auf die Versicherung zu haben. Auch Werkmeister, die ihre Stelle verlören und wieder als Arbeiter tätig seien, könnten leicht vergebens ihre Beiträge geleistet haben, da sie sich nicht weiter versichern könnten. In den Saisongewerben seien ähnliche Härten möglich. Das Wiederaufleben der Anwartschaft habe eine große Bedeutung; man möge doch nicht vergessen, daß es sich um ein soziales Gesetz handle. Es habe sich bei der RVO. gezeigt und werde sich auch hier zeigen, daß sehr viele Beiträge verfallen. Da lasse sich doch ein Reservefonds schaffen. Der Anspruch scheitere oft genug an dem Fehlen von nur zwei Beiträgen. Und die Ursache des Verfallens der Anwartschaft und der nicht genügenden Beitragsleistung sei durchaus nicht immer in bösem Willen oder in Leichtsinn, sondern häufig in Unkenntnis der Bestimmungen zu finden.

Regierungsseitig wurde zugegeben, daß in der Tat eine gewisse Härte vorliege und daß nichts dagegen einzuwenden sei, daß die auf Grund der Versicherungspflicht geleistete Mindestzahl der Monatsbeiträge dementsprechend herabgesetzt würde. Man einigte sich auf 6 Beitragsmonate (vgl. Kom.-Ber.). Vgl. zu § 15 auch den § 49, insbes. Anm. 1 und die Vorbemerkung dazu.

4. Über Ersatztatsachen als Beitragsmonate vgl. § 51.

5. Nur eine freiwillige Fortsetzung, nicht einen freiwilligen Eintritt in die Versicherung, wie sie bei den übrigen sozialen Versicherungszweigen möglich ist, kennt das Gesetz. Vgl. die Vorbemerkung oben S. 173 f. Ausnahme in der Übergangszeit nach § 394. Über die für die freiwillige Versicherung zulässige Gehaltsklasse vgl. § 18. Wie lange der Versicherte Zeit hat, sich weiter zu versichern, sagt § 49.

6. Die Erhaltung der erworbenen Anwart-

schaft in dieser Form ist den bisherigen Sozialversicherungsgesetzen unbekannt.

7. Die Anerkennungsgebühr beträgt jährlich 3 Mark; sie kann in Teilbeträgen oder in einer Summe entrichtet werden. Vgl. § 172 Abs. 2.

8. Unter gleichen Voraussetzungen sind die des Abs. 1 Satz 1 zu verstehen.

9. Über die Folgen eines Aufenthalts des Versicherten im Ausland im allgemeinen (ev. Ruhen der Renten) vgl. § 76.

10. Die Erneuerung einer erloschenen Versicherung, wie sie RVO. § 1283 kennt, sieht dieses Gesetz nicht vor, dagegen gewährt es ein Wiederaufleben der Anwartschaft im Sinne der zitierten Vorschrift (vgl. § 50).

III. Gehaltsklassen.

Vorbemerkung.

Die zur Erleichterung und Vereinfachung der Durchführung der Versicherung nach der Höhe des Jahresarbeitsverdienstes eingeführten neun Gehaltsklassen, deren untere Klassen sich mit den Lohnklassen der Invalidenversicherung decken, hängen aufs engste mit der dem ganzen Gesetz zugrunde liegenden versicherungstechnischen Auffassung zusammen, welche in der Vorbemerkung zu § 170 ausführlich besprochen ist.

Die Gehaltsklassen sind von Bedeutung sowohl für die Höhe der Beiträge, als auch für die Versicherungsleistungen.

Neun Gehaltsklassen nach Jahresarbeitsverdienst.

§ 16. *Nach der Höhe des Jahresarbeitsverdienstes* [1] *werden für die Versicherten* [2] *folgende Gehaltsklassen* [3] *gebildet:*

Klasse	*A . . . .*		*bis zu*	*550*	*Mark,*
„	*B von mehr als*	*550*	*„ „*	*850*	*„*
„	*C „ „ „*	*850*	*„ „*	*1 150*	*„*
„	*D „ „ „*	*1 150*	*„ „*	*1 500*	*„*
„	*E „ „ „*	*1 500*	*„ „*	*2 000*	*„*

Klasse	*F*	*von*	*mehr*	*als*	*2 000*	*bis*	*zu*	*2 500*	*Mark,*
„	*G*	„	„	„	*2 500*	„	„	*3 000*	„
„	*H*	„	„	„	*3 000*	„	„	*4 000*	„
„	*J*	„	„	„	*4 000*	„	„	*5 000*	„ [4]

E. I. § 16.
E. II. § 16.
RVO. § 1245 (1230).

1. Jahresarbeitsverdienst bedeutet den Jahresbetrag des Entgelts, wobei als Entgelt alle Bezüge zu rechnen sind, welche § 2 aufzählt. Es kommt also nicht nur Arbeitsverdienst im engeren Sinne in Betracht, sondern auch jedes übrige Entgelt im Sinne von § 2. Das AVG. spricht nicht wie das IVG. bezw. die RVO. von einem Durchschnittsverdienst, sondern beachtet den Individualverdienst (vgl. auch § 17 Anm. 2).

2. Unter Versicherten sind ebensowohl die Versicherungspflichtigen wie die freiwillig Versicherten zu verstehen.

3. Die Gehaltsklassen sind von Bedeutung einerseits für die Beitragsleistung §§ 172 ff., andererseits für die Leistung der Reichsversicherungsanstalt (vgl. §§ 25 ff., 28 ff. und 73 ff.).

4. Ursprünglich war eine weitere 10. Klasse in Aussicht genommen für alle Angestellten mit Gehalt über 5000 Mark, da man nach dem österreichischen Vorbild eine obere Gehaltsgrenze einzuführen nicht beabsichtigte. Dieses Vorhaben der Regierung scheiterte an dem lebhaften Protest weiter Kreise.

Berechnung des Jahresarbeitsverdienstes.

§ 17. *Soweit das Gehalt in bar,*[1] *aber nicht jährlich gezahlt wird, gilt als Jahresarbeitsverdienst für die Zugehörigkeit zu den Gehaltsklassen*[2]

bei wöchentlicher	*Zahlung*	*das*	*52 fache,*
„ *monatlicher*	„	„	*12* „
„ *vierteljährlicher*	„	„	*4* „

des gezahlten Betrags. Bei Berechnung von Gewinnanteilen und ähnlichen Bezügen,[3] *die ihrem Betrage nach nicht feststehen, wird der Betrag des letzten Jahres zugrunde gelegt, für das dem Versicherten die Bezüge zugeflossen sind. Sind ihm bei Fälligkeit des*

Monatsbeitrags aus der gegenwärtigen versicherungspflichtigen Beschäftigung Bezüge dieser Art noch nicht gezahlt, so gilt für die Berechnung des Jahresarbeitsverdienstes das in bar gewährte Gehalt. Für Sachbezüge [4] *wird der nach § 2 Abs. 2 berechnete Wert zugrunde gelegt.*

E. I. § 17.
E. II. § 17.
RVO. § 1246 (1231).

1. Die Zahlung des Gehalts in bar steht im Gegensatz zu den im letzten Satz von § 17 angeführten Sachbezügen.

2. Die Zugehörigkeit zu den einzelnen Gehaltsklassen wird in der Angestelltenversicherung im Gegensatz zum Regelfall in der Invaliden- und Hinterbliebenenversicherung in der Weise vorgenommen, daß die Versicherten nach ihren tatsächlichen, nicht aber wie dort nach den für ihre Berufsklasse oder Gruppe maßgebenden durchschnittlichen Jahresarbeitsverdiensten eingereiht werden (vgl. auch § 16 Anm. 1).

3. Bei Berechnung von Gewinnanteilen und ähnlichen Bezügen können Schwierigkeiten entstehen, wenn für den Angestellten beim Stellenwechsel in der neuen Stelle solche Bezüge noch nicht festgestellt sind. In der Regel erfolgen diese Zuwendungen erst beim Rechnungsabschlusse. Dem neuen Arbeitgeber kann nicht zugemutet werden, daß er Beiträge von Gewinnanteilen und ähnlichen Bezügen zahlt, die dem Angestellten in der früheren Stellung gewährt worden sind. Um die Schwierigkeiten und Zweifel zu beseitigen, bestimmt das Gesetz, in diesen Fällen bis zur ersten Zuwendung von Gewinnanteilen in der neuen Stellung nur die baren Gehaltsbezüge der Versicherung zugrunde zu legen und hiernach die Einschätzung in die Gehaltsklassen zu bewirken. (Begr.)

4. Der Wert der Sachbezüge wird nach Ortspreisen berechnet, welche die untere Verwaltungsbehörde festsetzt.

Gehaltsklasse für freiwillige Versicherung.

§ 18.[1] *Eine freiwillige Versicherung* [2] *ist höchstens in derjenigen Gehaltsklasse zulässig, die dem Durchschnitt der letzten sechs Pflichtbeiträge entspricht oder am nächsten kommt.*[3]

E. I. § 18.
E. II. § 18.
RVO. —

1. Während in der Invaliden- und Hinterbliebenenversicherung dem Versicherten allgemein erlaubt ist, einer höheren Lohnklasse beizutreten (vgl. RVO. § 1248), ohne Rücksicht auf seinen tatsächlichen Jahresarbeitsverdienst (wobei der Arbeitgeber zum höheren Beitrag jedoch nur verpflichtet ist, wenn hierüber eine Vereinbarung mit dem Versicherten getroffen worden ist), kennt das AVG. nach § 18 keine solche generelle Zulassung der Pflichtversicherten in höherer Gehaltsklasse nach eigener Wahl. Ausnahmen läßt der erst in der Reichstags-Kommissionsberatung zugefügte § 19 zu.

2. Nach Auffassung des Gesetzgebers sprechen gegen die allgemeine Zulassung der Weiterversicherung in einer höheren Gehaltsklasse gewichtige Gründe. Er hält eine solche nur dann für unbedenklich, wenn besondere, nach dem Alter abgestufte Beitragstarife für die Ansprüche auf Ruhegeld einerseits und auf Witwen- und Waisenrenten andererseits aufgestellt und die erhöhten Ansprüche nach diesen Tarifen bemessen würden. Daß die Einführung solcher Tarife die Durchführung der Versicherung bedeutend erschwert, liegt auf der Hand. Es empfiehlt sich daher, von ihnen abzusehen. Hinzu kommt, daß die vorhandenen Rechnungsgrundlagen für die Ermittelung des Durchschnittsbeitrags für die Pflichtversicherung wohl ausreichen, für die Aufstellung der gedachten Tarife dagegen noch wenig geeignet sind. Erst wenn genügende, bei Durchführung der Versicherung gemachte Erfahrungen vorliegen, wird die Frage der freiwilligen Versicherung und der Versicherung in höherer Gehaltsklasse erneut zu prüfen sein (vgl. Begr.).

3. Über die Zulässigkeit auch der Pflichtversicherung in einer höheren Klasse s. § 19.

Versicherung in höherer Gehaltsklasse.

§ 19.[1] *Der Versicherte*[2] *kann bis zum vollendeten fünfundzwanzigsten Lebensjahre in eine höhere Gehaltsklasse, als der Höhe seines Jahresarbeitsverdienstes entspricht, übertreten.*[3]

Ein Versicherter, der in eine versicherungspflichtige Beschäftigung mit geringerem Entgelt, als seiner bisherigen Gehaltsklasse entspricht, eintritt, kann in sei-

ner bisherigen Gehaltsklasse bleiben, falls er mindestens sechs Beitragsmonate in der höheren Gehaltsklasse auf Grund der Versicherungspflicht zurückgelegt hat.[4]

Der Arbeitgeber ist nur dann zum höheren Beitrag verpflichtet, wenn dies vereinbart worden ist.[5]

E. I. —
E. II. —
RVO. § 1248 (1233).

1. Der § 19 wurde als § 18a von der Reichstagskommission neu eingefügt.

2. Als Versicherter gilt hier ebensowohl der Pflicht- wie der freiwillig Versicherte.

3. Es wurde dazu (nach dem Kom.-Ber.) ausgeführt, daß gemäß dem Regierungsentwurf nicht die Möglichkeit bestand, sich in höheren Gehaltsklassen als derjenigen, die der Höhe des Jahresarbeitsverdienstes entspreche, zu versichern. Dieser Grundsatz sei insofern richtig, als man dem entgegentreten müsse, daß Personen im vorgerückten Alter höhere Beiträge zahlten, um sich eine höhere Rente zu verschaffen; dadurch würde die Reichsversicherungsanstalt zu sehr belastet werden. Anders dagegen verhielte es sich, wenn die Versicherten in jüngeren Jahren höhere Beiträge als ihrem Jahresarbeitsverdienste entsprechen würde, leisteten. Dadurch würde die Reichsversicherungsanstalt in keiner Weise geschädigt. Es müßte dem Versicherten nur die Möglichkeit eingeräumt werden, während einer Reihe von Jahren höhere Beiträge zu leisten. Ein Vertreter der verbündeten Regierungen wies auf die Bedenken hin: es würden von der Befugnis, sich in einer höheren Gehaltsklasse zu versichern, nur die schlechten Risiken, also diejenigen Personen, die verheiratet oder krank seien oder Kinder hätten, Gebrauch machen. Das würde aber die Reichsversicherungsanstalt zu sehr belasten. Dennoch erfolgte die Annahme der obigen Bestimmung.

4. Der Zweck dieser wichtigen Bestimmung ist, dem Versicherten die dauernde Aufrechterhaltung der Anwartschaft auf höhere Bezüge zu ermöglichen.

5. Im übrigen vgl. über die Beitragspflicht der Arbeitgeber §§ 176 ff.

Zweiter Abschnitt.

Gegenstand der Versicherung.

Vorbemerkung.

Die Leistungen der Angestelltenversicherung, welche denen der Invaliden- und Hinterbliebenenversicherung ähnlich sind, lassen sich nach verschiedenen Gesichtspunkten gruppieren. So kommen einerseits Leistungen in Betracht, welche den Versicherten persönlich zufallen: in erster Linie das Ruhegeld, andererseits Leistungen an die Hinterbliebenen der Versicherten (Hinterbliebenenrenten). Das Ruhegeld stellt sich entweder als eine Alters- oder als eine Invalidenrente dar. Die Hinterbliebenenrenten zerfallen in Witwenrente, Waisenrente und Witwerrente (§§ 20—35). Die RVO. kennt in der Invaliden- und Hinterbliebenenversicherung außer den hier angeführten Leistungen des AVG. auch noch Witwengeld und Waisenaussteuer.

Neben Geldleistungen, sei es in Form von Renten, sei es in Form einer Kapitalabfindung, kennt das Gesetz auch Sachleistungen (Unterbringung in einem Invaliden- oder Waisenhaus oder einer ähnlichen Anstalt — §§ 44—46).

Von großer Bedeutung ist das Heilverfahren zur Abwendung einer drohenden Berufsunfähigkeit oder zur Wiederherstellung der Berufsfähigkeit des Versicherten; dieses ist eine Mischung von Geld- und Sachleistungen, insofern der Versicherte selbst in einem Krankenhaus oder in einer Anstalt für Genesende untergebracht, seinen Angehörigen aber ein Hausgeld gezahlt wird (§§ 36—43).

Gemeinsam ist allen Leistungen, daß ihr Bezug an die Erfüllung einer Wartezeit (§ 48) geknüpft ist, welche für männliche Angestellte länger als für weibliche festgesetzt ist (Beitragsmonate). Sämtliche Leistungen gelten nicht als öffentliche Armenunterstützung (vgl. auch § 21 Anm. 2 u. § 82 Anm. 1 und § 92).

Von verschiedenen Seiten ist darauf hingewiesen worden, daß im Gegensatze zur Arbeiterversicherung für die Angestelltenversicherung Kapitalversicherungen bessere Dienste als Rentenversicherung leisten würden. Eingehende Erwägungen lassen es indessen im Hinblick auf die geringe Aussicht der Angestellten ein eigenes Unternehmen zu begründen und im Hinblick auf die Bedenken, daß sich bei Kapitalversicherungen für die Hinterbliebenen keine Vorsorge gegen unzweckmäßige Verwendung des Kapitals treffen läßt, ratsam erscheinen, zunächst von dieser Versicherungsart Abstand zu nehmen. Hierzu kommt, daß die Vielgestaltigkeit der Leistungen die Durchführung der Versicherung sehr erschweren und die Verwaltungskosten erheblich erhöhen würde. Nach genügenden Erfahrungen bei der Durchführung des Gesetzes wird sich die Frage besser entscheiden lassen als zur Zeit, ob andere Arten von Leitsungen zweckentsprechend sind. Zunächst kommt es für den Angestellten darauf an, für seinen Lebensabend und die Hinterbliebenen eine gesicherte, ständig wiederkehrende Einnahme zur Beseitigung der wirtschaftlichen Not zu gwährleisten. (Begr.).

Hinsichtlich dieses Prinzips wie überhaupt in bezug auf andere wichtige Grundsätze der Angestelltenversicherung steht der Gesetzgeber auf dem Standpunkt der alten Invalidenversicherung. In der Begründung des 1. Entwurfs eines Alters- und Invaliditätsgesetzes aus dem Jahre 1889 heißt es darüber (Reichstagsdrucksachen 1888/89, S. 53):

„Gegenstand der. . . Versicherung wird die Gewährung einer Rente sein müssen, weil nur diese die Gewähr bietet, daß den Versorgungsberechtigten dauernd die versicherten Bezüge zugute kommen. Eine

Kapitalversicherung empfiehlt sich schon um deswillen nicht, weil sich keine ausreichende Vorsorge dagegen treffen läßt, daß das Kapital zweckwidrig verwendet oder vergeudet, dadurch aber der Zweck der Versicherung, für den Lebensabend eine sichere, vor der Armenpflege bewahrende Einnahme zu gewährleisten, hinfällig gemacht wird.

Ihrem Betrage nach wird die Rente so bemessen werden müssen, daß sie einerseits nicht nur eine teilweise Erleichterung der öffentlichen Armenpflege oder ein Taschengeld darstellt, andererseits aber auch nur die Möglichkeit einer bescheidenen Lebenshaltung, wie sie insbesondere der Aufenthalt an billigem Ort bietet, ermöglicht.

Je niedriger die Renten, desto geringer sind auch die Beiträge, und es bleibt demjenigen, welcher von seinem Arbeitsverdienst größere Beträge erübrigen kann, unbenommen, freiwillig eine Zusatzrente bei den für derartige Versicherungen vorhandenen Privatanstalten zu versichern."

I. Allgemeines.

Art der Leistungen.

§ 20.[1] *Gegenstand der Versicherung*[2] *sind Ruhegeld*[3] *und Hinterbliebenenrenten.*[4] [5]

E. I. § 19.
E. II. § 19.
RVO. § 1250 (1235).

1. Die Voraussetzungen, an welche der Bezug der Leistungen aus der Angestelltenversicherung geknüpft ist (Versicherungsfall), sind Berufsunfähigkeit (Invalidenversicherung), Greisenalter (Altersversicherung) oder Tod mit Hinterlassung von Angehörigen (Witwen- und Waisenversicherung).

2. Der Gegenstand der Versicherung zeigt gegenüber der Invaliden- und Hinterbliebenenversicherung insofern eine Einschränkung, als Witwengeld und Waisenaussteuer dem AVG. unbekannt sind. Gegenstand der Versicherung nach dem AVG. sind außer Ruhegeld und Hinterbliebenenrenten aber auch noch eine Reihe weiterer

Leistungen. Siehe die Vorbemerkung und vgl. §§ 36 ff. und 44 ff.

3. Das Ruhegeld ist entweder Alters- oder Invalidenrente (Pension); vgl. § 21.

4. Die Hinterbliebenenrenten sind Witwen-, Witwer-, oder Waisenrenten (§ 28 ff.).

5. Das Ruhegeld ist nach herrschender Meinung Vorbehaltsgut der Frau, d. h. es ist der an sich durch die Eheschließung begründeten Verwaltung und Nutznießung des Mannes an dem Vermögen der Frau (§ 1363 BGB.) nicht unterworfen und wird vielmehr dem durch § 1367 BGB. als Vorbehaltsgut der Frau erklärten Erwerb durch Arbeit gleichgestellt (vgl. Staudinger, BGB., Bd. IV, zu § 1367 Anm. 2 S. 188 und Anm. 4 S. 190, Warneyer, BGB. zu § 1367 Anm. 1 S. 847 und Entsch. d. Sächs. OVG. v. 18. Jan. 1906, abgedruckt in der DJZ. XII. Jahrg. 1907, S. 246).

Ruhegeld.

§ 21. *Ruhegeld*[1] *erhält,*[2] *wer die Berufsunfähigkeit*[3] *(§ 25) oder das gesetzliche Alter*[4] *nachweist*[5] *sowie die Wartezeit*[6] *erfüllt und die Anwartschaft aufrechterhalten*[7] *hat.*

E. I. § 20.
E. II. § 20.
RVO. § 1251 (1236).

1. Das Ruhegeld stellt sich dar als Invalidenrente, wenn es auf Grund einer Berufsunfähigkeit ausbezahlt wird oder als Altersrente, wenn es ohne Rücksicht darauf, ob Berufsunfähigkeit vorliegt oder nicht, bei Vollendung des 65. Lebensjahres fällig wird.

2. Durch die Fassung dieses Paragraphen wird zum Ausdruck gebracht, daß der Versicherte ein festes Recht auf Ruhegeld hat, einen Anspruch, den er im Streitverfahren geltend machen und der ihm nicht vorenthalten werden kann, sofern die gesetzlichen Voraussetzungen erfüllt sind. Durch diesen festen Rechtsanspruch unterscheidet sich die Versicherungsleistung wesentlich von der Leistung der Armenpflege, auf die kein solches Anrecht des einzelnen besteht.

3. Über den Begriff der Berufsunfähigkeit vgl. Anm. 2 zu § 1 und Anm. 3—10 zu § 25. Die Berufsunfähigkeit kann eine dauernde oder auch vorübergehende sein; im letzteren Falle wird nach § 25 Abs. 2 ein Kranken-Ruhegeld gewährt.

4. Das gesetzliche Alter bestimmt § 25.

5. Der Nachweis ist nicht als Beweislast im Sinne des privatrechtlichen Prozesses aufzufassen, jedoch sollen dem Antrag auf Gewährung von Ruhegeld die Beweisstücke beiliegen (vgl. § 229 Abs. 1).

6. Über Erfüllung der Wartezeit vgl. § 48 und die dazugehörige Vorbemerkung.

7. Über Aufrechterhaltung bezw. Erlöschen der Anwartschaft vgl. §§ 15 Abs. 2, 49, 50.

Hinterbliebenenrenten.

§ 22. *Hinterbliebenenrenten* [1] *werden gewährt,* [2] [3] *wenn der Verstorbene* [4] *zur Zeit seines Todes die Wartezeit* [5] *für das Ruhegeld erfüllt und die Anwartschaft* [6] *aufrechterhalten hat.*

E. I. § 21.
E. II. § 21.
RVO. § 1252 (1237).

1. Die Hinterbliebenenrenten der Angestelltenversicherung werden unter analogen Voraussetzungen gewährt, wie diejenigen bei der Invalidenversicherung. Hier wie dort ist Erfüllung der Wartezeit und die Aufrechterhaltung der Anwartschaft Erfordernis. Während jedoch nach der RVO. § 1258 nur invalide Witwen Anspruch auf Witwenrenten haben, erhält nach dem AVG. jede Witwe (§ 28), auch die vollerwerbsfähige, Rente. Anders verhält es sich mit den Witwern, vgl. § 30 Abs. 1.

2. Über das feste Anrecht auf die Renten vgl. Anm. 2 zu § 21.

3. Hinterbliebenenrenten können naturgemäß nur an solche Personen ausgezahlt werden, welche als Versicherte nach Inkrafttreten dieses Gesetzes gestorben sind. Die Höhe der Hinterbliebenenrenten hängt ab von den eingezahlten Beiträgen.

4. Ob der Verstorbene versicherungspflichtig oder freiwillig weiterversichert war, ist gleichgültig.

5. Über Wartezeit vgl. § 48.

6. Über Aufrechterhaltung bezw. Erlöschen der Anwartschaft vgl. §§ 15 Abs. 2, 49, 50.

Nachzahlung von Ruhegeld und Renten.

§ 23.[1] *Länger als auf ein Jahr rückwärts,* [2] *vom Eingang* [3] *des Antrags* [4] *gerechnet, werden Ruhegeld und Renten nicht gezahlt.* [5]

E. I. § 22.
E. II. § 22.
RVO. § 1253 (1238).

1. Die Bestimmung hat den Zweck zu vermeiden, daß Anträge auf Rentenbewilligung mit zu großer Verspätung gestellt werden, so daß alsdann Nachzahlungen für mehrere Jahre zu leisten wären, wodurch die Berechtigten neben einer fortlaufenden Rente zugleich noch ein für ihre Verhältnisse nicht unerhebliches Kapital erhielten. Durch verspätete Bewilligungen würde auch die Sicherheit der für die rechnerischen Arbeiten erforderlichen statistischen Angaben beeinträchtigt werden.

2. Die Bestimmung des § 23 bezieht sich auf den versicherten Angestellten wie auf seine Hinterbliebenen. Die Frist ist als Ausschlußfrist, nicht als Verjährungsfrist im Sinne des bürgerlichen Rechts anzusehen. Der Unterschied zwischen diesen beiden Fristen besteht darin, daß die Ausschlußfrist regelmäßig ohne Rücksicht darauf läuft, ob derjenige, welcher innerhalb der Frist den Antrag zu stellen hat, dazu imstande ist oder nicht, daß das befristete Recht bei fruchtlosem Ablauf der Frist ohne weiteres erlischt, da seinem Dasein von vornherein diese zeitliche Begrenzung gesteckt war, und daß sie daher von Amts wegen zu berücksichtigen ist, während die Verjährungsfrist sowohl der Hemmung wie der Unterbrechung aus mehrfachen Gründen unterliegt und lediglich eine Einrede gegen einen Anspruch erzeugt, also nur zu berücksichtigen ist, wenn sie geltend gemacht wird (vgl. Entsch. des RG. in Ziv.-S., Bd. 48, S. 163 ff. und Staudinger BGB., Vorbem. zu § 194, Bd. I, S. 621, Anm. 3). Im Gegensatz hierzu steht die öffentlichrechtliche Verjährung des § 228 (vgl. dort Anm. 2).

3. Der Tag des Eingangs wird nach § 324 Abs. 1 bei Berechnung der einjährigen Ausschlußfrist nicht mitgerechnet.

4. Es fehlt an einem von Amts wegen zur Kenntnis des Feststellungsorgans gelangenden äußerlichen Merkmal des Anspruchs. Das den Anspruch der Hinterbliebenen begründende Ereignis, nämlich der Tod des Versicherten usw. (vgl. §§ 28 ff.), wird dem Feststellungsorgan in der Regel erst bekannt, wenn die Hinterbliebenen Fürsorge begehren. Ohne Antrag der Hinterbliebenen kann deshalb das Feststellungsverfahren nicht eingeleitet werden. Es dürfte aber für den Antrag jede Form genügen; auch ein mündlicher Antrag ist statthaft (A. N. 1901, S. 436, 460). Vgl. hierzu § 229 Anm. 1.

5. Bewilligte und angewiesene, aber nicht in Empfang genommene Ruhegelder und Renten verjähren entsprechend § 197 BGB. regelmäßig in vier Jahren nach der Fälligkeit (§ 228 Abs. 3).

Verlust des Anspruchs auf Ruhegeld.

§ 24.[1] *Wer sich vorsätzlich*[2] *berufsunfähig*[3] *macht, verliert den Anspruch auf das Ruhegeld.*[4]

Hat sich der Versicherte die Berufsunfähigkeit beim Begehen einer Handlung, die nach strafgerichtlichem Urteil[5] *ein Verbrechen*[6] *oder vorsätzliches Vergehen*[7] *ist, zugezogen, so kann das Ruhegeld*[8] *ganz oder teilweise versagt*[9] *werden. Die Verletzung bergpolizeilicher Verordnungen oder des § 93 Abs. 2, 3 und der §§ 95 bis 97 der Seemannsordnung gilt nicht als Vergehen im Sinne des vorstehenden Satzes.*[10] *Das Ruhegeld kann den im Inland wohnenden Angehörigen*[11] *ganz oder teilweise zugewiesen*[12] *werden, wenn der Versicherte sie bisher*[13] *ganz oder überwiegend aus seinem Arbeitsverdienst unterhalten hat.*[14] *Deutsche Schutzgebiete gelten im Sinne dieser Vorschrift als Inland.*[15]

Das Ruhegeld kann auch versagt werden, wenn wegen des Todes, der Abwesenheit oder eines anderen in der Person des Antragstellers liegenden Grundes[16] *kein strafgerichtliches Urteil ergeht.*

E. I. § 23.
E. II. § 23.
RVO. § 1254 (1239).

1. Der Grundsatz, daß dem Versicherten ein Anspruch auf Ruhegeld nicht zusteht, wenn er die Berufsunfähigkeit vorsätzlich herbeigeführt hat, und daß das Ruhegeld ganz oder teilweise versagt werden kann, wenn die Berufsunfähigkeit bei einer Handlung eingetreten ist, die nach strafgerichtlichem Urteil ein Verbrechen oder vorsätzliches Vergehen ist, hat ebenso Geltung wie bei der Invaliden- und Hinterbliebenenversicherung. (Begr.)

2. Vorsätzlich im Gegensatz zu fahrlässig bedeutet, daß die Willensbestimmung auf den tatsächlich eingetretenen Erfolg, nämlich die Berufsunfähigkeit herbeizuführen, gerichtet war. Vorsätzlich handelt also auch, wer die Mög-

lichkeit des schädigenden Erfolgs seiner Handlung voraussieht (vgl. Entsch. des RG., Ziv.-S. v. 7. April 1909, abgedruckt bei Warneyer, BGB. zu § 276 Anm. 1, S. 187). Fahrlässig handelt dagegen nach der im § 276 BGB. gegebenen Begriffsbestimmung, wer die im Verkehr erforderliche Sorgfalt außer acht läßt.

Das Gesetz schließt die Leistungen nicht aus, wenn der Versicherte in zurechnungsfähigem Zustand Selbstmord begangen hat. Zwar widerspricht dies dem sonst zur Geltung gelangten Grundsatz, daß bei vorsätzlicher Herbeiführung des Versicherungsfalls der Versicherer von der Verpflichtung zur Leistung frei wird (vgl. auch § 169 des Gesetzes über den Versicherungsvertrag v. 30. Mai 1908, RGBl. S. 263). Auf der anderen Seite muß berücksichtigt werden, daß es mit den Zwecken der Versicherungsgesetzgebung wohl vereinbar ist, wenn der Versicherte für seine Person unter der vorsätzlichen Herbeiführung des Versicherungsfalls zu leiden hat, daß es indessen nicht angezeigt ist, auch den Hinterbliebenen denselben Nachteil aufzuerlegen. (Begr. z. RVO.)

Bei einem vorsätzlich begangenen Selbstmordversuch, der statt mit dem Tode lediglich mit der Berufsunfähigkeit des Versicherten endet, darf das Ruhegeld nicht versagt werden. Die bisherige entgegengesetzte Rechtsprechung des RVA. (vgl. A. N. 1899, S. 286) erscheint nicht haltbar. Einzelfälle s. bei Hanow IV, S. 105. Vgl. auch Hübner, „Über den Selbstmord". Jena 1910.

3. Berufsunfähigkeit vgl. § 1 Anm. 2, § 21 Anm. 2 und § 25 Anm. 3—11.

4. Nur vom Verlust des Anspruchs auf Ruhegeld ist in dem obigen Paragraph die Rede, nicht vom Verlust der Hinterbliebenenrenten, im Gegensatz zu § 1254 RVO., wo selbst wegen der anders geregelten Witwenrenten auch deren Verlust geregelt wird.

5. Die Folgen der strafgerichtlichen Verurteilung sollen übrigens, was das RVA. seither in seiner Rechtsprechung bereits angenommen hat, auch dann eintreten, wenn nicht ein Urteil nach Maßgabe der §§ 259 ff. StPO., sondern ein rechtskräftiger amtsrichterlicher Strafbefehl im Sinne der §§ 447 ff. a. a. O. vorliegt.

6. Was als Verbrechen oder vorsätzliches Vergehen anzusehen ist, bestimmt sich nach dem StGB. § 1.

7. Fahrlässige Vergehen kommen nicht in Frage.

8. Das Ruhegeld kann versagt werden, muß es also nicht; es entscheidet vielmehr das freie Ermessen der

Behörden, welche nach den Umständen des Falles urteilen werden.

9. Die Versagung wird im gewöhnlichen Verfahren vor sich gehen. (Vgl. darüber unten §§ 229 ff.)

10. Die Bestimmung betr. bergpolizeiliche Verordnungen ist erst in der Reichstagskommission hinzugefügt worden, weil nach §§ 197, 198, 199, 208 des Allgemeinen Berggesetzes für die Preußischen Staaten v. 24. Juni 1865 (GS. S. 705) in der Fassung v. 28. Juli 1909 (GS. S. 677) Zuwiderhandlungen gegen die sicherheitspolizeilichen Vorschriften wegen der den Betrag von 150 Mark übersteigenden Strafgrenzen als Vergehen im Sinne des § 1 Abs. 2 StGB. anzusehen sind.

Die hier zitierten Vorschriften der Seemannsordnung vom 2. Juni 1902 (RGBl. S. 175) betreffen das Entweichen oder Sichverborgenhalten eines Schiffsmanns, der sich der Fortsetzung des Dienstes entziehen will (§ 93 Abs. 2 und 3), sowie besondere Fälle, in denen sich der Schiffsmann dem Dienste im Auslande entzieht oder sich einer gröblichen Verletzung seiner Dienstpflichten schuldig macht (§§ 95—97).

11. Der Begriff der Angehörigen deckt sich nicht mit dem der Familie, er bezieht sich vielmehr sowohl auf Frau und eheliche Kinder, als auch auf alle Verwandten und Verschwägerten auf- und absteigender Linie. Das uneheliche Kind gehört nach § 1705 BGB. zu den Angehörigen seiner Mutter und deren Verwandten. Vgl. über die Begriffe „Verwandtschaft" und „Schwägerschaft" §§ 1589 ff. BGB.

12. Auf die Zuweisung besteht kein Anspruch von vornherein, weder von seiten des Versicherten, noch von seiten der Angehörigen.

13. Bisher muß der Versicherte die Angehörigen unterhalten haben, also bis zum Beginn der Berufsunfähigkeit.

14. Zweck der Vorschrift des Satzes 3 in Abs. 2 ist, Personen, die der Versicherte bisher unterstützt hat, vor einer Notlage zu bewahren.

15. Das Gesetz hebt hier und in § 78 ausdrücklich hervor, daß deutsche Schutzgebiete als Inland zu gelten haben. Diese Hervorhebung berechtigt jedoch nicht ohne weiteres zu der Annahme, daß deutsche Schutzgebiete in sonstigen Fällen des Gesetzes stets als Ausland anzusehen sind (vgl. z. B. § 3 Anm. 4).

16. Ein anderer in der Person des Antragstellers liegender Grund ist z. B. darin zu finden, daß derselbe nach der Tat in Geisteskrankheit verfallen ist (vgl. § 209 StPO.).

II. Ruhegeld.

Vorbemerkung.

Von weittragendster Bedeutung ist die Fassung des Begriffs der Erwerbsunfähigkeit, welche die Voraussetzung für die Gewährung des Ruhegeldes bildet. Die neue Versicherung will die Angestellten der verschiedensten Berufsstellungen und Berufszweige umfassen, deren theoretische und praktische Ausbildung und Beschäftigung sehr verschieden ist. Die von den Beteiligten ursprünglich gewünschte Einführung der Berufsinvalidität im engeren Sinne würde zur Folge haben, daß die Angestellten, welche den Anforderungen ihres Berufszweiges nach dem Maße ihrer körperlichen oder geistigen Kräfte nicht mehr völlig genügen, auf Antrag pensioniert werden müßten, auch wenn sie anderweit im vollen Umfang tätig sein können und eine solche Tätigkeit in Wirklichkeit ausüben. Das Maß der beim Eintritt der Berufsinvalidität verbliebenen, anderweit zu betätigenden Arbeitskraft kann je nach der Berufsstellung und dem Berufszweig recht verschieden sein; die Berufsinvalidität im engeren Sinne würde also eine völlig ungleiche Behandlung der Versicherten bei der Pensionierung zur Folge haben, die schon wegen der nach gleichen Grundsätzen erfolgenden Beitragsveranlagung und im Interesse der Herabminderung der Kosten der Versicherung zu vermeiden ist. Ebenso liegt kein Bedürfnis vor, den Versicherten schon dann Ruhegeld zu gewähren, wenn sie noch in der Lage sind, durch die ihnen verbliebene Arbeitskraft mehr als die Hälfte der bisherigen Einkommensbezüge in anderen, von der neuen Versicherung umfaßten Berufsstellungen zu erwerben, die ähnliche Anforderungen an die Leistungsfähigkeit stellen und im wesentlichen die gleiche Ausbildung voraussetzen. Auch vom Standpunkt des allgemeinen wirtschaftlichen Interesses ist es notwendig, daß die verbliebene Arbeitskraft verwertet wird.

Aus diesen Gründen wird der Versicherte, dessen Invalidität festzustellen ist, im Vergleiche zu einem körperlich und geistig gesunden Angestellten in irgend einer durch die neue Versicherung erfaßten Berufsstellung zu betrachten sein, mag sie mit der bisherigen verwandt oder völlig verschieden von ihr sein.

Ähnliche Erwägungen liegen auch der im österreichischen Gesetz über die Regelung der Privatangestelltenfürsorge gegebenen Begriffsbestimmung zugrunde. Sie lautet im § 8:

„Als erwerbsunfähig (invalid) ist derjenige anzusehen, welcher infolge eines körperlichen oder geistigen Gebrechens seinen bisherigen Berufspflichten nicht weiter zu obliegen vermag.

Auf die Invalidenrente hat jedoch derjenige keinen Anspruch,

a) welcher durch eine seinen Kräften und Fähigkeiten entsprechende Beschäftigung einen die Invalidenrente übersteigenden Betrag, mindestens jedoch 600 K verdient;

b) . . . .“

Hiernach soll die Invalidenpension dann nicht gewährt werden, wenn der Privatangestellte einen die Invalidenrente übersteigenden Betrag, mindestens jedoch 600 K verdient. Die Gewährung der Invalidenpension ist also von einer sehr wesentlichen Einschränkung der Erwerbsfähigkeit abhängig gemacht. In den obersten Gehaltsklassen V und VI des österreichischen Gesetzes übersteigt schon der Grundbetrag der Rente von 720 bzw. 900 K den Betrag von 600 K. Da die Klasse V die Einkommensbezüge von 2400 bis zu 3000 K und die Klasse VI diejenigen von mehr als 3000 K umfaßt, so würde in den ersten Jahren nach Ablauf der zehnjährigen Wartezeit die Pension stets dann zu versagen sein, wenn der Versicherte durch die ihm verbliebene Arbeitskraft noch mehr als 30 Proz. seines bisherigen Einkommens erwerben würde, während umgekehrt die Versicherten der I. Gehaltsklasse mit einem Einkommen von 600 bis zu 900 K noch 600 K oder zwischen 100 bis $66^2/_3$ Proz., die der II. Gehaltsklasse mit einem Einkommen von 900 bis 1200 K noch zwischen $66^2/_3$ bis 50 Proz. usw. ihres bisherigen Einkommens erwerben dürften. Für eine längere Versicherungsdauer mit höheren Pensionsansprüchen ändern sich allerdings die Verhältniszahlen. Immerhin besteht bei kurzer Versicherungsdauer ein starkes Mißverhältnis, daher kann bezweifelt werden, ob die österreichische Bestimmung zur Nachahmung geeignet ist.

Die von dem S. 27 erwähnten Hauptausschuß für die staatliche Pensionsversicherung der Privatangestellten eingesetzte Siebener-Kommission hat mit 5 gegen 2 Stimmen die folgende Fassung des Invaliditätsbegriffs vorgeschlagen:

> „Als erwerbsunfähig (invalid) ist derjenige anzusehen, der infolge eines körperlichen oder geistigen Gebrechens nicht mehr imstande ist, in seinem bisherigen oder in einem verwandten Berufe eine Erwerbstätigkeit auszuüben, mit der er noch mindestens sein versichertes Durchschnittsarbeitseinkommen verdient, und die ihm unter voller Berücksichtigung seiner in den letzten fünf Jahren vor Eintritt der Invalidität von ihm bekleideten sozialen und wirtschaftlichen Stellung zugemutet werden kann. Der Invalidenrentenempfänger muß sich, wenn er eine seinen Arbeitskräften und seiner Berufstätigkeit entsprechende Beschäftigung findet, den Betrag von seinem Verdienst auf die Rente anrechnen lassen, der zusammen mit der Rente sein versichertes Durchschnittsarbeitseinkommen übersteigt."

Diese Bestimmung für den Begriff der Invalidität würde über den Rahmen der Ruhegeldsversicherung hinausreichen und zur Versicherung gegen Stellungslosigkeit führen. Sie würde Mittel erfordern, die weit über die Leistungsfähigkeit der Beteiligten hinausgehen. Selbst wenn anzunehmen wäre, daß alle Ruhegeldempfänger ernsthaft bestrebt sein werden, ihre verbliebene Arbeitskraft auszunutzen, und sonach eine mißbräuchliche Versicherung gegen Stellungslosigkeit nicht zu befürchten wäre, könnte die von der Siebener-Kommission vorgeschlagene Fassung zur Annahme nicht empfohlen werden. Nach ihr würden nicht nur Fälle dauernder, sondern auch alle Fälle der vorübergehenden Erwerbsunfähigkeit und alle mit Erwerbsunfähigkeit verbundenen Krankheitsfälle, die in ihrer großen Mehrzahl nur von kurzer Dauer sind und als Versicherungsfälle für eine Ruhegeldversicherung nicht in Betracht kommen dürfen, dazu berechtigten, die Gewährung des Ruhegeldes zu beanspruchen. Dabei würden selbst Fälle der geringfügigsten Erwerbsbeschränkung von der Ruhegeldgewährung nicht ausgeschlossen sein, weil schon derjenige Versicherte Rechte geltend machen kann, der nicht mehr imstande ist, in seinem bisherigen oder einem verwandten Beruf eine Erwerbstätigkeit auszuüben, mit der er noch mindestens sein versichertes Durchschnittseinkommen „verdient". Sie würden dem gleichen Feststellungsverfahren unterworfen sein wie die Fälle dauernder Erwerbsunfähigkeit. Daß hiermit eine große Arbeitsvermehrung für alle beteiligten Verwaltungsorgane und eine erhebliche Erhöhung der Verwaltungskosten verbunden sein würde, bedarf weiter keiner Erörterung. Da ferner Ruhegeld und künftiger Arbeitsverdienst des Berufsunfähigen nach diesem Vorschlag das versichert gewesene Einkommen nicht übersteigen dürfen, die Mehrzahl der Fälle aber teilweise Erwerbsunfähigkeit betreffen werden, so würde eine fortgesetzte, lästige und kaum durchführbare Überwachung der Einkommensbezüge dieser Ruhegeldempfänger und eine fortwährende Änderung der Höhe des Ruhegeldes durch Kürzungen erforderlich sein. Beide aber würden dazu führen, die Durchführung der neuen Versicherung beträchtlich zu erschweren. (Begr.)

Die von der Siebener-Kommission vorgeschlagene Fassung geht im übrigen wesentlich über die Invaliditätsgrenze hinaus, welche für die Pensionierung der Reichs- und Staatsbeamten maßgebend ist. Der vom Gesetz eingeschlagene Mittelweg erscheint demnach begründet. (Vgl. hierzu insbesondere Anm. 3 bei § 25.)

Voraussetzungen für den Bezug.

§ 25.[1] *Ruhegeld erhält derjenige Versicherte, welcher das Alter von fünfundsechzig Jahren vollendet hat*[2] *oder*[3] *durch körperliche Gebrechen*[4] *oder wegen Schwäche*[5] *seiner körperlichen und geistigen Kräfte zur Ausübung seines Berufs*[6] *dauernd*[7] *unfähig ist.*[3] *Berufsunfähigkeit*[8] *ist dann anzunehmen, wenn seine Arbeitsfähigkeit auf weniger als die Hälfte*[9] *derjenigen eines körperlich und geistig gesunden Versicherten von ähnlicher Ausbildung und gleichwertigen Kenntnissen und Fähigkeiten herabgesunken ist.*

Ruhegeld erhält auch derjenige Versicherte, welcher nicht dauernd[10] *berufsunfähig ist, aber während sechsundzwanzig Wochen ununterbrochen*[11] *berufsunfähig gewesen ist, für die weitere Dauer der Berufsunfähigkeit (Kranken-Ruhegeld).*[12] [13]

E. I. § 24.
E. II. § 24.
RVO. § 1255 (1240).

1. Es ist zu unterscheiden:
a) Ruhegeld in Form einer Altersrente,
b) Ruhegeld in Form einer Invalidenrente,
c) Ruhegeld in Form einer Krankenrente.

2. Mit dem ersten Tage des 66. Lebensjahres beginnt mithin der Bezug der Altersrente.

3. Nach § 61 des Reichsbeamtengesetzes v. 18. Mai 1907 soll ein Reichsbeamter in den Ruhestand versetzt werden, der durch Blindheit, Taubheit oder ein sonstiges körperliches Gebrechen oder wegen Schwäche seiner körperlichen und geistigen Kräfte

zu der Erfüllung seiner Amtspflichten dauernd unfähig ist. Es liegt (so führt die Begr. aus) kein Bedürfnis vor, für die neue Versicherung noch günstigere Bestimmungen zu treffen, zumal die Angestellten selbst seit Beginn der Bewegung zur Herbeiführung einer Pensionsversicherung stets die Forderung gestellt haben, den Reichs- und Staatsbeamten tunlichst gleichgestellt zu werden. Kann dies hinsichtlich des Betrags des Ruhegeldes wegen der zu hohen Kosten zurzeit nicht geschehen, so wird man doch bezüglich der Invaliditätsgrenze eine Gleichstellung um so mehr eintreten lassen können, als die den Beitragsberechnungen zugrunde gelegte Invaliditätstafel aus Erfahrungen über Invaliditätsfälle bei Eisenbahnbeamten abgeleitet worden ist, deren Versetzung in den Ruhestand im allgemeinen nach diesem Invaliditätsbegriff erfolgt.

4. Körperliche Gebrechen. Wie aus Anm. 3 hervorgeht, wird im Reichsbeamtengesetz Blindheit und Taubheit besonders angeführt. Auch ohne ihre Aufzählung fallen diese beiden Gebrechen selbstverständlich unter den sie mitumfassenden weiten Begriff der körperlichen Gebrechen. Dieser Begriff umfaßt insbesondere auch alle Krankheiten, geht aber über sie hinaus und schließt auch Zustände ein, die eine ärztliche Behandlung nicht unbedingt erfordern, nämlich dauernd vorhandene, fehlerhafte Körperzustände, wie Kurzsichtigkeit, Weitsichtigkeit, Bruchleiden u. ähnl.

5. Unter Schwäche seiner körperlichen und geistigen Kräfte fällt nicht mangelhafte Begabung oder Ausbildung. Während der Aktivität des Versicherten muß vielmehr eine solche Minderung der bei der Anstellung als genügend angesehenen Leistungsfähigkeit eingetreten sein, daß die Berufsfähigkeit dadurch aufgehoben ist; vgl. Schulze, Reichsbeamtengesetz, Leipzig 1908, S. 202.

6. Nur sein Beruf kommt in Betracht, kein anderer Beruf.

7. Dauernd ist die Berufsunfähigkeit, wenn nach vernünftiger menschlicher Voraussicht ihre Beseitigung in absehbarer Zeit nicht anzunehmen ist, wenn sie vielmehr wahrscheinlich lebenslänglich anhält. Im Einzelfall wird es schwierig sein festzustellen, ob es sich um eine dauernde oder nur um eine vorübergehende Berufsunfähigkeit im Sinne von Abs. 2 handelt. Wichtig für die Beurteilung sind die Entsch. des RVA. (A. N. 1894, S. 158 u. 1911, S. 433).

8. Die Berufsunfähigkeit der Angestelltenversicherung steht im Gegensatz zu den verwandten Begriffen der übrigen sozialen Versicherungsgesetze. Vgl. oben Anm. 2 zu § 1.

9. Welchen Grad die Einbuße an Arbeitsfähigkeit bei Reichs- und Staatsbeamten zur Versetzung in den Ruhestand erreicht haben muß, besagt die Bestimmung des § 61 des Reichsbeamtengesetzes nicht ausdrücklich. Nach dem Beamtengesetz muß die Unfähigkeit eine absolute, dauernde und totale sein. Absolut, d. h. der Beamte muß nicht nur sein zurzeit innegehabtes Amt, sondern auch ein anderes von nicht geringerem Range und etatsmäßigem Diensteinkommen nicht mehr versehen können. Bloß vorübergehende Krankheit genügt nicht, ebensowenig teilweise Unfähigkeit. Görres, Das Reichsbeamtengesetz, 1908, 1.—16. Aufl., S. 30 Anm. 2d zu § 34a.

Es schien empfehlenswert, für die neue Versicherung den Versicherten, dessen Invalidität festzustellen ist, mit einem körperlich und geistig gesunden Angestellten von ähnlicher Ausbildung oder gleichwertigen Kenntnissen und Fähigkeiten in irgend einer durch die neue Versicherung erfaßten Berufsstellung zu vergleichen, und die Berufsunfähigkeit des Versicherten stets dann anzunehmen, wenn seine Arbeitsfähigkeit auf weniger als die Hälfte derjenigen des gesunden Angestellten herabgesunken ist. Dieser Begriff ist mit „Berufsunfähigkeit“ bezeichnet. Deckt sich die Erwerbsverminderung mit diesem Begriffe, so soll das Ruhegeld von dem Tage ab bewilligt werden, an dem die Berufsunfähigkeit eingetreten ist. (Begr.)

10. Verwandelt sich die nichtdauernde Berufsunfähigkeit später in eine dauernde, so bedarf es keiner neuen besonderen Feststellung; denn ein Unterschied in der Höhe des Krankenruhegeldes und des Invalidenruhegeldes besteht nicht.

11. Ununterbrochen berufsunfähig bedeutet nicht etwa, daß jede, auch eine nur ganz kurze Wiederaufnahme der Arbeit die Berufsunfähigkeit unterbricht.

12. Das Krankenruhegeld kann in das Ruhegeld übergehen, wenn aus der nicht dauernden eine dauernde Berufsunfähigkeit wird.

13. Betreffs Mitwirkung des Arztes bei der Feststellung der Berufsunfähigkeit, deren Beurteilung wohl ebensowenig wie bei der Invalidenversicherung die Feststellung der Invalidität eine rein medizinische Angelegenheit sein dürfte, vielmehr ebensowohl eine juristische und zugleich wirtschaftliche, ist ein Rundschreiben des RVA. v. 31. Dezember 1901 (A. N. 1902, S. 178) von Bedeutung. Es heißt darin:

„Das RVA. nimmt auf Anregung des Herrn Staatssekretärs des Innern Veranlassung darauf hinzuweisen, daß die Aufgabe der ärztlichen Begutachtung im allgemeinen in der

Feststellung der physiologischen Folgen des Unfalls oder der eine Invalidität begründenden Gebrechen ihre Begrenzung findet, dagegen die sonstigen ärztlichen Äußerungen, insbesondere darüber, welchen Einfluß der Befund auf die Erwerbsfähigkeit des Rentenbewerbers ausübt, den in ihrer Entscheidung selbständigen Feststellungsinstanzen zwar wertvolle und bei inneren Krankheiten sogar oft unentbehrliche, aber keineswegs bindende Unterlagen für die Urteilsfindung bieten.

Hiernach würde es unzulässig sein, wenn — was vorgekommen sein soll — die Feststelungsinstanzen einfach den von dem Arzte angegebenen Prozentsatz der Erwerbsunfähigkeit ihrer Entscheidung zugrunde legten, ohne die Frage nach dem Grade der Erwerbsunfähigkeit selbst geprüft zu haben. Ein derartiges Verfahren, durch das eine der wichtigsten Aufgaben der Feststellungsorgane zu einer mechanischen Wiederholung des Ergebnisses der ärztlichen Gutachten herabgedrückt werden würde, entspricht nicht der Absicht des Gesetzes."

Ferner verdienen Beachtung die Ausführungen, welche gelegentlich der Verhandlungen im RVA. mit Vertretern der Landesversicherungsämter, Versicherungsanstalten und Kasseneinrichtungen am 15. Dezember 1908 — nach Hanow IV, S. 126 — der Referent des Amtes über den notwendigen Inhalt der ärztlichen Gutachten und die wünschenswerte Einrichtung eines Vordrucks für solche machte:

„Der Inhalt eines ärztlichen Gutachtens bestimme sich naturgemäß nach den Aufgaben, die der Arzt in den Invalidenrentensachen zu erfüllen habe. Sache des Arztes sei es, die Leiden, Gebrechen, Krankheiten und ihren nachteiligen Einfluß auf die Organe und Gliedmaßen und auf deren Gebrauchsfähigkeit festzustellen. Der Vordruck müsse den Arzt zu einer sorgfältigen Scheidung zwischen subjektiven Beschwerden, objektivem Befund und ärztlicher Beurteilung veranlassen und ihn nötigen, seine Aufmerksamkeit im einzelnen auf folgende Punkte zu richten: die subjektiven Beschwerden müßten möglichst vollständig angegeben werden, schon um deswillen, damit später, wenn der Rentenbewerber mit weiteren Klagen und Beschwerden hervortrete, beurteilt werden könne, ob er nur die früheren Klagen wiederhole, oder ob er eine Verschlimmerung behaupte. — Es bedürfe dann ferner einer eingehenden, die Nachprüfung ermöglichenden Darlegung des objektiven Befundes: Allgemeinbefinden, örtlicher Befund, Körpergröße, Körpergewicht, Umfang des Brustkorbes bei der Ein-

und der Ausatmung, Umfang des Oberarmes, des Ober- und Unterschenkels rechts und links, Ernährungs- und Kräftezustand, Muskulatur, Haltung, Bewegung, Beschaffenheit des Herzens (Zahl der Pulsschläge), der Atmungsorgane (Zahl der Atemzüge), der Verdauungsorgane, des Urins, der Sinnesorgane (Augen, Ohren), Beweglichkeit der Gelenke. Daß nicht in allen Fällen die sämtlichen vorbezeichneten Feststellungen nötig seien, sei selbstverständlich. Zweck des Vordrucks solle es sein, die Aufmerksamkeit des Arztes auf die bezeichneten, unter Umständen für die Beurteilung des Anspruchs wesentlichen Punkte zu lenken. — Die Diagnose müsse bestimmt und erschöpfend sein. — Im Anschluß an das Rundschreiben des RVA., betr. die anderweite Ausgestaltung der Invaliditätsursachenstatistik, müsse gefordert werden, daß das Hauptleiden und gegebenenfalls das in zweiter Linie am wesentlichsten mit ins Gewicht fallende Leiden besonders hervorgehoben werde. Könne keine bestimmte und erschöpfende Diagnose gestellt werden, so sei erkennbar zu machen, ob es dazu der Untersuchung durch einen Facharzt oder der Beobachtung im Krankenhause bedürfe. Allgemeine Ausdrücke, wie Altersschwäche, Rheumatismus, Magenleiden usw. genügten nicht. Es müsse der Grad und die Intensität der Leiden usw. bezeichnet werden. — Ferner sei erkennbar zu machen, ob und inwieweit die Leiden usw. auf die einzelnen Organe und Gliedmaßen und auf deren Gebrauchsfähigkeit einen nachteiligen Einfluß ausübten. Sodann sei anzugeben, welcherlei Arbeiten — schwere, mittelschwere, leichte, Arbeiten im Stehen, im Sitzen, im Freien, in geschlossenen Räumen, fortgesetzt oder nur mit Unterbrechungen usw. — dem Rentenbewerber auf dem allgemeinen Arbeitsmarkte, nicht bloß in seinem bisherigen Beruf, unter billiger Berücksichtigung seiner Ausbildung und seines bisherigen Berufs zugemutet werden könnten. Eine weitere Frage sei die nach dem Prozentsatze der Erwerbsfähigkeit. Streng genommen sei das eine rein wissenschaftliche Frage, deren Beurteilung den Verwaltungsbehörden und den Rentenfeststellungsinstanzen obliege. Nachdem aber verschiedene Anstaltsvertreter wiederholt darauf hingewiesen hätten, daß auch die Äußerung eines auf dem Gebiete der Arbeiterversicherung erfahrenen Arztes über das Maß der Erwerbsfähigkeit und Erwerbsunfähigkeit für die Entscheidung des Vorstandes eine wertvolle Handhabe biete, dürfte nichts einzuwenden sein, wenn auch die Frage nach der Erwerbsfähigkeit oder Erwerbsunfähigkeit dem Begutachter vorgelegt werde. Erforderlich sei weiter die Angabe, ob der Zustand dauernd oder voraussichtlich nur vorübergehend sei."

Beginn der Auszahlung.

§ 26. *Das Ruhegeld beginnt, unbeschadet des § 23*[1] *und des § 25 Abs. 2,*[2] *mit dem Tage, an dem das Alter von fünfundsechzig Jahren vollendet*[3] *oder die Berufsunfähigkeit eingetreten ist.*[3a] *Als dieser gilt, wenn sich der Beginn der Berufsunfähigkeit nicht feststellen läßt,*[4] *der Tag, an dem der Antrag*[5] *auf Ruhegeld beim Rentenausschuß eingegangen ist.*[6]

E. I. § 25.
E. II. § 25.
RVO. § 1256 (1241).

1. Nach § 23 darf Ruhegeld länger als auf ein Jahr rückwärts vom Eingang des Antrags an gerechnet nicht gezahlt werden.

2. Der Abs. 2 des § 25 betrifft das Krankenruhegeld.

3. Wie den Reichs- und Staatsbeamten, so wird auch den Angestellten das Recht eingeräumt, beim Alter von 65 vollendeten Jahren die Bewilligung des Ruhegeldes herbeizuführen, sofern sie die Wartezeit erfüllt und die Anwartschaft auf Ruhegeld aufrechterhalten haben. (Begr.)
Über die Gewährung des Ruhegeldes wegen Vollendung des gesetzlichen Alters entscheidet der Vorsitzende des Rentenausschusses allein ohne mündliche Verhandlung (§ 240).

3a. Der Zeitpunkt des Eintritts der Berufsunfähigkeit ist in dem Bescheide des Rentenausschusses festzustellen (§ 250 Abs. 2).

4. Die Feststellung des Beginns der Berufsunfähigkeit hat von Amts wegen zu erfolgen; führen diese behördlichen Ermittlungen zu keinem Ergebnis, so ist der Tag des Antragseingangs als Beginn anzunehmen. Über Vererbung des angemeldeten Anspruchs vgl. § 67.

5. Der Antrag, der als rechtsbegründende Tatsache zu betrachten ist, ist notwendige Voraussetzung für die Einleitung des Verfahrens auf Gewährung der Leistungen. Eine bestimmte Form ist nicht vorgeschrieben, auch nicht Schriftlichkeit (A. N. 1901, S. 436, 460); vgl. hierzu Anm. 1 bei § 229.

6. Der früheste Beginn für den Bezug des Ruhegeldes ist ein Jahr vom Tag der Antragstellung an zurückgerechnet. Vgl. Anm. 1 u. § 23. Der späteste Termin des Beginns ist der Tag, an welchem die Festsetzung der Rente von der zuständigen Stelle ausgesprochen wird.

Ruhegeldbezugszeit als Beitragszeit für die Arbeiterversicherung.

§ 27.[1] *Zeiten, während deren Ruhegeld bezogen wird, ohne daß eine nach der reichsgesetzlichen Arbeiterversicherung[2] versicherungspflichtige Beschäftigung[3] ausgeübt wird, gelten als Beitragszeiten für die Erhaltung der Anwartschaft[4] auf die Leistungen der reichsgesetzlichen Arbeiterversicherung.*[5]

E. I. § 26.
E. II. § 26.
RVO. —

1. Da die Angestellten mit einem Jahreseinkommen bis zu 2000 Mark der Invaliden- und Hinterbliebenenversicherung unterstellt sind (vgl. oben S. 99), viele von ihnen nach Überschreitung dieser Einkommensgrenze die Versicherung auch freiwillig fortsetzen, so mußten Bestimmungen getroffen werden, die dem Berufsinvaliden behufs Erhaltung der Anwartschaft auf die reichsgesetzlichen Invalidenbezüge die gleichen Rechte einräumen, wie sie nach § 46 Abs. 2 Nr. 2 des IVG. denjenigen Erwerbsunfähigen zustehen, welche aus Kassen der in den §§ 8, 10, 11, 52 a. a. O. bezeichneten Art Invaliden- oder Altersrente beziehen, ohne gleichzeitig eine nach diesem Gesetze versicherungspflichtige Beschäftigung auszuüben. (Begr.)

2. Hierunter können nicht etwa alle in der RVO. geregelten sozialen Versicherungszweige verstanden werden, sondern nur die Invaliden- und Hinterbliebenenversicherung der RVO., da lediglich bei ihnen eine Anwartschaft in Frage steht.

3. Eine versicherungspflichtige Beschäftigung im Sinne des § 27 bestimmt sich nach § 1226 RVO., welcher oben S. 130 bei § 1 Anm. 1 abgedruckt ist.

4. Über die Erhaltung der Anwartschaft nach der RVO. vgl. §§ 1280 ff. u. dazu Hanow IV, S. 178 ff., S. 184 ff.

5. Auch hier kann nur die Invaliden- und Hinterbliebenenversicherung gemeint sein.

III. Hinterbliebenenrenten.

Vorbemerkung.

Die Witwenrente wird allen Witwen gewährt, deren verstorbener Ehemann die Wartezeit erfüllt und die Antwartschaft aufrechterhalten hat (§ 28).

Waisenrenten erhalten die hinterlassenen ehelichen Kinder eines männlichen und die hinterlassenen vaterlosen, auch unehelichen Kinder einer weiblichen Versicherten bis zum vollendeten achtzehnten Lebensjahre (§ 29). Das Gesetz stimmt darin mit den Vorschriften über die Hinterbliebenenversorgung der Reichs- und Staatsbeamten überein. Neben diesen Waisenrenten sind als Mehrleistungen bei weiblichen Versicherten auch für hinterlassene eheliche Kinder einer versicherten Ehefrau, die den Lebensunterhalt der Familie ganz oder überwiegend aus ihrem Arbeitsverdienste bestritten hat, weil der Ehemann erwerbsunfähig ist oder weil er sich ohne gesetzlichen Grund von der häuslichen Gemeinschaft ferngehalten und seiner väterlichen Unterhaltungspflicht entzogen hat, Waisenrenten vorgesehen. Ferner steht wie bei der Invaliden- und Hinterbliebenenversicherung beim Tode einer Ehefrau, die den Lebensunterhalt der Familie wegen Erwerbsunfähigkeit ihres Ehemanns ganz oder teilweise bestritten hat, dem bedürftigen Witwer für die Dauer der Bedürftigkeit eine Witwerrente zu (§§ 30, 31).

Die §§ 33 und 34 regeln die Gewährung der gegetzlichen Leistungen für den Fall, daß der Versicherte verschollen ist. Sie enthalten gegenüber dem bürgerlichen Recht dieselben Erleichterungen für die Todeserklärung des Verschollenen wie die Vorschriften der RVO. §§ 1265, 1266. Sämtliche Hinterbliebenenrenten beginnen in der Regel mit dem Todestage des Ernährers (§ 32). Die Hinterbliebenen haben aber keinen Anspruch auf Fürsorge, falls sie den Tod des Versicherten vorsätzlich herbeigeführt haben (§ 35).

Witwenrente nach dem Tode des Mannes.

§ 28. *Witwenrente*[1] *erhält die Witwe*[2] *nach dem Tode ihres versicherten Mannes.*[3]

E. I. § 27.
E. II. § 27.
RVO. § 1258 (1243).

1. Während nach der Hinterbliebenenversicherung der RVO. Witwenrente nur der Witwe gewährt wird, die vor oder nach dem Ableben des Ehemanns invalide geworden ist, wird die Witwenrente nach dem AVG. allen Witwen gewährt, ohne Rücksicht darauf, ob sie berufsfähig sind oder nicht, sofern nur der verstorbene Ehemann die Wartezeit erfüllt und die Anwartschaft aufrechterhalten hat. Die Witwe selbst hat keine Beiträge zu leisten, falls sie nicht etwa persönlich als Angestellte versicherungspflichtig ist (vgl. Anm. 3).

2. Bei dem Tode des Mannes muß die Ehe noch rechtsgültig bestanden haben; ob eine tatsächliche Trennung ohne Lösung des Bandes der Ehe vorlag, ist ohne Belang. Die geschiedene Frau erhält keine Rente, dagegen wird den Kindern aus einer geschiedenen Ehe Waisenrente gewährt (vgl. § 30 Abs. 2).

3. Eine Witwe, welche selbst als Angestellte unter das AVG. fällt, und mithin selbst Beiträge für sich geleistet hat, erhält, falls auch ihr Ehemann versichert war, beim Beginn ihrer Witwenschaft eine Witwenrente, jedoch nicht auf Grund ihrer eigenen Beitragsleistung (vgl. Anm. 1). Wird sie selbst als Versicherte 66 Jahre alt oder berufsunfähig, so treffen Ruhegeld und Witwenrente bei ihr zusammen. Über den Höchstbetrag vgl. § 58.

Waisenrente nach dem Tode des Vaters oder der Mutter.

§ 29.[1] *Waisenrente erhalten*[2] *nach dem Tode des versicherten Vaters*[3] *seine ehelichen Kinder unter achtzehn Jahren und nach dem Tode einer Versicherten*[4] *ihre vaterlosen Kinder unter achtzehn Jahren. Als vaterlos gelten auch uneheliche*[5] *Kinder.*[6]

E. I. § 28.
E. II. § 28.
RVO. § 1259 (1244).

1. Die Waisenrenten nach dem AVG. unterscheiden sich von denen nach der RVO., abgesehen davon, daß die dort eingeführten Reichszuschüsse wegfallen, dadurch daß die Waisenrenten in der RVO. nur bis zur Vollendung des 15., hier aber des 18. Lebensjahres gewährt werden. Das AVG. stimmt jedoch in dieser Altersgrenze mit den Vorschriften über die Hinterbliebenenversorgung der Reichs- und Staatsbeamten überein. Auch kennt das AVG. keine

Waisenaussteuer. Weitere Unterschiede s. in §§ 30, 31 betr. Wegfall der Voraussetzung der Bedürftigkeit, welche die RVO. verlangt.

2. Auch für den Bezug von Waisenrente ist Vorbedingung, daß der verstorbene Vater oder die verstorbene Mutter zur Zeit des Todes versichert gewesen sind, die Wartezeit erfüllt und die Anwartschaft aufrechterhalten haben.

3. Nach dem Tode des Vaters erhalten seine ehelichen Kinder unter 18 Jahren Waisenrente. Außer Betracht bleibt dabei, ob die Mutter noch lebt und ob sie Witwenrente erhält oder nicht, seine unehelichen Kinder erhalten keine Renten. Welche Kinder als eheliche zu gelten haben, besagt BGB. §§ 1591, 1699, 1719—1722, 1723 ff., 1741 ff.

4. Nach dem Tode einer versicherten Mutter erhalten ihre Kinder unter 18 Jahren eine Waisenrente, falls der Vater nicht mehr lebt, oder falls die Kinder unehelich sind. Im letzteren Falle, bei unehelichen Kindern, ist es unerheblich, ob ihr nach § 1717 BGB. als Vater anzusehender Erzeuger noch lebt oder nicht.

5. Die unehelichen Kinder können nach dem BGB. die Rechte ehelicher Kinder erhalten durch nachfolgende Ehe (§ 1719 BGB.), dadurch, daß sie für ehelich erklärt werden (§ 1736 BGB.), oder durch Annahme an Kindes Statt (§ 1757 BGB.).

6. Weitere Fälle, in welchen Waisenrenten gewährt werden, bestimmt § 30.

Waisenrente und Witwerrente nach dem Tode der Ehefrau.

§ 30. *Nach dem Tode der versicherten Ehefrau*[1] *eines erwerbsunfähigen*[2] *Ehemannes, die den Lebensunterhalt ihrer Familie ganz oder überwiegend aus ihrem Arbeitsverdienste bestritten hat, steht den ehelichen*[3] *Kindern unter achtzehn Jahren Waisenrente*[4] *zu, ebenso dem Manne Witwerrente,*[5 6] *solange er bedürftig*[7] *ist.*

Für die Waisenrente gilt dies auch, wenn zur Zeit des Todes der Versicherten die Ehe nicht mehr bestand.[8]

E. I. § 29.
E. II. § 29.
RVO. § 1260 (1245).

1. Voraussetzung ist auch hier Erfüllung der

Wartezeit und Aufrechterhaltung der Anwartschaft zur Zeit des Todes.

2. Erwerbsunfähig ist nicht berufsunfähig, sondern weit enger zu verstehen, dagegen soll hier wohl kaum der Begriff der RVO. für die Hinterbliebenenversicherung (§§ 1260, 1255) maßgebend sein (vgl. auch Anm. 2 zu § 1). Völlig erwerbsunfähig braucht der Witwer nicht zu sein.

Erwerbsunfähigkeit dürfte anzunehmen sein, wenn der Ehemann wegen seines körperlichen oder geistigen Zustandes längere Zeit nicht in der Lage war, einem Erwerb nachzugehen. Vgl. Rosin II, S. 972.

3. Unehelichen Kindern steht nach § 30 kein Recht auf Waisenrente zu. Vgl. aber § 29.

4. Die hier geregelte Waisenrente ist neben der des § 29 entsprechend den Vorschriften der RVO. als Mehrleistung für weibliche Versicherte anzusehen (vgl. Begr.).

5. Nur dem bedürftigen Witwer wird für die Dauer der Bedürftigkeit eine Witwerrente gewährt. Die Bedürftigkeit muß durch ein behördliches Zeugnis u. dgl. nachgewiesen werden; ihre Entstehung ist belanglos (vgl. A. N. 1896, S. 263).

6. Für den Anspruch auf diese Rente müssen Verhältnisse von gewisser Dauer vorausgesetzt werden. Es bleiben deshalb Fälle außer Betracht, in welchen die Ehefrau wegen vorübergehender Erwerbsunfähigkeit des Mannes nur zeitweise die Familie ernährte. (Begr.)

7. Von Bedürftigkeit ist zu sprechen bei einem Mangel der Mittel zu einer den Verhältnissen der in Betracht kommenden Familie entsprechenden Lebenshaltung. Für die nur im Falle der Bedürftigkeit eintretende Gewährung der Witwerrente sind lediglich die zur Zeit des Todes der versicherten Ehefrau bestehenden Verhältnisse maßgebend. Die Bedürftigkeit als Voraussetzung auch für den Bezug der Waisenrente nach § 30 (entsprechend der RVO.) wurde in der Kommissionsberatung gestrichen. Vgl. Anm. 7 zu § 31.

8. Bei geschiedener Ehe besteht nur Anspruch auf Waisenrente (§ 31), nicht auf Witwerrente. Es liegt kein Anlaß vor, für einen geschiedenen Ehemann Ansprüche aus der Beitragsleistung der Ehefrau zu gewähren. Ebensowenig erhält die geschiedene Ehefrau eine Witwenrente (vgl. § 28 Anm. 2).

Waisenrente an vom Vater verlassene Kinder.

§ 31. *Nach dem Tode einer versicherten Ehefrau,*[1] *deren Ehemann*[2] *sich ohne gesetzlichen Grund*[3] *von der häuslichen Gemeinschaft ferngehalten und*[4] *seiner väterlichen Unterhaltspflicht*[5] *entzogen hat, steht den ehelichen Kindern*[6] *unter achtzehn Jahren Waisenrente zu.*[7]

Dies gilt auch, wenn zur Zeit des Todes der Versicherten die Ehe nicht mehr bestand[8] *und der Ehemann sich seiner väterlichen Unterhaltspflicht entzogen hat.*

E. I. § 30.
E. II. § 31.
RVO. § 1261 (1246).

1. Voraussetzung für die Waisenrenten nach § 31 ist, wie in den Fällen der vorangegangenen Paragraphen, die Erfüllung der Wartezeit und Aufrechterhaltung der Anwartschaft zur Zeit des Todes.

2. Auch der ehemalige zur Zeit des Todes der Versicherten geschiedene Ehemann kommt nach Abs. 2 in Frage.

3. Die gesetzlichen Gründe für das Aufgeben der ehelichen Gemeinschaft gehen aus § 1353 Abs. 2 BGB. hervor, worin es heißt: „Stellt sich das Verlangen eines Ehegatten nach Herstellung der Gemeinschaft als Mißbrauch seines Rechtes dar, so ist der andere Ehegatte nicht verpflichtet, dem Verlangen Folge zu leisten. Das gleiche gilt, wenn der andere Ehegatte berechtigt ist, auf Scheidung zu klagen."

4. Und (nicht oder) sagt das Gesetz; es müssen also beide Bedingungen erfüllt sein: Fernhaltung von der häuslichen Gemeinschaft sowie Entziehung von der Unterhaltspflicht.

5. Die väterliche Unterhaltspflicht ist in den §§ 1601 ff. BGB. geregelt.

6. Die unehelichen Kinder haben keinen Anspruch.

7. Die Regierungsentwürfe enthielten in §§ 30 und 31 Abs. 1 am Schluß die Worte „solange sie bedürftig sind". Die Reichstagskommission hat diese Worte gestrichen.

Zur Begründung der Streichung (auch für § 30) wurde ausgeführt, die Leistungen, welche bei Eintreten des Versicherungsfalles von der Reichsversicherungsanstalt zu machen seien, müßten unabhängig von der Bedürftigkeit der Empfänger erfolgen. Bei einer privaten Versicherungsgesellschaft würde eine solche Bestimmung von dem Aufsichtsamt für Privatversicherung niemals genehmigt werden; man würde sie als gegen die guten Sitten verstoßend bezeichnen. Der Staat aber müsse mit gutem Beispiel vorangehen. Zweck der Streichung sei also, den Begriff der Bedürftigkeit aus dem Gesetze zu entfernen und dadurch diesem den Charakter der Unterstützungseinrichtung zu nehmen. Von einem Regierungsvertreter wurde darauf hingewiesen, daß die gleiche Bestimmung bereits in der RVO. enthalten sei gegen die Streichung sonst aber kein besonderes Bedenken erhoben. (Kom.-Ber.)

7. Eine Ehe besteht nicht mehr, wenn sie für nichtig erklärt oder geschieden ist (BGB. §§ 1323 ff. u. 1564 ff.).

Beginn der Hinterbliebenenrenten.

§ 32. *Die Hinterbliebenenrenten beginnen*[1] *unbeschadet des § 23*[2] *mit dem Todestage*[3] *des Ernährers.*[4] [5]

E. I. § 31.
E. II. § 31.
RVO. § 1263 (1248).

1. Der Beginn gilt sowohl für die Witwen-, als auch für die Witwer-, wie für die Waisenrenten.

2. § 23 bestimmt: Länger als auf ein Jahr rückwärts, vom Eingang des Antrags gerechnet, werden Renten nicht gezahlt. Über die Berechnung dieser Frist vgl. §§ 324 ff.

3. Daß dem Todestage die Verschollenheit gleichzustellen ist, bestimmt § 33.

4. Als Ernährer kommt in Betracht der Ehemann nach § 28 der eheliche Vater nach § 29, die eheliche Mutter nach §§ 30 und 31, die uneheliche Mutter nach § 29, die Ehefrau nach § 30.

5. Für ein nach dem Tode des Vaters geborenes Kind beginnt die Rente erst mit seiner Geburt. Vgl. Handbuch der Unfallversicherung, herausg. v. RVA., Berlin 1909, 3. Aufl., Bd. I, S. 291.

Leistungen auch bei Verschollenheit.

§ 33. *Die gesetzlichen Leistungen*[1] *werden auch dann gewährt, wenn der Versicherte verschollen ist. Er gilt als verschollen, wenn während eines Jahres keine glaubhaften Nachrichten von ihm eingegangen sind und die Umstände seinen Tod wahrscheinlich machen.*[2]

Der Rentenausschuß[3] *kann von den Hinterbliebenen die eidesstattliche Erklärung*[4] *verlangen, daß sie von dem Leben des Vermißten keine anderen als die angezeigten Nachrichten erhalten haben.*

E. I. § 32.
E. II. § 32.
RVO. § 1265 (1250).

1. Als gesetzliche Leistungen kommen hier nur die Hinterbliebenenrenten in Betracht, vgl. §§ 28 ff.

2. Da die Todeserklärung eines Verschollenen gemäß §§ 13—19 BGB. im allgemeinen erst nach zehn Jahren zulässig ist, so kann die Gewährung von Hinterbliebenenbezügen nicht von der Todeserklärung abhängig gemacht werden. Die Voraussetzungen müssen leichter erfüllbar sein, wenn die Hinterbliebenen rechtzeitig in den Besitz ihrer Bezüge kommen sollen. Auf der anderen Seite muß tunlichst verhütet werden, daß eine Bewilligung geschieht, ehe der Versicherte wirklich gestorben ist. Beiden Erfordernissen sucht das Gesetz entsprechend der RVO. zu genügen.

3. Über Rentenausschüsse vgl. §§ 122 ff.

4. Eine fahrlässig oder absichtlich falsche Abgabe einer eidesstattlichen Erklärung vor einer zur Abnahme einer solchen Erklärung zuständigen Behörde (d. i. hier: der Rentenausschuß) wird nach §§ 163, 156 StGB. mit Gefängnis bestraft.

Feststellung der Verschollenheit.

§ 34. *Den Todestag Verschollener* [1] *stellt der Rentenausschuß nach billigem Ermessen fest. Für die Hinterbliebenen der auf See Verschollenen* [2] *beginnt die Rente mit dem Tage des Unterganges des Fahrzeugs oder, wenn es verschollen war, einen halben Monat von dem Tage ab, bis zu dem die letzte Nachricht über das verschollene Fahrzeug reicht.* [3]

E. I. § 33.
E. II. § 33.
RVO. § 1266 (1251).

1. In Satz 1 handelt es sich nur um den Todestag der auf dem Lande Verschollenen.

2. Die Festsetzung des Todestages der auf See Verschollenen entspricht der bereits im alten Seeunfallversicherungsgesetz § 28 wie in der RVO. §§ 1100 bzw. 1266 getroffenen Regelung, welche ihrerseits dem § 53 der Seemannsordnung v. 2. Juni 1902 nachgebildet sind.

3. Daß die Rentenzahlungen einzustellen sind, wenn der Verschollene nachträglich wieder auftaucht, und daß die Reichsversicherungsanstalt von der Rückforderung der zu Unrecht gezahlten Beträge absehen kann, bestimmt § 72.

Anspruchsverlust bei vorsätzlicher Tötung.

§ 35. *Hinterbliebene haben keinen Anspruch auf die Versicherungsleistungen,*[1] *falls sie*[2] *den Tod des Versicherten vorsätzlich herbeigeführt haben.*[3]

E. I. § 34.
E. II. § 34.
RVO. § 1267 (1252).

1. Als Versicherungsleistungen kommen hier nur die Hinterbliebenenrenten in Betracht, vgl. §§ 28 ff.
2. Sind mehrere Berechtigte vorhanden und trifft sie nicht alle die Schuld, so bleibt der Anspruch der Unbeteiligten unverändert bestehen.
3. Die Vorschrift entspricht dem § 1267 der RVO. und steht in Analogie zu § 24 AVG., wonach den Anspruch auf Ruhegeld verliert, wer die Berufsunfähigkeit vorsätzlich herbeiführt.

IV. Heilverfahren.

Vorbemerkung.

Neben Ruhegeld und Renten kann nach dem Vorbild der Invalidenversicherung zur Abwendung der infolge einer Erkrankung drohenden Berufsunfähigkeit oder zur Wiederherstellung der Berufsfähigkeit ein Heilverfahren gewährt werden; dies gilt nicht, soweit bereits durch einen Träger der reichsgesetzlichen Arbeiterversicherung ein Heilverfahren eingeleitet ist, weil dadurch dem Bedürfnis schon Rechnung getragen wird.

Schon jetzt ist die Bedeutung des Heilverfahrens für die Sozial- namentlich die Invalidenversicherung außerordentlich groß; es wird dadurch, daß die RVO. das Heilverfahren in erweitertem Maße zuläßt und auch für die Hinterbliebenenversicherung neu einführt, seine segensreichen volkshygienischen und volkswirtschaftlichen Folgen noch vermehrt zur Erscheinung bringen können.

Über den Umfang der Heilbehandlung in der bisherigen Sozialversicherung unterrichten besondere Beihefte zu den A. N., welche unter dem Titel „Statistik der Heilbehandlung für die Jahre 1905 bis 1910“, bearbeitet im RVA., erschienen sind. Für Heilbehandlungszwecke wurden von den Trägern der Invalidenversicherung seit Bestehen dieser 151,2 Millionen Mark aufgewendet. Noch im Jahre 1897 wenig über 2 Millionen Mark betragend, wuchsen die Ausgaben für Heilbehandlung 1900 auf 6,2 Millionen Mark, 1903 beliefen sie sich auf 11,5, alsdann 1906 auf 16,7 und 1909 auf 24,3 Millionen Mark. Im Jahre 1910 waren in Heilbehandlung 114 310 Personen, davon wegen Lungentuberkulose ständig 45 609 und nichtständig 1108. Seit 1897 ist die Zahl der behandelten Personen auf fast das 11fache, diejenige der ständig behandelten lungentuberkulösen Männer auf nahezu das 12fache, die Zahl der ständig behandelten lungentuberkulösen Frauen auf mehr als das 20fache gestiegen. Auf 10 000 Versicherte kamen 1907 bereits 69, im Jahre 1910 sogar 78 Personen in Heilbehandlung.

Mit Rücksicht darauf, daß die Einleitung von Heilverfahren unter den ersten Maßregeln sich befinden wird, welche die Reichsversicherungsanstalt im Interesse der Versicherten wie auch im eigenen fiskalischen Interesse unternehmen dürfte, scheint es angebracht, die auf der 2. Internationalen Konferenz für Sozialversicherung in Dresden, 15. bis 16. September 1911, von Geh. Regierungsrat Dr. Klein, Senatspräsidenten im RVA., aufgestellten Grundsätze des Heilverfahrens in ihren wichtigsten Teilen zum Abdruck zu bringen:

„Das Heilverfahren ist nächst der Verhütung der Gesundheitsschäden bei den Versicherten die wichtigste

Aufgabe der Sozialversicherung; die Entschädigung kommt erst in zweiter Linie in Betracht.

Viele Gesundheitsschäden sind unvermeidbar. Ein erfolgreiches Heilverfahren hebt in sehr vielen Fällen den Schaden auf oder beschränkt ihn auf das geringstmögliche Maß. Der dauernde Schadenausgleich durch Geld (namentlich Renten) wird durch ein erfolgreiches Heilverfahren auf das unvermeidbare Maß beschränkt.

Das Heilverfahren der Sozialversicherung bezweckt die Wiederherstellung der Gebrauchsfähigkeit des Körpers (Erwerbsfähigkeit), die sich nicht immer mit dessen Unversehrtheit (der anatomischen Heilung) deckt.

Zum Wohlgelingen des Heilverfahrens müssen mitwirken: der Erkrankte, der Arzt und die Versicherungsträger.

Die Versicherungsträger als verantwortliche Leiter des Heilverfahrens der Sozialversicherung haben — zugleich im richtig verstandenen eigenen Interesse — den Endzweck der bestmöglichen Heilung voranzustellen dem Gesichtspunkte der vermeintlich sparsamsten Verwaltung im Rahmen ihrer zeitlich beschränkten Entschädigungspflicht.

Je frühzeitiger und wirksamer ein Heilverfahren eingeleitet wird, um so mehr verspricht es Erfolg. Individualisierung des einzelnen Falles. Bestmögliche Auswahl des Arztes (Facharzt für besondere Leiden). Vervollkommnung der Untersuchungs- und Heilmethoden. Im Bedarfsfall Einrichtung oder Unterstützung besonderer Krankenhäuser und Heilstätten. Sicherung und Befestigung des Heilerfolges durch ausreichende Nachkuren (Genesungs- und Erholungsheime usw.). Rechtzeitiger Wiederbeginn der Arbeit, auch als Kurmittel.

Nicht nur zur Vorbeugung von Gesundheitsschäden, sondern auch zur Förderung des Heilverfahrens der Sozialversicherung empfiehlt sich weitgehende hygienische Belehrung der Versicherten durch Vorträge, Verteilung von Schriften, Belehrung der Erkrankten und deren Angehörigen durch den behandelnden Arzt usw.

Auf die Einrichtung von Auskunfts- und Fürsorgestellen (für Gewerbe- und Volkskrankheiten) usw. ist hinzuwirken, bestehende, die Volksgesundheit fördernde Einrichtungen sind zu unterstützen; überhaupt Förderung aller erfolgreichen Maßnahmen zur Hebung der gesundheitlichen Verhältnisse der versicherungspflichtigen Bevölkerung und damit der Volksgesundheit, unbeschadet der Leistungsfähigkeit der Versicherungsträger zur Erfüllung der ihnen obliegenden gesetzlichen Verpflichtungen.

Die Unterbringung von Rentenberechtigten in Invalidenhäusern, Waisenhäusern oder ähnlichen Anstalten (Versorgungsanstalten, Asylen, Pflegeheimen, ländlichen Krankenhäusern usw.) empfiehlt sich bei ansteckenden Leiden und Volkskrankheiten, namentlich auch im vorgeschrittenen Krankheitsverlaufe, sowohl zur Versorgung der Erkrankten, als auch besonders zur Vermeidung der allgemeinen Ansteckungsgefahr durch Isolierung.

Den bestehenden Vorurteilen gegen solche Anstalten ist durch Belehrung, zweckmäßige Einrichtung und Auswahl entgegenzuwirken."

Voraussetzungen des Heilverfahrens.

§ 36.[1] *Um die infolge einer Erkrankung*[2] *drohende Berufsunfähigkeit*[2a] *eines Versicherten*[3] *abzuwenden,*[4] *kann*[5] [6] *die Reichsversicherungsanstalt (§ 96) ein Heilverfahren*[7] *einleiten, soweit nicht bereits durch einen Träger der reichsgesetzlichen Arbeiterversicherung*[8] *ein Heilverfahren eingeleitet ist.*

Dasselbe gilt, wenn zu erwarten[9] *ist, daß ein Heilverfahren den Empfänger eines Ruhegeldes*[10] *wieder berufsfähig macht.*

E. I. § 35.
E. II. § 35.
RVO. § 1269 (1253).

1. In der Reichstagskommission erklärte ein Regierungsvertreter, für die Angestelltenversicherung seien bedeutende Beträge, nämlich 5 Proz. der Beiträge in Höhe von etwa 7½ Millionen Mark jährlich, für das Heilverfahren vorgesehen. Dazu käme, daß gleich nach Inkrafttreten des Gesetzes man mit dem Heilverfahren beginnen werde; denn es werde gerade die Hauptaufgabe der neu errichteten Anstalt bereits während der Wartezeit sein, das Heilverfahren möglichst auszubilden. (Kom.-Ber.)

2. Erkrankung dürfte gleichbedeutend sein mit Krankheit und ist zu bezeichnen als anormaler pathologischer Zustand der Störung in der normalen Körper- oder Geistesbeschaffenheit (Rosin II, S. 383, A. N. 1893, S. 92, 1897, S. 573). Nicht erforderlich ist für den Begriff der Erkrankung die Notwendigkeit ärztlicher Behandlung (A. N. 1895, S. 232). Nicht zu den Krankheiten zu rechnen sind normale physiologische Zustände wie Schwangerschaft und Altersschwäche.

2a. Daß die Berufsunfähigkeit eine dauernde ist, ist nicht erforderlich; das Heilverfahren kann auch eingeleitet werden, wenn es sich um vorübergehende Berufsunfähigkeit handelt.

3. Ein Heilverfahren für die Angehörigen der Versicherten kennt das AVG. nicht im Gegensatz zur RVO., welche ein Heilverfahren auch zugunsten der Witwen Versicherter zuläßt, weil nach der RVO. nur invalide Witwen Invalidenrenten erhalten.

4. Die Abwendung drohender, also noch nicht vorhandener Berufsunfähigkeit ist nur eine der beiden alternativen Voraussetzungen, vgl. Abs. 2.

5. Die Reichsversicherungsanstalt kann ein Heilverfahren einleiten, muß es aber nicht; es entscheidet ausschließlich ihr freies Ermessen, sie kann dazu weder von dem Versicherten gezwungen, noch durch die ihr vorgesetzte Behörde angehalten werden; höchstens kann diese kraft ihres Aufsichtsrechts (vgl. § 100 Anm. 9) die Anstalt auffordern, ein Gesuch um Einleitung des Heilverfahrens, welches abschlägig beschieden worden ist, nochmals nachzuprüfen.

6. Wie der Versicherte kein Recht auf das vorbeugende oder wiederherstellende Heilverfahren hat, so besteht für ihn auch keine Pflicht, sich diesem zu unterziehen. Über die Folgen vgl. § 39.

7. Art und Umfang des Heilverfahrens zu bestimmen (vgl. darüber § 37), ist Sache der Reichsversicherungsanstalt; sie ist nach Entgegennahme des

Antrags und Klarstellung des Sachverhalts durch den Rentenausschuß (§§ 122 Nr. 3) für die Entscheidung über die Einleitung usw. des Heilverfahrens zuständig (§ 238).

8. Träger der reichsgesetzlichen Arbeiterversicherung, welche für die Einleitung eines Heilverfahrens in Betracht kommen, sind in erster Reihe die Versicherungsanstalten, daneben hauptsächlich die Berufsgenossenschaften.

9. Ob diese Erwartung vorliegt, dürfte von der Entscheidung der von der Reichsversicherungsanstalt zugezogenen Ärzte abhängen.

10. Der eine Rente empfangende Witwer ist nicht als Empfänger eines Ruhegeldes anzusehen; er kann infolgedessen nicht im Heilverfahren wieder berufsfähig gemacht werden. Anders nach RVO. § 1305.

Zustimmung zur Unterbringung.

§ 37. *Die Reichsversicherungsanstalt kann insbesondere*[1] *den Erkrankten in einem Krankenhaus*[2] *oder in einer Anstalt für Genesende*[3] *unterbringen.*

Ist er verheiratet und lebt er mit seiner Familie[4] *zusammen, oder hat er einen eigenen Haushalt, oder ist er Mitglied des Haushalts seiner Familie, so bedarf es seiner Zustimmung.*[5 6 7 8]

Bei einem Minderjährigen[8] *genügt seine Zustimmung.*[9]

E. I. § 36.
E. II. § 36.
RVO. § 1270 (1254); 184 (199).

1. Der obige Paragraph gibt den Hauptfall des Heilverfahrens an; vgl. im übrigen die Vorbemerkung S. 212 ff.

2. Krankenhaus ist jede Art von Heilanstalt ohne Rücksicht darauf, ob sie privat oder öffentlich ist, auch Irrenanstalten und Spezialanstalten, wie Lungenheilstätten fallen unter den Begriff, dagegen nicht Asyle, Walderholungsstätten, Armenhäuser oder Verpflegung im Privathaushalt.

3. Anstalten für Genesende sind Rekonvaleszentenheime, Sanatorien, Erholungsheime und ähnliche.

4. Unter Familie dürfte hier entsprechend der RVO. (Begr. dazu) die engere Familie zu verstehen sein, d. h. Ehegatten und Kinder unter 15 Jahren. Aber auch ein Ehepaar ohne Kinder gilt als Familie (A. N. 1903, S. 396).

5. Der Zustimmung des Versicherten bedarf es also nicht, wenn er zwar verheiratet ist, aber mit seiner Familie nicht zusammenlebt, auch einen eigenen Haushalt nicht besitzt; ferner nicht, wenn er ohne eigenen Haushalt zu haben und ohne Mitglied des Haushalts seiner Familie zu sein, ledig oder geschieden oder verwitwet ist.

6. Die Zustimmung ist nicht an irgend eine vorgeschriebene Form gebunden.

7. Nach den Regierungsentwürfen war die Zustimmung unter bestimmten Voraussetzungen nicht erforderlich, da nach (richtiger) Ansicht des Gesetzgebers Fälle vorkommen, wo es für die Reichsversicherungsanstalt erwünscht ist, auch auf verheiratete oder im eigenen Haushalt oder im Haushalt ihrer Familie wohnende Versicherte zu deren eigenem Vorteil einen Zwang auszuüben. Diese Möglichkeit fällt jetzt weg, da die Reichstagskommission die betreffende Bestimmung gestrichen hat.

8. Die Zustimmung des gesetzlichen Vertreters des Minderjährigen ist mithin nicht erforderlich, wenn der Minderjährige selbst zugestimmt hat. Verweigert der Minderjährige die Zustimmung, so kann sie aber noch immer durch die seines gesetzlichen Vertreters ersetzt werden.

9. Über den Begriff „Zustimmung" vgl. Anm. 3 zu § 124.

Hausgeld an Angehörige.

§ 38. *Angehörige[1] des Erkrankten, deren Unterhalt er ganz oder überwiegend aus seinem Arbeitsverdienste[2] bestritten hat, erhalten während des Heilverfahrens (§ 37) ein Hausgeld.[3] Es beträgt täglich mindestens drei Zwanzigstel des zuletzt gezahlten Monatsbeitrags.[4]*

Das Hausgeld fällt weg, solange und soweit Lohn oder Gehalt auf Grund eines Rechtsanspruches gezahlt wird.[5]

Die Zahlung des Ruhegeldes kann für die Dauer des Heilverfahrens ganz oder teilweise eingestellt werden.

E. I. § 37.
E. II. § 37.
RVO. § 1271 (1255).

1. Angehörige sind Familienangehörige, aber nicht gleichbedeutend mit Familie, sondern weitergehend. Es ist

dazu zu rechnen außer der engeren Familie auch die Verwandtschaft und Schwägerschaft ohne Rücksicht auf den Grad; vgl. auch Anm. 11 zu § 24.

Die Angehörigen erhalten zwar das Hausgeld, anspruchsberechtigt sind aber die Versicherten selbst, nicht die Angehörigen (A. N. 1902, S. 599).

2. Ob die Bestreitung des Unterhalts aus dem Arbeitsverdienste oder aus anderen Mitteln erfolgt ist, wird sich nicht immer ohne weiteres feststellen lassen. Jedenfalls muß mehr als die Hälfte des Unterhalts von dem Erkrankten bestritten worden sein.

3. Der Ausdruck Hausgeld für die Angehörigenunterstützung ist erst durch die RVO. eingeführt worden.

4. Das Wort mindestens wurde von der Reichstagskommission zugefügt. Hierdurch wird der Reichsversicherungsanstalt die Befugnis erteilt, nach freiem Ermessen mehr als das gesetzlich festgelegte Hausgeld zu gewähren.

5. Die Vorschrift, daß das Hausgeld wegfällt, solange und soweit Lohn oder Gehalt auf Grund eines gesetzlichen Anspruchs gezahlt wird, entspricht der Billigkeit, da die Notwendigkeit der Zahlung eines Hausgeldes in diesen Fällen nicht vorliegt.

6. Die Bestimmung, daß für die Dauer des Heilverfahrens die Zahlung des Ruhegelds ganz oder teilweise versagt werden kann, rechtfertigt sich aus der Erwägung, daß Doppelleistungen durch Heilverfahren und Rente, wenn das Heilverfahren auch den Unterhalt mit umfaßt, vermieden werden sollen (vgl. Begr. z. RVO.).

Folgen der Entziehung vom Heilverfahren.

§ 39. *Entzieht sich*[1] *ein Erkrankter ohne gesetzlichen*[2] *oder sonst triftigen*[3] *Grund dem Heilverfahren (§ 36) und wäre die Berufsunfähigkeit durch das Heilverfahren voraussichtlich*[4] *verhütet*[5] *oder beseitigt worden, so kann das Ruhegeld auf Zeit*[6] *ganz oder teilweise versagt werden, wenn der Erkrankte auf diese Folge hingewiesen worden ist.*

E. I. § 38.
E. II. § 38.
RVO. § 1272 (1256).

1. Die Behörde hat keine Macht, die Überführung in ein Krankenhaus oder in eine Anstalt für Genesende zwangsweise durchzusetzen; es stehen ihr nur die durch

§ 39 ihr verliehenen Befugnisse zu. Regelmäßig wird die Einleitung des Heilverfahrens im Interesse des Versicherten liegen; wenn trotzdem § 39 dem Erkrankten, der sich dem Heilverfahren entzieht, Rechtsnachteile androht, so ist wohl die Erkenntnis ausschlaggebend gewesen, daß gegen die Krankenhauspflege vielfach eine Abneigung besteht, welche möglichst überwunden werden muß.

2. Die gesetzlichen Gründe gehen aus § 37 hervor.

3. Als sonstige triftige Gründe dürften besondere persönliche Verhältnisse anerkannt werden (A. N. 1898, S. 362, 1901, S. 431, 1905, S. 584); z. B. das Erfordernis einer lebensgefährlichen Operation (A. N. 1893, S. 68), die geringe Hoffnung auf Wiederherstellung (A. N. 1905, S. 416).

4. Maßgebend wird wohl nur das Urteil sachverständiger Ärzte sein können.

5. Aus den Worten „verhütet oder beseitigt" folgt, daß § 39 auf dauernd Berufsunfähige keine Anwendung findet.

6. Auf Zeit bedeutet, daß die Versagung äußerstenfalls bis zu dem Zeitpunkt stattfinden darf, bis zu welchem der Versicherte voraussichtlich berufsfähig geblieben wäre, wenn das Heilverfahren Durchführung gefunden hätte (A. N. 1903, S. 541). Dauernd darf die Rente auch nicht teilweise versagt werden.

Einstellung der Zahlung von Haus- oder Ruhegeld.

§ 40. *Läßt die Reichsversicherungsanstalt ein Heilverfahren bei einem Erkrankten eintreten, welcher der reichsgesetzlichen Arbeiterversicherung unterliegt,*[1] *so kann sie die Zahlung des Hausgeldes oder des Ruhegeldes während der Dauer von Barbezügen*[2] *aus der reichsgesetzlichen Arbeiterversicherung bis zur Höhe dieser Barbezüge einstellen.*[3]

E. I. § 39.
E. II. § 39.
RVO. § 1518 (1498).

1. An mehreren Stellen des Gesetzes sind die Worte des Entwurfs: „Kranken-, Unfall- oder Invalidenversicherung" durch den jetzigen Ausdruck reichsgesetzliche Arbeiterversicherung ersetzt worden. Dies bedeutet keine materielle Änderung; der Ausdruck ist nur wegen der kürzeren, prägnanteren Gegenüberstellung zu der Angestelltenversicherung gewählt.

2. Bei anderen als Barbezügen aus der reichsgesetzlichen Arbeiterversicherung kann die Reichsversicherungsanstalt die Zahlung des Hausgelds oder des Ruhegelds nicht einstellen.

3. Der Zweck der Bestimmung ist Vermeidung unverhältnismäßig hoher Bezüge zufolge von Doppelversicherung.

Entscheidung der Streitigkeiten.

§ 41. *Bei Streit[1] zwischen der Reichsversicherungsanstalt und dem Versicherten[2] aus den Vorschriften der §§ 37 bis 40[3] entscheidet das Schiedsgericht[4] endgültig.*

E. I. § 40.
E. II. § 40.
RVO. § 1520 (1500).

1. Es können Streitigkeiten zwischen dem Erkrankten und der Reichsversicherungsanstalt im Falle der Einleitung oder Durchführung des Heilverfahrens vorkommen, wenn auch die Reichsversicherungsanstalt das Heilverfahren freiwillig gewährt. Unterwirft sich der Kranke diesem Heilverfahren nicht, so kann ihm nach § 39 die Rente versagt werden. Streitigkeiten solcher Art bedürfen der Regelung.

2. Auch um einen Streit der Erben des Versicherten kann es sich hierbei handeln.

3. Diese Paragraphen beziehen sich auf das Heilverfahren einschließlich Hausgeld.

4. Über das Schiedsgericht vgl. §§ 157 ff., §§ 270 ff.

Reichsgesetzliche Arbeiterversicherung, Begriff.

§ 42. *Als reichsgesetzliche Arbeiterversicherung gilt auch[1] die Versicherung in knappschaftlichen Krankenkassen[2] und in Ersatzkassen[3] (§§ 495, 503 der Reichsversicherungsordnung).*

E. I. § 41.
E. II. § 41.
RVO. § 1521 (1501).

1. Die Vorschrift ergänzt die Bestimmungen des § 40.

2. Knappschaftliche Krankenkassen heißen in der RVO. die früheren Knappschaftskassen.

3. Ersatzkassen sind die bisherigen freien Hilfskassen.

4. § 495 RVO. Die knappschaftlichen Krankenkassen müssen ihren Mitgliedern durch die Satzung mindestens die Regelleistungen der Ortskrankenkassen zubilligen.

Das Krankengeld können sie mit Genehmigung der Aufsichtsbehörde anders als wöchentlich, längstens jedoch halbmonatlich zahlen.

5. § 503 RVO. Versicherungsvereine auf Gegenseitigkeit, denen als eingeschriebenen Hilfskassen vor dem 1. April 1909 eine Bescheinigung nach § 75a KVG. erteilt worden ist, sind auf ihren Antrag für den an diesem Tage durch die Satzung bestimmten Bezirk und Kreis ihrer versicherungspflichtigen Mitglieder als Ersatzkassen zuzulassen, wenn ihnen dauernd mehr als eintausend Mitglieder angehören und ihre Satzung den §§ 504—513 genügt.

Auf Antrag eines solchen Versicherungsvereins kann für ihn die oberste Verwaltungsbehörde seines Sitzes die Mindestzahl der Mitglieder auf zweihundertundfünfzig herabsetzen.

Ersatzanspruch wegen Heilverfahrens.

§ 43.[1] *Gegen die Träger[2] der reichsgesetzlichen Arbeiterversicherung steht der Reichsversicherungsanstalt ein Ersatzanspruch wegen Einleitung des Heilverfahrens nicht zu.[3]*

E. I. § 42.
E. II. § 42.
RVO. —

1. Der Reichsversicherungsanstalt und den Trägern der Arbeiterversicherung bleibt es unbenommen, die gemeinsame Einleitung eines Heilverfahrens in der Weise zu vereinbaren, daß der eine Versicherungsträger die Durchführung des Heilverfahrens gegen Erstattung eines Teiles der Kosten durch den anderen Versicherungsträger übernimmt. Diese Regelung bringt den Vorteil, daß Streitigkeiten über Ersatzansprüche zwischen dem Träger der Angestelltenversicherung und den Trägern der reichsgesetzlichen Arbeiterversicherung ausgeschlossen werden. Solche Streitigkeiten, für die ein besonderes Streitverfahren einzurichten wäre, würden die Durchführung der Angestelltenversicherung erheblich erschweren. Ein Streit zwischen der Reichsversicherungsanstalt und den Landesversicherungsanstalten könnte nur dann aufkommen, wenn beide Anstalten sich über die Einleitung des Heilver-

fahrens einigen müßten. Dies ist aber nicht vorgesehen, eben um Streitigkeiten und Ersatzansprüche zu vermeiden. Die Fälle werden voraussichtlich so liegen, daß, da die Berufsinvalidität früher als die Erwerbsunfähigkeit nach der Arbeiterversicherungsgesetzgebung eintritt, die Reichsversicherunganstalt zuerst das Heilverfahren einleiten wird. Tritt später Erwerbsunfähigkeit ein, so wird es Sache der Landesversicherungsanstalt sein, ihrerseits für die Durchführung eines Heilverfahrens Sorge zu tragen. (Begr. u. Kom.-Ber.)

2. Über die Träger der reichsgesetzlichen Arbeiterversicherung vgl. oben § 11 Anm. 6.

3. Da dieselben Personen zum Teil unter die Vorschriften der RVO. sowie unter die Angestelltenversicherung in bezug auf das Heilverfahren fallen können, ist eine Zuständigkeit jener Versicherungsträger und der Reichsversicherungsanstalt möglich.

V. Sachleistungen.

Vorbemerkung.

Ähnlich wie es bei der Invaliden- und Hinterbliebenenversicherung geschehen ist, sieht auch das AVG. die Möglichkeit vor, daß Empfänger von Ruhegeld oder Rente gegen Überweisung der ganzen oder eines Teiles ihrer Bezüge auf ihren Antrag in einem Invaliden- oder Waisenhaus oder einer ähnlichen Anstalt, Kinderheime u. dgl., untergebracht werden können. Dem hervortretenden Bedürfnis entsprechend, kann die Reichsversicherungsanstalt zu diesem Zweck eigene Anstalten errichten. Hierdurch eröffnet sich für die Reichsversicherungsanstalt ein neues sozialpolitisch wichtiges Gebiet, durch dessen verständnisvolle Pflege eine recht segensreiche Tätigkeit für die am meisten Bedürftigen entwickelt werden kann. Gerade die Waisenhäuser versprechen bei einer derartigen Tätigkeit einen großen Nutzen für die körperliche und geistige Erziehung und für die Pflege vaterländischer Gesinnung, insbesondere der alleinstehenden vater- und mutterlosen Waisen, deren Zahl durchaus nicht gering ist. (Vgl. Begr.)

Unterbringung in Anstalten statt Barbezügen.

§ 44. *Empfänger von Ruhegeld oder Rente*[1] *können auf ihren Antrag*[2] *in einem Invaliden- oder Waisenhaus oder einer ähnlichen Anstalt*[3] *untergebracht werden. Dazu können*[4] *die Barbezüge ganz oder teilweise verwendet werden.*

Invalidenhäuser und ähnliche Anstalten gelten als Kranken-, Bewahr- und Heilanstalten im Sinne des § 11 Abs. 2, § 23 Abs. 2 des Gesetzes über den Unterstützungswohnsitz (Reichs-Gesetzbl. 1908 S. 381).[5]

Die Aufnahme verpflichtet den Bezugsberechtigten[6] *auf ein Vierteljahr und, wenn er nicht einen Monat vor Ablauf dieser Zeit*[7] *widerspricht, jedesmal auf ein weiteres Vierteljahr zum Verzicht auf die Barbezüge, soweit sie zu verwenden sind.*[8]

E. I. § 43.
E. II. § 43.
RVO. § 1277 (1260).

1. Sämtliche Versicherte wie deren Hinterbliebene, welche im Genuß der erwähnten Leistungen stehen, können den Antrag stellen.

2. Also nur auf Antrag, nicht gegen den Willen der Rentenempfänger.

3. Solche Anstalten sind beispielsweise Kinderheime, Asyle, Versorgungsanstalten, Pflegeheime u. dgl. mehr.

Die Häuser und Anstalten können entweder besonders zum Zweck der Angestelltenversicherung errichtet werden, oder es können fremde Anstalten, und zwar sowohl öffentliche wie private benutzt werden.

Die Invalidenhauspflege ist auch schon dem alten IVG. nicht fremd gewesen. Das RVA. veröffentlicht jährliche Berichte über den Stand dieser (vgl. A. N. 1911, S. 360).

Neu eingeführt in die RVO. und in Analogie zu ihr in das AVG. ist die Waisenhauspflege; vgl. auch die Vorbemerkung.

4. Daß die Barbezüge dazu verwendet werden, ist nicht erforderlich, sie können vielmehr auch den Empfängern belassen werden.

5. Nach § 11 Abs. 2 und § 23 Abs. 2 des Gesetzes über den Unterstützungswohnsitz (RGBl. 1908, S. 381) können durch den Eintritt in eine Kranken-, Bewahr- oder Heil-

anstalt weder der zum Erwerbe des Unterstützungswohnsitzes führende Aufenthalt, noch die zu seinem Verluste führende Abwesenheit begonnen werden. Da es zweifelhaft ist, ob die Invalidenhäuser und ähnlichen Anstalten als Kranken-, Bewahr- oder Heilanstalten im Sinne des Gesetzes über den Unterstützungswohnsitz gelten werden, empfiehlt es sich, dies ausdrücklich vorzuschreiben. Es soll verhütet werden, daß die Errichtung von Invalidenhäusern dem Armenverband ihres Sitzes unter Umständen eine erhebliche Armenlast aufbürdet. Eine gleiche Vorschrift wegen der Errichtung von Waisenhäusern zu treffen, war nicht notwendig, weil Waisen in dem fürsorgepflichtigen Alter nach § 10 Abs. 1 und § 22 Abs. 1 Nr. 2 des Gesetzes über den Unterstützungswohnsitz einen Unterstützungswohnsitz weder erwerben noch verlieren können. (Begr. z. RVO.)

6. Bezugsberechtigte sind die Empfänger von Ruhegeld oder Rente.

7. Die Berechnung dieser Frist und Zeit erfolgt nach Maßgabe der §§ 324 ff.

8. Am Verlassen der Anstalt kann der Bezugsberechtigte wohl nicht gehindert werden.

Sachleistungen an Trunksüchtige.

§ 45. *Trunksüchtigen,*[1] *die nicht entmündigt*[2] *sind, können ganz oder teilweise Sachleistungen gewährt werden. Auf Antrag eines beteiligten Armenverbandes oder der Gemeindebehörde des Wohnorts des Trunksüchtigen muß*[3] *dies geschehen. Bei Trunksüchtigen, die entmündigt sind, ist die Gewährung der Sachleistungen nur mit Zustimmung des Vormundes zulässig. Auf seinen Antrag muß sie geschehen.*[4]

Die Sachleistungen gewährt die Gemeinde des Wohnorts.[5] *Der Anspruch auf Barleistungen geht im Werte der Sachbezüge auf die Gemeinde über.*[6] *Die Sachleistung kann auch durch Aufnahme in eine Trinkerheilanstalt oder mit Zustimmung*[7] *der Gemeinde durch Vermittlung einer Trinkerfürsorgestelle gewährt werden.*[8]

Ein Rest der Barleistungen ist dem Ehegatten des Bezugsberechtigten, seinen Kindern oder seinen Eltern und, falls solche nicht vorhanden sind, der Gemeinde zur Verwendung für ihn zu überweisen.[9]

E. I. § 44.
E. II. § 44.
RVO. § 120 (133).

1. Trunksüchtig ist, wer den krankhaften Hang zum übermäßigen Trinken alkoholhaltiger Getränke in dem Grade hat, daß er die Kraft verloren hat, unter gewöhnlichen Verhältnissen dem Anreize zum übermäßigen Genusse geistiger Getränke zu widerstehen (Entsch. d. RG. v. 27. Okt. 1902 in JW., Beilage 1902, S. 280).

2. Wegen Trunksucht wird entmündigt, d. h. der rechtlichen Stellung eines Volljährigen entkleidet, wer infolge von Trunksucht seine Angelegenheiten nicht zu besorgen vermag oder sich oder seine Familie der Gefahr des Notstandes aussetzt oder die Sicherheit anderer gefährdet (BGB. § 6).

Die Entmündigung wegen Trunksucht bewirkt eine Beschränkung der Geschäftsfähigkeit (vgl. hierzu Anm. 1 bei § 97), ähnlich der von Minderjährigen über 7 Jahren (BGB. § 114). Sie erfolgt auf Antrag des Ehegatten, Verwandten oder gesetzlichen Vertreters durch Beschluß des Amtsgerichts und wird ebenso wie ihre Wiederaufhebung öffentlich bekannt gemacht (§§ 680—687 ZPO.). Der wegen Trunksucht Entmündigte erhält einen Vormund (BGB. § 1896).

3. Auch andere Stellen als ein beteiligter Armenverband oder die Gemeindebehörde des Wohnorts können den Antrag einreichen, dann besteht jedoch keine gesetzliche Verpflichtung, ihm nachzukommen.

4. Die hier vorgeschriebene und sogar zum Teil ausschlaggebende („muß") Mitwirkung des Vormunds ergibt sich aus seiner Stellung als gesetzlicher Vertreter des entmündigten Trunksüchtigen (vgl. Anm. 2).

5. Über Wohnort vgl. Anm. 5 zu § 133.

6. Die Gemeinde wird durch die Einführung der Maßregel zur Sachleistung verpflichtet und entsprechend ersatzberechtigt.

7. Über Zustimmung vgl. Anm. 3 zu § 124.

8. Ob die Aufnahme stattfindet, ist in das Ermessen der Gemeinde gestellt.

9. Die hier obligatorisch gemachte Verwendung für den Empfänger von Ruhegeld oder Rente (Bezugsberechtigten) bezieht sich nur auf den Rest der Barleistungen.

Verfahren bei Trunksüchtigen.

§ 46. *Der Rentenausschuß erläßt die Anordnung*[1] *nach Anhören*[2] *der Gemeindebehörde und des Bezugsberechtigten und teilt sie ihnen und der Reichsversicherungsanstalt schriftlich mit. Er entscheidet bei Streit*[3] *zwischen der Gemeinde und dem Bezugsberechtigten. Auf Beschwerde*[4] *entscheidet das Schiedsgericht*[5] *endgültig.*

Ist der Anspruch auf Barleistung endgültig auf die Gemeinde übergegangen, so benachrichtigt der Rentenausschuß die Post.[6]

E. I. § 45.
E. II. § 45.
RVO. § 121 (134).

1. Die Anordnung bezieht sich auf die Durchführung der Maßregeln von §§ 44 und 45.
2. Gemeindebehörde und Bezugsberechtigter sind nur zu hören; die Entscheidung bleibt dem freien Ermessen des Rentenausschusses überlassen.
3. Es handelt sich hier lediglich um Streitfälle, wie sie sich aus den §§ 44 und 45 ergeben können.
4. Die Beschwerdefrist beträgt regelmäßig einen Monat seit Zustellung der angefochtenen Entscheidung (§ 328).
5. Über das Schiedsgericht vgl. §§ 156 ff. u. 270 ff.
6. Diese Benachrichtigung der Post erklärt sich aus der Mitwirkung der Post bei Auszahlung der Renten (vgl. § 313 ff.).

VI. Besondere Vorschriften für den Aufenthalt im Ausland.

Vorbemerkung.

Von einer Unterscheidung bei der Gewährung der Leistungen an In- und Ausländer sieht das Gesetz mit Rücksicht auf die hohen Beitragsleistungen ab. Geben Berechtigte indessen den inländischen Wohnsitz auf, so soll dem Versicherungsträger wegen der schwierigen Kontrolle der Berechtigten das Recht zustehen, diese Personen mit dem ihrer Beitragshälfte entsprechenden

Kapitalwert der ihnen gewährten Bezüge abzufinden. Solange der ausländische Versicherte sich im Inland aufhält, wird er grundsätzlich dem Inländer gleich behandelt. Aber es führt zu weit und kann nicht mehr als Gebot der Billigkeit betrachtet werden, den Ausländern die Fürsorge der deutschen Versicherung trotz der damit verbundenen großen Umstände auch dann weiterzugewähren, wenn sie sich ins Ausland zurückbegeben. Kehrt der Ausländer demnächst ins Inland zurück, so kann er die Leistungen für den inzwischen noch nicht abgelaufenen Rest der Unterstützungsdauer weiter beanspruchen. Dem Bundesrate wird auch hier, wie bei der Invalidenversicherung, das Recht vorbehalten, für bestimmte Grenzbezirke Ausnahmen zuzulassen (vgl. Begr.).

Kapitalabfindung.

§ 47. *Geben Berechtigte*[1] *den inländischen Wohnsitz auf, so können sie mit der Hälfte des Kapitalwerts der ihnen gewährten Bezüge abgefunden werden.*[2] *Die Tarife zur Berechnung der Abfindung setzt die Reichsversicherungsanstalt mit Genehmigung des Bundesrats fest.*

Der Bundesrat kann diese Vorschrift in Grenzgebieten[3] *außer Kraft setzen.*[4]

E. I. § 47.
E. II. § 46.
RVO. §§ 217, 617, 1316 f. (228 a, 634, 1303 a f.).

1. Berechtigte sind die Empfänger von Ruhegeld und Renten.

2. Kapitalabfindungen an Ausländer kannte schon die bisherige Unfallversicherung und Invalidenversicherung (vgl. GUVG. § 95 Abs. 2, BUVG. § 37 Abs. 1 und IVG. § 26 Abs. 1); zugefügt wurde neu in der RVO. die Kapitalabfindung für das Gebiet der Krankenversicherung. Diesen Anordnungen schließt sich jetzt die Angestelltenversicherung analog an. S. zu Abfindung auch §§ 60, 64, 83.

3. Auch in der bisherigen Sozialversicherung ist die Außerkraftsetzung von Vorschriften in Grenzgebieten bekannt (vgl. beispielsweise § 21 GUVG. und den entsprechenden § 596 RVO.).

4. Ausnahmevorschriften gegenüber den Ausländern sind von jeher, insbesondere auf internationalen Kongressen, lebhaft bekämpft worden (vgl. die Verhandlungen des internationalen Arbeiter-Versicherungskongresses in Wien 1905, ferner die Verhandlungen der dritten, vierten und fünften Generalversammlung des Komitees der Internationalen Vereinigung für gesetzlichen Arbeiterschutz in Basel, Genf und Luzern 1904, 1906 und 1908). Die dritte Generalversammlung der Internationalen Vereinigung für gesetzlichen Arbeiterschutz in Basel hat im Zusammenhang damit folgenden Beschluß gefaßt:

„Für die Rechte, welche dem Arbeiter und seinen Hinterbliebenen in den Versicherungs- und Haftpflichtgesetzen gewährt sind, soll keine Unterscheidung nach Staatsangehörigkeit, Wohnort oder Aufenthalt der Berechtigten stattfinden."

Der Grundsatz der gleichmäßigen Behandlung der Inländer und Ausländer ist neuerdings auch in verschiedenen internationalen Verträgen zum Ausdrucke gelangt, so in den Verträgen zwischen Frankreich und Italien vom 15. April 1904 und 9. Juni 1906 (Bulletin de l'Office du travail. Paris XI Nr. 6, Juni 1904, S. 518—521, XIV Nr. 4, April 1907, S. 351—353), zwischen Frankreich und Belgien vom 21. Februar 1906 (Bulletin de l'Office du travail. Paris XIII Nr. 7, Juli 1906, S. 718, 719, 841), zwischen Frankreich und Luxemburg vom 27. Juni 1906 (Bulletin de l'Office du travail. Paris XIV Nr. 4, April 1907, S. 350/51), zwischen Belgien und Luxemburg vom 15. April 1905 und 22. Mai 1906 (Moniteur Belge vom 30./31. Oktober 1905, S. 5624/6 und vom 21./22. Januar 1907 S. 329—331) und zwischen Frankreich und Großbritannien vom 3. Juli 1909 (Bulletin des Internationalen Arbeitsamts. Bd. VIII [1909], S. 273, 274).

Im übrigen vgl. hierzu auch unten §§ 362, 363.

VII. Wartezeit.

Vorbemerkung.

Durch Zurücklegung der vorgeschriebenen Wartezeit erwirbt der Versicherte auch die Ansprüche seiner Hinterbliebenen auf Hinterbliebenenfürsorge.

Eine angemessene Wartezeit (Karenzzeit) ist unentbehrlich und unbedenklich. Sie ist unentbehrlich, weil sonst dem Zwecke des Gesetzes zuwider durch kurze, vielleicht nur während weniger Tage geleistete Arbeit und unverhältnismäßig geringe Beiträge jeder den Anspruch auf die Mindestrente würde erwerben können, und durch die hierbei unvermeidlichen Mehrkosten die eigentlichen Berufsarbeiter geschädigt werden würden. Sie ist aber auch unbedenklich, weil bei den eigentlichen Berufsarbeitern die Voraussetzung der Altersrente immer, die Voraussetzung der Invalidenrente in der Regel erst nach längerer Arbeitstätigkeit eintritt. Wollte man allen Invaliden ohne Rücksicht darauf, wie lange sie Beiträge geleistet, bzw. nach wie langer Arbeitszeit sie ihre Erwerbsunfähigkeit nachgewiesen haben, den gleichen Betrag des für sie in Betracht kommenden Lohnes als Rente gewähren, so würden diejenigen, welche früh in den Genuß der Rente treten, durch Ersparung von Beiträgen einen sehr erheblichen Vorteil vor denjenigen erlangen, welche erst nach langjähriger Beitragszeit in den Genuß der Vorteile des Gesetzes eintreten. Grundsätzlich wäre dies zwar, da es sich um eine Versicherung auf Gegenseitigkeit handelt, bei welcher einer für den anderen einzutreten hat, in der Erwägung allenfalls mit in den Kauf zu nehmen, daß hier die Befriedigung eines sozialpolitischen Bedürfnisses in Betracht kommt, bei welcher die Durchführung eines absolut gerechten Verhältnisses zwischen der individuellen Leistung und der zu gewährenden Gegenleistung überhaupt nicht erreichbar ist. Es würde aber den praktischen Nachteil haben, daß junge Leute eine verhältnismäßig zu hohe Rente erhalten würden, ferner, daß der Anreiz, durch tunlichst lange und regelmäßige Arbeit eine Erhöhung der Rente sich zu erwerben, fortfiele, und daß die Aussicht auf die durch Ersparung von Beiträgen zu erlangenden Vorteile einen starken Antrieb zu Simulationen bieten möchte. Es gehört vielmehr zu den erziehlichen Aufgaben des Gesetzes, die fortgesetzte treue Verwertung der noch vorhandenen Arbeitskraft zu fördern. Von diesem richtigen Gesichtspunkt aus sind auch die Pensionen der Beamten und der Militärpersonen nach der Dauer der Dienstzeit abgestuft. Eine gleiche Abstufung empfiehlt sich daher für die Invalidenrente, während die Altersrente, die mit einem bestimmten Lebensjahr erlangt wird, einer solchen Abstufung nicht bedarf. (Begr. z. Alters- und Invaliditätsversicherungsgesetz von 1889.)

Für die Angestelltenversicherung ist eine längere Wartezeit als in der Invalidenversicherung unbedingt notwendig; es handelt sich hier um hohe Leistungen, deren Erlangung für viele, die zu dem Kreise der Versicherungspflichtigen nicht oder nicht mehr gehören, als erstrebenswertes Ziel erscheinen könnte. Daher liegt die Gefahr nahe, daß zufolge irgend welcher Abmachungen auch für nichtversicherungspflichtige Personen, die dem Eintritt der Erwerbsunfähigkeit bereits nahestehen, Beiträge entrichtet werden und bei kurzer Wartezeit die mißbräuchliche Erhebung von Ruhegeldsansprüchen herbeigeführt wird, wodurch die wirklich Versicherungspflichtigen geschädigt würden.

Die stattgehabten Berechnungen gehen davon aus, daß die Wartezeit für die Angestelltenversicherung bei den männlichen Angestellten auf 120 Beitragsmonate und bei den weiblichen auf 60 Beitragsmonate festzusetzen wäre. Eine solche längere Wartezeit ist für die Angestellten im Hinblick auf ihre gegenüber den Arbeitern vielfach wohl geringere Invaliditätsgefahr unbedenklich, weil der Versicherungsfall (Berufsunfähigkeit oder Tod) im allgemeinen erst nach längerer Arbeitstätigkeit eintritt. Hierzu kommt, daß die Mehrzahl der Angestellten für den Fall der reichsgesetzlichen Invalidität bereits eine Fürsorge nach kürzerer Wartezeit genießt oder, falls die Anwartschaft verloren ist, nach § 1283 RVO. durch Wiederaufnahme der Versicherung und Leistung von 200 Wochenbeiträgen auf Grund der Versicherungspflicht wieder erwerben kann. Mißlich wäre aber die Lage der innerhalb der Wartezeit hinterbleibenden Witwen und Waisen. Nach zehn Jahren der Wirksamkeit des Gesetzes tritt die Bedeutung dieser Fälle völlig zurück, da nach dem Inkrafttreten des Gesetzes im wesentlichen nur jüngere Personen in die Versicherung eintreten, deren Sterblichkeit gering ist und die in der überwiegenden Mehrzahl noch nicht verheiratet sind. Um die mißliche Lage der Witwen und Waisen während der ersten zehn Jahre der Wirksamkeit des Gesetzes abzuschwächen, schreibt § 396 vor, daß bei Todesfällen innerhalb dieser zehn Jahre zur Erfüllung der Wartezeit für Hinterbliebenenrenten das Zurücklegen von 60 Beitragsmonaten auf Grund der Versicherungspflicht genügt. Dadurch wird zugleich die Wirkung der neuen Versicherung früher in die Erscheinung treten.

Eine verschiedene Bemessung der Wartezeit für Ruhegeld und Altersrente oder eine besondere Benennung einer Altersrente ist nicht erforderlich. Die letztere ist als Ruhegeld nach Zurücklegung von 120 Beitragsmonaten bei männlichen und von 60 Beitragsmonaten bei weiblichen Angestellten frühestens vom vollendeten 65. Lebensjahr ab zu gewähren (vgl. Begr.).

Dauer.

§ 48. *Die Wartezeit dauert*[1]

1. *beim Ruhegeld*[2] *für männliche Versicherte einhundertundzwanzig Beitragsmonate, für weibliche Versicherte sechzig Beitragsmonate,*[3] [4]
2. *bei den Hinterbliebenenrenten*[5] *einhundertundzwanzig Beitragsmonate.*

Sind weniger als sechzig Beitragsmonate auf Grund der Versicherungspflicht nachgewiesen, so beträgt die Wartezeit beim Ruhegeld für weibliche Versicherte neunzig Beitragsmonate im übrigen einhundertundfünfzig Beitragsmonate.[6]

E. I. § 49.
E. II. § 47.
RVO. § 1278 (1264).

1. Vgl. über die Gründe der Einführung einer Wartezeit die Vorbemerkung zu diesem VII. Unterabschnitt.

2. Über Ruhegeld s. §§ 25 ff.

3. Infolge Wegfalls der Witwenbezüge und in den meisten Fällen auch der Waisenbezüge gestaltet sich die Belastung aus der Versicherung weiblicher Angestellten beträchtlich niedriger als die Belastung aus der Versicherung männlicher Angestellten. Eine verschieden hohe Bemessung der Beiträge für männliche und weibliche Angestellte mußte aber vermieden werden, weil sie zu einer bedenklichen Verschiebung des Arbeitsmarkts zum Nachteil der männlichen Versicherten führen könnte. Es konnte auch nicht in Aussicht genommen werden, daß infolge Festsetzung eines gleichen Durchschnittsbeitrags die weiblichen Versicherten zur Mitdeckung eines erheblichen Teiles der aus der Versicherung der männlichen Angestellten hervorgehenden Belastung herangezogen werden. Um beiden Teilen gerecht zu werden, erschien es angebracht, den weiblichen Versicherten weitere Leistungen zu gewähren, die annähernd den Belastungsunterschied ausgleichen. Zu diesem Zwecke sieht das Gesetz zunächst vor, den weiblichen Versicherten schon nach 60 Beitragsmonaten einen Anspruch auf ein Ruhegeld zu gewähren. Dieser Anspruch wird beim Eintritt der allgemeinen Erwerbsunfähigkeit als eine willkommene Erhöhung des reichsgesetzlichen Anspruchs angesehen werden und läßt die Wirksamkeit des Gesetzes bald in die Erscheinung treten (vgl. Begr.).

Weitere Bevorzugungsfälle der weiblichen Versicherten s. §§ 56, 60, 61, 62, 63, 64.

4. Als Beitragsmonate für die Berechnung der Leistungen gelten nach § 171 Kalendermonate, für die Beiträge entrichtet sind.

5. Die Hinterbliebenenrenten gehen aus den §§ 26 ff. hervor.

6. Der letzte Absatz wurde von der Reichstagskommission eingefügt, in Verbindung mit der Abänderung des § 15, auf dessen Anm. 3 verwiesen wird.

VIII. Erlöschen der Anwartschaft.

Vorbemerkung.

Eine besondere von den Vorschriften der Invalidenversicherung abweichende Behandlung erfordern diejenigen Fälle, in welchen Personen durch Aufgabe einer versicherungspflichtigen Beschäftigung aus der Versicherung ausscheiden. Bei der Invalidenversicherung erlischt die aus der Versicherungspflicht sich ergebende Anwartschaft, wenn während zweier Jahre nach dem auf der Quittungskarte verzeichneten Ausstellungstag ein die Versicherungspflicht begründendes Arbeits- oder Dienstverhältnis, auf Grund dessen Beiträge entrichtet sind, oder die Weiterversicherung nicht oder in weniger als insgesamt zwanzig Beitragswochen bestanden hat. Hier tritt also, wenn die weitere Beitragsleistung eingestellt wird, ein Erlöschen des Anspruchs zugunsten der übrigen Versicherten ein. Für die Angestelltenversicherung kann diese Regelung nicht empfohlen werden. Die Beiträge, welche für die neue Versicherung erhoben werden, betragen bei den gleichen Gehaltsverhältnissen durchschnittlich

in Gehaltsklasse	A	.	das	1,6—2,4 fache,
„ „	B	.	„	2,56 fache,
„ „	C	.	„	3,03 „
„ „	D	.	„	3,55 „
„ „	E	.	„	5,01 „

der für die reichsgesetzliche Invaliden- und Hinterbliebenenversicherung zu entrichtenden Beiträge. Mit Rücksicht auf die Höhe dieser Beträge erscheint es erforderlich, für die neue Versicherung, neben der Zulassung der freiwilligen Fortsetzung der Versicherung auch die Aufrechterhaltung der Anwartschaft durch Zahlung einer Anerkennungsgebühr (§§ 15, 172), mit anderen Worten durch Umwandlung in eine beitragsfreie Versicherung zu gewähren.

Allerdings müssen zur freiwilligen Fortsetzung der Versicherung (§ 15) innerhalb der zehn Kalenderjahre, die demjenigen folgen, in welchem der erste Beitragsmonat zurückgelegt worden ist, mindestens jährlich 8 Monatsbeiträge entrichtet werden. Das ist erforderlich, um die Zeitdauer für die Erwerbung des Anfangsbetrags von Ruhegeld und Renten nicht zu sehr zu verlängern. Bei Bemessung des Anfangsbetrags wird für jeden Monatsbeitrag der doppelte Steigerungsbetrag zugrunde gelegt (§ 55). Die Beiträge müssen deshalb von entsprechend höherem Versicherungswert und somit möglichst in der ersten Zeit der Versicherung entrichtet sein. Je länger die Zeitdauer wird, in welcher die Anwartschaft auf den Anfangsbetrag der Leistungen erworben wird, desto größer wird die Gefahr, daß die geleisteten Beiträge für die Leistungen nicht ausreichende Deckung bieten. Nach Ablauf der Wartezeit kann die Zahl der zu entrichtenden Monatsbeiträge auf vier beschränkt werden. Um die freiwillige Fortsetzung der Versicherung zu erleichtern, wird die Wahl einer niedrigeren Gehaltsklasse als für die Pflichtversicherung maßgebend war, zugelassen (§ 18). Dagegen ist es zur finanziellen Sicherheit des Versicherungsträgers geboten, daß für die freiwillige Fortsetzung der Versicherung eine höhere Gehaltsklasse aus denselben Gründen nicht zugelassen wird, welche überhaupt gegen die Versicherung in höherer Gehaltsklasse sprechen. (Vgl. § 19.) Unterbleibt die Fortentrichtung der Beiträge oder die Zahlung der Anerkennungsgebühr, so wird die Versicherung aufgehoben. Die Anwartschaft lebt jedoch wieder auf, wenn der Versicherte innerhalb des dem Kalenderjahre der Fälligkeit der Beiträge oder der Anerkennungsgebühr folgenden Kalenderjahres die rückständigen Beträge nachzahlt, oder ihm spätere Pflichtbeiträge auf gestundete Beiträge angerechnet werden (§ 50). — Um indessen den Verlust der Anwartschaft für die Pflichtversicherten möglichst auszuschließen, werden der Entrichtung von Beiträgen zur Aufrechterhaltung der Anwartschaft Zeiten militärischer Dienstleistungen, Krankheitszeiten und Zeiten, in denen der Versicherte zur beruflichen Fortbildung eine staatlich anerkannte Lehranstalt besucht hat, gleichgestellt. Diese Zeiten dürfen jedoch nicht zur Erhöhung der Anwartschaft beitragen, weil sie durch die Beiträge nicht mitgedeckt werden.

Über die so beschränkte Anrechnung von Krankheits- und Militärzeiten werden in den §§ 51—54 ähnliche Vorschriften, wie in der RVO. §§ 1281, 1393, 1394 u. 1438 gegeben (vgl. Begr.).

Voraussetzungen des Erlöschens der Anwartschaft.

§ 49.[1] *Die Anwartschaft[2] erlischt,[3] wenn nach dem Kalenderjahre,[4] in welchem der erste Beitragsmonat[5] zurückgelegt worden ist, innerhalb der zunächst folgenden zehn Kalenderjahre weniger als acht[6] und nach dieser Zeit weniger als vier Beitragsmonate während eines Kalenderjahres zurückgelegt worden sind oder die Zahlung der Anerkennungsgebühr[7] (§ 172 Abs. 2) unterblieben ist.*

E. I. § 50.
E. II. § 50.
RVO. § 1280 (1266).

1. Dieser Paragraph in Verbindung mit § 15 ergibt folgenden Rechtszustand: Es genügt die Leistung eines Monatsbeitrags im ersten Jahre der Versicherung, wenn die Anwartschaft aufrecht erhalten werden soll. In den folgenden zehn Jahren sind jährlich mindestens acht Monatsbeiträge zu entrichten, wenn während dieser Periode die Anwartschaft nicht verloren gehen soll. Ist nun im ersten Jahre nur ein Monatsbeitrag geleistet worden, so brauchen im darauffolgenden zweiten Jahre nur fünf Monatsbeiträge auf Grund der Versicherungspflicht entrichtet zu werden, damit der Versicherte in die Lage kommt, sich freiwillig

weiterversichern zu können (§ 15). Im zweiten Jahre der Versicherung können also von den acht Monatsbeiträgen drei auf Grund der freiwilligen Versicherung geleistet werden. In den folgenden Jahren dagegen ist es für die Aufrechterhaltung der Anwartschaft gleichgültig, ob die vom Gesetz geforderten Monatsbeiträge allein auf Grund der Versicherungspflicht oder allein auf Grund der freiwilligen Versicherung oder sowohl nach dem einen, als auch nach dem anderen Versicherungssystem entrichtet werden. Im übrigen gilt § 50, wonach die Anwartschaft wieder auflebt, wenn der Versicherte innerhalb des dem Kalenderjahre der Fälligkeit der Beiträge oder der Anerkennungsgebühr folgenden Kalenderjahrs die rückständigen Beiträge nachzahlt (vgl. Kom.-Ber.).

Diese ziemlich verwickelten Rechtsverhältnisse dürften kaum den ungeteilten Beifall der Versicherten finden.

Es wird sich daher z. B. empfehlen, daß ein Angestellter, welcher während des ersten Jahres nach dem Inkrafttreten des Gesetzes sechs Beitragsmonate auf Grund eines festen Gehalts von 4800 Mark zurückgelegt hat und von da ab außer dem Gehalt eine Gewinnbeteiligung erhält, welche zwischen 200 und 500 Mark schwankt, auf alle Fälle gemäß § 15 die Versicherung freiwillig fortsetzt, auch wenn etwa schon die erste Gewinnbeteiligung 400 Mark beträgt und danach durch seinen die höchste Gehaltsklasse von 5000 Mark überschreitenden Jahresarbeitsverdienst (§ 16) an sich ein Ausscheiden aus einer versicherungspflichtigen Beschäftigung gegeben wäre.

Die jetzige Fassung des § 49 ist der Plenarberatung des Reichstags zu verdanken.

2. Die Anwartschaft ist zu unterscheiden vom Versicherungsverhältnis. Während das letzere (nach Piloty, S. 288) alle aus der Versicherung sich ergebenden rechtlichen Beziehungen des Versicherten umfaßt, vor allem Beitragspflicht und Versicherungsanspruch, wird die rechtlich geschützte Aussicht auch den Anspruch bis Ablauf der Wartezeit zur Anwartschaft in sich schließen. Diese setzt also zu ihrer Entstehung immer das Feststehen des Versicherungsverhältnisses voraus. Einmal entstanden aber, erlischt die Anwartschaft nicht sofort mit der Endigung des Versicherungsverhältnisses.

Zu definieren ist die Anwartschaft als der Zustand des Versichertseins vor Erwerb des Anspruchs auf Versicherungsleistungen; sie äußert sich auf der Seite des Versicherten in der bloßen Aussicht auf diese Leistungen, auf der Seite des Versicherungsträgers in der Belastung mit einem Risiko (A. N. 1894, S. 79, 1899, S. 775, Hanow IV, S. 176).

3. Das Erlöschen der Anwartschaft bedeutet den Verlust aller Ansprüche des Versicherten für sich sowohl, wie für seine rentenberechtigten Familienangehörigen, die er hinterläßt. Das Erlöschen der Anwartschaft erfolgt von selbst, sobald die gesetzlichen Voraussetzungen vorliegen. Das Erlöschen kann wieder rückgängig gemacht werden entsprechend § 50. Siehe dort.

4. Als Kalenderjahr ist die Zeit vom 1. Januar bis 31. Dezember anzusehen.

5. Über Beitragsmonat vgl. § 171.

6. Vergl. Anm. 1 und die Vorbemerkung zu diesem VII. Unterabschnitt.

7. Die Anerkennungsgebühr zur Aufrechterhaltung der Anwartschaft beträgt jährlich 3 Mark. Näheres bei § 172 Abs. 2.

Wiederaufleben der Anwartschaft.

§ 50. *Die Anwartschaft*[1] *lebt wieder auf,*[2] *wenn der Versicherte*[3] *innerhalb des dem Kalenderjahre*[4] *der Fälligkeit der Beiträge oder der Anerkennungsgebühr*[5] *folgenden Kalenderjahrs die rückständigen Beiträge*[6] *nachzahlt.*

Ist eine Anwartschaft während der Wartezeit erloschen, so kann die Reichsversicherungsanstalt auf Antrag die rückständigen Beiträge stunden.[7] *Der Antrag muß vor Ablauf der im Abs. 1 bezeichneten Frist gestellt werden. Spätere Pflichtbeiträge können, soweit sie nicht gemäß § 49 erforderlich sind, auf die gestundeten Beiträge angerechnet werden. Durch die Anrechnung lebt die Anwartschaft wieder auf.*[8]

E. I. § 51.
E. II. § 49.
RVO. § 1283 (1269).

1. Über das Wesen der Anwartschaft s. § 49 Anm. 2.

2. Das Wiederaufleben der Anwartschaft bedeutet, daß diese nicht neu entsteht, sondern das frühere Verhältnis mit seinen Rechtsfolgen sich einfach fortsetzt.

3. An Stelle des Versicherten selbst kann wohl auch ein Dritter die rückständigen Beträge nachzahlen.

4. Über Kalenderjahr s. § 49 Anm. 4.

5. Über Anerkennungsgebühr vgl. § 172 Abs. 2.

6. Nur die rückständigen Beträge sind nachzuzahlen, mithin Zinsen von dem Rückstand nicht zu vergüten.

7. Der zweite Absatz wurde erst auf Grund der Beschlüsse des Reichstagsplenums in 2. Lesung zugefügt. Hierdurch wurde auf dem Umwege über die Stundung von Beiträgen, die aber gar nicht gezahlt zu werden brauchen, die Möglichkeit des Wiederauflebens verfallener Anwartschaften geschaffen.

8. Zur Erläuterung dieser Bestimmung wurde im Reichstag ausgeführt: Bedenken wegen eines leichten Verfallens der Anwartschaften liegen wohl von vornherein nicht vor. Es ist selbstverständlich, daß hier, wo die Reichsversicherungsanstalt jeden einzelnen Versicherten ständig unter Kontrolle hat, sie ihm eine Mahnung wegen der rückständigen Beiträge und eine Warnung vor dem Verfall zukommen läßt, ehe seine Anwartschaft in den Büchern der Anstalt wirklich gestrichen wird. In dem deutschen Reichsgesetz über den Versicherungsvertrag vom 30. Mai 1908 ist vorgeschrieben, daß jede private Versicherungsanstalt einen Versicherten mahnen muß, ehe die Police verfällt (vgl dort § 38 ff.), und es ist wohl schon aus allgemeinen Rechtsgründen selbstverständlich, daß das auch auf die Reichsversicherungsanstalt Anwendung findet. Wenn nun aber wirklich die Anwartschaft verfallen ist, so hat der Mann ein volles Jahr Zeit, auf die erste oder zweite Mahnung hin einen Antrag auf Stundung der Beiträge zu stellen. Wenn ihm die rückständigen Beiträge gestundet werden, so bedeutet das nicht, daß er sie nachzahlen muß, sondern wenn er wieder in eine versicherungspflichtige Beschäftigung eintritt, ganz gleichgültig innerhalb welcher Frist, so können seine späteren Pflichtbeiträge ihm angerechnet werden. Er bezahlt dann in einem Jahre der vollen Beschäftigung 12 Pflichtbeiträge. Zur Aufrechterhaltung der Anwartschaft sind aber nur acht Beiträge in den ersten 10 Jahren und später nur 4 Beiträge erforderlich, und der Paragraph besagt, daß die überschießenden 4 und später 8 Beiträge berechnet werden können auf die von ihm geschuldeten, gestundeten rückständigen Beiträge. In dem Augenblick, wenn durch die Anrechnung dieser 4 oder 8 Jahresbeiträge später eine lückenlose Reihe von Jahresbeiträgen hergestellt ist, die zur Aufrechterhaltung einer Anwartschaft genügt, soll die ganze frühere Anwartschaft wieder als aufgelebt gelten. Damit in Verbindung mit der Pflicht der Mahnung vor dem Verfall der Anwartschaft dürften die Fälle, daß jemand durch Mangel an Mitteln oder aus Bequemlichkeit

eine Anwartschaft vollkommen verliert, so gut wie ausgeschlossen sein. (Sten. Ber.)

IX. Anrechnungsfähige Zeiten.

Vorbemerkung.

Die nachstehend angeführten Ersatztatsachen bezwecken, Krankheits-, Militärdienst- und Fortbildungszeiten, während deren eine Beitragsentrichtung nicht erfolgt, der nachteiligen Folgen für die Versicherung zu entkleiden. Die Ersatztatsachen sollen einer versicherungspflichtigen Beschäftigung gleichgestellt werden. Sie kommen aber nur in Betracht für die Erhaltung der Anwartschaft, sie gelten nicht als Beitragsmonate im Sinne des § 171 für die Berechnung der Leistungen.

Ersatztatsachen als Beitragsmonate.

§ 51. *Als Beitragsmonate im Sinne der §§ 15, 49*[1] *werden die Kalendermonate*[2] *angerechnet, in denen der Versicherte*

1. *zur Erfüllung der Wehrpflicht*[3] *in Friedens-, Mobilmachungs- oder Kriegszeiten eingezogen gewesen ist,*[4]
2. *in Mobilmachungs- oder Kriegszeiten freiwillig militärische Dienstleistungen*[5] *verrichtet hat,*
3. *wegen einer Krankheit*[6] *zeitweise arbeitsunfähig*[7] *und nachweislich verhindert gewesen ist, seine Berufstätigkeit fortzusetzen,*
4. *zur beruflichen Fortbildung*[8] *eine staatlich anerkannte Lehranstalt besucht. Die oberste Verwaltungsbehörde bestimmt, welche Lehranstalten als staatlich anerkannte im Sinne dieser Vorschrift gelten.*[9] [10]

E. I. § 52.
E. II. § 50.
RVO. §§ 1281, 1393 (1267, 1377).

1. Nicht im Sinne von § 171. Vgl. dort Anm. 2.

2. Nur volle Kalendermonate dürften in Anrechnung gebracht werden können.

3. Bei der Erfüllung der Wehrpflicht sowie bei freiwilligen militärischen Dienstleistungen kann es sich nur um solche im deutschen Heere, in der Kaiserlichen Marine und bei den deutschen Schutztruppen handeln.

4. Über den Nachweis vgl. § 54.

5. Freiwillige Dienstleistungen in Friedenszeiten gelten nicht als Beitragszeit; das Dienstjahr der Einjährig-Freiwilligen fällt jedoch unter den Begriff der Wehrpflicht.

6. Über die der Krankheit gleich geachteten Tatsachen vgl. § 52. Nach herrschender Ansicht ist als Krankheit anzusehen, ein anormaler körperlicher oder geistiger Zustand, welcher ärztliche Behandlung oder Anwendung von Heilmitteln notwendig macht, oder die Arbeitsfähigkeit beeinträchtigt. Schmerzhaftigkeit ist kein Begriffsmerkmal. Krankheit in medizinischem Sinne und im Sinne des Gesetzes sind nicht immer identisch. Dabei kommt es auf die Auffassung des Versicherten selbst nicht an. Die Ursache der Erkrankung ist unerheblich; insbesondere ist nicht erforderlich, daß die Krankheit im Zusammenhang mit dem Beruf des Versicherten entstanden ist. Nicht als Krankheit gelten Störungen, die mit der natürlichen Entwicklung zusammenhängen, wie Altersschwäche, Schwangerschaft, sofern sie nicht eine anormale Entwicklung nehmen (s. aber § 52). Auch bei dauernd fehlerhaften Zuständen des Körpers, wie Plattfüße, Schielen, ist nur dann eine Krankheit anzunehmen, wenn die Notwendigkeit ärztlicher Hilfe oder Erwerbsunfähigkeit sich daraus ergeben. Als krank sind unter Umständen auch Rekonvaleszenten anzusehen.

7. Über Arbeitsunfähigkeit vgl. § 52 Anm. 3.

8. An Stelle der Worte der Regierungsentwürfe „zur Ablegung einer beruflichen Prüfung“ sind von der Reichstagskommission die Worte „zur beruflichen Fortbildung“ gesetzt worden, da manche Personen eine staatliche Lehranstalt lediglich zum Zwecke ihrer Fortbildung und ohne eine Prüfung bestehen zu wollen besuchen.

9. Die Lehranstalt kann eine staatliche oder auch eine private sein. Die Fassung des Abs. 4 Satz 2 beruht auf den Beschlüssen der Reichstagskommission. Die Anerkennung einer Lehranstalt als staatliche Anstalt fällt in den Geschäftsbereich der Unterrichtsverwaltung, die lediglich eine Angelegenheit der einzelnen Bundesstaaten ist.

10. Ob die Bestimmung des § 51 auch dem freiwillig weiter Versicherten zugute kommt, erscheint fraglich.

Der Krankheit gleicherachtete Tatsachen.

§ 52. *Die Genesungszeit*[1] *wird der Krankheit*[2] *(§ 51 Nr. 3) gleichgeachtet. Dasselbe gilt für die Dauer von zwei Monaten bei einer Arbeitsunfähigkeit,*[3] *die durch eine Schwangerschaft*[4] *oder ein regelmäßig verlaufendes Wochenbett*[5] *veranlaßt ist.*

E. I. § 53.
E. II. § 51.
RVO. § 1394 (1378).

1. Genesungszeit, gleichbedeutend mit Rekonvaleszenz ist nach Rosin I, S. 509 ein Zustand örtlicher Schwäche und allgemeiner Empfindlichkeit gegen äußere Einflüsse, der nach Beendigung der eigentlichen Krankheit zurückgeblieben ist und der vollen Genesung vorausgeht, oder nach anderer Auffassung die Zeit, welche sich an die Krankheit anschließt und innerhalb deren der Versicherte noch in einem solchen Maße schonungsbedürftig ist, daß er sich nach ärztlicher Auffassung der gewöhnlichen Beschäftigung enthalten muß.

2. Über den Begriff der Krankheit vgl. § 51 Anm. 6.

3. Arbeitsunfähigkeit ist ein Zustand mangelnder Möglichkeit, überhaupt oder ohne Schädigung der Gesundheit erlaubte Arbeitsleistungen zu verrichten.

Arbeitsunfähigkeit liegt vor, wenn der Versicherte nicht, oder doch nur mit Gefahr, seinen Zustand zu verschlimmern fähig ist, seiner bisherigen Erwerbstätigkeit nachzugehen. Sie wird durch die Möglichkeit nicht ausgeschlossen, diesen Erwerb durch Übergang zu einer anderen Berufstätigkeit zu gewinnen, auch wenn solche seinen Kräften und Fähigkeiten entspricht und ihm unter Berücksichtigung seiner Ausbildung und seines seitherigen Berufs zugemutet werden kann.

4. Schwangerschaft ist der Zustand einer weiblichen Person vom Augenblick der Empfängnis bis zur Abscheidung der ausgebildeten Frucht durch die Geburt.

5. Wochenbett ist der Zustand, in dem sich weibliche Personen (Wöchnerinnen) unmittelbar nach einer Entbindung befinden. Ob es sich um ein Wochenbett handelt, wenn eine Totgeburt, eine Frühgeburt oder eine Fehlgeburt erfolgt, ist eine vom Arzt zu beantwortende Tatfrage. Bei Totgeburten dürfte dies fast stets zutreffen; die anderen Fälle können Krankheiten darstellen. Normale Schwangerschaft und Wochenbett stellen keine Krankheit dar.

Ob es sich um eheliche oder uneheliche Geburten handelt, macht hinsichtlich des § 52 keinen Unterschied.

Nichtanrechnung gewisser Krankheiten.

§ 53. *Nicht angerechnet*[1] *wird eine Krankheit,*[2] *die sich der Versicherte vorsätzlich*[3] *oder bei Begehung eines durch strafgerichtliches Urteil festgestellten Verbrechens*[4] *oder durch schuldhafte Beteiligung*[5] *bei Schlägereien oder Raufhändeln*[6] *zugezogen hat.*

E. I. § 54.
E. II. § 52.
RVO. § 1394 (1378).

1. Es handelt sich hier um die (strafweise) Nichtanrechnung gewisser Krankheiten usw. hinsichtlich des Nichterlöschens der Anwartschaft.

2. Über den Begriff der Krankheit vgl. § 51 Anm. 6.

3. Vorsätzliche Zuziehung der Krankheit bedeutet absichtliche Herbeiführung; nicht alle Fälle groben Verschuldens sind darunter zu bringen; vgl. über den Unterschied von „vorsätzlich" und „fahrlässig" § 24 Anm. 2.

4. Für den Begriff des Verbrechens maßgebend ist StGB. § 1. Zuständig zur Aburteilung von Verbrechen sind die Strafkammern bzw. Schwurgerichte (§§ 73, 80 GVG.).

5. Es muß eine schuldhafte Beteiligung vorliegen. Ohne sein Verschulden in Schlägereien oder Raufhändel hineingezogen ist nur der, den hinsichtlich seiner gesamten Beteiligung an der Schlägerei von ihrem Anfang bis zum Ende keine Schuld trifft (Entsch. des RG. in Strafsachen v. 15. Okt. 1897, Bd. 30, S. 281).

6. Über Schlägereien und Raufhändel vgl. StGB. § 227, § 367 Nr. 10.

Mit Schlägerei bezeichnet man einen in Tätlichkeiten, die als Körperverletzungen sich qualifizieren, ausgebrochenen Streit von mehr als zwei Personen, während die allgemeinen Voraussetzungen des Raufhandels sind: a) eine Schlägerei oder ein von mehreren gemachter Angriff, b) der dadurch verursachte Tod oder die schwere Körperverletzung eines Menschen (vgl. Olshausen, Komm. z. StGB., 7. Aufl., Bd. II, S. 852, zu § 227 Anm. 2 u. 3).

Nachweis der Militärdienst-, Krankheitszeit usw.

§ 54. *Geleistete Militärdienste*[1] *werden durch die Militärpapiere*[2] *nachgewiesen.*

Krankheitszeiten werden durch Bescheinigungen[3] *nachgewiesen, die von den von der obersten Verwal-*

tungsbehörde bezeichneten Behörden[4] *auszustellen sind.*

Für den Besuch einer staatlich anerkannten Lehranstalt[5] *dient eine Bescheinigung des Leiters der Anstalt als Nachweis.*

E. I. § 55.
E. II. § 53.
RVO. § 1438 (1420).

1. Unter Militärdienst ist dasselbe zu verstehen, was in § 51 Nr. 1 u. 2 als Erfüllung der Wehrpflicht bzw. freiwillige militärische Dienstleistung bezeichnet wird.

2. Als Militärpapier dient vor allem der Militärpaß.

3. Diese Bescheinigungen sind gebühren- und stempelfrei (§ 338).

4. Als Behörde dürften die Gemeindevorstände wie die Ortspolizei in Betracht kommen. Zu „oberste Verwaltungsbehörde" vgl. § 9 Anm. 14.

5. Welche Lehranstalten gemeint sind, bestimmt § 51 Z. 4.

X. Berechnung der Versicherungsleistungen.

Vorbemerkung.

Die Versicherungsleistung muß von derjenigen Beitragsleistung, welche während der gesamten Versicherungsdauer entrichtet worden ist, abhängig gemacht werden. Eine Bemessung des Ruhegeldes nach dem jeweiligen Einkommen beim Eintritt des Versicherungsfalls käme nur dann in Betracht, wenn für die Gehaltssteigerungen bestimmte, für den Gesamtdurchschnitt der Versicherten geltende Normen in Rechnung gestellt, und die aus den Gehaltssteigerungen hervorgehenden erhöhten Ansprüche durch entsprechende Beitragserhöhungen vom Eintritt in die Versicherung ab mitgedeckt würden. Eine solche Norm ist bei den Berechnungen in der ersten Denkschrift v. 14. März 1907 nach den Erfahrungen der Rheinischen Provinzialwitwenkasse angenommen worden. Die Berechnungen führten dazu, daß der ohne Berücksichtigung von Gehaltssteigerungen gefundene Nettobeitrag von 11,97 Proz. des gleichbleibenden Einkommens auf 15,84 Proz. des jeweilig maßgebenden Einkommens oder um 32,3 Proz. erhöht werden mußte. Eine ähnliche Erhöhung würde auch der hier der Berechnung zugrunde gelegte Beitrag erfahren müssen, wenn die Pensionierung nach dem letzten Einkommen erfolgte. Diese Erhöhung wäre allerdings entbehrlich, wenn das Einkommen statt zu steigen mit zunehmendem Alter sich verringern sollte. In einer Reihe von Fällen dürfte dies im Gegensatze zu den Einkommensverhältnissen der Reichs- und Staatsbeamten bei den Angestellten wohl zutreffen. In diesen Fällen müßte aber die Bemessung der Leistungen nach dem letzten Einkommen in der Regel zu einer empfindlichen Schädigung der Versicherten führen. Auch würde die Bemessung des Anspruchs nach dem letzten Einkommen es im finanziellen Interesse des Versicherungsträgers nicht zulassen, den aus der Versicherungspflicht ausscheidenden Angestellten den erworbenen Anspruch gegen Zahlung einer Anerkennungsgebühr aufrechtzuerhalten.

Der Berechnung und Höhe der Versicherungsleistungen liegen folgende Erwägungen zugrunde:

1. Ruhegeld. Die Festsetzung des Begriffs der Berufsunfähigkeit (§ 25) erleichtert zugleich die Prüfung des Bedürfnisses hinsichtlich der Höhe des Ruhegeldes. Man wird davon ausgehen dürfen, daß das Ruhegeld denjenigen Betrag nicht übersteigen darf, der durch die verminderte Erwerbsfähigkeit an Einkommen eingebüßt wird. Wird Berufsunfähigkeit bereits dann angenommen, wenn die Erwerbsfähigkeit auf die Hälfte herabgesetzt ist, so verbleibt dem Berufsunfähigen unter Umständen noch ein wesentlicher Teil seiner Arbeitskraft, die er nutzbringend verwenden kann und soll. Für den Fall des weiteren Sinkens der Erwerbsfähigkeit kann vom Eintritt der allgemeinen Erwerbsun-

fähigkeit ab von der überwiegenden Mehrzahl der Angestellten ein Anspruch auf reichsgesetzliche Invalidenrente erworben werden. Da in letzterem Falle die Rente gewährt wird, sobald die allgemeine Erwerbsfähigkeit bis auf $^1/_3$ herabgesunken ist, so muß es als ausreichend erachtet werden, wenn das Ruhegeld und die reichsgesetzliche Invalidenrente zusammengenommen dem durch die Verminderung der Arbeitskraft verursachten Ausfall an Arbeitsverdienst annähernd gleichkommen.

Diejenigen Angestellten, welche von der Versicherungspflicht nach dem IVG. befreit sind und daher den Anspruch auf reichsgesetzliche Invalidenrente nicht erwerben können, sind infolge ihres höheren Einkommens in der Lage, sich anderweit angemessen zu versichern. Das gleiche muß denjenigen Personen überlassen werden, welche noch eine weitergehende Fürsorge erstreben und hierfür höhere Beiträge aufbringen wollen.

2. Hinterbliebenenrenten. Für die Regelung der Höhe der Hinterbliebenenbezüge könnte zunächst in Frage kommen, eine Fürsorge in gleichem Umfang und gleicher Höhe vorzusehen, wie sie den Hinterbliebenen der den Unfallversicherungsgesetzen unterstellten und durch Unfall getöteten Angestellten gewährt wird. In diesem Falle beträgt nämlich die Rente für die Witwe bis zu deren Tode oder Wiederverheiratung sowie für jedes hinterbliebene Kind bis zu dessen zurückgelegtem fünfzehnten Lebensjahre je 20 Proz. des Jahresarbeitsverdienstes. Auf eine so weitgehende Fürsorge für alle Witwen und ohne Rücksicht auf die Dauer der Beitragsentrichtung muß wegen der dazu erforderlichen Höhe der Beiträge verzichtet werden. Vielmehr wird, in Übereinstimmung mit den Wünschen der beteiligten Kreise, eine Regelung der Hinterbliebenenbezüge in derselben Weise ausreichen, wie bei den Reichs- und Staatsbeamten; die Bezüge wären dann als Teilbeträge

desjenigen Ruhegeldes anzusetzen, auf welches der verstorbene Ernährer für den Fall, daß er zur Zeit seines Todes erwerbsunfähig geworden wäre, hätte Anspruch erheben können. Wird dieser Teilbetrag auf 40 Proz. oder $^2/_5$ des jeweiligen Ruhegeldes für die Witwenrente und auf 8 Proz. für jede Waisenrente festgesetzt, so ergibt sich als Höchstbetrag der Witwenrente in der Angestelltenversicherung 0,4 . 59 = 23,6 Proz. des versicherten Einkommens des Ehemanns und im späteren Gesamtdurchschnitt nach Ablauf der mittleren Aktivität 0,4 . 50 = 20 Proz. jenes Einkommens. Nach genügender Beitragsentrichtung würden also die Witwen der Angestellten die in den Unfallversicherungsgesetzen vorgesehene Witwenrente von 20 Proz. des versicherten Einkommens ihres Ehemanns erreichen.

Zugunsten der vater- und mutterlosen Waisen würde der für einfache Waisen geltende Rentensatz von $^1/_5$ der Witwenrente auf $^1/_3$ zu erhöhen sein.

Witwen- und Waisenrenten dürfen nach § 58 zusammen den Betrag des Ruhegeldes nicht übersteigen, das der verstorbene Ernährer zur Zeit seines Todes bezog oder bei Berufsunfähigkeit bezogen hätte. Hierdurch soll vermieden werden, daß Witwe und Waisen zusammen eine Verbesserung ihrer Lage durch den Tod des Ernährers erfahren. Ergeben die Renten einen höheren Betrag, so werden sie im Verhältnis ihrer Höhe gekürzt. Da die Witwenrente 40 Proz. und die Waisenrente 8 Proz. des Ruhegeldes beträgt, so tritt eine Kürzung der Renten erst beim Vorhandensein von 8 rentenberechtigten Waisen ein, so daß die Fälle, in denen eine Kürzung eintritt, nur wenig zahlreich sein können. (Begr.)

In der Reichstagskommission wurde bei Beratung dieses Unterabschnitts auf die in der RVO. eingeführten Kinderzuschußrenten verwiesen, welche im AVG. fehlen. Diese Renten hätten die Sympathien für die Versicherung erhöht. Auch bei diesem Gesetze könne nach derselben Richtung etwas mehr geschehen. Wenn auch augenblicklich angesichts der Ungewißheit bezüglich der rechnerischen Ergebnisse der Versicherung man sich eine gewisse Zurückhaltung auferlegen müsse, so könne man doch für die Zukunft den Ausbau des Gesetzes nach dieser Richtung hin im Auge behalten. Zu diesem Zwecke wurde mit dem Ausdruck der Hoffnung, daß nach fünf Jahren die gewünschte Mehrleistung möglich werde, eine Resolution zur Debatte gestellt, welche auch Annahme fand.

Die Resolution lautete:

Der Reichstag wolle beschließen, die verbündeten Regierungen zu ersuchen:

1. spätestens nach Aufstellung der ersten Bilanz (§ 173) dem Reichstag eine Denkschrift über die Geschäftsergebnisse und die Finanzlage vorzulegen;
2. dann, soweit es ohne Erhöhung der Beiträge möglich erscheint, in erster Linie die Gewährung von Kinderzuschußrenten nach Vorbild der RVO. in die Wege zu leiten.

Einig war man sich darüber, daß die Resolution nur der Ausdruck der augenblicklichen Überzeugung der Kommission sein soll und eine Sympathiekundgebung der jetzigen Kommission für den in der Resolution genannten Zweck, die aber nicht unter allen Umständen für den späteren Reichstag bindend sei. (Kom.-Ber.)

1. Ruhegeld.

Höhe im allgemeinen.

§ 55. *Das Ruhegehalt beträgt*[1] *nach Ablauf von einhundertundzwanzig Beitragsmonaten*[2] *ein Viertel der in dieser Zeit entrichteten Beiträge*[3] *und ein Achtel der übrigen Beiträge.*[4]

E. I. § 56.
E. II. § 54.
RVO. § 1288 (1274).

1. Ein Unterschied in der Berechnung des sich als Invalidenrente darstellenden Ruhegelds von dem als Altersrente erscheinenden besteht nicht.

2. Über Beitragsmonate (Wartezeit) vgl. §§ 48, 171.

3. Die Beiträge müssen tatsächlich entrichtet sein, bzw. die oben in § 51 genannten Ersatztatsachen müssen vorliegen.

4. Nach den Darlegungen der Vorbemerkungen auf S. 245 ff. ist das Ruhegeld so einzurichten, daß der Jahresbetrag im Gesamtdurchschnitte für die der Invaliden- und Hinterbliebenenversicherung unterstellten Angestellten beim Eintritt der reichsgesetzlichen Invalidität etwa $^2/_3$ des durchschnittlichen Einkommens erreicht. Für die der Invaliden- und Hinterbliebenenversicherung unterstellten männlichen Angestellten ergibt sich als Durchschnittseinkommen, wenn man als Durchschnittseinkommen in den einzelnen Gehaltsklassen das Mittel aus dem untersten und höchsten Einkommen annimmt,

$$\frac{450 \,.\, 19293 + 700 \,.\, 66618 + 1000 \,.\, 204107 + 1325 \,.\, 209450 + 1750 \,.\, 418910}{918378} =$$

$$\frac{1270035200}{918378} = 1382{,}91 \text{ Mark.}$$

Zwei Drittel hiervon ergeben 921,94 Mark.

Die Invalidenrenten mit Einschluß des Reichszuschusses betragen nach Ablauf der mittleren Aktivitätsdauer (etwa 1763 Beitragswochen)

in Lohnklasse	II	(Gehaltsklasse	A) . . .	226,20	Mark
„ „	III	(„	B) . . .	271,20	„
„ „	IV	(„	C) . . .	316,80	„
„ „	V	(„	D u. E) . . .	361,80	„

Als Gesamtdurchschnitt errechnet sich hieraus unter Benutzung der in Betracht kommenden Zahlen

$$\frac{314\,432\,623{,}80}{918\,378}\,100 = 342{,}38 \text{ Mark.}$$

Für die der Invaliden- und Hinterbliebenenversicherung unterstellten Angestellten würde somit die neue Angestelltenversicherung im Gesamtdurchschnitt ein Ruhegeld von

921,94 — 342,38 = 579,56 Mark oder rund 580 Mark

gewähren müssen. Das sind

$$\frac{580}{1383}\,100 = \text{rund } 42 \text{ Proz.}$$

des oben ermittelten durchschnittlichen Einkommens. Infolge dieser Herabsetzung gegenüber den in der zweiten Denkschrift in Aussicht genommenen Ruhegeldbeträgen ist es möglich, den Wünschen der Beteiligten und vieler Arbeitgeber entsprechend, die dort ermittelten Monatsbeiträge um die Beiträge für die Invaliden- und Hinterbliebenenversicherung zu ermäßigen.

Wie bei dem Ruhegeld der Reichs- und Staatsbeamten so wird auch für die Angestelltenversicherung eine Steigerung des Ruhegeldes mit der Dienstdauer, hier Versicherungsdauer, vorzusehen sein. Diese Einrichtung empfiehlt sich namentlich um deswillen, weil die Versicherten einen Vorteil davon haben müssen, wenn sie regelmäßig und möglichst viel Beiträge entrichten. Deshalb wird neben einem Anfangsruhegeld bei Ablauf der Wartezeit für jeden weiterhin entrichteten Beitrag eine Ruhegeldssteigerung zu gewähren sein. Den Reichs- und Staatsbeamten werden als Anfangsruhegeld nach 10jähriger Dienstzeit im allgemeinen $^{20}/_{60}$ oder $33^1/_3$ Proz. und als Höchstbetrag des Ruhegeldes $^3/_4$ oder 75 Prozent des Diensteinkommens gewährt. Nimmt man für die Angestelltenversicherung mit Einschluß der Leistungen der Invaliden- und Hinterbliebenenversicherung das gleiche Verhältnis zwischen Höchstbetrag und Mindestbetrag des Ruhegeldes wie bei den Reichs- und Staatsbeamten an, so ergibt sich aus der Proportion $^3/_4 : {^2/_3} = {^1/_3} : x$ für x der Wert von $^8/_{27}$ oder rund 30 Proz. Da das durchschnittliche Einkommen der der Invalidenversicherung unterstellten männlichen Angestellten weiter oben auf 1382,91 Mark ermittelt ist, so würden mit Einschluß der Leistungen der Invaliden- und Hinterbliebenenversicherung nach Ablauf der Wartezeit von 10 Jahren als Gesamtbezüge für Ruhegeld und Invalidenrente im Durchschnitt

$$0{,}3 \cdot 1382{,}91 = 414{,}87 \text{ Mark}$$

vorzusehen sein. Die Invalidenrente mit Einschluß des Reichszuschusses berechnet sich nach 10 Jahren (= 500 Beitragswochen)

in Lohnklasse	II	(Gehaltsklasse A)	auf . .	150 Mark
„ „	III	(„ B)	„ . .	170,40 „
„ „	IV	(„ C)	„ . .	190,20 „
„ „	V	(„ D u. E)	„ . .	210,00 „

Hieraus ergibt sich als Gesamtdurchschnitt bei Verwendung der ermittelten Zahlen

$$\frac{185\,022\,408{,}60}{918\,378} = 201{,}47 \text{ Mark.}$$

Die neue Versicherung würde somit im Durchschnitt aller

männlichen der Invaliden- und Hinterbliebenenversicherung unterstellten Angestellten ein Anfangsruhegeld von

$$414{,}87 - 201{,}47 = 213{,}40 \text{ Mark}$$

oder

$$\frac{213{,}40}{1382{,}91}\, 100 = 15{,}43 \text{ Proz.}$$

des durchschnittlichen Gehalts vorzusehen haben. Für ein höheres Anfangsruhegeld liegt kein Bedürfnis vor, da dem berufsunfähigen Angestellten für den Fall, daß er noch keinen Anspruch auf Invalidenrente hat, noch ein erheblicher Teil seiner Arbeitskraft verbleibt, die er nutzbringend verwenden muß.

Die vorstehend erörterte Bemessung des Ruhegeldes würde dazu geführt haben, den in der zweiten Denkschrift berechneten Beitragssatz von 8 Proz. für die der Invaliden- und Hinterbliebenenversicherung unterstellten Personen aufzugeben, wenn man auch für diese Personen für die Bemessung der Leistungen und Beiträge von dem Durchschnittsgehalt ausgegangen wäre. Im Interesse geschäftlicher Erleichterungen und insbesondere auch im Interesse der Einfachheit und Einheitlichkeit der Berechnung der Leistungen hat sich dies jedoch nicht empfohlen. Es ist deshalb ein niedrigeres Einkommen für die Bemessung der Leistungen und Beiträge angenommen und im Gegensatze zu dem durchschnittlichen Einkommen oder Gehalt als versichertes Einkommen bezeichnet worden. Das für die Gesamtheit der der Invaliden- und Hinterbliebenenversicherung unterstellten Angestellten in Frage kommende durchschnittliche versicherte Einkommen beträgt 1089,35 Mark oder 78,77 Proz. des oben auf 1382,91 Mark ermittelten durchschnittlichen Einkommens. Es berechnet sich nämlich die Summe der Jahresbeiträge für die Angestellten bis zu 2000 Mark Einkommen auf 80 034 672 Mark. Diese Summe entspricht bei 8 Proz. Beitrag einem Einkommen von

$$\frac{80\,034\,672}{0{,}08} = 1\,000\,433\,400 \text{ Mark}$$

oder im Durchschnitt pro Kopf

$$\frac{1\,000\,433\,400}{918\,378} = 1089{,}35 \text{ Mark.}$$

Legt man diesen Betrag zugrunde, so ergibt sich als Anfangsruhegeld für die genannten Angestellten im Durchschnitt

$$\frac{213{,}40}{1089{,}25}\, 100 = 19{,}591 \text{ Proz. oder rund 20 Proz.}$$

des versicherten Einkommens. Da der Durchschnittsbetrag des Ruhegeldes nach Ablauf der mittleren Aktivitätsdauer weiter oben auf 579,56 Mark berechnet wurde, so kommen auf die Steigerung

579,56 — 213,40 = 366,16 Mark

oder 33,62 Proz. des durchschnittlichen versicherten Einkommens.

Wird die jährliche Steigerung nach Ablauf der Wartezeit mit 1 Proz. des durchschnittlichen versicherten Einkommens in Ansatz gebracht, so würde nach 40 Beitragsjahren ein Anspruch auf ein Ruhegeld von rund 50 Prozent des durchschnittlichen versicherten Einkommens erworben sein. Diese Versicherungsdauer von 40 Jahren kommt annähernd der mittleren Aktivitätsdauer für das Eintrittsalter von 16 Jahren, das Alter der beginnenden Berufstätigkeit, gleich. Die im Alter von 16 Jahren in die Versicherung eintretenden Angestellten würden hiernach bereits im Alter von 56 Jahren einen Ruhegeldsanspruch in Höhe des halben versicherten Einkommens erworben haben, der sich bei weiterer Beitragsleistung bis zum Alter von 65 Jahren auf 59 Proz. des versicherten Einkommens steigern würde.

Im Interesse der Angestellten empfiehlt es sich indessen, statt der jährlichen Ruhegeldssteigerung eine monatliche Steigerung einzuführen. Bei monatlichen Steigerungen tragen nämlich alle im Laufe des Jahres bis zum Eintritt des Versicherungsfalls gezahlten Beiträge zur Erhöhung der Anwartschaft bei, während bei jährlichen Ruhegeldssteigerungen nur die zu Beginn des Pensionierungsjahrs erworbene Anwartschaft in Betracht kommen könnte.

Da nach den obigen Darlegungen der zur Erhebung kommende Beitrag für alle Versicherten den gleichen Teilbetrag von 8 Proz. des entsprechend verminderten versicherten Einkommens beträgt, so läßt sich das Ruhegeld statt in Prozenten des letzteren auch unter Zugrundelegung der entrichteten Beiträge berechnen.

Die Summe der nach Ablauf der Wartezeit (10 Jahre) entrichteten Monatsbeiträge beträgt $10 \cdot 12 \cdot 8 = 960$ Proz. des versicherten monatlichen Einkommens. Das Ruhegeld beträgt nach Ablauf der Wartezeit (10 Jahre) 20 Proz. des versicherten jährlichen, gleich $12 \cdot 20 = 240$ Proz. des versicherten monatlichen Einkommens. Es beläuft sich somit auf ein Viertel des Betrags der entrichteten Monatsbeiträge. Die monatliche Steigerung des Ruhegeldes beträgt $^1/_{12}$ Proz. des versicherten jährlichen oder 1 Proz. des versicherten monatlichen Einkommens. Das ist ein Achtel des auf 8 Proz. des monatlichen versicherten Einkommens bemessenen Monatsbeitrags.

Über die Höhe der geleisteten Beiträge ist jeder Versicherte nach den in seinem Besitze befindlichen „Versicherungskarten“ jederzeit unterrichtet. Er hat zur Feststellung seines Anspruchs nur den Wert der ersten 120 Monatsbeiträge zusammenzuzählen und hiervon $^1/_4$ zu nehmen. Fügt er diesem Viertel noch $^1/_8$ des Wertes der weiterhin entrichteten Monatsbeiträge hinzu, so stellt die Summe beider Beträge den Jahresbetrag seines Ruhegeldanspruchs im Falle des Eintritts seiner Berufsunfähigkeit dar. Tritt statt der Berufsunfähigkeit der Tod ein, so erhält seine Witwe 40 Proz. oder $^2/_5$ dieses Anspruchs, jedes hinterlassene Kind bis zum vollendeten 18. Lebensjahre 8 Proz. oder $^2/_{25}$ des Anspruchs. Hinterläßt er Doppelwaisen, so erhält jedes Kind bis zu dem gleichen Termin $^2/_{15}$ des Anspruchs. Eine Verminderung des einmal erworbenen Anspruchs durch Fortsetzung der Versicherung in einer niederen Lohnklasse ist ausgeschlossen; der Anspruch erhöht sich für jeden entrichteten Monatsbeitrag um $^1/_8$ des Beitragswerts. (Begr.)

Bei der Kritik des veröffentlichten Gesetzentwurfs ist vielfach behauptet worden, daß die Ruhegelder und Renten unzulänglich seien und in keinem richtigen Verhältnis zu den Beiträgen ständen. Die Begründung hält solche Behauptungen für unberechtigt und zeigt dies an einem Vergleich der vorgesehenen Leistungen und Beiträge mit den Leistungen und Beiträgen des österreichischen Gesetzes, der in der nachstehenden Übersicht angestellt ist.

Nach dem österreichischen Gesetze beträgt						Nach dem deutschen Gesetz entsprechen den Beitragssätzen Spalte 2 als Ruhegeld:		
in der Gehaltsklasse	die Monatsprämie	die Summe der ersten 120 Monatsbeiträge	das Ruhegeld					
			Grundbetrag	jährliche Steigerung	nach 480 Beitragsmonaten	nach 120 Beitragsmonaten Anfangsbetrag (= $^1/_4$ von Sp. 3)	als jährliche Steigerung (= 12 . $^1/_8$ von Sp. 2)	nach 480 Beitragsmonaten (= $^1/_4$ von Sp. 3 + $^1/_8$ × 360 × Sp. 2)
	Kr.	Kr.	Kr.	Kr.	Kr.	Kr.	Kr.	Kr.
1	2	3	4	5	6	7	8	9
I.	6	720	180	9,—	450	180	9,—	450
II.	9	1 080	270	13,50	675	270	13,50	675
III.	12	1 440	360	18,—	900	360	18,—	900
IV.	18	2 160	540	27,—	1 350	540	27,—	1 350
V.	24	2 880	720	36,—	1 800	720	36,—	1 800
VI.	30	3 600	900	45,—	2 250	900	45,—	2 250

Nach dem deutschen Gesetz erhalten hiernach die Angestellten für die gleichen Beiträge genau dieselben Ruhegelder (Spalten 7—9) wie sie das österreichische Gesetz (Spalten 4—6) gewährt.

Auch an Beispielen, die dem wirklichen Werdegange des Angestellten entsprechen, sucht die Begr. zu erweisen, daß die im Gesetze vorgesehenen Leistungen angemessen sind. Ein Angestellter wird z. B. mit 18 Jahren versicherungspflichtig. Er verdient in den ersten drei Jahren unter 850 Mark, dann drei Jahre hindurch 850—1150 Mark, vier Jahre 1150—1500 Mark, acht Jahre 1500—2000 Mark, zwölf Jahre 2000—2500 Mark und sinkt dann wieder in die Gehaltsklasse 1500—2000 Mark zurück. Das Ruhegeld berechnet sich nach 40 Jahren auf 650,40 Mark. Der Angestellte steht dann im Alter von 58 Jahren. Vergleicht man diese Leistung mit seinen eigenen Beitragsleistungen, so ergibt sich folgendes: Insgesamt sind für ihn an Beiträgen 4588,80 Mark gezahlt worden, wovon auf seinen Teil 2294,40 Mark entfallen. Mit Einschluß der Zinsen und Zinseszinsen zu $3^1/_2$ Proz. berechnet sich der Wert der eigenen Beitragsleistung beim Alter von 58 Jahren auf 4556,25 Mark. Zur lebenslänglichen Zahlung des Ruhegeldes von 650,40 Mark sind 6212,10 Mark Kapital, zur Befriedigung der Ansprüche der Hinterbliebenen nach dem Tode des Ruhegeldempfängers weitere 1279,82 Mark erforderlich. Das sind zusammen 7491,92 Mark. Der Angestellte selbst hat hiervon mit Einschluß der Zinsen und Zinseszinsen nur 60,82 Proz. aufgebracht. Er hat dadurch zugleich die Notfälle gedeckt, die infolge frühzeitigen Eintritts der Berufsunfähigkeit oder des Todes während der langen Versicherungsdauer hätten eintreten können und konnte während der gleich langen Zeitdauer die Vorzüge eines geeigneten Heilverfahrens in Anspruch nehmen.

Das wirkliche Einkommen während der ganzen Versicherungsdauer berechnet sich auf 68 900 Mark oder durchschnittlich jährlich auf 1722,50 Mark, das durchschnittliche Einkommen in den letzten zehn Jahren vor Eintritt der Berufsunfähigkeit auf 1750 Mark. Das Ruhegeld beträgt somit 37,76 Proz. des durchschnittlichen Einkommens während der ganzen Versicherungsdauer oder 37,17 Proz. des durchschnittlichen Einkommens der letzten Jahre. Hiernach werden vom Gesetzgeber die seitens der Kritik erhobenen Bedenken gegen die Berechnung der Bezüge nicht als begründet anerkannt, vielmehr die im Gesetz enthaltenen Berechnungen als mit den wirklichen Einkommensverhältnissen in Einklang stehend bezeichnet. Hinsichtlich der Höhe der

Bezüge kommt noch hinzu, daß die Bezüge aus der Invaliden- und Hinterbliebenenversicherung mit in Betracht zu ziehen sind. Die reichsgesetzliche Invalidenrente würde sich für den in Frage kommenden Fall mit Einschluß des Reichszuschusses auf jährlich 381 Mark berechnen. Die Gesamtbezüge des Angestellten würden somit jährlich 1031,40 Mark oder 58,94 Proz. des letzten Durchschnittsgehalts und 59,88 Proz. des durchschnittlichen Jahresgehalts während der ganzen Versicherungsdauer betragen. (Begr.)

Höhe des Ruhegelds bei weiblichen Versicherten.

§ 56.[1] *Tritt bei weiblichen Versicherten*[2] *der Versicherungsfall*[3] *nach Ablauf von sechzig Beitragsmonaten*[4] *und vor Vollendung von einhundertundzwanzig Beitragsmonaten ein, so beträgt das Ruhegeld*[5] *ein Viertel der in den ersten sechzig Beitragsmonaten entrichteten Beiträge.*[6]

E. I. § 57.
E. II. § 55.
RVO. —

1. Für die bei weiblichen Versicherten innerhalb der zehnjährigen Wartezeit, jedoch nach Entrichtung von 60 Monatsbeiträgen eingetretenen Berufsunfähigkeitsfälle ist ein Viertel des Wertes der ersten 60 Monatsbeiträge als Ruhegeld zu gewähren. Eine Steigerung dieses Betrags innerhalb der Zeit vom 60.—120. Monatsbeitrage soll nicht stattfinden (Begr.).
2. Im § 56 ist ein weiterer Fall der Besserstellung weiblicher Versicherter gegenüber den männlichen Versicherten gegeben.
3. Unter Versicherungsfall ist der Eintritt desjenigen Ereignisses zu verstehen, an welches sich die Verpflichtung zu einer Leistung von seiten der Reichsversicherungsanstalt knüpft, d. i. Eintritt der Berufsunfähigkeit.
4. Über Beitragsmonate vgl. §§ 48, 171.
5. Das Nähere über Ruhegeld ergeben die §§ 25 ff.

2. Hinterbliebenenrenten.

Höhe im allgemeinen.

§ 57. *Die Witwen-*[1] *und Witwerrente*[2] *beträgt zwei Fünftel des Ruhegeldes,*[3] *das der Ernährer zur Zeit seines Todes bezog oder bei Berufsunfähigkeit bezogen hätte.*

Waisen[4] *erhalten je ein Fünftel, Doppelwaisen je ein Drittel des Betrags der Witwenrenten.*[5]

E. I. § 58.
E. II. § 56.
RVO. § 1292 (1277).

1. Über Witwenrente vgl. § 28.
2. Über Witwerrente vgl. § 30.
3. Über Ruhegeld vgl. §§ 25 ff.
4. Über Waisenrenten vgl. §§ 29 ff.
5. Die nachstehende der Begr. entnommene Übersicht gibt einen Überblick über die Höhe des Ruhegeldes und der Hinterbliebenenrenten (ohne Abrundung) nach 10, 25 und 50 Beitragsjahren zu je 12 Beitragsmonaten.

Bezeichnung	Gehaltsklassen	Jahresbetrag in Mark								
		des Ruhegeldes			der Witwenrente			jeder Waisenrente		
	Jahresgehalt	nach Ablauf einer Versicherungsdauer von Jahren								
		10	25	50	10	25	50	10	25	50
A	bis zu 550 M.	48	84	144	19,20	33,60	57,60	3,84	6,72	11,5[illegible]
B	von mehr als 550 „ „ 850 „	96	168	288	38,40	67,20	115,20	7,68	13,44	23,04
C	„ „ „ 850 „ „ 1150 „	144	252	432	57,60	100,80	172,80	11,52	20,16	34,5[illegible]
D	„ „ „ 1150 „ „ 1500 „	204	357	612	81,60	142,80	244,80	16,32	28,56	48,9[illegible]
E	„ „ „ 1500 „ „ 2000 „	288	504	864	115,20	201,60	345,60	23,04	40,32	69,1[illegible]
F	„ „ „ 2000 „ „ 2500 „	396	693	1188	158,40	277,20	475,20	31,68	55,44	95,0[illegible]
G	„ „ „ 2500 „ „ 3000 „	498	871,50	1494	199,20	348,60	597,60	39,84	69,72	119,5[illegible]
H	„ „ „ 3000 „ „ 4000 „	600	1050	1800	240,00	420,00	720,00	48,00	84,00	144,0[illegible]
J	„ „ „ 4000 „ „ 5000 „	798	1396,50	2394	319,20	558,60	957,60	63,84	111,72	191,5[illegible]

Hierzu mag bemerkt werden, daß die weitaus größte Zahl der Angestellten unter die Klasse C, D und E (850 bis 1150 Mark; 1150—1500 Mark; 1500—2000 Mark) fällt. Die in diesen Klassen versicherten Angestellten erhalten eine Invalidenrente, die nach zehnjähriger Versicherungsdauer 144—288 Mark, nach dreißigjähriger 288—576 Mark, nach vierzigjähriger Dauer schließlich 360—720 Mark beträgt. Was die Waisenrenten betrifft, so stellen die oben angegebenen Beträge von 3,84 bis 63,84 Mark usw. nicht Wochen- oder Monats-, sondern Jahresrenten dar.

Höchstbetrag; Kürzung.

§ 58. *Witwen-, Witwer- und Waisenrenten dürfen zusammen den Betrag des Ruhegeldes nicht übersteigen, das der Ernährer zur Zeit seines Todes bezog oder bei Berufsunfähigkeit bezogen hätte.*[1]

Ergeben die Renten einen höheren Betrag, so werden sie im Verhältnis ihrer Höhe gekürzt.[2]

Beim Ausscheiden[3] *eines Hinterbliebenen erhöhen sich die Renten der übrigen bis zum zulässigen Höchstbetrage.*

E. I. § 59.
E. II. § 57.
RVO. §§ 1294, 1295 (1279, 1280).

1. Daß die Glieder einer Familie nach dem Tode des Ernährers günstiger dastehen, als wenn dieser zu Lebzeiten Invalide geworden wäre, würde eine unbillige Verbesserung der Lage der Familie bedeuten. Ein Zusammentreffen aller drei angeführten Renten ist nicht möglich, vielmehr werden stets nur Witwen- und Waisenrenten oder Witwer- und Waisenrenten gleichzeitig in Frage kommen.

2. Die Fälle der Kürzung werden verhältnismäßig selten sein, da acht Waisen vorhanden sein müssen, ehe eine Kürzung eintritt.

3. Fälle des Ausscheidens eines Hinterbliebenen sind: Wiederverheiratung oder Tod einer Witwe; Wiederverheiratung oder Tod eines Witwers; Wegfall der Bedürftigkeit; Vollendung des 18. Lebensjahres oder Tod einer Waise.

3. Abrundung.

Aufrundung der Monatsbeträge.

§ 59. *Ruhegeld und Renten*[1] *werden in Teilbeträgen monatlich,*[2] *auf volle fünf Pfennig aufgerundet, im voraus gezahlt.*[3]

E. I. § 60.
E. II. § 58.
RVO. § 1297 (1285).

1. Nicht etwa sonstige Leistungen, wie Kapitalabfindungen kommen hier in Frage.

2. Wiewohl diese Bezüge, namentlich die Waisenrenten in den unteren Gehaltsklassen und bei kurzer Beitragsdauer keine hohen Beträge darstellen, empfiehlt es sich nicht, ihre Zahlung in längeren Zeitabschnitten zu gestatten. Denn in der Regel werden doch mehrere Waisenrenten zusammen an denselben Vormund zur Auszahlung gelangen und dann wird der zu zahlende Betrag nicht geringfügig sein (Begr. z. RVO.).

3. Im Interesse geschäftlicher Erleichterungen der beteiligten Zahl- und Abrechnungsstellungen werden wie in der RVO. auch hier die zur Zahlung kommenden monatlichen Teilbeträge des Ruhegeldes und der Renten auf volle fünf Pfennig nach oben abgerundet.

XI. Erstattung von Beiträgen.

Vorbemerkung.

„Die Beitragserstattungen sind eine der Nebenleistungen aus der Versicherung. Sie sind nicht zu verwechseln mit der Zurückzahlung ohne Rechtsgrund geleisteter Beiträge; es handelt sich hier vielmehr um Rückerstattung rechtsgültig geleisteter Beiträge, weil Versicherte nicht in den Genuß der Versicherungsleistung gelangt sind. Dies widerspricht an sich dem Prinzip der Versicherung, auf welche das Beitragssystem aufgebaut ist, denn einerseits sollen gerade im Wege der Gefahrenausgleichung auch die Beiträge der Aktiven nur zur Bestreitung der Passivitätsleistungen verwendet werden und andererseits erhält schon der Aktive in der Anwartschaft, dem Versichertsein, die nächste Gegenleistung für seine Beiträge. Die trotzdem gesetzlich anerkannten Fälle der Beitragserstattung beruhen auf besonderen Billigkeitserwägungen." Rosin, II, S. 967.

Die Erstattung von Beiträgen bei Todesfällen weiblicher Versichterter bevor sie in den Rentengenuß eingetreten sind (vgl. § 60 f.), ist als besondere Mehrleistung aus der Versicherung weiblicher Personen gedacht und bei Berechnung der Beiträge als Belastung des Versicherungsträgers berücksichtigt worden. Auf diese Weise erhalten unter Umständen der Vater oder die Mutter einer verstorbenen weiblichen Versicherten eine Zuwendung aus der Angestelltenversicherung. Darüber hinaus hat jedoch eine Aszendentenrente aus finanziellen Gründen zur Zeit nicht eingeführt werden können. Wohl aber ist es unbedenklich gewesen, die beim Tode verfügbaren Erstattungsbeträge oder einen Teil derselben in Renten für die Hinterbliebenen umzuwandeln. Durch diese Bevorzugung der weiblichen Versicherten, wie auch durch ihre Besserstellung in den §§ 48, 56 wird indessen der Unterschied in den Durchschnittsbeiträgen noch nicht hinreichend ausgeglichen. Das Gesetz hat daher weiter (§§ 60, 61) in denjenigen Fällen, in welchen nach Ablauf von 60 Beitragsmonaten infolge eintretenden Todes die Gewährung eines Ruhegeldes nicht in Frage kommt, die Hälfte der für die Versicherte während der Dauer der Versicherung eingezahlten Beiträge ohne Zinsen als Abfindung (Sterbegeld) gewährt. Auf die Sicherstellung der Kosten für eine angemessene und würdige Beerdigung wird in den weitesten Kreisen besonderes Gewicht gelegt, und diese besondere Leistung wird auch den weiblichen Angestellten erwünscht sein. Solche Zuwendungen werden überdies in zahlreichen Fällen wertvolle Beihilfen für die Hinterbliebenen bilden, zu deren Lebensunterhalt die Verstorbene beigesteuert hat (vgl. Begr.).

Inwieweit eine Beitragserstattung beim Ausscheiden aus der versicherungspflichtigen Beschäftigung vorzusehen sein wird, ist zweifelhaft. Für die Versagung der Erstattung wird geltend gemacht, daß von den aus der versicherungspflichtigen Beschäftigung Ausscheidenden eine größere Zahl später wieder versicherungspflichtig wird; solche Personen würden, wenn ihre Versicherung durch Beitragserstattung aufgelöst ist, bei späterem Wiedereintritt in die Pflichtversicherung wegen des vorgerückten

Alters und des hieraus folgenden höheren Risikos zum Nachteil der übrigen Pflichtversicherten von neuem die höher belastenden Anfangsbeträge der Leistungen erwerben müssen, die sie durch ihre Beiträge bei weitem nicht mehr decken würden. Auch würde es ihnen dann kaum noch möglich sein, einigermaßen auskömmliche Leistungen zu erwerben. Ferner könnte in gewissem Maße eine ausreichende Wahrung der Rechte der Ausscheidenden darin erblickt werden, daß ihnen das Recht der freiwilligen Weiterversicherung oder der Aufrechterhaltung der Anwartschaft zugestanden wird. (Begr.)

Entgegen den Vorschlägen der Regierung in § 64 des 1., § 62 des 2. Entwurfs, sind die diesbezüglichen Bestimmungen von der Reichstagskommission gestrichen worden. Immerhin dürfte es von Wert sein, die Gesichtspunkte kennen zu lernen, welche die Regierung zu ihren Vorschlägen veranlaßt hatten. Darüber heißt es in der Begründung:

Die Erfahrung auf dem Gebiete des Privatversicherungswesens hat gezeigt, daß der Verfall selbst der dort infolge freiwilliger Entschließung eingegangenen Versicherungen schon ein ziemlich erheblicher ist. Um so größer würde aber der Verfall der Versicherungen sein, mit dem bei der Angestelltenversicherung zu rechnen ist. Denn die Ausscheidenden werden leichter geneigt sein, die Versicherung aufzugeben, weil sie eine zweckmäßigere Verwendung der zur Fortsetzung des Versicherungsverhältnisses erforderlichen, nicht unerheblichen Beiträge in der Bereitstellung für das eigene, neu eingerichtete Geschäft oder Unternehmen erblicken oder, wie es vielfach bei weiblichen Personen der Fall sein wird, ein Interesse an der Aufrechterhaltung der Versicherung glauben verneinen zu müssen, da für ihre Beiträge im wesentlichen nur die Ruhegeldsätze in Frage kommen. Alle diese Personen sind Jahre hindurch gezwungen worden, hohe Beiträge zur Angestellltenversicherung zu entrichten, obwohl für sehr viele schon beim Eintritt in die Berufstätigkeit die spätere Gründung oder Übernahme eines eigenen Geschäfts feststand. Der Mangel einer Beitragserstattung würde für sie eine erhebliche wirtschaftliche Schädigung bedeuten und dazu beitragen, das Selbständigwerden zu erschweren. Man wird damit rechnen dürfen, daß die Erstattung der eingezahlten Beiträge dazu beitragen wird, das Bestreben, selbständig zu werden, zu fördern. Ähnlich liegen die Verhältnisse bei den weiblichen Angestellten, die infolge Verheiratung aus der versicherungspflichtigen Tätigkeit ausscheiden. Auch ihnen wird ein Ersatzanspruch willkommen sein, in allen Fällen aber Unzufriedenheit möglichst beseitigt werden.

Diesen Argumenten hat sich die Reichstagskommission und ihr folgend das Plenum des Reichstags nicht angeschlossen.

Ein weiterer Fall von Beitragserstattung ist im § 398 geregelt.

1. Bei Todesfällen weiblicher Angestellter.

Rückgewähr als Abfindung.

§ 60. *Stirbt eine weibliche Versicherte nach Ablauf der Wartezeit*[1] *von sechzig Beitragsmonaten vor Eintritt in den Genuß eines Ruhegeldes*[2] *oder einer Leibrente*[3] *und besteht kein Anspruch auf Hinterbliebenenrenten, so ist auf Verlangen*[4] *die Hälfte der für die Versicherte bis zu ihrem Tode eingezahlten Beiträge*[5] *als Abfindung*[6] *zurückzugewähren.*

Anspruchsberechtigt[7] *sind nacheinander*[8] *der Ehegatte, die Kinder, der Vater, die Mutter, die Geschwister, wenn sie mit der Versicherten zur Zeit ihres Todes in häuslicher Gemeinschaft gelebt haben oder von der Versicherten wesentlich aus ihrem Arbeitsverdienst unterhalten worden sind. Der Anspruch verfällt,*[9] *wenn er nicht innerhalb eines Jahres nach dem Tode der Versicherten geltend gemacht wird.*[10]

E. I. § 61.
E. II. § 59.
RVO. —

1. Über die Wartezeit vgl. §§ 48, 171.
2. Über Genuß des Ruhegelds vgl. §§ 25 ff.
3. Über Leibrente vgl. § 63 ff.
4. Auf Verlangen bedeutet, daß ein entsprechender Antrag an die zuständige Stelle, nämlich den Rentenausschuß (§§ 122, 229, 230), zu richten ist. Der Vorsitzende des Rentenausschusses entscheidet über den Abfindungsantrag allein ohne mündliche Verhandlung (§ 240).
5. Es kann sich nur um tatsächlich eingezahlte Beiträge handeln, nicht um solche, an deren Stelle Ersatztatsachen (vgl. § 51 f.) getreten sind. Gleichgültig ist es, ob die verstorbene Versicherte die Beiträge selbst bezahlt hat, ob es sich um Pflichtbeiträge oder um freiwillige handelt.
6. Über Kapitalabfindung im übrigen vgl. §§ 47, 64, 83.
7. Der Erstattungsanspruch ist als ein selbständiges Recht der betreffenden Person anzusehen, nicht als ein durch Erbfolge abgeleitetes.
8. Nacheinander, nicht nebeneinander besteht die Anspruchsberechtigung. Es muß also z. B. der Ehegatte einer weiblichen Versicherten gestorben sein, damit der Anspruch ihrer Kinder aus § 60 begründet ist.
9. Das Verfallen bedeutet keine Verjährung, sondern eine Verwirkung des Anspruchs; vgl. hierzu § 23 Anm. 2 über den Unterschied zwischen Ausschlußfrist und Verjährungsfrist.
10. Die Geltendmachung des Anspruchs wird an die Ausschlußfrist von einem Jahre gebunden. Es ist anzunehmen, daß Angehörige, welche innerhalb dieser Zeit von dem Tode der Versicherten überhaupt nichts erfahren, oder trotz ihrer Kenntnis hiervon ihre Ansprüche nicht anmelden, einer Unterstützung nicht bedürftig erscheinen.

Rente statt Abfindung.

§ 61. *Die Reichsversicherungsanstalt kann dem Berechtigten*[1] *statt der Abfindung*[2] *eine lebenslängliche Rente*[3] *gewähren. Den Tarif zur Umwandlung der*

Abfindung in Rente setzt die Reichsversicherungsanstalt mit Genehmigung[4] *des Bundesrats fest.*

E. I. § 62.
E. II. § 60.
RVO. —

1. Die Berechtigten gehen aus § 60 Abs. 2 hervor.
2. In Betracht kommt hier die Abfindung auf Grund von § 60 beim Tod einer weiblichen Versicherten, welche noch nicht in den Genuß von Versicherungsleistungen getreten ist.
3. Während in den §§ 47, 60 Renten in Kapitalabfindung umgewandelt werden können, findet sich hier wie auch in § 63 wohl zum ersten Mal in der Sozialversicherung das umgekehrte Verfahren.
4. Über den Begriff „Genehmigung" vgl. § 124 Anm. 3.

2. Beim Ausscheiden aus der versicherungspflichtigen Beschäftigung.

Rückgewähr bei Verheiratung.

§ 62. *Scheidet eine weibliche Versicherte nach Ablauf der Wartezeit für das Ruhegeld*[1] *infolge Verheiratung*[2] *aus der versicherungspflichtigen Beschäftigung aus,*[3] *so steht ihr ein Anspruch*[4] *auf Erstattung der Hälfte der für sie geleisteten Beiträge zu.*[5] *Die Erstattung schließt weitere Ansprüche an die Reichsversicherungsanstalt aus.*[6]

E. I. § 63.
E. II § 61.
RVO. —

1. Die Wartezeit für das Ruhegeld dauert nach § 48 für weibliche Versicherte 60 Beitragsmonate.
2. Die Verheiratung ist urkundlich nachzuweisen. Als urkundlicher Nachweis wird in der Regel die nach § 54 des Personenstandsgesetzes vom 6. Februar 1875 (RGBl., S. 23) auszustellende Bescheinigung des Standesbeamten über die Eheschließung dienen. Die Erstattung von Beiträgen, welche während der Dauer der ersten Ehe entrichtet wurden, ist an die sich wieder verheiratende Witwe zulässig (A. N. 1896, S. 360).

3. Weibliche Versicherte, die aus einer versicherungspflichtigen Beschäftigung ausscheiden, haben unter den gesetzlichen Voraussetzungen folgende Möglichkeiten:

a) freiwillige Weiterversicherung, § 15 Abs. 1.
b) Aufrechterhaltung der erworbenen Anwartschaft, § 15 Abs. 2.
c) Beitragserstattung, § 62.
d) Bezug einer Leibrente, § 63.

4. Der Anspruch ist bei dem zuständigen Rentenausschuß (§§ 122, 229, 230) geltend zu machen, dessen Vorsitzender allein darüber entscheidet (§ 240).

5. Über die Bemessung des Erstattungsanspruchs sagt die Begründung:

Er darf aus finanziellen Gründen die Höhe des erworbenen Anspruchs auf die Leistungen der Versicherung nicht übersteigen, weil sonst dem Versicherungsträger Verluste erwachsen, die nur auf Kosten der Versicherungspflichtigen durch eine entsprechende Beitragserhöhung ausgeglichen werden könnten. Der Pensionsanspruch kommt im allgemeinen der auf die Versicherung entfallenden Prämienreserve gleich, worunter derjenige Betrag zu verstehen ist, der sich nach Abzug des wahrscheinlichsten Wertes der künftig für den Ausscheidenden im Falle seines Verbleibens in der Versicherung noch zu erwartenden Prämieneinnahmen von dem wahrscheinlichsten Werte der künftig an ihn und seine Hinterbliebenen zu leistenden Zahlungen ergibt. Dieser Betrag ließe sich einwandfrei feststellen, sobald die zur Erhebung kommenden Beiträge nach dem Eintrittsalter in die Versicherung abgestuft würden, so daß die Personen eines jeden Eintrittsalters durch ihre Beiträge die durch sie herbeigeführte Versicherungslast decken. Solche Beiträge werden im allgemeinen mit zunehmendem Eintrittsalter größer; ihre Einführung ist aber, weil sie die Durchführung der neuen Versicherung allzusehr erschweren würde, nicht möglich. Es muß vielmehr ein für alle Altersklassen gleicher Durchschnittsbeitrag erhoben werden. Infolgedessen wird für die in jüngeren Jahren eintretenden Versicherten mehr, für die in höheren Altersjahren eintretenden weniger an Beiträgen erhoben, als der Belastung nach ihrem Eintrittsalter entspricht. Scheidet ein in jüngeren Jahren eingetretener Angestellter aus der Versicherung unter Aufgabe derselben aus, so kann es vorkommen, daß der Wert seiner dem Versicherungsträger entgangenen künftigen Beitragsleistung größer ist als der Wert der verfallenen Anwartschaft auf die Leistungen der neuen Versicherung. Seine Prämienreserve ist also negativ, mit anderen Worten, der Versicherungsträger erleidet durch das Ausscheiden auch beim Wegfall jeglicher Beitragserstattung einen Verlust, der sich naturgemäß erhöht, sobald irgendwelche Ersatzleistung gewährt wird. Die nachstehende Übersicht gibt beispielsweise die Verluste an, die dem Versicherungsträger im ungünstigsten Falle, nämlich beim Ausscheiden eines im Alter von 16 Jahren in die Versicherung eingetretenen Privatangestellten, erwachsen, wenn die Versicherung nach 1, 2, 3 usw. Jahren ohne Beitragserstattung aufgegeben wird. Zum Vergleiche sind auch die entsprechenden Zahlen für das Eintrittsalter von 20 Jahren mitgeteilt. Es ist angenommen, daß die Versicherung nach einem Durchschnittseinkommen von jährlich 1000 Mark erfolgt und nur Nettobeiträge (ohne Kosten des Heilverfahrens, Verwaltungskosten usw.) entrichtet werden.

Für einen im Alter von 16 Jahren in die Versicherung eingetretenen Privatangestellten beträgt bei einem jährlichen Durchschnittseinkommen von 1000 M.				Für den im Alter von 20 Jahren in die Versicherung eingetretenen Privatangestellten stellen sich die Werte der Spalte 4 auf
nach Ablauf von Versicherungsjahren	der wahrscheinlichste Wert			
	der Leistungen für Ruhegeld und Hinterbliebenenbezüge M.	der künftig zu erwartenden Nettoprämien M.	des Verlustes = —, des Gewinns = + beim Ausscheiden unter Aufgabe der Versicherung M.	M.
1	2	3	4	5
0	977,767	1 293,818	— 316,051	— 199,302
1	1 023,162	1 285,802	— 262,640	— 140,187
2	1 070,188	1 276,831	— 206,643	— 78.390
3	1 118,900	1 266,897	— 147,997	— 13,839
4	1 169,357	1 255,989	— 86,632	+ 53,543
5	1 221,621	1 244,103	— 22,482	+ 123,848
6	1 275,761	1 231,229	+ 44,532	+ 197,180
7	1 331,875	1 217 386	+ 114,489	+ 273,651
8	1 390,059	1 202,581	+ 187,478	+ 353,395
9	1 450,444	1 186,843	+ 263,601	+ 436,566
10	1 513,206	1 170,226	+ 342,980	+ 523,318

Die Spalten 4 und 5 der vorstehenden Übersicht lassen erkennen, daß beim Eintrittsalter 16 im Falle des Ausscheidens innerhalb der ersten 6 Jahre ein Verlust erwächst, während beim Eintrittsalter 20 ein Verlust beim

Ausscheiden nur innerhalb der ersten 4 Jahre eintritt. Der Verlust nimmt mit wachsendem Eintrittsalter ab und setzt sich bei höherem Eintrittsalter durchweg in einen Gewinn für den Versicherungsträger um.

Bei einem für alle Eintrittsalter gleichen Durchschnittsbeitrage kann man also von einer Prämienreserve für den einzelnen Versicherten nicht sprechen, sondern nur von der Prämienreserve der Gesamtheit der Versicherten. Eine Ersatzleistung in Form der Erstattung der ganzen individuellen Prämienreserve oder eines Teiles derselben könnte also hier nicht in Frage kommen. Die Mehrzahl der Fälle des Ausscheidens aus der versicherungspflichtigen Beschäftigung fällt auf die Altersjahre 20 bis 30. Gewährte man bei Aufgabe der Versicherung für jeden Fall ohne Rücksicht auf die Versicherungsdauer einen Ersatzanspruch, so würden nach dem Vorstehenden Verluste für den Versicherungsträger unvermeidlich sein. Eine Schädigung des Versicherungsträgers wird dagegen im allgemeinen nicht eintreten, wenn erst nach Ablauf von 60 Beitragsmonaten die von dem Ausscheidenden selbst geleisteten Pflichtbeiträge zurückgewährt werden. Die alsdann noch möglichen Fälle des Verlustes dürften nämlich durch Ausscheidefälle in höheren Altersjahren aufgewogen werden.

Die Fälle, in denen eine Erstattung der halben Beiträge überhaupt eintreten soll, sind von der Reichstagskommission (s. Vorbemerkung S. 258 ff.) auf den § 62 beschränkt worden. Hiernach kommen für weibliche Personen die Ausscheidefälle infolge von Verheiratung in Frage. Für alle sonstigen Ausscheidefälle, insbesondere für die im Entwurf § 62 zugunsten beider Geschlechter vorgesehene Übernahme einer dem § 1 entsprechenden Tätigkeit auf eigene Rechnung oder die Übernahme in das Beamtenverhältnis und die hiermit verbundene Befreiung nach § 9 wird das Recht der Erstattung der halben Beiträge nicht vorgesehen. Diesen Personen wird es dienlicher sein, wenn sie die Versicherung freiwillig fortsetzen oder den erworbenen Anspruch durch Zahlung der Anerkennungsgebühr aufrechterhalten. Der erworbene Ruhegeldanspruch muß ihnen eine willkommene Zugabe zu dem durch die neue Beschäftigung erst noch zu erwerbenden Anspruch sein.

6. Die bisherige Anwartschaft erlischt durch die Erstattung für immer. Bei Wiederaufnahme einer die Versicherungspflicht herbeiführenden Beschäftigung nach der Verheiratung wird ein neues Versicherungsverhältnis begründet, welches in keinerlei Zusammenhang mit dem früheren steht.

XII. Leibrenten.

Vorbemerkung.

Den weiblichen Angestellten ist ebenso wie den männlichen gestattet, die Versicherung freiwillig fortzusetzen oder durch Zahlung einer Anerkennungsgebühr aufrechtzuerhalten. Die weiblichen Versicherten haben indessen wegen des ungleichen Risikos aus dem Fortfall der Witwenrenten usw. hieran kein großes Interesse und werden deshalb hiervon wenig Gebrauch machen. Ihre Versicherungen werden in sehr vielen Fällen aufgegeben werden oder durch die oben erörterte Erstattung der halben Beiträge ihre Erledigung finden. Im letzteren Falle gehen ihnen aber die für sie von ihren Arbeitgebern entrichteten Beiträge verloren Weit willkommener wird ihnen als Zuschuß zum Haushaltungsgeld usw. der fortlaufende Bezug einer Leibrente sein, die ihnen auch dann noch verbleibt, wenn die Ehe durch den Tod des Mannes aufgelöst wird. Aus dieser Erwägung erscheint die in § 63 für weibliche Personen vorgesehene besondere Leistung beim Ausscheiden aus der Versicherungspflicht gerechtfertigt. Auf Antrag der Berechtigten kann die Festsetzung des Beginns und der Höhe der Leibrente für einen späteren Zeitpunkt vorbehalten werden. Voraussetzung dabei ist jedoch daß die Anwartschaft bis zu diesem Zeitpunkt erhalten wird.

Die weiblichen Angestellten haben außer den schon erörterten Mehrleistungen auch die Gewährung von Aszendentenrenten gewünscht. Das Gesetz hat von der Erfüllung dieses Wunsches Abstand genommen, weil die hieraus folgende Belastung sich zurzeit nicht übersehen läßt, auch durch die vorgesehenen Mehrleistungen ein genügender Ausgleich bereits geschaffen ist. Sollten die späteren Bilanzen der Reichversicherungsanstalt die gewünschten Mehrleistungen berechtigt und unbedenklich erscheinen lassen, so wird auf die Erfüllung der Wünsche Bedacht zu nehmen sein. (Begr.)

Leibrenten an weibliche Versicherte.

§ 63. *Weiblichen Versicherten,*[1] *die aus einer versicherungspflichtigen Beschäftigung ausscheiden,*[2] *wird*[3] *auf Antrag*[4] *an Stelle der freiwilligen Fortsetzung*[5] *der Versicherung oder der Aufrechterhaltung der erworbenen Anwartschaft*[6] *(§ 15) oder der Erstattung von Beiträgen*[7] *(§ 62) eine Leibrente*[8] *gewährt, deren Höhe sich nach dem Werte der erworbenen Anwartschaft auf Ruhegeld*[9] *und nach dem Alter*[10] *der Antragstellerin richtet und vom Rentenausschuß festgesetzt wird. Auf Antrag der Berechtigten kann die Festsetzung des Beginns*[11] *und der Höhe*[12] *der Leibrente für einen späteren Zeitpunkt vorbehalten werden.*[13] *Die Tarife zur Berechnung des Wertes der Anwartschaft und der Leibrente setzt die Reichsversicherungsanstalt*[14] *mit Genehmigung des Bundesrats fest.*

E. I. § 65.
E. II. § 63.
RVO. —

1. Weitere Bevorzugungen weiblicher Versicherter s. in den §§ 48 Abs. 2, 56, 60, 61, 62.

2. Der Grund des Ausscheidens (Verheiratung, Erkrankung, Aufgabe des Berufs usw.) ist gleichgültig.

3. Der Ausdruck „wird“ ist von der Reichstagskommission an die Stelle der in den Entwürfen enthaltenen Worte „kann... werden“ gesetzt. Während also die frühere Fassung eine fakultative Vorschrift darstellte, ist jetzt die Gewährung der Leibrente im Falle des § 63 obligatorisch.

4. Der Antrag ist an den zuständigen Rentenausschuß zu richten, dessen Vorsitzender darüber allein ohne mündliche Verhandlung entscheidet (§§ 122, 229, 230, 240).

5. Freiwillige Fortsetzung vgl. § 15 Abs. 1.

6. Über Aufrechterhaltung der Anwartschaft vgl. § 15 Abs. 2 und § 50.

7. Über Beitragserstattung vgl. §§ 60—62.

8. Leibrente im Sinne des obigen Paragraphen ist eine periodisch wiederkehrende Geldleistung für die Dauer des Lebens der betreffenden weiblichen Versicherten. Vgl. auch unten Anm. 10.

9. Über die Höhe des Ruhegeldes vgl. §§ 55, 56.

10. Als Alter gilt das zur Zeit des Beginns erreichte Alter.

11. Statt einer sofort beginnenden kann die Antragstellerin eine aufgeschobene Leibrente erhalten.

Die weiblichen Versicherten können jederzeit bei dem Rentenausschuß (§ 122) Auskunft darüber verlangen, wie hoch sich ihr Anspruch auf Gewährung einer Rente belaufen würde. Sie sind also jederzeit in der Lage, auf Grund amtlicher Auskünfte sich zu entschließen, ob sie gleich beim Ausscheiden aus einer versicherungspflichtigen Beschäftigung oder erst zu einem späteren Termine ihre Rente beanspruchen wollen (Kom.-Ber.).

12. Die Höhe der Leibrente bestimmt sich nach dem Werte der zur Zeit des Ausscheidens aus der versicherungspflichtigen Beschäftigung erworbenen Anwartschaft auf Ruhegeld und nach dem Alter der Versicherten. Den gesamten Wert der Anwartschaft auf Ruhegeld und Hinterbliebenenrenten in Leibrente umzuwandeln, ist nicht angängig, weil die Anwartschaft auf Hinterbliebenenrenten zugunsten der Gesamtheit verfallen muß, da für diese bei weiblichen Personen in der Regel nicht auftretende Versicherungsleistung andere Mehrleistungen vorgesehen werden (Begr.).

13. Wird ein späterer Zeitpunkt für die Festsetzung des Beginns und der Höhe der Rente vorbehalten, so müssen dem beim Ausscheiden verfügbaren Anwartschaftswerte für die Zeit seit dem Ausscheiden bis zum Beginne der Rente Zinsen zu dem den Beitragsberechnungen zugrunde liegenden Zinsfuß hinzugefügt werden (Begr.).

14. Über die Reichsversicherungsanstalt vgl. §§ 96 ff.

XIII. Wegfall der Leistungen.

Vorbemerkung.

Die nachfolgenden Bestimmungen beziehen sich nur auf Hinterbliebene eines Versicherten und beruhen in Anlehnung an die Beamtengesetze zum Teil auf der Erwägung, daß unter gewissen Umständen für diese Personen ein Fürsorgebedürfnis nicht mehr vorliegt, so daß die Leistungen entweder ganz in Wegfall kommen oder durch eine Abfindung ersetzt oder auf einen begrenzten Zeitabschnitt beschränkt werden können (§§ 64, 65), zum Teil aber auf der umgekehrten Erwägung, daß diesen Personen bereits fällige, aber noch nicht abgehobene Beträge oder noch nicht festgestellte, aber bis zum Todestage ihres Erblassers im Falle der Feststellung fällig gewesene Beträge belassen werden müssen (§§ 66, 67).

Abfindung bei Wiederverheiratung; Fortfall der Waisenrenten.

§ 64. *Die Witwen-*[1] *und die Witwerrenten*[2] *fallen bei der Wiederverheiratung weg.*[3] *Als Abfindung*[4] *wird der Witwe*[5] *das Dreifache ihrer Jahresrente gewährt. Der Anspruch verfällt, wenn er nicht innerhalb eines Jahres nach der Wiederverheiratung geltend gemacht*[6] *wird.*

Die Waisenrenten[7] *fallen weg, sobald die Waise das achtzehnte Lebensjahr*[8] *vollendet oder sich verheiratet.*[9] [10] [11]

E. I. § 66.
E. II. § 64.
RVO. §§ 1298, 1299, 1300 (1286, 1287, 1288).

1. Wenn Witwen wieder in den Ehestand treten, so besteht kein Grund mehr, die Rente noch weiter zu gewähren. Indessen wird es billig sein, in diesen Fällen eine einmalige Abfindung, und zwar den dreifachen Betrag der Jahresrente zu zahlen. Eine solche Abfindung liegt auch im finanziellen Interesse des Versicherungsträgers, da sie die Häufigkeit der Wiederverheiratungsfälle mehren und so zu Ersparnissen an Witwenrenten führen wird. Die gleiche Beobachtung ist bei vielen knappschaftlichen und privaten Pensionskassen gemacht worden (Begr.).

2. Den Wegfall der Witwerrente bei Wiederverheiratung begründet der Gesetzgeber in den Motiven nicht weiter; er sagt lediglich, daß diese Rente in Wegfall kommen müsse. Vermutlich nimmt der Gesetzgeber an, daß jede Wiederverheiratung des Witwers den Wegfall seiner Bedürftigkeit bedeutet.

3. Heiraten berechtigte Witwen oder Witwer wieder im Laufe eines Monats, so haben sie nur den Teil der Monatsrenten zu beanspruchen, welcher vom Ersten des Monats bis zur Verheiratung läuft. Ein darüber hinausbezahlter Betrag muß zurückerstattet werden.

4. Für die Abfindung, welche der Witwe gewährt wird, findet sich bei der Invaliden- und Hinterbliebenenver-

sicherung in der RVO. keine Analogie (vgl. RVO. § 1298). Weitere Fälle der Abfindung im AVG. enthalten die §§ 47, 60.

5. Nur die Witwe erhält eine Abfindung, nicht der Witwer.

6. Für die Geltendmachung des Anspruchs auf Abfindung ist ebenso wie in § 60 eine einjährige Ausschlußfrist vorgesehen. Denn wer erst nach längerer Zeit den Anspruch erhebt, kann in seiner wirtschaftlichen Lage nicht so beeinträchtigt sein, daß ein dringendes Bedürfnis vorläge, ihn durch die Abfindung zu unterstützen. Vgl. hierzu Anm. 9 zu § 60 und Anm. 2 zu § 23.

7. Über die Waisenrente vgl. § 29 ff.

8. In Übereinstimmung mit den Wünschen der Beteiligten läßt das Gesetz die Waisenrenten bei Vollendung des 18. Lebensjahres in Wegfall kommen. Dieselbe Altersgrenze besteht auch für die Waisen der Reichs- und Staatsbeamten.

9. Ein Fürsorgebedürfnis der Waisen kann nicht mehr anerkannt werden, wenn sie vor dem vollendeten 18. Lebensjahr in den Ehestand treten.

10. Der Wegfall bei Tod ist im § 66 geregelt.

11. Über das Verfahren beim Wegfall der Leistungen nach §§ 64 ff. enthält das AVG. so wenig wie die RVO. Vorschriften. Es dürfte wohl anzunehmen sein, daß formlose Mitteilung über den Wegfall der Rente genügt (Düttmann IV, S. 119). Dagegen ist zur Entscheidung über die Abfindung der Vorsitzende des zuständigen Rentenausschusses berufen (§ 240).

Sterbemonat usw.

§ 65. *Für den Sterbemonat und den Monat, der das Ruhen*[1] *des Ruhegeldes oder der Rente bringt, werden, vorbehaltlich § 58 Abs. 3,*[2] *die Beträge voll gezahlt.*[3]

Kommen für einen Monatsteil zu dem Ruhegelde des Versicherten noch die Renten der Hinterbliebenen, so haben sie nur das Ruhegeld zu beanspruchen.[4]

E. I. § 67.
E. II. § 65.
RVO. § 1301 (1289).

1. Über das Ruhen vgl. §§ 73 ff.

2. Der § 58 Abs. 3 bestimmt: Beim Ausscheiden eines

Hinterbliebenen erhöhen sich die Renten der übrigen bis zum zulässigen Höchstbetrage.

3. Durch den Wortlaut des Gesetzes ist klargestellt, daß der Anspruch auf die einzelne Monatsrente mit dem Beginne des Monats voll erworben wird, sofern es sich um den Todesfall des Rentenempfängers und das Ruhen des Rentenanspruchs handelt. In den anderen Fällen des Wegfalls der Renten — bei Wiederverheiratung der Witwe oder des Witwers, Vollendung des achtzehnten Lebensjahrs der Waisen — bestimmt das Gesetz anderweitig den Zeitpunkt, wann der Anspruch aufhört (vgl. § 64). Hier den Monatsbetrag der Rente voll zu belassen, geht nicht an (vgl. Begr. z. RVO.).

4. Beim Tod des Ruhegeld beziehenden Versicherten, welcher mitten im Monat stirbt, nachdem ihm bereits für den ganzen Monat das Ruhegeld ausbezahlt worden ist, können die Hinterbliebenen nicht beanspruchen, außer dem für den ganzen Monat gezahlten Ruhegeld auch noch die Hinterbliebenenrenten für den ganzen Monat zu erhalten. Eine anteilmäßige Rückzahlung des Ruhegelds und die Ausbezahlung eines Bruchteils der Hinterbliebenenrente würde unverhältnismäßig große Schwierigkeiten machen. Es wird daher angeordnet, daß in diesem Falle die Hinterbliebenen nur das Ruhegeld in dem Sterbemonat zu beanspruchen haben.

Beim Tode des Empfängers nicht abgehobenes Ruhegeld usw.

§ 66. *Ist beim Tode des Empfängers das fällige Ruhegeld oder die fällige Rente*[1] *noch nicht abgehoben,*[2] *so sind nacheinander*[3] *bezugsberechtigt*[4] *der Ehegatte,*[5] *die Kinder,*[6] *der Vater, die Mutter,*[7] *die Geschwister,*[8 9] *wenn sie mit dem Empfänger zur Zeit seines Todes in häuslicher Gemeinschaft*[10] *gelebt haben oder von ihm wesentlich aus seinem Arbeitsverdienste*[11] *unterhalten worden sind.*[12]

E. I. § 68.
E. II. § 66.
RVO. § 1302 (1290).

1. Die Fälligkeit setzt voraus, daß Ruhegeld und Rente festgestellt sind. Die Bezugsberechtigung hinsichtlich angemeldeter, aber noch nicht festgestellter Ansprüche ist in § 67 behandelt.

2. Erfolgt die Abhebung nicht binnen einer Frist von einem Jahre so ist der Anspruch verwirkt. Die einjährige

Frist ist also eine Ausschlußfrist und keine Verjährungsfrist (vgl. § 23 Anm. 2).

3. Über nacheinander vgl. § 60 Anm. 8.

4. Für den Fall, daß beim Tode des Rentenempfängers die Rente noch nicht abgehoben war, regelt das Gesetz die Bezugsberechtigung in Abweichung von der Erbfolge des bürgerlichen Rechtes (BGB. §§ 1924 ff.). Denn es empfiehlt sich nicht, in diesem Falle den Nachweis der Erbeseigenschaft zu verlangen, weil die Kosten dafür oft im Verhältnis zu der geringen Rente zu groß sein würden. Bezugsberechtigt sollen daher sein in erster Reihe, der Ehegatte, sodann die Kinder, der Vater, die Mutter, aber alle nur, wenn sie mit dem Rentenempfänger zur Zeit seines Todes in häuslicher Gemeinschaft gelebt haben oder von ihm wesentlich aus seinem Arbeitsverdienst unterhalten worden sind.

5. Der geschiedene Ehegatte hat keinen Anspruch.

6. Kinder eines Mannes im Sinne des Gesetzes sind die ehelichen sowie die ihnen gleichgestellten. Vgl. Anm. 3, 4 u. 5 zu § 29. Als Kinder einer weiblichen Person gelten auch ihre unehelichen Kinder.

7. Nicht Stiefvater oder Stiefmutter sind bezugsberechtigt.

8. Geschwister haben Vater oder Mutter gemein; daß sie beide Eltern gemein haben, ist nicht erforderlich.

9. Andere Personen sind auf Grund des § 66 nicht bezugsberechtigt (vgl. jedoch Anm. 12).

10. Kurze Unterbrechung hebt diese Gemeinschaft nicht auf.

11. Über Arbeitsverdienst vgl. Anm. 33 zu § 1. Die letzten Worte dieses Paragraphen von „oder" ab sind durch die Reichstagskommission zugefügt.

12. Ist keine der im § 66 bezeichneten Personen vorhanden oder haben diese Personen nicht mit dem verstorbenen Empfänger in Gemeinschaft gelebt, bzw. sind sie nicht wesentlich aus seinem Arbeitsverdienst unterhalten worden, so tritt, vorbehaltlich der Bestimmungen in §§ 82 ff., die Erbfolge des bürgerlichen Rechts ein.

Fortsetzung des Verfahrens bei Tod eines Versicherten.

§ 67.[1] *Stirbt ein Versicherter oder ein zum Bezug einer Witwen- oder Witwerrente Berechtigter,[2] nachdem er seinen Anspruch erhoben[3] hatte, so sind zur Fortsetzung des Verfahrens[4] und zum Bezuge der bis zum Todestage fälligen Beträge nacheinander berechtigt*[5] *der Ehegatte, die Kinder, der Vater, die Mutter, die Geschwister,*[6] *wenn sie mit dem Berechtigten zur Zeit seines Todes in häuslicher Gemeinschaft*[7] *gelebt haben oder*[8] *von ihm wesentlich aus seinem Arbeitsverdienst unterhalten worden sind.*

E. I. § 69.
E. II. § 67.
RVO. § 1303 (1291).

1. Die Vorschriften des § 67 bilden eine Ergänzung der Anordnungen des § 66. Dieselben Grundsätze gelten sowohl für die Bezugsberechtigung, wie für die Fortsetzung des Verfahrens, wenn der Versicherte oder ein zum Bezug einer Hinterbliebenenrente oder eines Witwengeldes Berechtigter stirbt, nachdem sein Anspruch erhoben war.

2. Zum Bezug einer Witwen- oder Witwerrente berechtigt sind die Hinterbliebenen nach §§ 28 ff.

3. Nicht die bloße Aussicht auf eine demnächstige Erlangung einer Versicherungsleistung, sondern nur der bereits erworbene Anspruch darauf bildet ein Vermögensrecht in dem Sinne, daß von einer Rechtsnachfolge die Rede sein kann. Der Rentenanspruch ist aber erst dann erworben, wenn die sämtlichen gesetzlichen Voraussetzungen erfüllt sind. Zu diesen ist auch zu rechnen, daß der Antrag des Rentenbewerbers bei der zuständigen Stelle eingegangen ist. Die Anmeldung des Anspruchs ist keine lediglich formelle, sondern eine wesentliche und selbständige Voraussetzung für die Rentenbewilligung. Wie auch die übrigen Voraussetzungen des Anspruchs nur durch den Rentenbewerber und in seiner Person erfüllt sein können, so muß auch verlangt werden, daß die Anmeldung der Rentenanspruchserhebung noch bei Lebzeiten des Versicherten erfolgt sein muß; sie kann daher von den Erben, bzw. den in den §§ 66, 67 als berechtigt bezeichneten Personen nicht nachgeholt werden, wenn der Rentenbewerber vor der Anspruchserhebung gestorben ist. Vgl. Landmann-Rasp-Graßmann S. 390.

Dagegen dürfen nach §§ 82, 86, 90 Gemeinden und Armenverbände, bzw. Betriebsunternehmer und Kassen, wenn ein von ihnen unterstützter hilfsbedürftiger Berechtigter stirbt, auch ohne daß er einen Anspruch erhoben hatte, Ersatz verlangen.

4. Über die Unterbrechung bzw. Fortsetzung des Verfahrens befinden sich in dem AVG. ebenso-

wenig wie in der RVO. formelle Vorschriften. Sofern solche nicht noch erlassen werden, sind die Bestimmungen der ZPO. §§ 239 ff. maßgebend. Danach tritt durch den Tod des Antragstellers eine Unterbrechung des Verfahrens bis zu dessen Fortsetzung seitens der im § 67 AVG. bezeichneten Bezugsberechtigten bzw. in Ermangelung solcher seitens der sonstigen Rechtsnachfolger (vgl. § 66 Anm. 4 u. 12 AVG.) ein. Die Unterbrechung hat die Wirkung, daß der Lauf einer jeden Frist, insbesondere also der einmonatigen Rechtsmittelfrist (§ 328 AVG.) aufhört und nach Beendigung der Unterbrechung die volle Frist von neuem zu laufen beginnt. (Vgl. hierzu A. N. 1892, S. 328.)

5. Nacheinander (vgl. § 60 Anm. 8) bezugsberechtigt sind dieselben Personen wie in § 66. Vgl. dort Anm. 4.

6. Über die Begriffe Ehegatte, Kinder, Vater, Mutter und Geschwister vgl. § 66 Anm. 5, 6, 7 u. 8.

7. Die Gemeinschaft wird durch eine kurze Unterbrechung nicht aufgehoben.

8. Die Worte von „oder" ab hat die Reichstagskommission hinzugefügt. Vgl. hierzu § 66 Anm. 11 u. 12.

XIV. Entziehung der Leistungen.

Vorbemerkung.

Im Gegensatz zu der durch § 39 gegebenen fakultativen Bestimmung über die Versagung des Ruhegeldes aus Anlaß eines Heilverfahrens wegen Berufsunfähigkeit wird in diesem Unterabschnitt zunächst die obligatorische Entziehung des Ruhegeldes bei wieder eingetretener Berufsfähigkeit behandelt (§ 68). Anschließend daran enthält § 69 eine analoge Entziehung der Witwerrente beim Wegfall der Bedürftigkeit. Sodann kommen Vorschriften über den Entziehungsbescheid, die Neubewilligung von Ruhegeld und die Folge einer fälschlich angenommenen Verschollenheit.

Aufhören der Berufsunfähigkeit.

§ 68.[1] *Ist der Empfänger eines Ruhegeldes[2] nicht mehr berufsunfähig[3] im Sinne des § 25,[4] [5] so entzieht ihm der Rentenausschuß das Ruhegeld.[6]*

E. I. § 70.
E. II. § 68.
RVO. § 1304 (1292).

1. Das Ruhegeld, — und zwar nur das als Invaliden- nicht das als Altersrente in Betracht kommende — wird entzogen, wenn der Empfänger nicht mehr berufsunfähig ist. Voraussetzung ist also eine solche Veränderung des körperlichen oder geistigen Zustands des Versicherten, daß er wieder berufsfähig ist. Wollte man diesen Personen das Ruhegeld belassen, so würde das — wie die Begr. mit Recht hervorhebt — nicht nur eine ungerechtfertigte Belastung bedeuten, sondern auch bei den berufsfähigen Versicherten allgemeine Unzufriedenheit hervorrufen; auch liegen in diesen Fällen die Voraussetzungen, an welche die Gewährung des Ruhegeldes geknüpft war, nicht mehr vor. Mit dem Wegfall der Voraussetzung wird aber der Rechtsgrund des Ruhegeldes selbst hinfällig.

2. Über Ruhegeld vgl. §§ 25 ff. Auch das Krankenruhegeld fällt unter obige Bestimmung.

3. Ob unter der Bezeichnung „nicht mehr berufsunfähig" gemeint ist, daß der Empfänger nicht mehr dauernd berufsunfähig ist, oder ob auch eine nur vorübergehend wiedererlangte Berufsfähigkeit zum Entzug des Ruhegelds ausreicht, erscheint zweifelhaft. Die Wiedererlangung der Berufsfähigkeit ist nicht anzunehmen, solange der bisher Berufsunfähige noch schonungsbedürftig ist, d. h. seiner Beschäftigung ohne Gefährdung seiner Gesundheit nicht nachgehen kann. Es kann ev. an Stelle des (dauernden) Ruhegelds ein (vorübergehendes) Krankenruhegeld gewährt werden.

4. Der zitierte § 25 sagt, daß als berufsunfähig anzusehen ist, wessen Arbeitsfähigkeit auf weniger als die Hälfte derjenigen eines körperlich und geistig gesunden Versicherten von ähnlicher Ausbildung und gleichwertigen Kenntnissen und Fähigkeiten herabgesunken ist.

Der Ausdruck des Gesetzes ist nicht ganz genau insofern, als dem Empfänger eines Ruhegelds, welcher das 65. Lebensjahr vollendet hat, die Rente auch dann nicht mehr entzogen werden kann, wenn er voll berufsfähig ist.

5. Die analoge Bestimmung der RVO. § 1304 bestimmt als Voraussetzung für die Entziehung der Rente, daß der Rentenempfänger „infolge einer wesentlichen Änderung in seinen Verhältnissen" nicht mehr invalide sein darf. Im AVG. fehlen die in Anführungszeichen gesetzten Worte. Hieraus dürfte zu schließen sein, daß im

Sinne des AVG. eine solche wesentliche Änderung in den Verhältnissen nicht vorzuliegen braucht.

6. Über das dem Rentenausschuß obliegende Entziehungsverfahren vgl. §§ 229 ff. u. §§ 238 ff. in Verbindung mit § 269. Es findet in derselben Weise statt wie das Verfahren bei Feststellung der Leistungen. Gegen den auf Grund mündlicher Verhandlung ergehenden und mit Gründen zu versehenden Entziehungsbescheid des Rentenausschusses ist das Rechtsmittel der Berufung an das übergeordnete Schiedsgericht zulässig (§ 270); vgl. auch § 70.

Wegfall der Bedürftigkeit.

§ 69. *Witwerrenten,*[1] *die nach § 30 gewährt sind, entzieht*[2] *der Rentenausschuß, sobald die Bedürftigkeit*[3] *des Empfängers wegfällt.*[4]

E. I. § 71.
E. II. § 69.
RVO. § 1307 (1295).

1. Eine andere Witwerrente als die aus § 30 kennt das AVG. nicht. Vgl. auch § 269 Anm. 2.
2. Die Entziehung muß stattfinden. Das Verfahren ist in § 68 Anm. 6 erläutert.
3. Über die Bedürftigkeit vgl. § 30 Anm. 7.
4. Der Wegfall ist nicht bei einer vorübergehenden Beseitigung der Bedürftigkeit anzunehmen, vielmehr müssen tatsächliche Verhältnisse von längerer Dauer vorliegen (vgl. A. N. 1907, S. 499).

Bescheid über Entziehung.

§ 70. *Ein Bescheid,*[1] *der das Ruhegeld*[2] *oder die Rente*[3] *entzieht,*[4] *wird mit Ablauf des Monats wirksam, in dem er zugestellt worden ist.*

E. I. § 72.
E. II. § 72.
RVO. § 1308 (1296).

1. Der Bescheid ist an bestimmte Formen gebunden (vgl. §§ 250, 262, 269).
2. Über Ruhegeld s. §§ 25 ff.
3. Über Rente (Hinterbliebenenrente) vgl. §§ 28 ff.
4. Hinsichtlich der Entziehung der Versicherungsleistung kommen die §§ 68, 69 in Betracht. Es muß sich um eine tatsächliche Entziehung im Sinne dieser Paragraphen handeln; war schon bei der ursprünglichen

Rentenfestsetzung gewiß, wann der Endpunkt des Rentenbezugs eintritt, so liegt keine Rentenentziehung vor, und die obige Vorschrift findet keine Anwendung (A. N. 1903, S. 389).

5. Bei dem AVG. ist man von der in der RVO. getroffenen Regelung (wonach der Bescheid mit Ablauf des auf die Zustellung folgenden Monats wirksam wird) abgewichen, weil es sich in der Angestelltenversicherung um bedeutend höhere Beträge handelt und deshalb gegen die Übernahme der Bestimmungen der RVO. in diesen Paragraphen finanzielle Bedenken bestehen. Dem Bescheid, der das Ruhegeld oder die Rente entzieht, gehen Verhandlungen voraus, während welcher sich der Versicherte nach einer passenden Beschäftigung umsehen kann, auch ist Voraussetzung des Entziehens des Ruhegeldes oder der Rente, daß der Versicherte erwerbsfähig ist (vgl. Kom.-Ber.).

Neubewilligung.

§ 71. *Wird Ruhegeld*[1] *von neuem*[2] *bewilligt,*[3] *so wird die frühere Beitragsleistung dem Versicherten angerechnet.*[4] [5]

E. I. § 73.
E. II. § 71.
RVO. § 1309 (1297).

1. Über Ruhegeld vgl. § 25.

2. Voraussetzung ist, daß das Ruhegeld wegen wieder eingetretener Berufsfähigkeit entzogen war (§ 68).

3. Für die Neubewilligung kommen dieselben Vorschriften wie für die ursprüngliche Bewilligung in Frage (§§ 25—27).

4. Die Anrechnung erfolgt sowohl zur Erhöhung der Bezüge wie auch hinsichtlich der Erfüllung der Wartezeit (A. N. 1905, S. 467).

5. Die Umwandlung des (vorübergehenden) Krankenruhegelds in das (dauernde) Ruhegeld bzw. der umgekehrte Fall wird in dem AVG. nicht geregelt. Auch die RVO. sieht in dieser Beziehung fast ganz von einer Regelung ab, so daß hier wie dort zahlreiche einschlägige Fragen der Rechtsprechung überlassen bleiben müssen. Vgl. Hanow IV, S. 220, Anm. 4.

Fälschlich angenommene Verschollenheit.

§ 72.[1] *Wird nachgewiesen,*[2] *daß ein Versicherter, der als verschollen*[3] *galt, noch lebt, so wird die weitere*

Zahlung von Hinterbliebenenrente eingestellt.[4] *Die Reichsversicherungsanstalt braucht die zu Unrecht gezahlten Beträge*[5] *nicht zurückzufordern.*

E. I. § 74.
E. II. § 72.
RVO. § 1310 (1298).

1. Vgl. zur obigen Vorschrift §§ 33, 34 betr. Verschollenheit.
2. Die Beweislast hat die Behörde.
3. Über den Begriff der Verschollenheit s. Anm. 2 § 33.
4. Von Einstellung, nicht von Entziehung spricht das Gesetz. Über das Verfahren vgl. §§ 229 ff., 238 ff. u. 269. Danach wird das Verfahren durch einen bei dem zuständigen Rentenausschuß zu stellenden Antrag eingeleitet und nach mündlicher Verhandlung durch einen mit Gründen zu versehenden Bescheid beendet. Gegen den Bescheid ist das Rechtsmittel der Berufung an das dem Rentenausschuß übergeordnete Schiedsgericht zulässig (§ 270).
5. Daß etwa Ersatz für andere Leistungen, welche die Reichsversicherungsanstalt den Hinterbliebenen hat zukommen lassen, gefordert werden müßte, ist nicht anzunehmen.

XV. Ruhen der Rente.

Vorbemerkung.

Für das Ruhen der Leistungen wird entsprechend dem für die Berufsunfähigkeit aufgestellten Begriffe davon ausgegangen, daß der Ruhegeldsempfänger mit der verbliebenen Arbeitskraft noch bis zur Hälfte des Einkommens erwerben darf, so daß späterhin Ruhegeld und zulässiger Höchstverdienst dem Einkommen gleichkommen dürfen. Ein Bedürfnis, dem Versicherten nach Eintritt der Berufsunfähigkeit ein höheres Einkommen zuzuwenden, als ihm aus seiner Arbeitskraft zur Zeit der Berufsfähigkeit zugeflossen ist, liegt nicht vor. Um indessen Zufälligkeiten auszuschließen, bestimmt das Gesetz, daß Ruhegeld erst dann und soweit ruhen soll, als es mit Einschluß etwaiger Renten der reichsgesetzlichen Arbeiterversicherung und von Gehalts- oder sonstigen Bezügen aus gewinnbringender Beschäftigung zusammen den Jahresarbeitsverdienst, der dem Durchschnitt der sechzig höchsten monatlichen Beiträge entspricht, übersteigt.

Für die Hinterbliebenenbezüge wird ein niedrigerer Betrag angesetzt, weil dem vorgebeugt werden muß, daß die Witwe und Waisen zusammen eine Verbesserung ihrer Lage durch den Tod des Ernährers erfahren. Die reichsgesetzliche Unfallversicherung gewährt den Hinterbliebenen insgesamt höchstens sechzig vom Hundert des Jahresarbeitsverdienstes des tödlich Verunglückten. Ein gleich hoher Betrag dürfte auch hier ausreichend sein. Die Hinterbliebenenrenten sollen deshalb insoweit ruhen, als die Gesamtbezüge der Hinterbliebenen sechs Zehntel des nach § 73 zu ermittelnden durchschnittlichen Jahreseinkommens des verstorbenen Versicherten übersteigen.

Die redaktionelle Fassung dieses Unterabschnitts beruht in wesentlichen Punkten auf den Beschlüssen der Reichstagskommission.

Einkommensgrenze für das Ruhen des Ruhegeldes.

§ 73. *Ruhegeld*[1] *ruht*[2] *neben*

1. *Renten der reichsgesetzlichen Arbeiterversicherung,*[3] [4]
2. *Gehalt, Lohn oder sonstigem Einkommen*[5] *aus gewinnbringender Beschäftigung,*[5a]

soweit sämtliche Bezüge oder Ruhegeld und einer der Bezüge zu 1 oder 2 zusammen den Jahresarbeitsverdienst[6] *übersteigen, der dem Durchschnitt der sechzig höchsten monatlichen Beiträge entspricht.*[7] *Bei der Berechnung dieses Durchschnitts ist für jeden monatlichen Beitrag das Mittel aus dem höchsten und niedrigsten Jahresarbeitsverdienst der Gehaltsklasse (§ 16)*[7] *in Anrechnung zu bringen, für welche der Beitrag entrichtet ist. Für die Gehaltsklasse A gilt als Mittel der Betrag von vierhundertundfünfzig Mark.*[8] [9]

E. I. § 75.
E. II. § 73.
RVO. § 1311 (1299).

1. Nur vom Ruhen des Ruhegeldes handelt dieser Paragraph. Wegen des Ruhens der Hinterbliebenenrenten s. die nächsten Paragraphen.

2. Ruhen bedeutet, daß bereits bewilligte Renten, bzw. Ruhegeld weder im ganzen noch in einem Teilbetrag für die in Betracht kommenden Zeiten gefordert oder ausbezahlt werden dürfen. Die Bezüge werden einbehalten. Das Ruhen der Ansprüche tritt kraft Gesetzes ein mit dem Augenblick des Vorliegens der betr. Tatsachen, nicht erst nach etwaiger Benachrichtigung (A. N. 1903, S. 544).

3. Über den Begriff der reichsgesetzlichen Arbeiterversicherung s. § 40 Anm. 1.

4. Ein Zusammentreffen von Renten der reichsgesetzlichen Arbeiterversicherung mit solchen aus der Angestelltenversicherung ist in mehreren Fällen möglich, da der Kreis der nach dem AVG. Versicherten teilweise mit dem übereinstimmt, welcher durch jene Versicherung umfaßt wird.

5. Ob es sich bei diesen Einkünften (Gehalt, Lohn, Einkommen) um solche aus einer nach öffentlichem Recht oder nach privatem Recht zu beurteilenden Anstellung handelt, ist gleichgültig.

Wenn auch das Beamtenrecht dem öffentlichen Rechte angehört, so ist doch der Anspruch auf Ruhegeld oder Wartegeld aus der öffentlichen Stellung im wesentlichen privatrechtlich. Es ist daher unbillig, die Renten nur zu kürzen bei den Ruhegeldern, die Reich, Bundesstaaten oder Gemeindeverbände zahlen, aber nicht auch dann, wenn beispielsweise Private sie gewähren, wenn der Arbeitgeber für seine Arbeitnehmer oder wenn der Rentenempfänger aus eigenen Mitteln bei einer privaten Versicherungsunternehmung einen ähnlichen Bezug erworben hat. Da der Beamte wegen des zu erwartenden Ruhegeldes ein geringeres Gehalt bezieht, als er ohne solche Aussicht erhalten würde, so hat er sich den Anspruch gewissermaßen auch durch Selbstversicherung erworben. Zwischen ihm und anderen, die nicht im Staats- oder Gemeindedienste stehen, ist also höchstens der Unterschied, daß sein Anspruch eine größere Sicherheit hat. Dieser Gesichtspunkt allein gibt aber kein Recht, die Invaliden- oder Hinterbliebenenrente zu kürzen, wenn sie mit einem Ruhe- oder Wartegeld zusammentreffen. Das gleiche muß bei der Gewährung ähnlicher Bezüge gelten (Begr. z. RVO.).

5a. An Stelle der Worte „sonstigem Einkommen aus gewinnbringender Beschäftigung" war in der 2. Lesung des Reichstagsplenums das Wort „Entgelt" getreten. Es sollte hierdurch zum Ausdruck gebracht werden, daß angerechnet werden soll lediglich Einkommen aus Lohn oder Gehalt oder ähnlichen Bezügen, wie sie in § 2 des Gesetzes erwähnt sind, daß dagegen jedes andere Einkommen von der Anrechnung ausgeschlossen werden soll. Diese Absicht ist aber wieder fallen gelassen.

6. Über Jahresarbeitsverdienst s. § 16 Anm. 1.

7. In den Entwürfen hieß es statt „Jahresarbeitsverdienst der dem Durchschnitt der 60 höchsten monatlichen Beiträge entspricht": „Durchschnitt der Jahresarbeitsverdienste in den letzten fünf Jahren vor Eintritt des Versicherungsfalls". Ein Vertreter der verbündeten Regierungen führte aus, daß die gegen diese Fassung vorgebrachten Bedenken insofern berechtigt seien, als, wenn bei Berechnung der Bezüge der Durchschnitt der Jahresarbeitsverdienste in den letzten fünf Jahren vor Eintritt des Versicherungsfalles maßgebend sein solle, viele versicherte Personen gerade in den Jahren, bevor sie in den Genuß der Rente kämen, infolge ihres Alters einen geringeren Jahresarbeitsverdienst hätten denn zuvor. Durch die neue Fassung wird diese Ungleichheit ausgeglichen (vgl. Kom.-Ber.).

8. Sind die Leistungen für eine Zeit gezahlt, für die der Empfänger einen Anspruch auf reichsgesetzliche Unfallrente hat, und hat Ruhegeld oder Rente zu ruhen, so kann die Reichsversicherungsanstalt durch Kürzung ihrer Leistungen den zuviel gezahlten Betrag in angemessenen Teilbeträgen wieder einziehen; s. § 95.

9. Der Post muß über das Ruhen der Rente Mitteilung gemacht werden (A. N. 1893, S. 47, 1904, S. 500), da nach §§ 313 ff. die Auszahlung der Leistungen durch die Post erfolgt.

Einkommensgrenze für das Ruhen der Hinterbliebenenrenten.

§ 74. *Die Hinterbliebenenrenten*[1] *ruhen*[2] *neben Renten der reichsgesetzlichen Arbeiterversicherung,*[3] *soweit beide zusammen sechs Zehntel des im § 73 festgesetzten Betrags übersteigen.*

E. I. § 76.
E. II. § 74.
RVO. —

1. Über Ruhen des Ruhegelds siehe § 73.

2. Der Begriff des Ruhens ist in § 73 Anm. 2 angegeben.

3. Vgl. § 73 Anm. 4.

Ruhen während Freiheitsstrafe, ev. Überweisung des Ruhegeldes an Angehörige.

§ 75. *Ruhegeld und Rente ruhen,*[1] *solange der Berechtigte eine Freiheitsstrafe*[2] *von mehr als einem Monat verbüßt*[3] *oder in einem Arbeitshaus*[4] *oder in einer Besserungsanstalt*[5] *untergebracht ist.*

Hat er im Inland[6] *Angehörige,*[7] *die er ganz oder überwiegend aus seinem Arbeitsverdienst unterhalten hat, so wird ihnen*[8] *das Ruhegeld überwiesen.*[9]

E. I. § 78.
E. II. § 76.
RVO. § 1312 (1300).

1. Der Grund für das Ruhen nach § 75 ist darin zu erblicken, daß der eine Freiheitsstrafe Verbüßende oder in einem Arbeitshaus oder einer Besserungsanstalt Untergebrachte die Möglichkeit freier Beschäftigung, wie sie die Versicherungspflicht nach § 1 voraussetzt, auch ohne Rücksicht auf Alter oder Berufsunfähigkeit nicht hat, während für seinen Lebensunterhalt ohnehin aus öffentlichen Mitteln gesorgt werden muß.

2. Über den Begriff der Freiheitsstrafe s. § 14—18 des Reichsstrafgesetzbuchs. Als solche gelten:
a) Zuchthaus (lebenslänglich oder zeitig, d. h. von 1 Jahr bis zu 15 Jahren),
b) Gefängnis (von 1 Tag bis zu 5 Jahren),
c) Festungshaft (lebenslänglich oder zeitig, d. h. von 1 Tag bis zu 15 Jahren),
d) Haft (von 1 Tag bis zu 6 Wochen).

3. Nur während des tatsächlichen Verbüßens der Strafe ruhen die Ansprüche, nicht also im Falle eines Strafaufschubs oder einer Strafaussetzung.

4. Über die Unterbringung in einem Arbeitshaus bestimmt StGB. § 362 in Verbindung mit § 361 Nr. 3—8 im wesentlichen, daß wegen Landstreichens, Bettelns, Spielens, Trunkenheit, Müßiggangs, gewerbsmäßiger Unzucht, Arbeitsscheu und Nichtbeschaffung eines Unterkommens zu Haft verurteilte Personen auf Grund einer von dem erkennenden Strafgericht bei der Verurteilung ausgesprochenen Anordnung nach verbüßter Strafe der Landespolizeibehörde

überwiesen werden können. Durch die Überweisung erhält die Landespolizeibehörde die Befugnis, die verurteilte Person bis zu zwei Jahren entweder in einem Arbeitshaus unterzubringen oder zu gemeinnützigen Arbeiten zu verwenden. Im Falle der Verurteilung wegen gewerbsmäßiger Unzucht kann die verurteilte Person statt in einem Arbeitshaus, in einer Besserungsanstalt u. ä. untergebracht werden. Die Unterbringung in einem Arbeitshaus ist unzulässig bei Personen, welche zur Zeit der Verurteilung das achtzehnte Lebensjahr noch nicht vollendet haben.

5. Die Unterbringung in einer Besserungsanstalt wird außer der in Anm. 4 erwähnten Vorschrift des § 362 im § 56 StGB. für freigesprochene Angeklagte in dem für das AVG. in Betracht kommenden Lebensalter von 16 bis 18 Jahren, deren Freisprechung wegen mangelnder Einsicht in die Strafbarkeit ihrer Handlung erfolgt ist, dahin geregelt, daß in dem Urteile zu bestimmen ist, ob sie in einer Besserungsanstalt usw. untergebracht werden sollen. In der Anstalt sind sie solange zu behalten, als die der Anstalt vorgesetzte Verwaltungsbehörde es für erforderlich erachtet, jedoch nicht über das vollendete 20. Lebensjahr hinaus.

Zu berücksichtigen sind hier auch die Gesetze über die Fürsorgeerziehung Minderjähriger oder die Unterbringung verwahrloster Kinder über 16 Jahren. Vgl. insbesondere das Preußische Fürsorgeerziehungsgesetz v. 2. Juli 1900 (Gesetzsammlung, S. 264). Danach in Verbindung mit den dazu erlassenen Ausführungsbestimmungen v. 18. Dez. 1900 (MBl. f. d. innere Verw., S. 27) erfolgt die Unterbringung in Anstalten vorzugsweise bei Minderjährigen, die zu geschlechtlichen Ausschweifungen, zum Landstreichen und Verbrechen neigen oder in anderer Weise sittlich verwahrlost sind, sowie bei solchen, deren körperlicher Zustand eine besondere Pflege unter ärztlicher Aufsicht erfordert.

Beim Unterbringen eines Fürsorgezöglings in einer Familie ruht die Rente nicht (A. N. 1907, S. 547, 1908, S. 438).

6. Als Inland anzusehen sind hier nach § 78 auch die deutschen Schutzgebiete.

7. Welche Personen als Angehörige anzusehen sind, ist oben bei § 24 Anm. 11 ausgeführt.

8. Daß die Angehörigen Träger des Anspruchs auf die Überweisung des Ruhegeldes sind, dürfte aus der Judikatur des RVA. zu folgern sein (A. N. 1906, S. 462).

9. Eine entsprechende Vorschrift ist für die Familie eines in Haft befindlichen Hinterbliebenenrenten-

empfängers entbehrlich. Ist eine Witwe oder ein Witwer in Haft, so wird für die Waisen durch die Waisenrenten ausreichend gesorgt. Dasselbe trifft bei der Haft eines Waisenrentenempfängers für die übrigen Waisen, die Witwe und den Witwer zu. In allen diesen Fällen haben die übrigen Hinterbliebenen keinen Schaden, wenn eine Rentenzahlung für den eingestellt wird, der eine Freiheitsstrafe verbüßt, in einem Arbeitshaus oder einer Besserungsanstalt untergebracht ist (Begr. z. RVO.).

Ruhen bei Auslandsaufenthalt.

§ 76. *Ruhegeld und Rente ruhen,*[1] *solange sich der Berechtigte*[2] *ohne Zustimmung des Rentenausschusses*[3] *gewöhnlich*[4] *im Ausland*[5] *aufhält.*[6] *Im Falle der Weiterzahlung hat er die von der Reichsversicherungsanstalt verlangten ärztlichen Bescheinigungen seiner Berufsunfähigkeit einzureichen.*[7] *Art und Form der Bescheinigungen bestimmt der Reichskanzler.*[8]

E. I. § 79.
E. II. § 77.
RVO. § 1313 (1301).

1. Über die Bedeutung des Ruhens s. § 73 Anm. 2.

2. Der Berechtigte kann Inländer oder Ausländer sein.

3. In der RVO. ist das Erfordernis einer Zustimmung nicht zum Ausdruck gebracht, dagegen das Ruhen abhängig gemacht von einem freiwilligen Aufenthalt im Ausland bzw. von einer Ausweisung.

4. Gewöhnlich hält sich jemand im Auslande auf, wenn er im Inlande nur ausnahmsweise verweilt. Auf den rechtlichen Wohnsitz kommt es dabei nicht an, vielmehr nur auf das tatsächliche Verweilen (A. N. 1898, S. 395).

5. Nicht als Ausland gelten hier die deutschen Schutzgebiete (§ 78).

6. Rentenempfänger, die aus Gesundheitsrücksichten im Ausland, insbesondere in ausländischen Kurorten zu weilen gezwungen sind, werden ihre Rente unverkürzt weiterbeziehen können. Da für die Behandlung mancher Leiden, namentlich der Lungenschwindsucht in ihren Anfängen, der Aufenthalt in gewissen ausländischen Gegenden als besonders wirkungsvoll gilt, ist es nicht angezeigt, die Rente derer zu kürzen, die aus Gesundheitsrücksichten ihren Aufenthalt im Ausland nehmen (Begr. z. RVO.).

7. Es muß überwacht werden können, ob die Rentenempfänger noch invalide sind, und ob ihr Gesundheitszustand ein weiteres Verweilen im Ausland erfordert. Maßgebend für die Bestimmung ist der Umstand, daß mit der Auszahlung von Renten im Ausland und mit der Kontrolle der dort lebenden Rentenempfänger Schwierigkeiten und Unzuträglichkeiten erwachsen werden, so daß die Möglichkeit gegeben werden muß, unter Umständen hier Einschränkungen vorzunehmen.

8. Die Weglassung der Worte („Reichsamt des Innern"), welche sich hinter „Reichskanzler" in den Entwürfen fanden, hat keine materielle Bedeutung; dieser Zusatz ist auch in die RVO. als überflüssig nicht aufgenommen worden, weil es selbstverständlich ist, daß der Reichskanzler in den Angelegenheiten, die zum Geschäftsbereiche des Reichsamts des Innern gehören, durch dieses vertreten wird.

Ausschluß des Ruhens von Rente und Ruhegeld für Grenzgebiete usw.

§ 77. *Der Bundesrat kann das Ruhen von Ruhegeld und Rente*[1] *für ausländische Grenzgebiete*[2] *oder für solche auswärtigen Staaten ausschließen, deren Gesetzgebung Deutschen und ihren Hinterbliebenen eine den Vorschriften dieses Gesetzes entsprechende Fürsorge gewährleistet.*[3]

E. I. § 80.
E. II. § 78.
RVO. § 1314 (1302).

1. Über die Voraussetzung des Ruhens von Ruhegeld und Rente usw. siehe die vorangegangenen Paragraphen dieses Abschnitts.

2. Als ausländische Grenzgebiete dürften voraussichtlich dieselben Gebiete in Betracht kommen, für welche schon auf Grund der bisherigen Versicherungsgesetze der Ausschluß des Ruhens der Unfall- wie der Invalidenrente bestimmt worden ist und welche aus folgender Zusammenstellung hervorgehen:

Ausländische Staaten	Die in Betracht kommenden Grenzgebiete:
Dänemark.	Die Ortschaft Vamdrup.
Niederlande.	Die Provinzen Groningen, Drenthe, Oberyssel, Gelderland, Limburg.

Ausländische Staaten	Die in Betracht kommenden Grenzgebiete:
Das neutrale Gebiet Moresnet.	
Belgien.	Die Arrondissements Lüttich, Verviers, (Provinz Lüttich), Marche, Bastogne (Provinz Luxemburg
Das Großherzogtum Luxemburg).	
Schweiz.	Der Kanton Bern, soweit derselbe nördlich und nordwestlich der Zihl und der Aare, vom Einflusse der Zihl abwärts gerechnet, belegen ist; ferner die Kantone Solothurn, Basel-Stadt, Basel-Land, Aargau, Zürich, Schaffhausen, Thurgau, St. Gallen, Appenzell (Ausser- und Inner-Roden).
Österreich-Ungarn.	Die Bezirkshauptmannschaft Bregenz, Reutte, Schwaz, Kufstein, Kitzbühel, Salzburg mit dem Stadtmagistratsbezirk Salzburg, Braunau am Inn, Ried, Schärding, Rohrbach, Krumau, Prachatitz, Schüttenhofen, Strakonitz, Klattau, Taus, Bischolteinitz, Tachau, Plan, Eger, Asch, Graslitz, Joachimstal, Kaaden, Komotau, Brüx, Dux, Teplitz, Aussig, Tetschen, Schluckenau, Rumburg, Warnsdorf i. B., Gabel, Reichenberg, Friedland, Gablonz, Starkenbach, Hohenelbe, Trautenau, Braunau in Böhmen, Neustadt (an der Mettau), Nachod, Reichenau, Senftenberg, Schönberg, Freiwaldau, Jägerndorf, Freudental, Troppau, Neu-Titschein, Mistek, Freistadt, Teschen, Bielitz; die Bezirke Biala und Chrzanow.
Rußland.	Die zwischen der deutschen Reichsgrenze und Sosnowice belegenen Ortschaften Alt-Sosnowice, Sielce, Bogunja, Dembowo-Gora, Ostro-Gortea, Milowice und Niwka, ferner die an den Beuthener Kreis grenzenden Ortschaften Bobrownik, Rogoznik, Dobieschowice, Tempkowitz, Zychcicz, Woikowitz und Czeladz.
Frankreich.	Die Gemeinden Raon-sur-Plaine und Raon-les-Leau.

Vgl. die Bekanntmachungen des Reichskanzlers vom 16. Oktober 1900, 1. Februar 1904, 18. Mai 1908, 15. November 1908, 25. November 1909 (A. N. 1900, S. 740, 1904, S. 244, 1908, S. 509, 667, 1909, S. 595).

3. Der hier ausgesprochene Grundsatz betr. internationale Vereinbarungen schließt sich den Grundsätzen, welche die RVO. insbesondere in § 157 ausspricht, an. Wie die Begründung zu diesem Paragraphen hervorhebt, hat sich das Bedürfnis nach internationalem Abkommen dieser Art so geltend gemacht, daß der Abschluß gefördert werden soll. Der § 77 erweitert in beachtenswerter Weise die durch die RVO. geförderte Möglichkeit der Herbeiführung internationaler versicherungsgesetzlicher Meistbegünstigungsverträge, wonach den ausländischen Versicherten in Deutschland alle versicherungsgesetzlichen Vergünstigungen zustehen, die unseren reichsangehörigen Versicherten unter denselben Umständen im Auslande gewährt werden. Dabei ist wohl nicht Voraussetzung, daß der ausländische Staat eine der deutschen Ver-

sicherungsgesetzgebung gleichwertige Gesetzgebung hat. Wenn ein solcher Staat in seinen Fürsorgevorschriften Deutsche schlechter stellt als seine eigenen Staatsangehörigen, so ist es gegebenenfalls von Interesse, eine Besserstellung der Deutschen in diesem anderen Lande zu erreichen. Hierauf wird sich der andere Staat jedoch nur dann einlassen, wenn man deutscherseits eine entsprechende Gegenleistung gewährt dadurch, daß man die Angehörigen dieses anderen Staates in der deutschen Angestelltenversicherung um ebensoviel besser stellt; da die Vergünstigungen, die der eine und der andere Staat für die Angehörigen des ausländischen Staates hiernach gewähren soll, bei der Verschiedenartigkeit der Gesetzgebung in beiden Ländern nicht immer gerade eben dieselben sein können, sondern nur in ihrem Werte gleich sein sollen, so heißt es im § 77 nur „entsprechende Fürsorge". Vgl. hierzu auch §§ 362, 363.

Kein Ruhen bei Aufenthalt in deutschen Schutzgebieten.

§ 78. *Deutsche Schutzgebiete*[1] *gelten im Sinne der §§ 75, 76 als Inland.*[2 3]

E. I. § 81.
E. II. § 79.
RVO. § 1315 (1303).

1. Deutsche Schutzgebiete ist der Ausdruck des Gesetzes an Stelle der Bezeichnung „deutsche Kolonien oder Schutzgebiete" in den Entwürfen. Auch künftige Schutzgebiete, z. B. das durch den deutsch-französischen Marokkovertrag von 1911 erworbene Kongogebiet in Zentralafrika, fallen unter § 78.

2. Der Fall wird selten eintreten, daß der Empfänger einer Rente seinen Aufenthalt nach einem Schutzgebiete verlegt, dagegen wird es immer häufiger vorkommen, daß versicherungspflichtige oder -berechtigte Leute, die noch voll erwerbsfähig sind, nach den deutschen Schutzgebieten auswandern und sich dort dauernd niederlassen. Es wäre unbillig, wenn solche Leute, die in den Schutzgebieten jahrelang gearbeitet, sich dort vielleicht Haus und Hof gegründet haben, gezwungen wären, entweder trotz langer freiwilliger Beitragsleistung auf den Genuß der Rente zu verzichten oder in die ihnen fremd gewordenen Verhältnisse der Heimat zurückzukehren. Die Vorschrift erscheint auch mit Rücksicht auf die Hinterbliebenen geboten. Es kann der Fall eintreten, daß die Familie eines Ansiedlers, der die aus seiner Invalidenversicherung erwachsene Anwartschaft aufrechterhalten hat,

bei seinem Tode im Schutzgebiete zurückbleibt. Auch in diesem Falle wäre das Ruhen der Rente unbillig. Eine Überwachung der Rentenempfänger in den deutschen Schutzgebieten wird sich durch die dortigen Verwaltungsbehörden sowie die Amts-, Militär- oder Marineärzte durchführen lassen (vgl. Begr. z. RVO.).

3. Ebenso wie in der RVO. gelten deutsche Schutzgebiete an sich als Ausland (vgl. A. N. 1906, S. 286), soweit nicht das Gesetz etwas anderes bestimmt (vgl. auch § 24 Anm. 15).

XVI. Besondere Befugnisse der Reichsversicherungsanstalt.

Vorbemerkung.

Die hier gegebenen Vorschriften bezwecken einerseits, im Interesse der sozialen Fürsorge solchen Personen entgegenzukommen, welche sich durch das Ergebnis eines mit Rechtsbehelfen, insbesondere Rechtsmitteln nicht mehr anfechtbaren und offenbar unrichtigen Feststellungsverfahrens geschädigt fühlen (§ 79), andererseits aber sind sie dazu bestimmt, das Gehässige der Zurückforderung, Einklagung und Beitreibung zu Unrecht ausgezahlter Leistungen zu vermeiden und nutzlose Kosten zu ersparen (§ 80).

Veranlassung des Rentenausschusses zu neuen Feststellungen.

§ 79. *Überzeugt sich die Reichsversicherungsanstalt bei erneuter Prüfung,*[1] *daß die Leistung mit Unrecht abgelehnt, entzogen, wegen Ruhens oder aus sonstigen Gründen eingestellt oder zu niedrig festgestellt worden ist,*[2] *so kann sie den Rentenausschuß*[3] *zu einer neuen Feststellung*[4] *veranlassen.*

E. I. § 82.
E. II. § 80.
RVO. § 1319 (1305).

1. Die Vorschrift in § 79 soll Zweifel darüber ausschließen, daß dem Versicherungsträger das Recht zusteht, eine rechtskräftig feststehende Leistung zu ändern, wenn er sich bei erneuter Prüfung überzeugt, daß die Leistung mit Unrecht abgelehnt, entzogen, eingestellt oder zu niedrig festgestellt worden ist (Begr.).

2. Über das Feststellungs-, Entziehungs- und Einstellungsverfahren s. §§ 238—269.

3. Das Nähere über den Rentenausschuß ergeben die §§ 122 ff.

4. Bei dieser neuen Feststellung wird es sich um denselben Anspruch wie früher handeln. Sie tritt an die Stelle der ersten Feststellung und ersetzt diese in jeder Beziehung.

Die Vorschriften über die Wiederaufnahme des Verfahrens (§ 297 ff.) kommen für diese neue Feststellung nicht in Frage.

Abstandnahme von der Rückforderung.

§ 80.[1] *Die Reichsversicherungsanstalt braucht Ruhegeld und Renten nicht zurückzufordern,[2] die sie vor rechtskräftiger Entscheidung nach dem Gesetze zahlen mußte.[3]*

E. I. § 83.
E. II. § 81.
RVO. § 1320 (1306).

1. Die Übernahme dieser Bestimmung aus der analogen Vorschrift der RVO. ist deshalb angebracht, weil wohl in den meisten Fällen die wieder aberkannten Rentenbeträge zwangsweise beigetrieben werden müßten, und hierdurch die Volkstümlichkeit der Versicherung sehr leiden würde (vgl. auch die Vorbemerkung S. 289).

2. Die Zuerkennung oder Aberkennung der zurückgeforderten Summe und die Durchführung des Urteils würde den gewöhnlichen Gerichten zustehen (A. N. 1897, S. 275).

3. Nach §§ 278 Abs. 3 und 293 Abs. 1 kann die Reichsversicherungsanstalt eine vorläufige Leistungspflicht für Zahlungen haben in Fällen, in denen das Schiedsgericht den angefochtenen Bescheid des Rentenausschusses wegen eines wesentlichen Verfahrensmangels aufhebt bzw. das Oberschiedsgericht das angefochtene Urteil des Schiedsgerichts aufhebt.

XVII. Verhältnis zu anderen Ansprüchen.

Vorbemerkung.

Fürsorgeansprüche aller Art, die gegen andere Verpflichtete als die Reichsversicherungsanstalt bestehen, und ebenso die Verpflichtungen aus der Armenpflege werden durch das AVG. nicht berührt (§ 81). Jedoch soll ein Rückgriff auf die dem Angestellten nach diesem Gesetze gewährten Leistungen der Gemeinde oder dem Armenverbande zustehen, die nach gesetzlicher Pflicht einen Hilfsbedürftigen für eine Zeit, für die er einen Anspruch nach diesem Gesetze hatte oder noch hat, unterstützt hat. Begräbniskosten können nur insoweit beansprucht werden, als nicht der Träger der reichsgesetzlichen Unfallversicherung oder Krankenversicherung Ersatz zu leisten hat. Hierfür kann nur die Abfindung nach § 60 in Anspruch genommen werden. Im übrigen dürfen nur Ruhegeld und Renten beansprucht werden. Von den letzteren Bezügen können zur Befriedigung des Ersatzanspruchs nur rückständige Beträge in voller Höhe, andere Beträge nur bis zur halben Höhe herangezogen werden. Die gleichen Vorschriften gelten auch für Betriebsunternehmer und Kassen, die statt der Gemeinden und Armenverbände nach gesetzlicher Pflicht Hilfsbedürftige unterstützen. Die Vorschriften sind im allgemeinen denen der RVO. nachgebildet. (Begr.)

Aufrechterhaltung anderer gesetzlicher Verpflichtungen zur Unterstützung.

§ 81.[1] *Unberührt von diesem Gesetze bleiben die gesetzlichen Pflichten der Gemeinden*[2] *und Armenverbände*[3] *zur Unterstützung Hilfsbedürftiger und andere auf Gesetz, Satzung, Vertrag oder letztwilliger Verfügung beruhende Pflichten zur Fürsorge*[4] *für die nach diesem Gesetze Versicherten und ihre Hinterbliebenen.*[5]

E. I. § 84.
E. II. § 82.
RVO. § 1527 (1507).

1. § 81 spricht nach dem Vorbild der bisherigen Sozialversicherungsgesetze (vgl. z. B. KVG. § 57 Abs. 1, IVG.

§ 49 Abs. 1 und GUVG. § 25 Abs. 1) den allgemeinen Grundsatz aus, daß Fürsorgeansprüche aller Art, die gegen andere Verpflichtete als gegen den Versicherungsträger des AVG. bestehen, und ebenso die Verpflichtungen aus der Armenpflege durch dieses Gesetz nicht berührt werden. Dieser allgemeine Grundsatz schließt aber Ansprüche der Fürsorgepflichtigen und der Träger der Armenpflege auf Ersatz aus den Leistungen der Angestelltenversicherung nicht aus.

2. Die Pflichten der Gemeinden zur Unterstützung Hilfsbedürftiger sind landesgesetzlich geregelt.

3. Die Pflichten der Armenverbände zur Unterstützung Hilfsbedürftiger gehen aus den §§ 28 ff. des Reichsgesetzes über den Unterstützungswohnsitz vom 6. Juni 1870 (RGBl. S. 360) in der Fassung der Novelle vom 30. Mai 1908 hervor.

4. Andere auf Gesetz beruhende Pflichten zur Fürsorge enthält z. B. das Preußische Fürsorgeerziehungsgesetz vom 2. Juli 1900 (GS. S. 264).

5. Das Nähere wird in den folgenden Paragraphen bestimmt.

Ersatzansprüche von Gemeinden oder Armenverbänden.

§ 82.[1] *Unterstützt eine Gemeinde oder ein Armenverband[2] nach gesetzlicher Pflicht[3] einen Hilfsbedürftigen für eine Zeit, für die er einen Anspruch nach diesem Gesetze hatte oder noch hat, so kann die Gemeinde oder der Armenverband, jedoch nur bis zur Höhe dieses Anspruchs, Ersatz beanspruchen.*[4]

E. I. § 85.
E. II. § 83.
RVO. § 1531 (1514).

1. Die in § 82 getroffene Bestimmung über das Verhältnis zwischen Sozialversicherung und öffentlicher Armenpflege schließt sich an die bisherige Gesetzgebung an (vgl. z. B. KVG. § 57 Abs. 2, IVG. § 49 Abs. 2 und GUVG. § 25 Abs. 2). Die grundsätzliche Auffassung ist in den Motiven des Invalidenversicherungsgesetzentwurfs von 1889 folgendermaßen in sehr beachtenswerter Weise dargestellt:

Das Bedürfnis, auch neben dieser Versicherung die öffentliche Armenpflege aufrechtzuerhalten, ergibt sich aus der Notwendigkeit, unter allen Umständen Sicherheit dafür zu geben, daß den unter den Entwurf fallenden Personen im Falle der Hilfsbedürftigkeit das unentbehrliche Maß von Fürsorge jederzeit geboten werden kann. Wie bei der Unfall- und der Krankenversicherung, so muß auch bei der Alters- und Invaliditätsversicherung die öffentliche Armenpflege subsidiär für diejenigen Fälle in Kraft bleiben, in welchen einem erwerbsunfähigen Versicherten aus irgendwelchen Gründen eine Rente nicht gewährt ist, ebenso aber auch in denjenigen Fällen, in welchen die Rente ihrem Betrag nach etwa nicht ausreichen sollte, um die Hilfsbedürftigkeit aufzuheben. Möglich bleibt dieser Fall nach wie vor; immerhin aber wird in Zukunft für die große Mehrzahl der Beteiligten eine Inanspruchnahme der öffentlichen Armenpflege überhaupt nicht mehr eintreten. In denjenigen Fällen aber, in welchen tatsächlich die öffentliche Armenpflege doch noch hat eintreten müssen, kann den betreffenden Armenverbänden usw. das Recht nicht verschränkt werden, zur Deckung ihrer Leistungen und in Höhe derselben an die Ansprüche des Unterstützten auf Alters- und Invalidenrente sich zu halten. Denn die Armenpflege ist begriffsmäßig eine höchst subsidiäre Einrichtung und bleibt ausgeschlossen, sobald und soweit anderweite Existenzmittel vorhanden sind, ohne Rücksicht darauf, welchen Charakter die letzteren tragen.

2. Gleichgestellt sind den Gemeinden und Armenverbänden gewisse Betriebsunternehmer und Kassen nach § 90.

3. Hauptfall dieser gesetzlichen Pflicht dürfte der Vollzug der Armengesetze sein, namentlich bei Hilfsbedürftigkeit nach dem § 81 Anm. 3 erwähnten Reichsgesetz über den Unterstützungswohnsitz; vgl. auch § 81 Anm. 2 und 4. Soweit es sich um freiwillige Leistungen handelt, kann ein Ersatz nicht beansprucht werden.

4. Über das Verfahren bei der Geltendmachung dieser Ersatzansprüche s. §§ 85 ff.

Ersatzanspruch betr. Begräbniskosten.

§ 83. *Der Ersatz*[1] *von Begräbniskosten,*[2] *die beim Tode des Versicherten gewährt worden sind, kann, soweit nicht der Träger der reichsgesetzlichen Unfallversicherung oder Krankenversicherung Ersatz zu leisten hat,*[3] *aus der Kapitalabfindung*[4] *(§ 60) beansprucht werden; im übrigen*[5] *darf nur auf Ruhegeld oder Renten zugegriffen werden.*

E. I. § 86.
E. II. § 84.
RVO. § 1533 (1516).

1. Ersatzberechtigt sind die in § 82 genannten Gemeinden und Armenverbände sowie die in § 90 erwähnten Betriebsunternehmer und Kassen, die statt solcher Verpflichteten nach gesetzlicher Pflicht Hilfsbedürftige unterstützen.

2. Über die Ersatzleistung von Begräbniskosten nach der reichsgesetzlichen Kranken- oder Unfallversicherung vgl. RVO. §§ 203, 586. Zu den Begräbniskosten gehören auch die Kosten einer Feuerbestattung.

3. Die erwähnten Träger (Berufsgenossenschaften und Krankenkassen usw.) können auch aus anderen Leistungen als aus der Kapitalabfindung Ersatz beanspruchen.

4. Bei der Kapitalabfindung nach § 60 handelt es sich um die Erstattung von Beiträgen bei Todesfällen weiblicher Angestellten. Über sonstige Abfindung vgl. §§ 47, 60 u. 64.

5. „Im übrigen" bedeutet: beim Ersatz aller anderen als der für die Beerdigung aufgewandten Kosten, also Rentenbezüge usw.

Befriedigung des Ersatzanspruchs.

§ 84. *Zur Befriedigung des Ersatzanspruchs*[1] *darf auf rückständige Ruhegeld- und Rentenbeträge*[2] *bis zu ihrer vollen Höhe, auf andere*[3] *Rentenbeträge nur bis zu ihrer halben Höhe zugegriffen werden.*

E. I. § 87.
E. II. § 85.
RVO. § 1507 (1488).

1. Gemeint ist der Ersatzanspruch auf Grund der vorangegangenen Paragraphen dieses Abschnitts.

2. Ruhegeld- und Rentenbeträge, welche länger als ein Jahr, vom Eingang des Antrags gerechnet, rückständig sind, werden nach § 23 nicht gezahlt.

3. Andere Rentenbeträge sind die nicht rückständigen, also die fälligen und künftigen Beträge.

Entscheidung über Ersatzansprüche durch den Rentenausschuß.

§ 85. *Der Anspruch auf Ersatz von Unterstützungen*[1] *ist bei dem für den Wohnsitz*[2] *des Bezugsberech-*

tigten zuständigen Rentenausschuß[3] *anzumelden. Dieser entscheidet vorbehaltlich des § 89.*[4 5]

E. I. § 88.
E. II. § 86.
RVO. — (IVG. § 50).

1. Betr. Unterstützungen vgl. die vorangegangenen Paragraphen dieses Abschnitts.
2. Der Begriff „Wohnsitz" ist in Anm. 5 zu § 133 erläutert.
3. Über die Rentenausschüsse vgl. §§ 122 ff.
4. § 89 gibt Bestimmungen betreffend den Streit über Ersatzansprüche, über welche im Verwaltungsverfahren zu entscheiden ist.
5. Das Recht der Gemeinden oder Armenverbände ist kein von dem Anspruche des Bezugsberechtigten abgeleitetes und von dem prozessualen Schicksal des letzteren abhängiges, sondern ein selbständiges Recht (vgl. zu dem entsprechenden § 50 IVG. Landmann-Rasp-Graßmann S. 438).

Weitere Fälle von Ersatzansprüchen.

§ 86. *Eine Gemeinde oder ein Armenverband*[1] *kann auch dann Ersatz beanspruchen, wenn der Hilfsbedürftige, der einen Anspruch auf Ruhegeld oder Rente*[2] *hat, stirbt, ohne den Anspruch angemeldet zu haben.*[3]

E. I. § 89.
E. II. § 87.
RVO. § 1537 (1520).

1. Auch für die in § 90 genannten Betriebsunternehmer und Kassen gelten diese Bestimmungen.
2. Vgl. über diesen Anspruch die §§ 25 ff., 28 ff.
3. Während die vorangegangenen Paragraphen Fälle betreffen, in welchen Personen unterstützt sind, die bereits Versicherungsleistungen beziehen oder demnächst erhalten, regelt § 86 die Fälle, in denen die unterstützten Personen zwar an sich rentenberechtigt waren, aber vor der Anmeldung ihres Anspruchs verstorben sind. Die obige Bestimmung normiert nun eine Ausnahme von den für die Angehörigen geltenden Regeln. Abweichend von den Erben eines vor Anmeldung des Rentenanspruchs verstorbenen Versicherten (vgl. § 67) sollen die ersatzberechtigten Gemeinden usw. auch ohne daß eine Anspruchsanmeldung stattgefunden hat, Ersatz beanspruchen

können, sonst könnte es der unterstützte Rentenberechtigte durch Unterlassung der Stellung des erforderlichen Antrags nach dem AVG. durchsetzen, daß die den Armenverbänden usw. zur Erleichterung der Armenlast gegebenen Ersatzansprüche hinfällig werden.

Befugnisse der Ersatzberechtigten.

§ 87. *Auch die Ersatzberechtigten*[1] *können die Feststellung der Leistungen*[2] *nach diesem Gesetze betreiben, auch Rechtsmittel*[3] *einlegen. Der Ablauf der Fristen,*[4] *die ohne ihr Verschulden*[5] *verstrichen sind, wirkt nicht gegen sie; dies gilt nicht für Verfahrensfristen,*[6] *soweit die Ersatzberechtigten das Verfahren selbst betreiben.*

E. I. § 90.
E. II. § 88.
RVO. § 1538 (1521).

1. Die ersatzberechtigten Gemeinden, Armenverbände, Betriebsunternehmer und Kassen (vgl. §§ 82 und 90) können neben den anspruchsberechtigten Rentenempfängern bezw. Rentenanwärtern die in § 87 angegebenen Rechte ausüben.

2. Das Verfahren zur Feststellung der Leistungen geht aus den §§ 238 ff. hervor.

3. Über Rechtsmittel vgl. §§ 270 ff., 281 ff.

4. Die allgemeinen Bestimmungen über Fristen befinden sich in den §§ 324 ff.

5. In Frage kommen wird regelmäßig nur ein fahrlässiges, kein vorsätzliches Verschulden; vgl zu den bezüglichen Begriffen § 24 Anm. 2.

6. Verfahrensfristen sind z. B. die Rechtsmittelfristen (§ 328).

Ausschlußfrist für Ersatzansprüche.

§ 88. *Der Anspruch auf Ersatz*[1] *ist ausgeschlossen,*[2] *wenn er nicht spätestens sechs Monate nach Ablauf der Unterstützung geltend gemacht wird.*

E. I. § 91.
E. II. § 89.
RVO. § 1539 (1522).

1. Über die Ersatzfälle vgl. die vorangegangenen Paragraphen.

2. Eine kurze Ausschlußfrist erscheint aus finanziellen Rücksichten gerechtfertigt. Über den Unterschied zwischen Ausschlußfrist und Verjährungsfrist vgl. § 23 Anm. 2.

Streitigkeiten im Verwaltungsstreitverfahren.

§ 89. *Streit über Ersatzansprüche aus den §§ 82 bis 88 werden im Verwaltungsstreitverfahren [1] oder, wo ein solches nicht besteht,[2] durch die dem Ersatzberechtigten vorgesetzte Aufsichtsbehörde [3] entschieden. Die Entscheidung der letzteren kann binnen einem Monat nach Zustellung im Wege des Rekurses nach den §§ 20, 21 der Gewerbeordnung angefochten werden.*[4]

E. I. § 92.
E. II. § 90.
RVO. § 1540 (1523).

1. Das Verwaltungsstreitverfahren ist nicht einheitlich für das Reich, sondern in den einzelnen Bundesstaaten verschieden gestaltet und geregelt, und zwar fast ausnahmslos durch die Landesgesetze über die Verwaltungsgerichtsbarkeit. In unterer Instanz bestehen keine besonderen Verwaltungsgerichte, als solche wirken vielmehr Verwaltungsbehörden, nämlich z. B.

a) in Preußen: die Kreis-(Stadt-)ausschüsse und Provinzialausschüsse,
b) in Bayern: die Distriktsbehörden bezw. Magistrate, die Kreisregierungen, das Oberbergamt und die Generalzolladministration,
c) in Sachsen: die Kreishauptmannschaften,
d) in Württemberg: die Kreisregierungen.

Die höhere Instanz bildet ein besonderes Oberverwaltungsgericht oder ein Verwaltungsgerichtshof. Vgl. wegen der übrigen Bundesstaaten Meyer, Lehrbuch des Deutschen Verwaltungsrechts, 3. Aufl. 1910, S. 43 ff.

2. Ein Verwaltungsstreitverfahren besteht z. B. noch nicht in einigen thüringischen Staaten und in Lübeck (vgl. Schultzenstein in DJZ. 1907, S. 145 ff.).

3. Die Aufsichtsbehörde ist eine verschiedene, je nachdem als Ersatzberechtigter eine Gemeinde oder ein Armenverband in Betracht kommt, und ist durch die Landesgesetzgebung zu bestimmen.

4. Die angezogenen Paragraphen der Gewerbeordnung lauten im wesentlichen:

§ 20. Gegen den Bescheid ist Rekurs an die nächstvorgesetzte Behörde zulässig, welcher bei Verlust desselben binnen 14 Tagen, vom Tage der Eröffnung des Bescheids an gerechnet, gerechtfertigt werden muß.

Der Rekursbescheid ist den Parteien schriftlich zu eröffnen und muß mit Gründen versehen sein.

§ 21. Die näheren Bestimmungen über die Behörden und das Verfahren, sowohl in der ersten als in der Rekurs-Instanz bleiben den Landesgesetzen vorbehalten. Es sind jedoch bestimmte (im § 21 a. a. O. näher bezeichnete) Grundsätze einzuhalten.

Analoge Anwendung auf Betriebsunternehmer und Kassen.

§ 90. *Was in diesem Abschnitt für Gemeinden und Armenverbände*[1] *vorgeschrieben ist,*[2] *gilt auch für Betriebsunternehmer und Kassen, die statt solcher Verpflichteten nach gesetzlicher Pflicht Hilfsbedürftige unterstützen.*[3]

E. I. § 93.
E. II. § 91.
RVO. § 1541 (1524).

1. Über Gemeinden und Armenverbände vgl. § 81 Anm. 2 bezw. 3.

2. Zu beachten ist insbesondere, daß es sich bei den Gemeinden und Armenverbänden ausschließlich um die Erfüllung gesetzlicher Pflichten handelt (vgl. Anm. 3 zu § 82) und ein Gleiches auch hier gilt.

3. Die Bestimmung betrifft solche Betriebsunternehmer und Kassen, welche nach Landesgesetzen zur Unterstützung Hilfsbedürftiger an Stelle der Gemeinden und Armenverbände verpflichtet sind. Derartige Landesgesetze sind in einigen süddeutschen Bundesstaaten, aber nicht in Preußen ergangen.

Übergang von Ansprüchen auf die Reichsversicherungsanstalt.

§ 91. *Soweit die nach diesem Gesetze Versicherten oder ihre Hinterbliebenen gesetzlich*[1] *von Dritten Ersatz eines Schadens beanspruchen können, der ihnen durch Berufsunfähigkeit*[2] *oder durch den Tod des Ernährers erwachsen ist, geht der Anspruch auf die Reichsversicherungsanstalt bis zum Betrage derjenigen Leistungen über,*[3] *welche sie infolge des Schadens zu tragen hat.*[4]

Hat ein ordentliches Gericht[5] *über solche Ansprüche zu erkennen, so ist es an die Entscheidung gebunden, die in einem Verfahren nach diesem Gesetze*[6] *darüber ergeht, ob und in welchem Umfange die Reichsversicherungsanstalt verpflichtet ist.*[7]

E. I. § 94.
E. II. § 92.
RVO. § 1542 (1525).

1. Gesetzliche Schadenersatzansprüche kommen ausschließlich in Betracht, während vertragliche ausgeschlossen sind. Hauptfälle dürften Schadenersatzansprüche aus unerlaubten Handlungen (BGB. §§ 823 ff.) sein, insbesondere die in § 843 a. a. O. geregelten Schadenersatzansprüche wegen Körperverletzung oder Tötung.

2. Der Begriff der Berufsunfähigkeit im Sinne des obigen § 91 dürfte mit dem in § 25 nicht zu identifizieren sein, kann vielmehr wohl weiter gefaßt werden.

3. Der Übergang des Anspruchs erfolgt kraft Gesetzes auf die Reichsversicherungsanstalt (vgl. §§ 96 ff.) im Umfang ihrer Leistungspflicht nach dem AVG. und ohne Rücksicht darauf, ob sie bereits Leistungen gemacht hat oder nicht. Das AVG. ändert also an den bürgerlichrechtlichen Verpflichtungen dritter Personen zum Schadenersatz nichts und trifft nur dafür Vorsorge, daß dem Berechtigten der Betrag seines Schadens, den er auf Grund des Versicherungsgesetzes in Gestalt von Versicherungsleistungen erhält, nicht noch einmal von dem bürgerlichrechtlich Verpflichteten, also nicht doppelt gewährt wird.

4. Zuständig bleibt das ordentliche Gericht.

5. Ordentliche Gerichte sind nach § 12 GVG. die Amtsgerichte, Landgerichte, Oberlandesgerichte und das Reichsgericht.

6. Das Verfahren nach diesem Gesetz ist im sechsten Abschnitt (§§ 229—312) geregelt.

7. Dieser zweite Absatz wurde durch die Reichstagskommission zugefügt. Es soll dadurch vermieden werden, daß abweichende Doppelentscheidungen gefällt werden (vgl. Kom.-Ber.).

XVIII. Besondere Vorschriften.

Rechtscharakter der Unterstützungen.

§ 92. *Leistungen, die nach diesem Gesetze gewährt werden,*[1] *und die durch den Übergang des Anspruchs*[2] *darauf ersetzten Unterstützungen*[3] *sind keine öffentlichen Armenunterstützungen.*[4]

E. I. § 95.
E. II. § 93.
RVO. § 118 (131).

1. Vgl. über die Leistungen §§ 20—47.
2. Gemeint ist der Übergang des Anspruchs des Berechtigten auf die Gemeinden, Armenverbände, Betriebsunternehmer und Kassen (§§ 82, 90).
3. Vgl. über die ersetzten Unterstützungen die §§ 81—91.
4. Die Feststellung, daß die Versicherungsleistungen nicht als Armenunterstützung zu gelten haben, hat die Bedeutung, daß die mit letzteren verbundenen Verluste gewisser politischer Rechte nicht eintreten. Es wird daher weder das Wahlrecht noch die Wählbarkeit zum Reichstag für Personen beeinflußt, welche Versicherungsleistungen erhalten, ebensowenig werden ihre Wahlrechte zum Preußischen Abgeordnetenhaus usw. betroffen. Desgleichen können die Leistungsempfänger auf Grund des AVG. im Gegensatz zu denjenigen, welche Armenunterstützungen beziehen, das Bürgerrecht erwerben. Auch das aktive und passive Wahlrecht zu den kirchlichen Wahlen wird nicht berührt, ebensowenig die Fähigkeit, Schöffe oder Geschworener zu werden.

Beschränkte Übertragung, Verpfändung und Pfändung.

§ 93. *Die Ansprüche des Berechtigten können mit rechtlicher Wirkung übertragen, verpfändet und gepfändet werden*[1] *nur*[2] *wegen*

1. *eines Vorschusses, den der Berechtigte auf seine Ansprüche vor Anweisung der Leistungen vom Arbeitgeber oder von der Reichsversicherungsanstalt erhalten hat,*[3]
2. *der im § 850 Abs. 4 der Zivilprozeßordnung*[4] *bezeichneten Forderungen,*

3. *der Forderungen der nach § 82[5] ersatzberechtigten Gemeinden und Armenverbände sowie der ersatzberechtigten Arbeitgeber[6] und Versicherungsträger der reichsgesetzlichen Arbeiterversicherung,[7] Knappschaftsvereine und Knappschaftskassen,[8] sowie anderer Ersatzkassen (§ 372), die an ihre Stelle getreten sind; die Übertragung, Verpfändung und Pfändung ist nur in Höhe der gesetzlichen Ersatzansprüche zulässig,*
4. *rückständiger[9] Beiträge, die nicht seit länger als drei Monaten fällig sind.*

Ausnahmsweise darf der Berechtigte auch in anderen Fällen den Anspruch mit Genehmigung[10] des Rentenausschusses ganz oder zum Teil auf andere übertragen.[11][12]

E. I. § 96.
E. II. § 94.
RVO. § 119 (132).

1. Die Übertragung, Pfändung und Verpfändung ist nicht nur zur Deckung, sondern auch zur Sicherung zugelassen.

2. § 93 enthält eine zwingende Rechtsvorschrift. Rechtsgeschäfte, die gegen seine Bestimmungen verstoßen, sind nach § 134 BGB. nichtig.

3. Als Vorschußzahlungen der Reichsversicherungsanstalt, die vor Anweisung der Leistungen erfolgt sind, kommen z. B. in Betracht die vorläufigen Leistungen auf Grund der §§ 278 Abs. 2, 293. Entsprechende Vorschußzahlungen sind solche, die zur Abwendung einer Notlage bis zur Anweisung der Leistungen gewährt werden.

4. Nach § 850 Abs. 4 ZPO. ist die Pfändung ohne Rücksicht auf den Betrag zulässig, wenn sie wegen der den Verwandten, dem Ehegatten und dem früheren Ehegatten für die Zeit nach Erhebung der Klage und für das diesem Zeitpunkte vorausgehende letzte Vierteljahr kraft Gesetzes zu entrichtenden Unterhaltsbeiträge beantragt wird. Das gleiche gilt in Ansehung der zugunsten eines unehelichen Kindes von dem Vater für den bezeichneten Zeitraum kraft Gesetzes zu entrichtenden Unterhaltsbeiträge; diese Vorschrift findet jedoch insoweit keine Anwendung,

als der Schuldner zur Bestreitung seines notdürftigen Unterhalts und zur Erfüllung der ihm seinen Verwandten, seiner Ehefrau oder seiner früheren Ehefrau gegenüber gesetzlich obliegenden Unterhaltspflicht der Bezüge bedarf. Hierbei werden ausschließlich die Leistungen berücksichtigt, welche vermöge einer solchen Unterhaltspflicht für den nämlichen Zeitraum oder, falls die Klage zugunsten des unehelichen Kindes nach der Klage eines Unterhaltsberechtigten erhoben ist, für die Zeit von dem Beginne des der Klage dieses Berechtigten vorausgehenden letzten Vierteljahrs ab zu entrichten sind.

5. § 82 bestimmt in Übereinstimmung mit § 1531 RVO.: Unterstützt eine Gemeinde oder ein Armenverband nach gesetzlicher Pflicht einen Hilfsbedürftigen für eine Zeit, für die er einen Anspruch nach diesem Gesetze hatte oder noch hat, so kann die Gemeinde oder der Armenverband, jedoch nur bis zur Höhe dieses Anspruchs, Ersatz beanspruchen. Vgl. auch § 90.

6. Die ersatzberechtigten Arbeitgeber der reichsgesetzlichen Arbeiterversicherung sind im § 1541 RVO. bezeichnet und entsprechen den im § 90 AVG. aufgeführten Betriebunternehmer.

7. Die ersatzberechtigten Versicherungsträger der reichsgesetzlichen Arbeiterversicherung sind Berufsgenossenschaften, Krankenkassen und Versicherungsanstalten.

8. Über Knappschaftsvereine und Knappschaftskassen vgl. § 387 Anm. 2 und 3.

9. Beiträge sind rückständig, sobald sie nicht innerhalb der aus §§ 170, 181, 184, 201, 202 näher hervorgehenden Zahlungsfristen entrichtet sind.

10. Die Bedeutung von Genehmigung ist in § 124 Anm. 3 erläutert.

11. Unter Abs. 2 dürfte auch die Verpfändung zu unterstellen sein.

12. Der § 93 findet in den Fällen der §§ 371, 379 und 389 entsprechende Anwendung bei den als Zuschuß- oder Ersatzkassen in Betracht kommenden Pensionseinrichtungen.

Beschränkte Aufrechnung.

§ 94. *Die Ruhegeld- und Rentenansprüche*[1] *dürfen nur aufgerechnet*[2] *werden auf*

Ersatzforderungen[3] *für bezogene Unfallrenten und Entschädigungen, soweit der Reichsversicherungs-*

anstalt ein Anspruch darauf nach §§ 91, 95 zusteht,
geschuldete Beiträge,[4]
gezahlte Vorschüsse,[5]
zu Unrecht gezahlte Ruhegeld- und Rentenbeträge,[6]
die zu erstattenden Kosten des Verfahrens (§ 311),[7]
die von den Organen der Reichsversicherungsanstalt verhängten Geldstrafen.[8] [9]

E. I. § 97.
E. II. § 95.
RVO. § 1324 (1310).

1. Über Ruhegeld- und Rentenansprüche vgl. §§ 25 ff. u. 28 ff.
2. Die Aufrechnung (vgl. § 394 BGB.) ist nur unter den allgemeinen Voraussetzungen zulässig, daß die Leistung fällig und gleichartig ist. Unzulässig ist daher insbesondere die Aufrechnung von Sachleistungen (s. auch Hanow IV, S. 246).
3. Zu diesen Ersatzforderungen vgl. §§ 91, 95.
4. Geschuldete Beiträge beziehen sich auf solche Personen, welche der Versicherungspflicht unterliegen und den vollen Beitrag allein zu entrichten haben, insbesondere Kleingewerbetreibende im Sinne des § 4.
5. Über gezahlte Vorschüsse gilt das zu § 93 Anm. 3 Gesagte entsprechend.
6. Zu Unrecht gezahlte Ruhegeld- und Rentenbeträge können sowohl versehentlich als auch vorläufig (§§ 278 Abs. 2, 293) geleistet sein.
7. Da im allgemeinen den Beteiligten keine Kosten des Verfahrens auferlegt werden (§ 312), kommen nur die durch Mutwillen usw. veranlaßten in Frage (§ 311).
8. Über Geldstrafen, welche von Organen der Reichsversicherungsanstalt verhängt werden, vgl. die §§ 339, 340, 347 und die Zusammenstellung in § 360 Anm. 2.
9. Der § 94 findet in den Fällen der §§ 371, 379 und 389 entsprechende Anwendung bei den als Zuschuß- oder Ersatzkassen in Betracht kommenden Pensionseinrichtungen.

Wiedereinzug von Beträgen durch Kürzung von Leistungen.

§ 95. *Sind die Leistungen*[1] *für eine Zeit gezahlt, für die der Empfänger einen Anspruch auf reichsge-*

setzliche Unfallrente[2] *hat, und hatten Ruhegeld oder Renten nach § 73 zu ruhen,*[3] *so kann*[4] *die Reichsversicherungsanstalt durch Kürzung ihrer Leistungen den zu viel gezahlten Betrag in angemessenen Teilbeträgen wieder einziehen.*[5]

E. I. § 98.
E. II. § 96.
RVO. § 1522 (1502).

1. In Betracht kommen die Leistungen auf Grund der §§ 25—47.
2. Über Ansprüche auf reichsgesetzliche Unfallrente vgl. RVO. §§ 555 ff.
3. Über den Begriff des Ruhens der Bezüge vgl. § 73 Anm. 2.
4. Ob die Reichsversicherungsanstalt von der Befugnis Gebrauch machen will, bleibt ihrem Ermessen überlassen.
5. Voraussetzungen der Wiedereinziehung ist Einheit des Leistungsgrundes, Identität der Person, Gleichartigkeit der Leistungen und Gleichzeitigkeit der Ansprüche.

Dritter Abschnitt.

Träger der Versicherung.

Allgemeines.

Von dem Ausbau der Invaliden- und Hinterbliebenenversicherung zur Herbeiführung einer besseren Versorgung der Angestellten ist nach der allerdings von einem großen Teil der Wissenschaft nicht gebilligten Ansicht des Gesetzgebers aus finanziellen und versicherungstechnischen Gründen Abstand genommen worden. Gleichzeitig ist der Gesetzgeber durch die Schaffung einer besonderen Versicherungsgelegenheit den geltend gemachten Wünschen von Angestelltenvertretungen entgegengekommen. Für den vom Gesetzgeber gewählten Standpunkt ist zunächst in Frage gekommen, ob die nach dem IVG. versicherungspflichtigen Angestellten von ihrer bisherigen Versicherungspflicht befreit werden sollen. Hiergegen führt die Begründung folgende Bedenken an:

Die Befreiung von der Invalidenversicherung würde für die jetzt dieser Versicherung unterstellten Angestellten empfindliche Schädigungen herbeiführen. Nach dem IVG. gewähre das Reich zu jeder Alters- und Invalidenrente einen jährlichen Zuschuß von 50 Mark. Die Zahlung des Zuschusses auch für den Fall, daß an Stelle der allgemeinen Erwerbsunfähigkeit des § 5 Abs. 4 IVG. die Berufsinvalidität trete, verbiete sich mit Rücksicht auf die Finanzlage des Reichs und aus sozialpolitischen Gründen. Angestellte würden somit künftig den Reichszuschuß entbehren müssen und dadurch finanziell erheblich geschädigt werden. Ferner sprächen die Schwierigkeiten, welche die Regelung der beim Ausscheiden aus der Invalidenversicherung erworbenen Ansprüche herbeiführen würde, gegen die Befreiung. Die Vorschriften der §§ 100—102 IVG. über die Veränderung der Bezirke der Versicherungsanstalten seien auf diesen Fall nicht anwendbar. Würden infolge von Grenzregulierungen usw. gewisse Bezirke von Versicherungsanstalten abgetrennt und anderen Anstalten zugelegt, so blieben die zugehörigen Versicherten nach wie vor der Invalidenversicherung unterstellt und gegen dasselbe Risiko versichert; ihre Ansprüche seien gedeckt und fielen später neben dem Reich und dem Gemeinvermögen denjenigen Versicherungsträgern zur Last, denen die Beiträge zugeflossen seien. In dem vorliegenden Falle handle es sich aber um das Ausscheiden eines großen Personenkreises, der fernerhin gegen ein ganz anderes Risiko, die Berufsinvalidität, versichert werden würde. Die erworbenen reichsgesetzlichen Ansprüche könnten nicht aufrecht erhalten werden, weil die Beiträge nicht fortentrichtet würden. Sie könnten auch nicht, selbst wenn die neue Anstalt die Beiträge in Höhe der reichsgesetzlichen Beiträge für die von der Invalidenversicherung abgetrennten Versicherungspflichtigen an die Invalidenversicherungsträger entrichten würde, schon dann gewährt werden, wenn bei der neuen Anstalt der Versicherungsfall — die Berufsinvalidität — eintrete, denn jene Ansprüche würden erst beim Eintritt der allgemeinen Erwerbsunfähigkeit fällig. Abgesehen davon würde durch die Befreiung der Angestellten von der Invalidenversicherung der Kreis der dieser Versicherung unterstellten Personen wesentlich eingeschränkt werden, und zwar würden Personen ausscheiden, die einen verhältnismäßig geringeren Versicherungsaufwand verursachen; daher würde das Ausscheiden der Angestellten die Finanzlage der Versicherungsträger ungünstig beeinflussen.

Die vorstehend erörterten Schwierigkeiten und Nachteile seien zu vermeiden, wenn zunächst die Angestellten in der reichsgesetzlichen Invalidenversicherung verblieben und die entsprechenden Renten bezögen, sobald der Versicherungsfall nach dem IVG. gegeben sei. Trete vorher Berufsunfähigkeit ein, so sei nach den für die zu schaffenden besonderen Versicherungseinrichtungen maßgebenden Bestimmungen die Berufsinvalidenrente (Ruhegeld) zu gewähren zu welcher vom Zeitpunkt des Eintritts der reichsgesetzlichen Invalidität ab die reichsgesetzliche Invalidenrente nebst Reichszuschuß hinzutrete, sofern die Ansprüche aus dieser Versicherung gemäß §§ 46, 53 a. a. O. nicht erloschen seien. Dasselbe würde für die Gewährung der Altersrente der Fall sein. Zu dem schon im Alter von 65 Jahren ohne Nachweis der Berufsunfähigkeit zu gewährenden Ruhegeld würde vom vollendeten 70. Lebensjahre ab die reichsgesetzliche Altersrente mit Einschluß des Reichszuschusses treten. In gleicher Weise würden die Hinterbliebenenbezüge, sobald die allgemeine Hinterbliebenenversicherung eingeführt werde, um die Bezüge aus dieser Versicherung erhöht werden. Ähnliche Einrichtungen finde man für die der reichsgesetzlichen Invalidenversicherung unterstellten Personen bei fast allen zur selbständigen Durchführung der Invalidenversicherung zugelassenen Kasseneinrichtungen; sie gewährten neben Hinterbliebenenbezügen in besonderen Abteilungen unter Zugrundelegung des Begriffs teils der reichsgesetzlichen Invalidität teils der Berufsinvalidität ihren Mitgliedern Zuschußrenten zur reichsgesetzlichen Rente oder vom Eintritt der Berufsinvalidität ab vorweg die Berufsinvalidenrenten. Auf diese Weise habe man es in der Hand, die Pensions- usw. Bezüge der Angestellten ähnlich zu gestalten wie diejenigen der Reichs- und Staatsbeamten.

Es ist dann weiter erwogen worden, ob die besonderen Versicherungseinrichtungen der Angestelltenversicherung den Trägern der reichsgesetzlichen Invalidenversicherung angegliedert werden sollten. Auch hiergegen haben sich Bedenken ergeben, die sich wie folgt zusammenfassen lassen:

Die neue Versicherung umfasse ein anderes Risiko als die reichsgesetzliche Invaliden- und Hinterbliebenenversicherung. Während das AVG. Ruhegeld für den Fall der Berufsunfähigkeit und Renten an alle hinterbliebenen Witwen von versicherten Angestellten vorsehe, würden bei der Arbeiterversicherung nur Renten beim Eintritt der allgemeinen Erwerbsunfähigkeit bewilligt. Die Gefahr liege nahe, daß, wenn beide Begriffsbestimmungen über den Versicherungsfall von derselben Stelle gehandhabt werden sollen, leicht eine Verwischung der Grenzen der Erwerbsunfähigkeit eintreten könne. Für die Arbeiterversicherung würde eine solche Verwischung zu den bedenklichsten Folgen hinsichtlich der finanziellen Entwicklung und zu einer Mehrbelastung führen, die weder den Versicherten noch deren Arbeitgebern noch dem Reiche bei der jetzigen Finanzlage zugemutet werden könnte. Infolge des verschiedenen Risikos würde auch eine völlige Verschmelzung der Verwaltung nicht möglich sein, vielmehr müßte bei jedem Träger der Invalidenversicherung eine besondere Abteilung mit besonderer Verwaltung und völlig getrennten Vermögensbeständen für die Angestelltenversicherung eingerichtet werden, wozu ein erheblicher Aufwand für Einrichtungs- und Verwaltungskosten erforderlich sein würde. Dazu käme aber, daß bei der Höhe der nach dem Gesetze versicherten Risiken und deren großer Verschiedenheit breite Schultern als Träger der Versicherung unbedingt erforderlich seien. Bei der Durchführung der Invalidenversicherung sei beobachtet worden, daß die Aufteilung des Versicherungsbestandes auf so zahlreiche Versicherungsträger zu den bedenklichsten finanziellen Folgen für einzelne Träger geführt habe. Insbesondere habe sich durch die verschiedene Alterszusammensetzung des Versicherungsbestandes der einzelnen Träger und durch Abwanderung der vorwiegend jüngeren Personen aus ländlichen nach industriellen Gebieten die Finanzlage der hauptsächlich landwirtschaftliche Gebiete umfassenden Versicherungsanstalten ungünstig gestaltet. Die Aufteilung des im Verhältnis zur Invalidenversicherung kleinen Versicherungsbestandes der Angestelltenversicherung würde die beobachteten Zustände erheblich verschärfen. Einerseits würde die Aufteilung bei verschiedenen Versicherungsträgern zur Bildung so kleiner Versicherungsabteilungen führen, daß deren Lebensfähigkeit an sich bezweifelt werden müßte. Andererseits würde die Anhäufung vornehmlich jüngerer Angestellten in den großen Handels- und Industriegebieten für die Angestelltenversicherung von vornherein eine solche Verschiedenheit in der Belastung zur Folge haben, daß eine verschieden hohe Bemessung der Beiträge nach einzelnen Bezirken notwendig sein würde, was nicht im Interesse der beteiligten Kreise liege. Schließlich würde die in höherem Maße als bei der Invalidenversicherung zu sichernde Freizügigkeit der Angestellten erschwerend ins Gewicht fallen. Die Angestellten würden in größerem Umfang als der Durchschnitt der Invalidenversicherungspflichtigen infolge Stellenwechsels gezwungen sein, ihren Wohnort zu ändern und in den Bezirk einer anderen Anstalt zu ziehen. Die beim Eintritt des Versicherungsfalles zu gewährenden Bezüge müßten auf die verschiedenen Anstalten, welchen die Beiträge zugeflossen seien, verteilt werden. Das einfache Verteilungsverfahren des IVG. könnte wegen der Höhe der Risiken und der unausbleiblichen Verschiedenheit der Beiträge hier nicht Platz greifen. Es müßte vielmehr ein Verfahren eingeführt werden, welches auch den versicherungstechnischen Wert der den einzelnen Anstalten zugeflossenen Beiträge berücksichtigen würde. Das würde aber einen großen Aufwand an Arbeit und Kosten verursachen. (Kom.-Ber.)

Aus allen diesen Gründen ist trotz der dagegen erhobenen und bereits oben S. 98 ff. erwähnten Bedenken davon abgesehen worden, die Invalidenversicherungsträger für die Durchführung der Angestelltenversicherung zu benutzen, und in der Reichsversicherungsanstalt ein besonderer Träger für die Angestelltenversicherung geschaffen worden. Auch die privaten Lebensversicherungsunternehmungen sind — abgesehen von den Vorschriften der §§ 390—393 — bei der Durchführung der Versicherung nicht berücksichtigt worden (vgl. S. 94 ff.). Dagegen sind gewisse private und öffentlichrechtliche Pensionseinrichtungen in beschränktem Umfange als Träger der Versicherung neben der Reichsversicherungsanstalt zugelassen (§§ 365—389).

I. Bezeichnung.

Vorbemerkung.

Der Name „Reichsversicherungsanstalt für Angestellte“ bringt zum Ausdruck, daß der regelmäßige Träger der Versicherung sämtliche Angestellte umfaßt, die unter das Gesetz fallen. Er ist in voller Ausführlichkeit nur an dieser Stelle gnannt, während sich das Gesetz sonst mit dem Namen „Reichsversicherungsanstalt“ begnügt und in den §§ 277 bezw. 393 nur von der „Versicherungsanstalt“ bezw. „Reichsanstalt“ spricht.

Reichsversicherungsanstalt für Angestellte.

§ 96. *Träger der Versicherung*[1] *ist, soweit dieses Gesetz nichts anderes bestimmt,*[1a] *die in Berlin*[2] *zu errichtende Reichsversicherungsanstalt für Angestellte.*[3] [4]

E. I. § 99.
E. II. § 97.
RVO. —

1. Über Träger der Versicherung vgl. S. 304 ff.

1a. Das Gesetz bestimmt etwas anderes in dem neunten Abschnitt (§§ 365 ff.), woselbst es private und öffentlich-rechtliche Pensionseinrichtungen als Zuschuß- oder Ersatzkassen neben oder an die Stelle der Angestelltenversicherung und damit neben oder an die Stelle der Reichsversicherungsanstalt als Träger der Versicherung treten läßt.

2. Unter dem Ausdruck Berlin ist nach den Erklärungen der Regierungsvertreter im Reichstag nicht die Gemeinde Berlin, sondern Groß-Berlin mit den Vorortsgemeinden zu verstehen. Von einer ausdrücklichen Aufnahme dieser Auslegung in das Gesetz ist Abstand genommen worden, da sich auch schon in anderen Gesetzen Vorgänge dafür finden, das bei „Berlin“ an Groß-Berlin, also Berlin und Vororte gedacht ist, und im Falle einer Aufnahme der Auslegung in das AVG. argumento e contrario geschlossen werden könnte, daß dort, wo „Berlin“ steht, die Vororte nicht gemeint seien. So hat z. B. das Aufsichtsamt

für Privatversicherung nach § 70 des Gesetzes über die privaten Versicherungsunternehmungen vom 12. Mai 1901 (RGBl. S. 139) seinen Sitz in Berlin, sein Dienstgebäude aber liegt in Wilmersdorf. Desgleichen hat das Reichsmilitärgericht nach § 72 der Militärgerichtsordnung vom 1. Dezember 1898 (RGBl. S. 1189) seinen Sitz in Berlin, sein Dienstgebäude befindet sich jedoch in Charlottenburg. Ebendaselbst hat das nach § 1 des Preuß. Ges. v. 16. September 1899 (GS. S. 391) sogar den Namen „Landgericht III in Berlin" führende dritte Berliner Landgericht sein Geschäftsgebäude.

3. Die Reichsversicherungsanstalt für Angestellte ist kein besonderes Reichsamt, sondern ähnlich wie das RVA., das Aufsichtsamt für Privatversicherung, das Patentamt und das Kaiserliche Statistische Amt dem Reichsamt des Innern untergeordnet.

4. Zu den Aufgaben der Reichsversicherungsanstalt gehört insbesondere die Ausübung der allgemeinen Verwaltung, der bedeutsamen Finanzverwaltung und der umfangreichen versicherungstechnischen Verwaltung (§§ 98—107), die Entscheidung über die Einleitung eines Heilverfahrens (§§ 36 ff.), die Übernahme der Entrichtung der Beiträge und die ihr einstweilen vorbehaltene Kontrolle über Ruhegeldempfänger (§ 124).

II. Rechtsfähigkeit.

Vorbemerkung.

Die Anerkennung der Rechtsfähigkeit und des öffentlichen Behördencharakters der Reichsversicherungsanstalt ist für die Durchführung der Angestelltenversicherung erforderlich. Bei der Organisation der Anstalt ist jedoch die freie Selbstverwaltung mit dieser sachlich unentbehrlichen behördlichen Einwirkung verbunden und damit dem Umstande Rechnung getragen, daß Zuschüsse des Reiches nicht erfolgen, vielmehr die Kosten der Reichsversicherungsanstalt durch Zuschläge zu den Versicherungsbeiträgen aufzubringen sind.

Öffentliche Behörde.

§ 97. *Die Reichsversicherungsanstalt ist rechtsfähig.*[1] *Sie ist eine öffentliche Behörde.*[2] [3]

E. I. § 100.
E. II. § 98.
RVO. § 4 (4).

1. Mit dem Ausdruck rechtsfähig folgt das Gesetz ebenso wie die RVO. dem Sprachgebrauch des BGB. Rechtsfähigkeit ist die Befähigung, Subjekt von Rechten und Pflichten zu sein; sie kommt den natürlichen Personen (Menschen) und den juristischen Personen (Körperschaften oder Vermögensmassen, d. h. Vereinen, Anstalten und Stiftungen, denen das Gesetz Rechtsfähigkeit beilegt) des bürgerlichen und des öffentlichen Rechts zu (vgl. BGB. §§ 1 ff. und 21—89). Der Rechtsfähigkeit entspricht im Prozeß die Parteifähigkeit, d. h. die Befähigung zu klagen und verklagt zu werden (§ 50 ZPO.).

Verschieden von der Rechtsfähigkeit ist die Handlungsfähigkeit, d. i. die Befähigung, Handlungen mit rechtlicher Wirksamkeit vorzunehmen. Der Ausdruck „Handlungsfähigkeit" ist dem BGB. unbekannt, es zerlegt ihn vielmehr entsprechend der Unterscheidung der rechtswirksamen Handlungen in Rechtsgeschäfte und Schadenzufügungen (Delikte) in die Begriffe Geschäftsfähigkeit, d. h. die Befähigung zur selbständigen Vor- und Entgegennahme von Rechtsgeschäften und Verantwortlichkeit für Schadenzufügung (Deliktsfähigkeit), d. h. die Verantwortlichkeit für unerlaubte Handlungen und für Verletzung obligatorischer Verpflichtungen. Der Geschäftsfähigkeit entspricht im Prozeß die Prozeßfähigkeit, d. i. die Befähigung, vor Gericht zu stehen, also selbständig einen Prozeß zu führen oder durch einen Bevollmächtigten führen zu lassen (§ 51 ZPO.).

2. Öffentliche Behörde ist ein Organ der Staatsgewalt, welches dazu berufen ist, unter öffentlicher Autorität für die Herbeiführung der Zwecke des Staates innerhalb ihr zugewiesener Grenzen tätig zu sein (Rechtspr. d. RG. in Strafs., Bd. I, S. 770 und Bd. IV, S. 135). Die Reichsversicherungsanstalt ist, wie ihr Name ergibt, eine derartige Reichsbehörde, da sie Angelegenheiten des Reiches zu besorgen hat und ihre Befugnisse von Organen des Reiches ableitet (vgl. §§ 101—107, 109—111, 117, 118, 120).

3. Eine Folge der Anerkennung der Reichsversicherungsanstalt als einer öffentlichen Behörde ist die, daß sie verpflichtet ist, wie die anderen öffentlichen Behörden, Militäranwärter anzustellen. Nach dem bisher in der ganzen Reichsverwaltung verfolgten Prinzip werden zwecks Versorgung der Unteroffiziere die Unterbeamtenstellen ausschließlich und von den Bureaube-

amtenstellen die Hälfte mit Militäranwärtern besetzt (Kom.-Ber.). Durch § 104 Abs. 1 Satz 3 ist für die Angestelltenversicherung vorgeschrieben, daß mindestens ein Drittel der Bureau-, Kanzlei- und Unterbeamtenstellen mit Militäranwärtern besetzt werden muß, soweit geeignete Bewerber vorhanden sind.

III. Organe.

Vorbemerkung.

Da die Reichsversicherungsanstalt als regelmäßiger Träger der Versicherung Rechte und Pflichten hat, so braucht sie Organe, welche dazu bestimmt sind, diese Rechte und Pflichten zu begründen, zu betätigen, zu ändern und aufzuheben. Das Gesetz hat vier derartiger Organe geschaffen, welche im § 98 namentlich bezeichnet und dann in vier besonderen Gruppen einzeln behandelt werden.

Vier Organe.

§ 98. *Die Organe der Reichsversicherungsanstalt*[1] *sind*

1. *das Direktorium,*[2]
2. *der Verwaltungsrat,*[3]
3. *die Rentenausschüsse,*[4]
4. *die Vertrauensmänner.*[5]

E. I. § 101.
E. II. § 99.
RVO. —

1. Im Gegensatz zur RVO. hat das AVG. den Träger der Versicherung nicht scharf von den Versicherungsbehörden getrennt, da die Rentenausschüsse sowohl zu den Organen der Reichsversicherungsanstalt wie zu den Versicherungs-Beschluß- und Spruchbehörden gehören und als letztere bei der Feststellung der Leistungen an Weisungen der Reichsversicherungsanstalt nicht gebunden sind (vgl. § 123 Abs. 1 in Verbindung mit §§ 238 ff.).

2. Über Direktorium vgl. §§ 99 ff.

3. Die Befugnisse und die Zusammensetzung des Verwaltungsrats ergeben sich aus den §§ 108—121.

4. Zur Organisation der Rentenausschüsse vgl. §§ 122 ff.

5. Die Vorschriften über **Vertrauensmänner** sind in den §§ 143—155 enthalten.

1. Direktorium.

Vorbemerkung.

Die laufenden Geschäfte der Reichsversicherungsanstalt werden ähnlich wie bei der Reichsbank von einem Direktorium mit einem Präsidenten an der Spitze wahrgenommen; die Anstalt ist der Aufsicht des Reichskanzlers (Reichsamt des Innern) unterstellt. Der Präsident und die erforderliche Anzahl beamteter Mitglieder des Direktoriums sind unabhängige, ständige mit der entsprechenden Vorbildung und Fachkenntnis ausgestattete öffentliche Beamte und werden auf den Vorschlag des Bundesrats vom Kaiser auf Lebenszeit ernannt.

Die Entwürfe hatten davon Abstand genommen, die Versicherten und deren Arbeitgeber an der Führung und Erledigung der Geschäfte des Direktoriums mit beschließender Stimme teilnehmen zu lassen. Maßgebend war hierfür die Erwägung, daß diese Arbeiten weder von den Arbeitgebern noch von den Versicherten so ordnungsmäßig geführt werden könnten, wie es das Interesse der Sache erfordere, zumal die Natur der Geschäfte des Direktoriums es bedinge, daß seine Mitglieder ständig in Funktion seien und die ständige Beteiligung an einer umfangreichen Verwaltung für einen Unternehmer oder Angestellten ohne Beeinträchtigung der Erwerbstätigkeit in der Regel unausführbar sei (vgl. Begr.). Der Entwurf II hatte deshalb in seinen §§ 107, 108 eine im wesentlichen nur beratende und durch einen besonders zu bildenden Verwaltungsausschuß überwachende Mitwirkung der Beteiligten vorgesehen.

In der Reichstagskommission wurde demgegenüber die zu geringe Mitwirkung der Versicherten und ihrer Arbeitgeber bei der Durchführung des Gesetzes beklagt und eine größere Anteilnahme derselben an der Verwaltung der Reichsversicherungsanstalt verlangt. Hierfür wurde geltend gemacht, daß den Beteiligten insofern ein Anspruch auf ständige Mitwirkung an der Verwaltung zustehe, als die Versicherten und ihre Arbeitgeber alle Leistungen dieses Gesetzes übernehmen müßten. Nach dem Beispiel der österreichischen Gesetzgebung wäre man in den beteiligten Kreisen gern auf eine völlige Selbstverwaltung eingegangen, man habe sich aber davon überzeugt, daß der Charakter der öffentlichen Behörde für die Reichsversicherungsanstalt von großem Vorteil sei, und deshalb nur den Wunsch, nicht lediglich beratend, sondern mit beschließender Stimme an der Verwaltung teilzunehmen (Kom.-Ber.). Dementsprechend wurde mit Zustimmung der Regierung die aus den jetzigen §§ 100—103 sich ergebende, von dem Entwurf abweichende Regelung der Zusammensetzung des Direktoriums beschlossen und dann vom Reichstag und Bundesrat unverändert angenommen. Infolge der Zuziehung von je zwei Vertretern der versicherten Angestellten und ihrer Arbeitgeber in das Direktorium ist der im Entwurf vorgesehene Verwaltungsausschuß weggefallen.

Aufgabenkreis.

§ 99. *Das Direktorium*[1] *vertritt*[2] *die Reichsversicherungsanstalt gerichtlich und außergerichtlich.*[3] *Es hat die Stellung eines gesetzlichen Vertreters.*

E. I. § 102.
E. II. § 100.
RVO. —

1. Die Stellung des Direktoriums entspricht im wesentlichen derjenigen des Vereinsvorstandes im Sinne der §§ 26 ff. BGB. Aus der Fassung: „Es hat die Stellung eines gesetzlichen Vertreters" geht hervor, daß es den für den gesetzlichen Vertreter als solchen im BGB., der ZPO. und anderen Gesetzen geltenden Vorschriften unterworfen ist.

2. Nach außen (d. h. Dritten gegenüber) ist seine Vertretungsbefugnis unbeschränkt, es ist das Wil-

lensorgan der Reichsversicherungsanstalt, seine Willenserklärungen sind für dieselbe verbindlich und rechswirksam. Selbstverständlich können jedoch aus Rechtsgeschäften, welche das Direktorium nach diesem Gesetz oder anderen Gesetzen nicht vornehmen darf, z. B. Übertragungen seiner Rechte und Pflichten auf ein Privatinstitut, keine Ansprüche gegen die Reichsversicherungsanstalt geltend gemacht werden (vgl. Entsch. des KG. v. 9. Febr. 1895, Arb.-Vers. 1895, S. 334).

Nach innen (d. h. dem Versicherungsträger gegenüber) ist das Direktorium an die Vorschriften dieses Gesetzes und die damit zusammenhängenden Ausführungsbestimmungen gebunden (vgl. § 100 Abs. 2 u. 3).

3. Gerichtlich und außergerichtlich: Während der erstere Ausdruck die Vertretung in Prozessen, in Angelegenheiten der freiwilligen Gerichtsbarkeit vor einem Richter, z. B. vor dem Grundbuchamt u. ä. betrifft, bezieht sich das Wort „außergerichtlich" auf alle ohne Mitwirkung der Gerichte vorkommenden Rechtsgeschäfte, z. B. Miete von Bureauräumen, Abschluß von Werkverträgen mit Handwerkern zur Leistung bestimmter Arbeiten u. dgl.

Zusammensetzung.

§ 100.[1] *Das Direktorium besteht aus einem Präsidenten und der erforderlichen Anzahl von beamteten Mitgliedern,*[2] *sowie aus je zwei Vertretern der versicherten Angestellten und ihrer Arbeitgeber (nichtbeamteten Mitgliedern).*[3]

Es faßt seine Beschlüsse nach Stimmenmehrheit,[4] *soweit dieses Gesetz nichts anderes vorschreibt. Bei der Beschlußfassung scheiden soviel nichtbeamtete Mitglieder aus, daß die beamteten in der Mehrzahl sind.*[5] *Bis zur Wahl der nichtbeamteten Mitglieder*[6] *ist das Direktorium auch ohne diese beschlußfähig. Im übrigen wird die Geschäftsführung durch eine Geschäftsordnung*[7] *geregelt, die der Reichskanzler nach Anhören*[8] *des Verwaltungsrats erläßt.*

Das Direktorium steht unter der Aufsicht[9] *des Reichskanzlers.*[10]

E. I. § 103.
E. II. § 101.
RVO. —

1. Der § 100 lautete im Entwurf (§ 101):

„Das Direktorium besteht aus einem Präsidenten und der erforderlichen Anzahl von Mitgliedern.

Es faßt seine Beschlüsse nach Stimmenmehrheit, soweit dieses Gesetz nichts anderes vorschreibt. Im übrigen wird die Geschäftsführung durch eine Geschäftsordnung geregelt, die der Reichskanzler (Reichsamt des Innern) erläßt.

Das Direktorium steht unter der Aufsicht des Reichskanzlers (Reichsamt des Innern)"

und hat erst in der Reichstagskommission seine jetzige Fassung erhalten (vgl. Vorbemerkung, S. 314).

2. Der Präsident und die beamteten Mitglieder sind unabhängige ständige Beamte und werden auf den Vorschlag des Bundesrats vom Kaiser auf Lebenszeit ernannt (vgl. hierzu § 101).

3. Die nicht beamteten Mitglieder sind dem Direktorium erst durch die Beschlüsse der Reichstagskommission zugeteilt worden, der Entwurf hatte ein ausschließlich aus öffentlichen Beamten gebildetes Direktorium vorgesehen (vgl. Anm. 1).

4. Die Stimmenmehrheit kommt dadurch zustande, daß mehr als die Hälfte der bei der Beschlußfassung beteiligten beamteten oder nichtbeamteten Mitglieder, welche je über eine Stimme verfügen, den Ausschlag gibt, jedoch mit dem aus Anm. 5 ersichtlichen Vorbehalt für eine Mehrzahl der beteiligten beamteten Mitglieder.

5. Die Mehrzahl der beamteten Mitglieder ist deshalb gesichert worden, weil sie in den allein zu den Geschäften des Direktoriums gehörenden Verwaltungsfragen auf Grund ihrer dauernden Beschäftigung mit denselben als sachkundiger angesehen werden müssen als Laienvertreter. Bei den rechtsprechenden Behörden (Rentenausschuß, Schiedsgericht und Oberschiedsgericht) ist eine solche Bestimmung nicht gegeben, weil hier nicht behördliche Zweckmäßigkeitsgründe, sondern Gerechtigkeit und Billigkeit den Ausschlag geben sollen.

6. Über die Wahl der nichtbeamteten Mitglieder vgl. § 103.

7. Für die Regelung der Geschäftsordnung ist in der Reichstagskommission angeregt worden, die Art des Zusammenwirkens der besoldeten und nichtbesoldeten Magistratsmitglieder einer Stadtverwaltung als Vorbild zu nehmen (Kom.-Ber.).

8. Das Anhören ist obligatorisch, da aber eine Zustimmung des Verwaltungsrates nicht vorgeschrieben ist,

sind dessen Vorschläge für den Reichskanzler nicht bindend.

9. Das Aufsichtsrecht umfaßt die Überwachung der gesetzlichen und geschäftsordnungsmäßigen Vorschriften. Als gesetzliche Vorschriften kommen hierbei nicht nur die Bestimmungen dieses Gesetzes, sondern alle Rechtsnormen in Betracht, welche mit dem AVG. unmittelbar oder mittelbar im Zusammenhang stehen, insbesondere also auch die hierzu ergehenden Ausführungsgesetze, kaiserlichen Verordnungen, Bundesratsbeschlüsse usw. Die Disziplinargesetze geben der Aufsichtsbehörde geeignete Mittel zur Durchführung des Aufsichtsrechts. Vgl. auch § 166 Anm. 3 Abs. 2.

10. Reichskanzler ist hier gleichbedeutend mit Reichsamt des Innern (vgl. § 76 Anm. 8).

Ernennung.

§ 101.[1] *Präsident und beamtete Mitglieder des Direktoriums sowie die höheren etatsmäßigen Beamten[2] werden auf den Vorschlag des Bundesrats vom Kaiser[3] auf Lebenszeit[4] ernannt. Soweit die Ernennung von beamteten Mitgliedern und höheren etatsmäßigen Beamten nach Bildung des Verwaltungsrats erfolgt, ist er vorher zu hören.[5]*

E. I. § 104.
E. II. § 102.
RVO. —

1. Der § 101 lautete im Entwurf (§ 102): „Präsident und Mitglieder des Direktoriums werden auf den Vorschlag des Bundesrats vom Kaiser auf Lebenszeit ernannt. Die übrigen Beamten werden vom Reichskanzler (Reichsamt des Innern) ernannt“ und hat erst in der Reichstagskommission die jetzige Fassung erhalten (Kom.-Ber. S. 81 u. 85). Die Bestimmung aus Ab. 2 des Entwurfs findet sich jetzt mit entsprechender Abänderung in § 104 Abs. 1 des Gesetzes.

2. Daß der Präsident und die beamteten Mitglieder des Direktoriums höhere etatsmäßige Beamte sind, versteht sich von selbst. Als höhere etatsmäßige Beamte außer dem Präsidenten und den beamteten Mitgliedern des Direktoriums kommen hier daher diejenigen Beamten in Betracht, die zwar bei dem Direktorium, aber nicht als Mitglieder desselben, also ohne beschließende Stimme arbeiten und fest angestellt sind. Außer diesen höheren etatsmäßigen Beamten

werden, wie in jedem Ministerium und jedem selbständigen Reichsamt höhere Beamte als Hilfsarbeiter tätig sein.

3. Das Ernennungsrecht des Kaisers entspricht an sich den auf Art. 18 der Reichsverfassung beruhenden Vorschriften des § 86 RVO. über die Ernennung des Präsidenten und der übrigen ständigen Mitglieder des RVA. (vgl. auch Anm. 2 zu § 102 S. 320), es ist jedoch durch die Bestimmung des zweiten Satzes dieses Paragraphen eingeschränkt (vgl. Anm. 5).

4. Der Ernennung auf Lebenszeit steht die Wahl der nichtbeamteten Mitglieder auf die Dauer von sechs Jahren gegenüber (vgl. § 103).

5. Die Einschränkung des Ernennungsrechts erstreckt sich nicht auf den Präsidenten des Direktoriums, sie ist aber trotzdem ungewöhnlich, da einerseits die Befürchtung nicht von der Hand zu weisen ist, daß sich hier bei der Besetzung der Beamtenstellen politische Einflüsse geltend machen können und andererseits sich in der bisherigen Gesetzgebung kein Vorbild dafür findet, daß bei Reichsbeamten, die vom Kaiser ernannt werden, vor der Anstellung eine andere Stelle gutachtlich zu hören ist Die Einschränkung hat übrigens wenig tatsächliche Bedeutung, weil der Kaiser den Verwaltungsrat vor der Ernennung nur zu hören hat, also bei der Ernennung in seiner Entschließung durch das Gutachten nicht behindert ist (vgl. Kom.-Ber.).

Rechte und Pflichten der Beamten.

§ 102. *Die im § 101 bezeichneten Beamten*[1 1a] *haben die Rechte und Pflichten der Reichsbeamten.*[2]

Ihre Besoldungen, Pensionen und sonstigen Dienstbezüge, sowie die Pensionen und Unterstützungen für ihre Hinterbliebenen trägt die Reichsversicherungsanstalt.[3] *Der Besoldungs- und Pensionsetat wird für das Direktorium durch den Reichshaushalt, für die übrigen im § 101 bezeichneten Beamten vom Bundesrat auf den Antrag des Reichskanzlers jährlich festgesetzt.*[4 5]

E. I. § 105.
E. II. § 103.
RVO. —

1. Die Worte „im § 101 bezeichneten" sind durch die Reichstagskommission hinzugefügt. Als Beamte kommen also hier neben dem Präsidenten nur die beamteten Mitglieder des Direktoriums und die höheren etatsmäßigen Beam-

ten beim Direktorium in Frage, nicht jedoch die sogen. nichtbeamteten Mitglieder des Direktoriums, d. h. die gewählten Vertreter der Arbeitgeber und der versicherten Angestellten.

1a. Vgl. über den Begriff „Beamte" Anm. 1 zu § 10.

2. Die Rechte und Pflichten der Reichsbeamten sind im Reichsbeamtengesetz v. 31. März 1873 in der Fassung der Bekanntmachung v. 18. Mai 1907 (RGBl. S. 245) geregelt. Danach sind Reichsbeamte alle Beamte, welche entweder vom Kaiser angestellt oder nach Vorschrift der Reichsverfassung den Anordnungen des Kaisers Folge zu leisten verpflichtet sind. Das Reichsbeamtengesetz unterscheidet also zwei Arten von Reichsbeamten, die „unmittelbaren", d. h. die vom Kaiser namens des Reichs oder die namens des Kaisers für das Reich ernannten, z. B. die Beamten des Auswärtigen Amts, die Mitglieder des Reichsbankdirektoriums, die höheren Postbeamten mit Ausnahme von Bayern und Württemberg, und die „mittelbaren" Reichsbeamten, welche von den Bundesstaaten ernannt werden, aber nach Vorschrift der Reichsverfassung den Anordnungen des Kaisers Folge zu leisten verpflichtet sind, z. B. die mittleren Post- und Telegraphenbeamten in Preußen und Sachsen, die Zivil- und Militärbehörden des Reichsheeres (Art. 50 u. 66 der Reichsverfassung). Nur die unmittelbaren Reichsbeamten haben die Berechtigung sich „kaiserliche" Beamte zu nennen (Allerh. Erlaß betr. die Behörden und Beamten des Deutschen Reichs v. 3. August 1871, RGBl. S. 318).

Die Rechte der Reichsbeamten sind im allgemeinen: die Ansprüche auf Rang und Titel, auf Gehalt, Ersatz der Dienstaufwendungen und Pension für sich sowie für ihre Hinterbliebenen und auf strafrechtlichen Schutz bei Ausübung ihres Amtes. Der Anspruch auf Besoldung usw. ist jedoch kein notwendiges Erfordernis der Beamteneigenschaft.

Die Pflichten der Reichsbeamten bestehen im wesentlichen in der gewissenhaften und gesetzmäßigen Wahrnehmung ihrer Dienstobliegenheiten, in einem achtungswürdigen Verhalten während und außerhalb des Dienstes, in der Wahrung des Dienstgeheimnisses und in dem Gehorsam gegenüber den Befehlen und Anordnungen der Vorgesetzten.

Mit den Pflichten der Beamten hängen gewisse Beschränkungen bei der Auswahl des Wohnsitzes und Aufenthaltsortes, bei der Annahme von Titeln, Ehrenzeichen, Gehaltsbezügen u. dgl. von anderen Staaten und bei der Übernahme eines Nebenamts oder einer Nebenbeschäftigung zusammen.

Zur Erfüllung der Pflichten werden die Reichsbeamten im Wege des Aufsichtsrechts (vgl. oben S. 318 Anm. 9 zu § 100) von den damit ausgestatteten vorgesetzten Behörden angehalten. Dienstvergehen werden im besonders geregelten Disziplinarverfahren untersucht und erforderlichenfalls bestraft. Daneben besteht die strafrechtliche Verantwortung nach den allgemeinen Strafgesetzen und die vermögensrechtliche Haftung für pflichtwidrige Handlungen oder Unterlassungen eines Reichsbeamten nach § 839 BGB. in Verbindung mit § 13 des Reichsbeamtengesetzes und §§ 1 ff. des Reichsgesetzes vom 22. Mai 1910 (RGBl. S. 798).

3. Die Kosten der Reichsversicherungsanstalt. Nach § 170 werden die Mittel für die Versicherung ohne jeglichen Staatszuschuß lediglich durch die Arbeitgeber und die Versicherten aufgebracht, und zwar die Kosten der Reichsversicherungsanstalt nach der Begr. „durch Zuschläge zu den Versicherungsbeiträgen". Diese Bestimmung ist einzigartig und hat auch in dem österreichischen Gesetz kein Vorbild, da dort für die Kosten der Pensionsanstalt ein Staatszuschuß gewährt wird. Ebensowenig kennt die RVO. eine solche oder auch nur eine ähnliche Bestimmung, da nach § 104 a. a. O. die Kosten des RVA. einschließlich der Kosten des Verfahrens vom Reich zu tragen sind. Daß die Bestimmung sich in der Praxis bewähren wird, begegnet erheblichen Bedenken (vgl. Walther in Heft XXIII der „Veröffentlichungen des Deutschen Vereins für Versicherungswissenschaft", S. 51 ff.). Vgl. im übrigen dazu S. 112 ff.

4. Die Worte: „für das Direktorium durch den Reichshaushalt, für die übrigen im § 101 bezeichneten Beamten" sind in der 2. Lesung des Reichstagsplenums hinzugekommen (Sten. Ber.).

5. Nach Art. 69 der Reichsverfassung müssen alle Einnahmen und Ausgaben des Reichs für jedes Jahr veranschlagt und auf den Reichshaushaltsetat gebracht werden; letzterer wird vor Beginn des Etatsjahres durch ein Gesetz festgestellt. Das Etatsgesetz ist kein Gesetz im eigentlichen Sinne, vielmehr ein im Wege der Gesetzgebung zustandekommender Verwaltungsakt, da es keine Rechtssätze, sondern nur Rechnungsposten in Gestalt eines Voranschlages über die für die jährliche Wirtschaftsperiode zu erwartenden Einnahmen und Ausgaben enthält. Die jährliche Wirtschaftsperiode des Reichs, welche anfänglich mit dem Kalenderjahr zusammenfiel, beginnt nach dem Reichsgesetz v. 29. Februar 1876 (RGBl. S. 121) mit dem 1. April und schließt mit dem folgenden 31. März ab (vgl. hierzu Laband, Reichsstaatsrecht, 5. Aufl., S. 407 ff.).

Nichtbeamtete Mitglieder.

§ 103.[1] *Die nichtbeamteten Mitglieder des Direktoriums[2] wählt der Verwaltungsrat auf sechs Jahre.[3] Für jedes Mitglied werden mindestens zwei Ersatzmänner gewählt; sie vertreten es, wenn es verhindert[4] ist, und treten, wenn es ausscheidet,[5] für den Rest der Wahlzeit in der Reihenfolge ihrer Wahl[6] ein.*

Die Vertreter der Arbeitgeber werden von den Arbeitgebervertretern, die übrigen von den Angestelltenvertretern unter den Mitgliedern des Verwaltungsrats[7] gewählt.

Die §§ 112 bis 114 gelten[8] entsprechend.

Ein Mitglied des Verwaltungsrats, das Mitglied des Direktoriums wird, scheidet aus dem Verwaltungsrat aus.[9]

1. Der § 103 ist erst durch die Reichstagskommission in das Gesetz eingeführt worden und ersetzt den § 121 des Entwurfs, welcher entsprechende Bestimmungen für den weggefallenen Verwaltungsausschuß enthielt.

2. Nach § 100 Abs. 1 hat das Direktorium im ganzen vier nichtbeamtete Mitglieder, welche sich je zur Hälfte aus gewählten Vertretern der versicherten Angestellten sowie ihrer Arbeitgeber zusammensetzen und bei den dem Direktorium obliegenden Verwaltungsgeschäften der Reichsversicherungsanstalt nach Maßgabe einer vom Reichskanzler zu erlassenden Geschäftsordnung nicht nur mitberaten, sondern auch mitbeschließen (§ 100 Abs. 2).

3. Abweichend von der RVO., welche im § 16 für alle von ihr geregelten Versicherungszweige die Wahlperiode einheitlich auf vier Jahre festgesetzt hat, ist in diesem Gesetz allgemein ein sechsjähriger Zeitraum vorgesehen (vgl. §§ 115, 136, 152, 161, 164).

4. „Verhindert" bedeutet eine vorübergehende Unmöglichkeit zur Erfüllung der Amtspflichten, z. B. durch Krankheit, Geschäftsreisen u. dgl.

5. „Ausscheidet" bringt die endgültige Unmöglichkeit zur Erfüllung der Amtspflichten zum Ausdruck, z. B. durch Tod, Ablauf der Wahlperiode, Übersiedlung ins Ausland usw.

6. Die Reihenfolge der Wahl ist gesetzlich festgelegt. Dadurch wird einer willkürlichen Einberufung vorgebeugt, die Möglichkeit gewährt, die gewählten Ersatzmän-

ner durch Zwangsmittel zur Erfüllung ihrer Pflicht anzuhalten und verhindert, daß etwa in die freigewordenen Stellen diejenigen einrücken, welche bei der letzten Wahl nächst dem Gewählten die meisten Stimmen erhalten haben.

7. Die hier in Betracht kommenden nichtbeamteten Mitglieder des Verwaltungsrats bestehen aus mindestens je zwölf Vertretern der versicherten Angestellten und ihrer Arbeitgeber (§ 109).

8. Die §§ 112—114 behandeln die Wählbarkeit zum Mitglied des Verwaltungsrats.

9. Der Abs. 3 soll zum Ausdruck bringen, daß es dem Aufsichtsrechte des Direktoriums gegenüber dem Verwaltungsrate (vgl. § 117) widersprechen würde, wenn in beiden Behörden dieselben Personen säßen (Kom.-Ber.).

Bureau-, Kanzlei- und Unterbeamte.

§ 104.[1] *Die übrigen Beamten*[2] *werden vom Direktorium ernannt. § 102 Abs. 2 Satz 1 gilt.*[3] *Mindestens ein Drittel der Stellen muß mit Militäranwärtern besetzt werden, soweit geeignete Bewerber vorhanden sind.*[4]

Das Direktorium erläßt mit Zustimmung[5] *des Verwaltungsrats die Dienstordnung*[6] *für diese*[7] *Beamten.*

1. Der § 104 ist durch die Reichstagskommission hinzugefügt worden und enthält im ersten Satz von Abs. 1 diejenige Bestimmung, welche der Entwurf als Abs. 2 des § 102 dem Reichskanzler (Reichsamt des Innern) zugedacht hatte. Seine Annahme in der Kommission erfolgte, obwohl ein Vertreter der verbündeten Regierungen erklärte, daß es wenig zweckmäßig sei, diese Beamtenkategorie der Reichsversicherungsanstalt auf Kündigung anzustellen, da die Beamtenkreise hierdurch beunruhigt werden und mit allen Mitteln ihre Anstellung auf Lebenszeit anstreben würden (Kom.-Ber.).

2. Die übrigen Beamten sind die Bureau-, Kanzlei- und Unterbeamten; sie sind nicht Mitglieder des Direktoriums (§ 100 Abs. 1), aber im Sinne des § 349 Angestellte der Reichsversicherungsanstalt.

3. Gemäß § 102 Abs. 2 Satz 1 werden also die Besoldungen, Pensionen und sonstigen Dienstbezüge sowie die Pensionen und Unterstützungen für Hinterbliebene der Bureau-, Kanzlei- und Unterbeamten von der Reichsversicherungsanstalt getragen (vgl. hierzu Anm. 3 zu § 102).

4. Nach den Erklärungen der Regierung in der Reichstagskommission (Kom.-Ber. S. 80, 81) ist anzunehmen, daß die Unterbeamtenstellen ausschließlich mit Militäranwärtern besetzt werden sollen. Dies kann den Angestellten nicht zum Nachteile gereichen, da diese Stellen wohl kaum für die Angestellten in Frage kommen. Bezüglich der Bureaubeamtenstellen, die an sich für die Angestellten sich eignen, ist in Aussicht genommen, die Hälfte mit geeigneten Militäranwärtern zu besetzen.

5. Über Zustimmung vgl. Anm. 3 zu § 124.

6. Die Dienstordnung betrifft den inneren Dienst und hat insbesondere zu regeln: die Einrichtung der Bureaus, ihre äußere Ordnung, die Dienststunden, die Behandlung der Eingänge, die Wert- und Einschreibsendungen, die Anlegung von Akten und Blattsammlungen, die Führung von Registern, die unterschriftliche Vollziehung ausgehender Schreiben, die Ausführung der Verfügungen und Beschlüsse, die Zustellungen u. dgl. mehr.

7. Das Direktorium kann die Dienstordnung nur für diese Beamten, d. h. für die Bureau-, Kanzlei- und Unterbeamten erlassen, die entsprechenden Anordnungen für die höheren Beamten usw. des Direktoriums erläßt der Reichskanzler kraft seines Aufsichtsrechts (§ 100 Abs. 2 u. 3).

Bücherabschluß; Jahresbericht.

§ 105.[1] *Die Bücher der Reichsversicherungsanstalt sind jährlich abzuschließen; auf Grund der Bücher ist für das abgelaufene Geschäftsjahr[2] ein Rechnungsabschluß und ein die Verhältnisse, sowie die Entwicklung der Anstalt darstellender Bericht[3] anzufertigen und dem Reichskanzler mitzuteilen. Der Rechnungsabschluß und der Bericht sind dem Reichstage vorzulegen.[4]*

Als Geschäftsjahr gilt das Kalenderjahr.[5]

E. I. § 106.
E. II. § 104.
RVO. —

1. Die Vorschrift bringt einen doppelten Zweck zum Ausdruck. Einerseits soll dadurch die sogen. Rechnungskontrolle, d. h. die Überwachung der Finanzgebarung der Reichsversicherungsanstalt gesichert werden, andererseits soll der über die Entwicklung der Anstalt zu erstattende Geschäftsbericht der Regierung Material

für ihre Verantwortlichkeit hinsichtlich der Ausführung des Gesetzes und für eine etwa künftig notwendig werdende Änderung des Gesetzes liefern.

2. Das Geschäftsjahr ist außer dem Abs. 1 z. B. von Bedeutung bei dem von der Reichsversicherungsanstalt an die obersten Postbehörden zur Auszahlung der Leistungen zu bewirkenden Vorschuß (§ 315) und bei der Abrechnung mit der Post (§ 318).

3. Dieser auch dem Reichstag zugehende Bericht wird wohl entsprechend dem Geschäftsbericht des RVA. oder des Aufsichtsamts für Privatversicherung veröffentlicht werden.

4. Der letzte Satz dieses Absatzes ist erst von der Reichstagskommission hinzugefügt (Kom.-Ber.).

5. Da als Geschäftsjahr das Kalenderjahr gilt, so läuft es vom 1. Januar bis 31. Dezember jedes Jahres.

Versicherungstechnische Bilanz.

§ 106. *Dem Rechnungsabschluß[1] ist in Zeitabschnitten von je fünf Jahren[2] die ordentliche versicherungstechnische Bilanz[3] (§ 173) beizufügen. Alljährlich ist eine überschlägliche Bilanz[4] aufzustellen. Der Bundesrat erläßt nähere Vorschriften hierüber.*

E. I. § 107.
E. II. § 105.
RVO. —

1. Rechnungsabschluß vgl. § 105.
2. Nach § 173 erstmalig für den 31. Dezember 1919.
3. Der Begriff „ordentliche versicherungstechnische Bilanz" ist bisher in den Versicherungsgesetzen nicht vorgekommen. Es soll damit zum Ausdruck gebracht werden, daß die Bilanz, d. i. die rechnerische Darstellung des Wertunterschieds zwischen Vermögensbestand und Verpflichtungen der Reichsversicherungsanstalt, den Anforderungen der Versicherungstechnik entsprechen soll. Es muß ein klarer Einblick in die Aktiv- und Passivposten geboten werden. Zweck der Bilanz ist insbesondere die Ermittelung, ob die bisher festgesetzten Beiträge ausreichen oder erhöht werden, bzw. ob sie zu hoch sind (§ 175). Das Bilanzformular wird noch vom Bundesrat vorgeschrieben werden.
4. Die überschlägliche Bilanz gibt im Gegensatz zur ordentlichen versicherungstechnischen Bilanz nur Näherungswerte. Auch über Inhalt und Form dieser Bilanz bestimmt der Bundesrat alles Weitere.

Rechnungsprüfung.

§ 107. *Die Rechnungen der Reichsversicherungsanstalt über ihre persönlichen und sachlichen Verwaltungskosten*[1] *werden durch den Rechnungshof*[2] *des Deutschen Reichs geprüft.*[3]

E. I. § 108.
E. II. § 106.
RVO. —

1. Persönliche Verwaltungskosten sind insbesondere die Gehälter, sachliche die Miete für Räumlichkeiten, Drucksachen, die Vergütung der Ausgabestellen (§ 196) u. ä.

2. Nach Art. 72 der Reichsverfassung ist über die Verwendung aller Einnahmen des Reichs durch den Reichskanzler dem Bundesrate und dem Reichstage zur Entlastung jährlich Rechnung zu legen. Die hierzu erforderlichen mit dem Rechnungsabschluß (§ 105) einzureichenden Rechnungen werden zwecks Vorprüfung dem mit der Preußischen Oberrechnungskammer verbundenen Rechnungshof des Deutschen Reichs in Potsdam (vgl. RG. v. 18. April 1907) übersandt und mit dessen Prüfungsvermerken versehen vom Reichskanzler (Reichsamt des Innern) dem Bundesrat und dem Reichstage zur Erteilung der Entlastung vorgelegt. Die Entlastung erfolgt durch entsprechende einfache Beschlußfassung der genannten gesetzgebenden Körperschaften.

3. Über die Kosten der ersten Einrichtung der Reichsversicherungsanstalt vgl. § 364.

2. Verwaltungsrat.

Vorbemerkung.

Die Tätigkeit des Verwaltungsrats erstreckt sich auf Mitarbeit bei der laufenden Verwaltung der Reichsversicherungsanstalt und auf die Beratung des Direktoriums bei der Vorbereitung wichtiger Beschlüsse. Die Anordnung der hierüber befindenden Vorschriften des Gesetzes ist derart, daß zunächst das Wirkungsfeld des Verwaltungsrats, seine Zusammensetzung und seine Geschäftsführung geregelt ist (§§ 108—110). Es folgen Bestimmungen über die Wahlen der Mitglieder des Verwaltungsrats

(§§ 111—117), welche im wesentlichen auch für die Beisitzerwahlen zu den Rentenausschüssen, Schiedsgerichten und Oberschiedsgerichten sowie für die Vertrauensmännerwahlen gelten. Hieran schließen sich Vorschriften über die ehrenamtliche Tätigkeit der Mitglieder, ihre Entschädigungen, ihren Schutz bei Ausübung des Amtes und ihre Amtsenthebung an (§§ 118—120), welche ebenfalls bei den Bestimmungen über die Beisitzer und Vertrauensmänner im wesentlichen wiederkehren. Endlich ist durch § 121 vorgeschrieben, daß die im § 120 geregelte Amtsenthebung auf die nichtbeamteten Mitglieder des Direktoriums entsprechend anzuwenden ist.

Gutachtliche Beratung und beschließende Mitwirkung.

§ 108. *Der Verwaltungsrat hat das Direktorium bei Vorbereitung wichtiger Beschlüsse gutachtlich*[1] *zu beraten. Der Beschlußfassung des Verwaltungsrats bleibt vorbehalten*[2]

1. *die Festsetzung des Voranschlags, unbeschadet des § 102 Abs. 2 Satz 2,*[3]
2. *die Abnahme des Rechnungsabschlusses (§ 105) und der Bilanzen (§ 106).*

Bis zur Bildung des Verwaltungsrats faßt das Direktorium die jenem vorbehaltenen Beschlüsse.[4]

E. I. § 110.
E. II. § 108.
RVO. —

1. Gutachtlich, d. h. das Direktorium entscheidet selbständig und ist bei seiner Beschlußfassung an die vom Verwaltungsrat geltend gemachte Ansicht nicht gebunden. Selbstverständlich wird es aber diese Ansicht nicht einfach übergehen können, sondern sie bei abweichender Meinung in der Begründung seines Beschlusses zu widerlegen haben.

2. Aus dem Vorbehalt folgt, daß das Direktorium nicht befugt ist, über die betreffenden Materien ohne Zustimmung des Verwaltungsrats zu befinden; eine ohne Beschlußfassung des Verwaltungsrats vorgenommene Festsetzung des Voranschlags usw. würde also unwirksam sein.

Bei der Beratung dieser Gegenstände werden nach der Begr. alle Fragen zur Erörterung gebracht werden können, welche mit der Angestelltenversicherung irgendwie in Beziehung stehen, insbesondere „auch die Fragen der Vermögensanlagen in Hypotheken und andere wichtige Vermögensangelegenheiten. Es empfiehlt sich nicht, den Verwaltungsrat bei Anlegung des Vermögens in Hypotheken (vgl. §§ 220 ff.) zu befragen. Durch eine solche Vorschrift würde die Anlegung erschwert und verzögert werden, da Verwaltungsratssitzungen schon wegen der Kosten nicht wöchentlich stattfinden können. Die Verzögerung in der Entscheidung über Hypothekenanträge würde aber in vielen Fällen dazu führen, daß empfehlenswerten Anträgen nicht stattgegeben werden kann, weil die Zahlungen zu früheren Terminen erfolgen sollen. Eine genügende Mitwirkung des Verwaltungsrats dürfte durch eine nachträgliche Kontrolle gewährleistet werden."

3. Die Worte „unbeschadet des § 103 Abs. 2 Satz 2" sind von der Reichstagskommission hinzugefügt und bringen zum Ausdruck, daß die jährliche Festsetzung des Besoldungs- und Pensionsetats, welche an sich auch zum Voranschlag gehört, nicht dem Verwaltungsrat, sondern dem Bundesrat zusteht.

4. Der Abs. 2 ist durch die Reichskommission geschaffen (Kom.-Ber. S. 86).

Zusammensetzung.

§ 109. *Der Verwaltungsrat[1] besteht aus dem Präsidenten des Direktoriums oder seinem Stellvertreter[2] als Vorsitzenden und mindestens je zwölf Vertretern der versicherten Angestellten und ihrer Arbeitgeber. Der Reichskanzler[3] kann die Zahl der Mitglieder nach Bedarf erhöhen.*

Die Vertreter der Arbeitgeber werden von den Arbeitgebervertretern unter den Vertrauensmännern die übrigen von den Angestelltenvertretern unter den Vertrauensmännern gewählt.[4]

E. I. § 111.
E. II. § 109.
RVO. —

1. Über die Aufgaben des Verwaltungsrats vgl. § 108.

2. Der Präsident des Direktoriums und sein Stellvertreter werden auf den Vorschlag des Bundesrats vom Kaiser auf Lebenszeit ernannt (§ 101).

3. Über Reichskanzler gleich Reichsamt des Innern vgl. § 76 Anm. 8.

4. § 109 Abs. 2 enthält innerhalb dieses Gesetzes die erste Bestimmung, in welcher von dem Wahlrecht die Rede ist. Die Wahl der Vertreter der Arbeitgeber und der Angestellten zum Verwaltungsrat erfolgt wie diejenige der Beisitzer für die Rentenausschüsse, der Vertrauensmänner sowie der Beisitzer für Schieds- und Oberschiedsgericht schriftlich nach den Grundsätzen der Verhältniswahl (vgl. §§ 111, 133, 149, 161, 164). Anträge, in allen diesen Fällen die geheime Wahl einzuführen, sind in der Kommission vom Reichstag als nicht durchführbar abgelehnt worden (Kom.-Ber.). Dagegen ist die geheime Wahl bei den Ersatzkassen vorgeschrieben (§ 378 Abs. 1), um den einzelnen in seinem Wahlrecht gegenüber einer Beeinflussung sicherzustellen (Sten. Ber.).

Geschäftsordnung; Einberufung.

§ 110. *Der Verwaltungsrat faßt seine Beschlüsse nach Stimmenmehrheit.*[1] *Im übrigen wird die Geschäftsführung durch eine Geschäftsordnung geregelt, die der Reichskanzlers nach Anhören*[2] *des Verwaltungsrats erläßt.*

Der Präsident beruft den Verwaltungsrat.[3] *Auf Verlangen der Mehrheit des Verwaltungsrats ist*[4] *dieser zu berufen.*

E. I. § 112.
E. II. § 110.
RVO. —

1. Die Stimmenmehrheit ist hier abweichend von § 100 Abs. 1 (vgl. dort Anm. 4 u. 5) uneingeschränkt.

2. Über die Bedeutung von Anhören gilt das zu § 100 Anm. 8 Gesagte entsprechend.

3. Die Berufung des Verwaltungsrats erfolgt im Bedarfsfalle, d. h. nach dem pflichtmäßigen Ermessen des Präsidenten des Direktoriums oder seines Stellvertreters. Sie wird wegen der damit verbundenen Kosten wohl nur in längeren Zwischenräumen stattfinden (vgl. § 108 Anm. 2).

4. Die Worte „ist zu berufen“ besagen, daß der Präsident dem Verlangen der Mehrheit entsprechen muß, stellen also eine obligatorische Vorschrift dar.

Verhältniswahl; Wahlordnung.

§ 111. *Die Wahl findet nach den Grundsätzen der Verhältniswahl*[1] *statt.*

Der Reichskanzler erläßt eine Wahlordnung[2] *und leitet die Wahl durch seine Beauftragten.*[3]

Für jeden Vertreter werden mindestens zwei Ersatzmänner gewählt; sie ersetzen ihn, wenn er verhindert ist, und treten, wenn er ausscheidet,[4] *für den Rest der Wahlzeit in der Reihenfolge ihrer Wahl*[5] *ein.*

Bei Streit über die Wahl[6] *entscheidet der Reichskanzler.*

E. I. § 113.
E. II. § 111.
RVO. —

1. Die gesetzliche Festlegung der Verhältniswahl entspricht dem bereits bei den Beratungen der Reichstagskommission über die RVO. ausgesprochenen Grundsatze, daß überall im Bereiche der sozialen Versicherung wie überhaupt in allen Organen der Selbstverwaltung für die Wahlen zu den Ehrenämtern zum Schutze der Minderheit dieses zweckmäßige Wahlsystem durchgeführt werden solle, daß also neben den Mehrheitsgruppen auch die Minderheitsgruppen entsprechend ihrer Zahl vertreten sind.

Es ist damit nicht etwas Neues geschaffen, vielmehr ist die Verhältniswahl in Deutschland schon eingeführt:

a) für das Reich obligatorisch bei der Beisitzerwahl zu den Kaufmannsgerichten (§ 12 Abs. 2 des Kaufmannsgerichtsgesetzes v. 6. Juli 1904),
b) für das Reich fakultativ bei der Beisitzerwahl zu den Gewerbegerichten (§ 15 des Gewerbegerichtsgesetzes in der Fassung der Bek. v. 29. Sept. 1901),
c) für Preußen fakultativ bei den Arbeiterausschüssen in Bergwerken durch § 80 f. der Berggesetznovelle v. 14. Juli 1905.

Ferner besteht die Verhältniswahl bereits:

d) in Baden für Bürgerausschußwahlen in Gemeinden über 2000 Einwohner und für Stadtverordnetenwahlen in Städten (Gemeinde- und Städteordnung in der Bekanntmachung v. 18. Oktbr. 1910),
e) in Bayern für Gemeindewahlen in Gemeinden über 4000 Einwohner (Ges. v. 15. Aug. 1908),

f) in Hamburg für die Wahl der Bürgerschaftsmitglieder (Ges. v. 5. März 1906),
g) in Oldenburg und Fürstentum Lübeck für die Wahlen zur Gemeindevertretung nach fakultativem Gemeindestatut (Ges. v. 27. Dezbr. 1907 mit Ergänzung für Fürstentum Lübeck v. 1908),
h) in Württemberg teilweise für die Landtagswahl und für die Wahl der Mitglieder des Gemeinderats und des Bürgerausschusses in Städten mit mehr als 10 000 Einwohnern (Gemeindeordnung v. 28. Juli 1906).

Endlich hat die Verhältniswahl nach der herrschenden Ansicht auch schon im Bereich des KVG. Geltung gehabt, wenn dies auch aus § 38 KVG. nicht ausdrücklich hervorgeht. Eingeführt war sie hiernach, soweit bekannt, nur durch die Satzung der Ortskrankenkasse in Heilbronn v. 28. Jan. 1908 und der Ortskrankenkasse in Ravensburg v. 21. Dezbr. 1903 (vgl. Manes u. Gen., RVO. zu § 15 S. 162 f.).

Der Ausdruck Verhältniswahl wird für verschiedene Wahlsysteme gebraucht denen das eine gemeinsam ist, daß sie sich auf eine Verteilungszahl, den sogen. Wahlquotienten stützen, um eine verhältnismäßige Verteilung der Sitze für die verschiedenen Wahlkandidaten zu erhalten: wer als gewählt gelten soll, dessen Stimmenzahl muß diesen Wahlquotienten erreichen. Im einzelnen ist zu unterscheiden zwischen einnamiger und Listenwahl, und bei letzterem System zwischen freien und gebundenen Listen, je nachdem der Wähler nur einen Namen auf seinen Stimmzettel schreibt oder aber so viele, als Stellen zu besetzen sind, und dann entweder Namen ganz nach seinem Belieben oder nur solche, die einem vorher genehmigten Verzeichnis entsprechen. (Vgl. Cahn, Das Verhältniswahlsystem in den modernen Kulturstaaten, Berlin 1909; Luppe, Ein neues System der Verhältniswahl, Berlin 1906; Luschka, die Verhältniswahl im deutschen Verwaltungsrecht, Karlsruhe 1906; Siegfried, Die Proportionalwahl, Berlin 1898; Siller, Die Grundlagen und Ziele der Verhältniswahlen, Berlin 1903.)

2. Die Befugnis zum Erlaß einer Wahlordnung gibt dem Reichskanzler die Möglichkeit, unter den verschiedenen Systemen der Verhältniswahl auszuwählen. Ob entsprechend den §§ 133 u. 149 schriftliche Wahl eingeführt wird, steht noch nicht fest; im übrigen dürfte dem Bedürfnisse der städtischen und Industriebevölkerung gegenüber den Landbewohnern und bäuerlichen Verhältnissen bei der Aufstellung der Wahllisten, bei Bestimmung der Wahlzeiten u. dgl. vermutlich Rechnung getragen werden. Die

im § 378 Abs. 1 bei den Ersatzkassen eingeführte geheime Wahl ist hier nicht vorgesehen.

3. In der Leitung liegt nach der Begr. z. RVO. S. 53 auch die Befugnis, die zur Wahl nötigen Anordnungen z. B. hinsichtlich der Größe der Bezirke zu treffen. In der Auswahl der Beauftragten ist der Reichskanzler gesetzlich nicht beschränkt. Nach Erklärungen der Regierung in der Reichstagskommission wird vorerst wahrscheinlich der Präsident des Direktoriums der Reichsversicherungsanstalt zum Wahlkommissar bestellt werden (vgl. Anm. 8 zu § 149).

4. Die Begriffe „verhindert“ und „ausscheidet“ sind in Anm. 4 u. 5 zu § 103 erläutert.

5. Über Reihenfolge der Wahl vgl. Anm. 6 zu § 103).

6. Der Streit über die Wahl umfaßt auch die Wahlhandlung, überhaupt alles zur Ausführung der Wahlen Erforderliche, z. B. die Aufstellung der Listen, die Berechnung des Verhältnisses zwischen Mehrheit und Minderheit, den Zutritt zum Wahllokal, die Abgabe von Wahlzetteln vor Beginn oder nach Schluß der Wahlzeit.

Wählbarkeit.

§ 112. *Wählbar*[1] *zum Verwaltungsrate sind nur volljährige*[2] *Deutsche.*[3]

Nicht wählbar ist,[4]

1. *wer infolge strafgerichtlicher Verurteilung die Fähigkeit zur Bekleidung öffentlicher Ämter verloren hat*[5] *oder wegen eines Verbrechens oder Vergehens, das den Verlust dieser Fähigkeit zur Folge haben kann, verfolgt wird, falls gegen ihn das Hauptverfahren eröffnet ist,*[6]
2. *wer infolge gerichtlicher Anordnung in der Verfügung über sein Vermögen beschränkt ist.*[7 8 9]

E. I. § 114.
E. II. § 112.
RVO. § 12 (12).

1. Die hier niedergelegten Bestimmungen über die Wählbarkeit (d. h. das passive Wahlrecht) entsprechen wörtlich den im § 12 RVO. für die gesamten Zweige der dortigen Sozialversicherung gegebenen einheitlichen Vorschriften, während die Bestimmungen über die Wahlberechtigung

(d. h. das aktive Wahlrecht) der nach § 111 erst noch vom Reichskanzler (Reichsamt des Innern) zu erlassenden Wahlordnung vorbehalten sind.

Die persönlichen Voraussetzungen für die Wählbarkeit zu den Ehrenämtern waren vor Erlaß der RVO. in den einzelnen Versicherungsgesetzen verschieden geregelt. So verlangte der § 37 KVG. für die Mitglieder der Generalversammlung die Voll-(„Groß"-)jährigkeit und den Besitz der bürgerlichen Ehrenrechte. Auch weibliche und nichtdeutsche Versicherte hatten danach ein Stimmrecht. Für die Vorstandsmitglieder wurde die Vorschrift durch § 42 KVG. ergänzt, welcher zwar nicht unmittelbar die Wahlfähigkeit betraf, aber im Ergebnis ebenfalls zu dem Ziele, ungeeignete Personen vom Ehrenamte fernzuhalten, führte und u. a. die Amtsenthebung solcher Personen zuließ, welche infolge gerichtlicher Anordnung in der Verfügung über ihr Vermögen beschränkt waren oder gegen die auf Verlust der Fähigkeit zur Bekleidung öffentlicher Ämter erkannt war. Weiterhin konnten einstweilen des Amtes diejenigen enthoben werden, gegen welche wegen eines die Aberkennung der bürgerlichen Ehrenrechte oder der Fähigkeit zur Bekleidung öffentlicher Ämter nach sich ziehenden Verbrechens oder Vergehens das Hauptverfahren eröffnet war. Vermöge dieser Bestimmung näherte sich das KVG. den entsprechenden Vorschriften des IVG. und der Unfallversicherungsgesetze, die von vornherein von der Wählbarkeit alle nach dem GVG. zum Amte eines Schöffen unfähigen Personen ausschlossen. Das Schöffenamt aber können nur männliche Deutsche versehen, bei denen die im § 12 RVO. und § 112 AVG. wiedergegebenen Voraussetzungen des § 32 GVG. nicht zutreffen (vgl. Begr. z. RVO.).

2. Nach § 2 BGB. tritt die Volljährigkeit mit der Vollendung des einundzwanzigsten Lebensjahres ein, d. h. nach § 187 Abs. 2 a. a. O. mit dem Beginn des einundzwanzigsten Geburtstages, jedoch kann nach §§ 3 ff. BGB. ein Minderjähriger, der das achtzehnte Lebensjahr vollendet hat, durch Beschluß des Vormundschaftsgerichts unter gewissen Voraussetzungen für volljährig erklärt werden und steht dann einem Volljährigen auch hinsichtlich der Wählbarkeit gleich.

3. Unter Deutsche sind, wie in der Kommissionsberatung zur RVO. besonders hervorgehoben wurde und hier entsprechend gilt, alle Reichsangehörigen (im Sinne des Art. 3 der Verfassung des Deutschen Reichs), also auch die littauisch, masurisch, polnisch, dänisch oder französisch sprechenden Bewohner der Grenzprovinzen Preußens oder Elsaß-Lothringens zu verstehen (vgl. auch Anm. 2 zu § 3).

Aus der Fassung Deutsche folgt ferner, daß auch weibliche Personen gewählt werden können. Die Begr. z. RVO. S. 25 sagt hierüber: „Der neueren Entwicklung entspricht es, daß die Frauen, die als Arbeitgeber oder Arbeitnehmer selbständig im wirtschaftlichen Leben stehen und infolge dieser Stellung Mitglieder von Organisationen des öffentlichen Rechtes sind, innerhalb dieser letzteren auch ihre wirtschaftlichen Interessen in gleicher Weise wie ihre männlichen Berufsgenossen vertreten dürfen. Demgemäß wird für die Mitgliedschaft aller Organe der Versicherungsträger das Erfordernis des männlichen Geschäfts fallen gelassen." Die gewählten Frauen dürfen jedoch in Übereinstimmung mit der RVO. nur zur Verwaltungstätigkeit, nicht zu richterlichen Entscheidungen herangezogen werden (§ 131 Abs. 3).

Endlich ergibt sich danach, daß Ausländer nicht wählbar sind, obwohl sie an sich den Inländern gleichstehen; vgl. hierzu S. 227 f.

4. Der Abs. 2 ist mit der in den neueren Justizgesetzen üblichen Fassung in Einklang gebracht (vgl. § 32 GVG.).

5. Für die strafgerichtliche Verurteilung kommen folgende Bestimmungen des StGB. in Betracht:

§ 31. Die Verurteilung zur Zuchthausstrafe hat die dauernde Unfähigkeit . . . zur Bekleidung öffentlicher Ämter von Rechts wegen zur Folge.

§ 33. Die Aberkennung der bürgerlichen Ehrenrechte (welche außer bei Todesstrafe und Zuchthausstrafe nach § 32 a. a. O. auch neben einer mindestens drei Monate erreichenden Gefängnisstrafe in bestimmten Fällen zugelassen ist) bewirkt den dauernden Verlust der aus öffentlichen Wahlen für den Verurteilten hervorgegangenen Rechte, ingleichen den dauernden Verlust der öffentlichen Ämter . . .

§ 34. Die Aberkennung der bürgerlichen Ehrenrechte bewirkt ferner die Unfähigkeit, während der im Urteile bestimmten Zeit... öffentliche Ämter zu erlangen, in öffentlichen Angelegenheiten zu . . . wählen oder gewählt zu werden.

§ 35. Neben einer Gefängnisstrafe, mit welcher die Aberkennung der bürgerlichen Ehrenrechte überhaupt hätte verbunden werden können, kann auf die Unfähigkeit zur Bekleidung öffentlicher Ämter auf die Dauer von einem bis zu fünf Jahren erkannt werden.

6. Gemäß § 201 StPO. beschließt das Gericht die Eröffnung des Hauptverfahrens, wenn nach den Ergebnissen der Voruntersuchung oder, falls eine solche

nicht stattgefunden hat, nach den Ergebnissen des vorbereitenden Verfahrens der Angeschuldigte einer strafbaren Handlung hinreichend verdächtig erscheint. Als „strafbare Handlung" kommt nach obigem (vgl. Anm. 5) hier nur ein Verbrechen oder Vergehen in Betracht, das mit Todesstrafe oder Zuchthausstrafe bzw. mit Gefängnisstrafe von mindestens drei Monaten geahndet wird.

7. Infolge gerichtlicher Anordnung über ihr Vermögen beschränkt sind:

a) wegen Geisteskrankheit, Geistesschwäche, Verschwendung oder Trunksucht Entmündigte (§§ 6, 104, 114, 1910 BGB. und §§ 645, 680 ZPO.),

b) Schuldner, über deren Vermögen der Konkurs eröffnet oder an welche ein allgemeines Veräußerungsverbot erlassen ist (§§ 6, 106 KO.).

8. Sobald die in Anm. 5—7 bezeichneten zeitlichen Beschränkungen aufhören, tritt die Wählbarkeit der betr. Person wieder von selbst ein.

9. Die Bestimmungen des § 112 finden für die Wahlberechtigung (d. h. das aktive Wahlrecht) der Vertrauensmänner sowie der versicherten Angestellten und deren Arbeitgeber entsprechende Anwendung (vgl. §§ 134 Abs. 1, 147 Abs. 2).

Arbeitgebervertreter.

§ 113.[1] *Wählbar als Vertreter der Arbeitgeber*[2] *ist, wer regelmäßig mindestens einen versicherten Angestellten*[3] *beschäftigt.*[4]

E. I. § 115.
E. II. § 113.
RVO. § 13 (13).

1. Wer in ein Organ des Versicherungsträgers gewählt werden soll, muß an den Angelegenheiten eben dieses Versicherungsträgers beteiligt sein, sei es als obligatorisch oder fakultativ Versicherter, sei es als Arbeitgeber eines solchen Versicherten (Begr. z. RVO. S. 38). Nach § 341 AVG. darf jedoch der Arbeitgeber die Pflichten, die ihm dieses Gesetz auferlegt, Betriebsleitern, Aufsichtspersonen oder anderen Angestellten seines Betriebes übertragen.

2. Der Begriff Arbeitgeber deckt sich nicht mit dem Ausdruck Unternehmer, er betrifft weniger die wirtschaftliche Seite als das Verhältnis zum Arbeiter (Angestellten) und ist einerseits enger als der Unternehmerbegriff, insofern er die Gewährung einer Beschäftigung an den Arbeit-

nehmer voraussetzt, andererseits umfassender, insofern er nicht das Vorhandensein eines Betriebes erfordert. Nach der insbesondere aus ihrem 3. Buche hervorgehenden Terminologie der RVO. bedeutet der Ausdruck „Unternehmer" einen Arbeitgeber, der einen Betrieb hat, dagegen „Arbeitgeber" einen solchen, der nicht einen Betrieb zu haben braucht. Betrieb wiederum ist ein Inbegriff erlaubter wirtschaftlicher, möglichst ununterbrochener Tätigkeit von verhältnismäßiger Dauer außerhalb der bloßen Hauswirtschaft, bestimmt zur Vorbereitung, zur Durchführung oder zum Abschluß eines Unternehmens, gerichtet auf Erwerb, d. h. Erzeugung oder Beschaffung, ferner auf Sammlung, Verwendung oder Umsatz von Sachgütern. Ein Unternehmen umfaßt eine auf wirtschaftlichen Erfolg gerichtete, mit Hilfe von menschlichen, tierischen oder elementaren Kräften oder von Vermögensstücken oder Werten vollbrachte, nach irgend einem vernünftigen subjektiven Grundsatze oder Plane äußerlich begrenzte und dadurch zu einer Einheit gewordene Summe von Arbeitsleitsungen (vgl. Stier-Somlo, Sozialgesetzgebung, Jena 1906, S. 94). S. auch über „Arbeitgeber" § 170 Anm. 1 und über „Betrieb" § 1 Anm. 10.

3. Versicherter Angestellter ist, wer als Angestellter in einem versicherungspflichtigen Berufe (§ 1) tätig ist.

4. Im Entwurf hieß es: „wer versicherte Angestellte beschäftigt". Die Reichstagskommission hat die jetzige Fassung herbeigeführt (Kom.-Ber.). Dadurch ist eine Übereinstimmung mit § 13 RVO. erzielt. Aus der Bestimmung „wer regelmäßig mindestens einen versicherten Angestellten beschäftigt" folgt, daß eine nur gelegentliche oder zeitweilige Beschäftigung von versicherten Angestellten zur Wählbarkeit als Vertreter der Arbeitgeber nicht genügt.

Versichertenvertreter.

§ 114. *Wählbar als Vertreter der Versicherten*[1] *sind nur Versicherte, die nicht als Vertreter der Arbeitgeber wählbar sind.*[2] [3]

E. I. § 116.
E. II. § 114.
RVO. § 14 (14).

1. Als „Versicherter" im Sinne dieser Vorschrift gilt sowohl ein Versicherungspflichtiger wie ein Versicherungsberechtigter, also auch derjenige, welcher nach Maßgabe des § 15 die Versicherung freiwillig fortsetzt, ferner

der auf Grund des § 394 in die Versicherung eintretende Angestellte mit 5000—10 000 Mark Jahresarbeitsverdienst (vgl. Anm. 3).

2. In Übereinstimmung mit der Begr. z. RVO. S. 38 wird auch für dieses Gesetz anzunehmen sein, daß ein und dieselbe Person, die in sich die Eigenschaft eines Arbeitgebers mit der eines versicherten Angestellten vereinigt, nur einer der beiden Gruppen angehören kann, und zwar derjenigen, zu der sie mutmaßlich in der Regel vorzugsweise hingezogen sein wird. Eine besondere Bestimmung für diesen Fall kennt das Gesetz im Gegensatz zu § 14 Abs. 2 RVO. nicht.

3. Im Entwurf lautete der § 114: „Wählbar als Vertreter der Versicherten sind nur versicherte Angestellte." Erst in der 3. Lesung des Reichstagsplenums ist die jetzige Fassung des Paragraphen hergestellt (Sten. Ber.). Der jetzige Wortlaut ist umfassender als der frühere, da nunmehr sowohl die kraft Gesetzes (§ 1) als auch die durch Bundesratsbeschluß (§§ 4—5) wie die freiwillig Versicherten (§§ 15, 394) wählbar sind, so daß also die Angestellten die Möglichkeit haben, solche Personen zu wählen, die sich nicht oder nicht mehr in einem Abhängigkeitsverhältnis befinden, sondern etwa als Verbandsvorsitzende oder Schriftsteller oder freie Personen ihre Versicherung noch freiwillig fortsetzen. Der Ausdruck „Versicherte, die nicht als Vertreter der Arbeitgeber wählbar sind" soll mit anderen Worten diejenigen Versicherten bezeichnen, die nicht selber versicherungspflichtige oder versicherte Angestellte beschäftigen. Ein Angestellter soll natürlich dadurch, daß er ein Dienstmädchen beschäftigt, nicht als Arbeitgeber angesehen und nicht von der Wählbarkeit ausgeschlossen werden (Sten. Ber.).

Wahlzeit.

§ 115. *Die Wahlzeit dauert sechs Jahre.*[1]

Die Gewählten bleiben nach Ablauf dieser Zeit im Amte, bis ihre Nachfolger eintreten.

Wer ausscheidet,[2] *kann wiedergewählt werden.*

E. I. § 117.
E. II. § 115.
RVO. § 16 (15).

1. Abweichend von der RVO., welche im § 16 für alle von ihr geregelten Versicherungszweige die Wahlperiode einheitlich auf vier Jahre festgesetzt hat, ist in

diesem Gesetz allgemein ein sechsjähriger Zeitraum vorgesehen (vgl. §§ 103, 136, 152, 161, 164).

2. „Ausscheidet" bedeutet eine endgültige Unmöglichkeit zur Erfüllung der Amtspflichten durch Ablauf der Wahlperiode im Gegensatz zur vorübergehenden Unmöglichkeit (Verhinderung); vgl. hierzu Anm. 4 u. 5 zu § 103.

Wahlablehnung.

§ 116. *Ein Arbeitgeber[1] kann die Wahl nur aus einem wichtigen Grunde[2] ablehnen, insbesondere wenn er*

1. *das sechzigste Lebensjahr vollendet hat,[3]*
2. *mehr als vier minderjährige eheliche Kinder hat; Kinder, die ein anderer an Kindes Statt angenommen hat,[4] werden dabei nicht gerechnet,*
3. *durch Krankheit[5] oder Gebrechen[6] verhindert ist, das Amt ordnungsmäßig zu führen,*
4. *mehr als eine Vormundschaft[7] oder Pflegschaft[8] führt. Die Vormundschaft oder Pflegschaft über mehrere Geschwister[9] gilt nur als eine; zwei Gegenvormundschaften[10] stehen einer Vormundschaft, ein Ehrenamt der Reichsversicherung einer Gegenvormundschaft gleich.[11]*

Nach mindestens zweijähriger Amtsführung kann eine Wiederwahl für die nächste Wahlzeit abgelehnt werden.[12]

E. I. § 118.
E. II. § 116.
RVO. § 17 (16).

1. Der Entwurf hatte entsprechend der im § 16 des Entw. z. RVO. vorgesehen, aber von der Reichstagskommission im § 17 RVO. geänderten Bestimmung hier nach dem Vorbild des KVG. die wählbaren Arbeitgeber und die wählbaren versicherten Angestellten hinsichtlich des Ablehnungsrechts gleich behandelt, indem er an die Spitze des Paragraphen die Worte stellte: „wer wählbar ist". Maßgebend war hierfür die Erwägung, daß zwischen Angestellten und Arbeitgebern für die Ablehnungsbefugnis kein so großer Unterschied bestehe, wie zwischen Arbeitnehmern und Arbeitgebern der allgemeinen Sozialversicherung. Die Kommission hat sich dieser Erwägung nicht angeschlossen,

die Worte „wer wählbar ist“ durch „Ein Arbeitgeber“ ersetzt und dadurch eine möglichste Übereinstimmung mit § 17 RVO. hergestellt (Kom.-Ber.).

2. Ob ein wichtiger Grund zur Ablehnung vorliegt, wird nach den Tatumständen des einzelnen Falles zu beurteilen sein. Die Ziffern 1—4 des § 116 stellen nur Beispiele dar, in welchen eine Prüfung sonstiger Umstände nicht erforderlich ist (vgl. über den Begriff „wichtiger Grund“ auch Anm. 4 zu § 119).

Die für die Ablehnungsgründe gewählten Beispiele sind dem Vormundschaftsrecht des BGB. (§ 1786) fast wörtlich entnommen und durch die Fälle ergänzt, in denen der Gewählte schon andere Ehrenämter der Reichsversicherung bekleidet, z. B. Beisitzer eines Rentenausschusses oder Vertrauensmann nach Maßgabe dieses Gesetzes (§§ 131 ff., 143 ff.), Beisitzer der Versicherungsvertreter im Versicherungsamt bzw. Oberversicherungsamt oder nicht ständiges gewähltes Mitglied des RVA. (§§ 40 ff., 68 ff. und 87 ff. RVO.) ist.

Abweichend von § 1786 BGB. sind Frauen zur Ablehnung nicht berechtigt. Die Abweichung hängt mit ihrer Wählbarkeit zusammen (vgl. oben § 112 Anm. 3).

3. Das 60. Lebensjahr ist mit dem Beginn des 61. Geburtstages vollendet (vgl. §§ 324, 325 in Verbindung mit BGB. § 187 Abs. 2).

4. Über Annahme an Kindesstatt vgl. BGB. §§ 1741 ff.).

5. Der Begriff Krankheit ist in § 51 Anm. 6 definiert; vgl. dazu auch § 36 Anm. 2.

6. Über Gebrechen vgl. § 25 Anm. 4.

7. Die Führung der Vormundschaft ist im BGB. §§ 1793 ff. geregelt.

8. Zur Führung einer Pflegschaft vgl. BGB. §§ 1909 ff. u. 1960 ff.

9. Der Begriff Geschwister ist in § 66 Anm. 8 erläutert.

10. Eine Gegenvormundschaft kommt nach BGB. § 1792 in Frage, wenn mit der Vormundschaft eine Vermögensverwaltung verbunden ist, es sei denn, daß die Verwaltung nicht erheblich oder daß die Vormundschaft von mehreren Vormündern gemeinschaftlich zu führen ist.

11. Aus der Aufführung der Ablehnungsgründe ergibt sich die Schlußfolgerung, daß bei Nichtgeltendmachung derselben die Annahme der Wahl auch ohne ausdrückliche Erklärung als erfolgt gilt, also obligatorisch ist (vgl. dazu unten § 117 Abs. 2).

12. Die Ablehnung nach mindestens zweijähriger Amtsführung kann sich immer nur auf eine, und zwar die nächste, nicht aber auf eine spätere Wahlperiode oder auf die ganze folgende Lebenszeit erstrecken und stellt einen neben dem Abs. 1 geltenden besonderen Ablehnungsgrund dar.

Unzulässige Ablehnung; Amtsentbindung.

§ 117. *Über die Zulässigkeit der Ablehnung entscheidet das Direktorium.*[1]

Wer die Wahl ohne zulässigen[2] *Grund ablehnt,*[3] *kann*[4] *vom Präsidenten des Direktoriums mit Geldstrafe bis zu fünfhundert Mark bestraft werden.*[5]

Das Direktorium kann einen Vertreter von seinem Amte entbinden,[6] *wenn ein wichtiger Grund*[7] *vorliegt.*

Auf Beschwerde[8] *entscheidet der Reichskanzler*[9] *endgültig.*

E. I. § 119.
E. II. § 117.
RVO. § 18 (17).

1. Das Direktorium der Reichsversicherungsanstalt besteht aus einem Präsidenten, der erforderlichen Anzahl von beamteten Mitgliedern und aus je zwei Vertretern der versicherten Angestellten und ihrer Arbeitgeber (nicht beamteten Mitgliedern); vgl. § 100.

2. Was zulässig ist, bestimmt sich nach § 116.

3. Die Ablehnung setzt voraus, daß die erfolgte Wahl dem davon Betroffenen in gehöriger Weise bekannt geworden ist. Eine Zeitungsnachricht z. B. genügt also nicht, vielmehr bedarf es der Zustellung einer entsprechenden Benachrichtigung (§ 335).

4. Die Bestrafung ist in das pflichtgemäße Ermessen des Präsidenten gestellt.

5. Die nach dem Vorbilde des § 90 IVG. einheitlich mit § 18 RVO. bis zu einem Höchstbetrage von 500 Mark zugelassenen Geldstrafen fließen in die Kasse der Reichsversicherungsanstalt, werden im Falle unterbliebener Zahlung wie Gemeindeabgaben beigetrieben (vgl. unten § 359) und können nicht in Haft umgewandelt werden; sie sind keine Zwangs-, sondern lediglich Ordnungsstrafen, wie z. B. die Geldstrafen bei unentschuldigtem Ausbleiben als Zeuge oder Sachverständiger (§§ 380, 409 ZPO. und §§ 50, 77 StPO.) und für Arbeitgeber wie für versicherte Angestellte gleich.

Es ist bei dieser Bestimmung in Frage gekommen, ob das Strafmaß für die versicherten Angestellten nicht niedriger zu begrenzen sei als für die Arbeitgeber. Hiergegen hat indessen die Erwägung gesprochen, daß manche Arbeitgeber wirtschaftlich kaum besser gestellt sind als im Durchschnitt die versicherten Angestellten. Hinsichtlich des anzuwendenden Strafmaßes darf erwartet werden, daß die billige Rücksicht auf die Vermögenslage des Bestraften nicht außer acht gelassen werden wird.' Sollten gleichwohl Mißgriffe vorkommen, so kann im Beschwerdewege (Abs. 4) die erforderliche Abhilfe erwirkt werden (vgl. Begr. z. RVO.).

Für die Verjährung der Geldstrafe kommt § 361 in Betracht (Verjährungsfrist: 2 Jahre).

6. Die Entbindung vom Amte kann vorübergehender Natur sein oder sich auf die ganze noch verbleibende Dauer der Wahlzeit beziehen.

7. Über wichtigen Grund vgl. § 116 Anm. 2 und § 118 Anm. 4.

8. Die Beschwerdefrist beträgt nach § 328 regelmäßig einen Monat seit Zustellung der angefochtenen Entscheidung, aber für Seeleute, die sich außerhalb Europas aufhalten, mindestens drei Monate von der Zustellung an gerechnet. Die Beschwerde ist eine Rechtsbeschwerde an ein Aufsichtsorgan (vgl. § 328 Anm. 1).

9. Über Reichskanzler vgl. § 76 Anm. 8.

Ehrenamtliche Tätigkeit; Entschädigungen.

§ 118.[1] *Die Mitglieder des Verwaltungsrats und die nichtbeamteten Mitglieder des Direktoriums[2] verwalten ihr Amt unentgeltlich[3] als Ehrenamt.[4] Für ihre Teilnahme an Sitzungen erhalten sie Tagegelder[5] und Vergütung der Reisekosten[6] nach festen, von dem Reichskanzler[7] bestimmten Sätzen.[8]*

E. I. § 120.
E. II. § 118.
RVO. § 21 (18).

1. Bis zur RVO. sind die Vorschriften über die Vergütungen, die den ehrenamtlich tätigen Mitgliedern gewährt werden dürfen, auseinandergegangen. Nach dem KVG. waren bare Auslagen zu ersetzen; für Zeitverlust und entgangenen Arbeitsverdienst konnte die Satzung eine Entschädigung bestimmen. Dies durfte in der Form eines Pauschbetrags geschehen, Ob ein solcher

auch für bare Auslagen festgesetzt werden durfte, war nicht unbestritten. Jedenfalls wurde hier zwischen Arbeitgeber und Versicherten kein Unterschied gemacht. Demgegenüber behandelte das IVG. diese beiden Gruppen nur hinsichtlich des Ersatzes für bare Auslagen gleich; lediglich die Vertreter der Versicherten erhielten außerdem entweder einen Pauschbetrag für Zeitverlust oder Ersatz für entgangenen Arbeitsverdienst. Jedoch konnte auch den Arbeitgebern dann, wenn sie als Beisitzer einer Rentenstelle an deren Ort wohnten, unter Wegfall des Ersatzes für bare Auslagen ein Pauschbetrag für Zeitverlust zugebilligt werden. Das GUVG. sah für die Betriebsunternehmer eine Entschädigung für Zeitverlust vor, deren Höhe der Genehmigung des Reichsversicherungsamts bedurfte. Außerdem wurden die baren Auslagen ersetzt, und zwar, soweit sie in Reisekosten bestanden, nach festen Sätzen. Die Vertreter der Arbeiter, die nach § 113 GUVG. zuzuziehen waren, erhielten Ersatz für entgangenen Arbeitsverdienst und für Reisekosten nach festen Sätzen. In gleicher Weise war die Frage in den anderen Unfallversicherungsgesetzen geregelt (vgl. Begr. z. RVO.).

Die RVO. hat hier Einheitlichkeit hergestellt. Sie schreibt im § 21 allgemein den Ersatz barer Auslagen an die Gewählten, d. h. die Arbeitgeber (Unternehmer) und Versicherten vor und gestattet ferner, den Vertretern der Versicherten für entgangenen Arbeitsverdienst Ersatz oder statt dessen einen Pauschbetrag für Zeitverlust zu gewähren, während ein solcher Pauschsatz den Vertretern der Unternehmer oder anderen Arbeitgebern nur zuzubilligen ist, wenn dies in der Satzung des betreffenden Versicherungsträgers vorgesehen ist. Für die Angestelltenversicherung sind diese Grundsätze nicht ohne weiteres anwendbar (vgl. außer diesem Paragraphen noch die §§ 140, 155).

2. Die Worte „und die nichtbeamteten Mitglieder des Direktoriums" sind infolge der gegenüber dem Entwurf vorgenommenen Änderung des § 100 durch die Reichstagskommission hinzugefügt worden (Kom.-Ber.).

3. Die im folgenden Satz bezeichneten Tagegelder und Vergütung der Reisekosten stellen kein Entgeld, sondern nur den Ersatz des eigenen Aufwands aus Anlaß der ehrenamtlichen Tätigkeit dar.

4. Vgl. über Ehrenamt auch Anm. 2 zu § 140. Strafvorschriften, welche die ehrenamtliche Tätigkeit sichern, enthalten die §§ 345, 346; vgl. auch § 119 Anm. 1.

5. Über Tagegelder vgl. auch § 323 Anm. 2.

6. Der Begriff der Reisekosten ist in § 323 Anm. 3 erläutert.

7. Reichskanzler ist gleichbedeutend mit Reichsamt des Innern (vgl. § 76 Anm. 8).

8. Diese Vorschriften gelten selbstverständlich nicht für das beamtete Mitglied des Verwaltungsrats, d. h. den aus dem Präsidenten des Direktoriums oder seinem Stellvertreter hervorgehenden Vorsitzenden (§ 109).

Anzeige der Einberufung; Schutz der Versichertenvertreter.

§ 119.[1] *Die Vertreter der Versicherten*[1a] *haben ihrem Arbeitgeber jede Einberufung zu den Sitzungen anzuzeigen.*[2] *Tun sie es rechtzeitig,*[3] *so gibt das Fernbleiben von der Arbeit dem Arbeitgeber keinen wichtigen Grund,*[4] *das Arbeitsverhältnis ohne Einhalten einer Kündigungsfrist zu lösen.*

E. I. § 121.
E. II. § 119.
RVO. § 22 (19).

1. Die Vorschrift gewährleistet entsprechend § 22 RVO. den berufenen Vertretern der Versicherten die unbehinderte Wahrnehmung ihrer Obliegenheiten als Mitglieder des Verwaltungsrats. Zuwiderhandlungen der Arbeitgeber gegen die Schutzvorschriften werden nach §§ 345, 346 mit Geldstrafe bis zu 300 Mark oder mit Haft bestraft, wenn nicht nach anderen gesetzlichen Vorschriften härtere Strafe eintritt.

1a. Unter Versicherten sind hier versicherte Angestellte zu verstehen, da nur solche Versicherte in Betracht kommen, die Arbeitgeber haben.

2. Die Anzeigepflicht soll den Arbeitgeber in den Stand setzen, rechtzeitig für etwa notwendigen Ersatz zu sorgen.

3. Rechtzeitig, d. h. unverzüglich nach der Einberufung. Wird die Anzeige unterlassen oder so spät erstattet, daß es dem Arbeitgeber nicht mehr möglich ist, den erforderlichen Ersatz zu beschaffen, so tritt zwar keine Bestrafung ein, jedoch verliert der Versicherte in diesem Falle den Anspruch auf die Schutzbestimmung des zweiten Satzes dieses Paragraphen.

4. Ein die Kündigung rechtfertigender wichtiger Grund liegt (ähnlich wie in § 116) vor, wenn unter Berücksichtigung der subjektiven Verhältnisse des Kündigenden

bei verständiger und objektiver Würdigung des Falles dem Kündigenden die Fortsetzung des Dienst- (Arbeits-)Verhältnisses nicht wohl mehr zugemutet werden kann (vgl. Neumann, Handausgabe des BGB., 4. Aufl., Bd. I, S. 416, Anm. 2 und Entsch. des RG. in Ziv.-S., Bd. 58, S. 256). Für diese Begriffsbestimmung kommen im bürgerlichen Recht usw. folgende hier interessierende Gesetzesvorschriften in Betracht, welche zum Teil Anhaltspunkte bei der Beurteilung der „Wichtigkeit des Grundes" geben:

Die grundlegende Bestimmung enthält § 626 BGB., welcher vorschreibt, daß das Dienstverhältnis von jedem Teile ohne Einhaltung einer Kündigungsfrist gekündigt werden kann, wenn ein wichtiger Grund vorliegt. Von der Rechtsprechung sind als hierher gehörend auf seiten des Dienstleistenden z. B. fortgesetzte Trunkenheit, Ungehorsam, Faulheit, grobes Benehmen, Veruntreuungen, Vertrauensbruch, Achtungsverletzung und Beleidigung gegenüber dem Dienstherrn, falsche Anschuldigungen, Minderwertigkeit der Leistungen, erhebliche Dienstverspätungen und umfangreiches Schuldenmachen anerkannt (vgl. Staudinger, Kom. z. BGB., 5./6. Aufl., Bd. II, Teil II, S. 1061, Anm. 2a). Verschieden von dem BGB. führen das HGB. und die Gewerbeordnung Beispiele für das außerordentliche Kündigungsrecht an.

Das HGB. § 72 gibt nämlich dem Prinzipal insbesondere folgende wichtigen Gründe zur außerordentlichen Kündigung gegenüber dem Handlungsgehilfen an die Hand: a) Untreue, Vertrauensmißbrauch, Übertretung des Konkurrenzverbots; b) beharrliche Dienstverweigerung oder unbefugte Dienstversäumnis während einer den Umständen nach erheblichen Zeit; c) anhaltende Krankheit, längere Freiheitsstrafe, längere Abwesenheit, mehr als achtwöchige militärische Dienstleistung; d) Tätlichkeiten und erhebliche Ehrverletzungen gegen den Prinzipal.

Die Gew. O. §§ 133 b u. c aber läßt die Aufhebung des Dienstverhältnisses von Betriebsbeamten, Werkmeistern und ähnlichen Angestellten, Maschinentechnikern, Bautechnikern, Chemikern, Zeichnern u. dgl. u. a. ausdrücklich zu, außer den mit den oben zu a—d erwähnten Fällen im wesentlichen übereinstimmenden wichtigen Gründen, wenn die betreffenden Angestellten beim Abschlusse des Dienstvertrages den Arbeitgeber durch Vorbringung falscher oder verfälschter Zeugnisse hintergangen oder ihn über das Bestehen eines anderen, sie gleichzeitig verpflichtenden Dienstverhältnisses in einen Irrtum versetzt haben und endlich, wenn sie sich einem unsittlichen Lebenswandel hingeben.

Amtsenthebung der Versicherungsvertreter beim Verwaltungsrat.

§ 120. *Werden von einem Gewählten[1] Tatsachen[2] bekannt, die seine Wählbarkeit[3] ausschließen, so hat ihn der Verwaltungsrat seines Amtes durch Beschluß zu entheben.[4]*

Vor der Beschlußfassung ist ihm Gelegenheit zur Äußerung zu geben.[5]

Gegen den Beschluß ist die Beschwerde[6] bei dem Reichskanzler zulässig.

E. I. § 122.
E. II. § 120.
RVO. § 24 (21).

1. Gewählten, d. h. Arbeitgeber oder Versicherten, die nicht als Vertreter der Arbeitgeber wählbar sind (§§ 113, 114).

2. Tatsachen: Es genügen nicht bloße Vermutungen, vielmehr müssen erweisliche Umstände vorliegen, die vor oder nach der Wahl eingetreten sein können (vgl. die entsprechende Bestimmung für Beisitzer der Rentenausschüsse und Vertrauensmänner in den §§ 138 und 154).

3. Über die Voraussetzungen der Wählbarkeit vgl. oben §§ 112—114.

4. Der Beschluß über die Amtsenthebung hat nur eine formelle, den Sachverhalt klarstellende Bedeutung. Der Beschluß ist zuzustellen und tritt erst mit der Zustellung in Kraft (vgl. §§ 335, 336). In Wirklichkeit hört aber die Amtstätigkeit mit dem Wegfall der Voraussetzungen der Wählbarkeit ohne weiteres auf.

5. Diese Bestimmung entspricht dem § 24 Abs. 2 RVO. und hat ihren Ursprung in den Justizgesetzen sowie in sozialen Gesetzen (vgl. z. B. GVG. § 52, Gewerbegerichtgesetz § 21, Kaufmannsgerichtsgesetz § 15, IVG. § 91).

6. Über Beschwerde vgl. Anm. 8 zu § 117 in Verbindung mit § 328 Anm. 1.

Amtsenthebung der Versicherungsvertreter beim Direktorium.

§ 121.[1] *Für die nichtbeamteten Mitglieder[2] des Direktoriums gilt § 120 entsprechend.*

E. I. § 123.
E. II. § 121.
RVO. —

1. Der § 121 hatte im Entwurf folgende Fassung:

„Der Verwaltungsrat wählt aus seiner Mitte auf je drei Jahre den Verwaltungsausschuß. Der Ausschuß besteht aus je zwei Vertretern der Arbeitgeber und der Versicherten. Für jeden Vertreter werden mindestens zwei Ersatzmänner gewählt; sie vertreten ihn, wenn er verhindert ist, und treten, wenn er ausscheidet, für den Rest der Wahlzeit in der Reihenfolge ihrer Wahl ein.

Die Arbeitgebervertreter werden durch die Arbeitgeber, diejenigen der Versicherten von diesen gewählt. Die Wahl erfolgt unter Leitung des Vorsitzenden des Verwaltungsrats nach Stimmenmehrheit; bei Stimmengleichheit entscheidet das Los."

Diese Vorschrift ist infolge der veränderten Organisation des Direktoriums (vgl. § 100) in Wegfall gekommen (Kom.-Ber. und oben S. 72).

2. Die nichtbeamteten Mitglieder des Direktoriums bestehen aus je zwei Vertretern der versicherten Angestellten und ihrer Arbeitgeber (§ 100 Abs. 1), welche unter den Mitgliedern des Verwaltungsrats auf sechs Jahre gewählt werden (§ 103).

3. Rentenausschüsse.

Vorbemerkung.

Der Gesetzgeber hat, um den Interessen und Wünschen der Angestellten an einer weitgehenden Beteiligung bei Gewährung der Leistungen zu entsprechen, und aus den oben (S. 304 ff.) erwähnten wesentlichen Bedenken, welche gegen die Durchführung der Angestelltenversicherung durch die Träger der Invalidenversicherung geltend gemacht worden sind, die Feststellung, Anweisung, Entziehung und Einstellung der Versicherungsleistungen sowie die damit zusammenhängenden Geschäfte nicht den durch die RVO. geschaffenen Versicherungsämtern übertragen, sondern in den Rentenausschüssen mit Absicht eigene Institutionen geschaffen, welche den Berufs- und Standesgenossen eine entscheidende Stimme in diesen Angelegenheiten sichern (Begr.).

Es finden sich in den nachstehenden Paragraphen zunächst Bestimmungen über den Geschäftsumfang des

Rentenausschusses unter Hervorhebung seiner Doppelnatur als Verwaltungs- und rechtsprechende Behörde (§§ 122—125). Demnächst ist die unter entscheidender Mitwirkung der Reichsversicherungsanstalt sich vollziehende Errichtung der Rentenausschüsse in den §§ 126—128 behandelt und in den §§ 129 u. 130 eine nähere Vorschrift über die dem Reichskanzler vorbehaltene Bestellung des Vorsitzenden und dessen Stellvertreters sowie über die Befugnisse des Vorsitzenden gegeben. Eine verhältnismäßig große, aber durch die nicht nur für die Rentenausschüsse, sondern in entsprechender Weise auch für die Schiedsgerichte und das Oberschiedsgericht in Betracht kommende Bedeutsamkeit des Instituts erklärliche Anzahl von Einzelvorschriften nehmen alsdann die Bestimmungen über die Beisitzer ein (§§ 129—140). Ergänzend folgen endlich zwei Einzelparagraphen über Hilfsbeamte und Kosten (§§ 141, 142).

Geschäftsumfang.

Aufgabenkreis.

§ 122. *Der Rentenausschuß nimmt die ihm in diesem Gesetz*[1] *übertragenen Obliegenheiten wahr. Insbesondere*[2] *liegt ihm ob,*

1. *Ruhegeld, Rente*[3] *und Abfindung*[4] *festzustellen*[5] *und anzuweisen,*[6]
2. *Ruhegeld und Rente zu entziehen*[7] *und einzustellen,*[8]
3. *Anträge auf Einleitung eines Heilverfahrens*[9] *entgegenzunehmen, den Sachverhalt in diesen Fällen klarzustellen und die Reichsversicherungsanstalt*[10] *zu benachrichtigen,*[11] *wenn er erfährt, daß durch ein Heilverfahren ein Versicherter vor der Berufsunfähigkeit*[12] *bewahrt oder der Empfänger eines Ruhegeldes*[13] *oder einer Witwerrente*[14] *wieder berufsfähig werden kann,*

4. in Angelegenheiten der Angestelltenversicherung[15] *Auskunft zu erteilen.*

E. I. § 125.
E. II. § 123.
RVO. —

1. In diesem Gesetz: vgl. §§ 12, 13, 33, 46, 68, 69, 76, 79, 85, 122—125, 137, 210—211, 212, 215—216, 229—269, 313, 322, 347, 382.

2. Insbesondere: Dem Rentenausschuß können also noch weitere die Reichsversicherungsanstalt entlastende Geschäfte übertragen werden (vgl. hierzu § 124).

3. Ruhegeld und Renten (Hinterbliebenenrenten) vgl. §§ 20—35.

4. Abfindung vgl. §§ 47, 60, 61 u. 64.

5. Die Feststellung geschieht nach Maßgabe der §§ 238 ff. Daß sie von den Rentenausschüssen bewirkt wird, ist eine wesentliche Abweichung dieses Gesetzes von der RVO.

6. Die Anweisung durch den Rentenausschuß ist die Voraussetzung der Auszahlung der Leistungen (§ 313).

7. Die Entziehung hat nach §§ 68 ff. zu erfolgen gegenüber dem Empfänger eines Ruhegelds, sobald er nicht mehr berufsunfähig im Sinne des § 25 ist, bei Witwerrenten, sobald die Bedürftigkeit des Empfängers wegfällt, und bei Hinterbliebenenrenten sobald nachgewiesen wird, daß ein als verschollen angesehener Versicherter noch lebt.

8. Die Einstellung kann entweder eine endgültige (Wegfall der Leistungen nach §§ 64—67) oder eine zeitweilige (Ruhen der Rente nach §§ 73—78) sein.

9. Das Heilverfahren ist zulässig einerseits, um die infolge einer Erkrankung drohende Berufsunfähigkeit eines Versicherten abzuwenden, andererseits um den Empfänger eines Ruhegeldes wieder berufsfähig zu machen (vgl. im einzelnen §§ 36—43).

10. Über Reichsversicherungsanstalt vgl. §§ 96 ff.

11. Entgegennahme, Klarstellung und Benachrichtigung stellen lediglich die Entscheidung vorbereitende Handlungen dar, die Entscheidung selbst, insbesondere also die Gewährung des Heilverfahrens ist der Reichsversicherungsanstalt vorbehalten (vgl. §§ 36 u. 238).

12. Über Berufsunfähigkeit vgl. § 1 Anm. 2.

13. Über Empfänger des Ruhegelds vgl. § 25.

14. Die Witwerrente ist im § 30 geregelt.

15. Angestelltenversicherung: Kollidiert die

Angestelltenversicherung mit der reichsgesetzlichen Arbeiterversicherung, so hat sich die Auskunfterteilung selbstverständlich auch auf diesen Zweig der Sozialversicherung zu erstrecken.

Behördencharakter; Geschäftsgang.

§ 123. *Der Rentenausschuß ist Organ*[1] *der Reichsversicherungsanstalt und hat die Eigenschaft*[2] *einer öffentlichen Behörde.*[3] *Er ist jedoch bei seiner Beschlußfassung*[3a] *nach § 122 Nr. 1, 2 an Weisungen der Reichsversicherungsanstalt nicht gebunden.*[4]

Soweit nicht[5] *dieses Gesetz den Geschäftsgang und das Verfahren*[6] *der Rentenausschüsse regelt, geschieht es durch Verordnung*[7] *des Reichskanzlers, die nach Anhören*[8] *der Reichsversicherungsanstalt erlassen wird.*

E. I. § 126.
E. II. § 124.
RVO. —

1. Organe der Reichsversicherungsanstalt sind außer dem Rentenausschuß noch das Direktorium, der Verwaltungsrat und die Vertrauensmänner (vgl. oben § 98). Die Stellung des Rentenausschusses als „Organ" der Anstalt ist dem Vorbilde des § 79 IVG. über die Rentenstellen entlehnt.

2. Er hat die „Eigenschaft" einer öffentlichen Behörde bedeutet, daß der Rentenausschuß an sich keine öffentliche Behörde ist, aber durch diese Gesetzvorschrift mit den Befugnissen einer öffentlichen Behörde ausgestattet wird, z. B. also zur Rechtshilfe verpflichtet ist (vgl. unten § 322), Portofreiheit für Dienstsachen genießt und für die in seinem Bereiche ausgestellten Urkunden den Schutz der öffentlichen Urkunden beanspruchen darf.

3. Über den Begriff „öffentliche Behörde" vgl. oben zu § 97 Anm. 2.

3a. Die Beschlußfassung nach § 122 Nr. 1, 2 erfolgt in der Form eines Bescheides (§§ 250, 262).

4. Die gesetzlich festgelegte Nichtbindung an Weisungen der Reichsversicherungsanstalt soll eine Gewähr dafür schaffen, daß bei der Feststellung, Anweisung, Entziehung und Einstellung der Versicherungsleistungen vorurteilsfrei verfahren und nach allen Seiten volle Gerechtigkeit gewahrt wird. Diese Regelung entspricht der im § 86 IVG. enthaltenen Vorschrift (vgl. Begr.).

5. Die Verordnung des Reichskanzlers hat sekundäre Bedeutung, in erster Linie gilt das Gesetz; dies folgt aus den Worten: „Soweit nicht . . . regelt".

6. Über Geschäftsgang und Verfahren vgl. §§ 229—312.

7. Das Verordnungsrecht des Reichskanzlers erstreckt sich sowohl auf Verwaltungsverordnungen wie auf Rechtsverordnungen. Die Verwaltungsverordnungen stehen auf dem Gebiete der Reichsverwaltung allen höheren Verwaltungsorganen kraft ihrer Verwaltungsbefugnisse zu und dürfen nur innerhalb der in den Gesetzen aufgestellten Rechtsgrundsätze speziellere Bestimmungen treffen, sie dienen also zur Ausführung der Gesetze im Sinne von Detaillierung, Entwicklung und Entfaltung der gesetzlichen Regeln. Die Rechtsverordnungen geben dagegen allgemeine Rechtsvorschriften, welche für die einzelnen Untertanen bindend sind und dürfen nur auf Grund einer speziellen gesetzlichen Ermächtigung erlassen werden. Die Ermächtigung ist wiederum eine allgemeine (Art. 7 in Verbindung mit Art. 15 der Reichsverfassung) oder eine spezielle wie im vorliegenden Falle (vgl. Laband, Reichsstaatsrecht, 5. Aufl., S. 130 ff. und Meyer, Lehrbuch des Deutschen Verwaltungsrechts, 3. Aufl., 1910, S. 8). Das Verordnungsrecht ist dem Reichskanzler nur delegiert, im allgemeinen steht es nach Art. 7 Z. 2 der Reichsverfassung dem Bundesrat zu.

8. Das Anhören ist obligatorisch, aber für die Entschließung des Reichskanzlers unverbindlich. Es bietet jedoch der Reichsversicherungsanstalt die Möglichkeit, Wünsche oder Bedenken hinsichtlich der Regelung des Geschäftsganges und des Verfahrens geltend zu machen.

Übertragung des Überwachungsrechts.

§ 124. *Die Reichsversicherungsanstalt kann mit Zustimmung des Verwaltungsrats[1] dem Rentenausschusse die Überwachung der Ruhegeldempfänger[2] übertragen; in gleicher Weise und mit Genehmigung[3] des Bundesrats können dem Rentenausschusse durch die Reichsversicherungsanstalt noch weitere Aufgaben übertragen werden[4] mit Ausnahme der Überwachung der Entrichtung der Beiträge.*[5] [6]

E. I. § 127.
E. II. § 125.
RVO. —

1. Der Verwaltungsrat besteht aus dem Präsidenten des Direktoriums oder seinem Stellvertreter als Vorsitzenden und mindestens je zwölf Vertretern der versicherten Angestellten und ihrer Arbeitgeber (§ 109).

2. Die Überwachung der Ruhegeldempfänger liegt an sich der Reichsversicherungsanstalt ob und soll ihr einstweilen vorbehalten bleiben. Erst bei der Durchführung des Gesetzes wird es sich zeigen, ob und inwieweit es zweckmäßig ist, diese Obliegenheiten ganz oder teilweise den nachgeordneten Organen zu übertragen. Das Gesetz bestimmt daher, daß die Übertragung mit Zustimmung des Verwaltungsrats erfolgen kann (Begr.).

3. Die Ausdrücke „Zustimmung" und „Genehmigung" werden hier wie überhaupt in dem Gesetz nicht in Übereinstimmung mit der Begriffsbestimmung des BGB. gebraucht. Während nach § 183 BGB. die vorherige Zustimmung zur Vornahme eines Rechtsgeschäfts als „Einwilligung" und nach § 184 a. a. O. als „Genehmigung" bezeichnet wird, soll hier Zustimmung und Genehmigung vorher erfolgen, also gleichbedeutend mit „Einwilligung" sein.

4. Der Unterschied zwischen der übrigens widerruflichen Übertragung weiterer Aufgaben und der im ersten Halbsatz dieses Paragraphen geregelten Übertragung besteht darin, daß es bei jener der Einwilligung des Verwaltungsrats und des Bundesrats, bei dieser nur derjenigen des Verwaltungsrats bedarf. Das Minus im letzteren Falle erklärt sich aus der bereits im Gesetz enthaltenen Umgrenzung der Übertragung. Unter „weiteren Aufgaben" sind selbstverständlich nur im Rahmen dieses Gesetzes liegende Obliegenheiten zu verstehen.

5. Der Entwurf hatte vorgesehen, auch die Überwachung der Entrichtung der Beiträge dem Rentenausschusse zu übertragen. In der 2. Lesung des Reichstagsplenums ist diese Bestimmung nicht nur nicht gestrichen, sondern die Übertragung durch Hinzufügen der Worte: „mit Ausnahme der Überwachung der Entrichtung der Beiträge" ausdrücklich verboten worden, weil der Rentenausschuß nach § 125 bei der Erledigung seiner Geschäfte die Mitwirkung der Vertrauensmänner in Anspruch nehmen kann. Maßgebend war hierbei die Erwägung, daß es zu Unzuträglichkeiten führen müßte, wenn die ehrenamtlich wirkenden Vertrauensmänner die Überwachung der Entrichtung der Beiträge ausüben. Es könnte auf diese Art vorkommen, daß ein Vertrauensmann zu seinem Konkurrenten kommt, ihm in die Bücher schaut, sein ganzes Geschäftsgebaren und seinen ganzen Geschäfts-

betrieb einsieht. Derartigen Vorkommnissen soll die Ausnahmevorschrift von vornherein vorbeugen (Sten. Ber.). Die jetzige Ausnahmevorschrift steht jedoch im Widerspruch zu § 214 Satz 2.

6. Über Entrichtung der Beiträge vgl. §§ 170 f. und 176 ff.

Mitwirkung der Vertrauensmänner.

§ 125. *Der Rentenausschuß kann bei Erledigung seiner Geschäfte[1] die Mitwirkung[2] der Vertrauensmänner (§§ 143—155) nach den Vorschriften dieses Gesetzes[3] in Anspruch nehmen.[4]*

E. I. § 128.
E. II. § 126.
RVO. —

1. Die hier in Betracht kommenden Geschäfte des Rentenausschusses setzen sich im wesentlichen aus den in §§ 12—13, 122 und 124, 137 und 210—211 näher bezeichneten Obliegenheiten zusammen.

2. Da die Vertrauensmänner lediglich zur Mitwirkung herangezogen werden können, verbleibt die Verantwortung für die Erledigung der Geschäfte bei dem Rentenausschuß. Der Rentenausschuß wird — wie das Wort „kann" ergibt — pflichtgemäß zu prüfen haben, ob und inwieweit die Mitwirkung angebracht erscheint.

3. Zu den Vorschriften dieses Gesetzes vgl. § 144.

4. Die fakultative Inanspruchnahme der Vertrauensmänner wird nach der Begr. besonders bei der Überwachung der Ruhegeldempfänger von Wert sein, da sie als den örtlichen Verhältnissen näher stehende Stellen die Fälle, in denen Ruhegeldempfänger nachträglich wieder berufsfähig werden, früher erfahren, dem Rentenausschuß rechtzeitig davon Mitteilung machen können und so ein notwendiges Bindeglied zur Herstellung einer engeren Fühlung zwischen dem Rentenausschuß und dem Bezirk einer jeden unteren Verwaltungsbehörde darstellen.

Errichtung.

Zuständigkeit des Bundesrats.

§ 126. *Die Rentenausschüsse werden nach Bedarf von der Reichsversicherungsanstalt mit Genehmigung[1] des Bundesrats errichtet.*[2] *Er*[3] *bestimmt deren Sitze*[4] *und Bezirke*[5] *und kann sie ändern.*

E. I. § 129.
E. II. § 127.
RVO. —

1. Über Genehmigung vgl. § 124 Anm. 3.
2. Die Errichtung der Rentenausschüsse erfolgt durch die Reichsversicherungsanstalt aus eigener Entschließung nach vorheriger Zustimmung des Bundesrats. Daß die Zustimmung erst nachträglich erfolgt, ist nach dem zweiten Satz dieses Paragraphen nicht anzunehmen. Der Ausdruck „Genehmigung" enstpricht nicht der Terminologie des BGB. (vgl. oben S. 351 Anm. 3 zu § 124). Der Entschließung der Reichsversicherungsanstalt hat eine Prüfung der Bedürfnisfrage voranzugehen. Für diese Prüfung sind im Gegensatz zu § 79 IVG. im Gesetz keine besonderen Anhaltspunkte gegeben, es wird sich aber wohl hier wie dort nach Überwindung der durch die Übergangszeit bis zur vollen Durchführung des Gesetzes sich ergebenden besonderen Verhältnisse die Dichtigkeit der Bevölkerung als Maßstab anlegen lassen. Die Begr. sagt hierüber: „Wegen der für die Gewährung der Versicherungsleistungen vorgesehenen Wartezeit werden die Rentenausschüsse in der ersten Zeit der Wirksamkeit des Gesetzes keine umfangreiche Tätigkeit zu entfalten haben und zur Ersparung von Kosten in der Zahl deshalb erheblich eingeschränkt werden. Dem Bedürfnis entsprechend werden Rentenausschüsse in Bezirken zu bilden sein, in denen die Angestellten besonders zahlreich vertreten sind. Die Übelstände, welche die Einschränkung der Zahl der Rentenausschüsse während der ersten Zeit in den Fällen herbeiführt, in denen mündliche Verhandlung vor dem Rentenausschusse vorgesehen ist, können durch Sitzungen außerhalb des Sitzes des Rentenausschusses möglichst beseitigt werden."
3. Aus dem Worte „Er" geht eine bemerkenswerte Verschiedenheit zwischen dem ersten und dem zweiten Satz dieses Paragraphen hervor. Während für die Frage, ob ein Rentenausschuß errichtet werden soll, ein übereinstimmender Beschluß der Reichsversicherungsanstalt und des Bundesrats erforderlich ist, steht die Bestimmung darüber, wo der Rentenausschuß errichtet werden oder errichtet bleiben soll, lediglich dem Bundesrat zu. Die Begr. läßt eine Aufklärung vermissen.
4. Da der Rentenausschuß nach § 123 die Eigenschaft einer öffentlichen Behörde hat, so gilt als sein Sitz, wenn

nicht ein anderes erhellt, entsprechend § 17 Abs. 1 ZPO. der Ort, wo die Verwaltung geführt wird. Der Bezirk kann aus einem oder mehreren Orten bestehen, ist also eine von dem Sitz verschiedene und umfassendere Begriffsbezeichnung.

5. Im Gegensatz zur RVO., welche in den §§ 36 u. 62 die Errichtung eines Versicherungsamts bei jeder unteren Verwaltungsbehörde und eines Oberversicherungsamtes für den Bezirk einer höheren Verwaltungsbehörde zur Regel macht, enthält sich das AVG. einer gesetzlichen Festlegung der Bezirke. Dies hängt damit zusammen, daß sich erst bei der Durchführung des Gesetzes ergeben wird, welche Gebietsteile einem Rentenausschuß unterstellt werden können. Aus der Bestimmung des § 129 Abs. 1, wonach bei der Ernennung des Vorsitzenden des Rentenausschusses und seines Stellvertreters die oberste Verwaltungsbehörde, für deren Bezirk der Rentenausschuß errichtet ist, gehört werden soll, läßt sich aber in Verbindung mit §§ 41, 62, 71 RVO. die Absicht des Gesetzgebers dahin auslegen, daß der Rentenausschuß in der Regel für einen Teil des Bezirks einer höheren Verwaltungsbehörde errichtet werden soll (vgl. auch § 132 Anm. 2).

Veröffentlichung der Errichtung.

§ 127. *Die Reichsversicherungsanstalt veröffentlicht[1] Sitz[2] und Bezirk[3] der Rentenausschüsse binnen einem Monat[4] nach deren Errichtung[5] oder Änderung.[6]*

E. I. § 130.
E. II. § 128.
RVO. —

1. Die Art und Weise der Veröffentlichung ist der Reichsversicherungsanstalt in derselben Weise überlassen wie in der RVO. § 66 die Veröffentlichung des Sitzes und Bezirks der Oberversicherungsämter dem RVA. Die Veröffentlichung hat, wie aus der Begr. z. RVO. analog geschlossen werden kann, hauptsächlich für die Behörden und die Träger der Versicherung Bedeutung, da ein Rechtsmittel nach § 329 Abs. 2 auch dann als fristgemäß eingelegt anzusehen ist, wenn es bei irgend einer inländischen Behörde oder bei einem Organ der Reichsversicherungsanstalt angebracht wird.

2. Über Sitz vgl. § 126 Anm. 4.

3. Über Bezirk vgl. § 126 Anm. 5.

4. Über die Berechnung der einmonatlichen Frist vgl. unten § 325.

5. Die Errichtung erfolgt nach Maßgabe des § 126.
6. Die Änderung bildet keinen internen Vorgang, sondern unterliegt nach § 126 der Bestimmung des Bundesrats. Es ist daher nur natürlich, daß ebenso wie die Errichtung auch die Änderung des Sitzes und Bezirks von Rentenausschüssen öffentlich bekanntgegeben werden muß.

Zusammensetzung.

§ 128.[1] *Jeder Rentenausschuß besteht aus einem ständigen Vorsitzenden (Obmann),[2] mindestens[3] einem Stellvertreter und aus Beisitzern;[4] dem Rentenausschusse werden die erforderlichen Hilfsbeamten[5] beigegeben.*

E. I. § 131.
E. II. § 129.
RVO. —

1. Die Organisation des Rentenausschusses beruht auf derselben Grundlage wie die in langjähriger Praxis bewährte Zusammensetzung der Gewerbe- und Kaufmannsgerichte: Mitwirkung einer dem Beitragsverhältnis entsprechenden gleichen Anzahl von versicherten Angestellten und Arbeitgebern unter einem beamteten, mit entsprechender Vorbildung und praktischer Erfahrung ausgestatteten Vorsitzenden. Da der Vorsitzende nach § 129 vom Reichskanzler ernannt wird und die Beisitzer nach §§ 131 ff. aus frei gewählten Vertretern der Arbeitgeber und der versicherten Angestellten entnommen werden, so darf man die Rentenausschüsse als unabhängige Feststellungsbehörden ansehen (Begr.).
2. Der Ausdruck „Obmann“ ist für das Gebiet der deutschen Sozialversicherung neu, aber in der österreichischen üblich, er findet sich auch bereits in anderen Gesetzen, z. B. Obmann der Geschworenen (§ 199 GVG. u. §§ 304, 307, 308 StPO.), ferner bezeichnet man damit den Vorsitzenden eines Schiedsgerichts im Sinne der §§ 1025 ff. ZPO.
3. Da mindestens ein Stellvertreter vorhanden sein muß, können z. B., in den großen Städten oder in dicht bevölkerten Industriebezirken mehrere stellvertretende Vorsitzende für einen Rentenausschuß bestellt werden, die Bestellung eines Stellvertreters ist jedoch auch in kleinen Bezirken bei jedem Rentenausschuß obligatorisch.
4. Über Vorsitzenden, Stellvertreter und Beisitzer vgl. die §§ 129—130 u. 131—140.
5. Die Hilfsbeamten sind nach § 141 Beamte der

Reichsversicherungsanstalt, also keine unentgeltlich im Ehrenamte tätigen Vertreter der Arbeitgeber oder der versicherten Angestellten, und werden durch die Anstalt nach Anhören des Vorsitzenden des Rentenausschusses bestellt. Sie sind trotz ihrer Beamteneigenschaft aber nicht Mitglieder der Reichsversicherungsanstalt, sondern im Sinne der Strafvorschrift des § 349 nur Angestellte derselben.

Vorsitzender.

Ernennung.

§ 129. *Der Reichskanzler ernennt*[1] *den Vorsitzenden und dessen Stellvertreter nach Anhören*[2] *der obersten Verwaltungsbehörde,*[3] *für deren Bezirk der Rentenausschuß errichtet ist. Er setzt auch die Amtsdauer*[4] *und die Bezüge*[5] *des Vorsitzenden und der Stellvertreter fest.*

Der Vorsitzende und sein Stellvertreter werden vom Reichskanzler oder von seinen Beauftragten vor Antritt des Amtes auf die Erfüllung ihrer Obliegenheiten verpflichtet.[6]

Wird zum Vorsitzenden oder Stellvertreter ein Reichs- oder Staatsbeamter[7] *im Nebenamt ernannt, so steht er unter der Dienstgewalt der ihm im Hauptamt vorgesetzten Dienstbehörde.*[8] [9]

E. I. § 132.
E. II. § 130.
RVO. —

1. Die Rentenausschüsse sind, soweit sie nicht als selbständige Reichsbehörde errichtet werden, an die Verwaltungsbezirke der Einzelstaaten anzugliedern und deshalb Staatsbehörden. Schon aus diesem Grunde mußte der obersten einzelstaatlichen Verwaltungsbehörde, für deren Bezirk der Rentenausschuß gebildet wird, ein Mitwirkungsrecht bei der Ernennung des Vorsitzenden und seines Stellvertreters eingeräumt werden. Abgesehen davon aber ist in Abs. 3 vorgesehen, daß zum Vorsitzenden oder Stellvertreter ein Staatsbeamter im Nebenamt berufen werden kann; das Mitwirkungsrecht der obersten einzelstaatlichen Verwaltungsbehörde bei einer solchen Ernennung ergibt sich ohne weiteres, da es unzulässig erscheint, über ihren Kopf hinweg einen ihr unterstellten Beamten mit einem Nebenamt zu betrauen.

2. Das Anhören ist obligatorisch, aber für den Reichskanzler unverbindlich, jedoch ist anzunehmen, daß er in der Regel dem Vorschlag der obersten Verwaltungsbehörde beitreten oder sie bei abweichender Meinung zu einem anderweitigen Vorschlag auffordern wird.

3. Die oberste Verwaltungsbehörde kann nach § 320 einzelne der Aufgaben und Rechte, die ihr das Gesetz zuweist, auf andere Behörden übertragen. Daß sie von dieser Befugnis gerade bei dem hier in Frage kommenden wichtigen Vorschlagsrecht Gebrauch machen wird, ist kaum anzunehmen. Im übrigen vgl. zu „oberste Verwaltungsbehörde" § 9 Anm. 14.

4. Die Amtsdauer wird, wenn der Rentenausschuß eine selbständige Reichsbehörde und sein Vorsitzender bzw. Stellvertreter bei ihm im Hauptamt tätig ist, eine unbeschränkte sein, also auf die Lebenszeit sich erstrecken. Bekleidet er jedoch bereits ein Hauptamt und wird nur im Nebenamt zum Vorsitzenden oder Stellvertreter eines Rentenausschusses ernannt, so wird die Übertragung dieses Nebenamtes lediglich für die Dauer des Hauptamtes erfolgen.

5. Unter Bezügen ist das mit dem Amte verbundene Diensteinkommen (Gehalt und Wohnungsgeldzuschuß) zu verstehen.

6. In welcher Weise die Verpflichtung zu erfolgen hat, ist im Gesetz nicht vorgesehen, wird vielmehr durch eine Ausführungsbestimmung im Sinne des § 97 RVO. und des § 8 der Verordnung betreffend den Geschäftsgang und das Verfahren des RVA. v. 19. Oktober 1900 (RGBl. S. 983) zu regeln sein. Danach geschieht die Verpflichtung durch den Staatssekretär des Innern mittels Handschlags an Eides statt.

Abweichend von § 129 Abs. 2 werden die Beisitzer auf die „gewissenhafte" Erfüllung ihrer Pflichten verpflichtet (§ 139 Abs. 1).

„Vor Antritt des Amtes" bedeutet soviel wie „vor ihrer ersten Dienstleistung" im § 97 RVO. Etwa vor diesem Zeitpunkt vorgenommene Diensthandlungen sind unwirksam.

7. Reichsbeamte sind alle Beamten, welche entweder vom Kaiser oder in seinem Namen bzw. mit seiner Ermächtigung angestellt werden. Staatsbeamte dagegen sind die vom Landesherrn (Landesregierung) oder in dessen (deren) Namen bzw. mit dessen (deren) Ermächtigung angestellten Beamten (vgl. auch oben Anm. 2 zu § 102).

8. Die Bestimmung über die Dienstgewalt der im Hauptamt vorgesetzten Dienstbehörde

ist aus § 81 IVG. übernommen. Bei der Kommissionsberatung des IVG. wurde hierzu ausgeführt, daß man einen Staatsbeamten, wenn er das Amt des Vorsitzenden führt, in disziplinarer Hinsicht nicht gleichsam zerstückeln könne, er solle keiner anderen Dienstaufsicht unterliegen wie derjenigen der ihm im Hauptamt vorgesetzten einzelstaatlichen Behörde (vgl. Landmann, S. 534 Anm. 6).

9. Da entgegen z. B. § 104 Abs. 2 IVG. nichts davon gesagt ist, daß der Vorsitzende oder sein Stellvertreter aus der Zahl der öffentlichen Beamten ernannt werden, noch daß sie die Befähigung zum Richteramt oder zum höheren Verwaltungsdienst haben müssen, so können auch andere Personen mit diesen Ämtern betraut werden. In Aussicht genommen ist jedoch die Ernennung „unparteiischer Beamten" zu Vorsitzenden der Rentenausschüsse (vgl. Kom.-Ber.). Mit Rücksicht auf die namentlich für die erste Zeit der Wirksamkeit des Gesetzes zu erwartende geringe Tätigkeit der Rentenausschüsse wird die Ernennung des Vorsitzenden im Nebenamte voraussichtlich zunächst die Regel bilden; es kommen daher als Vorsitzende wie bei den bisherigen Schiedsgerichten für Arbeiterversicherung insbesondere wohl Richter, Regierungsräte und Regierungsassessoren in Betracht.

Befugnisse.

§ 130. *Der Vorsitzende leitet*[1] *die Geschäfte des Rentenausschusses.*[2]

E. I. § 133.
E. II. § 131.
RVO. —

1. Die Leitung erstreckt sich auf den ganzen Geschäftsbetrieb des Rentenausschusses, insbesondere also auch auf die Anberaumung der Sitzungen, die Beiziehung der Beisitzer (§ 131) und die Verhandlungsleitung in den Sitzungen (vgl. §§ 252 ff.).

2. Die Geschäfte des Rentenausschusses sind insbesondere in den §§ 12, 13, 33, 46, 68, 69, 76, 79, 85, 122, 124, 137, 210, 211, 212, 215, 216, 229—269, 313, 322, 347 u. 382 näher bezeichnet.

Beisitzer.

Versicherungsvertreter.

§ 131.[1] *In den vom Gesetze bestimmten Fällen*[2] *sind als Beisitzer des Rentenausschusses*[3] *Versiche-*

rungsvertreter[4] *beizuziehen; in anderen Fällen können Beisitzer zugezogen werden, soweit das Gesetz nichts anderes bestimmt.*[5]

Sie werden je zur Hälfte[6] *aus den versicherten Angestellten und aus ihren Arbeitgebern entnommen.*

Bei richterlichen Entscheidungen,[7] *insbesondere*[8] *in den Fällen der §§ 12, 13, § 122 Nr. 1, 2, §§ 210, 211, § 215 Abs. 3, §§ 216, 347,*[9] *dürfen als Beisitzer nur Männer mitwirken.*[10]

E. I. § 134.
E. II. § 132.
RVO. § 40 (47).

1. Die §§ 131—140 sind in Anlehnung an die §§ 40—54 u. 71—76 RVO. den §§ 61—64 IVG. nachgebildet.

2. Die vom Gesetz bestimmten Fälle sind mannigfach. Einerseits betreffen sie die in den §§ 122, 124, 125 enthaltenen Obliegenheiten des Rentenausschusses, insbesondere: Feststellung und Anweisung von Ruhegeld oder Rente, Entziehung und Einstellung von Ruhegeld oder Rente, Vorbereitung der Einleitung oder Entziehung des Heilverfahrens sowie der Entziehung von Ruhegeld oder Witwenrente, Auskunftserteilung über die Angestelltenversicherung, soweit nicht nach § 240 der Vorsitzende des Rentenausschusses allein zu entscheiden hat. Andererseits beziehen sie sich auf die Befreiung von der Versicherungspflicht (§§ 12, 13), Beschlußfassung über Wahlablehnung (§ 137), Beitragsstreitigkeiten (§§ 210, 211), auf Überwachungsmaßregeln (§§ 215 Abs. 3, 216), Bestrafung wegen Verfälschung der Versicherungskarten u. a. (§ 347).

3. Der Ausdruck „Beisitzer" des Rentenausschusses stimmt mit der Bezeichnung der Laienvertreter im Gewerbegerichts- und Kaufmannsgerichtsgesetz, in dem IVG., KVG., UVG., sowie in der RVO. überein. Dagegen ist der Name „Versicherungsvertreter" erst durch die RVO. neu eingeführt. Die Beisitzer sind übrigens im Sinne der Strafvorschrift des § 349 nicht Mitglieder des Rentenausschusses.

4. Trotz der aus Anm. 3 sich ergebenden Gleichheit in der Bezeichnung bestehen Unterschiede zwischen den Versicherungsvertretern der RVO. und des AVG.

5. Die Worte „in anderen Fällen können Beisitzer zugezogen werden, soweit das Gesetz nichts anderes bestimmt" sind erst in der dritten Lesung des Reichstagsplenums hinzugekommen (Sten. Ber.). Sie bedeuten, daß Beisitzer des

Rentenausschusses auch zu Aufgaben, welche in dem Gesetz nicht bestimmt sind, herangezogen werden dürfen, es sei denn, daß das Gesetz selbst dies verbietet, z. B. bei den der Entscheidung des Vorsitzenden vorbehaltenen Geschäften, nämlich wenn es sich handelt um Ruhegeld wegen Vollendung des gesetzlichen Alters, um Leibrente, um Hinterbliebenenrente, um Abfindung oder um Erstattung (vgl. §§ 240, 251).

6. Durch die Bestimmung „je zur Hälfte" soll die im Interesse des sozialen Friedens wünschenswerte Gleichberechtigung der versicherten Angestellten mit den Arbeitgebern gewahrt werden.

7. Die richterlichen Entscheidungen ergehen in der Regel auf Grund einer mündlichen Verhandlung, zu welcher je ein Versicherungsvertreter der Arbeitgeber und der versicherten Angestellten als Beisitzer in der vom Vorsitzenden bestimmten Reihenfolge zuzuziehen ist (vgl. §§ 251, 254). Die richterlichen Funktionen des Rentenausschusses sind nicht unbedeutend. Insbesondere gehört hierher die Feststellung der Rentenansprüche (§ 122). Diese Feststellung vollzieht sich in einem dem gerichtlichen nachgebildeten Verfahren; es werden Zeugen und Sachverständige eidlich vernommen und der Rechtskraft fähige Entscheidungen gefällt (vgl. §§ 253 ff.). Aber auch in sonstigen Fällen behandelt das Gesetz die Tätigkeit des Rentenausschusses als eine richterliche, denn es heißt im § 123 Abs. 1 ausdrücklich: „Der Rentenausschuß ist Organ der Reichsversicherungsanstalt und hat die Eigenschaft einer öffentlichen Behörde. Er ist jedoch bei seiner Beschlußfassung nach § 122 Nr. 1, 2 an Weisungen der Reichsversicherungsanstalt nicht gebunden." Der Rentenausschuß übt also gegenüber der Reichsversicherungsanstalt ebenso wie gegenüber dem Angestellten, der ein Ruhegeld nachsucht, richterliche Funktionen aus (Sten. Ber.).

8. Insbesondere bedeutet, daß die Fälle der richterlichen Entscheidungen hier nicht erschöpfend aufgezählt sind, z. B. fehlt die Beschlußfassung über die Zulässigkeit einer Wahlablehnung (§ 137 Abs. 1).

9. Über den Inhalt der hier aufgeführten Paragraphen vgl. oben Anm. 2.

10. Der Abs. 3 ist erst in der 3. Lesung des Reichstagsplenums in das Gesetz eingefügt worden (Sten. Ber. S. 8337). Er will verhüten, daß der bisher im Deutschen Reich fast ausnahmslos aufrecht erhaltene Grundsatz, wonach das weibliche Geschlecht von der aktiven Rechtsprechung ausgeschlossen ist, durchbrochen wird, und die Übereinstim-

mung mit der RVO. herstellen, nach welcher Frauen zur Verwaltung, nicht aber zur Rechtsprechung herangezogen werden dürfen.

Zahl der Versicherungsvertreter.

§ 132. *Die Zahl der Versicherungsvertreter*[1] *beträgt mindestens zwanzig;*[2] *sie kann vom Rentenausschusse mit Genehmigung des Schiedsgerichts sowie von diesem nach Anhören des Rentenausschusses*[3] *erhöht werden.*[4]

Ein Versicherungsvertreter darf nicht zugleich Beisitzer bei einem Schiedsgericht oder bei dem Oberschiedsgerichte sein.[5]

E. I. § 135.
E. II. § 133.
RVO. § 41 (48).

1. Im Entwurf begann der Paragraph mit den Worten: „Ihre Zahl". Erst in der 3. Lesung des Reichstagsplenums ist die jetzige Fassung: „Die Zahl der Versicherungsvertreter", welche lediglich eine redaktionelle Änderung darstellt, zustande gekommen (Sten. Ber.).

2. Die Mindestzahl der Beisitzer auf dem Gebiete der Sozialversicherung ist verschieden bemessen. Während sie im IVG. (§§ 61 u. 82) acht betrug, ist sie in der RVO. entsprechend dem vergrößerten Aufgabenkreis bei den Versicherungsämtern (§ 41) auf zwölf und bei den Oberversicherungsämtern (§ 71) auf vierzig festgesetzt. Da die Rentenausschüsse mehr Aufgaben als die Versicherungsämter, aber voraussichtlich weniger umfangreiche Bezirke als die Oberversicherungsämter zugewiesen erhalten, so ist im AVG. eine Mindestzahl von „zwanzig" Beisitzern, welche nach § 131 aus je zehn Vertretern der Arbeitgeber und der versicherten Angestellten sich zusammensetzt, vorgesehen (vgl. hierzu § 126 Anm. 5).

3. Aus den Worten „Genehmigung (d. h. nachträgliche Zustimmung s. oben Anm. 3 zu § 124 S. 351) des Schiedsgerichts" und „nach Anhören des Rentenausschusses" geht hervor, daß die eigentliche Entscheidung sowohl dem Rentenausschuß wie dem Schiedsgericht zusteht.

4. Die Bestimmung „sie kann ... erhöht werden" will entsprechend der Vorschrift in den §§ 41 u. 71 RVO. dem bei der Durchführung des Gesetzes sich herausstellenden Bedürfnis nach mehr Beisitzern Rechnung

tragen. Dabei wird von folgenden Erwägungen auszugehen sein: Auf der einen Seite muß ihre Zahl groß genug sein, damit der einzelne Versicherungsvertreter nicht zu häufig für diese ehrenamtliche Tätigkeit herangezogen und von seiner Berufsarbeit ferngehalten wird; auf der anderen Seite darf die Zahl nicht zu groß werden, damit der einzelne Versicherungsvertreter nicht zu selten an Sitzungen teilnimmt und sich daher überhaupt nicht einarbeitet (vgl. Begr. z. RVO.).

5. Die Vorschrift „nicht zugleich“ erklärt sich daraus, daß das Schiedsgericht bzw. Oberschiedsgericht für die Berufung bzw. Revision gegen Bescheide des Rentenausschusses zuständig, also den Rentenausschüssen in dieser Hinsicht übergeordnet sind (§§ 270, 281). In zwei gleichgeordneten Behörden, also zwei verschiedenen Rentenausschüssen kann jemand dagegen zugleich Beisitzer sein, z. B. ein Arbeitgeber, der in Berlin und Dessau je eine Fabrik betreibt, und abwechselnd hier oder dort wohnt, also einen im BGB. § 7 zugelassenen doppelten Wohnsitz hat, kann an beiden Orten als Beisitzer eines Rentenausschusses tätig sein. Vgl. hierzu auch § 160 Anm. 8.

Wahl aus den Vertrauensmännern.

§ 133. *Die Beisitzer aus den Arbeitgebern werden von den Arbeitgebervertretern unter den Vertrauensmännern, die übrigen von den Angestelltenvertretern unter den Vertrauensmännern in schriftlicher Abstimmung*[1] *gewählt.*[2]

Wahlberechtigt[3] *sind die Vertrauensmänner, die im Bezirke*[4] *des Rentenausschusses wohnen.*[5]

E. I. § 136.
E. II. § 134.
RVO. —

1. Die Worte „in schriftlicher Abstimmung“ sind in der 2. Lesung des Reichstagsplenums hinzugefügt worden, um § 133 mit § 149 in Einklang zu bringen, wo ebenfalls die schriftliche Abstimmung vorgeschrieben ist. Es soll dadurch verhindert werden, daß die Wahl mündlich z. B. nach dem System des preußischen Landtagswahlrechts ausgeübt werden kann. Mit „schriftlich“ ist nicht „handschriftlich“ gemeint, vielmehr wird dadurch auch das Druckverfahren getroffen, so daß also Stimmzettel gültig sind, die entweder schriftlich oder mit Druck hergestellt sind. (Sten.

Ber.). Ein weitergehender Antrag, hier auch die geheime Wahl einzuführen, ist ebenso wie zu den §§ 109 u. 149 abgelehnt worden. Dagegen ist die geheime Wahl für die Ersatzkassen vorgeschrieben (§ 378 Abs. 1). Vgl. auch Anm. 2 zu § 109 und Anm. 2 zu § 149.

2. Die Arbeitgebervertreter unter den Vertrauensmännern werden ihrerseits von den Arbeitgebern der versicherten Angestellten, die Angestelltenvertreter unter den Vertrauensmännern von den versicherten Angestellten nach den Grundsätzen der Verhältniswahl gewählt (§§ 146, 147).

3. Wahlberechtigt bedeutet „zum Wählen berechtigt", also das aktive Wahlrecht ausüben, im Gegensatz zu wählbar, d. h. zum Gewähltwerden geeignet, also das passive Wahlrecht besitzen.

4. Über „Bezirke" des Rentenausschusses vgl. oben Anm. 4 und 5 zu § 126.

5. Was unter „Wohnen" zu verstehen ist, läßt sich aus dem Gesetz oder seiner Begründung nicht entnehmen. Das BGB. und die Justizgesetze kennen für die örtlichen Beziehungen der Menschen die Bezeichnungen „Wohnsitz, Wohnort oder Aufenthaltsort und gewerbliche Niederlassung" mit folgender Unterscheidung:

a) „Wohnsitz" ist der räumliche Mittelpunkt der häuslichen und bürgerlichen Lebenstätigkeit einer Person, an dem sie sich ständig, d. h. mit der Absicht dort zu bleiben und mit der rechtlichen Fähigkeit zur Ausführung dieser Absicht niederläßt (vgl. BGB. § 7 und Dernburg, Das bürgerliche Recht, 3. Aufl. Berlin 1906, Bd. I, S. 155);

b) „Wohnort" oder „Aufenthaltsort" bedeutet den Ort, an welchem eine Person tatsächlich längere Zeit verweilt, ohne Rücksicht darauf, ob sie die Anwesenheit daselbst will oder sich auch nur dieser Anwesenheit bewußt ist (vgl. JW. Berlin 1892, S. 416 Nr. 3 und Planck, BGB., 3. Aufl. 1903 zu § 7, Bd. I, S. 69);

c) „Gewerbliche Niederlassung" ist eine von dem Wohnsitz verschiedene ständige Niederlassung für einen begrenzten gewerblichen oder geschäftlichen Zweck (vgl. Staudinger, Komm. z. BGB., 5./6. Aufl., Bd. I, S. 64 Anm. II [2]).

Danach kann der Wohnort mit dem Wohnsitz identisch sein, er braucht es aber nicht zu sein. Im AVG. im allgemeinen und vorliegendenfalls im besonderen wird man nach dem Muster anderer mit der Sozialgesetzgebung zusammenhängender Gesetze, z. B. Gew. O. §§ 14, 42 b, 55, 57 b, 59, 61 u.

RVO. §§ 219, 1637, 1677, 1774, 1781 die Identität anzunehmen haben, zumal § 136 Abs. 1 nach dem Vorbild der RVO. nur zwischen „wohnen" und „beschäftigt sein" unterscheidet.

Wählbarkeit.

§ 134. *Die §§ 111—114* [1] *gelten entspechend.* [2]

Bei Streit über die Wahl [3] *entscheidet die oberste Verwaltungsbehörde,* [4] *in deren Bezirk der Rentenausschuß seinen Sitz* [5] *hat.*

E. I. § 137.
E. II. § 135.
RVO. § 45 (53).

1. Gemäß den §§ 111—114 findet die Wahl nach den Grundsätzen der Verhältniswahl auf Grund einer vom Reichskanzler (Reichsamt des Innern) zu erlassenden Wahlordnung im wesentlichen mit der Maßgabe statt, daß für jeden Vertreter mindestens zwei Ersatzmänner gewählt werden, sowie daß nur volljährige, im Besitze der bürgerlichen Ehrenrechte befindliche und in der Verfügung über ihr Vermögen nicht beschränkte Deutsche beiderlei Geschlechts wählbar sind, und zwar als Vertreter der Arbeitgeber, wer regelmäßig mindestens einen versicherten Angestellten beschäftigt, als Vertreter der Versicherten dagegen Versicherte, die nicht als Vertreter der Arbeitgeber wählbar sind.

2. Der Entwurf brachte im Anschluß an den jetzigen Abs. 1 die Bestimmung: „jedoch sind nur Männer wählbar". Diese Vorschrift ist zwecks Herbeiführung einer Übereinstimmung mit dem auch in der RVO. § 12 usw. durchgeführten aktiven und passiven Frauenwahlrecht vom Reichstagsplenum in der 3. Lesung beseitigt (Sten. Ber.) und an ihrer Stelle der die Tätigkeit der Frauen auf dem Gebiete der Rechtsprechung ausschließende Abs. 3 zu § 131 neu eingefügt worden (vgl. Anm. 10 zu § 131 u. Kom.-Ber.).

3. Was unter „Streit über die Wahl" zu verstehen ist, erläutert Anm. 6 zu § 111.

4. Die oberste Verwaltungsbehörde wird in den einzelnen deutschen Bundesstaaten eine verschiedene sein, da ihre Zuständigkeit von dem Bezirk abhängt, für welchen ein Rentenausschuß errichtet ist. An sich ist darunter die Landeszentralbehörde (Ministerium) zu verstehen (vgl. § 9 Anm. 14).

5. Sitz und Bezirk des Rentenausschusses sind nicht identisch (vgl. oben Anm. 4 u. 5 zu § 126).

Besondere Eigenschaften der Versicherungsvertreter.

§ 135. *Die Versicherungsvertreter sollen*[1] *mindestens je zur Hälfte am Sitze des Rentenausschusses selbst oder nicht über zehn Kilometer*[2] *entfernt wohnen oder beschäftigt sein.*[3] [4]

Bei der Wahl sollen die hauptsächlichen Berufszweige und die verschiedenen Teile des Bezirkes berücksichtigt werden.[5]

Der Bundesrat kann darüber Besonderes oder Abweichendes bestimmen.

E. I. § 138.
E. II. § 136.
RVO. § 49 (57).

1. Die Vorschrift stellt wie die entsprechende aus dem § 62 Abs. 3 IVG. hervorgegangene Bestimmung des § 49 RVO. eine Soll- und keine Mußvorschrift dar. Sie wird sich z. B. nicht durchführen lassen, wenn die Mehrzahl der Versicherungsvertreter eines Rentenausschußbezirkes in bergbaulichen oder landwirtschaftlichen Betrieben wohnen oder beschäftigt sind, die in größerer Entfernung von einer zum Sitze des Rentenausschusses bestimmten Stadt liegen, was insbesondere bei ausgedehnten Landkreisen vorkommen kann (vgl. Begr. z. RVO.).

2. Der Zehnkilometerumkreis ist in Übereinstimmung mit § 49 RVO. gewählt.

3. Wohnen oder beschäftigt sein. Aus dem „oder" folgt, daß eins von beiden genügt. Die Worte „beschäftigt sein" betreffen selbstverständlich nur die versicherten Angestellten. Wohnort und Beschäftigungsort können, aber brauchen nicht identisch zu sein (vgl. über „Wohnort" oben Anm. 5 zu § 133).

4. Unter Beschäftigungsort ist nach Analogie der RVO. §§ 153, 154 der Ort zu verstehen, an dem die Beschäftigung tatsächlich stattfindet. Für versicherte Angestellte, die an einer festen Arbeitsstätte (Betriebs-, Dienststätte) beschäftigt werden, gilt diese als Beschäftigungsort auch während sie außerhalb für den Arbeitgeber einzelne Arbeiten von geringer Dauer ausführen. Für Beschäftigungsverhältnisse ohne feste Betriebsstätte ist als Beschäftigungsort der Sitz des Betriebes anzunehmen.

5. Die Berücksichtigung ist ebenso wie die Vorschrift im Abs. 1 nur instruktionell angeordnet.

6. Darüber, d. h. sowohl hinsichtlich des Abs. 1 wie des Abs. 2.

7. In der Befugnis, Besonderes oder Abweichendes zu bestimmen, liegt für den Bundesrat eine umfassende Ermächtigung. Er kann danach z. B. zu Abs. 1 verordnen, daß drei Viertel der Versicherungsvertreter aus den am Sitze des Rentenausschusses selbst oder im Zehnkilometerumkreise Wohnenden oder Beschäftigten zu wählen sind, nicht aber ein Drittel, da die Vorschrift des Abs. 1 gesetzlich als Mindestmaß die Hälfte festgelegt hat und der Bundesrat natürlich an die Festlegung gebunden ist. Dagegen kann der Bundesrat weiter zu Abs. 2 z. B. vorschreiben, daß einzelne Berufszweige eine bestimmte größere Anzahl von Versicherungsvertretern zu wählen haben als die übrigen Berufszweige des Bezirks.

Wahlzeit; Wahlablehnung.

§ 136. *Die §§ 115,[1] 116,[2] 119[3] gelten entsprechend.*

E. I. § 139.
E. II. § 137.
RVO. § 50 (58).

1. Der angezogene § 115 betrifft die sechsjährige Wahlzeit, die Wahldauer des Einzelnen und seine Wiederwählbarkeit.

2. § 116 handelt von den Gründen aus denen eine Wahl von vornherein oder bei erfolgter Wiederwahl abgelehnt werden kann.

3. § 119 regelt die Anzeigepflicht der Vertreter der versicherten Angestellten bei ihrer Einberufung zu Sitzungen sowie den Schutz derselben bei rechtzeitiger Anzeige gegen vorzeitige Kündigung durch den Arbeitgeber.

Beschluß über Ablehnung; Amtsentbindung.

§ 137. *Über die Zulässigkeit der Ablehnung beschließt[1] der für den Wohnort des Gewählten zuständige[2] Rentenausschuß.[3]*

Wer die Wahl ohne zulässigen Grund[4] ablehnt, kann[5] vom Vorsitzenden des Rentenausschusses mit Geldstrafe[6] bis zu fünfzig Mark bestraft werden.

Der Rentenausschuß kann einen Vertreter von seinem Amte entbinden,[7] wenn ein wichtiger Grund[8] vorliegt.

Auf Beschwerde[9] *beschließt das Schiedsgericht endgültig.*[10]

E. I. § 140.
E. II. § 138.
RVO. § 51 (59).

1. Der Beschluß ist mit Gründen zu versehen und gemäß §§ 335 f. zuzustellen, da er nach Abs. 4 mit der Beschwerde anfechtbar ist.

2. Warum der für den Wohnort zuständige Rentenausschuß mit der Beschlußfassung betraut ist, geht weder aus dem Gesetz, noch aus der Begründung oder dem Kommissionsbericht hervor. Da nach § 230 für das Verfahren vor den Rentenausschüssen der Wohnort und der Beschäftigungsort einander gleichstehen, auch § 135 Abs. 1 an sich keinen Unterschied zwischen diesen beiden, die Ortsbeziehungen der Versicherungsvertreter betreffenden Begriffen macht und endlich das Gesetz „Wohnsitz" mit „Wohnort" identifiziert, so ist anzunehmen, daß der Gesetzgeber dem „Wohnort" deshalb hier den Vorzug gibt, weil er im Gegensatz zum Beschäftigungsort den dauernden Mittelpunkt der häuslichen und bürgerlichen Tätigkeit des Versicherungsvertreters bildet (vgl. dazu oben Anm. 5 zu § 133 und Anm. 3 u. 4 zu § 135).

3. Der Rentenausschuß ist hier in voller dem § 128 entsprechenden Besetzung mit dem Vorsitzenden mindestens einem Stellvertreter und Beisitzern tätig, während nach der analogen Vorschrift des § 117 nicht der Verwaltungsrat, sondern das Direktorium entscheidet und nach Abs. 2 § 137 lediglich der Vorsitzende des Rentenausschusses in Betracht kommt.

4. Die zulässigen Gründe sind im § 116 aufgeführt, welcher nach § 136 hier entsprechend gilt.

5. Aus dem Worte „kann" folgt, daß zwar keine Strafpflicht, sondern eine, allerdings die gewissenhafte Prüfung des einzelnen Falls als selbstverständlich voraussetzende Strafbefugnis besteht.

6. Die einheitlich mit § 51 RVO. bis zu einem Höchstbetrage von 50 Mark zugelassene Geldstrafe ist keine Zwangs-, sondern lediglich eine Ordnungsstrafe (vgl. oben Anm. 5 zu § 117), und sowohl gegen Arbeitgeber wie gegen Versicherte zugelassen. Sie fließt in die Kasse der Reichsversicherungsanstalt, wird im Falle unterbliebener Zahlung wie eine Gemeindeabgabe beigetrieben (§ 359) und kann nicht in Haft umgewandelt werden; ihre Verjährung erfolgt gemäß § 361 in zwei Jahren.

7. Die Entbindung vom Amte kann vorübergehender Natur sein oder sich auf die ganze noch verbleibende Dauer der Wahlzeit beziehen, z. B. bei der Notwendigkeit einer längeren Reise ins Ausland, bei schwerer Erkrankung u. ä.

8. Über den Begriff „wichtiger Grund“ vgl. oben Anm. 2 zu § 116 u. Anm. 4 zu § 119.

9. Die Beschwerdefrist beträgt nach § 328 regelmäßig einen Monat seit Zustellung der angefochtenen Entscheidung, jedoch für Seeleute, die sich außerhalb Europas aufhalten, mindestens drei Monate von der Zustellung an gerechnet.

10. Daß das Schiedsgericht „endgültig“ beschließt, entspricht seiner im § 358 für Beschwerden gegen Strafverfügungen der Reichsversicherungsanstalt allgemein gegebenen Zuständigkeit. Über das Schiedsgericht vgl. §§ 157 ff.

Amtsenthebung.

§ 138. *Werden von einem Versicherungsvertreter*[1] *Tatsachen*[2] *bekannt, die seine Wählbarkeit*[3] *ausschließen oder eine grobe Verletzung seiner Amtspflicht*[4] *darstellen, so enthebt der Vorsitzende ihn*[5] *seines Amtes.*[6]

Auf Beschwerde beschließt das Schiedsgericht endgültig.[7]

E I. § 141.
E. II. § 139.
RVO. § 52 (60).

1. Versicherungsvertreter bedeutet hier soviel wie zum Beisitzer „gewählter“ Vertreter der Arbeitgeber oder der versicherten Angestellten.

2. Es müssen Tatsachen sein, also erweisliche Umstände, bloße Vermutungen genügen hier ebensowenig wie bei der entsprechenden Bestimmung der §§ 120 u. 154. Die Umstände können vor oder nach der Wahl eingetreten sein.

3. Über die Voraussetzungen der Wählbarkeit vgl. oben §§ 112—114.

4. Als grobe Verletzung der Amtspflicht kommt ebenso wie bei der entsprechenden Bestimmung des § 52 RVO. lediglich ein erheblicher Verstoß gegen das Gesetz oder die Geschäftsordnung überhaupt nur eine materiell schwerwiegende Pflichtverletzung in Betracht, nicht

aber z. B. geringfügige Verspätung bei einer Sitzung oder eine ähnliche leichte Verschuldung (vgl. Kom.-Ber. z. RVO.).

5. Im Entwurf befand sich hinter „ihn" das Wort „vorläufig". Die Reichstagskommission hat dieses Wort gestrichen (Kom.-Ber.).

6. Die Enthebung vom Amte ist entsprechend der Vorschrift des § 52 RVO. geregelt. Es ist zu unterscheiden, aus welchem Grunde die Enthebung erfolgt. Geschieht sie beim Bekanntwerden von Tatsachen, welche die Wählbarkeit ausschließen, so hat sie eine rein formelle Bedeutung, das Amt erlischt ohne weiteres, sobald während der Wahlzeit die Voraussetzungen der Wählbarkeit fortfallen. Wird dagegen die Amtsenthebung wegen grober Verletzung der Amtspflicht angeordnet, so hat sie konstitutive Wirkung, d. h. sie tritt erst mit der Zustellung der Enthebungsverfügung ein (§§ 335, 336).

7. Die endgültige Beschlußfassung des Schiedsgerichts als Beschwerdeinstanz entspricht dem Abs. 2 § 137 (vgl. daselbst Anm. 9 u. 10).

Pflichterfüllung; Geldstrafen.

§ 139.[1] *Der Vorsitzende verpflichtet die Versicherungsvertreter vor ihrer ersten Dienstleitsung auf die gewissenhafte[2] Erfüllung ihrer Pflichten.*

Der Vorsitzende kann[3] gegen einen Vertreter, der sich der Erfüllung seiner Pflichten entzieht,[4] eine Geldstrafe[5] bis zu dreißig Mark und im Wiederholungsfalle[6] bis zu einhundert Mark verhängen. Er hat[7] die Strafe zurückzunehmen, wenn nachträglich eine genügende Entschuldigung nachgewiesen wird.[8]

Auf Beschwerde beschließt das Schiedsgericht endgültig.[9]

E. I. § 142.
E. II. § 140.
RVO. § 53 (61).

1. Die beiden ersten Absätze dieses Paragraphen sind wörtlich aus § 53 RVO. übernommen, welcher seinerseits wiederum auf den §§ 61—64 Abs. 2, § 90 Abs. 2 IVG. beruht.

2. Im Gegensatz zu § 129 erfolgt die Verpflichtung hier auf die gewissenhafte Erfüllung der Pflichten (vgl. hierzu Anm. 6 zu § 129).

3. Über die Bedeutung des Wortes „kann" vgl. Anm. 5 zu § 137.

4. Notwendig ist eine Entziehung von der Pflichterfüllung, eine bloß vorübergehende Abwesenheit oder Verspätung genügt nicht.

5. Die Geldstrafe ist wie in den §§ 117 u. 137 eine Ordnungs- und keine Zwangsstrafe (vgl. Anm. 5 zu § 117 u. Anm. 6 zu § 137).

6. Der Wiederholungsfall wird in der Regel der zweite Fall sein, denn eine mehr als zweimalige unentschuldigte Entziehung während derselben Wahlperiode wird als grobe Verletzung der Amtspflicht anzusehen sein und demgemäß die Amtsenthebung nach § 138 zur Folge haben.

7. Er hat, d. i. eine Mußvorschrift im Gegensatz zur Kannvorschrift des Abs. 2 Satz 1.

8. Für die nachträgliche Entschuldigung genügt nach der zu der analogen Ordnungsvorschrift im § 381 ZPO. ergangenen Rechtsprechung des RG. die Glaubhaftmachung der Entschuldigungsgründe, selbst diese ist aber nicht unbedingt erforderlich; bei Krankheitsfällen ist ein ärztliches oder gar ein kreisärztliches Attest in der Regel nicht notwendig (vgl. Entsch. d. RG. in Ziv.-S., Bd. 54, S. 430 u. Bd. 56, S. 79).

9. Über die endgültige Entscheidung des Schiedsgerichts vgl. Anm. 9 u. 10 zu § 137.

Ehrenamt; Entschädigungen.

§ 140.[1] *Die Versicherungsvertreter verwalten ihr Amt unentgeltlich als Ehrenamt.*[2]

Die Reichsversicherungsanstalt[3] *erstattet ihnen*[4] *ihre baren Auslagen*[5] *und zahlt ihnen als Entschädigung für Zeitverlust*[6] *oder für entgangenen Arbeitsverdienst*[7] *einen Pauschbetrag,*[8] *den der Reichskanzler*[9] *festsetzt.*

E. I. § 143.
E. II. § 141.
RVO. § 54 (62).

1. Vgl. hierzu §§ 118 u. 155.

2. Das Ehrenamt entsteht durch die Wahl, ohne daß es besonders angenommen zu werden braucht und endigt durch den Ablauf der Wahlzeit (§§ 115, 136), durch den Wegfall der Wählbarkeit oder die Amtsenthebung wegen grober Pflichtverletzung (§ 138) sowie durch den Tod des Gewähl-

ten. Der Gewählte ist nicht Beamter oder Reichsbeamter, weder im Sinne des StGB. noch nach Maßgabe des Reichsbeamtengesetzes (vgl. Anm. 2 zu § 102), seine amtliche Tätigkeit unterliegt lediglich den Vorschriften dieses Gesetzes (vgl. z. B. die Strafvorschriften in §§ 349 ff.).

3. Die Reichsversicherungsanstalt erstattet die Auslagen usw. als Träger der Versicherung (§ 96).

4. Unter „ihnen" sind die Versicherungsvertreter zu verstehen. Entsprechend dem Vorbilde des Gewerbegerichtsgesetzes und des Kaufmannsgerichtsgesetzes sind die als Beisitzer gewählten Vertreter der Arbeitgeber und der versicherten Angestellten gleichmäßig behandelt; sie erhalten Ersatz ihrer Barauslagen und als Entschädigung einen Pauschbetrag, so daß es also keines Nachweises im einzelnen Falle bedarf (vgl. Begr. z. RVO.).

5. Zu den baren Auslagen gehören insbesondere die Reise- und Verpflegungskosten; für sie ist die Festsetzung eines Pauschbetrages ausgeschlossen.

6. Die Entschädigung für Zeitverlust betrifft in erster Linie eine Vergütung für die Vornahme einzelner Amtshandlungen, z. B. die Teilnahme an Sitzungen.

7. Die Entschädigung für entgangenen Arbeitsverdienst setzt voraus, daß der Versicherungsvertreter tatsächlich Arbeitsverdienst eingebüßt hat.

8. Der Pauschbetrag soll bei den Arbeitgebern den Zeitverlust, bei den versicherten Angestellten den entgangenen Arbeitsverdienst im Durchschnitt decken (vgl. Begr. z. RVO.). Die Zubilligung einer festen, für die Gesamttätigkeit innerhalb bestimmter Zeitabschnitte zu bemessenden Vergütung ist zulässig, sofern dadurch der Charakter des Ehrenamts nicht beeinträchtigt wird (vgl. Isenbart und Spielhagen, Komm. z. IVG. § 92 Anm. 2 S. 580).

9. Während hier der Reichskanzler den Pauschbetrag festsetzt, steht die Befugnis zum Erlaß näherer Bestimmungen über die Entschädigung der ebenfalls unentgeltlich im Ehrenamt tätigen Vertrauensmänner der Reichsversicherungsanstalt zu (vgl. Anm. 4 zu § 155).

Hilfsbeamte.

Charakter; Bestellung.

§ 141.[1] *Die Hilfsbeamten des Rentenausschusses sind Beamte*[1a] *der Reichsversicherungsanstalt;*[2] *sie werden durch die Reichsversicherungsanstalt nach An-*

hören[3] *des Vorsitzenden des Rentenausschusses*[4] *bestellt.*

E. I. § 144.
E. II. § 142.
RVO. —

1. Die Zahl der ständigen Beamten des Rentenausschusses hängt von dem Umfang der ihnen obliegenden Geschäfte, insbesondere davon ab, ob ihnen gemäß § 124 die Überwachung der Ruhegeldempfänger, sowie noch weitere Aufgaben übertragen werden. Für die erste Zeit nach dem Inkrafttreten des Gesetzes ist eine solche Übertragung nicht beabsichtigt (vgl. Anm. 2 zu § 124), vielmehr eine erhebliche Beschränkung ihrer Zahl vorgesehen (Begr.), es wird daher zunächst kaum zur Einstellung von Hilfsbeamten kommen.

1a. Sie sind Beamte, also Bureau-, Kanzlei- oder Unterbeamte (§ 104) und im Sinne des § 349 Angestellte.

2. Da die Hilfsbeamten des Rentenausschusses Beamte der Reichsversicherungsanstalt sind, so haben sie nach §§ 104, 102 die Rechte und Pflichten der Reichsbeamten (vgl. Anm. 2 zu § 102), ihr Diensteinkommen (Gehalt und Wohnungsgeldzuschuß) wird durch die Reichsversicherungsanstalt als der mit der Finanzverwaltung betrauten Trägerin der Versicherung festgesetzt und ausgezahlt bzw. zur Zahlung angewiesen.

3. Durch das vorgeschriebene Anhören soll dem Vorsitzenden des Rentenausschusses eine Mitwirkung bei ihrer Bestellung insofern gewährt werden, als er Wünsche für die Bestellung geltend machen oder Bedenken gegen eine beabsichtigte Bestellung erheben kann.

4. Über den Vorsitzenden des Rentenausschusses vgl. §§ 129, 130.

Kosten.

Kostentragung.

§ 142. *Sämtliche Kosten der Rentenausschüsse*[1] *trägt die Reichsversicherungsanstalt.*[2]

E. I. § 145.
E. II. § 143.
RVO. —

1. Die Kosten der Rentenausschüsse werden entsprechend der Vorschrift des § 107 in persönliche und sachliche Verwaltungskosten zu trennen sein. Vgl. auch

Anm. 1 zu § 107 und Anm. 1 zu § 167. Über die Kosten des Verfahrens vgl. §§ 311, 312.

2. Die hier getroffene Bestimmung über die Kostentragung durch die Reichsversicherungsanstalt hängt damit zusammen, daß der Reichsversicherungsanstalt die gesamte Finanzverwaltung obliegt und sie der Träger der Versicherung ist (vgl. § 96).

4. Vertrauensmänner.

Vorbemerkung.

Die Vertrauensmänner stellen ein örtliches Bindeglied zwischen dem Rentenausschuß auf der einen und Versicherten sowie Arbeitgebern auf der anderen Seite bei der Erledigung einer Reihe von Aufgaben dar. Aus ihnen werden die Beisitzer im Rentenausschuß, Schiedsgericht und Oberschiedsgericht sowie die nichtbeamteten Mitglieder des Verwaltungsrats und Direktoriums entnommen. Die Mitwirkung derartiger vom Rentenausschusse erforderlichenfalls mit Weisung zu versehenden örtlichen Stellen wird insbesondere zunächst während der für die erste Zeit der Wirksamkeit des Gesetzes in Aussicht genommenen erheblichen Einschränkung der Anzahl der Rentenausschüsse bei deren Verwaltungsaufgaben und im übrigen bei der Vorbereitung des Feststellungsverfahrens in Betracht kommen (§§ 122, 124, 125, 131). Auch bei der Hypothekenbelegung des Vermögens der Reichsversicherungsanstalt (§§ 220 ff.) werden die Vertrauensmänner wertvolle Dienste leisten können. Ihre Mitwirkung wird sich insbesondere auf die Entgegennahme von Hypothekenanträgen, Begutachtung derselben, Auskunftserteilung über die Hypothekensucher, Vorschläge für die Bestellung von Taxatoren u. dgl. zu erstrecken haben. Da die Inanspruchnahme der Vertrauensmänner demnach voraussichtlich eine vielseitige werden und häufig eintreten wird, ist in Aussicht genommen, sie zu Ortsausschüssen zusammenzuschließen, die ihre Geschäfte auf Grund einer von der Reichsversicherungsanstalt aufzustellenden Geschäftsordnung erledigen können. (Vgl. Begr.).

Zu Vertrauensmännern können auch weibliche Personen gewählt werden (§ 152). Ein mit Rücksicht hierauf in der Reichstagskommission gestellter Antrag, statt des Wortes „Vertrauensmänner" den Ausdruck „Vertrauenspersonen" zu setzen, wurde zurückgezogen. Denselben negativen Erfolg hatte in der Kommission ein die Ausschaltung der Vertrauensmänner bezweckender Antrag, nachdem ein Regierungsvertreter erklärt hatte, daß auf deren Beibehaltung entschieden Wert gelegt werden müsse, da durch sie entsprechend den Wünschen der interessierten Kreise eine möglichst große Mitwirkung der Beteiligten gewährleistet sei. (Vgl. Kom.-Ber.).

Aufgabe.

§ 143. *Die Vertrauensmänner*[1] *wählen die Beisitzer für die Rentenausschüsse,*[2] *für die Schiedsgerichte,*[3] *für das Oberschiedsgericht*[3] *und für den Verwaltungsrat.*[4] [5]

E. I. § 146.
E. II. § 144.
RVO. —

1. Die Vertrauensmänner setzen sich zusammen aus Versicherten, welche nicht Arbeitgeber sind, und aus Arbeitgebern der versicherten Angestellten beiderlei Geschlechts; sie gehen aus Wahlen hervor (§§ 146 ff).

2. Über die Beisitzer für die Rentenausschüsse vgl. §§ 131 ff.

3. Die Bestimmungen über die Beisitzer des Schieds- bezw. Oberschiedsgerichts sind in den §§ 157 ff. bezw. 162 ff. enthalten.

4. Aus den Beisitzern des Verwaltungsrats (§§ 108 ff.) werden die nichtbeamteten Mitglieder des Direktoriums gewählt (§§ 100, 103).

Der Ausdruck Beisitzer des Verwaltungsrats ist übrigens nicht ganz zutreffend, da die §§ 108 ff. nur von „Mitgliedern" des Verwaltungsrats sprechen.

5. Die Vorschrift des § 143 in Verbindung mit §§ 100, 103 zeigt, daß die beteiligten Laienvertreter in sämtlichen rechtsprechenden und verwaltenden Behörden der Angestelltenversicherung mitwirken.

Weitere Obliegenheiten.

§ 144. *Den Vertrauensmännern können*[1] *vom Rentenausschusse bestimmte Obliegenheiten übertragen werden.*[2] *Sie sollen*[3] *auch ohne Auftrag*[4] *alle ihnen bekanntgewordenen Tatsachen*[5] *mitteilen, die nach ihrer Ansicht für den Rentenausschuß oder die Reichsversicherungsanstalt wichtig*[6] *sind.*

E. I. § 147.
E. II. § 145.
RVO. —

1. Können bedeutet, daß die Übertragung fakultativ, also in das pflichtgemäße Ermessen des Rentenausschusses gestellt ist.

2. Die Obliegenheiten der Rentenausschüsse sind mannigfach (vgl. Anm. 1 u. 2 zu § 122). Sie erstrecken sich insbesondere neben der Feststellung, Anweisung, Entziehung und Einstellung der Versicherungsleistungen auf die Entgegennahme von Anträgen betr. die Einleitung eines Heilverfahrens und die Klarstellung des Sachverhalts in diesen Fällen, sowie auf die Auskunftserteilung in Angelegenheiten der Angestelltenversicherung (vgl. §§ 122 ff). Sowohl bei der Erledigung dieser Obliegenheiten, wie bei der Prüfung und Klarstellung von Leistungsanträgen, deren schleunige und sachkundige Erledigung vom Sitze des Rentenausschusses wegen weiter Entfernung erschwert ist, werden die Rentenausschüsse die Mitwirkung der Vertrauensmänner nicht entbehren können. Ihre Mitwirkung wird der Reichsversicherungsanstalt und den Versicherten gleichen Nutzen bringen. Die Reichsversicherungsanstalt, der nach § 36 die Entscheidung über die Einleitung des Heilverfahrens aus finanziellen Gründen vorbehalten worden ist, würde von den für das Heilverfahren geeigneten Fällen beim Mangel ausreichender Fühlung mit den Versicherten meistens erst verspätet Kenntnis erhalten, wenn der fortgeschrittene Verlauf der Krankheit zu weit gediehen und der Erfolg des Heilverfahrens unwahrscheinlich geworden ist. Die gleichen Schwierigkeiten würden sich auch bei Durchführung des Heilverfahrens zur Wiedererlangung der Berufsfähigkeit eines Ruhegeldempfängers

ergeben (§ 36 Abs. 2). Die Vertrauensmänner können vermöge ihrer fortlaufenden genauen Kenntnis der örtlichen Verhältnisse rechtzeitig auf diese Fälle aufmerksam machen und zur Klarstellung des Sachverhalts den Rentenausschüssen die geeigneten Unterlagen geben. Die ständige Fühlung mit den Versicherten ihres Bezirks wird auch die Auskunftserteilung in den Angelegenheiten der Angestelltenversicherung durch die Vertrauensmänner wesentlich erleichtern, wobei der Rentenausschuß durch eine allgemeine Anleitung die Vertrauensmänner hierzu besonders in den Stand setzen und in Zweifelsfragen die entsprechenden Belehrungen erteilen kann (vgl. Begr.).

3. Sollen. Es ist hier lediglich eine instruktionelle Bestimmung, keine Mußvorschrift gegeben.

4. Aus den Worten „ohne Auftrag" folgt, daß die Vertrauensmänner die im ersten Satz dieses Paragraphen vorgesehenen Obliegenheiten nur auf Grund ausdrücklicher allgemeinen oder besonderen Auftragserteilung wahrnehmen dürfen.

5. Es müssen Tatsachen, also erweisliche Umstände sein, bloße Vermutungen genügen nicht (vgl. hierzu Anm. 2 zu § 120 und Anm. 2 zu § 138).

6. Ob eine Tatsache „wichtig" ist, kann nur bei verständiger und objektiver Würdigung der Begleitumstände des einzelnen Falls beurteilt werden. Es wird daher hier an die Intelligenz der Vertrauensmänner eine nicht unerhebliche Anforderung gestellt.

Wahl.

§ 145. *Die Vertrauensmänner werden je zur Hälfte*[1] *aus den Versicherten, die nicht Arbeitgeber sind*[2] *und aus den Arbeitgebern*[3] *der versicherten Angestellten gewählt.*[4]

Die Zahl beträgt für den Bezirk einer unteren Verwaltungsbehörde[5] *sechs; wohnen im Bezirke der unteren Verwaltungsbehörde mehr als zehntausend Versicherte, so kann die oberste Verwaltungsbehörde*[6] *für je angefangene weitere zehntausend die Zahl der Vertrauensmänner um zwei erhöhen.*[7]

Der obersten Verwaltungsbehörde bleibt vorbehalten, für kleinere Bezirke die Zahl der Vertrauensmänner bis auf zwei herabzusetzen oder die Bezirke mehrerer unteren Verwaltungsbehörden zu einem Bezirke zusammenzufassen[8] *und zu bestimmen, welche untere Verwaltungsbehörde die im § 149 Abs. 3, § 152 Abs. 2, § 153, § 154 Abs. 1 dieser Behörde zugewiesenen Geschäfte*[9] *wahrzunehmen hat.*

E. I. § 148.
E. II. 146.
RVO. —

1. Durch die Bestimmung „je zur Hälfte" soll die im Interesse des sozialen Friedens wünschenswerte Gleichberechtigung der versicherten Angestellten mit den Arbeitgebern gewahrt werden.

2. Die Worte „Versicherten, die nicht Arbeitgeber sind" hat erst das Reichstagsplenum in der dritten Lesung an Stelle des im Entwurf enthaltenen Ausdrucks „versicherten Angestellten" gesetzt (Sten. Ber.). Aus der den §§ 114, 151 und 160 entsprechenden Änderung ergibt sich, daß sowohl die kraft Gesetzes (§ 1) als auch die durch Bundesratsbeschluß (§§ 4—5) wie die freiwillig Versicherten (§§ 15, 394) gewählt werden können, daß also die Angestellten die Möglichkeit haben, solche Personen zu wählen, die sich nicht oder nicht mehr in einem Abhängigkeitsverhältnis befinden.

3. Über den Begriff „Arbeitgeber" vgl. Anm. 2 zu § 113 u. Anm. 1 zu § 170. Das Reichstagsplenum hat in der 3. Lesung die Worte des Entwurfs „aus ihren Arbeitgebern" in die Fassung „aus den Arbeitgebern der versicherten Angestellten" gekleidet (Sten. Ber.). Vgl. über die Änderung auch Anm. 2.

4. Die Wahl erfolgt schriftlich nach den Grundsätzen der Verhältniswahl (§ 149).

5. Welche untere Verwaltungbehörde in Betracht kommt, hat nach § 321 die oberste Verwaltungsbehörde zu bestimmen und im Reichsanzeiger zu veröffentlichen (vgl. auch § 321 Anm. 4).

6. Die oberste Verwaltungsbehörde kann nach § 320 einzelne der Aufgaben und Rechte, die ihr dieses Gesetz zuweist, auf andere Behörden übertragen. Über „oberste Verwaltungsbehörde" vgl. § 9 Anm. 14.

7. Die Erhöhung wird nur für dichtbevölkerte Bezirke, also besonders für große Städte und Industriegegenden in Frage kommen.

8. Die Zusammenfassung erfolgt bei einer der unteren Verwaltungsbehörden mehrerer kleiner Bezirke und

wird voraussichtlich in den industriearmen, dem landwirtschaftlichen Großbetriebe dienenden Teilen des Ostens durchgeführt werden.

9. Diese Geschäfte betreffen die Entscheidung bei Wahlstreitigkeiten (§ 149 Abs. 3), die vorläufige Einberufung von Vertrauensmännern (§ 152 Abs. 2), die Beschlußfassung über Ablehnung einer Wahl oder vorläufigen Einberufung sowie die Entbindung vom Amte (§ 153) und die Amtsenthebung eines Vertrauensmannes (§ 154 Abs. 1).

Kreis der Wahlberechtigten.

§ 146. *Die Vertrauensmänner aus den Arbeitgebern werden von den Arbeitgebern der versicherten Angestellten,*[1] *die übrigen von den versicherten Angestellten*[2] *gewählt.*[3]

E. I. § 149.
E. II. § 147.
RVO. —

1. Arbeitgeber der versicherten Angestellten ist, wer regelmäßig mindestens einen versicherten Angestellten beschäftigt (vgl. hierüber Anm. 4 zu § 113).

2. Unter versicherten Angestellten sind hier solche beiderlei Geschlechts gemeint.

3. Zu der hier getroffenen Regelung wurde in der Reichstagskommission die Frage gestellt, ob ein aus diesem Gesetz Pensionierter auch als Versicherter im Sinne dieses Paragraphen anzusehen sei. Die Frage wurde verneint (Kom.-Ber.).

Wahlteilnahme.

§ 147. *Wahlberechtigt*[1] *sind volljährige*[2] *Deutsche,*[3] *sofern sie zu den versicherten Angestellten oder deren Arbeitgebern gehören*[4] *und im Bezirke der unteren Verwaltungsbehörde wohnen.*[5]

Nicht wahlberechtigt sind die im § 112 Abs. 2 bezeichneten Personen.[6]

E. I. § 150.
E. II. § 148.
RVO. —

1. Wahlberechtigt ist hier gleichbedeutend mit „zum Wählen berechtigt“ und bringt das aktive Wahlrecht

zum Ausdruck im Gegensatz zur Wählbarkeit, d. h. „Fähigkeit, gewählt zu werden", womit das passive Wahlrecht gemeint ist (vgl. auch Anm. 1 zu § 112).

2. Nach § 2 BGB. tritt die Volljährigkeit mit der Vollendung des einundzwanzigsten Lebensjahrs ein, jedoch stehen für volljährig Erklärte den Volljährigen gleich (vgl. Anm. 2 zu § 112).

3. Deutsche sind alle Reichsangehörigen, gleichgültig, ob sie der deutschen Sprache mächtig sind oder nicht, und zwar sowohl männliche wie weibliche Personen (vgl. Anm. 3 zu § 112).

4. Ob jemand zu den versicherten Angestellten oder den Arbeitgebern gehört, ist Tatfrage und erforderlichenfalls durch geeignete Erkundigungen mit Hilfe der Vertrauensmänner an Ort und Stelle festzustellen.

5. Über untere Verwaltungsbehörde vgl. § 321 Anm. 4 und zu wohnen § 133 Anm. 5.

6. Die im § 112 Abs. 2 bezeichneten Personen sind die nicht im Besitz der bürgerlichen Ehrenrechte befindlichen und die in der Verfügung über ihr Vermögen beschränkten volljährigen Deutschen (vgl. Anm. 5, 6 und 7 zu § 112).

Stimmrechtsfestsetzung.

§ 148. *Für die Wahlen der Arbeitgeber*[1] *kann der Reichskanzler das Stimmrecht*[2] *nach der Zahl der von ihnen beschäftigten Versicherten*[3] *verschieden*[4] *festsetzen.*[5]

E. I. § 151.
E. II. § 149.
RVO. § 43 (50).

1. Arbeitgeber d. h. Arbeitgeber, welche regelmäßig mindestens einen versicherten Angestellten beschäftigen (vgl. Anm. 1 zu § 146 in Verbindung mit Anm. 4 zu § 113).

2. Unter Stimmrecht ist die Stimmenzahl jedes einzelnen wahlberechtigten Arbeitgebers zu verstehen, die bei der gemäß § 149 nach den Grundsätzen der Verhältniswahl zu bemessenden Wahlberechtigung sich der Zahl der von dem einzelnen Arbeitgeber beschäftigten Versicherten anpassen muß.

3. Beschäftigte Versicherte (vgl. hierzu Anm. 4 zu § 113).

4. Die Verschiedenheit ergibt sich aus der Veränderung des Bestandes der beschäftigten Versicherten.

Der Bestand dürfte daher entsprechend § 43 RVO. „vor jeder Wahl" mit Hilfe der Gemeinde- oder Polizeibehörden zu ermitteln sein.

5. Die Festsetzung geschieht durch den Reichskanzler unter Berücksichtigung der von ihm zu erlassenden Wahlordnung (§ 149 Abs. 2).

Schriftliche Verhältniswahl.

§ 149.[1] *Gewählt wird schriftlich*[2] *nach den Grundsätzen der Verhältniswahl.*[3] *Für die versicherten Angestellten dient die Versicherungskarte (§ 188) als Ausweis, für die Arbeitgeber eine von der Gemeindebehörde ausgestellte Bescheinigung.*[4] *Bei den zweiten und folgenden Wahlen nach dem Inkrafttreten des Gesetzes*[5] *dürfen nur solche Versicherungskarten als Ausweis dienen, in denen wenigstens ein Beitrag innerhalb der letzten zwölf Monate vor der Wahl nachgewiesen ist.*[6]

Der Reichskanzler erläßt eine Wahlordnung[7] *und bestellt den Leiter der Wahl.*[8] [9]

Bei Streit über die Wahl[10] *entscheidet die untere Verwaltungsbehörde.*[11]

E. I. § 152.
E. II. § 150.
RVO. —

1. Die Bestimmung des § 149 enthält eine wesentliche Abweichung von der RVO. Maßgebend hierfür war die Erwägung, daß bei der Größe der Wahlbezirke viele Wahlberechtigte wegen der weiten Entfernung von dem Wahlort ihr Wahlrecht überhaupt nicht ausüben würden. Das Verfahren wird sich daher so gestalten, daß die Wahlberechtigten ihre als Ausweis dienende Versicherungskarte mit ihrem Wahlzettel bis zu einem bestimmten Termin dem Wahlkommissar (Leiter der Wahl) einzusenden haben. Dieses Verfahren hat den Vorzug, daß sämtliche Wahlberechtigte ohne besonderen Zeitverlust von ihrem Wahlrecht Gebrauch machen können. Die vom Reichskanzler zu erlassende Wahlordnung wird darauf Bedacht nehmen, das Verfahren bei der Wahl möglichst einfach zu gestalten (Kom.-Ber.; vgl. auch Anm. 2).

2. Das Wort „schriftlich" ist durch die Reichstagskommission hinzugefügt worden. Ein weitergehender Antrag, hier auch die geheime Wahl vorzuschreiben, ist so-

wohl in der Kommission wie im Reichstag abgelehnt worden; dagegen ist die geheime Wahl bei den Ersatzkassen vorgeschrieben (§ 378 Abs. 1). Die schriftliche Abstimmung kann brieflich, aber auch in anderer Form, z. B. durch persönliche Abgabe geschriebener, gedruckter oder unterschriebener Zettel geschehen (Kom.-Ber., Sten. Ber., Anm. 2 zu § 109 und Anm. 1 zu § 133).

3. Über die Grundsätze der Verhältniswahl vgl. Anm. 1 zu § 111.

4. Ausweis und Bescheinigung sind nach §§ 337, 338 gebühren- und stempelfrei.

5. Über das Inkrafttreten des Gesetzes vgl. § 399.

6. Der Nachweis geschieht regelmäßig durch die als Quittung für die Entrichtung des Beitrags anzusehende Marke, welche innerhalb der letzten zwölf Monate vor der betreffenden Wahl in die Versicherungskarte eingeklebt und entwertet sein muß (vgl. §§ 183, 184, 185).

7. Für die Wahlordnung gilt neben Anm. 1 (s. o.) das zu Anm. 2 bei § 111 Gesagte entsprechend.

8. Das Amt des Leiters der Wahl (Wahlkommissar) wird nach Erklärungen der Regierung in der Reichstagskommission vorerst wahrscheinlich dem Präsidenten des Direktoriums der Reichsversicherungsanstalt übertragen werden (Sten. Ber.). Vgl. hierzu auch Anm. 3 zu § 111.

9. Der Abs. 2 lautete im Entwurf: „Der Reichskanzler (Reichsamt des Innern) erläßt eine Wahlordnung und bestellt den Leiter der Wahl. Die Wahlordnung kann die Stimmabgabe auf Vorschlagslisten beschränken". Die Worte „Reichsamt des Innern" und der zweite Satz sind von der Reichstagskommission entsprechend der Fassung in der RVO. gestrichen worden (Kom.-Ber.). Über die Streichung der Worte „Reichsamt des Innern" vgl. auch § 76 Anm. 8.

10. Was unter Streit über die Wahl zu verstehen ist, erläutert Anm. 6 zu § 111.

11. Über untere Verwaltungsbehörde gilt das zu § 145 Anm. 5 Gesagte entsprechend.

Ersatzmänner.

§ 150. *Für jeden Vertrauensmann werden in gleicher Weise[1] je zwei Ersatzmänner[2] gewählt; sie ersetzen ihn, wenn er verhindert ist,[3] und treten, wenn er ausscheidet,[4] für den Rest der Wahlzeit in der Reihenfolge ihrer Wahl[5] ein.*

E. I. § 153.
E. II. § 151.
RVO. —

1. In gleicher Weise, d. h. nach den im § 149 enthaltenen Bestimmungen.

2. Das Institut der Ersatzmänner ist aus § 77 Abs. 2 IVG. übernommen. Die Ersatzmänner haben den Zweck, daß eine entstehende Lücke nicht nur bei gegebener Behinderung im Wege augenblicklicher Stellvertretung ausgefüllt, sondern im Wege dauernden Ersatzes gänzlich beseitigt werde (Landmann, S. 523 Anm. 4).

3. Mit den Worten „wenn er verhindert ist" soll eine zeitlich begrenzte und vorübergehende Abhaltung von der Wahrnehmung des Amtes eines Vertrauensmanns ausgedrückt werden (vgl. Anm. 4 zu § 103).

4. Das Ausscheiden ist eine endgültige Unmöglichkeit zur weiteren Amtstätigkeit und wird abgesehen von dem Fall des Todes insbesondere durch Amtsenthebung hervorgerufen (vgl. Anm. 5 zu § 103).

5. Über Reihenfolge der Wahl vgl. § 103 Anm. 6.

Wählbarkeit.

§ 151. *Wählbar sind nur Versicherte, die nicht Arbeitgeber sind, und Arbeitgeber der versicherten Angestellten,*[1] [2] *die im Bezirke der unteren Verwaltungsbehörde wohnen oder beschäftigt werden*[3] *oder ihren Betriebssitz*[4] *haben, die nicht nach § 112 ausgeschlossen*[5] *sind.*

E. I. § 154.
E. II. § 152.
RVO. —

1. Die Worte „Versicherte, die nicht Arbeitgeber sind, und Arbeitgeber der versicherten Angestellten" sind erst in der 3. Lesung des Reichstagsplenums an die Stelle der Fassung des Entwurfs „versicherte Angestellte und deren Arbeitgeber" getreten (Sten. Ber.). Die Änderung ist in den §§ 114, 145, 151 und 160 im wesentlichen übereinstimmend vorgenommen worden; vgl. über ihre Bedeutung Anm. 3 zu § 114 und Anm. 2 und 3 zu § 145.

2. Wählbar sind auch Frauen (vgl. Vorbem. S. 374 u. Anm. 3 zu § 112).

3. Daß Wohnort und Beschäftigungsort zusammenfallen können, aber nicht identsich zu sein brauchen, ist oben Anm. 3, 4 zu § 135 näher ausgeführt (vgl. über „Wohnort" auch Anm. 5 zu § 133).

4. Betriebssitz ist der Ort, von dem aus ein Unternehmen betrieben wird, d. h. der Ort, welcher als wirtschaftlicher Mittel- und Schwerpunkt des Unternehmens anzusehen ist (vgl. Begr. z. RVO., S. 76).

Der Ausdruck „Betriebssitz" ist hier im beabsichtigten Gegensatz zum „Beschäftigungsort" gebraucht, da der erstere vom letzteren verschieden sein kann und lediglich durch die Eintragung in das Handelsregister, das Vorhandensein von Kontor-, Lager- und Verkaufsräumen oder dgl. äußerlich erkennbare Merkmale bestimmt wird, während von dem Begriff des Beschäftigungsorts die tatsächliche Beschäftigung untrennbar ist.

5. Ausgeschlossen von der Wählbarkeit sind nach § 112 die nicht im Besitz der bürgerlichen Ehrenrechte befindlichen und in der Verfügung über ihr Vermögen beschränkten volljährigen Deutschen (vgl. Anm. 5, 6 und 7 zu § 112).

Wahlzeit; Wahlablehnung.

§ 152. *Die §§ 115, 116, 119 gelten entsprechend.*[1] *Solange und soweit keine Wahl zustande kommt*[2] *oder die Gewählten die Dienstleistung verweigern,*[3] *beruft*[4] *die untere Verwaltungsbehörde*[5] *Vertrauensmänner aus der Zahl der Wählbaren.*[6]

E. I. § 155.
E. II. § 153.
RVO. —

1. Der angezogene § 115 betrifft die sechsjährige Wahlzeit, die Wahldauer des Einzelnen und seine Wiederwählbarkeit. § 116 handelt von den Gründen, aus denen eine Wahl von vornherein oder bei erfolgter Wiederwahl abgelehnt werden kann, und § 119 regelt die Anzeigepflicht der Vertreter der versicherten Angestellten bei ihrer Einberufung zu Sitzungen sowie den Schutz derselben bei rechtzeitiger Anzeige gegen vorzeitige Kündigung durch den Arbeitgeber.

2. Solange und soweit keine Wahl zustande kommt. Hier können die verschiedensten Gründe vorliegen, z. B. Stimmengleichheit für zwei Kandidaten, die sich trotz mehrmaliger Wahlgänge zurzeit nicht beseitigen läßt.

3. Die Verweigerung kann eine rechtmäßige oder unbegründete sein (vgl. § 116 in Verbindung mit § 153).

4. Die Berufung erfüllt nur den vorübergehenden Zweck der Erhaltung der Arbeitsmöglichkeit des Rentenausschusses usw., sie fällt weg, sobald eine gültige Wahl zustande gekommen ist.

5. Über untere Verwaltungsbehörde gilt das zu § 145 Anm. 5 Gesagte entsprechend.

6. Wer wählbar ist, ergibt § 151.

Unzulässige Ablehnung; Strafandrohung.

§ 153. *Über die Zulässigkeit der Ablehnung beschließt*[1] *die untere Verwaltungsbehörde.*

Wer die Wahl oder die Berufung[2] *ohne zulässigen Grund*[3] *ablehnt, kann*[4] *von der unteren Verwaltungsbehörde*[5] *mit Geldstrafe*[6] *bis zu einhundertundfünfzig Mark bestraft werden.*

Die untere Verwaltungsbehörde kann einen Vertrauensmann von seinem Amte entbinden,[7] *wenn ein wichtiger Grund*[8] *vorliegt.*

Auf Beschwerde[9] *entscheidet die höhere Verwaltungsbehörde.*[10]

E. I. §§ 156, 157.
E. II. § 154.
RVO. —

1. Der Beschluß ist mit Gründen zu versehen und nach § 335 f. zuzustellen, da er nach Abs. 4 mit der Beschwerde anfechtbar ist.

2. Die Berufung (§ 152 Abs. 2) ist im Dienstinteresse der „Wahl" gleichgestellt.

3. Die zulässigen Gründe sind im § 116 aufgeführt.

4. Aus dem Worte „kann" folgt, daß zwar keine Strafpflicht, aber eine, allerdings gewissenhafte Prüfung des einzelnen Falls als selbstverständlich voraussetzende Strafbefugnis besteht.

5. Die untere Verwaltungsbehörde als die mit den örtlichen Verhältnissen vertraute und ihnen am nächsten stehende Behörde hat hier die Strafbefugnis, während diese im § 137 dem Vorsitzenden des Rentenausschusses zusteht. Über „untere Verwaltungsbehörde" vgl. auch § 321 Anm. 4.

6. Die Geldstrafe ist keine Zwangs-, sondern lediglich eine Ordnungsstrafe, und verjährt in zwei Jahren (§ 361).

7. Die Entbindung vom Amte kann vorübergehender Natur sein oder sich auf die ganze noch verbleibende Dauer der Wahlzeit beziehen, z. B. bei schwerer Erkrankung des Vertrauensmanns.

8. Über den Begriff „wichtiger Grund" vgl. Anm. 2 zu § 116 und Anm. 4 zu § 119.

9. Die Beschwerdefrist beträgt nach § 328 regelmäßig einen Monat seit Zustellung der angefochtenen Entscheidung, jedoch für Seeleute, die sich außerhalb Europas aufhalten, mindestens drei Monate von der Zustellung an gerechnet. Die Beschwerde ist eine Rechtsbeschwerde an ein Aufsichtsorgan (vgl. § 328 Anm. 1).

10. Höhere Verwaltungsbehörde ist die Mittelinstanz zwischen der unteren und obersten Verwaltungsbehörde, also in Preußen in der Regel der Regierungspräsident und bei bergbaulichen Betrieben das Oberbergamt, in Berlin aber der Polizeipräsident bzw. der Oberpräsident. Welcher höheren Verwaltungsbehörde die Entscheidung zusteht, hat die oberste Verwaltungsbehörde (Landeszentralbehörde, Ministerium) zu bestimmen (§ 321 Ziff. 1 und Anm. 3).

Amtsenthebung.

§ 154.[1] *Werden von einem Vertrauensmanne*[2] *Tatsachen*[3] *bekannt, die seine Wählbarkeit*[4] *ausschließen oder eine grobe Verletzung seiner Amtspflicht*[5] *darstellen, so enthebt ihn die untere Verwaltungsbehörde seines Amtes.*[6]

Auf Beschwerde entscheidet die höhere Verwaltungsbehörde.[7]

E. I. § 158.
E. II. § 155.
RVO. —

1. Der nunmehrige § 154 war im Entwurf bis zu den Worten „untere Verwaltungsbehörde" gleichlautend. Dann aber hieß es dort: „vorläufig seines Amtes und erstattet der höheren Verwaltungsbehörde unverzüglich Anzeige. Die höhere Verwaltungsbehörde gibt ihm Gelegenheit zur Äußerung; sie kann ihn des Amtes entsetzen."

In der Reichstagskommission hat der Paragraph seine jetzige Fassung erhalten (Kom.-Ber.). Die Änderung entspricht im Abs. 1 dem wesentlichen Inhalt des § 138 Abs. 1 (vgl. auch § 120 Abs. 1). Der Abs. 2 des Paragraphen ist eine notwendige Folge der Änderung des Abs. 1.

2. Vertrauensmann bedeutet hier soviel wie zum Vertrauensmann „gewählter" Versicherungsvertreter.

3. Es müssen Tatsachen sein, also erweisliche Umstände. Bloße Vermutungen genügen hier ebensowenig wie bei der entsprechenden Bestimmung der §§ 120 und 138 (s. o.). Die Umstände können vor oder nach der Wahl eingetreten sein.

4. Über die Voraussetzungen der Wählbarkeit vgl. § 151 in Verbindung mit §§ 112—114.

5. Der Begriff „grobe Verletzung der Amtspflicht" ist in Anm. 4 zu § 138 erläutert.

6. Die Amtsenthebung hat dieselben Folgen wie diejenige des § 138 (vgl. Anm. 6 zu § 138), also rein formelle Bedeutung beim Bekanntwerden von Tatsachen, welche die Wählbarkeit ausschließen und das Erlöschen des Amtes ohne weiteres mit sich bringen, dagegen konstitutive, d. h. mit der Zustellung der Enthebungsverfügung eintretende Wirkung im Falle grober Verletzung der Amtspflicht.

7. Über Beschwerde bzw. höhere Verwaltungsbehörde vgl. § 153 Anm. 9 bzw. 10.

Ehrenamt; Entschädigungen.

§ 155. *Die Vertrauensmänner verwalten ihr Amt unentgeltlich*[1] *als Ehrenamt.*[2]

Die Reichsversicherungsanstalt erstattet ihnen ihre baren Auslagen.[3] *In besonderen Fällen*[4] *kann ihnen eine Entschädigung für Zeitverlust*[5] *oder für entgangenen Arbeitsverdienst*[5] *gewährt werden. Die Reichsversicherungsanstalt*[6] *kann hierüber Bestimmungen erlassen.*

E. I. § 159.
E. II. § 156.
RVO. —

1. Die Entgeltlichkeit ist kein notwendiges Begriffsmerkmal der Beamteneigenschaft (vgl. Anm. 2 zu § 102).

2. Vgl. über den Begriff „Ehrenamt" Anm. 2 zu § 140. Einen Schutz der ehrenamtlichen Tätigkeit gewährt die Strafvorschrift der §§ 345, 346.

3. Für die baren Auslagen gilt das zu § 140 Anm. 5 Gesagte.

4. Zu den besonderen Fällen dürfte z. B. die Begutachtung von Hypothekenanträgen gehören (vgl. Vorbem. S. 373).

5. Über Zeitverlust bzw. entgangenen Arbeitsverdienst vgl. § 140 Anm. 6 bzw. Anm. 7.

6. Abweichend vom § 140 (Reichskanzler) ist hier die Reichsversicherungsanstalt für den Erlaß der Bestimmungen zuständig.

Vierter Abschnitt.

Schiedsgerichte und Oberschiedsgericht.

Grundlagen.

Die Frage, ob für die Rechtsprechung höherer Instanz in der Angestelltenversicherung besondere Behörden gebildet oder die hierfür in Aussicht genommenen Behörden schon bestehenden Einrichtungen angeschlossen oder die Funktionen dieser Behörden den Oberversicherungsämtern und dem Reichsversicherungsamt übertragen werden sollten, hat sowohl bei der Aufstellung wie bei der Beratung des Entwurfs durch die Organe der Gesetzgebung zu lebhaften Erörterungen innerhalb und außerhalb der beteiligten Kreise Anlaß gegeben. Das Gesetz hat von der Übertragung der Rechtsprechung höherer Instanz auf die Oberversicherungsämter und das Reichsversicherungsamt und von einem Anschluß an diese Behörde im wesentlichen aus denselben Gründen Abstand genommen, welche gegen die Durchführung der neuen Versicherung durch die Organe der Invalidenversicherung geltend gemacht wurden (s. S. 304 ff., Vorbemerkung zum 3. Abschnitt). Ausschlaggebend ist hierfür neben der Befürchtung, daß durch die Übertragung nicht nur die Sicherheit und Einheitlichkeit in der Rechtsprechung der Arbeiterversicherung einerseits und der Angestelltenversicherung andererseits gefährdet werden könnte, der Kostenpunkt gewesen. In der Begründung ist hierzu ausgeführt, daß bei den zahlreichen Oberversicherungsämtern an den einzelnen Stellen immer nur einige Fälle aus dem Gebiete der Angestelltenversicherung anhängig werden würden. Da deren Erledigung mit besonderen Beisitzern erfolgen muß und keine Verzögerung erleiden darf, so würden diese Fälle regelmäßig besondere Sitzungen bedingen. Die Kosten einer solchen Sitzung würden kaum verschieden von den Kosten einer vollbeschäftigten Sitzung auf dem Gebiete der Arbeiterversicherung mit durchschnittlich 20 Sachen sein, mit anderen Worten: die Erledigung von durchschnittlich zwei Fällen der Angestelltenversicherung würde dieselbe Kostensumme wie die Erledigung von durchschnittlich 20 Fällen der Arbeiterversicherung oder ein Fall durchschnittlich die zehnfache Kostensumme erfordern.

Diesen Darlegungen des Kostenpunktes sind sowohl in der Fachliteratur wie in der Reichstagskommission große Zweifel entgegengestellt worden. Ferner sind erhebliche Bedenken hervorgetreten wegen der Aussicht auf widersprechende Urteile, wenn der eine selbständige Gerichtshof ohne Fühlung mit dem andern ebenfalls auf dem Gebiete der Sozialversicherung entscheidenden Gerichtshofe Urteile fällt, die dasselbe Rechtsgebiet betreffen. Diese Entscheidungen werden nicht zu den Seltenheiten gehören, da das AVG. sich mit der RVO. in weitem Umfange deckt, z. B. in zivilprozessualer Beziehung bei der Behandlung der Fristen und der Wiederaufnahme des Verfahrens, auf materiellrechtlichem Gebiete aber insbesondere bei den Fragen der Berufsinvalidität und der allgemeinen Erwerbsunfähigkeit (vgl. Kom.-Ber.). Es ist deshalb in der Reichstagskommission der Antrag gestellt worden, den §§ 156, 157 und 162 folgende Fassung zu geben:

§ 156: Rechtsprechende Behörden sind die vom Bundesrat dazu bestimmten Oberversicherungsämter und das Reichsversicherungsamt, die auf Grund der Reichsversicherungsordnung errichtet sind.

§ 157: Für den Bezirk jeder Versicherungsanstalt wird bei dem dazu bestimmten Oberversicherungsamte für die Angelegenheiten der Angestelltenversicherung eine Beschluß- und Spruchkammer für Angestelltenversicherung errichtet.

§ 162: Beim Reichsversicherungsamt wird für die Angelegenheiten der Angestelltenversicherung ein Beschluß- und ein Spruchsenat für Angestelltenversicherung errichtet.

Die Vertreter der verbündeten Regierungen haben demgegenüber mit Entschiedenheit den Standpunkt des Entwurfs vertreten, indem sie nach dem Kom.-Ber. etwa folgendes geltend machten:

Die im Entwurf vorgeschlagene Regelung habe zunächst ihren Grund darin, daß von der Angestelltenversicherung im wesentlichen ein anderer Personenkreis als von der Arbeiterversicherung erfaßt werde. Auch in den beteiligten Kreisen sei lebhaft der Wunsch nach Gründung von besonderen rechtsprechenden Behörden unter starker Heranziehung des Laienelements laut geworden. Dem Wunsche sei um so mehr Rechnung zu tragen, als ein Zuschuß des Reiches zu den Renten nicht gewährt würde und durch das Gesetz eine möglichst weitgehende Selbstverwaltung gewährleistet sei. Dies rechtfertige an sich schon die Schaffung einer besonderen Organisation. Dazu komme, daß gegen die Verschmelzung der rechtsprechenden Behörden der Angestelltenversicherung mit denjenigen der Arbeiterversicherung gewichtige Gründe sprächen. Was den erhobenen Einwand, daß durch die Gründung neuer Behörden die Kosten für die Rechtsprechung erheblich erhöht würden, anlange, so sei demgegenüber zu betonen, daß die vorgeschlagene Organisation einen Mehraufwand von Kosten nicht verursache, ja daß vielmehr sogar eine Kostenersparnis zu erwarten sei. Es sei hierbei zu berücksichtigen, daß in den ersten zehn Jahren nach dem Inkrafttreten des Gesetzes die rechtsprechenden Behörden nicht oft in Anspruch genommen würden, zumal in den ersten fünf Jahren überhaupt keine Renten bewilligt würden: es genüge daher jedenfalls für diese Übergangszeit die Gründung eines Schiedsgerichts. Dieses würde, da die Reichsversicherungsanstalt sowieso ein Verwaltungsgebäude errichten müsse, in dessen Räumen, in denen zugleich das Oberschiedsgericht eingerichtet würde, untergebracht werden. Sächliche Kosten würden demnach hierbei nicht entstehen. Auch für später dürften sich bei der vorgesehenen Mitwirkung von Arbeitgebern und Arbeitnehmern unter Vorsitz eines unparteiischen Beamten im Rentenausschuß kaum so viele Streitfälle ergeben, daß eine nennenswerte Zahl von Schiedsgerichten zu gründen wäre. Zu berücksichtigen sei ferner, daß, wenn bereits bestehenden Behörden neue Aufgaben zugewiesen würden, erfahrungsgemäß von diesen weitgehende Forderungen zur Befriedigung alter zurückgestellter Wünsche hinsichtlich des Personals, der Räume usw. gestellt würden. Der Hauptgrund aber, der gegen die Übertragung der Befugnisse des Oberschiedsgerichts an das RVA. spreche, sei der, daß das RVA. so belastet sei, daß man ihm unmöglich neue Aufgaben zuweisen könne. Seit Jahren sei im Reichstage sowie in den Kreisen der Beteiligten lebhaft Klage geführt worden, daß das RVA. bei den ihm zu Gebote stehenden Kräften nicht imstande sei, seine Aufgaben ordnungsgemäß zu erfüllen. Diese Klagen seien als gerechtfertigt anerkannt worden. Deshalb habe man durch die RVO. eine erhebliche Entlastung herbeigeführt. Die Folge hiervon könne aber nicht die sein, daß nunmehr etwa ein oder sogar mehrere Senate eingezogen würden; die vorhandenen Senate seien gegenwärtig unbedingt erforderlich für die Aufarbeitung der entstandenen Reste; für die Zukunft sei in Betracht zu ziehen, daß, wenn das RVA. auch durch die RVO. einen Kreis von Aufgaben abgenommen bekommen habe, doch andererseits ihm wieder neue auf dem Gebiete der Kranken- und der Hinterbliebenenversicherung zugeführt worden seien. Wenn nun auch zugegeben werden müsse, daß in den ersten zehn Jahren das RVA. in Fragen der Angestelltenversicherung nur selten in Anspruch genommen werden würde, so sei dem gegenüberzuhalten, daß die ganze Organisation der rechtsprechenden Behörden nicht mit Rücksicht auf die Übergangszeit, sondern auf die Zeit, in welcher das Gesetz seine Wirkungen voll entfalte, eingerichtet werden müsse. Dann aber werde das RVA. erneut in viel höherem Maße belastet sein, so daß eine ähnliche Kalamität, wie sie bisher bestanden habe, wieder eintreten würde. Einen neuen Senat am RVA. zu gründen, sei nicht angängig. Schon jetzt sei die Behörde so groß, daß es für den Präsidenten fast ein Ding der Unmöglichkeit sei, die Leitung ordnungsmäßig zu handhaben. Dies sei aber, wenn anders die Geschäfte nicht notleiden sollen, unbedingt notwendig. Was nun die durch die Angliederung des Schiedsgerichts an das Oberversicherungsamt angeblich gewährleistete Einheitlichkeit der Rechtsprechung in Fragen der Begriffe der Berufsinvalidität und der allgemeinen Erwerbsunfähigkeit anlange, so sei hervorzuheben, daß unter Umständen diese Handhabung zweier so ineinander übergehenden Begriffe wie die vorstehenden wohl das Urteil schärfen könne, andererseits aber sei nicht zu vergessen, daß beim Schiedsgericht das Laienelement in ganz erheblichem Umfang vertreten sei und da doch die Gefahr bestehe, daß leicht eine Vermischung der Begriffe Platz greifen könne, die zu unheilvollen finanziellen Folgen für die Arbeiterversicherung führen würde. Schließlich sei zum Zwecke der Herbeiführung der Einheitlichkeit der Rechtsprechung beabsichtigt, daß ein Beamter des RVA. im Oberschiedsgericht als Richter sitze. Aus allen diesen Gründen verdiene die vom Entwurfe vorgeschlagene Organisation der rechtsprechenden Behörden vor den Anträgen, die auf Übertragung der Rechtsprechung auf die Oberversicherungsämter und das RVA. abzielten, den Vorzug. Unter keinen Umständen könne das RVA. mit neuen Aufgaben belastet werden.

Wesentlich auf Grund dieses entschiedenen Standpunktes der verbündeten Regierungen hat die Reichstagskommission im Interesse eines Zustandekommens des Gesetzes von den oben erörterten Bedenken abgesehen, die zu §§ 156, 157 und 162 gestellten Anträge abgelehnt und diese Paragraphen in der Fassung des Gesetzes angenommen. Das Plenum des Reichstags und der Bundesrat haben hieran nichts geändert. Zur Vermeidung einer Gefährdung der einheitlichen Rechtsprechung auf dem Gebiete der Sozialversicherung ist aber durch die Kommission die gegenüber dem Entwurf wesentliche Änderung des § 288 erfolgt, wonach zu den Sitzungen des Oberschiedsgerichts zwei ständige Mitglieder des RVA. hinzuzuziehen sind.

Stellen demgemäß Schiedsgerichte und Oberschiedsgerichte besondere und neu zu schaffende Organisationen dar, so ist doch wiederum im Interesse der Kostenersparnis die Angliederung von Schiedsgerichten an Oberversicherungsämter hinsichtlich der Person des Vorsitzenden, der sonstigen Beamten und der Amtsräume sowie eine Angliederung des Oberschiedsgerichts an eine Reichsbehörde (Reichsversicherungsanstalt) unter Vorsitz eines Beamten im Nebenamt für zulässig erklärt. Hierfür hat vor allem die bereits oben erwähnte Erwägung mitgesprochen, daß die Schiedsgerichte — ähnlich wie die Rentenausschüsse — in den ersten Jahren der Wirksamkeit des Gesetzes wegen der für die Gewährung der Versicherungsleistungen vorgesehenen Wartezeit keine umfangreiche Tätigkeit zu entfalten haben. Es soll daher für die Übergangszeit nur ein Schiedsgericht errichtet und ebenso wie das Oberschiedsgericht bis auf weiteres in den für die Reichsversicherungsanstalt zu beschaffenden Räumen in Berlin untergebracht werden (vgl. Begr., Kom.-Ber. und § 158 Anm. 1).

Im sachlichen Interesse und in Übereinstimmung mit den von Angestelltenverbänden vorgetragenen Wünschen ist eine ausgiebige Mitwirkung des Laienelements bei der Rechtsprechung vorgesehen, indem sowohl den Schiedsgerichten als auch dem Oberschiedsgerichte die von den Vertrauensmännern freigewählten Vertreter der Versicherten, die nicht Arbeitgeber sind, und der Arbeitgeber der versicherten Angestellten, ihren Beitragsleistungen entsprechend, in gleicher Zahl als stimmberechtigte Beisitzer angehören. Dadurch wird nicht nur die ständige Fühlung der Gerichte mit dem praktischen Leben gesichert, die für Entscheidungen der vorliegenden Art besonders wichtig ist und nicht entbehrt werden kann, sondern es wird auch bei den Versicherten die Überzeugung befestigt werden, daß die Rechtsprechung vollstes Vertrauen verdient und über Streitfälle unparteiisch und vorurteilsfrei entschieden werden wird (vgl. Begr.).

I. Allgemeines.

Vorbemerkung.

Entsprechend den bei der Arbeiterversicherung durch die Oberversicherungsämter und das Reichsversicherungsamt für die höhere Rechtsprechung geschaffenen Einrichtungen bestehen bei der Angestelltenversicherung für den weiteren Rechtsweg zwei Instanzen: die Schiedsgerichte und das Oberschiedsgericht, deren Kosten, soweit sie sich auf die Schiedsgerichte beziehen, von den Bundesstaaten, und soweit sie das Oberschiedsgericht betreffen, vom Reiche vorgeschossen werden (§§ 156, 162, 167, 169).

Höhere Instanzen; Geschäftsgang.

§ 156. *Rechtsprechende*[1] *Behörden in höherer Instanz*[2] *sind die Schiedsgerichte*[3] *und das Oberschiedsgericht.*[4]

Soweit nicht dieses Gesetz[5] *den Geschäftsgang und das Verfahren*[6] *der Schiedsgerichte und des Oberschiedsgerichts regelt, geschieht es durch Kaiserliche Verordnung*[7] *mit Zustimmung des Bundesrats.*[8]

E. I. § 160.
E. II. § 157.
RVO. —

1. Rechtsprechende Behörden, d. h. ausschließlich zur Rechtspflege auf dem Gebiete der Angestelltenversicherung berufen, während der Rentenausschuß (§ 122) zugleich verwaltende wie rechtsprechende Behörde und das Direktorium (§ 99) sowie der Verwaltungsrat (§ 108) lediglich Verwaltungsbehörden sind. Die Trennung von Justiz und Verwaltung ist also nach Möglichkeit durchgeführt.

2. Schiedsgericht und Oberschiedsgericht sind rechtsprechende Behörden in höherer Instanz, und zwar ist das Schiedsgericht insbesondere zur Entscheidung über das Rechtsmittel der Berufung gegen die Bescheide des Rentenausschusses oder seines Vorsitzenden zuständig (§ 270), es ist also die zweite Instanz, und das Oberschiedsgericht insbesondere zur Entscheidung über das Rechtsmittel der Revision gegen die Urteile des Schiedsgerichts berufen (§ 281), es ist daher die dritte Instanz. Daraus folgt gleichzeitig, daß der Rentenausschuß die rechtsprechende Behörde in unterer Instanz, also die erste Instanz darstellt.

3. Schiedsgericht. Der Name ist von dem auf dem Gebiete der Unfallversicherungsgegsetze und des IVG. eingeführten Schiedsgericht für Arbeiterversicherung übernommen.

Die Stellung des Schiedsgerichts in der Angestelltenversicherung als rechtsprechende Behörde entspricht derjenigen des Oberversicherungsamts in der RVO., es ist ein dauernd tätiges Sondergericht und nicht zu verwechseln mit dem auf Grund eines Schiedsvertrages im Sinne der §§ 1025 ff. ZPO. für den Einzelfall zu bildenden Schiedsgericht.

4. Der Name Oberschiedsgericht hat in dem auf Grund des § 1861 des Knappschaftsgesetzes vom 19. Juni 1906 (GS. S. 199) bestehenden Preußischen Oberschiedsgericht in Knappschaftsangelegenheiten sein Vorbild.

Die Stellung des Oberschiedsgerichts in der Angestelltenversicherung als rechtsprechende Behörde ist mit derjenigen des RVA. in der RVO. zu vergleichen.

5. Soweit nicht dieses Gesetz, d. h. in erster Linie ist das AVG. maßgebend, die Kaiserliche Verordnung hat sekundäre Bedeutung.

6. Der Geschäftsgang und das Verfahren der Schiedsgerichte und des Oberschiedsgerichts ist in den §§ 270—296 geregelt.

7. Die staatsrechtliche Grundlage für diese Kaiserliche Verordnung bildet Art. 17 der Reichsverfassung; vgl. im übrigen über das Verordnungsrecht Anm. 7 zu § 123.

8. Mit Zustimmung des Bundesrats bedeutet vorherige Zustimmung, d. h. Einwilligung im Sinne des § 183 BGB. (vgl. Anm. 3 zu § 124).

II. Schiedsgerichte.

Vorbemerkung.

Die Bestimmungen der nachfolgenden Paragraphen beschränken sich auf die in zwei Gruppen behandelte Errichtung und Zusammensetzung der Schiedsgerichte. Hinsichtlich der Zusammensetzung wird darin auf die entsprechenden Vorschriften über die Rentenausschüsse verwiesen.

1. Errichtung.

Höhere Spruch- und Beschlußbehörde.

§ 157.[1] *Die Schiedsgerichte nehmen nach den Vorschriften dieses Gesetzes[2] die Geschäfte der Angestelltenversicherung[3] als höhere[4] Spruch- und Beschlußbehörde[5] wahr.*

E. I. § 161.
E. II. § 158.
RVO. § 61 (74).

1. Durch die Bestimmung des § 157 soll der Gesamtcharakter und der Aufgabenkreis des Schiedsgerichts gegenüber dem Rentenausschuß (§ 122) auf der einen und dem Oberschiedsgericht (§ 162) auf der anderen Seite zum Ausdruck gebracht werden als der einer mittleren Instanz.

2. Soweit dieses Gesetz auf andere Gesetze verweist, werden die Geschäfte des Schiedsgerichts selbstverständlich auch nach den Vorschriften der anderen Gesetze, z. B. hinsichtlich der sogenannten Sitzungsdisziplin nach den §§ 176—182 und 184 GVG. (vgl. unten § 274 in Verbindung mit § 258) wahrgenommen.

3. Die Schiedsgerichte haben sich nur mit Geschäften der Angestelltenversicherung, z. B. mit der Feststellung oder Entziehung der Rente zu befassen, dürfen aber nicht etwa in Angelegenheiten der Arbeiterversicherung oder in bürgerlichen Rechtsstreitigkeiten entscheiden, es sei denn, daß es sich um einen sogenannten gemischten Fall handelt, z. B. im Falle der §§ 40, 41 und 249.

4. Höhere Spruch- und Beschlußbehörde, d. h. dem Rentenausschuß übergeordnete Instanz.

5. Als Spruchbehörde ist das Schiedsgericht bei Berufungen gegen Bescheide des Rentenausschusses oder seines Vorsitzenden (§ 270) und gegen die Feststellung von Kassenleistungen der Ersatzkassen (§ 378 Abs. 2) tätig, dagegen wirkt es als Beschlußbehörde in den vom Gesetz besonders vorgesehenen Fällen der Beschwerde an das Schiedsgericht, z. B. bei Ablehnung der Wahl zum Beisitzer des Rentenausschusses (§ 137 Abs. 3), bei der Amtsenthebung eines Beisitzers wegen grober Pflichtverletzung (§ 138 Abs. 2), bei der Bestrafung eines Beisitzers wegen Pflichtentziehung (§ 139 Abs. 3), bei Streit über die Beitragsleistung (§ 210 Abs. 1), bei der Entscheidung über Ablehnungen (§ 236 Abs. 1).

Zahl, Sitz und Bezirke.

§ 158. *Die Zahl,*[1] *der Sitz*[2] *und die Bezirke*[3] [4] *der Schiedsgerichte werden durch Kaiserliche Verordnung*[5] *mit Zustimmung*[6] *des Bundesrats bestimmt. In gleicher Weise*[7] *können Änderungen vorgenommen werden.*

E. I. § 162.
E. II. § 159.
RVO. § 62 (75).

1. Ebenso wie die Rentenausschüsse werden auch die Schiedsgerichte wegen der für die Gewährung der Versicherungsleistungen im § 48 vorgesehenen Wartezeit nach dem Inkrafttreten des AVG. zunächst nicht viel zu tun haben, so daß schon aus diesem Grunde und insbesondere auch im Interesse der Kostenersparnis die Zahl der Schiedsgerichte in der ersten Zeit der Wirksamkeit des Gesetzes eine ganz beschränkte sein und erst allmählich mit der fortschreitenden Entwicklung nach Ablauf der Wartezeit erhöht werden wird. Es ist deshalb vorgesehen, daß während der Übergangszeit zunächst nur ein Schiedsgericht in den Räumen der Reichsversicherungsanstalt errichtet wird und später die Schiedsgerichte hinsichtlich der Person des Vorsitzenden und der sonstigen Beamten sowie in bezug auf die Amtsräume den Oberversicherungsämtern angegliedert werden können (vgl. Begr. und oben S. 392 f.).

2. Über den Begriff Sitz vgl. Anm. 4 zu § 126.

3. Die Bezirke können sich ebenso wie diejenigen der heutigen Schiedsgerichte für Arbeiterversicherung nach § 103 IVG., §§ 3 ff. Ges. betr. Abänderung der Unfallversicherungsgesetze v. 5. Juli 1900 (RGBl. S. 573) und der Oberversicherungsämter nach § 62 RVO. über Gebiete oder Gebietsteile mehrerer Bundesstaaten erstrecken. Die Begründung des AVG. läßt sich allerdings hierzu nicht aus.

4. Mit Rücksicht auf die oben Anm. 1 erläuterte vorläufige Beschränkung der Zahl werden Sitz und Bezirk der Schiedsgerichte und Oberversicherungsämter für absehbare Zeit meist identisch sein. Die Oberversicherungsämter sollen nach § 62 RVO. in der Regel für den Bezirk einer höheren Verwaltungsbehörde errichtet werden, und zwar können sie nach § 64 a. a. O. an höhere Reichs- oder Staatsbehörden angeschlossen oder als selbständige Staatsbehörden gebildet werden. Dementsprechend werden die Schiedsgerichte nur dann Reichsbehörden sein und ihre Beamten Reichsbeamte, wenn sie einem Oberversicherungsamt angegliedert werden, das als selbständige Reichsbehörde errichtet oder an eine solche angeschlossen ist, sonst aber werden die Schiedsgerichte Staatsbehörden und ihre Beamten Staatsbeamte sein. Der letztere Fall wird wohl fast ausnahmslos eintreten, wie die Aufsichtsbestimmung des § 166 vermuten läßt.

5. Über Kaiserliche Verordnung vgl. § 156 Anm. 7.

6. Über Zustimmung vgl. Anm. 3 zu § 124.

7. In gleicher Weise bedeutet: durch Kaiserliche Verordnung mit Zustimmung des Bundesrats.

2. Zusammensetzung.

Vorsitzender, Stellvertreter, Beisitzer.

§ 159. *Das Schiedsgericht besteht*[1] *aus dem Vorsitzenden,*[2] *dessen Stellvertreter*[3] *und aus Beisitzern.*[4]

E. I. § 163.
E. II. § 160.
RVO. § 68 (81).

1. Das Schiedsgericht besteht, d. h. es setzt sich zusammen aus ständigen und nichtständigen Mitgliedern. Zu den ersteren gehören der Vorsitzende und sein Stellvertreter, zu den letzteren die für eine bestimmte Wahlzeit (nach § 161 in Verbindung mit §§ 136, 115: 6 Jahre) gewählten Beisitzer. Über die Besetzung des Schiedsgerichts in den Sitzungen vgl. §§ 273 ff. Die Bestimmung des § 69 Abs. 3 RVO., daß die ständigen Mitglieder auf Lebenszeit oder unwiderruflich ernannt werden, fehlt hier. Im Sinne der Strafvorschrift des § 349 sind übrigens die Beisitzer nicht Mitglieder des Schiedsgerichts.

2. Der Vorsitzende wird vom Reichskanzler (Reichsamt des Innern) nach Anhören der obersten Verwaltungsbehörde, für deren Bezirk das Schiedsgericht errichtet ist, im Hauptamt oder für die Dauer des Hauptamts gemäß § 161 Abs. 1 ernannt, vor Antritt seines Amtes auf die Erfüllung seiner Obliegenheiten verpflichtet und leitet die Geschäfte des Schiedsgerichts (§ 161 in Verbindung mit §§ 129, 130).

3. Wegen des Aufgabenkreises und der Bedeutung des Schiedsgerichts, das in nicht wenigen Fällen sowohl als Beschluß- wie als Spruchbehörde endgültig entscheidet (vgl. z. B. §§ 137 Abs. 3, 138 Abs. 2, 139 Abs. 3, 279, 358), ist außer dem Vorsitzenden ähnlich wie beim Oberversicherungsamt der RVO. von vornherein noch ein ständiges Mitglied als Stellvertreter des Vorsitzenden vorgesehen. Für den Stellvertreter gilt das oben zu Anm. 2 Gesagte mit der aus § 161 Abs. 1 ersichtlichen Maßgabe.

4. Über die Beisitzer vgl. § 160.

Beisitzerwahl.

§ 160. *Die Beisitzer werden je zur Hälfte*[1] *aus den Versicherten, die nicht Arbeitgeber sind, und aus den Arbeitgebern der versicherten Angestellten*[2] *gewählt.*[3]

Die Zahl der Beisitzer beträgt mindestens zwölf;[4] *sie kann*[5] *von der obersten Verwaltungsbehörde*[6] *des Bezirks, in dem das Schiedsgericht seinen Sitz hat, erhöht*[7] *werden.*

Der Vorsitzende, dessen Stellvertreter und die Beisitzer dürfen nicht zugleich[8] *Mitglieder des Oberschiedsgerichts sein.*[9]

E. I. § 164.
E. II. § 161.
RVO. § 71 (84).

1. Die Bestimmung je zur Hälfte ist im Interesse der Aufrechterhaltung des sozialen Friedens nach dem Vorbild des Beisitzerverhältnisses bei den Oberversicherungsämtern (§ 71 RVO.) geschaffen und soll auf dem Gebiete der Angestelltenversicherung dazu dienen, von vornherein das Vertrauen in eine unparteiische und vorurteilsfreie Rechtsprechung zu sichern. Der Vorsitzende und die Beisitzer haben bei der den Entscheidungen des Schiedsgerichts vorausgehenden Abstimmung je 1 Stimme (§§ 274, 260).

2. Die Worte „Versicherten, die nicht Arbeitgeber sind, und Arbeitgebern der versicherten Angestellten" sind erst in der 3. Lesung des Reichstagsplenums an die Stelle der Fassung des Entwurfs: „versicherten Angestellten und aus ihren Arbeitgebern" getreten (Sten. Ber.). Die Änderung ist in den §§ 114, 145, 151 u. 160 im wesentlichen übereinstimmend vorgenommen worden; vgl. über ihre Bedeutung Anm. 3 zu § 114 u. Anm. 2 u. 3 zu § 145.

3. Die Wahl erfolgt in der Weise, daß nur männliche Beisitzer aus den Arbeitgebern von den Arbeitgebervertretern unter den Vertrauensmännern, die übrigen ebenfalls männlichen Beisitzer von den Angestelltenvertretern unter den Vertrauensmännern nach den Grundsätzen der Verhältniswahl von den im Bezirk des Schiedsgericht wohnenden Vertrauensmännern auf Grund einer vom Reichskanzler zu erlassenden Wahlordnung gewählt werden (§ 161 in Verbindung mit §§ 133, 134).

4. Die mindestens zwölf Beisitzer setzen sich nach Abs. 1 aus sechs Vertretern der Versicherten, die nicht Arbeitgeber sind, und aus sechs Vertretern der Arbeitgeber der versicherten Angestellten zusammen.

5. Die Erhöhung kann stattfinden, braucht es aber nicht, die Vorschrift ist also fakultativ.

6. Über oberste Verwaltungsbehörde vgl. § 9 Anm. 14. Die oberste Verwaltungsbehörde kann einzelne

der Aufgaben und Rechte, die ihr dieses Gesetz zuweist, auf andere Behörden übertragen (§ 320); ob die Bestimmung des Abs. 2 unter diese Befugnis fällt, steht noch nicht fest.

7. Nur eine Erhöhung, nicht eine Herabsetzung der Mindestzahl ist zulässig.

8. Das Verbot der gleichzeitigen Mitgliedschaft hängt damit zusammen, daß das Oberschiedsgericht als höchste rechtsprechende Behörde innerhalb der Angestelltenversicherung dem Schiedsgericht übergeordnet ist und in Deutschland der Grundsatz ausnahmslos besteht, daß Mitglieder eines Kollegiums der unteren Instanz nicht zugleich Mitglieder der oberen Instanz sein dürfen. Wohl aber kann jemand zugleich Beisitzer verschiedener Schiedsgerichte sein, z. B. ein Orchestermitglied, das im Winter in Leipzig, im Sommer dagegen in Norderney ständig wohnt und konzertiert. Vgl. hierzu auch § 132 Anm. 5.

9. Nach dem Entwurf war das Verbot der gleichzeitigen Mitgliedschaft auf die Beisitzer beschränkt. Erst in der zweiten Lesung des Reichstags hat es durch Hinzufügung der Worte: „Der Vorsitzende, dessen Stellvertreter und die", sowie durch entsprechende Änderung der übrigen Fassung des Abs. 3 die jetzige Ausdehnung erhalten (Sten. Ber.).

Ernennung des Vorsitzenden. Befugnisse. Wählbarkeit der Beisitzer u. a.

§ 161.[1] *Die §§ 127,[2] 129,[3] 130,[4] 133 bis 140[5] gelten entsprechend, jedoch sind nur Männer wählbar.[6] Der Vorsitzende wird im Hauptamt oder für die Dauer des Hauptamts aus der Zahl der öffentlichen Beamten ernannt. Eine vorübergehende Beauftragung eines Beamten mit dem Vorsitz darf die Dauer von einem Jahre nicht überschreiten.[7]*

Geldstrafen (§§ 137,139) können bis zu dreihundert Mark[8] festgesetzt werden.

Auf Beschwerde[9] und bei Streit über die Wahlen[10] entscheidet das Oberschiedsgericht.

E. I. § 165.
E. II. § 162.
RVO. § 73 (86).

1. Der § 161 lautete nach dem Entwurf: „Die §§ 128, 130, 131, 134—141 gelten entsprechend. Jedoch können Geld-

strafen (§§ 138, 140) bis zu dreihundert Mark festgesetzt werden. Auf Beschwerde und bei Streit über die Wahlen entscheidet das Oberschiedsgericht." Erst in der zweiten Lesung der Reichstagskommission ist die Bestimmung über die Ernennung des Vorsitzenden und in der dritten Lesung des Reichstagsplenums der Zusatz über den Ausschluß der Wählbarkeit der Frauen hinzugefügt worden (Kom.-Ber. u. Sten.-Ber.).

2. Entsprechend § 127 muß die Reichsversicherungsanstalt Sitz und Bezirk der Schiedsgerichte binnen einem Monat nach deren Errichtung oder Änderung veröffentlichen.

3. Dem § 129 Abs. 1 gemäß ernennt der Reichskanzler (Reichsamt des Innern) den Vorsitzenden des Schiedsgerichts und dessen Stellvertreter. Die Verpflichtung dieser beiden ständigen Mitglieder des Schiedsgerichts auf die Erfüllung ihrer Obliegenheiten hat nach § 129 Abs. 2 vor Antritt ihres Amtes ebenfalls durch den Reichskanzler oder seinen Beauftragten, z. B. in Preußen durch den Regierungspräsidenten zu erfolgen.

4. Der § 130 findet insofern sinngemäße Anwendung, als der Vorsitzende die Geschäfte des Schiedsgerichts zu leiten hat.

5. In den §§ 133—139 werden behandelt die Wahl zum Beisitzer (vgl. §§ 133—136 u. Anm. 3 zu § 160), die Zulässigkeit der Ablehnung und die Bestrafung wegen unzulässiger Ablehnung (§ 137), die Amtsenthebung wegen Nichtwählbarkeit und grober Verletzung der Amtspflichten (§ 138) sowie die Verpflichtung der Beisitzer durch den Vorsitzenden des Schiedsgerichts und ihre Bestrafung wegen Pflichtentziehung (§ 139). Dem § 140 entsprechend ist das Amt eines Beisitzers beim Schiedsgericht ein Ehrenamt und seine Ausübung unentgeltlich, bare Auslagen sowie Entschädigungen für Zeitverlust oder für entgangenen Arbeitsverdienst werden jedoch erstattet.

6. Der Ausschluß der Frauen von der Rechtsprechung entspricht der Vorschrift des § 131 Abs. 3 (vgl. dort Anm. 10).

7. Die von § 129 (vgl. oben Anm. 3) abweichende Beschränkung des Reichskanzlers in der Auswahl des von ihm zu ernennenden Vorsitzenden hat offenbar den Zweck, einerseits zu verhindern, daß ein versicherter Angestellter oder Arbeitgeber Vorsitzender wird, sie dient also, indem sie die Ernennung eines unabhängigen Beamten vorschreibt, der Sicherung der Unparteilichkeit der Rechtsprechung in höherer Instanz. Andererseits will sie

einen häufigen Wechsel in dem Amt des Vorsitzenden vermieden wissen und beschränkt deshalb die vorübergehende Beauftragung eines Beamten mit dem Vorsitz auf die Höchstdauer von einem Jahre.

8. Während in den §§ 137 bzw. 139 Geldstrafen bis zu 50 bzw. bis zu 30 und 100 Mark vorgesehen sind, entspricht die hier gegebene Höchstgrenze der Ordnungsstrafenbestimmung des § 76 RVO. Die Geldstrafen fließen in die Kasse der Reichsversicherungsanstalt (§ 168 Abs. 1), werden nach Art der Gemeindeabgaben beigetrieben (§ 359 Abs. 2) und verjähren in zwei Jahren (§ 361).

9. Die Beschwerde betrifft entsprechend der Stellung dieses Paragraphen im System des Gesetzes lediglich die Zusammensetzung des Schiedsgerichts (§§ 159—161), nicht dagegen sachliche Entscheidungen im Sinne der §§ 270 ff.

10. Zu Streit über die Wahlen vgl. Anm. 6 zu § 111.

III. Oberschiedsgericht.

Vorbemerkung.

Ebenso wie in dem vorhergehenden Unterabschnitt beschränkt sich das Gesetz hier auf die in zwei Gruppen behandelte Errichtung und Zusammensetzung des Oberschiedsgerichts, wobei in der letzteren Gruppe wiederum auf die entsprechenden Vorschriften über Schiedsgerichte Bezug genommen wird.

1. Errichtung.

Oberste Spruch- und Beschlußbehörde.

§ 162. *Das Oberschiedsgericht*[1] *nimmt nach den Vorschriften dieses Gesetzes*[2] *die Geschäfte der Angestelltenversicherung*[3] *als oberste*[4] *Spruch- und Beschlußbehörde*[5] *wahr.*

Es hat seinen Sitz in Berlin.[6]

E. I. § 166.
E. II. § 163.
RVO. —

1. Über Entstehung des Namens Oberschiedsgericht vgl. Anm. 4 zu § 156.

2. Vgl. zu den Vorschriften dieses Gesetzes Anm. 2 zu § 157.

3. Der Begriff Geschäfte der Angestelltenversicherung ist in Anm. 3 zu § 157 erläutert.

4. Das Oberschiedsgericht ist oberste Spruch- und Beschlußbehörde, d. h. gegen seine Entscheidungen ist ein Rechtsmittel nicht gegeben, seine Entscheidungen sind vielmehr endgültig (§ 163). Die Wiederaufnahme des Verfahrens (§§ 297 ff.) ist kein Rechtsmittel. Vgl. hierzu auch Anm. 2 zu § 163.

5. Als Spruchbehörde ist das Oberschiedsgericht bei Revisionen gegen Urteile des Schiedsgerichts tätig (§§ 281, 378 Abs. 2), dagegen wirkt es als Beschlußbehörde in den vom Gesetz besonders vorgesehenen Fällen, z. B. bei der Beschwerde gegen Festsetzung von Geldstrafen durch das Schiedsgericht und bei Streit über die Wahlen zum Schiedsgericht (§ 161), ferner in den Fällen der §§ 210, 366, 372 und 376.

6. Da die Entscheidungsfälle über Revisionen nach § 282 sehr eingeschränkt sind, wird nach den Erfahrungen bei dem in gewissem Sinne als Vorbild dieses Oberschiedsgerichts dienenden preußischen Oberschiedsgericht in Knappschaftsangelegenheiten (§ 1861 des Preußischen Knappschaftsgesetzes v. 19. Juni 1906 — GS. S. 199) nicht mit einem großen Geschäftsumfang des Oberschiedsgerichts gerechnet. Ähnlich wie das erwähnte preußische Oberschiedsgericht dem Handelsministerium angegliedert ist, soll daher auch das Oberschiedsgericht der Angestelltenversicherung im Interesse der Kostenersparnis einer Reichsbehörde, und zwar der Reichsversicherungsanstalt in Berlin (d. h. nach § 96 Anm. 2 Groß-Berlin) zugeteilt werden (vgl. Begr. u. Kom.-Ber.).

Endgültigkeit der Entscheidungen.

§ 163. *Seine Entscheidungen*[1] *sind endgültig.*[2]

E. I. § 167.
E. II. § 164.
RVO. —

1. Unter Entscheidungen sind Beschlüsse und Urteile zu verstehen, nicht dagegen z. B. Verfügungen des Vorsitzenden in Personalangelegenheiten; die letzteren können event. im Aufsichtswege (§ 169) beanstandet werden.

2. Aus der Endgültigkeit der Entscheidungen folgt, daß sie mit keinem Rechtsmittel (Berufung, Revision oder Beschwerde) angefochten werden können. Die Wiederauf-

nahme des Verfahrens (§§ 297 ff.) und die Wiedereinsetzung in den vorigen Stand sind keine Rechtsmittel; vgl. hierzu auch Anm. 4 zu § 162.

2. Zusammensetzung.

Vorsitzender. Stellvertreter. Beisitzer.

§ 164.[1] *Für die Zusammensetzung des Oberschiedsgerichts*[2] *gelten die §§ 159 bis 161 entsprechend,*[3] *jedoch wird der Vorsitzende für die Dauer seines Hauptamts oder auf Lebenszeit ernannt.*[4]

Die nach § 288 zuzuziehenden Beamten[5] *werden vom Reichskanzler für die Dauer ihres Hauptamts bestellt. Eine vorübergehende Beauftragung darf die Dauer von einem Jahre nicht überschreiten. Für diese Beamten werden in der erforderlichen Zahl Stellvertreter bestellt.*[6]

E. I. § 168.
E. II. § 165.
RVO. —

1. Der § 164 lautete nach dem Entwurf: „Für die Zusammensetzung des Oberschiedsgerichts gelten die §§ 160—162 entsprechend. Die nach § 286 zuzuziehenden richterlichen Beamten werden vom Reichskanzler (Reichsamt des Innern) bestellt" und hat erst in der Reichstagskommission seine jetzige Fassung erhalten. Der Unterschied gegenüber dem Entwurf besteht einerseits ähnlich wie bei § 161 in der Bestimmung über die Ernennung des Vorsitzenden und andererseits in der Vorschrift des Abs. 2.

2. Das Oberschiedsgericht besteht aus einem Vorsitzenden und dessen Stellvertreter, aus richterlichen Beamten sowie aus Mitgliedern des RVA. und nichtrichterlichen Beisitzern (§ 164 in Verbindung mit §§ 159 und 288). Über die Besetzung des Oberschiedsgerichts in den Sitzungen vgl. §§ 288 ff.

3. Zu nichtrichterlichen Beisitzern (Laienvertretern) des Oberschiedsgerichts werden für eine bestimmte Wahlzeit (nach § 161 in Verbindung mit §§ 160, 136, 115: 6 Jahre) von den Vertrauensmännern mindestens sechs männliche versicherte Angestellte und mindestens sechs männliche Arbeitgeber gewählt. Die Beisitzer des Oberschiedsgerichts dürfen nicht zugleich Beisitzer des

Schiedsgerichts sein (§ 160). Über Ablehnung der Wahl als Beisitzer, die Amtsenthebung, die Pflichtentziehung und Bestrafung der Beisitzer durch den Vorsitzenden des Oberschiedsgerichts sowie über die unentgeltliche, nur gegen Ersatz der baren Auslagen und Entschädigung für tatsächlichen Verlust an Zeit oder Arbeitsverdienst zu versehende ehrenamtliche Tätigkeit der Beisitzer vgl. das Anm. 5 zu § 161 Gesagte.

4. Der Unterschied von § 161 in der Ernennung des Vorsitzenden besteht darin, daß beim Schiedsgericht ein Beamter vorübergehend bis zur Höchstdauer von einem Jahre mit dem Vorsitz beauftragt werden kann, während beim Oberschiedsgericht eine solche vorübergehende Beauftragung nicht zulässig ist.

5. Die nach § 288 zu der öffentlichen Sitzung des Oberschiedsgerichts zuzuziehenden Beamten setzen sich zusammen aus zwei ständigen Mitgliedern des RVA. und zwei richterlichen Beamten. Die richterlichen Beamten werden entsprechend der beim RVA. zurzeit bestehenden und durch die RVO. nicht geänderten Übung neben dem Vorsitzenden und dessen Stellvertreter die Entscheidungen in rechtlicher Hinsicht vorzubereiten und demnächst die mit Gründen zu versehenden Entscheidungen auszuarbeiten haben (vgl. Anm. 2 zu § 165). Die Zuziehung der beiden Mitglieder des RVA. hat den Zweck, die Einheitlichkeit der Rechtsprechung zwischen Oberschiedsgericht und RVA. auf dem Gebiete der Sozialversicherung, z. B. in Fragen der Begriffe der Berufsinvalidität und der allgemeinen Erwerbsunfähigkeit herbeizuführen (vgl. Kom.-Ber.).

6. Die Bestellung durch den Reichskanzler entspricht der Vorschrift des § 99 Abs. 2 RVO., welcher seinerseits wieder auf § 9 der Kaiserlichen Verordnung betr. den Geschäftsgang und das Verfahren des RVA. v. 19. Oktober 1900 beruht. Danach werden die richterlichen Beamten für die Dauer des zur Zeit ihrer Berufung von ihnen bekleideten Hauptamts bestellt. Der Reichskanzler kann jedoch weitere richterliche Beamte ernennen, welche aushilfsweise oder auf Zeit nach näherer Bestimmung des Präsidenten zu den Entscheidungen des RVA. zuzuziehen sind. In entsprechender Weise wird also die Berufung oder Einziehung sowohl der richterlichen Beamten wie der Mitglieder des RVA. und ihrer Stellvertreter zu dem Oberschiedsgericht erfolgen. Da das Oberschiedsgericht ebenso wie das RVA. seinen Sitz in Berlin hat, werden die erforderlichen richterlichen Beamten aus Kostenersparnisrücksichten in der Mehrzahl aus Richtern der Berliner Gerichte oder

der Vorortgerichte herangezogen werden. — Über die Bedeutung des Wortes „Reichskanzler" für „Reichsamt des Innern" vgl. Anm. 8 zu § 76.

Vergütung der Mitglieder.

§ 165. *Für die Teilnahme*[1] *an den Arbeiten*[2] *und Sitzungen*[3] *des Oberschiedsgerichts erhalten die ernannten Mitglieder*[4] *eine Vergütung, die der Reichskanzler festsetzt.*[5]

E. I. § 169.
E. II. § 166.
RVO. § 96 (110).

1. Teilnahme bedeutet soviel wie tätige Mitwirkung.

2. Die Arbeiten bestehen in der den Entscheidungen vorausgehenden und nachfolgenden Tätigkeit, z. B. in der Erstattung des Berichts und Gutachtens über eine Revisionssache vor der Sitzung zum Zwecke des Vortrags in der Sitzung und in der Ausarbeitung der Urteilsgründe nach der Sitzung.

3. Über Sitzungen vgl. §§ 288 ff.

4. Unter ernannten Mitgliedern sind der Vorsitzende, sein Stellvertreter und die nach §§ 164, 288 zuzuziehenden Beamten zu verstehen, da die Beisitzer des Oberschiedsgerichts, nämlich die Versicherungsvertreter aus Wahlen der Vertrauensmänner hervorgehen (§ 143), also „gewählte" Mitglieder sind. Für die letzteren, welche übrigens im Sinne der Strafvorschrift des § 349 nicht als Mitglieder gelten, findet sich die dem § 165 entsprechende Entschädigungsvorschrift im § 140 Abs. 2, welcher auf die Beisitzer des Oberschiedsgerichts nach §§ 164, 161 analog anzuwenden ist.

Der § 165 weicht von der entsprechenden Vorschrift des § 96 RVO. insofern ab, als dort von den „nichtständigen" Mitgliedern die Rede ist, als welche die vom Bundesrat aus seiner Mitte und aus den Versicherungsvertretern Gewählten in Betracht kommen.

5. Die Worte „Vergütung, die der Reichskanzler festsetzt" sind erst auf Grund eines in der zweiten Lesung der Reichstagskommission gestellten Antrags an die Stelle des im Entwurf vorgesehenen Ausdrucks „Jahresvergütung" gesetzt worden. Die Jahresvergütung wäre eine feste und vermutlich entsprechend dem bisherigen und durch die RVO. nicht geänderten Brauche beim RVA. auf 1500 Mark festgesetzt worden. Zu dem Antrage

hatte ein Vertreter der verbündeten Regierungen in der Kommission erklärt, daß er insofern begründet sei, als die Mitglieder nur an wenigen Tagen im Jahre in Anspruch genommen würden, deshalb sei es richtiger, an Stelle einer Jahresvergütung eine Vergütung festzusetzen, die nach der Zahl der Sitzungen, an denen die Mitglieder teilgenommen hätten, bemessen sei (vgl. Kom.-Ber.). Da das preußische Oberschiedsgericht in Knappschaftsangelegenheiten zum Teil als Vorbild des Oberschiedsgerichts der Angestelltenversicherung gedient hat (vgl. Anm. 4 zu § 156 und Anm. 6 zu § 162), so wird voraussichtlich hier wie dort jedes ernannte Mitglied für jede von ihm wahrgenommene Sitzung einschließlich der vorbereitenden und nachfolgenden Tätigkeit eine genau bestimmte Vergütung erhalten.

IV. Aufsicht. Kosten.

Vorbemerkung.

Im Gegensatz zu den bisherigen vereinzelt behandelten diesbezüglichen Vorschriften (vgl. §§ 100 Abs. 3, 104, 129 Abs. 3, 141, 142) sind hier die Bestimmungen über Aufsicht und Kosten der Schiedsgerichte und des Oberschiedsgerichts im Zusammenhang dargestellt.

Zu den Kosten der Schiedsgerichte und des Oberschiedsgerichts haben gemäß § 378 Abs. 3 die Ersatzkassen einen nach Anhören der Reichsversicherungsanstalt vom Bundesrate zu bestimmenden Pauschbeitrag zu leisten.

Aufsichtsinstanz über das Schiedsgericht; Hilfskräfte.

§ 166. *Die oberste Verwaltungsbehörde,*[1] *in deren Bezirk der Sitz*[2] *gelegen ist, führt die Aufsicht*[3] *über das Schiedsgericht.*

Sie bestellt die erforderlichen Hilfskräfte[4] *und beschafft die Geschäftsräume.*[5]

Die Bureau-, Kanzlei- und Unterbeamten[6] *haben die Rechte und Pflichten der Reichs- oder Staatsbeamten,*[7] *wenn sie im Hauptamt und nicht nur vorübergehend oder zur Vorbereitung beschäftigt werden;*[8] *das Nähere bestimmt die Landesregierung.*[9]

Der Vorsitzende[10] *verpflichtet sie*[11] *auf die gewissenhafte Erfüllung der Amtspflichten,*[12] *soweit sie nicht bereits durch einen Diensteid*[13] *verpflichtet sind.*

E. I. § 170.
E. II. § 167.
RVO. § 79 (91).

1. Über „oberste Verwaltungsbehörde" vgl. Anm. 7 zu § 160.

2. Sitz und Bezirk des Schiedsgerichts werden durch Kaiserliche Verordnung mit Zustimmung des Bundesrats bestimmt (vgl. § 158).

3. Die Regelung der Aufsicht entspricht der Bestimmung des § 79 RVO. über die Aufsicht bei den Oberversicherungsämtern. Diese ist, soweit es sich um ein staatliches Oberversicherungsamt handelt, der obersten Verwaltungsbehörde des betr. Einzelstaates überlassen worden, zumal schon bisher die Aufsicht über die nicht rein staatlichen Schiedsgerichte in gleicher Weise erfolgt war. Weder das Oberschiedsgericht noch die Reichsversicherungsanstalt haben daher, obwohl sie dem Schiedsgericht übergeordnete Behörden sind, Aufsichtsbefugnisse hinsichtlich des Schiedsgerichts.

Selbstverständlich erstreckt sich das Aufsichtsrecht der obersten Verwaltungsbehörde nur auf die gewissenhafte Erfüllung der Dienstpflichten und das achtungswürdige Verhalten der Beamten des Schiedsgerichts während und außerhalb des Dienstes (vgl. Anm. 9 zu § 100), nicht aber auf die Rechtsprechung als solche, da dies einen unzulässigen Eingriff in die Rechtspflege darstellen würde und die Unabhängigkeit der rechtsprechenden Behörden bei ihren Entscheidungen hier in derselben Weise gewahrt werden muß wie bei den ordentlichen Gerichten.

4. Die Hilfskräfte werden zunächst für die Übergangszeit bis zur vollen Durchführung des Gesetzes, aber auch später bei besonders starkem Geschäftsgange notwendig sein.

5. Daß die Beschaffung der Geschäftsräume hier als etwas Besonderes hervorgehoben wird, ist mit Rücksicht auf die gleichlautende Bestimmung des § 79 Abs. 2 RVO. wohl nur daraus zu erklären, daß bisher der Vorsitzende des Schiedsgerichts für Arbeiterversicherung mit Einwilligung der zuständigen Versicherungsanstalt die Geschäftsräume zu besorgen hatte.

6. Nur die Bureau-, Kanzlei- und Unterbeamten sind hier erwähnt, weil bei dem Vorsitzenden,

und dessen Stellvertreter die Rechte und Pflichten der Beamten schon mit ihrem Haupt- oder Nebenamt als höherer Beamter verbunden ist.

7. Über Rechte und Pflichten der Beamten sowie über den Unterschied zwischen Reichs- und Staatsbeamten vgl. Anm. 2 zu § 102.

8. Werden die Bureau-, Kanzlei- und Unterbeamten nur vorübergehend oder zur Vorbereitung beschäftigt, so wird in der Regel ein Dienstvertrag im Sinne der §§ 611 ff. BGB. vorliegen und danach die Beurteilung ihrer Rechte und Pflichten zu erfolgen haben.

9. Diesem Vorbehalt für die Landesregierung entspricht weiter unten die Vorschrift der §§ 320, 321.

10. Als „Vorsitzender" kommt hier nur der Vorsitzende des Schiedsgerichts in Betracht.

11. Sie, d. h. die Bureau-, Kanzlei- und Unterbeamten. Auf die höheren Beamten des Schiedsgerichts (Vorsitzender und dessen Stellvertreter) findet diese Vorschrift keine Anwendung.

12. Die Verpflichtung erfolgt durch Handschlag an Eidesstatt. Auch hier ist in Übereinstimmung mit § 139 Abs. 1, aber abweichend von § 129 das Wort „gewissenhaft" eingefügt (vgl. Anm. 2 zu § 139).

13. Der Wortlaut des Diensteides, welchen die Reichsbeamten zu leisten haben, ist in der Verordnung v. 29. Juni 1871 (RGBl. S. 303), derjenige der preußischen Staatsbeamten in der Verordnung v. 6. Mai 1867 (GS. S. 715) enthalten.

Kostenvorschuß.

§ 167. *Alle Kosten des Schiedsgerichts*[1] *schießt der Bundesstaat vor,*[2] *in dem der Sitz gelegen ist.*

Der Bundesrat kann auf Antrag der Reichsversicherungsanstalt Grundsätze für die Bemessung der Kosten festsetzen.[3]

E. I. § 171.
E. II. § 168.
RVO. § 80 (92).

1. Bei den Kosten des Schiedsgerichts werden in Anlehnung an die Regelung der Kostenfrage bei den bisherigen Schiedsgerichten für Arbeiterversicherung, aber unter Wegfall der dort hinsichtlich der Kostentragung vor-

gesehenen Teilung zwischen Bundesstaat, Versicherungsanstalt und Versicherungsträgern zu unterscheiden sein:

a) Kosten der Gerichtshaltung (Bezüge der Beamten, Kosten für Geschäftsräume, Inventar, Geschäftsbedürfnisse, Vergütungen der Beisitzer, Portoausgaben u. dgl.);

b) Kosten des Verfahrens (Entschädigung der Partei für das Erscheinen, Zeugen- und Sachverständigengebühren, Kosten der Beweiserhebung u. dgl., vgl. dazu auch §§ 311, 312).

2. Der Bundesstaat, in welchem der Sitz des Schiedsgerichts belegen ist, schießt die Kosten nur vor und erhält von der Reichsversicherungsanstalt die verauslagten Kosten vierteljährlich nach Anfordern erstattet (§ 168 Abs. 2).

3. Die Festsetzung wird vermutlich einheitlich für das Reich erfolgen.

Verwendung der Geldstrafen; Kostenerstattung.

§ 168. *In die Kasse der Reichsversicherungsanstalt*[1] *fließen die Geldstrafen*[2] *sowie die besonders auferlegten Verfahrenskosten (§ 311).*[3]

Die Reichsversicherungsanstalt erstattet den Bundesstaaten vierteljährlich nach Anfordern die verauslagten Kosten.[4]

E. I. § 172.
E. II. § 169.
RVO. —

1. Über die Kasse der Reichsversicherungsanstalt werden voraussichtlich besondere Vorschriften ergehen. Vgl. die entsprechende Bestimmung in § 359 Abs. 1.

2. Geldstrafen werden z. B. wegen unzulässiger Ablehnung der Wahl oder Pflichtentziehung eines Beisitzers der Schiedsgerichte (vgl. §§ 137, 139 bzw. 161) verhängt; sie verjähren nach § 361 in zwei Jahren.

3. Im allgemeinen haben nach § 312 die Beteiligten keine Kosten des Verfahrens zu tragen; nur wenn ein Beteiligter durch Mutwillen, Verschleppung oder Irreführung Kosten des Verfahrens veranlaßt hat, können sie ihm ganz oder teilweise auferlegt werden (§ 311).

4. Die Erstattung der verauslagten Kosten des Schiedsgerichts muß deshalb erfolgen, weil der Bundesstaat zu ihrer Tragung nicht verpflichtet ist, sondern sie nur vorschießt (vgl. § 167 Abs. 1).

Beaufsichtigung und Kosten des Oberschiedsgerichts.

§ 169. *Die Aufsicht*[1] *über das Oberschiedsgericht führt der Reichskanzler.*

Alle Kosten des Oberschiedsgerichts[2] *schießt die Reichshauptkasse*[3] *vor.*[4]

Im übrigen gelten die §§ 167 bis 169 entsprechend.[5]

E. I. § 173.
E. II. § 170.
RVO. —

1. Über „Aufsicht" gilt das zu § 166 Anm. 3 Gesagte entsprechend.

2. Die Kosten des Oberschiedsgerichts lassen sich ebenso wie bei dem Schiedsgericht in Kosten der Gerichtshaltung und Kosten des Verfahrens gliedern (vgl. Anm. 1 zu § 167).

3. Die Reichshauptkasse ist aus der Generalkasse des Norddeutschen Bundes hervorgegangen (vgl. Bek. des Reichskanzlers v. 1. Juni 1871 — RGBl. S. 126); ihre Geschäfte werden unentgeltlich von der Reichsbank besorgt (§ 22 des Bankgesetzes v. 14. März 1875 — RGBl. S. 177 — in Verbindung mit § 11 des Statuts der Reichsbank v. 21. Mai 1875 — RGBl. S. 203).

4. Daß hier die Reichshauptkasse und nicht ein Bundesstaat vorschießt (§ 167), hat darin seinen Grund, daß nur ein Oberschiedsgericht besteht, welches seinen Sitz in Berlin hat und an eine Reichsbehörde, die Reichsversicherungsanstalt angegliedert ist (vgl. Anm. 6 zu § 162). — In ähnlicher Weise ist die Gewährung und Erstattung von Vorschüssen hinsichtlich der Kosten der ersten Einrichtung der Reichsversicherungsanstalt geregelt (§ 364).

5. Die hier in Betracht kommenden Vorschriften behandeln die Hilfskräfte und Geschäftsräume, die Rechte und Pflichten der Bureau-, Kanzlei- und Unterbeamten (§ 166 Abs. 2—4), die Verordnung des Bundesrats über die Bemessung der Kosten (§ 167 Abs. 2), die Geldstrafen, die besonderen Verfahrenskosten und die Erstattung der von der Reichshauptkasse verauslagten Kosten (§ 168).

Fünfter Abschnitt.

Deckung der Leistungen.

Allgemeines.

A. Grundlagen. Die Kosten der Angestelltenversicherung, und zwar im weitesten Umfang, also auch die Bezahlung der im Dienst des Staates für die Versicherung tätigen Beamten usw., werden nach dem Gesetz nur durch Beitragsleistungen der Arbeitgeber und der Versicherten aufgebracht. Zuschüsse des Reichs (so führt die Begründung an) läßt schon die allgemeine Finanzlage nicht zu. Auch die Beteiligten haben von dem anfänglichen Verlangen nach Beihilfe des Reichs Abstand genommen.

Wie bei der Invaliden- und der Hinterbliebenenversicherung sind die Versicherten und ihre Arbeitgeber in gleicher Höhe an den Versicherungsbeiträgen beteiligt. Hierdurch soll dem Grundgedanken Rechnung getragen werden, daß einerseits der Arbeitnehmer die sittliche Pflicht hat, nach dem Maße seiner Kräfte gegen die Folgen des Schwindens der Erwerbsfähigkeit selbst Vorsorge zu treffen, andererseits dem Arbeitgeber eine werktätige Fürsorge für die Angestellten obliegt.

Sämtliche männlichen und weiblichen Angestellten und ihre Arbeitgeber werden zu den Kosten der Angestelltenversicherung herangezogen. Es könnte (so heißt es in der Begründung) in Frage kommen, ob die weiblichen Personen mit Rücksicht darauf, daß sie nur in seltenen Fällen fürsorgebedürftige Witwer hinterlassen, auch anspruchsberechtigte Waisen seltener als in Todesfällen männlicher Angestellten hinterbleiben, von der Hinterbliebenenversicherung wegen der ungleichen Belastung zu befreien und nur gegen Berufsunfähigkeit zu versichern sein möchten. Wie die Begründung dazu ausführt, empfiehlt sich die hieraus folgende verschieden hohe Bemessung der Beiträge für männliche und weibliche Personen nicht, weil sie zu einer bedenklichen Verschiebung des Arbeitsmarktes zum Nachteil der männlichen Angestellten führen könnte. Auch würde die Befreiung von der Hinterbliebenenversicherung die vielen Fälle von der Fürsorge ausschließen, in denen weibliche Versicherte Waisen hinterlassen, die nicht minder bedürftig sind als die Waisen männlicher Verstorbenen. Die weiblichen Angestellten selbst wünschten gleichfalls keine verschiedenartige Behandlung in der Beitragsleistung. Das Gesetz sieht von der Befreiung ab und sucht die Minderbelastung durch gewisse Mehrleistungen an weibliche Angestellte auszugleichen.

Ebensowenig können wegen der großen Heiratswahrscheinlichkeit der Versicherten die ledigen Versicherten von der Hinterbliebenenversicherung befreit werden. Wenn ein Angestellter erst in höherem Lebensalter heiratet, so reichen seine Beiträge nach ihrem versicherungstechnischen Werte nicht aus, um die mögliche Belastung des Versicherungsträgers durch die Hinterbliebenen aus dieser Ehe zu decken; vielmehr bedarf es hierzu der in jungen Lebensjahren geleisteten Beiträge zur Hinterbliebenenversicherung. Bei Verzicht auf die Beiträge dieser Personen und deren Arbeitgeber zur Deckung der Hinterbliebenenrenten würden sich die Beiträge für die verheirateten Versicherten bedeutend erhöhen und diesen und ihren Arbeitgebern Verpflichtungen auferlegen, welche sie kaum tragen könnten, und welche die Arbeitsbedingungen für die Verheirateten bedenklich erschweren würden. Auch bei den bestehenden privaten Fürsorgekassen werden die Unverheirateten zu Beiträgen für die Hinterbliebenenversicherung herangezogen. Die Befreiung von diesen Beiträgen ist auch um so weniger berechtigt, als bei der Pflichtversicherung die Gesamtheit der Beteiligten solidarisch für die Deckung aller aus ihren Kreisen hervorgehenden Fürsorgefälle eintreten muß und die Unverheirateten überdies die Beitragslast am leichtesten tragen können.

B. Beitragsverfahren. Für die Berechnung der Beiträge kann hier wie bei der Invaliden- und Hinterbliebenenversicherung (nach der Begr. z. RVO.) nur das Prämiendurchschnittsverfahren der Invalidenversicherung mit Beiträgen in dauernd gleicher Höhe zugrunde gelegt werden. Bei der großen Steigerung der jährlichen Ruhegelder wie der Hinterbliebenenbezüge bis zum Beharrungszustande kann weder das Umlage-, noch das Kapitaldeckungsverfahren in Betracht kommen.

Nach dem Umlageverfahren wird durch die Beiträge eines Jahres nur derjenige Betrag erhoben, der für Renten und sonstige Aufwendungen der Versicherungsträger in dem betr. Jahre auszugeben ist. Da zu den aus den Vorjahren noch vorhandenen Rentenempfängern in jedem Jahre neue Rentenberechtigte hinzutreten, so erhöht sich die Zahl der Rentenberechtigten und somit auch der an diese zu zahlende Rentenbetrag fortgesetzt. Neben der Zahl der Rentenempfänger wächst infolge der größeren Zahl von Wochenbeiträgen die Steigerung der einzelnen zu bewilligenden Renten, daher wird mit jedem Jahre die durchschnittliche Höhe der Renten größer, die an die zugehenden Rentenempfänger zu zahlen sind. Die Ausgaben für Renten und somit auch die Beiträge nach dem Umlageverfahren steigen hiernach in doppelter Beziehung, einmal aus der steigenden Zahl der Berechtigten und sodann aus der steigenden Höhe des den Versicherungsträgern zur Last fallenden Anteils an den neu bewilligten Renten. Diese große Steigerung der Ausgaben für Renten verbietet es, das Umlageverfahren einzuführen.

Das Kapitaldeckungsverfahren schwächt die Steigerung der Beiträge insofern ab, als nach diesem Verfahren in der vorgesehenen Periode der Kapitalwert der neu bewilligten Renten aufgebracht wird, das ist derjenige Geldbetrag, welcher nebst Zinsen und Zinseszinsen erforderlich ist, um jede in der betr. Periode neubewilligte Rente bis zu ihrem Wegfall auszahlen zu können. Indessen würden auch bei diesem Verfahren wegen der großen Steigerung der Renten die Beiträge von Periode zu Periode zu erhöhen sein. Dieses Verfahren würde zwar die beim Umlageverfahren vorhandenen Bedenken abschwächen, sie aber nicht beseitigen.

Nach dem Prämiendurchschnittsverfahren bleiben die Beiträge, wenn der Zinsfuß und die sonstigen Rechnungsgrundlagen für die Beitragsberechnungen den späteren Erfahrungen entsprechen, dauernd gleich. Es muß nach diesem Verfahren zu jeder Zeit der Gesamtwert aller künftigen, gleichbleibenden Beiträge unter Hinzurechnung des vorhandenen Vermögens dem Gesamtwert aller Verpflichtungen gleich sein. Aus den anfangs die Jahresausgaben übersteigenden Jahreseinnahmen bildet sich eine der Prämienreserve der Lebensversicherungsgesellschaften ähnliche Rücklage, aus deren Zinsen später die alsdann die Jahreseinnahmen aus Beiträgen übersteigenden Jahresausgaben zu bestreiten sind.

C. Einzelheiten. Wie bei der Invaliden- und Hinterbliebenenversicherung, so werden auch bei der Angestelltenversicherung die Beiträge nicht nach dem Alter abgestuft. Wollte man, wie die privaten Lebensversicherungsanstalten es tun, die Beiträge nach dem Alter beim Eintritt in die Versicherung abstufen, so würde die Versicherung der in höheren Altersjahren stehenden Angestellten wegen zu hoher Beiträge kaum möglich sein. Auch würden die Arbeitsbedingungen für die älteren Angestellten wesentlich erschwert werden, weil auch der Arbeitgeberbeitrag abzustufen und für ältere Personen entsprechend höher sein würde. Vereinzelte Stimmen, die sich für die Abstufung ausgesprochen haben, begründen ihre Meinung damit, daß die Pflichtversicherten nicht zu Beitragsleistungen herangezogen werden dürften, für die sie bei privaten Lebensversicherungsgesellschaften wesentlich höhere Leistungen erwerben könnten. Für die auf den Angestellten fallende Beitragshälfte wird aber keine private Lebensversicherungsunternehmung die im Gesetz vorgesehenen Leistungen gewähren können. Denn die Berechnungen haben ergeben, daß zur Deckung des eigenen Risikos bei nur 10 Proz. Zuschlag zur Nettoprämie für Verwaltungs- und sonstige Unkosten — ein Satz, der für private Unternehmungen in der Regel höher in Ansatz kommt — an Beiträgen der männlichen Angestellten jährlich zu erheben sind für das Eintrittsalter

von 16 Jahren	. . . .	5,54 Proz.
„ 20 „	. . . .	6,19 „
„ 25 „	. . . .	7,03 „
„ 30 „	. . . .	7,90 „
„ 35 „	. . . .	8,81 „

des versicherten Einkommens. Die Angestellten haben nach dem Gesetz bis zu 4 Proz. des versicherten Einkommens an Versicherungsbeiträgen zu zahlen. Zur Deckung der gesetzlichen Leistungen würden somit

dem 16 jährigen noch	. . . .	1,54 Proz.
„ 20 „ „	. . . .	2,19 „
„ 25 „ „	. . . .	3,03 „
„ 30 „ „	. . . .	3,90 „

des versicherten Einkommens von dem Arbeitgeberbeitrag zugute kommen. Der Beitrag des Arbeitgebers deckt hiernach nicht nur die Mehrbelastung aus der Versicherung älterer Personen, sondern dient zum Teil auch zur Erhöhung der Leistungen zugunsten der jüngeren Versicherten, so daß auch sie in dem Beitrag des Arbeitgebers einen Zuschuß zu den aus eigenen Mitteln erworbenen Anwartschaften gesichert erhalten. Die Abstufung der Beiträge würde überdies die Durchführung des Gesetzes außerordentlich erschweren und verteuern. Man vergegenwärtige sich nur, daß für jede der neun Gehaltsklassen über 40 verschiedene Beiträge, zusammen somit mehr als 360 verschieden hohe Beiträge in Frage kommen würden. Nicht nur die Beitragsentrichtung durch den Arbeitgeber und die hiermit verbundenen Verwaltungsarbeiten der Reichsversicherungsanstalt würden sehr erschwert werden, sondern auch die Berechnung und Bemessung von Ruhegeld und Renten könnten nicht so einfach und für jeden Angestellten verständlich gestaltet werden wie im Gesetz. Wollte man die Forderung der Beitragsabstufung überhaupt als berechtigt anerkennen, so dürfte die Abstufung nicht beim Alter haltmachen, sondern es müßte weiter nach dem Geschlecht und Berufe der Angestellten sowie nach dem Familienstand und nach den Gesundheitsverhältnissen abgestuft werden; die Abstufung würde somit ins Uferlose führen und die gesetzliche Sicherstellung einer auskömmlichen Fürsorge unmöglich machen. Das Gesetz sieht aus all diesen Gründen von der Beitragsabstufung ab und schreibt die Erhebung eines für alle Angestellten gleichen Teilbetrags des versicherten Einkommens als Beitrag vor, der in monatlichen Teilbeträgen am Schlusse eines jeden Monats zu zahlen ist. Die Zahlung der Beiträge in monatlichen Teilbeträgen bringt geschäftliche Erleichterungen bei der Durchführung des Gesetzes und wird sich auch in der Mehrzahl der Fälle mit den Gehaltszahlungsperioden decken.

Dieselben Gründe, die bei der Invaliden- und Hinterbliebenenversicherung für die Halbierung der Beiträge angeführt werden, sprechen dafür, daß auch hier die Beiträge je zur Hälfte von den Arbeitgebern und von ihren Angestellten aufgebracht werden. Diese Teilung entspricht auch den Wünschen der Angestellten und setzt für die Pflichtversicherung als Regel fest, was bereits im allgemeinen Durchschnitt zutrifft, soweit die Arbeitgeber bisher freiwillig eine Fürsorge für ihre Angestellten eingeführt haben. Auch bei höher besoldeten Angestellten kann im Interesse der Vereinfachung des Gesetzes und dessen Durchführung die Halbierung der Beiträge unbedenklich vorgeschrieben werden. Eine andere Teilung des Beitrags zwischen Arbeitgebern und ihren Angestellten würde erhebliche Schwierigkeiten für die Abgrenzung der Rechte zur Mitwirkung bei der Verwaltung und Rechtsprechung zur Folge haben und kaum eine gerechte Teilung der Befugnisse ermöglichen. Die Halbierung der Beiträge ist eine notwendige Voraussetzung für die Zusicherung gleicher Rechte an die Arbeitgeber und deren versicherte Angestellten bei der Verwaltung und Rechtsprechung, worauf von den beteiligten Angestellten ganz besonderer Wert gelegt wird.

In der zweiten Denkschrift ist berechnet worden, daß der von Arbeitgebern und Versicherten je zur Hälfte aufzubringende Beitrag mit acht Hundertstel des versicherten Einkommens hoch genug bemessen wird, um die in Aussicht genommenen Leistungen zu decken. Dabei hat sich herausgestellt, daß der Beitrag im wesentlichen mit demjenigen übereinstimmt, welcher sich ergibt, wenn die Versicherungspflicht statt auf Personen der Altersjahre 16—60 nur auf Angestellte der Altersjahre 16 bis 55 ausgedehnt werden würde. Die angestellten Berechnungen führen zu den folgenden Ergebnissen:

Gegenstand der Versicherung		Von je 100 M. des versicherten Jahreseinkommens sind als durchschnittlich. Jahresbeitrag in monatlichen Raten zu entrichten, wenn sich die Versicherung erstreckt auf die			
Bezeichnung	Jahresbetrag in % des versicherten Jahreseinkommens	männl. Person.		weibl. Person.	
		der Altersjahre 16 bis unter 55	aller Altersjahre 16 bis unter 60	der Altersjahre 16 bis unter 55	aller Altersjahre 16 bis unter 60
1	2	3	4	5	6
Anfangsbetrag des Ruhegeldes	20	2,0435	2,0587	2,0336	2,0434
Jährliche Steigerung des Ruhegeldes	1	1,5962	1,5588	1,9519	1,9344
Anfangsbetrag der Altersrente	20	0,5029	0,5510	0,3699	0,3887
Jährliche Steigerung der Altersrente	1	0,4843	0,4729	0,4581	0,4540
Anfangsbetrag der Witwenrente	8	1,0726	1,0707	—	—
Jährliche Steigerung der Witwenrente	0,4	0,7437	0,7263	—	—
Anfangsbetrag jed. Waisenrente (einschließl. Doppelwaisen)	1,6	0,1411	0,1379	0,0150	0,0149
Jährliche Steigerung jeder Waisenrente (einschließl. Doppelwaisen)	0,08	0,0686	0,0669	0,0081	0,0080
Halber Anfangsbetrag der Witwenrente vom 60. bis 120. Beitragsmonat . .	4	0,0943	0,1131	—	—
Halber Anfangsbetrag der Waisenrente vom 60. bis 120. Beitragsmonat . .	0,8	0,0221	0,0220	0,0016	0,0016
zusammen	—	6,7693	6,7783	4,8382	4,8450

Mit Einschluß der in der zweiten Denkschrift näher erörterten Kosten des Heilverfahrens, der Verwaltungs- und der sonstigen Unkosten in Höhe von rund 10 Proz. der Nettoprämie oder 9,09 Proz. der zur Erhebung kommenden Bruttoprämie berechnet sich unter Berücksichtigung der besonderen Leistungen an weibliche Angestellte bei Ausdehnung der Versicherungspflicht auf alle Privatangestellten vom Alter von 16 bis unter 60 Jahren der Durchschnittsbeitrag für beide Geschlechter auf 7,2778 Proz. des Jahreseinkommens, während sich der Durchschnittsbeitrag für die weiblichen Versicherten allein auf 6,0212 Proz. berechnet. In Proz. des ersteren beträgt der letztere Beitrag rund 83 Proz. Die über den rechnungsmäßigen Bedarf hinausgehende Beitragsveranlagung kann um deswillen unbedenklich beibehalten werden, weil die beim Ausscheiden von Personen aus der Versicherungspflicht und Aufgabe der Versicherung etwa eintretenden Verluste vorwiegend auf weibliche Personen, die in den Ehestand treten, weniger aber auf männliche Personen entfallen, die infolge des Selbständigwerdens oder der Überschreitung der Gehaltsgrenze von 5000 Mark im allgemeinen erst nach vorhergehender längerer Versicherungsdauer ausscheiden. Hierzu kommt, daß für die höhere Invaliditätsgefahr der weiblichen Personen nach den bei der Invalidenversicherung neuerdings gemachten Beobachtungen ein höherer Sicherheitszuschlag zu machen ist, als den Berechnungen in der zweiten Denkschrift zugefügt ist.

Nach dem Vorstehenden ergibt sich, daß zur Deckung der angegebenen Leistungen bei Ausdehnung der Versicherungspflicht auf alle Angestellten mit dem Eintrittsalter von 16 bis unter 60 Jahren im Durchschnitt für beide Geschlechter ein dauernd gleicher Beitrag (Durchschnittsprämie) von 7,2778 Proz. des versicherten Einkommens erforderlich ist. Für monatlich in nachschüssigen Raten fällige Beiträge und monatliche Rentensteigerungen erhöht sich dieser Beitrag, wie in der zweiten Denkschrift nachgewiesen wird, auf 7,3981 Proz. Bei Zugrundelegung der Zahl und der

Altersgruppierung der nach dem Gesetz versicherungspflichtigen Personen erhöht sich der Beitrag auf 7,548796 Proz. Bei Erhebung eines Beitrags von 8 Proz. des versicherten Einkommens werden deshalb nicht nur die veranschlagten Versicherungs- und Verwaltungskosten sowie die Kosten des Heilverfahrens gedeckt, sondern dieser Beitrag bietet auch noch einen genügenden Zuschlag für eine etwas größere, die Rechnungsgrundlagen übersteigende Invaliditätsgefahr usw., worauf bei der Unsicherheit der Grundlagen zunächst nicht verzichtet werden kann. In dem Beitrag von 8 Proz. würden somit für die Zwecke des Heilverfahrens, zur Bestreitung der Verwaltungs- und der sonstigen Unkosten sowie zur Erhöhung der Sicherheit der Rechnungsgrundlagen

$$\frac{8 - \frac{10}{11} . 7{,}548796}{8} . 100 = 14{,}22 \text{ Proz.}$$

der Bruttoprämie enthalten sein.

Bei Erhebung dieses Beitrags stellt sich der auf den Arbeitgeber entfallende Anteil von 4 Proz. des versicherten Einkommens niedriger als nach den Erhebungen im Oktober 1903 über den Umfang der bereits bestehenden Fürsorge für Angestellte festgestellt worden ist. Hiernach haben die Arbeitgeber, die für ihre Angestellten besondere Kassen errichtet haben, an jährlichen Zuschüssen freiwillig 4,083 Proz. des durchschnittlichen Gehalts gezahlt. Ebenso ist ermittelt, daß für die von ihren Firmen nicht in eigenen Kassen, sondern anderweitig versicherten Angestellten als Zuschuß 4,137 Proz. des durchschnittlichen Gehalts gezahlt werden. In Anlehnung hieran hat das Gesetz allen Arbeitgebern an Beiträgen für ihre Angestellten höchstens 4 Proz. des Diensteinkommens derselben auferlegt. Dabei wird jedoch der von den Arbeitgebern und Angestellten zusammen aufzubringende Beitrag durch entsprechende

Ermäßigung des absoluten Betrags der Leistungen so bemessen, daß durch die 8 Proz. zugleich der ähnliche Fürsorgezwecke verfolgende Beitrag zur Invaliden- und Hinterbliebenenversicherung mit gedeckt wird. Der letztere beträgt nach der RVO. bei Annahme von 50 Beitragswochen

in Lohnklasse	I . .	50 . 0,16	=	8,00 Mark
„ „	II . .	50 . 0,24	=	12,00 „
„ „	III . .	50 . 0,30	=	15,00 „
„ „	IV . .	50 . 0,38	=	19,00 „
„ „	V . .	50 . 0,46	=	23,00 „

Diese Beträge würden in den Gehaltsklassen bis zu 2000 Mark Einkommen von dem in Aussicht genommenen Beitrag von 8 Proz. des Einkommens in Abzug zu bringen sein. Da die Einkommensbezüge in einer Gehaltsklasse sehr verschieden sind, so muß zur Umrechnung des Beitrags in Mark für jede Gehaltsklasse ein bestimmter Einkommenssatz angenommen werden. Es empfiehlt sich das Mittel zwischen dem Höchst- und Mindestbetrag des Einkommens in jeder Gehaltsstufe zu wählen, weil dieser Satz allen Einkommenstufen, die in einer Gehaltsklasse vorkommen können, am meisten gerecht wird. Für die Gehaltsklasse A wird dabei als unterstes Einkommen der Betrag von 350 Mark zugrunde zu legen sein, weil von den Angestellten, deren Jahreseinkommen unter 350 Mark beträgt, nur wenige versicherungspflichtig sein dürften. Für die Gehaltsklassen C, D und E, denen über neun Zehntel der Angestellten bis zu 2000 Mark Einkommen angehören, ergibt sich folgendes Zahlenbild:

Gehalts-klassen	Gehaltssatz	8 Prozent des Gehalts-satzes	Beitrag zur Invaliditäts- und Hinterbliebenen-versicherung	Differenz
C	½(850 + 1150) = 1000 M.	80,— M.	19,— M.	61,— M.
D	½(1150 + 1500) = 1325 „	106,— „	23,— „	83,— „
E	½(1500 + 2000) = 1750 „	140,— „	23,— „	117,— „

Hiernach würde man den Abzug der Beiträge zur Invaliden- und Hnterbliebenenversicherung auch dadurch bewirken können, daß man als Beitrag zur Angestelltenversicherung 8 Proz. von einem jährlichen Einkommen

in Gehaltskl. C von $\frac{61}{0{,}08}$ = 762,50 od. monatl. 63,54 od. rd. 60 M.
„ „ D „ $\frac{83}{0{,}08}$ = 1 037,50 „ „ 86,46 „ „ 85 „
„ „ E „ $\frac{117}{0{,}08}$ = 1 462,50 „ „ 121,88 „ „ 120 „

berechnet. Das Einkommen von monatlich 60 Mark oder jährlich 720 Mark ist als „versichertes Einkommen“ im Gegensatze zu dem Durchschnittsgehaltssatze der Gehaltsklasse C bezeichnet worden. Entsprechend sind als Jahresbetrag des versicherten Einkommens angenommen worden in der Gehaltsklasse A = 240 Mark, in B = 480 Mark, in C = 720 Mark, in D = 1020 Mark, in E = 1440 Mark. Auch für die 2000 Mark übersteigenden Gehaltsklassen empfiehlt es sich, einen niedrigeren Satz für die Berechnung des zur Erhebung kommenden Beitrags als den Durchschnittsgehaltssatz zugrunde zu legen. Denn nur hierdurch kann der von verschiedenen Seiten aufgestellten Forderung Rechnung getragen werden, daß mehr als 8 Proz. des Einkommens als Beitrag in den Gehaltsklassen über 2000 Mark für die neue Versicherung nicht erhoben werden sollen. Beispielsweise würde der Gehaltsklasse H von mehr als 3000 bis zu 4000 Mark ein Durchschnittsgehalt von 3500 Mark entsprechen. 8 Proz. hiervon sind = 280 Mark. Dieser Beitrag macht aber von 3000 Mark Gehalt 9,33 Proz. aus, übersteigt somit den Betrag von 8 Proz. um 1,33 Proz. Es ist deshalb in den 2000 Mark übersteigenden Gehaltsklassen für die Bemessung des zur Erhebung kommenden Monatsbeitrages als versichertes Einkommen stets die unterste Gehaltsstufe, nämlich 2000, 2500, 3000 und 4000 Mark zugrunde gelegt. Die sich hieraus ergebenden Monatsbeiträge sind dann nach unten zur Erzielung runder Zahlen entsprechend abgerundet. Es sind die folgenden Monatsbeiträge ermittelt:

in Gehaltskl.	A	1,60 M.,	in Gehaltskl.	F	13,20 M.,
„ „	B	3,20 „	„ „	G	16,60 „
„ „	C	4,80 „	„ „	H	20,— „
„	D	6,80 „	„ „	J	26,60 „
„ „	E	9,60 „			

Vergleicht man den Jahresbeitrag (= 12fachen Monatsbeitrag) mit dem höchsten, niedrigsten und durchschnittlichen Jahreseinkommen jeder Gehaltsklasse, so kommt man zu folgenden Zahlen:

Gehaltsklasse				Jahresbeitrag gleich 12facher Monatsbeitrag	Der Jahresbeitrag beträgt in Prozenten des jährlichen		
Bezeichnung	Jahreseinkommen in M.				Mindest-	Höchst-	Durchschnitts-
	mindestens	höchstens	im Durchschnitt		einkommens der betreffenden Gehaltsklasse		
				Mark	Prozent	Prozent	Prozent
1	2	3	4	5	6	7	8
A	350	550	450	19,20	5,49	3,49	4,27
B	550,01	850	700	38,40	6,98	4,52	5,49
C	850,01	1150	1000	57,60	6,78	5,01	5,76
D	1150,01	1500	1325	81,60	7,10	5,44	6,16
E	1500,01	2000	1750	115,20	7,68	5,76	6,58
F	2000,01	2500	2250	158,40	7,92	6,34	7,04
G	2500,01	3000	2750	199,20	7,97	6,64	7,24
H	3000,01	4000	3500	240,00	8,00	6,00	6,86
J	4000,01	5000	4500	319,20	7,98	6,38	7,09

Wie Spalte 6 zeigt, steigen die Beiträge in Proz. des Durchschnittseinkommens der einzelnen Gehaltsklassen bis zu 2000 Mark allmählich an. Von 2000 Mark ab bleiben sie im wesentlichen gleich. Die Abweichungen sind auf die Abrundungen zurückzuführen, die zur

Berechnung der Monatsbeiträge erforderlich waren. Die Beiträge betragen rund 8 Proz. des versicherten (Spalte 6) oder rund 7 Proz. des durchschnittlichen Einkommens (Spalte 8) der betreffenden Gehaltsklasse. Diese Beitragsherabsetzung hat naturgemäß auch eine entsprechende Herabsetzung der absoluten Beträge der Versicherungsleistungen zur Folge. Sie sind deshalb etwas niedriger als nach den Sätzen der Denkschrift v. 11. Juli 1908. Durch die Verringerung der Beiträge wird es denjenigen Personen, welche infolge Überschreitung der Gehaltsgrenze aus der Invaliden- und Hinterbliebenenversicherung als Pflichtversicherte ausscheiden, erleichtert, die dort erworbenen Anwartschaften aufrechtzuerhalten. Man darf sich auch der Einsicht nicht verschließen, daß es wegen der Unsicherheit, welche die neue Begriffsbestimmung der Berufsunfähigkeit in Bezug auf die veranschlagte Zahl der Ruhegeldempfänger für die Beitragsberechnung mit sich bringt, richtiger ist, zunächst mit niedrigeren Leistungen anzufangen und, wenn die Erfahrungen es gestatten, später eine Erhöhung der Leistungen eintreten zu lassen. Der Gefahr muß unter allen Umständen vorgebeugt werden, daß, wenn die vorgesehenen Leistungen durch die berechneten Beiträge nicht gedeckt werden können, eine Beitragserhöhung über dasjenige Maß eintritt, welches den Beteiligten an Beiträgen überhaupt zugemutet werden kann. Eine Herabsetzung der Leistungen darf nur im äußersten Falle in Betracht gezogen werden. Es empfiehlt sich deshalb, einen gewissen Spielraum zwischen dem zur Erhebung kommenden Beitrag von $4^1/_4$ bis rund 7 Proz. des durchschnittlichen Jahreseinkommens und dem nach der Denkschrift v. 11. Juli 1908 in Aussicht genommenen Beitrag von 8 Proz. festzuhalten. Wenn die Erfahrungen bei Durchführung des Gesetzes sich wesentlich ungünstiger herausstellen sollten, als die angenommenen Rechnungsgrundlagen, so kann doch nach menschlicher Voraussicht nicht erwartet werden, daß zur Beseitigung der hieraus erwachsenden finanziellen Gefahr neben dem Sicherheitszuschlage zu den Beiträgen eine Erhöhung derselben notwendig wird, die über den Beitrag von 8 Proz. des durchschnittlichen Jahreseinkommens hinausgeht.

Daran hält das Gesetz durch die Art der Berechnung der Versicherungsleistungen fest, daß das Verhältnis der Leistungen zu den Beiträgen in allen Gehaltsklassen dasselbe ist.

Was die jährliche Gesamtbelastung betrifft, die durch die Angestelltenversicherung erwächst, so erfordert die Versicherung

der männl. Angestellten jährlich	179 323 022,40 M.,
der weibl. Angestellten jährlich .	26 343 504,00 „
zusammen jährlich	205 666 526,40 M.

Nun sind aber nach den Erhebungen vom Oktober 1903 von den männlichen Angestellten überhaupt 52 Proz. und von den weiblichen 7 Proz. bereits versichert, deren Befreiung von der Beitragsleistung nach dem Gesetz zugelassen wird. Um die jährliche neue Belastung aus der Angestelltenversicherung festzustellen, wären die Beitragsleistungen für die befreiten Versicherten, die als eine neue Belastung des deutschen Wirtschaftslebens nicht bezeichnet werden kann, aus der vorstehend ermittelten jährlichen Gesamtbelastung auszuscheiden. Nach den Erhebungen vom Oktober 1903 läßt sich der Gesamtbetrag dieser Beitragsleistungen

für männliche Angestellte auf etwa	87 605 590 M.
„ weibliche „ „ „	1 873 822 „
zusammen	89 479 412 M.

schätzen.

Ob sich die gesamte Belastung aus der Angestelltenversicherung um den vollen Betrag von 89,5 Millionen

Mark, also auf jährilch 116 Millionen Mark, vermindert oder um einen geringeren Betrag, hängt nicht nur davon ab, in welchem Umfang die bereits versicherten Angestellten von der Beitragsbefreiung des Gesetzes Gebrauch machen werden, sondern insbesondere auch von der Zuverlässigkeit der Erhebungen vom Oktober 1903 und von der Zulässigkeit der Übertragung dieser Ergebnisse auf die Zahl der versicherungspflichtigen Angestellten, zumal bei den Erhebungen mehrfache Zählung derselben Personen nicht ausgeschlossen ist. Immerhin darf behauptet werden, daß sich die gesamte Belastung aus der Angestelltenversicherung infolge Befreiung von der Beitragsleistung der bereits anderwärts versicherten Angestellten erheblich vermindern wird. Man wird vielleicht annähernd das Richtige treffen, wenn man die gesamte neue Belastung auf etwa 150 Millionen Mark schätzt.

In fünfjährigen Zeitabschnitten soll durch eine von der Reichsversicherungsanstalt aufzustellende versicherungstechnische Bilanz festgestellt werden, ob der Beitrag von 8 Proz. des versicherten Einkommens zur Deckung der Lasten noch ausreicht. Falls die Bilanz einen Fehlbetrag ergibt, so sollen durch Gesetz zur Herstellung des Gleichgewichts die Beiträge entsprechend erhöht werden. Ergibt sich ein Überschuß, so können in gleicher Weise die künftig zu gewährenden Leistungen erhöht werden. Die Erhöhung kann auch als Erweiterung der Leistungen gesetzlich geregelt werden. Insbesondere wird in diesem Falle zu erwägen sein, ob die Hinterbliebenenbezüge nicht auf Aszendenten und Geschwister auszudehnen sein werden, die mit dem Versicherten in häuslicher Gemeinschaft leben und deren Lebensunterhalt ganz oder überwiegend der Versicherte aus seinem Arbeitsverdienste bestritten hat. Es würde dadurch den Wünschen der weiblichen Angestellten entsprochen, auch vielen ledigen männlichen Angestellten geholfen werden, wenn eine Schwester den Haushalt des Angestellten führt. (Begr.).

I. Aufbringung der Mittel.

Vorbemerkung.

Der erste Unterabschnitt ist in acht Gruppen gegliedert, in welchen nacheinander die allgemeinen Grundsätze für die Beitragsentrichtung, die Höhe der Beiträge, ihre Entrichtung durch die Arbeitgeber im Falle der Pflichtversicherung und durch die Versicherten im Falle der freiwilligen Fortsetzung der Versicherung oder der Aufrechterhaltung der erworbenen Anwartschaft geregelt (§§ 170 bis 204), ferner unwirksame Beiträge, irrtümlich geleistete Beiträge sowie Beitragsstreitigkeiten behandelt (§§ 205 bis 213) und endlich Überwachungsvorschriften gegeben werden (§§ 214 bis 218).

1. Allgemeines.

Aufbringung durch Arbeitgeber und Versicherte.

§ 170. *Die Arbeitgeber*[1] *und die Versicherten*[2] *bringen die Mittel*[3] *für die Versicherung auf.*[4]

Sie[5] *entrichten für*[6] *jeden Kalendermonat,*[7] *in welchem eine versicherungspflichtige Beschäftigung*[8] *stattgefunden hat,*[9] *laufend Beiträge zu gleichen Teilen.*[10] *Das Gleiche gilt für Krankheitszeiten,*[11] *in denen die Versicherten das Gehalt*[12] *fortbezogen haben.*

Beitragsfrei ist, wer Ruhegeld[13] *nach den Vorschriften dieses Gesetzes bezieht.*

E. I. § 174.
E. II. § 171.
RVO. § 1387 (1371).

1. Als Arbeitgeber zu betrachten ist derjenige, welcher den versicherungspflichtigen Arbeiter beschäftigt, seine Arbeitskraft besitzt und über diese verfügt (Rosin I, S. 177 ff.

II, S. 463). Nach den Motiven zum IuAVG. S. 85 ist als Arbeitgeber derjenige anzusehen, für dessen Rechnung der Arbeitslohn bezahlt wird. Vgl. auch § 113 Anm. 2.

2. Nach dem Sprachgebrauch des Gesetzes sind die Versicherten von den Berechtigten zu unterscheiden. Versicherte sind die in § 1 ff. als versicherungspflichtig bezeichneten Personen bezw. diejenigen, welche sich freiwillig versichern dürfen (§§ 15, 394). Als Berechtigte im Sinne des Gesetzes gelten die Versicherten einschließlich der Witwen bzw. Witwer und Waisen.

3. Das Reich trägt zur Bestreitung der Kosten der Versicherung nichts bei. Vgl. Einleitung S. 23 und Vorbemerkung S. 412. Auch eine Staatsgarantie dafür, daß die erforderlichen Mittel für die Leistungen vorhanden sind, besteht nicht.

Die gesamten Mittel für die Versicherung sind durch die Arbeitgeber und die Versicherten aufzubringen, also insbesondere die gesamten Verwaltungskosten, die Kosten für die Schiedsgerichte und das Oberschiedsgericht, sogar die Kosten für sämtliche Beamte, auch die an die Post gelangten Vergütungen. Insofern stehen mithin die nach dem AVG. Versicherten wesentlich schlechter als alle auf Grund der RVO. Versicherten. Die Kosten für die erste Einrichtung der Reichsversicherungsanstalt werden von der Reichshauptkasse vorgeschossen (§ 364).

4. Über die Höhe der Beiträge vgl. § 172.

5. Soweit es sich um freiwillige Weiterversicherung handelt, entrichten nur die Versicherten Beiträge, vgl. § 201. Im übrigen sind für die Entrichtungszeit die §§ 181 Abs. 1, 185 Abs. 1, 187 Abs. 1 zu beachten.

6. Für jeden Kalendermonat werden die Beiträge entrichtet, also nicht in jedem Kalendermonat.

7. Zu beachten ist, daß nicht etwa eine Frist von 30 Tagen in Betracht kommt, sondern das Gesetz ausdrücklich von Kalendermonaten spricht.

8. Über den Begriff versicherungspflichtige Beschäftigung s. § 1 Abs. 1 und 2.

9. Die Beiträge werden also nicht im voraus, sondern nachträglich entrichtet.

10. Zu gleichen Teilen findet die Beitragsleistung statt. Die Halbierung der Beiträge ist nach der Begr. eine notwendige Voraussetzung für die Zusicherung gleicher Rechte an die Arbeitgeber und deren versicherte Angestellte bei der Verwaltung und Rechtsprechung, worauf von den organisierten Angestellten besonderer Wert gelegt wurde. Sofern in der Abrechnung zwischen Arbeitgebern und Ver-

sicherten Pfennigbruchteile herauskommen, sind die Teilbeträge auf volle zehn Pfennig aufzurunden (§§ 177, 178).

11. Über den Begriff der Krankheit vgl. § 36 Anm. 2 und § 51 Anm. 6.

12. Über den Begriff des Gehalts vgl. § 2 Anm. 3.

13. Über Ruhegeld vgl. §§ 25 ff.

Beitragsmonate.

§ 171.[1] *Als Beitragsmonate[2] für die Berechnung der Leistungen gelten Kalendermonate,[3] für die Beiträge entrichtet sind.[4]*

E. I. § 174.
E. II. § 171.
RVO. —

1. In den Entwürfen stand diese Bestimmung in dem vorigen Paragraphen mit drin. Die Kommission hat einen besonderen Paragraphen daraus gemacht.

2. Beitragsmonat ist hiernach nur jeder Kalendermonat, für welchen ein Versicherungsbeitrag tatsächlich entrichtet worden ist, gleichviel ob der Versicherte in einem versicherungspflichtigen Beschäftigungsverhältnisse gewesen oder unter Fortbezug des Gehalts krank gewesen ist. Als Beitragsmonat im Sinne des obigen Paragraphen gelten aber nicht solche Monate, in denen kein Beitrag geleistet worden ist, mögen auch im Sinne der §§ 15, 49 Ersatztatsachen vorliegen (vgl. Anm. 1 zu § 51).

3. Vgl. Anm. 7 zu § 170.

4. Mehr als ein Beitrag kann in einem Beitragsmonat nicht gezahlt werden.

2. Höhe der Beiträge.

Vorbemerkung.

In den §§ 172 bis 175 wird zunächst der Grundsatz des Prämiendurchschnittsverfahrens nebst den dafür gebildeten Gehaltsklassen geregelt. Alsdann werden im wesentlichen versicherungstechnische Vorschriften gegeben.

Monatsbeiträge nach dem Prämiendurchschnittsverfahren.

§ 172. *Der monatliche Beitrag ist nach dem Prämiendurchschnittsverfahren[1] für alle Versicherten[2] derselben Gehaltsklasse*[3] *gleich hoch*[4] *zu bemessen. Er beträgt bis auf weiteres*[5]

in Gehaltsklasse	*A*	*1,60 M.,*	*in Gehaltsklasse*	*F*	*13,20 M.*
„ „	*B*	*3,20 „*	*„ „*	*G*	*16,60 „*
„ „	*C*	*4,80 „*	*„ „*	*H*	*20,00 „*
„ „	*D*	*6,80 „*	*„ „*	*J*	*26,60 „*
„ „	*E*	*9,60 „*			

Die Anerkennungsgebühr[6] *zur Aufrechterhaltung der Anwartschaft*[7] *beträgt jährlich drei Mark und kann in Teilbeträgen oder in einer Summe entrichtet werden.*

E. I. § 175.
E. II. § 172.
RVO. §§ 1388, 1389, 1390 (1372, 1373, 1374).

1. Über den Begriff des Prämiendurchschnittsverfahrens vgl. Vorbemerkung S. 415.

2. Für alle Versicherten, auch für die freiwillig weiter Versicherten gilt diese Vorschrift über die Bemessung der Monatsbeiträge.

3. Die Gründe, welche für die Einteilung in Gehaltsklassen sprechen, sind in der Vorbemerkung, Seite 415 ff. dargelegt.

4. Gleich hoch werden die Beiträge bemessen; es wird also von jeder Gefahrenklassifizierung Abstand genommen; s. Vorbemerkung S. 417.

5. Bis auf weiteres bedeutet für die Zeit vom Inkrafttreten des Gesetzes bis zum 31. Dezember 1919 (vgl. § 173). Eine Änderung dieser Beiträge durch Gesetz ist selbstverständlich auch in der Zwischenzeit möglich, vgl. § 175.

6. Die Zahlung der Anerkennungsgebühr ist im Falle der freiwilligen Versicherung nach § 15 zur Erhaltung der durch Zurücklegung von 120 Beitragsmonaten erworbenen Anwartschaft erforderlich.

7. Über Anwartschaft und ihre Bedeutung vgl. § 15 Anm. 6 u. § 49 Anm. 2.

Versicherungstechnische Bilanzen zur Nachprüfung.

§ 173.[1] *Zur Nachprüfung des Beitrags stellt die Reichsversicherungsanstalt in fünfjährigen Zeitab-*

schnitten, erstmalig für den 31. Dezember 1919,[2] *eine versicherungstechnische Bilanz*[3] *auf.*[4]

E. I. § 176.
E. II. § 173.
RVO. § 1391 (1375).

1. Aus versicherungstechnischen Gründen können Beiträge nur für gewisse Zeitabschnitte im voraus festgesetzt werden. Es ist daher von Zeit zu Zeit die Aufstellung versicherungstechnischer Bilanzen erforderlich, wie sie auch in der Invaliden- und Altersversicherung seit jeher üblich ist.

2. Die Entwürfe hatten 1917 vorgeschlagen, 1919 wurde durch die Reichstagskommission beschlossen.

3. Über versicherungstechnische Bilanz vgl. § 106 Anm. 3 und dazu § 174.

4. Sollte die Anstalt bei der Prüfung ermitteln, daß die Bilanz einen Fehlbetrag ergibt, so sind nach § 175 durch Gesetz die Beiträge entsprechend zu erhöhen. Bei Überschüssen werden in gleicher Weise die Leistungen erhöht (vgl. § 175).

Zinsfuß-Bestimmung.

§ 174. *Den Zinsfuß*[1] *für die versicherungstechnischen Berechnungen*[2] *bestimmt der Bundesrat. Im übrigen finden §§ 40, 261 des Handelsgesetzbuchs*[3] *entsprechende Anwendung.*

E. I. § 177.
E. II. § 174.
RVO. —

1. Über den Zinsfuß finden sich in der ersten Denkschrift auf S. 29 folgende Ausführungen:

„Von erheblichem Einfluß auf die Kostenberechnung ist die Wahl des Zinsfußes. Wie die Erfahrung lehrt, geht der für mündelsichere Anlagen zu erzielende Zinsfuß allmählich, abgesehen von vorübergehenden Steigerungen, zurück. Einen Überblick über die zinsbare Auswertung größerer, im allgemeinen mündelsicher zu belegender Kapitalbestände, bieten die Zinserträgnisse der Invalidenversicherungsanstalten, die sich seit Inkrafttreten dieser Versicherung wie folgt gestaltet haben:

Es wurden an Zinsen in Proz. des Anlagekapitals erzielt:

im Jahre	Proz.	im Jahre	Proz.
1891	3,67	1899	3,50
1892	3,67	1900	3,53
1893	3,66	1901	3,56
1894	3,65	1902	3,55
1895	3,58	1903	3,54
1896	3,53	1904	3,53
1897	3,49	1905	3,53
1898	3,49		

Die vorliegenden Berechnungen haben die dauernd, also in der ganzen Zukunft zu erzielenden Zinserträgnisse der vorhandenen Kapitalbestände zu berücksichtigen. Es ist klar, daß bei diesen Berechnungen der durch vorstehende Zahlen deutlich zum Ausdruck kommende Rückgang in der Verzinsung berücksichtigt werden muß und deshalb die dauernde Verzinsung nicht höher als mit 3 Proz. in Ansatz kommen darf."

Dieser Standpunkt ist aber bei der weiteren Vorbereitung des Gesetzes aufgegeben worden, um den Wünschen der organisierten Angestellten möglichst zu entsprechen, und in der zweiten Denkschrift über den Zinsfuß im wesentlichen folgendes ausgeführt:

Die Siebener-Kommission (vgl. S. 196) bemängelt, daß der Zinsfuß als eine der Hauptgrundlagen für die Berechnungen zu niedrig gewählt sei. Es ist in der Denkschrift vom 14. März 1907 ein Zinsfuß von 3 Proz. zugrunde gelegt worden, und zwar mit Rücksicht darauf, daß die Träger der reichsgesetzlichen Invalidenversicherung durchschnittlich für ihre Kapitalanlagen nur einen Zinsfuß von rund $3^1/_2$ Proz. erzielen und der rechnerische Zinsfuß aus technischen und finanziellen Gründen niedriger als der erzielte Zinsfuß angesetzt werden muß. Es darf bei diesem Ansatz nicht übersehen werden, daß eine Reihe von Vermögensgegenständen vorhanden sind, die Zins- oder Mietseinnahmen nicht aufzuweisen haben, daß Zinsausfälle vorkommen, und daß die neuen Einnahmen wegen des nicht rechtzeitigen Eingangs nicht selten später, als die Berechnung es annimmt, der zinsbaren Verwertung zugeführt werden. Vergleicht man die Einnahmen aus Zinsen, Pacht und Mieten in den letzten beiden Jahren 1905 und 1906, für welche die Ergebnisse zurzeit vorliegen, mit den nachgewiesenen mittleren Vermögensbeständen (der Hälfte der Vermögensbestände zu Anfang und am Schlusse der Jahre), so ergeben sich die folgenden Zahlen:

Rechnungsjahr		Mittlerer Vermögensbestand sämtlicher Versicherungsträger in M.	Einnahmen aus Zinsen, Pacht und Mieten in M.	Einnahmen in Prozenten des mittleren Vermögensbestandes
1905	.	1 203 494 835,11	41 313 940,33	3,433
1906	.	1 282 972 952,53	44 140 060,28	3,440
Zus.		2 486 467 787,64	85 454 000,61	3,437

Während der durchschnittliche Zinsfuß vom Hundert des Ankaufspreises der am Schlusse des Rechnungsjahres in Wertpapieren und Darlehen angelegten Vermögensteile

im Jahre 1905 . . . . 3,53 Proz.
„ „ 1906 . . . . 3,53 „

betrug, ergibt die Übersicht nur eine Auswertung

im Jahre 1905 von . . . . . . 3,433 Proz.
„ „ 1906 „ . . . . 3,440 „
und im Durchschnitt von . . . 3,437 „

die letztere bleibt somit hinter der ersteren nicht unwesentlich zurück. Würden deshalb Bestimmungen getroffen, die nur eine *Kapitalbelegung nach den Vorschriften des IVG.* zulassen, so würde *mit einem Zinsfuße von 3½ Proz.*, wie die Siebener-Kommission es verlangt, *nicht gerechnet werden* dürfen.

Um indessen den Wünschen der Angestellten entgegenzukommen, sind in den §§ 220 ff. für die *Kapitalbelegungen* ähnliche Vorschriften, wie sie in den §§ 59, 60 des Gesetzes über die privaten Versicherungsunternehmungen v. 12. Mai 1901 enthalten sind, vorgesehen. Die *deutschen Lebensversicherungsanstalten* haben unter der Herrschaft dieser Bestimmungen im Verhältnis zu ihren Gesamtaktiven nach den vom Kaiserlichen Aufsichtsamt zusammengestellten Rechnungsergebnissen (vgl. Veröffentlichungen des Kaiserlichen Aufsichtsamts für Privatversicherung, 1905 Nr. 2, 1906 Nr. 3 u. 1907 Nr. 3) folgende Kapitalerträgnisse erzielt:

Rechnungsjahr	Wert der Aktien am Schlusse der nebenbezeichneten Jahre M.	Kapitalerträge im Laufe der nebenbezeichneten Jahre M.
1904	3 523 896 000	129 353 000
1905	3 760 985 000	139 539 000
1906	4 019 545 000	147 621 000

Vergleicht man die Kapitalerträgnisse mit dem arithmetischen Mittel zwischen den Aktivenbeständen zu Anfang und

Ende eines Jahres, so erhält man eine Ertragsziffer, von welcher angenommen werden darf, daß sie tatsächlich erzielt werden kann. Es ergibt sich für 1905 eine Ertragsziffer von 3,83 Proz., für 1906 eine Ertragsziffer von 3,79 Proz., im Durchschnitt eine Ertragsziffer von 3,81 Proz.

Bringt man von den nachgewiesenen Aktiven die hinterlegten Wechsel der Aktionäre und die durch die Bilanzen nachgewiesenen Verluste in Abrechnung, so berechnet sich die zinsbare Auswertung für 1905 auf 3,967 Proz. der verbleibenden Aktiven, für 1906 auf 3,921 Proz. der verbleibenden Aktiven, im Durchschnitt auf 3,943 Proz. der verbleibenden Aktiven.

Nach den vorstehenden Ermittlungen darf nicht davon ausgegangen werden, wie die Siebener-Kommission befürwortet, daß sämtliche Lebensversicherungsanstalten für ihre Kapitalien eine Verzinsung von über 4 Proz. erzielten. Es wäre deshalb gefährlich für den Bestand der Angestelltenversicherung, wenn bei ihrer Durchführung mit einem Zinsfuß von 4 Proz. gerechnet würde.

Bei Annahme einer Verzinsung von $3^1/_2$ Proz. sind hiernach

$$\frac{10,26}{11,59} \cdot 100 = 88,52 \text{ Proz. bzw. } \frac{10,69}{11,97} \cdot 100 = 89,31 \text{ Proz.}$$

der bei Zugrundelegung einer Verzinsung von 3 Proz. erforderlichen Beiträge zu erheben.

Die dem Gesetz schließlich zugrunde gelegten Berechnungen sind mit $3^1/_2$ Proz. ausgeführt. Je nach der Gestaltung der Kapitalbelegungsvorschriften würde dieser Zinsfuß als zulässig angesehen oder aber an der Hand des oben festgestellten Verhältnisses der berechnete Beitrag auf einen niedrigeren Zinsfuß umgeformt werden können.

2. Die in Betracht kommenden versicherungstechnischen Berechnungen betreffen die Beiträge, Prämienreserven, Deckungskapitalien usw. Vgl. über letztere Begriffe § 367.

3. Die §§ 40 u. 261 HGB. lauten:

§ 40. Die Bilanz ist in Reichswährung aufzustellen. Bei der Aufstellung des Inventars und der Bilanz sind sämtliche Vermögensgegenstände und Schulden nach dem Werte anzusetzen, der ihnen in dem Zeitpunkte beizulegen ist, für welchen die Aufstellung stattfindet.

Zweifelhafte Forderungen sind nach ihrem wahrscheinlichen Werte anzusetzen, uneinbringliche Forderungen abzuschreiben.

§ 261. Für die Aufstellung der Bilanz kommen die Vorschriften des § 40 mit folgenden Maßgaben zur Anwendung:

1. Wertpapiere und Waren, die einen Börsen- oder Marktpreis haben, dürfen höchstens zu dem Börsen- oder Marktpreise des Zeitpunktes, für welchen die Bilanz aufgestellt wird, sofern dieser Preis jedoch den Anschaffungs- oder Herstellungspreis übersteigt, höchstens zu dem letzteren angesetzt werden;
2. andere Vermögensgegenstände sind höchstens zu dem Anschaffungs- oder Herstellungspreis anzusetzen;
3. Anlagen und sonstige Gegenstände, die nicht zur Weiterveräußerung, vielmehr dauernd zum Geschäftsbetriebe der Gesellschaft bestimmt sind, dürfen ohne Rücksicht auf einen geringeren Wert zu dem Anschaffungs- oder Herstellungspreis angesetzt werden, sofern ein der Abnutzung gleichkommender Betrag in Abzug gebracht oder ein ihr entsprechender Erneuerungsfonds in Ansatz gebracht wird;
4. die Kosten der Errichtung und Verwaltung dürfen nicht als Aktiva in die Bilanz eingesetzt werden;
5. der Betrag des Grundkapitals und der Betrag eines jeden Reserve- und Erneuerungsfonds sind unter die Passiva aufzunehmen;
6. der aus der Vergleichung sämtlicher Aktiva und sämtlicher Passiva sich ergebende Gewinn oder Verlust muß am Schlusse der Bilanz besonders angegeben werden.

Beitragserhöhung bei Fehlbeträgen.

§ 175. *Ergibt die Bilanz[1] einen Fehlbetrag,[2] so sind durch Gesetz[3] die Beiträge[4] entsprechend zu erhöhen. Ergibt sich ein Überschuß, so können[5] in gleicher Weise die künftig zu gewährenden Leistungen erhöht werden.*

E. I. § 178.
E. II. § 175.
RVO. § 1391 (1375).

1. Zur Bilanz vgl. §§ 106 und 173.

2. Ursprünglich sollte der Bundesrat die Befugnis der Beitragserhöhung haben. Diese Bestimmung hat schon in der Reichstagskommission Bedenken erregt. Dort wurde eine gesetzliche Anordnung dafür verlangt, um eine Mitwirkung des Reichstages nicht auszuschalten. Dessen Mitwirkung, so wurde ausgeführt, entspreche der RVO. und sei wichtig, weil die technische Bilanz abhängig

sei von den Rechnungsgrundlagen (der Sterbetafel, dem Zinsfuß usw.) und die Wahl dieser Grundlagen teilweise der Anstaltsleitung, teilweise dem Bundesrat überlassen sei. Wenn der Reichstag eine Änderung der Beiträge genehmigen müsse, so habe er die Möglichkeit einer Änderung der Rechnungsgrundlagen zu fordern oder herbeizuführen. Ein solcher Einfluß aber sei für das Gesetz aus allgemeinen politischen Gründen notwendig. Auch wenn nicht ein Fehlbetrag, sondern Überschüsse sich ergäben, müsse der Reichstag mitreden dürfen. Die Mehrheit der Kommission schloß sich diesen Ausführungen nicht an. Erst in der 3. Lesung des Reichstagsplenums wurde ein entsprechender, in der Kommission abgelehnter Antrag angenommen, wonach nun nicht der Bundesrat allein, sondern auch der Reichstag über die etwaige Erhöhung der Beiträge mitzusprechen hat, da ein Gesetz erforderlich ist.

3. Daß ein solcher Fehlbetrag überraschend schnell sich zeigen kann, hat die Erfahrung in Österreich gezeigt.

4. Über die Beitragshöhe vgl. § 172.

5. Die Leistungen können erhöht werden, müssen es aber nicht; es bleibt vielmehr der Behörde überlassen, Überschüsse auch anders zu verwenden.

3. Entrichtung der Beiträge durch die Arbeitgeber.

Vorbemerkung.

Zur Entrichtung der Beiträge verpflichtet das Gesetz den Arbeitgeber, der bei der Gehaltszahlung die von dem Angestellten zu zahlende Hälfte in Abzug bringen kann. Für den Fall, daß während eines Monats eine versicherungspflichtige Beschäftigung bei mehreren Arbeitgebern stattfindet, schreibt das Gesetz vor, daß jeder Arbeitgeber bei der Gehaltszahlung nicht den vollen Monatsbeitrag, sondern acht Hundertstel des gezahlten Gehalts zu zahlen hat und die Hälfte hiervon dem Angestellten in Abzug bringen kann. Die in dieser Weise für einen Monat an die Anstalt entrichteten Beiträge werden als Monatsbeiträge verbucht und deren Wert späterhin der Berechnung der Leistungen zugrunde gelegt. Durch dieses Verfahren wird zugleich den besonderen Wünschen der unständigen Privatangestellten (Privat- und Musiklehrer und Lehrerinnen, Buchhalter, Privatsekretäre usw.) Rechnung getragen, daß die von den Arbeitgebern zu tragenden Beitragshälften auch wirklich von diesen gezahlt werden, ohne einzelne in unbilliger Weise zu belasten. Kommen bei diesem Verfahren für einen Monat Beiträge zusammen, deren Betrag den Monatsbeitrag für die höchste Gehaltsklasse übersteigt, so wird der überschießende Teil für spätere Monatsbeiträge gutgeschrieben werden.

Für die Entrichtung der Beiträge sieht das Gesetz das folgende Verfahren vor. Der Arbeitgeber hat am Schlusse eines jeden Monats nach vorgeschriebenem Muster eine Nachweisung über die fälligen Beiträge seiner Angestellten aufzustellen und diese den Beitragsstellen mit den fälligen Beiträgen portofrei einzusenden. Um die Beitragsstellen am Schlusse des Monats nicht zu sehr zu belasten, ist für die Einzahlung der fälligen Beiträge und die Einreichung der Nachweisungen eine Frist bis zum 15. des dem Kalendermonate, für den die Beiträge zu entrichten sind, folgenden Monats vorgesehen. Als Beitragsstellen in größeren Städten werden von der Reichsversicherungsanstalt besondere Beitragsstellen eingerichtet werden müssen, wozu zweckmäßig eine Verbindung mit den Reichsbankstellen oder größeren Bankhäusern anzubahnen sein wird. In kleineren Orten sind die Postanstalten in Aussicht genommen, die für ihre Mitwirkung eine Entschädigung erhalten sollen. Die Beitragsstellen übergeben dem Arbeitgeber statt einer schriftlichen Quittung über den Empfang der Beiträge Marken derjenigen Gehaltsklassen, in welchen die Beiträge entrichtet worden sind, und senden Nachweisungen und Beiträge an die Reichsversicherungsanstalt ein. Die Nachweisungen dienen der Reichsversicherungsanstalt zur Führung der Versicherungskonten für die Berechnung der Leistungen. Die Marken werden vom Arbeitgeber in die Versicherungskarte des Angestellten statt der schriftlichen Quittung über den durch Gehaltskürzung eingezogenen und von ihm abgeführten Beitragsanteil des Angestellten eingeklebt. In den Fällen, in denen mehrere Arbeitgeber den Versicherten während des Monats beschäftigen, haben die Arbeitgeber bei Zahlung des Entgelts, spätestens am Schlusse des Beitragsmonats für die fälligen Beiträge besondere Marken in die Versicherungskarte einzukleben. Diese Marken dienen als Grundlage für die Bemessung der gesetzlichen Leistungen. Sollte sich dieses Verfahren nicht bewähren, so kann die Reichsversicherungsanstalt mit Genehmigung des Reichskanzlers für die Erhebung dieser Beiträge auch andere Bestimmungen erlassen.

Die Versicherungskarte hat sich der Angestellte von der Ortspolizeibehörde seines Wohnorts ausstellen zu lassen, die für diese Tätigkeit eine angemessene Entschädigung erhält. Um der Reichsversicherungsanstalt von der Ausstellung einer Versicherungskarte zur Herstellung ihrer Versicherungsregister Kenntnis zu geben, wird der Versicherte verpflichtet, zur Ausstellung der Versicherungskarte eine Aufnahmekarte einzureichen, welche alle von der Reichsversicherungsanstalt benötigten Angaben über Alter, Familienstand, Gehaltsverhältnisse, Alter der Ehefrau und der Kinder usw. enthält. Die Aufnahmekarten werden von der Ortspolizeibehörde gesammelt und am Schlusse des Monats der Reichsversicherungsanstalt eingesandt. Die Reichsversicherungsanstalt erhält nach diesem Verfahren fortlaufend alle Angaben, welche sie zur Herstellung und Fortführung ihrer Versicherungsregister und Konten nötig hat. Um die Veränderungen in dem Familienstande des Versicherten, die für die Belastungsermittlungen nicht entbehrt werden können, zu erfahren, ist die Versicherungskarte mindestens alle fünf Jahre auf Grund einer neuen Aufnahmekarte zu erneuern. In bestimmten Fällen ist der Versicherte verpflichtet, spätestens zwei Monate nach Ablauf des Kalenderjahrs die Versicherungskarte an die Reichsversicherungsanstalt zur Ergänzung seines Kontos einzusenden. Er kann hierzu im Interesse der Kostenersparnis die von der Reichsversicherungsanstalt errichteten Beitrags- und Markenverkaufsstellen in Anspruch nehmen, die auf Verlangen die Karten gegen Ausstellung einer Empfangsbescheinigung entgegennehmen und an die Reichsversicherungsanstalt einsenden. Zur Sicherung der einheitlichen Durchführung der Versicherung und im Interesse geschäftlicher Erleichterungen hat die Reichsversicherungsanstalt die Nachweisungen, Versicherungs- und Aufnahmekarten sowie die Marken kostenfrei zu liefern (Begr.).

Zahlung für Arbeitgeber und Versicherten.

§ 176.[1] *Der Arbeitgeber,[2 3] der den Versicherten[4] den Beitragsmonat[5] hindurch[6] beschäftigt,[7] hat für sich und ihn[8] den Beitrag zu entrichten.[9]*

E. I. § 179.
E. II. § 176.
RVO. § 1426 (1410).

1. Dieser mit § 176 beginnende Unterabschnitt steht im Gegensatz zu dem folgenden, welcher die Entrichtung der Beiträge durch die Versicherten regelt (§§ 201—204).

2. Als Arbeitgeber gilt derjenige, für dessen Rechnung das Entgelt (§ 2) bezahlt wird. Vgl. auch § 170 Anm. 1.

3. Sofern mehrere Arbeitgeber in Betracht kommen, gelten die Vorschriften des § 177.

4. Versicherte im Sinne des § 176 sind die Versicherungspflichtigen, aber auch die von dieser Pflicht Befreiten, welche dem Arbeitgeber die Versicherungsfreikarte (vgl. § 12 Anm. 7) nicht vorgezeigt haben. (A. N. 1900, S. 179).

5. Über Beitragsmonate vgl. §§ 48, 51 Anm. 1 u. 171.

6. Hindurch steht im Gegensatz zu „nur einen Teil des Monats“.

7. Beschäftigt bedeutet nicht, daß der Versicherte auch wirklich tätig ist und arbeitet; er kann während der Zeit krank sein; auch wenn er arbeitsfähig ist, kann er vielleicht aus irgend welchen Gründen vom Arbeitgeber nicht zu Tätigkeiten verwandt werden. Es genügt, daß der Versicherte seine Arbeitskraft für den Arbeitgeber zur Verfügung hält. Vgl. auch § 1 Anm. 32.

8. Der Arbeitgeber hat den vollen Betrag vorzuschießen, kann aber nach § 178 in der Regel die Hälfte des Beitrags in Abzug bringen. Für den freiwillig Weiterversicherten hat der Arbeitgeber einen Beitrag nicht zu entrichten (vgl. jedoch § 204).

9. Entrichtung des Beitrags erfolgt durch portofreie Einzahlung und Verwendung von Marken oder auch durch ein anderes Verfahren (vgl. §§ 181—187). Bei Unterlassung der Beitragsentrichtung greift die Strafbestimmung des § 340 ein. Vgl. im übrigen den 8. Abschnitt, VI. Unterabschnitt über ähnliche Delikte (Verwendung falscher Marken usw.).

Beschäftigung durch mehrere Arbeitgeber oder nicht während des ganzen Beitragsmonats.

§ 177. *Beschäftigen mehrere Arbeitgeber den Versicherten während des Monats*[1] *oder findet die Beschäftigung nicht den Beitragsmonat*[2] *hindurch*[3] *statt, so hat jeder Arbeitgeber acht Hundertstel*[4] *des für die Beschäftigung gezahlten Entgelts*[5] *als Beitrag zu zahlen. Der hiernach für den Monat sich ergebende Beitrag ist auf zehn Pfennig aufzurunden.*[6] *Übersteigen die hiernach für einen Monat eingezahlten Beiträge den Beitrag der höchsten Gehaltsklasse,*[7] *so wird der überschießende Betrag dem Versicherten für spätere Beitragsmonate gutgeschrieben.*

E. I. § 180.
E. II. § 177.
RVO. §§ 1426, 1427 (1410, 1411).

1. Während des Monats bedeutet während des Kalendermonats (§ 171). Es macht keinen Unterschied, ob die Beschäftigung bei mehreren Arbeitgebern gleichzeitig oder hintereinander erfolgt. Diese Regelung steht im Gegensatz zu der Regelung durch RVO. § 1426. Dort ist ein Gesamtschuldverhältnis bei mehreren Arbeitgebern

vorhanden, sofern der Versicherungspflichtige gleichzeitig von mehreren Arbeitgebern beschäftigt wird. Der Versicherte kann dort ferner von dem ersten der mehreren Arbeitgeber den ganzen Betrag fordern. Beides trifft nicht zu nach § 177 dieses Gesetzes.

2. Über den Begriff Beitragsmonat vgl. §§ 48, 51 Anm. 1 und 171.

3. Die Beschäftigung findet nur einen Teil des Monats statt.

4. Der Betrag von acht Hundertstel ist in Ansatz gebracht, weil dieser die Durchschnittsbelastung darstellt. Vgl. Einleitung S. 93 und Vorbem. S. 419 ff.

5. Über den Begriff des Entgelts s. § 2.

6. Die Aufrundung ist anders geregelt als in der RVO. (vgl. § 178 Anm. 10).

7. Der monatliche Beitrag der höchsten Gehaltsklasse beträgt 26,60 Mark (vgl. § 172).

Abzug der Beitragshälfte vom Gehalt.

§ 178. *Die Versicherungspflichtigen*[1] *müssen sich bei*[2] *der Gehaltszahlung*[3] *die Hälfte*[4] *der Beiträge, und wer über die gesetzliche Gehaltsklasse*[5] *hinaus*[6] *versichert, ohne die Versicherung in einer höheren Gehaltsklasse mit dem Arbeitgeber vereinbart*[7] *zu haben, auch den Mehrbetrag vom Gehalt*[8] *abziehen lassen. Die Arbeitgeber dürfen nur auf diesem Wege den Beitragsteil der Versicherten wieder einziehen.*[9]

Die Abzüge sind auf die Gehaltszeiten gleichmäßig zu verteilen. Die Teilbeträge sind auf volle zehn Pfennig aufzurunden.[10]

E. I. § 181.
E. II. § 178.
RVO. §§ 1432, 1458 (1415, 1440).

1. Über die Versicherungsberechtigten s. §§ 201 ff.

2. Bei der Gehaltszahlung muß der Abzug erfolgen, mithin weder vorher noch nachher. Ferner muß bei der wirklichen Auszahlung des Lohnes der Abzug erfolgen, gleichviel ob diese Lohnzahlung am regelmäßigen Zahlungstermin oder zu einer anderen Zeit stattfindet.

3. Unter Gehaltszahlung ist ausschließlich die Zahlung von Barbezügen zu verstehen; erhält der Versicherte nur Sachbezüge, so greift § 180 ein.

4. Bei unberechtigten Abzügen über die Hälfte kommt die Strafbestimmung des § 341 in Betracht. Dagegen ist der Arbeitgeber nicht verpflichtet, den Versicherten die Hälfte der Abzüge in Abzug zu bringen, wie der erste Entwurf des IuAVG. vorgeschrieben hatte.

5. Die Gehaltsklassen sind in §§ 16 u. 172 aufgezählt.

6. Über die Gehaltsklasse hinaus versichert werden kann nach § 19 Abs. 1 und 2.

7. Eine Vereinbarung verpflichtet den Arbeitgeber zum höheren Beitrag (§ 19 Abs. 3).

8. Nur vom Gehalt (vgl. § 2 Anm. 3) darf der Abzug erfolgen, nicht von anderen Beträgen, die der Arbeitgeber dem Versicherungspflichtigen schuldet.

9. Die Einziehung auf anderem Wege ist verboten und, soweit sie den Versicherten Nachteil bringt, unter Strafe gestellt (vgl. §§ 345 Abs. 1 Satz 2 u. 346).

10. Die Regelung des Abs. 2 Satz 2 weicht von der entsprechenden Vorschrift des § 1458 RVO. insofern ab, als dort der Beitragsanteil der Arbeitgeber nach oben auf volle Pfennig aufgerundet, der der Versicherten nach unten auf volle Pfennig abgerundet wird, wenn die Abrechnung zwischen Arbeitgebern und Versicherten Bruchteile von Pfennigen ergibt.

Zeitliche Beschränkung der Abzugsmöglichkeit.

§ 179. *Sind Abzüge bei einer Gehaltszahlung*[1] *unterblieben, so dürfen sie nur noch bei der nächsten nachgeholt werden, es sei denn, daß der Arbeitgeber ohne sein Verschulden*[2] *wirksame*[3] *Beiträge nachträglich entrichtet (§ 205).*[4]

E. I. § 182.
E. II. § 179.
RVO. § 1433 (1416).

1. Nur auf eine Zahlung von Barbezügen bezieht sich die Bestimmung (vgl. § 178 Anm. 3).

2. Kein Verschulden des Arbeitgebers liegt vor, wenn die Versicherungspflicht des Beschäftigten erst später ermittelt wird oder wenn der Versicherte eine Versicherungskarte aus irgendwelchen Gründen, insbesondere mangels ausreichender Legitimationen erst später erlangt hat oder die Vorlage der Karte verweigert.

3. Über nicht wirksame Beiträge vgl. §§ 205 bis 208.

4. Die nachträgliche Entrichtung muß gemäß § 205 vor Ablauf von vier Jahren seit der Fälligkeit erfolgen.

Berechnung bei Sachbezügen.

§ 180. *Die oberste Verwaltungsbehörde*[1] *kann bestimmen,*[2] *wie der Beitragsteil Versicherungspflichtiger aus ihrem Entgelt zu erstatten ist, wenn dieser nur aus Sachbezügen*[3] *besteht oder von Dritten gewährt wird.*[4]

E. I. § 183.
E. II. § 180.
RVO. § 1437 (1419).

1. Über oberste Verwaltungsbehörde vgl. § 9 Anm. 14.

2. Die Bestimmung ist bisher noch nicht ergangen; ein Vorbild aus der bisherigen Sozialversicherung ist auch nicht vorhanden, da eine entsprechende Vorschrift im alten Invalidenversicherungsgesetz gefehlt hat.

3. Über Sachbezüge vgl. § 2 Anm. 6.

4. In Betracht kommen nicht Trinkgelder und ähnliche Bezüge. Vgl. auch § 2 Anm. 6, 7 und 9.

Nachweise durch die Arbeitgeber.

§ 181. *In den Fällen des § 176*[1] *haben die Arbeitgeber*[2] *die am Schlusse eines jeden Monats fälligen Beiträge spätestens bis zum 15. des nächsten Monats den Beitragsstellen (§ 186)*[3] *portofrei einzuzahlen.*[4] [4a]

Bei der ersten Beitragsleistung haben die Arbeitgeber über die fälligen Beiträge Übersichten[5] *den Beitragsstellen einzureichen, die von diesen der Reichsversicherunganstalt zu übersenden sind.*

Sofern eine Änderung eintritt, haben die Arbeitgeber diese spätestens mit der nächsten Beitragsleistung den Beitragsstellen anzuzeigen.[6]

Die Beiträge werden für die Reichsversicherungsanstalt bei der Reichsbank[7] *eingezahlt.*[8]

E. I. § 184.
E. II. § 181.
RVO. —

1. Der § 176 bestimmt, daß der Arbeitgeber, der den Ver-

sicherten den Beitragsmonat hindurch beschäftigt, für sich und ihn den Beitrag zu entrichten hat.

2. Gemeint ist jeder Arbeitgeber.

3. Die Beitragsstellen werden nach Bedarf von der Reichsversicherungsanstalt eingerichtet; ev. werden ihre Geschäfte durch Postanstalten wahrgenommen (vgl. § 183 Anm. 4 und § 186).

4. Bei nicht rechtzeitiger Einzahlung wird der Arbeitgeber bestraft (§ 340).

4 a. Der § 181 wurde im Reichstagsplenum bei der zweiten Lesung in seine jetzige Fassung gebracht. Nach dem Entwurf und den Kommissionsbeschlüssen war ein nicht ganz einwandfreies Verfahren festgesetzt. Es war nämlich dem Arbeitgeber auferlegt, am Schlusse jedes Monats einen Nachweis über die fälligen Beiträge mit der Beitragsleistung der entsprechenden Beitragsstelle einzureichen. Daß diese Vorschrift für die Arbeitgeber und besonders für die kleinen und mittleren Arbeitgeber nicht unerhebliche Unbequemlichkeiten mit sich gebracht hätte, liegt auf der Hand.

5. Die Übersichten müssen an dem in Abs. 1 genannten Tag spätestens bei den Beitragsstellen eintreffen. Das Wort „Übersichten“ ist an die Stelle des nach § 182 Anm. 1 umfassenderen Ausdrucks „Nachweise“ getreten.

6. Die jetzige Fassung stellt eine wesentliche Vereinfachung des ursprünglich vorgesehenen Verfahrens dar. Der Arbeitgeber, der kleine, mittlere und große Gewerbetreibende braucht nicht jeden Monat eine Aufstellung zu machen und einzureichen, sondern er hat dies nur dann zu tun, wenn eine Änderung eingetreten ist. Auf diese Weise wird das Schreibwerk ganz wesentlich vereinfacht und Millionen von Briefen werden erspart (vgl. Sten. Ber.).

7. Die Einzahlung bei der Reichsbank erklärt sich daraus, daß diese die Geschäfte der Reichshauptkasse unentgeltlich besorgt (vgl. § 169 Anm. 3).

8. Die Einzahlung bei der Reichsbank erfolgt von seiten der Beitragsstellen.

Versicherungskonten.

§ 182. *Auf Grund der Nachweise*[1] *stellt die Reichsversicherungsanstalt Versicherungskonten für die Berechnung der Ansprüche*[2] *der versicherten Angestellten und ihrer Angehörigen auf.*

E. I. § 185.
E. II. § 182.
RVO. —

1. Unter Nachweisen sind die Übersichten und Änderungsanzeigen im Sinne des § 181 zu verstehen. Nehmen Arbeitgeber in die Nachweise oder Anzeigen Eintragungen auf, deren Unrichtigkeit sie kannten oder den Umständen nach kennen mußten, oder unterlassen sie die vorgeschriebenen Eintragungen ganz oder teilweise, so kann die Reichsversicherungsanstalt nach § 339 Geldstrafe bis zu 500 Mark gegen sie verhängen.

2. Die Höhe der Ansprüche hängt insbesondere von der Höhe der Einzahlungen ab (vgl. Vorbem. S. 421 ff.).

Quittierung durch Marken.

§ 183. *Über eingezahlte Beiträge wird durch Marken*[1] *quittiert,*[2] *welche die Reichsversicherungsanstalt für jede Gehaltsklasse*[3] *an die Beitragsstelle*[4] *überweist.*

Die Marken müssen die Bezeichnung der Gehaltsklasse und des Geldwerts enthalten.[5]

E. I. § 186.
E. II. § 183.
RVO. —

1. Das Gesetz hat das Klebesystem gebracht, obgleich die Begründung des ersten Entwurfs in Übereinstimmung mit den von der Wissenschaft erhobenen Bedenken sich dagegen ausgesprochen hatte; im Gesetzestext dieses ersten Entwurfs hatte man aber schon das Markensystem vorgeschlagen. Vgl. auch § 184 Anm. 4.

2. Über das Einkleben und die Entwertung der Marken vgl. § 185.

3. Über die Gehaltsklasse s. §§ 16 u. 172.

4. Als Beitragsstellen sollen nach der Begr. in größeren Städten von der Reichsversicherungsanstalt besondere Einrichtungen geschaffen und möglichst mit den Reichsbankstellen oder bedeutenderen Bankhäusern verbunden werden, während dafür in kleineren Orten die Postanstalten in Aussicht genommen sind, die für ihre Mitwirkung eine Entschädigung erhalten (vgl. § 186).

5. Die Marken werden voraussichtlich, wie schon jetzt bei der Invalidenversicherung der Arbeiter, durch verschiedene Farben besonders kenntlich gemacht werden.

Andere Zahlungsfristen, Zahlungsverfahren, Quittungsleistungen.

§ 184.[1] *Die Reichsversicherungsanstalt kann mit Genehmigung des Reichskanzlers längere Zahlungsfristen (§ 170),[2] ein anderes Zahlungsverfahren (§ 181)[3] und andere Quittungsleistung (§ 183)[4] zulassen.*

1. Der § 184 ist auf Grund eines zunächst nur die Quittungsleistung betreffenden, in Gestalt eines dritten Absatzes zu § 183 gedachten Abänderungsbeschlusses der Reichstagskommission in seiner jetzigen Fassung von dem Reichstagsplenum geschaffen.

2. Die regelmäßige Zahlungsfrist des § 170 ist der Kalendermonat.

3. Das Zahlungsverfahren nach § 181 besteht in der portofreien Einzahlung der am Schlusse eines jeden Monats fälligen Beiträge an die Beitragsstellen; die Einzahlung muß spätestens bis zum 15. des nächsten Monats erfolgen.

4. In der Reichstagskommission war man nicht der Ansicht, daß das System der Beitragsmarken in allen Fällen praktisch und zu empfehlen sei. Man machte dort geltend, es gebe eine Menge von Großbetrieben mit vorzüglicher Verwaltung, in denen recht wohl eine Vereinfachung und Erleichterung des Verfahrens eintreten könne, derart, daß erst am Schlusse des Kalenderjahres oder bei Beendigung des Dienstverhältnisses die Beiträge zu leisten seien. Nähere Anordnungen hierüber zu treffen, könnte man dem Bundesrat überlassen.

Hierauf erklärte ein Vertreter der verbündeten Regierungen, das System der Beitragsmarken sei deshalb gewählt worden, weil es für das zweifellos beste gehalten werde; auch sei durch dieses System die Kontrolle am leichtesten und besten gewährleistet (Kom.-Ber.).

Einkleben und Entwerten der Marken.

§ 185. *Die Arbeitgeber haben die empfangenen Marken[1] sofort[2] in die Versicherungskarte[3] des Angestellten einzukleben[4] [5] und zu entwerten.[6] Die Marken gelten alsdann[7] als Quittung für die Entrichtung des Beitrags.*

Über die Entwertung erläßt der Bundesrat Vor-

schriften;[8] *er kann Zuwiderhandlungen mit Geldstrafe*[9] *bis zu dreißig Mark bedrohen.*[10]

E. I. § 187.
E. II. § 184.
RVO. § 1431 (1414).

1. Über den Empfang der Marken vgl. § 183.
2. Sofort bedeutet ohne schuldhafte Verzögerung.
3. Über Versicherungskarten vgl. § 188, insbesondere Anm. 2.
4. Nur die Arbeitgeber haben bei versicherungspflichtigen Beschäftigten die Pflicht des Einklebens. Eine andere Form, die Marke mit der Versicherungskarte in Verbindung zu bringen, ist nicht zulässig. Weder genügt das lose Hineinlegen der Marke in die zusammengebogene Karte, noch das Ankleben an den Rand (A. N. 1895, S. 230). Dagegen ist, falls eine Marke in ein falsches Feld eingeklebt wird, keine Rechtsungültigkeit anzunehmen (vgl. Rosin II, S. 416).
5. Rechtswirkung der Markenverwendung ist Beschaffung eines Beweismittels für den Beitragsentrichter; sie kann ferner im Rechtssinne Zahlung sein (vgl. Rosin II, S. 419).
6. Eine Entwertung der Marke tritt an sich schon durch das Einkleben in die Karte ein; die besondere Vorschrift einer Entwertung ist eine Vorsichtsmaßregel, um dem Herausnehmen der Marke vorzubeugen und die Möglichkeit einer wiederholten Verwertung wenigstens zu erschweren, während sie trotzdem nicht ganz aufgehoben wird; vgl. die Strafbestimmung in §§ 354 ff.
7. Erst nach der Entwertung gelten die Marken als Quittung.
8. Nach den bisherigen Vorschriften für die Invalidenversicherung (vgl. Bekanntmachung des Reichskanzlers vom 10. Nov. 1899 und vom 3. Juli 1905, A. N. 1900, S. 173, 1905, S. 458) ist zur Entwertung der letzte Tag desjenigen Zeitraumes anzugeben, für welchen die Marke gilt. Ein Unterlassen der Entwertung hat die Ungültigkeit der Marke nicht zur Folge, dürfte aber meistens für den Versicherten zu Weiterungen führen.
9. Die Geldstrafen werden im Falle nicht erfolgender Zahlung wie Gemeindeabgaben beigetrieben (§ 359 Abs. 2) und verjähren nach § 361 in zwei Jahren.
10. Unabhängig von Abs. 2 gilt die Strafbestimmung des § 340 über die Nichtverwendung richtiger Marken.

Beitragsstellen.

§ 186. *Die Beitragsstellen*[1] *werden nach Bedarf von der Reichsversicherungsanstalt eingerichtet. Soweit besondere Beitragsstellen*[2] *nicht errichtet sind, werden auf Antrag der Reichsversicherungsanstalt ihre Geschäfte von den hierfür durch die oberste Verwaltungsbehörde bezeichneten Stellen oder von den Postanstalten*[3] *wahrgenommen. Die den Beitragsstellen zu gewährende Vergütung*[4] *wird vom Bundesrate nach Anhören der Reichsversicherungsanstalt festgesetzt.*

E. I. § 188.
E. II. 185.
RVO. —

1. Aufgabe der Beitragsstellen ist die Entgegennahme der von den Arbeitgebern in den Fällen des § 176 am Schlusse eines jeden Monats, spätestens bis zum 15. des nächsten Monats portofrei zu bewirkenden Einzahlung der fälligen Beiträge (§ 181), die Quittungsleistung über diese eingezahlten Beiträge durch Marken (§ 183) und der Verkauf der besonderen Marken in den Fällen des § 177 (vgl. § 187) sowie die Abrechnung mit der Reichsversicherungsanstalt bzw. für sie mit der Reichsbank (§§ 181, 187).

2. Besondere Beitragsstellen sollen nach der Begr. in größeren Städten eingerichtet werden; es ist ihre Verbindung mit den Reichsbankstellen oder größeren Bankhäusern beabsichtigt.

3. Die Postanstalten leisten schon bisher in umfassendem Maße Dienste der Sozialversicherung. Vgl. Finster, Die Post im Dienste der Versicherung. Im übrigen geht die Mitwirkung der Post bei der Angestelltenversicherung auch aus den §§ 201, 313 ff., 365 hervor.

4. Diese Vergütung gehört zu den Kosten der Versicherung, welche durch die Beiträge der Arbeitgeber und Versicherten nach § 170 aufzubringen sind.

Besondere Marken bei Beschäftigung durch mehrere usw.

§ 187. *In den Fällen des § 177*[1] *haben die Arbeitgeber bei Zahlung des Entgelts, spätestens am Schlusse des Beitragsmonats,*[1a] *für die fälligen Beiträge besondere Marken*[2] *in die Versicherungskarte einzukleben.*[3] *Die Marken dienen als Grundlage*[4] *für die Bemessung der* *gesetzlichen Leistungen. Die Marken sind von den von der Reichsversicherungsanstalt eingerichteten Beitrags- und Markenverkaufsstellen*[5] *zu beziehen. Die eingeklebten Marken sind zu entwerten.*[6] *§ 185 Abs. 2 findet entsprechende Anwendung.*[7]

Der Wert der eingeklebten Marken muß dem auf zehn Pfennig aufgerundeten[8] *Werte der fälligen Beiträge gleichkommen.*

Die Reichsversicherungsanstalt kann mit Genehmigung des Reichskanzlers[9] *für die Erhebung dieser Beiträge auch andere Bestimmungen erlassen.*

E. I. § 189.
E. II. § 186.
RVO. —

1. § 177 behandelt die Fälle der Beschäftigung der Versicherten durch mehrere Arbeitgeber und der nicht den Beitragsmonat hindurch stattfindenden Beschäftigung.

1a. Im Falle nicht rechtzeitiger Abführung der Beiträge kommt die Strafbestimmung des § 340 in Betracht.

2. Diese besonderen Marken enthalten nur einen entsprechenden Teilbetrag der gewöhnlichen Marken im Sinne des § 183.

3. Über die Bedeutung des Einklebens vgl. § 185 Anm. 4—6.

4. Hiermit ist zugleich gesagt, daß die Marke als Quittung dient (vgl. hierzu § 185 Anm. 7 u. 8).

5. Zu Beitragsstellen vgl. §§ 183 Anm. 4 und 186 Anm. 1. Über die Markenverkaufsstellen werden erst noch Vorschriften ergehen.

6. Über das Entwerten vgl. § 185 Anm. 6—8.

7. Über die Entwertung erläßt nach § 185 Abs. 2 der Bundesrat Vorschriften.

8. Zu Aufrundung vgl. § 178 Anm. 10.

9. Der Begriff Genehmigung ist in § 124 Anm. 3 erläutert. Reichskanzler ist gleich Reichsamt des Innern (§ 76 Anm. 8).

Ausstellung der Versicherungskarten nach Einreichung der Aufnahmekarten.

§ 188. *Der Versicherte*[1] *hat sich die Versicherungskarte*[2] *ausstellen zu lassen. Die Ausstellung ist vom Versicherten mittels Aufnahmekarte,*[3] *die über*

Alter, Familienverhältnisse und Gehaltsbezüge Aufklärung geben muß, bei der Ausgabestelle[4] *(§ 194) zu beantragen. Die Ortspolizeibehörde*[5] *kann ihn dazu durch Geldstrafen*[6] *bis zu zehn Mark anhalten. Hat er keine Versicherungskarte oder weigert er sich, sie vorzulegen,*[7] *so kann sie der Arbeitgeber beschaffen.*[8]

E. I. § 190.
E. II. § 187.
RVO. § 1414 (1398).

1. Auch der freiwillig Versicherte hat sich die Karte ausstellen zu lassen.

2. Die Versicherungskarte ist eine öffentliche Urkunde, kein bloßes Formular, welches erst durch das Einkleben von Versicherungsmarken die Eigenschaft einer Urkunde erlangt. (Entsch. des RG. v. 6. Dezbr. 1892, abgedruckt in der Arbeiterversorgung 1893, S. 313.)

Die Versicherungskarte ist ein höchst persönliches Eigentum des auf ihr benannten Versicherten, welches indessen den weitgehendsten öffentlich-rechtlichen Beschränkungen im Sinne ihrer Zweckbestimmung unterliegt; Rosin II, S. 405.

Die Kosten für die Herstellung der Versicherungskarten, welche durch die Reichsversicherungsanstalt besorgt werden, sind nach § 170 aus den Leistungen der Arbeitgeber und Versicherten zu decken.

3. Diese Aufnahmekarte enthält die in Betracht kommenden Fragen über Alter, Familienverhältnisse und Gehaltsbezüge, welche von den Versicherten richtig zu beantworten sind.

4. Die Ausgabestellen werden in den einzelnen Bundesstaaten von der obersten Verwaltungsbehörde, in den Schutzgebieten vom Reichskanzler bestimmt (vgl. auch § 194 Anm. 3).

5. Die Ortspolizeibehörden sind in Preußen auf dem Lande und in den Städten sowie in den einzelnen Provinzen verschieden (Amtsvorsteher, Amtmänner, Bürgermeister, Magistrate oder auch Königliche Polizeidirektionen und Polizeipräsidien), in den Städten des diesseitigen Bayerns die Magistrate, in den pfälzischen Gemeinden und den Landgemeinden des diesseitigen Bayerns die Bürgermeister, in Sachsen die Gemeindebehörden bzw. Amtshauptmannschaften, in Württemberg die Ortsvorsteher.

6. Über Geldstrafen gilt das zu § 185 Anm. 9 Gesagte entsprechend.

7. Die Vorlegung der Versicherungskarte an den Arbeitgeber behufs Einklebens der Marken usw. muß in der Regel bei jeder Gehaltszahlung erfolgen. Für die freiwillig Versicherten besteht dieser Vorlegszwang nicht, jedoch eine Auskunftspflicht (vgl. § 203).

8. Für den Arbeitgeber besteht mithin eine subsidiäre Pflicht.

Weitergabe der Aufnahmekarten.

§ 189. *Die Ausgabestelle*[1] *sendet die im Laufe eines Monats eingegangenen Aufnahmekarten*[2] *am Schlusse des Monats an die Reichsversicherungsanstalt.*[3]

E. I. § 191.
E. II. § 188.
RVO. —

1. Über Ausgabestelle vgl. § 188 Anm. 4 u. § 194.
2. Die Bedeutung der Aufnahmekarte ergibt sich aus § 188.
3. Die Reichsversicherungsanstalt hat nach § 96 ihren Sitz in Berlin.

Ausstellung neuer Versicherungskarten.

§ 190.[1] *Der Versicherte kann unter Vorlegung einer neuen Aufnahmekarte*[2] *stets*[3] *eine neue Versicherungskarte verlangen.*[4]

E. I. § 192.
E. II. § 189.
RVO. § 1415 (1399).

1. Der dem Versicherten auf Grund dieses Paragraphen eingeräumte Anspruch auf eine neue Karte steht in engem Zusammenhang mit § 198. Der Versicherte soll, wenn er auch nur den geringsten Anlaß zu der Vermutung zu haben glaubt, daß ein Arbeitgeber irgendwelche unbefugte Eintragungen in die Versicherungskarte gemacht hat, berechtigt sein, zu jeder Zeit eine neue Versicherungskarte ausstellen zu lassen, damit er in seinem Fortkommen nicht durch jene Notizen des Arbeitgebers geschädigt wird.
2. Über Aufnahmekarten vgl. §§ 188, 189 u. 191.
3. Stets kann er eine neue Versicherungskarte verlangen, bedeutet, daß er hierzu auch vor Ausfüllung der Felder, welche zur Markeneinklebung bestimmt sind, berechtigt ist. Daneben gilt die Vorschrift des § 197 Abs. 1.

4. Die Ausstellung der neuen Karte geschieht kostenlos für den Versicherten zu Lasten der Reichsversicherungsanstalt (vgl. § 191 Anm. 5).

Bundesrats-Anordnungen über die Karten.

§ 191. *Der Bundesrat[1] bestimmt nach Anhören[2] der Reichsversicherungsanstalt die Einrichtung der Nachweise[3] (§ 181), der Versicherungskarte[4] (§ 185) und der Aufnahmekarte[5] (§ 188). Die Kosten der Herstellung und Lieferung trägt die Reichsversicherungsanstalt.*[6] [7]

E. I. § 193.
E. II. § 190.
RVO. §§ 1416, 1417 (1400, 1401).

1. Dem Bundesrat sind die näheren Anordnungen hier wie auch in der Invalidenversicherung überlassen, weil sonst, wenn das Gesetz die in Betracht kommenden Bestimmungen träfe, diese nur wieder durch ein Gesetz abgeändert werden könnten, geringfügige Abänderungen sich aber öfter in einem leichten Verfahren als wünschenswert herausstellen dürften.

2. Über die Bedeutung von Anhören gilt entsprechend das zu § 123 Anm. 8 Gesagte.

3. Als Nachweise kommen hier die Übersichten und Änderungsanzeigen der Arbeitgeber über die fälligen Monatsbeiträge am Schlusse eines jeden Monats in Betracht.

4. Es handelt sich hier um die äußere Form, den Herstellungsstoff und den Vordruck der Karte; vgl. hierzu §§ 192 und 198.

5. Die Aufnahmekarte soll über die Personal-, Familien- und Gehaltsverhältnisse Aufschluß geben.

6. Dies gilt auch für die nach § 190 neu verlangten Karten.

7. Auch für die freiwillig Versicherten trägt die Anstalt die Kosten.

Inhalt der Versicherungskarte.

§ 192. *Die Versicherungskarte[1] enthält Jahr und Tag der Ausstellung und den Inhalt der Vorschriften der §§ 195, 198, 199, 347.*[2]

E. I. § 194.
E. II. § 191.
RVO. § 1416 (1400).

1. Die Versicherungskarte entspricht nach den Bestimmungen dieses Paragraphen der Quittungskarte in der Invalidenversicherung; vgl. über ihren Rechtscharakter § 188 Anm. 2.

2. Die Vorschriften, deren Inhalt in die Versicherungskarte aufgenommen werden soll, beziehen sich auf den Umtausch binnen 5 Jahren (§ 195) auf das Verbot unzulässigen Inhalts (§ 198), das Verbot der Zurückbehaltung (§ 199) und die entsprechenden Strafbestimmungen (§ 347).

Einrichtung der Karten.

§ 193. *Sie*[1] *bietet Raum für mindestens achtundvierzig*[2] *Marken. Für die Fälle der §§ 177, 187*[3] *kann der Bundesrat bestimmen, daß sie für mehr Marken Raum bietet.*

Die Karten[4] *werden für jeden Versicherten fortlaufend beziffert.*[5]

E. I. § 195.
E. II. § 192.
RVO. § 1418 (1402).

1. Gemeint ist die Versicherungskarte.

2. Mehr als 48 Felder für Marken sind für Versicherte zweckmäßig, welche in der Regel bei mehreren Arbeitgebern beschäftigt sind (vgl. Anm. 3).

3. Die §§ 177, 187 beziehen sich auf die Beschäftigung durch mehrere Arbeitgeber und auf die nicht während des ganzen Beitragsmonats hindurch stattfindende Beschäftigung.

4. Siehe oben Anm. 1.

5. Diese fortlaufende Bezifferung der Karten jedes Versicherten stellt, da die Karten bei der Reichsversicherungsanstalt gesammelt und aufbewahrt werden, und zwar zweckmäßigerweise für jeden Versicherten gesondert, das Abrechnungskonto für jeden Versicherten dar.

Ausgabestellen für die Karten.

§ 194. *Die oberste Verwaltungsbehörde*[1] *bestimmt die Stellen, welche die Karten ausstellen*[2] *(Ausgabestellen).*[3]

Der Reichskanzler bestimmt die Ausgabestellen in den Schutzgebieten.[4] [5]

E. I. § 196.
E. II. § 193.
RVO. § 1419 (1403).

1. Über die oberste Verwaltungsbehörde vgl. § 9 Anm. 14.

2. Der Ausstellung der Versicherungskarten voranzugehen hat wenigstens eine allgemeine Prüfung der Versicherungspflicht bezw. -berechtigung. Die Kartenausstellung begründet nicht die Eigenschaft des Versichertseins (A. N. 1891, S. 149, 1895, S. 157).

3. Als Ausgabestellen dürften voraussichtlich dieselben Behörden, welche die entsprechenden Aufgaben in der Invalidenversicherung haben, in Betracht kommen, und zwar in Preußen: die Ortspolizeibehörden bezw. die Gemeindevorstände oder die von den Gemeinden oder Kreisverbänden besonders beauftragten Beamten, in Bayern usw.: die Gemeindebehörden, in Württemberg: die Ortsbehörden.

4. Diese Vorschrift ist erforderlich, um die Möglichkeit der freiwilligen Weiterversicherung in den deutschen Schutzgebieten sicherzustellen.

5. Die Schutzgebiete gelten nur in den vom Gesetz bestimmten Fällen als Inland (vgl. §§ 24, 78).

Umtausch der Karten binnen fünf Jahren.

§ 195. *Die Karte soll binnen fünf Jahren*[1] *nach dem Tage der Ausstellung durch eine neue ersetzt werden.*[2] *Ist dies versäumt, so kann die Ortspolizeibehörde*[3] *den Versicherten dazu durch Geldstrafen bis zu zehn Mark anhalten.*[4]

In den Fällen der §§ 177, 187[5] *ist der Versicherte verpflichtet, spätestens zwei Monate*[1] *nach Ablauf des Kalenderjahrs die Versicherungskarte der Reichsversicherungsanstalt einzusenden. Er kann hierzu die Vermittelung der von der Reichsversicherungsanstalt errichteten Beitrags- und Markenverkaufsstellen*[6] *beanspruchen, die auf Verlangen die Karten gegen Ausstellung einer Empfangsbescheinigung entgegennehmen und an die Reichsversicherungsanstalt einsenden.*

Wer die Versicherungskarte nicht rechtzeitig[7] *einsendet, kann von der Reichsversicherungsanstalt mit Geldstrafe bis zu zwanzig Mark bestraft werden.*[4]

Auf Beschwerde entscheidet der Reichskanzler endgültig.[8]

Die Strafen werden wie Gemeindeabgaben beigetrieben.[9]

E. I. § 197.
E. II. § 194.
RVO. § 1420 (1404).

1. Für die Berechnung der Frist gelten die §§ 324 ff.

2. Die frühere Vorschrift des IVG. (§ 135), die eine Quittungskarte für ungültig erklärte, wenn sie nicht innerhalb zweier Jahre nach dem auf der Karte verzeichneten Ausstellungstage zum Umtausch eingereicht ist, hat in der Praxis eine Auslegung erfahren, die sich mit dem Wortlaute des Gesetzes nicht vollkommen deckt. Das RVA. hat in seiner Revisionsentscheidung 981 (A. N. 1902, S. 474) die Vorschrift dahin ausgelegt, daß der Gesetzgeber den Versicherten zu ihrem Besten in nachdrücklicher Weise den Umtausch der Quittungskarten habe einschärfen wollen. Der verspätete Umtausch wirkt danach auf die Anrechnungsfähigkeit der Marken und bescheinigten Krankheits- usw. zeiten sachlich ebensowenig wie auf das Erhalten oder das Erlöschen der Anwartschaft. Die verspätet umgetauschte Quittungskarte begründet aber keine Vermutung dafür, daß die Marken ordnungsmäßig und rechtzeitig beigebracht sind, daß also den Bestimmungen des Gesetzes genügt ist. Vielmehr hat, sofern der rechtzeitige Umtausch nicht anerkannt ist, der Versicherte seinerseits den Nachweis zu führen, daß die Anwartschaft erhalten ist (Begr. z. RVO.). Das Ergebnis dieser Auslegung hält auch das AVG. durch die Fassung seines § 195 aufrecht.

3. Über Ortspolizeibehörde vgl. § 188 Anm. 5.

4. Ein Verlust von Ansprüchen ist also mit der Unterlassung des Umtauschs oder der Einsendung nicht verbunden. Die Geldstrafen sind lediglich Ordnungsstrafen (vgl. auch § 185 Anm. 9) und werden nach Abs. 1 von der Ortspolizeibehörde, nach Abs. 3 von der Reichsversicherungsanstalt durch Strafverfügung festgesetzt.

5. Es handelt sich hier um Versicherte, welche bei mehreren Arbeitgebern innerhalb desselben Beitragsmonats beschäftigt sind oder deren Beschäftigung nicht den ganzen Beitragsmonat hindurch stattfindet.

6. Über Beitrags- und Markenverkaufsstellen vgl. §§ 183 Anm. 4, 186 Anm. 1 bzw. § 187 Anm. 5 a,

7. Nicht rechtzeitig, d.h. mehr als zwei Monate nach Ablauf des Kalenderjahrs (Abs. 2).

8. Die Beschwerde an den Reichskanzler (d.h. Reichsamt des Innern — vgl. § 76 Anm. 8) ist eine Rechtsbeschwerde an ein Aufsichtsorgan und regelmäßig binnen einem Monat nach Zustellung der Strafverfügung einzulegen (§ 328).

9. Über Beitreibung der Strafen wie Gemeindeabgaben vgl. § 227 Anm. 2.

Vergütung für die Ausgabestellen.

§ 196. *Den Ausgabestellen[1] wird für die Ausstellung der Karten[2] eine Vergütung[3] gewährt, deren Höhe der Bundesrat nach Anhören der Reichsversicherungsanstalt festsetzt.*

E. I. § 198.
E. II. § 195.
RVO. —

1. Über Ausgabestellen vgl. §§ 188, 189 und insbesondere § 194 (Anm. 3).

2. Es handelt sich hier um die Versicherungskarte (vgl. § 194).

3. Die Vergütung gehört zu den Verwaltungskosten der Reichsversicherungsanstalt (vgl. § 107 Anm. 1).

Ersatzkarten.

§ 197. *Verlorene,[1] unbrauchbar gewordene[2] oder zerstörte[3] Versicherungskarten werden[4] durch neue ersetzt.[5]*

Nachweisbare Beiträge werden beglaubigt übertragen;[6] die Reichsversicherungsanstalt wird vorher gehört, wenn nicht die unbrauchbar gewordene Karte vorgelegt wird, und in jedem Falle nachher durch eine neue Aufnahmekarte[6] unterrichtet.

E. I. § 199.
E. II. § 196.
RVO. § 1421 (1405).

1. Für verlorene Karten wird ein Aufgebotsverfahren nicht eingeleitet.

2. Ob Unbrauchbarkeit vorliegt, hat die Reichsversicherungsanstalt zu entscheiden,

3. Als zerstört ist eine Versicherungskarte anzusehen, wenn aus ihr die eingeklebt gewesenen Marken nachträglich wieder entfernt worden sind (A. N. 1899, S. 282).

4. Es dürfte erforderlich sein, daß die Zerstörung oder der Verlust oder die Unbrauchbarkeit der Versicherungskarte ebenso wie ihr Inhalt der zuständigen Behörde glaubhaft gemacht wird.

5. Über die zuständige Behörde bezw. das Verfahren für den Ersatz werden noch Bestimmungen ergehen. Neben § 197 Abs. 1 gilt übrigens die Vorschrift des § 190.

6. Die Übertragung wird vermutlich nach näherer Anweisung auf Grund der einzelstaatlichen Ausführungsvorschriften durch schriftlichen Vermerk auf der neuen Karte erfolgen. Ein solcher Übertragungsvermerk hat alsdann die Beweiskraft einer öffentlichen Urkunde (A. N. Bd. VII, S. 574). — Über die Aufnahmekarte vgl. § 188 Anm. 3.

Unzulässiger Karteninhalt.

§ 198. *Die Karte darf nur die gesetzlich vorgeschriebenen Angaben[1] enthalten und keine besonderen Merkmale[2] tragen; vor allem darf aus ihr nichts über Führung oder Leistungen des Inhabers zu entnehmen sein.[3] [4]*

E. I. § 200.
E. II. § 197.
RVO. § 1424 (1408).

1. Über diese Angaben vgl. § 192.

2. Unter den besonderen Merkmalen, welche die Versicherungskarte nicht tragen darf, ist dasselbe zu verstehen, wie unter den „unzulässigen Vermerken in oder an der Versicherungskarte". Zu den besonderen Merkmalen würden insbesondere auch geheime Zeichen gehören, die eine Gruppe von Arbeitgebern etwa zur Kennzeichnung von Arbeitnehmern untereinander vereinbart hätte (vgl. Begr. z. RVO.).

3. Die Begründung des IuAVG. bemerkt über unzulässige Eintragungen, daß das Formular niemals eine andere Bedeutung haben soll, als die eines Nachweises über die Dauer der Beschäftigung in dem Berufszweig, in welchem dieselbe stattgefunden hat, ein Nachweis, der ausschließlich für die Zwecke der Versicherung dienen soll, für diese aber auch genügt. Insbesondere sollen alle Eintragungen fern gehalten werden, durch welche die Versiche-

rungskarte den Charakter eines Arbeitsbuchs im Sinne der Gew.O. §§ 110, 111 erhalten würde.

4. Vgl. die Strafbestimmung §§ 347, 348.

Verbot der Zurückbehaltung von Karten.

§ 199. *Niemand darf eine Versicherungskarte wider den Willen des Inhabers zurückbehalten.*[1] *Dies gilt nicht für die zuständigen Stellen wenn sie die Karten zur Neuausstellung, Berichtigung oder Beitragsüberwachung zurückbehalten.*

Wer Karten dieser Vorschrift zuwider zurückbehält,[2] *ist dem Berechtigten für Nachteile hieraus verantwortlich.*[3] *Die Ortspolizeibehörde*[4] *nimmt die Karte ab und händigt sie dem Berechtigten aus.*[5]

E. I. § 201.
E. II. § 198.
RVO. § 1425 (1409).

1. Wie die Begründung zum IuAGV. ausführt, kann die Zurückbehaltung den Versicherten unter Umständen in Verlegenheit bringen und von dem Arbeitgeber zu Unrecht als Pressionsmittel gegen den Angestellten benutzt werden. Es ist deshalb im § 341 AVG. eine Strafvorschrift gegen die Vorenthaltung der Versicherungskarte gegeben (vgl. daselbst auch Anm. 10).

2. Auch wenn ein Versicherter kontraktbrüchig geworden ist und seine Versicherungskarte beim Arbeitgeber zurückgelassen hat, ist dieser verpflichtet, auf Kosten des Versicherten diese Karte zu übersenden oder sie der Ortspolizeibehörde auszuhändigen (A. N. 1900, S. 842).

3. Diese zivilrechtliche Verantwortlichkeit, für welche bei der Mehrheit der versicherten Angestellten und ihrer Arbeitgeber die Gewerbegerichte (§ 4 Z. 3 u. 4 des Gewerbegerichtsgesetzes) oder die Kaufmannsgerichte (§ 5 Z. 3 u. 4 des Kaufmannsgerichtsgesetzes) zuständig sein werden, betrifft insbesondere die Ansprüche auf Herausgabe der Karte (§§ 273, 292, 985 ff. BGB.), auf Schadenersatz (§§ 823 ff. BGB.) und auf Zahlung einer für den Fall der Zurückbehaltung der Karte vorgesehenen Vertragsstrafe (§§ 339 ff. BGB.).

4. Über Ortspolizeibehörde vgl. § 188 Anm. 5.

5. Vgl. die Strafbestimmung über widerrechtliche Vorenthaltung der Versicherungskarte in § 341 Z. 2.

Erhebung der Beiträge bei Auslandsaufenthalt.

§ 200. *Der Bundesrat bestimmt,*[1] *wie die Beiträge für die nach §§ 3, 4*[2] *Versicherungspflichtigen erhoben werden.*

E. I. § 202.
E. II. § 199.
RVO. § 1436 (1418).

1. Ein Vorbild für diese Bundesrats-Bestimmungen und für die analoge Vorschrift in der RVO. findet sich in der bisherigen Invalidenversicherung nicht, jedoch ist daselbst für einzelne Industriezweige eine entsprechende Regelung der Erhebung der Beiträge erfolgt (vgl. Hanow IV, S. 455).

2. Die Paragraphen beziehen sich auf Deutsche, die bei einer amtlichen Vertretung des Reichs oder eines Bundesstaats im Ausland oder bei deren Leitern oder Mitgliedern beschäftigt sind (§ 3) sowie auf Kleinunternehmer, welche versicherungspflichtig erklärt worden sind (§ 4).

4. Entrichtung der Beiträge durch die Versicherten.

Vorbemerkung.

In den Fällen der freiwilligen Weiterversicherung oder der Aufrechterhaltung der erworbenen Anwartschaft sind die Beiträge von dem Versicherten durch die Post portofrei an die Reichsversicherungsanstalt einzusenden. Werden die Beiträge oder die Anerkennungsgebühr nicht rechtzeitig gezahlt, so erlischt die Anwartschaft. Den Versicherten wird aber das weitere Recht gewährt, innerhalb des dem Kalenderjahr der Fälligkeit folgenden Kalenderjahrs die rückständigen Beträge nachzuzahlen, wodurch die Anwartschaft wieder auflebt. In denjenigen Fällen, in welchen von den verpflichteten Arbeitgebern aus irgendwelchen Gründen die Beiträge nicht entrichtet werden, kann die direkte Einsendung der Beiträge durch die Post auch Pflichtversicherten auf Antrag gestattet werden. Die näheren Angaben zur Fortführung der Register sind bei der Einsendung der Beiträge durch die Post mittels unmittelbarer Befragung des Versicherten festzustellen. Die Reichsversicherungsanstalt kann mit Genehmigung des Bundesrats die Entrichtung der Beiträge in anderer Weise regeln (Begr.).

Portofreie Einsendung.

§ 201. *Im Falle der freiwilligen Fortsetzung der Versicherung*[1] [2] *oder der Aufrechterhaltung der erworbenen Anwartschaft*[3] *(§ 15) sind die Beiträge*[4] *oder die Anerkennungsgebühr*[5] *der Reichsversicherungsanstalt spätestens vor Ablauf des Kalenderjahrs, für das sie gelten sollen, durch die Post*[9] *portofrei einzusenden. Bis zum Eingang der Empfangsbestätigung der Reichsversicherungsanstalt dient der Postschein als Quittung.*[6] *In besonderen Fällen kann die Reichsversicherungsanstalt auch anderen Versicherten*[7] *die Zahlung*[8] *von Beiträgen durch die Post*[9] *gestatten.*

R. I. § 203.
E. II. § 200.
RVO. § 1440 (1422).

1. Über freiwillige Fortsetzung der Versicherung (Weiterversicherung) vgl. § 15 Anm. 5.

2. Ein Arbeitgeber kann den Arbeitnehmer beim Ausscheiden aus einer versicherungspflichtigen Tätigkeit, d. h. nicht beim Austritt des Angestellten aus seiner Stellung, sondern wenn er bei Überschreiten der Gehaltsgrenze von 5000 Mark aus dem Rahmen der Versicherungspflicht herausfällt, nur durch Vertrag verpflichten, sich freiwillig weiterzuversichern (Kom.-Ber.).

3. Über Aufrechterhaltung der Antwartschaft vgl. § 15 Anm. 6.

4. Die Höhe der Beiträge geht aus § 172 hervor.

5. Die Anerkennungsgebühr beträgt nach § 15 in Verbindung mit § 172 Abs. 2 jährlich drei Mark.

6. Um als Quittung für die Einzahlung der Beiträge, d. h. als Bescheinigung über die bewirkte Leistung dienen zu können, muß der Postschein mit den vorgeschrie-

benen Vermerken der zuständigen Postbeamten versehen sein; er stellt dann eine öffentliche Urkunde im Sinne des § 267 StGB. dar (vgl. Entsch. d. RG. in Strafs. Bd. 24, S. 130).

7. Andere Versicherte sind die Versicherungspflichtigen.

8. Das Wort Zahlung wurde durch die Reichstagskommission an Stelle des nur als Druckfehler zu erklärenden Wortes „Genehmigung" des Entwurfs gesetzt.

9. Über die Mitwirkung der Post bei der Angestelltenversicherung im übrigen vgl. §§ 186, 313 ff., 365.

Andere Regelung.

§ 202. *Mit Genehmigung*[1] *des Bundesrats kann die Reichsversicherungsanstalt die Entrichtung der Beiträge*[2] *in anderer Weise regeln.*[3]

E. I. § 204.
E. II. § 201.
RVO. —

1. Über den Begriff Genehmigung vgl. § 124 Anm. 3.

2. Die Entrichtung der Beiträge durch die freiwillig Versicherten geschieht gemäß § 201 regelmäßig mittels portofreier Einsendung durch die Post spätestens vor Ablauf des Kalenderjahrs, für welches die Beiträge gelten sollen. Vgl. über die Entrichtung der Beiträge durch die Arbeitgeber §§ 181 ff.

3. In anderer Weise dürfte eine Entrichtung namentlich mit Rücksicht auf die in den Schutzgebieten befindlichen Versicherten erfolgen.

Auskunftspflicht der Versicherten.

§ 203. *Der Versicherte (§ 201)*[1] *ist verpflichtet, der Reichsversicherungsanstalt auf Verlangen stets Auskunft über seinen Familienstand und das Alter seiner Familienangehörigen zu geben.*[2] *Die Ortspolizeibehörde*[3] *kann ihn dazu durch Geldstrafen*[4] *bis zu zehn Mark anhalten.*

E. I. § 205.
E. II. § 202.
RVO. —

1. Nur der freiwillig Versicherte ist gemeint.

2. Diese Auskunftspflicht ist mit Rücksicht auf die versicherungstechnischen Rechnungen und die Statistiken erforderlich.

3. Über Ortspolizeibehörde vgl. § 188 Anm. 5.

4. Die Geldstrafen werden im Falle ihrer Nichtzahlung wie Gemeindeabgaben beigetrieben und verjähren nach Maßgabe des § 361.

Anspruch auf den Arbeitgeber-Beitragsteil.

§ 204. *Wer sich während einer entgeltlichen,[1] aber nicht bar bezahlten[2] oder nur vorübergehenden Beschäftigung[3] (§§ 7, 8) freiwillig[4] versichert, hat Anspruch auf den Beitragsteil des Arbeitgebers.[5] Dieser kann es ablehnen, mehr zu erstatten, als er nach diesem Gesetze für eine versicherungspflichtige Beschäftigung[6] beizutragen verpflichtet ist.*

E. I. § 206.
E. II. § 203.
RVO. § 1441 (1423).

1. Über den Begriff des Entgelts vgl. § 2.

2. Bezahlung nicht in bar dürfte gleichbedeutend sein mit Sachbezügen. Vgl. dazu § 2 Anm. 6.

3. Über vorübergehende Beschäftigung vgl. § 8 Anm. 2 und 3.

4. Über die nur beschränkte Möglichkeit freiwilliger Versicherung ist zu vergleichen die Vorbemerkung zu § 15 und § 394.

5. Von Bedeutung dürften die folgenden der Begründung zum IuAVG. entnommenen Sätze sein: „Die Befugnis, bei Ausübung einer nicht versicherungspflichtigen Lohnarbeit von dem Arbeitgeber einen Teil des freiwillig entrichteten Beitrags erstattet zu erlangen, kann auch denjenigen Personen eingeräumt werden, deren Löhnung nur in Gewährung freien Unterhalts besteht. Hierdurch wird manchen Härten vorgebeugt, die sich aus der Bestimmung, daß in solchen Fällen ein Pflichtverhältnis nicht bestehen soll, hier und da ergeben haben; andererseits werden die Arbeitgeber nicht benachteiligt, weil der für die Freilassung dieser Personen von der Versicherungspflicht maßgebende Grund, daß nämlich der einen baren Lohn nicht zahlende Arbeitgeber nicht imstande sein würde, die auf den Versicherten entfallende Hälfte des Beitrags bei der Lohnzahlung in Abzug zu bringen, dann nicht mehr zutrifft, wenn der Arbeitgeber

auf andere Weise vor der Gefahr, wider Willen den ganzen Versicherungsbeitrag zahlen zu müssen, bewahrt bleibt."

6. Was versicherungspflichtige Beschäftigung ist, geht aus § 1 Abs. 1 und 2 hervor.

5. Unwirksame Beiträge.

Vorbemerkung.

Die Vorschriften der §§ 205 bis 208 sind den §§ 146 ff. IVG. nachgebildet. Sie betreffen neben der Nachentrichtung von Pflichtbeiträgen und der zeitlichen Grenze für freiwillige Beiträge Ersatztatsachen für die Beitragsentrichtung und die Einschränkung der Möglichkeit einer Ablehnung des Rentenanspruchs.

Nachentrichtung von Pflichtbeiträgen.

§ 205.[1] *Pflichtbeiträge*[2] *sind zurückzuweisen,*[3] *wenn sie nach Ablauf von zwei Jahren,*[4] *falls aber die Beitragsleistung ohne Verschulden*[5] *der Beteiligten*[6] *unterblieben ist, nach Ablauf von vier Jahren*[7] *seit der Fälligkeit entrichtet werden.*[8]

E. I. § 207.
E. II. § 204.
RVO. § 1442 (1424).

1. Die Bestimmung hat den Zweck, der nachträglichen Entrichtung von Beiträgen vorzubeugen, welche ohne die Vorschriften des § 205 häufig erst dann vorgenommen werden dürften, wenn der Versicherungsfall eingetreten ist oder nahe bevorsteht. Es soll die ordnungsmäßige Durchführung der Beitragsentrichtung gefördert werden. Deswegen wird die nachträgliche Entrichtung der Pflichtbeiträge nur innerhalb einer gewissen Frist gestattet.

2. Pflichtbeiträge stehen im Gegensatz zu eigentlich geleisteten Beiträgen; es werden darunter verstanden Beiträge für eine versicherungspflichtige Beschäftigung.

Die Vorschrift gilt auch, wenn zu niedrige Beiträge entrichtet worden sind.

3. Die Zurückweisung macht sich dahin geltend, daß die nachträglich entrichteten Marken für die abgelaufene Frist weder bei Berechnung der Wartezeit noch bei Berechnung der Rente in Ansatz gebracht werden dürfen.

4. Der Ablauf der Frist ist zwei Jahre nach dem Tage der Fälligkeit der Beiträge vollendet.
5. Das Verschulden kann auf Vorsatz oder Fahrlässigkeit beruhen (vgl. über diese Begriffe § 24 Anm. 2).
6. Als Beteiligte sind anzusehen die zur Leistung der Beiträge verpflichteten Arbeitgeber und die Versicherten.
7. Diese Frist von 4 Jahren sowie die obengenannte Frist von 2 Jahren sind zwingender Natur und Ausschlußfristen (vgl. über diesen Begriff § 23 Anm. 2).
8. Der Betrag für die unwirksam eingeklebten Marken wird zurückverlangt werden können.

Grenze für freiwillige Beiträge.

§ 206. *Freiwillige Beiträge*[1] *dürfen nach Eintritt der Berufsunfähigkeit*[2 3] *nicht entrichtet werden.*[4]

E. I. § 208.
E. II. § 205.
RVO. § 1443 (1425).

1. Über Pflichtbeiträge vgl. § 205.
2. Über den Begriff Berufsunfähigkeit vgl. § 1 Anm. 2.
3. Die Entrichtung von freiwilligen Beiträgen nach Eintritt des die Fälligkeit des Ruhegeldes bewirkenden vollendeten 65. Lebensjahres ist nicht verboten, aber zwecklos, da höhere Versicherungsleistungen dadurch nicht erzielt werden dürften.
4. Aus der Begründung des IuAVG verdienen hierzu die folgenden Sätze hervorgehoben zu werden: „Auch die freiwillige Entrichtung von Beiträgen wird nach den bisherigen Erfahrungen häufig erst dann vorgenommen, wenn der Rentenbewerber schon invalide oder 70 Jahre alt ist oder doch das Eintreten dieser Ereignisse in kürzester Frist zu erwarten ist. Um die erforderliche Wartezeit noch nachträglich zu erfüllen oder die Rente zu erhöhen, wird dann eine große Anzahl von Beitragsmarken auf einmal beigebracht. Durch eine derartige Ausnutzung der Versicherung nach oder unmittelbar vor Eintritt des Versicherungsfalles wird das Risiko zuungunsten der Versicherungsanstalt erheblich verschoben, und es erscheint nicht berechtigt, alle bei der Versicherung beteiligten Personen zugunsten einzelner, die die Versicherungseinrichtungen in unbilliger Weise ausnutzen, zu benachteiligen... Mag die Kontrolle der Erfüllung dieser Vorschriften auch schwierig sein, so werden die Versicherungsanstalt

sowie die mit dem Umtausche der Quittungskarten betrauten Stellen bei einiger Aufmerksamkeit voraussichtlich doch in der Lage sein, Fälle der Zuwiderhandlung zu erkennen."

Ersatztatsachen für Beitragsentrichtung.

§ 207.[1] *Der Entrichtung der Beiträge im Sinne der §§ 205, 206 steht gleich*

1. *die von einer zuständigen Stelle*[2] *an den Arbeitgeber gerichtete Mahnung,*
2. *die Bereiterklärung des Arbeitgebers oder des Versicherten zur Nachentrichtung gegenüber einer solchen Stelle,*

wenn demnächst die Beiträge in einer angemessenen Frist[3] *entrichtet werden.*

Zeiträume, in denen eine Beitragsstreitigkeit (§§ 210, 211) oder ein Verfahren über einen Anspruch auf Ruhegeld oder Rente schwebt, werden in die Fristen der §§ 205, 206 nicht eingerechnet.[4]

Diese Tatsachen (Abs. 1, 2)[5] *unterbrechen auch die Verjährung rückständiger Beiträge (§ 228).*[6]

E. I. § 209.
E. II. § 206.
RVO. § 1444 (1426).

1. Die Bestimmungen des § 207, welche denen des § 1444 RVO. entsprechend gefaßt sind, bedeuten eine Verbesserung der Lage der Versicherten gegenüber dem Rechtszustand vor Inkrafttreten der RVO. Es soll das Erlöschen der Anwartschaft in solchen Fällen vermieden werden, in denen dieses sich als eine Unbilligkeit für den Versicherten darstellen würde. Es sollen (nach der Begr. z. RVO.) die Unzuträglichkeiten beseitigt werden, die sich aus der Art ergeben haben, wie bisher die Nachentrichtung von Beiträgen zeitlich beschränkt war. Vor allem wird es als eine Härte empfunden, wenn ein Rentenempfänger, der nach Erfüllung der Wartezeit Ansprüche erhebt und in der Meinung, berufsunfähig zu sein, keine Beiträge mehr entrichtet, aber erst im Laufe des oft langwierigen Verfahrens invalide erklärt wird, inzwischen die Anwartschaft verliert und deshalb abgewiesen werden muß. Es soll daher, und zwar sowohl für die Pflichtversicherung als für die freiwillige Versicherung, nicht nur die Zeit einer Beitragsstreitigkeit, sondern auch die eines Verfahrens über

einen Anspruch, zu dessen Verfolgung die Versicherungskarten vorgelegt werden müssen, in die Fristen nicht eingerechnet werden, innerhalb deren die Nachentrichtung von Beiträgen nach §§ 205, 206 zulässig ist. Um dem Erlöschen der Anwartschaft in den Fällen möglichst vorzubeugen, in denen es ohne ein erhebliches Verschulden des Versicherten eintreten würde, sind ferner der Entrichtung der Beiträge gleichgestellt die von einer zuständigen Stelle an den Arbeitgeber gerichtete Mahnung und die Bereiterklärung des Arbeitgebers oder des Versicherten zur Nachentrichtung gegenüber einer solchen Stelle, wenn demnächst die Beiträge in einer angemessenen Frist entrichtet werden.

2. Zuständig für die Mahnung dürfte, da es sich um eine der Überwachung der rechtzeitigen Entrichtung der Beiträge gleichstehende Aufgabe handelt, an sich die Reichsversicherungsanstalt sein (vgl. §§ 214 ff.).

3. Die Bemessung dieser Frist wird nach Lage der Verhältnisse eine verschiedene sein können und deshalb zweckmäßig der Rechtsprechung überlassen bleiben.

4. Vgl. Anm. 1 und über die Berechnung von Fristen im allgemeinen §§ 324 ff.

5. Sollen die bezeichneten Tatsachen zugunsten der Versicherten das Erlöschen der Anwartschaft tunlichst hintanhalten, so entspricht es der Billigkeit, daß dieselben Tatsachen auch zugunsten der Versicherungsanstalt einen Einfluß auf die Verjährung rückständiger Beiträge ausüben. Aus rechtlichen und finanziellen Gründen wird für die Verjährung der Beitragsrückstände eine Unterbrechung mit der Wirkung des § 217 BGB. vorgesehen (Begr. z. RVO.).

6. § 228 bestimmt, daß die Verjährung des Anspruchs auf Rückstände, soweit diese nicht absichtlich hinterzogen worden sind, in zwei Jahren nach Ablauf des Kalenderjahres der Fälligkeit eintritt. Absichtlich hinterzogene Beiträge verjähren in dreißig Jahren (§ 228 Anm. 3).

Einschränkung der Möglichkeit einer Ablehnung des Rentenanspruchs.

§ 208.[1] *Hat die Reichsversicherungsanstalt nicht innerhalb eines Jahres nach der Einzahlung der Beiträge die Versicherungspflicht*[2] *oder das Recht zu freiwilliger Versicherung*[3] *beanstandet, so kann der Rentenanspruch nicht mit der Begründung abgelehnt werden, daß die Beiträge zu Unrecht entrichtet sind.*[4]

E. I. —
E. II. —
RVO. § 1445 (1427).

1. Der Paragraph wurde in der Reichstagskommission zugefügt; er ist der RVO. § 1445 Abs. 2 nachgebildet, der übrigens auch erst während der Kommissionsberatung in die RVO. Aufnahme fand.

2. Die Versicherungspflicht ist in den §§ 1 ff. geregelt.

3. Über freiwillige Versicherung vgl. §§ 15, 394.

4. Zweck der Bestimmung ist, die Versicherten möglichst vor der Anfechtung der Rechtsgültigkeit der für sie eingeklebten Marken zu bewahren. Das Prinzip der Unanfechtbarkeit aus der privaten Lebensversicherung ist hier auf die Sozialversicherung ausgedehnt worden; aus der formellen Beitragsleistung wird ein materielles Versicherungsrecht (Kom.-Ber. RVO. Bd. IV, S. 193).

6. Irrtümlich geleistete Beiträge.

Vorbemerkung.

Die Vorschrift des § 209 sanktioniert die auch durch die RVO. festgelegte Judikatur des RVA. (Rev.-Entsch. 1073, 1136 und 1137, A. N. 1903, S. 538, 1904, S. 477 und 478), daß irrtümlich als Pflichtmarken verwendete Beitragsmarken für die freiwillige Weiterversicherung angerechnet werden können, wenn nur der Wille bestanden hat, die Marken zu Zwecken der Versicherung überhaupt zu verwenden und kein Rückforderungsrecht geltend gemacht wird.

Falsche Annahme der Versicherungspflicht.

§ 209. *Beiträge, die in der irrtümlichen Annahme der Versicherungspflicht*[1] *entrichtet worden sind und nicht zurückgefordert werden,*[2] *gelten als für die freiwillige Weiterversicherung entrichtet, wenn das Recht dazu in der Zeit der Entrichtung bestanden hat.*

Der Versicherte kann die Beiträge binnen zehn Jahren nach der Entrichtung zurückfordern,[3] *wenn ihm nicht schon Ruhegeld oder Rente rechtskräftig bewilligt worden ist und nicht die Beitragsentrichtung in betrügerischer Absicht*[4] *geschehen ist.*

Der Arbeitgeber[5] *kann die Beiträge nicht mehr zurückfordern, wenn ihm vom Versicherten der Wert seines Anteils erstattet ist*[6] *oder seit der Entrichtung zwei Jahre verflossen sind.*[7] [8]

E. I. § 210.
E. II. § 207.
RVO. § 1446 (1428).

1. Über Versicherungspflicht vgl. §§ 1 ff.
2. Die zeitliche Grenze für das Zurückforderungsrecht geben die Abs. 2 und 3, sie stellen hinsichtlich der Verjährung eine der im § 228 Abs. 2 erwähnten Ausnahmen von der Sechsmonatsfrist dar.
3. Um auf der anderen Seite die Gefahr der Versicherungsanstalten einzuschränken und Mißbräuchen vorzubeugen, insbesondere um zu verhindern, daß etwa jemand, der sich irrtümlich für versicherungspflichtig hielt, nach Eintritt des Versicherungsfalls wählen kann, ob er seine Beiträge zurückverlangen oder sich nachträglich als Selbstversicherer erklären will, ist eine zehnjährige Verjährungsfrist für das Rückforderungsrecht des Versicherten angezeigt. Diese Frist genügt, denn dann kann der irrtümlich Pflichtversicherte bei vorzeitigem Eintritt des Versicherungsfalls immer nur einen Teil der Beiträge zurückfordern (Begr. z. RVO.).
4. Über Betrug vgl. §§ 263 ff. StGB.
5. Gegenüber dem Arbeitgeber empfiehlt sich eine nur zweijährige Verjährungsfrist; wenn er sich zwei Jahre lang nicht um die Versicherungspflicht des Arbeitnehmers bekümmert hat, so ist der Ausschluß des Rückforderungsrechts gegen die Anstalt keine Unbilligkeit.
6. Damit es nicht in das Belieben des Arbeitgebers gestellt wird, das Rückforderungsrecht geltend zu machen und somit unter Umständen der Rentenanspruch von dessen Willkür abhängt, muß dem Versicherten die Möglichkeit offenstehen, das Rückforderungsrecht des Arbeitgebers durch Bezahlung des von diesem entrichteten Teiles der Beiträge auszuschließen (Begr. z. RVO.).
7. Es kann sich selbstverständlich nur um die Zurückforderung der von dem Versicherten geleisteten Beiträge handeln (Kom.-Ber.).

8. Für die Berechnung der in Abs. 2 und 3 enthaltenen Fristen gelten die §§ 324 ff.

7. Beitragsstreitigkeiten.

Vorbemerkung.

Die Streitigkeiten, welche in den folgenden Paragraphen behandelt werden, treten während bestehender Versicherung auf, z. B. über die Verantwortlichkeit mehrerer Arbeitgeber hinsichtlich der Beitragsentrichtung (§ 177) oder über die Einwendungen gegen Rückstände an Beiträgen (§ 227). Im Gegensatz hierzu stehen diejenigen Streitigkeiten, welche im Laufe eines Feststellungsverfahrens vorkommen (§ 238 ff.) und von den zur Feststellung der Leistungen berufenen Behörden zu entscheiden sind.

Zuständigkeit.

§ 210. *Bei Streit über die Beitragsleistung*[1] *entscheidet, wenn er nicht bei der Festsetzung der Leistungen hervortritt,*[2] *der für den Beschäftigungsort zuständige Rentenausschuß*[3] *und auf Beschwerde*[4] *endgültig das Schiedsgericht.*[5]

Handelt es sich um eine noch nicht feststehende Auslegung gesetzlicher Vorschriften von grundsätzlicher Bedeutung, so gibt das Schiedsgericht die Sache unter Begründung seiner eigenen Ansicht an das Oberschiedsgericht[6] *ab, wenn es der Beschwerdeführer innerhalb der Beschwerdefrist*[7] *beantragt hat. Auch andere Beteiligte*[8] *können diesen Antrag binnen einer Woche stellen, nachdem sie die Gelegenheit, sich zu äußern, erhalten haben. Das Oberschiedsgericht entscheidet in diesen Fällen statt des Schiedsgerichts.*[9]

Soll[10] *in dem Verfahren nach diesem Gesetze*[11] *die Versicherungspflicht einer Person verneint werden, weil sie nicht zu den im § 1 Abs. 1 bezeichneten Personen gehört, so ist in der Entscheidung festzustellen, ob sie zu den im § 1226 Abs. 1 Nr 1 oder 6 der Reichs-*

versicherungsordnung bezeichneten Personen[12] *gehört. Wird festgestellt, daß sie zu diesen Personen gehört, so ist diese Entscheidung für das Verfahren nach der Reichsversicherungsordnung bindend.*[13] *Dem Träger der Invalidenversicherung*[14] *ist Gelegenheit zur Äußerung zu geben; dieser ist berechtigt, Rechtsmittel*[15] *einzulegen und als Beteiligter den Antrag nach Abs. 2 zu stellen.*

Soll in dem Verfahren nach der Reichsversicherungsordnung[16] *die Versicherungspflicht einer Person verneint werden, weil sie nicht zu den im § 1226 Abs. 1 Nr. 1 oder 6 bezeichneten Personen gehört, so ist in der Entscheidung festzustellen, ob sie zu den im § 1 Abs. 1 dieses Gesetzes bezeichneten Personen gehört. Wird festgestellt, daß sie zu diesen Personen gehört, so ist diese Entscheidung für das Verfahren nach diesem Gesetze bindend. Für den Träger der Angestelltenversicherung*[17] *gilt Abs. 3 Satz 3 entsprechend.*[18]

E. I. § 211.
E. II. § 208.
RVO. § 1459 (1441).

1. Der § 210 sieht davon ab, die Parteien besonders zu bezeichnen, zwischen denen Streit entstehen kann. Wer an der Beitragsleistung beteiligt ist, kann das Beitragsstreitverfahren betreiben. Insbesondere kommen hier Fragen über die Versicherungspflicht bezw. -berechtigung in Betracht, über die Zahl der Beiträge usw. Vgl. oben Vorbemerkung S. 470 und Hanow IV, S. 512/513.

Beitragsleistung ist in weitestem Sinne aufzufassen, so daß darunter fallen sowohl Beiträge, welche schon geleistet sind, als auch solche, die erst noch gezahlt werden sollen.

Betreffend andere Streitfälle vgl. § 211.

2. Festsetzung der Leistungen ist wohl identisch mit Feststellung der Leistungen. Tritt bei der Feststellung der Leistungen ein Streit über die Beitragsleistung hervor, so wird über ihn nach Maßgabe der §§ 238 ff. zu entscheiden sein.

3. Über den zuständigen Rentenausschuß vgl. §§ 230 ff.

4. Die Beschwerde ist ein Rechtsmittel und als solches regelmäßig binnen einem Monat nach Zustellung des Bescheids des Rentenausschusses einzulegen (vgl. § 328).

5. Über Schiedsgericht vgl. §§ 157 ff., 270 ff.

6. Über das Oberschiedsgericht vgl. §§ 162 ff., 281 ff.

7. Über Beschwerdefrist vgl. Anm. 4.

8. Das Recht, in grundsätzlichen Fragen die Entscheidung des Oberschiedsgerichts herbeizuführen, bezieht sich auf alle am Streitverfahren Beteiligten. Vgl. auch § 280.

9. Das Oberschiedsgericht beurteilt in diesen Fällen nicht nur die rechtliche, sondern auch die tatsächliche Seite der Sache (vgl. § 280 Anm. 4). Hat seine Entscheidung grundsätzliche Bedeutung, so wird sie veröffentlicht (§ 294).

10. Die beiden letzten Absätze wurden — zunächst in anderer Fassung — durch die Reichstagskommission zugefügt, da hier die Befürchtung bestand, daß bei Streitfragen über die Beitragsleistung zuungunsten kleiner Arbeitgeber entschieden werden könne; deshalb sei es gut, wenn der Wille des Gesetzgebers zum Ausdruck gebracht werde, daß der kleinere Arbeitgeber nicht geschädigt werden solle. Durch die neuen Bestimmungen wird eine Rechtsunsicherheit in beachtenswerter Weise vermieden.

Die jetzige Fassung der Abs. 3 und 4 beruht auf den Beschlüssen des Reichstags in 2. Lesung. Die große Bedeutung dieser beiden Absätze wurde von einem Mitgliede des Reichstags im Plenum dahin präzisiert, es sei nunmehr eine fast unbedingte Sicherheit dagegen geschaffen, daß durch verschiedene Auslegung des Begriffs „Arbeiter“ und „Angestellte“ eine Person von beiden Versicherungen abgelehnt oder zwischen den beiden Versicherungen hin- und hergeschickt werden kann. Es ist etwas Neues, was hier in unser Gerichtsverfahren eingeführt wird, indem nach dem § 210 für die Instanz dieses Gesetzes in bestimmten Fällen, wenn sie nämlich jemanden für nicht versicherungspflichtig erklärt, weil er nicht Angestellter sei, zugleich obligatorisch ein Feststellungsverfahren vorgeschrieben wird darüber, ob er als Arbeiter im Sinne der RVO. zu bezeichnen sei. An diese Feststellung, wenn sie positiv erfolgt, sind dann sämtliche Instanzen der RVO. gebunden. Genau dasselbe findet auch umgekehrt statt.

Eine kleine Lücke enthält aber auch die jetzige Fassung. Es kann bei Kapitänen von See- und Binnenfahrzeugen, d. h. bei Schiffern im gesetzestechnischen Ausdruck, die über 2000 Mark Jahresarbeitsverdienst haben, der Fall eintreten, daß durch eine verschiedene Auffassung der beiden Instanzen der Betreffende weder unter die eine noch unter die andere Versicherung fällt. Dieser Fall dürfte aber praktisch so gut wie gar nicht vorkommen (Sten. Ber.).

11. Über das Verfahren vgl. die §§ 229 ff., insbesondere §§ 238 ff.

12. Zu den bezeichneten Personen gehören:

a) nach § 1226 Abs. 1 Nr. 1: Arbeiter, Gehilfen, Gesellen, Lehrlinge, Dienstboten,

b) nach § 1226 Abs. 1 Nr. 6: die Schiffsbesatzung deutscher Seefahrzeuge und die Besatzung von Fahrzeugen der Binnenschiffahrt.

13. Durch die Vorschrift der Bindung gibt das AVG. eine wichtige Ergänzung für das Recht der RVO.

14. Träger der Invalidenversicherung sind die Landesversicherungsanstalten (§§ 1326—1359 RVO.) und die Sonderanstalten (die sogenannten besonderen Kasseneinrichtungen des IVG.) einschließlich der Sonderanstalt der Seeberufsgenossenschaft (§§ 1360—1380 RVO.).

15. Rechtsmittel in dem Verfahren des AVG. sind die Berufung, die Revision und die Beschwerde (vgl. §§ 270 ff., 281 ff., 328 ff.).

16. Über das Verfahren nach der Reichsversicherungsordnung vgl. daselbst §§ 1545—1805.

17. Träger der Angestelltenversicherung ist, soweit das AVG. nichts anderes bestimmt, die Reichsversicherungsanstalt (§ 96).

18. Das im § 210 vorgesehene Streitverfahren ist — abgesehen von dem im Abs. 3 und 4 neu eingeführten obligatorischen Feststellungsverfahren (vgl. Anm. 10) — entsprechend demjenigen des aus dem § 155 IVG. entstandenen § 1459 RVO. ein öffentlichrechtliches, auf Erforschung der materiellen Wahrheit gerichtetes, kein privatrechtliches Streitverfahren. Die Beteiligten dürfen also nicht mit den Parteien im bürgerlichen Rechtsstreit und der streitige Anspruch darf nicht mit einem privatrechtlichen Klageanspruch auf eine Stufe gestellt werden (vgl. Rev.-Entsch. 1002, A. N. 1902, S. 546). Es kann jedoch nur auf Antrag eines Beteiligten, nicht von Amts wegen eingeleitet werden und setzt einen Streit über die Beitragsleistung voraus (vgl. Rev.-Entsch. 608, A. N. 1897, S. 473). Für die Einzelheiten dieses Streitverfahrens sind die Vorschriften des sechsten Abschnitts (vgl. §§ 229 ff.) entsprechend anzuwenden. Vgl. im übrigen über dasselbe Streitverfahren der RVO. und die

Tragweite der in ihm getroffenen Entscheidung die eingehenden Erläuterungen bei Hanow IV, S. 514 ff.

Rentenausschuß.

§ 211. *Allen anderen Streit*[1] *zwischen Arbeitgebern und Arbeitnehmern über Berechnung und Anrechnung, Erstattung und Ersatz der Beiträge (§§ 176 bis 180, 185, 187, 204) entscheidet der für den Beschäftigungsort zuständige Rentenausschuß*[2] *endgültig.*[3]

E. I. § 212.
E. II. § 209.
RVO. § 1461 (1443).

1. Die Bestimmung steht im Gegensatz zu den im vorigen Paragraphen angeführten Streitigkeiten über die Beitragsleistungen. Nur soweit die Streitigkeiten nicht unter jenen Paragraphen fallen, gilt § 211. Fällt ein Streit sowohl unter § 210 wie unter § 211, so sind die Vorschriften des ersteren zu beachten. Unter § 211 fällt nur Streit von geringerer Bedeutung, insbesondere bei unbestrittener Beitragspflicht ein solcher über Berechnung, Anrechnung Erstattung und Ersatz von Beiträgen.

2. Über den zuständigen Rentenausschuß vgl. §§ 230 ff.

3. Endgültig bedeutet, daß die Entscheidung des Rentenausschusses mit ihrem Erlaß formelle und materielle Rechtskraft erlangt, d. h. die Entscheidung ist der Anfechtung entzogen und schafft für die Beteiligten ohne weiteres bindendes Recht.

Aufgaben des Rentenausschusses bei zu wenig oder zu viel erhobenen Beiträgen.

§ 212. *Ist der Streit endgültig*[1] *entschieden, so sorgt*[2] *der Rentenausschuß*[3] *dafür, daß zu wenig erhobene*[4] *Beiträge nachträglich nach §§ 181 bis 183*[5] *gedeckt werden. Zuviel erhobene Beiträge, die noch zurückgefordert werden können (§ 209),*[6] *zieht er von der Reichsversicherungsanstalt auf Antrag*[7] *wieder ein und zahlt sie den Beteiligten*[8] *zurück. Die Marken werden vernichtet.*[9]

E. I. § 213.
E. II. § 210
RVO. § 1462 (1444).

1. Endgültig ist der Streit entschieden, wenn ein Rechtsmittel gegen die Entscheidung nicht oder nicht mehr zulässig ist (vgl. auch § 211 Anm. 3).

2. Falls die Beteiligten sich weigern, die Beiträge zu entrichten, oder Marken einzukleben, zu deren Entrichtung sie verpflichtet sind, so stehen der Behörde selbst die erforderlichen Zwangsmittel (Geldstrafen) zu Gebote (vgl. §§ 215 Abs. 2, 340), sie schreitet von Amts wegen ein (vgl. dagegen Anm. 7).

3. In Betracht kommt der zuständige Rentenausschuß (vgl. §§ 123 ff. in Verbindung mit §§ 230 ff.).

4. Es kommt nicht nur das Unterlassen der Entrichtung von Beiträgen in Frage, sondern auch die Entrichtung von zu niedrigen Beiträgen.

5. Die §§ 181 bis 183 behandeln die monatlichen Nachweise (Übersichten und Änderungsanzeigen) durch die Arbeitgeber, die Anlage von Versicherungskonten durch die Reichsversicherungsanstalt auf Grund der Nachweise und die Quittierung durch Marken über eingezahlte Beiträge.

6. Die Zurückforderung kann, wenn die vom Gesetz angegebenen Voraussetzungen vorliegen, spätestens binnen 10 Jahren nach der Entrichtung erfolgen (§ 209).

7. Ein Vorgehen von Amts wegen findet also nicht statt, vielmehr ist Antrag erforderlich (vgl. dagegen Anm. 2).

8. Beteiligt sind die Versicherten und die beitragspflichtigen Arbeitgeber.

9. Vernichtet werden die Marken, nicht entwertet. Diese Vernichtung erfolgt durch Unkenntlichmachung oder Entfernung aus der Karte. Daß hierüber alsdann in die Versicherungskarte ein entsprechender Vermerk aufzunehmen ist, wird voraussichtlich noch angeordnet werden; vgl. Z. 11 der Bek. betr. Entwertung und Vernichtung der Marken bei der Invalidenversicherung v. 9. Nov. 1899 (RGBl. S. 665).

Zurückerstattung von Beiträgen.

§ 213.[1] *Ist die Pflicht oder das Recht zur Versicherung endgültig verneint,[2] so erhalten die Beteiligten[3] die noch nicht verfallenen[4] Beiträge auf Antrag[5] zurück. § 209 wird hierdurch nicht berührt.[6]*

E. I. § 214.
E. II. § 211.
RVO. § 1464 (1446).

1. Der § 213 bezieht sich auf Fälle außerhalb eines Streitverfahrens. Für Streitigkeiten kommen die vorangehenden Paragraphen in Betracht. Es wäre unbillig, wollte man den Personen, für welche wegen irrtümlicher Annahme einer Versicherungspflicht oder einer Versicherungsberechtigung Beiträge entrichtet worden sind, die Erstattung des Wertes dieser versagen (vgl. Begr. z. IVG.).

2. Eine endgültige Verneinung ist wohl nur in der ausdrücklichen Erklärung der Behörde, daß die Beitragsentrichtung nicht zulässig ist, zu erblicken.

3. Über den Begriff der Beteiligten vgl. § 212 Anm. 8.

4. Noch nicht verfallen sind die Beiträge, welche noch zurückgefordert werden können.

5. Ein Vorgehen von Amts wegen findet nicht statt, es ist vielmehr Antrag erforderlich.

6. Der § 209 enthält Vorschriften über irrtümlich geleistete Beiträge und insbesondere die Bestimmung, daß die Zurückforderung solcher Beiträge spätestens binnen zehn Jahren nach der Entrichtung erfolgen muß.

8. Überwachung.

Überwachung der Beitragsentrichtung.

§ 214. *Die Reichsversicherungsanstalt*[1] *überwacht die rechtzeitige und vollständige Entrichtung der Beiträge.*[2] *Sie kann diese Geschäfte*[3] *dem Rentenausschuß*[4] *übertragen (§ 124).*[5]

E. I. § 215.
E. II. § 212.
RVO. § 1465 (1447).

1. Über die Organisation der Anstalt vgl. §§ 96 ff.

2. Über die Folgen nicht rechtzeitiger oder unvollständiger Beitragsentrichtung s. §§ 340, 342.

3. Die Überwachungstätigkeit bezieht sich auf den Arbeitgeber wie auf die Versicherten selbst und hat zum Gegenstande insbesondere die Befolgung der in den §§ 176 ff. u. 201 ff. vorgeschriebenen Beitragsentrichtungen. Auch auf die Einziehung der Beiträge, den Markenverkauf, die Ausstellung und den Umtausch der Versicherungskarten u. dgl. bezieht sich die Überwachungstätigkeit; ihre Aufgabe ist, eine lückenlose Durchführung der Versicherung zu erreichen.

4. Über den Rentenausschuß vgl. § 122 ff.

5. Der Satz 2 dieses Paragraphen steht im Widerspruch zu § 124, in dessen letzten Worten ausdrücklich bestimmt ist, daß die Überwachung der Entrichtung der Beiträge an den Rentenausschuß nicht erfolgen darf. Die letzten Worte des § 124 „mit Ausnahme der Überwachung der Entrichtung der Beiträge“ sind erst vom Reichstag hinzugefügt worden (vgl. § 124 Anm. 5), es liegt also in dem Umstande, daß die Ausnahme in § 214 nicht zur Geltung kommt, vermutlich ein durch die eilige Beratung des Gesetzes (vgl. Einleitung S. 70, 74, 75) zu erklärendes Versehen vor.

Auskunftspflicht der Arbeitgeber.

§ 215. *Die Arbeitgeber*[1] *haben dem für den Beschäftigungsort*[2] *zuständigen Rentenausschuß und der Reichsversicherungsanstalt selbst sowie den Beauftragten*[3] *beider Auskunft zu geben*[4] *über die Zahl der Beschäftigten, den Arbeitsverdienst und die Dauer der Beschäftigung.*[5] *Auch die Versicherten*[6] *haben über Ort und Dauer ihrer Beschäftigung sowie ihren Arbeitsverdienst Auskunft zu geben.*

Beide Gruppen sind verpflichtet, den bezeichneten Behörden und Beauftragten auf Erfordern die Versicherungskarten[7] *zur Prüfung und Berichtigung gegen Empfangsschein auszuhändigen.*

Der Rentenausschuß kann die Arbeitgeber und die Versicherten durch Geldstrafen bis zu je einhundertundfünfzig Mark zur Erfüllung ihrer Pflichten (Abs. 1, 2) anhalten.[8] *Auf Beschwerde*[9] *entscheidet das Schiedsgericht endgültig.*[10]

E. I. § 216.
E. II. § 213.
RVO. § 1466 (1448).

1. Über den Begriff Arbeitgeber vgl. § 170 Anm. 1.
2. Zu Beschäftigungsort vgl. § 135 Anm. 4.
3. Als Beauftragte können insbesondere auf dem Wege der Rechtshilfe ersuchte Behörden in Frage kommen, vgl. § 322.
4. Die Arbeitgeber sind verpflichtet, diese Auskunft mündlich wie schriftlich zu geben.

5. Diese Angaben ermöglichen den Beamten einen tiefen Einblick in den ganzen Geschäftsbetrieb. Demgegenüber müssen die Arbeitgeber vor dem Verrat von Geschäfts- und Betriebsgeheimnissen durch jene Beamte geschützt werden; vgl. die Strafbestimmungen der §§ 349 ff.

Nach den Entwürfen und den Beschlüssen der Reichstagskommission gab der § 215 den Kontrolleuren das Recht, die Geschäftsbücher und Listen der Arbeitgeber einzusehen, um die Höhe der Gehälter der Angestellten festzustellen. In der 2. Lesung des Reichstags wurde diese Bestimmung beseitigt, da sie zu unhaltbaren Verhältnissen hätte führen müssen. Denn in kleinen und mittleren Betrieben spielt sich die Buchung der Gehälter in der Regel so ab, daß die monatlich gezahlten Gehälter durch die Kassenbücher oder in kleinen Betrieben sogar einfach durch die Hauptbücher laufen. Der Kontrolleur wäre mithin leicht in der Lage gewesen, das Hauptbuch oder Kassabuch vom 1. Januar bis 31. Dezember durchzublättern. Auf diese Weise würde er möglicherweise in manche Geschäftsgeheimnisse Einblick erhalten haben. Für die Kontrolle ausreichen dürfte der erste Satz des Abs. 1 des § 215, wonach die Beauftragten das Recht haben, vom Arbeitgeber eingehende Auskunft über alle Verhältnisse einzufordern, und der zweite Satz dieses Absatzes des § 215, welcher vorschreibt, daß auch die Versicherten über ihren Arbeitsverdienst usw. Auskunft zu erteilen haben. (Sten. Ber.)

6. Nicht zur Auskunft verpflichtet sind die Angehörigen der Versicherten.

7. Über Versicherungskarten vgl. §§ 188 ff.

8. Mit der Verhängung von Geldstrafen sind die Zwangsbefugnisse der Behörde erschöpft. Dagegen ist nicht zulässig eine unmittelbare Wegnahme, sei es der Geschäftsbücher oder auch nur der Versicherungskarten. Die Geldstrafen, welche nicht Ordnungs-, sondern Zwangsstrafen (Exekutivstrafen) sind, können wiederholt werden. Höchstbetrag im Einzelfall ist 150 Mark; die Geldstrafen fließen in die Kasse der Reichsversicherungsanstalt; ihre Beitreibung erfolgt wie bei Gemeindeabgaben (vgl. § 359). Für die Verjährung der Geldstrafen kommt § 361 in Betracht.

9. Die Beschwerde ist ein Rechtsmittel und regelmäßig binnen einem Monat seit Zustellung der Strafverfügung einzulegen (§ 328).

10. Zu endgültig vgl. § 211 Anm. 3.

Überwachungsvorschriften.

§ 216. *Die Reichsversicherungsanstalt kann mit Genehmigung des Reichskanzlers*[1a] *Überwachungsvorschriften*[1] *erlassen. Der Reichskanzler kann den Erlaß solcher Vorschriften*[2] *anordnen und, wenn dies ohne Erfolg bleibt, sie selbst erlassen. Der Rentenausschuß*[3] *kann Arbeitgeber und Versicherte zur Befolgung solcher Vorschriften durch Geldstrafen bis zu je einhundertfünfzig Mark anhalten.*[4] *Auf Beschwerde entscheidet das Schiedsgericht*[5] *endgültig.*

E. I. § 217.
E. II. § 214.
RVO. § 1467 (1449).

1a. Reichskanzler ist gleichbedeutend mit „Reichsamt des Innern" (vgl. § 76 Anm. 8).

1. Überwachungsvorschriften, welche die Durchführung der Versicherungspflicht, die Entrichtung der Beiträge, die richtige Markenverwendung u. dgl. zu sichern bestimmt sind, haben auch die Träger der Invalidenversicherung größtenteils schon erlassen.

2. Diese Vorschriften können Arbeitgebern und Versicherten Obliegenheiten auferlegen, welche über die Vorschriften des Gesetzes selbst hinausgehen.

3. Vgl. über Rentenausschuß §§ 122 ff.

4. Die Wiederholung der Geldstrafen ist bis zur Erzwingung der vorgeschriebenen Obliegenheiten möglich.

5. Vgl. über Schiedsgericht §§ 157 ff.

Überwachungskosten.

§ 217. *Entstehen durch die Überwachung*[1] *bare Auslagen, so können sie dem Arbeitgeber auferlegt werden,*[2] *wenn er sie durch Pflichtversäumnis verursacht hat. Auf Beschwerde*[3] *entscheidet das Schiedsgericht endgültig.*

Die Kosten werden wie Gemeindeabgaben beigetrieben.[4]

E. I. § 218.
E. II. § 215.
RVO. § 1468 (1450).

1. Die Überwachung ist geregelt in §§ 214—216.
2. In allen übrigen Fällen gelten bare Auslagen als Verwaltungskosten der Reichsversicherungsanstalt, welche die Gesamtheit der Beitragszahler aufzubringen hat (vgl. z. B. §§ 140, 155, 261, 323).
3. Die Beschwerde an das Schiedsgericht ist regelmäßig binnen einem Monat seit Zustellung der angefochtenen Entscheidung einzulegen (§ 328).
4. Über die für die Beitreibung der Gemeindeabgaben erlassenen landesgesetzlichen Bestimmungen vgl. § 227 Anm. 2 und 3.

Berichtigung der Versicherungskarten.

§ 218. *Die Versicherungskarten*[1] *werden nach Einwilligung der Beteiligten*[2] *oder nach Schluß des Streitverfahrens*[3] *von den überwachenden Behörden oder Beauftragten nach §§ 181 bis 183*[4] *berichtigt.*[5]

E. I. § 219.
E. II. § 216.
RVO. § 1469 (1451).

1. Über Versicherungskarten vgl. §§ 188 ff.
2. Beteiligte dürften hier außer den Arbeitgebern und Versicherten die Behörden oder ihre zuständigen Organe sein.
3. Über Streitverfahren vgl. §§ 210 ff.
4. Die §§ 181—183 betreffen die monatlichen Nachweise (Übersichten und Änderungsanzeigen) der Arbeitgeber über die fälligen Monatsbeiträge, die Anlegung von Versicherungskonten durch die Reichsversicherungsanstalt auf Grund der Nachweise und die Quittierung durch Marken über eingezahlte Beträge.
5. Fälle für Berichtigung der Versicherungskarte sind: das nachträgliche Beibringen von Marken, der Umtausch von Marken, Zurückerstattung von Beiträgen usw. Über das Verfahren dürften noch Vorschriften ergehen.

II. Vermögen.

Vorbemerkung.

Bei den Vorschriften über die Vermögensanlegung ist nach der Begr. unter Wahrung der

Sicherheit der Anlagen davon auszugehen, daß die angesammelten Kapitalbeträge genügend hohe Zinserträgnisse zu liefern haben. Der Zinsertrag der Rücklagen bildet einen wesentlichen Faktor für die Beitragsberechnung (vgl. oben S. 415). Je höher der erzielte Zinsfuß ist, desto niedrigerer können die Beiträge bemessen werden und umgekehrt. Den für die Beiträge des Gesetzes angestellten Berechnungen liegt ein Zinsfuß von $3^1/_2$ Proz. zugrunde. Der durchschnittliche Zinsertrag des belegten Kapitals muß indessen höher ausfallen als $3^1/_2$ Proz.; denn es darf bei diesem Ansatz nicht übersehen werden, daß eine Reihe von Vermögensgegenständen vorhanden sind, die Zins- oder Mieteinnahmen nicht aufzuweisen haben, daß Zinsausfälle vorkommen und daß die neuen Einnahmen wegen des nicht rechtzeitigen Einganges nicht selten später, als die Berechnung es annimmt, der zinsbaren Verwertung zugeführt werden. Vergleicht man bei den Trägern der Invalidenversicherung die Einnahmen aus Zinsen, Pacht und Mieten in den für den Gesetzgeber des AVG. als nach ihren vorliegenden Ergebnissen zu vergleichende letzte Zeiträume in Betracht gekommenen Jahren 1905—1908, mit den nachgewiesenen mittleren Vermögensbeständen (der Hälfte der Vermögensbestände zu Anfang und am Schlusse der Jahre), so ergeben sich die folgenden Zahlen:

Rechnungsjahr	Mittlerer Vermögensbestand sämtlicher Versicherungsträger in M.	Einnahmen aus Zinsen, Pacht und Mieten in M.	Einnahmen in Prozenten des mittleren Vermögensbestandes
1905	1 203 494 835,11	41 313 940,33	3,433 Proz.
1906	1 282 972 952,53	44 140 060,28	3,440 „
1907	1 366 717 901,80	47 160 459,86	3,451 „
1908	1 452 872 899,52	50 598 178,65	3,483 „
zusammen .	5 306 058 588,96	183 212 639,12	3,453 Proz.

Während der durchschnittliche Zinsfuß vom Hundert des Ankaufspreises der am Schlusse des Rechnungsjahrs in Wertpapieren und Darlehen angelegten Vermögensteile

im Jahre 1905	3,53
„ „ 1906	3,53
„ „ 1907	3,55
„ „ 1908	3,57

betrug, ergibt die Übersicht nur eine Auswertung

im Jahre 1905 von	3,433	Proz.
„ „ 1906 „	3,440	„
„ „ 1907 „	3,451	„
„ „ 1908 „	3,483	„
und im Durchschnitt von	3,453	„

die letztere bleibt somit hinter dem ersteren nicht unwesentlich zurück. Würden deshalb Bestimmungen getroffen, die nur eine Kapitalbelegung nach den Vorschriften des IVG. zulassen, so würde mit einem Zinsfuß von $3^1/_2$ Proz. nicht gerechnet werden dürfen. Eine höhere Verzinsung würde erzielt werden, wenn man für die Kapitalbelegungen ähnliche Vorschriften, wie sie in den §§ 59, 60 des Gesetzes über die privaten Versicherungsunternehmungen v. 12. Mai 1901 enthalten sind, vorsieht.

Die deutschen Lebensversicherungsanstalten haben unter der Herrschaft dieser Bestimmungen im Verhältnis zu ihren Gesamtaktiven nach den vom Kaiserlichen Aufsichtsamte für Privatversicherung zusammengestellten Rechnungsergebnissen (vgl. die Versicherungsstatistiken für 1903—1908 über die unter Reichsaufsicht stehenden Unternehmungen — herausgegeben vom Kaiserlichen Aufsichtsamte für Privatversicherung —) folgende Kapitalerträgnisse erzielt:

Rechnungsjahr	Wert der Aktiven am Schlusse der nebenbezeichneten Jahre M.	Kapitalerträge im Laufe der nebenbezeichneten Jahre M.
1903	3270672000	119091000
1904	3506805000	127428000
1905	3742526000	138454000
1906	4000886000	146870000
1907	4251272000	157367000
1908	4491289000	172723000

Vergleicht man die Kapitalerträgnisse mit dem arithmetischen Mittel zwischen den Aktivbeständen zu Anfang und Ende eines Jahres, so erhält man eine Ertragsziffer, von welcher angenommen werden darf, daß sie tatsächlich erzielt werden kann. Es ergibt sich als Ertragsziffer

für 1904 . . . . 3,76 Proz.
„ 1905 . . . . 3,82 „
„ 1906 . . . . 3,79 „
„ 1907 . . . . 3,81 „
„ 1908 . . . . 3,95 „

und im Durchschnitt . . . 3,83 Proz.

Bringt man von den nachgewiesenen Aktiven die hinterlegten Wechsel der Aktionäre und die durch die Bilanzen nachgewiesenen Verluste in Abrechnung, so berechnet sich die zinsbare Auswertung

für 1904 auf . 3,90 Proz. der verbleibenden Aktiven,
„ 1905 „ . 3,95 „ „ „ „
„ 1906 „ . 3,92 „ „ „ „
„ 1907 „ . 3,93 „ „ „ „
„ 1908 „ . 4,06 „ „ „ „

im Durchschnitt auf . 3,96 Proz. der verbleibenden Aktiven.

Der durchschnittliche Ertrag stellt sich hiernach um rund $^1/_2$ Proz. höher als der der Träger der Invalidenversicherung. Das Vermögen der privaten Lebensversicherungsunternehmungen ist zum größten Teil in Hypotheken belegt, und hierauf ist im wesentlichen die höhere Verzinsung gegenüber den Trägern der Invalidenversicherung zurückzuführen. Im Durchschnitt der Jahre 1904—1908 waren von den gesamten Aktiven der privaten Lebensversicherungsunternehmungen

in Hypotheken	85,25	Proz.
„ Grundbesitz	2,09	„
„ Wertpapieren	4,37	„
„ sonstigen Anlagen	8,29	„
zusammen	100,00	Proz.

belegt. Eine so hohe Anlage der Rücklegung der Reichsversicherungsanstalt in Hypotheken kann schon im Interesse der Liquidität der Anstalt nicht zugelassen werden. Es kommt hinzu, daß auch hier, ebenso wie bei den Trägern der reichsgesetzlichen Arbeiterversicherung, nicht nur im Interesse der Sicherheit und Liquidität der Kapitalanlagen, sondern auch im finanziellen Interesse des Reichs und der Bundesstaaten dafür Sorge zu tragen ist, daß ein *erheblicher Teil des Vermögens der Reichsversicherungsanstalt in Anleihen des Reichs und der Bundesstaaten* angelegt wird. Eine solche Gesetzesvorschrift ist um so mehr gerechtfertigt, weil die Reichsversicherungsanstalt unter dem Schutze der Reichsgesetzgebung und unter Aufsicht des Reichs errichtet wird und sich entwickeln kann, und sie bei der Durchführung der Versicherung die Mithilfe von Reichs- und zahlreichen Landesbehörden nicht entbehren kann. Außerdem sprechen schwerwiegende allgemeine Gründe dafür, bei öffentlich-rechtlichen Anstalten, wie der Reichsversicherungsanstalt, die Verpflichtung zur Anlegung eines Teiles des Vermögens in Reichs- und Staatsanleihen auszusprechen.

Die Begr. z. 4. Buch der RVO. führt hierzu folgendes aus (S. 418):

„In dem vierten Teile des Denkschriftenbandes zur Begründung des Entwurfs eines Gesetzes betr. die Änderung im Finanzwesen (Nr. 1087 der Drucksachen des Reichstags) wird mit Hilfe eines ausgiebigen Zahlenmaterials auf eine wesentliche Ursache des verhältnismäßig ungünstigen Standes der deutschen Anleihen gegenüber fremden hingewiesen (vgl. a. a. O. S. 240 ff.). Sie liegt darin, daß in England, Frankreich, Italien, den Vereinigten Staaten von Amerika der Markt für Staatsanleihen durch Maßnahmen der Gesetzgebung und Verwaltung und eine sich daran anschließende Gewöhnung des Publikums erheblich zugunsten der Staatsanleihen beeinflußt wird. Es ergibt sich, daß beispielsweise die Sparkassen in England im Jahre 1907 4,2, in Frankreich 1906 3,9, in Italien 1906 3,1 Milliarden Mark in ihren heimischen Staatsanleihen angelegt haben, im Deutschen Reiche dagegen trotz seiner erheblich größeren Bevölkerung 1907 nur etwa 1,4 Milliarden Mark. Ähnliche Unterschiede ergeben sich für die privaten Versicherungsunternehmungen sowie für die Banken usw. Die Lage der Verhältnisse in Deutschland kann in dieser Hinsicht nicht als befriedigend bezeichnet werden. Das Bewußtsein der Gemeinsamkeit der Interessen von Staat und Reich auf der einen und der großen, dem Gemeinwohl dienenden Körperschaften auf der anderen Seite bedarf zum allgemeinen Nutzen einer stärkeren Entwicklung."

Diesem Bedürfnis sucht das Gesetz durch die Vorschrift Rechnung zu tragen (§ 226), daß — wie nach der RVO. — mindestens ein Viertel des Vermögens in Anleihen des Reichs und der Bundesstaaten angelegt wird. Hiernach werden zunächst alljährlich mindestens rund ein Viertel von 150 Millionen Mark = 37,5 Millionen Mark in Reichs- und Staatsanleihen anzulegen sein, die ohne Rücksicht auf die Zinsen und auf die Vermehrung der Zahl der Versicherten nach Maßgabe des Rückganges der von der Beitragsleistung befreiten privaten Versicherungen auf jährlich rund 51 Millionen Mark anwachsen werden.

Da die Reichs- und Staatsanleihen durchschnittlich einen Zinsertrag von $3^1/_2$ Proz. bringen werden, so müßte der Rest des Vermögens bei einer durchschnittlichen Verzinsung des Gesamtvermögens von 4 Proz. einen jährlichen Zinsertrag von

$$\frac{4 - {}^1/_4 \,.\, 3{,}5}{{}^3/_4} = 4{,}167 \text{ Proz.}$$

und bei einer durchschnittlichen Verzinsung von $3^3/_4$ Proz. einen jährlichen Zinsertrag von

$$\frac{3^3/_4 - {}^1/_4 \,.\, 3{,}5}{{}^3/_4} = 3{,}833 \text{ Proz.}$$

liefern. Liegt der Zinsertrag zwischen diesen beiden Grenzen, so reicht er aus, um die Annahme eines Zinsfußes von $3^1/_2$ Proz. für die Beitragsberechnungen zu rechtfertigen.

Zur Erzielung dieses Zinsertrages werden die übrigen drei Viertel des Vermögens im allgemeinen in Hypotheken zu belegen sein. Hierbei wird eine Beleihung von unbebauten, nicht ertragsfähigen Grundstücken in gleicher Weise und aus denselben Gründen auszuschließen sein, wie es durch die Belegungsvorschriften der privaten Lebensversicherungsunternehmungen geschehen ist. Das Gesetz sieht deshalb von solchen Hypothekenanlagen ab und läßt nur die Beleihung von ertragsfähigen Grundstücken nach den für die Belegung der Prämienreserven der privaten Lebensversicherungsunternehmungen geltenden Vorschriften (§§ 59, 60 des Gesetzes v. 12. Mai

1901) zu. Es wird angenommen werden dürfen, daß auch bei dieser Einschränkung für den noch verfügbaren Teil des Vermögens ein durchschnittlicher Zinsfuß von 4 Proz. erzielt werden kann.

Die im Jahre 1909 von den privaten Lebensversicherungsunternehmungen auf städtische Grundstücke gewährten Hypothekendarlehen haben nach den Veröffentlichungen des Kaiserlichen Aufsichtsamts für Privatversicherung (9. Jahrg. Nr. 3 S. 71) 339 074 000 Mark betragen und neben einer durchschnittlichen Provision von 0,733 Proz. einen durchschnittlichen Zinsfuß von 4,191 Proz. ergeben. Die Annahme eines durchschnittlichen Hypothekenzinsertrags von 4 Proz. dürfte hiernach wohl berechtigt sein, zumal die Beleihung nicht auf einzelne Gegenden beschränkt werden darf, sondern bei der Anlegung die einzelnen Bundesstaaten ebenso wie bei der Anlegung in Anleihen annähernd im Verhältnis der in ihren Bezirken aufgekommenen Beiträge zu berücksichtigen sein werde. Die etwaige Erschwerung, die dieses Vorhaben für die Feststellung und fortlaufende Prüfung der Sicherheit der Anlagen mit sich bringt, wird sich durch geeignete Verwaltungseinrichtungen beseitigen lassen. Auch die Vertrauensmänner werden bei der Hypothekenbelegung wertvolle Dienste leisten können. Ihre Mitwirkung wird sich insbesondere auf die Entgegennahme von Hypothekenanträgen, Begutachtung derselben, Auskunftserteilung über die Hypothekensucher, Vorschläge für die Bestellung von Taxatoren u. dgl. zu erstrecken haben und durch eine entsprechende Anleitung mit Formularen geregelt werden können. Die Berücksichtigung der einzelnen Bundesstaaten bei der Anlegung erleichtert zugleich die Unterbringung der zur Verfügung stehenden beträchtlichen Summen; infolge der Teilung dieser Summen kommen für die Gebiete der einzelnen Bundesstaaten verhältnismäßig kleinere Beträge in Frage, so daß eine merkliche Einwirkung auf den Hypothekenmarkt vermieden werden dürfte.

Besonderer Wert wird auch darauf zu legen sein, die eingehenden Kapitalbeträge bis zu ihrer dauernden Anlegung möglichst hoch zinsbar auszuwerten. Eine solche Auswertung beispielsweise durch Ankauf von Prima-Diskonten würde nach § 224 Abs. 3 möglich sein.

Wie bei der Invalidenversicherung soll auch bei der Angestelltenversicherung mit Zustimmung des Reichskanzlers ein Teil des Vermögens in Unternehmungen angelegt werden dürfen, die ausschließlich oder überwiegend den Versicherten zugute kommen. Hierzu würden u. a. auch Darlehen an Bauvereine, die sich mit der Herstellung billiger und gesunder Wohnungen für Angestellte beschäftigen, gehören. (Begr.)

Gegen diese Berechnungsannahmen vgl. die zum Teil scharfen Entgegnungen insbesondere in der Kritik des Gesetzentwurfs, Veröffentlichungen des Deutschen Vereins für Vers.-Wissenschaft, Berlin 1911, Heft XXIII, S. 17, 22, 50, 75, 84.

Verwendung der Mittel usw.

§ 219. *Die Mittel[1] der Reichsversicherungsanstalt dürfen nur für die gesetzlich vorgeschriebenen oder zugelassenen Zwecke[2] verwendet[3] werden.*

Die Einnahmen und Ausgaben sind gesondert zu verrechnen,[4] die Bestände[5] gesondert zu verwahren.

Die Reichsversicherungsanstalt darf nur die ihr gegesetzlich übertragenen Geschäfte[6] übernehmen.

E. I. § 220.
E. II. § 217.
RVO. § 25 (22).

1. Mit dem Begriff Mittel wird man das gesamte im Eigentum der Reichsversicherungsanstalt stehende Vermögen, also die Gesamtheit der in ihrem Eigentum stehenden wirtschaftlichen Güter und der ihr zustehenden sonsti-

gen Rechte von privatwirtschaftlichem Wert zu bezeichnen haben (vgl. hierzu Lexis in Elsters Wörterbuch der Volkswirtschaft, 2. Aufl., Bd. II, S. 1186).

Bei dem Begriff Vermögen ist zu unterscheiden zwischen dem Vermögen im weiteren Sinne, d. i. der nach Abzug der Schulden verbleibende Vermögenswert (reines Vermögen) und dem Vermögen im engeren Sinne, d. i. der ohne Abzug der Schulden dauernd angelegte Vermögenswert (angelegtes Vermögen); vgl. hierzu RG., Ziv.-S., Bd. 69, S. 285.

2. Diese Zwecke gehen besonders hervor aus den §§ 25 ff., 28 ff., 36 ff., 44 ff., 47, 55 ff., 60 ff., 63, 107, 118, 140, 142, 155, 165, 168 Abs. 2, 169 Abs. 3, 186, 196, 316, 319, 323, 364 ff.

3. Über die zur Verwendung der Mittel erforderliche Rechtsfähigkeit der Reichsversicherungsanstalt vgl. § 97 Anm. 1. Von der Verwendung ist die Anlegung der Mittel zu unterscheiden (vgl. §§ 220 ff.).

4. Die Verrechnung der Einnahmen und Ausgaben wird in dem jährlichen Rechnungsabschluß der Reichsversicherungsanstalt zum Ausdruck gebracht und durch den Rechnungshof des Deutschen Reichs geprüft (§§ 105, 107).

5. Der Begriff Bestände deckt sich im allgemeinen mit dem des Vermögens oder angelegten Vermögens (s. oben Anm. 1). Ob zu den Beständen auch der für die laufende Verwaltung erforderliche Kassenbestand gehört, ist bestritten (vgl. Landmann-Rasp-Graßmann, Komm. z. IVG., S. 759 Anm. 2 u. Hanow I, S. 83).

6. Die der Reichsversicherungsanstalt gesetzlich übertragenen Geschäfte sind hauptsächlich aus den oben Anm. 2 aufgeführten Paragraphen zu entnehmen; vgl. dazu §§ 96 ff. sowie ferner §§ 394, 395.

Mündelsichere Anlage.

§ 220. *Das Vermögen*[1] *der Reichsversicherungsanstalt muß wie Mündelgeld (§§ 1807, 1808 des Bürgerlichen Gesetzbuchs)*[2] *verzinslich angelegt werden, soweit dieses Gesetz nichts anderes zuläßt.*[3]

Außerdem darf es in Wertpapieren, die landesgesetzlich zur Anlegung von Mündelgeld zugelassen sind,[4] *sowie in solchen, auf den Inhaber lautenden Pfandbriefen*[5] *deutscher Hypotheken-Aktienbanken angelegt werden, welche die Reichsbank in Klasse I beleiht.*[6] [7]

E. I. § 221.
E. II. § 218.
RVO. § 26 (23).

1. Über den Vermögensbegriff vgl. Anm. 1 zu § 219.

2. Nach § 1807 BGB. soll die gemäß § 1806 a. a. O. verzinslich vorzunehmende Anlegung von Mündelgeld nur erfolgen:

1. in Forderungen, für die eine sichere Hypothek an einem inländischen Grundstück besteht, oder in sicheren Grundschulden oder Rentenschulden an inländischen Grundstücken;
2. in verbrieften Forderungen gegen das Reich oder einen Bundesstaat sowie in Forderungen, die in das Reichsschuldbuch oder in das Staatsschuldbuch eines Bundesstaats eingetragen sind;
3. in verbrieften Forderungen, deren Verzinsung von dem Reiche oder einem Bundesstaate gewährleistet ist;
4. in Wertpapieren, insbesondere Pfandbriefen, sowie in verbrieften Forderungen jeder Art gegen eine inländische kommunale Körperschaft oder die Kreditanstalt einer solchen Körperschaft, sofern die Wertpapiere oder die Forderungen von dem Bundesrate zur Anlegung von Mündelgeld für geeignet erklärt sind;
5. bei einer inländischen öffentlichen Sparkasse, wenn sie von der zuständigen Behörde des Bundesstaats, in welchem sie ihren Sitz hat, zur Ablegung von Mündelgeld für geeignet erklärt ist.

Die Landesgesetze können für die innerhalb ihres Geltungsbereichs belegenen Grundstücke die Grundsätze bestimmen, nach denen die Sicherheit einer Hypothek, einer Grundschuld oder einer Rentenschuld festzustellen ist.

Laut § 1808 BGB. ist das Geld bei der Reichsbank, bei einer Staatsbank oder bei einer anderen durch Landesgesetz dazu für geeignet erklärten inländischen Bank oder bei einer Hinterlegungsstelle anzulegen, wenn die Anlegung den Umständen nach nicht in der im § 1807 bezeichneten Weise erfolgen kann.

Art. 212 Einf.-Ges. z. BGB. endlich bestimmt daß die landesgesetzlichen Vorschriften, nach denen gewisse Wertpapiere zur Anlegung von Mündelgeldern für geeignet erklärt sind, in Kraft bleiben.

Auf Grund dieser Vorschriften sind unter der Voraussetzung der Mündelsicherheit zur Anlegung des Vermögens der Reichsversicherungsanstalt geeignet:

A. (ausgehend vom § 1807 Nr. 1 BGB.) Hypotheken, Grundschulden und Rentenschulden an inländischen, d. h. im Deutschen Reiche belegenen Grundstücken. Hierzu sind in den vier größten Bundesstaaten folgende Landesgesetze ergangen:

I. Preußisches Ausf.-G. z. BGB. v. 20. Sept. 1899 (GS. S. 177):

Art. 73. § 1. Eine Hypothek, eine Grundschuld oder eine Rentenschuld an einem in Preußen belegenen Grundstück ist für die Anlegung von Mündelgeld als sicher anzusehen, wenn sie innerhalb des Fünfzehnfachen oder, sofern ihr kein anderes, der Eintragung bedürfendes Recht im Range vorgeht oder gleichsteht, innerhalb des Zwanzigfachen des staatlich ermittelten Grundsteuerreinertrags oder bei einem ländlichen Grundstück innerhalb der ersten zwei Drittel, bei einem städtischen Grundstück innerhalb der ersten Hälfte des Wertes zu stehen kommt.

Der Wert ist bei ländlichen Grundstücken durch Taxe einer Preußischen öffentlichen Kreditanstalt, die durch Vereinigung von Grundbesitzern gebildet ist und durch staatliche Verleihung Rechtsfähigkeit erlangt hat, oder durch Taxe einer Preußischen Provinzial- (Kommunal-) ständischen öffentlichen Grundkreditanstalt oder durch gerichtliche Taxe, bei städtischen Grundstücken in gleicher Weise oder durch Taxe einer öffentlichen Feuerversicherungsanstalt festzustellen.

§ 2. Statt des Zwanzigfachen des Grundsteuerreinertrags ist bei Grundstücken, die von einer Kreditanstalt der im § 1 Abs. 2 bezeichneten Art satzungsgemäß ohne besondere Ermittelungen bis zu einem größeren Vielfachen beliehen werden können, das größere Vielfache, sofern es jedoch den dreißigfachen Betrag übersteigt, dieser Betrag maßgebend. Für einzelne Bezirke kann durch Königliche Verordnung statt des Zwanzigfachen des Grundsteuerreinertrags ein das Vierzigfache nicht übersteigendes größeres Vielfaches bestimmt werden.

II. Bayerisches Ausf.-Ges. z. BGB. v. 9. Juni 1899 betr. Übergangsbestimmungen z. BGB. (GVBl. S. 299):

Art. 92. Für die Anlegung von Mündelgeld ist eine Hypothek, eine Grundschuld oder eine Rentenschuld als sicher nur zu erachten, wenn sie innerhalb der ersten Hälfte des Wertes des Grundstücks zu stehen kommt.

Die hierzu erforderliche Wertsermittelung ist in Art. 87 Abs. 2 a. a. O. und in der Min.-Bekanntm. v. 14. Juli 1909 (JMBl. 1909, S. 307 ff.) geregelt.

III. Sächsisches Gesetz, betr. die Anlegung von Mündelgeld, v. 22. Dezember 1899 (GVBl. S. 619):

§ 3. Eine Hypothek, Grundschuld oder Rentenschuld an einem im Königreiche Sachsen liegenden Grundstücke gilt für die Anlegung von Mündelgeld als sicher, wenn sie bei einem Grundstücke, das vorwiegend zum Betriebe der Land- oder Forstwirtschaft dient, innerhalb der ersten zwei Dritteile, bei einem anderen Grundstück innerhalb der ersten Hälfte des Wertes des Grundstückes zu stehen kommt. Der Betrag einer Rentenschuld ist nach der Ablösungssumme zu bemessen.

Die Grundsätze, nach denen der Wert eines Grundstücks festzustellen ist, und das bei der Feststellung zu beobachtende Verfahren können durch das Justizministerium bestimmt werden.

Vgl. hierzu die über die Wertsermittelung erlassenen JM.-Verf. v. 12. Dezbr. 1900 u. v. 26. März 1907(GVBl. S. 952 bezw. S. 90).

IV. Württembergisches Ausf.-Ges. z. BGB. v. 28. Juli 1899 (Reg.-Bl. S. 423):

Art. 68. Eine Hypothek, eine Grundschuld oder eine Rentenschuld an einem in Württemberg gelegenen Grundstück ist nur dann als sicher im Sinne des § 1807 Abs. 1 Nr. 1 BGB. anzusehen, wenn sie innerhalb der ersten Hälfte des Wertes des Grundstücks zu stehen kommt.

Vorgehende Rechte sind in doppeltem Betrage in Abzug zu bringen.

Die Ermittlung des Wertes des Grundstücks hat durch amtliche Schätzung des Gemeinderats oder einer Abteilung desselben zu geschehen.

Die Ermittlung des Werts durch amtliche Schätzung betreffen die JM.-Verf. v. 21. Oktbr. 1899 u. 19. Juni 1903 (ABl. d. JM., S. 381 bezw S. 88).

B. (ausgehend vom § 1807 Nr. 2 bis 4 BGB.): Verbriefte, d. h. urkundlich festgestellte Forderungen und Wertpapiere.

Hierzu sind in den vier größten Bundesstaaten folgende Landesgesetze ergangen:

I. Preußisches Ausf.-Ges. z. BGB. (a. a. O.):

Art. 74. Zur Anlegung von Mündelgeld sind außer den im § 1807 BGB. bezeichneten Forderungen und Wertpapieren geeignet:

1. die Rentenbriefe der zur Vermittlung der Ablösung von Renten in Preußen bestehenden Rentenbanken;
2. die Schuldverschreibungen, welche von einer deutschen kommunalen Körperschaft oder von der Kreditanstalt einer solchen Körperschaft, oder mit Genehmigung der staatlichen Aufsichtsbehörde von einer Kirchengemeinde oder einem kirchlichen Verband ausgestellt und entweder von seiten der Inhaber kündbar sind oder einer regelmäßigen Tilgung unterliegen;
3. die mit staatlicher Genehmigung ausgegebenen Pfandbriefe und gleichartigen Schuldverschreibungen einer Kreditanstalt der im Artikel 73 § 1, Abs. 2 bezeichneten Art;
4. die auf den Inhaber lautenden Schuldverschreibungen, welche von einer Preußischen Hypotheken-Aktien-Bank auf Grund von Darlehen an Preußische Körperschaften des öffentlichen Rechtes, oder von Darlehen, für welche eine solche Körperschaft die Gewährleistung übernommen hat, ausgegeben sind.

II. Bayerisches Ges. v. 9. Juni 1899 (a. a. O.):

Art. 32. Zur Anlegung von Mündelgeld sind auch nach dem Inkrafttreten des BGB. die Schuldverschreibungen bayerischer Gemeinden und diejenigen von Kreditanstalten ausgegebenen Wertpapiere, insbesondere Pfandbriefe geeignet, in welchen bisher nach den vom Staatsministerium der Justiz getroffenen Bestimmungen Mündelgeld angelegt werden durfte.

Die Zulassung zur Anlegung von Mündelgeld kann vom Staatsministerium der Justiz jederzeit widerrufen werden.

Vgl. hierzu die Min.-Bekanntm. v. 9. Septbr. 1899 (JMBl. S. 383).

III. Sächsisches Ges. betr. Anlegung von Mündelgeld (a. a. O.):

§ 1. Zur Anlegung von Mündelgeld sind außer den im § 1807 BGB. bezeichneten Forderungen und Wertpapieren geeignet:

1. die Schuldverschreibungen, die von einer sächsischen kommunalen Körperschaft oder einer Kreditanstalt einer solchen Körperschaft oder von

einer sächsischen Kirchen- oder Schulgemeinde ausgestellt sind;

2. die Pfandbriefe und gleichartigen Schuldverschreibungen der Landständischen Bank des Kgl. Sächsichen Markgraftums Oberlausitz, des erbländischen ritterschaftlichen Kreditvereins im Königreiche Sachsen und des Landwirtschaftlichen Kreditvereins im Königreiche Sachsen;
3. die Anlehnsscheine der Kommunalbank des Königreichs Sachsen, die Hypothekenpfandbriefe Serie I, II, III der Sächsichen Bodenkreditanstalt in Dresden, die Hypothekenbank- und Anlehnsscheine Serie B, C, D, E, F, VII und VIII der Leipziger Hypothekenbank.

Den unter Nr. 3 bezeichneten Wertpapieren kann die Mündelsicherheit von dem Justizministerium entzogen werden.

IV. W ü r t t e m b e r g i s c h e s Ausf.-Ges. z. BGB. (a. a. O.):

Art. 70. Außer den im § 1807 BGB. bezeichneten Forderungen und Wertpapieren, sind Schuldverschreibungen, welche von einer württembergischen kommunalen Körperschaft ausgestellt und entweder seitens der Inhaber kündbar sind oder einer regelmäßigen Tilgung unterliegen, zur Anlegung von Mündelgeld geeignet.

Schuldverschreibungen oder Pfandbriefe württembergischer Kreditanstalten können von dem Zeitpunkt der Verkündung dieses Gesetzes an bis zum Inkrafttreten des BGB. durch das Justizministerium nach Anhörung des Oberlandesgerichts als zur Anlegung von Mündelgeld geeignet erklärt werden. Die Zurücknahme der Zulassung bleibt dem Justizministerium nach Anhörung des Oberlandesgerichts vorbehalten.

C. (ausgehend von § 1807 Nr. 5 BGB.): I n l ä n d i s c h e ö f f e n t l i c h e S p a r k a s s e n, d. h. s o l c h e S p a r k a s s e n, w e l c h e a u f G r u n d o b r i g k e i t l i c h e r B e s t ä t i g u n g u n d u n t e r s t a a t l i c h e r A u f s i c h t v o n K o r p o r a t i o n e n d e s ö f f e n t l i c h e n R e c h t s b e t r i e b e n w e r d e n.

Hierzu sind in den vier größten Bundesstaaten folgende L a n d e s g e s e t z e ergangen:

I. P r e u ß i s c h e s Ausf.-Ges. z. BGB. (a. a. O.):

Art. 75. § 1. Eine in Preußen bestehende öffentliche Sparkasse kann durch den Regierungspräsidenten im

Einvernehmen mit dem Landgerichtspräsidenten zur Anlegung von Mündelgeld für geeignet erklärt werden. Die Erklärung kann zurückgenommen werden.

Die Erklärung und die Rücknahme sind durch das Amtsblatt bekanntzumachen.

§ 2. Ist vor Inkrafttreten des Bürgerlichen Gesetzbuchs ein Sparkassenbuch außer Kurs gesetzt, so ist zur Erhebung des Geldes die Genehmigung des Gegenvormundes oder des Vormundschaftsgerichts erforderlich.

II. Bayerische Min.-Bekanntm. v. 21. Dezember 1899 (JMBl. 1900, S. 113):

Auf Grund des § 1807 Abs. 1 Nr. 5 BGB. werden die bayerischen gemeindlichen und distriktiven Sparkassen sowie die ältere gräflich Castellsche Kreditkasse in Castell zur Anlegung von Mündelgeld für geeignet erklärt.

Wenn nach der Satzung einer Sparkasse Mündelgeld nicht mit der Bestimmung angelegt werden kann, daß zur Erhebung des Geldes die Genehmigung des Gegenvormundes oder des Vormundschaftsgerichts erforderlich ist, hat die Sparkasse die Satzung in der Weise zu ändern, daß das Geld mit der bezeichneten Bestimmung angelegt werden kann. Wird die Änderung nicht bis zum 1. Juni 1900 vorgenommen, so wird die Zulassung der Anlegung von Mündelgeld widerrufen werden.

III. Sächsische Ausf.-VO. z. BGB. v. 6. Juli 1899 (GVBl. S. 203):

§ 36. Zur Anlegung von Mündelgeld sind im Sinne des § 1807 Abs. 1 Nr. 5 BGB. geeignet die öffentlichen Sparkassen, deren Regulativ von dem Ministerium des Innern genehmigt worden ist. Das Gleiche gilt von der Sparbank der landständischen Bank des Königlich Sächsischen Markgraftums Oberlausitz.

Wird das Regulativ einer öffentlichen Sparkasse von dem Ministerium des Innern künftig genehmigt, so ist damit zugleich die Sparkasse zur Anlegung von Mündelgeld für geeignet erklärt.

Das Ministerium des Innern kann die Anerkennung der Mündelsicherheit jederzeit zurücknehmen.

IV. Württembergisches Ausf.-Ges. z. BGB. (a. a. O.):

Art. 69. Die zuständige Behörde im Sinne des § 1807 Abs. 1 Nr. 5 BGB. ist das Justizministerium. Dasselbe hat vor der von ihm zu treffenden Entscheidung das Oberlandesgericht zu hören.

Vgl. hierzu JM.-Verf. v. 15. Dezember 1899 (Reg.-Bl. S. 1090).

D. (ausgehend von § 1808 BGB.): Reichsbank, Staatsbanken, inländische Privatbanken und Hinterlegungsstellen.

Hierzu sind in den vier größten Bundesstaaten folgende Landesgesetze ergangen:

I. Preußisches Ausf.-Ges. z. BGB. (a. a. O.):

Art. 76. Im Falle des § 1808 des Bürgerlichen Gesetzbuchs kann die Anlegung von Mündelgeld bei der Preußischen Zentral-Genossenschaftskasse oder einer sonstigen Preußischen öffentlichen Bankanstalt (Landesbank, landschaftlichen, ritterschaftlichen Darlehnskasse usw.) und, wenn die von einer Preußischen Privatbank ausgestellten Wertpapiere durch den Bundesrat zur Anlegung von Mündelgeld für geeignet erklärt sind oder eine Preußische Privatbank nach Maßgabe des Art. 85 für die Hinterlegung von Wertpapieren als Hinterlegungsstelle bestimmt ist, bei einer solchen Privatbank erfolgen.

Die Anlegung bei den ordentlichen Hinterlegungsstellen (Hinterlegungsordnung v. 14. März 1879, G.-S. S. 249) findet nicht statt.

II. Bayerische Min.-Bekanntm. v. 19. Januar 1900 (JMBl. S. 190):

§ 15 Abs. 5 dieser Bekanntmachung bestimmt, daß keine Privatbank, sondern nur die Reichsbank, die Kgl. Bayerische Bank und deren Filialen zur Anlegung von Mündelgeld geeignet sind.

III. Sächsisches Ges. betr. Anlegung von Mündelgeld (a. a. O.):

§ 2 Abs. 1. Das Justizministerium wird ermächtigt, die Banken zu bestimmen, bei denen die Anlegung von Mündelgeld im Falle des § 1808 BGB. erfolgen darf. Vgl. hierzu JM.-Verf. v. 13. März 1900 (GVBl. S. 48).

IV. Württembergisches Ausf.-Ges. z. BGB. (a. a. O.):

Art. 69 in Verbindung mit JM.-Verf. v. 15. Dezember 1899 (Reg.-Bl. S. 1090) erklärt die Oberamtssparkassen mit Satzungen, die von der Kreisregierung genehmigt worden sind, die Städtische Sparkasse in Stuttgart und die Württembergische Sparkasse für geeignet.

Wegen der landesrechtlichen Bestimmungen der übrigen Bundesstaaten wird auf die Übersicht über die Anlegung des Mündelvermögens im Handbuch der Unfallversicherung Bd. III S. 509 ff. und wegen der zu § 1807 Abs. 1 Nr. 4 BGB. erlassenen Bundesratsverordnungen auf Hanow Bd. I, S. 384 verwiesen.

3. Vom Gesetz ist eine andere Anlegung zugelassen in Abs. 2 dieses Paragraphen, sowie in den §§ 221, 224, 225. Damit ist die Zulässigkeit der Anlegung erschöpfend geregelt.

4. Vgl. hierzu die in Anm. 2 wiedergegebenen und in Bezug genommenen landesgesetzlichen Bestimmungen.

5. Die Erlaubnis zur Anlegung in Pfandbriefen der Hypothekenbanken wurde bei Beratung der RVO. in der Reichstagskommission wie folgt gerechtfertigt: „Nach § 1807 BGB. genießen die Pfandbriefe der Hypothekenbanken die Reichsmündelsicherheit nicht. Dahingegen sind nach Art. 212 Einf.-Ges. z. BGB. die landesgesetzlichen Bestimmungen aufrechterhalten worden, welche anderen als den in § 1807 BGB. genannten Wertpapieren Mündelsicherheit gewähren. Es ist dies namentlich mit Rücksicht auf einige mittel- und süddeutsche Hypothekenbanken geschehen, welche, wie z. B. die Bayerische Hypotheken- und Wechselbank, die Deutsche Hypothekenbank in Meiningen und Rheinische Hypothekenbank in Mannheim, in ihrem Bundesstaate für ihre Pfandbriefe Mündelsicherheit besessen haben. Einerseits hat man geglaubt, den Papieren dieser Institute, in welchen Mündel- und Stiftungskapitalien bereits angelegt sind, die Mündelsicherheit nicht nehmen zu sollen, andererseits hat man ihnen aber die Reichsmündelsicherheit nicht gewähren können, ohne nicht gleichzeitig allen Hypothekenbanken dasselbe Recht zuzugestehen. Hierdurch ist eine Reihe mittel- und süddeutscher Staaten veranlaßt worden, noch vor Inkrafttreten des BGB. den Pfandbriefen ihrer Hypothekenbanken fast ohne Ausnahme die Mündelsicherheit zu gewähren.“ Danach sind also auf den Inhaber lautende Pfandbriefe gewisser deutscher Hypotheken-Aktienbanken zur Anlegung des Vermögens der Reichsversicherungsanstalt geeignet, auch wenn sie reichsrechtlich (§ 1807 Nr. 4 BGB.) nicht für mündelsicher erklärt sind.

6. Die Anlegung in auf den Inhaber lautenden Pfandbriefen deutscher Hypotheken-Aktienbanken, welche die Reichsbank in Klasse I beleiht, findet sich, abgesehen von der RVO. ähnlich wie hier im § 108 Abs. 2

GUVG. für die Vermögensanlagen der Berufsgenossenschaften und, nur beschränkt auf einen gewissen Teil des Vermögens, nämlich auf die den Prämienfonds bildenden Bestände im § 59 des Reichsgesetzes über die privaten Versicherungsunternehmungen v. 12. Mai 1901.

7. Welche auf den Inhaber lautenden Pfandbriefe die Reichsbank in Klasse I beleiht, ergeben die jährlich veröffentlichten „Allgemeinen Bestimmungen über den Geschäftsverkehr mit der Reichsbank".

Beleihungsgrenze.

§ 221.[1] *Im Sinne des § 1807 Abs. 1 Nr. 1 des Bürgerlichen Gesetzbuchs*[2] *darf die Sicherheit einer Hypothek, einer Grundschuld oder einer Rentenschuld angenommen werden, wenn die Beleihung*[3] *die ersten drei Fünfteile des Wertes des Grundstücks*[4] *nicht übersteigt. Soweit jedoch die oberste Verwaltungsbehörde*[4a] *eines Bundesstaats gemäß § 11 Abs. 2 des Hypothekenbankgesetzes*[5] *die Beleihung landwirtschaftlicher Grundstücke*[6] *bis zu zwei Dritteln des Wertes gestattet, darf die Sicherheit auch bei einer solchen Beleihung angenommen werden.*[7]

Die Beleihung ist in der Regel nur zur ersten Stelle zulässig.[8]

E I. § 222.
E. II. § 219.
RVO. —

1. Der § 221 entspricht in seinem Wortlaut dem § 60 Abs. 1 u. 2 des RG. über die privaten Versicherungsunternehmungen a. a. O. und dem § 11 des Hypothekenbankgesetzes v. 13. Juli 1899 (RGBl. S. 375).

2. Aus § 1807 Abs. 1 Nr. 1 BGB folgt, daß nur inländische, d. h. im Deutschen Reiche belegene Grundstücke beliehen werden dürfen. Vgl. im übrigen Anm. 2 zu § 220, wo § 1807 BGB. abgedruckt ist.

3. Der Begriff Beleihung ist bestritten. Während in der Theorie darunter die Höhe der Hypothek, Grundschuld oder Rentenschuld zur Zeit ihrer Gewährung verstanden wird, verlangt die Praxis der Aufsichtsbehörden zum Teil dauernde Dreifünftel-Deckung (vgl. Dannenbaum, Deutsche Hypothekenbanken, Berlin 1911, S. 150 ff.).

4. Über die Wertsermittlung von Grundstücken vgl. § 223.

4a. Oberste Verwaltungsbehörde ist die Landeszentralbehörde (Ministerium).

5. Der § 11 Abs. 2 des Hypothekenbankgesetzes lautet: „Die (nach Abs. 1 a. a. O. auf inländische Grundstücke beschränkte und der Regel nach nur zur ersten Stelle zulässige) Beleihung darf die ersten drei Fünfteile des Wertes des Grundstücks nicht übersteigen. Die Zentralbehörde eines Bundesstaats kann die Beleihung landwirtschaftlicher Grundstücke in dem Gebiete des Bundesstaats oder in Teilen dieses Gebiets bis zu zwei Dritteilen des Wertes gestatten." In Preußen ist dies gestattet.

6. Die Bezeichnung landwirtschaftliche Grundstücke schließt sich der Ausdrucksweise der §§ 582 ff. BGB. an und umfaßt wie dort zugleich die dem forstwirtschaftlichen Betriebe oder der Gewinnung gärtnerischer Erzeugnisse dienenden Grundstücke (vgl. Begr. z. HypBankG. S. 27).

7. Falls eine Hypothek, Grundschuld oder Rentenschuld die Dreifünftel- oder Zweidrittel-Grenze übersteigt, so bietet sie bis zu dieser Grenze genügende Sicherheit.

8. Man hat sich mit der Regel der ersten Stelle begnügt weil manchmal im Grundbuch ältere, materiell erledigte Lasten oder Schuldposten eingetragen sind, deren Löschung aus formellen Gründen unmöglich oder mit unverhältnismäßigen Schwierigkeiten verbunden ist (vgl. Begr. z. HypBankG. S. 32). Ausnahmsweise sind also auch zweit- und späterstellige Hypotheken usw. zulässig.

Unzulässige Beleihungen.

§ 222.[1] *Beleihungen*[2] *von Bauplätzen*[3] *und solchen Neubauten, die noch nicht vollendet und ertragsfähig sind, sowie von Grundstücken, die einen dauernden Ertrag nicht gewähren,*[4] *insbesondere von Gruben, Brüchen und Bergwerken, sind unzulässig.*[5]

E. I. § 223.
E. II. § 220.
RVO. —

1. Dem § 222 hat § 60 Abs. 3 des RG. über die privaten Versicherungsunternehmungen zum Vorbild gedient. Er stellt ebenso wie sein Vorbild eine bemerkenswerte Abweichung von § 12 Abs. 3 HypBankG. dar. Es liegt

für solche Beleihungen hier kein Bedürfnis vor; sie erscheinen für die Anlegung des Vermögens der Reichsversicherungsanstalt ungeeignet und würden sich in einer der Vorschrift des § 12 Abs. 3 a. a. O. entsprechenden Weise praktisch nicht begrenzen lassen (vgl. Begr. z. RG. über die privaten Versicherungsunternehmungen, S. 83, 84).

2. Vgl. über die Grundsätze der Beleihung im übrigen §§ 221, 223.

3. Als Bauplätze können auch teilweise bebaute Grundstücke in Betracht kommen.

4. Keinen dauernden Ertrag gewähren Grundstücke, deren Ertragsfähigkeit mit der Ausbeutung des Bodens erschöpft ist, z. B. Moore, Tonlager, Torfstiche. Aus demselben Grunde sind Gruben (z. B. Lehm- und Sandgruben), Brüche (z. B. Steinbrüche) u. Bergwerke (z. B. Erz- und Kohlenbergwerke) von der Beleihung mit Vermögensbestandteilen der Reichsversicherungsanstalt ausgeschlossen. Vgl. im übrigen zu dem Begriff „Ertrag“ § 223, Anm. 6.

5. Unzulässig sind die angeführten Beleihungen mit Rücksicht auf die ungenügende Sicherheit, welche diese Objekte bieten.

Feststellung des Beleihungswerts.

§ 223.[1] *Der bei der Beleihung angenommene Wert des Grundstücks[2] darf den durch sorgfältige Ermittlung[3] festgestellten gemeinen Wert[4] nicht übersteigen. Bei der Feststellung dieses Wertes sind nur die dauernden Eigenschaften[5] des Grunstücks und der Ertrag zu berücksichtigen, den das Grundstück bei ordnungsmäßiger Wirtschaft jedem Besitzer nachhaltig gewähren kann.[6]*

E. I. § 224.
E. II. § 221.
RVO. —

1. Der § 223 entspricht fast wörtlich dem § 12 Abs. 1 des Hypothekenbankgesetzes und dem § 60 Abs. 4 RG. über die privaten Versicherungsunternehmungen. Die Abweichung besteht darin, daß im AVG. der „gemeine Wert“, dort aber der „Verkaufswert“ entscheidend ist.

2. Vgl. hierzu § 221.

3. Um diese sorgfältige Ermittelung durchzuführen, ist eine die Wertermittelung verteuernde Taxe nicht unbedingt erforderlich, vielmehr genügt bei einfacheren

Fällen, Beleihungen in kleineren Städten u. dgl. eine erleichterte Form der Wertermittelung (vgl. Kom.-Ber. z. Hypothekenbankgestez S. 15).

4. Als gemeiner Wert gilt der allgemeine Schätzungswert, der sich nach vielfachen Verhältnissen, Herstellungskosten, Ertrag, Nutzen für den Besitzer usw. richtet und der die Verkaufsmöglichkeit hinsichtlich des Grundstücks nicht als ausschlaggebenden Faktor in Rücksicht zieht (vgl. Dannenbaum a. a. O. S. 154 Anm. 4).

5. Als dauernde Eigenschaften sind nicht nur die natürlichen, dem Grundstück an sich zukommenden Eigenschaften, sondern auch tatsächliche oder rechtliche Verhältnisse desselben anzusehen, welche in ihren Beziehungen zu anderen Sachen wurzeln und zufolge ihrer Beschaffenheit und vorausgesetzten Dauer nach den Anschauungen des Verkehrs einen Einfluß auf die Wertschätzung des Grundstücks in allen oder doch in gewissen Rechtsverhältnissen zu üben pflegen (vgl. RG. Ziv.-S. Bd. 61, S. 86), z. B. die Lage eines Grundstücks in einer Hauptverkehrsgegend oder die zwanzigjährige Vermietung eines Hausgrundstücks an die Reichspostverwaltung zum Betriebe eines Brief- und Paketpostamts, aber nicht alle Rechte aus § 1018 BGB.

6. Der Ertrag, den das Grundstück bei ordnungsmäßiger Wirtschaft jedem Besitzer nachhaltig gewähren kann, ist bei der Feststellung des Wertes zu berücksichtigen. Es dürfen also nicht außerordentliche Wirtschaftserscheinungen, d. h. besonders gute oder ausnehmend schlechte Verhältnisse vorübergehender Art in Betracht gezogen werden, noch Kenntnisse oder Unfähigkeiten eines Einzelnen. So darf z. B. bei industriellen Etablissements die kaufmännische und technische Leistung des gegenwärtigen Besitzers nicht mit in Ansatz gebracht werden; dagegen kann bei ganz oder teilweise unvermieteten Hausgrundstücken in Verkehrsgegenden der unter normalen Verhältnissen sich ergebende Mietszins des voll vermieteten Hauses Berücksichtigung finden (vgl. Kom.-Ber. z. Hypothekenbankgesetz S. 15).

Darlehen an Gemeinden usw.

§ 224.[1] *Der Reichskanzler kann genehmigen,[2] daß das Vermögen[3] auch in Darlehen[4] an Gemeinden und Gemeindeverbände,[4a] Schulgemeinden und Kirchengemeinden angelegt[5] wird, soweit dies nicht bereits nach § 220 Abs. 1 zulässig ist.[6] Die Darlehen müssen ent-*

weder von seiten des Gläubigers kündbar[7] *sein oder einer regelmäßigen Tilgung*[8] *unterliegen.*

Er kann die Anlage in einzelnen Gattungen zinstragender Papiere auf einen bestimmten Betrag beschränken.[9]

Er kann widerruflich gestatten, daß zeitweilig verfügbare Bestände in anderer Weise angelegt werden.[10]

E. I. § 225.
E. II. § 222.
RVO. § 27 (24).

1. Der § 224 ist neben § 27 RVO. dem § 109 GUVG. in Verbindung mit § 59 Nr. 4 des RG. über die privaten Versicherungunternehmungen angepaßt.

2. Die Genehmigung des Reichskanzlers, d. h. des Reichsamts des Innern (vgl. § 76 Anm. 8) zur Gewährung von Darlehen wird entsprechend der für die analoge Bestimmung des § 59 Nr. 4 des RG. über die privaten Versicherungsunternehmungen erforderlichen Genehmigung der Aufsichtbehörde nicht allgemein dahin erfolgen, daß etwa die Anlegung in Gemeinde usw. -Darlehen aller Art oder einer gewissen Kategorie von Gemeinden usw. gestattet wird, sondern in dem Sinne erteilt werden, daß sie sich jeweils nur auf eine bestimmte Gemeinde usw. bezieht, sei es ein für alle Male oder im einzelnen Beleihungsfalle (vgl. Begr. z. genannten RG. S. 75). Die Aufnahme der Darlehen durch die Gemeinden usw. richtet sich nach den Landesgesetzen. Die Genehmigung ist nicht erforderlich, wenn die Darlehen mündelsicher sind.

3. Über den Begriff Vermögen vgl. § 219 Anm. 1 Abs. 2.

4. Diese Darlehen können gegen Schuldurkunde ohne Bestellung einer Hypothek und ohne Rücksicht auf Mündelsicherheit gegeben werden (vgl. Anm. 6).

4 a. Über den Begriff Gemeindeverband vgl. § 321 Anm. 6.

5. In welchem Bundesstaate diese Gemeinden usw. liegen, ist gleichgültig. Schulgemeinden und Kirchengemeinden sind besonders hervorgehoben, weil sie schon im Sinne des § 1807 BGB. nicht zu den kommunalen Körperschaften gehören.

6. Der Vorbehalt nimmt darauf Rücksicht, daß gewisse Darlehen an Gemeinden nach § 1807 BGB. ohnehin als mündelsicher anzusehen und für die Vermögensanlage der Reichsversicherungsanstalt gestattet sind.

7. Die grundlegende Bestimmung für die Kündbarkeit von Darlehen enthält § 609 BGB.

8. Regelmäßige Tilgung wird als vorliegend anzunehmen sein, wenn eine Darlehnsschuld innerhalb einer bestimmten Frist oder von einem bestimmten Zeitpunkt ab nach einem festgelegten Tilgungsplane zurückgezahlt wird.

9. Diese Beschränkung der Anlegung in einzelnen Papieren gewährt Sicherheit dagegen, daß gewisse Kategorien und Schuldverschreibungen einseitig bevorzugt werden.

10. Durch diese Bestimmung über vorübergehende Vermögensanlage soll der Reichsversicherungsanstalt hinsichtlich der zu dauernder Anlegung nicht geeigneten, zeitweilig verfügbaren baren Bestände erforderliche Bewegungsfreiheit gegeben werden. Als Anlegung in anderer Weise dürfte insbesondere die Einrichtung eines Kontokorrentverkehrs in Betracht kommen oder der Ankauf von Prima-Diskonten. Vgl. hierzu Vorbemerkung S. 488.

Andere Vermögensanlagen.

§ 225.[1] *Die Reichsversicherungsanstalt kann mit Zustimmung[2] des Reichskanzlers bis zu einem Viertel[3] ihres Vermögens anders als nach den §§ 220, 224 anlegen.*

Eine solche Anlage ist nur in Wertpapieren,[4] in anderer Art nur für Verwaltungszwecke,[5] zur Vermeidung von Vermögensverlusten[6] oder für Unternehmungen zulässig, die ausschließlich oder überwiegend den Versicherten zugute kommen.[7]

E. I. § 226.
E. II. § 223.
RVO. § 1356 Abs. 1 u. 4 (1342).

1. Als Vorbild des § 225 hat neben der RVO. der § 164 Abs. 3 IVG. gedient.

2. Der Begriff Zustimmung ist in § 124 Anm. 3 erläutert.

3. Über die Verpflichtung zur Anlegung eines anderen Viertels in Anleihen des Reichs oder der Bundesstaaten siehe den folgenden § 226. Das Viertel wird in beiden Fällen nach dem gesamten Vermögen der Reichsversicherungsanstalt zu berechnen sein.

4. Nicht zulässig ist eine solche Anlage mithin z. B. bei nicht öffentlichen Sparkassen, bei ausländischen Banken und ausländischen Sparkassen, bei landesgesetzlich nicht für geeignet erklärten inländischen Privatbanken und bei den ordentlichen Hinterlegungsstellen im Sinne der Preußischen Hinterlegungsordnung vom 14. März 1879 (GS. S. 249).

5. Für Verwaltungszwecke wird insbesondere der Erwerb von Grundstücken und die Errichtung von Gebäuden für die Bedürfnisse der Reichsversicherungsanstalt, ihrer Organe und der Schiedsgerichte sowie des Oberschiedsgerichts in Frage kommen.

6. Zur Vermeidung von Vermögensverlusten wird die Reichsversicherungsanstalt z. B. ein Grundstück, auf welchem für sie eine Hypothek, Grundschuld oder Rentenschuld eingetragen ist, in der Zwangsversteigerung erstehen müssen, um nicht mit der Hypothek usw. auszufallen.

7. Unternehmungen, die ausschließlich oder überwiegend den Versicherten zugute kommen, sind beispielsweise Heimstätten oder gemeinnützige Wohnungsbauten, Volksheilstätten, Kranken- und Genesungshäuser.

Zwangsanlage in Staatsanleihen.

§ 226. *Mindestens ein Viertel*[1] *des Vermögens ist*[2] *in Anleihen des Reichs oder der Bundesstaaten anzulegen.*[3 4]

E. I. —
E. II. § 224.
RVO. §§ 718, 984, 1157 1356 (719, 976, 1143, 1342).

1. Über die für die Anlegung eines anderen Viertels des Vermögens der Reichsversicherungsanstalt zugelassene Erleichterung vgl. § 225.

2. Die Vorschrift des § 226 stellt, wie aus dem Worte „ist“ folgt, eine obligatorische Bestimmung dar.

3. Wie in der Begründung zur RVO. bemerkt ist, handelt es sich hier im wesentlichen um eine finanzpolitische Maßregel; sie soll die dauernde Unterbringung von Reichs- und Staatsanleihen fördern, ihnen dadurch einen ihrem inneren Werte entsprechenden festen Kurs sichern und den Kredit des Reichs und der Bundesstaaten heben.

Eine dem Reichs- und Staatsinteresse dienliche Vorschrift über die Anlegung der Vermögensbestände ist (nach der Begr. z. RVO.), selbst wenn sie gewisse wirtschaftliche Opfer für die Reichsversicherungsanstalt zur Folge haben sollte, gerechtfertigt, weil die Anstalt sich nur unter dem Schutze der Reichsgesetzgebung und unter der Aufsicht des Reichs wird entwickeln können. Der Reichsversicherungsanstalt stehen durch die nach § 322 den Behörden obliegende Verpflichtung zur Rechtshilfe die staatlichen Einrichtungen in weitem Umfange kostenlos zur Verfügung. Der Staat wird ihr wohl auch auf anderen Gebieten entgegenkommen, so durch Erleichterungen bei Eisenbahnfahrten der Versicherten, Stellung des Grund und Bodens für Heilanstalten, Wegeanlagen u. a. m. Hiernach ist es eine Forderung der Billigkeit, daß die Reichsversicherungsanstalt die Reichs- und Staatspapiere bei ihrer Vermögensanlage berücksichtigt. Außerdem sprechen schwerwiegende allgemeine Gründe dafür, auf dem Wege der Reichsgesetzgebung bei öffentlichrechtlichen Anstalten einen Anfang mit der Verpflichtung zur Anlegung eines Teiles ihrer Bestände in Reichs- und Staatspapieren zu machen und dadurch auf die Hebung und Festigung ihres Kurses hinzuwirken.

4. Eine gleiche Bestimmung wie in § 226 ist durch § 381 Abs. 1 für das den Zwecken der Angestelltenversicherung dienende Vermögen der Ersatzkassen gegeben. Ferner enthalten ähnliche Vorschriften außer der bereits oben erwähnten RVO. § 19 des Preuß. Gesetzes über die öffentlichen Feuerversicherungsanstalten v. 25. Juli 1910 (GS. S. 241) sowie die Satzungen der öffentlichrechtlichen Lebensversicherungsanstalten und des Verbandes dieser Unternehmungen.

Beitreibung von Rückständen.

§ 227. *Rückstände*[1] *werden wie Gemeindeabgaben*[2] *beigetrieben.*[3] *Nach den landesgesetzlichen Vorschriften*[4] *regelt sich auch die aufschiebende Wirkung*[5] *der Einwendungen gegen die Zahlungspflicht.*[6]

Soweit es nicht bereits landesgesetzlich[7] *vorgeschrieben ist, hat dem Beitreibungsverfahren ein Mahnverfahren*[8] *voranzugehen. Hierfür darf eine Mahngebühr*[8] *erhoben werden. Diese wird wie die Rückstände beigetrieben. Die Festsetzung ihres Betrags bedarf der Genehmigung des Reichskanzlers.*

Rückstände haben das Vorzugsrecht des § 61 Nr. 1 der Konkursordnung.[9]

E. I. § 227.
E. II. § 225.
RVO. § 28 (25).

1. Als Rückstände kommen insbesondere in Betracht: Beiträge der Arbeitgeber und Versicherten (§§ 170 ff.), Anerkennungsgebühr (§ 172 Abs. 2), Geldstrafen (§§ 117, 139, 153, 161, 164, 168), die besonders auferlegten Verfahrenskosten (§ 311 in Verbindung mit § 168 Abs. 1). Verzugszinsen von Rückständen dürfen nicht erhoben werden (A. N. 1895, S. 223, 1896, S. 175).

2. Die Beitreibung wie Gemeindeabgaben ist eine Zwangsvollstreckung der Rückstände. Für die Durchführung der Beitreibung kommen die landesgesetzlichen Vorschriften in Betracht, und zwar in Preußen: Kgl. Verordnung vom 15. November 1899 (GS. S. 545) mit der Änderung vom 18. März 1904 (GS. S. 36) und Ausf.-Anw. vom 27. November 1899, abgeändert durch Erlaß vom 4. Juli 1904 (MBl. f. Handel u. Gewerbe S. 438), in Bayern: Gem.-Odg. v. 29. April 1869 Art. 48, Pfälzische Gem.-Odg. Art. 38 v. 29. April 1869 und Ausf.-Ges. z. ZPO. Art. 4—8 v. 23. Februar 1879 in der Veröffentlichung der Just.-Min.-Bekanntm. v. 26. Juni 1899 (GVBl. S. 401 ff.), in Württemberg: Vdg. v. 25. November 1899 § 79 (Reg.-Bl. S. 1076).

3. Die Beitreibung richtet sich gegen denjenigen, welcher dem Versicherungsträger gegenüber zur Zahlung verpflichtet ist, in der Regel also gegen den Arbeitgeber (§§ 176 ff.), bei Versicherungsberechtigten, insbesondere freiwillig Versicherten jedoch stets gegen diese (§§ 201 ff.).

Die Beitreibung geschieht im Wege der Rechtshilfe durch Ersuchen der nach den Landesgesetzen zuständigen Stelle, insbesondere also derjenigen Gemeindebehörde, in deren Bezirk die zur Zahlung der Rückstände verpflichtete Person ihren Wohnsitz hat. Die Gemeindebehörden erhalten für die Erledigung des Ersuchens keine Gebühren, sondern nur Erstattung der baren Auslagen (§§ 322, 323).

Wohnt die zahlungspflichtige Person im Auslande, so kann die Beitreibung sich nur gegen ihr im Inland befindliches Vermögen, insbesondere zur Zwangsvollstreckung geeignete Gegenstände richten. Ausländische Behörden können in Ermangelung völkerrechtlicher Vereinbarungen nicht um die Beitreibung ersucht werden, es kann vielmehr erforderlichenfalls nur vor den ausländischen Gerichten Klage erhoben werden (vgl. A. N. 1887, S. 122, 1888, S. 208).

Die Beitreibung gegen Rechtsnachfolger des Zahlungspflichtigen ist nur in beschränktem Umfange anerkannt, so namentlich gegen Geschäftsnachfolger, welche die Haftung für die Geschäftsschulden übernommen haben, und gegen Erben, soweit dies landesgesetzlich zugelassen ist. Im übrigen muß hier die Haftung nötigenfalls erst im ordentlichen Rechtswege festgestellt werden (vgl. Stier-Somlo, Komm. z. RVO. zu § 28 S. 54).

4. Die Bestimmung, daß nach den landesgesetzlichen Vorschriften sich auch die aufschiebende Wirkung der Einwendungen gegen die Zahlungspflicht richtet, ist dem § 55 Abs. 1 Satz 3 KVG. nachgebildet.

5. Aufschiebende Wirkung bedeutet, daß bis zur Entscheidung über die gegen die Zahlungspflicht erhobene Einwendung eine noch nicht begonnene Beitreibung nicht eingeleitet und eine bereits eingeleitete Beitreibung unterbrochen wird.

6. Über die Einwendungen gegen die Zahlungspflicht hat nicht die um Beitreibung ersuchte Stelle, sondern nach § 210 der für den Beschäftigungsort zuständige Rentenausschuß und auf Beschwerde endgültig das Schiedsgericht zu entscheiden. Die um Beitreibung ersuchte Stelle (vgl. oben Anm. 3) wird daher bis zu dieser Entscheidung die Beitreibung nicht einleiten dürfen oder eine bereits eingeleitete Beitreibung unterbrechen müssen (vgl. Anm. 5).

7. Landesgesetzlich vorgeschrieben ist z. B. ein der Beitreibung vorausgehendes Mahnverfahren durch § 7 der Preuß. Vdg. v. 15. November 1899 (GS. S. 545).

8. Durch ein Mahnverfahren, welches in Ermangelung diesbezüglicher landesgesetzlicher Vorschriften obligatorisch ist, können rückständige Beiträge usw. eingezogen werden, ohne daß das umständlichere, zeitraubendere und kostspieligere Beitreibungsverfahren eingeleitet wird (vgl. auch Motive z. KVG. 1892, S. 65). Das Mahnverfahren im einzelnen dürfte noch geregelt werden; es kann z. B. auf eine einfache Erinnerung des Säumigen beschränkt bleiben. — Über Mahngebühr vgl. Vorbemerkung vor § 311.

9. Gemäß § 61 Nr. 1 der Konkursordnung werden die Konkursforderungen nach folgender Rangordnung, bei gleichem Range nach Verhältnis ihrer Beträge, berichtigt:

1. Die für das letzte Jahr vor der Eröffnung des Verfahrens oder dem Ableben des Gemeinschuldners rück-

ständigen Forderungen an Lohn, Kostgeld oder anderen Dienstbezügen der Personen, welche sich dem Gemeinschuldner für dessen Haushalt, Wirtschaftsbetrieb oder Erwerbsgeschäft zur Leistung von Diensten verdungen hatten.

Diesen Forderungen stehen also die Rückstände gleich; sie kommen mithin im Rang noch vor den Forderungen der Reichskasse, der Staatskasse, der Gemeinden, der Kirchen und Schulen, der Ärzte usw.

Die Forderungen der Reichsversicherungsanstalt als des regelmäßigen Trägers der Angestelltenversicherung (§ 96) werden nach § 193 der Konk.-Ordng. durch einen Zwangsvergleich im Konkurse nicht berührt, da sie ein gesetzliches Vorrecht genießen (vgl. A. N. 1905, S. 217).

Verjährung der Ansprüche.

§ 228. *Der Anspruch auf Rückstände*[1] *verjährt,*[2] *soweit sie nicht absichtlich*[3] *hinterzogen worden sind, in zwei Jahren*[4] *nach Ablauf des Kalenderjahrs der Fälligkeit.*[5] [6]

Der Anspruch auf Rückerstattung von Beiträgen[7] *verjährt in sechs Monaten nach Ablauf des Kalenderjahrs, in dem sie entrichtet worden*[8] *sind, vorbehaltlich des § 209 Abs. 2,*[9] *§§ 212, 213.*[10]

Der Anspruch auf Leistungen der Reichsversicherungsanstalt[11] *verjährt in vier Jahren nach der Fälligkeit, soweit dieses Gesetz nichts anderes vorschreibt.*[12]

E. I. § 228.
E. II. § 226.
RVO. § 29 (26).

1. Über Rückstände vgl. § 227 Anm. 1.
2. Die Verjährung ist hier öffentlichrechtlicher Natur und deshalb im Gegensatz zum bürgerlichen Recht (§ 222 Abs. 1 BGB.) nicht nur, wenn sie durch Einrede geltend gemacht wird, sondern von Amts wegen zu berücksichtigen.
3. Absichtlich, d. h. mit Vorbehalt hinterzogene Beiträge usw. (Rückstände) verjähren in der gewöhnlichen dreißigjährigen Frist des § 195 BGB.
4. Die zweijährige Frist ist gewählt, weil eine kürzere Verjährungszeit dem berechtigten Interesse des Versicherungsträgers zuwiderlaufen würde.

5. Eine Unterbrechung der Verjährung von Rückständen tritt durch die gleichen Tatsachen ein, durch welche die Verjährung von Gemeindeabgaben unterbrochen wird, da Rückstände wie Gemeindeabgaben beigetrieben werden (§ 227 Abs. 1). Für die Unterbrechung sind daher im allgemeinen die landesgesetzlichen Vorschriften maßgebend. So wird z. B. in Preußen nach § 88 Abs. 2 des Kommunalabgabengesetzes vom 14. Juli 1893 (GS. S. 152) die Verjährung durch eine an den Pflichtigen erlassene Zahlungsaufforderung, durch Verfügung der Zwangsvollstreckung und durch Stundung unterbrochen. Das AVG. bringt besondere Unterbrechungsgründe der Verjährung im § 207. Ist die Unterbrechung beendet, so beginnt eine neue Verjährung zu laufen.

6. Über die Fälligkeit vgl. §§ 170 f., 176 ff., 201 ff. und dazu §§ 368, 370, 384.

7. Für eine geordnete Rechnungsführung des Versicherungsträgers ist es erwünscht, daß auch für den Anspruch auf Rückerstattung solcher Beiträge eine Frist gesetzt wird, welche zu Unrecht oder in zu hohem Betrage gezahlt sind. Die dabei nötigen nachträglichen Ermittelungen verursachen einen unverhältnismäßigen Aufwand an Mühe und Zeit, der umso größer ist, je weiter zurück die Zeit liegt, auf die sich die Erhebungen erstrecken (Begr. z. RVO.).

8. Die Entrichtung der Beiträge ist in den §§ 176 ff. u. 201 ff. geregelt.

9. Nach § 209 Abs. 2 kann der Versicherte die Beiträge binnen 10 Jahren nach der Entrichtung zurückfordern, wenn ihm nicht schon Ruhegeld oder Rente rechtskräftig bewilligt worden ist und nicht die Beitragsentrichtung in betrügerischer Absicht geschehen ist.

10. Die ebenso wie der Abs. 3 dieses Paragraphen erst von der Reichstagskommission hinzugefügten §§ 212 und 213 betreffen, soweit sie hier in Betracht kommen, einerseits die Zurückzahlung zuviel erhobener Beiträge im Falle der Bejahung der Pflicht und des Rechts zur Versicherung (§ 212 Satz 2), andererseits die Zurückzahlung noch nicht verfallener Beträge im Falle endgültiger Verneinung der Pflicht und des Rechts zur Versicherung (§ 213).

11. Leistungen der Reichsversicherungsanstalt sind die Gewährung von Ruhegeld (§§ 25 ff.), von Hinterbliebenenrenten (§§ 28 ff.), des Heilverfahrens (§§ 36 ff.), von Sachleistungen (§§ 44 ff.), von Abfindung (§§ 47, 60, 61, 64), einer Leibrente (§ 63), die Erstattung von Beiträgen (§§ 60 ff.), von Kosten der Rechtshilfe (§ 323) u. a.

12. Andere Vorschriften finden sich z. B. in § 23, wonach länger als auf ein Jahr rückwärts, vom Eingang des Antrags gerechnet, Ruhegeld und Renten nicht gezahlt werden und im § 64, woselbst bestimmt ist, daß der Abfindungsanspruch der sich wiederverheiratenden Witwe verfällt, wenn er nicht innerhalb eines Jahres nach der Wiederverheiratung geltend gemacht wird. Für die Berechnung der Fristen gelten die §§ 324 ff.

Sechster Abschnitt.

Verfahren.

Allgemeines.

Zu dem sechsten Abschnitt begnügt sich die Begr. mit einer Bezugnahme auf die Motive der entsprechenden, in das AVG. größtenteils übernommenen Verfahrensvorschriften der RVO. (§§ 1545—1770). Die wesentliche Abweichung von der RVO. besteht darin, daß im AVG. die Feststellung der Leistungen mit Ausnahme der Gewährung des Heilverfahrens, welches der Reichsversicherungsanstalt vorbehalten ist, von Rentenausschüssen bewirkt wird. Die Rentenausschüsse sind zwar Organe der Reichsversicherungsanstalt, aber an deren Weisungen bei der Feststellung der Leistungen nicht gebunden (§ 123 Abs. 1).

Der 6. Abschnitt ist in sechs Unterabschnitte gegliedert:

I. Verfahren vor den Rentenausschüssen (§§ 229 bis 269),
II. Verfahren vor dem Schiedsgericht (§§ 270—280),
III. Verfahren vor dem Oberschiedsgericht (§§ 281 bis 296),
IV. Wiederaufnahme des Verfahrens (§§ 297—309),

V. Anfechtung endgültiger Bescheide (§ 310),
VI. Kosten des Verfahrens (§§ 311, 312).

Von diesen Unterabschnitten sind wiederum zwei ihrerseits in einzelne Gruppen gesondert, nämlich der I. in 1. Anmeldung der Ansprüche, 2. Ausschluß und Ablehnung von Mitgliedern des Rentenausschusses und 3. Feststellung der Leistungen, der IV. aber in 1. Anfechtungsgründe, 2. Zuständigkeit, 3. Gang des Verfahrens und 4. Schlußvorschrift.

In dem III. und IV., das Verfahren vor dem Schiedsgericht und dem Oberschiedsgericht betreffenden Unterabschnitt wird neben besonderen Vorschriften im allgemeinen auf die wichtigsten Bestimmungen des II. Unterabschnitts über das Verfahren vor den Rentenausschüssen verwiesen.

I. Verfahren vor den Rentenausschüssen.

Vorbemerkung.

In den folgenden Paragraphen werden zunächst die Anträge auf Leistungen und die örtliche Zuständigkeit des Rentenausschusses behandelt (§§ 229—232). Hieran schließen sich die im wesentlichen auf dem Vorbild der ZPO. beruhenden Bestimmungen über den kraft Gesetzes eintretenden Ausschluß von Mitgliedern des Rentenausschusses und deren Ablehnung wegen Befangenheit (§§ 233 bis 237).

Die in den §§ 238—269 geregelte Feststellung der Leistungen betrifft nicht nur die Anerkennung, sondern auch die Ablehnung der angemeldeten Ansprüche, sowie die Entziehung, Einstellung und Kürzung festgestellter Leistungen. In den hierüber gegebenen Verfahrensvorschriften ist zwischen den Anträgen auf Einleitung des Heilverfahrens, welche der Entscheidung der Reichsversicherungsanstalt vorbehalten sind (§ 238) und den übrigen Leistungen (§ 239) zu unterscheiden. Die Feststellung der letzteren ist teils der Entscheidung des Vorsitzenden allein überlassen (§§ 240—250), teils liegt sie dem aus dem Vorsitzenden bzw. dessen Stellvertreter und je einem Versicherungsvertreter der Arbeitgeber und der versicherten Angestellten gebildeten Rentenausschuß ob (§§ 251 ff.). Die mündliche Verhandlung bildet im Verfahren vor dem Rentenausschuß die Regel, bei den der Entscheidung des Vorsitzenden unterstellten Fällen ist sie ausgeschlossen (§§ 251, 269, 240).

1. Anmeldung der Ansprüche.

Anträge auf Leistungen.

§ 229. *Anträge*[1] *auf die Leistungen*[2] *sind an den Rentenausschuß*[3] *zu richten;*[4] *die Beweisstücke*[5] *sollen beiliegen.*[6]

Der Antrag kann rechtswirksam[7] *auch bei einem anderen Organ*[8] *der Reichsversicherungsanstalt oder bei einer anderen inländischen Behörde gestellt*[9] *werden. Diese haben das Schriftstück unverzüglich*[10] *an den zuständigen*[11] *Rentenausschuß abzugeben.*

Minderjährige, die das sechzehnte Lebensjahr vollendet haben, können selbständig den Antrag für sich stellen und ihn selbständig verfolgen.[12]

E. I. § 229.
E. II. § 227.
RVO. § 1613 (1574).

1. Der Antrag ist erforderlich, um das Verfahren überhaupt in Gang zu bringen, da die Feststellung der Leistungen (§§ 238 ff.) nicht wie bei der Unfallversicherung von Amts wegen, sondern entsprechend der in die RVO. übernommenen Bestimmung des § 112 Abs. 1 IVG. nur auf Antrag erfolgt. Ein Gleiches gilt für die Befreiung von Leistungen (§§ 11, 12).

Der Antrag ist an keine Frist gebunden, jedoch werden Ruhegeld und Renten länger als auf ein Jahr rückwärts, vom Eingang des Antrags berechnet, nach § 23 nicht gezahlt.

Der Antrag kann schriftlich eingereicht oder mündlich zu Protokoll erklärt (A. N. 1091, S. 436, 460), persönlich oder durch einen gewillkürten oder gesetzlichen Vertreter oder im Beistande eines solchen gestellt werden. Als gewillkürte Vertreter (Bevollmächtigte) kommen insbesondere Rechtsanwälte und solche Personen in Betracht, denen das Verhandeln vor Gericht gestattet ist (§ 257), als gesetzliche Vertreter: der Vater oder die Mutter des minderjährigen Berechtigten als Inhaber der elterlichen Gewalt, der Vormund und der Pfleger. Erforderlichenfalls muß ein Pfleger eigens zum Zwecke der Antragstellung vom Vormundschaftsgericht bestellt werden (BGB. §§ 108 ff. in Verbindung mit §§ 1627 ff., 1684 ff., 1793 ff. und 1909 ff.).

Der Antrag kann mit der Anmeldung eines Anspruchs auf Kranken-, Unfall- oder Invalidenrente verbunden und im Laufe des Verfahrens bis zum Schlusse derjenigen mündlichen Verhandlung vor dem Schiedsgericht, auf Grund deren das Urteil gefällt wird, ergänzt oder beschränkt werden.

Stirbt ein Berechtigter nach Stellung des Antrags und vor Entscheidung über denselben, so wird durch seinen Tod zwar das Verfahren unterbrochen, der Ehegatte, die Kinder, der Vater, die Mutter und die Geschwister sind jedoch zur Fortsetzung des Verfahrens befugt, sofern sie mit dem Berechtigten zur Zeit seines Todes in häuslicher Gemeinschaft gelebt haben (§ 67). Der Anspruch wird also mit der Anmeldung vererblich.

2. Unter Leistungen ist hier alles das zu verstehen, was nach dem zweiten Abschnitt den Gegenstand der Versicherung bildet, also Ruhegeld (§§ 25 ff.), Hinterbliebenenrente (§§ 28 ff.), Sachleistungen (§§ 44 ff.) und Leibrente (§ 63).

3. Der Rentenausschuß ist als Organ der Reichsversicherungsanstalt (§ 98) für die Entgegennahme der Anträge zuständig.

4. Die Vorschrift, daß die Anträge an den Rentenausschuß zu richten sind, erleidet durch Abs. 2 eine Ausnahme.

5. Zu den Beweisstücken sind zu rechnen:

a) bei dem Anspruch auf Ruhegeld: die letzte im Besitze des Versicherten befindliche Versicherungskarte (§ 188), ein ärztliches Attest über die Berufsunfähigkeit vor vollendetem 65. Lebensjahr oder über die 26 Wochen übersteigende Berufsunfähigkeit, die Geburtsurkunde zum Nachweise des gesetzlichen Alters (§§ 21, 25),

b) bei dem Anspruch auf Hinterbliebenenrenten: die Versicherungskarte und Sterbeurkunde des Versicherten, eine Bescheinigung der Gemeindebehörde über die Bedürftigkeit des Witwers, die eidesstattliche Erklärung der Hinterbliebenen Verschollener (§§ 28—35),

c) bei dem Anspruch auf Sachleistungen (Unterbringung in einem Invaliden- oder Waisenhaus oder einer ähnlichen Anstalt): der endgültige Bescheid über die Gewährung von Ruhegeld oder Rente, bei Trunksüchtigen ein ärztliches Attest, eine Bescheinigung der Gemeindebehörde (§§ 44—46),

d) bei dem Anspruch auf Leibrente: die Versicherungskarte, eine Bescheinigung über das Ausscheiden aus einer versicherungspflichtigen Beschäftigung, eine Geburtsurkunde (§ 63).

Die Ausstellung der als Beweisstücke dienenden Urkunden ist nach §§ 337, 338 gebühren- und stempelfrei.

6. Die lediglich instruktionelle Ausdrucksweise „sollen beiliegen" besagt, daß das Fehlen von Beweisstücken bei Anmeldung des Anspruchs keine dem Antragsteller nachteiligen Rechtsfolgen hat (z. B. bezüglich des Zeitpunktes der Anmeldung), sofern er das Fehlende nachreicht oder die Beschaffung der Beweisstücke auf andere Weise (z. B. durch Einfordern von Akten, bei denen sie sich befinden), möglich ist. Im übrigen hat die Vorbereitung der Entscheidung von Amts wegen zu erfolgen (§§ 241, 252).

7. Aus der eine Ausnahme von Abs. 1 bildenden Vorschrift „kann rechtswirksam .... gestellt werden" folgt, daß die Stellung des Antrags bei einem anderen Organ der Reichsversicherungsanstalt oder bei einer anderen inländischen Behörde dieselbe Wirkung wie die Anmeldung beim Rentenausschuß hat.

8. Organe der Reichsversicherungsanstalt sind neben dem Rentenausschuß: das Direktorium, der Verwaltungsrat und die Vertrauensmänner (§ 98).

9. Da hier keine einschränkende Bestimmung im Sinne des entsprechenden § 1616 RVO. und kein Vorbehalt für eine landesgesetzliche Regelung wie bei § 112 Abs. 1 IVG. gegeben ist, muß jede inländische Behörde den Antrag entgegennehmen, z. B. das Versicherungsamt der Arbeiterversicherung, die Anmeldestube eines ordentlichen Gerichts, die Ortspolizeibehörde, der Gemeindevorstand.

10. Unverzüglich bedeutet nach der Terminologie des § 121 BGB., die sinngemäß auf andere Gesetze anzuwenden ist: „ohne schuldhaftes Verzögern". Es kann also von der den Antrag entgegennehmenden Behörde nicht verlangt werden, daß sie denselben unter Beschaffung außergewöhnlicher Hilfsmittel, sondern vielmehr, daß sie ihn in dem für Eilsachen gebotenen Geschäftsgang an den zuständigen

Rentenausschuß abgibt. Schuldhaftes Verzögern würde im Aufsichtswege zu ahnden sein. Wie lange das Zögern dauern darf, bevor es schuldhaft wird, kann nur unter Würdigung der besonderen Verhältnisse des Einzelfalles entschieden werden (vgl. Staudinger, Komm. z. BGB., Bd. I, S. 418 Anm. 3).

11. Über den zuständigen Rentenausschuß vgl. §§ 230 ff.

12. Die Bestimmung des Abs. 3 hängt mit der nach dem BGB. zu beurteilenden Geschäftsfähigkeit der Minderjährigen zusammen. Danach sind geschäftsfähig an sich nur die Volljährigen und die für volljährig erklärten Personen (vgl. hierzu oben Anm. 2 zu § 112), während die Minderjährigen

a) bis zum vollendeten 7. Lebensjahre geschäftsunfähig sind, d. h. Rechtsgeschäfte nur durch ihren gesetzlichen Vertreter, also nicht selbständig vor- oder entgegennehmen können ((§ 104 BGB.);

b) im Alter von 7—21 Jahren beschränkt geschäftsfähig sind, d. h. nur solche Rechtsgeschäfte selbständig vor- und entgegennehmen können, durch welche sie lediglich einen rechtlichen Vorteil erlangen, im übrigen aber der Zustimmung des gesetzlichen Vertreters bedürfen (§ 106 BGB.). Eine Ausnahme hiervon bildet die sogenannte erweiterte Geschäftsfähigkeit, welche das BGB. in 2 Fällen kennt, nämlich bei dem selbständigen Betrieb eines Erwerbsgeschäftes durch einen Minderjährigen und bei dem Eintritt eines Minderjährigen in ein Dienst- oder Arbeitsverhältnis unter der Voraussetzung, daß der gesetzliche Vertreter des Minderjährigen hierzu die Ermächtigung erteilt (§§ 112, 113 BGB.). In diesen Fällen ist der Minderjährige unbeschränkt geschäftsfähig und daher insoweit auch prozeßfähig (§ 52 ZPO.).

Die Bestimmung des Abs. 3 ist dementsprechend ein weiterer Fall der sogenannten erweiterten Geschäftsfähigkeit Minderjähriger. Über die Begriffe „Geschäftsfähigkeit“ und „Prozeßfähigkeit“ vgl. oben Anm. 1 zu § 97.

Örtliche Zuständigkeit.

§ 230. *Zuständig*[1] *ist der Rentenausschuß, in dessen Bezirk*[2] *der Versicherte zur Zeit des Antrags*[3] *wohnt oder beschäftigt*[4] *ist.*[5]

Sind hiernach mehrere Rentenausschüsse[6] *zustän-*

dig, so gebührt dem der Vorzug, der zuerst angegangen wird.[7]

E. I. § 230.
E. II. § 228.
RVO. § 1637, 1639 (1598, 1599a).

1. Es handelt sich hier um die örtliche Zuständigkeit des Rentenausschusses, seine sachliche Zuständigkeit ist in den §§ 122 ff. geregelt.
2. Über Bezirk des Rentenausschusses vgl. §§ 126, 127.
3. Die Zuständigkeit muß zur Zeit des Antrags, d. h. im Augenblick der Stellung oder Einreichung des Antrags, gegeben sein, eine spätere Verlegung des Wohn- oder Beschäftigungsorts ändert hieran nichts.
4. Wegen des Ausdrucks „wohnt oder beschäftigt" wird auf Anm. 3 zu § 135 verwiesen.
5. Abweichend von den §§ 12 ff. ZPO., wonach der Gerichtsstand (örtliche Zuständigkeit) in der Regel durch den Wohnsitz des Verpflichteten bestimmt wird, ist hier im Anschluß an § 112 IVG. und in Übereinstimmung mit § 1637 RVO. der Grundsatz aufgestellt, daß sich die örtliche Zuständigkeit des Rentenausschusses nach dem Wohnort oder Beschäftigungsort des Versicherten, also hier eines Berechtigten richtet. Maßgebend für diesen Standpunkt des Gesetzes ist die Erwägung, daß dieser Rentenausschuß infolge seiner engen Fühlung mit den einschlägigen Verhältnissen am besten zur Klarstellung des Sachverhalts im Einzelfalle sich eignet (vgl. entsprechend Kom.-Ber. z. RVO.).
6. Mehrere Rentenausschüsse können zuständig sein, wenn Wohnort und Beschäftigungsort verschieden sind, d. h. in den Bezirken zweier verschiedener Rentenausschüsse liegen oder wenn der Versicherte einen nach § 7 BGB. zugelassenen, sogenannten doppelten Wohnsitz hat, d. h. gleichzeitig an zwei, zu den Bezirken verschiedener Rentenausschüsse gehörenden Orten wohnt.
7. Die Vorschrift über den zuerst angegangenen Rentenausschuß bezweckt, Zuständigkeitsstreitigkeiten zwischen den Rentenausschüssen im Interesse einer Beschleunigung des Verfahrens nach Möglichkeit vorzubeugen.

Mangelnder Wohn- oder Beschäftigungsort.

§ 231. *Hat der Versicherte keinen Wohn- oder Beschäftigungsort*[1] *im Inland,*[2] *oder ist er gestorben oder verschollen,*[3] *so ist sein letzter inländischer Wohn- oder Beschäftigungsort maßgebend.*[4]

Ist ein solcher[5] *nicht vorhanden, so ist der Sitz des Unternehmens*[6] *maßgebend, in dem der Versicherte beschäftigt ist oder zuletzt beschäftigt war.*[7]

E. I. § 231.
E. II. § 229.
RVO. § 1638 (1599).

1. Über die Begriffe Wohnort und Beschäftigungsort vgl. Anm. 5 zu § 133 bzw. Anm. 4 zu § 135.

2. Zum Inland gehören nicht ohne weiteres die deutschen Schutzgebiete, da das Gesetz besondere Vorschriften gibt, falls diese Schutzgebiete als Inland zu gelten haben (vgl. §§ 24, 78).

3. Als verschollen gilt der Versicherte, von dem während eines Jahres keine glaubhaften Nachrichten eingegangen sind und dessen Tod die Umstände wahrscheinlich machen (§ 33).

4. Der Abs. 1 wird namentlich dann Anwendung finden, wenn Hinterbliebene eines Versicherten, die in den Bezirken verschiedener Rentenausschüsse wohnen, Ansprüche geltend machen, er betrifft aber auch den Fall, daß ein Versicherter überhaupt keinen Wohn- oder Beschäftigungsort hat. § 230 Abs. 2 kommt entsprechend in Betracht.

5. Ein solcher bedeutet: letzter inländischer Wohn- oder Beschäftigungsort.

6. Sitz des Unternehmens ist derjenige Ort, an welchem sich der wirtschaftliche Mittelpunkt, insbesondere die Verwaltung befindet oder das Unternehmen in das Handelsregister eingetragen ist.

7. Der Abs. 2 bezieht sich vornehmlich auf diejenigen Fälle, in denen der Versicherte ein Ausländer ist und internationale Verträge über die Angestelltenversicherung in Frage kommen können (vgl. § 362).

Streit über die Zuständigkeit.

§ 232. *Hält der Rentenausschuß einen anderen*[1] *für zuständig, so gibt er die Sache an diesen weiter.*[2]

Hält sich auch dieser nicht für zuständig, so entscheidet der Vorsitzende des beiden Behörden übergeordneten Schiedsgerichts[3] *oder, wenn ein solches nicht vorhanden ist, das Oberschiedsgericht.*[4]

Die Entscheidung ist endgültig[5] *und bindet die Instanzen.*[6]

E. I. § 232.
E. II. § 230.
RVO. § 1640 (1600).

1. Hinter „anderen" ist das Wort „Rentenausschuß" ergänzend hinzuzufügen. Denn sobald der Antrag überhaupt nicht eine Angelegenheit der Angestelltenversicherung betrifft, hat sie der angegangene Rentenausschuß ohne weiteres an die zuständige Stelle weiterzugeben.

2. Die Weitergabe hat von Amts wegen zu erfolgen, es bedarf also weder eines entsprechenden Ersuchens des Antragsstellers noch darf der Rentenausschuß den Antrag wegen örtlicher Unzuständigkeit zurückweisen.

3. Die Bestimmung ist im Anschluß an § 1640 Abs. 2 RVO. dem auf § 36 ZPO. zurückzuführenden § 6 der Kaiserl. Verordnung, betreffend das Verfahren vor den Schiedsgerichten für Arbeiterversicherung, v. 22. Novbr. 1900, RGBl. S. 1017, nachgebildet. Gehören die beiden sich für unzuständig haltenden Rentenausschüsse zu dem Bezirk desselben Schiedsgerichts, so ist dieses das übergeordnete Schiedsgericht. Liegen die beiden fraglichen Rentenausschüsse dagegen in den Bezirken zweier verschiedenen Schiedsgerichte, so gibt es kein beiden Behörden übergeordnetes Schiedsgericht und es steht die Entscheidung des Zuständigkeitsstreits dem Oberschiedsgericht zu.

4. Über Schiedsgericht bezw. Oberschiedsgericht vgl. §§ 157 ff., 270 ff. bezw. §§ 162 ff., 281 ff.

5. Der Begriff „endgültig" ist in § 211 Anm. 3 erläutert.

6. Die vorgeschriebene Bindung der Instanzen hat folgenden Zweck: Wird ein Rentenausschuß auf dem Wege des Abs. 2 für zuständig erklärt, so wird hiermit formell seine Zuständigkeit auch für die späteren Instanzen (Schiedsgericht, Oberschiedsgericht) festgestellt, selbst wenn das übergeordnete Schiedsgericht oder das Oberschiedsgericht bei der Entscheidung rechtlich gefehlt haben sollte.

2. Ausschluß und Ablehnung von Mitgliedern des Rentenausschusses.

Vorbemerkung.

Die Bestimmungen der §§ 233—237 sind in Anlehnung an die §§ 1641—1649 RVO. den §§ 41—49

ZPO. über Ausschließung und Ablehnung der Gerichtspersonen nachgebildet, aber den besonderen Bedürfnissen der Angestelltenversicherung angepaßt. Sie betreffen immer nur die Fähigkeit, bei der Entscheidung des einzelnen, der Beurteilung des Rentenausschusses obliegenden Falles mitzuwirken, während die allgemeine Befähigung, Mitglied des Rentenausschusses zu werden, in den §§ 129 bzw. 131 ff. geregelt ist, und bei dem Mangel dieser Befähigung im einzelnen Falle die Berufung an das Schiedsgericht (§ 270) und die Revision an das Oberschiedsgericht (§§ 281, 286, Z. 2) oder die Wiederaufnahme des Verfahrens (§ 297 Abs. 1 Z. 1) gegeben ist. Die Bestimmungen erstrecken sich ferner ausschließlich auf die rechtliche Verhinderung eines Mitglieds, nicht aber auf die tatsächliche, z. B. durch Krankheit, Krieg oder sonstige Abwesenheit hervorgerufene Behinderung an der Ausübung des Amts.

Hinsichtlich der Unfähigkeit zur Mitwirkung bei dem einzelnen Falle ist zu unterscheiden zwischen dem Ausschluß kraft Gesetzes (§ 233) und der an sich nur den Beteiligten (Antragsteller usw.) zustehenden Ablehnung (§ 234). Die Beteiligten sind indessen einerseits berechtigt, auch den gesetzlichen Ausschließungsgrund geltend zu machen, und müssen andererseits die Ablehnung sofort nach Kenntnisnahme vorbringen, widrigenfalls sie damit nicht gehört werden (§§ 234, 235). In analoger Anwendung der von der Rechtsprechung zu den entsprechenden Vorschriften der ZPO. gegebenen Auslegung ist anzunehmen, daß der Ausschließung und Ablehnung lediglich die einzelnen Mitglieder des Rentenausschusses im einzelnen Falle, nicht der Rentenausschuß als solcher oder sämtliche Mitglieder des Rentenausschusses unterliegen, da sonst mit den Bestimmungen der §§ 233—237 Mißbrauch getrieben und das ganze Verfahren unmöglich gemacht werden könnte (vgl. zur entsprechenden Vorschrift der ZPO.: Entsch. d. RG. in Ziv.-S., Bd. 44, S. 402; Gaupp-Stein,

ZPO., 10. Aufl., Vorbem. z. 4. Titel S. 122 Anm. II; Sydow-Busch, ZPO., 12. Aufl., Anm. 1 zu § 42 S. 83 und Warneyer, ZPO., 3. Aufl., Anm. 3 zu § 42 S. 55).

Der im Entwurf vorgesehene Ausdruck „Ausschließung“ in der Überschrift zu den §§ 233 ff. ist erst von der Reichstagskommission durch das Wort „Ausschluß“ ersetzt worden, um hierin eine Übereinstimmung mit der gleichlautenden Titelüberschrift der RVO. herzustellen; im § 234 ist die entsprechende Änderung bei der 2. Lesung des Reichstagsplenums erfolgt.

Greift Ausschluß oder Ablehnung durch, so hat bei der Entscheidung der Sache an Stelle des behinderten Mitglieds ein Ersatzmitglied mitzuwirken.

Ausgeschlossene Personen.

§ 233. *Von der Mitwirkung bei der mündlichen Verhandlung*[1] *ist ausgeschlossen,*[2]

1. *wer in der Sache selbst Partei ist,*[3]
2. *wer einer Partei ersatzpflichtig ist,*[4]
3. *wer mit einer Partei verheiratet ist oder gewesen ist,*[5]
4. *wer mit einer Partei in gerader Linie verwandt oder verschwägert oder in der Seitenlinie im zweiten oder dritten Grade verwandt oder im zweiten Grade verschwägert ist,*[6]
5. *wer in der Sache*[7] *als Bevollmächtigter oder Beistand einer Partei zugezogen oder als ihr gesetzlicher Vertreter aufzutreten berechtigt ist oder gewesen ist,*[8]
6. *wer in der Sache*[9] *als Zeuge oder Sachverständiger vernommen ist.*[10]

E. I. § 233.
E. II. § 231.
RVO. 1641 (1602).

1. Bei der m ü n d l i c h e n V e r h a n d l u n g (§§ 251 ff.), nicht aber bei dem dieselbe vorbereitenden Verfahren

(§§ 241 ff. u. § 251) muß die Mitwirkung erfolgen, und zwar muß es sich um eine Mitwirkung handeln, nicht etwa nur um eine berechtigte Anwesenheit bei der mündlichen Verhandlung als Vertreter der Reichsversicherungsanstalt (§ 256). An der mündlichen Verhandlung des Rentenausschusses wirken außer dem Vorsitzenden oder dessen Stellvertreter je ein Versicherungsvertreter der Arbeitgeber und der versicherten Angestellten als Beisitzer mit (§ 251), gegen diese mitwirkenden Mitglieder des Rentenausschusses richtet sich also gegebenenfalls der Ausschluß.

2. Der mit den Worten „ist ausgeschlossen" als obligatorisch bezeichnete und kraft Gesetzes eintretende Ausschluß bezieht sich auf die sog. relativen Hinderungsgründe, die aus den Beziehungen eines Mitgliedes des Rentenausschusses zu der Partei oder sonst zu dem konkreten Fall sich ergeben, ihn also an diesem Fall und seinem Ausgang persönlich interessiert erscheinen lassen. Dagegen sind die sog. absoluten Hinderungsgründe, d. h. solche, die nicht ihren Grund in den Beziehungen des Mitglieds zu dem einzelnen Fall haben, sondern stets eintreten, in welcher Sache es auch sein möge, z. B. Geisteskrankheit, Mangel der Wählbarkeit als Beisitzer als selbstverständlich in diesem Gesetz ebensowenig zum Ausdruck gebracht wie in dem grundlegenden § 41 ZPO. (vgl. hierzu RG.-Entsch. in Ziv.-S. Bd. 44, S. 394).

Der Ausschluß hat zur Folge, daß die von dem Mitglied des Rentenausschusses aus Anlaß der mündlichen Verhandlung ungeachtet seiner Ausschließung vorgenommenen Diensthandlungen rechtsunwirksam sind und mit der Berufung (§ 270) und Revision (§§ 281, 286 Z. 2) oder mit dem Antrag auf Wiederaufnahme des Verfahrens (§ 297 Abs. 1 Z. 2) angefochten werden können.

3. Das Mitglied des Rentenausschusses ist Partei, sobald es den Anspruch für eigene oder fremde Rechnung geltend macht, also an dem Ausgang des Verfahrens unmittelbar beteiligt ist.

4. Die Ersatzpflicht besteht darin, daß das Mitglied des Rentenausschusses die Partei schadlos halten muß für den ihr im Falle des Unterliegens im Verfahren, also für den Fall der Nichterfüllung ihres Anspruchs entstehenden Schaden, das daraus folgende Interesse des Mitglieds am Ausgang des Verfahrens kann ein unmittelbares oder ein bloß mittelbares sein.

5. Die Bestimmung setzt einerseits voraus, daß formell eine Ehe zustande gekommen ist, was nach den Vorschriften der §§ 1316 ff. BGB. in Verbindung mit §§ 41 ff.

des Personenstandsgesetzes v. 6. Febr. 1875 (RGBl. S. 23) und Art. 46 Einf.-Ges. z. BGB. zu beurteilen ist. Andererseits muß der Ehegatte Partei im Sinne der Z. 1 sein (vgl. Anm. 3). Der Umstand, daß die Ehe für nichtig erklärt (§§ 1323 ff. BGB.) oder geschieden (§§ 1564 ff. BGB.) ist, hat keine Bedeutung.

6. Für die Begriffe „Verwandtschaft" und „Schwägerschaft" kommen ebenso wie für die familienrechtlichen Beziehungen zu Z. 3 die Vorschriften der §§ 1589 ff. BGB. in Betracht (vgl. Begr. z. AVG. in Verbindung mit Begr. z. RVO. u. Art. 33 Einf.-Ges. z. BGB.), und zwar:

§ 1589: Personen, deren eine von der anderen abstammt, sind in gerader Linie verwandt. Personen, die nicht in gerader Linie verwandt sind, aber von derselben dritten Person abstammen, sind in der Seitenlinie verwandt. Der Grad der Verwandtschaft bestimmt sich nach der Zahl der sie vermittelnden Geburten.

Ein uneheliches Kind und dessen Vater gelten nicht als verwandt.

§ 1590: Die Verwandten eines Ehegatten sind mit dem anderen Ehegatten verschwägert. Die Linie und der Grad der Schwägerschaft bestimmen sich nach der Linie und dem Grade der sie vermittelnden Verwandtschaft. Die Schwägerschaft dauert fort, auch wenn die Ehe, durch die sie begründet wurde, aufgelöst ist.

Ein bemerkenswerter Unterschied zu der entsprechenden Bestimmung des § 41 Z. 3 ZPO. besteht darin, daß die Adoption (Annahme an Kindesstatt) keinen Ausschließungsgrund bildet.

7. Die Sache, in welcher jemand als Mitglied des Rentenausschusses mitzuwirken hat, muß dieselbe sein, in welcher er als Bevollmächtigter, Beistand oder gesetzlicher Vertreter bestellt ist oder bestellt war, nicht etwa eine frühere Sache (vgl. hierzu Entsch. d. RG. v. 7. Januar 1881, JW. 1882, S. 76).

8. Die Tätigkeit als Bevollmächtigter, Beistand oder gesetzlicher Vertreter kann, wie aus den Worten „zugezogen oder . . . aufzutreten berechtigt" in Verbindung mit der im § 257 vorgesehenen Zurückweisung hervorgeht, außerhalb und innerhalb der mündlichen Verhandlung liegen. Im übrigen vgl. wegen der Berechtigung zum Auftreten die §§ 51, 78 ff., 90 ZPO.

9. Über den Begriff Sache gilt das zu Anm. 7 Gesagte entsprechend.

10. Nur, wer als Zeuge oder Sachverständiger vernommen ist, ist rechtlich verhindert, als Mitglied des Renten-

ausschusses mitzuwirken. Damit ist der Anfangspunkt der Verhinderung klar gegeben und deshalb ist bei sinngemäßer Anwendung der entsprechenden Bestimmung des § 41 Z. 5 ZPO. anzunehmen, daß das Mitglied nicht behindert ist, gemäß § 259 an einer Beschlußfassung des Rentenausschusses mitzuwirken, der seine Vernehmung als Zeuge anordnet (vgl. dazu RG.-Entsch. in Ziv.-S. Bd. 44, S. 394).

Ablehnung.

§ 234. *Die Mitglieder* [1] *können* [2] *sowohl aus Gründen, die ihren Ausschluß rechtfertigen,* [3] *als wegen Befangenheit abgelehnt* [4] *werden. Die Ablehnung wegen Befangenheit ist begründet, wenn Tatsachen vorliegen, die Mißtrauen gegen ihre Unparteilichkeit rechtfertigen können.* [5]

Kein Mitglied kann als befangen [6] *abgelehnt werden, wenn die Partei* [7] *den Ablehnungsgrund schon vorher kennt, aber erst geltend macht, nachdem sie sich bei dem Rentenausschuß in eine Verhandlung eingelassen* [8] *oder Anträge gestellt* [9] *hat.*

E. I. § 234.
E. II. § 232.
RVO. § 1643 (1604).

1. Die Mitglieder des Rentenausschusses, nämlich der Vorsitzende (Obmann), sein Stellvertreter und die Beisitzer sowie die als Protokollführer tätigen Beamten oder Hilfsbeamten (§§ 104, 141, 263) unterliegen nur für ihre Person im Einzelfalle der Ablehnung, eine Ablehnung des gesamten Rentenausschusses als Ganzen ist unzulässig (vgl. Vorbemerkung vor § 233 S. 519). Im Sinne der Strafvorschrift des § 349 sind übrigens Beisitzer und genannte Protokollführer nicht Mitglieder des Rentenausschusses.

2. Aus dem Worte „können" folgt im Gegensatz zu „ist" im § 233, daß die Ablehnung den Beteiligten freigestellt wird und darauf ausdrücklich oder stillschweigend verzichtet werden darf (vgl. RG. in Ziv.-S. Bd. 36, S. 379).

3. In anderen, als den zu § 233 bezeichneten Fällen besteht kein Ausschluß kraft Gesetzes; vgl. über die einzelnen Gründe Anm. 4—10 zu § 233.

4. Der Ausdruck „wegen Befangenheit abgelehnt" entspricht wie überhaupt der wesentliche Inhalt dieses Paragraphen dem Wortlaut des § 1643 RVO. und ist mit der Fassung des § 42 ZPO. wegen „Besorgnis der Befangen-

heit" identisch. Die Ablehnung kann im Gegensatz zum Ausschluß (vgl. Anm. 1 zu § 233) sowohl vor wie in der mündlichen Verhandlung erfolgen; sie muß ferner ernstlich gemeint sein; daher ist z. B. die Ablehnung durch einen Geisteskranken belanglos (vgl. Entsch. d. RG. in Ziv.-S., JW. 1904, S. 474).

5. Da das Gesetz keine bestimmten Tatsachen anführt, aus denen auf das Vorliegen einer Befangenheit geschlossen werden kann, so muß nach den Umständen des einzelnen Falles geprüft werden, ob vom Standpunkt der Partei aus objektiv ein Grund vorliegt, der ihr Mißtrauen in die Unparteilichkeit zu rechtfertigen geeignet ist. Die bloße Meinung einer Partei, daß ein Mitglied des Rentenausschusses befangen sei, genügt für die Ablehnung nicht (vgl. zu dem entsprechenden § 42 ZPO.: Entsch. d. RG. in Ziv.-S. v. 16. Januar 1899, JW. 1899, S. 87).

Von der Rechtsprechung und Wissenschaft sind z. B. Verwandtschaft und Schwägerschaft des Richters mit einer Partei in entfernteren Graden als § 233 Z. 4, Verlöbnis oder früheres Verlöbnis mit einer Partei, mißliebige während der öffentlichen Sitzung gefallene Äußerung eines Richters über die Zahlungsfähigkeit einer Partei, Verwandtschaft des Richters mit dem Prozeßbevollmächtigten einer Partei als Ablehnungsgründe anerkannt. Dagegen genügt nicht die Mitwirkung des Richters in einem anderen, dieselbe Partei betreffenden und für sie ungünstig verlaufenen Verfahren oder die Tatsache, daß der Richter bei der Vorbereitung des Verfahrens eine Frage in einem dem Ablehnenden nachteiligen Sinne entschieden hat und von der höheren Instanz abgeändert worden ist, noch der Umstand, daß der Richter ein Untergebener des Versicherungsträgers ist (vgl. Gaupp-Stein, ZPO., 10. Aufl., Bd. I zu § 42 Anm. II, S. 125 f.; Sydow-Busch, ZPO., 12. Aufl., Anm. 2 zu § 42, S. 83; Warneyer, ZPO., 3. Aufl., zu § 42 Anm. 5, S. 55 u. Rek.-Entsch. 782, A. N. 1890, S. 129).

Insbesondere bildet die amtliche Tätigkeit des Vorsitzenden oder seines Stellvertreters im vorbereitenden Verfahren (§§ 241 ff., 252) keinen Ausschließungs- oder Ablehnungsgrund. Eine, dem § 1644 RVO. entsprechende, diese Tätigkeit betreffende Vorschrift fehlt allerdings im Gesetz.

6. Das Wort „befangen" bringt zum Ausdruck, daß die Beschränkung des Abs. 2 nicht für die Ablehnung aus Gründen, welche die Ausschließung rechtfertigen, sondern lediglich für die Ablehnung wegen Befangenheit gilt.

7. Die Kenntnis des Ablehnungsgrundes durch den Bevollmächtigten, Beistand oder Vertreter (§ 257) steht der

Kenntnis der Partei gleich (vgl. zu dem entsprechenden § 43 ZPO.: Entsch. d. RG. in Ziv.-S. v. 30. Dezbr. 1899, JW. 1900, S. 129).

8. Unter Einlassen in eine Verhandlung bei dem Rentenausschuß ist diejenige Tätigkeit zu verstehen, durch welche die Partei eine ihren Absichten entsprechende, der Erledigung des Verfahrens dienende Entscheidung herbeiführen will, also ihr Einverständnis mit der Person des Richters kundgibt (vgl. RG. in Ziv.-S., Bd. 10, S. 386 ff., insbesondere S. 389).

9. Die Anträge können sowohl vor wie in der mündlichen Verhandlung schriftlich eingereicht oder mündlich vorgetragen sein, müssen aber stillschweigend den Ausdruck des Vertrauens in die Unbefangenheit des Richters enthalten und deshalb zur Erledigung des Verfahrens bestimmt sein, bloße Vertagungsanträge kommen hier ohne weiteres nicht in Frage (vgl. RG. in Ziv.-S., Bd. 36, S. 381).

Glaubhaftmachung des Ablehnungsgrundes. Nachträgliche Ablehnung.

§ 235. *Der Ablehnungsgrund*[1] *muß glaubhaft gemacht werden.*[2]

Lehnt die Partei ein Mitglied[3] *als befangen ab, nachdem sie sich in eine Verhandlung eingelassen oder Anträge gestellt hat,*[4] *so muß sie glaubhaft machen, daß der Ablehnungsgrund erst später entstanden oder ihr bekannt geworden ist.*[5]

E. I. § 235.
E. II. § 233.
RVO. § 1645 (1606).

1. Der Ablehnungsgrund besteht in der Geltendmachung von Tatsachen, die entweder die Ausschließung kraft Gesetzes oder die Besorgnis der Befangenheit rechtfertigen (vgl. § 234 Abs. 1).

2. Die Glaubhaftmachung ist obligatorisch und kann in Anlehnung an § 294 ZPO. durch Benennung von Zeugen oder Sachverständigen, Vorlegung von Urkunden oder Bezugahme auf solche, durch Beantragung der Augenscheinseinnahme und durch eidesstattliche Versicherung sowohl eines Dritten wie der Partei selbst erfolgen. Daß die Partei hier zur Versicherung an Eidesstatt zuzulassen ist, stellt eine wesentliche Abweichung von § 44 Abs. 2 ZPO. dar, wo dies ausdrücklich verboten ist.

3. Über Mitglied vgl. § 234 Anm. 1.

4. Über Einlassen in eine Verhandlung und Anträge stellen vgl. Anm. 8 bzw. 9 zu § 234.

5. Durch die Bestimmung des Abs. 2 soll (nach RG. in Ziv.-S., Bd. 43, S. 402 zu dem entsprechenden § 44 Abs. 4 ZPO.) vermieden werden, daß Prozeßhandlungen vorgenommen werden, die infolge eines für begründet erachteten Ablehnungsgesuches später nicht berücksichtigt werden dürfen.

Entscheidung über Ablehnung.

§ 236.[1] *Wird der Vorsitzende oder der stellvertretende Vorsitzende abgelehnt,[2] so entscheidet[3] das Schiedsgericht[4] endgültig.*

Wird ein Versicherungsvertreter[5] abgelehnt, so entscheidet der Vorsitzende.[6] Erklärt er den Antrag für begründet, dann ist die Entscheidung endgültig. Lehnt er den Antrag ab, so kann die Entscheidung nur mit der Entscheidung in der Hauptsache angefochten werden.[7] Die Entscheidung des Schiedsgerichts über die Ablehnung ist endgültig.[8] [9]

Einer Entscheidung bedarf es nicht, wenn der Abgelehnte das Ablehnungsgesuch für begründet hält.[10]

E. I. § 236.
E. II. § 234.
RVO. §§ 1646, 1647 (1607, 1608).

1. Das Vorbild für § 236 ist neben den §§ 1646, 1647 RVO. der § 4 Abs. 1—3 der Kaiserl. Verordnung betreffend das Verfahren vor den Schiedsgerichten für Arbeiterversicherung v. 22. November 1900 (RGBl. S. 1017).

2. Wird der Vorsitzende oder der stellvertretende Vorsitzende des Rentenausschusses vor der mündlichen Verhandlung abgelehnt, so hat er bis zur Erledigung des Ablehnungsantrags (nach der entsprechend anzuwendenden Vorschrift des § 47 ZPO.) nur solche Handlungen des vorbereitenden Verfahrens (§§ 241 ff., 252) vorzunehmen, welche keinen Aufschub gestatten. Erfolgt die Ablehnung in der mündlichen Verhandlung und stellt sie sich als offenbarer Mißbrauch des Ablehnungsrechts dar, so bleibt sie unberücksichtigt. Das auf Grund der Verhandlung in der Hauptsache gefällte Urteil ist jedoch in der Berufungsinstanz von dem Schiedsgericht aufzuheben, falls dieses die Ablehnung für begründet er-

achtet (vgl. RG. in Ziv.-S., Bd. 44, S. 402). Ist der Ablehnungsantrag dagegen ernstlich gemeint, so ist er dem Schiedsgericht zur Entscheidung vorzulegen und die Hauptsache zu vertagen.

3. Die in diesem Paragraphen erwähnten Entscheidungen ergehen gebührenfrei, es sei denn, daß die Ablehnung aus Mutwillen, zur Irreführung oder zur Verschleppung der Sache geltend gemacht ist und besondere Kosten verursacht hat (§§ 311, 312).

4. Das Schiedsgericht entscheidet als höhere Beschlußbehörde (§ 156), weil einerseits der Rentenausschuß durch den Wegfall des Vorsitzenden oder des stellvertretenden Vorsitzenden beschlußunfähig werden kann, andererseits aber der Vorsitzende und der stellvertretende Vorsitzende hinsichtlich des Verfahrens und der Leitung der Geschäfte des Rentenausschusses einander im Range gleichstehen.

5. Versicherungsvertreter sind die aus den Arbeitgebervertretern und aus den Angestelltenvertretern unter den Vertrauensmännern gewählten Beisitzer des Rentenausschusses (vgl. §§ 131 ff.).

6. Der Vorsitzende ist als Leiter der Geschäfte des Rentenausschusses (§ 130) den Versicherungsvertretern übergeordnet (vgl. z. B. §§ 138, 139, 254). Durch den Wegfall eines Versicherungsvertreters wird auch der Rentenausschuß als solcher nicht beschlußfähig, es bestehen also hier nicht die oben Anm. 2 dargelegten Hinderungsgründe gegen die Übertragung der Entscheidung an den Vorsitzenden.

7. Die Anfechtung der Entscheidung des Rentenausschusses in der Hauptsache geschieht durch Einlegung der Berufung (§ 270). Indem der Gesetzgeber für die Anfechtung der Ablehnung des Antrags keinen besonderen Rechtsbehelf gewährt, hat er lediglich einer Verschleppung des Verfahrens durch Ablehnungsgesuche vorbeugen wollen.

8. Daß der abgelehnte Versicherungsvertreter (Abs. 2) oder der Vorsitzende und sein Stellvertreter im Falle der gegen sie gerichteten Ablehnung (Abs. 1) sich dienstlich äußern oder gehört werden sollen, ist nicht ausdrücklich bestimmt, wird aber in entsprechender Anwendung des § 44 Abs. 3 ZPO. in der Regel erfolgen, da schon ein altes Rechtssprichwort besagt: „Eines Mannes Rede ist keine Rede, man muß sie hören alle bede“.

9. Auf eine für unbegründet erklärte Ablehnung kann die Wiederaufnahme des Verfahrens (§§ 297 ff.) nicht gestützt werden.

10. Der Abs. 3 ist von der Reichstagskommission zum Zwecke der Herbeiführung einer Übereinstimmung mit der RVO. hinzugefügt worden (Kom.-Ber.) und hat sein Vorbild in § 45 Abs. 2 Satz 2 ZPO. Der Abgelehnte scheidet in diesem Falle ohne weiteres aus, sein Stellvertreter tritt für ihn ein.

Selbstablehnung eines Mitglieds.

§ 237.[1] *Der § 236 gilt auch, wenn ein Mitglied des Rentenausschusses*[2] *selbst eine Tatsache anzeigt, die seine Ablehnung rechtfertigen könnte,*[3] *oder wenn Zweifel darüber entstehen, ob es aus einem gesetzlichen Grunde ausgeschlossen ist.*[4]

E. I. § 237.
E II. § 235.
RVO. § 1648 (1609).

1. Die Vorschrift des § 237 bezweckt auch ohne Vorbringen eines Ablehnungsantrags das Ausscheiden eines ausgeschlossenen oder befangenen Mitgliedes zu ermöglichen, und entspricht dem § 48 ZPO.

2. Der Ausdruck Mitglied des Rentenausschusses ist hier ebenso allgemein gefaßt wie im § 234 Abs. 1 das Wort „Mitglieder“, er bezieht sich also auf Vorsitzenden, Stellvertreter des Vorsitzenden und Beisitzer sowie auf Protokollführer (vgl. § 234 Anm. 1).

3. Das Gesetz legt dem Mitglied keine Pflicht zur Anzeige einer seine Befangenheit begründenden Tatsache auf, die Anzeige ist vielmehr Gewissenssache des einzelnen Mitglieds.

4. Sobald ein zweifelsfreier gesetzlicher Ausschließungsgrund vorliegt, scheidet das davon betroffene Mitglied ohne weiteres Verfahren aus. Bestehen Zweifel über den Ausschluß, so bedarf es einer Entscheidung im Sinne des § 236.

3. Feststellung der Leistungen.[1]

Antrag betr. Heilverfahren.

§ 238. *Anträge*[2] *auf Einleitung*[3] *eines Heilverfahrens (§ 36) gibt der Vorsitzende*[4] *des Rentenausschusses nach Klarstellung des Sachverhalts*[5] *an die Reichsversicherungsanstalt*[6] *zur Entscheidung*[7] *ab.*[8]

E. I. § 238.
E. II. § 236.
RVO. —

1. Unter dem Ausdruck Feststellung der Leistungen ist entsprechend §§ 1545 ff. RVO. sowohl die Anerkennung wie die Ablehnung der angemeldeten Ansprüche gemeint. Es ist in dieser Gruppe aber auch das Verfahren über die Entziehung, Einstellung und Kürzung festgestellter Ansprüche geregelt (§ 269).

2. Über Anträge vgl. § 229 Anm. 1.

3. Nur die Entgegennahme der Anträge auf Einleitung und die auf Grund dieser Anträge erforderliche Klarstellung des Sachverhalts gehören nach § 122 Z. 3 zu den Obliegenheiten des Rentenausschusses hinsichtlich der Herbeiführung eines Heilverfahrens, die Entscheidung darüber, ob ein Heilverfahren eingeleitet werden soll und die Durchführung desselben steht jedoch der Reichsversicherungsanstalt zu mit der ebenfalls aus § 122 Z. 3 hervorgehenden Einschränkung, daß der Rentenausschuß nach erfolgter Einleitung die Reichsversicherungsanstalt zu benachrichtigen hat, wenn er erfährt, daß durch ein Heilverfahren ein Versicherter vor der Berufsunfähigkeit bewahrt oder der Empfänger eines Ruhegeldes oder einer Witwenrente wieder berufsfähig werden kann; vgl. auch § 239.

4. Die Ernennung und der allgemeine Aufgabenkreis des Vorsitzenden des Rentenausschusses ergibt sich aus §§ 129, 130.

5. Bei der Klarstellung des Sachverhalts werden die Vertrauensmänner mitzuwirken haben (vgl. § 144).

6. Die Reichsversicherungsanstalt für Angestellte ist, soweit dieses Gesetz nichts anderes bestimmt, der Träger der Versicherung, hat ihren Sitz in Groß-Berlin und als Organe: Das Direktorium, den Verwaltungsrat, die Rentenausschüsse und die Vertrauensmänner (§§ 96 ff.). Von diesen Organen kommt für die Entscheidung über die Einleitung eines Heilverfahrens das Direktorium in Betracht (§§ 99 ff.).

7. Die Entscheidung der Reichsversicherungsanstalt kann entweder dahin lauten, daß die Einleitung eines Heilverfahrens abgelehnt wird oder bei Stattgabe der Einleitung nach § 37 insbesondere dahin gehen, daß der Erkrankte in einem Krankenhause oder in einer Anstalt für Genesende untergebracht wird.

Die Entscheidung der Reichsversicherungsanstalt unterliegt an sich nicht der Nachprüfung durch eine übergeordnete Behörde. Nur wenn Streit zwischen der Reichsversicherungsanstalt und dem Versicherten über die vorerwähnte Unterbringung oder eine damit zusammenhängende aus §§ 37—40 folgende Maßnahme, z. B. wegen grundloser Entziehung entsteht, entscheidet nach § 41 das Schiedsgericht endgültig.

Abgesehen davon kann eine Nachprüfung der Entscheidung der Reichsversicherungsanstalt durch den Reichskanzler kraft des ihm im § 100 Abs. 3 verliehenen Aufsichtsrechts stattfinden. Dieses Aufsichtsrecht berechtigt jedoch nicht zu einem Eingriff in die sachlichen Entschließungen der Reichsversicherungsanstalt auf dem Gebiete des Heilverfahrens, sie betrifft vielmehr nur den formellen Gang ihrer Entscheidungen und kann sich z. B. sowohl auf größere Beschleunigung bei einem noch schwebenden Verfahren wie auf erneute Prüfung eines abgelehnten Antrags erstrecken (vgl. entsprechend für die RVO. Hanow, IV, S. 149).

8. Die Abgabe hat unter Übersendung der Vorgänge zu erfolgen.

Feststellung von Leistungen.

§ 239. *Die übrigen Leistungen*[1] *stellt der Rentenausschuß*[2] *fest.*[3]

E. I. § 239.
E. II. § 237.
RVO. § 1636 (1597).

1. Die übrigen Leistungen sind alle Leistungen, welche nicht in der Gewährung eines Heilverfahrens bestehen, also Ruhegeld (§§ 25 ff.), Hinterbliebenenrenten (§§ 28 ff.), Sachleitsungen (§§ 44 ff.), Erstattung von Beiträgen (§§ 60 ff., 398), Leibrenten (§ 63) und Ersatz (§§ 82 ff.).

2. Unter Rentenausschuß ist hier die mit diesem Namen bezeichnete Spruchbehörde unterster Instanz (vgl. § 156 Anm. 1 u. 2), und zwar der zuständige Rentenausschuß (§§ 230 ff.) zu verstehen, ohne daß dadurch der Bestimmung der §§ 240 u. 269, wonach in gewissen Fällen der Vorsitzende des Rentenausschusses allein entscheidet und in einigen Fällen keine mündliche Verhandlung stattfindet, vorgegriffen wird.

3. Die Feststellung erfolgt durch einen mit Gründen zu versehenden und von dem Vorsitzenden zu unterschreibenden Bescheid (§§ 250, 262 Abs. 2).

Entscheidung durch den Vorsitzenden allein.

§ 240.[1] *Der Vorsitzende*[2] *des Rentenausschusses entscheidet*[3] *allein ohne mündliche Verhandlung,*[4] *wenn es sich handelt um Ruhegeld*[5] *wegen Vollendung des gesetzlichen Alters,*[6] *um Leibrente,*[7] *um Hinterbliebenenrente,*[8] *um Abfindung*[9] *oder um Erstattung.*[10]

Die Verordnung[11] *(§ 123 Abs. 2) kann weitere Fälle*[12] *bestimmen, in denen der Vorsitzende*[13] *allein ohne mündliche Verhandlung entscheidet.*[14]

E. I. § 240
E. II. § 238.
RVO. § 1624 (1585).

1. Der § 240 behandelt die Fälle, in denen der Vorsitzende allein zu entscheiden hat. Es kommen hier Fragen in Betracht, für deren Beantwortung die im § 251 vorgesehene Zuziehung der Arbeitgeber und der versicherten Angestellten nicht geboten erscheint. Außer den im Gesetz bestimmten Fällen kann die Verordnung des Reichskanzlers über das Verfahren vor dem Rentenausschuß (§ 123 Abs. 2) weitere Ausnahmen feststellen (vgl. Abs. 2 Anm. 11).

2. Über den Vorsitzenden des Rentenausschusses vgl. auch §§ 129 u. 130, 137—139 u. 141.

3. Die Entscheidung erfolgt in Gestalt eines mit Gründen zu versehenden und von dem Vorsitzenden zu unterschreibenden Bescheides (§ 250).

4. Die Bestimmungen über die mündliche Verhandlung sind in den §§ 255 ff. enthalten. Außer dem hier erwähnten Fall der Entscheidung ohne mündliche Verhandlung findet eine solche nicht statt, wenn es sich um Berichtigung von Flüchtigkeitsversehen eines Bescheides (§ 264 Abs. 2), um die Ergänzung eines Bescheides (§ 265 Abs. 2) oder um das Ruhen, die Einstellung und die Kürzung handelt (§ 269 Abs. 3).

5. Über Ruhegeld vgl. §§ 25 ff.

6. Das gesetzliche Alter beträgt 65 Jahre (§ 25 Abs. 1).

7. Die Leibrente ist in § 63 geregelt.

8. Über Hinterbliebenenrente vgl. §§ 28ff.

9. Die Abfindung betrifft entweder Berechtigte, welche den inländischen Wohnsitz aufgeben (§ 47) oder Hinterbliebene, welche keinen Anspruch auf Hinterbliebenenrente haben, bei Todesfällen weiblicher Angestellten (§ 60),

oder die sich wiederverheiratende Witwe (§ 64) oder den Ersatz von Begräbniskosten (§ 83).

10. Über Erstattung vgl. §§ 60 ff. und 398.

11. Die im § 123 Abs. 2 vorgesehene, den Geschäftsgang und das Verfahren der Rentenausschüsse betreffende und das Gesetz ergänzende Verordnung des Reichskanzlers wird nach Anhören der Reichsversicherungsanstalt erlassen.

12. Als weitere Fälle sind solche Fälle gedacht, in denen die Entscheidung lediglich von der Beantwortung reiner Rechtsfragen abhängt. Für sonstige Fälle, die das Gesetz und die Verordnung nicht vorsehen, darf die mündliche Verhandlung nicht ausgeschlossen werden (vgl. Begr. z. RVO.), z. B. für das Ruhegeld wegen Berufsunfähigkeit.

13. Findet eine mündliche Verhandlung nicht statt, so hat der Vorsitzende des Rentenausschusses die Geschäfte zu erledigen, welche sonst dem Rentenausschuß zustehen würden, z. B. den Beweis zu erheben, der in der mündlichen Verhandlung erhoben werden würde und daraufhin allein die Entscheidung zu fällen.

14. Die Vorschrift Abs. 1 u. 2 dieses Paragraphen ist insoweit eine Mußvorschrift, als bestimmt ist, daß der Vorsitzende allein ohne mündliche Verhandlung entscheidet; es ist jedoch anzunehmen, daß Fälle des § 240, welche bei Gelegenheit einer mündlichen Verhandlung über einen andern Fall mit zur Verhandlung gelangen, gleichzeitig mit dem andern Fall auf Grund der mündlichen Verhandlung vor dem ordnungsmäßig besetzten Rentenausschuß (§ 251) mit entschieden werden dürfen.

Vorbereitung der Entscheidung des Vorsitzenden.

§ 241. *Der Vorsitzende*[1] *kann zur Vorbereitung der Entscheidung*[2] *nach eigenem Ermessen*[3] *Augenschein einnehmen,*[4] *Zeugen*[5] *und Sachverständige,*[6] *insbesondere Berufsgenossen des Antragstellers,*[7] *auch eidlich,*[8] *vernehmen, Gutachten von Ärzten*[9] *und amtliche Auskünfte jeder Art*[10] *einholen.*

Unterliegt die Beweisaufnahme vor dem Vorsitzenden des Rentenausschusses erheblichen Schwierigkeiten,[11] *insbesondere wegen großer Entfernung des Aufenthalts*[12] *der zu vernehmenden Personen von dem Sitze des Rentenausschusses, so kann der Vorsitzende eines anderen Rentenausschusses oder, wenn die Be-*

weisaufnahme vor dem Vorsitzenden eines anderen Rentenausschusses gleichfalls Schwierigkeiten[13] *unterliegen würde, eine andere Behörde,*[14] *bei eidlichen*[15] *Vernehmungen das Amtsgericht,*[16] *ersucht werden. Das Gleiche gilt bei Gefahr im Verzuge.*[17 18]

Bei der Einnahme des Augenscheins und der Vernehmung von Zeugen und Sachverständigen ist der Reichsversicherungsanstalt sowie dem Antragsteller[19] *Gelegenheit zur Teilnahme zu geben.*[20]

E. I. § 241.
E. II. § 239.
RVO. 1652 (1615).

1. Die Vorschrift des § 241 bietet dem Vorsitzenden die Möglichkeit, im Interesse der Beschleunigung des Verfahrens, alle zur genügenden Klarstellung des Sachverhalts erforderlichen Ermittlungen entweder persönlich anzustellen oder, soweit er dies nicht selbst tun kann, zur Ausführung seiner Obliegenheiten die Rechtshilfe in Anspruch zu nehmen (vgl. Abs. 2 und § 322).

2. Die Vorbereitung der Entscheidung betrifft hier nur diejenigen Fälle, in welchen der Vorsitzende allein, ohne mündliche Verhandlung zu entscheiden befugt ist (§ 240); vgl. jedoch die entsprechende Anwendung dieser Vorschrift in § 252.

3. Nach eigenem Ermessen bedeutet: wie die Gesetze und die Dienstpflicht bei gewissenhafter Prüfung es gebieten.

4. Der Begriff der Einnahme des Augenscheins umfaßt alle auf Sinneswahrnehmung gegründeten Vorstellungen, nicht nur die durch die Augen vermittelten, und zwar an allen Gegenständen; insbesondere kann auch der Körper einer Partei Gegenstand einer Augenscheinseinnahme und der damit verbundenen Untersuchung sein (vgl. Gaupp-Stein, ZPO., 10. Auf., S. 900, Vorbemerkung z. Titel II).

5. Zeugen sind unbeteiligte Personen, die über ihr Wissen von Tatsachen, d. h. über Wahrnehmungen, die sie gemacht haben, vernommen werden; auch innere Tatsachen, d. h. vom Zeugen empfangene Eindrücke über Berichte oder Entschlüsse der Beteiligten können den Gegenstand der Vernehmung bilden (vgl. RG. Ziv.-S. Bd. 32, S. 375 u. Bd. 62, S. 416). Der Antragsteller kann also als Beteiligter im Verfahren vor dem Rentenausschusse nicht Zeuge sein.

6. Sachverständige sind unbeteiligte Personen, welche den Richter bei der Entscheidung erheblicher Tatsachen auf Grund ihrer besonderen technischen und wissenschaftlichen Kenntnisse durch ein Gutachten unterstützen sollen. Bei der Entscheidung selbst haben sie nicht mitzuwirken.

7. Die Vorschrift, daß insbesondere Berufsgenossen des Antragstellers als Zeugen und Sachverständige vernommen werden sollen, ist lediglich instruktioneller Natur.

8. Für die Beeidigung der Zeugen und Sachverständigen gelten die Vorschriften der ZPO. §§ 391 ff. und 410 ff. entsprechend (vgl. § 243).

9. Über Gutachten von Ärzten vgl. § 25 Anm. 13.

10. Amtliche Auskünfte jeder Art können von Gemeindebehörden, Polizeibehörden, Standes- und Pfarrämtern, von Gerichten (z. B. Bescheinigungen über die elterliche Gewalt) von Postbehörden (z. B. über Zustellungen) eingeholt werden. Es fällt hierunter in weiterem Sinne auch die Einforderung von Zivil- und Strafprozeßakten (vgl. Begr. z. RVO.).

11. Es muß sich um erhebliche Schwierigkeiten handeln, z. B. um die Vernehmung einer großen Anzahl in dem Bezirke eines anderen Rentenausschusses wohnender Zeugen und Sachverständiger oder um die Einnahme des Augenscheins an Gegenständen, deren Übersendung mit Gefahr verbunden oder unmöglich ist; dagegen dürfen die Schwierigkeiten nicht in den Geschäftsverhältnissen des Vorsitzenden oder des betreffenden Rentenausschusses liegen, insbesondere ist eine Belastung mit Arbeit nicht als erhebliche Schwierigkeit anzusehen.

12. Was unter großer Entfernung des Aufenthalts zu verstehen ist, richtet sich nach den Umständen des einzelnen Falles; es wird dabei nicht allein auf die Entfernung und den Reiseweg, sondern auch darauf Rücksicht zu nehmen sein, ob die Vernehmung vor dem Vorsitzenden des Rentenausschusses die Kosten der Reise und die Belästigung der zu vernehmenden Personen am Sitze des Rentenausschusses rechtfertigt.

13. Wenn bei der Beweisaufnahme vor dem Vorsitzenden eines anderen Rentenausschusses nur von Schwierigkeiten ohne Hervorhebung ihrer Erheblichkeit die Rede ist, so wird es sich nicht um leicht zu beseitigende Hindernisse, sondern um beträchtliche Erschwerung in der Art der Beweisaufnahme handeln müssen.

14. Als andere Behörden kommen, soweit nicht eine eidliche Vernehmung in Frage steht, die Polizeibehörden, die Gemeindebehörden, die Versicherungsämter und ähnliche in Betracht.

15. Nur bei eidlichen Vernehmungen soll das Amtsgericht um Rechtshilfe ersucht werden. Das Amtsgericht wird wohl aber entsprechend der Vorschrift des § 159 GVG. das Ersuchen um Vernehmung nicht deshalb ablehnen dürfen, weil bei oder im Laufe einer Vernehmung sich herausstellt, daß ein Zeuge wegen naher Verwandtschaft mit dem Antragsteller u. dgl. nach § 243 Abs. 1 dieses Gesetzes in Verbindung mit § 393 ZPO. unbeeidigt vernommen werden muß. Lehnt das Amtsgericht das Ersuchen ab, so entscheidet das Oberlandesgericht endgültig (§ 322 Abs. 2).

16. Es muß das Amtsgericht ersucht werden, d. h. das für die Vernehmung örtlich zuständige Amtsgericht. Der Entwurf drückte sich nicht so präzise aus, indem er dem Vorsitzenden des Rentenausschusses die Befugnis einräumte, die Amtsgerichte um die Vernehmung von Zeugen und Sachverständigen zu ersuchen. Die Reichstagskommission hat die entsprechende, nicht nur redaktionelle Änderung vorgenommen.

17. Eine Gefahr im Verzuge wird stets dann anzunehmen sein, wenn der Aufschub der betreffenden Beweisaufnahme deren Vornahme überhaupt unmöglich machen oder sie doch irgendwie erschweren könnte.

18. Der Abs. 2 des § 241 hat seine jetzige Fassung erst in der Reichstagskommission erhalten und ist an Stelle des folgenden Satzes getreten: „Unterliegt die Beweisaufnahme vor dem Vorsitzenden des Rentenausschusses erheblichen Schwierigkeiten, insbesondere wegen großer Entfernung des Aufenthalts der zu vernehmenden Personen von dem Sitze des Rentenausschusses, oder ist Gefahr im Verzuge, so kann der Vorsitzende des Rentenausschusses die Amtgerichte um die Vernehmung von Zeugen und Sachverständigen ersuchen."

19. Die Vorschrift des Abs. 3 entspricht derjenigen des § 256, wonach die Reichsversicherungsanstalt einen Vertreter zu der mündlichen Verhandlung zu entsenden berechtigt ist und der Antragsteller selbst erscheinen oder sich vertreten lassen kann.

20. Die Gelegenheit zur Teilnahme wird dadurch gegeben, daß sowohl die Reichsversicherungsanstalt wie der Antragsteller von der Anberaumung der Beweistermine (Ort und Zeit, Angabe der Zeugen usw.) zu benachrichtigen sind; Teilnahmepflicht besteht nicht.

Mitwirkung der Ortspolizeibehörde usw.

§ 242. *Verweigert der Unternehmer*[1] *dem Vorsitzenden des Rentenausschusses die Einnahme des Augenscheins,*[2] *so hält ihn die Ortspolizeibehörde*[3] *auf Ersuchen des Vorsitzenden dazu an.*[4]

Die oberste Verwaltungsbehörde[4a] *bestimmt, wie weit Abs. 1 für Betriebe gilt, die unter bergpolizeilicher Aufsicht stehen.*[5]

Soll im Dienstraum[6] *einer Behörde*[7] *oder in einem Fahrzeug der Kaiserlichen Marine*[8] *Augenschein eingenommen werden, so ist die Genehmigung der zuständigen Dienst- oder Kommandobehörde einzuholen.*[9]

E. I. § 242.
E. II. § 240.
RVO. § 1580 (1562).

1. Zu dem Begriff Unternehmer vgl. § 113 Anm. 2.
2. Über Einnahme des Augenscheins vgl. § 241 Anm. 4.
3. Die Ortspolizeibehörde hält den Unternehmer, welcher die Einnahme des Augenscheins verweigert, mit den ihr nach Landesrecht gegebenen Mitteln dazu an. Das AVG. enthält hierüber keine Bestimmungen. Gegen den Willen des Unternehmers darf der Vorsitzende des Rentenausschusses ohne Inanspruchnahme der Ortspolizeibehörde den Betrieb nicht besichtigen, da eine Erzwingung des Eintritts in die fremde Betriebsstätte ohne vorherige ortskundige Prüfung der einschlägigen Verhältnisse leicht einen Eingriff in die persönliche Freiheit und den Schutz des Betriebsgeheimnisses des Unternehmers darstellen könnte. Vgl. über „Ortspolizeibehörde" auch § 188 Anm. 5.
4. Gegen unbefugte Offenbarung von Geschäfts- oder Betriebsgeheimnissen wird der Unternehmer durch die Vorschrift der §§ 349 ff. geschützt.

4a. Oberste Verwaltungsbehörde ist die Landeszentralbehörde (Ministerium).

5. Die Vorschrift des Abs. 2 ist mit Rücksicht auf besondere Betriebs- und Gefahrverhältnisse beim Bergbau gegeben. Vgl. über bergpolizeiliche Aufsicht z. B. §§ 196 ff. des Allgemeinen Berggesetzes für die Preußischen Staaten v. 24. Juni 1865 (GS. S. 705) in der Fassung vom 28. Juli 1909 (GS. S. 677).
6. Es muß sich um den Dienstraum einer Behörde

handeln, gleichgültig, ob derselbe in einem öffentlichen Gebäude oder einem Mietshause sich befindet. Als Dienstraum wird auch eine Dienstwohnung anzusehen sein, dagegen nicht die Privatwohnung eines Beamten.

7. Als Behörde kommen sowohl Reichs- wie Staats- als auch Kommunalbehörden in Betracht.

8. Unter einem Fahrzeug der Kaiserlichen Marine sind nicht nur die zu Kriegszwecken bestimmten Linienschiffe, Panzerkreuzer, Kanonenboote u. dgl., sondern auch die dazu gehörigen Dampfpinassen, Beiboote, Schlepper, die Dampfer und Schiffe der Kaiserlichen Werften u. dgl. mehr zu verstehen.

9. Die Einholung der Genehmigung der zuständigen Dienst- oder Kommandobehörde ist im Interesse der Wahrung des Amts- und Dienstgeheimnisses erforderlich.

Zeugenpflicht.

§ 243. *Die Vorschriften der Zivilprozeßordnung über die Pflicht,*[1] *als Zeuge oder Sachverständiger zu erscheinen, sich vernehmen und vereidigen zu lassen, gelten entsprechend.*[2]

Zeugen und Sachverständige werden nur vereidigt,[3] *wenn dies notwendig ist, um eine wahre Aussage herbeizuführen.*[4] [5] *Die Aussage*[6] *darf nicht deshalb verweigert werden, weil dieses Gesetz eine Schweigepflicht*[7] *begründet.*[8] *Ob die Aussage oder die Eidesleistung verweigert werden darf, entscheidet der Vorsitzende des Rentenausschusses.*[9] *Gegen die Entscheidung*[10] *ist binnen einer Woche Beschwerde*[11] *an das Schiedsgericht zulässig; es entscheidet endgültig.*[12]

E. I. § 243.
E. II. § 241.
RVO. §§ 1574, 1652 (1557, 1615).

1. Es kommen die §§ 373—414 ZPO. in Betracht. Danach hat jeder Zeuge und Sachverständige, sofern er ordnungsmäßig geladen ist:

a) die Pflicht zum Erscheinen vor dem Prozeßgericht oder vor dem von diesem beauftragten und ersuchten Richter, gleichgültig ob der Zeuge oder Sachverständige sich an dem Sitze des Prozeßgerichts oder des beauftragten bezw. ersuchten Gerichts aufhält;

b) die Pflicht zur Aussage, d. h. er muß sich in der Regel über den Gegenstand seiner Vernehmung äußern, jedoch sind bestimmte Personen allgemein zur Verweigerung der Aussage (Verwandte und Verschwägerte) und andere Personen zur Verweigerung über bestimmte Fragen berechtigt (Geistliche, Ärzte, Rechtsanwälte, Notare, öffentliche Beamte u. dgl. Personen, welche zur Wahrung eines Berufs- oder Dienstgeheimnisses verpflichtet sind); ferner kann jeder Zeuge oder Sachverständige die Aussage auf Fragen verweigern, deren Beantwortung ihm einen unmittelbaren vermögensrechtlichen Schaden verursachen, ihm zur Unehre gereichen, die Gefahr strafrechtlicher Verfolgung mit sich bringen oder die Offenbarung eines Kunst- oder Gewerbegeheimnisses zur Voraussetzung haben würde;

c) die Pflicht zur Eidesleistung, welche als Mittel zur Herbeiführung einer wahrheitsgemäßen Aussage dient, jedoch mit der Ausnahme, daß einerseits bestimmte Personen überhaupt nicht beeidigt werden dürfen (Minderjährige unter 16 Jahren und geistig Beschränkte sowie wegen wissentlichen Meineids Bestrafte), und andererseits gewisse Personen zunächst unbeeidigt zu vernehmen sind, auf Anordnung des Prozeßgerichts aber beeidigt werden können (bestimmte Verwandte und Verschwägerte, falls sie von ihrem Zeugnisverweigerungsrechte keinen Gebrauch machen, Personen, bei denen die Aussage einen unmittelbaren vermögensrechtlichen Schaden verursachen würde, und an dem Ausgange des Rechtsstreits interessierte Personen).

2. Die Erfüllung der vorgenannten Pflichten kann erforderlichenfalls durch Ordnungsstrafen erzwungen werden (§ 244).

3. Der Ausdruck „vereidigen“ wird in der Regel für die rein militärische Leistung des Fahneneides oder für die Leistung des Diensteides durch einen Beamten gebraucht, während die ZPO. §§ 391 ff. und 410 sowie die übrigen Justizgesetze (StPO. §§ 56 ff. und das Reichsgesetz über die Angelegenheiten der freiwilligen Gerichtsbarkeit § 15) von Beeidigung sprechen.

4. Während nach der ZPO. die Beeidigung eines Zeugen oder Sachverständigen — abgesehen von den oben Anm. 1 c erwähnten Ausnahmen — stets erfolgen muß, sofern nicht die Prozeßparteien auf die Beeidigung verzichten (§§ 391 und 402 ZPO.), ist hier in Anlehnung an die allerdings noch

weiter gehende Vorschrift des § 249 Abs. 3 der Militär-Strafgerichtsordnung vom 1. Dezember 1898 die Beeidigung unter bestimmten Voraussetzungen in das Ermessen des Vorsitzenden des Rentenausschusses getellt, indem er nämlich von der Beeidigung Abstand nehmen kann, wenn sie zur Herbeiführung einer wahrheitsgemäßen Aussage nicht notwendig erscheint, wenn also insbesondere z. B. die Aussage sich als unerheblich darstellt.

5. Die Beeidigung der Zeugen hat gemäß § 392 ZPO. nach der Vernehmung zu erfolgen; mehrere Zeugen können gleichzeitig beeidigt werden. Die Beeidigung der Sachverständigen erfolgt gemäß § 410 a. a. O. vor oder nach Erstattung des Gutachtens.

6. Der Ausdruck Aussage ist hier, wie im vorhergehenden Satz zu eng gefaßt; es ist darunter, wie aus der Zusammenstellung „Zeugen und Sachverständige" im Satz 1 Abs. 2 dieses Paragraphen hervorgeht, nicht nur die Aussage eines Zeugen, sondern auch das Gutachten eines Sachverständigen zu verstehen.

7. Die Schweigepflicht ist in den §§ 349 ff. nur mit Strafe bedroht, wenn sie unbefugt verletzt wird.

8. Die Bestimmung des Satz 2 Abs. 2 dieses Paragraphen enthält eine Ausnahme der in Anm. 1 b wiedergegebenen Zeugnisverweigerungsberechtigung des § 383 Z. 5 ZPO.

9. Im Entwurf war die Entscheidung darüber, ob die Aussage oder die Eidesleistung verweigert werden darf, dem Rentenausschuß überlassen, erst die Reichstagskommission hat diese Befugnis dem Vorsitzenden des Rentenausschusses eingeräumt. Hierüber entspann sich bei der zweiten Lesung des Reichstagsplenums eine Debatte, indem ein Mitglied des Reichstags das Bedenken äußerte, daß der Vorsitzende ein in den nach den Reichs-Justizgesetzen usw. bestehenden Kollegialgerichten nicht übliches Vorrecht erhalte, wenn er allein darüber beschließen solle, ob die Aussage oder die Eidesleistung verweigert werden darf, dadurch würden die Beisitzer gewissermaßen minderwertig. Ein Regierungsvertreter widerlegte diese Bedenken folgendermaßen:

„Der Herr Vorredner ist insofern im Irrtum, als er annimmt, daß durch § 243 eine besondere Kompetenz des Vorsitzenden begründet wird. Der § 243 steht in der Reihe der mit § 240 anfangenden Paragraphen, in denen bestimmt ist, was der Vorsitzende des Rentenausschusses allein tun soll, und nur auf dieses Verfahren bezieht sich die Vorschrift in § 243

Abs. 2. Es sollen also in dem Verfahren, wo er allein für seine Person zuständig ist, auch die Nebenentscheidungen über Verweigerung der Aussage oder der Eidesleistung nicht durch das Kollegium getroffen werden. Was dagegen das Verfahren vor dem Rentenausschuß selbst betrifft, so greift hier § 259 Platz, der anordnet, daß, wenn der Rentenausschuß Beweis beschließt, die Bestimmungen der §§ 243—248 entsprechend gelten sollen. Wenn in diesen Fällen über Verweigerung einer Eidesleistung zu entscheiden ist, so hat das mit der Hauptsache befaßte Organ, also der Rentenausschuß im Kollegium zu entscheiden. Also die Sache ist so geregelt: Hat der Vorsitzende allein das Verfahren zu erledigen, dann entscheidet er auch darüber, ob die Verweigerung berechtigt ist; ist der Rentenausschuß im Kollegium zuständig, so hat auch darüber das Kollegium zu entscheiden" (Sten. Ber.).

10. Die Entscheidung wird, da sie mit der Beschwerde anfechtbar ist, mit Gründen zu versehen und, da sie eine Frist in Lauf setzt, gemäß §§ 335, 336 zuzustellen sein.

11. Die einwöchige Beschwerdefrist ist eine Ausnahme von der im § 328 gegebenen Regel, daß Rechtsmittel binnen einem Monat nach Zustellung der angefochtenen Entscheidung einzulegen sind.

12. Über Schiedsgericht vgl. §§ 157 ff. Die Beschwerde an das Schiedsgericht hat mangels ausdrücklicher Vorschrift keine aufschiebende Wirkung (§ 330).

Strafe wegen Zeugnisverweigerung.

§ 244. *Gegen Zeugen oder Sachverständige,*[1] *die sich nicht einfinden,*[2] *ihre Aussage oder die Eidesleistung*[3] *ohne Angabe eines Grundes, oder, nachdem der vorgeschützte Grund rechtskräftig*[4] *für unerheblich erklärt ist, verweigern, kann nur eine Geldstrafe*[5] *bis zu dreihundert Mark verhängt werden.*

Die Strafe verhängt der Vorsitzende des Rentenausschusses.[6] *Auf Beschwerde*[7] *entscheidet das Schiedsgericht endgültig.*[8]

E. I. § 244.
E. II. § 242.
RVO. § 1577 (1559).

1. Die Vorschrift des § 244 bezieht sich auf Zeugen

und Sachverständige; gegen Beteiligte, insbesondere den Antragsteller sind derartige Zwangsmittel nicht gegeben (vgl. jedoch § 257 f.).

2. Von einem „nicht einfinden“ kann wohl entsprechend § 380 ZPO. nur dann die Rede sein, wenn der Zeuge oder Sachverständige unter ordnungsmäßiger Ladung unentschuldigt ausgeblieben ist. Erfolgt nachträglich eine genügende Entschuldigung, so ist die verhängte Geldstrafe aufzuheben (vgl. §§ 381, 402 ZPO.).

3. Über die Pflicht zur Aussage und zur Eidesleistung vgl. Anm. 1 zu § 243.

4. Die Entscheidung, durch welche die Verweigerung einer Aussage oder einer Eidesleistung für unerheblich erklärt wird, ist rechtskräftig, sobald entweder gegen den Beschluß des Vorsitzenden des Rentenausschusses innerhalb einer Woche nach Zustellung keine Beschwerde eingelegt ist oder das Schiedsgericht über die fristgemäß eingelegte Beschwerde „endgültig“ entschieden hat (§ 243 Abs. 2).

5. Nur Geldstrafen können verhängt werden; weitere Zwangsmittel, insbesondere die im § 380 ZPO. vorgesehene Haft und Vorführung sind hier nicht zulässig. Sind ausnahmsweise solche weitergehenden Zwangsmaßregeln geboten, so kann das Ersuchen um Vernehmung an das Amtsgericht (§ 247) gerichtet werden (vgl. Begr. z. RVO.). Die von dem Vorsitzenden des Rentenausschusses festgesetzten Geldstrafen fließen in die Kasse der Reichsversicherungsanstalt und werden im Falle der Nichtzahlung wie Gemeindeabgaben beigetrieben (§§ 168 Abs. 1, 359); sie verjähren in zwei Jahren (§ 361).

6. Über die Befugnis des Vorsitzenden des Rentenausschusses zur Verhängung der Strafe vgl. § 243 Anm. 9.

7. Für die Beschwerde an das Schiedsgericht gilt das nach § 243 Anm. 11 Gesagte entsprechend.

8. Über den Begriff „endgültig“ gilt das zu § 211 Anm. 3 Gesagte entsprechend.

Militärpersonen als Zeugen.

§ 245.[1] *Militärpersonen,[2] die dem aktiven Heere,[3] der aktiven Marine oder einer der Schutztruppen[4] angehören, werden als Zeugen oder Sachverständige auf Ersuchen von der Militärbehörde geladen.[5]*

Verweigern sie das Zeugnis oder den Eid, so verhängt auf Ersuchen das Militärgericht[6] die Geldstrafe.[7]

E. I. § 245.
E. II. § 243.
RVO. § 1578 (1560).

1. Die Vorschrift des § 245 faßt für das Gebiet der Angestelltenversicherung die Bestimmung der §§ 378, 380 Abs. 4, 390 Abs. 4, 409 Abs. 3 ZPO. zusammen, mit dem Unterschied, daß die Schutztruppen entsprechend der neueren militärischen Entwicklung besonders aufgeführt werden.

2. Nach der Anlage zum Militär-Strafgesetzbuch vom 20. Juni 1872 (RGBl. S. 174), welche die maßgebende Grundlage für die dem aktiven Heere, der aktiven Marine oder einer der Schutztruppen angehörenden Militärpersonen bildet, bestehen die Militärpersonen aus:

a) Personen des Soldatenstandes, nämlich: Offiziere, Unteroffiziere (mit und ohne Portepee), Gemeine, Mitglieder des Sanitätskorps und Mitglieder des Maschineningenieurkorps,
b) Militärbeamte, nämlich: obere Militärbeamte mit Offiziersrang und untere Militärbeamte im Range der Mannschaft vom Feldwebel abwärts.

3. Zum aktiven Heere gehören nach § 38 des Reichs-Militärgesetzes vom 2. Mai 1874 (RGBl. S. 45)

a) die Militärpersonen des Friedensstandes (Offiziere, Ärzte, Militärbeamte, Kapitulanten, Freiwillige, ausgehobene Rekruten und eingestellte Einjährig-Freiwillige),
b) die aus dem beurlaubten Stande zum Dienste einberufenen sowie die in Kriegszeiten zum Heeresdienst aufgebotenen oder freiwillig eingetretenen Militärpersonen,
c) die Zivilbeamten der Militärverwaltung.

4. Für die der aktiven Marine und einer der Schutztruppen angehörenden Militärpersonen gilt das zu Anm. 3 Gesagte entsprechend. Vgl. auch Anm. 8 zu § 10.

5. An welche Militärbehörde das Ersuchen um Ladung von Militärpersonen als Zeugen oder Sachverständige zu richten ist, geht aus der Zusammenstellung in Nr. 26 des Zentralblatts für das deutsche Reich von 1880, S. 480 hervor. Die Ladung muß auf Ersuchen erfolgen.

6. Für das Militärgericht kommt die Militärstrafgerichtsordnung vom 1. Dezember 1898 (RGBl. S. 1189) in Betracht; es ist zur Verhängung der Geldstrafe verpflichtet.

7. Auch hier nimmt das Gesetz ebenso wie in § 244 von einer ausdrücklichen Vorschrift wegen weiterer Zwangsmaßregeln, insbesondere von der Vorführung und Haft Abstand (vgl. § 244 Anm. 5) und läßt nur Geldstrafe zu.

Zeugengebühren.

§ 246. *Die Zeugen und Sachverständigen erhalten Gebühren*[1] *wie bei Vernehmungen vor dem ordentlichen Gericht in bürgerlichen Rechtsstreitigkeiten.*[2]

Auf Beschwerde[3] *gegen die Festsetzung der Gebühren*[4] *entscheidet das Schiedsgericht*[5] *endgültig.*[6]

E. I. § 246.
E. II. § 244.
RVO. § 1579 (1561).

1. Für die Gebühren der Zeugen und Sachverständigen kommen die Gebührenordnung vom 30. Juni 1878 in der geänderten Fassung vom 20. Mai 1898 (RGBl. S. 689) nebst den dazu erlassenen Ausführungsbestimmungen (vgl. z. B. die Allgemeine Verfügung vom 15. August 1907 — Preuß. JMBl. S. 499 —) und die etwa künftig an deren Stelle tretenden Vorschriften in Betracht. Vgl. auch § 323 Anm. 4.

2. Die grundlegende Bestimmung in bürgerlichen Rechtsstreitigkeiten ist der § 401 ZPO., welcher besagt, daß jeder Zeuge nach Maßgabe der Gebührenordnung auf Entschädigung für Zeitversäumnis und, wenn sein Erscheinen eine Reise erforderlich macht, auf Erstattung der Kosten Anspruch hat, welche durch die Reise und den Aufenthalt am Orte der Vernehmung verursacht werden.

3. Die Beschwerde gegen die Festsetzung der Gebühren ist wohl nicht auf Grund des § 17 der in Anm. 1 näher bezeichneten Gebührenordnung nach Maßgabe der §§ 567—576 ZPO. und § 4 Abs. 3 des deutschen Gerichtskostengesetzes, sondern in Gemäßheit der §§ 328 ff. AVG. einzulegen.

4. Die Festsetzung der Gebühren erfolgt entsprechend dem in bürgerlichen Rechtsstreitigkeiten üblichen Verfahren durch den Vorsitzenden des Rentenauschusses; allerdings wird derselbe sich bei der Berechnung auf die Mitwirkung der zuständigen Bureaubeamten zu stützen haben. Mündliche Verhandlung findet hier nicht statt.

5. Die Bestimmungen über das Schiedsgericht vgl. in den §§ 157 ff., 270 ff.

6. Zu endgültig s. § 244 Anm. 8.

Verfahren vor dem ersuchten Amtsgericht.

§ 247. *Die Vorschriften des § 243 Abs. 2,[1] § 244[2] gelten auch für das Verfahren vor dem ersuchten Amtsgerichte.[3][4] Im übrigen finden auf dieses Verfahren die Vorschriften der Zivilprozeßordnung entsprechende Anwendung.[5]*

E. I. § 247.
E. II. § 245.
RVO. —

1. § 243 Abs. 2 betrifft die Entscheidung über die Notwendigkeit der Beeidigung eines Zeugen oder Sachverständigen und über die Verweigerung seiner Aussage oder Eidesleistung.

2. Im § 244 ist eine Ordnungsstrafenvorschrift gegen Zeugen oder Sachverständige enthalten, welche sich nicht einfinden oder ihre Aussage oder Eidesleistung verweigern.

3. Daß ein Amtsgericht um Vornahme von Beweisverhandlungen ersucht werden kann, folgt aus der Bestimmung des § 322, wonach die öffentlichen Behörden verpflichtet sind, dem im Vollzuge dieses Gesetzes an sie ergehenden Rechtshilfeersuchen zu entsprechen.

4. Daß das ersuchte Amtsgericht über die Notwendigkeit der Beeidigung und die Verweigerung der Aussage oder Eidesleistung (§ 243 Abs. 2) und über die Zwangsmaßregeln des § 244 zu entscheiden hat, ist eine bemerkenswerte Abweichung von der ZPO., nach deren § 387 das Prozeßgericht über die Rechtmäßigkeit der Weigerung befindet. Gegen die Entscheidung des ersuchten Amtsgerichts ist die Beschwerde nach Maßgabe der §§ 567—576 ZPO. an das Prozeßgericht zulässig; sie kann sowohl bei dem Amtsgericht, wie in dringenden Fällen auch bei dem übergeordneten Landgericht eingelegt und auf neue Tatsachen gestützt werden. Das Amtsgericht kann der Beschwerde abhelfen, sofern es sie für begründet erachtet, andernfalls hat es sie vor Ablauf einer Woche dem Beschwerdegericht vorzulegen. Die Entscheidung des Beschwerdegerichts kann ohne vorgängige mündliche Verhandlung erfolgen.

5. Nach den Vorschriften der ZPO. können also auch andere Zwangsmaßregeln als die im § 244 vorgesehene Geldstrafe, insbesondere Vorführung und Haft angedroht und ausgesprochen werden (§ 380 a. a. O.).

Mitteilungspflicht.

§ 248. *Dem Antragsteller*[1] *ist der Inhalt*[2] *und auf Verlangen*[3] *eine Abschrift der Beweisverhandlungen,*[4] *der Reichsversicherungsanstalt sind die gesamten Vorgänge*[5] *mitzuteilen.*[6]

Der Vorsitzende entscheidet, wieweit[7] *dem Antragsteller ärztliche Zeugnisse und Gutachten mitzuteilen sind.*[8]

E. I. § 248.
E. II. § 246.
RVO. § 1653 (1616).

1. Über Antragsteller vgl. § 229 Anm. 1.

2. Der Inhalt der Beweisverhandlungen muß dem Antragsteller von Amts wegen in jedem Falle mitgeteilt werden, eine schriftliche Mitteilung erübrigt sich jedoch, wenn er bzw. sein Vertreter den Beweisverhandlungen beigewohnt hat.

3. Eine Abschrift der Beweisverhandlungen ist dem Antragsteller nur auf Verlangen mitzuteilen. Diese Mitteilung ist auch dann erforderlich, wenn ein Antragsteller, der den Beweisverhandlungen beigewohnt hat, eine Abschrift derselben verlangt. Der Unterschied zwischen Abschrift und Inhalt besteht darin, daß die erstere das Beweisprotokoll wörtlich, die letztere es nur auszugsweise wiederzugeben hat.

4. Die Bestimmung, daß dem Antragsteller der Inhalt, und auf Verlangen eine Abschrift der Beweisverhandlungen mitzuteilen ist, bezweckt, ihn über den Stand des Verfahrens auf dem Laufenden zu erhalten und ihm die Möglichkeit zu geben, zu dem Ergebnis der Beweisverhandlung Stellung zu nehmen, deswegen muß ihm die Mitteilung rechtzeitig vor der Entscheidung zugehen.

5. Daß der Reichsversicherungsanstalt die gesamten Vorgänge mitzuteilen sind, erklärt sich durch ihre Stellung als Träger der Versicherung (§ 96).

6. Die Kosten der zu erteilenden Abschriften fallen unter die Kosten der Gerichtshaltung (vgl. § 142 Anm. 1).

7. Die Beschränkung in der Mitteilung ärztlicher Zeugnisse und Gutachten ist aus Rücksicht auf den Verletzten und begutachtenden Arzt vorgesehen (vgl. A. N. 1901, S. 629).

8. Wenn Abs. 2 vorschreibt, daß der Vorsitzende des Rentenausschusses darüber entscheidet, ob und wie weit ärztliche Zeugnisse und Gutachten dem Antragsteller mitzuteilen

sind, so wird damit die endgültige Entscheidung darüber, ob ein ärztliches Gutachten vor der Entscheidung den Parteien zur Wahrnehmung ihrer Rechte mitzuteilen gewesen wäre, den höheren Instanzen nicht entzogen (vgl. Begr. z. RVO. u. A. N. 1908, S. 228).

Vorherige Feststellung im ordentlichen Rechtsweg.

§ 249. *Hängt der Anspruch von einem familienrechtlichen*[1] *oder erbrechtlichen*[2] *Verhältnis ab, so kann*[3] *der Vorsitzende den Beteiligten*[4] *aufgeben, das Verhältnis im ordentlichen Rechtsweg*[5] *feststellen*[6] *zu lassen.*

Er bestimmt zugleich, bis wann die Klage zu erheben ist; die Frist[7] *kann auf Antrag verlängert werden.*[8]

E. I. § 249.
E. II. § 247.
RVO. § 1654 (1617).

1. Das Familienrecht betrifft diejenigen Vorschriften, welche die rechtliche Seite der aus den Familienbeziehungen (Verlöbnis, Ehe, Verwandtschaft und Schwägerschaft) folgenden Lebensverhältnisse regeln, sowie das Vormundschaftsrecht und ist im wesentlichen im 4. Buch des BGB. behandelt.

2. Mit dem Ausdruck Erbrecht bezeichnet das BGB. sowohl im objektiven Sinne die Gesamtheit der erbrechtlichen Bestimmungen wie im subjektiven Sinne die Erbberechtigung. Die entsprechenden Vorschriften finden sich im wesentlichen im 5. Buch des BGB.

3. Der Vorsitzende „kann", aber braucht nicht den Beteiligten aufzugeben, das Rechtsverhältnis von dem ordentlichen Richter feststellen zu lassen. In erster Linie liegt es dem Vorsitzenden selbst ob, sich der erforderlichen Prüfung zu unterziehen, er wird daher nur in verhältnismäßig seltenen, verwickelter liegenden Fällen von dieser Vorschrift Gebrauch machen. Die Vorschrift will auch nicht etwa die Verpflichtung der ordentlichen Gerichte zur Feststellung von Rechtsverhältnissen erweitern, ihr Sinn ist vielmehr nur der, daß der Vorsitzende den Beteiligten aufgeben kann, das Rechtsverhältnis im ordentlichen Rechtswege feststellen zu lassen, soweit dieser zulässig ist (vgl. Begr. z. RVO.).

4. Beteiligte sind Antragsteller bzw. dessen Rechtsnachfolger oder Reichsversicherungsanstalt.

5. Ordentlicher Rechtsweg bedeutet das Verfahren vor den zur Entscheidung der bürgerlichen Rechtsstreitigkeiten berufenen ordentlichen Gerichten (Amtsgerichte, Landgerichte, Oberlandesgerichte, Reichsgericht).

6. Von einer Feststellung kann nur dann die Rede sein, wenn über das Verhältnis im ordentlichen Rechtswege rechtskräftig entschieden ist.

7. Das Gesetz hat davon abgesehen, eine bestimmte Frist festzusetzen, der Vorsitzende ist vielmehr befugt, die Frist von Fall zu Fall angemessen zu gewähren. Die Frist kann auf Antrag verlängert werden. Ein solcher Zusatz hat sich wegen des Armenrechts und der mit dessen Bewilligung nicht selten verknüpften Weiterungen als notwendig herausgestellt (vgl. Begr. z. RVO.).

8. In der Verlängerung der Frist liegt gleichzeitig eine Aussetzung des Verfahrens von Amts wegen bis zur Feststellung des familien- oder erbrechtlichen Verhältnisses im ordentlichen Rechtswege.

Bescheid mit Gründen.

§ 250. *Der Bescheid*[1] *ist mit Gründen zu versehen*[2] *und von dem Vorsitzenden zu unterschreiben.*[3] *Eine Ausfertigung*[4] *des Bescheids ist der Reichsversicherungsanstalt*[5] *und dem Antragsteller*[6] *zuzustellen.*[7] *Der Bescheid muß*[8] *den Vermerk enthalten, daß er rechtskräftig*[9] *wird, wenn der Berechtigte*[10] *nicht binnen einem Monat nach der Zustellung Berufung bei dem Schiedsgericht*[11] *einlegt. Für Seeleute, die sich außerhalb Europas aufhalten gilt § 328 Abs. 2.*[12]

Wird Ruhegeld[13] *oder Rente*[14] *gewährt, so ist in dem Bescheide Höhe, Beginn sowie Art der Berechnung der Bezüge*[15] *anzugeben.*

E. I. § 250.
E. II. § 248.
RVO. 1631 (1592).

1. Der Bescheid besteht aus der Bescheidformel, d. h. einer möglichst kurzen und prägnanten Zusammenfassung der Entscheidung und aus den Gründen. Die Bescheidformel ist von den Gründen äußerlich zu sondern.

Wird über einen Teil des erhobenen Anspruchs oder über einen von mehreren in einem Antrag geltend gemachten Ansprüchen, sobald derselbe zur Entscheidung reif ist, entschieden, so dürfte der ergehende Bescheid entsprechend dem Teilurteil des § 301 ZPO. als Teilbescheid zu bezeichnen sein.

2. Der Bescheid ist mit Gründen zu versehen, nicht nur wenn der Antrag abgelehnt, sondern auch wenn dem Antrage stattgegeben wird. In den Gründen ist nach einer kurzen Darstellung des Sachverhalts (ähnlich dem Tatbestand der §§ 313, 314 ZPO.) zum Ausdruck zu bringen, auf Grund welcher Erwägungen die die Entscheidung stützende Feststellung getroffen worden ist; eine bloße Bezugnahme auf das Beweisergebnis und insbesondere auf das Endergebnis ärztlicher Zeugnisse und Gutachten dürfte nicht statthaft sein.

3. Der Vorsitzende hat die bei den Akten des Rentenausschusses verbleibende Urschrift des Bescheides zu unterschreiben, nicht dagegen dessen Ausfertigungen. Im Behinderungsfalle unterschreibt der Stellvertreter.

4. Eine Ausfertigung ist gleichbedeutend mit je eine Ausfertigung. Über die Erteilung der Ausfertigungen von Bescheiden dürften nähere Bestimmungen in der Verordnung des Reichskanzlers über den Geschäftsgang und das Verfahren der Rentenausschüsse (§ 123 Abs. 2) noch erlassen werden.

5. Über die Reichsversicherungsanstalt vgl. §§ 96 ff.

6. Wer als Antragsteller anzusehen ist, geht in der Regel aus dem Antrag hervor (vgl. § 229 Anm. 1).

7. Der Bescheid ist nach Maßgabe der §§ 335, 336 zuzustellen, weil er die Rechtsmittelfrist (§ 328) in Lauf setzt.

8. Aus dieser Mußvorschrift folgt, daß bei einem Fehlen des Vermerks über die Berufungseinlegung die Rechtsmittelfrist nicht in Lauf gesetzt wird und deshalb der Bescheid nicht rechtskräftig werden kann. Das gleiche ist anzunehmen, wenn der Vermerk in wesentlichen Punkten unrichtig oder unvollständig ist (vgl. Manes u. Gen., RVO., Anm. zu §§ 1607 u. 1631).

9. Das Wort „rechtskräftig" ist an Stelle des im Entwurf enthaltenden Ausdrucks „endgültig" von der Reichstagskommission gewählt worden, um eine Übereinstimmung mit § 1631 Abs. 4 RVO. herzustellen. Entsprechend § 322 ZPO. ist der Bescheid nur insoweit der Rechtskraft fähig, als über den erhobenen Anspruch entschieden ist, die Rechtskraft kann also einem demnächst auf eine andere Sachlage gestützten Anspruch nicht entgegengehalten werden (vgl. Entsch. d. RG. in Ziv.-S., Bd. 47, S. 366, Bd. 50, S. 378, Bd. 52, S. 325 in Verbindung mit A. N. 1901, S. 170).

Die Rechtskraft des Bescheides richtet sich ferner in ihrer Wirkung nur gegen den Antragsteller bzw. dessen Rechtsnachfolger und die Reichsversicherungsanstalt.

10. Berechtigter ist derjenige, dessen Anspruch anerkannt oder abgelehnt wird. Ist er minderjährig oder nicht geschäftsfähig bzw. in der Geschäftsfähigkeit beschränkt (vgl. hierzu § 229 Anm. 12), so muß die Zustellung an seinen gesetzlichen Vertreter erfolgen. Ob die Zustellung sonst auch an den Bevollmächtigten oder Beistand eines Berechtigten (§ 257) mit Rechtswirksamkeit erfolgen kann, ist in Anbetracht der ausdrücklichen Vorschrift des Abs. 1 Satz 2 dieses Gesetzes zweifelhaft, jedenfalls geht daraus so viel hervor, daß die Zustellung an den Berechtigten selbst stets ausreichend ist.

Im Falle des Todes des Berechtigten vor der Zustellung des Bescheides hat diese an bezugsberechtigte Hinterbliebene bzw. Angehörige zu erfolgen (vgl. §§ 28 ff. u. §§ 38, 60, 66, 67).

Sind Ehefrauen berechtigt, so hat die Zustellung an diese selbst zu erfolgen.

11. Die Berufung muß bei dem Schiedsgericht eingelegt werden, d. h. bei dem zuständigen Schiedsgericht (vgl. §§ 230 ff. in Verbindung mit §§ 270 ff.).

12. Der § 328 Abs. 2 schreibt vor, daß für Seeleute, die sich außerhalb Europas aufhalten, die Rechtsmittelfrist von der Stelle bestimmt wird, welche die angefochtene Entscheidung erlassen hat, und mindestens 3 Monate von der Zustellung an betragen muß.

13. Über Ruhegeld vgl. §§ 25 ff.

14. Über Renten vgl. §§ 28 ff. u. 63.

15. Die Berechnung der Bezüge ist in den §§ 55 ff. im einzelnen geregelt.

Mündliche Verhandlung.

§ 251. *Mit Ausnahme*[1] *der Fälle des § 240*[2] *ergeht*[3] *die Entscheidung*[4] *nach mündlicher Verhandlung;*[5] *zu dieser ist je ein Versicherungsvertreter*[6] *der Arbeitgeber*[7] *und der versicherten Angestellten*[8] *als Beisitzer*[9] *zuzuziehen.*[10]

E. I. § 251.
E. II. § 249.
RVO. —

1. Eine weitere Ausnahme für dasjenige Verfahren, welches das Ruhen (§§ 73—78), die Einstellung (§§ 38—40, 72) und die Kürzung (§ 95) betrifft, enthält § 269 Abs. 3.

2. Der § 240 überläßt die Entscheidung dem Vorsitzenden allein ohne mündliche Verhandlung, wenn es sich handelt um Ruhegeld wegen Vollendung des gesetzlichen Alters, um Leibrente, um Hinterbliebenenrente, um Abfindung oder um Erstattung, sieht aber noch weitere durch eine Verordnung des Reichskanzlers zu bestimmende Fälle dieser Art vor.

3. Aus dem Wort „ergeht" folgt, daß die mündliche Verhandlung obligatorisch ist und ihre Unterlassung oder Verletzung einen wesentlichen Mangel des Verfahrens darstellt, auf welchen die Revision gestützt werden kann (§ 286 Z. 2).

4. Nur die Entscheidung ergeht nach mündlicher Verhandlung. Der Grundsatz der Mündlichkeit steht der Heranziehung der Schriftform bei der Erledigung des Verfahrens nicht entgegen, insbesondere ist dieselbe in dem die mündliche Verhandlung vorbereitenden Verfahren (§ 252) gestattet.

5. Mündliche Verhandlung bedeutet sprachlichen Vortrag des bei der Entscheidung zu berücksichtigenden Sachverhalts durch die Parteien, sie schließt eine Bezugnahme auf Urkunden bei Gelegenheit des Vortrags nicht aus und erfordert deshalb auch nicht den wörtlichen Vortrag von Urkunden. Als Parteien kommen hier der Antragsteller bzw. sein Vertreter und der Vertreter der Reichsversicherungsanstalt in Betracht (§ 256).

6. Die Gesamtzahl der Versicherungsvertreter beim Rentenausschuß beträgt nach § 131 mindestens 20.

7. Der Begriff Arbeitgeber ist in § 113 Anm. 2 und § 170 Anm. 1 erläutert.

8. Über versicherte Angestellte vgl. das zu § 113 Anm. 3 Gesagte.

9. Die Bestimmungen über die Wahlen und das Amt der Beisitzer sind in den §§ 131—140 enthalten.

10. Die Zuziehung je eines Versicherungsvertreters der Arbeitgeber und der versicherten Angestellten als Beisitzer zu der mündlichen Verhandlung des Rentenausschusses ist eine Mußvorschrift („ist . . . zuzuziehen"), die Unterlassung der Zuziehung bildet einen wesentlichen Mangel des Verfahrens, auf welchen nach § 286 Z. 2 die Revision und nach § 297 Z. 1 der Antrag auf Wiederaufnahme des Verfahrens gestützt werden kann.

Vorbereitung der Sache durch den Vorsitzenden.

§ 252. *Der Vorsitzende*[1] *bereitet die Sache vor*[2] *und kann*[3] *vor der mündlichen Verhandlung Beweis erheben. Die Vorschriften der §§ 241 bis 249*[4] *gelten entsprechend.*[5]

E. I. § 252.
E. II. § 250.
RVO. § 1652 (1615).

1. Über den Vorsitzenden des Rentenausschusses vgl. §§ 129, 130.

2. Die Vorbereitung der Sache besteht regelmäßig in der Durchsicht der Vorgänge, der Veranlassung der zur genügenden Klarstellung des Sachverhalts erforderlichen Ermittlungen, der Heranschaffung fehlender Beweisstücke, der Bestimmung der Verhandlungszeit, der Mitteilung derselben an die Reichsversicherungsanstalt und den Antragsteller, der Bestimmung der Reihenfolge der zuzuziehenden Versicherungsvertreter, sofern hierüber keine allgemeinen Bestimmungen getroffen sind, u. ä. Abgesehen davon sind Beweiserhebungen, Ladungen von Zeugen und Sachverständigen usw. in das pflichtgemäße Ermessen des Vorsitzenden bei der Vorbereitung der Sache gestellt; vgl. Anm. 3 u. §§ 253, 254.

3. Der Vorsitzende kann vor der mündlichen Verhandlung Beweis erheben, er braucht es aber nicht zu tun. Der Rentenausschuß ist bei seiner Entscheidung an eine solche Beweiserhebung nicht gebunden, entscheidet vielmehr lediglich auf Grund des in der mündlichen Verhandlung vorgetragenen oder zum Gegenstand der Beweisaufnahme gemachten Sachverhalts.

4. Die Vorschriften der §§ 241—249 betreffen im wesentlichen die vorbereitende Beweiserhebung (§ 241), die Maßregeln zur Erwirkung der Einnahme des Augenscheins in besonderen Fällen (§ 242), die Pflichten und Rechte der Zeugen und Sachverständigen (§§ 243—246), das Verfahren vor dem ersuchten Amtsgerichte (§ 247), die Mitteilung der Vorgänge an die Beteiligten (§ 248) sowie die Aussetzung des Verfahrens zwecks Feststellung eines familien- oder erbrechtlichen Verhältnisses im ordentlichen Rechtswege (§ 249) und gelten an sich für das vor dem Vorsitzenden allein ohne mündliche Verhandlung stattfindende Verfahren.

5. Wenn es auf die Frage ankommt, ob Invalidität vorliegt so wird der Vorsitzende — entsprechend § 1619

RVO. — zweckmäßig unmittelbar vor der mündlichen Verhandlung eine Untersuchung des Antragstellers und eine ärztliche Begutachtung seines Gesundheitszustandes herbeiführen. Dabei empfiehlt es sich, dem ärztlichen Sachverständigen alle den Antragsteller betreffenden Vorgänge zur Einsicht vorzulegen (vgl. Begr. z. RVO.).

Verhandlungszeit, Ladungen.

§ 253.[1] *Der Vorsitzende bestimmt die Verhandlungszeit*[2] *und teilt sie der Reichsversicherungsanstalt und dem Antragsteller mit.*[3]

Der Vorsitzende kann[4] *für die mündliche Verhandlung Zeugen und Sachverständige*[5] *laden und anderes anordnen, besonders auch das persönliche Erscheinen des Antragstellers.*[6]

E. I. § 253.
E. II. § 251.
RVO. § 1655 (1618).

1. Die erforderlichen Ermittlungen sind in der Regel vor der mündlichen Verhandlung anzustellen (vgl. § 252), es kann jedoch der Beweis entweder ganz oder teilweise auch in der mündlichen Verhandlung erhoben werden; das verständige Ermessen des Vorsitzenden entscheidet hierüber. Dieser hat von vornherein darauf Bedacht zu nehmen, die Sache so vorzubereiten, daß voraussichtlich in der ersten mündlichen Verhandlung der Bescheid ergeht (vgl. Begr. z. RVO.).

2. Bestimmung der Verhandlungszeit ist gleichbedeutend mit Anberaumung des Termins zur mündlichen Verhandlung.

3. Die Mitteilung der Verhandlungszeit an die Reichsversicherungsanstalt und den Antragsteller ist erforderlich, weil diese berechtigt sind, einen Vertreter zur mündlichen Verhandlung zu entsenden bzw. selbst zu erscheinen (§ 256).

4. Ebenso wie bei der Beweiserhebung nach § 252 kann der Vorsitzende, aber braucht nicht Zeugen usw. zu laden und die anderen hier vorgesehenen Anordnungen zu treffen.

5. Der Rentenausschuß ist nicht verpflichtet, die von dem Vorsitzenden geladenen Zeugen und Sachverständigen in der mündlichen Verhandlung zu hören.

6. Von einer Festsetzung der Rechtsnachteile, die den Antragsteller treffen, wenn er der Anordnung zum

persönlichen Erscheinen nicht nachkommt, hat das Gesetz abgesehen, ihre Bestimmung bleibt der Verordnung des Reichskanzlers über das Verfahren der Rentenausschüsse (§ 123 Abs. 2) vorbehalten (vgl. § 11 Abs. 3 der Kaiserlichen Verordnung betr. das Verfahren vor den Schiedsgerichten für Arbeiterversicherung v. 22. Novbr. 1900, wonach dem Beteiligten, dessen persönliches Erscheinen angeordnet wird, zu eröffnen ist, daß aus seinem Nichterscheinen ungünstige Schlüsse für seinen Anspruch gezogen werden können).

Reihenfolge der Verhandlungen.

§ 254. *Der Vorsitzende bestimmt die Reihenfolge,*[1] *in der die Versicherungsvertreter zu den Verhandlungen*[2] *zuzuziehen sind. Der Reichskanzler*[3] *kann hierüber allgemeine Bestimmungen treffen.*[4]

E. I. § 254.
E. II. § 252.
RVO. §§ 1603, 1620 (1572, 1581).

1. Die Bestimmung der Reihenfolge ist insofern von Bedeutung, als das Amt eines Beisitzers des Rentenausschusses ein Ehrenamt ist (§ 140) und die mindestens zwanzig Beisitzer jedes Rentenausschusses (§ 132) nicht sämtlich zu allen mündlichen Verhandlungen zuzuziehen sind (§ 251), aber auch mit Rücksicht auf ihren Beruf nicht oft hintereinander, sondern möglichst in angemessenen Zwischenräumen während ihrer durchschnittlich sechsjährigen Wahlzeit (§§ 136, 115) zugezogen werden sollen. Die Bestimmung der Reihenfolge dient auch dazu, Willkürlichkeiten bei der Zuziehung vorzubeugen und sichert so das Vertrauen in die Rechtsprechung. Eine Abweichung von der einmal bestimmten Reihenfolge ist dem Vorsitzenden hier nicht gestattet (vgl. dagegen § 275 Abs. 2).

2. Nur zu den Verhandlungen werden die Versicherungsvertreter hinzugezogen, nicht zu etwaigen außerhalb der mündlichen Verhandlung stattfindenden Beweisaufnahmen.

3. Der Wegfall der in den Entwürfen hier und an anderen Stellen des Gesetzes hinter „Reichskanzler" sich befindenden Worte „Reichsamt des Innern" hat keine materielle Bedeutung. Dieser Zusatz ist auch in die RVO. als überflüssig nicht aufgenommen worden, weil es selbstverständlich ist, daß der Reichskanzelr in den Angelegenheiten, welche zum Geschäftsbereiche des Reichsamts des

Innern gehören, durch dieses vertreten wird (vgl. oben § 76 Anm. 8).

4. Diese allgemeinen Bestimmungen wird voraussichtlich die Verordnung des § 123 Abs. 2 treffen.

Öffentlichkeit.

§ 255.[1] *Die mündliche Verhandlung*[2] *ist öffentlich.*[3]

Die Öffentlichkeit[4] *kann aus Gründen des öffentlichen Wohles*[5] *oder der Sittlichkeit ausgeschlossen werden;*[6] *der Beschluß*[7] *ist öffentlich zu verkünden.*[8]

E. I. § 255.
E. II. § 253.
RVO. § 1660 (1620).

1. Für § 255 hat ebenso wie für § 1660 RVO. der § 13 Abs. 1 der Kaiserlichen Verordnung betr. das Verfahren vor den Schiedsgerichten für Arbeiterversicherung v. 22. Novbr. 1900 als Vorbild gedient.

2. Über mündliche Verhandlung vgl. § 251 Anm. 5.

3. Die Öffentlichkeit besteht darin, daß nicht nur die an dem Verfahren Beteiligten, sondern in der Regel jedermann aus dem Publikum während der Dauer der mündlichen Verhandlung zu den Räumen, in welchen sie stattfindet, Zutritt erhält. Die Öffentlichkeit hat jedoch ihre Grenze in der tatsächlichen Möglichkeit der Gewährung des Zutritts zu dem Verhandlungsraum. Sie ist daher nicht unzulässig beschränkt, wenn der Vorsitzende wegen Überfüllung des Raums die Türen während der Verhandlung schließen läßt oder wenn der Eintritt nur gegen Einlaßkarten gewährt wird, deren Zahl sich nach den zur Verfügung stehenden Plätzen richtet (vgl. JW. 1906, S. 794 Nr. 59 u. 60, Entsch. d. RG. in Strafs., Bd. 2, S. 301 u. Bd. 23, S. 219).

4. Ein Verstoß gegen die Vorschrift der Öffentlichkeit stellt sich, wenn er bei einer mündlichen Verhandlung vorgekommen ist, auf Grund deren das mit der Revision angefochtene Urteil gesprochen ist, in allen Fällen, ohne Rücksicht darauf, ob die Rechtsnormenverletzung für die getroffene Entscheidung nachweisbar kasual gewesen ist, als Revisionsgrund dar (RG. in Ziv.-S., Bd. 16, S. 394). Es dürfen daher — abgesehen von dem Falle der Überfüllung (vgl. Anm. 1) — die Türen zum Verhandlungsraum während der Verhandlung auch nur zeitweise nicht geschlossen sein, noch dürfen bestimmte Personen von vornherein oder ohne besondere Rechtfertigung (vgl. Abs. 2 in

§ 258) von dem Zutritt zur Verhandlung ausgeschlossen werden (vgl. Sydow-Busch, ZPO., 12. Aufl., zu § 170 GVG., S. 1029 Anm. 2); jedoch kann ein Verstoß gegen die Vorschrift über die Öffentlichkeit durch eine ordnungsgemäße Wiederholung des betreffenden Teils der Verhandlung geheilt werden (vgl. Entsch. d. RG. in Strafs., Bd. 35, S. 353).

5. Der Ursprung der Bestimmung des Abs. 2 findet sich in § 173 GVG. Es ist daher anzunehmen, daß die Gründe des öffentlichen Wohles mit der im § 173 a. a. O. enthaltenen Gefährdung der öffentlichen Ordnung, insbesondere der Staatssicherheit identisch sind. Gründe des öffentlichen Wohls liegen dementsprechend auch vor, wenn die Öffentlichkeit zur Störung der mündlichen Verhandlung und zur Erschwerung der Wahrheitsermittlung mißbraucht wird oder wenn sie eine Belästigung und Mißhandlung von Zeugen durch dem Antragsteller nahestehende Personen befürchten läßt (vgl. Entsch. d. RG. in Strafs., Bd. 30, S. 104 u. JW. 1896, S. 511, Nr. 1).

6. Über den Ausschluß der Öffentlichkeit entscheidet der Rentenausschuß nach freiem Ermessen, ohne dabei an Anträge oder Erklärungen der Beteiligten gebunden zu sein. Der Ausschluß kann sowohl bei Beginn der Verhandlung wie im Laufe derselben und nicht nur für die ganze Verhandlung, sondern auch für einen Teil derselben beschlossen werden.

7. Eine nähere Begründung des Beschlusses ist nicht erforderlich. Der Beschluß kann jederzeit während der Verhandlung abgeändert werden, wenn dies nach dem Ermessen des Gerichts durch den Gang der Verhandlung geboten erscheint (vgl. Entsch. d. RG. in Strafs., Bd. 26, S. 395).

8. Die Verhandlung über den Ausschluß der Öffentlichkeit findet entsprechend § 175 GVG. in nichtöffentlicher Sitzung statt, die Verkündung des Beschlusses muß jedoch, ebenso wie nach § 262 die Entscheidung, unter allen Umständen öffentlich erfolgen.

Vertreter und Antragsteller.

§ 256. *Die Reichsversicherungsanstalt*[1] *ist berechtigt,*[2] *einen Vertreter*[3] *zu der mündlichen Verhandlung zu entsenden.*[4]

Der Antragsteller[5] *kann selbst erscheinen*[6] *oder sich vertreten lassen.*[7][8]

Der Vertreter der Reichsversicherungsanstalt sowie der Antragsteller oder sein Vertreter sind zu hören.[9]

E. I. § 256.
E. II. § 254.
RVO. § 1662 (1621).

1. Über Reichsversicherungsanstalt vgl. §§ 96 ff.

2. Die Berechtigung der Reichsversicherungsanstalt, einen Vertreter zu der mündlichen Verhandlung zu entsenden, ergibt sich aus dem Umstande, daß sie als Träger der Versicherung ein Interesse an dem Ausgange der mündlichen Verhandlung hat.

3. Die Auswahl des Vertreters steht im Belieben der Reichsversicherungsanstalt, sie kann also sowohl ein Mitglied des Direktoriums, des Verwaltungsrats und insbesondere auch Vertrauensmänner entsenden; dies letztere dürfte mit Rücksicht auf die innerhalb des ganzen Deutschen Reiches verbreiteten Rentenausschüsse wohl zur Regel werden. Selbstverständlich darf der betreffende Vertrauensmann nicht gleichzeitig Beisitzer des entscheidenden Rentenausschusses sein.

4. Erscheint kein Vertreter der Reichsversicherungsanstalt in der mündlichen Verhandlung, so wird dieselbe auch ohne ihn durchgeführt. Stellt sich durch eine im Laufe der Verhandlung erfolgte Beweisaufnahme eine wesentliche Änderung des vorbereiteten Sachverhalts dar, wird insbesondere eine neue Tatsache erwiesen, mit welcher die Reichsversicherungsanstalt aus den ihr nach Maßgabe des § 248 mitgeteilten gesamten Vorgängen nicht rechnen konnte, so darf eine Entscheidung erst ergehen, nachdem ihr der Inhalt dieses neuen Beweisergebnisses zur Kenntnis gebracht worden ist (vgl. A. N. 1908, S. 228).

5. Bezüglich des Antragstellers gilt das zu Anm. 4 Gesagte entsprechend, wenn er in der mündlichen Verhandlung weder selbst erscheint noch sich vertreten läßt.

6. Erscheint der Antragsteller selbst, so ist von Amts wegen seine Prozeßfähigkeit zu prüfen; vgl. über Prozeßfähigkeit § 97 Anm. 1. Die von einem prozeßunfähigen Antragsteller abgegebene Erklärung und vorgenommene Prozeßhandlung werden dadurch wirksam, daß sie von seinem gesetzlichen Vertreter oder von ihm selbst nach erlangter Prozeßfähigkeit genehmigt werden (vgl. A. N. 1892, S. 328 u. 1905, S. 407).

7. Läßt sich der Antragsteller vertreten, so kann hierbei eine gewillkürte oder eine gesetzliche Vertretung in Frage kommen (vgl. hierüber § 229 Anm. 1).

8. Der Rentenausschuß hat die Legitimation des Vertreters von Amts wegen zu prüfen; die Beibringung einer schriftlichen Vollmacht ist im Gesetze nicht vorgesehen. Wird eine solche beigebracht und ihre Echtheit bestritten, so hat der Rentenausschuß darüber nach freiem Ermessen zu befinden; ebenso hat er den Umfang der Vollmacht nach Lage des Einzelfalles zu beurteilen. Dabei ist im Falle einer allgemein gehaltenen Fassung ihres Inhalts anzunehmen, daß die Vollmacht auch die Befugnis zum Abschluß eines Vergleichs enthält (vgl. A. N. 1888, S. 125).

9. Die Anhörung ist obligatorisch; unterbleibt sie, so leidet das Verfahren an einem wesentlichen Mangel, auf welchen nach § 286 Z. 2 die Revision gestützt werden kann.

Zurückweisung von Beiständen usw.

§ 257.[1] *Der Rententausschuß kann*[2] *Bevollmächtigte und Beistände*[3] *zurückweisen,*[4] *die das Verhandeln vor Behörden*[5] *geschäftsmäßig*[6] *gegen Entgelt*[7] *betreiben.*[8]

Dies gilt nicht[9] *für Rechtsanwälte*[10] *und solche Personen, denen das Verhandeln vor Gericht gestattet ist*[11] *(§ 157 der Zivilprozeßordnung).*[12]

E. I. § 257.
E. II. § 255.
RVO. § 1663 (1622).

1. Der § 257 entspricht ebenso wie § 1663 RVO. dem § 10 Abs. 2 der Kaiserl. Verdg. betr. das Verfahren vor den Schiedsgerichten für Arbeiterversicherung v. 22. Novbr. 1900, die eine ähnliche Vorschrift für das schiedsgerichtliche Verfahren enthält. Wenn im Abs. 2 auf § 157 ZPO. verwiesen wird, so ist darunter die Fassung verstanden, die dieser Paragraph durch die Novelle v. 1. Juni 1909 (RGBl. S. 475) erhalten hat.

2. Die aus dem Worte „kann" sich ergebende fakultative Fassung des Abs. 1 gibt dem Rentenausschuß die Möglichkeit, an solchen Orten, an denen Rechtsanwälte nicht in genügender Zahl vorhanden sind, anderen geeigneten Personen das Verhandeln zu gestatten.

3. Als Bevollmächtigter oder Beistand kann entsprechend ZPO. §§ 79 u. 90 an sich jede prozeßfähige Person auftreten.

4. Die Zurückweisung geschäftsmäßiger Vertreter dient der Bekämpfung der sogenannten Winkeladvokatur und kann nur erfolgen, wenn die Bevollmächtigten und Beistände das Verhandeln vor Behörden geschäftsmäßig gegen Entgelt betreiben, sie richtet sich lediglich gegen Bevollmächtigte und Beistände, nicht gegen den Antragsteller als solchen.

5. Von dem Verhandeln vor Behörden verschieden ist die außerhalb der Behörde erfolgte Vertretung.

6. Geschäftsmäßig ist nicht identisch mit gewerbsmäßig und bedeutet, daß dies Verhandeln vor Behörden von den Bevollmächtigten und Beiständen fortlaufend oder wiederkehrend selbst betrieben wird.

7. Die Worte „gegen Entgelt" sind erst von der Reichstagskommission in das Gesetz hineingebracht worden, sie bringen zum Ausdruck, daß die Geschäftsmäßigkeit allein zur Zurückweisung nicht genügt, vielmehr auch eine Gewerbsmäßigkeit in dem Betreiben des Verhandelns vor Behörden vorliegen muß. Diese Fassung geht weiter als diejenige des § 1663 RVO., des § 10 Abs. 2 der in Anm. 1 erwähnten Kaiserl. Verdg. und des § 157 Abs. 1 ZPO.

8. Erfolgt eine Zurückweisung der in Abs. 1 bezeichneten Bevollmächtigten und Beistände und ist der Antragsteller in der mündlichen Verhandlung nicht selbst erschienen, so muß der Termin vertagt und dem Antragsteller unter Mitteilung der Zurückweisung Gelegenheit gegeben werden, in einem neuen Termine entweder selbst zu erscheinen oder sich durch eine andere geeignete Person vertreten zu lassen. Erscheint er in dem neuen Termin nicht selbst, oder läßt er sich darin wiederum durch den zurückgewiesenen Bevollmächtigten oder Beistand vertreten, so bedarf es keiner nochmaligen Vertagung, vielmehr kann der Rentenausschuß ohne weiteres entscheiden (vgl. A. N. 1905, S. 488).

9. Die Vorschrift, daß der Abs. 1 nicht gilt für Rechtsanwälte und solche Personen, denen das Verhandeln vor Gericht gestattet ist, stellt in Übereinstimmung mit § 1663 RVO. eine bemerkenswerte Abweichung von § 31 GewGG. u. § 16 Abs. 1 KaufmGG. dar, wonach die Genannten als Prozeßbevollmächtigte oder Beistände vor dem Gewerbe- bzw. Kaufmannsgerichte nicht zugelassen werden.

10. Den Rechtsanwälten sind deren rechtskundige Stellvertreter, d. h. mindestens 2 Jahre im Vorbereitungsdienst beschäftigte Juristen, gleich zu achten (§ 25 der Rechtsanwaltsordnung vom 1. Juli 1876 — RGBl. S. 177 —). Die Vergütung für die Berufstätigkeit der Rechtsanwälte im Verfahren in Sachen der Angestelltenversicherung dürfte

entsprechend § 1804 RVO. erst noch durch eine Gebührenordnung geregelt werden. A. M. Baum in der Zeitschrift für die gesamte Versicherungswissenschaft, Berlin 1912, Bd. XII, S. 441.

11. Über die Personen, denen das Verhandeln vor Gericht gestattet ist und welche z. B. in Preußen: „Prozeßagenten" genannt werden, sind nach Sydow-Busch ZPO., 12. Aufl., S. 191, Anm. 11 folgende Bestimmungen ergangen: Preußen: Verf. d. Gestatt. d. mündl. Verhdls. v. Ger. v. 25. Septbr. 1899 (JMBl. S. 272). Bayern: Bek. betr. Vollzug d. § 157 Abs. 4 ZPO. v. 4. Jan. 1900 (JMBl. S. 115). Sachsen: § 1 Ver. betr. einige Vorschr. d. ZPO. v. 1. Novbr. 1899 (GVBl. S. 481) u. Verf. betr. Gestatt. d. mündl. Verh. v. d. Amtsger. v. 2. Novbr. 1899 (JMBl. S. 72). Baden: Vertr. betr. Gestatt. d. mündl. Verh. v. Ger. v. 10. Novbr. 1899 (GVBl. S. 518).

12. Nach § 157 ZPO. ist der Beschluß, durch welchen Bevollmächtigte und Beistände zurückgewiesen werden, unanfechtbar. Durch die Unanfechtbarkeit wird allerdings eine Beschwerde im Dienstaufsichtswege nicht unterbunden.

Sitzungspolizei.

§ 258. *Die Vorschriften des Gerichtsverfassungsgesetzes*[1] *über die Aufrechterhaltung der Ordnung in der Sitzung (§§ 176 bis 182,*[2] *184)*[3] *gelten entsprechend.*

Über Beschwerden[4] *gegen Ordnungsstrafen*[5] *entscheidet das Schiedsgericht*[6] *endgültig.*

E. I. § 258.
E. II. § 256.
RVO. § 1664 (1623).

1. Die hier erwähnten Vorschriften des GVG. behandeln ausschließlich die Sitzungspolizei.

2. Die §§ 176—182 GVG. bestimmen im wesentlichen folgendes:

a) Unerwachsenen und solchen Personen, welche sich nicht im Besitze der bürgerlichen Ehrenrechte befinden und welche in einer der Würde des Gerichts nicht entsprechenden Weise erscheinen, kann der Zutritt zur öffentlichen Verhandlung untersagt werden. Zu nichtöffentlichen Verhandlungen kann der Zutritt einzelnen Personen gestattet werden, ohne daß es einer Anhörung der Beteiligten bedarf (§ 176).

b) Die Aufrechterhaltung der äußeren Ordnung in der Sitzung liegt dem Vorsitzenden ob (§ 177), und zwar gegenüber jeder, im Verhandlungszimmer anwesenden Person, insbesondere also auch Beisitzern, Protokollführern, Rechtsanwälten, Parteien, Zeugen, Sachverständigen und nicht beteiligten Personen gegenüber (§ 177 u. RG. in Strafs., Bd. 11, S. 138).

c) Die eigentliche Sitzungspolizei handhabt der Vorsitzende unter Mitwirkung des Gerichts, sie richtet sich einerseits gegen Ungehorsam, d. h. wenn Parteien, Zeugen, Sachverständige oder bei der Verhandlung nicht beteiligte Personen den zur Aufrechterhaltung der Ordnung erlassenen Befehlen nicht gehorchen, andererseits gegen Ungebühr, d. h. wenn Parteien, Zeugen, Sachverständige oder bei der Verhandlung nicht beteiligte Personen sich eine gröbliche Verletzung der Würde des Gerichts oder der gerichtlichen Ruhe und Ordnung zuschulden kommen lassen. Als Zwangsmaßregeln sind bei Ungehorsam Entfernung aus dem Sitzungszimmer und Haft bis zu 24 Stunden, bei Ungebühr Geldstrafe bis zu 100 Mark oder Haft bis zu drei Tagen zugelassen, gegen einen bei der Verhandlung beteiligten Rechtsanwalt jedoch in letzterem Falle, vorbehaltlich der strafgerichtlichen oder disziplinaren Verfolgung, nur eine Geldstrafe bis zu 100 Mark (§§ 178, 179, 180, 181).

d) Die zu b und c erwähnten Befugnisse stehen auch einem einzelnen Richter bei der Vornahme von Amtshandlungen außerhalb der Sitzung zu (§ 182).

3. Nach § 184 GVG. ist, sobald eine Ordnungsstrafe wegen Ungebühr festgesetzt oder eine Person zur Haft abgeführt oder eine bei der Verhandlung beteiligte Person aus dem Sitzungszimmer entfernt ist, der Beschluß des Gerichts und dessen Veranlassung (Niederschrift) in das Protokoll aufzunehmen; vgl. über Niederschrift auch § 263. Die Aufnahme der Veranlassung in die Niederschrift muß derartig gefaßt sein, daß sie der mit der Entscheidung über die Beschwerde befaßten höheren Instanz ein vollständiges Urteil über die getroffene Maßnahme ermöglicht. Ist die Aufnahme unterblieben, so unterliegt der Ordnungsstrafenbeschluß auf Beschwerde der Aufhebung (vgl. Johow, Jahrbuch, Entsch. d. Kammergerichts, Bd. 8, S. 260 u. Mugdan-Falkmann, Rechtsprech. d. Oberlandesgerichte, Bd. 1, S. 352, Bd. 3, S. 315).

4. Die Beschwerde gegen eine Ordnungsstrafe ist mangels anderweiter Bestimmungen nach § 328 binnen einem Monat nach der Zustellung der angefochtenen Entscheidung einzulegen. Der Zustellung dürfte wohl im Falle der Anwesenheit des Bestraften bei der Verkündung des Ordnungsstrafenbeschlusses die Verkündung gleich zu stellen sein.

5. Die aus den Ordnungsstrafen des Rentenaus-

schusses sich ergebenden Strafgelder fließen in die Kasse der Reichsversicherungsanstalt (§§ 168 Abs. 1, 359 Abs. 1).

6. Über Schiedsgericht vgl. §§ 157 ff. u. 270 ff.

Beweisaufnahme.

§ 259. *Hält der Rentenauschuß die Sache nicht für genügend aufgeklärt, so beschließt er den erforderlichen Beweis.*[1] *Die Ausführung*[2] *des Beschlusses kann er dem Vorsitzenden übertragen.*

Für die Beweisaufnahme gelten §§ 243 bis 248,[3] *für die nachträgliche Anordnung, ein Rechtsverhältnis im ordentlichen Rechtsweg*[4] *feststellen zu lassen, gilt § 249*[5] *entsprechend.*

E. I. § 259.
E. II. § 257.
RVO. § 1665 (1624).

1. Dem Rentenausschusse stehen, wenn er weiteren Beweis erheben will, die gleichen Befugnisse zu wie dem Vorsitzenden.

2. Nur die Ausführung des Beschlusses kann der Rentenausschuß dem Vorsitzenden übertragen, nicht die Beschlußfassung als solche.

3. Die §§ 243—248 betreffen die Pflichten und Rechte der Zeugen und Sachverständigen (§§ 243—246), das Verfahren vor dem um die Beweiserhebung ersuchten Amtsgerichte (§ 247) und die Mitteilung der Vorgänge an Antragsteller und Reichsversicherungsanstalt (§ 248).

4. Über ordentlichen Rechtsweg vgl. § 249 Anm. 5.

5. Dem Rentenausschuß steht durch die entsprechende Anwendung des § 249 also die Befugnis zu, das Verfahren bis zur rechtskräftigen Feststellung des in Frage kommenden familienrechtlichen und erbrechtlichen Verhältnisses auszusetzen.

Entscheidung.

§ 260.[1] *Der Rentenausschuß entscheidet*[2] [3] *nach Stimmenmehrheit.*[4]

Bildet sich bei der Abstimmung[5] *über die Höhe von Beträgen*[6] *keine Mehrheit, so werden die für den größeren Betrag abgegebenen Stimmen den für den zu-*

nächst geringeren abgegebenen so lange hinzugerechnet, bis sich eine Mehrheit ergibt.[7]

E. I. § 260.
E. II. § 258.
RVO. § 1667 (1626).

1. Der § 260 ist ebenso wie der § 1667 RVO. dem § 19 Abs. 1 der Kaiserl. Verdg. betr. das Verfahren vor den Schiedsgerichten für Arbeiterversicherung v. 22. Novbr. 1900 nachgebildet.

2. Die Worte „der Rentenausschuß entscheidet" sind von der Reichstagskommission an die Stelle der im Entwurf vorgesehenen Fassung „die Entscheidung erfolgt" gesetzt worden.

3. Die Entscheidung des Rentenausschusses erfolgt nach freiem Ermessen auf Grund der bis zum Schluß der mündlichen Verhandlung zur Begründung des Anspruchs vorgebrachten und erwiesenen Tatsachen; dabei ist der Rentenausschuß — abweichend von dem Verfahren in den bürgerlichen Rechtsstreitigkeiten — nicht berechtigt, einen Anspruch deswegen zurückzuweisen, weil ein Antragsteller die ihm obliegende Beweispflicht nicht erfüllt hat, er ist vielmehr wie die rechtsprechenden Organe der Arbeiterversicherung verpflichtet, den gesamten Sachverhalt von Amts wegen aufzuklären und Behauptungen der Antragsteller von Amts wegen nachzuprüfen

4. Die einfache Stimmenmehrheit genügt für die Entscheidung der Frage, ob der Anspruch an sich, ohne Rücksicht auf seine Höhe, begründet ist oder nicht. Für die Entscheidung über die Höhe der Beträge gilt Abs. 2.

5. Die der Abstimmung vorausgehende Beratung und Beschlußfassung hat in nicht öffentlicher Sitzung und nur unter Mitwirkung solcher Mitglieder zu erfolgen, vor welchen die mündliche Verhandlung stattgefunden hat.

6. Nur für die Abstimmung über die Höhe der Beträge gilt die Vorschrift des Abs. 2, also nur, wenn der Vorsitzende und die beiden Beisitzer je einen verschiedenen Betrag vorschlagen.

7. Die hier für die Mehrheitsbildung gegebene Vorschrift weicht von der entsprechenden Bestimmung für die Beschlußfassung des Verwaltungsrats (§ 100) und des Schiedsgerichts bezw. Oberschiedsgerichts (§§ 276, 291) insofern ab, als das Ausscheiden nichtbeamteter oder dem Lebensalter nach jüngerer Beisitzer nicht in Frage kommt.

Vergütung an den erschienenen Antragsteller.

§ 261.[1] *Ist der Antragsteller auf Anordnung des Vorsitzenden*[2] *in der mündlichen Verhandlung erschienen, so werden ihm auf Verlangen*[3] *bare Auslagen*[4] *und Zeitverlust*[5] *vergütet; sie können*[6] *vergütet werden, wenn er ohne Anordnung erscheint und der Rentenausschuß das Erscheinen für erforderlich hält.*[7] [8]

Auf Beschwerde[9] *gegen die Verfügung,*[10] *welche die Vergütung festsetzt oder ablehnt, entscheidet das Schiedsgericht endgültig.*[11]

War der Antragsteller ohne Anordnung erschienen, so gilt die Vergütung als abgelehnt, wenn der Rentenausschuß nicht ausdrücklich feststellt, daß das Erscheinen erforderlich war. In diesem Falle findet Beschwerde nicht statt.[12]

E I. § 261.
E. II § 259.
RVO. § 1669 (1632).

1. Die Reichstagskommission hat in diesem Paragraphen gegenüber dem Entwurf wesentliche Änderungen vorgenommen, indem sie einerseits in Abs. 2 die Worte: „Verfügung, welche die Vergütung festsetzt oder ablehnt, entscheidet" an Stelle der Fassung: „Festsetzung der Vergütung beschließt" wählte und andererseits den Abs. 3 hinzufügte.

2. Der Vorsitzende wird das persönliche Erscheinen des Antragstellers in der mündlichen Verhandlung anzuordnen haben, wenn es ihm nach seinem pflichtgemäßen Ermessen notwendig erscheint. Dies wird insbesondere dann der Fall sein, wenn es auf die Frage ankommt, ob Invalidität vorliegt und der richterliche Augenschein durch den persönlichen Eindruck des Antragstellers zur vollständigen Aufklärung des Sachverhalts dienlich erscheint.

3. Nur auf Verlangen, nicht von Amts wegen wird eine Vergütung der baren Auslagen und des Zeitverlustes gewährt; wird das Verlangen aber gestellt, so muß sie gewährt werden.

4. Bare Auslagen sind insbesondere Reise- und Verpflegungskosten.

5. Der Zeitverlust betrifft namentlich die für die Anwesenheit in der Sitzung erforderliche Zeit einschließlich Hin- und Rückweg.

6. Erscheint der Antragsteller ohne Anordnung des Vorsitzenden, so hat er, wie das Wort „kann" ergibt, im Gegensatz zu dem auf Anordnung erfolgten Erscheinen, keinen Anspruch auf Vergütung.

7. Die Vergütung im Falle des nicht angeordneten Erscheinens ist nur dann zu gewähren, wenn der Rentenausschuß das Erscheinen für erforderlich hält, d. h. wenn die persönliche Anwesenheit des Antragstellers zur Klarstellung des Sachverhalts notwendig ist.

8. Über die Höhe der Vergütung dürfte die Verordnung des Reichskanzlers betreffend das Verfahren der Rentenausschüsse (§ 123 Abs. 3) nähere Bestimmungen treffen (vgl. entsprechend Begr. z. RVO.).

9. Die Beschwerde ist ausgeschlossen, wenn der Antragsteller ohne Anordnung erschienen ist oder der Rentenausschuß nicht ausdrücklich festgestellt hat, daß sein Erscheinen erforderlich war (vgl. Abs. 3).

10. Die Verfügung wird von dem Rentenausschuß, nicht von dem Vorsitzenden erlassen.

11. Über „endgültig" gilt das § 211 Anm. 3 Gesagte entsprechend.

12. Die Bestimmung des Abs. 3 gilt nur für den Fall, daß der Antragsteller ohne Anordnung erscheint. Erscheint er auf Anordnung des Vorsitzenden, so werden ihm auch ohne ausdrückliche Feststellung des Rentenausschusses, da sein Erscheinen erforderlich war, auf Verlangen bare Auslagen und Zeitverlust von Amts wegen vergütet (vgl. Anm. 3).

Verkündung der Entscheidung.

§ 262. *Die Entscheidung*[1] *wird*[2] *öffentlich verkündet, auch wenn die Öffentlichkeit*[3] *der Verhandlung ausgeschlossen*[4] *war. Im übrigen gilt für den Bescheid § 250.*[5]

E. I. § 263.
E. II § 260.
RVO. § 1671 (1634).

1. Die Entscheidung ist gleichbedeutend mit Bescheid im Sinne des § 250 (vgl. unten Anm. 5).

2. Der Entw. enthielt hinter „wird" entsprechend der Fassung des § 174 GVG. die Worte „in jedem Falle", um zum Ausdruck zu bringen, daß das Urteil auch dann öffentlich zu verkünden ist, wenn nach § 255 Abs. 2 die Öffentlichkeit für die Verhandlung ausgeschlossen war. Die

Reichstagskommission hat diesen Gedanken unter Streichung der Worte „in jedem Falle" durch Hinzufügung des mit „auch wenn" beginnenden zweiten Halbsatzes des Abs. 1 übereinstimmend mit § 1671 RVO. im Gesetz präzisiert.

3. Über Öffentlichkeit vgl. Anm. 3 und 4 zu § 255.

4. Die Gründe für den Ausschluß der Öffentlichkeit ergeben sich aus § 255 Abs. 2.

5. Nach § 250 ist der Bescheid mit Gründen zu versehen und seine Urschrift von dem Vorsitzenden zu unterschreiben, je eine Ausfertigung aber von Amts wegen der Reichsversicherunganstalt und jedem Antragsteller zuzustellen mit einem Hinweis auf den Eintritt der Rechtskraft für den Fall der nicht binnen Monatsfrist erfolgenden Berufungseinlegung. Der Bescheid muß ferner bei Gewährung von Ruhegeld oder Rente Angaben über Höhe, Beginn sowie Art der Berechnung der Bezüge enthalten.

Niederschrift der Verhandlung.

§ 263. *Über die mündliche Verhandlung*[1] *wird eine Niederschrift*[2] *aufgenommen.*[3]

E. I. § 264.
E. II. § 261.
RVO. § 1672 (1635).

1. Über mündliche Verhandlung vgl. § 255 Anm. 2.

2. Der deutsche Ausdruck Niederschrift ist ebenso wie in der RVO. an die Stelle des in den Reichsjustizgesetzen gewählten Wortes „Protokoll" getreten.

Die Niederschrift wird von einem zu der mündlichen Verhandlung hinzuzuziehenden vereidigten Protokollführer (Bureaubeamten) aufgenommen und wird entsprechend §§ 159 ff. ZPO. und § 16 der Kaiserl. Vdg. betreffend das Verfahren vor den Schiedsgerichten für Arbeiterversicherung vom 22. Nov. 1900 die Namen des Vorsitzenden und der mitwirkenden Beisitzer, deren Eigenschaften als Vorsitzender, Vertreter der Arbeitgeber und Vertreter der versicherten Angestellten sowie die Bezeichnung des Berufs der Beisitzer und den Gang der Verhandlung im allgemeinen anzugeben haben. Sie wird, soweit in ihr Vergleiche, Anerkenntnisse oder Verzichtleistungen festgestellt worden sind, den Beteiligten vorzulesen, mit einem Vermerk über die etwaige Genehmigung des vorgelesenen Inhalts zu versehen und stets von dem Vorsitzenden und dem Protokollführer zu unterschreiben sein.

Eingehende Bestimmungen über die Führung der Niederschrift wird vermutlich die gemäß § 123 Abs. 2 über das Verfahren der Rentenausschüsse zu erlassende Verordnung des Reichskanzlers bringen.

3. Die Worte „wird . . . aufgenommen" sollen zum Ausdruck bringen, daß die Aufnahme der Niederschrift obligatorisch ist.

Berichtigungen.

§ 264.[1] *Schreib- und Rechenfehler*[2] *und ähnliche offenbare Unrichtigkeiten,*[3] *die im Bescheide*[4] *vorkommen, sind jederzeit*[5] *auf Antrag oder von Amts wegen*[6] *zu berichtigen.*[7]

Der Vorsitzende entscheidet ohne mündliche Verhandlung,[8] *ob zu berichtigen ist.*

Berichtigt er, so wird die Verfügung auf der Urschrift des Bescheids und den Ausfertigungen vermerkt.[9] *Über die Verfügung kann sich der Beteiligte bei dem Schiedsgerichte beschweren,*[10] *das Schiedsgericht entscheidet endgültig.*

Die Verfügung,[11] *die eine Berichtigung ablehnt, ist unanfechtbar.*

E. I. § 265.
E. II. § 262.
RVO. § 1673 (1636).

1. Der § 264 ist ebenso wie § 1673 RVO. den Vorschriften des § 319 ZPO. nachgebildet und den besonderen Bedürfnissen des Verfahrens in Sachen der Angestelltenversicherung angepaßt (vgl. auch § 45 der Kaiserl. Vdg. betr. den Geschäftsgang und das Verfahren des RVA. v. 19. Okt. 1900; RGBl. S. 983).

2. Schreib- und Rechenfehler sowie ähnliche offenbare Unrichtigkeiten stellen Flüchtigkeitsversehen oder Zufälligkeiten in der Ausdrucksweise dar.

3. Insbesondere gehören zu den ähnlichen offenbaren Unrichtigkeiten alle Mängel des Bescheides, die mit dem Inhalt der Entscheidungsgründe im Widerspruch stehen und dergestalt erkennbar sind, daß aus dem Zusammenhalte von Bescheidformel und Entscheidungsgründen sowohl das Bestehen des untergelaufenen Versehens als auch das bei der Entscheidung wirklich Gewollte sich mit Gewißheit ergibt. In solchen Fällen handelt es sich

eigentlich überall nicht um eine Abänderung der gewollten, wenn auch in ihren Voraussetzungen irrtümlichen Entscheidung, sondern um die Feststellung des ursprünglich beabsichtigten, aus Versehen in anderer Fassung verkündeten Bescheides, eine Feststellung, die in den Gründen selber ihre objektive, unanfechtbare Grundlage findet. Hierbei kommt selbstverständlich alles auf die besondere Lage jedes einzelnen Falles an (vgl. RG. in Ziv.-S. Bd. 23, S. 411).

Mängel bei der Bildung des Entscheidungswillens sind von den Mängeln in der Erklärung des Entscheidungswillens streng zu unterscheiden. Was wirklich gewollt ist, darf auch dann nicht berichtigt werden, wenn nachträglich erkannt wird, daß die getroffene Entscheidung auf einer irrtümlichen Annahme oder einer unrichtigen tatsächlichen Grundlage beruht (vgl. JW. 1897, S. 233 Nr. 19 und 1899, S. 225 Nr. 11 in Verbindung mit RG. in Ziv.-S. Bd. 65, S. 301).

4. Die Flüchtigkeitsversehen müssen im Bescheide vorkommen, es ist jedoch entsprechend dem im ordentlichen Rechtsweg anerkannten Brauch anzunehmen, daß sie auch bei Vorkommen in einem Beschluß oder in einem Protokoll berichtigt werden dürfen.

5. Jederzeit bedeutet, daß eine Berichtigung eines Becheides erster Instanz auch noch während des Schwebens des Verfahrens in höherer Instanz und selbst noch nach erlangter Rechtskraft erfolgen kann. Die Berichtigung hat rückwirkende Kraft (vgl. RG. in Ziv.-S. Bd. 29, S. 405 und JW. 1892, S. 272).

6. Die Berichtigung erfolgt auf Antrag oder von Amts wegen, die Ergänzung nach § 265 aber nur auf Antrag der Reichsversicherungsanstalt oder des Antragstellers.

7. Das Berichtigungsverfahren ist auf den Lauf der Rechtsmittelfrist ohne Einfluß. Die Wirkung der ausgesprochenen Berichtigung besteht jedoch darin, daß der berichtigte Text als der von vornherein gültige anzusehen ist (vgl. RG. in Ziv.-S. Bd. 29, S. 406).

8. Der Vorsitzende entscheidet ohne mündliche Verhandlung und ohne Beisitzer in ähnlicher Weise wie im Falle des § 240.

9. Vermerkt wird nur eine die Berichtigung aussprechende, nicht eine dieselbe ablehnende Verfügung. Zum Zwecke des Vermerks sind bereits zugestellte Ausfertigungen zurückzufordern.

10. Die in der Regel binnen einem Monat nach Zustellung des Berichtigungsbeschlusses einzulegende Be-

schwerde (§ 328) kann neben der Berufung eingelegt werden (vgl. entsprechend zu § 319 ZPO.: JW. 1884, S. 171).

11. Abweichend von § 319 ZPO., aber in Übereinstimmung mit § 1673 RVO bedarf es im Berichtigungsverfahren des AVG. keines formellen Beschlusses, es genügt vielmehr eine einfache Verfügung. In dieser Verfügung brauchen die Gründe, aus denen die Berichtigung abgelehnt wird, nicht angegeben zu werden, da sie unanfechtbar ist, die Rücksicht auf den Antragsteller dürfte aber in manchen Fällen die Angabe der Gründe angebracht sein lassen. Vgl. über eine Verfügung, bei der wegen ihrer Anfechtbarkeit die Angabe der Gründe erforderlich erscheint: § 271 Anm. 10.

Nachträgliche Ergänzung des Bescheids.

§ 265.[1] *Hat der Bescheid*[1a] *einen von einer Partei erhobenen*[2] *Haupt- oder Nebenanspruch*[3] *ganz oder teilweise*[4] *übergangen,*[5] *so wird er auf Antrag*[6] *nachträglich ergänzt.*[7]

Über den Antrag kann,[8] *auch wenn der Fall des § 240*[9] *nicht vorliegt, ohne mündliche Verhandlung entschieden werden, wenn es sich um einen Nebenanspruch*[10] *handelt.*[11]

Die ergänzende Entscheidung wird auf der Urschrift des Bescheids und den Ausfertigungen vermerkt.[12]

E. I. § 266.
E. II. § 263.
RVO. § 1674 (1637).

1. Der § 265 ist ebenso wie § 1674 RVO. dem § 321 ZPO. nachgebildet und den besonderen Bedürfnissen des Verfahrens in Sachen der Angestelltenversicherung angepaßt (vgl. auch § 46 der Kaiserl. Vdg. betr. den Geschäftsgang und das Verfahren des RVA. v. 19. Okt. 1900; RGBl. S. 983).

1a. Unter Bescheid ist lediglich die Bescheidformel zu verstehen, die Übergehung in den Entscheidungsgründen kommt nicht in Betracht (vgl. entsprechend für Urteile im ordentlichen Rechtswege: Entsch. des RG. in Ziv.-S. bei Gruchot, Beiträge zur Erläuterung des deutschen Rechts, Bd. 42, S. 1195).

2. Es muß sich um einen von einer Partei erhobenen Anspruch handeln, d. h. er muß nach Maßgabe des ursprünglichen oder berichtigten Tatbestandes des Bescheides (§§ 250, 264) von der Partei geltend gemacht sein.

3. Hauptanspruch ist der für die Feststellung der Leistungen wesentliche Anspruch, unter den Begriff Nebenanspruch fallen Früchte, Nutzungen, Zinsen, Schäden und Kosten, wenn sie als Nebenforderungen geltend gemacht werden (§ 4 ZPO.). Der Nebenanspruch hat also immer das Bestehen eines Hauptanspruchs zur Voraussetzung.

4. Ist über einen Teil des Anspruchs vorabentschieden (vgl. § 250 Anm. 1) und wird dann die Erledigung des noch nicht entschiedenen Restanspruchs beantragt, so liegt darin kein Antrag auf Ergänzung des Bescheides (vgl. Warneyer, ZPO., 3. Aufl., S. 345 zu § 321 Anm. 12).

5. Ob ein Anspruch übergangen ist, muß im einzelnen Falle auf Grund des gesamten Inhalts des Bescheides festgestellt werden (vgl. Entsch. des RG. in Ziv.-S. bei Gruchot a. a. O., Bd. 48, S. 398).

6. Im Gegensatz zu der Berichtigung (§ 264) erfolgt die Ergänzung des Bescheides nur auf Antrag, eine Ergänzung von Amts wegen ist unzulässig. Der Antrag ist abweichend von § 321 ZPO. an keine Frist gebunden und bedarf keiner Form (vgl. auch § 229 Anm. 1).

7. Die Entscheidung über den Ergänzungsantrag erfolgt nicht durch einfache Verfügung wie die Berichtigung des § 264, sondern durch einen mit Gründen zu versehenden Bescheid (§ 250), gleichgültig, ob dem Ergänzungsantrage stattgegeben wird oder nicht (vgl. entsprechend RG. in Ziv.-S. Bd. 30, S. 342).

8. Der Ausdruck kann stellt die Entscheidung darüber, ob mündliche Verhandlung stattfinden soll, in das Ermessen des Rentenausschusses bezw. seines Vorsitzenden.

9. Der § 240 überläßt die Entcheidung dem Vorsitzenden des Rentenausschusses allein ohne mündliche Verhandlung, wenn es sich handelt um Ruhegeld wegen Vollendung des gesetzlichen Alters, um Leibrente, um Hinterbliebenenrente, um Abfindung oder um Erstattung und sieht weitere Fälle in seinem Abs. 2 vor.

10. Nur wenn ein Nebenanspruch (vgl. Anm. 3) in Frage kommt, kann über den Antrag ohne mündliche Verhandlung entschieden werden, im Falle der Ergänzung eines Hauptanspruches ist mündliche Verhandlung, z. B. beim Anspruch auf Ruhegeld wegen Berufsunfähigkeit, erforderlich (§ 240).

11. Die Bestimmung des Abs. 2 läßt es zweifelhaft erscheinen, ob in den Fällen, in welchen ohne mündliche Verhandlung entschieden werden kann, der Vorsitzende allein oder der Rentenausschuß als solcher

zu entscheiden hat. Die Worte „auch wenn der Fall des § 240 nicht vorliegt" deuten darauf hin, daß der Vorsitzende allein entscheiden soll, während die entgegen der Vorschrift des § 264 Abs. 2 nicht ausdrücklich erfolgte Erwähnung des Vorsitzenden den Schluß zuläßt, daß der ordnungsmäßig besetzte Rentenausschuß zu entscheiden hat. Findet mündliche Verhandlung statt, so dürfte wohl nur der Rentenausschuß in Betracht kommen.

12. Nur die ergänzende, nicht eine die Ergänzung ablehnende Entscheidung wird vermerkt (vgl. hierzu § 264 Anm. 9).

Wiederholung eines Antrags auf Ruhegeld.

§ 266. *Ist ein Antrag auf Ruhegeld*[1] *endgültig*[2] *abgelehnt worden, weil Berufsunfähigkeit*[3] *nicht nachweisbar war, so kann er erst ein Jahr,*[4] *nachdem der Bescheid zugestellt*[5] *worden ist, vorher aber nur dann wiederholt werden, wenn glaubhaft bescheinigt*[6] *wird, daß inzwischen Umstände eingetreten sind, die den Nachweis liefern.*[7]

Wird diese Bescheinigung nicht[8] *beigebracht, so weist der Vorsitzende*[9] *des Rentenausschusses den vorzeitig*[10] *wiederholten Antrag zurück. Der Bescheid ist nicht anfechtbar.*

E. I. § 267.
E. II. § 264.
RVO. § 1635 (1596).

1. Über Ruhegeld vgl. §§ 25 ff.

2. Endgültig ist gleichbedeutend mit rechtskräftig. Ein Antrag ist endgültig abgelehnt, wenn entweder der Instanzenzug (§ 156) erschöpft oder die Rechtsmittelfrist fruchtlos verstrichen ist. Endgültig ist die Entscheidung des Oberschiedsgerichts auch dann, wenn es das Urteil des Schiedsgerichts lediglich bestätigt (vgl. A. N. 1905, S. 285).

3. Der Begriff Berufsunfähigkeit ist in § 1 Anm. 2 erläutert.

4. Die einjährige Frist ist eine Ausschlußfrist (vgl. § 23 Anm. 2), sie beginnt von der Zustellung des den Antrag auf Ruhegeld endgültig ablehnenden Bescheides an zu laufen. Für ihre Berechnung gelten die §§ 324 ff.

5. Über Zustellung vgl §§ 335, 336.

6. Die glaubhafte Bescheinigung kann in ärztlichen Zeugnissen und Gutachten, amtlichen Auskünften,

eidesstattlichen Versicherungen von Berufsgenossen, Bestätigungen von Arbeitgebern und ähnlichem bestehen und dient dazu, den Nachweis der inzwischen eingetretenen Berufsunfähigkeit zu liefern (vgl. hierzu Kom.-Ber. z. RVO. Bd. 6, S. 138).

7. Wird die glaubhafte Bescheinigung (Anm. 6) beigebracht oder ist die einjährige Frist (Anm. 4) verstrichen, so hat über den wiederholten Antrag auf Ruhegeld der Rentenausschuß zu entscheiden, während bei nicht erfolgender Beibringung der Bescheinigung nach Abs. 2 der Vorsitzende allein den erneuten Antrag zurückzuweisen hat.

8. Wird dem neuen Antrage stattgegeben, so kann das Ruhegeld frühestens mit dem auf den Erlaß des früheren Bescheides oder der früheren Entscheidung folgenden Tage beginnen, wenn durch diese der Antrag auf Ruhegeld abgelehnt worden war. Denn da durch die Rechtskraft des früheren Bescheides oder der früheren Entscheidung lediglich festgestellt ist, daß bis zu deren Erlaß der betreffende Anspruch noch nicht bestand, so sind in dem neuen Verfahren die Verhältnisse von da ab in Betracht zu ziehen. Dabei kommt die Entscheidung des Oberschiedsgerichts nicht in Frage, wenn sie lediglich das Urteil des Schiedsgerichts bestätigt. Hat es sich aber in dem früheren Verfahren um die Entziehung des Ruhegeldes gehandelt, so ist das Ruhegeld in dem neuen Verfahren frühestens mit dem ersten Tage desjenigen Monats zu gewähren, von dem ab die Ruhegeldentziehung gemäß § 70 in Wirksamkeit trat. Hat das Schiedsgericht endgültig entschieden und fällt dessen Entscheidung auf einen späteren Tag, so kann das Ruhegeld in dem neuen Verfahren auch hier erst von dem darauf folgenden Tage gewährt werden (vgl. Manes u. Gen., RVO. § 1635 S. 400).

9. Der Vorsitzende wird, obwohl Abs. 2 dies nicht ausdrücklich erwähnt, bei nicht erfolgter Beibringung der Bescheinigung den vorzeitig wiederholten Antrag entsprechend § 240 ohne mündliche Verhandlung zurückzuweisen haben.

10. Vorzeitig heißt: vor Ablauf der einjährigen Frist des Abs. 1.

Beschränkung einer Antragsablehnung.

§ 267.[1] *Der Antrag, Ruhegeld oder Hinterbliebenenrenten*[2] *festzustellen, kann nicht deshalb abgelehnt werden, weil Berufsunfähigkeit*[3] *oder Tod Folge eines nach der reichsgesetzlichen Arbeiterversicherung*[4] *entschädigungspflichtigen Unfalls sind.*[5] *Ruhegeld und Renten sind voll zu zahlen, bis die Unfallrente*[6] *gewährt wird.*[7] [8]

E. I. § 268.
E. II. § 265.
RVO. § 1522 (1502).

1. Die Vorschrift des § 267 bezweckt, eine Verzögerung in der Fürsorge für einen Entschädigungsberechtigten zu verhindern, und steht im Zusammenhange mit den §§ 27, 40, 73 und 95.

2. Über Ruhegeld und Hinterbliebenenrenten vgl. §§ 25 ff. und 28 ff.

3. Der Begriff Berufsunfähigkeit ist in § 1 Anm. 2 erläutert.

In der Reichstagskommission wurde gefragt, ob etwa aus dem ersten Satz des § 267 gefolgert werden könne, daß der Antrag auf Ruhegeld oder Hinterbliebenenrente festzustellen, abgelehnt werden dürfe, wenn neben Berufsinvalidität auch Invaldität nach der Reichsversicherungsordnung bestehe. Diese Frage wurde von einem Regierungsvertreter verneint (Kom.-Ber.).

4. Gemeint ist die Gewerbe-, Landwirtschaftliche und See-Unfallversicherung (RVO. §§ 537 ff., 915 ff. u. 1046 ff.).

5. Die Feststellung unterbleibt, wenn der Träger der reichsgesetzlichen Unfallversicherung wegen des Unfalls, welcher die Berufsunfähigkeit oder den Tod zur Folge hat, eine das Ruhegeld oder die Hinterbliebenenrente des AVG. übersteigende Unfallrente bezw. Unfallhinterbliebenenrente bereits festgestellt hat.

6. Über Unfallrente vgl. RVO. §§ 558, 930 u. 1065.

7. In der Reichstagskommission wurde gefragt, ob eine Witwe, deren Mann verunglückt und der eine Rente nach diesem Gesetz zuerkannt worden sei, und zwar nach einem langdauernden Prozeß, dann nach Jahren die aus der Unfallversicherung erhaltene Rente zurückzahlen müsse. Regierungsseitig wurde darauf hingewiesen, daß § 74 Anwendung zu finden habe (Kom.-Ber.).

8. Der Entwurf enthielt als dritten Satz dieses Paragraphen noch die Bestimmung: „Wird diese gewährt, so ist nur der sie übersteigende Betrag des Ruhegeldes oder der Hinterbliebenenrente zu zahlen.“ Die Reichstagskommission hat diesen Satz gestrichen.

Betreibung der Feststellung einer Unfallrente.

§ 268. *Die Reichsversicherungsanstalt*[1] *kann die Feststellung der Unfallrente*[2] *betreiben, auch Rechtsmittel*[3] *einlegen. Der Ablauf von Fristen,*[4] *die ohne ihr Verschulden*[5] *verstrichen sind, wirkt nicht gegen sie; dies gilt nicht für Verfahrensfristen,*[6] *soweit sie das Verfahren selbst betreibt.*

Die Reichsversicherungsanstalt kann die Befugnis dem Vorsitzenden des Rentenauschusses übertragen.[7]

E. I. § 269.
E. II. § 266.
RVO. § 1523 (1503).

1. Über Reichsversicherungsanstalt vgl. §§ 96 ff.

2. Die Feststellung der Unfallrente erfolgt nach Maßgabe der §§ 1545 ff. RVO. Ein Antrag, an Stelle der Worte: „der Unfallrente" zu setzen: „von Renten der reichsgesetzlichen Arbeiterversicherung" wurde von der Reichstagskommission abgelehnt, nachdem darauf hingewiesen war, daß ein Kürzen bei anderen Renten nicht in Betracht kommen könne (Kom.-Ber.).

3. Es kommen die Rechtsmittel der RVO. in Frage. Diese sind:
a) die Beschwerde (§§ 1791 ff) und weitere Beschwerde (§§ 1797 ff.),
b) die Berufung (§§ 1675 ff.),
c) der Rekurs (§§ 1699 ff.),
d) die Revision (§§ 1777 ff.).

Den Rechtsmitteln sind hinsichtlich der Einlegungsfrist in gewissem Sinne gleichgestellt, obwohl sie an sich keine Rechtsmittel sind, der Einspruch (§ 1591) und der Antrag auf mündliche Verhandlung (§§ 1658, 1692 RVO.).

4. Die Frist zur Einlegung von Rechtsmitteln beträgt nach § 128 RVO. im allgemeinen einen Monat seit Zustellung der angefochtenen Entscheidung, im besonderen 3 Monate für Seeleute, die sich außerhalb Europas aufhalten (§ 128 Abs. 2) und eine Woche im Falle der §§ 1576, 1577 bei Beschwerde von Zeugen und Sachverständigen über die Verweigerung der Aussage bezw. Eidesleistung gegen die gegen sie verhängten Geldstrafen.

5. Ein Verschulden kann an sich auf Vorsatz oder Fahrlässigkeit beruhen, hier dürfte nur letztere in Frage kommen (vgl. über diese Begriffe § 24 Anm. 2).

6. Verfahrensfristen sind die Anm. 4 bezeichneten Rechtsmittelfristen, sowie die Fristen für Einlegung des Einspruchs, für Stellung des Antrags auf mündliche Verhandlung, auf Wiederaufnahme des Verfahrens und ähnliches nach Maßgabe der RVO.

7. Die Übertragung ist, wie der Ausdruck „kann" besagt, fakultativ, bezieht sich aber lediglich auf die Betreibung der Feststellung der Unfallrente bezw. die Einlegung von Rechtsmitteln und erfolgt an den Vorsitzenden.

Entsprechende Rechtsanwendung bei Entziehung usw.

§ 269. *Die Vorschriften über die Feststellung der Leistungen*[1] *gelten entsprechend, wenn Ruhegeld oder Witwerrente*[2] [3] *entzogen (§§ 68, 69) oder Hausgeld*[4] *oder Rente wegen Ruhens oder aus sonstigen Gründen eingestellt (§§ 38 bis 40, 72, 73 bis 78) oder gekürzt (§ 95) werden sollen.*

Für die Zuständigkeit des Rentenausschusses[5] *gelten §§ 230 bis 232 entsprechend.*

Eine mündliche Verhandlung findet nicht statt,[6] *wenn es sich um das Ruhen (§§ 73 bis 78), die Einstellung (§§38 bis 40, 72) und die Kürzung (§ 95) handelt.*

E. I. § 270.
E. II. § 267.
RVO. § 1626 (1587).

1. Die Vorschriften über die Feststellung der Leistungen sind in den §§ 238—268 enthalten.

2. Im Entwurf stand „Witwer- oder Waisenrente". Das Reichstagsplenum hat in zweiter Lesung die Worte „oder Waisen" gestrichen, um diese Vorschrift mit § 69 in Einklang zu bringen, wo dieselbe Streichung vorgenommen worden ist.

3. Über Witwerrente vgl. § 30.

4. Zu Hausgeld vgl. § 38 Anm. 3.

5. Aus der Hervorhebung der Zuständigkeit des Rentenausschusses, welche im allgemeinen sich nach dem Wohn- oder Beschäftigungsorte des Versicherten zur Zeit des Antrags richtet, folgt wohl, daß an sich für die nach § 269 zu treffenden Anordnungen der ordnungsmäßig besetzte Rentenausschuß, nicht der Vorsitzende allein in Betracht kommt.

6. Andere Fälle, in denen eine mündliche Verhandlung teils vor dem Vorsitzenden allein, teils vor dem Rentenausschuß nicht stattfindet, sind in den §§ 240, 264 u. 265 gegeben.

II. Verfahren vor dem Schiedsgericht.

Vorbemerkung.

Das Schiedsgericht entscheidet auf dem Gebiete der Angestelltenversicherung über das Rechtsmittel der Berufung. Die Berufung ist gegen die Bescheide des Rentenausschusses oder seines Vorsitzenden gegeben (§ 270). Zuständig ist das Schiedsgericht für den Bezirk desjenigen Rentenausschusses, der bezw. dessen Vorsitzender den angefochtenen Bescheid erlassen hat (§ 272).

Die Berufungsfrist beträgt nach § 328 Abs. 1 einen Monat, von der Zustellung der angefochtenen Entscheidung ab gerechnet. Für Seeleute, die sich außerhalb Europas aufhalten, wird diese Frist von der Stelle bestimmt, welche die angefochtene Entscheidung erlassen hat, und muß mindestens drei Monate von der Zustellung an betragen (§ 328 Abs. 2).

An der Spruchsitzung des Schiedsgerichts nehmen außer dem Vorsitzenden oder dessen Stellvertreter je zwei Versicherungsvertreter der Arbeitgeber und der versicherten Angestellten teil, welche hierzu in bestimmter Reihenfolge einzuberufen sind (§§ 273, 275, 276). Für das Verfahren vor dem Schiedsgericht finden im allgemeinen die für das Verfahren vor den Rentenausschüssen geltenden Vorschriften der §§ 229—269 entsprechende Anwendung (§ 274). Besondere Bestimmungen über die Verwerfung einer verspätet oder unzulässig eingelegten Berufung, die aufschiebende Wirkung der Berufung, die Zurückverweisung an die Vorinstanz, die Unzulässigkeit eines Rechtsmittels gegen ein Urteil des Schiedsgerichts und die Abweichung von einer amtlich veröffentlichten grundsätzlichen Entscheidung des Oberschiedsgerichts enthalten die §§ 271 und 277—280.

Berufung.

§ 270. *Gegen die Bescheide*[1] *des Rentenausschusses*[2] *oder seines Vorsitzenden*[3][4] *ist das Rechts-*

mittel[5] *der Berufung*[6 7 8 9 10] *an das Schiedsgericht*[11] *zulässig.*[12]

E. I. § 271.
E. II. § 268.
RVO. § 1675 (1638).

1. Über den Inhalt der Bescheide vgl. § 250.

2. Der Rentenausschuß entscheidet über die Festsetzung der Leistungen mit Ausnahme der in § 240 der alleinigen Entscheidung des Vorsitzenden vorbehaltenen Fälle (vgl. Anm. 3) nach Maßgabe der §§ 251—268 in der Regel auf Grund einer mündlichen Verhandlung sowie über die Entziehung von Ruhegeld oder Witwerrente und über die Einstellung oder Kürzung von Hausgeld oder Rente auf Grund des § 269, und zwar in den letzteren Fällen ohne mündliche Verhandlung.

3. Die Worte „oder seines Vorsitzenden" sind erst von der Reichstagskommission hinzugefügt worden; im Entwurf fehlte eine Bestimmung über die Anfechtbarkeit der Bescheide des Vorsitzenden.

4. Der Vorsitzende entscheidet allein ohne mündliche Verhandlung, wenn es sich handelt um Ruhegeld wegen Vollendung des gesetzlichen Alters, um Leibrente, um Hinterbliebenenrente, um Abfindung oder um Erstattung, ferner in weiteren, der Verordnung des Reichskanzlers über das Verfahren der Rentenausschüsse (§ 123 Abs. 2) vorbehaltenen Fällen sowie bei Berichtigung von Bescheiden (§§ 240, 264).

5. Unter Rechtsmittel ist hier wie in den §§ 308 u. 328—330 entsprechend dem 3. Buch der ZPO. nicht jeder zur Abwendung prozessualer Nachteile gegebene Rechtsbehelf, sondern nur derjenige Rechtsbehelf zu verstehen, welcher eine ungünstige Entscheidung vor ihrer Rechtskraft auf dem Wege der Nachprüfung durch eine höhere rechtsprechende Behörde zu beseitigen die Möglichkeit gewährt (vgl. Gaupp-Stein, ZPO., 8. u. 9. Aufl., Bd. II, S. 1 zu I). Als Rechtsmittel kommen daher im AVG. neben der in § 270 erwähnten Berufung nur die Beschwerde (z. B. §§ 12, 13, 46, 117, 120, 137, 138, 139, 153, 154, 161, 210, 215, 358) und die Revision (§§ 281 ff.) in Betracht, nicht dagegen die Berichtigungs- oder Ergänzungsanträge (§§ 264, 265), die Anträge auf Wiederaufnahme des Verfahrens (§§ 297 ff.) und die Wiedereinsetzung in den vorigen Stand (§§ 331 ff.).

Die Rechtsmittel des AVG. haben regelmäßig Devolutiveffekt, d. h. durch ihre Einlegung wird die Nachprüfung der angefochtenen Entscheidung der höheren rechtsprechenden Behörde übertragen. Dagegen haben sie Suspensiveffekt, d. h. durch ihre Einlegung wird der Fortgang des Verfahrens, insbesondere die Vollziehung der Entscheidung gehemmt, nur in den vom Gesetz bestimmten Fällen (vgl. Anm. 9).

6. Entsprechend dem zu Anm. 5 Gesagten ist das Charakteristische bei dem Rechtsmittel der Berufung, daß der Berufende, insoweit er durch die angefochtene Entscheidung sich beschwert fühlt, auf eine neue Entscheidung vor der höheren rechtsprechenden Behörde und auf eine vollständige abermalige Erörterung und Würdigung des Gegenstandes des Verfahrens in tatsächlicher und rechtlicher Beziehung antragen kann (vgl. Entsch. d. RG. in Ziv.-S. Bd. 13, S. 392). Daher ist eine Berufung unzulässig, wenn sie lediglich zur Erweiterung oder zur Ergänzung des in erster Instanz erhobenen Anspruchs eingelegt wird (vgl. RG. in Ziv.-S. Bd. 13, S. 395, Bd. 29, S. 377 und aus der Rechtspr. d. RVA. Rev.-Entsch. 1028, 1056, 1457, A. N. 1902, S. 687, 1903, S. 391, 1910, S. 455). Dagegen ist eine Erweiterung des erhobenen Anspruchs in der Berufungsinstanz gestattet, wenn nicht lediglich wegen der Erweiterung Berufung eingelegt ist. Ebenso ist eine Beschränkung des erhobenen Anspruchs zulässig und eine Änderung desselben in dem Verfahren vor dem Schiedsgericht nicht ausgeschlossen, z. B. wenn der Antragsteller wegen inzwischen eingetretener Vollendung des gesetzlichen Alters von 65 Jahren das Ruhegeld aus diesem Grunde und nicht wegen der in erster Instanz geltend gemachten Berufsunfähigkeit beansprucht (vgl. A. N. 1910, S. 655).

7. Nach § 328 beträgt die Berufungsfrist im allgemeinen einen Monat seit Zustellung der angefochtenen Entscheidung, jedoch für Seeleute, die sich außerhalb Europas aufhalten, mindestens drei Monate von der Zustellung an gerechnet, im übrigen wird die Berufungsfrist für Seeleute von der Stelle bestimmt, welche die angefochtene Entscheidung erlassen hat.

8. Für die Einlegung der Berufung kommt die Vorschrift des § 329 in Betracht. Danach ist sie bei dem Schiedsgericht einzulegen; die Berufungsfrist gilt aber auch dann als gewahrt, wenn die Berufung rechtzeitig bei einer anderen inländischen Behörde oder bei einem Organ der Reichsversicherungsanstalt (§ 98) eingegangen ist.

Zur Einlegung der Berufung berechtigt sind sowohl der Antragsteller wie die Reichsversicherungsanstalt.

9. Die Berufung bewirkt Aufschub nach § 330 nur da, wo das Gesetz es vorschreibt (vgl. § 277).

10. Durch die Zurücknahme der Berufung geht der die Berufung Einlegende selbst bei noch nicht erfolgtem Ablauf der Berufungsfrist (vgl. Anm. 7) des Rechtsmittels der Berufung verlustig (vgl. A. N. 1902, S. 512).

11. Über Schiedsgericht vgl. §§ 157 ff.

12. Die Zulässigkeit der Berufung an das Schiedsgericht hängt davon ab, daß sie sich gegen eine durch dieses Rechtsmittel anfechtbare Entscheidung richtet, daß sie von einer zum Gebrauche dieses Rechtsmittels befugten Stelle (Reichsversicherungsanstalt und Antragsteller) eingelegt wird, daß diese Stelle sich durch die angefochtene Entscheidung beschwert fühlt, und daß die Einlegung in der gehörigen Frist (§ 328) bei einer der in § 329 bezeichneten Stellen erfolgt. Ist die fragliche Entscheidung bereits rechtskräftig, so ist nicht die Berufung gegeben, sondern die der Wiederaufnahme des Verfahrens entsprechende neue Prüfung aus § 310, falls deren Voraussetzungen vorliegen.

Zurückweisung der Berufung.

§ 271. *Ist die Berufung verspätet*[1] *oder unzulässig,*[2] *so kann*[3] *sie der Vorsitzende*[4] *ohne mündliche Verhandlung*[5] *zurückweisen.*[6]

Der Antragsteller[7] *kann binnen einer Woche*[8] *nach Zustellung*[9] *der Verfügung*[10] *die Entscheidung des Schiedsgerichts anrufen.*[11] *Die Verfügung muß darauf hinweisen.*[12]

E. I. § 272.
E. II. § 269.
RVO. § 1658 (1619c).

1. Die Berufung ist verspätet, wenn die Berufungsfrist (§ 328) nicht gewahrt ist. Die Wahrung der Berufungsfrist muß von Amts wegen geprüft werden. Ein Verzicht des Gegners des die Berufung Einlegenden auf die Einhaltung der Berufungsfrist ist belanglos (vgl. A. N. 1902, S. 509).

2. Die Berufung ist unzulässig, wenn sie z. B. von einer dazu nicht befugten Person eingelegt ist, wenn sie als Rechtsmittel gegen die angefochtene Entscheidung vom Gesetz nicht vorgesehen (z. B. §§ 211, 266) oder wenn sie nicht an den durch § 329 bezeichneten Stellen eingelegt ist u. a.

3. Der Vorsitzende des Schiedsgerichts kann die verspätete oder unzulässige Berufung ohne mündliche Verhandlung zurückweisen, er braucht es aber nicht, ist vielmehr befugt, die Entscheidung dem Schiedsgericht zu überlassen.

4. Der Vorsitzende des Schiedsgerichts wird im Hauptamt oder auf die Dauer des Hauptamts aus der Zahl der öffentlichen Beamten ernannt; eine vorübergehende Beauftragung eines Beamten mit dem Vorsitz darf die Dauer von einem Jahre nicht überschreiten (§ 161; vgl. auch §§ 159, 160 Abs. 3).

5. Ähnlich wie der Vorsitzende des Schiedsgerichts ist auch der Vorsitzende des Rentenausschusses in gewissen Fällen berechtigt, allein ohne mündliche Verhandlung zu entscheiden (vgl. §§ 240, 264).

6. Die Zurückweisung erfolgt durch eine Verfügung des Vorsitzenden des Schiedsgerichts (vgl. Abs. 2). Bei dieser Verfügung wird es sich empfehlen, entsprechend § 290 in der Formel zum Ausdruck zu bringen, daß die Berufung „als verspätet“ oder „als unzulässig“ zurückgewiesen wird, um den Gegensatz zu dem die Berufung aus materiellen Gründen als „unbegründet“ zurückweisenden Urteil zu kennzeichnen.

7. Unter Antragsteller ist hier abweichend von dem Verfahren vor den Rentenausschüssen (vgl. §§ 248, 250, 256, 261) sowohl der einen Anspruch auf Leistungen Erhebende wie die Reichsversicherungsanstalt zu verstehen, da beide Berufung einlegen können (vgl. § 270 Anm. 8).

8. Die Berechnung der einwöchigen Frist richtet sich nach den §§ 324 ff.

9. Wie die Zustellung zu erfolgen hat, regeln die §§ 335 u. 336.

10. Die Verfügung des Schiedsgerichtsvorsitzenden dürfte, da sie nicht unanfechtbar ist, sondern gegen sie die Entscheidung des Schiedsgerichts angerufen werden kann, die Gründe der Zurückweisung anzugeben haben. Vgl. über eine Verfügung, die wegen ihrer Unanfechtbarkeit keine Gründe anzugeben braucht: § 264 und über eine Verfügung, die mit Gründen versehen sein muß: § 306.

11. Die Anrufung ist kein Rechtsmittel im Sinne des § 328 (vgl. auch § 270 Anm. 5), sondern ein Rechtsbehelf; vgl. für die Revisionsinstanz den entsprechenden § 298.

12. Der Hinweis ist obligatorisch, er muß — abweichend von den Gründen (Anm. 10) — in der Verfügung enthalten sein.

Örtliche Zuständigkeit bei Berufung.

§ 272.[1] *Über die Berufung entscheidet*[2] *das Schiedsgericht für den Bezirk*[3] *desjenigen Rentenausschusses, welcher den angefochtenen Bescheid erteilt hat.*[4] *Das Entsprechende gilt für den Bescheid des Vorsitzenden des Rentenausschusses.*[5]

E. I. § 273.
E. II. § 270.
RVO. § 1678 (1639b).

1. Der § 272 betrifft die örtliche Zuständigkeit des Schiedsgerichts zur Entscheidung über die Berufung, die sachliche Zuständigkeit regelt § 270.

2. Die Entscheidung des Schiedsgerichts über die Berufung erfolgt durch Urteil, welches seinerseits wieder unter Umständen mit der Revision anfechtbar ist (§§ 279, 281 ff.).

Das Urteil ist ähnlich wie der Bescheid des Rentenausschusses und seines Vorsitzenden äußerlich in die Urteilsformel und die Gründe zu sondern (§§ 274, 262 Abs. 2 und 250).

3. Über den Bezirk der Schiedsgerichte vgl. § 158, über die Bezirke der Rentenausschüsse vgl. §§ 126, 127.

4. Aus den Worten: „das Schiedsgericht für den Bezirk desjenigen Rentenausschusses, welcher den angefochtenen Bescheid erteilt hat", ergibt sich der Devolutiveffekt der Berufung (vgl. § 270 Anm. 5 Abs. 2), es hat also das dem fraglichen Rentenausschuß übergeordnete Schiedsgericht über die Berufung zu entscheiden.

5. Der zweite Satz des § 272 ist von der Reichstagskommission hinzugefügt worden, da nach einem entsprechenden Zusatz zu § 270 (vgl. dort Anm. 3) das Rechtsmittel der Berufung an das Schiedsgericht auch gegen Bescheide des Vorsitzenden des Rentenausschusses zulässig ist.

Mündliche Verhandlung.

§ 273. *Die Entscheidung*[1] *ergeht*[2] *auf Grund mündlicher Verhandlung;*[3] *zu dieser sind außer dem Vorsitzenden oder dessen Stellvertreter*[4] *je zwei Versicherungsvertreter*[5] *der Arbeitgeber und der versicherten Angestellten*[6] *zuzuziehen.*[7 8]

E. I. § 274.
E. II. § 271.
RVO. —

1. Unter Entscheidung ist hier das Urteil über die Berufung zu verstehen, d. h. diejenige Entscheidung, in welcher das Schiedsgericht als Spruchbehörde wirkt. Abweichend hiervon ist die Vorschrift des § 276, wo von der Tätigkeit des Schiedsgerichts als Beschlußbehörde die Rede ist. Ebenso wie ein Teilbescheid (vgl. § 250 Anm. 1) dürfte ein Teilurteil ergehen können, sobald ein Teil des Berufungsanspruchs oder einer von mehreren Ansprüchen zur Entscheidung reif ist.

2. Aus dem Wort ergeht folgt, daß die mündliche Verhandlung obligatorisch ist, und ihre Unterlassung oder Verletzung einen wesentlichen Mangel des Verfahrens darstellt, auf welchen die Revision gestützt werden kann (vgl. § 286 Z. 2).

3. Über mündliche Verhandlung vgl. § 251 Anm. 5; sie ist in der Regel öffentlich (§ 255).

4. Die Bestimmungen über den Vorsitzenden des Schiedsgerichts und dessen Stellvertreter sind in den §§ 159—161 enthalten. Hier sei nur hervorgehoben, daß der Vorsitzende des Schiedsgerichts im Hauptamt oder für die Dauer des Hauptamts aus der Zahl der öffentlichen Beamten ernannt wird und daß die vorübergehende Beauftragung eines Beamten mit dem Vorsitz die Dauer von einem Jahre nicht übersteigen darf (§ 161 Abs. 1).

5. Die Versicherungsvertreter der Arbeitgeber und der versicherten Angestellten werden nach §§ 143 ff. und 160 ff. von den Vertrauensmännern je zur Hälfte aus den Arbeitgebern der versicherten Angestellten und aus den Versicherten, die nicht Arbeitgeber sind, schriftlich nach den Grundsätzen der Verhältniswahl gewählt. Über den Ausdruck „Versicherungsvertreter" vgl. § 131 Anm. 3 u. 4.

6. Zu den Begriffen Arbeitgeber und versicherte Angestellte ist § 113 Anm. 2 u. 3 zu vergleichen.

7. Die Zuziehung von je zwei Versicherungsvertretern der Arbeitgeber und der versicherten Angestellten als Beisitzer zu der mündlichen Verhandlung des Schiedsgerichts über die Berufung ist eine Mußvorschrift („sind . . . zuzuziehen"), die Unterlassung der Zuziehung stellt einen wesentlichen Mangel des Verfahrens dar, auf welchen nach § 286 Z. 2 die Revision und nach § 297 Z. 1 der Antrag auf Wiederaufnahme des Verfahrens gestützt werden kann. Für die Beschlußfähigkeit des Schiedsgerichts ist jedoch nach § 276 nur die Zuziehung je eines Beisitzers aus den Arbeitgebern und Versicherten notwendig.

8. Der Vorsitzende, dessen Stellvertreter und die Beisitzer des Schiedsgerichts dürfen nicht zu-

gleich Mitglieder des Oberschiedsgerichts sein (vgl. § 160 Abs. 3).

Verfahrensvorschriften für Berufung.

§ 274. *Für das Verfahren über die Berufung*[1] *gelten die Vorschriften über das Verfahren vor dem Rentenausschuß*[2] *entsprechend, soweit nicht die folgenden Paragraphen*[3] *etwas anderes vorschreiben.*[4]

E. I. § 275.
E. II. § 272.
RVO. § 1679 (1640).

1. Über die Berufung vgl. § 270 Anm. 6—10.
2. Von den Vorschriften über das Verfahren vor dem Rentenausschuß finden hier entsprechende Anwendung diejenigen über den Ausschluß und die Ablehnung von Mitgliedern (§§ 233—237), und diejenigen über die mündliche Verhandlung (§§ 250, 252 u. 255—269), dagegen die Bestimmungen der §§ 241—249 nach Maßgabe des § 252 nur insoweit, als der Vorsitzende des Schiedsgerichts die Sache vorzubereiten hat und vor der mündlichen Verhandlung Beweis erheben kann.
3. Die folgenden Paragraphen enthalten Abweichungen von den Vorschriften über das Verfahren vor dem Rentenausschuß, im wesentlichen hinsichtlich der Reihenfolge, in der die Versicherungsvertreter zu den Verhandlungen als Beisitzer zuzuziehen sind (§ 275) und hinsichtlich der Zusammensetzung des Schiedsgerichts als Beschlußbehörde (§ 276).
4. Daß der Rentenausschuß (bezw. der Vorsitzende des Rentenausschusses) dessen Bescheid angefochten worden ist, eine Abschrift der von dem Schiedsgericht erlassenen Entscheidung erhält und daß von einer Berichtigung oder Ergänzung einer solchen Entscheidung der unteren Instanz Nachricht zu geben ist, wird, ebenso wie sonstige im Gesetz nicht geregelte Einzelheiten des Verfahrens, durch die im § 156 Abs. 2 erwähnte Kaiserliche Verordnung über den Geschäftsgang und das Verfahren der Schiedsgerichte und des Oberschiedsgerichts geregelt werden.

Reihenfolge bei der Zuziehung der Beisitzer.

§ 275. *Die Beisitzer*[1] *werden zu den Verhandlungen*[2] *nach einer im voraus*[3] *aufgestellten Reihen-*

folge[4] *zugezogen. Das Nähere bestimmt der Reichskanzler.*[5]

Will der Vorsitzende von der Reihenfolge aus besonderen Gründen[6] *abweichen, so hat er sie in den Akten zu vermerken.*[7] [8]

E. I. § 276.
E. II. § 273.
RVO. § 1684 (1643).

1. Die Beisitzer werden von den Vertrauensmännern je zur Hälfte aus den Versicherten, die nicht Arbeitgeber sind, und aus den Arbeitgebern der versicherten Angestellten gewählt. Ihre Zahl beträgt für jedes Schiedsgericht mindestens 12, und zwar sind nur Männer wählbar (vgl. §§ 160, 161).

2. Nur zu den Verhandlungen des Schiedsgerichts werden Beisitzer zugezogen, nicht zu den die mündliche Verhandlung vorbereitenden Geschäften des Vorsitzenden (vgl. § 274 in Verbindung mit § 252).

3. Für welche Zeit die Reihenfolge im voraus aufgestellt werden muß, dürfte der Reichskanzler nach Satz 2 dieses Absatzes bestimmen.

4. Der Vorsitzende hat bei Aufstellung der Reihenfolge abweichend von § 254 nicht mitzuwirken; vgl. jedoch Abs. 2.

5. Reichskanzler ist gleichbedeutend mit „Reichsamt des Innern" (vgl. § 254 Anm. 3).

6. Die besonderen Gründe können entsprechend § 1685 RVO. namentlich darin liegen, daß es sich um eine Berufsunfähigkeit handelt, welche in einem bestimmten Beisitzern technisch und wirtschaftlich vertrauten Beruf entstanden ist, z. B. in der Landwirtschaft, im Bergbaubetriebe oder bei der Schiffahrt. Sie können aber auch darin liegen, daß z. B. wegen Geschäftsandranges die schleunige Anberaumung einer außerordentlichen Sitzung notwendig wird, und durch die Hinzuziehung der nach der Reihenfolge in Betracht kommenden Beisitzer eine Vertagung der Verhandlung oder eine erhebliche Verzögerung ihres Beginns und die Aufwendung unverhältnismäßig hoher Kosten herbeigeführt werden könnte, während dies durch Heranziehung der am Sitze des Schiedsgerichts oder in der Nähe des Sitzes wohnenden Beisitzer vermieden werden kann (vgl. die ähnliche Bestimmung in § 49 Abs. 2 GVG.).

7. Der Aktenvermerk ist obligatorisch. Die oberste Verwaltungsbehörde, in deren Bezirk der Sitz des Schieds-

gerichts gelegen ist, dürfte kraft ihres Aufsichtsrechtes (§ 166) die Beobachtung dieser Vorschrift zu überwachen und ferner zu prüfen haben, ob die Abweichung von der Reihenfolge im einzelnen Falle zulässig gewesen ist.

8. Die dem Vorsitzenden des Schiedsgerichts in dem Abs. 2 eingeräumte Befugnis, von der Reihenfolge aus besonderen Gründen abzuweichen, ist für den Vorsitzenden des Rentenausschusses in § 254 nicht vorgesehen.

Beschlußfähigkeit.

§ 276. *Das Schiedsgericht ist nicht deshalb beschlußunfähig,*[1] *weil außer dem Vorsitzenden*[2] *nur je ein Beisitzer*[3] *aus den Arbeitgebern und Versicherten erschienen ist.*

Sind drei Beisitzer erschienen, so scheidet aus der doppelt besetzten Gruppe[4] *der dem Lebensalter nach jüngere aus.*

E. I. § 277.
E. II. § 274.
RVO. —

1. Aus dem Wort „beschlußunfähig" geht hervor, daß die Bestimmung des § 276 sich nur auf die Tätigkeit des Schiedsgerichts als Beschlußbehörde, nicht dagegen auf seine Wirksamkeit als Spruchbehörde bezieht. In letzterer Eigenschaft muß das Schiedsgericht gemäß § 273 voll besetzt sein, d. h. es müssen außer dem Vorsitzenden oder dessen Stellvertreter je zwei Versicherungsvertreter der Arbeitgeber und der versicherten Angestellten an der mündlichen Verhandlung teilnehmen, auf Grund deren die Entscheidung (das Urteil) ergeht, Verstoß dagegen begründet Revision.

2. Dem Vorsitzenden ist selbstverständlich der Stellvertreter des Vorsitzenden gleichgestellt.

3. Es muß je ein Beisitzer aus den Arbeitgebern und Versicherten erschienen sein, die Anwesenheit von zwei Beisitzern aus den Arbeitgebern oder zwei Beisitzern aus den Versicherten genügt also nicht, um zusammen mit dem Vorsitzenden oder dessen Stellvertreter das Schiedsgericht beschlußfähig zu machen.

4. Die Bestimmung, daß aus der doppelt besetzten Gruppe der dem Lebensalter nach jüngere ausscheidet, ist die notwendige Folge der Vorschrift des Abs. 1, da je ein Beisitzer aus den Arbeitgebern und Versicherten an der Beschlußfassung teilnehmen muß (vgl. Anm. 3).

Aufschiebende Wirkung der Berufung.

§ 277.[1] *Die Berufung bewirkt Aufschub,*[2] *wenn*

1. *sie von der Versicherungsanstalt*[3] *eingelegt wird, soweit es sich um Beträge handelt, die für die Zeit vor Erlaß des angefochtenen Bescheids*[4] *nachgezahlt werden sollen,*[5]
2. *es sich um Ersatz-*[6] *und Erstattungsansprüche*[7] *handelt.*[8]

E. I. —
E. II. —
RVO. §§ 1682 (1642), 1710 (1667), 1779 (1728 d).

1. Der § 277 ist von der Reichstagskommission in das Gesetz gebracht worden; im Entwurf fehlte eine diesbezügliche Vorschrift. Er stellt eine Ausnahme von der Regel im § 330 dar, wonach Rechtsmittel nur in den Fällen Aufschub bewirken, in denen das Gesetz es vorschreibt.

2. Die Wirkung des Aufschubs besteht darin, daß durch die Einlegung der Berufung der Fortgang des Verfahrens, insbesondere der Eintritt der Rechtskraft und die Vollziehung der Entscheidung gehemmt wird (Suspensiveffekt; vgl. § 270 Anm. 5 Abs. 2).

3. Unter Versicherungsanstalt ist die Reichsversicherungsanstalt für Angestellte (§ 96) zu verstehen. Daß dieses Wort nicht ausdrücklich im Gesetz gebraucht wird, beruht wohl nur auf einem Versehen und auf dem Umstande, daß die Bestimmung aus der entsprechenden Vorschrift des § 1710 RVO. übernommen worden ist.

4. Über Bescheid vgl. §§ 250, 262 Abs. 2.

5. Eine mit der Z. 1 im wesentlichen gleichlautende Bestimmung enthielt § 116 Abs. 1 Satz 2 IVG. In Übereinstimmung mit den Motiven zu diesem Gesetz wird anzunehmen sein, daß es mit der Aufgabe der Reichsversicherungsanstalt, die Interessen der versicherten Angestellten und ihrer Arbeitgeber wahrzunehmen, nicht wohl vereinbar sein würde, wenn sie gehalten sein sollten, bei Feststellung von Leistungen, die sie anfechten wollen, das Ruhegeld oder die Renten in vollem Umfange, also neben den laufenden auch die vor Erlaß des angefochtenen Bescheides geschuldeten Beträge zur Zahlung anzuweisen. Bei der durch das Gesetz (z. B. § 278 Abs. 2) vorgesehenen Gewährung einer vorläufigen Leistung ist von der in der Regel zutreffenden Voraussetzung ausgegangen, daß der Antragsteller das Ruhegeld oder die Rente zu seinem Lebensunterhalt mehr oder weniger dringend bedarf. Aus diesem

Grunde soll ihm die begehrte und nach Ansicht der Reichsversicherungsanstalt mit Unrecht bewirkte Leistung infolge Einlegung der Berufung nicht weiter vorenthalten werden. Über diesen Zweck geht es aber hinaus, wenn dem Versicherten in solchen Fällen von dem Tage der Entscheidung ab sofort auch die seit dem Beginne seines angeblichen Anspruchs rückständigen Beträge nachträglich gezahlt werden sollten. Hierin liegt dann, wenn der Bescheid durch die höhere Instanz geändert und der Anspruch für unbegründet erklärt wird, in der Regel eine unberechtigte Bereicherung des Antragsstellers und gleichzeitig eine Benachteiligung der Reichsversicherungsanstalt und der ihre Mittel aufbringenden Arbeitgeber und Versicherten. Denn die Versuche, die zu Unrecht vorausgezahlten Beträge von dem Empfänger zurückzuerhalten, scheitern zumeist an dessen Leistungsfähigkeit. Die hierdurch unvermeidlichen Verluste der Reichsversicherungsanstalt, deren Verpflichtungen aus Beträgen der Arbeitgeber und deren Versicherten bestritten werden, sollen dadurch auf ein tunlichst geringes Maß beschränkt werden, daß der Berufung der Reichsversicherungsanstalt eine zum Teil aufschiebende Wirkung beigelegt und in diesem Falle die einstweilige Zurückerstattung von Zahlungen für die Vergangenheit bis zur endgültigen Feststellung ihrer Verpflichtungen zugestanden wird.

6. Über Ersatzansprüche vgl. §§ 82 ff.

7. Die Erstattungsansprüche sind in den §§ 60 bis 62 und 398 geregelt. Die Revision ist bei diesen Ansprüchen ausgeschlossen (vgl. § 282 Z. 3).

8. Der Grund für die dem § 1779 RVO. entsprechende Vorschrift der Z. 2 dieses Paragraphen ist darin zu finden, daß bei Ersatz- und Erstattungsansprüchen die alsbaldige Vollstreckung des ergangenen Bescheides nicht erforderlich erscheint.

Zurückverweisung an die Vorinstanz.

§ 278.[1] *Hebt das Schiedsgericht den angefochtenen Bescheid[2] auf, weil das Verfahren[3] an einem wesentlichen[4] Mangel leidet,[5] so kann[6] es die Sache an die Vorinstanz zurückverweisen.[7 8 9]*

Dabei kann es die Gewährung einer vorläufigen Leistung[10] anordnen.[11]

E. I. § 278.
E. II. § 275.
RVO. § 1690 (1648).

1. Dem § 278 hat ebenso wie dem ihm entsprechenden § 1690 RVO. der § 539 ZPO. als Vorbild gedient.

2. Nur einen angefochtenen Bescheid kann das Schiedsgericht aufheben.

3. Das Verfahren muß an einem wesentlichen Mangel leiden, nicht nur der angefochtene Bescheid als solcher (vgl. RG. in Ziv.-S. Bd. 9, S. 325 und Bd. 17, S. 364).

4. Als wesentlich muß der Natur der Sache nach ein Mangel gelten, der das Verfahren als ordnungsmäßige Grundlage der erstinstanzlichen Entscheidung nicht erscheinen läßt (RG. in Ziv.-S., Bd. 37, S. 249).

5. Das Verfahren leidet insbesondere an einem wesentlichen Mangel:

a. entsprechend § 551 ZPO.: Bei nicht vorschriftsmäßiger Besetzung des Rentenausschusses (§ 251), wenn bei der Entscheidung ein Mitglied mitgewirkt hat, welches von der Mitwirkung an der mündlichen Verhandlung kraft Gesetzes ausgeschlossen oder wegen Befangenheit abgelehnt war (§§ 233, 234), wenn der Vorsitzende des Rentenausschusses seine Zuständigkeit zur alleinigen Entscheidung ohne mündliche Verhandlung mit Unrecht angenommen hat (§ 240), wenn die Reichsversicherungsanstalt oder der Antragsteller in der mündlichen Verhandlung nicht gesetzmäßig vertreten waren, sofern sie auf den Mangel der Vertretung nicht ausdrücklich oder stillschweigend verzichtet haben (§§ 256 f.), wenn der Bescheid auf Grund einer mündlichen Verhandlung ergangen ist, bei welcher die Vorschriften über die Öffentlichkeit des Verfahrens verletzt sind (§§ 255, 262), wenn der Bescheid nicht mit Gründen versehen war (§ 250);

b. ferner: z. B. bei Verletzung des Privilegs der Mündlichkeit der Verhandlung (§ 255), bei Überlassung der Feststellung des gesamten Leistungsanspruchs an einen ärztlichen Sachverständigen anstatt der Aufforderung an diesen, nur den Gesundheitszustand des Antragstellers festzustellen (vgl. entsprechend Mugdan-Falkmann, Rechtsprechung der OLG., Bd. 7, S. 291), bei Unterlassung der von Amts wegen vorzunehmenden Prüfung der Prozeßfähigkeit des Antragstellers oder der Vollmacht seines Vertreters (§§ 256, 257).

6. Das Schiedsgericht kann die Sache an die Vorinstanz zurückverweisen, d. h. die Zurückverweisung steht im freien Ermessen des Schiedsgerichts, es kann auch in der Sache selbst erkennen (vgl. RG. in Ziv.-S. Bd. 37, S. 249 u. Bd. 61, S. 413, unten Anm. 7 und Anm. 4 zu § 293).

7. Ein Zurückweisungsrecht ist nach der bisherigen Rechtsprechung in der Arbeiterversicherung im Interesse einer Beschleunigung des Verfahrens nur wegen solcher Mängel des Verfahrens anerkannt, welche eine eigene Entscheidung des Schiedsgerichts wegen gewisser Schwierigkeiten nicht angebracht erscheinen lassen (vgl. Entsch. d. RVA. in Zeitschr. f. Arb.-Vers. 1907, S. 149). Das Oberschiedsgericht kann als Revisionsinstanz nachprüfen, ob die von einem Schiedsgericht und wegen eines wesentlichen und noch nicht beseitigten Mangels ausgesprochene Zurückverweisung nach Lage der Sache geboten war (vgl. A. N. 1909, S. 499).

8. Macht das Schiedsgericht von dem Zurückverweisungsrecht keinen Gebrauch, so hat es zu prüfen, inwieweit es den in erster Instanz festgestellten Sachverhalt seiner Entscheidung zugrunde legen kann, insbesondere ob etwa eine in erster Instanz stattgehabte Beweisaufnahme zu wiederholen ist.

9. Mit der Rechtsprechung zu dem für § 278 vorbildlichen § 539 ZPO. dürfte anzunehmen sein, daß die Zurückverweisung nicht nur im Spruch-, sondern auch im Beschlußverfahren angewendet werden kann (vgl. zu § 539 ZPO. Entsch. d. Kammergerichts in der Rechtsprechung der Oberlandesgerichte, Bd. 15, S. 259).

10. Die Höhe der vorläufigen Leistung wird nach der dem Versicherten im Falle des endgültigen Obsiegens voraussichtlich zustehenden Betrage zu bestimmen sein. Die Reichsversicherungsanstalt braucht die vorläufigen Leistungen im Falle des Unterliegens des Versicherten nicht zurückzufordern (vgl. § 80).

11. Der Grund für diese Anordnung ist darin zu finden, daß der Antragsteller das Ruhegeld oder die Rente zu seinem Lebensunterhalte mehr oder weniger dringend braucht.

Endgültigkeit des Urteils.

§ 279.[1] *Steht es fest, daß das Urteil mit der Revision nicht angegriffen werden kann (§ 282),[2] so vermerkt der Vorsitzende[3] unter Hinweis auf die gesetzlichen Vorschriften[4] am Schlusse des Urteils, daß hiergegen kein Rechtsmittel mehr zulässig ist.*[5] [6]

E. I. § 279.
E. II. § 276.
RVO. § 1692 (1649).

1. Die Vorschrift des § 279 verfolgt einerseits entsprechend § 1649 RVO. den Zweck, die Berechtigten in den Fällen, in denen das Schiedsgericht endgültig entscheidet, darauf hinzuweisen, um die Zahl der unzulässigen Revisionen nach Möglichkeit einzuschränken, andererseits bezweckt sie, dem Oberschiedsgericht die erste Nachprüfung zu erleichtern (vgl. Begr. z. RVO.).

2. Gegen Urteile des Schiedsgerichts ist nach § 282 keine Revision gegeben, wenn es sich handelt um Höhe, Beginn und Ende von Ruhegeld oder Leibrente, um Hinterbliebenenrente, um Abfindung oder Erstattung und um Kosten des Verfahrens.

3. Der Vorsitzende hat die Endgültigkeit der Entscheidung am Schlusse des Urteils zu vermerken, d. h. unterschriftlich zu bestätigen (vgl. auch Anm 5).

4. Der Hinweis auf die gesetzlichen Vorschriften wird im wesentlichen den § 282 betreffen.

5. Hat der Vorsitzende das angefochtene Urteil mit Unrecht als endgültig bezeichnet, so ist die Revision binnen einem Jahr nach der Zustellung des Urteils gegeben (§ 287).

6. Die Worte „hiergegen kein Rechtsmittel mehr zulässig ist" sind von der Reichstagskommission an Stelle der im Entwurf vorgesehenen Fassung „es endgültig ist" gesetzt worden, um den § 279 insbesondere mit § 1692 RVO. in Übereinstimmung zu bringen. Sachlich bedeuten beide Wortfassungen dasselbe.

Abweichen des Schiedsgerichts von einer grundsätzlichen Entscheidung des Oberschiedsgerichts.

§ 280.[1] *Will das Schiedsgericht in einem Falle, in dem die Revision ausgeschlossen ist (§ 282),[2] von einer amtlich veröffentlichten grundsätzlichen Entscheidung des Oberschiedsgerichts[3] abweichen, so hat es die Sache unter Begründung seiner Rechtsauffassung an das Oberschiedsgericht abzugeben. Dieses entscheidet[4] dann an Stelle des Schiedsgerichts. Von der Abgabe der Sache sind die Reichsversicherungsanstalt und der Antragsteller zu benachrichtigen.[5]*

E. I. § 280.
E. II. § 277.
RVO. § 1693 (1650).

1. Nach § 280 ist das Schiedsgericht an die amtlich

veröffentlichten grundsätzlichen Entscheidungen des Oberschiedsgerichts insofern gebunden, als es verpflichtet ist, falls es von dessen Entscheidungen abweicht, die Sache an das Oberschiedsgericht zur Entscheidung abzugeben. Bei der Abgabe hat das Schiedsgericht seine Rechtsauffassung eingehend zu begründen. Die Vorschrift hat ihr Vorbild in § 28 Abs. 2 FGG.

2. Die Revision ist nach § 282 ausgeschlossen, wenn es sich handelt um Höhe, Beginn und Ende von Ruhegeldern oder Leibrente, um Hinterbliebenenrente, um Abfindung oder Erstattung und um Kosten des Verfahrens.

3. Das Oberschiedsgericht veröffentlicht seine Entscheidungen, die grundsätzliche Bedeutung haben. Die Art der Veröffentlichung hat der Reichskanzler zu bestimmen (§ 294).

4. Das Oberschiedsgericht entscheidet in diesen Fällen nicht, wie bei Revisionen, nur über die rechtliche, sondern in gleicher Weise wie das Schiedsgericht auch über die tatsächliche Seite der Sache (vgl. Begr. z. RVO.). Ähnlich § 210 Abs. 2; vgl. daselbst Anm. 9.

5. Die Bestimmung, daß die Reichsversicherungsanstalt und der Antragsteller von der Abgabe zu benachrichtigen sind, entspricht dem § 28 Abs. 2 Satz 2 FGG.

III. Verfahren vor dem Oberschiedsgericht.

Vorbemerkung.

Das Oberschiedsgericht ist zuständig zur Entscheidung über das Rechtsmittel der Revision. Die Revision ist gegen die Urteile des Schiedsgerichts gegeben (§ 281). Die Revisionsfrist beträgt abgesehen von der für Seeleute bestimmten Ausnahme nach § 328 einen Monat und läuft von der Zustellung des Schiedsgerichtsurteils ab.

An der Spruchsitzung des Oberschiedsgerichts nehmen außer dem Vorsitzenden oder dessen Stellvertreter zwei ständige Mitglieder des RVA. und zwei richterliche Beamte sowie je ein Versicherungsvertreter der Arbeitgeber und der versicherten Angestellten teil (§ 288). Für das Verfahren vor dem Oberschiedsgericht finden im allgemeinen die für das Verfahren vor dem Schiedsgericht geltenden Vorschriften der §§ 274 ff.

entsprechende Anwendung. Besondere Bestimmungen über die Verwerfung der Revision, die Aufhebung des angefochtenen Urteils, die Veröffentlichung der grundsätzlichen Entscheidungen und die Unterzeichnung der Urteile sowie deren Berichtigung enthalten die §§ 291 und 293—296.

Revision.

§ 281.[1] *Gegen die Urteile*[2] *des Schiedsgerichts*[3] *ist die Revision*[4 5 6 7 8 9] *zulässig.*[10]

E. I. § 281.
E. II. § 278.
RVO. § 1694 (1651).

1. Der § 281 stellt die Regel für die Zulässigkeit der Revision auf, während die Ausnahmen von dieser Regel im folgenden § 282 gegeben sind.

2. Über Urteil des Schiedsgerichts vgl. §§ 272 ff., insbesondere §§ 272 Anm. 2, 273 Anm. 1, 276 Anm. 1 und § 279.

3. Die Revision ist nur gegen die Urteile des Schiedsgerichts zulässig, gegen einen Bescheid des Rentenausschusses ist sie ohne weiteres unzulässig, es bedarf daher, um diese Unzulässigkeit auszusprechen, keiner vorgängigen mündlichen Verhandlung des Oberschiedsgerichts (vgl. zu dem entsprechenden § 545 ZPO. Entsch. d. RG. in JW. 1884, S. 269, ferner unten § 290 Anm. 7).

4. Die Revision ist ebenso wie die Berufung ein Rechtsmittel, es gilt daher für sie im allgemeinen das zu § 270 Anm. 5 Gesagte entsprechend, jedoch mit der Maßgabe, daß eine Erweiterung des erhaltenen Anspruchs oder eine Änderung desselben in dem Verfahren vor dem Oberschiedsgericht ausgeschlossen ist, da die Revision lediglich eine Aufhebung des schiedsgerichtlichen Urteils, also eine nur auf Grund einer Nachprüfung der rechtlichen Seite des Urteils ergehende negative Entscheidung des Oberschiedsgerichts bezweckt.

5. Die Revisionsfrist beträgt nach § 328 im allgemeinen einen Monat seit Zustellung der angefochtenen Entscheidung, jedoch für Seeleute, die sich außerhalb Europas aufhalten, endigt sie drei Monate von der Zustellung der Entscheidung an gerechnet; im übrigen wird die Revisionsfrist für Seeleute von der Stelle bestimmt, welche die angefochtene Entscheidung erlassen hat.

6. Für die Einlegung der Revision kommt die Vorschrift des § 329 in Betracht, danach ist sie bei dem Oberschiedsgericht einzulegen; die Revisionsfrist gilt aber auch dann als gewährt, wenn die Revision rechtzeitig bei einer anderen inländischen Behörde oder bei einem Organ der Reichsversicherungsanstalt (§ 98) eingegangen ist.

7. Die Revision bewirkt Aufschub nach § 330 nur da, wo das Gesetz es vorschreibt, also nur im Falle des nach § 291 für das Verfahren über die Revision entsprechend anzuwendenden § 277.

8. Durch die Zurücknahme der Revision geht der die Revision Einlegende selbst bei noch nicht erfolgtem Ablauf der Revisionsfrist (vgl. Anm. 5) des Rechtsmittels der Revision verlustig (vgl. A. N. 1902, S. 512).

9. Zur Revisionseinlegung berechtigt ist sowohl die Reichsversicherungsanstalt wie der Versicherungspflichtige, Versicherte oder Bezugsberechtigte (vgl. § 283 Anm. 3), jedoch darf erstere nicht zugunsten der letzteren die Revision einlegen. Ebensowenig ist die Reichsversicherungsanstalt berechtigt, gegen ein die Berufung des Antragstellers zurückweisendes Urteil des Schiedsgerichts Revision einzulegen, wenn der Antragsteller dagegen Berufung eingelegt hat, obwohl der Rentenausschuß in seinem Bescheid den Anspruch des Antragstellers anerkannt und die Leistungen festgestellt hat.

10. Die Zulässigkeit der Revision an das Oberschiedsgericht hängt davon ab, daß sie sich gegen ein durch dieses Rechtsmittel anfechtbares Urteil des Schiedsgerichts richtet, also nicht die Fälle des § 282 betrifft, daß sie von einer zum Gebrauche dieses Rechtsmittels befugten Stelle (Reichsversicherungsanstalt oder Versicherungspflichtiger, Versicherter bezw. Bezugsberechtigter) eingelegt wird, daß diese Stelle sich durch die angefochtene Entscheidung beschwert fühlt (vgl. hierzu auch Anm. 9) und daß die Einlegung in der gehörigen Frist (§ 328) bei einer der in § 329 bezeichneten Stellen erfolgt. Die Revision ist ferner zulässig im Falle des § 287. Ist die anzufechtende Entscheidung dagegen bereits rechtskräftig, so kommt nur die Wiederaufnahme des Verfahrens (§§ 297 ff.) in Betracht.

Ausschluß der Revision.

§ 282.[1] *Die Revision ist ausgeschlossen,[2] wenn es sich handelt um*

1. *Höhe,[3] Beginn und Ende von Ruhegeld[4] oder Leibrente,[5]*

2. *Hinterbliebenenrente,*[6]
3. *Abfindung*[7] *oder Erstattung*[8] *(§§ 47, 60, 62),*
4. *Kosten des Verfahrens.*[9]

E. I. § 282.
E. II. § 279.
RVO. § 1696 (1653).

1. Der § 282 enthält die Fälle, in denen die Revision bei Ansprüchen auf die Leistungen aus diesem Gesetz ausgeschlossen ist. Hiernach ist die Revision umgekehrt grundsätzlich dann zugelassen, wenn es sich um die Frage der Versicherungspflicht (§§ 1 ff.) handelt. Ausgeschlossen von der Revision sind nur Fälle, welche Leistungen von geringerem Umfang betreffen oder keine irgendwie erhebliche Bedeutung haben.

2. Die Revision ist ausgeschlossen, der Ausschluß ist also obligatorisch.

3. Gemeint ist die ziffermäßige Höhe.

4. Über Beginn und Ende von Ruhegeld vgl. §§ 21, 23—27, 68 ff. usw.

5. Die Vorschriften über die Leibrente sind in § 63 zusammengefaßt.

6. Der Ausschluß der Hinterbliebenenrente (vgl. §§ 28 ff.) von der Revision stieß in der Reichstagskommission auf Bedenken. In der ersten Lesung der Kommission erklärte ein Regierungsvertreter auf eine diesbezügliche Anfrage, daß es bei dem Ausdruck „Hinterbliebenenrente“ sich hier nicht um Witweninvalidenrente, sondern um Renten an alle Witwen und demgemäß um ganz einfache Fälle handle (Kom.-Ber.).

In der zweiten Lesung der Kommission wurde beantragt, die Ziffer 2 des § 282 zu streichen. Der Antragsteller befürchtete Schwierigkeiten bei der Feststellung der Renten der Witwen. Wenn es sich auch wohl nicht um viele Fälle handeln werde, so sollte doch den betroffenen Witwen der Weg der Revision offengehalten werden. Ein Vertreter der verbündeten Regierungen erwiderte, daß die nach diesem Gesetze zu gewährende Hinterbliebenenrente jeder Witwe zugute komme; deshalb sei, da Rechtsfragen kaum vorkämen, die Revision ausgeschlossen. Anders verhalte es sich bei der Invalidenversicherung; hier habe nur die invalide Witwe einen Anspruch auf Hinterbliebenenrente; hier könne die Frage der Invalidität aufgeworfen werden; deshalb sei in der RVO. auch für diese Fälle, da es sich ja um eine Rechtsfrage handle, die Revision zugelassen. Übrigens seien auch in der RVO. die einfach gelagerten

Fälle von der Revision ausgeschlossen. Der Antrag wurde darauf abgelehnt (Kom.-Ber.).

7. Die Abfindung bezieht sich auf Berechtigte, welche den inländischen Wohnsitz aufgeben (§ 47) und auf Anspruchsberechtigte bei Todesfällen weiblicher Angestellter (§ 60).

8. Erstattung der Hälfte der für sie geleisteten Beiträge kann eine weibliche Versicherte verlangen, welche nach Ablauf der Wartezeit für das Ruhegeld infolge Verheiratung aus der versicherungspflichtigen Beschäftigung ausscheidet (§ 62).

9. Die Kosten des Verfahrens spielen im AVG. eine unbedeutende Rolle, da sie nach §§ 311, 312 einem Beteiligten nur dann ganz oder teilweise auferlegt werden können, wenn er sie durch Mutwillen, Verschleppung oder Irreführung veranlaßt hat, im übrigen aber das Verfahren kostenfrei ist.

Teilweise ausgeschlossene Revision.

§ 283.[1] *Bezieht sich eine im übrigen zulässige[2] Revision einer Partei[3] auch auf Ansprüche, für die das Rechtsmittel ausgeschlossen ist,[4] so darf über diese nur dann entschieden[5] werden, wenn den zulässigen Revisionsanträgen ganz oder zum Teil entsprochen wird.[6]*

E. I. § 283.
E. II. § 280.
RVO. § 1707 (1664).

1. Die Vorschrift des § 283 hat ebenso wie der ihr entsprechende § 1707 RVO. den § 80 Abs. 2 GUVG. zum Vorbild; sie soll die Rechtseinheit auch für solche Ansprüche fördern helfen, welche an sich von der Revision ausgeschlossen sind.

2. Über die Zulässigkeit der Revision vgl. § 281 Anm. 10.

3. Unter Partei ist hier sowohl der Versicherungspflichtige, Versicherte bezw. Bezugsberechtigte wie die Reichsversicherungsanstalt zu verstehen, da beide Teile gegen die Urteile des Schiedsgerichts Revision einlegen können (vgl. hierzu auch Anm. 6).

Die Worte „einer Partei" sind von der Reichstagskommission hinzugefügt worden.

4. Die Ansprüche, für die das Rechtsmittel der Revision ausgeschlossen ist, sind im § 282 aufgezählt.

5. Eine Revisionsentscheidung über die Höhe der Leibrente ist z. B. dann zulässig, wenn im Zusammenhang damit über die Versicherungspflicht der weiblichen Versicherten vor ihrem Ausscheiden aus einer versicherungspflichtigen Beschäftigung entschieden wird.

6. Diese Vorschrift des § 283 ist nicht anzuwenden, wenn beide Parteien Revision eingelegt haben, die eine wegen eines revisionsfähigen, die andere wegen eines revisionsunfähigen Gegenstandes (vgl. Rek.-Entsch. 1979, A. N. d. RVA. 1903, S. 257). Dies wird durch die Worte: „Revision einer Partei", d. h. ein und derselben Partei, klargestellt (vgl. Begr. z. RVO.).

Zuständigkeit des Oberschiedsgerichts.

§ 284. *Über die Revision*[1] *entscheidet*[2] *das Oberschiedsgericht.*[3]

E. I. 284.
E. II. § 281.
RVO. § 1708 (1665).

1. Über die Bedeutung der Revision als Rechtsmittel vgl. § 281 Anm. 4.

2. Die Entscheidung des Oberschiedsgerichts ergeht nach Maßgabe der §§ 288 ff. auf Grund mündlicher Verhandlung in öffentlicher Sitzung durch Urteil, wenn die Revision zulässig und rechtzeitig eingelegt ist, dagegen in der Regel ohne mündliche Verhandlung durch Verfügung des Vorsitzenden des Oberschiedsgerichts, wenn die Revision unzulässig oder verspätet ist (§ 290).

3. Die Errichtung und Zusammensetzung des Oberschiedsgerichts ergibt sich aus den §§ 162 ff. Für die Zusammensetzung des Oberschiedsgerichts in der mündlichen Verhandlung ist ferner § 288 zu beachten.

Schriftliche Einlegung der Revision.

§ 285. *Die Revision ist schriftlich einzulegen;*[1] *sie soll*[2] *die Revisionsgründe angeben. Das angefochtene Urteil*[3] *kann auch aus anderen Gründen geändert werden, als in der Revision angegeben sind.*[4]

E. I. § 285.
E. II. § 282.
RVO. § 1709 (1666).

1. Die Revision ist schriftlich einzulegen, jedoch wird eine förmliche Revisionsschrift nicht erfordert.

Hiernach wird die Praxis des RVA. auch für die Revision des AVG. übernommen werden können, wonach unter Umständen sogar die bloße Einsendung des angefochtenen Urteils an das Revisionsgericht zur Einlegung des Rechtsmittels genügt (vgl. Rev.-Entsch. 1340, A. N. 1908, S. 498). Das Gesetz schließt sich in Übereinstimmung mit § 1709 RVO. der Auffassung dieser Revisionsentscheidung an, wonach die Rücksicht auf die nicht selten unerfahrenen und nicht schriftgewandten Versicherten, denen die Durchführung des Rechtsmittels ohne die meist kostspielige Hilfe eines Rechtsverständigen erschwert wird, eine möglichste Beschränkung in den zu verlangenden Formen gebietet (vgl. Begr. z. RVO.). Vgl. übrigens hierzu auch § 126 BGB.

2. Diese Sollvorschrift bringt, wie aus dem zu Anm. 1 Gesagten folgt, zum Ausdruck, daß das Oberschiedsgericht nicht von der Pflicht der Prüfung, ob die Revision begründet erscheint, befreit ist, sobald keine Revisionsgründe angegeben sind.

3. Nur das angefochtene Urteil des Schiedsgerichts unterliegt der Nachprüfung durch das Oberschiedsgericht.

4. Die Vorschrift des 2. Satzes dieses Paragraphen legt dem Oberschiedsgericht die Pflicht auf, von Amts wegen alle Gründe zu prüfen, welche zu einer Änderung des angefochtenen Urteils führen können. Sie dient also insoweit auch zur Wahrung der Rechtseinheit auf dem Gebiete der Angestelltenversicherung.

Revisionsgründe.

§ 286.[1] *Die Revision kann nur darauf gestützt werden,[2] daß*

1.[3] das angefochtene Urteil auf der Nichtanwendung oder auf der unrichtigen Anwendung des bestehenden Rechtes[4] oder auf einem Verstoße wider den klaren Inhalt der Akten[5] beruhe,

2. das Verfahren[6] an wesentlichen Mängeln[7] leide.[8]

E. I. § 286.
E. II. § 283.
RVO. § 1697 (1654).

1. Der § 286 behandelt in Z. 1 Mängel der Urteilsfindung und in Z. 2 Mängel des Verfahrens.

2. Ein Begründungszwang besteht nicht (vgl. § 285 Anm. 1 u. 2). Die Vorschrift des § 286, daß die Revision nur auf die in Z. 1 u. 2 angegebenen Gründe gestützt

werden kann, will daher besagen, daß sie zurückzuweisen ist, wenn es an einem dieser Erfordernisse fehlt, auch wenn der die Revision Einlegende sich auf ein solches Erfordernis nicht gestützt oder überhaupt keinen Revisionsgrund angegeben hat.

3. Der Inhalt der Z. 1 betrifft einerseits die sogenannte Gesetzesverletzung, d. h. die Nichtanwendung oder unrichtige Anwendung des bestehenden Rechts, und andererseits den sogenannten Aktenverstoß, d. h. Nichtbeachtung des klaren Inhalts der Akten.

4. Unter bestehendem Recht ist jede Rechtsnorm des objektiven (nicht Vertrags-) Rechts, und zwar des öffentlichen und des Privatrechts zu verstehen, gleichgültig, ob sie auf Gesetz, Verordnung oder Gewohnheitsrecht beruht. Es gehören also zu dem hier in Frage kommenden Begriff des bestehenden Rechts nicht nur das AVG., sondern auch die RVO., das BGB., die ZPO., überhaupt alle Reichs- und Landesgesetze, die Kaiserlichen Verordnungen, Verordnungen der Landesherren, des Reichskanzlers und des Bundesrats, Ministerial- und Polizeiverordnungen, die Observanzen u. dgl. mehr; vgl. hierzu § 12 EG. z. ZPO. und RG. in Ziv.-S., Bd. 13, S. 215 und Bd. 68, S. 148).

5. Ein Verstoß wider den klaren Inhalt der Akten ist insbesondere darin zu erblicken, daß das Urteil auf Tatsachen gestützt ist, welche in den Akten keine hinreichende Unterlage haben, oder daß es sich über eine erhebliche oder beweisbedürftige Tatsache, die eine andere Entscheidung hätte herbeiführen können, hinweggesetzt hat (vgl. A. N. 1892, S. 54).

6. Das Verfahren muß an wesentlichen Mängeln leiden; ob die Urteilsfindung auf solchen beruht, ist nach Z. 1 zu entscheiden.

7. Ein wesentlicher Mangel ist ein solcher, der das Verfahren als ordnungsmäßige Grundlage der angefochtenen Entscheidung nicht erscheinen läßt (RG. in Ziv.-S., Bd. 37, S. 249).

8. Beispiele für wesentliche Mängel sind in § 278 Anm. 5 gegeben.

Irrtümliche Bezeichnung des angefochtenen Urteils als endgültig.

§ 287.[1] *Ist das angefochtene Urteil mit Unrecht als endgültig bezeichnet*[2] *(§ 279), so ist die Revision zulässig,*[3] *sie ist binnen einem Jahre*[4] *nach der Zustellung*[5] *einzulegen.*[6]

E. I. § 288.
E. II. § 285.
RVO. § 1711 (1668).

1. Das Gesetz gibt in Übereinstimmung mit § 1711 RVO. für den Fall, daß der Vermerk des Vorsitzenden des Schiedsgerichts über die Endgültigkeit der Entscheidung (§ 279) nicht zutrifft, keine Wiedereinsetzung in den vorigen Stand. Jedoch ist für die Bestimmung der Frist von einem Jahr der § 234 Abs. 3 ZPO. vorbildlich gewesen, der vorschreibt, daß nach Ablauf eines Jahres von dem Ende der versäumten Frist an gerechnet die Wiedereinsetzung nicht mehr beantragt werden kann. Das Gesetz hat den Beginn der einjährigen Frist auf den Tag der Zustellung der angefochtenen Entscheidung festgesetzt (vgl. Begr. z. RVO.). Im übrigen ist die Wiedereinsetzung in den vorigen Stand hier durch die §§ 331 ff. geregelt.

2. Als endgültig bezeichnet wird das Urteil des Schiedsgerichts, wenn feststeht, daß es mit der Revision nicht angegriffen werden kann. Ein diesbezüglicher Vermerk muß vom Vorsitzenden unter Hinweis auf die gesetzlichen Vorschriften an den Schluß des Urteils gesetzt werden (vgl. § 279 Anm. 3).

3. Vgl. im übrigen über die Zulässigkeit der Revision § 281 Anm. 10.

4. Die einjährige Frist ist eine Ausschlußfrist (vgl. über diesen Begriff § 23 Anm. 2).

5. Die Zustellung des angefochtenen Urteils hat gemäß §§ 335 ff. zu erfolgen.

6. Für die Einlegung der Revision gilt § 285 entsprechend.

Mündliche Verhandlung.

§ 288. *Die Entscheidung[1] ergeht[2] auf Grund mündlicher Verhandlung[3] in öffentlicher[4] Sitzung; zu dieser sind außer dem Vorsitzenden[5] oder dessen Stellvertreter zwei ständige Mitglieder des Reichsversicherungsamts[6] und zwei richterliche Beamte[7] sowie je ein[8] Versicherungsvertreter[9] der Arbeitgeber und der versicherten Angestellten zuzuziehen.*[10] [11]

E. I. § 289.
E. II. § 286.
RVO. —

1. Unter Entscheidung ist hier das Urteil über

die Revision zu verstehen, d. h. diejenige Entscheidung, in welcher das Oberschiedsgericht als Spruchbehörde wirkt. Abweichend hiervon ist in den §§ 290 und 296 von der Tätigkeit des Oberschiedsgerichts als Beschlußbehörde insofern die Rede, als zur Verwerfung einer unzulässigen oder verspäteten Revision und zur Berichtigung eines Urteils eine Verfügung genügt.

Das Urteil ist äußerlich in die Urteilsformel und die Gründe zu sondern (§ 291 in Verbindung mit §§ 274, 262 Abs. 2 und 250).

2. Aus dem Worte „ergeht" folgt, daß die mündliche Verhandlung in öffentlicher Sitzung obligatorisch ist.

3. Über mündliche Verhandlung vgl. das zu § 251 Anm. 5 Gesagte.

4. Wesen und Bedeutung der Öffentlichkeit sind in § 255 Anm. 3 und 4 erörtert.

5. Der Vorsitzende des Oberschiedsgerichts wird nach § 164 Abs. 1 aus der Zahl der öffentlichen Beamten für die Dauer seines Hauptamtes oder auf Lebenszeit ernannt. Die zu der mündlichen Verhandlung zuzuziehenden Beamten (zwei ständige Mitglieder des RVA. und zwei richterliche Beamte) werden vom Reichskanzler für die Dauer ihres Hauptamtes bestellt; eine vorübergehende Beauftragung derselben mit dem Beisitz im Oberschiedsgericht darf die Dauer von einem Jahre nicht überschreiten. Für diese Beamten werden in der erforderlichen Zahl Stellvertreter bestellt (§ 164 Abs. 2).

6. Die Bestimmung, daß zwei ständige Mitglieder des RVA. an der mündlichen Verhandlung des Oberschiedsgerichts als Beisitzer teilzunehmen haben, ist erst von der Reichstagskommission hinzugefügt worden, um die Rechtseinheit in den allgemeinen Fragen der Sozialversicherung nach Möglichkeit zu wahren. Sie dient als Äquivalent für die angestrebte, aber nicht durchgeführte Angliederung der obersten rechtsprechenden Behörde der Angestelltenversicherung an das RVA. (vgl. Vorbem. S. 387 ff.).

7. Über die richterlichen Beamten vgl. § 164 Anm. 5; sie werden vom Reichskanzler bestellt.

8. Es ist je ein Versicherungsvertreter der Arbeitgeber und der versicherten Angestellten zu der mündlichen Verhandlung zuzuziehen, es genügt also nicht die Anwesenheit von zwei Vertretern jeder Gruppe als Beisitzer.

9. Die Versicherungsvertreter der Arbeitgeber und der versicherten Angestellten werden nach § 164 in Verbindung mit §§ 160 f. u. 143 ff. von den Vertrauensmännern je zur Hälfte aus den Arbeitgebern der versicherten

Angestellten und aus den Versicherten, die nicht Arbeitgeber sind, schriftlich nach den Grundsätzen der Verhältniswahl gewählt, und zwar sind nur Männer wählbar. Über den Ausdruck „Versicherungsvertreter" vgl. § 131 Anm. 4.

10. Die ernannten, nicht die gewählten Mitglieder des Oberschiedsgerichts erhalten nach § 165 für die Teilnahme an den Arbeiten und Sitzungen des Oberschiedsgerichts eine Vergütung, die der Reichskanzler festsetzt.

11. Die Mitglieder des Oberschiedsgerichts dürfen nicht zugleich Vorsitzender, Stellvertreter oder Beisitzer eines Schiedsgerichts sein (vgl. § 160 Abs. 3). Im Sinne der Strafvorschrift des § 349 sind übrigens die Versicherungsvertreter beim Oberschiedsgericht nicht als Mitglieder anzusehen.

Entscheidung über Ablehnungsgesuche.

§ 289.[1] *Wird ein Mitglied des Oberschiedsgerichts aus einem Grunde, der seinen Ausschluß rechtfertigt,[2] oder wegen Besorgnis der Befangenheit[3] abgelehnt, so entscheidet über das Ablehnungsgesuch[4] das Oberschiedsgericht.[5] Bei der Entscheidung[6] darf der Abgelehnte nicht mitwirken. Bei Stimmengleichheit gilt das Gesuch als abgelehnt.[7]*

E. I. —
E. II. —
RVO. § 1712 (1669).

1. Der § 289 beruht auf einem Beschluß der Reichstagskommission, er war im Entwurf nicht vorgesehen und dient zur Herbeiführung einer Übereinstimmung mit der entsprechenden Verfahrensvorschrift des § 1712 RVO.

2. Die Gründe, welche den Ausschluß rechtfertigen, sind in § 233 enthalten.

3. Über Ablehnung wegen Besorgnis der Befangenheit vgl. § 234. Wenn in § 289 von „Besorgnis der Befangenheit", in § 234 dagegen nur von „Befangenheit" die Rede ist, so macht dies keinen Unterschied (vgl. § 234 Anm. 4).

4. Das Ablehnungsgesuch muß den Ablehnungsgrund angeben und dieser muß glaubhaft gemacht werden (vgl. § 235 Anm. 1 u. 2.).

5. Das Oberschiedsgericht entscheidet über das Ablehnungsgesuch nicht in voller Besetzung, sondern unter Ausschließung seines abgelehnten Mitgliedes, gleichgültig,

ob das abgelehnte Mitglied der Vorsitzende, sein Stellvertreter oder ein sonstiger Beisitzer ist.

6. Einer Entscheidung bedarf es nicht, wenn das abgelehnte Mitglied das Ablehnungsgesuch für begründet hält (vgl. § 236 Abs. 3).

7. Soweit § 289 keine Vorschrift enthält, finden die §§ 233—237 über den Ausschluß und die Ablehnung nach § 291 in Verbindung mit § 274 entsprechende Anwendung.

Verwerfung der Revision.

§ 290. *Ist der Vorsitzende mit dem Berichterstatter*[1] *darüber einig,*[2] *daß die Revision unzulässig*[3] *oder verspätet*[4] *ist,*[5] *so kann er sie ohne mündliche Verhandlung verwerfen.*[6 7 8] *Ist die Revision als verspätet verworfen,*[9] *so kann der Antragsteller*[10] *binnen einer Woche*[11] *nach Zustellung der Verfügung die Entscheidung des Oberschiedsgerichts anrufen; die Verfügung muß darauf hinweisen.*[12]

E. I. § 290.
E. II. § 287.
RVO. § 1713 (1670).

1. Berichterstatter für die einzelne in der mündlichen Verhandlung des Oberschiedsgerichts anstehende Sache kann an sich jedes Mitglied des erkennenden Oberschiedsgerichts, also auch dessen Vorsitzender sein. Im Falle des außerhalb der mündlichen Verhandlung stattfindenden Verfahrens des § 290 muß der Berichterstatter von dem Vorsitzenden jedoch verschieden sein.

2. Der Vorsitzende und der Berichterstatter müssen über die Unzulässigkeit oder die Verspätung der Revision einig sein, damit diese ohne mündliche Verhandlung verworfen werden kann. Eine entsprechende Vorschrift für die Wiederaufnahme des Verfahrens gibt § 306.

3. Die Revision ist unzulässig, wenn der Vermerk über die Endgültigkeit der Entscheidung des Schiedsgerichts (§ 279) zutrifft, wenn also einer der Ausschlußgründe des § 282 vorliegt, oder aus einem sonstigen Grunde, wenn sie z. B. von einer dazu nicht befugten Person oder von einer Partei eingelegt wird, die in dem Verfahren vor dem Schiedsgericht vollständig obgesiegt hat, sich also durch das Urteil des Schiedsgerichts nicht beschwert fühlen kann.

Die Unzulässigkeit der Revision ergibt sich häufig erst

aus den Revisionsanträgen, z. B. wenn sich die Revision lediglich gegen die Kostenentscheidung des Schiedsgerichts richtet.

Über die Zulässigkeit der Revision vgl. § 281 Anm. 10.

4. Die Revision ist verspätet, wenn sie nach Ablauf der gemäß § 328 in der Regel einen Monat seit der Zustellung des Schiedsgerichtsurteils betragenden Rechtsmittelfrist eingelegt worden ist.

5. Verspätung und Unzulässigkeit müssen von Amts wegen geprüft werden (vgl. hierzu auch § 271 Anm. 1).

6. Die Verwerfung kann ohne mündliche Verhandlung erfolgen, sie braucht es aber nicht und darf es nicht, wenn der Vorsitzende und der Berichterstatter uneinig sind.

7. Ist die Revision unzulässig, weil z. B. eine unerfahrene Partei gegen einen Bescheid des Rentenausschusses die Revision an das Oberschiedsgericht statt der Berufung an das Schiedsgericht eingelegt hat und ähnliches, so wird von einer Verwerfung abzusehen sein und sich die einfache Übersendung des Antrags an das Schiedsgericht empfehlen.

8. Die Verwerfung erfolgt durch eine Verfügung des Vorsitzenden des Oberschiedsgerichts. Diese Verfügung ist nicht etwa eine Verwaltungsentscheidung, sondern eine Entscheidung des Vorsitzenden, der bei der Erledigung dieser Aufgabe das Oberschiedsgericht vertritt (vgl. Begr. z. RVO.). Die Verfügung ist nach Maßgabe der §§ 335, 336 zuzustellen.

Bei dieser Verfügung wird in der Formel zum Ausdruck zu bringen sein, daß die Revision „als unzulässig" oder „als verspätet" verworfen wird, um den Gegensatz zu dem die Revision aus materiellen Rechtsgründen „als unbegründet" zurückweisenden Urteil zu kennzeichnen. Das Gesetz deutet dies im folgenden Satz durch die Worte: „Ist die Revision als verspätet verworfen" selbst an.

9. Nur bei einer als verspätet verworfenen Revision, nicht wenn sie als unzulässig verworfen ist, kann der Antragsteller die Verfügung des Vorsitzenden durch Anrufung der Entscheidung des Oberschiedsgerichts anfechten. Die Anrufung wird z. B. mit Erfolg darauf gestützt werden können, daß die Revision rechtzeitig bei einer anderen inländischen Behörde oder bei einem Organ der Reichsversicherungsanstalt eingegangen ist (§ 329 Abs. 2). Die Verfügung des Vorsitzenden wird in einem solchen Falle zweckmäßig mit Gründen zu versehen sein, obwohl § 290 abweichend von dem ihm entsprechenden § 306, aber in

Übereinstimmung mit § 271 dies nicht ausdrücklich anordnet.

10. Antragsteller ist gleichbedeutend mit Partei im Sinne des § 283 (vgl. dort Anm. 3).

11. Die einwöchige Frist zur Anrufung der Entscheidung des Oberschiedsgerichts beginnt nach § 324 mit dem Tage, der auf die Zustellung der Verfügung des Vorsitzenden folgt, zu laufen. Für die Anrufung gilt das zu § 271 Anm. 11 Gesagte entsprechend.

12. Fehlt der Hinweis auf die Zulässigkeit der Anrufung des Oberschiedsgerichts in der Verfügung des Vorsitzenden, so wird die einwöchige Ausschlußfrist bis zu seiner ordnungsmäßigen Nachholung nicht in Lauf gesetzt.

Entsprechende Anwendung der Vorschriften betr. Schiedsgericht.

§ 291. *Für das Verfahren über die Revision gelten die Vorschriften über das Verfahren vor dem Schiedsgericht*[1] *entsprechend, soweit nicht die §§ 292 bis 296*[2] *etwas anderes vorschreiben.*

E. I. § 291.
E. II. § 288.
RVO. § 1701 (1658).

1. Die Vorschriften über das Verfahren vor dem Schiedsgericht sind in den §§ 274 ff. enthalten. Es wird in ihnen einerseits auf die Verfahrensvorschriften für den Rentenausschuß (§§ 253—269) Bezug genommen (vgl. § 274), andererseits von diesen Verfahrensvorschriften abweichende Bestimmung über die Reihenfolge, in der die Versicherungsvertreter zu den Verhandlungen als Beisitzer zuzuziehen sind (§ 275) und über die Zusammensetzung des Schiedsgerichts als Beschlußbehörde (§ 276) getroffen, alsdann aber noch die aufschiebende Wirkung der Berufung (§ 277), die Zurückverweisung aufgehobener Bescheide an die Vorinsanz (§ 278), der Vermerk über die Endgültigkeit der Entscheidung des Schiedsgerichts (§ 279) und die Abgabe von grundsätzlich bedeutungsvollen Entscheidungen an das Oberschiedsgericht (§ 280) geregelt.

2. Die §§ 292—296 betreffen die Bestimmung der Reihenfolge für die Zuziehung der beamteten und nichtbeamteten Mitglieder des Oberschiedsgerichts zu den Verhandlungen (§ 292), die Aufhebung des angefochtenen Urteils (§ 293), die Veröffentlichung grundsätzlicher Entscheidungen des Oberschiedsgerichts (§ 294) und die Unterschrift sowie die Berichtigung der Urteile (§§ 295, 296).

Reihenfolge der Beisitzer und Versicherungsvertreter.

§ 292. *Der Reichskanzler bestimmt, in welcher Reihenfolge*[1] *die beamteten Mitglieder*[2] *und die Versicherungsvertreter*[3] *zu den Verhandlungen*[4] *zuzuziehen sind.*

E. I. § 292.
E. II. § 289.
RVO. —

1. Über die Bedeutung der Aufstellung der Reihenfolge vgl. § 254 Anm. 1. Abweichung ist nicht gestattet.

2. Die Worte „die beamteten Mitglieder" sind von der Reichstagskommission an Stelle der im Entwurf enthaltenen Fassung „der richterlichen Beisitzer" gesetzt worden. Die Änderung war notwendig mit Rücksicht auf die in den § 288 neu aufgenommene Bestimmung über die Zuziehung von zwei ständigen Mitgliedern des RVA.

Unter beamteten Mitgliedern sind nach Vorstehendem sowohl die beiden ständigen Mitglieder des RVA. als auch die gemäß § 288 ebenfalls als Beisitzer des Oberschiedsgerichts zuzuziehenden zwei richterlichen Beamten zu verstehen.

3. Wer als Versicherungsvertreter zu den Verhandlungen des Oberschiedsgerichts zuzuziehen ist, ergibt sich aus § 288 (vgl. dort insbesondere Anm. 8 u. 9).

4. Nur zu den Verhandlungen des Oberschiedsgerichts werden beamtete Mitglieder und Versicherungsvertreter zugezogen, nicht zu den die mündliche Verhandlung vorbereitenden Geschäften des Vorsitzenden (vgl. auch § 275 Anm. 2).

Aufhebung des angefochtenen Urteils.

§ 293. *Wird das angefochtene Urteil aufgehoben,*[1] *so kann das Oberschiedsgericht entweder selbst in der Sache entscheiden oder sie an eine der Vorinstanzen*[2] *zurückverweisen.*[3 4] *Dabei kann es die Gewährung einer vorläufigen Leistung anordnen.*[5]

[6] *Die Stelle, an welche die Sache überwiesen wird, ist an die rechtliche Beurteilung*[7] *gebunden, die der Aufhebung des angefochtenen Urteils zugrunde liegt.*[8 9]

E. I. § 293.
E. II. § 290.
RVO. § 1715 (1672).

1. Wird das angefochtene Urteil aufgehoben, so wird das Oberschiedsgericht in der Regel dann in der Sache selbst entscheiden, wenn diese spruchreif ist. Andernfalls kann das Revisionsgericht die Sache auch an eine der Vorinstanzen zurückverweisen.

2. An welche der Vorinstanzen die Zurückverweisung zu erfolgen hat, wird nach Zweckmäßigkeitsgründen zu beurteilen sein.

3. Die Zurückverweisung geschieht durch Urteil.

4. Das Oberschiedsgericht kann zurückverweisen, die Zurückverweisung steht in seinem freien Ermessen, d. h. grundsätzlich ist die Entscheidung in der Sache selbst Pflicht des Oberschiedsgerichts. Auch im Falle der Zurückverweisung wirkt das aufhebende Urteil, soweit es reicht, als Entscheidung in der Sache selbst (RG. in Ziv.-S. in JW. 1893, S. 198; vgl. auch Anm. 6 u. 7 zu § 278).

5. Die Bestimmung über die Anordnung der Gewährung einer vorläufigen Leistung entspricht dem § 278 Abs. 2 (vgl. dazu die dortigen Anm. 10 u. 11) und hängt damit zusammen, daß nach § 330 in Verbindung mit §§ 291 u. 277 die Revision an sich keinen Aufschub bewirkt.

6. Für den Abs. 2 hat § 565 Abs. 2 ZPO. als Vorbild gedient.

7. Durch die Worte „rechtliche Beurteilung" wird — wie in der ZPO. (vgl. Anm. 6) — die juristische Seite der Entscheidung in ihrer Gesamtheit zusammengefaßt, sie bedeuten die Unterstellung des festgestellten Sachverhalts unter das Gesetz (vgl. JW. 1896, S. 230 und 1897, S. 82).

8. Auf die rechtliche Beurteilung, die der Aufhebung des angefochtenen Urteils zugrunde liegt, ist die weitere Entscheidung der Vorinstanzen zu stützen. Zieht das Oberschiedsgericht außer der Frage, die zur Aufhebung der Vorentscheidung führt, nebenbei noch andere für die Aufhebung des angefochtenen Urteils unerhebliche Rechtsfragen in den Kreis seiner Erörterungen, so sind die Vorinstanzen an diese Beurteilung nicht gebunden (vgl. JW. 1900, S. 895 und Begr. z. RVO.).

Wenn nur eine Partei gegen das Urteil des Schiedsgerichts Revision eingelegt hat und die Sache an eine der Vorinstanzen zurückverwiesen wird, so sind diese an das aufgehobene Urteil insofern gebunden, als sie nicht zuungunsten der Partei, welche die Revision eingelegt hat, und zugunsten der anderen Partei entscheiden dürfen (vgl. A. N. 1908, S. 441).

9. Abgesehen von dem Fall des Abs. 2 ist die auf Grund der Zurückverweisung erfolgende neue Verhandlung und Entscheidung der Vorinstanz in der tatsächlichen und rechtlichen Beurteilung der Sache eine vollkommen freie und so zu behandeln, als wenn die Vorinstanz zum ersten Male in der Sache zu verhandeln und zu entscheiden hätte (vgl. die entsprechenden Entscheidungen des RG. in JW. 1884, S. 27 und 1889, S. 514 und RG. in Ziv.-S., Bd. 26, S. 410).

Veröffentlichung wichtiger Entscheidungen.

§ 294. *Das Oberschiedsgericht veröffentlicht*[1] *seine Entscheidungen, die grundsätzliche Bedeutung haben.*[2]

Die Art der Veröffentlichung bestimmt der Reichskanzler.[3] [4]

E. I. § 294.
E. II. § 291.
RVO. § 1716 (1673).

1. Für die amtliche Veröffentlichung der grundsätzlichen Entscheidungen des Oberschiedsgerichts werden nach Abs. 2 durch den Reichskanzler Anordnungen darüber zu treffen sein, in welchen Zeitschriften und Blättern die Veröffentlichung erfolgen soll.

2. Zu den Entscheidungen, welche grundsätzliche Bedeutung haben, können nicht nur die nach Maßgabe der §§ 281 ff., sondern auch die auf Grund der §§ 210 Abs. 2 und 280 erlassenen Entscheidungen des Oberschiedsgerichts gehören.

3. Die Bestimmung darüber, welcher Stelle die Entscheidung darüber zusteht, ob es sich um eine Entscheidung von grundsätzlicher Bedeutung handelt, bleibt der Regelung der Kaiserlichen Verordnung über den Geschäftsgang und das Verfahren vor dem Oberschiedsgericht (vgl. § 156 Abs. 2) überlassen.

4. Reichskanzler ist gleichbedeutend mit „Reichsamt des Innern“ (vgl. § 254 Anm. 3).

Unterzeichnung der Urteile.

§ 295. *Die Urteile*[1] *des Oberschiedsgerichts werden von dem Vorsitzenden, dem Berichterstatter*[2] *und einem anderen Mitglied des Oberschiedsgerichts unterschrieben.*[3]

Ist der Vorsitzende oder Berichterstatter verhindert, so hat für ihn ein anderes Mitglied des Oberschiedsgerichts zu unterschreiben.[4]

E. I. § 295.
E. II. § 292.
RVO. § 1720 (1674 c).

1. Nur die Urteile (vgl. § 288 Anm. 1) des Oberschiedsgerichts sind in der durch Abs. 1 vorgeschriebenen Weise zu unterzeichnen, und zwar die Urschriften der Urteile (vgl. den nach §§ 291, 274, 262 Abs. 2 entsprechend anzuwendenden § 250 Anm. 3).

2. Ist der Vorsitzende zugleich Berichterstatter (vgl. § 290 Anm. 1), so muß das Urteil außer ihm von zwei anderen Mitgliedern des Oberschiedsgerichts unterschrieben werden.

3. Die Vorschrift des § 295 entspricht der nach § 44 Abs. 3 der Verordnung betreffend den Geschäftsgang und das Verfahren des RVA. vom 19. Oktober 1900 (RGBl. S. 983) beim Reichsversicherungsamt bestehenden Praxis, daß die Urschriften der Urteile der Senate von drei Mitgliedern des Senats zu unterschreiben sind.

4. Für die Ersatzunterschrift des Abs. 2 hat § 315 Abs. 1 Satz 2 ZPO. als Vorbild gedient. Wenn auch im § 295 entgegen der erwähnten Bestimmung der ZPO. nicht vorgeschrieben ist, daß bei der Ersatzunterschrift der Verhinderungsgrund des Vorsitzenden oder Berichterstatters anzugeben ist, so wird dies wohl hier wie dort geschehen.

Berichtigungs-Verfügung.

§ 296. *Die Verfügung,*[1] *die ein Urteil berichtigt (§ 264),*[2] *wird von dem Vorsitzenden und den Mitgliedern erlassen, die das Urteil unterschrieben haben,*[3] *die Verfügung ist unanfechtbar.*[4]

E. I. § 296.
E. II. § 293.
RVO. § 1721 (1674 d).

1. Über den Unterschied zwischen Verfügung und Urteil im Verfahren vor dem Oberschiedsgericht vgl. § 288 Anm. 1.

2. Entsprechend § 264 kommt nur die Berichtigung der im Urteil enthaltenen Schreib- und Rechenfehler sowie ähnlicher offenbarer Unrichtigkeiten (Flüchtigkeitsversehen und Zufälligkeiten bei der Ausdrucksweise) in Betracht.

Dagegen muß die Ergänzung eines Revisionsurteils durch Urteil des Oberschiedsgerichts erfolgen (§ 291 in Verbindung mit §§ 274 u. 265).

3. Nähere Bestimmungen über die Unterzeichnung des Urteils gibt § 295.

4. Zum Vorbild des § 296 hat § 45 Abs. 2 Satz 2 der Verordnung betreffend den Geschäftsgang und das Verfahren des RVA. vom 19. Oktober 1900 (RGBl. S. 983) gedient.

IV. Wiederaufnahme des Verfahrens.

Vorbemerkung.

Die Vorschriften über die Wiederaufnahme des Verfahrens (§§ 297—308) sind im wesentlichen dem schon vor der RVO. geltenden Rechte (§ 84 GUVG., § 90 LUVG., § 37 Abs. 1 BUVG., § 88 SUVG. und § 119 IVG.) nachgebildet. In das Gesetz sind jedoch die Vorschriften des Vierten Buches der ZPO. (§§ 578—591) hineingearbeitet und den besonderen Verhältnissen des Verfahrens in Sachen der Angestelltenversicherung angepaßt. Durch § 309 ist eine abweichende Regelung von den vorerwähnten Bestimmungen einer mit Zustimmung des Bundesrats zu erlassenden Kaiserlichen Verordnung vorbehalten. Verschieden von der Wiederaufnahme des Verfahrens ist die neue Feststellung gemäß § 79 (vgl. dort Anm. 4).

1. Anfechtungsgründe.

Voraussetzungen für die Wiederaufnahme.

§ 297.[1] *Ein durch rechtskräftiges*[2] *Urteil*[3] *abgeschlossenes Verfahren*[4] *kann wieder aufgenommen werden, wenn*

1. *die entscheidende Stelle nicht vorschriftsmäßig besetzt war,*[5]
2. *eine Person bei der Entscheidung mitgewirkt hat, die von der Mitwirkung aus einem gesetzlichen Grunde ausgeschlossen war, sofern nicht dieses Hindernis durch Ablehnung oder Rechtsmittel ohne Erfolg geltend gemacht worden ist,*[6]

3. *bei der Entscheidung eine Person mitgewirkt hat, obgleich sie als befangen abgelehnt und die Ablehnung für begründet erklärt worden war,*[7]
4. *eine Partei in dem Verfahren nicht nach Vorschrift der Gesetze*[8] *vertreten war,*[9] *sofern sie nicht die Führung des Streites ausdrücklich oder stillschweigend genehmigt*[10] *hat.*[11]

In den Fällen der Nr. 1, 3 ist die Wiederaufnahme unstatthaft, wenn der Anfechtungsgrund durch ein Rechtsmittel geltend gemacht werden konnte.[12]

E. I. § 297.
E. II. § 294.
RVO. § 1722 (1675).

1. Der § 297 entspricht den in § 579 ZPO. für die Nichtigkeitsklage gegebenen Vorschriften, er läßt die Wiederaufnahme des Verfahrens beim Fehlen gewisser wesentlicher Verfahrensgrundsätze zu, während der § 298 den in § 580 ZPO. für die Restitutionsklage gegebenen Bestimmungen nachgebildet ist und die Wiederaufnahme des Verfahrens beim späteren Wegfall einer wesentlichen, tatsächlich unzutreffenden materiellen Grundlage der Entscheidung gewährt.

2. Rechtskräftig ist ein Urteil, wenn es mit einem Rechtsmittel nicht mehr angefochten werden kann. Es muß daher bei einem Antrag auf Wiederaufnahme des Verfahrens von Amts wegen geprüft werden, ob die Rechtsmittelfrist (§ 328) fruchtlos verstrichen ist.

3. Nur ein durch rechtskräftiges Urteil des Schiedsgerichts oder Oberschiedsgerichts abgeschlossenes Verfahren kann nach Maßgabe des § 297 wiederaufgenommen werden, gegenüber einem rechtskräftigen Bescheide des Rentenausschusses oder seines Vorsitzenden (§§ 250, 262) ist dagegen in einer den Voraussetzungen der §§ 297, 298 entsprechenden Weise die Beantragung einer neuen Prüfung durch den Rentenausschuß gegeben (§ 310). Gegen eine rechtskräftige Verfügung des Vorsitzenden des Schiedsgerichts bezw. des Oberschiedsgerichts (§§ 271, 290) ist die Wiederaufnahme lediglich in den Fällen des § 298 zulässig.

4. Der § 297 setzt entsprechend § 578 ZPO. ein nach dem Gesetze durch rechtskräftiges Urteil abschließbares und in concreto durch in Rechtskraft übergegangenes Urteil abgeschlossenes Verfahren voraus, wenngleich hier-

durch noch nicht der ganze Prozeßstoff erledigt ist, er versteht also unter „Urteil" jedes Urteil, welches einen Teil des Prozeßstoffes in solcher Weise erledigt (vgl. RG. in Ziv.-S., Bd. 35, S. 415).

5. Die entscheidende Stelle war nicht vorschriftsmäßig besetzt, wenn die Entscheidung auf Grund einer mündlichen Verhandlung ergangen ist, in der z. B. beim Schiedsgericht außer dem Vorsitzenden statt je zweier Versicherungsvertreter der Arbeitgeber und der versicherten Angestellten (§ 273) drei Versicherungsvertreter der Arbeitgeber und ein solcher der versicherten Angestellten teilgenommen haben oder beim Oberschiedsgericht die beiden ständigen Mitglieder des RVA. (§ 288) nicht zugezogen sind. Die Wiederaufnahme des Verfahrens ist jedoch im Falle der Nr. 1 unstatthaft, wenn der Anfechtungsgrund durch ein Rechtsmittel geltend gemacht werden konnte (Abs. 2).

6. Die Fälle, in denen eine Person von der Mitwirkung bei der Entscheidung (richtiger: bei der der Entscheidung zugrunde liegenden mündlichen Verhandlung) aus einem gesetzlichen Grunde ausgeschlossen ist, sind in § 233 einzeln aufgeführt, während die Möglichkeit der Beiseitigung dieses Hindernisses durch Ablehnung oder Rechtsmittel sich aus den §§ 234—237, 274, 289 und 291 ergibt. Ist ein Ablehnungsgesuch, welches einen Auschließungsgrund zum Gegenstande hat, endgültig für unbegründet erklärt worden, so steht auch dem Gegner derjenigen Partei, welche den Ausschließungsgrund geltend gemacht hat, ein Antrag auf Wiederaufnahme des Verfahrens nicht zu (vgl. Gaupp-Stein, ZPO. zu 579 Anm. II Z. 2).

7. Hierzu ist erforderlich, daß die Ablehnung während des Verfahrens geltend gemacht und für begründet erklärt worden ist. Ist sie während des Verfahrens unterblieben, so kann eine Anfechtung des rechtskräftigen Urteils nicht aus dem Grunde erfolgen, weil eine Ablehnung mit Recht hätte geltend gemacht werden können (vgl. JW. 1899, S. 726). Die Wiederaufnahme des Verfahrens ist aber im Falle der Nr. 3 unstatthaft, wenn der Anfechtungsgrund durch ein Rechtsmittel vorgebracht werden konnte.

8. Nach Vorschrift der Gesetze bedeutet, daß nicht nur die Bestimmungen des AVG. (vgl. §§ 256, 257), sondern auch solche anderer Gesetze, insbesondere die §§ 107 ff. BGB. und §§ 51 ff. ZPO. in Betracht kommen, letztere jedoch mit der Einschränkung, daß ein Minderjähriger, der das sechzehnte Lebensjahr vollendet hat, nach

§ 229 Abs. 3 des AVG. einen Antrag selbständig für sich stellen und ihn selbständig verfolgen kann.

9. Eine nicht gesetzmäßige Vertretung liegt z. B. vor, wenn eine Partei während des Verfahrens geisteskrank gewesen ist, aber noch keinen Vormund gehabt hat und erst nach dessen rechtskräftigem Abschluß entmündigt worden ist (vgl. Rechtspr. OLG., Bd. 15, S. 152 f., RG. in DJZ. 1906, S. 147 und A. N. 1910, S. 556).

10. Unter Genehmigung ist nach § 184 BGB. die nachträgliche Zustimmung zu verstehen (vgl. oben § 124 Anm. 3).

11. Dem Gegner der nicht vertretenen Partei steht hier — abweichend von dem am Schluß der Anm. 6 erwähnten Falle — der Antrag auf Wiederaufnahme des Verfahrens zu, jedoch kann die nicht nach Vorschrift der Gesetze vertretene Partei die mangelhafte Vertretung nachträglich genehmigen (vgl. A. N. 1907, S. 549).

12. Danach ist die Wiederaufnahme in den Fällen der Nr. 1 und 3 nur zulässig gegen Urteile des Oberschiedsgerichts.

Weitere Gründe für die Wiederaufnahme.

§ 298.[1] *Die Wiederaufnahme ist ferner zulässig, wenn*

1. *eine Urkunde,[2] auf die sich die Entscheidung[3] stützt, fälschlich angefertigt oder verfälscht war,[4]*
2. *durch Beeidigung eines Zeugnisses oder eines Gutachtens, auf die sich die Entscheidung stützt,[5] der Zeuge oder Sachverständige vorsätzlich oder fahrlässig die Eidespflicht verletzt[6] hat,*
3. *der Vertreter[7] der Partei oder der Gegner oder sein Vertreter die Entscheidung durch eine mit öffentlicher[8] Strafe bedrohte Handlung erwirkt hat,*
4. *eine Person bei der Entscheidung mitgewirkt hat, die bei der Verhandlung ihre Amtspflichten gegen die Partei[9] verletzt hat, sofern diese Verletzung mit öffentlicher Strafe bedroht ist,[10]*
5. *ein strafgerichtliches Urteil, auf das sich die Entscheidung stützt, durch ein anderes rechtskräftig gewordenes Urteil aufgehoben[11] worden ist,*

6. *eine Partei nachträglich eine Urkunde,*[12] *die eine ihr günstigere Entscheidung herbeigeführt haben würde,*[13] *auffindet oder zu benutzen instand gesetzt wird.*[14]

E. I. § 298.
E. II. § 295.
RVO. § 1723 (1676).

1. Über den Unterschied der Wiederaufnahmefälle des § 298 von denjenigen des § 297 vgl. die Anm. 1 zum letzteren Paragraphen.

2. Die Urkunde kann sowohl eine öffentliche Urkunde wie eine Privaturkunde sein. Öffentliche Urkunde ist eine solche Urkunde, welcher mit Rücksicht auf ihre Entstehung besondere Glaubwürdigkeit beigelegt wird; Privaturkunde ist eine jede „nicht öffentliche" Urkunde (vgl. Olshausen, StGB. zu § 267 Anm. 5 u. 10, Bd. II S. 1077, 1082 und ZPO. § 415).

3. Das Wort Entscheidung ist in Nr. 1 bis 5 dieses Paragraphen von der Reichstagskommission an die Stelle des in den Entwürfen vorgesehenen Ausdrucks „Urteil" gesetzt worden; es erstreckt sich also die Vorschrift des § 298 nicht nur auf Urteile des Schiedsgerichts bezw. Oberschiedsgerichts, sondern auch auf die von dem Vorsitzenden des Schiedsgerichts bezw. Oberschiedsgerichts erlassenen, die Berufung bezw. Revision als unzulässig oder verspätet verwerfenden Verfügungen der §§ 271, 290 (vgl. Kom.-Ber. und § 297 Anm. 3).

4. Über die fälschliche Anfertigung und Verfälschung einer Urkunde vgl. StGB. §§ 267 ff.

5. Gerade bei demjenigen Zeugnis oder Gutachten, auf das sich die Entscheidung stützt, welches also für die ergangene Entscheidung ausschlaggebend gewesen ist, muß die Verletzung der Eidespflicht vorgekommen sein. Ist eine solche Verletzung bei einem anderen von demselben Zeugen oder Sachverständigen im Laufe des Verfahrens geleisteten Eide vorgekommen, so ist im Sinne der Nr. 2 das Bedenken gegen seine Glaubwürdigkeit kein hinreichender Grund zur Wiederaufnahme des Verfahrens (vgl. Rechtspr. OLG., Bd. 17, S. 178). Ebensowenig genügt hier ein uneidliches Zeugnis oder Gutachten (§ 243 Abs. 2 Satz 1), auf welches sich die Entscheidung stützt, für den Antrag auf Wiederaufnahme des Verfahrens.

6. Die vorsätzliche oder fahrlässige Verletzung der Eidespflicht eines Zeugen oder Sach-

verständigen wird nach Maßgabe der §§ 154, 155, 163 StGB. bestraft. Die gleiche Verletzung einer eidesstattlichen Versicherung (§§ 156, 163 StGB.) gewährt keinen Anfechtungsgrund im Sinne der Nr. 2. Zu den Begriffen „vorsätzlich" und „fahrlässig" vgl. § 24 Anm. 2.

7. Über Vertreter der Partei bezw. des Gegners vgl. §§ 256, 257. Ein Vertretungszwang besteht nicht.

8. Im Gegensatz zu § 580 Nr. 4 ZPO. wird hier nicht eine im Wege des gerichtlichen Strafverfahrens zu verhängende öffentliche Strafe, sondern nur eine öffentliche Strafe verlangt, mit welcher die für die Entscheidung ausschlaggebende Handlung bedroht sein muß. Es fallen daher hierher sowohl die Handlungen, welche im gerichtlichen Strafverfahren geahndet werden, z. B. Erwirkung von Ruhegeld oder Rente durch Verleitung zum Meineide oder zur Ableistung eines falschen Eides, durch Bedrohung, Betrug und Untreue u. ä. (§§ 159, 160, 240, 263, 266 StGB.; vgl. auch Rek.-Entsch. 818 und 1459, A. N. 1890, S. 192 und 1895, S. 253), als auch solche Handlungen, welche im besonderen Falle des AVG. von der Reichsversicherungsanstalt bezw. dem Rentenausschusse bestraft werden können, z. B. die bewußte Aufnahme unrichtiger Eintragungen oder die Unterlassung vorgeschriebener Eintragungen in die Nachweise oder Anzeigen der Arbeitgeber (§ 339), sowie die fälschliche Ausfüllung bezw. Verfälschung einer Versicherungskarte und der wissentliche Gebrauch einer fälschlich ausgefüllten oder verfälschten Versicherungskarte (§ 347).

Eine Disziplinarstrafe ist keine öffentliche Strafe (vgl. auch § 299 Anm. 1).

9. Die Verletzung der Amtspflichten muß sich gegen die Partei richten, d. h. gegen diejenige Partei, welche den Antrag auf Wiederaufnahme des Verfahrens stellt, der Gegenpartei steht daher dieser Antrag im Sinne der Nr. 4 nicht zu.

10. Zu Nr. 4, welche dem § 580 Nr. 5 ZPO. nachgebildet ist, gilt das zu Anmerkung 8 Gesagte entsprechend. Es kommen also hier neben den §§ 331 ff. StGB. (Verbrechen und Vergehen im Amte z. B. Bestechung, Rechtsbeugung, Amtsmißbrauch) die besonderen Zuwiderhandlungen, welche von dem AVG. mit Strafe bedroht sind, in Betracht z. B. die unzulässige Eintragung besonderer Merkmale in die Versicherungskarte (§ 347 Abs. 1) oder die unbefugte Offenbarung von amtlich anvertrauten Krankheiten, Gebrechen, Geschäfts- oder Betriebsgeheimnissen und ähnliches (§§ 349 ff.).

11. Die Aufhebung kann im Wege der Berufung, der Revision oder der Wiederaufnahme des Verfahrens gemäß §§ 354 ff., 374 ff. oder 399 ff. StPO. erfolgt sein, da das strafgerichtliche Urteil, auf das sich die Entscheidung stützt, noch mit Rechtsmitteln anfechtbar oder rechtskräftig gewesen sein kann.

12. Auch hier ist wie in Nr. 1 unter dem Ausdruck Urkunde sowohl eine öffentliche wie eine Privaturkunde zu verstehen (vgl. Anm. 2).

13. Aus den Worten „herbeigeführt haben würde" folgt, daß die Urkunde, welche die Partei nachträglich auffindet oder zu benutzen instand gesetzt wird, vor der Entscheidung d. h. vor dem Schluß der mündlichen Verhandlung, auf welche das Urteil des Schiedsgerichts bezw. Oberschiedsgerichts ergangen ist, oder vor dem Erlaß der in den §§ 271, 290 geregelten Verfügung des Vorsitzenden des Schiedsgerichts bezw. Oberschiedsgerichts errichtet sein muß (vgl. zu dem entsprechenden § 580 Nr. 7 b ZPO. Entsch. d. KG. in den Blättern für Rechtspflege im Bezirk des KG. 1905, S. 18 und RG. in Ziv.-S., Bd. 48, S. 385 f.).

14. In Nr. 6 ist zwar nicht so ausdrücklich wie in Nr. 4 gesagt, daß die Partei, welche den Antrag auf Wiederaufnahme stellen kann, durch die angefochtene Entscheidung verletzt sein muß, aus der Wortfassung des Gesetzes, welche dem § 580 Nr. 7 b ZPO. im wesentlichen entspricht, sowie aus der diesem Paragraphen zugrunde liegenden geschichtlichen Entwicklung und rechtlichen Natur der Restitutionsklage ergibt sich jedoch das Erfordernis einer Verletzung der Partei, indem sich das angefochtene Urteil der neuen Urkunde gegenüber ganz oder teilweise als unrichtig darstellen muß (vgl. RG. in Ziv.-S., Bd. 37, S. 381). Nicht notwendig ist es, daß die Tatsachen, die durch die neu entdeckte Urkunde erwiesen werden sollen, in dem früheren Verfahren bereits vorgebracht sind (RG. in Ziv.-S., Bd. 35, S. 410 f. und Bd. 48, S. 385). Es genügt, wenn die betreffende Urkunde allein die frühere Entscheidung beeinflußt haben würde, die Beeinflussung kann jedoch auch in Verbindung mit den Ergebnissen des früheren Verfahrens in Betracht kommen; dagegen ist es nicht ausreichend, wenn die Urkunde nur in Verbindung mit anderen neuen Beweismitteln z. B. Zeugen oder Sachverständigen erheblich ist (vgl. RG. in Ziv.-S., Bd. 7, S. 321, Bd. 14, S. 329 f. und Bd. 16, S. 438). Demgemäß liegt z. B. keine Urkunde im Sinne des § 298 Nr. 6 vor, wenn ein ärztlicher Sach-

verständiger nach Rechtskraft der Entscheidung ein neues Gutachten abgibt, das von den früher in der Sache erstatteten Gutachten abweicht, und zwar selbst dann, wenn er sein eigenes früher erstattetes Gutachten als irrtümlich zurückzieht (vgl. Begr. z. RVO.).

Beschränkte Zulässigkeit der Wiederaufnahme.

§ 299.[1] *Die Wiederaufnahme ist in den Fällen des § 298 Nr. 1 bis 4*[2] *nur zulässig, wenn*

1. *wegen der strafbaren Handlung eine rechtskräftige strafgerichtliche Verurteilung*[3] *ergangen ist,*
2. *ein gerichtliches Strafverfahren aus anderen Gründen als wegen Mangels an Beweis nicht eingeleitet oder nicht durchgeführt werden konnte.*[4]

E. I. § 299.
E. II. § 296.
RVO. § 1724 (1677).

1. Der § 2 9 9 setzt — ebenso wie der für ihn vorbildlich gewesene § 581 ZPO. — eine s t r a f g e r i c h t l i c h e Verurteilung voraus, eine d i s z i p l i n a r g e r i c h t l i c h e Entscheidung genügt mithin nicht (vgl. Begr. z. RVO. und § 298 Anm. 8 Abs. 2).

2. Die hier erwähnten F ä l l e d e s § 2 9 8 betreffen die Wiederaufnahme wegen strafbarer Handlungen, nämlich wegen fälschlicher Anfertigung oder Verfälschung einer Urkunde (Nr. 1), Eidesverletzung durch Zeugen und Sachverständige (Nr. 2), Erwirkung der Entscheidung durch eine strafbare Handlung des Gegners oder des Vertreters einer der Parteien (Nr. 3) und strafbarer Verletzung der Amtspflicht durch eine bei der Entscheidung mitwirkende Person (Nr. 4).

3. Eine strafgerichtliche V e r u r t e i l u n g muß ergangen sein, ein durch F r e i s p r e c h u n g beendigtes Strafverfahren ist für die Wiederaufnahme belanglos. Allerdings ist das strafgerichtliche Urteil für die rechtsprechenden Behörden der sozialen Versicherung ebensowenig bindend wie für den Richter in Zivilsachen (vgl. Rek.-Entsch. 2371, A. N. 1910, S. 441) und ein freisprechendes Urteil unter Umständen nach Maßgabe des § 299 Nr. 2 geeignet, die Zulässigkeit der Wiederaufnahme zu begründen. Disziplinargerichtliche Verurteilung genügt nicht.

4. A n d e r e G r ü n d e a l s d e r M a n g e l a n B e-

weis sind z. B. Abwesenheit, nach der Tat eingetretene Geisteskrankheit oder Tod des Täters (§§ 203, 319 StPO.), Verjährung der Strafverfolgung (§ 67 StGB.) und ähnliches. Ob solche anderen Gründe vorliegen, wird sich durch einen Vergleich mit der Einstellungsverfügung der Staatsanwaltschaft oder mit dem Einstellungsbeschluß bezw. Urteil des Gerichts (§§ 168 Abs. 2, 202 und 259 StPO.) feststellen lassen. Vgl. hierzu auch oben § 24 Abs. 3.

Weitere Zulässigkeitsbeschränkung.

§ 300. *Die Wiederaufnahme ist in allen*[1] *Fällen des § 298 nur zulässig, wenn nicht die Partei*[2] *ohne ihr Verschulden*[3] *den Anfechtungsgrund in dem früheren Verfahren, insbesondere durch Einlegung eines Rechtsmittels,*[4] *geltend machen konnte.*[5]

E. I. § 300.
E. II. § 297.
RVO. § 1725 (1678).

1. Der § 300 gilt abweichend von dem bestimmte Fälle des § 298 bezeichnenden § 299 für alle Fälle des § 298; er entspricht im wesentlichen dem § 582 ZPO.

2. Unter Partei ist hier nur die durch die Entscheidung beschwerte Partei zu verstehen.

3. Es genügt jedes Verschulden (Vorsatz, grobe oder geringe Fahrlässigkeit); es muß sich aber um Tatsachen handeln, welche in dem früheren Verfahren geltend gemacht werden konnten (vgl. Anm. 5). Ein Verschulden des Vertreters der Partei steht dem Verschulden der Partei gleich (RG. in JW. 1892, S. 238, 1894, S. 400 und 1897, S. 237).

4. Über die Einlegung der Rechtsmittel vgl. § 329. Die Wiederaufnahme ist kein Rechtsmittel (§ 328 Anm. 1).

5. „In dem früheren Verfahren geltend machen konnte“ bedeutet, daß die Partei den Anfechtungsgrund vorzubringen imstande war nicht nur, wenn sie damit auf einen sicheren Erfolg rechnen durfte, sondern auch, wenn sie nur eine begründete Aussicht auf Erfolg hatte (vgl. RG. in JW. 1901, S. 33).

Geltendmachung von Anfechtungsgründen betr. ältere Entscheidungen.

§ 301.[1] *Mit dem Antrag auf Wiederaufnahme können Anfechtungsgründe,*[2] *durch die eine ältere Ent-*

scheidung derselben oder einer unteren Instanz[3] *betroffen wird, geltend gemacht werden, wenn die angefochtene Entscheidung auf der älteren beruht.*[4]

E. I. § 301.
E. II. § 298.
RVO. § 1726 (1679).

1. Der Vorschrift des § 301 hat § 583 ZPO. zum Vorbild gedient.
2. Es kommen Anfechtungsgründe aus §§ 297 und 298 hier in Frage.
3. Die Bestimmung des § 301 bezieht sich nur auf eine ältere Entscheidung derselben oder einer unteren Instanz. Beruht die angefochtene Entscheidung auf einer Entscheidung der höheren Instanz, so ist der Antrag auf Wiederaufnahme gegen diese Entscheidung zu richten, nicht aber gegen die spätere Entscheidung der unteren Instanz, weil sonst die untere Instanz über das Verfahren der oberen zu entscheiden hätte, während durch die Aufhebung der Entscheidung der höheren Instanz die Entscheidung der unteren Instanz mit aufgehoben wird (vgl. Gaupp-Stein zu § 583 ZPO. Anm. II, Bd. II, S. 165 und unten § 302 Abs. 2).
4. Die angefochtene Entscheidung muß auf der älteren beruhen, es muß also zwischen beiden ein ursächlicher Zusammenhang bestehen.

2. Zuständigkeit.

Instanzen.

§ 302. *Über den Antrag*[1] *entscheidet*[2] *die Stelle,*[3] *deren Entscheidung*[4] *angefochten wird.*

Sind mehrere Entscheidungen angefochten, die von Stellen verschiedener Ordnung[5] *erlassen sind, so entscheidet die Stelle höherer Ordnung.*[6] *An Stelle des Oberschiedsgerichts entscheidet das Schiedsgericht, wenn ein in der Revisionsinstanz erlassenes Urteil auf Grund des § 298 Nr. 1, 2, 5 oder 6 angefochten wird.*[7]

E. I. § 302.
E. II. § 299.
RVO. § 1727 (1680).

1. Der Antrag ist binnen einem Monat seit Kenntnis des Anfechtungsgrundes zu stellen, jedoch in der Regel

nach Ablauf von 5 Jahren seit dem Tage der Rechtskraft ausgeschlossen (vgl. § 303). Im übrigen gilt für die Form und den Inhalt des Antrags das zu § 229 Gesagte entsprechend. Auch von Amts wegen kann die Wiederaufnahme eingeleitet werden (§ 304).

2. Bei der Entscheidung des § 302 ist die Zulässigkeit des Wiederaufnahmeverfahrens nach Maßgabe der §§ 297 bis 300, die Zuständigkeit der Stelle, welche über den Antrag entscheiden soll, auf Grund des § 302 sowie die Rechtzeitigkeit des Antrags nach §§ 303 und 305 von Amts wegen zu prüfen. Dabei wird es die Pflicht der entscheidenden Stelle sein, zu erwägen, ob der Antrag auch aus einem anderen als dem in ihm geltend gemachten Anfechtungsgrunde an sich statthaft ist (vgl. RG. in JW. 1894, S. 181). Ist der Antrag verspätet oder unzulässig, so wird er regelmäßig von dem Vorsitzenden zu verwerfen sein (§ 306), ist er dagegen rechtzeitig gestellt und zulässig, so wird die Hauptsache, soweit der Anfechtungsgrund sie betrifft, neu verhandelt (§ 307).

3. Als entscheidende Stelle im Sinne der §§ 297 bis 301 ist das Schiedsgericht oder das Oberschiedsgericht bezw. der Vorsitzende einer dieser beiden rechtsprechenden Behörden anzusehen (vgl. §§ 297 Anm. 3 und 298 Anm. 3).

4. Das Wort Entscheidung ist von der Reichstagskommission an die Stelle des in den Entwürfen vorgesehenen Ausdrucks „Urteil" gesetzt worden (vgl. § 298 Anm. 3).

5. Als Stellen verschiedener Ordnung werden hier wohl auch der Vorsitzende des Schiedsgerichts und das Schiedsgericht (§ 271) wie der Vorsitzende des Oberschiedsgerichts und das Oberschiedsgericht zu gelten haben (§ 290), sobald die eine Berufung als verspätet oder unzulässig bezw. eine Revision als verspätet verwerfende Verfügung des betreffenden Vorsitzenden durch Anrufung der Entscheidung des Schiedsgerichts bezw. Oberschiedsgerichts angefochten wird.

6. Der Zweck der Vorschrift des Abs. 2 Satz 1 ergibt sich aus dem zu § 301 Anm. 3 Gesagten. Ist von der Stelle höherer Ordnung nicht in der Sache selbst entschieden worden, sondern das Rechtsmittel lediglich als verspätet verworfen, so ist für die Entscheidung über den Antrag im Sinne des Abs. 1 die Stelle niederer Ordnung zuständig (vgl. A. N. 1897, S. 185).

7. Die hier erwähnten Fälle des § 298 betreffen einerseits die Wiederaufnahme wegen gewisser strafbarer

Handlungen, nämlich die fälschliche Anfertigung oder Verfälschung einer Urkunde (Nr. 1) sowie die Eidesverletzung durch Zeugen und Sachverständige (Nr. 2), andererseits die Wiederaufnahme auf Grund eines neuen Vorbringens, nämlich die Aufhebung eines für die Entscheidung ausschlaggebenden Strafurteils durch ein anderes rechtskräftiges Urteil (Nr. 5) und die nachträgliche Auffindung oder Benutzbarkeit einer Urkunde (Nr. 6).

3. Gang des Verfahrens.

Antragsfrist.

§ 303.[1] *Der Antrag ist binnen einem Monat*[2] *zu stellen.*

Die Frist beginnt[3] *mit dem Tage, an dem die Partei*[4] *den Anfechtungsgrund*[5] *erfährt, jedoch nicht bevor die Entscheidung*[6] *rechtskräftig*[7] *geworden ist. Nach Ablauf von fünf Jahren*[8] *vom Tage der Rechtskraft*[9] *an ist der Antrag unstatthaft.*

Die Vorschriften des Abs. 2 gelten nicht, wenn die Wiederaufnahme wegen mangelnder Vertretung[10] *beantragt wird. Die Frist*[11] *läuft dann von dem Tage, an dem die Entscheidung der Partei oder, wenn sie nicht fähig war, den Streit selbst zu betreiben, ihrem gesetzlichen Vertreter zugestellt worden ist.*[12]

E. I. § 303.
E. II. § 300.
RVO. § 1728 (1681).

1. Die dem § 586 ZPO. entsprechende Vorschrift des § 303 über die Frist für den Antrag war erforderlich, da die Wiederaufnahme des Verfahrens kein Rechtsmittel im Sinne des AVG. ist (vgl. §§ 270 Anm. 5 und 305 Anm. 1).

2. Die einmonatige Frist ist eine Ausschlußfrist (vgl. über diesen Begriff § 23 Anm. 2).

3. Für den Beginn der Frist ist sowohl die Kenntnis der Partei von dem Anfechtungsgrund wie die Rechtskraft der anzufechtenden Entscheidung erforderlich. Bei der Berechnung des Beginns der Frist ist § 324 zu beachten.

4. Die Partei selbst muß den Anfechtungsgrund erfahren, die Kenntnis ihres gewillkürten Vertreters (vgl. § 229 Anm. 1) präjudiziert der Partei nur, wenn dieser Ver-

treter ihr Generalbevollmächtigter gewesen ist (vgl. RG. in Ziv.-S., Bd. 37, S. 389). Die Ausnahme des § 303 Abs. 3 wird hiervon nicht berührt.

5. Von dem Anfechtungsgrunde muß die Partei erfahren, d. h. sie muß von den Tatsachen Kenntnis erhalten, auf welche sich ihre Berechtigung zur Stellung des Wiederaufnahmeantrags stützt, z. B. von der fälschlichen Anfertigung oder der Verfälschung einer für die Entscheidung ausschlaggebenden Urkunde, von der vorsätzlichen oder fahrlässigen Verletzung der Eidespflicht durch einen für die Entscheidung wesentlich in Betracht gekommenen Zeugen oder Sachverständigen, von der nachträglichen Auffindung einer Urkunde, die eine ihr günstigere Entscheidung herbeigeführt haben würde (§ 298 Nr. 1, 2, 6) u. a.

6. Das Wort Entscheidung ist hier und in Abs. 3 von der Reichstagskommission an die Stelle des von den Entwürfen vorgesehenen Ausdrucks „Urteil" gesetzt worden (vgl. § 298 Anm. 3).

7. Eine Entscheidung ist rechtskräftig, wenn sie mit Rechtsmitteln oder Rechtsbehelfen im Sinne der §§ 271 und 290 nicht mehr angefochten werden kann, wenn also entweder die dafür gegebene Frist abgelaufen ist und Wiedereinsetzung in den vorigen Stand (§§ 331 ff.) nicht in Frage kommt (§ 328 in Verbindung mit §§ 271, 290), oder eine Anfechtung überhaupt ausgeschlossen ist (§ 282).

8. Nach Ablauf von fünf Jahren (Ausschlußfrist) ist mit Ausnahme des im Abs. 3 dieses Paragraphen erwähnten Falles der Antrag auf Wiederaufnahme des Verfahrens unstatthaft und die Rechtskraft der angefochtenen Entscheidung unwiderruflich geworden. Es kann infolgedessen nach Ablauf von 5 Jahren auch die Nachbringung eines zur Zeit der Stellung des Antrags nicht vorhandenen Anfechtungsgrundes nicht gestattet werden (vgl. RG. in Ziv.-S., Bd. 64, S. 227).

9. Als Tag der Rechtskraft gilt bei einer Entscheidung des Oberschiedsgerichts der Tag der Verkündung (vgl. entsprechend für § 586 ZPO.: Rechtspr. OLG., Bd. 17, S. 179).

10. Über die Wiederaufnahme wegen mangelnder Vertretung vgl. § 297 Nr. 4.

11. Unter Frist ist hier die einmonatige Frist des Abs. 1 zu verstehen (vgl. Anm. 12).

12. Die Bestimmung des Abs. 3 ist — wie die ihr vorbildliche Vorschrift des § 586 ZPO. — deswegen notwendig, weil bis zum Zeitpunkte der Zustellung jede rechtliche Beziehung zwischen der Partei und der Ent-

scheidung fehlt, nach erfolgter Zustellung an die Partei oder ihren gesetzlichen Vertreter aber für die fünfjährige Frist des Abs. 2 neben der einmonatigen Frist des Abs. 1 kein Anlaß gegeben ist (vgl. Gaupp-Stein, ZPO. zu § 586 Anm. II, Bd. II, S. 169).

Einleitung von Amts wegen.

§ 304. *Die Wiederaufnahme kann auch*[1] *von Amts wegen*[2] *eingeleitet werden.*[3]

E. I. § 304.
E. II. § 301.
RVO. § 1729 (1682).

1. Aus dem Worte auch folgt, daß die Einleitung der Wiederaufnahme von Amts wegen die Ausnahme, die Einleitung auf Antrag (§§ 302, 303) dagegen die Regel bildet.

2. Die Einleitung von Amts wegen wird z. B. in den Fällen des § 297 Nr. 1—3 in Frage kommen, nämlich bei unvorschriftsmäßiger Besetzung der entscheidenden Stelle sowie bei Mitwirkung einer kraft Gesetzes ausgeschlossenen oder als befangen abgelehnten Person an der Entscheidung.

3. Für die Einleitung der Wiederaufnahme von Amts wegen werden die §§ 302 und 303 entsprechende Anwendung zu finden haben.

Wahrung der Frist.

§ 305.[1] *Die Vorschrift des § 329 Abs. 2, 3*[2] *über Wahrung der Frist gilt auch für die Ausschlußfristen*[3] *des § 303 entsprechend.*

E. I. § 305.
E. II. 302.
RVO. § 1730 (1683).

1. Die Bestimmung des § 305 über die Wahrung der Frist war notwendig, weil die Wiederaufnahme des Verfahrens kein Rechtsmittel im Sinne des AVG. ist (vgl. auch § 303 Anm. 1).

2. Entsprechend § 329 Abs. 2 und 3 gelten die Fristen des § 303 auch dann als gewahrt, wenn der an sich bei der für die Entscheidung zuständigen Stelle einzureichende Wiederaufnahmeantrag rechtzeitig bei einer anderen inländischen Behörde oder bei einem Organe der Reichsversicherungsanstalt eingegangen ist. Der Antrag ist jedoch in diesem Falle unverzüglich an die zuständige Stelle abzugeben.

3. Die Ausschlußfristen des § 303 betragen einen Monat (Abs. 1) bezw. fünf Jahre (Abs. 2).

Verwerfung des Antrags.

§ 306.[1] *Ist der Antrag verspätet*[2] *oder unzulässig,*[3] *so kann ihn der Vorsitzende der für die Entscheidung zuständigen Stelle*[4] *ohne mündliche Verhandlung*[5] *durch eine mit Gründen versehene Verfügung verwerfen.*[6] *Der Vorsitzende des Oberschiedsgerichts*[7] *darf es nur dann, wenn er mit dem Berichterstatter*[8] *darüber einig ist.*[9]

Der Antragsteller kann binnen einer Woche[10] *nach der Zustellung*[11] *der Verfügung die Entscheidung der zuständigen Stelle*[12] *anrufen.*[13] *Die Verfügung muß darauf hinweisen.*[14]

E. I. § 306.
E. II. § 303.
RVO. § 1731 (1684).

1. Die Vorschrift des § 306 verfolgt den Zweck, unzulässige Anträge auf einem möglichst einfachen Wege zu erledigen. Gegen die Verfügung des Vorsitzenden der für die Entscheidung zuständigen Stelle kann nach § 306 Abs. 2 nur die Entscheidung der zuständigen Stelle selbst angerufen werden (vgl. Begr. z. RVO.).

2. Der Antrag ist verspätet, wenn die im § 303 gegebene einmonatige oder fünfjährige Ausschlußfrist nicht gewahrt ist (vgl. dazu § 305).

3. Der Antrag ist unzulässig, wenn er auf keinen der in den §§ 297—301 näher bezeichneten Anfechtungsgründe gestützt wird.

4. Als Vorsitzender der für die Entscheidung zuständigen Stelle kommt der Vorsitzende des Schiedsgerichts bezw. des Oberschiedsgerichts in Frage (vgl. § 297 Anm. 3 und § 298 Anm. 3 sowie § 310).

5. Andere Fälle, in denen eine Entscheidung ohne mündliche Verhandlung ergeht, führt das Gesetz z. B. in den §§ 240, 264, 265, 271 und 290 an.

6. Die den Antrag verwerfende Verfügung muß — abweichend von §§ 271, 290, wo dies nicht ausdrücklich vorgeschrieben ist — mit Gründen versehen sein.

7. Nur der Vorsitzende des Oberschiedsgerichts ist beim Erlaß der verwerfenden Verfügung an die vorherige Zustimmung (Einwilligung) des Berichterstatters gebunden, der Vorsitzende des Schiedsgerichts ist bei der Verwerfung in dieser Weise nicht beschränkt, weil die Beisitzer des Schiedsgerichts in der Regel nicht als Berichterstatter heranzuziehen sein werden.

8. Über Berichterstatter vgl. § 290 Anm. 1.

9. Ist der Vorsitzende des Oberschiedsgerichts mit dem Berichterstatter nicht einig, so muß er die Entscheidung über den Antrag dem Oberschiedsgericht überlassen.

10. Die einwöchige Frist ist eine Ausschlußfrist.

11. Die Zustellung der Verfügung hat nach Maßgabe der §§ 335, 336 zu erfolgen.

12. Gegen die Entscheidung der zuständigen Stelle sind die allgemein zugelassenen Rechtsmittel gegeben (§ 308).

13. Über Anrufung gilt das zu § 271 Anm. 11 Gesagte.

14. Enthält die Verfügung keinen solchen Hinweis, so wird die einwöchige Ausschlußfrist des Abs. 2 Satz 1 nicht in Lauf gesetzt.

Neuverhandlung der Hauptsache.

§ 307.[1] *Ist der Antrag rechtzeitig[2] gestellt worden und zulässig,[3] so wird die Hauptsache,[4] soweit der Anfechtungsgrund sie betrifft,[5] neu verhandelt.[6] [7]*

Für das neue Verfahren gelten die Vorschriften, die für diejenige Instanz maßgebend sind, bei welcher das neue Verfahren anhängig geworden ist.[8]

E. I. § 307.
E. II. § 304.
RVO. § 1732 (1685).

1. Für § 307 Abs. 1 ist ebenso wie für § 1732 Abs. 1 RVO. § 590 Abs. 1 ZPO. vorbildlich gewesen.

2. Die Rechtzeitigkeit ist nach Maßgabe der §§ 303 und 305 zu beurteilen, es kommt hierbei darauf an, ob die einmonatige oder fünfjährige Ausschlußfrist des § 303 gewahrt ist.

3. Die Zulässigkeit des Antrags richtet sich nach den §§ 297—301.

4. Unter Hauptsache ist im Gegensatz zu den in den §§ 297—305 enthaltenen Voraussetzungen der Wiederaufnahme des Verfahrens die wiederaufgenommene frühere Sache zu verstehen.

5. Soweit der Anfechtungsgrund sie betrifft, wird die Hauptsache neu verhandelt. Dies ist jedoch im eigentlichen Wortsinne nur möglich in den Fällen des § 298 Nr. 1, 2, 3, 5, 6, während in den Fällen des § 297 und des § 298 Nr. 4 die neue Verhandlung sich auf die ganze wiederaufgenommene frühere Sache erstrecken muß, da die ganze Sache durch den Anfechtungsgrund betroffen wird.

6. Bei der neuen Verhandlung können die Parteien, soweit der Anfechtungsgrund in Frage kommt, neue Tatsachen und Beweismittel vorbringen; auch die für die Entscheidung zuständige Stelle ist an ihre frühere Beweiswürdigung oder die frühere rechtliche Beurteilung der Sache nicht gebunden (vgl. RG. in Gruchots Beiträgen zur Erläuterung des deutschen Rechts, Bd. 31, S. 105). Insoweit der Anfechtungsgrund die Hauptsache nicht betrifft, darf die für die Entscheidung zuständige Stelle von dem Ergebnis des früheren Verfahrens nicht abweichen.

7. Ist der Antrag verspätet oder unzulässig, so ist eine neue Verhandlung nicht erforderlich, vielmehr erfolgt dann die Verwerfung des Antrags nach Maßgabe des § 306 durch eine mit Gründen versehene Verfügung des Vorsitzenden der für die Entscheidung zuständigen Stelle.

8. Da für die Wiederaufnahme des Verfahrens nach §§ 297 ff. nur das Schiedsgericht oder das Oberschiedsgericht bezw. der Vorsitzende eines dieser Gerichte zuständig ist (vgl. § 297 Anm. 3 und § 298 Anm. 3), so kommen lediglich die Verfahrensvorschriften der §§ 270—280 und 281—296 in Betracht, von den Vorschriften für das Verfahren vor den Rentenausschüssen dagegen nur diejenigen, deren entsprechende Anwendung in § 274 für das Schiedsgericht und § 291 für das Oberschiedsgericht vorgesehen ist.

Zulässigkeit von Rechtsmitteln.

§ 308.[1] *Rechtsmittel*[2] *sind zulässig, soweit solche gegen die Entscheidungen der mit der Wiederaufnahme befaßten Instanzen überhaupt gegeben sind.*[3 4]

E. I. § 308.
E. II. § 305.
RVO. § 1733 (1686).

1. Der § 308 entspricht ebenso wie § 1733 RVO. dem § 591 ZPO.

2. Als Rechtsmittel kommt hier, obwohl die Wiederaufnahme an sich nur gegen Urteile des Schiedsgerichts bezw. Oberschiedsgerichts oder gegen die von dem Vorsitzenden eines dieser Gerichte erlassenen Verfügungen der §§ 271, 290 zulässig ist (vgl. § 297 Anm. 3 und 298 Anm. 3), neben der Revision (§ 281) auch die Berufung (§ 270) in Frage, da sowohl das Schiedsgericht wie das Oberschiedsgericht als mit der Wiederaufnahme befaßte Instanzen die wiederaufgenommene Sache zur anderweiten Entscheidung an den Rentenausschuß zurückverweisen können (§§ 278, 293). Erfolgt keine Zurückverweisung, so ist das einzige zulässige Rechtsmittel die Revision, und zwar auch diese nur, wenn sich die Wiederaufnahme gegen ein Urteil des Schiedsgerichts richtet.

3. Die Worte „gegeben sind" hat die Reichstagskommission an die Stelle der in den Entwürfen enthaltenen Ausdrucksweise „eingelegt werden können" gesetzt. Es handelt sich lediglich um eine redaktionelle Änderung.

4. Gegen eine im Wiederaufnahmeverfahren ergangene rechtskräftige Entscheidung ist aus einem neuen Anfechtungsgrunde die Wiederaufnahme nach den §§ 297 ff. möglich.

4. Schlußvorschrift.

Abweichende Bestimmungen durch Kaiserliche Verordnung.

§ 309.[1] *Die Wiederaufnahme des Verfahrens kann durch Kaiserliche Verordnung*[2] *mit Zustimmung*[3] *des Bundesrats abweichend von den vorstehenden Vorschriften geregelt werden.*

E. I. § 309.
E. II. § 306.
RVO. § 1734 (1687).

1. Der § 309 ist wie § 1734 RVO. dem § 84 GUVG., § 90 LUVG., § 37 Abs. 1 BUVG., § 88 SUVG. und § 119 IVG. nachgebildet.

2. Über Kaiserliche Verordnung vgl. § 156 Anm. 7. Sie soll die Wiederaufnahme erleichtern.

3. Der Begriff Zustimmung ist in § 124 Anm. 3 erörtert (vgl. oben S. 351.)

V. Anfechtung endgültiger Bescheide.

Vorbemerkung.

Die besondere Vorschrift für Anfechtung von Bescheiden, gegen die ein Rechtsmittel nicht gegeben ist, war notwendig, weil die in den §§ 297—309 geregelte Wiederaufnahme des Verfahrens sich nur auf Urteile des Schiedsgerichts und des Oberschiedsgerichts bezw. auf die in den §§ 271 und 290 erwähnten Verfügungen des Vorsitzenden eines dieser Gerichte bezieht (vgl. § 297 Anm. 3 und § 298 Anm. 3), die Bescheide aber, sobald sie nicht angefochten sind, dieselbe Wirkung wie diese Verfügungen und Urteile haben.

Neue Prüfung durch den Rentenausschuß.

§ 310. *Gegenüber einem rechtskräftigen*[1] *Bescheide*[2] *kann eine neue Prüfung beantragt*[3] *werden, wenn eine der Voraussetzungen der §§ 297, 298 vorliegt.*

Über den Antrag entscheidet der Rentenausschuß;[4] *die §§ 299—301, 303—309 gelten entsprechend.*[5]

E. I. —
E. II. § 307.
RVO. § 1744 (1697).

1. Das Wort „rechtskräftigen" ist von der Reichstagskommission an die Stelle der in den Entwürfen enthaltenen Fassung „endgültigen" getreten. Es handelt sich lediglich um eine redaktionelle Änderung, da beide Ausdrücke besagen, daß gegen den Bescheid kein Rechtsmittel mehr gegeben ist. Die entsprechende Änderung in der Überschrift zum V. Unterabschnitt ist offenbar versehentlich unterblieben.

2. Über Bescheide vgl. §§ 250 und 262 Abs. 2.

3. Der Antrag auf neue Prüfung ist an den Rentenausschuß (Abs. 2) zu richten, kann aber rechtswirksam auch bei einem anderen Organ der Reichsversicherungsanstalt oder bei einer anderen inländischen Behörde gestellt werden (vgl. § 229).

4. Welcher Rentenausschuß zuständig ist, ergibt sich aus den Bestimmungen der §§ 230 ff.

5. Unabhängig von § 310 kann die Reichsversicherungsanstalt den Rentenausschuß zu einer neuen Feststellung veranlassen, wenn sie sich bei erneuter Prüfung überzeugt, daß die Leistung mit Unrecht abgelehnt, entzogen, wegen Ruhens oder aus sonstigen Gründen eingestellt oder zu niedrig festgestellt worden ist (§ 79).

VI. Kosten des Verfahrens.

Vorbemerkung.

Die §§ 311 und 312 betreffen sowohl das Spruch- wie das Beschlußverfahren, beziehen sich aber nur auf die gerichtlichen Kosten des Verfahrens. Im allgemeinen ist dabei an dem bereits in der Unfall- und Invalidenversicherung geltenden Grundsatz der Kostenlosigkeit des Verfahrens festgehalten worden, so daß in der Regel die Kosten des Verfahrens von der Reichsversicherungsanstalt zu tragen sein werden. Von den gerichtlichen Kosten des Verfahrens sind die Verwaltungskosten der rechtsprechenden Behörden zu unterscheiden, welche sowohl beim Rentenausschuß wie beim Schiedsgericht und Oberschiedsgericht von der Reichsversicherungsanstalt getragen werden (vgl. §§ 142, 168 Abs. 2 und 169 Abs. 3), wobei der von den Ersatzkassen zu den Kosten der Schiedsgerichte und des Oberschiedsgerichts nach § 378 Abs. 3 zu leistende Pauschbeitrag allerdings rechnungsmäßig zu berücksichtigen ist (vgl. §§ 107 und 219). Die Kosten endlich, welche aus der Rechtshilfe erwachsen, werden von der Reichsversicherungsanstalt als eigene Verwaltungskosten erstattet (§ 323 in Verbindung mit § 107). Eine Ausnahme hiervon bildet die nach § 227 Abs. 2 zugelassene Mahngebühr, welche von dem Zahlungspflichtigen erhoben werden darf.

Auferlegung an einen Beteiligten.

§ 311.[1] *Hat ein Beteiligter*[2] *durch Mutwillen, Verschleppung*[3] *oder Irreführung Kosten des Verfahrens veranlaßt,*[4] *so können sie ihm ganz oder teilweise auferlegt*[5] *werden.*

E. I. § 310.
E. II. § 308.
RVO. § 1802 (1750).

1. Durch die Vorschrift des § 311 ist für die Spruchbehörde die Möglichkeit geschaffen, den Grad des Verschuldens zu berücksichtigen, der je nach den Umständen, insbesondere bei sachwidriger Beeinflussung durch unzuverlässige Ratgeber sehr verschieden sein kann. Von dem Ausfall der Prüfung der Spruchbehörde wird es abhängen, ob die Kosten des Verfahrens einem Beteiligten ganz oder teilweise auferlegt werden können (vgl. Begr. z. RVO.).

2. Als Beteiligter ist nicht nur ein Versicherter, Versicherungspflichtiger und Bezugsberechtigter, sondern unter Umständen auch ein Vertreter zu verstehen.

3. Eine Verschleppung kann auch darin gefunden werden, daß ein Beteiligter durch sein Ausbleiben in der mündlichen Verhandlung eine Vertagung derselben und eine abermalige Ladung von Zeugen, Sachverständigen usw. veranlaßt.

4. Veranlaßt dürfte wohl dahin aufzufassen sein, daß ein Beteiligter Kosten des Verfahrens ausschließlich oder hauptsächlich durch sein Verschulden herbeigeführt hat.

5. Durch die Auferlegung der Kosten werden diese für den Beteiligten zu Strafgeldern. Die danach eingehenden Strafgelder dienen zur Deckung der Kosten des Verfahrens und fließen in die Kasse der Reichsversicherungsanstalt (vgl. Begr. z. RVO. in Verbindung mit §§ 168 u. 169).

Kostenloses Verfahren.

§ 312. *Im übrigen*[1] *werden den Beteiligten keine Kosten des Verfahrens auferlegt.*[2] [3]

E. I. § 311.
E. II. § 309.
RVO. —

1. Im übrigen bedeutet: außer dem Falle des § 310.

2. Der Grundsatz der Kostenlosigkeit entspricht der diesbezüglichen Regelung bei der Unfall- und Invalidenversicherung und der in den §§ 337, 338 geregelten Gebühren- und Stempelfreiheit.

3. Gegen die Entscheidung über Auferlegung der Kosten ist Beschwerde und Berufung zulässig, aber nicht Revision (§ 282 Z. 4).

Siebenter Abschnitt.

Auszahlung der Leistungen.

Allgemeines.

Die Auszahlung der Leistungen erfolgt durch die Post. Unter Leistungen sind hier die Barleistungen von Ruhegeld, Hinterbliebenenrente, Leibrente, die Kapitalabfindung, Erstattung geleisteter Beiträge usw. zu verstehen. Die vorschußweise Auszahlung der Leistungen durch die Post ist ebenso wie bei der RVO. dem § 123 IVG. nachgebildet, welcher seinerseits den älteren Unfallversicherungsgesetzen angepaßt war. Maßgebend für die Wahl der Post als Zahlstelle war hier wie dort die Erwägung, daß sie das Zahlungsgeschäft in der für alle Beteiligten bequemsten Weise zu erledigen vermag, während die Schaffung besonderer Zahlstellen die Verwaltungskosten der Reichsversicherungsanstalt nicht unbeträchtlich vermehren und für die Empfangsberechtigten, namentlich bei großen Entfernungen in überwiegend ländlichen Bezirken mit Unzuträglichkeiten verbunden sein würde (vgl. Begr. zu § 69 UVG. v. 6. Juli 1884). Aus ähnlichen Erwägungen rechtfertigt sich auch die Mitwirkung der Post in den Fällen der §§ 186, 201 und 365.

I. Auszahlung durch die Post.

Vorbemerkung.

Die folgenden Paragraphen entsprechen im wesentlichen den §§ 1383 bis 1386 RVO. Vorbild der letzteren war neben dem oben erwähnten § 123 IVG. hinsichtlich der Zahlung an Empfänger im Ausland (§ 317) der § 10 Z. 2 Abs. 2 der Geschäftsanweisung vom 9. November 1901 (A. N. 1902, S. 101) in Verbindung mit dem Rundschreiben des RVA. vom

25. November 1910, Nr. II (A. N. 1910, S. 629). Abweichend von der RVO. wird der Postverwaltung für die Auszahlung der Leistungen eine vom Bundesrate nach Anhören der Reichsversicherungsanstalt festzusetzende Vergütung gewährt (§ 316).

Zahlung der Reichsversicherungsanstalt.

§ 313. *Die Reichsversicherungsanstalt*[1] *zahlt*[2] *auf Anweisung*[3] *des Rentenausschusses*[4] *durch die Post,*[5] *und zwar in der Regel*[6] *durch die Postanstalt, in deren Bezirke der Empfänger*[7] *zur Zeit des Antrags*[8] *wohnte. Die Zahlstelle wird ihm vom Rentenausschusse mitgeteilt.*[9]

Verzieht[10] *der Empfänger, so kann er bei dem Rentenausschuß oder bei der Postanstalt des alten Wohnorts beantragen, daß die Zahlung an die Postanstalt des neuen Wohnorts überwiesen wird.*[11][12]

E. I. §§ 312, 313.
E. II. §§ 310, 311.
RVO. § 1383 (1368).

1. Über die Organisation der Reichsversicherungsanstalt s. §§ 96 ff.

2. Auszahlung durch die Post bedeutet in der Regel, daß der Zahlungsempfänger bei der zuständigen Postanstalt den Geldbetrag abholen muß. Die an sich wünschenswerte Regelung der Rentenauszahlung durch die Postbriefträger gegen Quittung in den die Namen der Rentenempfänger enthaltenden Postlisten dürfte sich, wie bei der bisherigen Sozialversicherung, so auch hier nicht bewerkstelligen lassen (vgl. Isenbart-Spielhagen, S. 731 Anm. 4 a). Eine Verordnung über das Auszahlungsgeschäft dürfte voraussichtlich erlassen werden.

3. Auch über das Anweisungsverfahren werden noch Ausführungsbestimmungen zu treffen sein.

4. Über die Rentenausschüsse vgl. § 122 ff.

5. Eine direkte Zahlung von seiten der Reichsversicherungsanstalt oder ihrer Organe erfolgt nach dem Wortlaut des Gesetzes mithin niemals; trotzdem dürfte die Auszahlung durch die Post nicht ausnahmslos für alle Zahlungen der Anstalt in Frage kommen, beispielsweise nicht für die Zahlung der Kosten des Heilverfahrens; auch

bei dem Aufenthalt des Empfängers im Ausland dürfte nach § 317 ein anderes Verfahren eingreifen. Die Auszahlung durch die Post erfolgt vorschußweise; vgl. §§ 315 (insbesondere Anm. 2) in Verbindung mit §§ 318, 319.

6. In der Regel bedeutet, daß Ausnahmen nach den Wünschen der Empfänger möglich sind. Deren Interesse ist zu berücksichtigen.

7. Legitimiert zur Empfangnahme der Zahlung ist der Vorzeiger der in Abs. 1 Satz 2 erwähnten Mitteilung des Rentenausschusses. Dem Vorzeiger dieser Mitteilung die Beträge auszuzahlen ist die Post berechtigt, aber nicht verpflichtet (vgl. § 338 Anm. 5). Die Auszahlung an eine empfangsberechtigte Ehefrau erfolgt ohne Hinzuziehung ihres Ehemannes (vgl. Rek.-Entsch. 412, A. N. 1887, S. 351). Was die Auszahlung an Minderjährige betrifft, so kommt hier § 107 f. BGB. in Betracht (vgl. A. N. 1886, S. 56 Z. 143), die Anweisung und Mitteilung wird also auf den gesetzlichen Vertreter des Minderjährigen zu lauten haben; zu beachten ist jedoch hier, daß Minderjährige über 16 Jahre nach § 229 den Antrag selbständig stellen und verfolgen können.

8. Über die Antragstellung vgl. §§ 229 ff.

9. Über die Bedeutung dieser Mitteilung vgl. Anm. 7.

10. Verziehen bedeutet Verlegung des Wohnsitzes, also des dauernden, nicht nur des vorübergehenden Aufenthalts; vgl. hierzu über die Begriffe „Wohnsitz", „Wohnort" und „Aufenthaltsort" § 133 Anm. 5.

11. Über das Verfahren wird die nach Verständigung mit den obersten Postbehörden (vgl. § 315 Anm. 1) zu erlassende Geschäftsanweisung das Nähere zu bestimmen haben.

12. Auch über die Maßnahmen zur Vermeidung gesetzlich verbotener Zahlungen wie beim Ruhen der Renten (§§ 73 ff.) müssen noch Anordnungen ergehen (vgl. für die RVO. Hanow IV, S. 353 Anm. 10).

Erteilung der erforderlichen Bescheinigungen.

§ 314.[1] *Jede Person, die berechtigt ist, ein öffentliches Siegel zu führen,[2] ist befugt,[3] die bei den Zahlungen erforderlichen Bescheinigungen[4] zu erteilen und zu beglaubigen.[5]*

E. I. —
E. II. —
RVO. § 1384 (1369).

1. Dieser § 314 wurde durch die Reichstagskommission eingefügt, um Mißstände zu vermeiden, wie sie in der Praxis der Invalidenversicherung vorkamen, wo nach den Mitteilungen eines Kommissionsmitglieds die Rentenempfänger gelegentlich zur Armenverwaltung geschickt wurden, um dort die nötigen Bescheinigungen bezw. Beglaubigungen zu holen. Dieses Verfahren wurde scharf verurteilt (vgl. Kom.-Ber.). Die Regierung konnte dem Wunsche der Reichstagskommission ohne weiteres beitreten, da sie selbst die Einführung der gleichen Vorschrift des § 1384 RVO. damit begründet hatte, daß ohne die vorgeschlagene Bestimmung die Erteilung von Beglaubigungen auf Schwierigkeiten stoßen würde, da in die Kreise der Beamten, die bisher solche Beglaubigungen erteilt haben, durch eine Entscheidung des RG. (Ziv.-S. Bd. 71, S. 60) insofern eine gewisse Beunruhigung getragen ist, als darin ausgeführt wird, daß ein Beamter, der, ohne vom Gesetz als öffentliche Urkundsperson bestellt zu sein, eine Unterschrift amtlich beglaubigt, sich einer Überschreitung seiner Amtsbefugnisse schuldig mache und dadurch schadenersatzpflichtig werden könne (vgl. Kom.-Ber. z. RVO.).

2. Ein öffentliches Siegel zu führen berechtigt sind Polizeibehörden, Schiedsmänner, Bezirksvorsteher, Beamte der Armenpflege, Geistliche, Standesbeamte, Steuereinnehmer usw.

3. Diese Personen sind befugt zur Erteilung der Bescheinigung. Daß sie hierzu auch verpflichtet seien, wird im AVG. nicht bestimmt. Eine entsprechende Anordnung müßte auf anderem Wege noch erfolgen.

4. Betreffs dieser Bescheinigung vgl. § 313 und die dazu noch ergehenden Ausführungsbestimmungen.

5. Die Bescheinigungen und Beglaubigungen werden nach § 338 gebühren- und stempelfrei erteilt.

Vorschuß an die Postbehörden.

§ 315. *Die obersten Postbehörden*[1] *können von der Reichsversicherungsanstalt einen Vorschuß*[2] *einziehen. Er wird nach Wahl der Reichsversicherungsanstalt vierteljährlich oder*[3] *monatlich an die von der Post bezeichneten Kassen abgeführt und darf den Betrag nicht übersteigen, den die Reichsversicherungsanstalt im laufenden Geschäftsjahr*[4] *voraussichtlich zu zahlen hat.*[5] [6]

E. I. § 314.
E. II. § 312.
RVO. § 1385 (1369).

1. Oberste Postbehörden sind das Reichspostamt in Berlin für das Reichsgebiet mit Ausnahme von Bayern und Württemberg, in welchen das in München befindliche bayerische Ministerium für Verkehrsangelegenheiten bezw. das württembergische Ministerium der auswärtigen Angelegenheiten, Verkehrsabteilung in Stuttgart, oberste Postbehörden sind.

2. Das Vorschußverfahren wird in der Begründung des IuAVG. wie folgt gerechtfertigt: „Infolge der Verpflichtung, die Renten vorschußweise auszuzahlen, sind die Postverwaltungen zur Beschaffung ausreichender Betriebsfonds genötigt. Zinsen für ihre Vorschüsse erhalten die Postverwaltungen nicht. Andererseits werden die Mittel zur Deckung der aus der Versicherung erwachsenden Verpflichtungen nicht erst nachträglich durch Umlage eingezogen, sondern durch fortlaufende Beiträge erhoben. Die Versicherungsanstalt ist also von vornherein im Besitze derjenigen Mittel, welche die Postverwaltungen zur Leistung der Vorschüsse sich erst beschaffen müssen. Es ist daher ein Gebot der Billigkeit, daß die Versicherungsanstalt auf die zinsbare Nutzung eines Teils der aus den Beiträgen angesammelten Kapitalien zu dem Zweck verzichtet, um den Postverwaltungen diejenigen Betriebsfonds zur Verfügung zu stellen, welche dieselben zugunsten der Versicherungsanstalt sonst anderweit würden beschaffen müssen. Dadurch wird gleichzeitig ein Teil der angesammelten Beiträge der Kapitalisierung entzogen und hierdurch der Versicherungsanstalt selbst eine Erleichterung ihrer Geldverwaltung gewährt."

3. Erst durch die Reichstagskommission wurde hinzugefügt, daß über die Zeitabschnitte die Reichsversicherungsanstalt zu entscheiden hat.

4. Als Geschäftsjahr gilt das Kalenderjahr (§ 105 Abs. 2).

5. Maßgebend für den Höchstbetrag des Vorschusses sind die im laufenden Geschäftsjahr voraussichtlich auszuzahlenden Ruhegelder, Rentenbeträge und sonstige Leistungen.

6. Der Geschäftsverkehr zwischen RVA. und Postbehörde, nach dessen Vorbild vermutlich auch der Verkehr zwischen Reichsversicherungsanstalt und Post sich gestalten wird, ist sehr übersichtlich und klar geschildert in der Festschrift des RVA. Berlin 1911, S. 66 ff.

Vergütung für die Post.

§ 316. *Die der Post zu gewährende[1] Vergütung[2] wird vom Bundesrate nach Anhören[3] der Reichsversicherungsanstalt festgesetzt.*

E. I. § 315.
E. II. § 313.
RVO.—

1. Für ihre Dienste bei den übrigen Zweigen der Sozialversicherung erhält die Post keine Vergütung.

2. Bei der Festsetzung dieser Vergütung wird nach der Stellung des § 316 im System des Gesetzes an sich nur die Mitwirkung der Post bei der Auszahlung der Leistungen zu berücksichtigen sein, während die Wahrnehmung der Geschäfte der Beitragsstellen durch die Postanstalten nach § 186 zu vergüten ist. Da aber in beiden Fällen die Festsetzung der Vergütung vom Bundesrate nach Anhören der Reichsversicherungsanstalt zu erfolgen hat, so ist es möglich, daß die gesamte Tätigkeit der Post im Dienste der Angestelltenversicherung einheitlich vergütet wird.

3. Das Anhören ist obligatorisch, da aber eine Zustimmung der Reichsversicherungsanstalt nicht vorgeschrieben ist, sind deren Vorschläge für den Bundesrat nicht bindend.

Empfänger im Ausland.

§ 317. *Der Reichskanzler[1] kann bestimmen,[2] wie an Empfänger[3] zu zahlen ist, die sich gewöhnlich im Ausland[4] aufhalten.*

E. I. § 316.
E. II. § 314.
RVO. § 1386 (1370).

1. Zuständig ist das Reichsamt des Innern (vgl. § 76 Anm. 8).

2. Ob das im § 10 der Geschäftsanweisung des RVA., betreffend die Auszahlungen durch die Post, vom 9. November 1901 (A. N. 1902, S. 189) bisher übliche Verfahren bei der Auszahlung von Renten im Auslande für die Angestelltenversicherung ausreichen wird, erscheint zweifelhaft. Es wird deshalb nach dem Vorbild der RVO. vorgesehen, daß das Reichsamt des Innern bestimmen kann, wie die Versicherungsleistungen an Empfangsbe-

rechtigte zu zahlen sind, die sich gewöhnlich im Ausland aufhalten. Dabei wird die Vermittelung der deutschen Vertretungen im Auslande, insbesondere der Konsulate oder auch die Zahlung durch die Post an einen im Inland wohnenden bestellten Bevollmächtigten des Empfangsberechtigten wohl hauptsächlich in Betracht kommen.

3. Empfänger können Inländer wie Ausländer sein.

4. Unter Ausland fallen im Sinne dieses Paragraphen auch die deutschen Schutzgebiete, da die Bestimmungen dieses Gesetzes, wonach die Schutzgebiete als Inland anzusehen sind, sich nicht auf obigen Paragraphen beziehen (vgl. §§ 24, 78).

II. Abrechnung mit der Post.

Vorbemerkung.

Die beiden Paragraphen dieses Unterabschnitts sind ebenso wie die bei ihnen zitierten Bestimmungen der RVO. den §§ 126 Abs. 3 und 127 Abs. 1 IVG. nachgebildet, jedoch mit dem Unterschied, daß im AVG. die obersten Postbehörden der Reichsversicherungsanstalt die aus § 318 ersichtliche Mitteilung machen, während in der RVO. umgekehrt die Rechnungsstelle des RVA. den obersten Postbehörden mitteilt, welche Beträge das Reich und die einzelnen Versicherungsanstalten zu erstatten haben. Eine direkte Abrechnung der einzelnen Postanstalten mit den Rentenausschüssen ist deshalb untunlich, weil die Reichsversicherungsanstalt die Finanzverwaltung der Angestelltenversicherung besorgt, das gesamte Material zur Verfügung hat und insbesondere auch die Versicherungskonten führt (vgl. § 96 Anm. 4 und § 188).

Jährliche Mitteilung.

§ 318. *Die obersten Postbehörden*[1] *teilen der Reichsversicherunganstalt mit, was die Post im verflossenen Geschäftsjahr auf Anweisung der Rentenausschüsse*[2] *gezahlt hat.*[3]

E. I. § 317.
E. II. § 315.
RVO. § 1405 (1389).

1. Über die obersten Postbehörden vgl. § 315 Anm. 1.
2. Wie diese Mitteilung im einzelnen beschaffen sein muß, wird in den Ausführungsbestimmungen zu regeln sein.
3. Über diese Anweisungen vgl. § 313.
4. Nur die tatsächlich geleisteten Zahlungen sind in Ansatz zu bringen.

Zahlung an die Post.

§ 319. *Binnen zwei Wochen*[1] *nach Empfang der Mitteilung*[2] *muß die Reichsversicherungsanstalt den Betrag*[3] *aus den bereiten Mitteln*[4] *zahlen.*

E. I. § 318.
E. I. § 316.
RVO. § 1408 (1392).

1. Vgl. über die Berechnung der zweiwöchigen Frist das Beispiel zu § 325 Anm. 2.
2. Es handelt sich hier um die Mitteilung nach § 318.
3. Gemeint ist der Betrag, welchen die Post im verflossenen Geschäftsjahr auf Anweisung der Rentenausschüsse gezahlt hat.
4. Über die Mittel der Reichsversicherungsanstalt vgl. §§ 219 ff., über den Begriff „Mittel" § 219 Anm. 1.

Achter Abschnitt.

Sonstige Vorschriften.

Allgemeines.

Der achte Abschnitt ist in sieben Unterabschnitte eingeteilt, in welchen nacheinander die zuständigen Landesbehörden, die Rechtshilfe, die Fristen, die Zustellungen, die Gebühren und Stempel, die Verbote und Strafen sowie die ausländische Gesetzgebung behandelt werden. Die darin enthaltenen Bestimmungen schließen sich eng an die entsprechenden Vorschriften für die Arbeiterversicherung in der RVO. an und sind zumeist älteren Reichsgesetzen, insbesondere den vor der RVO. geltenden Sozialversicherungsgesetzen, dem BGB. und der ZPO. nachgebildet.

I. Behörden.

Vorbemerkung.

In Analogie zur RVO. wird auch im AVG. der obersten Verwaltungsbehörde das Delegationsrecht für jeden einzelnen Fall gegeben; dies entspricht dem Bedürfnis, die obersten Verwaltungsbehörden durch Dezentralisation aller örtlich zu erledigenden Geschäfte möglichst zu entlasten (vgl. Begr. z. RVO.).

Übertragungsrecht.

§ 320. *Die oberste Verwaltungsbehörde*[1] *kann einzelne der Aufgaben und Rechte, die ihr dieses Gesetz zuweist,*[2] *auf andere Behörden übertragen.*[3]

E. I. § 319.
E. II. § 317.
RVO. § 110 (123).

1. Oberste Verwaltungsbehörde ist die Landeszentralbehörde (Ministerium) des einzelnen Bundesstaats.
2. Aufgaben und Rechte, die das Gesetz der obersten Verwaltungsbehörde zuweist, enthalten die §§ 9 Abs. 3, 10 Abs. 2, 54, 129 Abs. 1, 134 Abs. 2, 145 Abs. 2 u. 3, 166 Abs. 1 u. 2, 180, 186, 194 Abs. 1, 221 Abs. 1, 242 Abs. 2, 321, 371 Abs. 2, 387 Abs. 5.
3. Über die Einzelheiten der Übertragung vgl. den nächsten Paragraphen.

Einzelbestimmungen betr. Delegation.

§ 321. *Sie*[1] *bestimmt,*

1. welchen Staatsbehörden und welchen Behörden[2] *die Aufgaben zukommen, die dieses Gesetz den höheren*[3] *und den unteren Verwaltungsbehörden*[4] *sowie den Ortspolizeibehörden*[5] *zuweist,*

2. welche Verbände als Gemeindeverbände[6] zu gelten haben; eine einzelne Gemeinde[7] gilt als Gemeindeverband im Sinne dieses Gesetzes nur dann, wenn es die oberste Verwaltungsbehörde bestimmt.

Die Bestimmungen werden im Reichsanzeiger veröffentlicht.

E. I. § 320.
E. II. § 318.
RVO. § 111 (124).

1. Gemeint ist die oberste Verwaltungsbehörde.

2. Diese Behörden sind andere als staatliche, also insbesondere kommunale Behörden. In einzelnen Bundesstaaten, z. B. in Württemberg, bestehen Ortsbehörden für die Arbeiterversicherung, an deren Vorhandensein sich die Bevölkerung bereits gewöhnt hat, und die künftig durch die Besorgung rein örtlicher Geschäfte die Versicherungsämter entlasten können. Die Möglichkeit ihrer Verwendung auch für die Angestelltenversicherung erscheint nicht ausgeschlossen.

3. Höhere Verwaltungsbehörden sind die Mittelinstanzen zwischen den unteren und den obersten Verwaltungsbehörden, also die Provinzialverwaltungen, die Bezirksregierungen u. ä., und zwar in Preußen in der Regel der Regierungspräsident, für Berlin teils der Polizeipräsident und teils der Oberpräsident der Provinz Brandenburg, bei bergbaulichen Betrieben das Oberbergamt.

4. Eine Begriffsbestimmung der unteren Verwaltungsbehörde gibt das Gesetz ebensowenig, wie es die höheren und obersten Verwaltungsbehörden definiert. Es wird daher die oberste Verwaltungsbehörde zu bestimmen haben, welche Stellen hierunter zu verstehen sind. Voraussichtlich dürften für Preußen als untere Verwaltungsbehörden die Landratsämter und die kreisfreien Städte, nicht die Städte mit mehr als 10 000 Einwohnern zu gelten haben.

5. Über Ortspolizeibehörden vgl. § 188 Anm. 5.

6. Unter Gemeindeverband versteht das Gesetz stets einen Verband von Gemeinden, z. B. in Preußen den Kreis.

7. Eine einzelne Gemeinde gilt als Gemeindeverband nur, wenn die oberste Verwaltungsbehörde es bestimmt. Steht eine einzelne Gemeinde schon nach den Landesgesetzen jenen Gemeindeverbänden gleich, also z. B.

in Preußen die kreisfreien Städte, so bedarf es einer besonderen Bestimmung der obersten Verwaltungsbehörde nicht (vgl. Begr. z. RVO.).

II. Rechtshilfe.

Vorbemerkung.

Die Rechtshilfe im Sinne der folgenden Paragraphen umfaßt einerseits die Pflicht gewisser Dienststellen, bei der Durchführung von Rechten oder der Erfüllung von Verbindlichkeiten mitzuwirken, welche aus dem Aufgabenkreis der Angestelltenversicherung erwachsen. Andererseits betrifft sie eine Hilfe; sie kann daher nur für einzelne bestimmte Fälle und Maßnahmen, nicht aber für umfangreiche oder dauernde Besorgungen amtlicher Geschäfte in Anspruch genommen werden und insbesondere nicht zur vollständigen Abwälzung eines ganzen Aufgabenkreises mißbraucht werden (vgl. Rosin II, S. 217 u. Hanow I, S. 235). Während § 322 die ersterwähnte Pflicht näher bezeichnet, enthält § 323 Bestimmungen über die Kosten der Rechtshilfe. Ein besonderer Fall der Rechtshilfe, nämlich die Beitreibung von Rückständen nach Art der Gemeindeabgaben ist nicht in diesem Unterabschnitt, sondern im § 227 behandelt.

Pflicht zur Gewährung.

§ 322. *Die öffentlichen Behörden*[1] *sind verpflichtet,*[2] *den im Vollzuge dieses Gesetzes*[3] *an sie ergehenden Ersuchen des Oberschiedsgerichts,*[4] *der Schiedsgerichte,*[5] *anderer öffentlicher Behörden*[6] *sowie der Organe der Reichsversicherungsanstalt*[7] *zu entsprechen, insbesondere vollstreckbare Entscheidungen zu vollstrecken*[8] *und den Organen der Reichsversicherungsanstalt auch unaufgefordert alle Mitteilungen zukommen zu lassen, die für deren Geschäftsbetrieb von Wichtigkeit sind.*[9] *Die gleiche Verpflichtung liegt den Organen der Versicherungsträger der reichsgesetzlichen Arbeiterversicherung*[10] *ob.*

Wenn ein Gericht[11] *das Ersuchen um eine Beweisaufnahme*[12] *ablehnt,*[13] *so entscheidet das Oberlandesgericht endgültig.*[14]

E. I. § 321.
E. II. § 319.
RVO. § 115, 116 (128, 129).

1. Als öffentliche Behörden kommen nicht nur staaliche Behörden in Frage, es fallen darunter die Gerichte, die Verwaltungsbehörden, militärische und kirchliche Behörden sowie alle Zivilbehörden und auch die Kommunen. Daß nur deutsche Behörden gemeint sind, ist selbstverständlich. Über Rechtshilfe im Ausland vgl. A. N. 1901, S. 451, 1906, S. 597, 1910, S. 642.

2. Es besteht eine Verpflichtung. Eine Ablehnung des Ersuchens ist daher nur statthaft, wenn das Gesuch nicht zur Erfüllung der Vorschriften dieses Gesetzes dient, insbesondere wenn es einen unzulässigen Inhalt hat oder die ersuchende Behörde die verlangte Handlung selbst vornehmen kann und wenn die ersuchte Behörde nicht zuständig ist; vgl. Rundschreiben des RVA. vom 4. November 1909 über Rechtshilfe (A. N. 1909, S. 596).

3. Die Worte im Vollzuge dieses Gesetzes sind möglichst weit zu interpretieren. Es fallen darunter alle Fälle, in welchen die Mitwirkung einer öffentlichen Behörde zur Durchführung der Versicherung überhaupt erforderlich ist; vgl. die Kasuistik bei Hanow I, S. 238 ff.

4. Über das Oberschiedsgericht vgl. §§ 162 ff., 281 ff.

5. Über die Schiedsgerichte s. §§ 157 ff, 270 ff.

6. Unter anderen öffentlichen Behörden sind hier Behörden zu verstehen, welche an sich nicht im Dienste der Angestelltenversicherung stehen, aber an ihrer Durchführung beteiligt sind, z. B. die Postanstalten als Beitrags- und Zahlstellen (§§ 186, 313).

7. Die Organe der Reichsversicherungsanstalt sind nach § 98 das Direktorium, der Verwaltungsrat, die Rentenausschüsse und die Vertrauensmänner.

8. Vollstreckt werden können sämtliche nicht mehr anfechtbaren Entscheidungen des Versicherungsträgers (§ 96), der Organe der Reichsversicherungsanstalt (vgl. Anm. 8) und der rechtsprechenden Behörden (Rentenausschüsse, Schiedsgerichte, Oberschiedsgerichte bezw. deren Vorsitzende). Außerdem sind aber auch solche noch anfechtbare Entscheidungen vollstreckbar, gegen die kein

Rechtsmittel mit aufschiebender Wirkung gegeben ist (vgl. § 330 in Verbindung mit §§ 277, 291). Die Vollstreckung durch die ersuchte Behörde erfolgt nach den für das Verwaltungszwangsverfahren gegebenen landesrechtlichen Vorschriften.

9. Solche Mitteilungen können sich auf die Personalien des Versicherten, seine Beschäftigung und ähnliches beziehen.

10. Organe der Versicherungsträger der reichsgesetzlichen Arbeiterversicherung sind insbesondere die Vorstände und Ausschüsse der Krankenkassen, der Berufsgenossenschaften, der Sektionen dieser, die Genossenschafts- und Sektionsversammlungen, die Geschäftsführer der Berufs- und sonstigen Versicherungsgenossenschaften, die Vorstände und Ausschüsse der Versicherungsanstalten, eventl. ferner die von ihnen beauftragten Kontrollbeamten und Kontrollstellen.

11. Als Gericht dürfte, da das Oberlandesgericht entscheidet, nur ein ordentliches Gericht in Frage kommen.

12. Es war in der bisherigen Sozialversicherungspraxis fraglich, ob Gerichte zu einer eidlichen Vernehmung von Zeugen und Sachverständigen auf Ersuchen im Sinne des Abs. 1 verpflichtet sind. Tatsächlich haben sich Gerichte dahin ausgesprochen, daß dies nicht der Fall sei. Das AVG. beugt Zweifeln vor, indem es, wie Abs. 2 in Verbindung mit § 241 Abs. 2 erkennen läßt, anordnet, daß eine solche Pflicht der Gerichte besteht.

13. Der Ablehnung der Beweisaufnahme steht eine Meinungsverschiedenheit oder ein Streit über die Art der Ausführung des Ersuchens gleich (vgl. Loewe, StPO., 12. Aufl., zu § 160 GVG., S. 142 Anm. 2).

14. Es entscheidet endgültig das Oberlandesgericht, zu dessen Bezirk das ersuchte Gericht gehört (vgl. die entsprechende Vorschrift des § 160 GVG.).

Kosten der Rechtshilfe.

§ 323.[1] *Tagegelder,[2] Reisekosten,[3] Gebühren[4] für Zeugen und Sachverständige und alle anderen baren Auslagen,[5] die aus der Rechtshilfe erwachsen,[6] werden von der Reichsversicherungsanstalt als eigene Verwaltungskosten[7] erstattet.*

E. I. § 322.
E. II. § 320.
RVO. § 117 (130).

1. Der § 323 hat seine jetzige Fassung in der Reichstagskommission erhalten. Es handelt sich dabei gegenüber dem Wortlaut der Entwürfe lediglich um eine redaktionelle Änderung zum Zwecke der Herbeiführung einer Übereinstimmung mit der entsprechenden Vorschrift des § 117 RVO.

2. Tagegelder werden in der Regel nur Beamten, und auch diesen lediglich bei Dienstreisen gewährt, sie dienen zur Bestreitung der persönlichen Bedürfnisse des Beamten außerhalb seines Wohnorts.

3. Der Ausdruck Reisekosten wird — ebenso wie Tagegelder — in der Regel nur bei Beamten angewendet und bedeutet im engeren Sinne Entschädigung für eine Reise; im weiteren Sinne versteht man darunter bei Dienstreisen: Tagegelder und Fahrkosten; vgl. z. B. Preuß. Ges. betr. die Reisekosten der Staatsbeamten v. 26. Juli 1910 (GS. S. 150ff.) mit den dazu erlassenen Ausf.-Best. v. 24. September 1910 (GS. S. 269).

4. Die Festsetzung der Gebühren erfolgt, soweit das Rechtshilfeersuchen durch ein Gericht erledigt wird, nach Maßgabe der Gebührenordnung für Zeugen und Sachverständige vom 30. Juni 1878 (RGBl. S. 173) in der Fassung der Bekanntmachung vom 20. Mai 1898 (RGBl. S. 689). Zeugen und Sachverständige erhalten eine Entschädigung für die erforderliche Zeitversäumnis sowie bei Zurücklegung eines Weges von mehr als 2 km eine Reise- und Aufwandsentschädigung, Sachverständige außerdem noch eine Vergütung für ihre Leistung und deren etwaige Vorbereitung.

5. Aus der Fassung „alle anderen baren Auslagen" folgt, daß die vorher aufgeführten Tagegelder, Reisekosten und Gebühren ebenfalls nur bare Auslagen betreffen. Zu den sonstigen baren Auslagen gehören insbesondere die Portoauslagen, da Portofreiheit nur für die Beförderung von Postsendungen in reinen Reichsdienstangelegenheiten besteht, wenn die Sendungen von einer Reichsbehörde abgeschickt oder an eine Reichsbehörde gerichtet sind, z. B. also bei der Weitersendung eines Rechtshilfeersuchens von einer unzuständigen an die zuständige Gemeindebehörde nicht in Frage kommt (vgl. § 2 des nach § 2 des Ges. betr. die Verfassung des Deutschen Reichs vom 16. April 1871 — BGBl. S. 63 — als Reichsgesetz in Kraft gebliebenen Ges. betr. die Portofreiheiten im Gebiete des Norddeutschen Bundes vom 5. Juli 1869 — BGBl. S. 141).

6. Nicht ersetzt werden, da sie aus der Rechtshilfe

nicht erwachsen, z. B. Kosten für eine Schreibkraft, welche die ersuchte Behörde bei Erledigung des Ersuchens infolge plötzlicher Erkrankung ihres ordentlichen Beamten vorübergehend einstellen mußte, oder Portoauslagen in Fällen, wo nach Anm. 5 Portofreiheit besteht.

7. Über Verwaltungskosten der Reichsversicherungsanstalt vgl. § 107 Anm. 1.

III. Fristen.

Vorbemerkung.

Die in diesem Unterabschnitt zunächst (§§ 324 bis 327) enthaltenen Bestimmungen über die Berechnung der Fristen (der prozessualen wie der materiell-rechtlichen) lehnen sich an die Vorschriften des BGB. (§§ 187, 188, 190, 191, 193) an. Jedoch ist die Vorschrift des § 325 zu beachten, der zufolge eine nach Wochen oder Monaten bestimmte Frist abweichend von § 188 Abs. 2 BGB. stets mit dem Ablaufe desjenigen Tages der letzten Woche oder des letzten Monats endigen soll, der nach Benennung oder Zahl dem Tage entspricht, in den das Ereignis oder der Zeitpunkt fällt (§ 325), während nach § 188 Abs. 2 a. a. O. diese Vorschrift nur für den Fall des § 187 Abs. 1 BGB. gilt, im Falle des § 187 Abs. 2 a. a. O. aber eine nach Wochen oder Monaten bestimmte Frist mit dem Ablaufe desjenigen Tages der letzten Woche oder des letzten Monats endigt, welcher dem Tage vorhergeht, der durch seine Benennung oder seine Zahl dem Anfangstage der Frist entspricht.

In den folgenden §§ 328—330 werden die für alle Rechtsmittel gemeinsamen Vorschriften über die Frist zu ihrer Einlegung, die Art ihrer Einlegung und ihre nur ausnahmsweise eintretende aufschiebende Wirkung gegeben. Anschließend hieran wird die Wiedereinsetzung in den vorigen Stand behandelt (§§ 331—334) deren wesentliche Bestimmungen aus der ZPO. übernommen, aber den besonderen Bedürfnissen der Versicherungsverhältnisse angepaßt sind.

Beginn.

§ 324. *Richtet sich der Anfang einer Frist*[1] *nach einem Ereignis oder Zeitpunkt, so beginnt die Frist mit dem Tage,*[2] *der auf das Ereignis oder den Zeitpunkt folgt.*[3]

Wird eine Frist verlängert,[4] *so beginnt die neue mit Ablauf der alten Frist.*[5]

E. I. § 323.
E. II. § 321.
RVO. § 124 (137).

1. Als Frist wird nicht nur der Zeitraum angesehen, innerhalb dessen eine Rechtshandlung vorgenommen werden muß, insbesondere ein Recht ausgeübt oder eine Willenserklärung abgegeben werden soll, sondern auch der Zeitraum, während dessen fortgesetzt eine Leistung zu erfüllen ist, gleichgültig ob er zusammenhängend verläuft oder nicht (vgl. Staudinger Bd. I, S. 612).

2. Entsprechend dem § 187 BGB. gilt auch in der Angestelltenversicherung der Tag bei den Auslegungsvorschriften der §§ 324 ff. als die kleinste Zeiteinheit, es wird also bei Fristen, die nach Tagen, Wochen, Monaten oder Jahren zu bemessen sind, nur nach ganzen Tagen, nicht nach Stunden, Minuten oder Sekunden gerechnet.

3. Beginnt die Frist im Laufe eines Tages, so wird der Tag des Beginns nicht mitgerechnet. Wird z. B. eine Verfügung des Vorsitzenden des Schiedsgerichts bezw. Oberschiedsgerichts, durch welche eine Berufung bezw. Revision als verspätet verworfen wird, dem Antragsteller am Dienstag zugestellt, so beginnt die einwöchige Frist, binnen deren der Antragsteller die Entscheidung des Schiedsgerichts bezw. Oberschiedsgerichts anrufen kann (§§ 271, 290), am Mittwoch.

4. Die Verlängerung kann sowohl eine noch laufende wie eine bereits abgelaufene Frist betreffen.

5. Der Beginn der neuen Frist ist nach Abs. 1 zu berechnen. Die Vorschrift des Abs. 2 ist dem § 190 BGB. nachgebildet.

Ende.

§ 325. *Eine nach Tagen*[1] *bestimmte Frist endigt mit dem Ablauf ihres letzten Tages, eine nach Wochen*[2] *oder Monaten*[3] *bestimmte Frist mit dem Ablauf desjenigen Tages der letzten Woche oder des letzten Monats, welcher nach Benennung oder Zahl dem Tage entspricht, in den das Ereignis oder der Zeitpunkt fällt.*[4]

Fehlt dem letzten Monat der entsprechende Tag, so endigt die Frist mit dem Monat.[5] [6]

E. I. § 324.
E. II. § 322.
RVO. § 125 (138).

1. Beispiel: Ergeht an einen Arbeitgeber gemäß § 227 Abs. 2 die Mahnung, bei Vermeidung der Zwangsbeitreibung binnen fünf Tagen nach Zustellung der Mahnung bestimmte rückständige Beiträge zu entrichten, und wird die Mahnung dem Arbeitgeber am Montag zugestellt, so hat er die Rückstände spätestens am folgenden Sonnabend zu entrichten.

2. Bei einer nach Wochen bestimmten Frist wird diese von Wochentag zu Wochentag berechnet. Hat z. B. die Reichsversicherungsanstalt an einem Donnerstag von der obersten Postbehörde die Mitteilung erhalten, was die Post im verflossenen Geschäftsjahr auf Anweisung der Rentenausschüsse gezahlt hat, so muß sie spätestens am zweitfolgenden Donnerstag den entsprechenden Betrag aus den bereiten Mitteln zahlen (§§ 318, 319).

3. Eine nach Monaten bestimmte Frist, d. h. eine Frist, die nach einem oder mehreren Monaten bemessen ist, wird von Datum zu Datum berechnet. Hat z. B. ein Berechtigter eine Freiheitsstrafe von 6 Monaten zu verbüßen und tritt er diese am 10. Februar an, so endigt das nach § 75 vorgeschriebene Ruhen einer ihm zustehenden Witwerrente (§ 30) mit dem Ablauf des 10. August, gleichgültig ob ein Schaltjahr vorliegt oder nicht.

4. Die Vorschrift des Abs. 1 dieses Paragraphen stellt eine bemerkenswerte Abweichung von dem ihm vorbildlichen § 188 Abs. 2 BGB. dar (vgl. Vorbem. S. 643); sie erleidet eine Ausnahme, wenn der für den Ablauf der Frist gesetzte Tag auf einen Sonntag oder einen staatlich anerkannten allgemeinen Feiertag fällt (§ 327 Abs. 1).

5. Tritt in dem zu Anm. 3 gegebenen Beispiel der Berechtigte die sechsmonatige Freiheitsstrafe am 30. August an, so endigt das Ruhen der ihm zustehenden Witwerrente am folgenden 28. oder 29. Februar, je nachdem das nächste Jahr kein Schaltjahr oder ein solches ist.

6. Die Anwendung der Vorschrift des § 325 hat zusammenhängende Zeiträume von Tagen, Wochen

oder Monaten zur Voraussetzung, für nicht zusammenhängende Zeiträume gilt § 326.

Unzusammenhängender Zeitraum.

§ 326. *Braucht ein Zeitraum von Monaten oder Jahren nicht zusammenhängend[1] zu verlaufen, so wird der Monat zu dreißig, das Jahr zu dreihundertfünfundsechzig Tagen gerechnet.*[2]

E. I. § 325.
E. II. § 323.
RVO. § 126 (139).

1. Die Vorschrift über Berechnung zusammenhängender Zeiträume von Monaten usw. enthält § 325.

2. Beispiel: Die mindestens sechs Beitragsmonate in der höheren Gehaltsklasse, welche den in eine versicherungspflichtige Beschäftigung mit geringerem als seiner bisherigen Gehaltsklasse entsprechenden Entgelt eintretenden Versicherten berechtigen, in seiner bisherigen Gehaltsklasse zu bleiben (§ 19), werden zu je 30 Tagen gerechnet, falls sie nicht zusammenhängend verlaufen sind.

Fristenablauf an einem Sonntag.

§ 327. *Fällt der für eine Willenserklärung[1] oder Leistung[2] oder den Ablauf einer Frist gesetzte Tag auf einen Sonntag oder einen allgemeinen Feiertag,[3] der am Erklärungs-[4] oder Leistungsorte[5] staatlich anerkannt ist, so gilt dafür der nächstfolgende Werktag.*[6]

Für die Dauer von Leistungen, zu denen die Reichsversicherungsanstalt verpflichtet ist,[7] gilt diese Vorschrift nicht.[8]

E. I. § 326.
E. II. § 324.
RVO. § 127 (140).

1. Der Ausdruck Willenserklärung ist aus der Terminologie des BGB. übernommen, er bedeutet nach der Definition des Reichsgerichts eine „Erklärung, welche eine ihrem Inhalt kongruente Rechtsfolge vermöge der die Wirksamkeit des Parteiwillens in gewissen Grenzen anerkennenden Gesetzesmacht hervorzubringen bestimmt“ ist (RG. in Ziv.-S. Bd. 58, S. 346). Das BGB. unterscheidet ausdrückliche und stillschweigende, einseitige und zwei- oder

mehrseitige, empfangsbedürftige und nicht empfangsbedürftige, förmliche oder formlose Willenserklärungen. Dementsprechend ist z. B. in der Angestelltenversicherung ein mündlicher Antrag einer aus einer versicherungspflichtigen Beschäftigung ausgeschiedenen weiblichen Versicherten auf Gewährung einer Leibrente eine ausdrückliche, einseitige, empfangsbedürftige und formlose Willenserklärung (§§ 229, 63).

2. Leistung ist hier, wenn auch die Vorschrift des § 327 dem § 193 BGB. entspricht, nicht lediglich nach Maßgabe des bürgerlichen Rechts, sondern vornehmlich im Sinne dieses Gesetzes zu verstehen; vgl. jedoch Abs. 2.

3. Ob ein allgemeiner Feiertag staatlich anerkannt ist, richtet sich nach den landesrechtlichen Vorschriften. Als allgemeine Feiertage kommen sowohl die kirchlichen in Betracht, wie auch andere Feiertage, welche durch eine staatliche Anordnung für jedermann ohne Beschränkung auf die Angehörigen einer Konfession eine allgemeine Geschäftsruhe in bürgerlichen und öffentlichen Angelegenheiten bewirken (vgl. RG. in Strafs. Bd. 2, S. 399, Bd. 17, S. 56 und Bd. 31, S. 221). Kaisers Geburtstag ist ebensowenig wie der Sedantag als Feiertag im Sinne der Gesetzesvorschrift aufzufassen. In allen Bundesstaaten anerkannte Feiertage sind: Neujahr (1 Tag), Ostern (2 Tage), Pfingsten (2 Tage), Himmelfahrt (1 Tag) und Weihnachten (2 Tage). Hinsichtlich der übrigen Feiertage weichen die Landesgesetze voneinander ab.

4. Erklärungsort ist derjenige Ort, an welchem die Willenserklärung abzugeben ist, also in dem zu Anm. 1 gegebenen Beispiel in der Regel der Sitz des zuständigen Rentenausschusses (§§ 229 ff.) oder bei Einlegung von Rechtsmitteln z. B. der Sitz des zur Entscheidung über das Rechtsmittel zuständigen Schiedsgerichts bezw. Oberschiedsgerichts (§ 329 in Verbindung mit A. N. 1894, S. 122 und 1895, S. 248).

5. Leistungsort ist derjenige Ort, an welchem die Leistung zu bewirken ist. Er wird hier verschieden sein, je nachdem es sich einerseits um Barleistungen und andererseits um Heilverfahren oder Sachleistungen handelt, d. h. im ersteren Falle in der Regel der Wohnort des Empfängers (§ 313), in den letzteren Fällen da, wo das Heilverfahren, die Unterbringung in einer Anstalt usw. stattfindet (§§ 36 ff., 44 ff.).

6. Beispiel: Fällt der „15. des nächsten Monats", bis zu welchem die Arbeitgeber nach § 181 die am Schlusse eines jeden Monats fälligen Beiträge spätestens den Bei-

tragsstellen einzuzahlen haben, auf den Ostersonntag, so hat eine am 17. erfolgende Einzahlung als rechtzeitig zu gelten.

7. Leistungen, zu denen die Reichsversicherungsanstalt verpflichtet ist, sind z. B. Ruhegeld, Hinterbliebenenrenten, Heilverfahren, Sachleistungen, Abfindung, Leibrente, Erstattung usw.

8. Der Abs. 2 ist erst von der Reichstagskommission in das Gesetz gebracht worden, um eine Übereinstimmung mit der RVO. herbeizuführen.

Rechtsmittelfrist.

§ 328. *Rechtsmittel*[1] *sind, soweit dieses Gesetz nichts anderes vorschreibt,*[2] *binnen einem Monat*[3] *nach Zustellung*[4] *der angefochtenen Entscheidung einzulegen.*[5]

Für Seeleute,[6] *die sich außerhalb Europas*[7] *aufhalten, wird diese Frist von der Stelle bestimmt, welche die angefochtene Entscheidung erlassen hat,*[8] *sie muß mindestens drei Monate von der Zustellung an betragen.*

E. I. § 327.
E. II. § 325.
RVO. § 128 (141).

1. Rechtsmittel des AVG. sind: die Beschwerde, die Berufung und die Revision. Während die Berufung bei dem „Verfahren vor dem Schiedsgericht" (§§ 270 ff.) und die Revision bei dem „Verfahren vor dem Oberschiedsgericht" (§§ 281 ff.) zusammenhängend behandelt wird, sieht das Gesetz — abweichend von §§ 1791 ff. RVO. — davon ab, die Bestimmungen über die Beschwerde zusammenzufassen, und versteht darunter je nach ihrer Stellung zu der betreffenden Vorschrift sowohl die Rechtsbeschwerde wie die Aufsichtsbeschwerde, wobei allerdings zu beachten ist, daß die letztere an keine Frist gebunden ist und stets an die Aufsichtsbehörde geht, also eigentlich kein Rechtsmittel darstellt, während über die reine Rechtsbeschwerde teils das Schiedsgericht (vgl. z. B. §§ 12, 13, 46, 137, 138, 139, 210 Abs. 1, 215, 216, 243, 246, 258, 261, 264, 358, 391 Abs. 2) und teils das Oberschiedsgericht (vgl. z. B. §§ 161, 210 Abs. 2, 391 Abs. 2) entscheidet. Eine besondere Stellung nehmen diejenigen Beschwerden ein, welche an sich Rechtsbeschwerden sind, aber von Verwaltungsorganen, denen auch die Aufsicht zusteht, entschieden werden (vgl.

§§ 117 Abs. 4, 120 Abs. 3, 195 bezw. 153 Abs. 4, 154 Abs. 2 bzw. 347, wo die Entscheidung über die Beschwerde dem Reichskanzler bezw. der höheren Verwaltungsbehörde bezw. der Reichsversicherungsanstalt zusteht).

Keine Rechtsmittel im Sinne dieses Gesetzes sind die Anrufung der Entscheidung des Schiedsgerichts bezw. Oberschiedsgerichts gegen eine Verfügung des Vorsitzenden (§§ 271, 290), der Antrag auf Wiederaufnahme des Verfahrens (§§ 303 ff.) und der Antrag auf Wiedereinsetzung in den vorigen Stand (§§ 331 ff.), sie können jedoch, da sie zur Abwendung prozessualer Nachteile dienen sollen, als Rechtsbehelfe bezeichnet werden. Erwähnenswert ist hierbei, daß für die beiden letztgenannten Rechtsbehelfe von den Vorschriften über die Rechtsmittel § 329 Abs. 2 und 3 entsprechend gilt (vgl. §§ 305 und 333 Abs. 2). Im übrigen vgl. über den Begriff „Rechtsmittel" § 270 Anm. 5.

2. Das Gesetz schreibt etwas anderes vor in § 243 Abs. 1, wo für die Beschwerde an das Schiedsgericht gegen die Entscheidung des Vorsitzenden des Rentenausschusses über die Verweigerung der Aussage oder Eidesleistung von Zeugen und Sachverständigen eine einwöchige Frist gegeben ist, und in § 328 Abs. 2 für die Einlegung von Rechtsmitteln durch Seeleute, die sich außerhalb Europas aufhalten, wo eine mindestens dreimonatige Frist besteht. Vgl. ferner § 287 (einjährige Frist).

3. Als regelmäßige Frist zur Einlegung der Rechtsmittel gibt das Gesetz den gleichen Zeitraum, der für die Einlegung der Berufung und Revision in Zivilprozessen vorgesehen ist, nämlich einen Monat nach Zustellung der angefochtenen Entscheidung; über die Ausnahme für Seeleute vgl. Abs. 2 sowie Anm. 2. Die Berechnung der Frist erfolgt nach Maßgabe des § 325.

4. Für die Zustellung sind die §§ 335, 336 maßgebend.

5. Wo die Rechtsmittel einzulegen sind, bestimmt § 329. Ob das Rechtsmittel innerhalb der Frist eingelegt ist, muß von Amts wegen geprüft werden, ein Verzicht der Parteien auf die Wahrung der Rechtsmittelfrist ist belanglos (vgl. A. N. 1902, S. 509).

6. Seeleute sind entsprechend dem in die RVO. übernommenen Vorbild des § 80 Abs. 4 SUVG. und des § 167 Abs. 3 IVG. deshalb hinsichtlich der Rechtsmittelfrist besser gestellt worden, weil sie sich infolge ihres Berufes häufig im außereuropäischen Auslande aufhalten. Vgl. auch § 250.

7. Zu Europa (und zwar politisch zu Dänemark) gehören auch Island und die Inselgruppe der Faröern (vgl. Art. 78 Nr. 1 der Wechselordnung).

8. Die Stelle, welche die angefochtene Entscheidung erlassen hat, wird regelmäßig der Rentenausschuß, das Schiedsgericht bezw. das Oberschiedsgericht bezw. der Vorsitzende dieser Behörden sein, es kann hierbei jedoch auch die Reichsversicherungsanstalt (vgl. § 358) oder die untere Verwaltungsbehörde (vgl. §§ 153 Abs. 3, 154 Abs. 1) in Betracht kommen.

Rechtsmitteleinlegung.

§ 329. *Die Rechtsmittel werden*[1] *bei der Stelle eingelegt,*[2] *die zu entscheiden hat.*[3]

Die Frist gilt auch dann als gewahrt, wenn das Rechtsmittel rechtzeitig[4] *bei einer anderen inländischen Behörde*[5] *oder bei einem Organe der Reichsversicherungsanstalt*[6] *eingegangen*[7] *ist.*

Die Rechtsmittelschrift[8] *ist unverzüglich*[9] *an die zuständige Stelle abzugeben.*

E. I. § 328.
E. II. § 326.
RVO. § 129 (142).

1. Das Wort werden gibt dem Abs. 1 nicht den Charakter einer Mußvorschrift, vielmehr handelt es sich, wie aus Abs. 2 hervorgeht, nur um eine instruktionelle Bestimmung (vgl. Anm. 3 und 7).

2. Eingelegt ist ein Rechtsmittel, wenn die zuständige Stelle die Möglichkeit hat, über die Rechtsmittelschrift zu verfügen. Ob die Schrift bei einem beliebigen Beamten der zuständigen Stelle oder nur in dem zur Annahme dienstlicher Sendungen bestimmten Raum, ob sie während der Dienststunden eingegangen sein muß oder außerhalb derselben abgegeben oder niedergelegt werden kann, ist vom Reichsversicherungsamt und vom Reichsgericht verschieden beurteilt worden, wobei das letztere gegenüber dem ersteren einen strengeren Standpunkt einnimmt (vgl. hierzu Hanow Bd. 1, S. 268 f.).

3. Die Rechtsmittel sollen wie die Revision im Zivilprozesse bei der Stelle eingelegt werden, die zur Entscheidung darüber zuständig ist. Abweichend hiervon ist die Einlegung der Rechtsmittel im Abs. 2 geregelt (vgl. auch Anm. 1 und 7).

4. Die Rechtzeitigkeit richtet sich nach § 328; sie ist von Amts wegen zu prüfen (vgl. § 328 Anm. 5).

5. Was als eine andere inländische Behörde anzusehen ist, wird, sofern es sich um Reichsbehörden handelt, nach Reichsrecht, sonst nach Landesrecht bestimmt. In Betracht kommen ebensowohl Zivil- wie Militärbehörden, gerichtliche wie Verwaltungsbehörden, jedoch ausschließlich deutsche Behörden. Die Behörden in den deutschen Schutzgebieten rechnen in Ermangelung einer den §§ 24 und 78 entsprechenden ausdrücklichen Vorschrift nicht zu den inländischen Behörden.

6. Über die Organe der Reichsversicherungsanstalt vgl. § 98.

7. Für den Ausdruck „eingegangen" gilt das zu Anm. 2 Gesagte entsprechend (vgl. Hanow Bd. 1, S. 270).

8. Der Absatz 2 bringt in Übereinstimmung mit der RVO. zum Ausdruck, daß die Bestimmung der Einlegungsstelle allgemein insofern nur eine Ordnungsvorschrift ist, als die Frist auch dann als gewahrt gelten soll, wenn das Rechtsmittel rechtzeitig bei einer für die Einlegung nicht zuständigen Inlandsbehörde oder bei einem Organe der Reichsversicherungsanstalt eingegangen ist (vgl. Anm. 1 und 3).

Über die Form der Rechtsmittelschrift enthält das AVG. so wenig wie die RVO. Vorschriften. Mithin dürfte jede unzweideutige Erklärung der Unzufriedenheit mit der ergangenen Entscheidung genügen, um diese als angefochten anzusehen. Diesen Standpunkt vertritt auch die bisherige Praxis des RVA. (vgl. z. B. A. N. 1897, S. 403 u. 1908, S. 498). Schriftform bei Revision s. § 285 Anm. 1.

9. Unverzüglich bedeutet, daß die Abgabe an die zuständige Stelle ohne schuldhafte Verzögerung erfolgen muß.

Aufschiebende Wirkung der Rechtsmittel.

§ 330. *Die Rechtsmittel bewirken Aufschub*[1] *nur da, wo das Gesetz es*[2] *vorschreibt.*[3]

E. I. § 329.
E. II. § 327.
RVO. § 130 (143).

1. Über die Bedeutung der aufschiebenden Wirkung (Suspensiveffekt) vgl. § 270 Anm. 5 und § 277 Anm. 2.

2. In den Entwürfen war zwischen „es" und „vorschreibt" noch das „ausdrücklich" enthalten. Die Reichstagskom-

mission hat dieses Wort als überflüssig gestrichen (Kom.-Ber.).

3. Für den Regelfall wird also den Rechtsmitteln die aufschiebende Wirkung abgesprochen. Ausnahmen schreibt das Gesetz vor bei der Berufung: a) wenn sie von der Reichsversicherungsanstalt eingelegt wird, soweit es sich um Beträge handelt, die für die Zeit vor Erlaß des angefochtenen Bescheides nachgezahlt werden sollen; b) wenn es sich um Ersatz und Erstattungsansprüche handelt (§ 277) und bei der Revision, indem daselbst § 277 für das Verfahren über die Revision als entsprechend anwendbar erklärt wird (§ 291). Vgl. hierzu ferner § 227 Abs. 1.

Wiedereinsetzung in den vorigen Stand.

§ 331.[1] *Ist ein Beteiligter[2] durch Naturereignisse[3] oder andere unabwendbare Zufälle[4] verhindert worden, eine gesetzliche Verfahrensfrist[5] einzuhalten,[6] so wird ihm auf Antrag[7] die Wiedereinsetzung in den vorigen Stand erteilt.*

Die Wiedereinsetzung wird auf Antrag auch dann erteilt, wenn das verspätet eingelaufene Schriftstück der Post mindestens drei Tage vor Ablauf der Frist zur Bestellung übergeben worden ist.[8]

E. I. § 330.
E. II. § 328.
RVO. § 131 (144).

1. Nach der Praxis der Schiedsgerichte für Arbeiterversicherung wie des RVA. und der Landesversicherungsämter wurde schon bisher die Wiedereinsetzung in den vorigen Stand erteilt, wenn die Voraussetzungen vorlagen, welche die Zivilprozeßordnung hierfür vorsieht. Dieser Übung entsprechend hat die RVO. und im Anschluß an sie das AVG. den wesentlichen Inhalt der §§ 233—238 ZPO. übernommen, ihn aber gleichzeitig den besonderen Bedürfnissen der Versicherungsverhältnisse angepaßt. So konnte die im § 234 Abs. 1 ZPO. vorgesehene allgemeine zweiwöchige Frist nicht übernommen werden, sondern wurde dahin geändert, daß die Frist für die Wiedereinsetzung durch die Dauer der versäumten Frist bestimmt wird. So ist die Ausschlußfrist von einem Jahre (§ 234 Abs. 3 ZPO.) auf zwei Jahre verlängert worden. So ist die strenge Vorschrift über die zwei Einreichungsstellen des

§ 236 Abs. 2 ZPO. außerordentlich erweitert worden, indem § 329 Abs. 2 hierfür anwendbar gemacht ist. So ist von einer besonderen Auferlegung der Kosten (§ 238 Abs. 3 ZPO.) Abstand genommen worden (vgl. Begr. z. RVO.).

2. Beteiligter ist nicht nur eine Partei, sondern auch deren Vertreter. Hat die Partei einen Vertreter, so ist für die Statthaftigkeit des Antrags auf Wiedereinsetzung allein entscheidend, ob der Vertreter durch ein Naturereignis oder einen unabwendbaren Zufall verhindert war, die geeigneten Schritte zur Einhaltung der Verfahrensfrist zu tun (vgl. RG. in Ziv.-S., Bd. 2, S. 421).

3. Die Naturereignisse sind nur als besonders häufig vorkommende unabwendbare Zufälle hervorgehoben.

4. Unabwendbarer Zufall ist (nach der Rechtsprechung des RG., der sich das RVA. angeschlossen hat) ein Ereignis, das unter den gegebenen, nach der Besonderheit des Falles zu berücksichtigenden Umständen auch durch die äußerste diesen Umständen angemessene und vernünftigerweise zu erwartende Sorgfalt weder abzuwehren noch in seinen schädlichen Folgen zu vermeiden ist (vgl. Entsch. der vereinigten Zivilsenate in RG., Bd. 48, S. 411 und A. N. 1907, S. 487), z. B. Verspätung eines Eisenbahnzuges oder Störung in dem regelmäßigen Postbetriebe, vorausgesetzt, daß der Beteiligte die erforderlichen Schritte nicht erst in einem so späten Zeitpunkte vorgenommen hat, daß die Einhaltung der Frist, wenn überhaupt noch möglich, so doch in erheblichem Maße unwahrscheinlich war, wenn er also nicht die letzte planmäßige Beförderungsgelegenheit benutzt hat (vgl. RG. in Ziv.-S., Bd. 4, S. 385 in Verbindung mit A. N. 1902, S. 511 und 1906, S. 428).

5. Die Wiedereinsetzung ist nur bei Versäumung von Verfahrensfristen zulässig, insbesondere also bei Rechsmittelfristen (vgl. § 328).

6. Die Verhinderung der Einhaltung erfordert einen ursächlichen Zusammenhang zwischen dem Wiedereinsetzungsgrund und der Fristenversäumnis. So ist z. B. eine Erkrankung des Beteiligten kein Wiedereinsetzungsgrund, wenn sie nicht die rechtzeitige Beauftragung anderer ausschloß (vgl. RG. in Ziv.-S., Bd. 2, S. 425 und A. N. 1893, S. 138). Wohl aber liegt z. B. ein solcher ursächlicher Zusammenhang vor, wenn eine falsche Behandlung oder Verzögerung bei der zuständigen Behörde oder eine falsche Rechtsbelehrung durch die hierzu berufene amtliche Stelle den Beteiligten an der Einhaltung der Frist verhindert hat (vgl. RG. in Ziv.-S., Bd. 70, S. 121 ff. und A. N. 1910, S. 656).

7. Nur auf Antrag, nicht von Amts wegen wird die Wiedereinsetzung erteilt. Über die Antragsfrist und den Antragsinhalt vgl. §§ 332 u. 333.

8. Der Abs. 2 entspricht dem § 235 ZPO. und enthält einen weiteren, neben Abs. 1 selbständigen Wiedereinsetzungsgrund, bei welchem weder ein Naturereignis, noch ein sonstiger unabwendbarer Zufall in Frage zu kommen braucht.

Beantragung der Wiedereinsetzung.

§ 332. *Die Wiedereinsetzung ist im Falle des § 331 Abs. 1 binnen einer Frist zu beantragen, deren Dauer durch die Dauer der versäumten Frist bestimmt wird.*[1] *Die Frist beginnt mit dem Tage,*[2] *an dem das Hindernis gehoben ist.*[3]

In den Fällen des § 331 Abs. 2 ist die Wiedereinsetzung binnen einem Monat[4] *zu beantragen. Die Frist beginnt mit dem Tage, an welchem den Beteiligten bekannt wird, daß sie die Frist versäumt haben.*[5]

Nach Ablauf[6] *von zwei Jahren*[7] *vom Ende der versäumten Frist an, kann die Wiedereinsetzung nicht mehr beantragt werden.*[8]

E. I. § 331.
E. II. § 329.
RVO. § 132 (145).

1. Beispiel: Wird gemäß §§ 68, 269 dem Empfänger eines Ruhegeldes dieses wegen nicht mehr bestehender Berufsunfähigkeit durch Bescheid des Rentenausschusses entzogen und versäumt er infolge unverschuldeter Unkenntnis der Zustellung des Bescheides die Berufungsfrist, indem nämlich seine mit ihm in häuslicher Gemeinschaft lebende erwachsene Tochter, welche den den Bescheid enthaltenden eingeschriebenen Brief entgegengenommen hat, unmittelbar nach bewirkter Zustellung verreiste und ihm erst am Tage ihrer nach Ablauf der Berufungsfrist erfolgenden Rückkehr von der Zustellung Mitteilung machte, so steht ihm vom Tage der Rückkehr an das Recht zu, binnen einem Monat (§ 328) die Wiedereinsetzung zu beantragen; die Unterlassung der rechtzeitigen Mitteilung durch die Tochter stellt einen unabwendbaren Zufall dar (vgl. hierzu RG. in Ziv.-S., Bd. 67, S. 186 ff.).

2. Die Berechnung des Beginns der Frist richtet sich nach § 324, es ist also der Tag, an dem das Hindernis gehoben ist, in die Frist nicht einzurechnen. Demgemäß wird, falls in dem zu Anm. 1 gegebenen Beispiel der Empfänger des Ruhegelds bei der am 29. November erfolgenden Rückkehr seiner Tochter zum ersten Male von der Zustellung des Bescheides Kenntnis erhält, für ihn die Berufungsfrist am 30. November in Lauf gesetzt.

3. Das Hindernis ist gehoben, sobald für den Beteiligten genügender Anlaß gegeben ist, die versäumte Handlung, sei es selbständig oder in Verbindung mit einem Wiedereinsetzungsantrag, nachzuholen. Maßgebend ist also der Zeitpunkt, zu dem das Hindernis tatsächlich gehoben worden ist, und nicht der Zeitpunkt, zu dem es gehoben werden konnte (vgl. RG. in Ziv.-S., Bd. 6, S. 344 in Verbindung mit Bd. 65, S. 195).

4. Die einmonatige Frist des Abs. 2 ist im Gegensatz zu der Wiedereinsetzungsfrist des Abs. 1 unabhängig von der Dauer der versäumten Frist, also z. B. auch gegeben, wenn die versäumte Frist wie in den §§ 271 und 290 nur eine Woche beträgt.

5. Beispiel: Ist das Schriftstück eines Antragstellers, mit welchem er gegen die seine Berufung als unzulässig verwerfende Verfügung des Vorsitzenden des Schiedsgerichts binnen einer Woche nach deren Zustellung die Entscheidung des Schiedsgerichts anruft (§ 271), der Post mindestens drei Tage vor Ablauf der einwöchigen Frist zur Bestellung übergeben worden, aber erst einen Tag nach Ablauf dieser Frist bei dem Schiedsgericht eingegangen und erfährt der Antragsteller den verspäteten Eingang am gleichen Tage bei einer zufälligen Anwesenheit in dem Bureau des Schiedsgerichts, so beginnt die einmonatige Wiedereinsetzungsfrist für ihn mit diesem Tage, sie wird aber nach § 324 Abs. 1 erst am folgenden Tage in Lauf gesetzt.

6. Für die Berechnung des Ablaufs der Frist kommen die §§ 325, 327 in Betracht.

7. Es handelt sich hier um eine Ausschlußfrist, gegen deren Versäumung es keine Wiedereinsetzung gibt. Vgl. über den Begriff „Ausschlußfrist" § 23 Anm. 2.

8. Der Abs. 3 befand sich nach den Entwürfen hinter Abs. 1, sein Inhalt sollte also auf die Fälle des § 331 Abs. 2 keine Anwendung finden. Erst die Reichstagskommission hat ihn an seine jetzige Stelle gebracht und dadurch die in ihm enthaltene Vorschrift sowohl für § 331 Abs. 1 wie für § 331 Abs. 2 anwendbar gemacht.

Inhalt des Antrags.

§ 333. *Der Antrag auf Wiedereinsetzung soll*[1]

1. *die Tatsachen angeben, welche die Wiedereinsetzung begründen,*[2]
2. *die Mittel bezeichnen, diese Tatsachen glaubhaft zu machen,*[3] *und*
3. *die versäumte Handlung nachholen, wenn es nicht bereits geschehen ist.*[4]

Er wird bei der Stelle angebracht, bei der die Frist versäumt ist; § 329 Abs. 2, 3 gilt entsprechend.[5] *Die Stelle entscheidet, die über die nachgeholte Handlung zu entscheiden hat.*[6]

E. I. § 332.
E. II. § 330.
RVO. § 133 (146).

1. Die Bestimmung des § 333 ist eine Ordnungsvorschrift („soll"), während die entsprechende Bestimmung des § 236 ZPO. eine Zwangsvorschrift („muß") darstellt. Der Unterschied ist dadurch zu erklären, daß hier wie in der RVO. den Beteiligten die Geltendmachung ihrer Ansprüche möglichst erleichtert werden soll.

2. Die Tatsachenangabe erfordert sowohl die Bezeichnung derjenigen Ereignisse, durch welche die Versäumung der Verfahrensfrist veranlaßt worden ist, als auch die Darlegung derjenigen Umstände, aus welchen sich die Innehaltung der Wiedereinsetzungsfrist ergibt (vgl. RG. in Ziv.-S., Bd. 31, S. 402). Hierbei ist eine Bezugnahme auf die Akten gestattet (vgl. RG. in Ziv.-S., Bd. 38, S. 387 ff.).

3. Der Antrag braucht nur die Bezeichnung der Mittel zu enthalten, die Glaubhaftmachung selbst kann, wenn eine mündliche Verhandlung stattfindet, in dieser, wenn aber die Entscheidung ohne mündliche Verhandlung ergeht, bis zu dieser Entscheidung erfolgen (vgl. Entsch. d. RG. in JW. 1909, S. 315). Wegen der Bezugnahme der Akten gilt das zu Anm. 2 Gesagte entsprechend.

4. Die Nachholung der versäumten Handlung besteht z. B. darin, daß in dem Antrage auf Wiedereinsetzung gleichzeitig Berufung oder Revision einzulegen ist, wenn die Einlegung nicht bereits vor Stellung des Antrags erfolgt ist.

5. Die entsprechende Geltung bedeutet, daß die Frist auch dann als gewahrt anzusehen ist, wenn der Antrag rechtzeitig bei einer anderen inländischen Behörde als der

für die Entscheidung zuständigen Stelle, oder bei einem Organ der Reichsversicherungsanstalt eingegangen ist, und daß der Antrag unverzüglich an die zuständige Stelle abzugeben ist.

6. Zuständige Stelle ist nach Abs. 2 Satz 2 z. B. das Schiedsgericht, welches über die Beschwerde oder die Berufung, und das Oberschiedsgericht, welches über die Beschwerde oder die Revision zu entscheiden hat.

Verfahren.

§ 334. *Das Verfahren über den Antrag wird mit dem über die nachgeholte Handlung verbunden doch kann*[1] *auch zunächst über den Antrag allein verhandelt und entschieden werden.*[2]

Für die Entscheidung über die Zulässigkeit des Antrags[3] *und ihre Anfechtung gelten dieselben Vorschriften*[4] *wie für die nachgeholte Handlung.*

E. I. § 333.
E. II. § 331.
RVO. § 134 (147).

1. Die Entscheidung darüber, ob zunächst über den Antrag allein verhandelt werden soll, steht im freien Ermessen der zuständigen Stelle („kann").

2. Wird über den Wiedereinsetzungsantrag in Verbindung mit dem Verfahren über die nachgeholte Handlung entschieden, so wird die Entscheidung über den Antrag in den Gründen des über die nachgeholte Handlung ergehenden Bescheids, Urteils usw. zum Ausdruck zu bringen sein.

3. Während die Wiedereinsetzung nur auf Antrag erteilt wird (vgl. § 331 Anm. 7), ist die Zulässigkeit des Antrags stets von Amts wegen zu prüfen.

4. Da dieselben Vorschriften wie für die nachgeholte Handlung gelten, so hat, wenn z. B. über diese auf Grund mündlicher Verhandlung des Schiedsgerichts durch Urteil zu entscheiden ist, die Zurückweisung des Antrags ebenfalls durch Urteil des Schiedsgerichts zu erfolgen, selbst wenn zunächst über den Antrag allein verhandelt worden ist. Dieses Urteil über den Antrag allein ist entsprechend der Bestimmung des § 134 RVO., welcher übrigens von der früheren Praxis in der Sozialversicherung abweicht, selbständig mit der Revision anfechtbar, falls letztere nicht aus den Gründen des § 282 ausgeschlossen ist.

IV. Zustellungen.

Vorbemerkung.

Die hier gegebenen Bestimmungen über Zustellungen sind im Anschluß an die RVO. den entsprechenden Vorschriften der Unfallversicherungsgesetze und des IVG. nachgebildet (vgl. § 155 GUVG., § 166 LUVG., § 45 Abs. 2 BUVG., § 150 SUVG. u. § 170 IVG). Die regelmäßige Form der Zustellung bildet nach § 335 Abs. 1 die Zustellung durch die Post mittels eingeschriebenen Briefes, jedoch ist auch jede andere Zustellungsart gestattet, vorausgesetzt, daß dadurch der Empfang des zuzustellenden Schriftstücks zuverlässig festgestellt werden kann, es darf also die Zustellung insbesondere auch nach Maßgabe der §§ 166 ff. ZPO. und der §§ 25, 39, 40 der Postordnung für das Deutsche Reich v. 20. März 1900 erfolgen. Die §§ 335 Abs. 2 u. 336 enthalten besondere Bestimmungen über die Beweiskraft des Postscheins bzw. über Zustellungsbevollmächtigte.

Zustellung durch eingeschriebenen Brief.

§ 335. *Zustellungen,*[1] *die eine Frist in Lauf setzen,*[2] *können*[3] *durch eingeschriebenen Brief*[4] *geschehen.*[5 6 7 8]

Der Postschein begründet nach zwei Jahren[9] *seit seiner Ausstellung die Vermutung dafür, daß in der ordnungsmäßigen Frist nach der Einlieferung zugestellt worden ist.*[10]

E. I. § 334.
E. II. § 332.
RVO. § 135 (148).

1. Zustellung ist die maßgebende schriftliche Mitteilung eines Schriftstücks in der vorgeschriebenen Form. Sie besteht in der beurkundeten Übergabe einer Abschrift oder Ausfertigung des Schriftstücks an diejenige Person, welcher die Zustellung zu machen ist. Zugestellt wird also die Urschrift, tatsächlich übergeben aber nur die Abschrift des Schriftstücks. Wird die Person, an welche die Zustellung zu bewirken ist, in ihrer Wohnung oder in ihrem Geschäftslokal nicht angetroffen, so folgt eine Ersatzzustel-

lung (vgl. Anm. 6). Das Einwerfen des Schriftstücks in den Briefkasten des Adressaten ist keine Zustellung (vgl. RG. in Ziv.-S., Bd. 6, S. 342 f.).

2. Zustellungen, die eine Frist in Lauf setzen, sind insbesondere diejenigen, welche sich auf anfechtbare Entscheidungen (Bescheide, Urteile usw.) beziehen.

3. Das Wort „können" bringt zum Ausdruck, daß auch andere Zustellungen als durch eingeschriebenen Brief gestattet sind, z. B. mittels Postzustellungsurkunde, sicherlich aber auch jede andere Form der Zustellung, durch welche das in Betracht kommende Schriftstück dem Empfänger zugeht und diese Tatsache ebenso wie der Zeitpunkt der Einhändigung schriftlich oder durch Zeugen bewiesen werden kann (A. N. 1892, S. 23, 1893, S. 172 und 1895, S. 246); vgl. auch Vorbem. S. 658.

4. Die Zustellung eines eingeschriebenen Briefes gilt als bewirkt, wenn der Brief nach Maßgabe des § 39 der Postordnung vorschriftsmäßig bestellt ist (vgl. auch Anm. 6).

5. Bei Verweigerung der Annahme des zuzustellenden Schriftstücks gilt sowohl im Falle der Zustellung durch eingeschriebenen Brief wie im Falle der durch die ZPO. vorgeschriebenen Zustellungsart die Zustellung als erfolgt, wenn der Adressat die Annahme ohne triftigen Grund verweigert hat (vgl. A. N. 1900, S. 669) oder bei Verweigerung ohne gesetzlichen Grund das zu übergebende Schriftstück am Orte der Zustellung zurückgelassen ist (§ 186 ZPO.).

6. Die Ersatzzustellung besteht in der Aushändigung des Schriftstücks an eine von dem Adressaten verschiedene Person. An wen im einzelnen Falle bei Abwesenheit des Adressaten das zuzustellende Schriftstück auszuhändigen ist, richtet sich nach den Vorschriften desjenigen Gesetzes, welches der Zustellungsart zugrunde liegt (vgl. A. N. 1899, S. 447), insbesondere also nach den §§ 39, 40 der Postordnung und §§ 181 ff. ZPO. Danach ist die Ersatzzustellung in (nicht außerhalb) der Wohnung bezw. des Geschäftslokals des Adressaten zulässig an einen dort angetroffenen, zu der Familie gehörigen erwachsenen Hausgenossen oder Dienstboten bezw. an einen darin angetroffenen Gewerbegehilfen usw. Ob eine Person als erwachsen anzusehen ist, richtet sich nach den Umständen des einzelnen Falles (vgl. A. N. 1890, S. 190), z. B. ist ein dreizehnjähriger Sohn kein erwachsener Hausgenosse.

7. Zustellungen an Minderjährige (nach § 229 Abs. 3 unter 16 Jahren), Geisteskranke und Ent-

mündigte müssen, um wirksam zu sein, an deren gesetzliche Vertreter (Inhaber der elterlichen Gewalt, Vormund, Pfleger) erfolgen.

8. Die hauptsächlichste Wirkung der Zustellung besteht darin, daß mit der Vollendung der Zustellung die Verfahrensfristen, namentlich die Rechtsmittelfristen, zu laufen beginnen.

9. Die Frist erklärt sich daraus, daß die Einlieferungsbescheinigungen über eingeschriebene Briefe (vgl. § 13 der Postordnung) nach zwei Jahren durch die Post vernichtet werden (vgl. Begr. zu § 170 IVG.).

10. Wer die Vermutung bestreitet, muß sie beweisen.

Zustellungsbevollmächtigte.

§ 336. *Wer*[1] *nicht im Inland*[2] *wohnt,*[3] *hat auf Verlangen*[4] *einen Zustellungsbevollmächtigten*[5] *zu benennen.*

Ist der Aufenthalt unbekannt[6] *oder wird der Zustellungsbevollmächtigte nicht in der gesetzten Frist benannt, so kann die Zustellung durch einwöchigen Aushang*[7] *in den Geschäftsräumen der Behörde oder Stelle ersetzt werden; die Frist*[8] *darf nicht kürzer als einen Monat sein.*

E. I. § 335.
E. II. § 333.
RVO. § 136 (149).

1. Wer bezieht sich sowohl auf Deutsche wie auf Ausländer.

2. Die deutschen Schutzgebiete sind in diesem Zusammenhang nicht als Inland zu betrachten (vgl. dagegen §§ 24, 78).

3. Wohnen bezeichnet einen dauernden Zustand im Gegensatz zu vorübergehendem Aufenthalt (vgl. § 133 Anm. 5). So ist z. B. die Zustellung für einen im Krankenhause befindlichen Rentenempfänger an die in seiner Wohnung angetroffene Ehefrau rechtswirksam (vgl. A. N. 1897, S. 317).

4. Auf Verlangen bedeutet nicht, daß eine Pflicht der zustellenden Behörden oder Organe für die Aufforderung zur Benennung eines Zustellungsbevollmächtigten besteht, vielmehr hängt die Aufforderung von deren freiem Ermessen ab, insbesondere kann die Zustellung an eine

nicht im Inland wohnende Person auch auf andere Weise, z. B. durch Vermittelung der deutschen Konsulate oder der zuständigen ausländischen Stellen erfolgen.

5. Ein Zustellungsbevollmächtigter ist lediglich zur Empfangnahme der Zustellung für eine bestimmte, im Inland nicht wohnende Person, keineswegs aber seinerseits zu Zustellungen oder zu Prozeßhandlungen befugt (vgl. § 174 Abs. 1 ZPO. in Verbindung mit RG. in Ziv.-S., Bd. 30, S. 389 ff.).

6. Als unbekannt darf der Aufenthalt nur betrachtet werden, falls alle möglichen Mittel zur Feststellung des Aufenthalts vergeblich angewandt worden sind; vgl. A. N. 1905, S. 420.

7. Der einwöchige Aushang hat die Wirkung, daß mit seinem Ablauf die Zustellung als vollendet gilt. Über die Berechnung der Frist vgl. §§ 325, 327.

8. Unter Frist ist hier die für die Benennung des Zustellungsbevollmächtigten gesetzte Frist zu verstehen.

V. Gebühren und Stempel.

Vorbemerkung.

Die Gebühren- und Stempelfreiheit, welche bis zur RVO. (vgl. § 78 Abs. 2 KVG., § 145 GUVG., § 155 LUVG., § 45 Abs. 2 BUVG., § 142 SUVG. u. § 171 IVG.) nur für die im § 338 dieses Gesetzes erwähnten amtlichen Bescheinigungen wie z. B. Standesamtsurkunden, kreisärztliche Atteste u. dgl. allgemein durchgeführt war, die übrigen im § 338 genannten und die im § 337 bezeichneten Verhandlungen und Urkunden einschließlich der privatschriftlichen Vollmachten aber nicht betraf, ist nunmehr für sämtliche Zweige der Sozialversicherung gleich gestaltet und auch auf die letzterwähnten Verhandlungen und Urkunden ausgedehnt. Dabei ist zu erwähnen, daß nicht unterschieden wird, ob die Gebühren und die Stempelabgaben in die Kasse der Reichsversicherungsanstalt oder in eine sonstige Reichskasse, und ob sie in eine Staatskasse, eine Gemeindekasse fließen oder an eine andere öffentliche Stelle entrichtet werden. Im übrigen ist die Gebühren- und Stempelfreiheit nur eine Folge des in den §§ 311, 312 zum Ausdruck gebrachten Grundsatzes der Kostenfreiheit.

Freiheit von Gebühren und Stempeln.

§ 337. *Gebühren- und stempelfrei* [1] *sind soweit dieses Gesetz nichts anderes vorschreibt,* [2] *alle Verhandlungen und Urkunden,* [3] *die bei den nach diesem Gesetze für die Feststellung der Leistungen zuständigen Behörden* [4] *erforderlich* [5] *werden, um die Rechtsverhältnisse zwischen der Reichsversicherungsanstalt einerseits und den Arbeitgebern oder Versicherten oder ihren Hinterbliebenen andererseits zu begründen oder abzuwickeln.* [6]

E. I. § 336.
E. II. § 334.
RVO. § 137 (150).

1. Die Portofreiheit gehört nicht hierher (vgl. dazu § 323 Anm. 5).

2. Anderes schreibt das Gesetz vor z. B. für die zu den Kosten des Verfahrens gehörenden Zeugen- und Sachverständigengebühren aus Anlaß einer mündlichen Verhandlung über die Feststellung beantragter Leistungen, wenn diese Gebühren von einem Beteiligten durch Mutwillen, Verschleppung oder Irreführung veranlaßt sind (§ 311), ferner für die Vergütungen, welche die Reichsversicherungsanstalt den Beitragsstellen (§ 186), Ausgabestellen (§ 196) und der Post (§ 316) gewährt. Vgl. auch §§ 217 u. 227.

3. Die Freiheit erstreckt sich nur auf Verhandlungen und Urkunden, welche zur Begründung und Abwickelung der im § 337 näher bezeichneten Rechtsverhältnisse zwischen der Reichsversicherungsanstalt einerseits und den Arbeitgebern oder Versicherten oder ihren Hinterbliebenen andererseits erforderlich sind, nicht aber auf Rechtsverhältnisse zwischen den Arbeitgebern auf der einen und den Versicherten oder ihren Hinterbliebenen auf der anderen Seite.

4. Lediglich Verhandlungen und Urkunden bei den zuständigen inländischen Behörden sind gebührenund stempelfrei. Keine Gebühren- und Stempelfreiheit besteht mithin für Verhandlungen und Urkunden mit Apotheken, Krankenhäusern u. dgl. Bei Ärzten ist zwischen beamteten und nichtbeamteten Ärzten zu unterscheiden, erstere erhalten keine Gebühren, wenn sie in amtlicher

Eigenschaft zu ihrem Aufgabenkreise gehörige Urkunden ausstellen. Voraussichtlich wird nach dem Muster der Unfall- und Invalidenversicherung auch für die Angestelltenversicherung die Bestimmung getroffen werden, daß die deutschen Konsularbehörden im Ausland für ihre Tätigkeit im Dienste dieser Versicherung nichts in Ansatz bringen sollen (vgl. Erlaß des Reichskanzlers vom 21. Oktober 1892, A. N. 1893 S. 121).

5. Die Verhandlungen und Urkunden müssen zu den im § 337 angegebenen Zwecken erforderlich sein, z. B. ist nicht erforderlich die notarielle Beurkundung für eine Bescheinigung, welche bei der Wiederholung des Antrags auf Gewährung eines endgültig abgelehnten Ruhegelds vor Ablauf der einjährigen Frist des § 266 beigebracht werden muß.

6. Zur Begründung und Abwickelung dienen diejenigen Verhandlungen und Urkunden, welche die Rechtsverhältnisse zwischen der Reichsversicherungsanstalt einerseits und den Arbeitgebern oder Versicherten oder ihren Hinterbliebenen andererseits in der vom Gesetz vorgeschriebenen Weise klarzustellen geeignet sind. Jedoch sind nicht gebühren- und stempelfrei solche Verhandlungen und Urkunden, welche zwar zur Anwendung der Bestimmungen dieses Gesetzes von Bedeutung sind, aber in einem davon unabhängigen Verfahren notwendig werden, z. B. Erbauseinandersetzungen, selbst wenn der Vorsitzende des Rentenausschusses den Beteiligten gemäß § 249 aufgegeben hat, das erbrechtliche Verhältnis im ordentlichen Rechtsweg feststellen zu lassen (vgl. auch § 338 Anm. 2).

Weitere Fälle der Gebührenfreiheit.

§ 338. *Das gleiche [1] gilt für die außergerichtlichen [2] Verhandlungen und Urkunden dieser Art [3] sowie für solche privatschriftlichen Vollmachten [4] und amtlichen Bescheinigungen, welche nach diesem Gesetze zum Ausweis [5] und zu Nachweisungen [6] erforderlich werden.*

E. I. § 337.
E. II. § 335.
RVO. § 138 (151).

1. Gemeint ist Gebühren- und Stempelfreiheit.

2. Gerichtliche Verhandlungen und Urkunden sind in der Regel nicht gebühren- und stempelfrei, z. B. die Eröffnung eines Testaments, die Erteilung von Erbscheinen

und ähnliches. Wohl aber fallen unter § 338 die gemäß § 15 Abs. 2 des Personenstandsgesetzes vom 6. Februar 1875 zu erteilenden Auszüge aus dem Geburts-, Heirats- und Sterberegister.

3. Dieser Art bedeutet Verhandlungen und Urkunden im Sinne des § 337.

4. In Betracht kommen hier Vollmachten zur Antragstellung des § 229, zur Vertretung der Parteien gemäß § 256, 257, Postvollmachten usw., welche im Rahmen dieses Gesetzes gebraucht werden.

5. Zum Ausweis ist beispielsweise die amtliche Beglaubigung einer Unterschrift unter einer Rentenquittung erforderlich, wenn die Postbehörde die Mitteilung des Rentenausschusses über die Zahlstelle (§ 313 Abs. 1 Satz 2) nicht als genügende Legitimation des Empfängers erachtet (vgl. § 313 Anm. 7).

6. Als Nachweisungen können z. B. in Frage kommen Krankheitsbescheinigungen für die Anrechnung von Beitragsmonaten (§ 51 Nr. 3), Bescheinigungen des Leiters einer staatlich anerkannten Lehranstalt über den Besuch dieser Anstalt (§ 54 Abs. 3) sowie Übersichten und Änderungsanzeigen der Arbeitgeber über die fälligen Beiträge (§ 181).

VI. Verbote und Strafen.

Vorbemerkung.

Dieser Unterabschnitt enthält teilweise Ordnungsstrafen, welche von Organen der Angestelltenversicherung verhängt werden, lediglich in Geldstrafen bestehen und nicht in Haftstrafen umgewandelt werden können (§§ 339, 340, 347), teilweise von den ordentlichen Gerichten zu verhängende kriminelle Strafen, welche in Gefängnis, Haft oder Geldstrafen bestehen und von denen letztere in Freiheitsstrafen umgewandelt werden können (§§ 341—346, 348—352 u. 354—357). Voraussetzung für die Verhängung einer Ordnungsstrafe ist nicht ein Verschulden im strafrechtlichen Sinne, doch dürfte auch für das AVG. die in der Begr. zu § 142 IuAVG. hervorgehobene Auffassung des Gesetzgebers von Bedeutung sein, wonach bei Anwendung der Strafbefugnis die Umstände des konkreten Falles sorgfältig erwogen und Strafen erst dann verhängt werden sollen, wenn offenbare Unredlichkeiten oder besonders grobe Vernachlässigungen zu rügen sind.

Zuständig für die Verhängung der hier behandelten Ordnungsstrafen sind die Reichsversicherungsanstalt und im Falle des § 347 der Rentenausschuß. Die Zuständigkeit der ordentlichen Gerichte für die Aburteilung der kriminellen Straftaten ergibt sich aus dem GVG. und der StPO. Aus letzterem Gesetz folgt auch die Anfechtbarkeit strafgerichtlicher Urteile usw., während im AVG. § 347 gegen die Ordnungsstrafenentscheidung des Rentenausschusses die Beschwerde an die Reichsversicherungsanstalt und § 358 gegen Strafverfügungen der Reichsversicherungsanstalt die Beschwerde an das Schiedsgericht gewährt. Die erkannten nicht gerichtlichen Geldstrafen fließen in die Kasse der Reichsversicherungsanstalt, werden wie Gemendeabgaben beigetrieben und unterliegen einer besonderen Verjährung (§§ 359—361).

Erwähnt sei endlich, daß die hier gegebenen Verbote und Strafvorschriften außer mit der RVO. und den früheren Sozialversicherungsgesetzen z. T. mit den diesbezüglichen Bestimmungen des allgemeinen Berggesetzes für die Preußischen Staaten vom 24. Juni 1865 (GS. S. 705) in der Fassung vom 28. Juli 1909 (GS. S. 677) übereinstimmen.

Falsche Eintragungen.

§ 339. *Nehmen Arbeitgeber*[1] *in die Nachweise*[2] *oder Anzeigen,*[3] *die sie nach den Vorschriften des Gesetzes oder den Bestimmungen der Reichsversicherungsanstalt aufzustellen haben,*[4] *Eintragungen auf, deren Unrichtigkeit sie kannten oder den Umständen nach kennen mußten,*[5] *oder unterlassen*[6] *sie die vorgeschriebenen Eintragungen ganz oder teilweise, so kann*[7] *die Reichsversicherungsanstalt Geld-*

strafe[8] *bis zu fünfhundert Mark*[9] *gegen sie*[10] *verhängen.*[11][12]

E. I. § 338.
E. II. § 336.
RVO. § 1487 (1468).

1. Über den Begriff Arbeitgeber vgl. § 170 Anm. 1. Beschäftigen Behörden Angestellte, die auf Grund der §§ 9ff. nicht versicherungsfrei sind, so können sie ebenfalls als Arbeitgeber bestraft werden. Allerdings werden Behörden in der Regel durch geeignetere Mittel als Strafverfügungen (z. B. durch Beschwerde im Dienstaufsichtswege) zur Erfüllung ihrer Pflichten als Arbeitgeber angehalten werden können.

2. Nachweise sind z. B. die Übersichten und Änderungsanzeigen, welche die Arbeitgeber den Beitragsstellen einzureichen haben und welche der Reichsversicherungsanstalt zur Aufstellung der Versicherungskonten dienen (vgl. §§ 181, 182).

Für Versicherungskarten gilt die besondere Strafvorschrift des § 347.

3. Als Anzeigen sind z. B. die schriftlichen Auskünfte anzusehen, welche die Arbeitgeber gemäß § 215 über die Zahl der von ihnen Beschäftigten, den Arbeitsverdienst und die Dauer der Beschäftigung dem für den Beschäftigungsort zuständigen Rentenausschuß und der Reichsversicherungsanstalt selbst sowie den Beauftragten beider zu geben haben.

4. Nur die nach den Vorschriften des Gesetzes oder den Bestimmungen der Reichsversicherungsanstalt aufzustellenden Nachweise und Anzeigen sind hier unter Strafe gestellt, nicht dagegen solche, welche die Arbeitgeber aus eigenem Antriebe machen. Bei ersteren ist aber jede unrichtige Eintragung und jede Unterlassung einer vorgeschriebenen Eintragung, welche die Arbeitgeber kannten oder den Umständen nach kennen mußten, strafbar, gleichgültig, ob sie für Feststellung der Leistungen usw. von Bedeutung ist oder nicht.

5. Die Ausdrucksweise „kannten oder den Umständen nach kennen mußten“ lehnt sich an die entsprechende Fassung des § 259 StGB. an, welche mit den Worten „kannte oder kennen mußte“ auch im BGB. (z. B. § 122) vorkommt. Während „kannten“ das positive Wissen von der Unrichtigkeit, also eine vorsätzlich falsche Eintragung bezeichnet, wird das „Kennenmüssen“ vom Reichsgericht für das StGB. und das BGB. ziemlich übereinstim-

mend dahin ausgelegt, daß es sich nach dem bestimme, was ein verständiger, normal veranlagter Mensch unter den gleichen Umständen (als richtig) erkannt haben würde (vgl. Rechtspr. d. RG. in Strafs., Bd. 7, S. 754 und Entsch. d. RG., Ziv.-S. in DJZ. 1903, S. 322 Nr. 67).

6. Die Unterlassung dürfte in der Regel folgenschwerer als eine unrichtige Eintragung sein.

7. Aus „kann" folgt, daß die Verhängung der Strafe in das pflichtgemäße Ermessen der Anstalt gestellt ist; vgl. hierzu Vorbem. S. 664.

8. Die Geldstrafe ist nur eine Ordnungsstrafe. Sie fließt in die Kasse der Reichsversicherungsanstalt (§ 359 Abs. 1) und kann im Falle ihrer Unbeitreibbarkeit (vgl. § 359 Abs. 2) nicht in Haft umgewandelt werden.

9. Die Höhe der Strafe richtet sich nach den Umständen des einzelnen Falles, insbesondere nach der Person des Arbeitgebers und dem durch seine strafbare Handlung angerichteten Schaden. Beschwerde nach § 358 (Schiedsgericht).

10. Nicht gegen sie (d. h. gegen die Arbeitgeber) wird die Geldstrafe verhängt, sondern in erster Linie gegen die Betriebsleiter usw., wenn einer solchen Person die Aufstellung der fraglichen Nachweise und Anzeigen übertragen ist (vgl. § 344).

11. Die Verhängung erfolgt durch schriftliche Strafverfügung der Reichsversicherungsanstalt (§ 358). Unabhängig von dieser Strafverfügung kann eine kriminelle Bestrafung z. B. wegen Betruges erfolgen (vgl. Entsch. RG. in Strafs., Bd. 27, S. 391).

12. Die Strafverfolgung aus § 339 verjährt in 5 Jahren, die Strafvollstreckung in 2 Jahren (vgl. §§ 360, 361).

Unterlassen rechtzeitiger Beitragsabführung. Verwenden unrichtiger Marken.

§ 340. *Unterlassen[1] es Arbeitgeber,[2] rechtzeitig[3] für ihre versicherungspflichtig Beschäftigten[4] die Beiträge abzuführen[5] oder die richtigen[6] Marken (§§ 185, 187)[7] zu verwenden,[8] so kann[9] sie die Reichsversicherungsanstalt mit Geldstrafe[10] bis zu dreihundert Mark belegen. Unabhängig[11] von der Strafe und der Nachholung der Rückstände[12] kann die Reichsversicherungsanstalt dem Bestraften die Zahlung des Ein- bis Zweifachen dieser Rückstände auferlegen. Der Betrag wird wie Gemeindeabgaben beigetrieben.[13]*

Bestreitet der Arbeitgeber[14] *seine Beitragspflicht so ist sie nach § 210 festzustellen.*[15] [16]

E. I. § 339.
E. II. § 337.
RVO. § 1488 (1469).

1. Die Unterlassung dürfte hier nur dann strafbar sein, wenn den Arbeitgeber ein Verschulden trifft, wenn er also z. B. besonders nachlässig gehandelt hat (vgl. die Vorbem. S. 665 und Entsch. d. Kammergerichts in DJZ. 1897, S. 42 Nr. 4).

2. Auch die im § 344 Abs. 1 bezeichneten Stellvertreter der Arbeitgeber sind der Strafvorschrift des § 340 unterworfen (vgl. § 344 Abs. 2).

3. Die Rechtzeitigkeit richtet sich nach den Bestimmungen der §§ 181 Abs. 1 bezw. 187 Abs. 1; danach ist spätester Termin im ersteren Falle der 15. des auf die Fälligkeit der Beiträge folgenden Monats, im letzteren Falle der Schluß des Beitragsmonats.

4. Nur auf die versicherungspflichtig Beschäftigten (§§ 1 ff.), nicht auf die freiwillig Versicherten (§§ 15, 394) bezieht sich die Vorschrift dieses Paragraphen.

5. Die Abführung der Beiträge geschieht in den Fällen des § 176 durch portofreie Einzahlung an die Beitragsstellen (§ 181 Abs. 1), in den Fällen des § 177 aber durch Einkleben besonderer Marken.

6. Richtig sind die Marken, wenn sie der vorgeschriebenen Gehaltsklasse (§ 172) entsprechen und in zureichender Anzahl verwendet sind. Die Verwendung höherer Marken ist nicht strafbar, ebensowenig die Verletzung der Vorschrift, die Marken in bestimmter Reihenfolge einzukleben.

7. Die Marken der §§ 185 und 187 sind verschieden. Erstere sind in den Fällen des § 176 zu verwenden und werden den Arbeitgebern von den Beitragsstellen als Quittungsbeläge über die eingezahlten Beiträge nach der jedesmaligen Einzahlung ausgehändigt. Letztere (besondere) Marken sind durch die Arbeitgeber von den Beitrags- oder Markenverkaufsstellen zu beziehen und in den Fällen des § 177 zu verwenden.

8. Die Verwendung der Marken geschieht durch Einkleben in die Versicherungskarte und demnächstiges Entwerten (§§ 185 Abs. 1, 187 Abs. 1).

9. Zu „kann" vgl. § 339 Anm. 7. Beschwerde nach § 358.

10. Über Geldstrafe (Ordnungsstrafe) gilt das zu § 339 Anm. 8 Gesagte entsprechend.

11. Die Vorschrift, daß die säumigen Arbeitgeber, unabhängig von der ausgesprochenen Strafe, zur Bezahlung des ein- bis zweifachen Betrags der nicht entrichteten Beiträge angehalten werden können, auch wenn sie diese nachholen, ist deswegen geschaffen worden, weil der Vollzug des Invalidenversicherungsgesetzes, welches in seinem § 176 eine dem § 340 AVG. entsprechende Strafbestimmung enthielt, trotz Überwachung häufig unter der Lässigkeit der Arbeitgeber in der Beitragsentrichtung gelitten hat. Namentlich sind Beiträge bei unständiger Beschäftigung ausgeblieben. Es erschien daher geboten, nach dem Vorbilde der Steuerstrafen dafür zu sorgen, daß die Reichsversicherungsanstalt für die entgangenen Beiträge und Zinsen tunlichst entschädigt wird (vgl. Begr. z. RVO.).

Neben der Strafverfügung der Reichsversicherungsanstalt kann auch eine kriminelle Bestrafung aus § 342 oder aus dem StGB. eintreten.

12. Über den Begriff Rückstände vgl. § 227 Anm. 1, über ihre Verjährung § 228.

13. Zu Beitreibung wie Gemeindeabgaben vgl. § 227 Anm. 2 und 3.

14. Als Arbeitgeber werden hier insbesondere die mehreren Arbeitgeber des § 177 in Betracht kommen.

15. Bis zu dieser Feststellung, welche für die Strafverfügung der Reichsversicherungsanstalt maßgebend ist, wird das Strafverfahren auszusetzen sein.

16. Die Verjährung der Strafverfolgung tritt bei § 340 nach 1 Jahre, diejenige der Strafvollstreckung nach 2 Jahren ein (§§ 360, 361).

Abzug zu hoher Beitragsteile. Vorenthaltung der Versicherungskarten.

§ 341. *Mit Geldstrafe bis zu dreihundert Mark oder mit Haft*[1] *werden bestraft,*[2] *wenn nicht nach anderen gesetzlichen Vorschriften härtere Strafe*[3] *verwirkt ist,*

1. *Arbeitgeber oder deren Vertreter,*[4] *die vorsätzlich*[5] *den Beschäftigten*[6] *höhere Beiträge vom Gehalt abziehen, als dieses Gesetz zuläßt,*[7]
2. *Personen,*[8] *die dem Berechtigten eine Versicherungskarte*[9] *widerrechtlich vorenthalten.*[10] [11]

E. I. § 340.
E. II. § 338.
RVO. § 1490, Nr. 1 und 5 (1472).

1. Im Fall des § 341 handelt es sich um eine gerichtliche Strafe, nicht nur um eine Ordnungsstrafe, und zwar um ein Vergehen im Sinne des § 1 Abs. 2 StGB., nicht um eine Übertretung, da Geldstrafe über 150 Mark zugelassen ist. Der Mindestbetrag der Geldstrafe ist 3 Mark (§ 27 StGB.); die Höchstdauer der Haft ist 6 Wochen, ihre Mindestdauer 1 Tag (§ 18 Abs. 1 StGB.).

2. Die Bestrafung erfolgt entweder auf Grund eines schöffengerichtlichen Urteils (§ 27 Nr. 2 GVG.) oder durch einen amtsrichterlichen Strafbefehl (§§ 447 ff. StPO.).

3. Solche anderen gesetzlichen Vorschriften sind insbesondere die Bestimmungen des Strafgesetzbuchs über Betrug oder Unterschlagung. Eine doppelte Bestrafung aus dem StGB. und dem § 341 AVG. ist unzulässig (vgl. auch Entsch. RG. in Strafs. Bd. 30, S. 86).

4. Vertreter des Arbeitgebers sind Betriebsleiter, Aufsichtspersonen oder andere Angestellte seines Betriebes, denen er die ihm aus diesem Gesetz entspringenden Pflichten übertragen hat (§ 344 Abs. 1).

5. Über den Begriff vorsätzlich vgl. § 24 Anm. 2.

6. Gemeint sind beschäftigte Versicherte.

7. Über die zulässigen Abzüge vgl. §§ 19, 178 f.

8. Nicht nur Arbeitgeber und ihre Vertreter, sondern überhaupt alle Personen, namentlich auch Angestellte werden hier mit Strafe bedroht.

9. Über Versicherungskarten vgl. §§ 188 ff., insbesondere über den Begriff § 188 Anm. 2.

10. Widerrechtlich vorenthalten ist gleichbedeutend mit „wider den Willen des Inhabers zurückbehalten" des § 199. Der Zuwiderhandelnde wird nicht nur nach Maßgabe des § 341 bestraft, sondern haftet dem Berechtigten auch zivilrechtlich (vgl. § 199 Anm. 3). Insbesondere gibt der Umstand, daß der Arbeitgeber noch keine Zeit gehabt hat, die Marken einzukleben, diesem kein Zurückbehaltungsrecht (vgl. Entsch. d. Kamm.-Ger. in DJZ. 1897, S. 42, Nr. 4). Fahrlässigkeit schützt nur bei § 341 Nr. 1 vor Strafe.

11. Es verjährt im Falle des § 341 die Strafverfolgung in 3 Jahren (§ 67 StGB.) und die Strafvollstreckung in 2 bezw. 5 Jahren, je nachdem auf Haft oder Geldstrafe bis zu 150 Mark oder auf Geldstrafe über 150 Mark erkannt ist (§ 70 StGB.).

Unterschlagung.

§ 342. *Arbeitgeber*[1] *werden mit Gefängnis*[2] *bestraft,*[3] *wenn sie vorsätzlich*[4] *Beitragsteile, die sie den Beschäftigten vom Gehalt abgezogen oder von ihnen erhalten haben,*[5] *nicht für die Versicherung verwenden.*[6]

Daneben kann auf Geldstrafe bis zu dreitausend Mark und auf Verlust der bürgerlichen Ehrenrechte[7] *erkannt werden.*

Bei mildernden Umständen[8] *kann ausschließlich auf Geldstrafe*[9] *erkannt werden.*[10]

E. I. § 341.
E. II. § 339.
RVO. § 1492 (1474).

1. Den Arbeitgebern sind ihre Stellvertreter im Sinne des § 344 Abs. 1 gleichgestellt (§ 344 Abs. 2).

2. Die von § 342 mit Strafe bedrohte Handlung ist als Vergehen im Sinne des § 1 Abs. 2 StGB. aufzufassen. Nach § 16 a. a. O. ist die Mindestdauer der Gefängnisstrafe 1 Tag, ihre Höchstdauer 5 Jahre.

3. Die Bestrafung erfolgt durch Urteil der Strafkammer (§ 73 Nr. 1 GVG.). Sie schließt eine Strafverfügung aus §§ 339, 340 nicht aus.

4. Es genügt nicht grobe Fahrlässigkeit.

5. Über abgezogene Beitragsteile vgl. §§ 178 ff.

6. Für das Tatbestandsmerkmal der Nichtverwendung ist es gleichgültig, ob das Gehalt zunächst voll gezahlt und dann von der gezahlten Summe der Beitragsteil zurückgenommen bezw. zurückgegeben worden ist, oder ob überhaupt keine Auszahlung und Zurücknahme bezw. Zurückgabe, sondern eine buchmäßige Verrechnung des Beitragsteils stattgefunden hat (vgl. Entsch. d. RG. in Strafs. Bd. 34, S. 442).

7. Verlust der bürgerlichen Ehrenrechte bedeutet den dauernden Verlust der aus öffentlichen Wahlen hervorgegangenen Rechte, der öffentlichen Ämter, Würden, Titel, Orden und Ehrenzeichen (§§ 33—36 StGB.).

8. Mildernde Umstände sind alle Tatsachen, welche geeignet sind, die strafbare Handlung in einem derartig milden Licht erscheinen zu lassen, daß die Anwendung der ordentlichen Strafe nach Belegenheit des Falles zu hart sein würde (vgl. Olshausen, Komm. z. StGB. 7. Aufl., S. 210, Anm. 14).

9. Auch in diesem Falle ist die höchste Geldstrafe 3000 Mark.

10. Die Verjährungsfrist im Falle des § 342 beträgt bei der Strafverfolgung 5 Jahre, bei der Strafvollstreckung je nach der Dauer der erkannten Gefängnis- oder nach der Höhe der erkannten Geldstrafe 10, 5 oder 2 Jahre (§§ 67, 70 StGB.). Die Höchstdauer der Gefängnisstrafe beträgt 5 Jahre (§ 16 StGB.).

Verantwortlichkeit der gesetzlichen Vertreter.

§ 343. *Soweit nach diesem Gesetz Arbeitgeber mit Strafen bedroht sind,*[1] *stehen ihnen gleich,*

1. *wenn eine Aktiengesellschaft,*[2] *ein Versicherungsverein auf Gegenseitigkeit,*[3] *eine eingetragene Genossenschaft,*[4] *eine Innung*[5] *oder andere juristische Person*[6] *Arbeitgeber ist, die Mitglieder des Vorstandes,*
2. *wenn eine Gesellschaft mit beschränkter Haftung*[7] *Arbeitgeber ist, die Geschäftsführer,*
3. *wenn eine andere Handelsgesellschaft*[8] *Arbeitgeber ist, alle persönlich haftenden Gesellschafter, soweit sie von der Vertretung nicht ausgeschlossen sind,*
4. *die gesetzlichen Vertreter*[9] *geschäftsunfähiger*[10] *und beschränkt geschäftsfähiger*[11] *Arbeitgeber sowie die Liquidatoren*[12] *einer Handelsgesellschaft, eines Versicherungsvereins auf Gegenseitigkeit, einer eingetragenen Genossenschaft, einer Innung oder einer anderen juristischen Person.*

E. I. § 342.
E. II. § 340.
RVO. § 1493 (1475).

1. Die Arbeitgeber sind unter den Strafandrohungen dieses Gesetzes besonders hervorgehoben in den §§ 185, 215, 339, 340, 341, 342, 344 Abs. 2 und 346.

2. Über Vorstand einer Aktiengesellschaft vgl. HGB. §§ 231 ff. Jedes Vorstandsmitglied ist verantwortlich.

3. Über den Vorstand eines Versicherungsvereins auf Gegenseitigkeit vgl. das Gesetz über die privaten Versicherungsunternehmungen vom 12. Mai 1901 (RGBl. S. 139) §§ 29 und 34.

4. Über den Vorstand einer eingetragenen Genossenschaft vgl. das Gesetz betr. die Erwerbs- und Wirtschaftsgenossenschaften vom 1. Mai 1889 in der Fassung vom 20. Mai 1898 (RGBl. S. 810) §§ 24 ff.

5. Über den Vorstand einer Innung vgl. Gewerbeordnung §§ 83 und 92 ff.

6. Andere juristische Personen sind z. B. die Krankenkassen, Berufsgenossenschaften und Versicherungsanstalten (§§ 3, 4 RVO.), soweit sie Personen beschäftigen, die nicht versicherungsfrei sind (vgl. § 9), ferner insbesondere die Vereine, auf welche die Vorschriften der §§ 21 ff. BGB. Anwendung finden, z. B. Arbeitgeberverbände, Handlungsgehilfenvereine, Kriegervereine, Ärztevereine, Sterbekassenvereine, Kreditreformvereine usw.

7. Über den Geschäftsführer der Gesellschaft mit beschränkter Haftung vgl. das Gesetz betr. die Gesellschaften mit beschränkter Haftung vom 20. April 1892 in der Fassung vom 20. Mai 1898 (RGBl. S. 846) §§ 35 ff.

8. Es kommen hier als andere Handelsgesellschaften in Betracht die offene Handelsgesellschaft, die Kommanditgesellschaft, die Kommanditgesellschaft auf Aktien und die stille Gesellschaft (HGB. §§ 105 ff., §§ 161 ff., §§ 320 ff., §§ 335 ff.).

9. Gesetzliche Vertreter sind der Vater oder die Mutter des minderjährigen ehelichen Kindes als Inhaber der elterlichen Gewalt, der Vormund über Minderjährige oder Volljährige und der Pfleger (BGB. §§ 1627 ff. und 1684 ff., §§ 1773 ff. und 1896 ff. und §§ 1909 ff.).

10. Geschäftsunfähige sind minderjährige Arbeitgeber unter 7 Jahren, Arbeitgeber, welche sich in einem die freie Willensbestimmung ausschließenden, nicht nur vorübergehenden Zustande krankhafter Störung der Geistestätigkeit befinden und wegen Geisteskrankheit entmündigte Arbeitgeber (vgl. BGB. § 104).

11. Beschränkt geschäftsfähig sind minderjährige Arbeitgeber im Alter von 7 bis 21 Jahren und die ihnen gleichgestellten, wegen Geistesschwäche, Verschwendung oder Trunksucht entmündigten Arbeitgeber sowie die nach BGB. § 1906 unter vorläufige Vormundschaft gestellten Arbeitgeber (vgl. BGB. §§ 106, 114). Im übrigen s. über den Begriff „Geschäftsfähigkeit" §§ 97 Anm. 1 u. 229 Anm. 12.

12. Über die Liquidatoren der hier bezeichneten Gesellschaften usw. vgl. HGB. §§ 146 ff. (offene Handelsgesellschaft), §§ 295 ff. (Aktiengesellschaft), § 331 (Kommanditgesellschaft auf Aktien), Ges. betr. die Ges. mit

beschr. Haftung §§ 66 ff. (Gesellschaft m. b. H.), Ges. über die priv. Vers.-Unt. § 47 (Versicherungsverein auf Gegenseitigkeit), Genossenschaftsgesetz §§ 83 ff. (eingetragene Genossenschaft), GewO. § 98 (Innung), BGB. §§ 48 ff. (Vereine).

Übertragung der Arbeitgeberpflichten.

§ 344. *Der Arbeitgeber darf die Pflichten, die ihm dieses Gesetz auferlegt,*[1] *Betriebsleitern, Aufsichtspersonen oder anderen Angestellten seines Betriebs*[2] *übertragen.*[3]

Handeln solche Stellvertreter den Vorschriften zuwider, die den Arbeitgeber mit Strafe bedrohen,[4] *so trifft sie die Strafe.*[5] *Neben ihnen*[6] *ist der Arbeitgeber strafbar,*[7] *wenn*

1. *die Zuwiderhandlung mit seinem Wissen*[8] *geschehen ist, oder*
2. [9] *er bei Auswahl*[10] *und Beaufsichtigung*[11] *der Stellvertreter nicht die im Verkehr erforderliche Sorgfalt beobachtet*[12] *hat; in diesem Falle*[13] *darf gegen den Arbeitgeber auf keine andere Strafe als auf Geldstrafe erkannt werden.*

Die Zahlung des Ein- bis Zweifachen der rückständigen Beiträge[14] *kann auch dem Stellvertreter auferlegt werden (§ 340). Neben ihm haftet für diesen Betrag der Arbeitgeber, falls er nach Abs. 2 bestraft ist.*[15]

E. I. § 343.
E. II. § 341.
RVO. § 1494 (1476).

1. Es handelt sich insbesondere um die Beitragspflichten (§§ 176 ff.) und die damit zusammenhängenden Pflichten zur Aufstellung von Übersichten und Änderungsanzeigen (§ 181), zur Entwertung und Verwendung von Marken (§§ 185, 187), ferner die Pflichten zur Auskunftserteilung (§ 215) usw.

2. Die Betriebsleiter, Aufsichtspersonen und anderen Angestellten des Betriebs sind nicht identisch mit den allgemein verantwortlichen Mitgliedern des Vorstandes, Geschäftsführern, persönlich haftenden Gesellschaftern und gesetzlichen Vertretern des § 343, sie

sind vielmehr nur im Falle besonderer Übertragung gerade der Pflichten dieses Gesetzes zur Verantwortung zu ziehen. Der Prokurist eines Handelsgeschäfts ist ohne besondere Bevollmächtigung zur Vertretung des Arbeitgebers ermächtigt; dies folgt aus dem Umfang der in der Prokura enthaltenen Vollmacht (vgl. § 49 HGB.). Im übrigen vgl. über den Begriff „Betrieb" §1 Anm. 10.

3. Die Übertragung darf nicht lediglich den Zweck haben, die gesetzliche Verantwortung von sich abzuwälzen; die Angestellten müssen vielmehr tatsächlich mit der Betriebsleitung oder Beaufsichtigung zu tun haben (vgl. auch Anm. 6).

4. In Betracht kommen die §§ 339, 340, 341, 342 und 346.

5. So trifft sie die Strafe bringt zum Ausdruck, daß die im Abs. 1 bezeichneten Stellvertreter des Arbeitgebers als Täter, d. h. als die strafbare Handlung verübende Personen anzusehen sind, nicht etwa nur als Gehilfen im Sinne des § 49 StGB.

6. Neben ihnen besagt, daß der Arbeitgeber durch die Übertragung im Sinne des Abs. 1 keineswegs in allen Fällen der Strafbarkeit entgeht (vgl. auch Anm. 3); es muß ihn aber ein Verschulden im Sinne des Abs. 2 Nr. 1 und 2 treffen. Trifft ihn ein solches Verschulden, so kann er auch bestraft werden, wenn eine Bestrafung des Stellvertreters z. B. aus einem Strafausschließungsgrunde gemäß §§ 51 ff. StGB. oder aus anderen Gründen unterbleibt.

7. Falls die Strafe von den Vertretern nicht beigetrieben werden kann, ist der Arbeitgeber nicht haftbar dafür. Vgl. hierzu Anm. 15.

8. Wissen ist gleichbedeutend mit Kenntnis der Zuwiderhandlung vor oder bei ihrer Ausführung.

9. Der erste Halbsatz der Nr. 2 ist dem § 831 Abs. 1 Satz 2 BGB. nachgebildet.

10. Die erforderliche Sorgfalt bei der Auswahl wird beobachtet, wenn der Arbeitgeber auf Grund guter Zeugnisse oder auf Grund guter, zuverlässiger positiver Auskunft früherer Dienstherren oder auf Grund eingehender eigener Prüfung der Fähigkeit, Sachkunde, Erfahrung und Zuverlässigkeit des Stellvertreters gerade zur Erfüllung der Pflichten dieses Gesetzes die Übertragung vorgenommen hat (vgl. Entsch. d. RG. in DJZ. 1906, S. 1206 in Verbindung mit JW. 1906, S. 196).

11. Unter Beaufsichtigung ist die Überwachung der für dieses Gesetz in Betracht kommenden Tätigkeit des Stellvertreters zu verstehen.

12. Ob eine Beobachtung der im Verkehr erforderlichen Sorgfalt vorliegt, ist für den einzelnen Fall nach den Anschauungen des vernünftigen und normalen Verkehrs unter Berücksichtigung aller Umstände zu beurteilen (RG. in JW. 1905 S. 16).

13. In diesem Falle. Bei Nr. 1 darf also gegen den Arbeitgeber außer auf Geldstrafe auch auf Haft oder Gefängnis erkannt werden, sofern diese Strafarten gesetzlich vorgesehen sind.

14. Diese Auferlegung der Bezahlung der Rückstände kann neben der Strafe im übrigen festgesetzt werden, wenn Arbeitgeber es unterlassen, für ihre versicherungspflichtig Beschäftigten die Beiträge rechtzeitig abzuführen oder die richtigen Marken zu verwenden (vgl. § 340 Anm. 11).

15. Der Arbeitgeber haftet also nur im Falle dieses Schlußsatzes, nicht stets neben dem Stellvertreter.

Schutz der ehrenamtlich tätigen Angestellten.

§ 345.[1] *Den Arbeitgebern und ihren Angestellten*[2] *sowie der Reichsversicherungsanstalt ist untersagt, die Versicherten*[3] *in der Übernahme oder Ausübung eines Ehrenamts*[4] *der Angestelltenversicherung zu beschränken oder sie wegen der Übernahme oder der Art der Ausübung eines solchen Ehrenamts zu benachteiligen.*[5] *Den Bezeichneten ist ferner untersagt, durch Übereinkunft*[6] *oder Arbeitsordnung*[7] *zum Nachteil der Versicherten*[8] *die Anwendung der Vorschriften dieses Gesetzes ganz oder teilweise auszuschließen.*[9]

Vertragsbestimmungen, die dem zuwiderlaufen, sind nichtig.[10]

E. I. § 344.
E. II. § 342.
RVO. § 139 (152).

1. Der § 345 gibt im Abs. 1 nur ein Verbot, die dazugehörige Strafbestimmung enthält § 346; der Abs. 2 ist zivilrechtlicher Natur.

2. Angestellte sind hier im weitesten Sinne gemeint, es fallen also nicht nur die im § 344 aufgezählten Stellvertreter des Arbeitgebers darunter.

3. Versicherungspflichtige wie Versicherungsberechtigte sind hierunter zu verstehen, also auch die freiwillig Versicherten der §§ 15, 394.

4. Ehrenämter sind die unentgeltlich verwalteten Ämter, welche dieses Gesetz vorsieht (vgl. §§ 118, 140 Abs. 1, 155 Abs. 1, 161 Abs. 1, 164 Abs. 1).

5. Nicht als Beschränkung oder Benachteiligung aufzufassen ist die Anwendung des gesetzlichen Kündigungsrechts (vgl. hierzu aber § 119) oder der Abzug an Gehalt oder Lohn, sofern dem ehrenamtlich tätigen Versicherten entsprechender Ersatz in Verbindung mit seiner ehrenamtlichen Stellung gewährt wird (vgl. hierzu §§ 118, 140 Abs. 2, 155 Abs. 2).

6. Übereinkunft ist eine Vereinbarung, ein zweiseitiges Rechtsgeschäft zwischen Arbeitgeber und Versicherten, also ein Vertrag im Sinne der §§ 145 ff. BGB.

7. Über Arbeitsordnung vgl. Gewerbeordnung §§ 134 a ff. Die Arbeitsordnung ist im Gegensatz zu der Übereinkunft (Anm. 6) im Sinne der §§ 116 ff. BGB. eine einseitige ausdrückliche Willenserklärung des Arbeitgebers.

8. Ob der Versicherte benachteiligt wird, ist Tatfrage; vgl. die Judikatur bei Hanow Bd. I, S. 286 ff.

9. Günstigere Stellung des Versicherten ist statthaft, z. B. die Übereinkunft, daß der Arbeitgeber außer seinem Beitragsteil den auf seinen versicherten Angestellten entfallenden Beitragsteil ganz oder teilweise für seine Rechnung übernimmt.

10. Nichtigkeit bedeutet, daß die Vertragsbestimmungen in Ansehung der gewollten rechtlichen Wirkungen so anzusehen sind, als ob sie überhaupt nicht vorgenommen worden wären (vgl. § 108, Entw. I z. BGB.).

Strafandrohung zugunsten des Schutzes.

§ 346.[1] *Arbeitgeber oder ihre Angestellten, die gegen § 345 Abs. 1 verstoßen,[2] werden mit Geldstrafe bis zu dreihundert Mark oder mit Haft bestraft,[3] wenn nicht nach anderen gesetzlichen Vorschriften härtere Strafe[4] eintritt.[5] [6]*

E. I. § 345.
E. II. § 343.
RVO. § 140 (153).

1. § 346 gibt die Strafbestimmung für das im Abs. 1 des vorigen Paragraphen enthaltene Verbot; es ist auf die dortigen Anmerkungen zu verweisen.

2. Der Verstoß ist mit dem Abschluß der Übereinkunft oder mit dem Erlaß der Arbeitsordnung im Sinne des § 345 Abs. 1 vollendet. Mit diesem Ereignis tritt auch

der Beginn der Verjährung der Strafverfolgung ein; im übrigen gilt hierzu und über die Verjährung der Strafvollstreckung im Falle des § 346 das zu § 341 Anm. 11 Gesagte entsprechend.

3. Keine Ordnungsstrafe, sondern eine gerichtliche Strafe liegt hier vor; die Straftat stellt sich als ein Vergehen dar (vgl. § 341 Anm. 1). Über das zur Bestrafung zuständige Gericht gilt das zu § 341 Anm. 2 Gesagte entsprechend.

4. Es kann Betrug nach § 263 des StGB. in Frage kommen; eine Bestrafung aus dem StGB. schließt eine solche aus § 346 aus (vgl. Entsch. RG. in Strafs. Bd. 30, S. 86).

5. In der Reichstagskommission wurde angeführt: „Da das Reich in diesem Gesetze die Angestellten zu Ehrenämtern berufe und sie sogar zur Annahme solcher Ämter nötige, so müsse es sie schützen dagegen, daß ihre Arbeitgeber ihnen die Annahme unmöglich machten oder sie dafür oder für eine energische Ausübung der Amtspflichten bestraften. Die in den §§ 344, 345 vorgesehenen Maßnahmen seien ganz ungenügend, denn sie könnten jederzeit umgangen werden. Die wirksamste Waffe der Arbeitgeber sei die Entlassung oder die Drohung mit der Kündigung. Diese müsse so beschränkt werden, daß sie nicht zur Vereitelung der Absichten des Gesetzes mißbraucht werden könne. Die Angestellten seien meist noch abhängiger als die gutorganisierten Arbeiter. Die Entlassungsbefugnis solle auf „wichtige Gründe" beschränkt werden, wie sie Handelsgesetzbuch, Gewerbeordnung und Bürgerliches Gesetzbuch für Entlassung ohne Kündigungsfrist vorsähen. Eine absolute Bindung des Unternehmers liege also nicht vor; bei wichtigen Gründen, die in der Unternehmung oder in der Person des Angestellten liegen könnten, könne entlassen werden. Außerdem würde die Verweigerung von Gehaltserhöhungen den Angestellten meist zur Kündigung veranlassen. Das Wichtigste sei, daß der Angestellte genötigt sei, bei einem Streite vor Gericht den Grund der Entlassung nachzuweisen."

Ein diesbezüglicher Antrag wurde jedoch abgelehnt (vgl. Komm.-Ber.).

6. Unterläßt es der Arbeitgeber, infolge einer nach § 345 Abs. 2 nichtigen Vertragsbestimmung für seinen versicherungspflichtigen Beschäftigten die Beiträge abzuführen oder die richtigen Marken zu verwenden, so kann er neben § 346 oder dem StGB. noch durch Strafverfügung der Reichsversicherungsanstalt gemäß § 340 bestraft werden.

Unzulässige Eintragungen in Versicherungskarten.

§ 347.[1] *Wer[2] Versicherungskarten[3] mit unzulässigen Eintragungen oder mit besonderen Merkmalen[4] versieht, kann vom Rentenausschusse[5] mit Geldstrafe[6] bis zu zwanzig Mark bestraft werden.*

Mit der gleichen Strafe[7] kann bestraft werden, wer in Versicherungskarten den Vordruck[8] fälschlich ausfüllt oder die zur Ausfüllung des Vordrucks eingetragenen Worte oder Zahlen verfälscht[9] oder wissentlich eine solche Karte gebraucht.[10]

Gegen die Entscheidung des Rentenausschusses findet Beschwerde[11] an die Reichsversicherungsanstalt statt. Diese entscheidet endgültig.[12]

E. I. § 346.
E. II. § 344.
RVO. § 1495 (1477).

1. Der § 347 ist dem § 184 Abs. 1 IVG. nachgebildet. Es handelt sich bei ihm — im Gegensatz zu § 348 — um unzulässige Eintragungen, welche eine dem Versicherten irgendwie nachteilige Absicht nicht erkennen lassen. Den beteiligten Interessen wird nach der Begründung des IVG. ausreichend genügt, wenn nur die Zulässigkeit, nicht die Notwendigkeit des Erlasses von Ordnungsstrafen wegen unzulässiger Eintragungen ausgesprochen und die Handhabung der Strafbefugnis hierbei nicht dem Strafrichter, sondern dem pflichtmäßigen Ermessen der Verwaltungsbehörde überlassen wird.

2. Wer versieht, gleichgültig ob Arbeitgeber, Versicherter oder ein Dritter, wird bestraft.

3. Nur die Versicherungskarten (§§ 188 ff.) kommen hier in Betracht. Für die Nachweise oder Anzeigen gilt die Strafvorschrift des § 339.

4. Die unzulässigen Eintragungen und besonderen Merkmale sind in § 198 erwähnt. Unzulässig ist eine Eintragung, wenn sie durch das Gesetz verboten ist (vgl. Entsch. RG. in Strafs., Bd. 32, S. 263 und Bd. 36, S. 351). Besondere Merkmale sind z. B. Buchstaben, Figuren, geheime Zeichen, unauffällige Ziffern, Abschneiden des Randes, Durchlochung oder Kennzeichnung der eingeklebten Marken, Farbe der Tinte u. dgl. (vgl. A. N. 1904, S. 363 und Entsch. RG. in Strafs. Bd. 22 S. 200).

5. Über Rentenausschuß vgl. §§ 122 ff. und §§ 230 ff.

6. Die Strafe ist Ordnungsstrafe. Sie fließt in die Kasse der Reichsversicherungsanstalt (§ 359 Abs. 1) und kann im Falle ihrer Unbeitreibbarkeit (§ 359 Abs. 2) nicht in Haft umgewandelt werden.

7. Vgl. hierzu den folgenden Paragraphen über die kriminelle Strafbarkeit dieser Delikte.

8. Der Vordruck der Versicherungskarte enthält nach § 192 Jahr und Tag ihrer Ausstellung sowie den Inhalt der §§ 195, 198, 199, 347 und außerdem diejenige Einrichtung, welche der Bundesrat allgemein gemäß § 191 für sie bestimmt.

9. Als Verfälschung ist nicht jede Änderung des Inhalts der Versicherungskarte strafbar, sondern nur eine Änderung der zur Ausfüllung des Vordrucks eingetragenen Worte oder Zahlen, z. B. die Änderung des Jahres oder des Tages der Ausstellung.

10. Das wissentliche Gebrauchmachen stellt an sich ein von der Verfälschung zu trennendes besonderes Tatbestandsmerkmal dar. Gebraucher und Verfälscher können daher verschiedene Personen sein, sie brauchen es aber nicht zu sein.

11. Die Beschwerde an die Reichsversicherungsanstalt ist eine Rechtsbeschwerde, welche von einem Aufsichtsorgan entschieden wird (vgl. § 328 Anm. 1); sie ist regelmäßig binnen einem Monat seit Zustellung der Entscheidung des Rentenausschusses einzulegen (§ 328 Abs. 1).

12. Es verjährt im Falle des § 347 die Strafverfolgung in einem Jahre, die Strafvollstreckung in zwei Jahren (§§ 360, 361).

Kenntlichmachung, Urkundenfälschung.

§ 348.[1] *Wer die Eintragungen, Merkmale*[2] *oder Fälschungen*[3] *in der Absicht macht, den Inhaber Arbeitgebern gegenüber kenntlich zu machen,*[4] *wird mit Geldstrafe bis zu zweitausend Mark oder mit Gefängnis bis zu sechs Monaten*[5] *bestraft.*[6] *Bei mildernden Umständen*[7] *kann statt der Gefängnisstrafe auf Haft erkannt werden.*[8]

Eine Verfolgung wegen Urkundenfälschung (§§ 267, 268 des Reichs-Strafgesetzbuchs)[9] *tritt nur gegen Personen ein, welche die Fälschung in der Absicht begangen haben, sich oder anderen einen Vermögensvorteil zu verschaffen oder anderen einen Schaden zuzufügen.*[10]

E. I. § 346.
E. II. § 345.
RVO. § 1495 (1477).

1. Im Gegensatz zum § 347 handelt es sich hier entsprechend dem § 184 Abs. 2 u. 3 IVG. um strafbare Handlungen, welche den Versicherten absichtlich schädigen sollen; daher ist die Strafe eine gerichtliche.
2. Über Eintragungen und Merkmale vgl. § 347 Anm. 4.
3. Gemeint sind die Fälschungen des § 347 Abs. 2.
4. Die Kenntlichmachung soll den Zweck haben, das Fortkommen des Inhabers zu erschweren oder zu hemmen, sie kann evtl. Unkundenfälschung sein (vgl. Abs. 2).
5. Die Tat ist ein Vergehen im Sinne des § 1 Abs. 2 StGB., da sie mit Geldstrafe von mehr als 150 Mark oder mit Gefängnis bedroht ist.
6. Zuständig für die Bestrafung ist die Strafkammer (§ 73 Nr. 1 GVG.). Die Bestrafung aus § 348 schließt eine solche nach § 347 aus (Grundsatz: ne bis in idem).
7. Über mildernde Umstände vgl. § 342 Anm. 8.
8. Die Verjährung der Strafverfolgung tritt nach 5 Jahren, die Verjährung der Strafvollstreckung je nach der Dauer der erkannten Gefängnisstrafe bezw. nach der Höhe der erkannten Geldstrafe in 5 bezw. 2 Jahren ein (§§ 67, 70 StGB.).
9. Die Paragraphen des StGB. lauten:

§ 267: Wer in rechtswidriger Absicht eine inländische oder ausländische öffentliche Urkunde oder eine solche Privaturkunde, welche zum Beweise von Rechten oder Rechtsverhältnissen von Erheblichkeit ist, verfälscht oder fälschlich anfertigt, und von derselben zum Zwecke einer Täuschung Gebrauch macht, wird wegen Urkundenfälschung mit Gefängnis bestraft.

§ 268: Eine Urkundenfälschung, welche in der Absicht begangen wird, sich oder einem anderen einen Vermögensvorteil zu verschaffen oder einem anderen Schaden zuzufügen, wird bestraft, wenn

1. die Urkunde eine Privaturkunde ist, mit Zuchthaus bis zu fünf Jahren, neben welchem auf Geldstrafe bis zu dreitausend Mark erkannt werden kann;
2. die Urkunde eine öffentliche ist, mit Zuchthaus bis zu zehn Jahren, neben welchem auf Geldstrafe von ein-

hundertfünfzig bis zu sechstausend Mark erkannt werden kann.

Sind mildernde Umstände vorhanden, so tritt Gefängnisstrafe ein, welche bei der Fälschung einer Privaturkunde nicht unter einer Woche, bei der Fälschung einer öffentlichen Urkunde nicht unter drei Monaten betragen soll. Neben der Gefängnisstrafe kann zugleich auf Geldstrafe bis zu dreitausend Mark erkannt werden.

10. Durch § 348 Abs. 2 wird nur die Anwendung der §§ 267, 268 StGB. ausgeschlossen, dagegen wird die Anwendung der §§ 271, 272 StGB. (intellektuelle Urkundenfälschung) dadurch nicht berührt (vgl. Entsch. RG. in Strafs. in Goltdammers Archiv für Strafrecht, Bd. 49, S. 121).

Schweigepflicht.

§ 349.[1] *Wer unbefugt offenbart,[2] was ihm in amtlicher Eigenschaft[3] als*

Mitglied eines Organs[4] oder Angestelltem[5] der Reichsversicherungsanstalt,

Mitglied oder Angestelltem einer nach diesem Gesetze zur Feststellung der Leistungen zuständigen Behörde,[6]

Vertreter oder Beisitzer bei einer solchen Behörde[7] über Krankheiten oder andere Gebrechen[8] Versicherter oder ihre Ursachen bekannt geworden ist, wird mit Geldstrafe bis zu eintausendfünfhundert Mark oder mit Gefängnis bis zu drei Monaten bestraft.[9] Die Verfolgung tritt nur auf Antrag[10] des Versicherten oder der Aufsichtsbehörde[11] ein.

Den Versicherten stehen andere Personen gleich, für die dieses Gesetz eine Leistung der Reichsversicherungsanstalt vorsieht.[12]

E. I. § 347.
E. II. § 346.
RVO. § 141 (154).

1. Der § 349 gewährt im Abs. 1 dem Versicherten einen ähnlichen Schutz für seine eigene Person, wie er gegenüber dem Apotheker, Arzt, Notar, Rechtsanwalt, der Hebamme usw. infolge der Strafvorschrift des § 300 StGB. besteht, und dehnt diesen Schutz im Abs. 2 auch auf bestimmte Nichtversicherte aus.

2. Eine unbefugte Offenbarung liegt jedenfalls

nicht vor, wenn jemand sie unmittelbar für die Zwecke des Gesetzes, insbesondere in Ausübung amtlicher Funktionen macht. In der Reichstagskommission über die RVO. bemerkte der Staatssekretär des Innern bei der Beratung des mit § 349 AVG. übereinstimmenden § 141 RVO.: „Der Paragraph bezwecke lediglich den Schutz des einzelnen Versicherten gegen unbefugte Mitteilungen über seine Krankheiten oder ihre Ursachen. Eine Mitteilung dieser Art sei jedenfalls befugt, wenn sie unmittelbar für die Zwecke des Gesetzes, insbesondere also in Ausübung amtlicher Funktionen erfolge. Soweit etwa darüber hinaus eine Verwertung der Feststellungen über Krankheiten Versicherter und deren Ursachen im allgemeinen Interesse der Versicherung wünschenswert sei, werde sich meist ein Weg finden lassen, der die die Strafbarkeit begründende Beziehung zu der durch den Paragraphen allein geschützten Person des Versicherten vermeide; werde beispielsweise anläßlich der Erkrankung eines Versicherten eine Verletzung gewerbepolizeilicher Vorschriften festgestellt, so werde die Mitteilung letzterer Tatsache ohne Nennung des Versicherten an den Gewerbeaufsichtsbeamten durch den Paragraphen nicht ausgeschlossen sein, ebenso könne, wenn durch Erkrankungen Versicherter die Gesundheitsgefährlichkeit eines Betriebs festgestellt werde, diese Feststellung in einer Statistik ohne Verletzung des Paragraphen verwendet werden. Der Sinn des Paragraphen sei nur der, den Versicherten gegen unbefugte, sich auf seine Person beziehende Mitteilungen der gedachten Art an Dritte zu schützen. Auch in dieser Richtung finde die Vorschrift ausnahmsweise in ganz überwiegenden berechtigten anderen Interessen ihre Grenze, da auch durch solche das Merkmal der unbefugten Mitteilung ausgeschlossen werden könne" (vgl. Kom.-Ber. z. RVO.). Eine Zeugenaussage usw. nach § 243 AVG. ist also befugt.

3. Aus den Worten in amtlicher Eigenschaft folgt, daß § 349 auch Anwendung findet auf Personen, welche zur Zeit der unbefugten Offenbarung der ihnen bei der Ausübung ihrer näher bezeichneten Amtspflicht bekannt gewordenen Krankheiten usw. nicht mehr im Amte sind (vgl. Olshausen, Komm. z. StGB., 7. Aufl., Bd. II, zu § 300 Anm. 4, S. 1250).

4. Mitglied eines Organs der Reichsversicherungsanstalt sind der Präsident, die beamteten und die nichtbeamteten Mitglieder des Direktoriums (§ 100 Abs. 1), die Mitglieder des Verwaltungsrats (§ 109 Abs. 1), der Vorsitzende und ständige stellvertretende Vorsitzende

des Rentenausschusses (§ 128) sowie die Vertrauensmänner (§§ 143 ff.); vgl. hierzu die Sondervorschrift für Beamte im § 353.

5. Angestellte der Reichsversicherungsanstalt sind die übrigen Beamten des Direktoriums (§ 104) und die Hilfsbeamten des Rentenausschusses (§§ 128, 141); vgl. hierzu die Sondervorschrift des § 353 über Beamte.

6. Nach diesem Gesetze zur Feststellung der Leistungen zuständige Behörden sind der Rentenausschuß, das Schiedsgericht und das Oberschiedsgericht (§§ 239 ff., 270 ff., 281 ff.); Mitglieder des Rentenausschusses und des Schiedsgerichts sind dessen Vorsitzender und ständiger stellvertretender Vorsitzender (§§ 128, 159), Mitglieder des Oberschiedsgerichts sind dessen Vorsitzender, der stellvertretende Vorsitzende, zwei ständige Mitglieder des RVA. und zwei richterliche Beamte (§§ 164, 165, 288); Angestellte bei diesen Behörden sind die bereits zu Anm. 5 erwähnten Hilfsbeamten des Rentenausschusses (§ 144), sowie die Bureau-, Kanzlei- und Unterbeamten des Schieds- bezw. Oberschiedsgerichts (§§ 166 Abs. 3, 169 Abs. 3); vgl. hierzu die Sondervorschrift für Beamte im § 353.

7. Als Vertreter bei einer solchen, d. h. nach diesem Gesetz zur Feststellung der Leistungen zuständigen Behörde (vgl. Anm. 6) dürften die nur vorübergehend mit dem Vorsitz des Schiedsgerichts und des Oberschiedsgerichts beauftragten Beamten (§§ 161 Abs. 1, 164 Abs. 2) in Frage kommen, soweit auf sie nicht die Sondervorschrift für Beamte im § 353 Anwendung findet. Über die Beisitzer des Rentenausschusses, des Schiedsgerichts und des Oberschiedsgerichts vgl. die §§ 131 ff., 160 f., 164 Abs. 1, welche im Sinne dieser Paragraphen — abweichend von § 349 — z. T. als Mitglieder der genannten Behörden gelten.

8. Zu Krankheiten oder anderen Gebrechen vgl. § 51 Anm. 6 bezw. § 25 Anm. 4.

9. Die Tat stellt sich als Vergehen dar (§ 1 Abs. 2 StGB.). Es handelt sich um eine gerichtliche Strafe, zu deren Aburteilung an sich die Strafkammer zuständig ist, jedoch ist Überweisung an das Schöffengericht gestattet (§§ 73 Nr. 1 u. 75 Nr. 14 GVG.).

10. Der Antrag ist binnen 3 Monaten zu stellen, gerechnet von dem Tage an, seit welchem der Antragsberechtigte von der Handlung und der Person des Täters Kenntnis gehabt hat (§ 61 StGB.). Die Verjährungsfrist beträgt hier bei der Strafverfolgung drei Jahre, bei der Strafvollstreckung 5 oder 2 Jahre (§§ 67, 70 StGB.).

11. Die Aufsichtsbehörde ist eine verschiedene, je nachdem ein Mitglied, Angestellter usw. eines Organs der Reichsversicherungsanstalt, einer zur Feststellung der Leistungen zuständigen Behörde, einer Reichsbehörde, einer staatlichen oder gemeindlichen Behörde in Frage kommt (vgl. §§ 100 Abs. 3, 129 Abs. 3, 166 Abs. 1, 169 Abs. 1, 353). Das Antragsrecht der Aufsichtsbehörde ist geschaffen, um Versicherten, welche aus der unmittelbaren Antragsstellung Nachteile befürchten, entgegenzukommen (vgl. Kom.-Ber. z. RVO.).

12. Als andere Personen kommen hier insbesondere die Waisen und die Witwe, ev. auch der Witwer in Betracht (§§ 28 ff.), ferner Angehörige eines Erkrankten (§ 38 Abs. 1, 60 Abs. 2, 66, 67, 398).

Verrat von Geschäftsgeheimnissen.

§ 350.[1] *Mit Geldstrafe bis zu eintausendfünfhundert Mark oder mit Gefängnis werden die im § 349 Abs. 1 Bezeichneten bestraft, wenn sie unbefugt[2] Geschäfts- oder Betriebsgeheimnisse[3] offenbaren, die ihnen in amtlicher Eigenschaft bekannt geworden[4] sind.*

Tun sie dies, um den Unternehmer zu schädigen oder sich oder anderen einen Vermögensvorteil zu verschaffen,[5] so werden sie mit Gefängnis bestraft.[6] Neben der Gefängnisstrafe kann auf Verlust der bürgerlichen Ehrenrechte[7] und auf Geldstrafe bis zu dreitausend Mark erkannt werden.[8]

Die Verfolgung tritt im Falle des Abs. 1 nur auf Antrag des Unternehmers ein.[9]

E. I. § 348.
E. II. § 347.
RVO. § 142 (155).

1. Eine ähnliche Schutzvorschrift bestand zunächst nur auf dem Gebiete der Unfallversicherung (§§ 121, 150, 151 GUVG., §§ 128, 160, 161 LUVG. und § 40 BUVG.), sie wurde dann in die §§ 185, 186 IVG. übernommen und ist durch § 142 RVO. und den ihm nachgebildeten § 350 AVG. nunmehr für sämtliche Zweige der Sozialversicherung zum Schutze der Unternehmer eingeführt. Auch § 17 des Gesetzes gegen den unlauteren Wettbewerb vom 7. Juni 1909 (RGBl. S. 499) gewährt in Anlehnung an den § 9 des bis

dahin geltenden Gesetzes zur Bekämpfung des unlauteren Wettbewerbs vom 27. Mai 1896 (RGBl. S. 145) einen entsprechenden Schutz gegen den Verrat von Geschäfts- oder Betriebsgeheimnissen.

2. Unbefugt wird die Offenbarung oder Benutzung meist schon dann sein, wenn sie über die unmittelbaren Zwecke des Gesetzes hinausgeht. Zu welchen Zwecken sie erfolgt, ob zu geschäftlichen oder wissenschaftlichen, ist belanglos. In jedem Falle muß für die Auslegung das Interesse des Unternehmers maßgebend sein, so daß den im § 349 Abs. 1 bezeichneten Personen eine streng vertrauliche Behandlung der in den einzelnen Betrieben gemachten Beobachtungen obliegt. Vgl. im übrigen über „unbefugte Offenbarung" § 349 Anm. 2.

3. Geschäfts- und Betriebsgeheimnis darf nicht zu eng ausgelegt werden. Man wird darunter alle für ein Geschäft oder ein sonstiges Unternehmen erheblichen Tatsachen zu verstehen haben, deren Geheimhaltung sich aus der Natur der Sache ergibt oder nach der erkennbaren Absicht des Geschäftsinhabers und Betriebsunternehmers geboten ist (vgl. Entsch. RG. in Strafs., Bd. 29, S. 426 und Ziv.-S., Bd. 65, S. 335), z. B. Art und Weise des Betriebs, Umfang der Produktion, Bezugsquellen, Absatzgebiet und Kundenkreis eines Geschäfts oder Besonderheiten des Verfahrens bei der Herstellung eines bestimmten Produkts. Gewerblicher Rechtsschutz u. ä. ist nicht erforderlich.

4. Die unbefugt offenbarten Geschäftsgeheimnisse müssen dem Täter in amtlicher Eigenschaft bekannt geworden sein; außeramtliche Kenntnisnahme genügt nicht zum Tatbestandsmerkmal des § 350. Jedoch ist hier ebensowenig wie bei § 349 erforderlich, daß der Täter zur Zeit der unbefugten Offenbarung noch das Amt bekleidet (vgl. auch § 349 Anm. 3).

5. Die Absicht der Schädigung oder der Verschaffung eines Vermögensvorteils gilt schon als erschwerender Umstand, der Eintritt eines diesbezüglichen Erfolges ist für die härtere Bestrafung aus Abs. 2 nicht erforderlich. Der Vermögensvorteil braucht im Gegensatz zu § 263 StGB. nicht rechtswidrig zu sein.

6. In diesem wie im Fall des Abs. 1 handelt es sich um gerichtliche Strafen. Zuständig für die Bestrafung ist die Strafkammer (§ 73 Nr. 1 GVG); die Tat ist ein Vergehen (§ 1 Abs. 2 StGB.).

7. Über Verlust der bürgerlichen Ehrenrechte vgl. § 342 Anm. 7.

8. Es verjährt bei Abs. 1 und 2 die Strafverfolgung in 5 Jahren, die Strafvollstreckung aber je nach der Dauer der erkannten Gefängnis- oder nach der Höhe der erkannten Geldstrafe in 10, 5 oder 2 Jahren (§§ 67, 70 StGB.). Die Höchstdauer der Gefängnisstrafe beträgt 5 Jahre (§ 16 StGB.).

9. Über den Antrag und die Antragsfrist vgl. § 349 Anm. 10. Verfolgung von Amts wegen bei Abs. 2.

Verwertung von Geheimnissen.

§ 351. *Die im § 349 Abs. 1 Bezeichneten werden mit Gefängnis[1] bestraft, wenn sie Geschäfts- oder Betriebsgeheimnisse[2] unbefugt verwerten,[3] um den Unternehmer zu schädigen oder sich oder anderen einen Vermögensvorteil zu verschaffen.[4] Neben der Gefängnisstrafe kann auf Verlust der bürgerlichen Ehrenrechte[5] und auf Geldstrafe bis zu dreitausend Mark erkannt werden.[6 7]*

E. I. § 349.
E. II. § 348.
RVO. § 143 (156).

1. Auch hier handelt es sich um ein Vergehen (§ 1 Abs. 2 StGB.), also um eine gerichtliche Bestrafung. Zuständig zur Aburteilung ist die Strafkammer (§ 73 Nr. 1 GVG.).

2. Über Geschäfts- oder Betriebsgeheimnisse vgl. § 350 Anm. 3.

3. Verwerten ist jede Verwendung oder Ausnutzung zu gewerblichen Zwecken, also nicht nur die Nachahmung und Herstellung (vgl. Entsch. RG. in Strafs., Bd. 39, S. 83 und Bd. 40, S. 406).

4. Für die Absicht der Schädigung oder der Verschaffung eines Vermögensvorteils gilt das zu § 350 Anm. 5 Gesagte entsprechend. Fahrlässigkeit genügt nicht.

5. Über Verlust der bürgerlichen Ehrenrechte vgl. § 342 Anm. 7.

6. Beantragt, aber abgelehnt wurde in der Reichstagskommissionsberatung eine erhebliche Straffestsetzung für die im § 349 Abs. 1 Bezeichneten, wenn sie unbefugt offenbaren, was ihnen über die Ausübung des Wahlrechts in amtlicher Eigenschaft bekannt geworden ist.

Von einem Vertreter der verbündeten Regierungen wurden dagegen ernsthafte Einwendungen gemacht, daß bei

Annahme des Antrags zum ersten Male Strafvorschriften zur Sicherung des geheimen Wahlrechts erlassen würden. Wenn der Antrag auch im vorliegenden Falle keine große Bedeutung habe, so müsse er doch grundsätzliche Bedenken wegen der Folgen, die der Antrag auf anderen Gebieten nach sich ziehen könne, erheben.

7. Die Verjährung der Strafverfolgung und der Strafvollstreckung sowie die Höchstdauer der Gefängnisstrafe ist dem in § 350 Anm. 8 Gesagten entsprechend.

Mildernde Umstände.

§ 352. *Sind in den Fällen des § 350 Abs. 2 oder des § 351*[1] *mildernde Umstände*[2] *vorhanden, so ist auf Geldstrafe bis zu dreitausend Mark zu erkennen.*[3]

E. I. § 350.
E. II. § 349.
RVO. § 144 (156 a).

1. Der Verrat und die Verwertung von Betriebs- oder Geschäftsgeheimnissen zwecks Schädigung des Unternehmers oder zwecks Verschaffung eines Vermögensvorteils für den Täter oder andere soll nicht in allen Fällen mit Gefängnis bestraft werden, weil eine solche Strafe nicht immer im Verhältnis zu der Tat steht (vgl. Kom.-Ber. z. RVO.).

2. Über mildernde Umstände vgl. § 342 Anm. 8.

3. Trotz der Vorschrift des § 352 bleibt der Charakter der Delikte derselbe wie in den §§ 350 Abs. 2 und 351.

Ausnahme für Beamte.

§ 353.[1] *Für Beamte,*[2] *die der Dienstgewalt*[3] *einer staatlichen oder gemeindlichen Behörde unterstehen,*[4] *bewendet es an Stelle der §§ 349 bis 352 bei den für sie geltenden Vorschriften.*[5]

E. I. § 351.
E. II. § 350.
RVO. § 145 (157).

1. Der § 353 lautete in den Entwürfen: „Die Vorschriften der §§ 346—349 gelten nicht für Beamte, die der Dienstgewalt einer staatlichen oder gemeindlichen Behörde unterstehen" und hat erst in der Reichstagskommission die jetzige Fassung erhalten. Es handelt sich lediglich um eine redaktionelle Änderung zwecks Herbeiführung einer Übereinstimmung mit § 145 RVO.

2. Diese Bestimmung soll nicht etwa die Beamten, zu denen übrigens auch die beamteten Ärzte gehören, besser stellen als die übrigen Personen, welche ein Geschäfts- oder Betriebsgeheimnis verraten usw.; die Ausnahmebestimmung erklärt sich vielmehr daraus, daß jedem Beamten ohnehin die Pflicht obliegt, über alles, was er in amtlicher Eigenschaft erfährt, Stillschweigen zu beobachten. Die für die Beamten geltenden Vorschriften sind in der Regel viel schärfer als die für andere Verhältnisse zu erlassenden (vgl. Kom.-Ber. z. RVO.). Vgl. über den Begriff „Beamter" auch § 10 Anm. 1.

3. Dienstgewalt ist in der Regel gleichbedeutend mit Aufsicht; vgl. über den letzteren Begriff § 100 Anm. 9.

4. Als staatliche oder gemeindliche Behörde kommen derartige an der Durchführung des Gesetzes beteiligte Behörden in Betracht, z. B. die unteren, höheren oder obersten Verwaltungsbehörden (z. B. §§ 153, 154, 166, 320, 321), die Ortspolizeibehörde (§§ 188, 242, 321), die Gerichte bei der Rechtshilfe (§ 322), die Gemeindebehörden im Falle der §§ 227 Abs. 1, 229 Abs. 2, 329 Abs. 2 usw. Für die Mitglieder eines Organs der Reichsversicherungsanstalt, die Angestellten der Reichsversicherungsanstalt und die übrigen im § 349 bezeichneten Beamten gelten die §§ 349—352.

5. Solche Vorschriften enthält z. B. für Preußen das Ges. betr. die Dienstvergehen der nichtrichterlichen Beamten v. 21. Juli 1852 (GS. S. 465) und das Ges. betr. die Dienstvergehen der Richter v. 7. Mai. 1851 (GS. S. 218) mit dem Abänderungsgesetz vom 9. April 1879 (GS. S. 345).

Markenfälschung.

§ 354.[1] *Mit Gefängnis nicht unter drei Monaten,[2] neben dem auf Verlust der bürgerlichen Ehrenrechte[3] erkannt werden kann, wird bestraft, wer Marken fälschlich anfertigt[4] oder verfälscht,[5] um sie als echte zu verwenden,[6] oder wer zu demselben Zwecke falsche Marken[7] sich verschafft, verwendet, feilhält[8] oder in Verkehr bringt.*[9] [10] [11]

E. I. § 352.
E. II. § 351.
RVO. § 1496 (1478).

1. Der § 354 ist ebenso wie § 1496 RVO, dem § 187 Abs. 1 IVG. nachgebildet, welcher seinerseits dem ähnliche

Verfehlungen bei Postmarken betreffenden § 275 StGB. entspricht.

2. Das Delikt stellt sich als Vergehen dar (§ 1 Abs. 2 StGB.), die Strafe als gerichtliche. Zuständig zur Aburteilung ist die Strafkammer (§ 73 Nr. 1 GVG.). Die Höhe der Strafandrohung („nicht unter 3 Monaten“) erklärt sich durch den erheblichen Schaden, welchen solche Markenfälschungen verursachen können.

3. Über Verlust der bürgerlichen Ehrenrechte vgl. § 342 Anm. 7.

4. Fälschliche Anfertigung bedeutet im Gegensatz zu Verfälschung die Herstellung falscher Marken mit dem Scheine der Echtheit durch einen zur Herstellung nicht Berechtigten.

5. Die Verfälschung besteht in der Vornahme einer für den Beweis von Rechten oder Rechtsverhältnissen der Angestelltenversicherung erheblichen Änderung an einer echten Marke (vgl. die entsprechende Entsch. zu § 267 StGB. in der Rechtspr. des RG. in Strafs., Bd. 6, S. 552).

6. Die Absicht, sie als echte zu verwenden, muß bei dem Täter vorhanden sein, er braucht die fälschlich angefertigten oder verfälschten Marken aber nicht selbst zu verwenden (vgl. dagegen § 355 Anm. 4). Gleichgültig ist, ob die fälschliche Anfertigung bezw. die Verfälschung gut ausgeführt oder leicht zu erkennen ist.

7. Falsche Marken sind sowohl fälschlich angefertigte als auch verfälschte Marken.

8. Das Feilhalten besteht im öffentlichen Angebot zum Ankauf oder im Bereithalten zum Zwecke des Verkaufs an beliebige Personen (vgl. Stenglein, Komm. z. d. strafrechtl. Nebengesetzen, 3. Aufl., S. 1078 Anm. 7 u. 4. Aufl., S. 127 Anm. 10 sowie Rechtspr. d. RG. in Strafs., Bd. 4, S. 137).

9. In Verkehr bringen bedeutet jedes Überlassen der falschen Marken an einen anderen, gleichgültig ob entgeltlich oder unentgeltlich (vgl. Entsch. RG. in Strafs., Bd. 3, S. 119).

10. Durch die Vorschrift des § 354 wird die Bestrafung wegen Urkundenfälschung oder Betrugs ausgeschlossen (vgl. Entsch. RG. in Strafs., Bd. 32, S. 116 und Bd. 34, S. 259).

11. Die Verjährungsfrist im Falle des § 354 beträgt bei der Strafverfolgung 5 Jahre, bei der Strafvollstreckung je nach der Dauer der erkannten Gefängnisstrafe 10 oder 5 Jahre (§§ 67, 70 StGB.). Die Höchstdauer der Gefängnisstrafe ist 5 Jahre (§ 16 StGB.).

Verwendung falscher Marken.

§ 355.[1] *Mit der gleichen Strafe (§ 354) wird bestraft,*[2] *wer wissentlich bereits verwendete*[3] *Marken wieder verwendet*[4] *oder zur Wiederverwendung sich verschafft,*[5] *feilhält*[6] *oder in Verkehr bringt.*[7] *Bei mildernden Umständen*[8] *darf auf Geldstrafe bis zu dreihundert Mark oder Haft erkannt werden.*[9]

E. I. § 353.
E. II. § 352.
RVO. § 1497 (1479).

1. Der § 355 ist ebenso wie § 1497 RVO. dem § 187 Abs. 2 IVG. nachgebildet, welcher seinerseits dem ähnliche Verfehlungen bei Postmarken betreffenden § 276 StGB. entspricht.

2. Der Charakter des Deliktes ist derselbe wie desjenigen im § 354, also ein Vergehen, das mit gerichtlicher Strafe geahndet wird. Die Bestrafung erfolgt durch die Strafkammer (vgl. § 73 Nr. 1 GVG.).

3. Als verwendet ist eine in die Versicherungskarte eingeklebte Marke nur zu betrachten, wenn sie tatsächlich und rechtlich zur Tilgung einer bestimmten, fällig gewordenen Beitragspflicht gedient hat; solange dies nicht geschehen ist, bleibt das Einkleben der Marke ein bedeutungsloser Vorgang (vgl. Urteil d. RG. v. 3. Dezember 1892 in der Arbeiterversorgung 1893, S. 345). Ob die Marke entwertet ist, hat für die Anwendung des § 355 keine Bedeutung (vgl. entsprechend Entsch. RG. in Strafs., Bd. 23, S. 339).

4. Im Gegensatz zu § 354 (vgl. daselbst Anm. 6) gehört hier zum Tatbestandsmerkmal die Verwendung durch den Täter für Zwecke des Gesetzes.

5. Das „Sich verschaffen“ ist abweichend von § 187 Abs. 2 IVG. als besonderes Tatbestandsmerkmal aufgeführt. Allerdings hatte das Reichsgericht schon unter der Geltung des IVG. den Ankäufer bereits verwendeter Marken als Gehilfen des Veräußerers für strafbar erklärt (vgl. Entsch. RG. in Strafs., Bd. 34, S. 273, mitgeteilt in A. N. 1902, S. 401).

6. Der Begriff Feilhalten ist in § 354 Anm. 8 erläutert.

7. Über „In Verkehr bringen“ vgl. § 354 Anm. 9.

8. Zu mildernden Umständen vgl. § 342 Anm. 8.

9. Die Verjährung bei Satz 1 ist dieselbe wie im Falle des § 354. Bei Satz 2 verjährt die Strafvollstreckung in 5 oder 2 Jahren (§ 70 StGB.).

Einziehung falscher Marken.

§ 356.[1] *In den Fällen der §§ 354, 355 ist*[2] *zugleich auf Einziehung der Marken*[3] *zu erkennen, auch wenn sie dem Verurteilten nicht gehören. Das muß auch geschehen, wenn keine bestimmte Person verfolgt oder verurteilt werden kann.*[4]

E. I. § 354.
E. II. § 353.
RVO. § 1498 (1480).

1. Der § 356 ist ebenso wie § 1498 RVO. dem § 187 Abs. 3 IVG. nachgebildet, welcher seinerseits dem § 152 StGB. entspricht.

2. Aus dem Worte „ist" folgt, daß die Einziehung ausgesprochen werden muß, abweichend von § 357 (vgl. dort Anm. 8), und zwar von der Strafkammer (vgl. §§ 354, 355 Anm. 2).

3. Die Einziehung der Marken ist in allen Fällen erforderlich (Mußvorschrift im Gegensatz zu § 357 Abs. 2).

4. Sofern auf diese Einziehung nicht zugleich mit der Verurteilung einer bestimmten Person erkannt wird, erfolgt sie in einem selbständigen sogenannten objektiven Verfahren nach §§ 477—479 StPO., welche — soweit sie für das AVG. in Betracht kommen — lauten:

§ 477: In den Fällen, in welchen nach § 42 StGB. oder nach anderweiten gesetzlichen Bestimmungen auf Einziehung ..... von Gegenständen selbständig erkannt werden kann, ist der Antrag, sofern die Entscheidung nicht in Verbindung mit einem Urteil in der Hauptsache erfolgt, seitens der Staatsanwaltschaft ..... bei demjenigen Gerichte zu stellen, welches für den Fall der Verfolgung einer bestimmten Person zuständig sein würde.

An die Stelle des Schwurgerichts tritt die an dessen Sitzungsorte bestehende Strafkammer.

§ 478: Die Verhandlung und Entscheidung erfolgt in einem Termine, auf welchen die Bestimmungen über die Hauptverhandlung entsprechende Anwendung finden.

Personen, welche einen rechtlichen Anspruch auf den Gegenstand der Einziehung ..... haben, sind, soweit dies ausführbar erscheint, zu dem Termine zu laden.

Dieselben können alle Befugnisse ausüben, welche einem Angeklagten zustehen, sich auch durch einen mit schriftlicher Vollmacht versehenen Verteidiger vertreten lassen. Durch ihr Nichterscheinen wird das Verfahren und die Urteilsfällung nicht aufgehalten.

§ 479: Die Rechtsmittel gegen das Urteil stehen der Staatsanwaltschaft . . . . . und den im § 478 bezeichneten Personen zu.

Unbefugte Anfertigung von Stempeln usw.

§ 357.[1] *Wer ohne schriftlichen Auftrag[2] der Reichsversicherungsanstalt oder einer Behörde[3] Stempel, Siegel, Stiche, Platten oder andere Formen, die zur Herstellung von Marken dienen können,[4] oder Abdrücke solcher Formen anfertigt, sich verschafft oder einem anderen als der Reichsversicherungsanstalt oder der Behörde überläßt,[5] wird mit Geldstrafe bis zu einhundertundfünfzig Mark oder mit Haft bestraft.[6] [7]*

Neben der Geldstrafe oder Haft kann[8] auf Einziehung der Stempel, Siegel, Stiche, Platten oder Formen erkannt werden, auch wenn sie dem Verurteilten nicht gehören.[9]

E. I. § 355.
E. II. § 354.
RVO. § 1499 (1481).

1. Der § 357 entspricht ebenso wie § 1499 RVO. dem § 188 IVG., welcher seinerseits dem § 360 Abs. 1 Nr. 4, 5 und Abs. 2 StGB. nachgebildet war.

2. Der Mangel des schriftlichen Auftrags (nach der Terminologie des BGB. §§ 662 ff. richtiger: der schriftlichen Bestellung) ist Tatbestandsmerkmal, eine mündliche Bestellung der Reichsversicherungsanstalt oder einer Behörde rechtfertigt also die Bestrafung.

3. Die schriftliche Bestellung einer Behörde begründet — abgesehen von einer solchen der Reichsversicherungsanstalt — die Straflosigkeit; welche Behörde bestellt hat, ist gleichgültig, insbesondere braucht es nicht die für derartige Bestellungen zuständige Behörde zu sein.

4. Die Stempel, Siegel, Stiche, Platten oder anderen Formen müssen zur Herstellung von Marken (d. h. nach diesem Gesetz in Betracht kommenden Marken) dienen können, sie brauchen zwar nicht ausschließlich dazu bestimmt zu sein, müssen aber dazu geeignet sein.

5. Das Überlassen betrifft insbesondere denjenigen, welcher auf Grund schriftlichen Auftrags der Reichsversicherungsanstalt oder einer Behörde Stempel usw. her-

stellt und sie dann an Unbefugte verabfolgt; auch eine fahrlässige Überlassung u. dergl. ist strafbar.

6. Die Handlungen stellen sich als Übertretungen dar (§ 1 Abs. 3 StGB.), die Strafen sind gerichtliche. Die Bestrafung erfolgt durch das Schöffengericht (§ 27 GVG.), durch amtsrichterlichen Strafbefehl (§§ 447 ff. StPO.) oder durch polizeiliche Strafverfügung (§§ 453 ff. StPO.).

7. Es verjährt die Strafverfolgung in 3 Monaten und die Strafvollstreckung in 2 Jahren (§§ 67, 70 StGB.).

8. Im Gegensatz zu § 356 (vgl. dort Anm. 2) kann hier die Einziehung erfolgen, sie braucht es aber nicht.

9. Über das Einziehungsverfahren vgl. § 356 Anm. 4.

Beschwerden gegen Strafverfügungen.

§ 358. *Auf Beschwerden*[1] *gegen Strafverfügungen der Reichsversicherungsanstalt*[2] *entscheidet das Schiedsgericht*[3] *endgültig.*[4]

E. I. § 356.
E. II. § 355.
RVO. § 1500 (1482).

1. Über Beschwerden vgl. § 328 Anm. 1 und § 270 Anm. 5. Die Beschwerden des § 358 sind Rechtsbeschwerden (vgl. § 328 Anm. 1). Die Beschwerdefrist beträgt in der Regel einen Monat seit Zustellung der Strafverfügung (§ 328 Abs. 1).

2. Nur um Strafverfügungen der Reichsversicherungsanstalt handelt es sich hier, nicht etwa um die durch die ordentlichen Gerichte zu erkennenden Strafen; es kommen also aus dem VI. Unterabschnitt nur die §§ 339 und 340 in Betracht. Andere Strafverfügungen der Reichsversicherungsanstalt erwähnen die §§ 195, 386, 388 und 389; als Strafbeschwerdeinstanz wirkt sie bei § 347 Abs. 3.

3. Die Vorschriften über das Schiedsgericht sind in den §§ 157 ff. und 270 ff. enthalten.

4. Endgültig (vgl. § 211 Anm. 3) entscheidet der Reichskanzler (vgl. § 254 Anm. 3), nicht das Schiedsgericht, bei §§ 195, 386, 388 u. 389.

Verwendung der Geldstrafen.

§ 359. *Die Geldstrafen,*[1] *mit Ausnahme der gerichtlich erkannten,*[2] *fließen in die Kasse der Reichsversicherungsanstalt.*

Die Strafen, außer den gerichtlich erkannten,[3] *werden wie Gemeindeabgaben beigetrieben.*[4]

E. I. § 357.
E. II. § 356.
RVO. § 146 (158).

1. Die Geldstrafen fließen nach dem Vorgange der dem früheren Sozialversicherungsrechte entsprechenden RVO. in die Kasse der Reichsversicherungsanstalt als des regelmäßigen Versicherungsträgers (§ 96), gleichgültig ob sie selbst oder der Rentenausschuß sie verhängt (§§ 339, 340, 347). Zu beachten ist, daß der Vorbehalt des § 146 RVO. zugunsten des Bundesstaats, des Gemeindeverbandes usw. im AVG. fehlt.

2. Die gerichtlich erkannten Geldstrafen (vgl. §§ 341, 342, 346, 348 bis 352, 354 bis 357) fließen der Staatskasse desjenigen Bundesstaats zu, dessen ordentliches Gericht die Geldstrafe verhängt hat.

3. Über die Kasse der Reichsversicherungsanstalt werden voraussichtlich besondere Vorschriften ergehen. Eine dem Abs. 1 dieses Paragraphen entsprechende Bestimmung enthält § 168 Abs. 1.

4. Die Vollstreckung der gerichtlich erkannten Strafen erfolgt nach Maßgabe der §§ 483 ff. StPO. durch die Staatsanwaltschaft oder den Amtsrichter.

5. Die Beitreibung nach Art der Gemeindeabgaben geschieht im Verwaltungszwangsverfahren (vgl. hierzu § 227 Anm. 2 und 3).

Verjährung der Strafverfolgung.

§ 360.[1] *Zuwiderhandlungen gegen die Strafvorschriften dieses Gesetzes,*[2] *für welche die Gerichte nicht zuständig sind,*[3 4] *verjähren, falls sie nicht mit mehr als dreihundert Mark bedroht sind, in einem Jahre, im übrigen in fünf Jahren. Die Verjährung beginnt mit dem Tage,*[5] *an dem die Handlung begangen ist. Sie wird unterbrochen durch jede gegen den Täter gerichtete Handlung dessen, der zur Verhängung der Strafe zuständig ist.*[6] *Mit der Unterbrechung beginnt eine neue Verjährung; sie endet spätestens mit Ablauf von zehn Jahren seit dem Tage, an dem die Zuwiderhandlung begangen ist.*[7 8]

E. I. § 358.
E. II. § 357.
RVO. § 147 (159).

1. Über die Verjährung der Strafverfolgung und der Strafvollstreckung fehlte es in den bisherigen Sozialversicherungsgesetzen an ausdrücklichen Vorschriften; es mußten daher die einschlägigen Vorschriften des Reichs-Strafgesetzbuchs herangezogen werden. Das Gesetz nimmt in Nachbildung der §§ 67, 68, 70, 71, 72 des StGB. und in Anlehnung an die RVO. besondere Vorschriften hierfür auf, wobei es statt der abgestuften Fristen des StGB. je eine einheitliche Frist sowohl für die Strafverfolgung wie für die Strafvollstreckung einführt.

2. Die Strafvorschriften dieses Gesetzes sind, abgesehen von den §§ 339 bis 357, insbesondere in den §§ 117 Abs. 2, 137 Abs. 2, 139 Abs. 2, 153 Abs. 2, 185 Abs. 2, 188, 195 Abs. 3, 203, 215 Abs. 3, 216, 244, 245 Abs. 2, 258 Abs. 2, 274, 291, 386, 388, 389 und 393 enthalten.

3. Strafvorschriften, für welche die Gerichte nicht zuständig sind, enthalten außer den in Anm. 2 erwähnten Bestimmungen andere Abschnitte die §§ 339, 340 und 347 dieses Abschnitts.

4. Sofern die Gerichte zuständig sind (vgl. §§ 341 bis 346, 348—352 und 354—357), richtet sich die Verjährung der Strafverfolgung nach §§ 67, 68 StGB., welche — soweit sie für das AVG. in Betracht kommen — lauten:

§ 67. ...... Die Strafverfolgung von Vergehen, die im Höchstbetrage mit einer längeren als dreimonatlichen Gefängnisstrafe bedroht sind, verjährt in fünf Jahren, von anderen Vergehen in drei Jahren.

Die Strafverfolgung von Übertretungen verjährt in drei Monaten.

Die Verjährung beginnt mit dem Tage, an welchem die Handlung begangen ist, ohne Rücksicht auf den Zeitpunkt des eingetretenen Erfolges.

§ 68. Jede Handlung des Richters, welche wegen der begangenen Tat gegen den Täter gerichtet ist, unterbricht die Verjährung.

Die Unterbrechung findet nur rücksichtlich desjenigen statt, auf welchen die Handlung sich bezieht.

Nach der Unterbrechung beginnt eine neue Verjährung.

5. Für die Berechnung der Verjährungsfrist gelten die §§ 324 ff.

6. Für die Verhängung der Strafe zuständig sind, soweit nicht die Gerichte in Frage kommen, je nach der besonderen Bestimmung des Gesetzes: die Reichsver-

sicherungsanstalt, der Rentenausschuß, das Schiedsgericht und das Oberschiedsgericht bezw. dessen Vorsitzende, der Präsident des Direktoriums, der Reichskanzler, die Ortspolizeibehörde, die untere oder höhere Verwaltungsbehörde, das Militärgericht, die Aufsichtsbehörde.

7. Bei fortgesetzten Unterlassungen, z. B. Unterlassung von Eintragungen (§ 339), beginnt die Verjährung mit Vornahme der Handlung oder Beendigung des rechtswidrigen Zustands, also z. B. Anzeige der Beendigung einer versicherungspflichtigen Beschäftigung.

8. Ein Ruhen der Strafverfolgungsverjährung ist dem AVG. im Gegensatz zu § 69 StGB. unbekannt (vgl. hierzu § 361 Anm. 7).

Verjährung der Strafvollstreckung.

§ 361. *Endgültig verhängte Strafen,*[1] *die nicht von den Gerichten erkannt sind,*[2] [3] *verjähren in zwei Jahren. Die Verjährung beginnt mit dem Tage,*[4] *an dem die Entscheidung endgültig geworden ist. Sie wird unterbrochen durch jede auf Vollstreckung der Strafe gerichtete Handlung*[5] *dessen, dem die Vollstreckung obliegt.*[6] *Mit der Unterbrechung beginnt eine neue Verjährung; sie endet spätestens mit Ablauf von vier Jahren, seit dem Tage, an dem die Entscheidung endgültig geworden ist.*[7]

E. I. § 359.
E. II. § 358.
RVO. § 148 (160).

1. Endgültig verhängte nichtgerichtliche Strafen sind solche, welche mit der Beschwerde nicht mehr angefochten werden können oder vergeblich angefochten worden sind.

2. Die nicht von den Gerichten erkannten Strafen ergeben sich aus den zu § 360 Anm. 3 erwähnten Bestimmungen.

3. Für die Vollstreckungsverjährung der gerichtlich erkannten Strafen gelten die §§ 70—72 StGB., welche — soweit sie für das AVG. in Betracht kommen — lauten:

§ 70. Die Vollstreckung rechtskräftig erkannter Strafen verjährt, wenn . . . .

auf Gefängnis von zwei bis zu fünf Jahren erkannt ist, in zehn Jahren;

auf Gefängnis bis zu zwei Jahren oder auf Geldstrafe von mehr als einhundertfünfzig bis zu sechstausend Mark erkannt ist, in fünf Jahren;
auf Haft oder auf Geldstrafe bis zu einhundertfünfzig Mark erkannt ist, in zwei Jahren.

Die Verjährung beginnt mit dem Tage, an welchem das Urteil rechtskräftig geworden ist.

§ 71. Die Vollstreckung einer wegen derselben Handlung neben einer Freiheitsstrafe erkannten Geldstrafe verjährt nicht früher als die Vollstreckung der Freiheitsstrafe.

§ 72. Jede auf Vollstreckung der Strafe gerichtete Handlung derjenigen Behörde, welcher die Vollstreckung obliegt, sowie die zum Zwecke der Vollstreckung erfolgende Festnahme des Verurteilten unterbricht die Verjährung.

Nach der Unterbrechung der Vollstreckung der Strafe beginnt eine neue Verjährung.

4. Für die Berechnung der Verjährungsfrist sind die §§ 324 ff. maßgebend.

5. Auf Vollstreckung gerichtete Handlungen sind bei Freiheitsstrafen nach § 489 StPO.: die Ladung zum Strafantritt, der Vorführungsbefehl bei Nichtbeachtung der Ladung, der Haftbefehl bei Fluchtverdacht und der Steckbrief gegen flüchtige oder sich verborgen haltende Verurteilte, bei Geldstrafen entsprechend § 495 StPO. in Verbindung mit § 162 GVG.: die Zahlungsaufforderung an den Verurteilten und die Beauftragung des Gerichtsvollziehers oder Vollstreckungsbeamten mit der Beitreibung.

6. Wem die Vollstreckung obliegt, bestimmt sich je nach der Zuständigung für die Verhängung der gerichtlichen Strafen.

7. Ein Ruhen der Strafvollstreckungsverjährung ist dem AVG. ebenso wie dem StGB. unbekannt (vgl. hierzu § 360 Anm. 8).

VII. Ausländische Gesetzgebung.

Vorbemerkung.

Die das Gesetz beherrschende Regel bildet die Gleichstellung der Ausländer mit den Inländern. Da eine solche Gleichstellung aber teils von der Wahrung der Gegenseitigkeit oder der entsprechenden Gegenleistung abhängt und teils aus anderen Gründen nicht immer möglich ist, enthalten die §§ 362 und 363 besondere Bestimmungen über internationale Vereinbarungen und über die Zulassung eines Vergeltungsrechts. Vgl. im übrigen hierzu §§ 47 Abs. 2 und 77.

Internationale Vereinbarungen.

§ 362. *Soweit andere Staaten eine der Angestelltenversicherung entsprechende Fürsorge durchgeführt haben,[1] kann der Reichskanzler mit Zustimmung des Bundesrats unter Wahrung der Gegenseitigkeit[2] vereinbaren,[3] in welchem Umfang für Betriebe, die aus dem Gebiete des einen Staates in das des anderen übergreifen, sowie für Versicherte, die zeitweise im Gebiete des anderen Staates beschäftigt werden,[4] die Fürsorge nach diesem Gesetz oder nach den Fürsorgevorschriften des anderen Staates geregelt[5] werden soll.*

Auf gleichem Wege[6] kann bei entsprechender Gegenleistung[7] die Versicherung von Angehörigen eines ausländischen Staates abweichend von den Vorschriften dieses Gesetzes geregelt und die Durchführung der Fürsorge des einen Staates in dem Gebiete des anderen erleichtert werden.[8] In diesen Vereinbarungen darf die nach diesem Gesetze bestehende Beitragspflicht des Arbeitgebers nicht ermäßigt oder beseitigt werden.[9] Diese Vereinbarungen sind dem Reichstag mitzuteilen.[10]

E. I. § 360.
E. II: § 359.
RVO. § 157 (169).

1. Bisher besteht lediglich in Österreich eine solche entsprechende Fürsorge, vgl. hierüber die Einleitung S. 10 ff.

2. Während Abs. 1 Gegenseitigkeit verlangt, ist im Falle des Abs. 2 nur „entsprechende Gegenleistung" erforderlich (vgl. Anm. 7).

3. Die Anordnungen dieses Paragraphen entsprechen den Vorschriften der Reichsversicherungsordnung. In der Begründung zu dieser wird darauf hingewiesen, es habe sich das Bedürfnis in beteiligten Kreisen geltend gemacht, daß wie bisher für die Unfallversicherung, so künftig auch für andere Versiche-

rungszweige derartige internationale Abkommen möglich gemacht werden, und daß ihr Abschluß gefördert wird. Die RVO. hat daher jene Befugnis zum Abschluß internationaler Vereinbarungen auf die gesamte Reichsversicherung ausgedehnt und ihr folgt das AVG.

4. Bei den hier bezeichneten Versicherten, die zeitweise im Gebiete des anderen Staates beschäftigt werden, handelt es sich um solche im Auslande ausgeführten Tätigkeiten, welche sich als unselbständige Bestandteile eines versicherungspflichtigen inländischen Betriebes darstellen (vgl. Begr. z. RVO.).

5. Unter diese Regelung fallen Vereinbarungen für die gegenseitige Rechtshilfe, Abkommen über das Verfahren zur Vermeidung widersprechender Entscheidungen in den Vertragsstaaten u. a. (vgl. Begr. z. RVO.).

6. Auf dem gleichen Wege bedeutet, daß über das Anwendungsgebiet des Abs. 1 hinaus Abs. 2 internationale Abmachungen vorsieht. Dabei können Ausländer den Inländern auf dem Gebiete der Angestelltenversicherung gleichgestellt und die Durchführung der Fürsorge des einen Staates in dem Gebiete des anderen auch dann erleichtert werden, wenn nicht Betriebe oder Versicherte der im Abs. 1 erwähnten Art in Betracht kommen. Hierbei sind Abweichungen von dem AVG. unvermeidlich.

7. Ein Kommissar des Bundesrats führte bei der Beratung der RVO. in der Reichstagskommission aus, es sei nicht Voraussetzung, daß der ausländische Staat eine der deutschen Versicherungsgesetzgebung gleichwertige Gesetzgebung habe. Wenn ein solcher Staat in seinen Fürsorgevorschriften Deutsche schlechter stelle als seine eigenen Staatsangehörigen, so sei es gegebenenfalls von Interesse, eine Besserstellung der Deutschen in diesem anderen Lande zu erreichen. Hierauf würde sich der andere Staat doch nur dann einlassen, wenn man deutscherseits eine entsprechende Gegenleistung gewähre dadurch, daß man die Angehörigen dieses anderen Staates in der deutschen Sozialversicherung um ebenso viel besser stelle; da die Vergünstigungen, die der eine und der andere Staat für die Angehörigen des ausländischen Staates hiernach gewähren solle, bei der Verschiedenartigkeit der Gesetzgebung in beiden Ländern nicht immer gerade eben dieselben sein können, sondern nur in ihrem Werte gleich sein sollen, so heißt es statt „bei Gegenseitigkeit“ hier „bei entsprechender Gegenleistung“ (vgl. Kom.-Ber. z. RVO.).

8. Zu diesen Abmachungen zwecks Durchführung der beiderseitigen Gesetze gehören

entsprechend der Begr. z. RVO. z. B. Bestimmungen über die Gewährung gegenseitiger Rechtshilfe auch in den Fällen, für die Abs. 1 nicht gilt, über praktisch durchführbare Untersuchungsmaßregeln, über Auszahlung der Ruhegelder und Renten, über Einziehung der Beiträge im Auslande, über Befreiung von ausländischen Stempeln und Gebühren u. a. m.

9. Die Bestimmung über den Ausschluß einer Ermäßigung oder Beseitigung der Beitragspflicht des Arbeitgebers hängt damit zusammen, daß die Heranziehung ausländischer Angestellter, welche, wie z. B. die Galizier und Italiener, geringere Lebensbedürfnisse haben als die inländischen Angestellten und infolgedessen geringeres Entgelt beanspruchen, den Arbeitgebern im Interesse der einheimischen Bevölkerung erschwert werden soll (vgl. auch Kom.-Ber. z. RVO.).

10. In der Plenar-Reichstagsverhandlung zur RVO. wurde von dem diesem Paragraphen entsprechenden § 157 a. a. O. gesagt, daß in ihm „gewissermaßen ein internationaler, versicherungsgesetzlicher Meistbegünstigungsvertrag“ beschlossen werde; d. h., es sollen den Ausländern in Deutschland alle versicherungsgesetzlichen Vergünstigungen zustehen, die unseren Reichsangehörigen unter denselben Umständen im Auslande gewährt werden (vgl. Sten. Ber.).

Vergeltungsrecht.

§ 363. *Der Rechskanzler kann mit Zustimmung,*[1] *des Bundesrats anordnen, daß gegen Angehörige eines ausländischen Staates*[2] *und ihre Rechtsnachfolger ein Vergeltungsrecht*[3] *angewendet wird.*[4]

E. I. § 361.
E. II. § 360.
RVO. § 158 (170).

1. Über Zustimmung vgl. § 124 Anm. 3.

2. Auch wenn keine internationalen Vereinbarungen nach § 362 vorliegen, stellt das Gesetz entsprechend der RVO. grundsätzlich die Ausländer den Inländern gleich.

3. Die Durchführung des in Abs. 1 bezeichneten Grundsatzes würde nach der Begr. z. RVO. gegenüber solchen ausländischen Staaten zu weit gehen, die ihrerseits die Deutschen schlechter stellen, als ihre eigenen Staatsangehörigen. Für diesen Fall läßt deshalb § 363 das Vergel-

tungsrecht zu, das der Reichskanzler mit Zustimmung des Bundesrats anzuwenden befugt ist. Diese Regelung entspricht derjenigen auf dem Gebiete des Bürgerlichen Rechtes (Art. 31 Einf.-Ges. z. BGB.).

4. Bei § 363 stellte in der Reichstagskommission ein Kommissionsmitglied die Frage, ob nicht die von der österreichischen Gesetzgebung für die Angestelltenversicherung geschaffenen Institute als Ersatzkassen angesehen werden könnten, damit die in dem einen Staate auf Grund der Versicherung erworbenen Rechte nicht verloren gingen, wenn der Versicherte nach Österreich in eine versicherungspflichtige Beschäftigung eintrete. Von einem Vertreter der verbündeten Regierungen wurde darauf hingewiesen, daß es sich nicht empfehle, in das Gesetz eine derartige Bestimmung aufzunehmen. Es müßte zunächst genau geprüft werden, ob die österreichische Gesetzgebung ihren Versicherten dieselben Rechte gewähre oder nicht. Ob später mit den Staaten, die eine Angestelltenversicherung beschließen, ein Staatsvertrag abzuschließen sein werde, der diese Angelegenheit regeln würde, bedürfe noch weiterer Erwägungen (vgl. Kom.-Ber.).

Neunter Abschnitt.

Schluß- u. Übergangsbestimmungen.

Allgemeines.

Der neunte und letzte Abschnitt des Gesetzes zerfällt in sieben Unterabschnitte, von denen eigentlich nur der erste, sechste und siebente die üblichen, der Abschnittsüberschrift entsprechenden und aus dem bisherigen Inhalt des Gesetzes sich ergebenden Schluß- und Übergangsvorschriften enthalten, indem sie näheres über die Kosten der ersten Einrichtung, über die Abkürzung der Wartezeit und über das Inkrafttreten des Gesetzes bestimmen. In dem zweiten, dritten und vierten Unterabschnitt wird eine der schwierigsten und bei den Erörterungen über die Regelung der Angestelltenversicherung am meisten umstrittenen Fragen, nämlich die Zulassung von Ersatzinstituten und Ersatzverträgen für die Durchführung der Versicherung behandelt. Der fünfte Unterabschnitt endlich, welcher in den Regierungsentwürfen nicht vorgesehen war, gibt eine zeitlich beschränkte, über den durch § 1 festgelegten Rahmen der Höchstgrenze des Jahresarbeitsverdienstes hinausgehende besondere Art der freiwilligen Versicherung für Angestellte und ihnen gleichgestellte Personen mit einem Jahresarbeitsverdienst von 5000 bis unter 10 000 Mark.

I. Kosten der ersten Einrichtung.

Vorbemerkung.

Da der Reichsversicherungsanstalt Einnahmen erst nach dem Inkrafttreten des ganzen Gesetzes aus den fälligen Beiträgen zufließen, so müssen die vor diesem Zeitpunkt zur Errichtung der Reichsversicherungsanstalt und zur Erledigung der Vorarbeiten für die Durchführung des Gesetzes erforderlichen Mittel von der Reichshauptkasse vorgeschossen werden. Die Vorschüsse sollen aus den zunächst eingehenden Versicherungsbeiträgen erstattet werden (Begr.).

Vorschuß durch die Reichshauptkasse.

§ 364. *Die durch die erste Einrichtung der Reichsversicherungsanstalt*[1] *entstehenden Kosten*[2] *sind von der Reichshauptkasse*[3] *vorzuschießen. Sie sind aus den zunächst eingehenden Versicherungsbeiträgen*[4] *zu erstatten.*[5]

E. I. § 362.
E. II. § 361.
RVO. —

1. Die erste Einrichtung der Reichsversiche-

rungsanstalt hat nach § 399 mit dem 20. Dezember 1911 begonnen.

2. Über die Kosten vgl. §§ 107, 142.

3. Die Reichshauptkasse ist aus der Generalkasse des Norddeutschen Bundes hervorgegangen (vgl. Bek. des Reichskanzlers v. 1. Juni 1871 — RGBl. S. 126); ihre Geschäfte werden unentgeltlich von der Reichsbank besorgt (§ 22 des Bankgesetzes v. 14. März 1875 — RGBl. S. 177 — in Verbindung mit § 11 des Statuts der Reichsbank v. 21. Mai 1875 — RGBl. S. 203).

4. Der Eingang der Versicherungsbeiträge ergibt sich für die durch die Arbeitgeber zu entrichtenden Beiträge aus den §§ 181 ff. und für die durch die Versicherten zu entrichtenden Beiträge aus den §§ 201 f.

5. In ähnlicher Weise ist die Gewährung und Erstattung von Vorschüssen hinsichtlich der Kosten des Oberschiedsgerichts geregelt (vgl. § 169 Abs. 2 u. 3).

II. Private Pensionseinrichtungen.

Grundlagen.

A. Der erste Entwurf wollte vorhandene Pensionskassen und ähnliche nur als Zuschußkassen zulassen, nicht als Ersatzinstitute. Wer einer Fabrikkasse oder dgl. angehörte, sollte trotzdem ausnahmslos versicherungspflichtig und bei der Reichsversicherungsanstalt versichert sein; eine Privatkasse wurde lediglich, und auch dies nur unter gewissen Bedingungen, als eine Art Zwischen- und eventuell Zuschußstelle geduldet. Der heftige Widerspruch hiergegen, der von seiten vieler Angestellten wie auch vieler politisch sehr einflußreichen Großunternehmungen geltend gemacht wurde, hat den Bundesrat veranlaßt, hier eine als nicht unwichtige Verbesserung zu bezeichnende Änderung vorzunehmen. Der zweite Entwurf unterscheidet nämlich zwischen Zuschuß- und Ersatzkassen.

Auch während der parlamentarischen Behandlung der Gesetzesvorlage wurde bis zur dritten Lesung im Reichstagsplenum gerade an den Bestimmungen über die Zuschuß- und Ersatzkassen sowie über die Ersatzverträge fortgesetzt geändert.

Das Österreichische Privatbeamtenversicherungsgesetz läßt Ersatzinstitute und Ersatzverträge für die Durchführung der Angestelltenversicherung zu. Nach den Erfahrungen, die in Österreich bei Durchführung des Gesetzes gemacht worden sind, wird in der bereits oben S. 10 erwähnten „Denkschrift der Allgemeinen Pensionsanstalt für Angestellte zur Novellierung des Pensionsgesetzes vom 16. Dezember 1906“ (Wien 1911) die Meinung vertreten, daß Änderungen in den Vorschriften des österreichischen Gesetzes über Ersatzeinrichtungen dringend geboten sind und daß diese Änderungen nur in einer innigeren Angliederung an die Pensionsanstalt bestehen können. Die Denkschrift schlägt vor, daß die Ersatzeinrichtungen an die Pensionsanstalt die gesetzlichen Prämien zahlen und dafür von dieser die Versicherungsleistungen empfangen sollen; in ihrem Verhältnis zu ihren Mitgliedern soll eine Änderung nicht eintreten. Dieser Vorschlag entspricht der Regelung, wie sie in den §§ 365 bis 369 des deutschen Gesetzes für besondere Pensionseinrichtungen vorgesehen ist. Der deutsche Gesetzgeber hat — nach der Begr. — geglaubt, diese Vorschriften auch beibehalten zu müssen, selbst wenn in gewissem Umfang dem Wunsche der bei Pensionseinrichtungen beteiligten Angestellten und deren Arbeitgeber entsprochen wird, daß durch die Beteiligung bei bestimmten bestehenden Pensionseinrichtungen der reichsgesetzlichen Versicherungspflicht genügt wird. Denn es ist anzunehmen, daß nicht alle Einrichtungen in der Lage sein werden, den gesetzlichen Voraussetzungen für die Zulassung als Ersatzkassen zu genügen.

B. Beim Ausscheiden aus den zurzeit bestehenden Fürsorgekassen verfallen in der Regel die Beiträge zugunsten der verbleibenden Versicherten, mindestens, wenn das Ausscheiden in den ersten drei bis fünf Jahren erfolgt. Bei späterem Ausscheiden werden vielfach die von den Versicherten selbst eingezahlten Beiträge ohne Zinsen zurückgezahlt; bei einzelnen Einrichtungen wird auch die freiwillige Fortsetzung der Versicherung gegen Entrichtung der vollen Beiträge gestattet. Von der letzteren Vergünstigung wird wegen der Höhe der Beiträge selten Gebrauch gemacht. Stellungswechsel gehört bei den Angestellten zu den regelmäßigen Vorkommnissen; er wird dann stets in großer Zahl auftreten, wenn infolge wirtschaftlicher Krisen eine allgemeine Personalverminderung eintritt. Mit dem Stellungswechsel ist zumeist der Austritt aus der Fürsorgeeinrichtung verbunden, der weiterhin den Verfall der erworbenen Anrechte der Ausscheidenden zur Folge hat. Diesem Umstand verdanken nicht wenige Fürsorgeeinrichtungen, daß sie mit verhältnismäßig geringen Beiträgen erhebliche Leistungen gewähren können, da den verbleibenden Versicherten die Reserven für die von den Ausscheidenden aufgegebenen Anwartschaften zugute kommen. Soweit die Mitgliedschaft in einer solchen Fürsorgeeinrichtung als gleichwertiger Ersatz für den Eintritt in eine reichsgesetzliche Angestelltenversicherung anerkannt werden soll, kann es hierbei naturgemäß nicht bleiben. Denn der Zweck der neuen Versicherung würde nur unvollkommen erreicht werden, wenn denjenigen Angestellten, welche nach Inkrafttreten der neuen Versicherung zu den gedachten Fürsorgeeinrichtungen Beiträge entrichten, beim Ausscheiden aus den letzteren die erworbenen Anwartschaften nicht aufrecht erhalten würden und sie in vorgerücktem Alter, zugleich zum Nachteil der übrigen Pflichtversicherten, gezwungen wären, erst wieder durch langjährige Beitragsentrichtung einen Anspruch zu erwerben.

Inwieweit die einzelnen Fürsorgekassen zur Aufrechterhaltung der erworbenen Anwartschaften im reichsgesetzlichen Umfang in der Lage sein werden, muß von Fall zu Fall festgestellt werden. Hierzu kommt, daß die dauernde Leistungsfähigkeit bei vielen Kassen an sich fraglich erscheint. Vom versicherungstechnischen Standpunkt ist es ohne weiteres klar, daß, ganz abgesehen von der rechnerischen Zulänglichkeit der Beiträge, eine Einrichtung aus wenigen Hunderten versicherten Angestellten mit Pensionsbezügen von einigen Hunderten bis zu vielen Tausenden von Mark keine einwandsfreie Versicherungsgemeinschaft bildet. Einige Fälle mit hohen Pensionsbezügen können die besten und zuverlässigsten Reserveberechnungen über den Haufen werfen und die Leistungsfähigkeit in Frage stellen. Auf solche Einrichtungen findet das Gesetz der großen Zahlen keine Anwendung. Einrichtungen dieser Art können aber als Zuschußkassen weiter bestehen bleiben und als solche segensreich wirken (Begr.).

C. Unter Berücksichtigung der vorstehenden Erwägungen unterscheidet das Gesetz Zuschußkassen und Ersatzkassen. Die Beteiligung bei einer zugelassenen Ersatzkasse gilt der Versicherung bei der Reichsversicherungsanstalt gleich.

Zahlreichen bestehenden Kassen dürften die gesetzlichen Erfordernisse, welche sowohl an die Ersatz- wie an die Zuschußkassen gestellt werden, zu drückend sein, so daß sie sich weder in die eine noch in die andere Form umwandeln möchten. Solche Kassen können dann als „Zulagekassen“ fortbestehen, d. h. ohne jeden organischen Zusammenhang mit der reichsgesetzlichen Versicherung, aber mit dem leicht zu erreichenden Ziel, „daß die bei ihr Versicherten in Zukunft aus der Pensionskasse und der Reichsversicherungsanstalt zusammen diejenigen Bezüge erhalten, die ihnen bisher allein aus der Pensionskasse zustanden“, jedoch unter Vermeidung der Schwierigkeiten, welche das Gesetz auch den Zuschußkassen in den

Weg legt. Die Zulässigkeit dieser Möglichkeit scheint nach den sehr beachtenswerten Mitteilungen von Jacobssohn in der Zeitschrift „Die Betriebskrankenkasse“ (Essen) vom 10. April 1912 amtlich außer Zweifel zu stehen. Auf diese Ausführungen muß verwiesen werden.

Die Zuschußkassen, die Ersatzkassen, wie auch die privaten Lebensversicherungs-Unternehmungen, welche in diesem Abschnitt in ihren Beziehungen zur Angestelltenversicherung behandelt werden, unterliegen der Staatsaufsicht nach dem Reichsgesetz über die privaten Versicherungs-Unternehmungen vom 12. Mai 1901 (RGBl. S. 139). Die hauptsächlich in Betracht kommenden Bestimmungen dieses Gesetzes werden daher nachstehend wiedergegeben:

§ 1. Privatunternehmungen, welche den Betrieb von Versicherungsgeschäften zum Gegenstande haben, unterliegen . . . . der Beaufsichtigung nach Maßgabe dieses Gesetzes.

Als Versicherungsunternehmungen im Sinne dieses Gesetzes sind solche Personenvereinigungen nicht anzusehen, die ihren Mitgliedern Unterstützung gewähren, ohne ihnen einen Rechtsanspruch * darauf einzuräumen.

---

* Manes-Hagen, Reichsges. üb. d. priv. Vers.-Untern., 2. Aufl., 1909, S. 46: Rechtsanspruch im Sinne des Abs. 2 ist ein Anspruch von erhöhtem Werte, von verstärkter Sicherheit, der nach den allgemeinen Normen der Rechtsordnung durchführbar, also entweder vor den ordentlichen Gerichten oder im Wege eines schiedsrichterlichen Verfahrens klagbar ist (APV. Anhang IV, 29); ob diese Klagbarkeit vorliegt, ist Auslegungsfrage (APV. Anhang V, 34). Ausdrücklicher Ausschluß ist nicht erforderlich, andererseits kann bei völliger Aufhebung aller auf einen Rechtsanspruch hindeutenden Satzungsvorschriften aus der tatsächlichen Handhabung die Anwendbarkeit des Abs. 2 widerlegt werden (APV. Anhang V, 33). Wirklicher Ausschluß liegt vor,

§ 2. Die Beaufsichtigung der Versicherungsunternehmungen wird, sofern ihr Geschäftsbetrieb durch die Satzung oder die sonstigen Geschäftsunterlagen auf das Gebiet eines Bundesstaats beschränkt ist, durch Landesbehörden, anderenfalls durch die hierzu bestellte Reichsbehörde ausgeübt.

§ 3. Die Beaufsichtigung von Versicherungsunternehmungen, deren Geschäftsbetrieb auf das Gebiet eines Bundesstaats beschränkt ist, kann auf Antrag dieses Bundesstaats mit Zustimmung des Bundesrats durch Kaiserliche Verordnung der Reichsbehörde übertragen werden.*

Im Einvernehmen mit den beteiligten Landesregierungen kann der Reichskanzler bestimmen, daß Unternehmungen, deren Geschäftsbetrieb sich zwar über das Gebiet eines Bundesstaats hinaus erstreckt, aber sachlich, örtlich oder hinsichtlich des Personenkreises eng begrenzt ist, durch die Landesbehörde desjenigen Bundesstaats beaufsichtigt werden, in dessen Gebiete sie ihren Sitz haben.**

---

wo die Hauptversammlung nach freiem Ermessen über die Gewährung von Beihilfen zu beschließen hat (APV. Anhang VI, 03), oder wo der ganze Verein nach den besonderen Verhältnissen, insbesondere seiner engen örtlichen Begrenzung oder gegenseitigen persönlichen Bekanntschaft seiner Mitglieder erkennbar allein auf wechselseitigem Vertrauen beruht (APV. Anhang VII, 63).

* Die bisherigen Anwendungsfälle des Abs. 1 ergeben sich aus den Kaiserlichen Verordnungen vom 3. Februar 1902 betr. Hessen und Bremen, RGBl. S. 43 — APV. Bd. 1, S. 15 (für Bremen seit 1. Januar 1908 wieder den Landesbehörden übertragen, RGBl. 1907 S. 772), vom 16. November 1902 betr. Schaumburg-Lippe, RGBl. S. 279 — APV. Bd. 2, S. 1, sowie vom 13. Dezember 1904 betr. Mecklenburg-Strelitz und Fürstentum Lippe, RGBl. S. 449 — APV. Bd. 4, S. 1.

** Das Gesetz überläßt, ähnlich wie §§ 20, 21 der Gew. O., grundsätzlich den Landesgesetzen die Regelung des Verfahrens bei der Beaufsichtigung der den Landesbehörden unterstellten Anstalten.

Über die Zulassung der Versicherungs-Unternehmungen zum Geschäftsbetriebe vgl. §§ 4 ff. a. a. O.

1. Zuschußkassen.

Vorbemerkung.

Die für die Zuschußkassen vorgeschlagenen Vorschriften bezwecken nach der Begr. eine Art Rückversicherung in Höhe der reichsgesetzlichen Leistungen bei der Reichsversicherungsanstalt. Dadurch können nicht nur bestehende Fürsorgekassen, die den Anforderungen auf Zulassung als Ersatzkasse nicht genügen, weiter erhalten, sondern im Interesse der Angestellten neue Kassen auch in Zukunft gegründet werden. Voraussetzung ist jedoch, daß diese Kassen nur für die im § 1 Abs. 1 des Ge-

---

Durch Bekanntmachung des Reichskanzlers vom 20. Mai 1901, Reichsanzeiger Nr. 128 v. 3. Juni 1902 (APV. Bd. 1, S. 179) ist das folgende Verzeichnis der zur Beaufsichtigung privater Versicherungsunternehmungen zuständigen Landesbehörden und derjenigen Behörden, bei welchen die Entscheidungen der Aufsichtsbehörden im Wege des Verwaltungsstreitverfahrens oder des Rekurses anzufechten sind (§ 84 Abs. 1, Reichsges. über d. priv. Vers.-Untern.) veröffentlicht worden:

Preußen: der Regierungspräsident des Sitzes, für den Landespolizeibezirk Berlin der Polizeipräsident (Oberverwaltungsgericht);

Bayern: die Kreisregierung, Kammer des Innern, des Sitzes (Verwaltungsgerichtshof);

Sachsen: die Kreishauptmannschaft des Sitzes (Oberverwlatungsgericht);

Württemberg: bei Geschäftsbetrieb innerhalb der Grenzen des Stadtdirektionsbezirks Stuttgart oder eines Oberamtsbezirks das Bezirksamt, anderenfalls die Kreisregierung des Sitzes (Verwaltungsgerichtshof);

Baden: das Ministerium des Innern (Verwaltungsgerichtshof);

Hessen: die Kreisämter (die Kreisausschüsse mit dem in der Kreis- und Provinzialordnung vorgesehenen weiteren Instanzenzuge);

setzes bezeichneten Personen errichtet sind oder der für die Angestelltenversicherung bestimmte Teil des Kassenvermögens ausgeschieden und besonders verwaltet wird, sowie daß die Kassen für ihre Mitglieder die gesetzlichen Beiträge an die Reichsversicherungsanstalt entrichten und die letztere hierfür die reichsgesetzlichen Leistungen an die Kassenmitglieder übernimmt. Um die den Fürsorgekassen angehörenden Mitglieder nicht schlechter zu stellen als die übrigen Pflichtversicherten, muß die Beitragsentrichtung aus den Mitteln der Kasse erfolgen und der Beitrag des Arbeitgebers mindestens der Hälfte der nach dem Gesetze zu entrichtenden Beiträge gleichkommen. Ruhegeld und Hinterbliebenenbezüge setzt die Reichsversicherungsanstalt entsprechend den empfangenen

---

Mecklenburg-Schwerin: die Gewerbekommission (Ministerium des Innern);

Sachsen-Weimar: der Direktor des Verwaltungsbezirks des Sitzes (Bezirksausschuß);

Mecklenburg-Strelitz: die Gewerbekommission (Landesregierung);

Oldenburg: für Oldenburg das Staatsministerium, Departement des Innern, für Lübeck und Birkenfeld die dortigen Regierungen (Abteilung für Gewerbesachen des Staatsministeriums, Departement des Innern);

Braunschweig: bei Geschäftsbetrieb innerhalb eines Kreises die Kreisdirektion, innerhalb der Stadt Braunschweig die Polizeidirektion; anderenfalls die Kreisdirektion des Sitzes oder die Polizeidirektion in Braunschweig (Verwaltungsgerichtshof);

Sachsen-Meiningen: das Staatsministerium, Abteilung des Innern (Oberverwaltungsgericht);

Sachsen-Altenburg: die Landratsämter zu Altenburg, Ronneburg und Roda und der Stadtrat zu Altenburg für ihre Bezirke (Ministerium, Abteilung des Innern);

Sachsen-Koburg und Gotha: die Ministerialabteilung zu Koburg und die zu Gotha (Verwaltungsgerichtshof);

Anhalt: die Regierung, Abteilung des Innern (Landesverwaltungsgericht);

Schwarzburg-Sondershausen: das Ministerium, Abteilung des Innern (Gesamtministerium);

Monatsbeiträgen nach §§ 55 bis 58 fest und überweist die Bezüge fortlaufend der beteiligten Kasse. Auf Antrag erfolgt die Zahlung durch die Post unmittelbar an den Berechtigten. Die sonstigen Leistungen des Gesetzes, wie z. B. Heilverfahren und Sachleistungen werden den versicherten Kassenmitgliedern unmittelbar gewährt.

Anrechnung der Leistungen.

§ 365. *Fabrik-, Betriebs-, Haus-, Seemanns- und ähnliche Kassen*[1] *für eine oder mehrere*[2] *Unternehmungen können*[3] *auf die Invaliden-, Alters- oder Hinterbliebenenunterstützungen,*[4] *die sie ihren nach diesem Gesetze versicherten Mitgliedern*[5] *gewähren, die Ruhegeld- und Hinterbliebenenbezüge*[6] *dieses Gesetzes*

Schwarzburg-Rudolstadt: das Landratsamt des Sitzes (Rekurskollegium für Gewerbesachen);

Waldeck: die Kreisamtmänner (Landesdirektorium in Arolsen);

Reuß ältere Linie (Greiz): das Landratsamt in Greiz (Landesregierung);

Reuß jüngere Linie (Gera): das Ministerium, Abteilung für das Innere (Gesamtministerium);

Schaumburg-Lippe: das Ministerium, Abteilung für Gewerbe- und Gemeindeangelegenheiten (Ministerium);

Lippe: die Regierung (Oberverwaltungsgericht in Detmold);

Lübeck: das Stadt- und Landamt (Rekursbehörde in Gewerbesachen in Lübeck);

Bremen: die Senatskommission für private Versicherungen (Senatskommission für Rekursverfahren in Gewerbesachen);

Hamburg: für die Stadt und die Gebietsteile der Landherrenschaft der Marschlande, in denen die Landgemeindeordnung keine Geltung hat, die Behörde für das Versicherungswesen, für die Landherrenschaft Ritzebüttel der Amtsverwalter, im übrigen Gebiete die Landherrenschaft des Sitzes (Senat);

Elsaß-Lothringen: der Bezirkspräsident des Sitzes (der Kaiserliche Rat).

Vgl. im übrigen hierzu Manes-Hagen a. a. O. S. 313 ff.

anrechnen.[7] *Voraussetzung ist dabei, daß die Kassen nur für die im § 1 Abs. 1 bezeichneten Personen errichtet*[8] *sind, oder der Teil des Vermögens der Kassen für die Angestelltenversicherung ausgeschieden und besonders verwaltet*[8] *wird, sowie daß die Kassen die Beiträge aus ihren Mitteln entrichten*[9] *und die Arbeitgeber*[10] *Zuschüsse zu der Kasse zahlen, die mindestens der Hälfte der nach diesem Gesetze zu entrichtenden Beiträge gleichkommen.*[11] *Die satzungsmäßigen Leistungen werden, wenn sie von der Reichsversicherungsanstalt mit zu decken sind, in dem Verfahren*[12] *nach diesem Gesetze festgestellt; bei Streit wird in demselben Verfahren entschieden. Die Reichsversicherungsanstalt überweist die festgestellten Bezüge, soweit sie nach §§ 55 bis 58*[13] *von ihr zu tragen sind, fortlaufend der beteiligten Kasse. Auf Antrag*[14] *erfolgt die Zahlung durch die Post*[15] *unmittelbar an den Berechtigten.*[16] *Die sonstigen Leistungen dieses*[17] *Gesetzes werden den versicherten Kassenmitgliedern unmittelbar gewährt.*

Kommen mehrere Kassen in Frage,[18] *die für den Berechtigten Beiträge zur Reichsversicherungsanstalt entrichtet haben, so teilt die Reichsversicherungsanstalt jeder einzelnen Kasse den für sie in Anrechnung kommenden, den entrichteten Beiträgen entsprechenden Betrag der Leistungen dieses Gesetzes mit.*[19] *In diesen Fällen wird der Gesamtbetrag der reichsgesetzlichen Leistungen dem Berechtigten auf Anweisung der Reichsversicherungsanstalt durch die Post gezahlt.*[20] [21]

E. I. § 363.
E. II. § 362.
RVO. § 1321 (1307) u. § 52 IVG.

1. Viele Firmen — und darunter manche seit langer Zeit — haben für ihre Angestellten, nicht selten unter Einbeziehung der Arbeiter, besondere Pensions- und Unterstützungskassen eingerichtet, die teils einen

Rechtsanspruch auf die satzungsgemäß geregelten Bezüge gewähren, teils weitgehende Unterstützungen ohne Rechtsanspruch in Aussicht stellen. Es kommen hier u. a. in Frage Fabrik-, Betriebs-, Haus-, Seemanns- sowie ähnliche Kassen und Einrichtungen. In der Regel zahlen Arbeitgeber und Arbeitnehmer zu diesen Kassen Beiträge und die Leistungen sind vielfach erheblich höher als nach dem Gesetz. Die Kassen werden, soweit sie einen Rechtsanspruch auf die Leistungen gewähren, nach den Vorschriften des Privatversicherungsgesetzes vom 12. Mai 1901 beaufsichtigt. Näheres s. S. 708.

Nach den Erklärungen eines Regierungsvertreters in der Reichstagskommission wird beabsichtigt, solche Zuschußkassen in weitestem Umfange zuzulassen. Ein Gleiches ist bei den für die im § 1 Abs. 1 bezeichneten Personen errichteten Versicherungseinrichtungen u. ä. anzunehmen, welche durch § 370 den hier (§ 365) aufgeführten Kassen gleichgestellt sind.

2. Unter Kassen für mehrere Unternehmungen sind sowohl solche zu verstehen, die von derselben Firma betrieben werden, als auch solche, zwischen deren Firmen im übrigen keine Gemeinsamkeit besteht.

3. Es besteht einerseits keine Verpflichtung zur Anrechnung, andererseits bleibt gemäß § 81 die auf Gesetz, Satzung, Vertrag oder letztwilliger Verfügung beruhende Pflicht der Kassen zur Fürsorge unberührt.

4. Eine Anrechnung auf andere Unterstützungen, z. B. bei Krankheit oder Unfall, ist nicht statthaft.

5. Unter den nach diesem Gesetz versicherten Mitgliedern sind auch die freiwillig Versicherten zu verstehen; vgl. außer §§ 1 ff. insbesondere §§ 15, 394.

6. Über die Ruhegeld- und Hinterbliebenenbezüge vgl. §§ 25 ff., 28 ff. in Verbindung mit §§ 55 f., 57 ff.

7. Die Entschließung über die Anrechnung ist im allgemeinen dem selbständigen Ermessen der zu einer Satzungsänderung berufenen Kassenorgane überlassen (vgl. § 369). Auch teilweise Anrechnung ist möglich.

8. Andere Personen, als nach § 1 Abs. 1 dieses Gesetzes Versicherte dürfen der Kasse nicht angehören, insbesondere also keine Arbeiter, es sei denn, daß besondere Vermögensausscheidung und -verwaltung, d. h. getrennte Buchung und Risikenaussonderung stattfindet; besondere Verwaltungsorgane sind nicht nötig.

9. Für die Entrichtung der Beiträge aus Kassenmitteln, welche an die Reichsversicherungsanstalt zu erfolgen hat, kann der Bundesrat näheres bestimmen (§ 368

Abs. 1). Teilentrichtung ist hier — abweichend von § 387 Abs. 2 — nicht vorgesehen.

10. Über den Begriff Arbeitgeber vgl. § 170 Anm. 1.

11. Die Höhe der nach diesem Gesetz zu zahlenden Beiträge ist in § 172 angegeben. Zuschüsse der Arbeitgeber, welche die Hälfte dieser Beiträge übersteigen, sind nicht verboten, andererseits brauchen die Zuschüsse — abweichend von § 377 — etwaigen höheren Beiträgen der Angestellten nicht gleichzukommen.

12. Über das Verfahren vgl. die §§ 229—312. Durch die Anwendung der Verfahrensvorschriften dieses Gesetzes auf die satzungsmäßigen Leistungen soll verhindert werden, daß die reichsgesetzlichen Leistungen und die über sie hinausgehenden satzungsmäßigen Leistungen, z. B. Beiträge zu Begräbniskosten, Krankengelder, Waisenaussteuer u. ä., in zwei verschiedenen Verfahren entschieden werden.

13. Die §§ 55 bis 58 enthalten Bestimmungen über die Berechnung von Ruhegeld und Hinterbliebenenrenten.

14. Eine besondere Form für diesen Antrag ist nicht vorgeschrieben. Es gilt hierfür das zu § 229 Anm. 1 Gesagte entsprechend.

15. Über die Mitwirkung der Post bei der Angestelltenversicherung im übrigen vgl. §§ 186, 201, 313 ff.

16. Die Berechtigten sind zu unterscheiden von den Versicherten. Vgl. hierüber oben § 170 Anm. 2.

17. Sonstige Leistungen sind: Heilverfahren (§§ 36 ff.), Sachleistungen (§§ 44 ff.), Kapitalabfindungen und Beitragserstattungen (§§ 47, 60 ff.) sowie Leibrenten (§ 63).

18. Die mehreren Kassen können sowohl verschiedene Kassen derselben Firma als auch Kassen verschiedener Firmen sein.

19. Beispiel aus der Begr. für den Fall des Abs. 2 Satz 1: Es würden an Ruhegeld festzusetzen sein:

für Kasse x, welche die 50 ersten Monatsbeiträge in Gehaltsklasse E mit je 9,60 Mark, zusammen 480 Mark, erhalten hat, $\frac{1}{4} \cdot 480 = 120$ Mark;

für Kasse y, welche die folgenden 100 Monatsbeiträge in Gehaltsklasse F mit je 13,20 Mark empfing,

$$\frac{1}{4}(13{,}2 \times 70) = 231{,}00 \text{ Mark}$$

$$+ \frac{1}{8}(13{,}2 \times 30) = 49{,}50 \text{ „}$$

zusammen 280,50 Mark;

für Kasse z, der die weiterhin entrichteten 100 Monatsbeiträge in Gehaltsklasse G mit je 16,60 Mark, zusammen 1660 Mark, zugeflossen sind,

$$\frac{1}{8} \cdot 1660 = 207{,}50 \text{ Mark.}$$

Das von der Reichsversicherungsanstalt zu tragende Ruhegeld berechnet sich hiernach auf

$$(480 + 924)\frac{1}{4} + (396 + 1660)\frac{1}{8} = 608 \text{ Mark,}$$

wovon zu zahlen sind

für Kasse x	120,00	Mark,
„ „ y	280,50	„
„ „ z	207,50	„
zusammen:	608,00	Mark.

20. Abweichend von Abs. 1 letzter Satz ist also in diesen Fällen für die Zahlung durch die Post kein Antrag erforderlich, vielmehr nur die Anweisung der Reichsversicherungsanstalt.

21. Stellungswechsel eines Angestellten kann seinen Übertritt von einer Zuschußkasse zu einer anderen oder einen Wechsel in der Person des beitragspflichtigen Arbeitgebers mit sich bringen, ist aber auf die Versicherungspflicht des Angestellten solange ohne Einfluß, als ihre im § 1 gegebenen Voraussetzungen nicht wegfallen. Bei ihrem Wegfall, z. B. bei einem nunmehrigen Arbeitsverdienst von mehr als 5000 Mark kann eine freiwillige Fortsetzung der Versicherung bezw. der Mitgliedschaft bei einer Zuschußkasse gemäß § 15 stattfinden. Vgl. zu dem Stellungswechsel auch § 366 Anm. 1 Abs. 2.

Zuschuß durch die Reichsversicherungsanstalt.

§ 366.[1] *Tritt bei Mitgliedern[2] der im § 365 bezeichneten Kassen innerhalb der ersten zehn Jahre nach Inkrafttreten dieses Gesetzes[3] ein Versicherungsfall der in diesem Gesetz bezeichneten Art[4] ein und haben die Kassen nach ihrer Satzung Leistungen[5] zu gewähren, an denen die Reichsversicherungsanstalt nicht beteiligt[6] ist, so leistet die Reichsversicherungsanstalt zur Bestreitung der Kassenleistungen einen einmaligen Zuschuß[7] in Höhe der Nettobeiträge[8] mit Einschluß der rechnungsmäßigen Zinsen und Zinseszinsen.[9]*

Streit über den Zuschuß entscheidet das Oberschiedsgericht.[10]

E. I. § 364.
E. II. § 363.
RVO. —

1. Da bei der Reichsversicherungsanstalt zur Geltendmachung des Anspruchs nach §§ 48, 395, 396 regelmäßig eine zehnjährige Wartezeit zu erfüllen ist, bedürfen diejenigen Fälle, in welchen der Versicherungsfall bei der rückversicherten Kasse vor Ablauf dieser Zeit eintritt und zu Leistungen führt, einer besonderen Regelung. Das Gesetz ordnet daher an, daß die Reichsversicherungsanstalt zur Bestreitung derartiger Kassenleistungen einen einmaligen Zuschuß in Höhe der Nettobeiträge mit Einschluß der rechnungsmäßigen Zinsen zu leisten hat.

Diese Regelung verbürgt zugleich die Leistungsfähigkeit auch der kleinsten Kassen in Höhe der reichsgesetzlichen Leistungen und beseitigt alle Schwierigkeiten, die sich aus der Erhaltung der Freizügigkeit der Angestellten ergeben. Denn wechselt ein Kassenmitglied seine Stellung, so ist die während der Mitgliedschaft bei der Kasse unter der Herrschaft des Gesetzes erworbene Anwartschaft in Höhe der reichsgesetzlichen Leistungen bei der Reichsversicherungsanstalt gesichert und erhöht sich ohne weiteres infolge der Beitragsleistung in der neuen Stellung (Begr.).

2. Die Mitglieder können den im § 365 bezeichneten Zuschußkassen sowohl auf Grund der Zwangsversicherung des § 1 als auch auf Grund freiwilliger Versicherung nach Maßgabe der §§ 15 u. 394 angehören (vgl. § 365 Anm. 5).

3. Die ersten zehn Jahre nach Inkrafttreten des Gesetzes sind voraussichtlich die Jahre 1913 bis 1922.

4. Versicherungsfälle (d. h. Eintritt der Ereignisse, bei deren Vorliegen Versicherungsleistungen fällig werden — vgl. auch § 56 Anm. 3) im Sinne dieses Gesetzes sind: Vollendung des 65. Lebensjahres, Berufsunfähigkeit des Versicherten oder sein Tod unter Hinterlassung von berechtigten Hinterbliebenen (§§ 25 ff., 28 ff.).

5. Als Leistungen, welche die Kassen nach ihrer Satzung zu gewähren haben, kommen hier nur die im Rahmen des AVG. sich haltenden Renten usw. in Betracht.

6. Die Reichsversicherungsanstalt ist nicht bebeteiligt, sobald die Wartezeit noch nicht erfüllt ist (vgl.

Anm. 1), Wegfall der Berufsunfähigkeit oder der Bedürftigkeit die Entziehung etwa fällig gewordener Kassenleistungen begründet (§§ 68 ff.), ein Ruhen der Rente nach §§ 73 ff. einzutreten hat u. ä.

7. Die Grundsätze für die Berechnung des einmaligen Zuschusses werden vom Bundesrate nach Anhören der Reichsversicherungsanstalt bestimmt (§ 368 Abs. 2).

8. Die Höhe der Nettobeiträge wird ermittelt durch Abzug der oben S. 421 erwähnten, für die Zwecke des Heilverfahrens, zur Bestreitung der Verwaltungs- und der sonstigen Unkosten sowie zur Erhöhung der Sicherheit der Rechnungsgrundlagen erforderlichen 14,22 Proz. der Bruttoprämie von den nach § 172 geleisteten Beiträgen.

9. Der den Beitragsberechnungen des Gesetzes zugrunde liegende Zinsfuß beträgt 3½ Proz. (vgl. oben S. 481).

10. Über das Oberschiedsgericht vgl. §§ 162 ff., 281 ff.; es entscheidet endgültig, und zwar hier nur bei Streit über den Zuschuß.

Übertragung der Leistungen auf die Reichsversicherungsanstalt.

§ 367. *Die in § 365 bezeichneten Kassen sind berechtigt,[1] ihre satzungsmäßigen Leistungen,[2] die sie vor dem Inkrafttreten dieses Gesetzes[3] bewilligt haben, gegen Einzahlung des Deckungskapitals[4] auf die Reichsversicherungsanstalt zu übertragen.[5]*

Sie können die Wartezeit[6] ihrer Mitglieder durch Einzahlung der entsprechenden Prämienreserve[7] an die Reichsversicherungsanstalt abkürzen[8] oder auf diese die gesamten Anwartschaften[9] übertragen.

Für die Feststellung der übertragenen Leistungen und für die Entscheidung bei Streit hierüber gelten die Vorschriften dieses Gesetzes über das Verfahren.[10]

E. I. § 365.
E. II. § 364.
RVO. —

1. Eine Verpflichtung der Kassen besteht also nicht. Ebensowenig steht den versicherten Kassenmitgliedern ein Einfluß auf die Übertragung zu, es sei denn, daß ein Fall des § 369 Abs. 1 Satz 2 vorliegt.

2. Die satzungsmäßigen Leistungen können sowohl den Kassenmitgliedern als auch deren Hinterbliebenen bewilligt sein (vgl. Begr.).

3. Vgl. über das Inkrafttreten des Gesetzes § 399.

4. Deckungskapital im Sinne dieses Gesetzes ist der Zeitwert einer Versicherung, sobald schon eine Leistungspflicht von seiten des Versicherungsträgers gegenüber dem Versicherten besteht, d. h. die Summe, welche mit $3^1/_2$%iger Verzinsung zur Deckung der bereits übernommenen Leistungen ausreicht.

5. Die Übertragung von bereits bewilligten Kassenleistungen auf die Reichsversicherungsanstalt gegen Einzahlung des entsprechenden Deckungskapitals ist vom Gesetz deswegen vorgesehen, um auch solchen Fürsorgekassen gerecht zu werden, welche nach Einführung der neuen Versicherung sich aus irgend welchen Gründen auflösen müssen (vgl. Begr.). Es können daher auch andere als im AVG. vorgesehene Leistungen und — falls keine Auflösung in Frage kommt — auch nur Teilleistungen übertragen werden. In jedem Falle aber erfordert die Übertragung einen Vertrag zwischen der beteiligten Zuschußkasse und der die Leistungen übernehmenden Reichsversicherungsanstalt.

6. Vgl. über die Wartezeit §§ 48, 395, 396.

7. Prämienreserve ist die Summe, welcher die Versicherungsanstalt noch bedarf, um die von ihr künftig zu vereinnahmenden, mit $3^1/_2$% zu verzinsenden Beiträge auf die Höhe der auszuzahlenden Renten ergänzen zu können, m. a. W. die Differenz zwischen dem gegenwärtigen Wert der künftig noch auszuzahlenden Summen über die zu erwartenden Beiträge; vgl. Loewy in Manes' Versicherungslexikon S. 905. Im Sinne des AVG. ist die Prämienreserve aber im Gegensatz zum Deckungskapital der Zeitwert einer Versicherung, solange als noch keine Leistungspflicht des Versicherungsträgers besteht, vielmehr nur die Anwartschaft auf eine solche (vgl. auch die in Anm. 5 zu § 62 aus der Begr. wiedergegebene Definition von „Prämienreserve" oben S. 264).

8. Die Vergünstigung im § 367 über die Abkürzung der Wartezeit wird nach § 395 in den ersten drei Jahren nach dem Inkrafttreten des Gesetzes auch einzelnen Angestellten, die einer Fürsorgekasse nicht angehören, zugestanden. Es wird hier von Fall zu Fall zu bestimmen sein, wie hoch das Einkaufskapital zu bemessen ist (vgl. Begr.).

9. Die Worte „gesamte Anwartschaften" sollen auch für die höheren Anwartschaften der Kasse gelten, es sind nicht nur die Anwartschaften nach diesem Gesetz gemeint. Die gesamten höheren Anwartschaften der Kasse, also die in der Satzung der Kasse vorgesehenen Leistungen, können gegen Einzahlung der entsprechenden Prämienreserve übertragen werden. Die Höhe der Prämienreserve und des Deckungs-

kapitals richtet sich nach dem Alter, dem Zinsfuß, dem Betrage der Leistungen und den sonstigen Rechnungsgrundlagen über Sterblichkeit, Invalidität usw. Als Prämienreserve insbesondere kommt hier die individuelle Prämienreserve des einzelnen Versicherten unter Berücksichtigung seines Alters und Familienstandes in Betracht (vgl. Kom.-Ber.).

10. Der Abs. 2 ist erst von der Reichstagskommission hinzugefügt worden; vgl. hierzu auch § 365 Anm. 12. Er betrifft lediglich die Feststellung der übertragenen Leistungen und die Entscheidung bei Streit hierüber.

Anordnungen des Bundesrats.

§ 368. *Der Bundesrat kann für die Entrichtung der Beiträge aus Kassenmitteln*[1] *(§ 365) näheres bestimmen.*

Er bestimmt die Grundsätze für die Berechnung des Zuschusses[2] *(§ 366) sowie des Deckungskapitals*[3] *und der Prämienreserve*[4] *(§ 367) nach Anhören*[5] *der Reichversicherungsanstalt.*

E. I. § 366.
E. II. § 365.
RVO. —

1. Die Entrichtung der Beiträge aus Kassenmitteln ist neben der Beschränkung der Kasse auf die im § 1 Abs. 1 bezeichneten Personen, der gesonderten Vermögensverwaltung und dem Zuschuß der Arbeitgeber Voraussetzung für die Anrechnung der Leistungen gemäß § 365.

2. Über die Bedeutung des Zuschusses s. § 366 Anm. 1.

3. Zum Begriff Deckungskapital vgl. § 367 Anm. 4.

4. Zu den noch ausstehenden Bundesratsbestimmungen über die Berechnung der Prämienreserve äußert sich der als einer der wenigen mathematisch-technischen Kritiker des Gesetzes in beachtenswerter Weise hervorgetretene Versicherungsrevisor Schönwiese in den Veröffentlichungen des Deutschen Vereins für Versicherungswissenschaft, Heft XXIII, Berlin 1911, S. 39f. — Zu dem Begriff „Prämienreserve" vgl. im übrigen § 367 Anm. 7.

5. Über die Bedeutung von Anhören vgl. § 316 Anm. 3.

Satzungsänderung der Kassen.

§ 369. *Zur Durchführung*[1] *der Vorschriften der §§ 365 bis 367 sind die Satzungen der Kassen zu än-*

dern;[2] *die Änderung bedarf der Genehmigung*[3] *der zuständigen Behörde.*[4] *Die Behörde kann die Änderung rechtsgültig selbst vornehmen, wenn die Kasse den Antrag der beteiligten Arbeitgeber oder der Mitgliedermehrheit ablehnt.*[5]

Der Bundesrat bestimmt das Verfahren vor dem Kaiserlichen Aufsichtsamte für Privatversicherung im Falle des Abs. 1 Satz 2.[6]

E. I. § 367.
E. II. § 366.
RVO. § 1321 (1307).

1. Zur Durchführung bei einer bereits bestehenden Fürsorgekasse d. h. zwecks ihrer Zulassung als Zuschußkasse ist eine Satzungsänderung erforderlich. Soll eine neue Fürsorgekasse sofort als Zuschußkasse eingerichtet werden, so muß ihre Satzung von vornherein entsprechend den §§ 365 bis 367 gestaltet werden.

2. Insbesondere dürfte in den meisten Fällen eine Änderung der Satzungen erforderlich sein, um ev. den Teil des Vermögens der Kassen für die Angestelltenversicherung auszuscheiden (§ 365).

3. Die Genehmigung wird konstitutive Wirkung haben, so daß erst von da ab die Kasse usw. als Zuschußkasse gelten kann.

4. Zuständige Behörde ist das Kaiserl. Aufsichtsamt für Privatversicherung bzw. die Landesaufsichtsbehörde. Vgl. S. 708 ff. und Anm. 1 zu § 365. Falls die Zuständigkeit einer Aufsichtsbehörde nicht in Betracht kommt, z. B. bei Wohlfahrtseinrichtungen, ist die Bestimmung hinfällig.

5. Im Gegensatz zu den Knappschaftsvereinen (vgl. § 387 Anm. 4) ist — abgesehen von der Ausnahme des zweiten Satzes im Abs. 1 — die Entschließung über die Anrechnung im allgemeinen dem selbständigen Ermessen der zu Satzungsänderungen berufenen Kassenorgane überlassen, da die im § 365 aufgeführten Kassen regelmäßig durch freie Vereinbarung der Beteiligten errichtet sind und vorwiegend durch diese Beteiligten verwaltet werden. Bei dem zuständigen Kassenorgan ist daher auch der eine Umwandlung der Versicherungseinrichtung in eine Zuschußkasse bezweckende Antrag der beteiligten Arbeitgeber oder der Mitgliedermehrheit zunächst zu stellen. Die Behörde kann erst bei Ablehnung dieses Antrags eingreifen.

6. Die Bestimmung über das Verfahren vor dem Kaiserl. Aufsichtsamte ist noch nicht ergangen. Sie ist nur im Falle des Abs. 1 Satz 2 erforderlich, da im übrigen für das Verfahren vor dieser Behörde die Kaiserl. Verordnung betr. das Verfahren und den Geschäftsgang des Kaiserl. Aufsichtsamts für Privatversicherung vom 23. Dezember 1901 (RGBl. S. 498) in Verbindung mit den §§ 73ff. des Reichsges. üb. d. priv. Vers.-Untern. gilt.

Entsprechende Anwendung auf Wohlfahrtseinrichtungen usw.

§ 370.[1] *Die §§ 365 bis 369 sind entsprechend anzuwenden auf Wohlfahrtseinrichtungen*[2] *und auf solche Versicherungseinrichtungen,*[3] *welche für die im § 1 Abs. 1 bezeichneten Personen errichtet sind.*

Einrichtungen, die von Kommunalverbänden[4] *verwaltet werden, können sich auch auf andere Personen erstrecken.*[5]

E. I. —
E. II. —
RVO. —

1. Der § 370 wurde erst durch die Reichstagskommission hinzugefügt (Kom.-Ber. § 366a).

2. Unter Wohlfahrtseinrichtungen dürften im Sinne des Gesetzes Einrichtungen zu verstehen sein, welche nicht als Versicherungseinrichtungen zu gelten haben, das sind insbesondere solche, bei denen die darin befindlichen Angestellten keinen Rechtsanspruch auf Leistungen haben; vgl. hierzu oben S. 708 und § 365 Anm. 1; siehe auch § 369 Anm. 4.

3. Versicherungseinrichtungen im Sinne des § 370 stehen im Gegensatz zu den Wohlfahrtseinrichtungen ohne Rechtsansprüche der Angestellten, schließen aber die Kassen des § 365 mit ein. Der Begriff ist weiter als der der Versicherungsunternehmungen nach § 1 des Aufsichtsgesetzes (S. 708), indem nicht erfordert wird ein Betrieb von „Versicherungsgeschäften". Das Geschäftliche wird vielmehr hier fast stets ausscheiden.

4. Als Kommunalverband (sonst stets im Gesetz mit dem deutschen Wort „Gemeindeverband" bezeichnet, vgl. §§ 9, 10, 11, 224, 321, 389) kann auch eine einzelne Kommune (Gemeinde) gelten (vgl. § 321 Abs. 1 Nr. 2.).

5. Daß sich kommunale Versicherungseinrichtungen auch auf andere Personen erstrecken können, wird als Gegensatz zu § 365 Satz 2 hervorgehoben. Noch weitergehend als

§ 370 Abs. 2 ist die in § 389 Abs. 2 für Gemeindeverbände gegebene Vorschrift, wonach diese auch ohne das Erfordernis einer Versicherungseinrichtung berechtigt sind, auf die von ihnen gewährten Ruhegeld- und Hinterbliebenenbezüge die Leistungen dieses Gesetzes entsprechend der Höhe und der Dauer ihrer Beitragszahlung anzurechnen.

Beschränkung der Übertragung, Verpfändung usw.

§ 371.[1] *Die Vorschriften der §§ 93, 94 wegen Übertragung, Verpfändung, Pfändung und Aufrechnung der Versicherungsansprüche gelten entsprechend für Ansprüche an die Zuschußkassen.*[2] *Sie gelten nicht, soweit die Leistungen der Zuschußkasse die reichsgesetzlichen Leistungen*[3] *übersteigen.*

Die oberste Verwaltungsbehörde[4] *bestimmt, welche Stelle für die Genehmigung nach § 93 Abs. 2 zuständig ist.*[5]

E. I. —
E. II. —
RVO. §§ 119, 1324 (§§ 132, 1310).

1. Der § 371 wurde erst durch die Reichstagskommission eingefügt. Er ist — abgesehen von den vorerwähnten Bestimmungen der RVO. — in gewissem Sinne dem § 55 Abs. 2 IVG. nachgebildet und hängt auch mit dem Aufrechnungs- und Abtretungsverbot der der Pfändung nicht unterworfenen Forderungen (§§ 394, 400 BGB. in Verbindung mit § 850 Nr. 4 ZPO.) zusammen (vgl. Kom.-Ber. § 366b u. Anm. 3).

2. Es können danach also (§ 93) die Ansprüche des Berechtigten an die Zuschußkasse mit rechtlicher Wirkung übertragen, verpfändet und gepfändet werden nur wegen
1. eines Vorschusses, den der Berechtigte auf seine Ansprüche vor Anweisung der Leistungen vom Arbeitgeber oder von der Reichsversicherungsanstalt erhalten hat,
2. der im § 850 Abs. 4 der ZPO. bezeichneten Forderungen,
3. der Forderungen der nach § 82 ersatzberechtigten Gemeinden und Armenverbände sowie der ersatzberechtigten Arbeitgeber und Versicherungsträger der reichsgesetzlichen Arbeiterversicherung, Knappschaftsvereine und Knappschaftskassen sowie anderer Ersatzkassen (§ 372), die an ihre Stelle getreten sind; die Übertragung, Verpfändung und Pfändung ist nur in Höhe der gesetzlichen Ersatzansprüche zulässig,

4. rückständiger Beiträge, die nicht seit länger als drei Monaten fällig sind.

Ausnahmsweise darf der Berechtigte auch in anderen Fällen den Anspruch mit Genehmigung des Rentenausschusses ganz oder zum Teil auf andere übertragen.

Ferner dürfen (§ 94) die Ruhegeld- und Rentenansprüche nur aufgerechnet werden auf

Ersatzforderungen für bezogene Unfallrenten und Entschädigungen, soweit der Reichsversicherungsanstalt ein Anspruch darauf nach §§ 91, 95 zusteht,

geschuldete Beiträge,

gezahlte Vorschüsse,

zu Unrecht gezahlte Ruhegeld- und Rentenbeträge, die zu erstattenden Kosten des Verfahrens (§ 311), die von den Organen der Reichsversicherungsanstalt verhängten Geldstrafen.

3. Die Höhe der reichsgesetzlichen Leistungen richtet sich nach den §§ 55 ff. Als die reichsgesetzlichen Leistungen übersteigende Leistungen der Zuschußkasse kommen hauptsächlich die in § 850 Nr. 4 ZPO. erwähnten, aus Kranken-, Hilfs- oder Sterbekassen, insbesondere aus Knappschaftskassen und Kassen der Knappschaftsvereine zu beziehenden Hebungen in Betracht, welche weder abgetreten noch zur Aufrechnung gestellt werden dürfen, soweit sie der Pfändung nicht unterworfen sind (vgl. Anm. 1).

4. Über oberste Verwaltungsbehörde vgl. § 320 Anm. 1.

5. Für die Genehmigung nach § 93 Abs. 2 ist der Rentenausschuß zuständig (vgl. Anm. 2).

2. Ersatzkassen.

Vorbemerkung.

A. Den lebhaften Wünschen auf Zulassung von Pensionseinrichtungen als Ersatzkassen glaubte der Gesetzgeber nur insoweit entgegenkommen zu dürfen, als nicht die Interessen der Allgemeinheit, der Reichsversicherungsanstalt, geschädigt werden. Die Zulassung ist daher von ihm gegenüber allen, noch bis in die Reichstagskommission hineingetragenen Widerständen auf solche Einrichtungen beschränkt worden, die schon vor dem 5. Dezember 1911 (dem Tage der Annahme des Gesetzes im Reichstagsplenum) bestanden haben. Wollte man weiter gehen — so heißt es in der

Begründung — und etwa auch Einrichtungen zulassen, die nach diesem Zeitpunkt erst begründet werden, so würde hierdurch der Reichsversicherungsanstalt eine schwere Schädigung zugefügt werden. Denn es darf als sicher angenommen werden, daß nach Einführung der Pflichtversicherung für alle Angestellten diejenigen Unternehmungen, welche glauben, mit den gleichen Beiträgen ihren Angestellten höhere Leistungen, als das Gesetz sie bietet, sicherstellen zu können, eigene Ersatzkassen einrichten würden. Da die Unternehmungen bei Annahme der Angestellten zugleich eine gewisse Auswahl der Risiken herbeiführen und weniger gesunde sowie ältere Personen nach Möglichkeit ausschließen können, so würde nicht nur die Gefahr bestehen, daß Berufskreise mit grundsätzlich verhältnismäßig günstigerer Berufsunfähigkeits- und Sterbegefahr der Reichsversicherungsanstalt entzogen würden, sondern es würden ihr auch diejenigen Angestellten zufallen, welche wegen mangelhafter Gesundheitsverhältnisse oder infolge des vorgerückteren Alters von Unternehmungen mit Pensionseinrichtungen zur Beschäftigung nicht angenommen werden. Die natürliche Folge würde die sein, daß die Reichsversicherungsanstalt für den ihr zufallenden Kreis von Versicherten Beiträge erheben müßte, die kaum erschwinglich sein und die allgemeine Angestelltenversicherung unmöglich machen würden. Die Interessen der Allgemeinheit würden weiterhin geschädigt werden, wenn bei den bereits bestehenden Kassen, sofern sie den übrigen Anforderungen genügen, zugestanden würde, daß sie eine Risikenauswahl treffen können. Hiergegen sprechen gleichfalls die bereits oben angeführten Gründe. Es kann sich deshalb bei der Zulassung von Ersatzkassen nur um solche bereits bestehenden Kassen handeln, die sämtliche nach dem Gesetz Versicherungspflichtigen der Unternehmungen, für die sie errichtet sind, aufnehmen (Begr.).

B. In der Reichstagskommission wurde von verschiedenen Seiten eine völlige Streichung der Ersatzkassen verlangt, wie sie in dem ersten Regierungsentwurf tatsächlich ins Auge gefaßt war. Maßgebend für diese energische Bekämpfung der Ersatzkassen war die Furcht vor einer Risikenauswahl. Durch diese könnte es dahin kommen, daß die Ersatzkassen weit günstigere Leistungen gewähren könnten, als die Reichsversicherungsanstalt. Gewiß leisteten manche Kassen Gutes, aber es sei auch nicht zu leugnen, daß manche Mängel aufwiesen, welche bei keiner Privatversicherungsgesellschaft amtlich geduldet würden.

Weiter wurde betont, es sei richtig, daß bei den Firmen in der Regel nur gesunde Leute angenommen werden. Diese Risikenauswahl gehe vor sich unabhängig von der Rücksicht auf Hauskassen. Auch diejenigen Firmen, welche keine Kassen besäßen, nähmen in der Regel nur gesunde Leute an, weil sie nur von solchen volle Leistungsfähigkeit erwarteten. In Zukunft würden die Unternehmer erklären, daß sie sich auf die vom Gesetze geforderten Leistungen beschränken würden, daß sie aber nicht mehr wie vorher höhere Leistungen bewilligen würden.

Von anderer Seite wurde eine weitgehendere Berücksichtigung bestehender und bewährter Versicherungseinrichtungen befürwortet. Der leitende soziale Gedanke des Gesetzes sei doch, von Reichs wegen eine Mindestleistung zu garantieren. Wo diese Leistungen erfüllt seien, wolle es die Kassen schützen. Diese Tendenz müßte festgehalten werden. Es gäbe Kassen, die mehr als 40 Jahre alt seien, und ungeheure Summen seien in Deutschland schon freiwillig geleistet worden, ehe man an das Gesetz gedacht hätte. Es sei gewiß eine sehr einfache Sache, mit einem Federstrich alle derartigen Einrichtungen zu beseitigen, ein solcher Schritt könne aber nicht als wünschenswert angesehen werden. Diese guten leistungsfähigen Kassen würden in Zukunft ihre Leistungsfähigkeit wohl verlieren, wenn sie alle Verpflichtungen des Gesetzes übernehmen müßten. Viele von ihnen würden deshalb durch das Gesetz an und für sich auf die Dauer beseitigt werden und damit regele sich die ganze Streitfrage zum Teil von selbst. Bezüglich vieler dieser Kassen müsse festgestellt werden, daß der Hauptteil der Leistungen bei den Unternehmern liege, und es sei deshalb unrichtig, als allgemein gültig oder als die Regel hinzustellen, daß diese Kassen von den Angestellten lebten.

Nach erregter und langer Debatte erklärte ein Vertreter der verbündeten Regierungen, daß man davon ausgegangen sei, bestehende Einrichtungen, die sich bewährt hätten, möglichst zu schonen, deshalb habe man die Ersatzkassen zugelassen. Diese müßten bestehen bleiben, widrigenfalls das Zustandekommen des ganzen Gesetzes gefährdet sei (vgl. Kom.-Ber.).

C. Sehr wechselvoll war das Schicksal der Bestimmung des Termins, vor welchem die Ersatzkassen (§ 372) bezw. Ersatzverträge (§ 390) bestanden haben mußten, um wirklich als Ersatzeinrichtungen zugelassen zu werden.

Der erste Gesetzentwurf kannte, wie oben S. 704 dargestellt, die Zulassung der Ersatzkassen überhaupt nicht und ebensowenig die von Ersatzverträgen. Der zweite Gesetzentwurf wollte sie dulden, wenn sie, abgesehen von anderen Voraussetzungen, bis zur Verkündung des Gesetzes zugelassen worden wären bezw. beständen. In der ersten Lesung der Reichstagskommission wurde hier wie dort statt des Termins der Verkündung des Gesetzes der 15. Oktober 1911 gesetzt und hinsichtlich der Verträge dazu noch in der zweiten Lesung dieser Kommission die Verschärfung zugefügt, die Angestellten müßten die Versicherungsverträge vor dem 15. Oktober geschlossen haben. Bei der zweiten Lesung im Reichstag wurde diesen Änderungen zugestimmt, in der dritten Lesung aber statt des 15. Oktober der 5. Dezember 1911 als Termin gesetzt. Maßgebend für den letzten Entschluß war die Erwägung, daß in rechtsgültig abgeschlossene Verträge nicht eingegriffen werden und daß dem Gesetz nach Möglichkeit rückwirkende Kraft nicht zugelegt werden sollte. Es können also nur solche Kassen bezw. Verträge als Ersatz angesehen werden, die bis zum 5. Dezember 1911 errichtet bezw. abgeschlossen sind. Verträge, die später mit rückwirkender Kraft abgeschlossen sind, können auf keinen Fall mehr Anspruch auf Beachtung erheben. Der Vertragsschluß muß vor dem 5. Dezember 1911 liegen.

D. Abgesehen von dieser zeitlichen Grenze werden für die Zulassung von Ersatzkassen durch das Gesetz folgende Bedingungen gestellt:

1. die Versicherungseinrichtungen dürfen nur für die im § 1 Abs. 1 dieses Gesetzes bezeichneten Personen errichtet sein (§ 372 Abs. 1 in Verbindung mit § 365 Abs. 1 Satz 2);
2. der Teil des Vermögens, welcher für Zwecke der Angestelltenversicherung bestimmt ist, muß aus dem Gesamtvermögen der Kassen ausgeschieden und besonders verwaltet werden (§ 372 Abs. 1 in Verbindung mit § 365 Abs. 1 Satz 2);
3. die ihre Zulassung als Versicherungseinrichtungen beantragenden Versicherungseinrichtungen müssen bei Stellung des Antrags rechtsfähig sein (§ 372 Abs. 2 Satz 1);
4. der Antrag muß vom Vorstand der Versicherungseinrichtung oder der Mehrheit der bei ihr versicherten Angestellten vor dem 1. Januar 1913 beim Bundesrat gestellt werden (§ 372 Abs. 2 Satz 2);

5. zur Sicherstellung der reichsgesetzlichen Beitragsleistung für den Fall der Nichtzulassung haben die den Antrag stellenden Versicherungseinrichtungen bei der Reichsversicherungsanstalt eine Sicherheit zu hinterlegen (§ 372 Abs. 3);
6. die Kassenleistungen müssen den reichsgesetzlichen Leistungen mindestens gleichwertig und in dieser Höhe gewährleistet sein (§ 375 Abs. 1);
7. die Beiträge der Arbeitgeber zu den Kassen müssen mindestens den reichsgesetzlichen Arbeitgeberbeiträgen und, sofern die Beiträge der Versicherten höher sind, diesen gleichkommen (§ 377);
8. den Versicherten muß bei der Verwaltung der Kasse und bei der Feststellung von Kassenleistungen eine den Vorschriften dieses Gesetzes entsprechende Mitwirkung eingeräumt sein (§ 378 Abs. 1);
9. die volle Freizügigkeit muß dadurch gewährt werden, daß die bei Ersatzkassen zurückgelegte Beitragszeit mindestens die gleichen Ansprüche begründet, als wenn die Beitragszeit bei der Reichsversicherungsanstalt zurückgelegt wäre (§ 380).

Voraussetzungen der Zulassung durch den Bundesrat.

§ 372. *Der Bundesrat*[1] *bestimmt auf Antrag, daß Versicherungseinrichtungen*[2] *der in §§ 365, 370 bezeichneten Art*[3 4] *als Ersatzkassen*[5] *zugelassen werden.*

Die Versicherungseinrichtungen müssen schon vor dem 5. Dezember 1911 bestanden haben[6] *und bei Stellung des Antrags rechtsfähig sein.*[7] *Der Antrag*[8] *ist vom Vorstand der Versicherungseinrichtung oder der Mehrheit der bei ihr versicherten Angestellten vor dem 1. Januar 1913*[3] *beim Bundesrat zu stellen.*

Zur Sicherstellung der reichsgesetzlichen Beitragsleistung für den Fall der Nichtzulassung[10] *haben die Versicherungseinrichtungen eine vom Bundesrat nach Anhören der Reichsversicherungsanstalt zu bestimmende Sicherheit bei der Reichsversicherungsanstalt zu hinterlegen.*[11]

Wird der Antrag auf Zulassung abgelehnt,[12] *so sind die seit Inkrafttreten des Gesetzes rückständigen Beiträge unter Anrechnung von dreieinhalb vom Hundert*[13] *Zinsen und Zinseszinsen nachzuzahlen.*[14] *Bei Streit über die Höhe des nachzuzahlenden Betrages entscheidet das Oberschiedsgericht.*[15] [16]

E. I. —
E. II. § 367.
RVO. —

1. Die Entscheidung der Frage, ob die gesetzlichen Bedingungen für die Zulassung einer Ersatzkasse erfüllt sind, ist in die Hände des Bundesrats gelegt worden, da der Bundesrat auch bei der Invalidenversicherung über die Zulassung von Kasseneinrichtungen zur selbständigen Durchführung der Invalidenversicherung entscheidet. Auch im AVG. muß bei den viel weitergehenden gesetzlichen Ansprüchen eine eingehende Prüfung nach einheitlichen Grundsätzen erfolgen, ob den gesetzlichen Anforderungen genügt ist (vgl. Begr.).

2. Über den Begriff Versicherungseinrichtungen siehe § 370 Anm. 3 in Verbindung mit § 370 Anm. 2 und § 365 Anm. 1.

3. Ob die Versicherungseinrichtungen nur für eine Unternehmung oder für mehrere Unternehmungen mit Zwangsbeitritt ihrer sämtlichen Angestellten errichtet sind, fällt nicht ins Gewicht. Kassen von Berufsvereinigungen, die Unternehmungen mit sämtlichen von ihnen beschäftigten versicherungspflichtigen Angestellten in sich aufgenommen haben und gleichzeitig die Versicherung von einzelnen Angestellten betreiben, können als Ersatzkassen nur insoweit in Frage kommen und von der gesetzlichen Pflichtversicherung bei der Reichsversicherungsanstalt befreien, als es sich um die Versicherung von Unternehmungen mit ihren sämtlichen Angestellten handelt (vgl. Begr.).

4. Einzelversicherungen würden nach §§ 390—393 als Versicherungsverträge mit Lebensversicherungsunternehmungen zu behandeln sein und deshalb, wenn sie nach dem 5. Dezember 1911 zum Abschluß gekommen sind, von der gesetzlichen Beitragspflicht zur Reichsversicherungsanstalt nicht mehr befreien (§ 390).

5. Als Ersatzkassen werden nur solche Versicherungseinrichtungen zugelassen, die ihren Mitgliedern einen Rechtsanspruch auf die satzungsmäßig festgestellten Bestimmungen gewähren. Dies ergibt sich aus § 373 Abs. 2 in Verbindung mit § 375, wonach der Bundesrat zu prüfen hat, ob die Kassenleistungen den reichsgesetzlichen Leistungen mindestens gleichwertig und in dieser Höhe gewährleistet sind.

6. Über die Bedeutung dieser zeitlichen Begrenzung vgl. Vorbem. S. 727. Daß eine Kasse auch dann schon als errichtet gilt, wenn sie vor dem 5. Dezember 1911 als eine Wohlfahrtseinrichtung ohne Rechtsanspruch errichtet ist, erscheint zweifelhaft. Jedenfalls müßte eine solche Kasse sich als Versicherungseinrichtung noch umbilden, um als Ersatzkasse zugelassen zu werden.

7. Rechtsfähig sind u. a. alle von der Aufsichtsbehörde zum Geschäftsbetrieb zugelassenen Versicherungsvereine auf Gegenseitigkeit (vgl. §§ 15, 103 des Reichsges. über die privaten Versicherungsunternehmungen v. 12. Mai 1901). Zu dem Begriff „rechtsfähig" vgl. § 97 Anm. 1.

8. Ohne Antrag von der zuständigen Stelle innerhalb der vorgeschriebenen Zeit wird keine Versicherungseinrichtung als Ersatzkasse anerkannt. Über die Form des Antrags sind Vorschriften nicht gegeben; vgl. hierzu auch § 229 Anm. 1.

9. Diese Ausschlußfrist ist erst von der Reichstagskommission in das Gesetz gebracht worden.

10. Bei Nichtzulassung als Ersatzkassen können die Einrichtungen als Zuschußkassen fortbestehen; sie werden allerdings dann weniger Selbständigkeit haben, aber andererseits von einer über § 369 hinausgehenden erheblichen Änderung ihrer Satzungen befreit sein.

11. Wie der übrige Inhalt des Abs. 2 ist auch die Hinterlegungspflicht erst von der Reichstagskommission hinzugefügt. Die Höhe der zu hinterlegenden Sicherheit wird für die einzelnen Kassen nach der Zahl der versicherten Angestellten, nach deren Familienstand, Alter und Gehaltsbezügen, nach der Art und Dauer ihrer Beschäftigung u. dgl. verschieden zu bemessen sein und darf von der Reichsversicherungsanstalt zu anderen Zwecken als der Sicherstellung der reichsgesetzlichen Beitragsleistung nicht verwendet werden.

12. Die Ablehnung kann insbesondere erfolgen, weil eine der S. 728 erwähnten Bedingungen nicht erfüllt ist.

13. Über den Zinssatz vgl. oben S. 481.

14. Wer nachzuzahlen hat, sagt das Gesetz nicht. Die als Ersatzkasse abgelehnte Versicherungseinrichtung wird dazu nur dann verpflichtet sein, wenn sie gemäß §§ 365, 370 als Zuschußkasse zugelassen ist. Ist dies nicht der Fall, so wird

die Nachzahlung den durch §§ 176ff. zur Beitragsentrichtung verpflichteten Arbeitgebern obliegen.

15. Die näheren Bestimmungen über das Oberschiedsgericht folgen aus den §§ 162 ff., 281 ff. Es entscheidet den Streit endgültig, u. z. ist seiner Entscheidung hier nur der Streit über die Höhe des nachzuzahlenden Betrages unterstellt. Streitparteien im Sinne des Abs. 4 sind also auf der einen Seite die Reichsversicherungsanstalt, auf der anderen Seite die Versicherungseinrichtung oder die Arbeitgeber.

16. Der Abs. 4 ist ebenfalls erst auf Grund der Beratung der Reichstagskommission in das Gesetz gelangt.

Wirkung der Beteiligung bei einer Ersatzkasse.

§ 373.[1] *Die Beteiligung*[2] *bei einer zugelassenen Ersatzkasse gilt der Versicherung bei der Reichsversicherungsanstalt gleich.*[3] *Das gleiche gilt, solange das Verfahren über die Zulassung schwebt.*[4]

Die Ersatzkassen müssen den §§ 374 bis 378,[5] *§ 172 Abs. 2 genügen.*[6]

E. I. —
E. II. § 367.
RVO. —

1. Der § 373 verdankt seine jetzige Fassung der Reichstagskommission; zum Teil stammt sein Inhalt aus dem umgeänderten § 367 des II. Entwurfs.

2. Beteiligung ist Versicherung ohne Rücksicht auf die Entstehungsursache.

3. Gilt gleich bedeutet die Befreiung von Pflichten gegenüber der Reichsversicherungsanstalt.

4. Zu dem Schweben des Verfahrens über die Zulassung vgl. § 372 Abs. 3 u. 4.

5. Die Paragraphen enthalten weitere Voraussetzungen für die Zulassung der Ersatzkassen (§ 374), die an ihre Leistungen zu stellenden Anforderungen (§ 375), Bestimmungen für den Fall der Zurückziehung der Zulassung oder der Auflösung einer Ersatzkasse (§ 376), Vorschriften über die Arbeitgeberbeiträge (§ 377) und das Mitwirkungsrecht der Angestellten bei der Verwaltung der Ersatzkassen (§ 378).

6. Der § 172 Abs. 2 handelt von der Anerkennungsgebühr zur Aufrechterhaltung der Anwartschaft; sie beträgt jährlich 3 Mark und kann auch in Teilbeträgen entrichtet werden.

Voraussetzungen für die Zulassung.

§ 374. *Den Ersatzkassen müssen sämtliche[1] Versicherungspflichtigen[2] der Unternehmungen,[3] für die sie errichtet sind, angehören, soweit sie nicht nach § 390 von der Beitragsleistung befreit sind.[4]*

Der Vorschrift des Abs. 1 wird auch dann genügt, wenn in einem Betriebe mehrere Kassen[5] vorhanden sind und jeder versicherungspflichtige Angestellte mindestens einer dieser Kassen angehört.[6]

Bei Kassen, die für mehrere Unternehmungen errichtet sind, befreit[7] der Beitritt einer Unternehmung, welche der Kasse gegenüber am 5. Dezember 1911 noch nicht vertraglich zur Versicherung der Mehrheit oder einer bestimmten Gruppe ihrer Angestellten verpflichtet war, die Angestellten dieser Unternehmung nicht von der Pflicht zur Versicherung bei der Reichsversicherungsanstalt.[8]

E. I. —
E. II. § 368.
RVO. —

1. Über die nach diesem Gesetz Versicherungspflichtigen vgl. § 1 Abs. 1.

2. Mit Ausnahme der in Anm. 4 bezeichneten Personen müssen sämtliche zur Zeit der Errichtung vorhandenen und später in der Unternehmung beschäftigten Versicherungspflichtigen der Ersatzkasse angehören. Beschränkung der Kassenmitgliedschaft auf einen bestimmten Kreis von Versicherungspflichtigen, z. B. auf die technischen Angestellten eines Betriebs, ist unzulässig. Dagegen dürfen einer Ersatzkasse auch nicht versicherungspflichtige Angestellte der Unternehmung oder Unternehmungen, für die sie errichtet ist, unter der im § 365 Abs. 1 Satz 2 gegebenen Voraussetzung angehören. Vgl. auch Anm. 5.

3. Unternehmung ist hier gleichbedeutend mit Betrieb im Sinne des Abs. 2, und zwar kommt nur ein Hauptbetrieb oder ein selbständiger Zweigbetrieb in Frage. Vgl. über die Begriffe „Betrieb“ und „Unternehmen“ § 1 Anm. 10 und § 113 Anm. 2.

4. Nach § 390 können einzelne Personen befreit werden, welche unter gewissen Voraussetzungen Lebensversicherungsverträge vor dem 5. Dezember 1911 abgeschlossen haben.

5. Hat eine Unternehmung zwei Kassen, die eine für Arbeiter und Werkmeister, die andere für Angestellte, so müssen, da die Werkmeister auch unter die Angestelltenversicherung fallen, beide Kassen als Ersatzkassen zugelassen werden. Die Pensionsanstalt für deutsche Journalisten z. B. versichert zwei Arten von Mitgliedern, einerseits sind Einzelmitglieder, anderseits Verleger mit ihrem ganzen Redaktionspersonal versichert. Um als Ersatzkasse für die in Betracht kommenden Betriebe zugelassen zu werden, müssen auch die übrigen Angestellten dieser Betriebe dort versichert werden. Erst dann sind die hier gegebenen gesetzlichen Bedingungen für die Zulassung erfüllt (vgl. Kom.-Ber.).

6. Durch den erst in der Reichstagskommission hinzugefügten Abs. 2 sind Kassen eines Betriebes mit getrennter Verwaltung nach Art der in Anm. 5 besprochenen gestattet; es soll hierdurch verhindert werden, daß bei den Arbeitern das Mißtrauen entsteht, sie müßten für andere zahlen (vgl. Kom.-Ber.).

7. Aus der Bestimmung des Abs. 3 folgt umgekehrt, daß von der Zwangsversicherung bei der Reichsversicherungsanstalt befreit sind die Angestellten einer Unternehmung, welche bereits vor dem 5. Dezember 1911 entweder einer für mehrere Unternehmungen errichteten Ersatzkasse beigetreten oder dieser Kasse gegenüber zur Versicherung der Mehrheit bzw. einer bestimmten Gruppe ihrer Angestellten vertraglich verpflichtet war.

8. Für die Vorschrift des Abs. 3 sind dieselben Gründe maßgebend gewesen, die gegen die Errichtung und Zulassung von neuen Ersatzkassen nach dem 5. Dezember 1911 sprechen (vgl. oben S. 727). Auch hier hat erst die Reichstagskommission und das Plenum des Reichstags die jetzige Fassung der zeitlichen Begrenzung in das Gesetz gebracht.

Anforderungen an die Leistungen.

§ 375. *Die Kassenleistungen müssen den reichsgesetzlichen Leistungen mindestens gleichwertig*[1] *und in dieser Höhe*[2] *gewährleistet*[3] *sein. Die Leistungen für die Zwecke des Heilverfahrens*[4] *gelten als gleichwertig, wenn in den ersten drei Jahren nach dem Inkrafttreten dieses Gesetzes,*[5] *auf den Kopf der versicherten Angestellten*[6] *mindestens fünf Mark aufgewendet oder zurückgelegt werden. In den folgenden Jahren ist der im Durchschnitt von der Reichsversicherungs-*

anstalt auf den Kopf der Versicherten[6] *nach dem zuletzt veröffentlichten Rechnungsabschlusse (§ 105)*[7] *verbrauchte Betrag in Ansatz zu bringen. Die für die Ersatzkasse zuständige Aufsichtsbehörde*[8] *überwacht die Ausführung dieser Vorschrift.*[9]

Die Gewährleistung[3] *kann auch dadurch nachgewiesen werden, daß die den Kassen nach Abs. 1 obliegenden Leistungen bei einem Rückversicherungsverbande*[10] *(Versicherungsverein auf Gegenseitigkeit) sichergestellt sind, der von Kassen der im § 365 bezeichneten Art gebildet und vom Reichskanzler*[11] *als leistungsfähig anerkannt ist; die Anerkennung ist davon abhängig zu machen, daß durch die Rückversicherung zugleich der Anspruch der Reichsversicherungsanstalt auf die Überweisung des Deckungskapitals (§ 384) sichergestellt ist.*[12]

E. I. —
E. II. § 369.
RVO. —

1. Die Prüfung der Gleichwertigkeit der Leistungen bietet besondere Schwierigkeiten. Es handelt sich für die neue Versicherung, abgesehen von dem Heilverfahren und den Beitragserstattungsfällen, um dreierlei Bezüge, nämlich um Ruhegeld, Witwen-, Witwer- und Waisenrenten, die völlig verschieden bewertet werden müssen. Hierzu kommt, daß in manchen Fürsorgefällen dem Ruhegeld besondere Bedeutung beigelegt und die Hinterbliebenenrenten minder hoch bewertet werden und umgekehrt. Auch die Wartezeit für die Erlangung des Anspruchs auf die Leistungen ist sehr verschieden. Es werden deshalb bei Prüfung der Gleichwertigkeit nicht notwendig die einzelnen Leistungen getrennt verglichen werden müssen. Vielmehr wird der Wert der Anwartschaft der Kassenmitglieder auf die satzungsmäßigen Leistungen dem Werte der Anwartschaft auf die reichsgesetzlichen Leistungen gegenübergestellt werden dürfen. In diesen Anwartschaftswerten wird der verschiedene Umfang und die verschiedene Höhe der Leistungen sowie die verschiedene Wartezeit zum Ausdruck kommen. (Begr.)

Zur Gleichwertigkeit der Leistungen gehört nicht auch die gleiche Leichtigkeit einer freiwilligen Fortsetzung der Versicherung, insbesondere kommt die freiwillige Weiterversicherung nicht für die Prüfung der Gleichwertigkeit in Betracht. Jedoch kann beim Ausscheiden aus der versicherungspflichtigen Beschäftigung eine freiwillige Weiterversicherung bei der Reichsversicherungsanstalt erfolgen (vgl. Kom.-Ber.).

2. In dieser Höhe bedeutet, daß die Gewährleistung nur in Höhe der reichsgesetzlichen Leistungen vorgeschrieben ist. Leistet eine Ersatzkasse mehr als die Reichsversicherungsanstalt, so liegt ihr also eine Gewährleistungspflicht hinsichtlich des Überschusses über die reichsgesetzlichen Leistungen nicht ob.

3. Die Feststellung der Sicherheit für die Erfüllbarkeit der versprochenen Leistungen wird bei vielen Fürsorgekassen sehr schwierig sein, da sie im allgemeinen von einer je nach den besonderen Verhältnissen verschieden großen Zahl von Versicherten, dem voraussichtlichen Fortbestand dieser Zahl, der Höhe der Leistungen, dem Beitragsverfahren sowie von sonstigen freiwilligen Zuwendungen und Garantien abhängig ist. (Begr.)

Die Gewährleistung der Erfüllbarkeit der Verpflichtungen hängt (nach dem Kom.-Ber.) aber nicht allein von den Rechnungsgrundlagen ab, sondern man muß auch darüber hinaus prüfen, welche Garantien für die dauernde Leistungsfähigkeit des Arbeitgebers gegeben sind. Entscheidend ist ferner die Zahl der Personen, die versichert werden, so können z. B. mehrere Schadensfälle mit hohen Beträgen die Leistungsfähigkeit erschüttern; es müssen deshalb möglichst breite Schultern die Garantie für die Leistungsfähigkeit übernehmen, weshalb auch eine Rückversicherung vorgesehen ist (vgl. Anm. 10).

4. Vgl. über die Zwecke des Heilverfahrens §§ 36ff. und die Vorbemerkung S. 212ff. Die Einleitung und Durchführung des Heilverfahrens liegt an sich der Ersatzkasse ob. Diese kann jedoch die diesbezüglichen Schritte entweder im Einzelfalle gegen eine zu vereinbarende Vergütung oder ständig hinsichtlich ihrer sämtlichen nach § 1 Abs. 1 versicherungspflichtigen Mitglieder gegen Überweisung der entsprechenden Kassenmittel der Reichsversicherungsanstalt überlassen.

5. Das sind voraussichtlich die Jahre 1913, 1914 und 1915.

6. Ob die Worte „auf den Kopf der versicherten Angestellten" im Satz 2 etwas anderes bedeuten als der Ausdruck „auf den Kopf der Versicherten" im Satz 3, erscheint zweifelhaft. Man kann insbesondere unter letzterem Ausdruck alle von der Kasse Versicherten verstehen, gleichgültig, ob sie Angestellte sind oder der Versicherungspflicht nach § 1 Abs. 1 unterliegen.

7. Nach § 105 ist der *Rechnungsabschluß* der Reichsversicherungsanstalt auf Grund der jährlich abzuschließenden Bücher für das abgelaufene Geschäftsjahr anzufertigen. Als *Rechnungsjahr* gilt das Kalenderjahr.

8. Über die zuständige *Aufsichtsbehörde* vgl. S. 709ff. in Verbindung mit § 372 Abs. 1 (Bundesrat).

9. Die das *Heilverfahren* betreffende *Vorschrift des Abs. 1*, welche erst auf Grund der Beratung der Reichstagskommission in das Gesetz gelangt ist, dürfte das Rechnungswesen der Ersatzkassen sowohl vom versicherungstechnischen wie vom volkswirtschaftlichen Standpunkte aus nicht unwesentlich beeinflussen, zumal in den auf die ersten drei Jahre nach dem Inkrafttreten des Gesetzes folgenden Jahren der durchschnittlich von der Reichsversicherungsanstalt auf den Kopf der Versicherten verbrauchte Betrag sehr wohl erheblichen Schwankungen unterliegen kann. Insbesondere können bei weniger kapitalkräftigen Kassen derartige Schwankungen auf die Versicherungsleistungen einen Rückschlag ausüben, es sei denn, daß die Rückversicherung (vgl. Anm. 9) dies verhütet.

10. Um für die in Anm. 3 berührten Feststellungen eine breitere Grundlage und größere Garantien für die Gewährleistung der reichsgesetzlichen Leistungen zu schaffen, als sie einzelne Fürsorgekassen bieten können, um insbesondere auch kleineren und weniger kapitalkräftigen Versicherungseinrichtungen die Zulassung als Ersatzkassen zu erleichtern, sieht Abs. 2 den *Zusammenschluß von Kassen zu einem Rückversicherungsverband* auf Gegenseitigkeit vor. Ein Rückversicherungsverband ähnlicher Art, wie der hier gedachte, besteht bereits für die Knappschaftsvereine (vgl. § 388 Anm. 8). Bei Sicherstellung der reichsgesetzlichen Leistungen der Ersatzkassen bei einem solchen Verbande würde die Gewährleistung dann anzunehmen sein, wenn vom Reichskanzler die Leistungsfähigkeit des Verbandes anerkannt worden ist. Diese Anerkennung wird davon abhängig gemacht, daß durch den Rückversicherungsvertrag der Kasse mit dem Verbande zugleich der Anspruch der Reichsversicherungsanstalt auf Überweisung des Deckungskapitals für die der Kasse zur Last fallenden reichsgesetzlichen Bezüge (§ 384) sichergestellt ist. Ob diese Bedingung erfüllt ist, wird von Fall zu Fall durch den Reichskanzler festgestellt (vgl. Begr.).

Ob von der Sicherstellung bei einem Rückversicherungsverband viel Gebrauch gemacht werden wird, erscheint mit Rücksicht auf die Verschiedenheit der Leistungen, der Rechnungsgrundlagen, der Garantien für die Leistungsfähigkeit der einzelnen Arbeitgeber u. ä. und die dadurch der Bildung des Verbandes entgegenstehenden Schwierigkeiten zweifelhaft. Es ist sehr wohl möglich und für manche Versicherungseinrichtung vielleicht das beste, daß sie angesichts dieser Schwierigkeiten ihre Auflösung der Zulassung als Ersatzkasse vorzieht, es sei denn, daß sie als „Zulagekasse" (S. 707) fortbestehen.

11. Der Reichskanzler wird in den Angelegenheiten, die zum Geschäftsbetrieb des Reichsamts des Innern gehören, durch dieses vertreten. Der Gesetzgeber hat von einer ausdrücklichen Hervorhebung dieser Tatsache Abstand genommen und einen ursprünglich vorgesehenen diesbezüglichen Zusatz gestrichen (vgl. auch § 76 Anm. 8).

12. Durch die Abhängigmachung der Anerkennung von einer Sicherstellung geht zwar die Befugnis des Reichskanzlers weiter als die im Abs. 1 der Aufsichtsbehörde zugewiesene Überwachung. Damit ist aber auch diese Befugnis genau begrenzt, insbesondere darf nicht eine über die Sicherstellung hinausgehende Kapitalsrücklegung u. ä. vorgeschrieben werden.

Zurückziehung der Zulassung. Auflösung der Ersatzkasse.

§ 376.[1] *Wird die Zulassung als Ersatzkasse zurückgezogen*[2] *oder die Ersatzkasse aufgelöst,*[3] *so geht die Verpflichtung zur Befriedigung der reichsgesetzlichen Ansprüche auf die Reichsversicherungsanstalt über.*[4] *Aus dem Vermögen der Ersatzkasse sind der Reichsversicherungsanstalt die Prämienreserven*[5] *zu überweisen, die den Verpflichtungen entsprechen. § 368 Abs. 2*[6] *gilt entsprechend.*[7]

Bei Streit entscheidet das Oberschiedsgericht.[8]

E. I. —
E. II. —
RVO. —

1. Der § 376 verdankt seine Entstehung den Beschlüssen der Reichstagskommission (vgl. Kom.-Ber. § 369 a).

2. Zurückgezogen wird die Zulassung, und zwar vom Bundesrat, wenn die Voraussetzungen, unter denen sie erteilt ist, nicht mehr vorliegen.

3. Aufgelöst werden kann die Ersatzkasse außer dem Falle des Konkurses entweder als solche oder überhaupt durch Beschluß ihrer zuständigen Organe oder durch die Aufsichtsbehörde. In diesem Falle findet nach der Auflösung die Liquidation statt (vgl. Anm. 7).

4. Der Übergang der Verpflichtungen beschränkt sich auf die reichsgesetzlichen Leistungen, diese müssen jedoch von der Reichsversicherungsanstalt erfüllt werden, gleichgültig ob ihr dafür aus dem Vermögen der Ersatzkasse Deckung überwiesen wird oder nicht.

5. Über Prämienreserven vgl. § 367 Anm. 7.

6. Es hat also entsprechend § 368 Abs. 2 der Bundesrat nach Anhören der Reichsversicherungsanstalt Näheres über die Prämienreserve usw. zu bestimmen.

7. Bei der Liquidation (vgl. Anm. 3) kommen je nach der Rechtsform der Ersatzkasse in Betracht §§ 47—53 BGB., §§ 294—302 HGB., §§ 46—48, 66 Reichsges. üb. d. priv. Vers.-Untern. und für den Fall des Konkurses die §§ 49—52 u. 68 des letzterwähnten Gesetzes sowie die Konkursordnung in der Fassung vom 20. Mai 1898 (RGBl. S. 612).

8. Über das Oberschiedsgericht vgl. §§ 162 ff., 281 ff. Es entscheidet den hier lediglich in Frage kommenden Streit zwischen der Ersatzkasse und der Reichsversicherungsanstalt endgültig.

Arbeitgeberbeiträge.

§ 377. *Die Beiträge der Arbeitgeber*[1] *zu den Kassen*[2] *müssen mindestens den reichsgesetzlichen Arbeitgeberbeiträgen und, sofern die Beiträge der Versicherten höher sind,*[3] *diesen gleichkommen.*[4 5] *Die von den Arbeitgebern gemachten besonderen Aufwendungen*[6] *sind auf die Beiträge der Versicherten und der Arbeitgeber gleichmäßig anzurechnen.*[7 8]

E. I. —
E. II. § 370.
RVO. —

1. Die Beiträge der Arbeitgeber können auch auf andere Weise als durch laufende Zahlungen aufgebracht werden, z. B. in Form von Jahresüberweisungen, von Dotationskapitalien oder von bestimmten Beträgen aus Geschäftsüberschüssen.

2. Gemeint sind die Ersatzkassen.

3. Die Worte „und sofern . . . diesen" wurden erst vom Reichstagsplenum hinzugefügt und von dem Antragsteller Abg. Behrens wie folgt begründet: „Der § 377 behandelt die Beitragsfrage und bestimmt, daß die Beiträge der Arbeitgeber zu den Kassen mindestens den reichsgesetzlichen Arbeitgeberbeiträgen gleich sein müssen. Da uns nun von den verbündeten Regierungen erklärt worden ist, daß bei Prüfung der Gleichwertigkeit der Leistungen nicht die Höhe der Beiträge in Betracht gezogen wird, so kann sich in der Praxis folgender

Fall ergeben: daß wohl die Leistungen gleichwertig sind und die Beiträge der Arbeitgeber die Höhe der reichsgesetzlichen Arbeitgeberbeiträge erreichen, daß aber, um die Gleichwertigkeit der Leistungen zu erlangen, die Arbeitnehmerbeiträge entsprechend höher sein müssen. Um das zu verhindern, daß die Gleichwertigkeit der Leistungen durch höhere als die reichsgesetzlich vorgeschriebenen Beiträge der Versicherten allein herbeigeführt wird, müssen die Arbeitgeberbeiträge die gleiche Höhe wie die Arbeitnehmerbeiträge, auch wenn sie die reichsgesetzlichen Beiträge überschreiten, erhalten. Deshalb bitte ich, hinter ‚Arbeitgeberbeiträgen' einzuschalten nach meinem Antrage: ‚und sofern die Beiträge der Versicherten höher sind, diesen'. Ich glaube, das ist für die Versicherten der Ersatzkassen außerordentlich wertvoll, daß die Beiträge unter allen Umständen gleich sein müssen. Ich will hierbei bemerken: bei den Knappschaftsvereinen ist diese Vorschrift landesgesetzlich geregelt. Da sind die Beiträge gleich. Aber was die Arbeitgeber in den Knappschaftsvereinen als Ersatzkassen leisten müssen, sollen auch die Arbeitgeber in den Werkpensionskassen als Ersatzkassen leisten." (Sten. Ber.)

4. Die Beantwortung der Frage, ob die von den Arbeitgebern zu den Ersatzkassen geleisteten Beiträge den reichsgesetzlichen Arbeitgeberbeiträgen und, sofern die Beiträge der Versicherten höher sind, diesen gleichkommen, wird vielfach Schwierigkeiten bieten. Die Kassen haben in vielen Fällen freiwillige Zuwendungen der Arbeitgeber an Kapitalien bei günstigen Rechnungsabschlüssen oder besondere Aufwendungen bei sonstiger Veranlassung erhalten; auch findet vielfach kostenlose Übernahme der Verwaltung und ähnliches statt. Es würde unbillig sein, bei Beurteilung des Arbeitgeberbeitrags diese Zu- und Aufwendungen außer Betracht zu lassen. § 377 sieht deshalb deren Anrechnung vor. Für die Entscheidung über die Anrechnung wird nach der Begründung eine Bilanz aufzustellen sein, in der die Leistungen der Arbeitgeber und der Angestellten getrennt zur Darstellung zu bringen sind. Die Entscheidung ist dem Bundesrat übertragen (§ 372 Abs. 1).

5. Verschieden hohe Beiträge sind nicht unzulässig. Ist bei gleich hohen Leistungen infolge der verschieden hohen Invaliditäts- und Sterbegefahr das Risiko bei der einen Kasse doppelt oder dreifach so groß als bei der anderen, so muß auch das Zwei- bis Dreifache der Beiträge der Kasse mit geringerem Risiko erhoben werden. Anderenfalls würde es den Kassen nicht möglich sein, ihre Leistungen durch die Beiträge zu decken. (Bundesratskommissar Geh. Ober-Reg.-Rat Dr. Beckmann im Reichstagsplenum; vgl. Sten. Ber.).

6. Daß die von den Arbeitgebern gemachten besonderen

Aufwendungen auf die Beiträge der Versicherten und der Arbeitgeber gleichmäßig anzurechnen sind, wurde erst von der Reichstagskommission trotz der vom Regierungstische hiergegen geltend gemachten Bedenken (vgl. Anm. 7) in das Gesetz gebracht. Auch frühere und vielleicht recht alte Zuwendungen sind anzurechnen; die Bestimmung soll sich nicht nur auf die Zeit nach Verkündung des Gesetzes beziehen, wie ursprünglich in der Reichstagskommission beantragt worden war. Dies ist auch erforderlich, da die früheren Zuwendungen in dem Vermögen enthalten sind und so mit einen Teil der Bilanz bilden. Beachtenswert ist endlich, daß die hier gegebene Vorschrift eine Ausnahme von § 81 bildet.

7. Von einem Vertreter der verbündeten Regierungen wurde gegen die in Anm. 6 erwähnte Zusatzbestimmung, welche Annahme gefunden hat, eingewendet, daß sie die bisherigen Grundlagen für die Bilanzen der Kasse beseitigen würde. Man müsse sich die Errichtung einer solchen Kasse vergegenwärtigen: Der Entwurf des Statuts sehe die Höhe der Leistungen vor; die Beitragspflicht des Arbeitgebers und der Arbeitnehmer wäre halbiert. Der Sachverständige rechne nunmehr aus, wie hoch der Beitrag für die vorgesehenen Leistungen für Arbeitgeber und Arbeitnehmer zu bemessen sei. In der Passivseite stände für die Eröffnungsbilanz der wahrscheinlichste Wert der Anwartschaften auf die Kassenleistungen; in der Aktivseite stände der wahrscheinlichste Wert der künftigen Beiträge je zur Hälfte verteilt auf den Arbeitgeber und die Angestellten. Dies wäre der Dauerbilanzzustand für die Kasse. Nun würde in der Regel von der genehmigenden Behörde es als erforderlich bezeichnet, daß sofort ein namhaftes Vermögen vorhanden sein soll. Um die Errichtung der Kasse zu ermöglichen, könne der Arbeitgeber in diesen Fällen einen Teil des wahrscheinlichsten Wertes seiner in die Eröffnungsbilanz eingestellten Beiträge sofort zur Verfügung stellen. Naturgemäß würde sich dann in dem Verhältnis ,wie sich sein Anteil an dem wahrscheinlichsten Wert der Gesamtbeiträge vermindere, auch die Höhe seiner laufenden Beiträge vermindern. Dieser Grundsatz müsse auch für die zukünftigen Bilanzen aufrecht erhalten bleiben. Durch den vorliegenden Antrag würde er beseitigt; denn man wolle die Hälfte der vom Arbeitgeber vorweg geleisteten Beiträge den Angestellten gutbringen. Das hätte zur Folge, daß, wenn Vermögen und Verpflichtungen in der Bilanz der Kasse gleich bleiben sollen, man die Beiträge des Arbeitgebers im Verhältnis des gutgebrachten Beitrags erhöhen und die der Angestellten vermindern müßte. Man würde also die bisherigen Rechnungs- und Satzungsgrundsätze über den Haufen werfen. (Kom.-Ber.)

8. Die Vorschrift des § 377 dürfte angesichts der ihm durch die Reichstagskommission gegebenen, die Arbeitgeberbeiträge in empfindlicher Weise treffenden Fassung manche Arbeitgeber davon abhalten, die Zulassung ihrer Versicherungseinrichtungen als Ersatzkassen zu beantragen. Denn die Arbeitgeber können nunmehr von den besonderen Aufwendungen, die sie für ihre Kassen machen oder gemacht haben, nicht mehr als die Hälfte bei ihren Beiträgen für die Angestelltenversicherung zur Anrechnung bringen, während der Entwurf II die Entscheidung über die Höhe der Anrechnung von Fall zu Fall geregelt wissen wollte. Die danach verbleibende Hälfte ihrer besonderen Aufwendungen ist nach dem Gesetz auf die Beiträge der Versicherten anzurechnen. Die Arbeitgeber können sich also auch durch noch so große Zuwendungen, welche einer Kapitalabfindung gleichkommen, von der Beitragspflicht nicht ganz befreien. Ebensowenig können Zuwendungen dritter Personen, welche an sich durch § 377 nicht betroffen werden, an dieser Beitragspflicht etwas ändern. — Über die Möglichkeit des Fortbestands von Kassen als Zulagekassen vgl. S. 707.

Mitwirkungsrecht der Angestellten.

§ 378. *Den Versicherten muß bei der Verwaltung der Kasse und bei der Feststellung von Kassenleistungen eine den Vorschriften dieses Gesetzes entsprechende Mitwirkung*[1] *eingeräumt sein. Die Wahl*[2] *muß geheim sein.*

Gegen die Feststellung von Kassenleistungen ist innerhalb der im § 328 vorgeschriebenen Frist[3] *die Berufung*[4] *an das Schiedsgericht und gegen dessen Entscheidung in den in diesem Gesetze vorgesehenen Fällen die Revision*[5] *an das Oberschiedsgericht zulässig. Für das Verfahren*[6] *gelten die Vorschriften dieses Gesetzes entsprechend.*[7]

Zu den Kosten[8] *der Schiedsgerichte und des Oberschiedsgerichts haben die Kassen einen nach Anhören*[9] *der Reichsversicherungsanstalt vom Bundesrate zu bestimmenden Pauschbeitrag zu leisten.*[10]

E. I. —
E. II. § 371.
RVO. —

1. Ob den Versicherten bei der Verwaltung der Kasse und bei der Feststellung von Kassenleistungen eine den Vorschriften dieses Gesetzes entsprechende Mitwirkung eingeräumt ist, hat nach § 372 Abs. 1 der Bundesrat vor der Zulassung zu prüfen. Maßgebend für eine dementsprechende Mitwirkung und deshalb bei der Prüfung zu berücksichtigen sind auch die Vorschriften des Gesetzes über die Wahlen zu dem Organ für die Festsetzung der Bezüge. Wie dieses Organ zusammengesetzt sein soll, bestimmt das Gesetz nicht. Da aber den Versicherten eine den Vorschriften dieses Gesetzes entsprechende Mitwirkung einzuräumen ist, wird es dem Rentenausschuß (§ 122) nachgebildet werden müssen. In ähnlicher Weise wird bei der Verwaltung der Ersatzkasse für die Festsetzung des Voranschlags, die Abnahme des Rechnungsabschlusses und der Bilanzen sowie für die gutachtliche Beratung des Direktoriums bei wichtigen Beschlüssen ein dem Verwaltungsrat (§ 107) nachgebildetes Organ zu schaffen sein.

2. Der Zusatz betr. die geheime Wahl wurde in der Reichstagskommission abweichend von den sonstigen Wahlvorschriften des Gesetzes (vgl. §§ 109 Anm. 4, 133 Anm. 1 und 149 Anm. 2) beschlossen. Dazu wurde ausgeführt: Es handle sich um Kassen, die für einen besonderen Betrieb eingerichtet worden sind; hierfür müßten unbedingt die Geheimwahlen vorgesehen werden. Da das Gesetz aber nur die Verhältniswahl kennt, so gilt diese naturgemäß auch ohne weiteres für die Wahlen der Versichertenvertreter bei den Ersatzkassen; vgl. im übrigen über die Verhältniswahl § 111 Anm. 1.

3. Die Frist beträgt in der Regel einen Monat nach Zustellung der angefochtenen Entscheidung (§ 328 Abs. 1).

4. Über die Berufung vgl. §§ 270 ff.

5. Die Revision ist in den §§ 281 ff. behandelt.

6. Über das Verfahren vgl. §§ 229 ff.

7. Abs. 2 wurde trotz Abratens der Regierung von der Reichstagskommission in das Gesetz gebracht.

Da die Reichstagskommission sich den Bedenken der Regierung nicht angeschlossen hat, ist das Verfahren dieses Gesetzes einschließlich der Berufung und Revision auch für die Feststellung der über den Rahmen des AVG. hinausgehenden Kassenleistungen anzuwenden und eine abweichende Vereinbarung oder Satzungsbestimmung, welche z. B. diese Feststellung den ordentlichen Gerichten oder einem schiedsrichterlichen Verfahren im Sinne der §§ 1025 ff. ZPO. übertragen würde, unzulässig.

8. Diese Bestimmung über die Kosten, welche durch die Reichstagskommission eingefügt wurde, bildet eine Ausnahme

vom Grundsatz des § 312, wonach den Beteiligten — abgesehen von mutwilliger Veranlassung o. ä. — keine Kosten des Verfahrens auferlegt werden. Der Pauschbeitrag fließt in die Kasse der Reichsversicherungsanstalt. Im übrigen vgl. zu den Kosten der Schiedsgerichte und des Oberschiedsgerichts §§ 168, 169 in Verbindung mit § 219.

9. Über die Bedeutung von Anhören vgl. § 316 Anm. 3.

10. Die Bestimmung des Abs. 3 dürfte eine den Ersatzkassen insofern unerwünschte Begleiterscheinung des Abs. 2 sein, als ihnen dadurch eine vielleicht nicht unerhebliche finanzielle Last aufgebürdet wird. Sie ist erst in der zweiten Lesung der Reichstagskommission hinzugefügt worden und verdankt ihre Entstehung vermutlich den von einem Regierungsvertreter hervorgehobenen Bedenken über die durch Abs. 2 der Reichsversicherungsanstalt entstehenden Mehrkosten.

Beschränkung der Übertragung, Verpfändung usw.

§ 379.[1] *§ 371 [2] gilt entsprechend.*

E. I. —
E. II. —
RVO. §§ 119, 1324 (132, 1310).

1. Der § 379 wurde erst durch die Reichstagskommission zugesetzt (vgl. Kom.-Ber. § 371a).

2. Die entsprechende Anwendung des § 371 bedeutet, daß die Vorschriften der §§ 93, 94, betr. Beschränkung der Übertragung, Verpfändung, Pfändung und Aufrechnung der Ansprüche, wie bei den Zuschuß- so auch bei den Ersatzkassen gelten, soweit die Kassenleistungen nicht über den Rahmen des AVG. hinausgehen.

Anrechnung der Beitragszeit.

§ 380.[1] *Bei Berechnung der Wartezeit,[2] des Ruhegehalts [3] und der Renten [4] wird für den reichsgesetzlichen Anspruch [5] die nach [6] dem Inkrafttreten dieses Gesetzes bei Ersatzkassen und bei der Reichsversicherungsanstalt zurückgelegte Beitragszeit [7] angerechnet.*

E. I. —
E. II. § 372.
RVO. —

1. Der § 380 soll in Verbindung mit den §§ 382—384 die Freizügigkeit im Umfang der reichsgesetzlichen Leistungen

nach dem Inkrafttreten des Gesetzes sichern. Zu diesem Zwecke wird hier vorgeschrieben, daß bei Berechnung der Wartezeit, des Ruhegeldes und der Renten für den reichsgesetzlichen Anspruch die nach dem Inkrafttreten dieses Gesetzes bei Ersatzkassen und bei der Reichsversicherungsanstalt zurückgelegte Beitragszeit angerechnet wird. Dabei sind nach §§ 383, 384 für die Beitragszeiten bei Ersatzkassen dieselben Gehaltsklassen zugrunde zu legen, in die das Mitglied während dieser Zeit bei Versicherung durch die Reichsversicherungsanstalt einzureihen gewesen wäre (vgl. Begr.).

2. Vgl. über Berechnung der Wartezeit §§ 48, 51 ff., 395 f.

3. Unter Ruhegehalt ist Ruhegeld zu verstehen. Es liegt lediglich ein Redaktionsfehler vor. Die Berechnung des Ruhegelds erfolgt nach Maßgabe der §§ 55 ff.

4. Als Renten kommen Hinterbliebenen- und Leibrenten in Betracht, ihre Berechnung ergibt sich aus den §§ 28 ff. in Verbindung mit §§ 57 ff. und 63.

5. Nur für den reichsgesetzlichen Anspruch findet eine Anrechnung statt, eine solche ist daher ausgeschlossen bei den darüber hinausgehenden Kassenleistungen, bei den von den Arbeitgebern gemachten und auf die Beiträge gemäß § 377 verteilten besonderen Aufwendungen u. ä.

6. Die Zeit vor dem Inkrafttreten des Gesetzes bleibt außer Betracht.

7. Die Beitragszeit wird in der Regel nach Kalendermonaten zu bemessen sein (§§ 170, 171).

Anlegung des Vermögens der Ersatzkasse.

§ 381.[1] *Mindestens ein Viertel des Vermögens*[2] *der Kasse, soweit es für die Angestelltenversicherung bestimmt ist, ist in Anleihen des Reichs oder der Bundesstaaten anzulegen.*[3] *Die zuständige Aufsichtsbehörde*[4] *überwacht die Ausführung.*

Solange die Kasse noch nicht ein Viertel ihres Vermögens nach Abs. 1 angelegt hat, muß sie jährlich mindestens ein Drittel ihres Vermögenszuwachses[5] *in solchen Anleihen anlegen.*

E. I. —
E. II. —
RVO. §§ 718, 984, 1157, 1356 (719, 976, 1143, 1342).

1. Der § 381 wurde von der Reichstagskommission in das Gesetz eingefügt, um eine finanzielle Besserstellung der Ersatz-

kassen gegenüber der Reichsversicherungsanstalt möglichst einzuschränken (vgl. Kom.-Ber. § 372a).

2. Bei der Vorschrift über die Anlegung des Kassenvermögens nach Maßgabe dieses Gesetzes kann es sich, wie aus den Worten „soweit es . . . bestimmt ist“ hervorgeht, nur um den Teil des Vermögens handeln, welcher der Angestelltenversicherung zukommt.

3. Die Vorschrift entspricht derjenigen über die Anlegung des Vermögens der Reichsversicherungsanstalt im § 226, auf welchen zu verweisen ist (vgl. oben S. 504f).

4. Über die zuständige Aufsichtsbehörde vgl. Vorbemerkung S. 708ff.

5. Ob unter Vermögenszuwachs hier das Mehr des Gesamtvermögens der Kasse, nicht nur der Zuwachs des für die Angestelltenversicherung bestimmten Vermögensteils zu verstehen ist, da Abs. 2 die in Anm. 2 hervorgehobene beschränkende Bestimmung des Abs. 1 nicht enthält, erscheint fraglich.

Beseitigung der Kollision von Versicherungsträgern.

§ 382.[1] *War nach*[2] *dem Inkrafttreten dieses Gesetzes der Versicherte bei verschiedenen zugelassenen Ersatzkassen*[3] *oder bei der Reichsversicherungsanstalt und einer oder mehreren Ersatzkassen versichert,*[4] *so ist dem Berechtigten*[5] *gegenüber die Reichsversicherungsanstalt zu den reichsgesetzlichen Leistungen verpflichtet.*[6] *Diese Leistungen werden nach den Vorschriften dieses Gesetzes durch den zuständigen Rentenausschuß*[7] *festgesetzt und angewiesen. Bei dem Verfahren*[8] *sind die beteiligten Ersatzkassen nach den §§ 253, 256 zuzuziehen;*[9] *auch ist jede von ihnen berechtigt, Rechtsmittel einzulegen.*[10] *Die beteiligten Ersatzkassen haben die festgesetzten, ihnen zur Last fallenden Leistungen nach den Vorschriften der §§ 383 bis 385*[11] *der Reichsversicherungsanstalt zu überweisen.*

Die satzungsmäßigen Leistungen der Ersatzkasse ermäßigen[12] *sich um die von ihr zu deckenden reichsgesetzlichen Leistungen.*

E. I. —
E. II. § 373.
RVO. —

1. Die hier gegebene Regelung weicht von der des österreichischen Gesetzes ab. Dort wird beim Übertritt von einer Ersatzkasse zu einer anderen oder zur Pensionsversicherungsanstalt und umgekehrt ein Ausgleich durch Überweisung der zur Deckung des Anspruchs rechnerisch erforderlichen Prämienreserve herbeigeführt. Das könne aber — führte ein Regierungsvertreter in der Reichstagskommission aus — nicht empfohlen werden. Würde beispielsweise ein im Alter von 16 Jahren bei der Reichsversicherungsanstalt eingetretener Versicherter innerhalb der ersten fünf Jahre zu einer Ersatzkasse übertreten, so müßte die Reichsversicherungsanstalt zur Herbeiführung eines technisch richtigen Ausgleichs von der Ersatzkasse eine Entschädigung erhalten, weil die Prämienreserve negativ sei. Die Ersatzkasse müßte somit eine Zahlung leisten, ohne daß sie Beiträge erhalten hätte. Sodann würden die Berechnungen und Geldüberweisungen in allen Fällen des Stellenwechsels eintreten und somit einen sehr großen Umfang einnehmen. Hierzu käme aber weiter, daß nach dem vorgesehenen Verfahren die Verpflichtung der Ersatzkassen gegen die Reichsversicherungsanstalt einwandfrei festgestellt werden könne, während dies sonst nicht möglich sei (vgl. Kom.-Ber.).

2. Eine Versicherung vor dem Inkrafttreten dieses Gesetzes begründet keine Verpflichtung der Reichsversicherungsanstalt.

3. Es muß sich um verschiedene zugelassene Ersatzkassen handeln. Wenn der Versicherte bis zum Eintritt des Versicherungsfalls immer bei derselben Ersatzkasse versichert war, so kommt hinsichtlich der Rechte und Pflichten aus § 382 weder der Rentenausschuß für die Festsetzung und Anweisung der Leistungen in Betracht, noch ist die Reichsversicherungsanstalt zu den Leistungen verpflichtet. Beides richtet sich alsdann nach der Kassensatzung.

4. Gemeint ist: nacheinander, nicht etwa gleichzeitig bei verschiedenen Ersatzkassen usw. versichert; ob freiwillig oder zwangsversichert ist gleichgültig.

5. Über den Berechtigten vgl. § 170 Anm. 2. Im Entwurf II lautete der Text: „den" Berechtigten. Der Ausdruck des Gesetzes „dem" bedeutet keine materielle Änderung.

6. Die reichsgesetzlichen Leistungen werden in den §§ 20 ff. angegeben. Zu diesen Leistungen ist die Reichsversicherungsanstalt verpflichtet, sobald ein Versicherungsfall im Sinne des AVG. eingetreten und die Wartezeit erfüllt ist. Sie erhält dafür, soweit die Leistungen nicht durch Beiträge aufgebracht sind, einen Ausgleich in dem ihr nach § 384 von den Erastzkassen zu überweisenden Deckungskapital.

7. Über den **zuständigen Rentenausschuß** vgl. §§ 230 ff. An diesen, ein anderes Organ der Reichsversicherungsanstalt oder eine andere inländische Behörde ist der **Antrag** auf die Leistungen zu stellen (§ 229 Abs. 2), nicht dagegen an die Ersatzkassen.

8. Für das **Verfahren** sind die §§ 229 ff., insbesondere §§ 238 ff. anzuwenden.

9. Die den §§ 253, 256 entsprechende **Zuziehung** geschieht in der Weise, daß die beteiligten Ersatzkassen durch den Vorsitzenden des Rentenausschusses von der Verhandlungszeit zu benachrichtigen sind und sich in der mündlichen Verhandlung vertreten lassen können.

10. Die **Einlegung der Rechtsmittel** muß in der Regel binnen einem Monat nach Zustellung der angefochtenen Entscheidung erfolgen (§ 328). Welche Rechtsmittel das Gesetz kennt, ist in § 328 Anm. 1 erläutert.

11. Diese **Vorschriften** betreffen die Übersendung einer Bescheinigung an die Reichsversicherungsanstalt beim Austritt, der Berufsunfähigkeit oder dem Tod von Kassenmitgliedern (§ 383), die Überweisung des Deckungskapitals an die Reichsversicherungsanstalt (§ 384) sowie die Befugnis des Bundesrats zum Erlaß von Ausführungsbestimmungen über die vorerwähnte Bescheinigung und die Berechnung des Deckungskapitals (§ 385).

12. Die **Ermäßigung** kann, was wohl selbstverständlich ist, nur bei solchen satzungsmäßigen Leistungen eintreten, welche den reichsgesetzlichen Leistungen entsprechen.

Bescheinigung bei Austritt, Berufsunfähigkeit oder Tod von Kassenmitgliedern.

§ 383. *Jede Ersatzkasse hat beim Austritt*[1] *eines Kassenmitglieds innerhalb eines Monats*[2] *nach dem Austritt der Reichsversicherungsanstalt eine Bescheinigung*[3] *zu übersenden, die über die Dauer der Mitgliedschaft nach dem Inkrafttreten dieses Gesetzes und über die Gehaltsklassen*[4] *Auskunft gibt, in die das Mitglied während dieser Mitgliedschaft bei Versicherung durch die Reichsversicherungsanstalt einzureihen gewesen wäre.*[5] *Eine gleiche Bescheinigung*[3] *ist zu übersenden, wenn ein bei verschiedenen*[6] *Ersatzkassen oder*

der Reichsversicherungsanstalt und einer oder mehreren Ersatzkassen versichert[7] *gewesenes Mitglied berufsunfähig wird oder stirbt.*[8]

E. I. —
E. II. § 374.
RVO. —

1. Beim Austritt d. h. beim Ausscheiden aus der Kasse infolge Stellungswechsels oder Aufgabe der Versicherung ist die Bescheinigung zu übersenden, bei Berufsunfähigkeit oder Tod jedoch nur im Falle des zweiten Satzes dieses Paragraphen.

2. Für die Berechnung der einmonatigen Frist gelten die §§ 324 ff.

3. Die in diesem Paragraphen vorgesehenen Bescheinigungen sollen dazu dienen, beim Eintritt des reichsgesetzlichen Versicherungsfalls die reichsgesetzlichen Leistungen und den Anteil festzusetzen, den hiervon die beteiligten Ersatzkassen zu tragen haben (vgl. Begr.); ihre Form und ihr Inhalt werden vom Bundesrat nach Anhören der Reichsversicherungsanstalt bestimmt (§ 385). Bei Streit über die Höhe der von den Ersatzkassen zu tragenden Anteile (Deckungskapital) entscheidet das Oberschiedsgericht (§ 384 Abs. 2).

4. Die Gehaltsklassen ergeben sich aus dem § 16.

5. Aus den Worten „einzureihen gewesen wäre" folgt, daß die bei der Ersatzkasse in Wirklichkeit bestehende Gehaltsklasseneinteilung und Beitragshöhe hier ohne Bedeutung ist.

6. Über die verschiedenen Ersatzkassen vgl. § 382 Anm. 3.

7. Auch hier bezieht sich wie in § 382 (vgl. daselbst Anm. 4) der Ausdruck „versichert" nicht etwa auf gleichzeitige, sondern auf zeitlich nacheinander liegende und ebenso auf freiwillige wie auf Zwangsversicherungen.

8. Eine Strafbestimmung für den Fall, daß die Ersatzkassen mit der Ausstellung der Bescheinigungen in Verzug bleiben, sieht § 386 vor.

Überweisung des Deckungskapitals.

§ 384.[1] *Die Ersatzkassen haben das Deckungskapital*[2] *für die ihnen nach § 382 Abs. 1 zur Last fal-*

lenden reichsgesetzlichen Leistungen an die Reichsversicherungsanstalt spätestens innerhalb zwei Wochen nach der ihnen zugegangenen Aufforderung zu überweisen.[3] *Die Reichsversicherungsanstalt kann die Frist unter Anrechnung von Verzugszinsen verlängern.*[4]

Streit über die Höhe des Deckungskapitals entscheidet das Oberschiedsgericht.[5]

Das Deckungskapital wird wie Gemeindeabgaben beigetrieben.[6]

E. I. —
E. II. § 375.
RVO. —

1. Im Interesse der Vereinfachung und zur Herbeiführung geschäftlicher Erleichterungen sieht das Gesetz in diesem Paragraphen vor, daß nicht eine alljährlich während der ganzen Bezugsdauer wiederkehrende Verrechnung der Bezüge erfolgen soll, sondern daß die an der Aufbringung der Bezüge beteiligten Ersatzkassen das Deckungskapital für die ihnen zur Last fallenden Jahresbezüge einmalig der Reichsversicherungsanstalt überweisen, welche die Zahlungsverpflichtung für die laufenden Bezüge zu erfüllen hat. Dieses Verfahren zur Ausgleichung der aus der Freizügigkeit sich ergebenden Belastungsverschiebungen hat den Vorzug, daß es den Ausgleich auf die geringere Anzahl von Versicherungsfällen (bei Annahme eines Stellungswechsels von durchschnittlich 20 % etwa 1/15 der Fälle) beschränkt und zugleich die Gewähr für den zutreffenden Ausgleich bietet. Denn die Höhe des zu überweisenden Deckungskapitals hängt neben der feststehenden Höhe der Jahresbezüge und dem Zinsfuß vom Alter der Berechtigten und der Dauer des Rentenbezugs ab; für die letztere werden die aus den Erfahrungen der Reichsversicherungsanstalt abzuleitenden Ausscheidetafeln später die geeigneten Rechnungsgrundlagen liefern. (Begr.)

2. Der Begriff Deckungskapital folgt aus § 367 Anm. 4. Über die Grundsätze für die Berechnung des Deckungskapitals, bei der die individuellen Verhältnisse des einzelnen Versicherten zu beachten sind, bestimmt der Bundesrat nach Anhören der Reichsversicherungsanstalt das Nähere (§ 385).

3. Nachstehend ein der Begründung entnommenes Beispiel zur Klarlegung der Berechnung:

Die Versicherung hat stattgefunden bei der	Beitragszeiten			Die reichsgesetzlichen Jahresbezüge, die den in Spalte 1 Bezeichneten zur Last fallen, betragen		
	Monate	in Gehaltsklasse	Beitragssumme für die Berechnung der reichsgesetzlichen Leistungen	bei Berufsunfähigkeit	im Todesfalle	
				Ruhegeld in	Witwenrente	Waisenrente für je 1 Waise
	Anzahl		M.	M.	M.	M.
1	2	3	4	5	6	7
Ersatzkasse I	60	D	408	102,00	40,80	8,16
Reichsversicherungsanstalt	60	E	576	144,00	57,60	11,52
Ersatzkasse II . . .	100	G	1660	207,50	83,00	16,60
„ III . . .	100	H	2000	250,00	100,00	20,00
„ IV . . .	200	J	5320	665,00	266,00	53,20
zusammen	520	—	9964	1368,50	547,40	109,48

Der Versicherte ist nacheinander erst 60 Monate bei einer Ersatzkasse, dann 60 Monate bei der Reichsversicherungsanstalt und die weiteren 400 Monate bis zum Eintritt des Versicherungsfalls bei verschiedenen Ersatzkassen versichert gewesen.

Die Spalten 5 bis 7 geben die Anteile an, die im Falle der reichsgesetzlichen Berufsunfähigkeit oder des Todes von den Beteiligten zu tragen sein würden.

4. Die Verzugszinsen betragen nach § 288 BGB. vier vom Hundert. Der diesbezügliche zweite Satz des Abs. 1 ist übrigens erst vom Reichstagsplenum hinzugefügt (Sten. Ber.).

5. Über das Oberschiedsgericht vgl. §§ 162 ff., 281 ff. Es entscheidet den hier lediglich in Frage kommenden Streit über die Höhe des Deckungskapitals endgültig.

6. Die Beitreibung wie Gemeindeabgaben ist im § 227 erläutert (vgl. daselbst besonders Anm. 2 u. 3).

Bundesratsbestimmungen.

§ 385. *Form und Inhalt der Bescheinigung (§ 383)* [1] *sowie die Grundsätze für die Berechnung des*

Deckungskapitals (§ 384)[2] *bestimmt der Bundesrat nach Anhören der Reichsversicherungsanstalt.*[3]

E. I. —
E. II. § 376.
RVO. —

1. Die Bescheinigung betrifft den Austritt, die Berufsunfähigkeit oder den Tod eines Kassenmitglieds und hat über die Dauer seiner Mitgliedschaft nach dem Inkrafttreten des Gesetzes sowie über die Gehaltsklasse Auskunft zu geben.

2. Es handelt sich hier um das von den Ersatzkassen an die Reichsversicherungsanstalt zu überweisende Deckungskapital (§ 367 Anm. 4).

3. Die Reichsversicherungsanstalt muß schon um deswillen gehört werden, weil sie die Unterlagen für die Berechnungen aus den Erfahrungen sammeln und die Berechnung selbst aufstellen muß.

Nicht rechtzeitige Übersendung der Bescheinigung.

§ 386. *Wird die Bescheinigung (§ 383)*[1] *nicht rechtzeitig*[2] *an die Reichsversicherungsanstalt übersandt, so kann die Reichsversicherungsanstalt die säumigen Organe*[3] *der Ersatzkasse mit Geldstrafe*[4] *bis zu zwanzig Mark bestrafen.*[5]

Auf Beschwerde[6] *entscheidet der Reichskanzler*[7] *endgültig.*

Die Strafen werden wie Gemeindeabgaben beigetrieben.[8]

E. I. —
E. II. § 377.
RVO. —

1. Vgl. auch § 385 Anm. 1.

2. Rechtzeitig, d. i. innerhalb eines Monats nach dem Austritt, dem Eintritt der Berufsunfähigkeit oder dem Tod eines Kassenmitglieds (§ 383).

3. Zu den Organen der Ersatzkasse vgl. § 378 Anm. 1. Nur die säumigen Organe, nicht die übrigen Organe oder die Kassenmitglieder können bestraft werden.

4. Die Geldstrafe ist bloße Ordnungsstrafe und kann wiederholt verhängt werden. Sie fließt in die Kasse der Reichsversicherungsanstalt (§ 359 Abs. 1); ihre Vollstreckung verjährt in zwei Jahren (§ 361).

5. Die Bestrafung geschieht durch eine Strafverfügung der Reichsversicherungsanstalt (§ 358). Die Strafverfolgung verjährt nach § 360 in einem Jahre.

6. Die Beschwerde ist eine Rechtsbeschwerde an ein Aufsichtsorgan (vgl. § 328 Anm. 1).

7. Über Reichskanzler gilt das zu § 375 Anm. 11 Gesagte.

8. Zu der Beitreibung wie Gemeindeabgaben vgl. § 227.

III. Öffentlich-rechtliche Pensionskassen.

Vorbemerkung.

Die gleichen Vorschriften, die für private Kassen und Einrichtungen gelten, sind auch für öffentlich-rechtliche oder nach Ortsstatut eingerichtete Kassen anzuwenden (§ 389 Abs. 1). Ferner sind Gemeinden, Gemeindeverbände und sonstige öffentlich-rechtliche Körperschaften berechtigt, auf die von ihnen gewährten Ruhegeld- oder Hinterbliebenenbezüge die Leistungen des AVG. entsprechend der Dauer und der Höhe ihrer Beitragszahlung anzurechnen (§ 389 Abs. 2).

Eine Sonderstellung nehmen die Knappschaftsvereine oder Knappschaftskassen ein, die etwa 850 000 Mitglieder haben. Das Knappschaftswesen ist nicht im Wege der Reichsgesetzgebung geregelt, vielmehr der Landesgesetzgebung überlassen, jedoch ist die landesgesetzliche Regelung nach dem Vorbild des fast im ganzen Deutschen Reiche inhaltlich wiederholten Allgemeinen Berggesetzes für die Preußischen Staaten vom 24. Juni 1865 (GS. S. 705) in der Fassung vom 28. Juli 1909 (GS. S. 677) nahezu einheitlich. Danach gewähren die Knappschaftsvereine und Knappschaftskassen den bei ihnen versicherten Angestellten (abgesehen von den hier nicht in Betracht kommenden Krankenkassenleistungen) Unterstützungen derselben Art, wie sie die neue Reichsversicherung vorsieht, nämlich Pensionen für den Fall der Berufsinvalidität und Hinterbliebenenrenten. Die knappschaftliche Versicherung tritt als Zwangsversicherung für diejenigen auf Bergwerken usw. beschäftigten Angestellten ein, deren Jahreseinkommen an Lohn oder Gehalt 2000 Mark nicht übersteigt, während die Beamten mit einem höheren Einkommen versicherungsberechtigt sind. Für Angestellte, die Knappschaftsvereinen angehören, würde also, wenn sie auch der neuen reichsgesetzlichen Versicherung unterworfen werden sollen, zufolge gesetzlicher Vorschrift eine Doppelversicherung bestehen: sie würden doppelte Leistungen beanspruchen können, andererseits, wie ihre Arbeitgeber, auch doppelte Beiträge zu entrichten haben. Eine solche Doppelversicherung geht über das gebotene Maß gesetzlicher Fürsorge weit hinaus und unterliegt wegen der übermäßigen Belastung der Beteiligten mit Beiträgen unüberwindbaren Bedenken. Es erschien deshalb geboten, bei den hier fraglichen Angestellten auf die bestehende landesrechtliche Versicherung Rücksicht zu nehmen und das Verhältnis dieser zur Reichsversicherung so zu ordnen, daß Unzuträglichkeiten vermieden werden. Dies versuchen die §§ 387 und 388. Im übrigen liegt bereits den beiden Häusern des Preußischen Landtags eine Novelle zur Beratung vor, welche den die Knappschaftsvereine betreffenden siebenten Titel des oben erwähnten Berggesetzes entsprechend den Bestimmungen der RVO. und des AVG. abändert.

Ebenso wie den privaten Pensionseinrichtungen muß auch den Knappschaftsvereinen die Befugnis erteilt werden, als Ersatzkassen zugelassen werden zu können. § 388 sieht die Möglichkeit vor und bestimmt die Voraussetzungen der Zulassung. Dabei kann die Sicherstellung der Leistungen außer bei einem nach § 375 Abs. 2 gebildeten Rückversicherungsverband auch bei einem nach Landesgesetz von Knappschaftsvereinen oder Knappschaftskassen gebildeten Rückversicherungsverbande nachgewiesen werden. Es empfiehlt sich die Vorschrift um so mehr, als der Bergbau ganz besondere Gefahren für Leben und Gesundheit der Angestellten aufweist (Begr.).

Knappschaftsvereine und -Kassen.

§ 387.[1] *Die Invaliden-, Alters- und Hinterbliebenenunterstützungen, die Knappschaftsvereine*[2] *oder Knappschaftskassen*[3] *ihren nach § 1 Abs. 1 dieses Gesetzes versicherten Mitgliedern gewähren,*[4] *können*[5] *um den Betrag der Ruhegeld- und Hinterbliebenenbezüge dieses Gesetzes ermäßigt werden.*[6] *Die Beiträge zur reichsgesetzlichen Versicherung sind in diesem Falle aus den Mitteln des Knappschaftsvereins oder der Knappschaftskasse zu entrichten; der Arbeitgeberbeitrag muß mindestens der Hälfte der nach diesem Gesetze zu entrichtenden Beiträge gleichkommen.*[7] *Über das Vermögen, soweit es für die nach § 1 Abs. 1 dieses Gesetzes versicherten Mitglieder bestimmt ist, und über das sonstige Vermögen ist getrennt Rechnung zu führen; insbesondere sind die Beiträge getrennt festzusetzen.*[8]

Die Unterstützungen können auch zu einem Teile des in Abs. 1 bezeichneten Betrages ermäßigt werden.[9] *In diesem Falle ist nur ein entsprechender Teil der Beiträge zur reichsgesetzlichen Versicherung aus den Mitteln des Knappschaftsvereins oder der Knappschaftskasse zu entrichten; der Arbeitgeberbeitrag muß mindestens der Hälfte der aus den Mitteln des Knappschaftsvereins oder der Knappschaftskasse zu entrichtenden Beiträge gleichkommen.*[10]

Die Ermäßigung der Unterstützungen muß mindestens in dem gleichen Verhältnis erfolgen, wie die Bezüge (Unterstützungen) der nicht nach § 1 Abs. 1 dieses Gesetzes versicherten Mitglieder nach den §§ 1321, 1322 der Reichsversicherungsordnung gekürzt werden.[11]

Satzungsmäßige Leistungen, die der Knappschaftsverein oder die Knappschaftskasse vor der Entschließung der zuständigen Stellen[12] *oder vor dem Inkrafttreten dieser Vorschrift*[13] *bewilligt hat, dürfen nicht vermindert werden.*

Die erforderlichen Anordnungen sind durch Satzungsänderung[14] *herbeizuführen. Kommt ein Beschluß über die Satzungsänderung nicht zustande,*[15] *so kann auf Antrag der Mehrheit einer der beiden Gruppen*[16] *in der über die Satzungsänderung beschließenden Körperschaft die oberste Verwaltungsbehörde*[17] *bestimmen, daß und inwieweit die Unterstützungen nach Abs. 1 bis 4 ermäßigt werden.*[18] *Zur Stellung des Antrags ist auch die Mehrheit der nach § 1 Abs. 1 dieses Gesetzes versicherten Mitglieder befugt.*[19]

Das Nähere über die Entrichtung der Beiträge aus den Mitteln des Knappschaftsvereins oder der Knappschaftskasse bestimmt der Bundesrat.[20]

§§ 365 Abs. 1 Satz 3 bis 6, Abs. 2, 366, 368 Abs. 2[21] *gelten entsprechend.*[22]

E. I. —
E. II. § 377.
RVO. § 1322 (1308).

1. Der § 387 ist gegenüber dem Entwurf erheblich geändert worden. Insbesondere ist der letzte Satz des Abs. 1 erst von dem Reichstagsplenum sowie der Abs. 3, 4 und 5 erst in der Reichstagskommission entstanden.

2. Knappschaftsvereine sind die allgemeinen knappschaftlichen Organisationen, welche der Kranken-, Invaliden-, und Unfallversicherung ihrer Mitglieder dienen und diesen zumeist auch Witwen- und Waisenversorgung sowie Unterstützungen für die Begräbniskosten, die Erziehung von Waisen usw. gewähren. Sie sind Korporationen des öffentlichen Rechts, Zwangsgenossenschaften, aber nicht staatliche oder kommunale Einrichtungen (vgl. Arndt, Allgem. Bergges. f. d. Preuß. Staaten, 6. Aufl., Leipzig 1909, S. 154).

3. Knappschaftskassen kennt nach Inkrafttreten der RVO. nur noch das Königreich Sachsen. Der Name bezeichnet dort dasselbe, was sonst unter „Knappschaftsverein" verstan-

den wird. Die RVO. hat die bisherige nicht ganz zutreffende Bezeichnung Knappschaftskassen (abgesehen von denjenigen in Sachsen) fallen lassen. Die betreffenden Einrichtungen (außerhalb Sachsens) sind nicht, wie man nach dieser Bezeichnung vermuten müßte, selbständige Organisationen, sondern bilden meistens einen Zweig der Tätigkeit der Knappschaftsvereine, deren Kasse auch noch anderen Zwecken zu dienen hat.

4. Den Knappschaftsvereinen ist ebenso wie den im § 365 bezeichneten Kassen die Befugnis eingeräumt, unter gewissen Voraussetzungen auf die Leistungen, die sie ihren nach dem Reichsgesetze versicherten Mitgliedern gewähren, die Leistungen der Reichsversicherung anzurechnen. Die Vorschriften der §§ 365 ff. sind daher im wesentlichen auf die Knappschaftsvereine übertragen. Zu beachten ist, daß die im § 365 genannten Fabrik-, Seemanns- und ähnliche Kassen regelmäßig durch freie Vereinbarung der Beteiligten errichtet sind und vorwiegend durch diese Beteiligten verwaltet werden. Bei diesen Kassen ist daher die Entschließung über die Anrechnung der reichsgesetzlichen Leistungen durch § 369 im allgemeinen dem selbständigen Ermessen der zu einer Satzungsänderung berufenen Organe überlassen worden. Dagegen gewähren die Knappschaftsvereine ihre Leistungen in Erfüllung einer ihnen gesetzlich obliegenden Pflicht. Außerdem sind bei den meisten Knappschaftsvereinen an der Verwaltung der Vereine Beamte als Vertreter der Versicherten überhaupt nicht oder nur in verschwindendem Umfang beteiligt. Die Verwaltung eines Knappschaftsvereins erfolgt in der Regel durch den Knappschaftsvorstand und durch die Generalversammlung; diese beiden Organe sind aus Werkbesitzern und Knappschaftsältesten zusammengesetzt. Die Knappschaftsältesten, denen die Beschlußfassung über Satzungsänderungen als Vertretern der Versicherten in der Generalversammlung obliegt, bestehen fast durchweg aus Arbeitermitgliedern. Diese vertreten häufig zu einseitige Interessen. Infolgedessen ist die Entschließung über die Anrechnung der reichsgesetzlichen Leistungen bei den Knappschaftsvereinen anders geregelt als bei den obenerwähnten Kassen (vgl. Abs. 5 und Anm. 15).

5. Eine Verpflichtung besteht also nicht. Die Zwangsvorschrift des Entwurfs, welche sich der des § 1322 RVO. anschloß, ist von der Reichstagskommission durch die jetzige fakultative Bestimmung ersetzt worden, nachdem gegen die ursprüngliche Fassung geltend gemacht war, die zwingende Vorschrift sei praktisch eine erhebliche Verstärkung des Einflusses der Arbeitgeber und eine erhebliche Benachteiligung

der Arbeitervertreter in den Kassenorganen; die Verhältnisse der Knappschaftsvereine seien auch in jeder Beziehung so verschiedenartig, daß eine solche Schablonisierung durch die Zwangsbestimmung für die Kassen schädigend und ihrer Entwicklung hinderlich sei (vgl. Kom.-Ber.).

6. In den Fällen, in denen die Ermäßigung der knappschaftlichen Leistungen durch die Satzung ausgeschlossen wird, bestehen die knappschaftliche und die Reichsversicherung nebeneinander, und es findet eine Beteiligung der Knappschaftsvereine an der Aufbringung der Mittel für die Reichsversicherung nicht statt; hierfür gelten vielmehr die allgemeinen Vorschriften der §§ 170 ff. (Begr.).

7. Die Vorschrift, daß der Arbeitgeberbeitrag mindestens der Hälfte der nach diesem Gesetze zu entrichtenden Beiträge gleichkommen muß, ist dem § 365 entsprechend. Die Höhe der nach diesem Gesetz zu entrichtenden Beiträge ergibt sich aus § 172.

8. Die Anordnung der getrennten Rechnungsführung und Beitragsfestsetzung hängt damit zusammen, daß landesgesetzlich (z. B. § 172a Abs. 3 Preuß. Allgem. Berggesetzes) die Wartezeit zum Teil eine kürzere als nach dem AVG. ist (in Preußen: 5 Jahre). Besondere Verwaltungsorgane dürften hier ebensowenig verlangt werden können wie bei den Zuschußkassen (vgl. dort § 365 Anm. 8).

9. Werden die knappschaftlichen Unterstützungen nur um einen Teil des Wertes der reichsgesetzlichen Bezüge ermäßigt, so ist der der Ermäßigung entsprechende Anteil an den Beiträgen zur reichsgesetzlichen Versicherung aus den Mitteln des Knappschaftsvereins oder der Knappschaftskasse zu entrichten; der aus den Kassenmitteln nicht gedeckte Anteil muß in diesem Falle von den Arbeitgebern und den Versicherten persönlich aufgebracht werden (vgl. Begr.). Es besteht übrigens keine Verpflichtung zu Teilermäßigungen, diese hängen vielmehr ebenso wie die Ermäßigungen nach Abs. 1 Satz 1 dieses Paragraphen von dem freien Willen der Kassenorgane ab (vgl. oben Anm. 5).

10. Über die Art der Entrichtung der Beiträge siehe Abs. 6 und Anm. 20.

11. Durch den Hinweis auf die §§ 1321, 1322 RVO. will der etwas unklare Abs. 3 des § 387 AVG. anscheinend zum Ausdruck bringen, daß die Knappschaftsunterstützungen (Bezüge) derjenigen Angestellten, welche sowohl der RVO. wie dem AVG. unterstehen, im Falle einer Kürzung nach dem einen oder dem anderen dieser beiden Gesetze nicht ausschließlich zugunsten oder zuungunsten der einen der beiden Ver-

sicherungsarten, sondern für beide gleichmäßig vermindert werden müssen. Es würde demnach also eine Ermäßigung hinsichtlich beider Versicherungen einzutreten haben und der Sinn der Worte „nicht nach § 1 Abs. 1 dieses Gesetzes versicherten Mitglieder“, die an sich einen Gegensatz zu dem Ausdruck „nach § 1 Abs. 1 dieses Gesetzes versicherten Mitglieder“ darstellen, sich nicht etwa auf freiwillig Versicherte beziehen (vgl. dazu Anm. 19).

12. Das nähere über die für die Satzungsänderung in Betracht kommende Entschließung der zuständigen Stellen ergibt sich aus Abs. 5 dieses Paragraphen (vgl. Anm. 14 und 15).

13. Das Inkrafttreten dieser Vorschrift braucht nicht mit dem Inkrafttreten der übrigen Bestimmungen des Gesetzes zusammen zu erfolgen, da nach § 399 Abs. 2 das Gesetz, soweit es sich nicht auf die zu seiner Durchführung erforderlichen Einrichtungen bezieht, durch Kaiserliche Verordnung ganz oder teilweise für den Umfang des Reichs in Kraft gesetzt werden kann.

14. Gemäß §§ 169, 170, 181a des nach S. 751 auch für die übrigen deutschen Berggesetze vorbildlichen Preuß. Allgem. Berggesetzes ist die Satzungsänderung von der Generalversammlung des Knappschaftsvereins zu beschließen und von dem Oberbergamt zu bestätigen.

15. Die für die Satzungsänderung erforderliche Einigung der Werksbesitzer und der Knappschaftsältesten wird häufig nur sehr schwer zustandekommen. Zwar handelt es sich um die Versicherung der Angestellten, an der ein unmittelbares Interesse der Arbeiter nicht besteht. Die Erfahrung lehrt aber, daß die Knappschaftsältesten leicht geneigt sind, ihre Zustimmung zu solchen Satzungsänderungen, welche die Arbeiterinteressen nicht direkt berühren, von Zugeständnissen der Werksbesitzer an die Arbeiter abhängig zu machen, wodurch die Einigung erschwert wird. Man muß mit Kämpfen um die Satzungsänderung und mit der Möglichkeit rechnen, daß trotz schwerer Kämpfe ein Beschluß über die Satzungsänderung nicht zustande kommt. Auf diese Möglichkeit nimmt das Gesetz Rücksicht, indem es Kautelen vorsieht, wonach unter bestimmten Voraussetzungen die oberste Verwaltungsbehörde die Anrechnung bestimmen kann (vgl. Kom.-Ber.).

16. Die beiden Gruppen der über die Satzungsänderung beschließenden Körperschaft, d. h. der Generalversammlung (vgl. oben Anm. 14) werden nach § 181b des Preuß. Allgem. Berggesetzes gebildet aus den Werksbesitzern oder ihren Vertretern (§§ 117, 127, 134, 180 Abs. 1 a. a. O.) und aus den

Knappschaftsältesten oder aus Abgeordneten der letzteren, welche von diesen aus ihrer Mitte nach näherer Bestimmung der Satzung gewählt werden bzw. aus den besonderen Bevollmächtigten jeder Gruppe.

17. Über die oberste Verwaltungsbehörde vgl. § 320 Anm. 1.

18. Die Grenze der Ermäßigung ist durch § 172a des Preuß. Allgem. Berggesetzes festgelegt, wonach die Pensionskassen der Knappschaftsvereine ihren Mitgliedern an Leistungen mindestens zu gewähren haben: a) eine lebenslängliche Invalidenpension bei eingetretener Unfähigkeit zur Berufsarbeit, b) eine Pension für die Witwen auf Lebenszeit oder bis zur Wiederverheiratung, c) eine Beihilfe zur Erziehung der Kinder verstorbener Mitglieder und Invaliden bis zur Vollendung des 14. Lebensjahres, d) einen Beitrag zu den Begräbniskosten der Invaliden. Bei vorsätzlicher u. ä. Herbeiführung der Arbeitsunfähigkeit geht jedoch entsprechend § 24 AVG. der Pensionsanspruch ganz oder teilweise verloren.

19. Das Gesetz spricht hier und in Abs. 1 nur von den nach § 1 Abs. 1 dieses Gesetzes versicherten Mitgliedern, also von den Zwangsversicherten.

20. Um zu vermeiden, daß die reichsgesetzlichen Beiträge in Teilbeträgen und von verschiedenen Stellen aus entrichtet werden, wird vom Bundesrate bei dem Erlasse von Vorschriften über die Beitragsentrichtung aus Kassenmitteln zu bestimmen sein, daß in den hier erörterten Fällen der auf die Arbeitgeber und die Versicherten entfallende Beitragsanteil von den Arbeitgebern bei der Knappschaftskasse einzuzahlen und von dieser gleichzeitig mit dem aus den Kassenmitteln zu entrichtenden Anteil an die Reichsversicherungsanstalt abzuführen ist (Begr.).

21. Die hier erwähnten Vorschriften über Zuschußkassen betreffen das Verfahren bei Feststellung, Überweisung und Zahlung der von der Reichsversicherungsanstalt zu deckenden satzungsmäßigen und der sonstigen Leistungen (§ 365 Abs. 1 Satz 3 bis 6 und Abs. 2), den Zuschuß der Reichsversicherungsanstalt beim Eintritt eines satzungsmäßigen Versicherungsfalls in den ersten 10 Jahren der Gesetzesgeltung (§ 366) und die Bestimmung der Berechnungsgrundsätze durch den Bundesrat (§ 368 Abs. 2).

22. Zur Befürwortung der Ablehnung eines Antrags, der in Anlehnung an § 172a Abs. 3 des Preuß. Allgem. Berggesetzes bezweckte, für die Angestellten der Knappschaftskassen eine Wartezeit von 5 Jahren festzulegen bei denselben Beiträgen, die von den übrigen Angestellten erhoben werden, während für die letzteren in diesem Gesetz die Wartezeit im allgemeinen (vgl. §§ 48, 395 ff.) auf 10 Jahre festgesetzt ist, führte der Bundesratskommissar Geh. Ob.-Reg.-Rat Dr. Beckmann folgendes Beispiel an, welches deutlich zeigt, wie sich die Verhältnisse nach Ablauf der ersten zehn Jahre gestalten werden: „Eine Knappschaftskasse von 10 000 Mitgliedern hat ungefähr 5—6 % Angestellter. Es würden somit in den ersten 10 Jahren höchstens 600 Angestellte in Frage kommen, bei denen Versicherungsfälle eintreten können. Nach Ablauf der ersten 10 Jahre haben auch die von den 600 Angestellten noch vorhandenen die reichsgesetzliche Wartezeit erfüllt, und die Leistungen der Reichsanstalt treten in vollem Umfange ein. Es kommen dann nur noch die Versicherungsfälle unter denjenigen Personen in Frage, die inzwischen in die Kasse neu eingetreten sind, also der Ersatz für die durch Invalidität und Tod ausgeschiedenen Angestellten. Das sind jährlich etwa achtzehn. Da die Knappschaftskassen Leistungen nach fünfjähriger Wartezeit gewähren müssen, so würden von den Versicherungsfällen unter dem jährlichen Neuzugang von 18 Personen diejenigen in Frage kommen, welche bei Angestellten mit einer Wartezeit von 5—10 Jahren eintreten. Für diese würde der Zuschuß der Reichsversicherungsanstalt fehlen. Die Zahl der nach Ablauf der ersten 10 Jahre überhaupt in Frage kommenden Angestellten mit einer Wartezeit von 5 bis 10 Jahren, wird sich noch erheblich niedriger stellen als $5 \times 18 = 90$. Denn man muß in Betracht ziehen, daß bei dem Neuzugang in vielen Fällen Angestellte in Frage kommen, die bei ihrem Übertritt zur Kasse entweder bei der Reichsversicherungsanstalt oder einer anderen Knappschaftskasse Dienstjahre zurückgelegt haben. Es bleiben von dem Neuzugang nicht mehr viele Angsetellte übrig mit einer Wartezeit von 5—10 Jahren, für welche die Knappschaftskasse ohne Zuschuß der Reichsversicherungsanstalt einzutreten hätte. Man dürfte hoch genug greifen, wenn diese Zahl in dem gewählten Beispiel auf 45 geschätzt wird. Man dürfte weiterhin zu hoch greifen, wenn die Zahl der Versicherungsfälle bei diesen Personen, dem allgemeinen Durchschnitt im Bergbau entsprechend, mit rund 3 % jährlich angenommen wird. Denn es darf als sicher vorausgesetzt werden, daß der Zugang durchschnittlich in jüngeren Jahren erfolgt, als er dem Durchschnittsalter der vorhandenen Angestellten entspricht, und deshalb eine bedeutend niedrigere Invaliditäts- und Sterbeziffer aufweisen wird. Aber selbst wenn man mit 3 % rechnet, kann es sich jährlich nur um 1,35 Versicherungsfälle bei einer gesamten Mitgliederzahl von 10 000 handeln, für die die Reichsversicherungsanstalt Zuschüsse nicht zahlt“. (Vgl. Sten. Ber.)

Zulassung von Knappschaftsvereinen und -Kassen als Ersatzkassen.

§ 388. *Der Bundesrat bestimmt auf Antrag des Vorstandes,*[1] *daß Knappschaftsvereine oder Knappschaftskassen*[2] *oder Vereinigungen von solchen als Ersatzkassen zugelassen werden, wenn sie den §§ 375 und 377*[3] *genügen. Auch auf Antrag der Mehrheit der nach § 1 Abs. 1 dieses Gesetzes versicherten Mitglieder*[4] *kann*[5] *der Bundesrat dieses bestimmen. Der Vorstand ist in diesem Falle zu hören.*[6]

Die Gewährleistung der Kassenleistungen (§ 375 Abs. 2[7]*) kann auch durch Sicherstellung bei einem nach Landesgesetz von Knappschaftsvereinen oder Knappschaftskassen oder Vereinigungen von solchen gebildeten Rückversicherungsverbande*[8] *nachgewiesen werden.*

§§ 373 Abs. 1, 380 bis 386 gelten entsprechend.[9]

E. I. —
E. II. § 380.
RVO. —

1. Der Knappschaftsvorstand ist aus Werkbesitzern und Knappschaftsältesten zusammengesetzt (vgl. § 387 Anm. 4). Auf seinen Antrag bestimmt der Bundesrat die Zulassung, d. h. im Gegensatz zu Abs. 1 Satz 2 dieses Paragraphen („kann"), daß die Zulassung erfolgen muß, sobald der Vorstand sie beantragt. Die Zulassung kann sowohl bereits bestehenden wie in Zukunft zu gründenden Knappschaftsvereinen und -kassen gewährt werden, letzteren allerdings erst nach ihrer Gründung.

2. Über Knappschaftsvereine und Knappschaftskassen siehe § 387 Anm. 2 und 3.

3. Diese beiden Paragraphen geben einige der Voraussetzungen an, unter denen die Zulassung stattfindet, nämlich die Gleichwertigkeit der Kassenleistungen mit den reichsgesetzlichen Leistungen und ihre Gewährleistung in dieser Höhe (§ 375) sowie die Gleichheit der Arbeitgeberbeiträge zu den Kassen mit den reichsgesetzlichen Arbeitgeberbeiträgen und die gleichmäßige Anrechnung der von den Arbeitgebern gemachten besonderen Aufwendungen auf ihre und der Versicherten Beiträge.

4. Über die „nach § 1 dieses Gesetzes versicherten Mitglieder" vgl. § 387 Anm. 19.

5. Im Gegensatz zu Abs. 1 Satz 1 (vgl. oben Anm. 1) ist der Bundesrat auf den Antrag der Mitgliedermehrheit nicht zur Zulassung verpflichtet. Auch das durch Satz 3 vorgeschriebene Anhören des Vorstandes in diesem Falle bedeutet nicht, daß die Ansicht des Vorstandes für die Behörde maßgebend sein muß. Diese entscheidet vielmehr nach freiem Ermessen.

6. Der zweite und dritte Satz des Abs. 1 verdankt seine Aufnahme in das Gesetz einem Beschlusse der Reichstagskommission.

7. § 375 Abs. 2 spricht von der Gewährleistung der Kassenleistungen durch Sicherstellung bei einem Rückversicherungsverbande (Versicherungsverein auf Gegenseitigkeit), der von Kassen der im § 365 bezeichneten Art gebildet und vom Reichskanzler als leistungsfähig anerkannt ist, also eine reichsgesetzliche Grundlage hat, während hier auch bei einem nach Landesgesetz gebildeten Rückversicherungsverband die Sicherstellung der Kassenleistungen zwecks Gewährleistung erfolgen kann.

8. Ein solcher Verband besteht bereits unter dem Namen Knappschaftliche Rückversicherungsanstalt auf Gegenseitigkeit in Charlottenburg.

9. Keine entsprechende Anwendung findet zunächst § 374 Abs. 1, insoweit er die Aufnahme sämtlicher Versicherungspflichtiger in die Ersatzkasse vorschreibt, weil die Voraussetzungen für die Mitgliedschaft bei Knappschaftsvereinen durch landesgesetzliche Vorschriften zwingend geregelt sind, während bei den privaten Ersatzkassen die Satzung hierüber frei bestimmt. Übrigens wird der Vorschrift des § 374 tatsächlich bei den Knappschaftsvereinen in weitem Umfange genügt, denn die Angestellten (Grubensteiger usw.) sind durchweg schon als Arbeiter Mitglieder der Knappschaftspensionskasse gewesen und haben als solche nur Aufnahme finden können, wenn sie den gesetzlichen und statutarischen Vorschriften hinsichtlich des Alters und der Gesundheit entsprachen. Eine Auslese unter den Beamten findet demnach überhaupt kaum statt.

Zu beachten ist ferner, daß auch § 378 Abs. 1 keine entsprechende Anwendung auf die Knappschaftskassen und Knappschaftsvereine findet, weil die Leitung und Zusammensetzung dieser Organe landesgesetzlich geregelt ist (vgl. Kom.-Ber.).

Entsprechende Rechtsanwendung für andere Pensionseinrichtungen.

§ 389. *Für andere öffentlich-rechtliche Pensionseinrichtungen*[1] *und für solche zur Invaliden-, Alters- und Hinterbliebenenfürsorge bestimmten Kassen, für welche nach Ortsstatut eine Beitragspflicht besteht,*[2] *gelten die §§ 365 bis 378 Abs. 1, §§ 379 bis 386 entsprechend.*[3]

Im übrigen sind Gemeinden, Gemeindeverbände[4] *und sonstige öffentlich-rechtliche Körperschaften*[5] *berechtigt, auf die von ihnen gewährten Ruhegeld- oder Hinterbliebenenbezüge die Leistungen dieses Gesetzes*[6] *entsprechend der Dauer und der Höhe ihrer Beitragszahlung*[7] *anzurechnen.*[8]

E. I. —
E. II. § 378.
RVO. § 1323 (1309).

1. Diese stehen neben den in den §§ 387, 388 besonders geregelten Knappschaftsvereinen und Knappschaftskassen im Gegensatz zu den privatrechtlichen Kassen und Versicherungseinrichtungen, welche der vorige Unterabschnitt behandelt (§§ 365—386). Als andere öffentlich-rechtliche Pensionseinrichtungen kommen u. a. die Eisenbahn- und Postkassen in Betracht.

2. Der Ausdruck Beitragspflicht ist ein redaktioneller Fehler. Wie sich ohne weiteres aus einem Vergleich mit § 378 des Entwurfs II und § 1323 RVO., für welchen § 53 IVG. vorbildlich war, ergibt, ist Beitrittspflicht gemeint. Eine solche ortsstatutarische Beitrittspflicht findet sich gelegentlich in Preußen, während z. B. Bayern sie nicht kennt.

3. Die §§ 365—386 enthalten die Vorschriften über die Zuschußkassen (§§ 365—371) und über die Ersatzkassen (§§ 372 bis 386). Die Abs. 2 und 3 des § 378, welche die Rechtsmittel gegen die Feststellung der Kassenleistungen (Berufung an das Schiedsgericht und Revision an das Oberschiedsgericht) sowie den von den Kassen zu den Kosten der beiden Rechtsmittelinstanzen zu leistenden Pauschbeitrag regeln, findet keine entsprechende Anwendung, weil das Feststellungsverfahren über die im § 389 erwähnten öffentlich-rechtlichen Pensionseinrichtungen anderweitig geregelt ist.

4. Über Gemeindeverbände vgl. § 321 Anm. 6. Auch

eine einzelne Gemeinde kann als Gemeindeverband gelten (vgl. § 321 Abs. 1 Nr. 2).

5. Sonstige öffentlich-rechtliche Körperschaften sind z. B. die als solche anerkannten Religionsgesellschaften.

6. Die Leistungen dieses Gesetzes ergeben sich aus dem zweiten Abschnitt (§§ 20 ff.).

7. Die Dauer und Höhe ihrer Beitragszahlung bedeutet, daß die Gemeinden usw. berechtigt sind, nur denjenigen Teil u. z. in derjenigen Höhe anzurechnen, den sie selbst als Beitrag entrichtet haben.

8. Der Abs. 2 ist erst vom Reichstagsplenum in das Gesetz gebracht (vgl. Sten. Ber.). Die Anrechnung ist im Gegensatz zu Abs. 1 gestattet gleichgültig, ob eine Pensionseinrichtung oder eine Kasse mit Beitrittspflicht besteht oder nicht, und ist mit Rücksicht darauf gegeben, daß die Gemeinden zur Kürzung der von ihnen gewährten Ruhegeld- oder Hinterbliebenenbezüge durch Landesgesetz usw. verpflichtet sein können.

IV. Versicherungsverträge mit Lebensversicherungsunternehmungen.

Vorbemerkung.

Die Zulassung dieser Ersatzverträge hat lebhafte Erörterungen hervorgerufen. Der bisherige Mangel einer reichsgesetzlichen Fürsorge für Angestellte hat neben der Errichtung von Fürsorgekassen eine große Anzahl von Angestellten auf den Weg der Selbsthilfe verwiesen und Anlaß gegeben, mit Versicherungsunternehmungen Lebensversicherungsverträge vielfach unter Leistung erheblicher Zuschüsse der Arbeitgeber abzuschließen. Ohne Gefährdung ihrer wirtschaftlichen Lage werden die Angestellten im allgemeinen nicht in der Lage sein, neben den Prämien an die Versicherungsunternehmung auch noch die Beiträge zu zahlen, die ihnen durch die neue Versicherung auferlegt werden. Ebensowenig wird diesen Angestellten zugemutet werden können, die bei diesen Unternehmungen erworbenen Rechte aufzugeben. Im günstigsten Falle würde ihnen der Rückkaufswert gewährt werden, der jedoch nur einen Teil der für ihre Versicherungen angesammelten Prämienreserve ausmacht. Sie würden somit empfindlichen Schädigungen und Vermögensverlusten ausgesetzt werden. Dies muß vermieden werden. Das Gesetz befreit daher die Angestellten von den Beiträgen zur neuen Versicherung, wenn sie aus eigenen Mitteln für die Lebensversicherung mindestens den gleichen Beitrag entrichten, der ihnen durch die neue Pflichtversicherung auferlegt wird. Diejenigen Versicherten, welche vor dem 5. Dezember 1911 eine Lebensversicherung mit einer niedrigeren Beitragsleistung als vier vom Hundert ihres Jahreseinkommens abgeschlossen haben oder welche beim Eintreten in die versicherungspflichtige Beschäftigung das dreißigste Lebensjahr überschritten haben und seit mindestens drei Jahren in entsprechender Weise versichert sind, sollen berechtigt sein, behufs Herbeiführung ihrer Befreiung ihre Versicherung zu erhöhen. In all diesen Befreiungsfällen bleibt die Verpflichtung des Arbeitgebers zur Zahlung der restlichen vier vom Hundert des Einkommens als Beitrag zu der neuen Angestelltenversicherung bestehen. Es sind hier zu unterscheiden *Lebensversicherungsverträge mit Zuschüssen und ohne Zuschüsse der Arbeitgeber.*

Da das Gesetz beabsichtigt, den Angestellten eine zweifellos gesicherte Fürsorge zu bieten, so sind in den ersteren Fällen die Beiträge der Arbeitgeber an die Reichsversicherungsanstalt abzuführen und von dieser zur Sicherung der halben Leistungen des Gesetzes zu verwenden. Aber auch in den anderen Fällen wird den Absichten der Arbeitgeber, durch ihre Zuschüsse eine Fürsorge für ihre Angestellten zu sichern, nur entsprochen, wenn auch diese Zuschüsse in Höhe des gesetzlichen Beitrags an die Reichsversicherungsanstalt abgeführt und hier zur Sicherung einer Anwartschaft auf Ruhegeld und Hinterbliebenenrente verwendet werden. Der Arbeitgeber darf den bisherigen Zuschuß zur Lebensversicherung um den für die neue Versicherung zu zahlenden anteiligen Beitrag von 4 Proz. des Jahreseinkommens kürzen. Um auch hier den Versicherten vor finanziellen Verlusten zu schützen, wird ihm das Recht gegeben, zu beantragen, daß die vom Arbeitgeber der Reichsversicherungsanstalt eingesandten bisherigen Zuschüsse zur Aufrechterhaltung seiner Versicherung an die Lebensversicherungsunternehmung abgeführt werden. Das darf aber nur dann geschehen, wenn die Versicherung bei Stellung des Antrags noch in voller Höhe besteht, der Versicherungsschein bei der Reichsversicherungsanstalt hinterlegt wird und zur Sicherung einer Anwartschaft auf Ruhegeld und Hinterbliebenenrente die Forderung aus der Versicherung entsprechend der Höhe des gekürzten, von der Reichsversicherungsanstalt fortzuzahlenden Arbeitgeberzuschusses rechtsverbindlich an die Reichsversicherungsanstalt abgetreten wird. Die Ausführungsbestimmungen für diese Vorschriften werden dem Bundesrate übertragen, um die Bestimmungen den Erfahrungen entsprechend auf dem kürzesten Wege nach Bedarf verbessern zu können.

Es bleibt noch zu erörtern, was geschieht, wenn die Versicherungen der von der Beitragsleistung befreiten Angestellten durch Ablauf, Verfall oder aus anderen Gründen aufgehoben werden. In diesen Fällen muß die Befreiung von der Beitragsleistung wegfallen. Die Versicherungsunternehmungen müssen die Aufhebung von Versicherungsverträgen mitteilen; sie sind hierzu aber nur imstande, wenn ihnen die Reichsversicherungsanstalt von der Beitragsbefreiung Kenntnis gegeben hat. Versäumt die Reichsversicherungsanstalt diese Mitteilung, so besteht die Verpflichtung für die Gesellschaften nicht. Anderenfalls können sie von der Aufsichtsbehörde zur Erfüllung ihrer Pflicht durch Geldstrafen angehalten werden. Fällt die Befreiung von der Beitragsleistung fort, so ist der Versicherte zur Zahlung der Pflichtbeiträge wieder heranzuziehen. Nachteile für die Pflichtversicherten infolge des späteren Wiedereintritts dieser Personen in die Pflichtversicherung werden sich nach Meinung des Gesetzgebers nicht ergeben. Denn einerseits bilden diese Fälle eine seltene Ausnahme und überdies wirkt die neue Beitragsleistung auf die Erhöhung der gesetzlichen Ansprüche nicht für die zurückliegende Zeit, da für die in dieser Zeit geleisteten Monatsbeiträge nur die halben Leistungen oder eine der rechtsverbindlichen Abtretung der Forderung aus der Versicherung entsprechende Anwartschaft in Ansatz kommen (vgl. Begr.).

Über das Schwanken in der Bestimmung des Termins, bis zu welchem die Verträge abgeschlossen sein müssen, siehe oben S. 727 und § 390 Anm. 1.

Ersatzverträge.

§ 390. *Angestellte, für die vor dem 5. Dezember 1911*[1] *bei öffentlichen*[2] *oder privaten Lebensversicherungsunternehmungen*[3] *(§ 1 des Gesetzes über die privaten Versicherungsunternehmungen vom 12. Mai 1901 — Reichs-Gesetzbl. S. 139 —) ein*[3a] *Versicherungsvertrag*[3b] *geschlossen ist,*[4] *können auf ihren Antrag*[5] *von der Beitragsleistung*[6] *befreit werden,*[7] *wenn der Jahresbetrag der Beiträge*[8] *für diese Versicherungen beim Inkrafttreten dieses Gesetzes*[9] *mindestens den ihren Gehaltsverhältnissen zur Zeit des Antrags entsprechenden Beiträgen*[10] *gleichkommt, die sie nach diesem Gesetze zu tragen hätten.*[11]

Das Gleiche[12] *gilt für Angestellte, die beim Eintreten in die versicherungspflichtige Beschäftigung*[13] *das dreißigste Lebensjahr überschritten haben und seit mindestens drei Jahren in einer dem ersten Absatz entsprechenden Weise versichert sind.*[14]

E. I. § 370.
E. II. § 381.
RVO. —

1. Der Entwurf II bestimmte, daß zur Zeit der Verkündung des Gesetzes der Lebensversicherungsvertrag abgeschlossen sein müsse, falls der Versicherte von der Beitragsleistung zur Angestelltenversicherung befreit sein wolle. Bis zum Inkrafttreten des Gesetzes habe der Versicherte Zeit, sich zu überlegen, ob er von der Befugnis der Befreiung Gebrauch machen und seine Beiträge zur Lebensversicherung derartig erhöhen wolle, daß sie mindestens den seinen Gehaltsverhältnissen entsprechenden Beiträgen, die er nach dem Entwurfe zu tragen hätte, gleichkämen (Kom.-Ber.).

In der Reichstagskommission wurde dann eine rückwirkende Kraft des Gesetzes beschlossen und zur Vermeidung einer etwaigen Zurückdatierung nach dem 15. Oktober ausgefertigter Policen auf die Zeit vor dem 15. Oktober, die Fassung gewählt, daß die Versicherungsverträge vor dem 15. Oktober 1911 abgeschlossen sein müßten. An die Stelle des 15. Oktober wurde in der 3. Lesung des Reichstagsplenums der 5. Dezember 1911 gesetzt. Über die Gründe siehe oben S. 727.

2. Unter den öffentlichen Lebensversicherungsunternehmungen dürften die neuen in verschiedenen preußischen Provinzen von seiten der Landschaften usw. errichteten Anstalten deswegen kaum in Betracht kommen, weil diese fast alle ihren Geschäftsbetrieb erst in letzter Zeit eröffnet haben.

Die öffentlichen Unternehmungen fallen nicht unter das in der nächsten Anmerkung erwähnte Gesetz vom 12. Mai 1901.

3. Über die privaten Lebensversicherungsunternehmungen vgl. den oben S. 708 abgedruckten und erläuterten § 1 sowie § 6 des Reichsgesetzes vom 12. Mai 1901.

3a. Der Ausdruck ein Versicherungsvertrag darf nicht so ausgelegt werden, als ob es sich nur um einen einzigen Vertrag handeln dürfte; vielmehr können auch mehrere Verträge zusammen in Frage kommen, ohne daß diese etwa sämtlich bei derselben Unternehmung abgeschlossen zu sein brauchen.

3b. Wer den Versicherungsvertrag geschlossen hat, wie er gestaltet ist, wie hoch die Prämien sind, wer sie bezahlt und welche Leistungen gewährt werden, ist gleichgültig. Wesentlich ist nur, daß die Versicherungsleistungen dem Angestellten bzw. seinem Ehegatten und Kindern zufallen und denselben Zweck erfüllen wie die Leistungen auf Grund dieses Gesetzes. Es haben mithin zweifelsohne ebenso Versicherungen auf den Todesfall wie gemischte Versicherungen als Ersatzverträge zu gelten; auch Sterbegeldversicherungen sind als solche anzusehen. Ergänzungsversicherungen zu diesen brauchen nicht bei derselben Anstalt abgeschlossen zu werden. Ihre Zulässigkeit kann nicht davon abhängig gemacht werden, daß sie durch eine zwischen dem 5. Dezember 1911 und dem Inkrafttreten des Gesetzes erfolgte Gehaltsaufbesserung notwendig geworden sein müßte. Zu einer anderen Auffassung gibt das Gesetz keinen Anhalt.

4. Der Versicherungsvertrag ist geschlossen, wenn die Lebensversicherungsunternehmung vor dem 5. Dezember 1911 dem Antragsteller die Annahme seines Versicherungsantrags erklärt oder der Antragsteller vor diesem Tage einen seinen Antrag abändernden Vorschlag der Unternehmung angenommen und die erforderliche Nachtragserklärung unterschriftlich vollzogen hat. Eine Rückdatierung der Police ist unzulässig und belanglos.

Ob die Wiederaufnahme einer vor dem 5. Dezember 1911 erloschenen (stornierten) Police dem Abschluß eines neuen Versicherungsvertrags gleichsteht, ist fraglich. Die Entscheidung hängt von dem Wortlaut der Versicherungsbedingungen ab.

5. Der Antrag ist in § 391 besonders geregelt und Voraussetzung für die Befreiung, welche selbstverständlich nur bei Zwangsversicherten in Frage kommen kann. Wenn das Gesetz von können spricht, so ist dieser Ausdruck mißverständlich. Bei Erfüllung der gesetzlichen Voraussetzungen müssen vielmehr die Angestellten befreit werden.

6. Von der Beitragsleistung (nach §§ 170 ff.) werden sie befreit, nicht etwa von der Versicherungspflicht.

7. Maßgebend für die Befreiung sind lediglich die Verhältnisse beim Inkrafttreten des Gesetzes. Der Angestellte darf später bei höherem Gehalt die Versicherung erhöhen; verpflichtet dazu ist er nicht. Ebenso verhält es sich mit einer Herabsetzung bei geringer werdendem Gehalte. Eine solche hebt die Befreiung nicht auf. Diese Wirkung hat lediglich die völlige Aufhebung der Versicherungspolice durch Ablauf, Verfall u. dgl. — (Sten. Ber.).

8. Die an die Versicherten zur Auszahlung gelangenden Gewinnanteile, Dividenden, bilden nach der Erklärung des Bundesratskommissars in der 3. Lesung des Reichstagsplenums eine Einnahme der Versicherten; die übliche Kürzung am Beitrage stellt nur eine im Interesse geschäftlicher Erleichterungen eingeführte Verrechnungsart dar. Bei Prüfung der Beitragsleistung des Angestellten für seine Versicherung muß daher stets die Tarifprämie und nicht etwa

die um die Dividende gekürzte Prämie in Betracht gezogen werden. Wer die Prämie zahlt, ist unerheblich.

Nicht in Betracht kommen die Leistungen, welche die Angestellten von ihrer Versicherungsgesellschaft erhalten. Das Gesetz fragt ebensowenig nach deren Höhe wie nach ihrer Verwendung. Da diese Angestellten sich bereits selbst versichert haben, werden sie die versicherten Leistungen auch zweckmäßig verwenden. Dagegen sollen die auf Grund des neuen Gesetzes von den Arbeitgebern zu leistenden Beiträge der Reichsversicherungsanstalt zufließen; für diese werden den Angestellten von der Reichsversicherungsanstalt im Versicherungsfall die der Beitragshöhe entsprechenden Leistungen des Gesetzes gewährt (vgl. Sten. Ber.).

Beispiel: Ein 45 Jahre alter Angestellter in Gehaltsklasse H mit einem Jahresarbeitsverdienste von 3000—4000 ℳ und einem gesetzlichen Beitrage von 120 ℳ, der vor 15 Jahren eine Versicherung über 5000 ℳ auf 30 Jahre Dauer mit Gewinnverteilung nach einem bestimmten Dividendenplan abgeschlossen hat, wird auf Grund dieser Versicherung von der Beitragszahlung zur Reichsversicherungsanstalt befreit werden, wenn er z. B. im 16. Versicherungsjahre nach Abzug der Dividende nur noch 100 ℳ 75 ₰ an Prämie zahlt, die Tarif-(Anfangs-) Prämie aber für seine Versicherung 173 ℳ beträgt und daher den für ihn in Betracht kommenden gesetzlichen Betrag von 120 ℳ übersteigt. Die Versicherung wird somit als Ersatzversicherung zuzulassen sein (vgl. Mitteilungen der Leipziger Lebensversicherungsgesellschaft a. G., Januar 1912, Nr. 187 S. 746).

9. Über das Inkrafttreten des Gesetzes vgl. § 399.

10. Über die den Gehaltsverhältnissen entsprechenden Beiträge siehe § 172.

11. Die Bedingungen dieses Paragraphen sind erfüllt, wenn ein Arbeitgeber den auf die Arbeitnehmer entfallenden Teil der Beiträge ganz oder teilweise aus seinen Mitteln bestreitet. (Kom.-Ber.)

12. Abs. 2 wurde durch die Reichstagskommission zugefügt und bezieht sich auf Personen, welche erst nach dem 5. Dezember 1911 bzw. nach Inkrafttreten des Gesetzes in eine versicherungspflichtige Beschäftigung eintreten, welche also z. B. bisher selbständige Gewerbetreibende waren und unter Aufgabe ihres Geschäfts eine Angestelltentätigkeit übernehmen, vorausgesetzt, daß sie zu diesem Zeitpunkte über 30 Jahre alt und seit mindestens 3 Jahren versichert sind.

13. Über versicherungspflichtige Beschäftigung siehe § 1, insbesondere Anm. 32 und 36.

14. Zweck dieses Zusatzes ist weniger eine Förderung der Interessen der Privatversicherung, die dem Gesetzgeber fern lag, als vielmehr eine Entlastung der Reichsversicherungsanstalt.

Antrag auf Befreiung.

§ 391. *Der Antrag*[1] *auf Befreiung*[2] *von der Beitragsleistung ist in der ersten Aufnahmekarte*[3] *(§ 188) zu stellen. Mit dem Antrag ist der Versicherungsschein*[4] *(Aufnahmeschein u. dgl.) vorzulegen. Die Befreiung ist in der Aufnahme- und Versicherungskarte*[5] *zu bescheinigen.*

Streit über die Befreiung wird nach § 210 entschieden.[6]

E. I. § 371.
E. II. § 382.
RVO. —

1. Die Bestimmung: „Der Antrag auf Befreiung von der Beitragsleistung ist in der ersten Aufnahmekarte zu stellen" stellt nur eine Ordnungsvorschrift dar. Wenn also jemand es vergißt, den Antrag rechtzeitig zu stellen, so verliert er in keiner Weise das Recht, sofort bei der ersten Beitragseinziehung oder in jedem späteren Momente den Antrag nachzuholen. Es wird daher angebracht sein, daß die Verwaltung der Reichsversicherungsanstalt in der ersten Aufnahmekarte besonders darauf aufmerksam macht, daß, wenn jemand privatversichert ist, er schon in dieser Karte den Antrag auf Befreiung stellen kann und zweckmäßigerweise zu stellen hat (vgl. Sten. Ber.).

2. Vgl. über die Befreiung § 390.

3. Zur Ausstellung der Versicherungskarte ist zuvor eine Aufnahmekarte vom Versicherten einzureichen; diese muß über Alter, Familienverhältnisse und Gehaltsbezüge Auskunft geben (§ 188 Anm. 3 und 4). Vgl. auch die einschlägige Strafbestimmung zwecks richtiger Beantwortung in § 188 Satz 3.

4. Der Versicherungsschein, meistens wohl als Lebensversicherungspolice bezeichnet, ist zum Nachweis über den bestehenden Ersatzvertrag vorzulegen (vgl. auch § 392 Anm. 12).

5. Über den Rechtscharakter der Versicherungskarte als öffentliche Urkunde vgl. § 188 Anm. 2.

6. Den Streit entscheidet der für den Beschäftigungsort zuständige Rentenausschuß und auf Beschwerde endgültig das Schiedsgericht. Handelt es sich um eine noch nicht feststehende

Auslegung gesetzlicher Vorschriften von grundsätzlicher Bedeutung, so entscheidet das Oberschiedsgericht statt des Schiedsgerichts (§ 210).

Verpflichtungen und Berechtigungen.

§ 392. *In den Fällen des § 390*[1] *ist der Arbeitgeber*[2] *verpflichtet, den nach diesem Gesetz auf ihn entfallenden Beitragsanteil*[3] *an die Reichsversicherungsanstalt abzuführen;*[4] *dem Versicherten*[5] *werden dafür die halben Leistungen*[6] *dieses Gesetzes gewährt.*

Hat der Arbeitgeber zu den Beiträgen für Versicherungen seiner Angestellten (§ 390) Zuschüsse[7] *gezahlt, so kann*[8] *er diese Zuschüsse um die an die Reichsversicherungsanstalt zu entrichtenden Beiträge kürzen.*

Auf Antrag[9] *des Versicherten zahlt die Reichsversicherungsanstalt die an dem Zuschuß gekürzten Beiträge an die Lebensversicherungsunternehmungen aus den Arbeitgeberbeiträgen (Abs. 1) weiter, wenn*[10]

1. *die Versicherung noch in einer dem § 390 entsprechenden Höhe*[11] *besteht,*
2. *der Versicherungsschein*[12] *hinterlegt wird,*
3. *zur Sicherung einer Anwartschaft*[13] *auf Ruhegeld und Hinterbliebenenrente die Forderung aus der Versicherung zu demjenigen Teile, welcher dem gekürzten Betrage der reichsgesetzlichen Arbeitgeberzuschüsse entspricht, an die Reichsversicherungsanstalt rechtsverbindlich abgetreten*[14] *wird.*[15][16]

Näheres über die Ausführung dieser Vorschriften bestimmt der Bundesrat.[17] *Er setzt nach Anhören der Reichsversicherungsanstalt die Vergütung*[18] *fest, die von den Lebensversicherungsunternehmungen für die Abführung der Beiträge zu zahlen ist.*

E. I. § 372.
E. II. § 383.
RVO. —

1. Gemeint ist: bei Zulassung von Ersatzverträgen.
2. Über den Begriff des Arbeitgebers vgl. § 170 Anm. 1.

3. Dieser Beitragsanteil ergibt sich aus §§ 170, 172.

4. Die Abführung wird des näheren durch den Bundesrat geregelt werden (vgl. Abs. 3 und Anm. 17).

5. Nicht nur dem Versicherten, sondern vielmehr auch seinen Angehörigen, welche als Berechtigte in Betracht kommen (vgl. §§ 28 ff., 60 Abs. 2, 66, 67).

6. Über die Leistungen dieses Gesetzes vgl. §§ 20—63. Der Ausdruck halbe Leistungen dürfte nicht ganz zutreffend sein, soweit das Heilverfahren in Betracht kommt, da dessen Halbierung kaum denkbar ist.

7. Vgl. über diese Zuschüsse oben Vorbemerkung S. 765. Zunächst ist festzustellen, ob der Angestellte zu seiner Versicherung einen Beitrag zahlt, der seiner gesetzlichen Beitragspflicht entspricht. Wenn der Arbeitgeber neben dem ihm gesetzlich obliegenden, der Reichsversicherungsanstalt zuzuführenden Beitrag seinem Angestellten noch besondere Zuwendungen macht, und ob dieser solche Zuwendungen für Versicherungszwecke benutzt, ist kein Hinderungsgrund für die Befreiung. Der reichsgesetzliche Beitrag des Arbeitgebers wird auch in diesen Fällen stets dazu verwandt, dem Angestellten die der Höhe des Beitrags entsprechende Leistung der Reichsversicherungsanstalt zu sichern. Würde nun dieser reichsgesetzliche Beitrag des Arbeitgebers, der bis zum Inkrafttreten des Gesetzes einen Teil der Prämie für die abgeschlossene Lebensversicherung bildete, nicht weiterhin an die Lebensversicherungsunternehmung weitergezahlt, so würde die Versicherungssumme des Angestellten dem Prämienausfall entsprechend herabgemindert werden, wodurch der Angestellte geschädigt werden würde. Um dies zu vermeiden, sieht das Gesetz vor, daß auf Antrag des Angestellten der reichsgesetzliche Arbeitgeberbeitrag ganz oder zum Teil zur Aufrechterhaltung der Lebensversicherung von der Reichsversicherungsanstalt an die Lebensversicherungsunternehmung abgeführt wird, wenn der Angestellte die Forderung aus der Lebenvsersicherung zu demjenigen Teile an die Reichsversicherungsanstalt abtritt, welcher dem abzuführenden Teile des reichsgesetzlichen Arbeitgeberbeitrags entspricht (vgl. hierzu Sten. Ber. und Anm. 15).

8. Die Kürzung, insbesondere auch ihr Umfang ist also in das Ermessen des Arbeitgebers gestellt.

9. Über die Form usw. dieses Antrages werden Anordnungen des Bundesrats ergehen. Siehe den letzten Absatz dieses Paragraphen.

10. In den Fällen des § 392 Abs. 2 und 3 sind bei Stellenwechsel die aus den Zuschüssen der Arbeitgeber an die Lebensversicherungsunternehmung gezahlten Prämien auch weiterhin aus den reichsgesetzlichen Beiträgen des neuen Arbeitgebers zu zahlen, weil beim Verfall der Versicherung der Reichsversicherungsanstalt Verluste erwachsen würden. (Kom.-Ber.)

11. Eine dem § 390 entsprechende Höhe ist anzunehmen, wenn der Jahresbetrag der Beiträge beim Inkrafttreten des Gesetzes mindestens den den Gehaltsverhältnissen der Angestellten zur Zeit des Antrags entsprechenden Beiträgen nach diesem Gesetz gleichkommt.

12. Versicherungsschein ist die Urkunde über den Ersatzvertrag bei einer Lebensversicherungsanstalt (vgl. auch § 391 Anm. 4). Die Hinterlegung des Versicherungsscheins muß bei der Reichsanstalt erfolgen, um seine mißbräuchliche Verwertung zu verhüten.

13. Vgl. über die Anwartschaft und ihre Bedeutung § 15 Anm. 6 und § 49 Anm. 2..

14. Die Rechtsverbindlichkeit der Abtretung richtet sich nach BGB. §§ 398 ff.

15. Zur Erläuterung der Verrechnung nach Z. 3, insbesondere darüber, welchen Teil ihrer Lebensversicherungspolice die Versicherten an die Reichsversicherungsanstalt zu verpfänden haben, wurde in der 2. Lesung an die Regierung folgende Anfrage gerichtet: Ein im höheren Gehalt und Lebensalter stehender Privatangestellter, der vielleicht schon vor 30 Jahren in die Lebensversicherung eingetreten ist, hat sich versichert, und zwar auf ca. 10000 Mark mit einer Jahresprämie von 400 Mark. Davon zahlt nach Verabredung der Arbeitgeber 200 Mark und der Angestellte 200 Mark. Nun ist nach der Höhe seines Gehaltes in Gehaltsklasse J ein Jahresbeitrag von 319,20 Mark an die Reichsanstalt erforderlich. Von den 319,20 Mark muß der Arbeitgeber zufolge der Befreiung des Angestellten an die Reichsversicherungsanstalt 159,60 Mark zahlen. Er ist aber die Verpflichtung eingegangen, 200 Mark von der Lebensversicherungsprämie zu zahlen.

Wieviel ist nun nach Abs. 3 an die Reichsversicherungsanstalt abzutreten?

Hierauf wurde in der 3. Lesung vom Regierungstisch geantwortet: Technisch läßt sich dieser Anteil an der Hand der Formeln und Rechnungsgrundlagen des Tarifs, nach welchem die Lebensversicherung abgeschlossen ist, berechnen, da die Formeln und Rechnungsgrundlagen nach § 11 des Aufsichtsgesetzes für Privatversicherung einen Teil des Geschäftsplans bilden. Man wird zu diesem Zwecke feststellen müssen, welchen Wert die Versicherungssumme zur Zeit der Beitragsbefreiung hat. Andererseits ist für den Versicherten bei der Lebensversicherungsgesellschaft bereits eine bestimmte Prämienreserve angesammelt. Durch die künftig zu erwartenden Beiträge, die teils der Gesellschaft, teils der Reichsversicherungsanstalt gebühren, wird die Prämienreserve auf den Wert der Versicherung zur Zeit der Beitragsbefreiung, d. h. auf die Höhe der dann erforderlichen einmaligen Prämie erhöht. Der Reichsanstalt wird ein Anteil an der Gesamtversicherungabgetreten im Verhältnis des der Beitragsleistung von 159,60 Mark entsprechenden Teils der einmaligen Prämie (vgl. Sten. Ber.).

16. Weiteres Beispiel: Viele Angestellte haben nur auf Todesfall ihre Versicherung abgeschlossen, ohne Einschluß der Invalidität. Die Summe wird erst fällig, wenn der Betreffende stirbt. Gesetzt den Fall, der Versicherte wird nach Verpfändung eines Teils der Lebensversicherung an die Reichsversicherungsanstalt (§ 392 Abs. 3) mit dem 55. Lebensjahre invalide. Die Privatversicherungsanstalt zahlt das Geld noch nicht aus, vielmehr erst, wenn der betreffende Mann stirbt. Wie ist in einem solchen Falle die Auseinandersetzung vorzunehmen? Der Arbeitgeber braucht nicht weiter zu zahlen, der Arbeitnehmer kann nicht weiter zahlen. Woher nimmt der Angestellte die Mittel? Wie rechnet sich die Höhe des Ruhegeldes aus? — Soweit die Versicherung des Angestellten aus eigenen Beiträgen erfolgt, tritt gegen die gegenwärtigen Verhältnisse keine Veränderung ein. Es bleibt alles beim alten. Wird er invalide und kann nicht weiter zahlen, so muß er sich mit dem Rückkaufswert der Versicherung oder mit einer entsprechend ermäßigten prämienfreien Police begnügen, die wohl von den meisten Gesellschaften gewährt wird. Er kann für den Rückkaufswert auch eine Rentenversicherung eingehen. Dagegen werden die Arbeitgeberbeiträge, wenn solche schon vor Inkrafttreten des Gesetzes zu der Versicherung gezahlt wurden, vom Inkrafttreten des Gesetzes ab an die Reichsversicherungsanstalt in Höhe des reichsgesetzlichen Arbeitgeberbeitrags abgeführt und von dieser der Lebensversicherungsunternehmung auf Antrag überwiesen. Dafür würde ihr der den überwiesenen Beiträgen entsprechende Anteil an der Versicherungsleistung der Unternehmung zufallen, die für Ansprüche im Sinne des Reichsgesetzes zu verwenden wären. (Erklärung des Bundesratskommissars in der 3. Lesung des Reichstagsplenums — vgl. Sten. Ber.).

17. Die Abführung der Prämien an die Lebensversicherungsunternehmungen wird nach Abs. 4 des näheren vom Bundesrat bestimmt. Der Bundesrat wird vor Erlaß dieser Bestimmungen sicherlich nicht nur die Reichsversicherungsanstalt, sondern auch die Lebensversicherungsunternehmungen hören und nach deren Gutachten die Bestimmungen dem praktischen Bedürfnis entsprechend einrichten. Die Abführung der Beiträge selbst wird wohl am zweckmäßigsten durch Banküberweisungen erfolgen können. (Erklärung des Bundesratskommissars in der 3. Lesung des Reichstagsplenums — vgl. Sten. Ber.).

18. Gegen eine Abwälzung der Vergütung von seiten der Lebensversicherer auf die Versicherten ist aus dem Gesetz nichts einzuwenden; andrerseits können sie die Ausübung der Rechte aus § 392 ebensowenig beinflussen, wie den Befreiungsantrag aus §§ 390, 391.

Aufhebung der Privatverträge.

§ 393. *Werden die Versicherungen*[1] *(§ 390) vor Eintritt des Todes des Angestellten durch Ablauf,*[2] *Verfall*[3] *oder aus anderen Gründen*[4] *aufgehoben, so fällt die Befreiung von der Beitragsleistung*[5] *weg. Die Lebensversicherungsunternehmungen*[6] *haben die Aufhebung von Versicherungsverträgen der Reichsanstalt*[7] *mitzuteilen,*[8] *wenn ihnen die Befreiung des Angestellten von der Beitragsleistung angezeigt worden ist. Zuwiderhandlungen werden von der Aufsichtsbehörde*[9] *mit Geldstrafen*[10] *bis zu einhundert Mark bestraft.*[11]

E. I. § 373.
E. II. § 384.
RVO. —

1. Unter Versicherungen werden hier die Ersatzverträge bei den Lebensversicherungsunternehmungen verstanden.

2. Durch Ablauf, d. h. normaler Weise, kann ein Lebensversicherungsvertrag insbesondere enden, wenn der Versicherte das im Vertrage festgesetzte Alter erreicht hat. Er hat z. B. ein Kapital versichert, auszahlbar beim Erreichen des 55. oder 60. Lebensjahrs bzw. bei früher erfolgendem Tode sofort (sog. gemischte Versicherung) und wird 55 bzw. 60 Jahre alt.

3. Verfall ist im Gegensatz zu Ablauf (Anm. 2) eine anormale Beendigung des Versicherungsvertrags, eine Art des Stornos; Verfall bedeutet, daß der Vertrag aufgehoben wird, ohne daß er seinen beabsichtigten Zweck erfüllt hat, z. B. weil der Versicherte seine Beiträge nicht weiterbezahlt.

4. Andere Gründe der Aufhebung sind: Verzicht, Übertragung, Rückkauf, Umwandlung der Police. Darüber vgl. Loewy in Manes, Versicherungslexikon, Art. „Abgang" S. 3 ff.

5. Über diese Befreiung von der Beitragsleistung sagt Näheres § 390. Die notwendige Folge dieser Befreiung ist der Wiedereintritt der Pflicht zur Beitragsentrichtung durch den Arbeitgeber im Sinne der §§ 176 ff.

6. Die Lebensversicherungsunternehmungen sind die in § 390 Abs. 1 bezeichneten öffentlichen oder privaten Versicherungsunternehmungen.

7. Hier ist der einzige Fall, in welchem das Gesetz die Reichsversicherungsanstalt als Reichsanstalt bezeichnet; vgl. hierzu Vorbem. vor § 96.

8. Diese Mitteilung hat den Zweck, die Anstalt auf dem Laufenden zu halten und ihr die Möglichkeit zu geben, den betreffenden Angestellten, der nun keinen Ersatzvertrag mehr hat, in der nach dem AVG. regelmäßigen Weise zu versichern.

9. Über die Aufsichtsbehörde vgl. S. 709.

10. Die Strafe kann als Ordnungsstrafe wiederholt verhängt werden.

11. Es verjährt die Strafverfolgung der Zuwiderhandlung in einem Jahre (§ 360) und die Strafvollstreckung in zwei Jahren (§ 361).

V. Freiwillige Versicherung.

Vorbemerkung.

Die hier gegebene freiwillige Versicherung stellt sich als freiwilliger Eintritt dar im Gegensatz zu der freiwilligen Fortsetzung einer früheren Zwangsversicherung, wie sie § 15 regelt. Von § 394 wurden Abs. 1 und 3 durch die Reichstagskommission (vgl. Kom.-Ber. § 384 a) und Abs. 2 sogar erst durch das Reichstagsplenum eingeführt.

Freiwilliger Eintritt im ersten Jahre.

§ 394.[1] *Im ersten Jahre nach dem Inkrafttreten dieses Gesetzes*[2] *hat die Reichsversicherungsanstalt auf Antrag Angestellten mit einem Jahresarbeitsverdienste*[3] *von fünftausend bis unter zehntausend Mark*[4] *zu gestatten, sich nach den Vorschriften dieses Gesetzes über die freiwillige Versicherung*[5] *selbst zu versichern,*[6] *wenn sie den Nachweis*[7] *führen, daß sie in den letzten vier Kalenderjahren vor dem Inkrafttreten des Gesetzes eine nach diesem Gesetz ohne Rücksicht auf das Jahreseinkommen*[8] *versicherungspflichtige Be-*

schäftigung[9] *in mindestens dreißig Kalendermonaten ausgeübt haben.*

Dasselbe Recht steht Personen zu, die in ihrem Betriebe regelmäßig höchstens drei versicherungspflichtige Personen beschäftigen,[10] *vorausgesetzt, daß sie in*[10a] *mindestens dreißig Kalendermonaten eine den Bestimmungen des § 1 entsprechende Beschäftigung ausgeübt haben.*[11]

Die im § 51[12] *bezeichneten Zeiten sind der versicherungspflichtigen Beschäftigung gleich zu achten.*

E. I. —
E. II. —
RVO. —

1. Nach § 394, dessen Fassung wohl zufolge der erst in letzter Stunde beschlossenen Einfügung wenig klar erscheint, bestehen für den freiwilligen Eintritt folgende Voraussetzungen:

a) in allen Fällen Vorhandensein von Berufsfähigkeit und Alter unter 60 Jahren (§ 1 Abs. 3).

b) bei Angestellten (Abs. 1):
   1. Jahresarbeitsverdienst von 5000 bis unter 10000 Mark;
   2. Nachweis der Ausübung einer nach dem Gesetz versicherungspflichtigen Beschäftigung in mindestens 30 Kalendermonaten während der letzten 4 Kalenderjahre vor Inkrafttreten des Gesetzes, wobei die 5000 Markgrenze des § 1 Abs. 3 außer Betracht bleibt;

c) bei Selbständigen (Abs. 2):
   1. Beschäftigung von regelmäßig höchstens drei versicherungspflichtigen Personen in ihrem Betriebe;
   2. Stattgehabte Ausübung einer nach § 1 versicherungspflichtigen Beschäftigung in mindestens 30 Kalendermonaten. (Daß diese Beschäftigung in den letzten 4 Kalenderjahren vor dem Inkrafttreten des Gesetzes erfolgt sein muß, ist in Abs. 2 nicht ausdrücklich gesagt, aber wohl aus Abs. 1 zu ergänzen).
   3. Eine Einkommensgrenze fehlt. (Vgl. über „die nicht zu übersehenden Folgen“ Anm. 10.)

2. Über das Inkrafttreten des Gesetzes vgl. § 399.

3. Gemeint ist wohl der augenblickliche Jahresarbeitsverdienst, d. h. im ersten Jahr nach dem Inkrafttreten des Gesetzes.

4. Die Aufnahme dieser hohen Gehaltsgrenze bedeutet ein großes Entgegenkommen des Gesetzgebers gegenüber dem besseren Mittelstand.

5. Über die freiwillige Versicherung spricht der § 15.

6. Gegen diese Selbstversicherung im allgemeinen hat sich der Gesetzgeber selbst ausgesprochen. Vgl. oben S. 176.

7. Dieser Nachweis dürfte durch Zeugnisse und Ähnliches zu führen sein.

8. Jahreseinkommen umfaßt das gesamte Einkommen, also auch das Einkommen aus Vermögen usw., nicht nur den Jahresarbeitsverdienst.

9. Über die nach diesem Gesetz versicherungspflichtigen Beschäftigungen vgl. § 1 (insbesondere Anm. 32 u. 36).

10. Die Vorschrift betrifft Kleingewerbtreibende und kleine Betriebsunternehmer, insbesondere auch Minderkaufleute im Sinne des § 4 HGB. (vgl. § 4 AVG. oben S. 153 ff.) und wurde in das Gesetz aufgenommen, obwohl sich noch in der Reichstagskommission ein Regierungsvertreter mit Rücksicht auf die nicht zu übersehenden Folgen einer derartigen Bestimmung entschieden dagegen ausgesprochen hatte.

10a. In 30 Kalendermonaten bedeutet, wie aus Abs. 3 hervorgeht, nicht, daß die Beschäftigung 30 Kalendermonate hindurch stattgefunden haben muß. Vgl. § 177 Anm. 3.

11. Die im zweiten Halbsatz des Abs. 2 enthaltende Voraussetzung ist in dem im übrigen hier in Betracht kommenden § 4 dieses Gesetzes (vgl. Anm. 3) nicht gegeben.

12. In § 51 handelt es sich um Ersatztatsachen, wie Erfüllung der Wehrpflicht, zeitweise Arbeitsunfähigkeit durch Krankheit, Besuch einer staatlich anerkannten Fortbildungsschule u. dgl.

VI. Abkürzung der Wartezeit.

Vorbemerkung.

Der Unterabschnitt enthält mehr als seine Überschrift vermuten läßt. Zunächst werden Vergünstigungen über die Abkürzung der Wartezeit mit Rücksicht auf den Gesundheitszustand einzelner Angestellter gegeben (§ 395). Es folgt im § 396 eine generelle Vorschrift zur Abschwächung der mißlichen Lage von Witwen und Waisen Versicherter während der ersten zehn Jahre der Wirksamkeit des Gesetzes. Der § 397 betrifft die Befreiung bejahrter Angestellter von der

Versicherungspflicht und § 398 endlich sieht eine Beitragserstattung beim Eintritt von Versicherungsfällen in den ersten fünfzehn Jahren nach dem Inkrafttreten des Gesetzes vor.

Vergünstigung wegen des Gesundheitszustandes.

§ 395. *In den ersten drei Jahren nach dem Inkrafttreten dieses Gesetzes*[1] *kann die Reichsversicherungsanstalt auch einzelnen Angestellten nach vorhergehender ärztlicher Untersuchung*[2] *gestatten, die Wartezeit*[3] *zum Bezuge der Leistungen dieses Gesetzes durch Einzahlung der entsprechenden Prämienreserve*[4] *abzukürzen. § 368 Abs. 2 gilt entsprechend.*[5]

E. I. § 374.
E. II. § 385.
RVO. —

1. Ähnlich wie den Zuschußkassen (vgl. § 367 Abs. 2, insbesondere Anm. 8) kann in den ersten drei Jahren nach dem Inkrafttreten des Gesetzes auch einzelnen Angestellten auf Antrag die Vergünstigung gewährt werden, die Wartezeit zum Bezuge der Leistungen des Gesetzes durch Einzahlung der entsprechenden Prämienreserve abzukürzen.

2. Die Reichsversicherungsanstalt kann (nicht: muß) solchen Anträgen nur entsprechen, wenn auf Grund eines ärztlichen Zeugnisses, wie es bei den Lebensversicherungsunternehmungen üblich ist, festgestellt ist, daß der Gesundheitszustand des Angestellten den baldigen Eintritt der Berufsunfähigkeit oder des Todes nicht befürchten läßt (Begr.).

3. Über die regelmäßige Wartezeit und ihre Bedeutung für die Versicherten vgl. § 48.

4. Die Prämienreserve ist in solchen Fällen den individuellen Verhältnissen des Antragstellers entsprechend zu bemessen. Über den Begriff „Prämienreserve" vgl. § 367 Anm. 7.

5. Gemäß § 368 Abs. 2 erläßt der Bundesrat nach Anhören der Reichsversicherungsanstalt nähere Vorschriften.

Abschwächung der mißlichen Lage von Hinterbliebenen.

§ 396. *In den ersten zehn Jahren nach dem Inkrafttreten des Gesetzes genügt zur Erfüllung der*

Wartezeit[1] *bei den Hinterbliebenenrenten (§ 48 Nr. 2) das Zurücklegen von sechzig Beitragsmonaten*[2] *auf Grund der Versicherungspflicht.*

Die Witwen-[3] *oder Witwerrente*[4] *wird nach einem Ruhegelde berechnet, das ein Viertel des Wertes der in den ersten sechzig Beitragsmonaten entrichteten Beiträge*[5] *beträgt.*

E. I. § 375.
E. II. § 386.
RVO. —

1. Über die Bedeutung der Wartezeit s. § 48 Anm. 1.
2. Als Beitragsmonate für die Berechnung der Leistungen gelten Kalendermonate, für die Pflichtbeiträge entrichtet sind. Die Gründe für diese einschränkende Vorschrift sind in der Vorbemerkung zu der Bestimmung über die Wartezeit (§ 48) dargelegt. Vgl. oben S. 231 f. Sie bestehen hauptsächlich in der Erwägung, daß die mißliche Lage der innerhalb der Wartezeit hinterbleibenden Witwen und Waisen nach Möglichkeit abgeschwächt werden soll.
3. Witwenrente erhält die Witwe nach dem Tode ihres versicherten Mannes (§ 28).
4. Auf Witwerrente hat nach dem Tode einer versicherten Ehefrau deren erwerbsunfähiger Ehemann nur Anspruch, so lange er bedürftig ist (vgl. § 30).
5. Über die Höhe der Beiträge s. § 172. Abweichend von Abs. 1 ist hier nicht gesagt, daß diese Beiträge auf Grund der Versicherungspflicht zu entrichten sind.

Befreiung bejahrter Angestellter.

§ 397. *Angestellte, die beim Inkrafttreten des Gesetzes*[1] *das fünfundfünfzigste Lebensjahr bereits vollendet haben, werden auf ihren Antrag*[2] *von der Versicherungspflicht befreit,*[3] *wenn ihnen die Abkürzung der Wartezeit*[4] *nicht gestattet wird*[5] *oder aus einem anderen Grunde*[6] *unmöglich ist.*

E. I. —
E. II. § 387.
RVO. —

1. Über das Inkrafttreten des Gesetzes vgl. § 399.
2. Der nur von den Angestellten zu stellende Antrag ist an keine Form oder Frist gebunden (vgl. auch § 229 Anm. 1).

3. Über die Befreiung im allgemeinen s. §§ 9 ff.
4. Von dieser Abkürzung handelt § 395.
5. Die Gestattung kann z. B. wegen schlechter Gesundheit versagt werden.
6. Ein anderer Grund ist z. B. Mangel an Mitteln.

Beitragserstattung bei Eintritt von Versicherungsfällen.

§ 398.[1] *Tritt der Versicherungsfall[2] innerhalb der ersten fünfzehn[3] Jahre nach dem Inkrafttreten dieses Gesetzes ein,[4] ohne daß ein Anspruch auf Leistungen nach diesem Gesetze geltend gemacht werden kann, so steht beim Tode des Versicherten der hinterlassenen Witwe oder dem Witwer[4a] oder, falls solche nicht vorhanden sind, den hinterlassenen Kindern[5] unter achtzehn Jahren ein Anspruch auf Erstattung[6] der Hälfte der für den Verstorbenen eingezahlten Beiträge zu. Bei der freiwilligen Versicherung werden drei Viertel der von dem freiwillig Versicherten eingezahlten Beiträge zurückerstattet.[7] Der Anspruch verfällt, wenn er nicht innerhalb eines Jahres nach dem Tode des Versicherten geltend gemacht wird.[8]*

E. I. —
E. II. § 388.
RVO. —

1. Während der Übergangszeit treten für die große Anzahl der in höheren Altersjahren stehenden Angestellten auch wegen der größeren Sterbenswahrscheinlichkeit besondere Härten ein, da ihren Hinterbliebenen erst nach sechzig Beitragsmonaten Bezüge gewährt werden. Dasselbe ist beim Eintritt der Berufsunfähigkeit innerhalb der ersten sechzig Beitragsmonate der Fall; denn beim späteren Tode des berufsunfähigen Angestellten gehen die Hinterbliebenen gleichfalls leer aus. Da nach dem Inkrafttreten des Gesetzes der Eintritt in die Versicherung in der Regel in jüngeren Jahren erfolgt, verlieren diese Fälle nach Ablauf der Übergangszeit ihre Bedeutung. Bei den verhältnismäßig hohen Beiträgen, die für die Hinterbliebenen verloren gehen, erscheint es billig, ihnen in solchen Fällen die von dem verstorbenen Ernährer selbst entrichteten Beiträge zurückzugewähren. (Begr.)
2. Der Begriff Versicherungsfall ist in § 366 Anm. 4 erläutert.

3. Der Entwurf enthielt nur die Frist von zehn Jahren.
4. Für die Berechnung der Frist gelten die §§ 324 ff.
4a. Abweichend von § 30 ist Bedürftigkeit des Witwers hier nicht Voraussetzung der Beitragserstattung.
5. Wer als hinterlassenes Kind zu gelten hat, sagt Anm. 3 des § 30. Über Waisenrenten vgl. § 29 ff.
6. Über Beitragserstattung im übrigen vgl. §§ 60 ff.
7. Der Zusatz betr. freiwilliger Versicherung (worüber die §§ 15 und 394 zu vergleichen sind) wurde von der Reichstagskommission vorgenommen.
8. Diese Frist ist eine Ausschlußfrist (vgl. über den Begriff § 23 Anm. 2).

VII. Gesetzeskraft.

Vorbemerkung.

Über den Zeitpunkt für das Inkrafttreten dieses Gesetzes sind entsprechende Vorschriften vorgeschlagen, wie sie für die Einführung der Arbeiterversicherungsgesetze seinerzeit erlassen worden sind (Begr.).

Getrenntes Inkrafttreten einzelner Gesetzesteile.

§ 399. *Die Vorschriften dieses Gesetzes, die sich auf die zur Durchführung der Angestelltenversicherung erforderlichen Einrichtungen*[1] *beziehen, treten mit dem Tage der Verkündung dieses Gesetzes*[2] *in Kraft.*

Im übrigen wird der Zeitpunkt, mit dem das Gesetz ganz oder teilweise für den Umfang des Reichs in Kraft tritt, durch Kaiserliche Verordnung mit Zustimmung des Bundesrats bestimmt.[3]

E. I. § 376.
E. II. § 389.
RVO. —

1. Diese Einrichtungen sind insbesondere zunächst die Reichsversicherungsanstalt (§§ 97 ff.), demnächst die übrigen Behörden, wie Rentenausschüsse (§ 122), Schiedsgerichte (§§ 157 ff.), Oberschiedsgericht (§§ 162 ff.), Beitragsstellen (§ 186), Markenverkaufsstellen (§ 187), Ausgabestellen (§ 194).
2. Verkündet ist das Gesetz am 20. Dezember 1911.
3. Voraussichtlich tritt das Gesetz im übrigen am 1. Januar 1913 in Kraft.

Anleitung

zur

Ruhegeld- und Rentenberechnung

Ruhegeld- und Rentenberechnung,

aufgestellt für den Fall der Versicherung in derselben Gehaltsklasse während des ganzen Versicherungsjahres (12 volle Beitragsmonate) in Zeitabständen von 5, 10, 11, 12, 15, 20, 30, 40 und 50 Jahren, nach Maßgabe der §§ 16, 25 ff., 28 ff., 55 bis 57, 59 und 172 AVG. (vgl. auch S. 256).

In den Gehaltsklassen:	A	B	C	D	E	F	G	H	I
bei einem Jahresarbeitsverdienst und einem	bis zu 550 M	von mehr als 550 bis 850 M	von mehr als 850 bis 1150 M	von mehr als 1150 bis 1500 M	von mehr als 1500 bis 2000 M	von mehr als 2000 bis 2500 M	von mehr als 2500 bis 3000 M	von mehr als 3000 bis 4000 M	von mehr als 4000 bis 5000 M
Monatsbeitrag von:	1,60 M	3,20 M	4,80 M	6,80 M	9,60 M	13,20 M	16,60 M	20,00 M	26,60 M
beträgt jährlich	Mark	Mark	Mark	Mark	Mark	Mark	Mark	Mark	Mark
I. bei weiblichen Versicherten nach **5** und weniger als **10** Jahren:									
a) Ruhegeld	24,00	48,00	72,00	102,00	144,00	198,00	249,00	300,00	399,00
b) Witwerrente	9,60	19,20	28,80	40,80	57,60	79,20	99,60	120,00	159,60
c) Waisenrente	1,92	3,84	5,76	8,16	11,52	15,84	19,92	24,00	31,92
d) Doppelwaisenrente . .	3,20	6,40	9,60	13,60	19,20	26,40	33,20	40,00	53,20
II. bei männlichen und weiblichen Versicherten									
1. nach **10** Jahren:									
a) Ruhegeld	48,00	96,00	144,00	204,00	288,00	396,00	498,00	600,00	798,00
b) Witwen-od. Witwerrente	19,20	38,40	57,60	81,60	115,20	158,40	199,20	240,00	319,20
c) Waisenrente	3,84	7,68	11,52	16,32	23,04	31,68	39,84	48,00	63,84
d) Doppelwaisenrente . .	6,40	12,80	19,20	27,20	38,40	52,80	66,40	80,00	106,40
2. nach **11** Jahren:									
a) Ruhegeld	50,40	100,80	151,20	214,20	302,40	415,80	522,90	630,00	837,90
b) Witwen-od. Witwerrente	20,16	40,32	60,48	85,68	120,96	166,32	209,16	252,00	335,16
c) Waisenrente	4,03	8,06	12,10	17,14	24,19	33,26	41,83	50,40	67,03

a) Ruhegeld	52,80	105,60	158,40	224,40	316,80	435,60	547,80	660,00	877,80
b) Witwen-od. Witwerrente	21,12	42,24	63,36	89,76	126,72	174,24	219,12	264,00	351,12
c) Waisenrente	4,22	8,45	12,67	17,95	25,34	34,85	43,82	52,80	70,22
d) Doppelwaisenrente . .	7,04	14,08	21,12	29,92	42,24	58,08	73,04	88,00	117,04
4. nach **15** Jahren:									
a) Ruhegeld	60,00	120,00	180,00	255,00	360,00	495,00	622,50	750,00	997,50
b) Witwen-od. Witwerrente	24,00	48,00	72,00	102,00	144,00	198,00	249,00	300,00	399,00
c) Waisenrente	4,80	9,60	14,40	20,40	28,80	39,60	49,80	60,00	79,80
d) Doppelwaisenrente . .	8,00	16,00	24,00	34,00	48,00	66,00	83,00	100,00	133,00
5. nach **20** Jahren:									
a) Ruhegeld	72,00	144,00	216,00	306,00	432,00	594,00	747,00	900,00	1197,00
b) Witwen-od. Witwerrente	28,80	57,60	86,40	122,40	172,80	237,60	298,80	360,00	478,80
c) Waisenrente	5,76	11,52	17,28	24,48	34,56	47,52	59,76	72,00	95,76
d) Doppelwaisenrente . .	9,60	19,20	28,80	40,80	57,60	79,20	99,60	120,00	159,60
6. nach **30** Jahren:									
a) Ruhegeld	96,00	192,00	288,00	408,00	576,00	792,00	996,00	1200,00	1596,00
b) Witwen-od. Witwerrente	38,40	76,80	115,20	163,20	230,40	316,80	398,40	480,00	638,40
c) Waisenrente	7,68	15,36	23,04	32,64	46,08	63,36	79,68	96,00	127,68
d) Doppelwaisenrente . .	12,80	25,60	38,40	54,40	76,80	105,60	132,80	160,00	212,80
7. nach **40** Jahren:									
a) Ruhegeld	120,00	240,00	360,00	510,00	720,00	990,00	1245,00	1500,00	1995,00
b) Witwen-od. Witwerrente	48,00	96,00	144,00	204,00	288,00	396,00	498,00	600,00	798,00
c) Waisenrente	9,60	19,20	28,80	40,80	57,60	79,20	99,60	120,00	159,60
d) Doppelwaisenrente . .	16,00	32,00	48,00	68,00	96,00	132,00	166,00	200,00	266,00
8. nach **50** Jahren:									
a) Ruhegeld	144,00	288,00	432,00	612,00	864,00	1188,00	1494,00	1800,00	2394,00
b) Witwen-od. Witwerrente	57,60	115,20	172,80	244,80	345,60	475,20	597,60	720,00	957,60
c) Waisenrente	11,52	23,04	34,56	48,96	69,12	95,04	119,52	144,00	191,52
d) Doppelwaisenrente . .	19,20	38,40	57,60	81,60	115,20	158,40	199,20	240,00	319,20

Es geht über den Rahmen dieser Aufstellung hinaus, diejenigen Fälle ziffermäßig darzustellen, welche aus anrechnungsfähigen Zeiten (§ 51), aus der Kürzung nach § 58 und aus anderen Spezialbestimmungen des Gesetzes sich ergeben. Vielmehr wird hierfür auf die diesbezüglichen Rententabellen in der Textausgabe des Versicherungsgesetzes für Angestellte von Potthoff, Stuttgart 1912 S. 80ff. verwiesen.

Sachregister.

Die Ziffern bedeuten je nach dem vorgesetzten Zeichen oder Buchstaben: Paragraphen (§), Seite (S.), Anmerkung (A.).

A

F

G

H

I

L

M

P

Q

R

S

T

U

V

W

Manes und Königsberger, Kommentar zum Versicherungsgesetz für Angestellte.

Wir hatten den Preis des Buches bei unserer Voranzeige mit „ca. Mk. 9.—" angegeben. Im Laufe der Herstellung ist aber der Umfang um das Doppelte gewachsen, sodaß die verhältnismäßig geringe Preiserhöhung wohl gerechtfertigt erscheinen dürfte.

G. J. Göschen'sche Verlagshandlung G. m. b. H.
in Berlin und Leipzig.

FSC
www.fsc.org
MIX
Papier | Fördert
gute Waldnutzung
FSC® C083411

Kolibri 360 GmbH
Ferdinand-Jühlke-Straße 7
99095 Erfurt, Deutschland
produktsicherheit@kolibri360.de